2018

2018

CHINA TV RATING YEARBOOK

中国电视收视年鉴 2018

徐立军 主编

中国传媒大学出版社
·北京·

《中国电视收视年鉴（2018）》
编写委员会

主　　编　徐立军

副 主 编　郑维东　丁　迈　肖建兵　肖海峰

编写人员（排名不分先后）

梁　帆　周欣欣　解永利　吴　凡　张广彦　李红玲

龙长缨　吴　东　于松涛　王　钦　马　超　杨金姝

王建平　李忠毅　曹　珩　胡文慧　刘洁婷　伍杨娟

娜布琪　辛　悦　王　昀　王　平　蔡　啸　冯　波

秦　政　米　行　于　鹏　张　嬿　张晶晶　卢文钊

杜宇轩　韦　唯　包凌君　胡旻琦　陈　吉　彭辰豪

潘　琪　王洁馨　施泽昊　陈　明　唐　蕾　戴静怡

彭　平　莫笑凡　李蓓蕾

出版说明

为更好地服务于业界，作为中国最专业、最权威的视听率调查公司，CSM 媒介研究从 2003 年起每年编写出版一部《中国电视收视年鉴》。《中国电视收视年鉴（2018）》是 CSM 媒介研究编写出版的第十六部电视收视年鉴。

《中国电视收视年鉴（2018）》包括以下四部分内容：第一部分：综述。本部分主要从收视环境、观众特征、观众收视行为、频道竞争、节目竞争、电视广告投放与竞争等方面对 2017 年中国电视收视市场进行了全景式的描述与分析。第二部分：专题研究。本部分除了对 2017 年全国电视剧、新闻、综艺、体育几个主要节目类型以及晚间新节目的收视状况进行分析外，还对垂直类电视节目发展路径、新时代对农节目收视与发展策略、城市台优质自办节目创新特色及路径、家庭直播与时移收视中的单人及伴随收视特点等进行了深入剖析。同时，本部分还对业界关注的热点问题，如多元收视环境下大屏收视监测的拓展、《人民的名义》多终端传播效果、省级卫视新闻栏目融合传播效果、OTT 用户家庭大屏收视特征，以及用户核心与数据驱动的价值体系建构、媒介进化图景中的电视方位等进行了深入研究。第三部分：收视数据。这部分是关于全国电视收视市场以及重点市场的收视统计数据，主要指标涉及收视设备的拥有情况、人均收视时间、全年和全天收视率走势、各类频道的市场份额、各类节目的播出份额与收视份额以及主要节目类型的收视排行等。第四部分：附录。这部分主要包括 CSM 媒介研究各种收视调查网的基本情况。

《中国电视收视年鉴（2018）》为广大媒介从业人员既可提供有关 2017 年中国电视收视市场的全面分析，又可提供 2017 年全国以及各重点市场翔实的收视数据，它是媒介从业人员必备的一本工具书。

编者

2018 年 5 月

目录
CONTENTS

第一部分 综 述

第二部分 专 题

第三部分　收视数据

第四部分 附 录

第一部分
Part One

综 述 Overview

综　述

一、收视环境

2017年是我国“十三五”规划的重要一年，是供给侧结构性改革的深化之年，也是我国广播影视业全面深化改革向纵深推进的关键之年。广播影视系统以习近平新时代中国特色社会主义思想为指引，在党中央、国务院和中宣部的正确领导下，认真贯彻落实中央部署和总局要求，锐意进取、扎实工作，继续保持良好的发展势头，顺利完成了各项任务，取得了新的显著成绩。

2017年，我国电视业全面贯彻落实党的十八大精神，牢牢坚持正确的政治方向、宣传导向和价值取向，高度自觉、担当尽责、开拓进取，各方面工作都取得了重要进展和显著成效。2017年，我国电视业大力宣传、阐释党中央治国理政的新理念、新思想、新战略，把习近平总书记核心地位宣传摆在首位，用心用情用力，精心精细精准，圆满地完成了迎接、学习、宣传、贯彻党的十九大，以及“一带一路”国际合作高峰论坛、庆祝香港回归20周年、庆祝中国人民解放军建军90周年朱日和阅兵、金砖国家领导人厦门会晤等重要会议和重大活动全方位、多层次、多媒体的宣传报道任务，深化主题主线宣传，唱响了时代主旋律，广受社会各界好评。2017年，我国电视业加强创作生产，丰富人民精神文化生活，始终坚持以人民为中心的工作导向，面向基层，服务群众，坚持为民惠民，公共文化服务提质升级，电视公共服务水平显著提升；坚持品质至上，电影、电视剧、综艺节目、纪录片、动画等产量保持快速增长，内容产业发展方式从以数量规模增长为主向质量效益提高为主转变，推进创新创优，精品创作生产再上一个新台阶。2017年，我国电视业始终坚持科技引领，坚持改革创新，紧跟科技趋势，积极推进数字化网络化建设，电视数字化、网络化和新媒体有了显著发展，智慧融媒体建设明显提速，全国有线电视网络整合、有线电视互联互通平台示范试点、有线无线融合网试验扎实推进，媒体融合发展取得了新进展，事业产业不断发展壮大。2017年，我国电视业认真落实意识形态工作责任制，阵地管理不断加强，确保意识形态和文化安全，安全播出保障能力进一步提高，公共服务技术支撑体系进一步完善，科技创新与应用步伐进一步加快，科技管理进一步加强。2017年，我国电视业继续加强国际传播能力建设，讲好中国故事，传播好中国声音；“走出去”取得了新进展，依托重点项目和活动，促进优秀产品对外传播，加强构建国际传播体系，打造国际一流媒体，中国国际电视台（中国环球电视网，CGTN）开播，打造了外宣旗舰媒体，CGTN 新媒体全球活跃粉丝数量已超越 BBC 和 CNN 等西方主流媒体，成为脸书（Facebook）总粉丝数量全球第一的新闻媒体，国际传播能力显著提升。

1. 全国共有电视台 144 座、广播电视台 2338 座、教育电视台 40 座

根据《中国广播电视年鉴（2018)》的最新统计，截至 2017 年年底，全国共批准设立电视台 144 座、广播电视台 2338 座、教育电视台 40 座。其中国家级电视台有中央电视台和中国教育电视台，每个省、自治区、直辖市，每个地级及以上城市至少有 1 座电视台或广播电视台。全国微波线路达 7.23 万公里，有线广播电视网络传输干线达214.52 万公里，全国电视人口综合覆盖率为 99.07%。全国有线广播电视用户数为21,445.63万户，数字电视用户数为19,404.43万户，付费数字电视用户数为 7013.78 万户。2017 年全年制作的电视节目时间为 365.18 万小时，全年公共电视节目播出时间为 1881.02 万小时。

2. 家庭电视机拥有率达 96.9%，拥有二台及以上电视机家庭的比例为 26.6%

目前我国居民家庭电视机的普及率已经处于一个基本稳定的水平。2017 年 CSM 媒介研究全国收视调查网基础研究数据显示，我国居民家庭电视机拥有率达 96.9%，拥有二台及以上电视机家庭的比例达 26.6%，平均每百户居民家庭的电视机拥有量达 130.7 台（表 1.1.1)。其中，城市居民家庭的电视机拥有率为 95.5%，农村居民家庭的电视机拥有率为 97.8%；拥有二台及以上电视机的家庭比例在城市为 23.9%，在农村为 28.5%；平均百户电视机拥有量在城市为 126.2 台，在农村为 133.8 台。

表 1.1.1　2017 年全国城乡居民家庭电视机拥有情况

	全国	城市	农村
一台户比例（%）	70.3	71.6	69.3
二台及以上户比例（%）	26.6	23.9	28.5
没有电视机户比例（%）	3.1	4.5	2.2
百户电视机拥有量（台）	130.7	126.2	133.8

数据来源：CSM 媒介研究 2017 年全国收视调查网基础研究

表 1.1.2　2017 年全国各大行政区居民家庭电视机拥有情况

	东北	华北	华东	华南	华中	西北	西南
一台户比例（%）	83.5	74.7	58.7	80.8	68.5	82.9	72.2
二台及以上户比例（%）	13.5	22.1	37.6	15.9	28.4	15.2	25.4
没有电视机户比例（%）	3.0	3.2	3.7	3.3	3.1	1.9	2.4
百户电视机拥有量（台）	111.1	122.9	148.2	115.7	131.4	115.5	127.8

数据来源：CSM 媒介研究 2017 年全国收视调查网基础研究

从各大行政区来看，电视机拥有情况在全国存在显著的地域差异。拥有二台及以上电视机的居民家庭比例，华东地区最高，达37.6%；东北最低，仅为13.5%。百户电视机拥有量也是华东地区最高，达148.2台；东北地区最低，只有111.1台；华中地区为131.4台；西南地区为127.8台；华北地区为122.9台；华南地区为115.7台；西北地区为115.5台（表1.1.2）。

2017年我国城乡居民家庭电视机更新换代速度进一步加快。随着城乡居民收入水平的提高和技术革新带来的高品质电视机价格的下降，城乡居民家庭电视机拥有情况从数量上的增加过渡到质量上的改善，城市及农村居民家庭开始追求电视机的更新换代，由原来的CRT电视机、传统的背投电视机，向液晶电视机等平板电视机升级。液晶电视机已经取代传统意义的普通彩电，成为居民家庭的主流机型，液晶电视机的拥有率在2017年全国居民家庭户中已经达到72.1%，比2016年的61.9%提高了10.2个百分点。分城乡来看，2017年城市居民家庭拥有液晶电视机的比例已达79.2%，比2016年的70.1%增长了9.1个百分点；农村居民家庭拥有液晶电视机的比例也达到67.0%，比2016年的56.2%提高了10.8个百分点（图1.1.1）。分地区来看，各地区除华中、西北和西南以外，液晶电视机的拥有率都在70%以上，华东、华南和东北地区最高，分别达到74.3%、73.5%和73.5%；拥有率较低的地区是西南、华中和西北地区，液晶电视机的拥有率分别为69.8%、69.5%和68.0%。自从2012年智能电视走进大众视野，几年内在城乡之间迅速渗透，拥有率逐年攀升。2017年全国居民家庭智能电视机拥有率达33.2%，其中城市为36.1%，农村为31.2%，城乡差别并不是很大。分地区来看，华中地区家庭智能电视机拥有率最高，达41.5%；西北和华北地区较低，均只有26.5%；其他地区比例都在30%以上。随着数字电视的发展和高清信号源的增多，以及高品质电视机价格的不断下降，液晶电视机、智能电视机的拥有率必将进一步提高。

表1.1.3　2017年全国及城乡居民家庭拥有不同类型电视机的比例（%）

电视机类型	全国	城市	农村
液晶电视机	72.1	79.2	67.0
非液晶电视机	38.7	28.5	45.9
智能电视机	33.2	36.1	31.2

数据来源：CSM媒介研究2017年全国收视调查网基础研究

表1.1.4　2017年全国各大行政区拥有不同类型电视机的家庭比例（%）

电视机类型	东北	华北	华东	华南	华中	西北	西南
液晶电视机	73.5	72.1	74.3	73.5	69.5	68.0	69.8
非液晶电视机	32.2	37.5	39.2	32.7	42.8	40.4	41.7
智能电视机	30.6	26.5	30.8	40.1	41.5	26.5	35.7

数据来源：CSM媒介研究2017年全国收视调查网基础研究

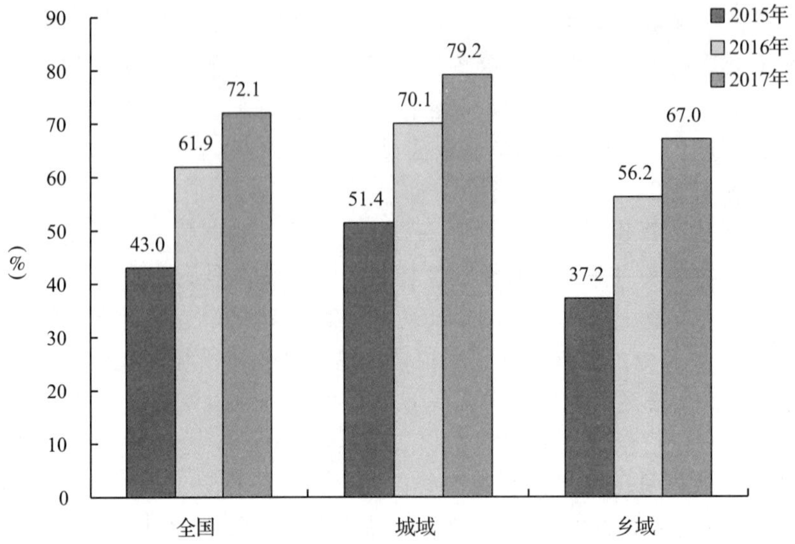

数据来源：CSM 媒介研究 2015～2017 年全国收视调查网基础研究

图 1.1.1　2015～2017 年全国及城乡居民家庭拥有液晶电视机的比例（%）

3. 城乡居民家庭平均每户可以收看到 83.3 个频道

随着有线电视数字化建设的全面展开，越来越多的有线电视网整体平移，这使得城乡居民家庭能够收看到的电视频道数量增加。根据 CSM 媒介研究历年的全国收视调查网基础研究数据，全国城乡居民家庭可以接收到的电视频道数量在逐年增加，2017 年全国平均每户可以接收 83.3 个电视频道，比 2016 年的 75.2 个增加了 8.1 个。2017 年城市居民家庭平均每户可以接收到 91.8 个频道，比 2016 年增加了 8.1 个；农村居民家庭平均可以接收 77.4 个频道，比 2016 年增加了 8.2 个（表 1.1.5）。分地区来看，2017 年平均每户可接收到的电视频道数量最多的是华北地区，达 96.2 个频道；接收频道较少的有华南、西北和华中地区，平均每户可以接收到的电视频道数都在 80 个以下，分别为 78.7 个、76.9 个和 75.6 个（图 1.1.2）。

表 1.1.5　2007～2017 年全国及城乡居民家庭可以接收到的电视频道数量（个）

年份	全国	城市	农村
2007 年	25.6	35.1	21.4
2008 年	30.4	40.5	26.0
2009 年	39.1	50.1	33.2
2010 年	41.4	53.0	34.7
2011 年	47.6	58.5	40.4
2012 年	54.3	63.8	47.7
2013 年	59.4	68.7	52.9
2014 年	64.8	73.1	59.1
2015 年	67.7	77.2	61.1
2016 年	75.2	83.7	69.2
2017 年	83.3	91.8	77.4

数据来源：CSM 媒介研究历年全国收视调查网基础研究

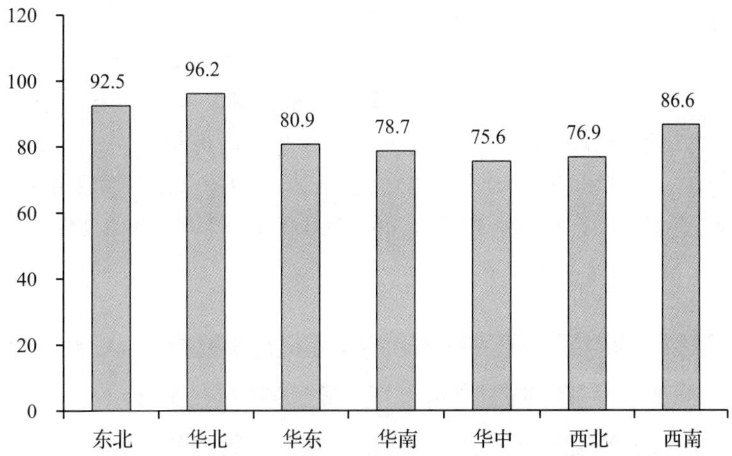

数据来源：CSM 媒介研究 2017 年全国收视调查网基础研究

图 1.1.2 2017 年全国各大行政区居民家庭可以接收到的电视频道数量（个）

4. 有线接收也已成为城乡居民家庭接收电视信号的主要方式，可接收数字电视、IPTV 的家庭比例继续增长

随着电视信号数字化、网络化进程的不断推进，有线电视网络频道增多，信号清晰度提高，有线接收已成为全国城乡居民家庭接收电视信号的主要方式。根据 2017 年 CSM 媒介研究全国收视调查网基础研究数据，全国电视家庭户中，有线电视用户普及率为 88.9%，比 2016 年增长了 6.7 个百分点；其中城市为 93.2%，比 2016 年增长了 4.3 个百分点。有线接收方式已经成为绝大多数城市居民家庭接收电视节目的方式；有线电视用户普及率在农村为 85.8%，与 2016 年相比大幅增长了 8.4 个百分点，有线接收方式也已经成为农村居民家庭接收电视信号的主要方式。其中，通过省、市（县）有线网接收电视信号的家庭比例全国为 44.8%；在城市，有 60.7% 的家庭接入了省、市（县）有线网；在农村，通过省、市（县）有线网收看电视节目的家庭的比例为 33.6%（图 1.1.3）。

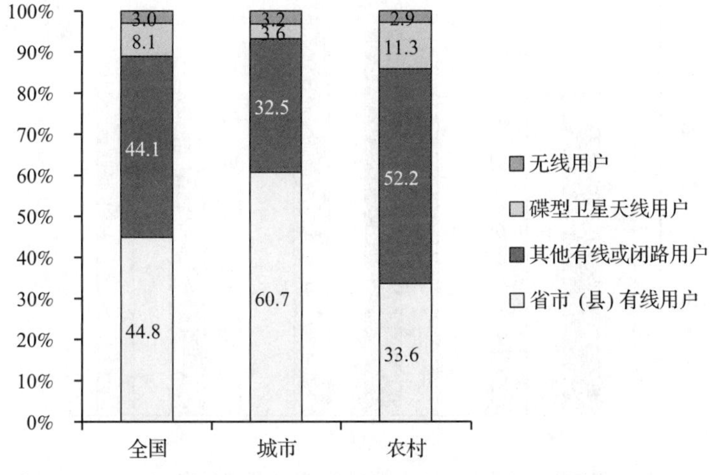

数据来源：CSM 媒介研究 2017 年全国收视调查网基础研究

图 1.1.3 2017 年全国城乡居民家庭不同电视信号接收方式的比例（%）

从各大行政区的情况来看，有线电视普及率最高的是西北地区，达到94.4%；其他比较高的地区还有东北和华东，有线电视普及率均超过90%，其中东北为94.1%，华东为90.9%；西南地区有线电视家庭比例较低，为86.7%；华中地区最低，仅为81.6%（图1.1.4）。华中地区通过非有线方式收看卫视频道的比例较大，达14.6%；这个比例在西南地区也较高，为11.6%；西北和东北较低，分别为3.2%和2.4%。无线用户的比例在华中、东北和华东地区相对较高，分别为3.8%、3.5%和3.5%；在华南和西南地区则较低，分别为2.1%和1.7%。

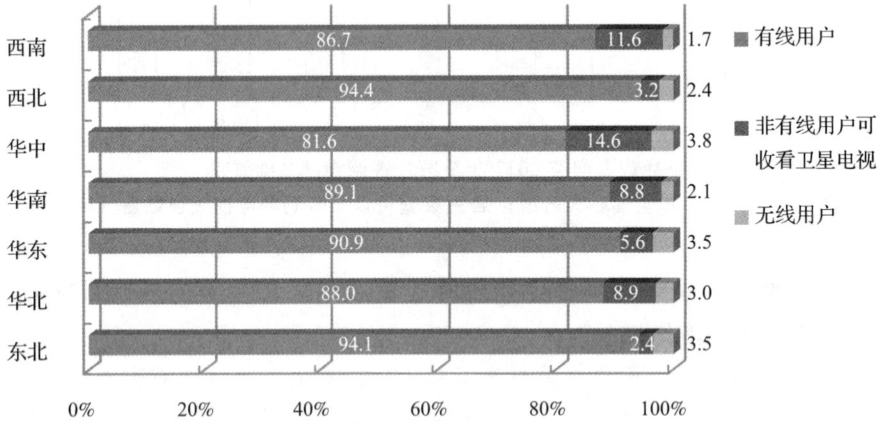

数据来源：CSM媒介研究2017年全国收视调查网基础研究

图1.1.4　2017年全国各大行政区居民家庭不同电视信号接收方式的比例（%）

CSM媒介研究全国收视调查网基础研究数据表明，近年来我国电视家庭中可接收数字电视或IPTV的比例在稳步增长，2017年该比例已达64.2%，比2016年增长了4.9个百分点。其中在城市为75.2%，比2016年增长了3.7个百分点；在农村为56.5%，比2016年增长了5.8个百分点（图1.1.5）。从不同地区来看，全国七大行政区中可接收

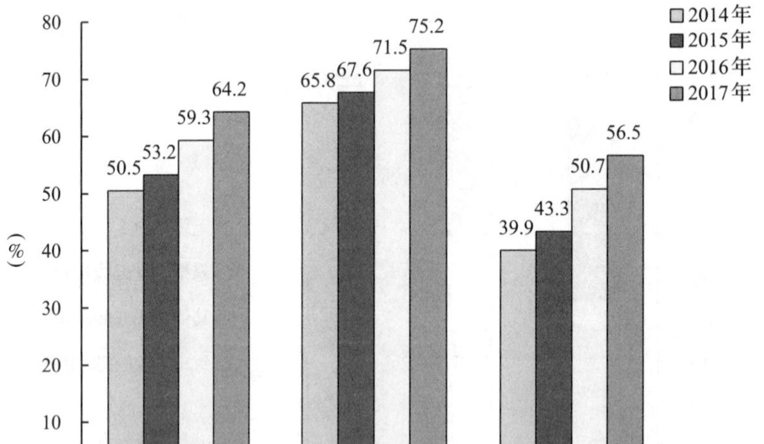

数据来源：CSM媒介研究历年全国收视调查网基础研究

图1.1.5　2014～2017年全国城乡居民家庭可接收数字电视或IPTV的比例（%）

数字电视或 IPTV 的电视家庭比例有一定差异，在东北和华东地区，其比例都在 70% 以上，东北地区更是高达 75.6%；华北、华南、华中和西南地区在 54% 到 64% 之间；西北地区最低，仅有 52.7% 的电视家庭可以接收数字电视或 IPTV（图 1.1.6）。

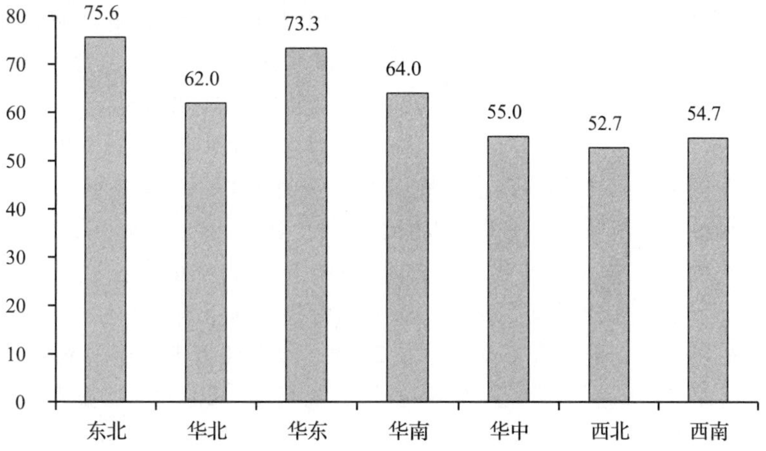

数据来源：CSM 媒介研究 2017 年全国收视调查网基础研究

图 1.1.6　2017 年全国各大行政区居民家庭可接收数字电视或 IPTV 的比例（%）

5. 95.7% 的城市家庭和 96.0% 的农村家庭可以收看到卫视节目

2017 年全国收视调查网基础研究数据表明，2017 年全国可接收卫视频道的家庭比例达 95.9%；其中在城市，95.7% 的电视家庭可以收看到卫星电视节目；在农村，电视家庭中能够收看到卫视节目的比例达到了 96.0%。从不同地区来看，全国七大行政区之间能收看到卫星电视节目的电视家庭比例有一定的差异，但相差不大，最高的西南地区高达 98.1%，最低的华中地区为 94.6%，其他地区在 95.0% ~98.0% 之间（图 1.1.7）。

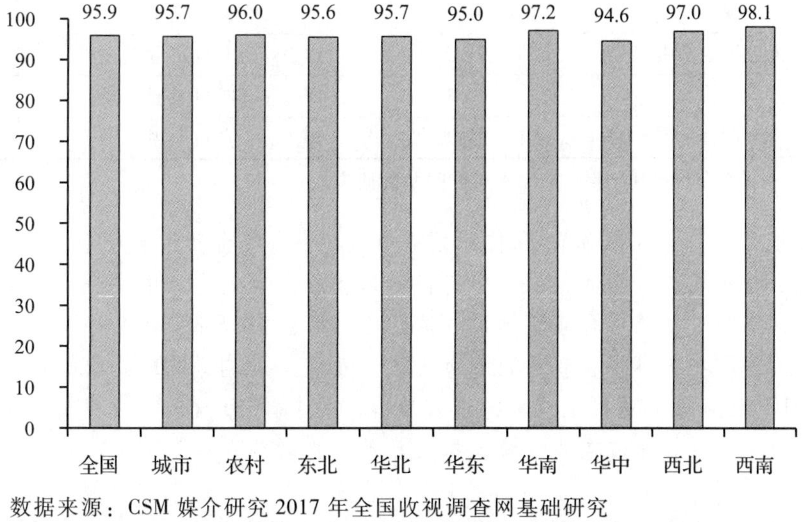

数据来源：CSM 媒介研究 2017 年全国收视调查网基础研究

图 1.1.7　2017 年全国及分城乡、分地区居民家庭可收看到卫视频道的比例（%）

6. 中央电视台继续保持其全国覆盖优势，省级卫视在本地区的覆盖优势较大

中央电视台频道依靠其强大的资源优势和作为国家级频道的特殊地位，在全国的覆盖率仍然保持了很大优势（表1.1.6）。CSM媒介研究2017年全国收视调查网基础研究数据显示，在全国覆盖率排名前10位的频道中，中央电视台频道有6个，而进入覆盖率排名前20的频道中，中央电视台频道有9个。2017中央电视台新闻频道排名第一位，覆盖率达93.4%，与2016年的90.5%相比覆盖率有所上升；中央台二套排名由2016年的第三位上升到第二位，覆盖率由2016年的90.5%上升到92.6%；中央台七套、中央电视台综合频道、中央电视台少儿频道、中央台四套、中央台十套、中央台十二套、中央台十一套的覆盖率也都在90%以上。在省级卫视频道中，山东卫视、湖南卫视、安徽卫视和浙江卫视的覆盖率最高，分别为91.6%、91.4%、91.4%和91.1%，排名分别居于第五、第六、第六（并列）和第九位。与2016年相比，山东卫视排名上升了9位，安徽卫视排名上升了6位，湖南卫视和浙江卫视的排名则下跌了1位。除了排名前10位的4个省级卫视频道外，进入覆盖率排名前20位的省级卫视频道还包括江西、江苏、北京、天津、上海东方、四川和贵州这7个省级卫视频道。2017年覆盖率排名前20名频道的覆盖率都在89%以上。

表1.1.6　2017年全国卫视频道覆盖率排名前二十位

排名	频道	覆盖率（%）	排名	频道	覆盖率（%）
1	中央电视台新闻频道	93.4	9	中央台十套	91.1
2	中央台二套	92.6	12	江西电视台卫星频道（一套）	90.8
2	中央台七套	92.6	12	中央台十二套	90.8
4	中央电视台综合频道	92.3	14	江苏卫视	90.7
5	山东卫视	91.6	15	中央台十一套	90.5
6	湖南电视台卫星频道	91.4	15	北京卫视	90.5
6	安徽卫视	91.4	17	天津卫视	90.4
8	中央电视台少儿频道	91.2	18	上海东方卫视	90.1
9	浙江卫视	91.1	19	四川卫视	90.0
9	中央台四套	91.1	20	贵州卫视	89.8

数据来源：CSM媒介研究2017年全国收视调查网基础研究

在城市地区，覆盖率排名前10位的频道中，中央电视台频道有6个，包括中央电视台综合频道、中央电视台新闻频道、中央台四套、中央台七套、中央台十一套和中央台二套。其中，中央电视台综合频道排第一位，覆盖率达93.6%；另外中央电视台少儿频道、中央台十套和中央电视台音乐频道也进入了覆盖率排名前20位（表1.1.7）。在城市地区，2017年有11个省级卫视频道进入覆盖率排名前20位，其中湖南、浙江、江苏和安徽这4个省级卫视频道在城市地区排名靠前，排名分别居于第七、第八、第八（并列）和第十位。另外，江西卫视、北京卫视、山东卫视、上海东方卫视、四川卫视、贵州卫视和天津卫视也进入了覆盖率排名前20位，分别排在第十二到第二十位之间。

表 1.1.7　2017 年城市地区卫视频道覆盖率排名前二十位

排名	频道	覆盖率（%）	排名	频道	覆盖率（%）
1	中央电视台综合频道	93.6	11	中央电视台少儿频道	90.3
2	中央电视台新闻频道	93.0	12	江西电视台卫星频道（一套）	90.1
3	中央台四套	91.6	12	北京卫视	90.1
4	中央台七套	91.5	12	中央台十套	90.1
5	中央台十一套	91.4	15	山东卫视	90.0
6	中央台二套	91.0	16	上海东方卫视	89.9
7	湖南电视台卫星频道	90.6	16	中央电视台音乐频道	89.9
8	浙江卫视	90.5	18	四川卫视	89.8
8	江苏卫视	90.5	19	贵州卫视	89.4
10	安徽卫视	90.4	20	天津卫视	89.3

数据来源：CSM 媒介研究 2017 年全国收视调查网基础研究

与往年不同，2017 年卫视频道在农村地区的覆盖率整体上比在城市地区稍高。从排名前 20 位的频道来看，在农村地区，2017 年排名最后一位频道的覆盖率是 90.1%，高于 2016 年的 85.8%，也高于 2017 年城市地区的 89.3%。中央电视台频道的覆盖在农村地区同样有着绝对的强势地位，在覆盖率排名前 20 位的频道中，中央电视台频道占了 8 个；在覆盖率排名前 10 位的频道中，中央电视台频道也有 6 个，其中中央台二套、中央电视台新闻频道和中央台七套位列前三甲。农村地区进入覆盖率排名前 20 位的省级卫视频道达到 12 个，比城市地区多 1 个；从频道排名来看，山东卫视、安徽卫视、湖南卫视和浙江卫视在农村地区的覆盖率进入前 10 位，江西卫视、天津卫视、江苏卫视、北京卫视、河南卫视、四川卫视、上海东方卫视和贵州卫视也进入了排名的前 20 位（表 1.1.8）。

表 1.1.8　2017 年农村地区卫视频道覆盖率排名前二十位

排名	频道	覆盖率（%）	排名	频道	覆盖率（%）
1	中央台二套	93.7	11	中央电视台综合频道	91.4
2	中央电视台新闻频道	93.6	12	江西电视台卫星频道（一套）	91.2
3	中央台七套	93.3	13	天津卫视	91.1
4	山东卫视	92.7	14	江苏卫视	90.9
5	中央台十二套	92.2	15	北京卫视	90.8
6	安徽卫视	92.1	16	中央台四套	90.7
7	湖南电视台卫星频道	92.0	17	河南电视台卫星频道（一套）	90.5
8	中央电视台少儿频道	91.8	18	四川卫视	90.2
8	中央台十套	91.8	18	上海东方卫视	90.2
10	浙江卫视	91.6	20	贵州卫视	90.1

数据来源：CSM 媒介研究 2017 年全国收视调查网基础研究

表 1.1.9　2017 年东北地区卫视频道覆盖率排名前二十位

排名	频道	覆盖率（%）	排名	频道	覆盖率（%）
1	中央电视台综合频道	96.3	11	中央台十一套	94.3
2	辽宁卫视	95.4	11	天津卫视	94.3
3	中央台七套	95.3	13	安徽卫视	94.2
3	中央台二套	95.3	14	北京卫视	94.1
5	中央电视台少儿频道	95.0	15	中央台十二套	94.0
6	中央电视台新闻频道	94.8	16	中央台十套	93.9
7	江苏卫视	94.7	17	吉林卫视	93.8
8	山东卫视	94.5	18	广东卫视	93.7
8	浙江卫视	94.5	18	湖南卫视	93.7
10	中央台四套	94.4	20	四川卫视	93.6

数据来源：CSM 媒介研究 2017 年全国收视调查网基础研究

表 1.1.10　2017 年华北地区卫视频道覆盖率排名前二十位

排名	频道	覆盖率（%）	排名	频道	覆盖率（%）
1	北京卫视	94.1	11	安徽卫视	92.1
2	中央台二套	93.8	12	江西卫视	92.0
3	河北广播电视台卫视频道	93.3	13	浙江卫视	91.9
4	天津卫视	92.7	14	中央台四套	91.5
5	中央台十套	92.6	14	四川卫视	91.5
6	江苏卫视	92.5	16	中央台十二套	91.4
6	山东卫视	92.5	17	重庆卫视	91.2
8	湖南卫视	92.3	18	山西卫视	91.1
8	中央电视台新闻频道	92.3	19	河南电视台卫星频道（一套）	90.8
8	中央台七套	92.3	20	中央电视台少儿频道	90.7

数据来源：CSM 媒介研究 2017 年全国收视调查网基础研究

表 1.1.11　2017 年华东地区卫视频道覆盖率排名前二十位

排名	频道	覆盖率（%）	排名	频道	覆盖率（%）
1	中央电视台综合频道	94.3	11	浙江卫视	90.6
2	山东卫视	92.7	11	中央电视台少儿频道	90.6
3	中央台七套	92.4	13	中央台十套	90.5
4	中央台四套	92.1	14	中央台十二套	90.3
5	中央电视台新闻频道	91.9	15	上海东方卫视	90.0
6	中央台二套	91.7	16	天津卫视	89.7
7	安徽卫视	91.6	17	江西卫视	89.5
8	湖南卫视	91.3	18	北京卫视	89.3
9	中央台十一套	91.0	18	中央电视台音乐频道	89.3
10	江苏卫视	90.8	20	贵州卫视	89.0

数据来源：CSM 媒介研究 2017 年全国收视调查网基础研究

表 1.1.12 2017 年华南地区卫视频道覆盖率排名前二十位

排名	频道	覆盖率（%）	排名	频道	覆盖率（%）
1	中央电视台综合频道	97.0	11	四川卫视	91.2
2	中央电视台新闻频道	94.2	12	北京卫视	90.8
3	中央台二套	93.7	13	安徽卫视	90.7
4	广东卫视	93.4	14	中央台十套	90.3
5	中央台七套	93.1	15	山东卫视	89.3
6	江苏卫视	93.0	16	江西卫视	88.9
7	浙江卫视	92.0	17	中央台四套	88.2
7	上海东方卫视	92.0	18	贵州卫视	87.8
9	中央电视台少儿频道	91.9	18	中央台十二套	87.8
10	湖南卫视	91.3	20	河南电视台卫星频道（一套）	86.7

数据来源：CSM 媒介研究 2017 年全国收视调查网基础研究

表 1.1.13 2017 年华中地区卫视频道覆盖率排名前二十位

排名	频道	覆盖率（%）	排名	频道	覆盖率（%）
1	中央台七套	93.7	11	浙江卫视	90.9
2	中央台二套	93.5	12	安徽卫视	90.7
3	中央台十套	93.1	13	天津卫视	90.6
3	中央台十二套	93.1	14	河南电视台卫星频道（一套）	90.5
5	中央电视台新闻频道	93.0	14	北京卫视	90.5
6	湖南卫视	92.9	16	山东卫视	89.9
7	中央台四套	92.7	17	湖北卫视	89.1
8	中央电视台少儿频道	91.8	18	江西卫视	89.0
9	中央电视台音乐频道	91.2	19	江苏卫视	88.8
10	中央台十一套	91.1	20	中央电视台综合频道	88.7

数据来源：CSM 媒介研究 2017 年全国收视调查网基础研究

表 1.1.14 2017 年西北地区卫视频道覆盖率排名前二十位

排名	频道	覆盖率（%）	排名	频道	覆盖率（%）
1	中央台七套	95.8	10	天津卫视	93.1
2	中央电视台综合频道	95.3	12	安徽卫视	92.8
3	中央台二套	94.5	13	四川卫视	92.7
4	中央电视台新闻频道	94.2	14	中央台四套	92.5
5	中央台十套	93.7	15	江苏卫视	92.4
6	宁夏卫视	93.3	15	辽宁卫视	92.4
6	中央台十二套	93.3	17	甘肃卫视	92.3
8	中央电视台少儿频道	93.2	18	北京卫视	92.2
8	山西卫视	93.2	18	上海东方卫视	92.2
10	江西卫视	93.1	18	新疆卫视	92.2

数据来源：CSM 媒介研究 2017 年全国收视调查网基础研究

表 1.1.15　2017 年西南地区卫视频道覆盖率排名前二十位

排名	频道	覆盖率（%）	排名	频道	覆盖率（%）
1	中央电视台新闻频道	95.9	11	甘肃卫视	90.6
2	江西卫视	93.7	12	山东卫视	90.5
3	广西电视台卫星频道	93.4	12	东南卫视	90.5
4	河南电视台卫星频道（一套）	92.6	14	重庆卫视	90.3
5	陕西卫视	92.3	15	山西卫视	90.2
6	河北广播电视台卫视频道	92.1	16	中央台十一套	89.6
7	贵州卫视	92.0	17	西藏二套（汉语卫视）	89.5
8	云南广播电视台卫视频道（一套）	91.8	18	湖北卫视	89.4
9	四川卫视	91.5	18	吉林卫视	89.4
10	新疆卫视	91.3	20	天津卫视	89.1

数据来源：CSM 媒介研究 2017 年全国收视调查网基础研究

随着有线网络的普及以及数字电视的不断推广，频道竞争日益加剧，各卫视频道在不同地区的覆盖率明显不同。除西南地区以外，中央电视台频道在各个地区都明显占据优势地位，但在不同地区，其优势还是有不同程度的差异。CSM 媒介研究 2017 年全国收视调查网基础研究数据表明，在各大行政区覆盖率排名前 20 位的频道中，中央电视台频道在在华东地区有 10 个，在华中地区有 10 个，在东北地区有 9 个，在华南地区有 8 个，在西北地区有 8 个，在华北地区有 7 个，而在西南地区只有两个。各省级卫视的覆盖率排名在不同地区差异很大，一般来说，各省级卫视在本地区的覆盖排名优势较大。如在东北地区，辽宁卫视排在第二位，吉林卫视排在第十七位；北京卫视覆盖率在华北地区高居榜首，河北卫视和天津卫视分别排名第三和第四位，山西卫视居第十八位；山东卫视、安徽卫视、江苏卫视、浙江卫视、上海东方卫视和江西卫视在华东地区都进入了前 20 位，山东卫视更是排名第二位；广东卫视在华南地区覆盖率排名位列第四；湖南卫视在华中地区覆盖率排名第六，河南卫视和湖北卫视在华中地区分别排在第十四和第十七位；宁夏卫视在西北地区排名第六位，甘肃卫视排在第十七位，新疆卫视排名也进入了前 20 位；贵州卫视、云南卫视和四川卫视则在西南地区覆盖率排名分列第七、第八和第九位，重庆卫视和西藏卫视排名也进入了前 20 位。

二、电视观众特征

2017 年，全国电视观众规模达 12.87 亿人，人数较 2016 年略有增长；电视观众性别构成继续保持稳定，与人口性别构成趋同；城乡观众年龄构成各有特色，中青年为主体观众群；中低学历人群构成了主体观众群，城市观众文化程度明显高于乡村观众；城乡观众职业构成同中有异；城市观众个人月收入水平高于乡村观众。

1. 全国电视观众规模达12.87亿人，人数较2016年略有增长

继2008年国家提前实现中央广播电视节目“十一五”乡村无线覆盖目标后，国家又推出“家电下乡、以旧换新”等政策，并大力推进数字电视转换。在多项政策的共同推动下，全国电视观众规模连续多年呈现增长态势。但由于受到新媒体的冲击及受众媒介使用习惯的变化，同时受众使用的媒介工具也在发生着翻天覆地的变化，电视观众规模在2013年首次出现了下滑，然后从2014年开始又略有回升，2017年基本延续此态势，全国电视观众规模较2016年略有增加。CSM媒介研究全国测量仪收视调查网2017年基础研究数据显示，2017年中国内地年龄在4岁及以上的电视观众规模达到12.87亿人，占全国4岁及以上人口的97.5%。与2016年相比，2017年中国电视观众规模增加了379万人，升幅为0.3%。但值得注意的是，2017年电视观众规模虽然有所上升，但在全国4岁及以上人口中所占的比例却是下降的，较2016年下降了0.3个百分点。

2. 电视观众性别结构仍保持稳定，与人口性别构成趋同

CSM媒介研究2017年全国测量仪收视调查网电视观众数据显示，男性观众比例为51.1%，女性观众比例为48.9%，与2016年CSM媒介研究的调查数据趋同，说明目前我国电视观众的性别结构基本保持稳定。同时，这一性别结构也与中国内地人口的性别构成差别不大，《中国统计年鉴（2017）》[①]数据显示，2016年全国男性人口占总人口的51.2%，女性人口所占比例为48.8%。城乡电视观众的性别构成与全国整体观众的性别构成也基本一致：在城市观众中，男性群体所占比例为51.2%，女性群体所占比例为48.8%；在乡村，男女观众所占比例分别为51.0%和49.0%（图1.2.1）。

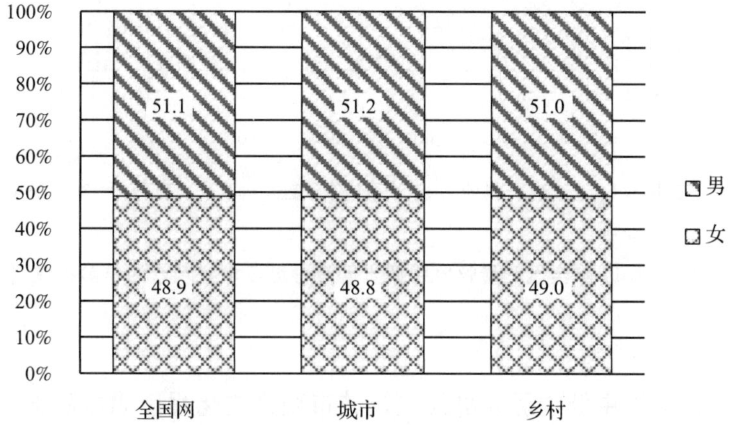

数据来源：CSM媒介研究

图1.2.1　2017年全国测量仪收视调查网及分城乡电视观众的性别构成（%）

① http://www.stats.gov.cn/tjsj/ndsj/2017/indexch.htm。

3. 城乡观众年龄构成各有特色，中青年为主体观众群

2017 年全国电视观众年龄构成显示，35～44 岁和 15～24 岁这两个群体在所有电视观众中所占的比例居前两位，分别为 19.0% 和 17.5%，二者之和占据了超过三分之一的比例；25～34 岁和 45～54 岁观众群所占的比例分列第三和第四位，分别为 15.6% 和 14.6%，二者相加占据超过 30% 的比例；4～14 岁、55～64 岁和 65 岁及以上观众群体所占比例相对较小，依次分别为 12.7%、11.2% 和 9.4%。比较城乡观众的年龄构成可以看出，乡村观众中 4～14 岁少年观众和 55 岁及以上中老年观众所占比例均高于城市同年龄段观众所占的比例，而 25～54 岁中青年观众的合计比例则低于城市同年龄段观众。总体而言，乡村观众年龄构成呈现出两头大、中间小的特征，而城市观众年龄构成恰好相反，表现为中间大、两头小的特征。无论是哪种情形，中青年群体构成了城乡观众的主体受众群这一点是毋庸置疑的（图 1.2.2）。

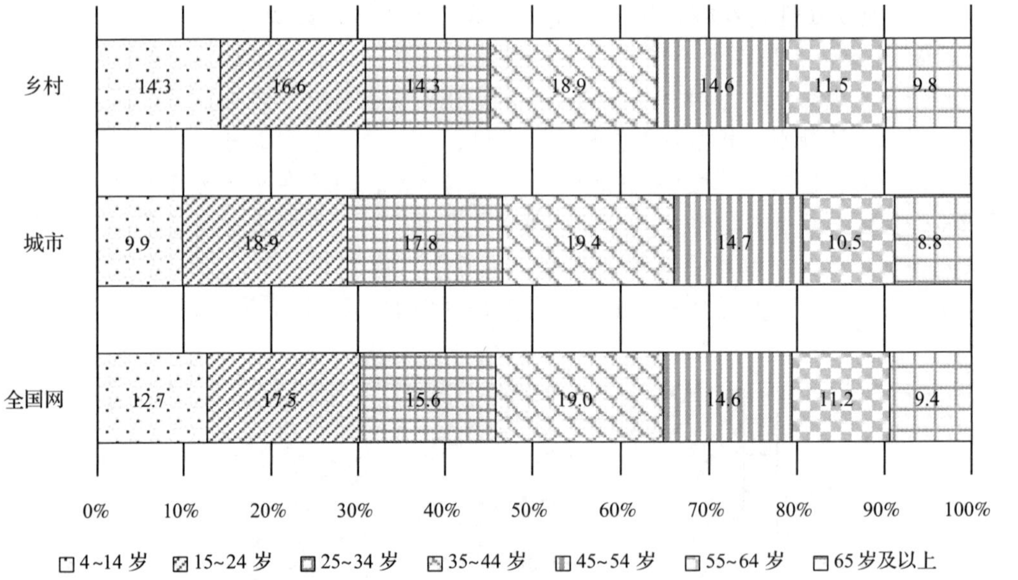

数据来源：CSM 媒介研究

图 1.2.2　2017 年全国测量仪收视调查网及分城乡电视观众的年龄构成（%）

4. 主体观众群以中低学历人群为主，城市观众文化程度明显高于乡村观众

全国电视观众文化程度构成显示，中低学历观众占据了绝对优势。占比位居前 3 位的分别是初中文化程度观众、小学文化程度观众和高中文化程度观众，所占比例分别为 35.3%、24.9% 和 18.8%，初中文化程度的观众占据了超过三分之一的比例，以绝对优势居首位；排在第四位的是大学及以上文化程度的观众，所占比例为 11.9%，排在最后一位的是未受过正规教育的观众，所占比例仅为 9.1%。整体而言，我国电视主体观众群学历不高是不争的事实。城乡观众的文化程度构成也具有各自鲜明的特点，且城市观

众的文化程度明显高于乡村观众。城市观众中高中及以上文化程度观众的比例高达44.4%，乡村观众中该比例则仅为21.9%，不到城市观众此类人群比例的一半；城市观众中小学及以下文化程度观众所占比例为24.5%，而在乡村观众中该群体所占的比例高达40.1%（图1.2.3）。

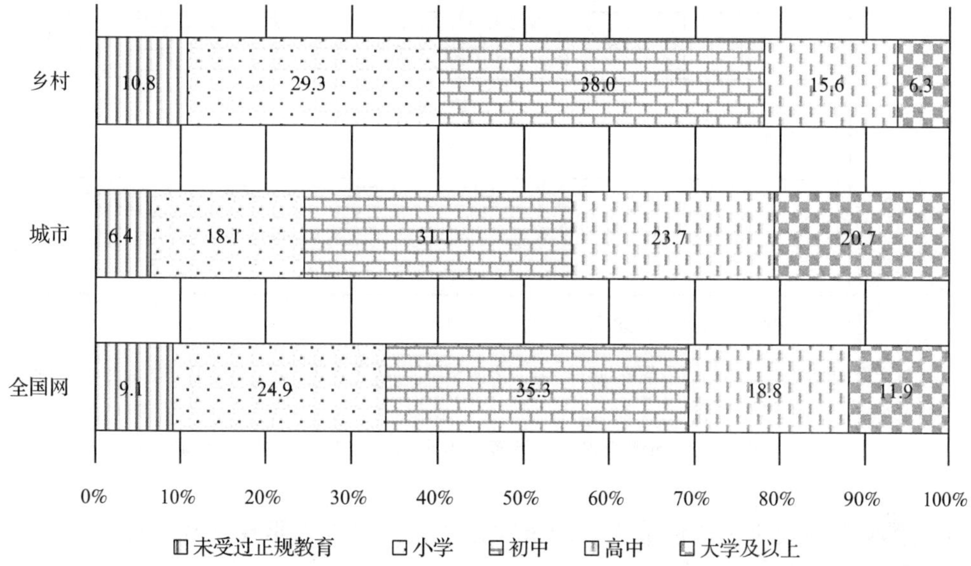

数据来源：CSM媒介研究

图1.2.3　2017年全国测量仪收视调查网及分城乡电视观众的文化程度构成（%）

5. 无业群体占据较大比例，城乡观众职业构成同中有异

2017年全国观众整体职业构成显示，无业群体（包括离退休人员）在电视观众中占据了较大比例，为19.5%，居第二位（第一位为其他职业人群）；位列第三的是学生，所占比例为16.7%；排在第四位的是个体/私营企业人员，占了13.6%的比例；然后依次为工人、初级公务员/雇员和干部/管理人员，分别占到了12.9%、10.9%和1.5%的比例。全国测量仪收视调查网中包括了对乡村的调查，农民/渔民/牧民等包含在其他类中，因此该群体占到了全国电视观众的24.9%，居首位。分城乡来看，电视观众职业构成同中有异，相同之处在于：无论是在城市还是在乡村，无业群体（包括离退休人员）均在电视观众中占据了较大的比例，在城市中该比例达到了22.6%，在所在职业类别中占比最大，在乡村观众中该群体所占比例也高达17.6%。城乡观众职业构成最大的差异在于：乡村拥有较高比例的农民群体，因此职业类别为“其他”的观众所占比例高达33.7%，远高于城市中该职业类别观众所占比例；城市观众中则是初级公务员/雇员和干部/管理人员所占的比例远高于乡村同类别人群所占的比例（图1.2.4）。

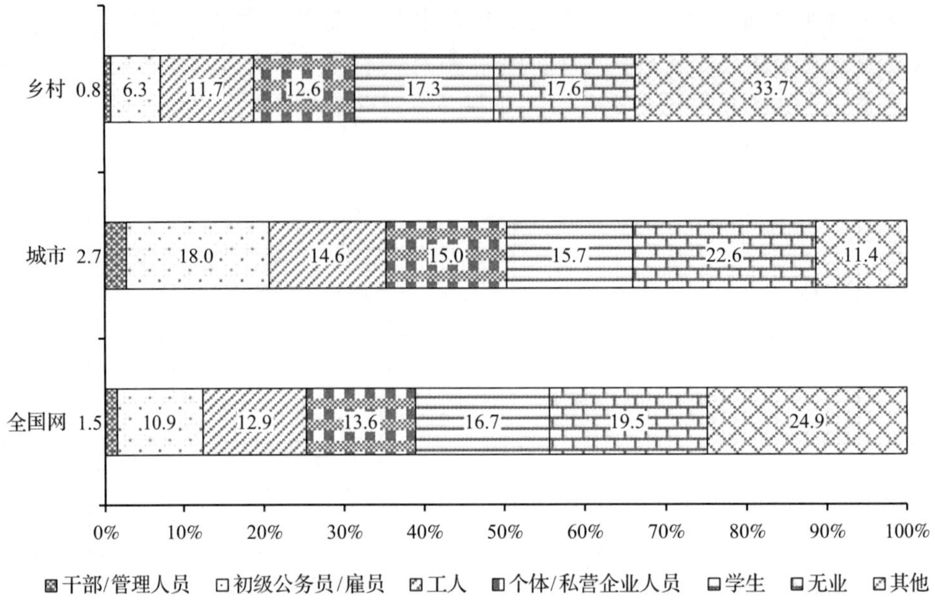

数据来源：CSM 媒介研究

图 1.2.4　2017 年全国测量仪收视调查网及分城乡电视观众的职业构成（%）

6. 低收入观众所占比例最大，城市观众个人月收入水平高于乡村观众

2017 年全国观众整体个人月收入构成显示，低收入观众所占比例最大。城市观众中，中高收入人群所占比例明显高于乡村中该类人群所占的比例；乡村观众中，低收入人群所占比例更大。城市观众个人月收入水平高于乡村观众是最大的特点。个人月收入 0～300 元的低收入群体所占比例最大，全国为 36.5%，城市为 30.7%，乡村则高达

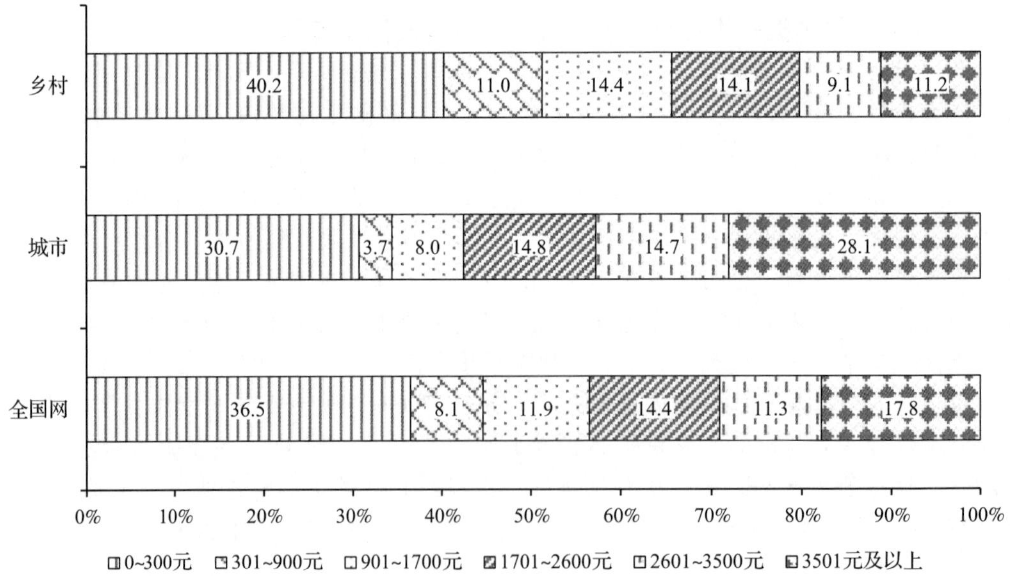

数据来源：CSM 媒介研究

图 1.2.5　2017 年全国测量仪收视调查网及分城乡电视观众的个人月收入构成（%）

40.2%。在城市观众中，个人月收入2601元及以上的中高收入人群所占比例为42.8%，超过四成，而乡村观众中该比例则仅为20.3%，较城市中该收入人群所占比例少了22.5个百分点（图1.2.5）。

三、观众收视行为

2017年全国电视观众人均收视时长低于2016年，跌势加剧，不同目标人群的收视水平均有不同程度的下滑。收视水平在春节期间有短时回升，但升势甚微，且暑期会出现的收视小高峰在2017年不复存在。全天收视走势基本保持稳定，黄金时段的收视萎缩现象加剧。

（一）人均收视时间

1. 2017年全国电视观众人均每日收视时间为139分钟，跌势加剧

2001年以来，我国电视观众人均收视时长呈波动下行的态势。2005年和2006年，得益于各级电视台在新闻和综艺等节目形态上的大力创新和集中发力，以及世界杯等特殊事件的推动，观众人均收视时间曾一度回升。到2007年，由于观众对选秀和民生新闻等新节目形态产生了“审美疲劳”，再加上缺乏特殊重大事件的支撑，观众人均收视时长出现下滑。2008年和2009年，由于北京奥运会、建国六十周年大庆等一系列重大事件的发生，观众的注意力被重新拉回电视，人均每日收视时长又略有回升。从2010年开始，全国电视观众人均每日收视时长基本呈现逐年下滑的态势，虽有2012年的短暂回升，但仍难掩其发展“颓势”。尤其是近几年，受新媒体、新技术和移动互联网进一步发展的影响，受众的媒体接触方式发生了较大变化，碎片化、个性化以及随时随地收看的行为正在慢慢地蚕食人们收看电视的时间。在经历了2013年至2016年持续不断的下滑之后，2017年这种跌势进一步加剧，人均每日收视时长缩短到139分钟，为历年来最低，较2016年下降了13分钟（图1.3.1）。

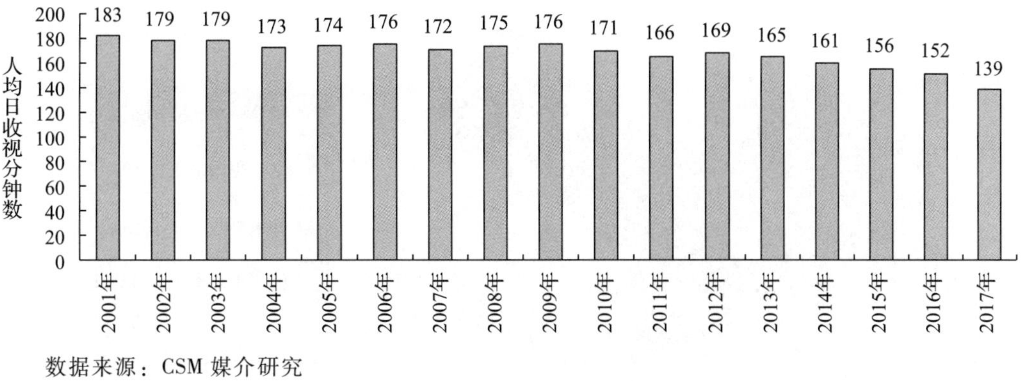

数据来源：CSM媒介研究

图1.3.1 2001~2017年全国样本市（县）[①] 电视观众人均每日收视时间（分钟）

① 注：2009年以前的数据包含有样本城市和样本县，从2009年起全部为样本城市。

2. 七大行政区2017年观众人均每日收视时长较2016年均有不同程度下滑

2017年，七大行政区的人均日收视时长较2016年均有不同程度的下滑（表1.3.1）。华中地区的人均每日收视时长减少幅度最大，从2016年的153分钟降至2017年的132分钟，减少21分钟；其次为东北、西南和西北地区，2017年人均每日收视时长较2016年分别减少了18、16和12分钟；然后是华东和华南地区，2017年人均每日收视时长较2016年均减少了11分钟；减少幅度最小的是华北地区，但也减少了10分钟。

表1.3.1　2001~2017年全国七大行政区电视观众人均每日收视时间（分钟）

地区	2001年	2005年	2010年	2011年	2012年	2013年	2014年	2015年	2016年	2017年
东北	189	193	191	185	190	184	181	179	173	155
华北	200	195	196	196	198	193	188	176	170	160
西北	193	185	180	168	172	169	165	157	154	142
西南	181	179	169	166	174	170	173	174	179	163
华东	177	164	168	162	162	157	151	145	139	128
华南	184	169	152	148	149	146	138	136	133	122
华中	169	157	166	164	166	164	163	161	153	132

数据来源：CSM媒介研究

从各大行政区人均收视时间与全国平均水平对比的差异来看，目前华北和东北地区仍然是电视收视水平较高的区域，高于平均水平的幅度均在10%以上，这很大程度上与上述地区冬季时间较长、气温较低、人们的室内生活时间相对较长有关。同时我们也可以看到，延续2015年以来的新变化，西南地区的人均收视时长也高于平均水平10%以上。相比较而言，在气温相对较高、经济相对发达、人们业余生活相对丰富的华中、华东和华南地区，观众的人均每日收视时间明显较短，均低于全国平均水平（图1.3.2）。

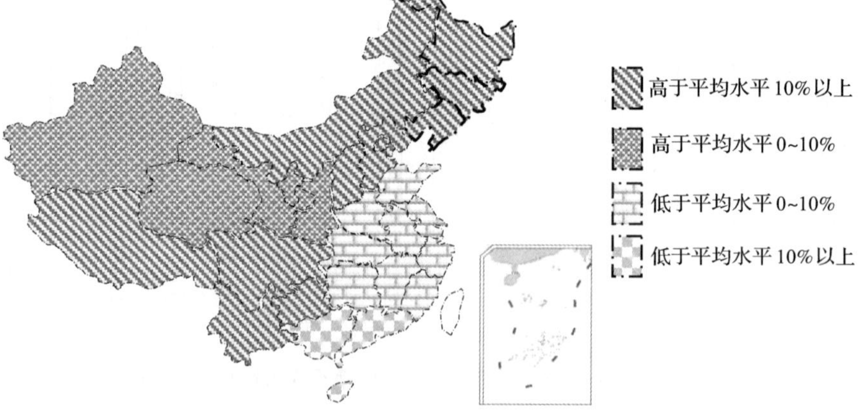

数据来源：CSM媒介研究

图1.3.2　2017年全国电视观众人均每日收视时间的区域差异

3. 人均日收视时长女性观众长于男性观众，较2016年均有下滑

2017年人均每日收视时长显示，女性观众人均每日收视时长为142分钟，男性观众为136分钟，女性观众人均每日收视时长比男性观众多6分钟。同时还可以看出，从2001年起的17年间，女性观众比男性观众花费更多的时间用于看电视是一个规律性现象。无论是女性观众还是男性观众，2017年人均每日收视时长较2016年均有不同程度的下滑，随着新媒体新技术的进一步发展，个性化、碎片化的收视习惯日益形成，男女观众游离于传统电视外的趋势呈进一步蔓延之势（表1.3.2）。

表1.3.2　2001～2017年全国样本市（县）男女观众平均每日收视时间（分钟）

性别	2001年	2005年	2010年	2011年	2012年	2013年	2014年	2015年	2016年	2017年
男	182	172	167	162	164	161	157	153	149	136
女	183	177	176	171	173	170	165	160	156	142

数据来源：CSM媒介研究

4. 老年观众人均收视时间首次出现下滑，中青年观众游离于传统电视之外的趋势加剧

随着互联网、新媒体的进一步发展，受众的收视更为碎片化和个性化，他们分配到传统电视上的时间也不可避免地减少。从目前来看，老年人仍是传统电视的忠实拥趸，中青年人群对传统电视的注意力则进一步游离。但不可忽视的是，2017年老年观众人均每日收视时长也首次出现了下滑。

2017年，65岁及以上老年人群的人均日收视时长为273分钟，一改之前逐年持续增长的态势，首次出现下滑，比2016年减少了8分钟；55～64岁人群的人均日收视时长下滑趋势加重，2017年较2016年减少了14分钟；45～54岁和35～44岁人群2017年的人均日收视时长分别为177分钟和108分钟，较2016年的人均日收视时长分别减少了

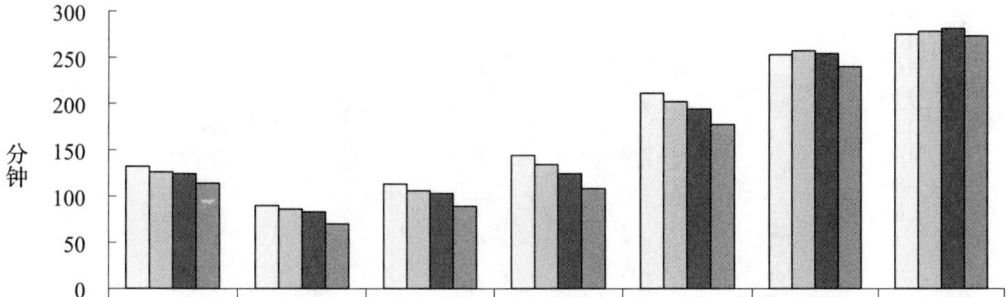

	4~14岁	15~24岁	25~34岁	35~44岁	45~54岁	55~64岁	65岁及以上
□2014年	132	90	113	144	211	253	275
■2015年	126	86	106	134	202	257	278
■2016年	124	83	103	124	194	254	281
■2017年	114	70	89	108	177	240	273

数据来源：CSM媒介研究

图1.3.3　2014～2017年全国样本城市不同年龄段观众人均每日收视时间（分钟）

17 分钟和 16 分钟，成为收视缩水的“重灾区”；4～14 岁、15～24 岁和 25～34 岁人群 2017 年的人均日收视时长分别为 114 分钟、70 分钟和 89 分钟，远低于中老年人群的人均日收视时长，并且呈现出连续 4 年持续下滑的态势，且这种下滑态势有进一步加剧之势。其中，25～34 岁人群的人均日收视时长由 2014 年的 113 分钟下滑至 2017 年的 89 分钟，减少了 24 分钟，15～24 岁人群的人均日收视时长也从 2014 年的 90 分钟减少至 2017 年的 70 分钟，下降了 20 分钟，这两类人群的下滑幅度均较大（图 1.3.3）。青少年人群是互联网和手机的“原住民”，基本可以算是游离于传统电视之外的群体。而从目前的发展趋势来看，受新技术和新媒体发展的影响，受众的收视习惯发生了翻天覆地的变化，中青年人群进一步游离于传统电视以外的趋势也在蔓延，这从 35 岁及以上年龄段人群人均日收视时长均出现不同程度的下降便可窥一斑。

5. 中低学历观众人均收视时间较长，不同受教育程度观众人均日收视时长均有下滑

相对而言，中低学历人群仍然青睐传统电视，2017 年小学学历人群的人均日收视时长为 170 分钟，仍位居各学历人群之首，较 2016 年减少了 10 分钟；初中学历人群的人均日收视时长为 161 分钟，位居次席，较 2016 年减少了 12 分钟，二者的人均日收视时长远高于其他学历人群的收视时长；然后依次为未受过正规教育和高中学历人群，其 2017 年的人均日收视时长分别为 143 分钟和 137 分钟，较 2016 年分别减少了 11 分钟和 13 分钟；大学及以上学历人群每天收看电视的时间最短，为 103 分钟，且从 2014 年以来呈现逐年持续下滑之势（图 1.3.4）。整体而言，不同受教育程度观众人均日收视时长较 2016 年均出现不同程度的下滑是 2017 年最主要的特点，中低学历观众人均收视时间较长，初中及以上受教育程度观众花在收看传统电视上的时间与学历成反向变动关系：学历越高，花在看电视上的时间越少。

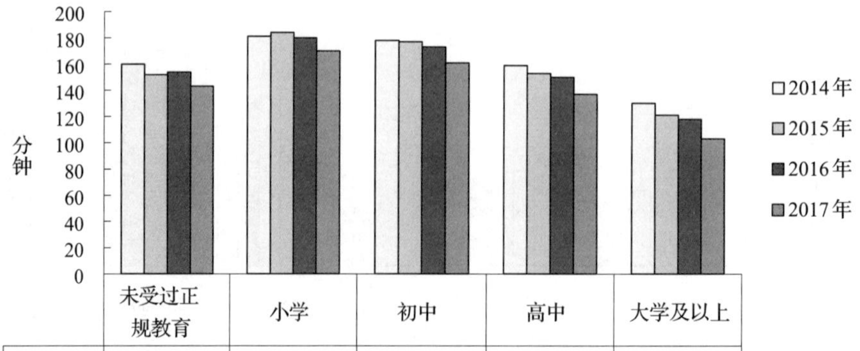

	未受过正规教育	小学	初中	高中	大学及以上
□2014 年	160	181	178	159	130
□2015 年	152	184	177	153	121
■2016 年	154	180	173	150	118
■2017 年	143	170	161	137	103

数据来源：CSM 媒介研究

图 1.3.4　2014～2017 年全国样本城市不同受教育程度观众人均每日收视时间（分钟）

（二）全年收视走势

1. 2017年全年不同时期收视较2016年回落，春节期间有短时回升

受新媒体、新技术发展的影响，受众的收视习惯变化日新月异，表现在收视上就是2017年收视颓势进一步显现，全年不同时期收视水平较2016年均有不同程度的下滑，虽然在春节期间有短时回升，但持续时间短、回升幅度小，仅与2016年同期收视水平持平而已。同时另外一个值得注意的现象是，每年暑假期间会出现的一个收视小高峰在2017年也完全没有出现（图1.3.5）。

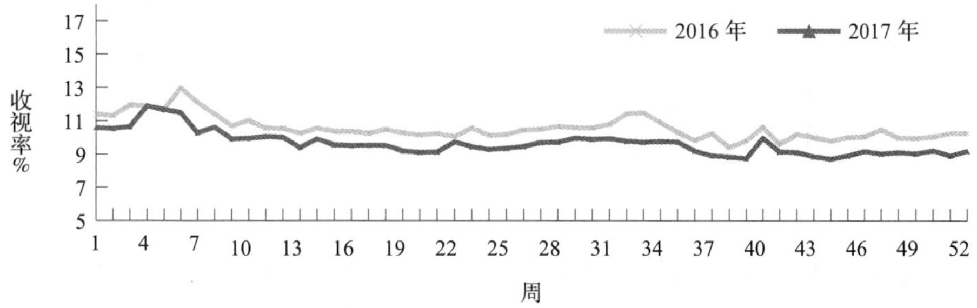

数据来源：CSM媒介研究

图1.3.5　2016年、2017年全国样本城市观众全年分周收视走势

2. 北方收视水平明显高于南方，西南地区收视异军突起

受气候影响，北方冬季时间较长，户外温度较低，相应地人们的室外活动减少，更趋向于在家看电视，因此东北、华北和西北地区在全年各个时期的收视水平普遍高于华东、华南和华中地区，这种优势更多地体现在“五一”之前和“十一”之后。值得关注的是，西南地区从4月底开始一直持续至10月底，收视水平异军突起，位居七大行政区之首（图1.3.6）。

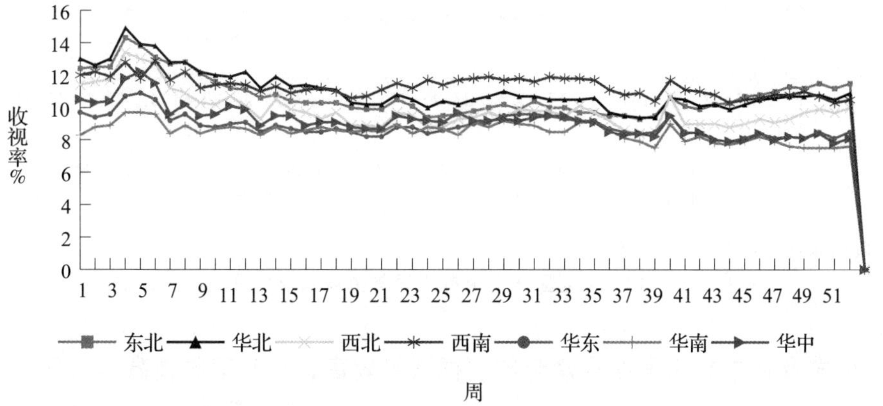

数据来源：CSM媒介研究

图1.3.6　2017年全国七大行政区观众全年分周收视走势

3. 女性观众全年不同时期收视水平普遍高于男性观众

2017 年，男女观众全年收视走势基本趋同，相比女性，男性观众对传统电视的关注度较低，女性观众全年不同时期的收视水平普遍高于男性观众（图 1.3.7）。

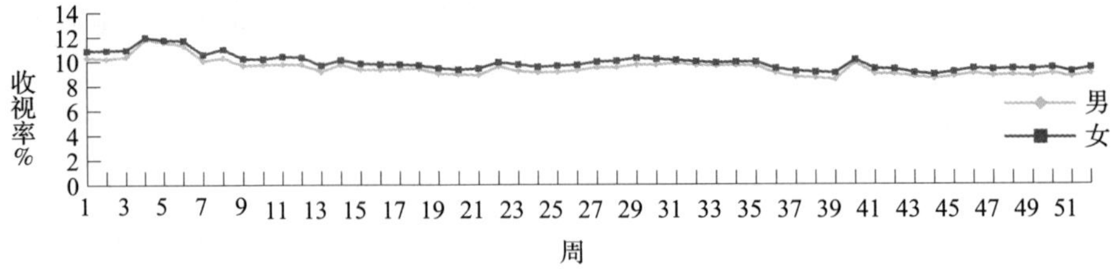

数据来源：CSM 媒介研究

图 1.3.7　2017 年全国样本城市男、女观众全年分周收视走势

4. 中老年观众不同时期收视相对平稳，青少年群体收视时期特征凸显

45 岁及以上中老年人群全年各个时期的收视水平均明显高于年轻观众，且全年波动较小，较为平稳；35～44 岁和 25～34 岁人群收视水平位居中游，且全年各时期较为稳定；24 岁及以下青少年群体大多数时期的收视水平均相对较低，但时期特征较为凸显，逢寒暑假及“十一”黄金周期间，此类人群就会表现出较为明显的收视高潮，该特征在 4～14 岁小观众群体中表现得尤为突出（图 1.3.8）。

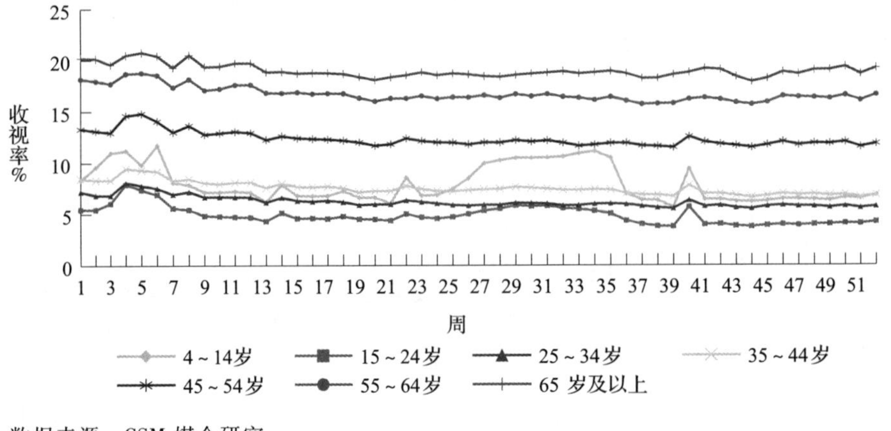

数据来源：CSM 媒介研究

图 1.3.8　2017 年全国样本城市不同年龄观众全年分周收视走势

5. 小学及初中文化程度观众全年收视水平较高，且时期收视高峰凸显

小学和初中文化程度观众全年收视优势尽显，明显高于其他文化程度观众的收视水平。又因为有大批学龄儿童聚集在此类人群中，所以该类人群的收视表现呈现出明显的

时期特征，他们在寒暑假和“十一”黄金周期间收视水平有明显提升，表现出专属于此类人群的相对明显的时期收视高峰；相对而言，高中和大学及以上文化程度观众全年收视较为平缓，后者的收视水平相对偏低（图1.3.9）。

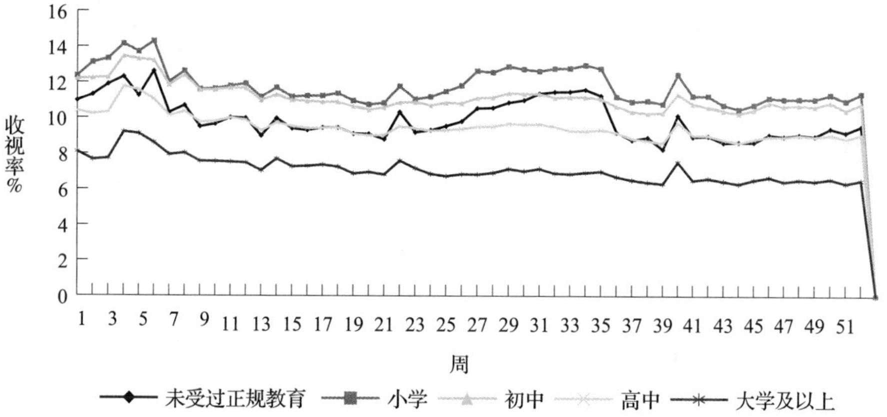

数据来源：CSM媒介研究

图1.3.9 2017年全国样本城市不同受教育程度观众全年分周收视走势

（三）全天收视走势

1. 全天收视走势保持基本稳定，黄金时段收视萎缩现象加剧

2017年全天收视走势与2016年基本保持一致，全天收视走势呈双高峰型，两个峰值分别分布在午间和晚间。全天收视高峰时段为晚间19:00~22:00黄金时段，全天收视最高峰出现在20:30左右，接近33%；收视次高峰时段为午间11:30~13:00时段，峰值出现在12:30，接近12%。整体而言，2017年全天收视走势与受众的工作和生活习惯基本相符，且维持了一直以来的稳定性。相较于2016年，2017年整体收视水平有萎缩，这在晚间黄金时段表现得尤为突出（图1.3.10）。

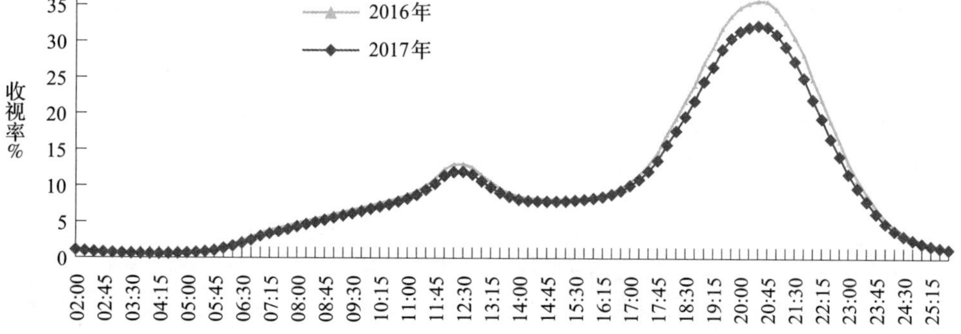

数据来源：CSM媒介研究

图1.3.10 2016年、2017年全国样本城市观众全天收视走势

2. 各区域观众全天收视走势风格各异

中国幅员辽阔，区域差异巨大，长期以来不同区域的人群也形成了各自具有鲜明特色的生活和作息习惯，在收看传统电视的行为上也表现出明显的地域差异。不同地区全天收视走势显示，东北、华北和华东等地理位置偏东的区域，日出时间相对较早，故观众每天收视行为开始得也早，东北地区在早间 07:00 左右就拥有了接近 8% 的收视率，相应地，这些地区日落时间也较早，因此晚间收视高峰开始时段也早于其他地区，如东北地区每天从傍晚 17:00 左右开始就出现收视攀升的态势。相对而言，地理位置相对偏西的西北和西南地区晚间时段拥有相对较高的收视表现，西南地区晚间黄金时段的收视水平明显高于其他地区同时段的收视水平，西北地区则在深夜 23:00 之后时段创造了优于其他地区的收视表现；华南地区晚间收视黄金时段的收视水平明显低于其他地区（图 1.3.11）。

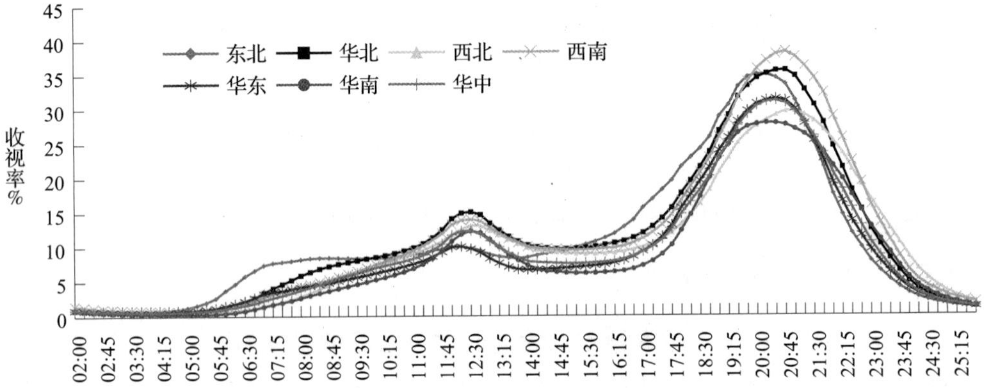

数据来源：CSM 媒介研究

图 1.3.11　2017 年全国七大行政区观众全天收视走势

3. 女性观众收视水平整体高于男性，晚间黄金时段优势显著

男、女观众全天收视走势趋同。女性观众全天大部分时段的收视水平明显高于男性观众，主要集中表现在 09:00～22:45 时段，其中在晚间 19:30～22:00 黄金时段，这种领先优势更是表现得淋漓尽致，该时段各频道播出的内容以电视剧和各类综艺节目为主，由此可见，女性观众对这些类别节目的收视热情高于男性观众（图 1.3.12）。

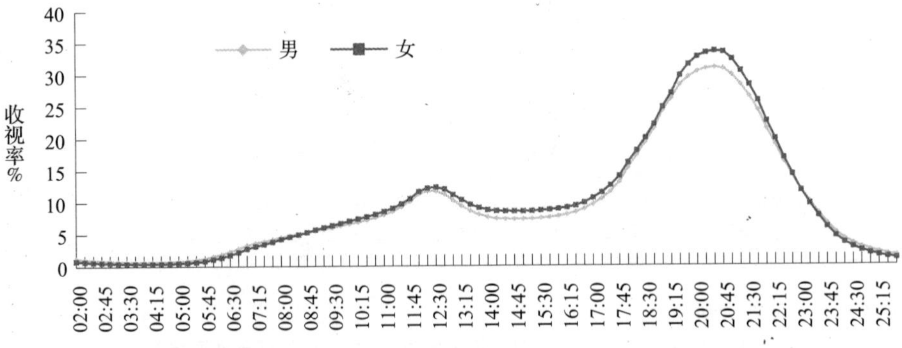

数据来源：CSM 媒介研究

图 1.3.12　2017 年全国样本城市不同性别观众全天收视走势

4. 不同年龄段观众收视表现各具特色，与其年龄契合

各年龄段观众全天收视走势基本趋同，表现出一定的共性，同时，不同年龄段人群的收视走势又表现出与各自年龄相契合的收视特征。55 岁及以上老年人拥有更多的闲暇时光且对时间的自主支配权也相对更高，这决定了他们全天的收视水平明显高于其他年龄段观众，其中 65 岁及以上老年人群在晚间黄金时段更是创下了接近 60% 的收视高峰，这是其他年龄段观众无法企及的高度。35～54 岁观众群基本属于在职人群，白天多在工作岗位，因此他们白天的收视水平相对较低，但到晚间仍然表现出较为突出的收视高峰。34 岁及以下青年和少年儿童观众群受自身作息习惯或身份的限制，同时这几类人群更容易受到新媒体新技术的吸引，一定程度上更偏好于使用其他介质，如电脑、手机和 iPAD 等来达到观看视频、获得资讯的目的，而不再局限于传统电视这种按部就班的收视行为，他们有更大的几率游离于传统电视之外。因此，他们整体收视水平偏低，尤其在晚间收视高峰时段与其他年龄段观众的差距更大，且其收视高峰下滑的时段也较其他年龄段人群更为前移（图 1.3.13）。

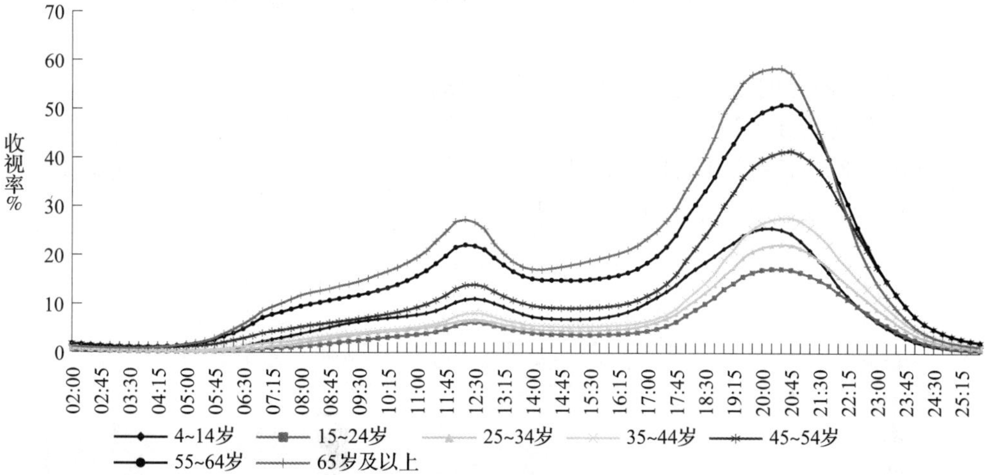

数据来源：CSM 媒介研究

图 1.3.13　2017 年全国样本城市不同年龄观众全天收视走势

5. 不同文化程度观众全天收视走势各有特点

受教育程度不同，日常所思所想和所从事的工作就可能会存在差异，由此形成的日常生活作息习惯也会有所不同，表现在对传统电视的收看上便各有特点。小学和初中学历观众全天收视水平较高，拥有明显高于其他受教育程度观众的午间和晚间收视高峰；未受过正规教育的观众群体晚间收视峰值低于小学和初中学历观众，但其收视高峰却提前于其他受教育程度观众出现，在 20:00 左右就达到了全天的收视顶峰，收视曲线的下滑也早于其他受教育程度观众，基本从 21:00 左右就开始出现；相比而言，高中和大学及以上学历人群的收视水平整体偏低，尤其是大学及以上学历人群，其晚间收视峰值远

低于其他几类受教育程度人群，同时这两类人群在晚间的收视高峰时段整体后延，且跨度较大，在22:00之后的后晚间时段，其收视水平明显高于低教育程度群体的收视水平（图1.3.14）。

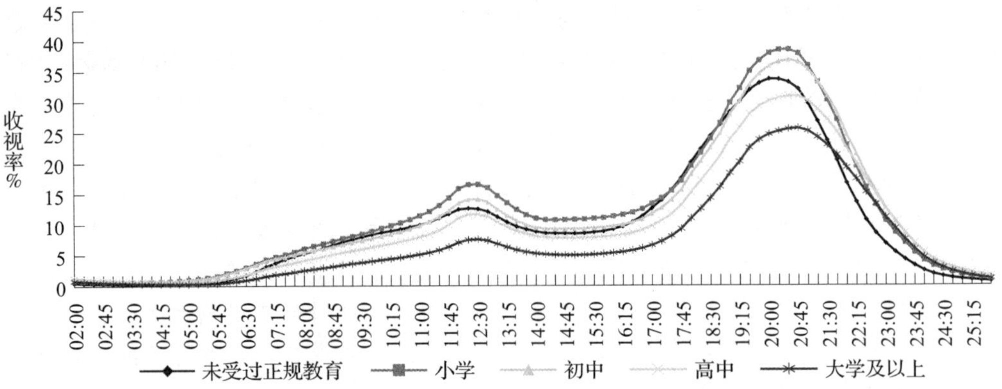

数据来源：CSM媒介研究

图1.3.14　2017年全国样本城市不同受教育程度观众全天收视走势

6. 周末大部分时段收视水平明显高于工作日

沿袭往年的特点，2017年观众周末白天的收视水平明显高于工作日，主要集中在早间07:15之后时段，尤以08:15～18:15时段表现最为明显，周末收视水平较工作日同时段收视水平均高出1个百分点以上（图1.3.15）。

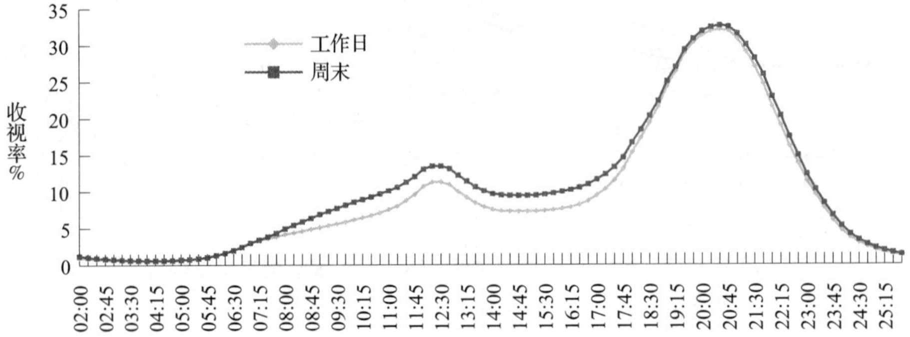

数据来源：CSM媒介研究

图1.3.15　2017年全国样本城市周末和工作日全天收视走势

四、频道竞争格局

2017年，媒体融合进一步向纵深发展，技术变革推动着传媒市场持续裂变，而在这个裂变过程之中，受众收视模式的变化成为影响市场格局的重要推手。无论是全国市场，还是重点省份、城市市场，以回看和点播为代表的时移收视增长明显，表现为其他频道组收视份额的普遍上涨，而在传统收视时空中，不仅地面频道举步维艰，曾经风光无限的省级上星频道也难抑收视下滑的局面，仅中央电视台凭借着大刀阔斧的改革和观念更新，在多个市场的竞争力获得提升。

（一）全国电视收视市场的频道竞争格局

1. 中央电视台占据近三成市场份额，省级卫视竞争力下滑明显

2017 年，在全国 120 城市电视收视市场上，各级频道之间的竞争力角逐更趋白热化。2016 年三分天下的格局被打破，中央电视台的竞争优势进一步凸显，省级卫视和地面频道的市场空间明显萎缩。具体来看，中央电视台共获得 29.9% 的市场份额，与 2016 年的 30% 基本持平；省级卫视市场份额则较 2016 年进一步减少了 1.3 个百分点，降至 28.7%；省市两级地面频道面临着更为严峻的竞争态势，分别获得 19.2% 和 7.4% 的市场份额，较 2016 年共缩减了 1.9 个百分点。总体来看，除中央级频道的竞争力基本保持不变以外，其他各级频道的市场份额均有下滑，这些流失的收视都转移到了中央级、省级、市级频道之外的其他频道中，14.7% 的份额较上年进一步增加 3.3 个百分点，增势十分可观，反映出智能收视设备普及的当下观众收视模式的变迁（图 1.4.1）。

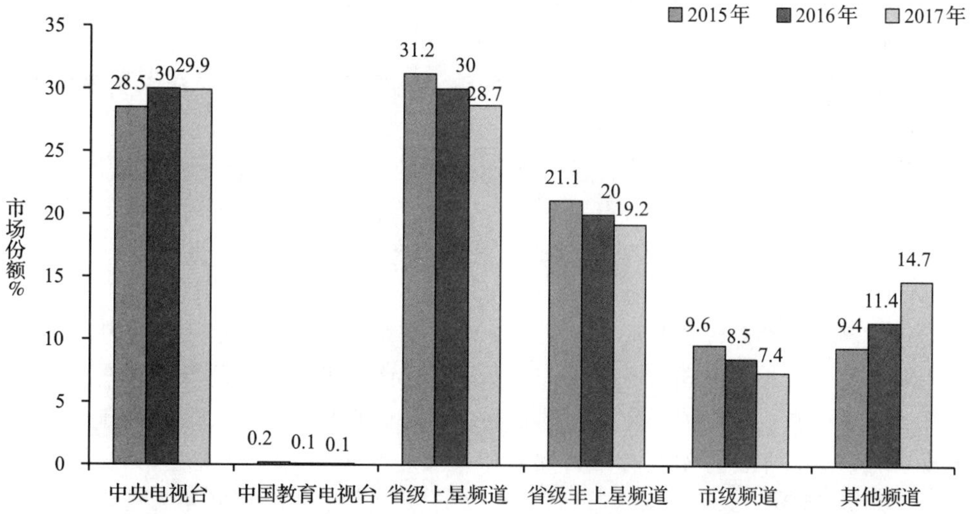

数据来源：CSM 媒介研究

图 1.4.1　2015～2017 年全国电视收视市场上各类频道的市场份额（%）对比

2. 中央电视台早间及上午时段优势明显，省级卫视发力下午及晚间时段

2017 年，在全天不同时段的收视竞争中，各级频道凭借自身的节目资源禀赋与受众吸附能力，形成了差异化的竞争格局。中央电视台在 04:00～13:30 的整个早间及上午时段，保持了绝对的领先优势，尤其在早间 06:00～07:00 时段的竞争力更强，市场份额最高时达到 48%。省级卫视则在下午 13:30～17:00 时段和晚间 19:45～23:45 时段在竞争力上反超，市场份额基本保持在 30% 以上。省市两级地面频道在整体上无法与上星频道

相抗衡，但在17:00~19:00的民生新闻时段竞争力明显提升，尤其是省级地面频道，在18:00~19:00时段的市场份额甚至超过中央级频道，成为竞争力最强的频道组，最高份额达到30%（图1.4.2）。

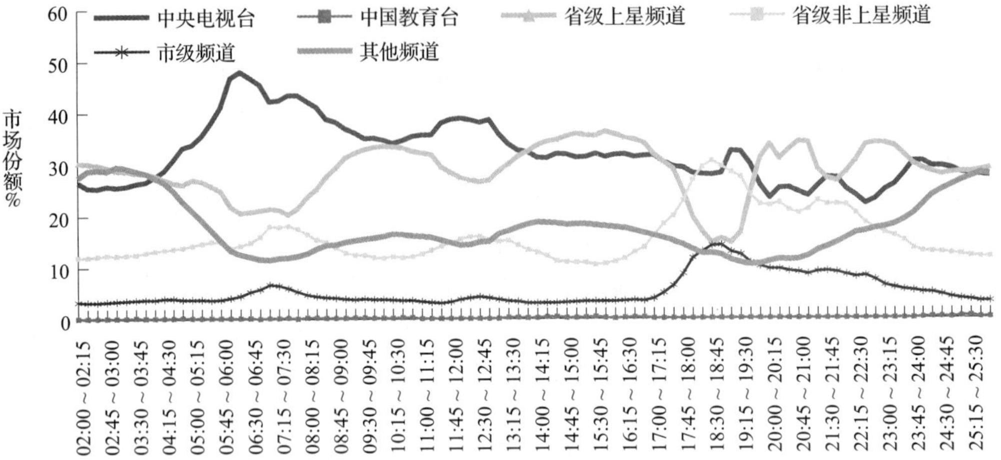

数据来源：CSM 媒介研究

图1.4.2　2017年全国电视收视市场各类频道市场份额（%）全天走势

3. 中央电视台更受男性、老年观众青睐，省级卫视在年轻受众中竞争力更强

2017年，在全国市场各细分受众的收视竞争中，从中央电视台、省级卫视到地面频道，其核心收视群体存在着一定的差异性和互补性。中央电视台继续在男性、中老年、中等学历、中等收入人员中保持着相对竞争优势，省级卫视则对女性、较低年龄层、学生观众更具吸引力，省市两级地面频道更受中高年龄层、中低学历和收入观众的青睐（表1.4.1）。

在以性别为细分标准的收视市场上，男性观众对中央电视台的收视份额较所有观众平均水平高出2.4个百分点，女性观众对省级卫视的收视份额则较所有观众的平均水平高出2.2个百分点；省级地面频道的男女观众市场份额相当，市级地面频道对女性观众更具吸引力。在以年龄为细分标准的收视市场上，中央电视台频道对55岁及以上中老年观众尤其是65岁及以上老年观众的吸引力更强，该类观众对中央电视台频道的收视份额远高于4岁及以上观众的平均水平，其中65岁及以上观众的收视份额较平均水平高出9.2个百分点；省级卫视在4~34岁观众群体中的收视份额较所有观众平均水平更高，其中在4~14岁观众中影响力更强；省级非上星频道对55岁及以上的中老年收视群体较具影响力；市级频道则更受45岁及以上观众的青睐。在以学历为细分标准的收视市场上，初高中学历收视群体对中央电视台的收视份额高于4岁及以上观众的平均水平；未受过正规教育和大学及以上学历观众则对省级卫视的收视份额相对更高；省级、市级非上星频道在小学和初中学历观众中的收视份额高于所有观众的平均水平。在以职业为细分标准的收视市场上，以离退休人员为主体的无业观众和其他职业类别的观众对中央电视台频道的收视份额较高；而学生群体和干部/管理人员则对省级卫视表现出更高的收视份额，其中学生群体对省级卫视的收视份额较4岁及以上所有观众高出8.3个百分点；工人、无业和其他职业类别观众对省级非上星频道收视份额更高；个体/私营企业人员和工人对市级频道的收视份额相对更高。在以收入为细分标准的收视市场上，个人月收入1201~2600元的观众对中央电视台的收视份额明显高于所有观众的平均水平；个人月收入0~600元的低收入观众则对省级卫视的收视份额明显高于所有观众的平均水平；个人月收入601~1700元的观众对省级非上星频道表现出较高的收视份额；个人月收入1701~3500元的观众对市级频道的收视份额略高于所有观众的平均水平。

表1.4.1 2017年全国市场各类频道在不同目标观众中的市场份额（%）

目标观众	中央电视台	中国教育台	省级卫视	省级非上星频道	市级频道	其他频道
4岁及以上所有人	29.9	0.1	28.7	19.2	7.4	14.7
男	32.3	0.1	26.6	19.2	7.2	14.6
女	27.4	0.1	30.9	19.2	7.6	14.8
4~14岁	24.3	0.1	38.6	13.5	4.7	18.8
15~24岁	25.0	0.1	32.5	17.2	7.7	17.5
25~34岁	22.5	0.1	33.0	18.0	6.8	19.6
35~44岁	29.1	0.1	31.5	15.7	6.4	17.2
45~54岁	29.2	0.1	27.7	20.2	8.2	14.6
55~64岁	32.7	0.1	25.2	22.7	8.0	11.3
65岁及以上	39.1	0.1	22.4	21.1	8.0	9.3
未受过正规教育	28.1	0.1	32.5	17.0	7.6	14.7
小学	29.9	0.1	28.1	20.2	8.7	13.0
初中	31.0	0.1	27.4	20.3	8.1	13.1
高中	30.3	0.1	28.7	19.6	6.7	14.6
大学及以上	27.6	0.1	30.7	16.5	6.2	18.9
干部/管理人员	28.2	0.1	30.4	15.5	7.0	18.8
个体/私营企业人员	29.7	0.2	28.2	17.7	8.2	16.0
初级公务员/雇员	25.7	0.1	29.8	18.8	7.3	18.3
工人	28.6	0.1	27.9	20.6	8.7	14.1
学生	25.4	0.1	37.2	13.5	5.3	18.5
无业	32.8	0.1	27.0	20.5	7.3	12.3
其他	33.2	0.1	28.0	21.6	7.0	10.1
0~600元	27.0	0.1	33.4	16.8	6.7	16.0
601~1200元	31.2	0.1	27.7	21.0	8.2	11.8
1201~1700元	33.4	0.1	27.3	21.1	7.7	10.4
1701~2600元	32.8	0.1	26.9	20.2	7.8	12.2
2601~3500元	30.6	0.1	26.8	20.3	7.9	14.3
3501~5000元	29.0	0.1	27.2	20.3	7.3	16.1
5001元及以上	27.3	0.1	29.1	17.2	7.0	19.3

数据来源：CSM媒介研究

4. 强势频道竞争力提升，多数省级卫视单频道竞争力难获增长

2017 年，在全国收视市场市场份额排名前 15 位的频道中，中央级频道和省级卫视频道在频道数量上平分秋色，但在单频道竞争力方面，中央级频道显然更具优势。在 TOP5 频道中，中央电视台占据了其中 4 个席位，且各频道的市场份额均较 2016 年有所增长，其中又尤以中央台四套的增幅最为明显。在省级卫视频道中，仅有湖南卫视一个频道入围市场份额排名 TOP5。综观省级卫视频道市场份额较上一年度的变化，除湖南卫视、上海东方卫视、湖南电视台金鹰卡通频道略有增长外，其他省卫视频道持平或有所下降（表 1.4.2）。

表 1.4.2　2017 年全国电视收视市场市场份额排名前十五位的频道

排名	频道	2017 年市场份额（%）	2016 年市场份额（%）
1	中央电视台综合频道	4.4	4.3
2	中央台四套	4.2	3.5
3	湖南卫视	3.4	3.3
4	中央台六套	3.2	3.0
4	中央台八套	3.2	3.1
6	中央台三套	3.0	3.4
7	中央电视台新闻频道	2.5	2.6
7	浙江卫视	2.5	2.7
7	上海东方卫视	2.5	2.4
10	江苏卫视	2.0	2.0
11	中央台五套	1.9	2.4
12	北京卫视	1.7	1.8
13	中央电视台少儿频道	1.6	1.6
14	湖南电视台金鹰卡通频道	1.5	1.4
15	安徽卫视	1.3	1.6
15	山东卫视	1.3	1.3

数据来源：CSM 媒介研究

（二）安徽省电视收视市场的频道竞争格局

1. 中央电视台和安徽省级频道领跑市场，外省卫视占据四分之一的市场份额

在安徽省电视收视市场，中央电视台频道和安徽省级频道竞争力最强，在市场上处于领跑状态。2017 年，中央电视台共获得 33.2% 的市场份额，较 2016 年下降了 2.3 个百分点；安徽省级频道共获得 31.4% 的市场份额，较 2016 年增加了 0.9 个百分点。外省卫视在安徽市场的竞争力略逊于中央电视台和安徽省级频道，但也获得了四分之一的市场份额，与 2016 年相比下降了 1 个百分点。伴随着智能收视终端崛起而不断增长的其他频道市场份额，在安徽市场也呈现明显增长之势，由 2016 年的 7.4% 增至 2017 年的 9.9%（图 1.4.3）。

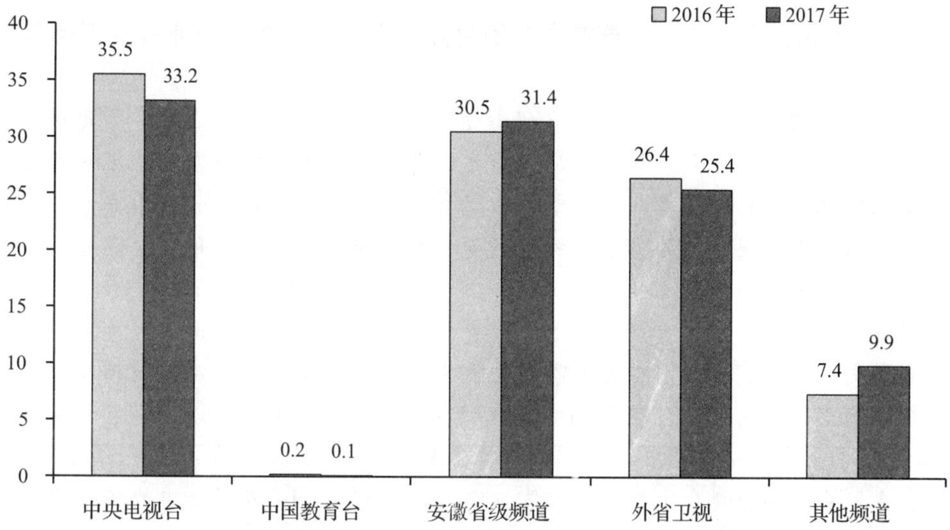

数据来源：CSM 媒介研究

图 1.4.3　2016 年和 2017 年安徽省电视收视市场各类频道的市场份额（%）对比

2. 中央电视台多数时段领跑，安徽省级频道傍晚时段崛起，外省卫视后晚间时段竞争力更强

2017 年，在安徽市场全天各时段的收视竞争中，中央电视台频道在全天多数时段呈现出领跑之势，仅在 17:30~24:00 晚间时段竞争力分别被安徽省级频道和外省卫视所赶超。在中央电视台的强势竞争之下，安徽省级频道和外省卫视市场份额此消彼长，外省卫视在上午、下午和后晚间时段竞争力较强，安徽省级频道则在早、午和傍晚至晚间时段市场份额增长。安徽省级频道在 17:30~21:00（除中央电视台新闻联播时段 19:00~19:30）时段竞争力超越其他频道组而跃居市场首位，外省卫视在 22:00~24:00 是市场竞争力最强的频道组（图 1.4.4）。

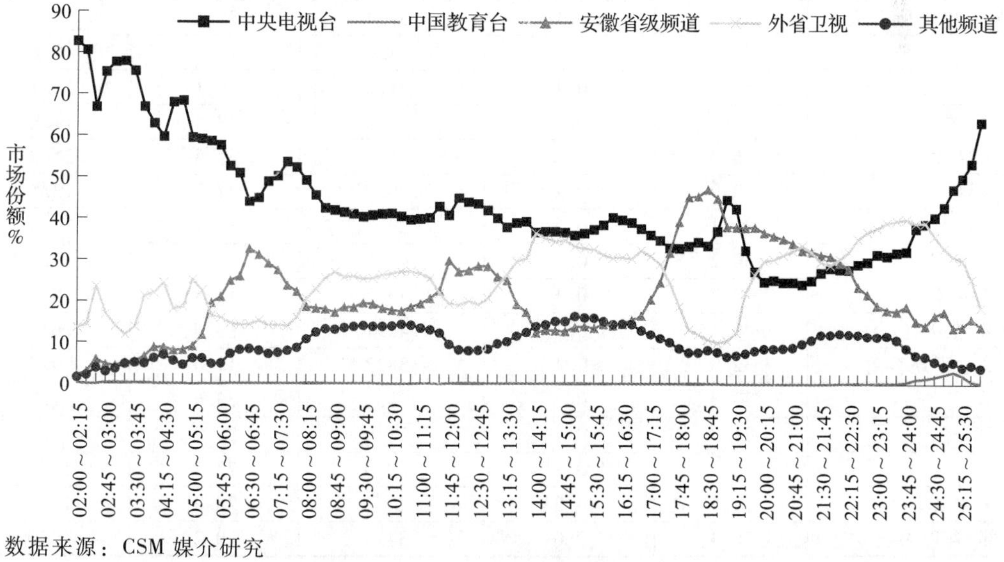

数据来源：CSM 媒介研究

图 1.4.4　2017 年安徽省电视收视市场各类频道市场份额（%）全天走势

3. 中央电视台在高端收视群体中竞争力强，安徽省级频道和外省卫视优势受众互补

2017年，在安徽省电视收视市场各级频道对细分目标观众的竞争中，中央电视台更吸引男性、高学历、高收入、管理者等高端收视群体；外省卫视和安徽省级频道竞争力更强的受众群体之间则存在着一定的差异和互补：安徽本地频道更吸引中老年、中低学历和中等收入水平的观众，外省卫视的重度受众呈现年轻化特点，低龄、学生、低收入群体对其收视份额更高（表1.4.3）。

在以性别为细分标准的收视市场上，中央电视台和安徽省级频道在男性观众中的收视份额明显更高；外省卫视则在女性观众收视中获得了更多的关注。在以年龄为细分标准的收视市场上，中央电视台在4~14岁和65岁及以上观众中影响力更强；安徽省级频道在45岁及以上观众中收视份额明显高于其在4岁及以上所有观众中的平均水平；外省卫视则在4~34岁年轻观众中拥有较强的影响力，其在4~14岁观众中的市场份额高达38.4%，较4岁及以上所有观众的平均水平高出13个百分点。在以学历为细分标准的收视市场上，高中及以上中高学历收视群体对中央电视台的收视份额明显更高；小学及以下学历收视群体对安徽省级频道的收视份额相对较高；外省卫视收视份额较高的群体是初中和大学及以上学历的观众。在以职业为细分标准的收视市场上，中央电视台在以干部/管理人员、学生和以离退休人员为主体的无业群体中的收视份额明显更高；中国教育台更吸引初级公务员/雇员收视；安徽省级频道在干部/管理人员、工人和以离退休人员为主体的无业群体中的收视份额显著高于平均水平；外省卫视则对学生的收视影响力更强。在以收入为细分标准的收视市场上，中央电视台对个人月收入3501元及以上的高收入观众吸引力较强；安徽省级频道在个人月收入901~2600元的群体中具有一定优势；外省卫视则在个人月收入0~300元的低收入群体中影响力更大。

表1.4.3 2017年安徽省市场各类频道在不同目标观众中的市场份额（%）

目标观众	中央电视台	中国教育台	安徽省级频道	外省卫视	其他频道
4岁及以上所有人	33.2	0.1	31.4	25.4	9.9
男	36.9	0.2	31.6	21.7	9.6
女	29.5	0.1	31.2	29.1	10.1
4~14岁	40.3	0.1	9.3	38.4	11.9
15~24岁	26.0	0.2	21.1	37.5	15.2
25~34岁	27.9	0.2	20.7	37.7	13.5
35~44岁	31.1	0.3	24.2	31.1	13.3
45~54岁	30.2	0.1	43.7	21.4	4.6
55~64岁	32.7	0.1	43.3	14.8	9.1
65岁及以上	40.1	0.1	40.1	13.5	6.2
未受过正规教育	32.9	0.1	38.3	19.0	9.7
小学	33.3	0.1	35.1	23.6	7.9
初中	31.9	0.1	28.6	28.7	10.7
高中	35.1	0.2	29.9	23.5	11.3
大学及以上	34.5	0.2	25.3	28.9	11.1
干部/管理人员	36.4	0.0	34.4	20.2	9.0

续表

目标观众	中央电视台	中国教育台	安徽省级频道	外省卫视	其他频道
个体/私营企业人员	30.3	0.2	30.9	26.9	11.7
初级公务员/雇员	33.5	0.4	29.2	25.6	11.3
工人	27.0	0.1	37.8	27.2	7.9
学生	35.9	0.2	12.4	38.5	13.0
无业	36.3	0.1	37.2	17.9	8.5
其他	31.7	0.1	31.8	27.0	9.4
0～300 元	33.5	0.2	25.4	28.9	12.0
301～900 元	33.3	0.0	32.5	27.2	7.0
901～1700 元	32.1	0.1	33.4	25.2	9.2
1701～2600 元	32.2	0.1	39.6	20.2	7.9
2601～3500 元	33.3	0.1	29.0	27.2	10.4
3501 元及以上	36.0	0.2	29.8	23.2	10.8

数据来源：CSM 媒介研究

4. 安徽卫视以绝对优势领跑频道竞争，中央级频道占据收视前十五名中的七个席位

2017 年，在安徽市场单个频道的收视竞争中，安徽省级频道中共有 5 个频道入围前 15 位，其中安徽卫视以绝对优势领跑收视市场，2017 年市场份额达到 13.5%，较 2016 年略有提升。中央级频道共有 7 个入围前 15 位，中央电视台综合频道 2017 年以 7.6% 的市场份额排名第二位，较 2016 年市场份额萎缩了 2.5 个百分点。2017 年外省卫视中仅有湖南卫视、浙江卫视和上海东方卫视 3 个频道入围，其中湖南卫视以 6.5% 的份额排名第四位，这一数值较 2016 年也下降了 0.8 个百分点（表 1.4.4）。

表 1.4.4　2017 年安徽省电视收视市场市场份额排名前十五位的频道

排名	频道	2017 年市场份额（%）	2016 年市场份额（%）
1	安徽卫视	13.5	13.0
2	中央电视台综合频道	7.6	10.1
3	安徽影视	7.0	5.8
4	湖南卫视	6.5	7.3
5	安徽经视	6.3	5.9
6	中央电视台少儿频道	5.4	4.7
7	中央台八套	3.0	2.9
7	浙江卫视	3.0	2.8
9	中央台六套	2.9	2.6
9	中央台四套	2.9	2.3
11	安徽公共	2.6	3.6
12	中央电视台新闻频道	2.5	2.8
13	上海东方卫视	2.4	2.2
14	中央台三套	2.3	2.6
15	安徽综艺	2.0	2.0

数据来源：CSM 媒介研究

(三) 北京市电视收视市场的频道竞争格局

1. 北京本土频道以微弱优势领跑收视市场，中央电视台市场份额连年增长

2017 年，在北京电视收视市场的竞争中，多年来占据领先优势的北京电视台频道继续保持领先地位；但其市场份额近年来呈现不断下降之势，由 2015 年的 39.4% 降至 2016 年的 36.2%，2017 年更是滑落至 33.6%，领先的优势渐趋微弱。处于市场竞争第二位的中央电视台频道，则近年来市场份额不断增长，由 2015 年的 24.6% 增至 2016 年的 27.4%，2017 年更是达到 28.6%，与北京电视台的差距逐渐缩小。外省卫视在北京市场近年来基本保持着 20% 以上的市场份额，2017 年较 2015 年也有 1.4 个百分点的下降。中国教育台在北京市场的竞争力更是下滑明显，从 2015 年的 1.0% 已经萎缩至 2017 年的 0.3%。其他频道组的市场份额也保持着稳定的增长，这其中，智能收视设备的普及和观众收视习惯的变化功不可没（图 1.4.5）。

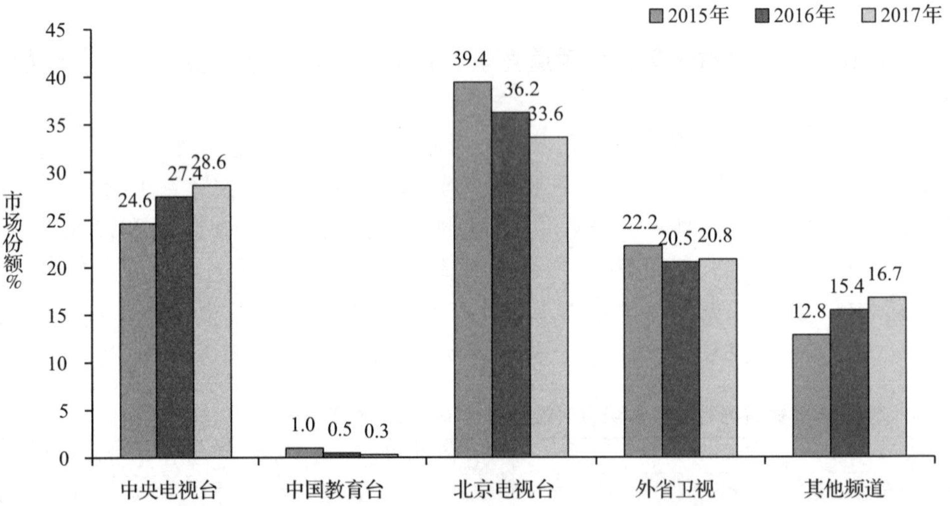

数据来源：CSM 媒介研究

图 1.4.5　2015 ~ 2017 年北京电视收视市场各类频道的市场份额（%）对比

2. 北京电视台早、午、晚间继续保持领先，中央台清晨和上、下午时段有所突破

在北京市场全天各时段的收视竞争中，在整体收视中保持领先地位的北京电视台频道继续在早上 07:00 ~ 08:30、中午 12:00 ~ 14:00 和晚上 17:30 ~ 22:30 这三个时段领跑收视市场，其在晚间 18:45 ~ 19:00 时段的最高份额超过 56%。中央电视台在清晨 05:30 ~ 07:00、上午 08:30 ~ 12:00、下午 14:00 ~ 17:30 以及后晚间时段保持着绝对的领先，其在清晨06:30 ~ 06:45 时段的最高市场份额达到 46%。外省卫视在全天时段份额的竞争中未能有明显突破，仅在后晚间 22:15 ~ 23:15 这一小时的市场份额超越其他各级频道，成为市场的领跑者，最高份额超过 30%（图 1.4.6）。

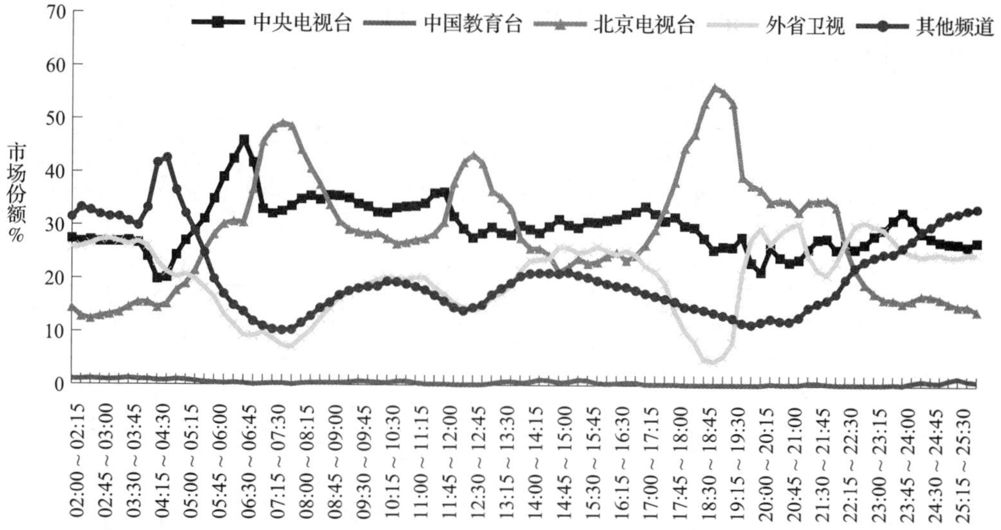

数据来源：CSM 媒介研究

图 1.4.6　2017 年北京电视收视市场各类频道市场份额（%）全天走势

3. 中央电视台和北京电视台在中老年观众中较具竞争力，外省卫视在年轻观众中影响力更强

2017 年，在北京市场各级频道对细分观众群体的收视竞争中，北京电视台继续保持对女性、中老年、中高学历和收入观众的较强吸引力，中央电视台则更吸引男性、中老年、中等收入群体的收视，外省卫视相对更受女性、年轻、学生观众的青睐（表 1.4.5）。

在以性别为细分标准的收视市场上，男性观众对中央电视台的收视份额高于所有观众的平均水平；而女性观众则对北京电视台和外省卫视更加青睐，其收视份额较 4 岁及以上观众的平均水平更高。在以年龄为细分标准的收视市场上，中央电视台对 55 岁及以上中老年观众继续发挥强大的影响力，其中 65 岁及以上观众对中央电视台的收视份额达到 38.1%，较 4 岁及以上所有观众平均水平的 28.6% 高出 9.5 个百分点；北京电视台频道对 55 岁及以上观众保持了较强的吸引力，该类观众对北京电视台的收视份额超过 37%，高出平均水平近 4 个百分点；外省卫视对 4～34 岁年龄段观众的吸引力明显更高，其收视份额超过 26%，远高于 4 岁及以上所有观众 20.8% 的平均水平。在以学历为细分标准的收视市场上，北京电视台更吸引初中及以上学历观众的收视，外省卫视对大学及以上学历观众的吸引力较大。在以职业为细分标准的收视市场上，中央电视台和北京电视台对以离退休人员为主的无业观众的吸引力更强；外省卫视对个体/私营企业人员、初级公务员/雇员和学生观众群体有较强的吸引力。在以收入为细分标准的收视市场上，中央电视台对个人月收入 1201～3500 元的中等收入群体更具号召力；北京台对个人月收入 1201～5000 元的中高收入群体吸引力更强；外省卫视频道对于个人月收入 600 元及以下低收入收视人群的凝聚力相对更强。

表 1.4.5 2017 年北京市场各类频道在不同目标观众中的市场份额（%）

目标观众	中央电视台	中国教育台	北京电视台	外省卫视	其他频道
4 岁及以上所有人	28.6	0.3	33.6	20.8	16.7
男	30.6	0.3	32.6	19.4	17.1
女	26.7	0.3	34.6	22.2	16.2
4~14 岁	25.9	0.2	25.0	26.0	22.9
15~24 岁	24.4	0.3	26.5	26.2	22.6
25~34 岁	23.8	0.3	29.5	26.2	20.2
35~44 岁	26.0	0.3	25.6	24.9	23.2
45~54 岁	26.2	0.4	34.3	21.4	17.7
55~64 岁	31.0	0.3	39.9	16.5	12.3
65 岁及以上	38.1	0.3	37.4	14.4	9.8
未受过正规教育	40.5	0.3	27.2	18.4	13.6
小学	32.2	0.3	31.7	20.7	15.1
初中	31.9	0.4	36.1	19.1	12.5
高中	28.6	0.3	36.1	19.1	15.9
大学及以上	26.4	0.3	31.0	22.8	19.5
干部/管理人员	26.3	0.2	31.3	21.2	21.0
个体/私营企业人员	22.7	0.3	30.8	23.1	23.1
初级公务员/雇员	26.1	0.3	31.2	23.8	18.6
工人	26.1	0.6	30.7	21.5	21.1
学生	24.9	0.2	23.6	27.1	24.2
无业	32.7	0.3	37.9	17.0	12.1
其他	*	*	*	*	*
0~600 元	26.4	0.3	25.3	26.1	21.9
601~1200 元	*	*	*	*	*
1201~1700 元	38.7	0.2	35.4	17.6	8.1
1701~2600 元	30.1	0.4	35.3	22.0	12.2
2601~3500 元	30.6	0.4	35.6	19.7	13.7
3501~5000 元	29.2	0.3	37.5	18.8	14.2
5001 元及以上	26.9	0.3	31.3	21.4	20.1

注：* 表示样本量太小，无法进行统计推断。

数据来源：CSM 媒介研究

4. 北京卫视以绝对优势领跑收视市场，中央电视台有七个频道入围前十五位

2017 年，在北京市场单个频道的收视竞争中，北京卫视以绝对优势领跑收视市场，12.8%的市场份额较 2016 年进一步增长了 0.8 个百分点。除北京卫视之外，还有北京电视台影视频道、北京电视台科教频道等 5 个北京台频道也进入市场份额排行的前十五位。中央电视台频道中共有 7 个频道入围前 15 位，其中，中央台四套以 4.8%的市场份额排名第三位，4.8%的市场份额较 2016 年也提升了 0.8 个百分点。外省卫视中仅有上海东方卫视和湖南卫视进入排名前 15 位，均以 2.5%的市场份额并列排名第十位，两个频道的市场份额较上年均略有增长（表 1.4.6）。

表 1.4.6　2017 年北京电视收视市场市场份额排名前十五位的频道

排名	频道	2017 年市场份额（%）	2016 年市场份额（%）
1	北京卫视	12.8	12.0
2	北京电视台影视频道	5.5	5.6
3	中央台四套	4.8	4.0
4	北京电视台科教频道	3.5	4.5
5	中央电视台综合频道	3.2	2.5
6	中央台八套	2.8	2.4
6	北京电视台体育频道	2.8	2.8
8	中央电视台新闻频道	2.7	2.8
9	中央台六套	2.6	2.6
10	北京电视台文艺频道	2.5	3.1
10	中央台五套	2.5	2.9
10	中央台三套	2.5	2.8
10	上海东方卫视	2.5	2.2
10	湖南卫视	2.5	2.0
15	北京电视台生活频道	2.1	2.6

数据来源：CSM 媒介研究

（四）上海市电视收视市场的频道竞争格局

1. 上海本地频道以半数以上份额领跑市场，中央电视台和外省卫视市场份额略有增长

在上海电视收视市场，上海本地频道仍然是竞争力最强的一股力量。2017 年以 51.3% 的市场份额位居首位，但其竞争优势较前两年明显减弱，市场份额较 2015 年缩减了 4.1 个百分点。中央电视台和外省卫视相对于上海本地频道而言突破有限，市场份额均不足 16%，其中中央电视台 2017 年共获得 15.4% 的市场份额，较 2016 年增长了 0.3 个百分点；外省卫视 2017 年获得了 14.4% 的市场份额，较 2016 年增加了 1 个百分点。与其他市场类似，其他频道的市场份额在 2017 年同比增长了 2.2 个百分点，成为未来传统电视扩展增量的一个出口（图 1.4.7）。

2. 上海本地频道在全天时段保持领先优势，中央电视台和外省卫视在白天及晚间时段各有胜出

2017 年，在上海市场全天不同时段的收视竞争中，上海本地频道在 06:00 ~ 24:00 的大跨度时段范围内保持了绝对的领先优势，在早 07:00 和晚 19:00 左右的最高份额均在 70% 以上。在本土频道的强势竞争之下，中央电视台和外省卫视均难有大的突破，但也分别凭借自身的优势节目在不同时段获得了市场份额的提升。中央电视台在 19:30 之前的整个时段市场份额领先于省级卫视，尤其在早间 06:00 左右，最高份额一度达到 30% 以上；省级卫视的市场份额则在 19:30 ~ 23:30 的晚间时段超过中央电视台，22:00 左右的市场份额甚至超过 20%（图 1.4.8）。

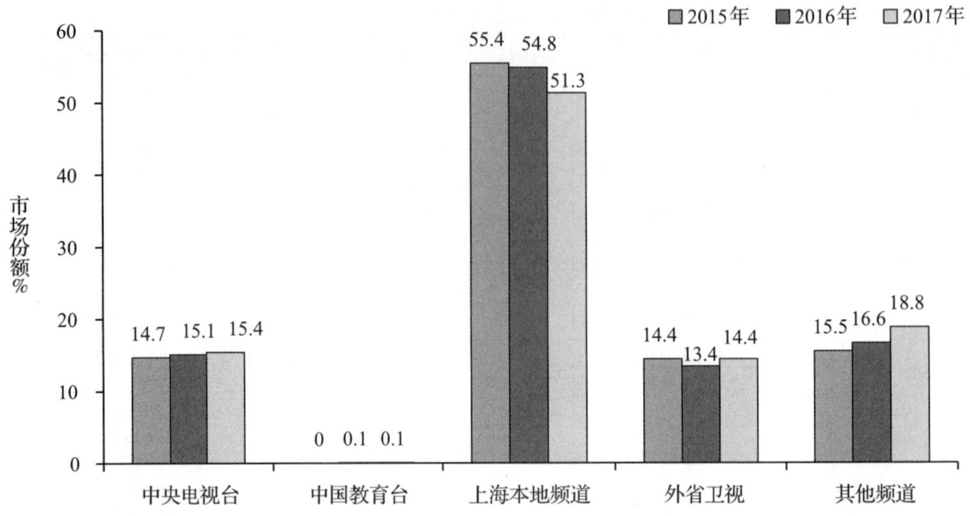

数据来源：CSM 媒介研究

图 1.4.7　2015～2017 年上海电视收视市场各类频道市场份额（%）对比

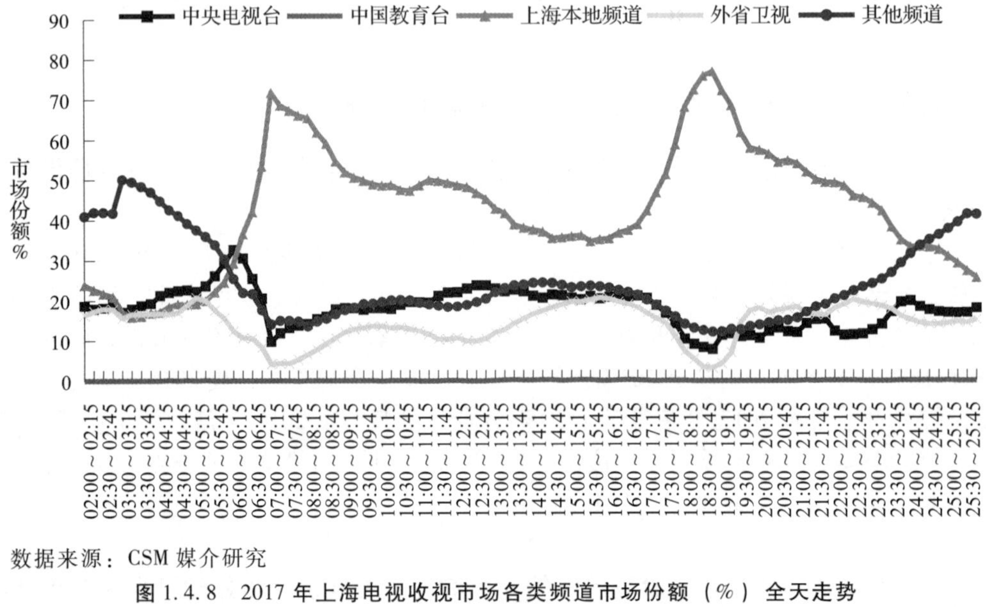

数据来源：CSM 媒介研究

图 1.4.8　2017 年上海电视收视市场各类频道市场份额（%）全天走势

3. 上海本地频道在中老年、中等学历观众中优势更为明显，外省卫视在年轻、学生观众中竞争力更强

2017 年，在上海电视收视市场细分受众的收视竞争中，上海本地频道保持着在各类目标观众中的绝对竞争优势，但相较于其在所有观众中的平均水平，更受女性、中老年、中等学历、中高收入和离退休观众的喜爱。中央电视台在男性、中老年、干部/管理人员、离退休人员和中等收入观众中具有相对竞争优势。外省卫视则更受女性、年轻、低学历和干部/管理人员、学生观众的青睐（表 1.4.7）。

表 1.4.7　2017 年上海市场各类频道在不同目标观众中的市场份额（%）

目标观众	中央电视台	中国教育台	上海本地频道	外省卫视	其他频道
4 岁及以上所有人	15.4	0.1	51.3	14.4	18.8
男	17.7	0.1	50.6	13.6	18.0
女	13.1	0.1	51.9	15.1	19.8
4～14 岁	15.3	0.1	34.6	24.5	25.5
15～24 岁	17.3	0.0	45.2	19.3	18.2
25～34 岁	10.9	0.1	44.7	15.6	28.7
35～44 岁	13.0	0.1	40.9	19.7	26.3
45～54 岁	14.6	0.1	56.9	12.4	16.0
55～64 岁	17.6	0.0	53.4	12.0	17.0
65 岁及以上	19.4	0.1	60.0	12.5	8.0
未受过正规教育	21.8	0.0	48.3	16.9	13.0
小学	12.5	0.1	53.7	22.2	11.5
初中	16.3	0.1	53.4	15.0	15.2
高中	16.5	0.1	55.2	12.1	16.1
大学及以上	13.8	0.1	45.4	15.6	25.1
干部/管理人员	16.7	0.1	39.0	21.4	22.8
个体/私营企业人员	13.8	0.0	39.3	13.1	33.8
初级公务员/雇员	13.7	0.1	49.0	15.0	22.2
工人	14.8	0.1	51.6	15.1	18.4
学生	14.0	0.1	36.5	24.4	25.0
无业	17.2	0.1	56.9	12.2	13.6
其他	*	*	*	*	*
0～600 元	15.0	0.1	40.2	21.3	23.4
601～1200 元	*	*	*	*	*
1201～1700 元	10.8	0.1	52.0	5.7	31.4
1701～2600 元	14.8	0.1	57.9	13.4	13.8
2601～3500 元	17.3	0.1	55.4	13.1	14.1
3501～5000 元	15.5	0.1	54.8	12.4	17.2
5001 元及以上	13.7	0.1	44.4	16.4	25.4

注：* 表示样本量太小，无法进行统计推断。

数据来源：CSM 媒介研究

在以性别为细分标准的收视市场上，中央电视台更吸引男性观众的收视；外省卫视和上海本地频道则对女性观众更具吸引力。在以年龄为细分标准的收视市场上，中央电视台对55岁及以上中老年观众的吸引力更强；上海本地频道更受45岁以上中老年观众的青睐，特别是在65岁及以上观众群中，市场份额达到60.0%；外省卫视频道对4～24岁年轻观众更具吸引力，其在4～14岁观众中的市场份额高达24.5%，是其在4岁及以上所有观众中平均市场份额的1.7倍。在以学历为细分标准的收视市场上，上海本地频道对高中学历观众更具吸引力，外省卫视在小学学历观众中影响力更强。在以职业为细分标准的收视市场上，中央电视台对以干部/管理人员和以离退休人员为主体的无业观众的吸引力明显超过平均水平；上海本地频道对以离退休人员为主体的无业观众吸引力较强；外省卫视对干部/管理人员和学生群体有较强的吸引力。在以收入为细分标准的收视市场上，中央电视台对个人月收入2601~3500元的中等收入群体号召力更强；上海本地频道更吸引个人月收入1701~5000元的中高收入群体；外省卫视在个人月收入600元及以下的低收入观众和5001元及以上的高收入观众中市场份额更高。

4. 上海本地频道垄断市场份额排名前五位，中央电视台4个频道入围前十五位

2017年，在上海电视收视市场单个频道的竞争中，表现强势的上海本地频道垄断了市场份额排名的前5位，上海电视台新闻综合频道、上海东方卫视和上海电视台娱乐频道分别以12.0%、9.5%和6.4%的市场份额位居前三甲；其中上海东方卫视2017年的市场份额较2016年同期增长了1.3个百分点。中央级频道中共有中央台四套、中央台六套、中央电视台新闻频道和中央台五套4个频道入围前15位；其中，中央台四套以3.5%的份额排名第六位，表现最好。外省卫视共有湖南卫视、浙江卫视和江苏卫视3家入围前15位；其中湖南卫视以2.2%的份额排名第九位，市场份额也较2016年增长了0.8个百分点（表1.4.8）。

表1.4.8　2017年上海电视收视市场市场份额排名前十五位的频道

排名	频道	2017年市场份额（%）	2016年市场份额（%）
1	上海电视台新闻综合频道	12.0	13.3
2	上海东方卫视	9.5	8.2
3	上海电视台娱乐频道	6.4	9.7
4	上海电视台电视剧频道	6.1	5.2
5	上海东方电影频道	5.0	4.5
6	中央台四套	3.5	3.1
6	上海电视台五星体育频道	3.5	3.8
8	上海电视台星尚频道	2.7	3.2
9	湖南卫视	2.2	1.4
10	中央台六套	1.7	1.6
10	上海电视台第一财经频道	1.7	2.4
10	中央电视台新闻频道	1.7	1.5
13	中央台五套	1.5	1.7
14	浙江卫视	1.4	1.7
15	江苏卫视	1.3	1.0

数据来源：CSM媒介研究

（五）广州市电视收视市场的频道竞争格局

1. 广东广播电视台占据三分之一以上市场空间，中央电视台市场份额持续上涨

2017年，在媒介生态丰富多样、兼容并包的广州电视收视市场，因参与竞争的频道种类众多，因而竞争格局也更趋生动多变。总体来看，广东广播电视台继续占据竞争的首位，以超过三分之一的市场份额领先其他频道组，2017年共获得34.1%的市场份额，但较前两年略有下降。广州市广播电视台近两年则难抑收视下滑之势，市场份额连年下降，2017年已经降至13.0%，较2016年减少了2.7个百分点，被中央电视台和外省卫视反超。中央电视台近年来在广州市场的竞争实力不断提升，2017年市场份额已达到16.1%，超过广州市广播电视台，居市场第二位，较2016年增长了0.8个百分点。外省卫视2017年在广州市场共获得14.1%的市场份额，较2016年略有下降。境外频道近两年在广州市场面临的竞争压力不断增大，市场份额不断下滑，2017年仅收获7.9%的市场份额，较2016年减少了0.8个百分点。其他频道组在广州市场的市场份额上升较为明显，由2016年的11.3%增至2017年的14.7%（图1.4.9）。

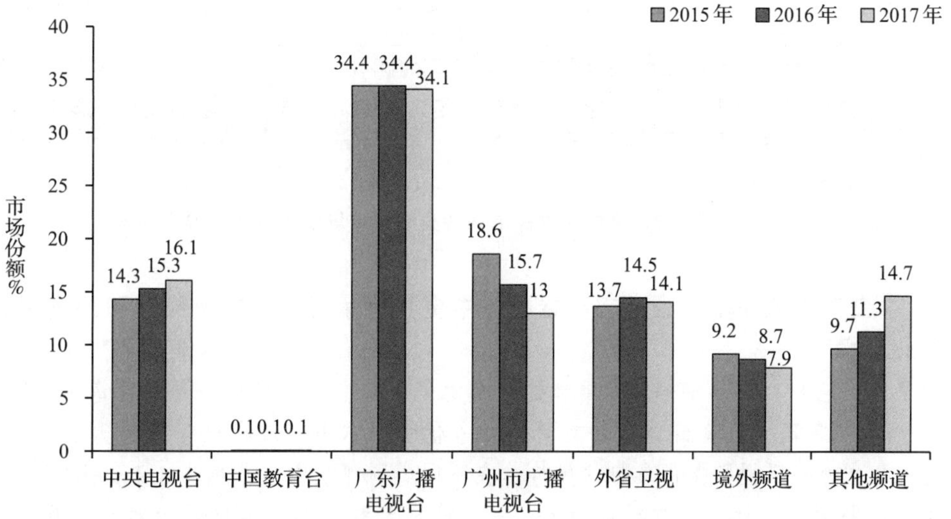

数据来源：CSM媒介研究

图1.4.9　2015～2017年广州电视收视市场上各类频道的市场份额（%）对比

2. 广东广播电视台在全天多数时段保持领先优势，其他各级频道组凭借实力轮番登场

2017年，在广州电视收视市场全天不同时段的收视竞争中，广东广播电视台在多数时段保持着绝对的领先优势，尤其在晚间19:00～20:00时段，其最高市场份额超过50%。其他各级频道则凭借着自身的优势内容开拓不同的受众收视空间，在全天多个时段表现出丰富的竞争样态。中央电视台在上午08:30～11:30时段竞争优势凸显，一举超过广东广播电视台而成为竞争力最强的频道组，外省卫视则在总体收视较低的深夜至凌

晨时段市场份额领先。广州市广播电视台在早、午、傍晚和后晚间4个大块的时段竞争力明显提升，尤其在22:30~23:00时段，市场份额超过其他各类频道而跃居竞争首位。境外频道近年来在广州市场优势旁落，但在清晨和晚间时段市场份额明显提升，也获得了自身的相对优势（图1.4.10）。

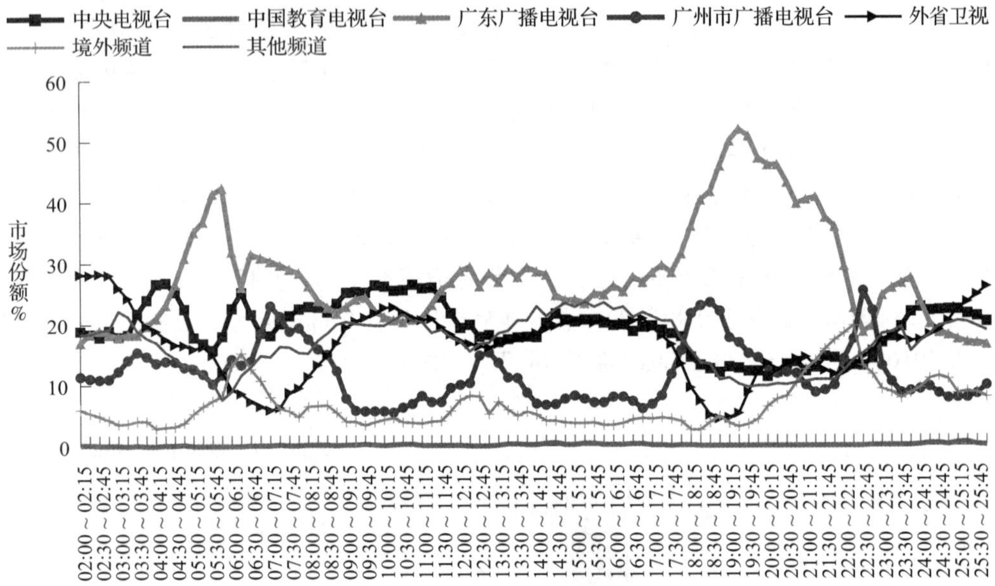

数据来源：CSM媒介研究

图1.4.10 2017年广州电视收视市场各类频道市场份额（%）全天走势

3. 中央电视台和境外频道在高端群体中更具竞争优势，本土频道和外省卫视展开差异化竞争

2017年，在广州市场细分观众群体的收视竞争中，中央电视台和境外频道在高收入及干部/管理人员等高端收视群体中相对更具竞争优势，本土频道广东广播电视台、广州市广播电视台和外省卫视则凭借各自的优势，在不同类别观众中差异互补（表1.4.9）。

在以性别为细分标准的收视市场上，中央电视台和广东广播电视台对男性观众保持了较强的吸引力；广州市广播电视台、外省卫视和境外频道则更受女性观众的青睐。在以年龄为细分标准的收视市场上，中央电视台对35~44岁中青年观众以及65岁及以上老年观众的吸引力更强，这几类观众对中央电视台的收视份额远高于所有观众的平均水平；广东广播电视台则对25~34岁、55岁及以上观众更具影响力；外省卫视对4~14岁的少年儿童观众吸引力更强；广州市广播电视台更吸引55岁及以上年龄层的观众；境外频道在15~24岁和55~64岁观众中拥有更强的影响力。在以学历为细分标准的收视市场上，中央电视台的高中学历观众的收视份额高于4岁及以上所有观众的平均水平，境外频道明显更受大学及以上高学历观众的喜爱；广东广播电视台则对初中及以下学历的观众更具吸引力；广州市广播电视台更吸引初中学历的观众，外省卫视则对未受过正规教育的观众影响力更强。在以职业为细分标准的收视市场上，中央电视台对干部/管理人员、个体/私营企业人员更具吸引力；广东广播电视台对工人和其他职业类别观众的影响力更强；广州市广播电视台较受工人、无业和其他职业类别观众的青睐；外省卫视对干部/管理人员、个体/私营企业人员和学生群体具有较强的吸引力；境外频道更吸引干部/管理人员和初级公务员/雇员。在以收入为细分标准的收视市场上，中央电视台在个人月收入5001元及以上高收入群体中影响力更强；境外频道也受个人月收入3501元及以上中高收入群体的青睐；广东广播电视台在个人月收入601～1200元的中低收入群体中市场份额更高；广州市广播电视台较受个人月收入601～1200元、2601～3500元观众的喜爱；外省卫视在个人月收入600元以下和1201～1700元的中低收入群体中保持着较强的收视影响力。

表1.4.9　2017年广州市场各类频道在不同目标观众中的市场份额（%）

目标观众	中央电视台	中国教育电视台	广东广播电视台	广州市广播电视台	外省卫视	境外频道	其他频道
4岁及以上所有人	16.1	0.1	34.1	13.0	14.1	7.9	14.7
男	17.7	0.1	35.0	12.3	13.0	7.0	14.9
女	14.6	0.1	33.3	13.6	15.1	8.7	14.6
4～14岁	14.5	0.0	32.7	8.1	23.0	2.3	19.4
15～24岁	11.7	0.1	34.5	14.0	13.4	10.0	16.3
25～34岁	11.5	0.1	38.1	11.0	14.4	8.5	16.4
35～44岁	22.6	0.1	26.9	10.4	14.3	6.8	18.9
45～54岁	17.8	0.1	34.1	14.0	13.8	7.3	12.9
55～64岁	13.7	0.1	35.2	16.4	12.7	9.8	12.1
65岁及以上	22.0	0.2	35.5	15.2	9.6	8.5	9.0
未受过正规教育	11.7	0.0	36.7	12.5	16.5	3.3	19.3
小学	17.3	0.1	38.4	12.4	14.2	5.3	12.3
初中	15.7	0.1	38.7	14.0	12.8	5.8	12.9
高中	16.7	0.1	30.2	13.3	15.7	8.9	15.1
大学及以上	15.9	0.1	29.1	11.4	12.9	12.4	18.2
干部/管理人员	23.9	0.1	20.3	9.6	17.3	10.9	17.9
个体/私营企业人员	19.7	0.1	32.7	10.4	16.9	5.3	14.9
初级公务员/雇员	14.1	0.1	30.2	12.1	13.4	11.2	18.9
工人	13.3	0.1	41.1	15.4	10.7	6.1	13.3
学生	17.5	0.0	30.0	8.9	21.5	5.3	16.8
无业	16.5	0.1	34.8	14.2	13.4	8.3	12.7
其他	12.1	0.1	50.3	14.4	7.4	6.0	9.7
0～600元	16.5	0.0	34.7	9.7	18.1	5.7	15.3
601～1200元	16.5	0.1	42.2	17.9	8.1	6.8	8.4
1201～1700元	17.3	0.0	29.5	12.9	20.3	8.2	11.8
1701～2600元	15.0	0.2	38.0	13.5	11.3	7.8	14.2
2601～3500元	15.6	0.1	33.3	16.1	12.6	7.9	14.4
3501～5000元	15.3	0.1	32.9	14.1	12.9	10.0	14.7
5001元及以上	19.7	0.1	27.3	8.9	15.5	10.1	18.4

数据来源：CSM媒介研究

4. 本土频道垄断收视竞争前五位，中央电视台和外省卫视仅少数频道入围

2017年，在广州市场单个频道的收视竞争中，本土频道表现强劲，不仅垄断了收视排行的前5位，更是在前15位中占据了10个席位，中央电视台及外省卫视中仅有3个频道入围，境外频道中有两个频道入围。具体来看，广东广播电视台珠江频道以绝对优势领跑收视市场，2017年获得10.5%的市场份额，这一数值较2016年提升了1.1个百分点，进一步拉开了与第二名之间的差距。广州市广播电视台综合频道以6.5%的市场份额排名第二位，较2016年同期减少了0.3个百分点。中央电视台综合频道以2.9%的市场份额排名第六位，湖南卫视和浙江卫视分别以2.6%和1.8%的市场份额排名第八位和第十五位（表1.4.10）。

表1.4.10　2017年广州电视收视市场市场份额排名前十五位的频道

排名	频道	2017年市场份额（%）	2016年市场份额（%）
1	广东广播电视台珠江频道	10.5	9.4
2	广州市广播电视台综合频道	6.5	6.8
3	广东广播电视台影视频道	5.2	5.2
4	广东广播电视台南方卫视	4.8	4.4
5	广东广播电视台公共频道	3.9	3.8
6	中央电视台综合频道	2.9	2.2
7	广州市广播电视台新闻频道	2.8	4.2
8	市网翡翠台（中文）	2.6	2.6
8	湖南卫视	2.6	2.4
10	广州市广播电视台影视频道	2.3	3.1
11	广东广播电视台经济科教频道	2.2	2.3
12	广东广播电视台珠江电影频道	2.0	2.2
12	省网翡翠台（中文）	2.0	1.8
14	广东广播电视台体育频道	1.9	2.3
15	浙江卫视	1.8	1.9

数据来源：CSM媒介研究

五、节目竞争格局

（一）全国电视收视市场节目竞争格局

1. 全国市场节目竞争格局整体稳定，电视剧和综艺类节目收视份额波动相对较大

纵观2016~2017年全国市场各类节目的收视份额，2017年全国节目市场竞争格局整体保持稳定，各类节目收视份额波动幅度均低于2个百分点，其中电视剧和综艺类节目变化相对较大，同比分别增长了1.3个百分点和下降了1.7个百分点。2017年，电视剧、新闻/时事和综艺类节目继续保持领先优势，收视份额分别为30.9%、13.9%和

12.0%，收视份额合计56.8%；生活服务、专题和青少类节目收视份额均在5%以上；电影和体育类节目在2017年合计获得7.8%的收视份额；法制、财经、音乐、戏剧、教学和外语节目2017年的收视份额仍未超过2%（图1.5.1）。

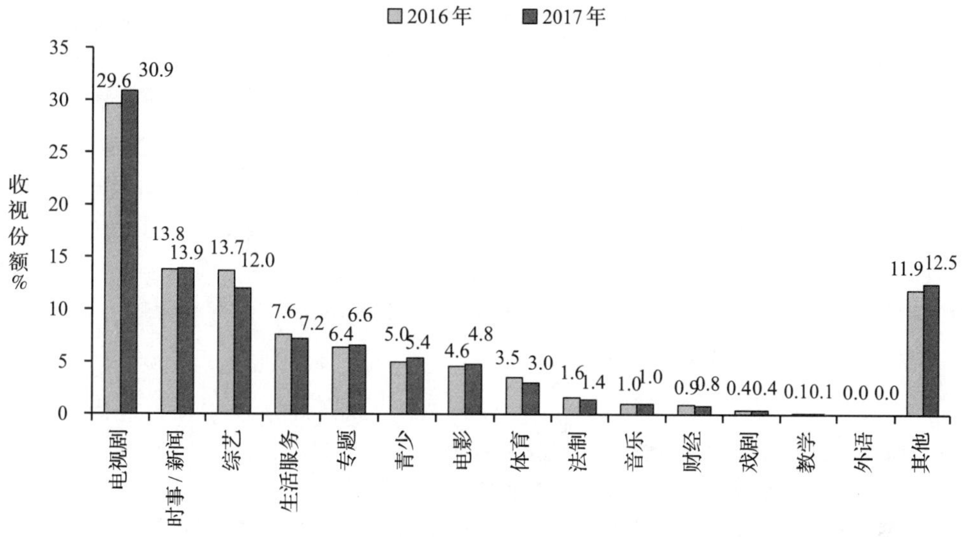

数据来源：CSM媒介研究

图1.5.1 2016~2017年全国市场各类节目的收视份额（%）

2. 中央电视台在过半节目类型市场居领先位置，省级频道紧随其后

2017年全国各节目类型市场收视竞争中，中央电视台在过半节目类型市场保持了领导地位。其中，在音乐和教学节目市场的收视份额分别达到85.5%和70.4%，领先优势突出。在电影、体育、财经、戏剧和专题类节目市场，中央电视台的收视份额均超过50%，领先于其他各级电视频道。在法制、新闻/时事和外语类节目市场，中央电视台的收视份额均在40%~50%之间，占据了类型节目收视时长的近半壁江山。此外，在综艺和青少类节目市场，中央电视台的实力也不容小觑，收视份额虽然未超过40%，但在类型节目市场中居亚军位置。相比之下，在电视剧和生活服务类节目市场，中央电视台的收视份额均为20%，竞争力有限（图1.5.2）。

2017年，省级上星频道在青少、综艺、电视剧和生活服务类节目市场稳居首位。其中，省级上星频道在青少类节目市场的收视份额达到57.9%，领先优势明显；在电视剧和综艺类节目市场，省级上星频道的收视份额均在40%~50%之间；在生活服务类节目市场，省级上星频道以37.5%的收视份额领跑市场；在其他各类节目市场，省级上星频道的收视份额均不超过20%，收视竞争力一般；在专题、电影、戏剧和音乐类节目市场，省级上星频道的收视份额都在10%~20%之间；在法制、教学、外语、财经和体育类节目市场，省级上星频道的收视份额都不超过10%（图1.5.2）。

省级非上星频道在2017年全国各类型节目市场竞争中也有所表现，收视份额在法制、生活服务、外语、电视剧、体育、新闻/时事、财经、戏剧和电影类节目市场居亚军位置。其中，在法制和生活服务类节目市场，省级非上星频道的收视份额都超过30%；在外语、电视剧、体育和新闻/时事类节目市场，省级非上星频道的收视份额均在20%～30%之间，表现出一定的竞争力；在财经、戏剧、综艺、电影、专题和青少类节目市场中，省级非上星频道竞争力稳定，收视份额均保持在10%以上；相比之下，省级非上星频道在教学和音乐类节目市场竞争力较弱，收视份额分别为6.0%和2.1%（图1.5.2）。

2017年，市级频道在各类型节目市场的竞争地位变化不大，收视份额最高为14%。在新闻/时事、戏剧和法制类节目市场，市级频道收视份额均在10%～20%之间；在电视剧、生活服务、教学、专题、财经、外语、综艺、青少、电影、体育和音乐类节目市场，市级频道的收视份额均在10%以下，竞争力上没有大的突破（图1.5.2）。

2017年，其他频道保持在外语和教学类节目市场的竞争地位，分别以16.4%和5.1%的收视份额居细分节目市场的季军位置；但在其余各节目类型市场，则竞争力较弱，收视份额均未超过4%（图1.5.2）。

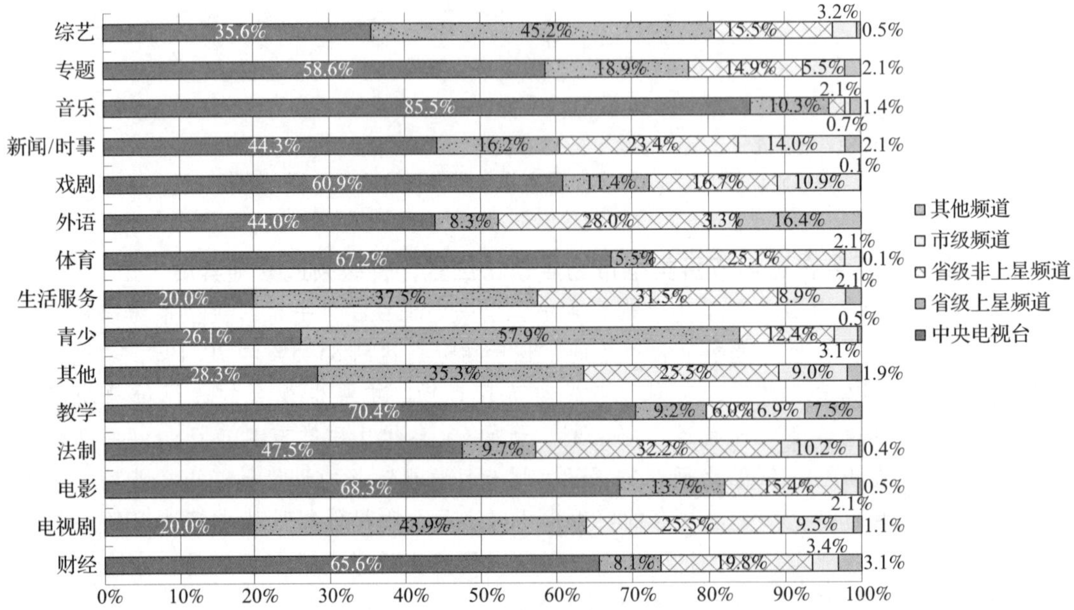

数据来源：CSM媒介研究

图1.5.2　2017年各类频道在全国不同类型节目市场中的收视份额（%）

3. 不同观众群体节目收视兴趣各异，收视时间分配有所侧重

2017年全国节目市场，男性观众与女性观众在电视剧、电影、青少、生活服务、体育、新闻/时事、专题和综艺类节目上的收视差异明显，收视比重的差值均在0.5个百分点以上。其中，男性观众更倾向于收看电影、体育、新闻/时事和专题类节目，女性观众更青睐电视剧、青少、生活服务和综艺类节目。男性观众和女性观众在财经、法制、教学、外语、戏剧和音乐类节目上的收视差异不明显（表1.5.1）。

在不同年龄段观众的节目收视中，4～14岁观众是青少类节目最忠实的观众群，收视比重高达25.7%，大幅领先于其他年龄段观众；15～24岁观众收看音乐和综艺类节目的行为突出，收视比重在各年龄段观众中最高；25～34岁观众分配在生活服务和体育类节目上的收视时间多于其他年龄段观众，收视比重分别为7.6%和3.4%；35～44岁观众对电影和音乐类节目的收视偏好明显，其7.4%和1.3%的收视比重为各年龄段观众之首；45～54岁观众收视兴趣相对广泛，其财经、电视剧、电影、法制、生活服务、新闻/时事、音乐和专题类节目的收视比重均高于所有观众的平均水平，其中专题类节目的收视比重为各年龄段观众之最；55～64岁观众对财经和法制类节目的关注度较突出，分别以1.0%和1.7%的收视比重位居各年龄段人群之首；65岁及以上观众对电视剧、法制、戏剧、新闻/时事和专题类节目的收视倾向明显，收视比重在各年段观众中居首。整体上看，随着年龄的增长，观众对新闻/时事类节目的收视比重随之升高，对青少类节目的收视比重下降（表1.5.1）。

表1.5.1 2017年全国市场不同性别和年龄观众对各类节目的收视比重（%）

节目类型	性别		年龄						
	男	女	4～14岁	15～24岁	25～34岁	35～44岁	45～54岁	55～64岁	65岁及以上
财经	0.8	0.7	0.3	0.5	0.7	0.8	0.9	1.0	0.8
电视剧	29.5	32.4	22.6	31.0	29.1	29.7	32.6	32.4	32.7
电影	5.4	4.2	6.4	5.6	5.5	7.4	5.1	3.4	2.6
法制	1.4	1.5	0.7	1.2	1.1	1.3	1.5	1.7	1.7
教学	0.1	0.1	0.0	0.1	0.0	0.1	0.1	0.1	0.1
青少	5.1	5.7	25.7	3.8	8.6	4.8	2.6	3.4	1.8
生活服务	6.9	7.6	6.3	7.1	7.6	7.1	7.3	7.4	7.4
体育	3.8	2.1	1.4	3.0	3.4	3.0	3.1	3.0	2.9
外语	0.0	0.0	0.0	0.0	0.0	0.0	0.0	0.0	0.0
戏剧	0.4	0.4	0.2	0.3	0.2	0.2	0.2	0.3	1.1
新闻/时事	15.0	12.8	7.1	11.9	11.3	12.2	14.2	15.9	18.0
音乐	0.9	1.0	0.8	1.3	1.0	1.3	1.1	0.9	0.7
专题	7.1	6.1	4.5	6.3	5.7	6.7	7.1	6.8	7.1
综艺	11.3	12.6	11.2	14.8	12.6	12.7	11.7	11.5	10.9
其他	12.2	12.9	12.7	13.0	13.2	12.7	12.5	12.2	12.1

数据来源：CSM媒介研究

2017年不同受教育程度观众对各类型电视节目的收视存在差异。相比其他学历的观众，未受过正规教育的观众更喜爱收看电影和青少类节目，分别以5.1%和22.1%的收视比重领先于其他观众；小学学历观众在电视剧和戏剧类节目上的收视比重为33.7%和0.7%，居各受教育程度人群之首；初中学历观众更喜爱收看法制和音乐类节目，收视比重分别达1.6%和1.1%，高于其他学历观众；高中学历观众对财经、新闻/时事和专题类节目有突出的收视兴趣，收视比重分别达1.0%、15.1%和7%；大学及以上学历观众节目收视兴趣相对广泛，对财经、生活服务、体育、专题和综艺类节目的收视比重居榜首。总体上看，随着学历的升高，观众对财经、生活服务、专题和综艺类节目的收视比重整体升高，对青少和戏剧类节目的收视比重整体下降（表1.5.2）。

在个人月收入方面，不同收入水平的观众对各类型节目的收视各有偏好。个人月收入0~600元的观众对电影、青少和音乐类节目尤为青睐，分别以5.4%、12.0%和1.1%的收视比重领先于各收入水平的观众；个人月收入601~1200元的观众更喜爱收看电视剧和戏剧类节目，收视比重分别为36.2%和0.5%，在各收入水平观众中居首；个人月收入1201~1700元的观众对戏剧和音乐类节目的收视比重略高于其他人群；个人月收入1701~2600元的观众对电视剧、法制、生活服务、新闻/时事和专题类节目表现出较高的收视热情，收视比重高于总体观众平均水平；个人月收入2601~3500元的观众对新闻/时事类节目的关注度明显高于其他收入水平的观众，收视比重为15.5%；个人月收入3501~5000元的观众是最青睐生活服务类节目的人群，其收视比重为7.8%；个人月收入5001元及以上人群对财经、体育、专题和综艺类节目的收视比重高于其他收入水平的观众。总体上看，不同收入水平的观众在收看教学和外语类节目上的时间比重差异不明显；随着个人月收入水平的提高，观众分配在财经、体育和专题类节目上的时间比重随之升高（表1.5.2）。

表1.5.2　2017年全国市场不同受教育程度和个人月收入观众对各类节目的收视比重（%）

节目类型	受教育程度					个人月收入（元）					
	未受过正规教育	小学	初中	高中	大学及以上	0~600元	601~1200元	1201~1700元	1701~2600元	2601~3500元	3501~5000元	5001元及以上
财经	0.3	0.5	0.6	1.0	1.0	0.4	0.5	0.6	0.7	0.9	1.0	1.2
电视剧	26.4	33.7	32.5	29.9	28.3	29.6	36.2	34.2	32.6	30.3	29.6	28.5
电影	5.1	4.8	5.0	4.7	4.5	5.4	4.3	4.4	4.2	4.6	5.1	5.1
法制	1.0	1.4	1.6	1.5	1.3	1.2	1.6	1.7	1.5	1.5	1.4	1.4
教学	0.0	0.1	0.1	0.1	0.1	0.0	0.1	0.1	0.1	0.1	0.1	0.1
青少	22.1	7.9	4.2	3.8	3.9	12.0	4.0	3.5	3.1	3.6	3.4	3.7
生活服务	6.5	6.6	7.1	7.5	8.0	6.7	6.6	7.1	7.3	7.4	7.8	7.7
体育	1.4	1.9	2.6	3.4	4.4	2.0	2.2	2.1	2.7	3.4	3.7	5.1
外语	0.0	0.0	0.0	0.0	0.0	0.0	0.0	0.0	0.0	0.0	0.0	0.0
戏剧	0.6	0.7	0.4	0.3	0.3	0.4	0.5	0.5	0.4	0.4	0.3	0.3
新闻/时事	8.8	11.8	14.1	15.1	14.8	10.4	12.6	13.9	15.2	15.5	15.4	14.6
音乐	0.7	0.9	1.1	1.0	0.9	1.1	1.0	1.1	1.0	1.0	0.9	0.9
专题	4.5	5.8	6.6	7.0	7.0	5.6	6.3	6.5	6.7	7.0	7.0	7.2
综艺	9.0	11.0	11.7	12.4	13.3	12.1	11.3	11.7	11.9	11.8	12.0	12.3
其他	13.5	12.9	12.6	12.4	12.3	13.0	12.7	12.8	12.6	12.4	12.2	11.9

数据来源：CSM媒介研究

在2017年全国电视节目市场中，干部/管理人员对财经、体育和专题类节目的收视兴趣明显，其收视比重均高于其他人群；个体/私营企业人员对法制类节目尤为青睐，其收视比重领跑各职业观众；初级公务员更偏向于收看生活服务类节目，以7.9%的收视比重在各职业观众中居首；工人群体对电视剧和音乐类节目表现出较高的收视热情，其收视比重分别为32.5%和1.2%，高于各职业观众；学生在电影、青少和综艺类节目上的收视比重分别为6.5%、13%和14.9%，在各职业人群中占据首位；无业人群在法制、戏剧和新闻/时事类节目上的收视比重分别为1.6%、0.6%和15.3%，在各类人群中均最高（表1.5.3）。

表1.5.3 2017年全国市场不同职业观众对各类节目的收视比重（%）

节目类型	职业						
	干部/管理人员	个体/私营企业人员	初级公务员	工人	学生	无业	其他
财经	1.1	0.7	1.0	0.7	0.4	0.8	0.4
电视剧	27.9	31.4	29.1	32.5	26.7	31.4	36.8
电影	5.2	6.1	5.2	5.9	6.5	3.5	5.4
法制	1.1	1.6	1.3	1.3	1.0	1.6	1.6
教学	0.1	0.1	0.1	0.0	0.1	0.1	0.1
青少	3.4	4.4	4.0	4.0	13.0	5.5	4.8
生活服务	7.6	6.8	7.9	6.9	6.5	7.4	6.4
体育	4.6	2.9	4.0	2.9	2.3	2.7	1.7
外语	0.0	0.0	0.0	0.0	0.0	0.0	0.0
戏剧	0.2	0.3	0.2	0.2	0.2	0.6	0.6
新闻/时事	15.2	13.3	14.0	13.2	9.3	15.3	11.5
音乐	0.9	1.1	1.0	1.2	1.0	0.9	1.1
专题	7.4	6.9	6.9	6.5	5.7	6.6	5.9
综艺	12.9	11.5	13.0	12.0	14.9	11.1	11.2
其他	12.2	12.9	12.4	12.8	12.4	12.5	12.6

数据来源：CSM媒介研究

（二）安徽省电视收视市场节目竞争格局

1. 安徽省节目收视竞争格局变化不大，电视剧扩大领先优势

2017年，安徽省电视收视市场节目竞争格局基本保持稳定。电视剧继续保持龙头位置，且收视份额较2016年增长了1个百分点，达到30.3%；新闻/时事和综艺类节目位列第二、第三，收视份额分别为16.5%和11.3%，较2016年均有1个百分点的降幅；生活服务和青少类节目收视份额均超过6%，相比2016年收视份额分别上升了0.1个和0.7个百分点；专题和电影类节目的收视份额分别为3.8%、3.1%，前者同比下降了0.6个百分点，后者同比上升了0.3个百分点；法制、体育、音乐、戏剧、财经、教学和外语类节目的竞争力相对较弱，收视份额均在2%以下，其中法制和体育类节目的收视份额有所下降，戏剧类节目的收视份额有所上升，其余节目的收视波动幅度均不足0.2个百分点（图1.5.3）。

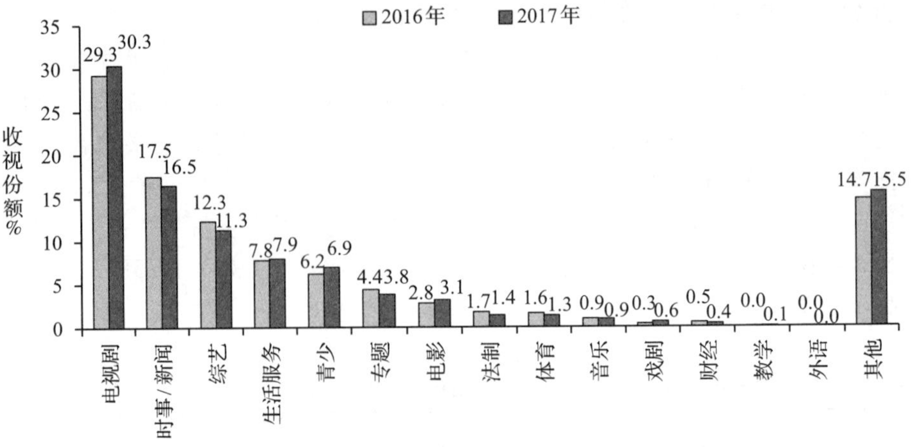

数据来源：CSM 媒介研究

图 1.5.3　2016～2017 年安徽省市场各类节目的收视份额（%）

2. 中央电视台在超半数细分节目市场占据主导地位，安徽电视台与外省卫视各有优势领域

2017 年安徽电视收视市场，中央电视台在超半数细分节目市场中占据压倒性竞争优势。在体育、电影、财经、音乐和戏剧类节目市场中，中央电视台的收视份额均在 85% 以上，其中在体育类节目市场的收视份额高达 91.8%，远超其他各级频道；在教学、专题、法制和青少类节目市场中，中央电视台同样表现突出，收视份额均超过 60%；相比之下，中央电视台在新闻/时事、外语和综艺类节目市场竞争力不是很强，收视份额均居第二位，在 30%～50% 之间。相较而言，中央电视台在生活服务和电视剧类节目市场竞争力较弱，收视份额分别为 22.9% 和 16.7%（图 1.5.4）。

2017 年安徽电视台在本省部分节目市场居领先地位，表现出一定的竞争力。在外语、电视剧、新闻/时事和生活服务类节目市场，安徽电视台的收视份额均超过 40%，居细分节目市场的首位。安徽电视台在综艺和法制类节目市场竞争力较强，以 31.8% 和 24.9% 的收视份额分居市场第二名；在戏剧、专题、音乐、青少、教学、电影、体育和财经类节目市场竞争力较弱，收视份额均不超过 9%（图 1.5.4）。

受压于中央电视台与安徽电视台，2017 年外省卫视在安徽省节目收视市场的竞争中整体表现平平，仅在个别细分节目市场占据领导地位。在电视剧、青少、综艺和生活服务类节目市场，外省卫视的收视份额均在 30% 以上，其在综艺类节目市场的收视份额达到 36.2%，居市场首位；在专题和教学节目市场，外省卫视收视份额在 20%～30% 之间，居市场亚军位置；但在新闻/时事、电影、财经、音乐、外语、体育、法制和戏剧类节目市场中，外省卫视的竞争力相对较弱，收视份额均不超过 11%（图 1.5.4）。

2017 年，其他频道在安徽省各类节目市场的收视竞争力均较微弱，除在外语、财经和教学类节目市场中分别获得 5.7%、2.4%、2.0% 的收视份额外，在其余各细分市场的收视份额均低于 1%（图 1.5.4）。

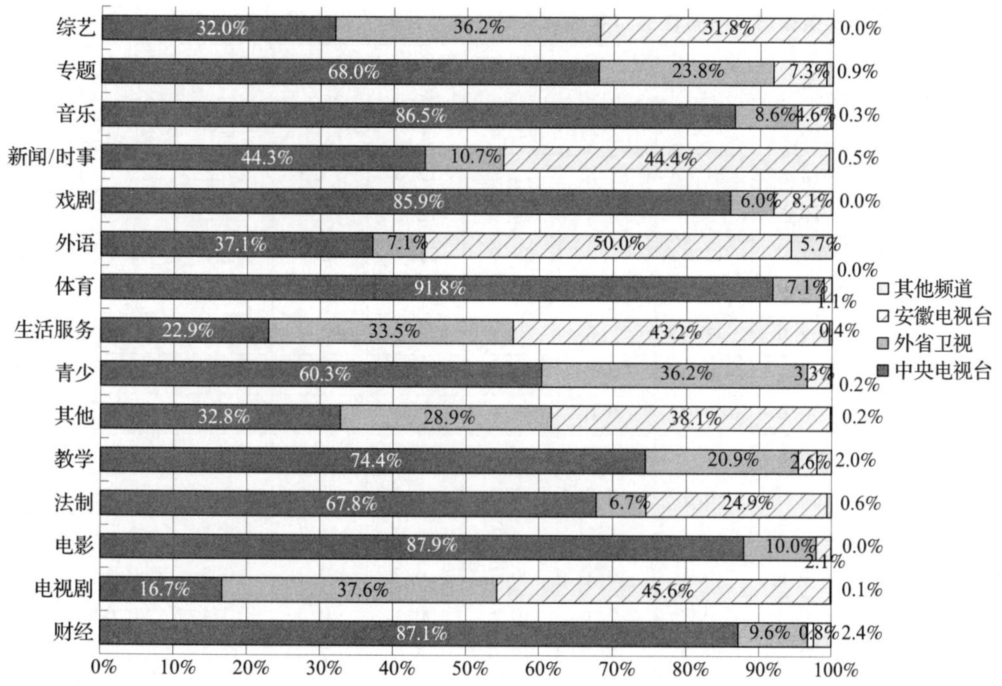

数据来源：CSM 媒介研究

图 1.5.4　2017 年安徽省市场各类频道在不同类别节目中的收视份额（%）

3. 类型节目满足不同观众的收视偏好，观众收视时间结构有差异

2017 年安徽省男性观众在新闻/时事、体育、专题和电影类节目上的收视比重明显高于女性观众，而女性观众在综艺、电视剧和生活服务类节目上投入的时间比重更高。两类观众在新闻/时事和电视剧类节目上的收视比重差异最为显著，分别相差 4.7 和 4.9 个百分点。在综艺和体育类节目上，男性和女性观众的收视比重也相差较大，差值分别为 1.6 个和 1.7 个百分点。对教学、外语、青少、音乐、戏剧、财经和法制类节目，安徽省男女观众的收视比重差距较小，均不超过 0.5 个百分点（表 1.5.4）。

在年龄方面，安徽省 4～14 岁观众对青少类节目的收视比重为 34.6%，远超其他人群，同时在电影类节目上的收视比重也高于其他年龄段观众；15～24 岁观众更偏好综艺、体育、专题和音乐类节目，收视比重居各年龄段观众之首；25～34 岁观众对音乐和电影类节目关注较多，收视比重高于安徽市场的整体平均水平；35～44 岁观众在电影和法制类节目上的收视比重居于首位，表现出相对较高的收视兴趣；45～54 岁观众分配给电视剧和法制类节目的收视比重相对最高；55～64 岁人群对财经和生活服务类节目表现出明显的收视倾向，收视比重高于其他年龄段观众，同时在新闻/时事和电视剧类节目上的收视比重也较高，居各年龄段观众的第二位；65 岁及以上观众最青睐新闻/时事和戏剧类节目，在这两类节目上的收视比重也高于其他年龄段观众。可以看到，随着年龄的增长，2017 年安徽省观众对新闻/时事和戏剧类节目的收视偏好逐步加大（表 1.5.4）。

表 1.5.4　2017 年安徽省市场不同性别和年龄观众对各类节目的收视比重（%）

节目类型	性别		年龄						
	男	女	4~14岁	15~24岁	25~34岁	35~44岁	45~54岁	55~64岁	65岁及以上
新闻/时事	18.8	14.1	5.8	12.8	12.3	14.5	17.5	21.1	22.8
综艺	10.5	12.1	8.9	14.9	12.2	10.6	11.2	10.3	12.3
电视剧	27.9	32.8	17.8	29.9	31.7	32.9	33.9	32.7	29.3
体育	2.2	0.5	0.5	2.5	1.8	1.8	0.9	1.0	1.5
专题	4.0	3.5	3.0	4.2	4.1	4.0	3.7	3.7	3.8
教学	0.1	0.0	0.0	0.1	0.0	0.1	0.1	0.0	0.1
外语	0.0	0.0	0.0	0.0	0.0	0.0	0.0	0.0	0.0
青少	6.8	7.1	34.6	5.5	7.4	5.1	2.6	2.1	1.4
音乐	0.9	0.9	0.8	1.3	1.3	1.2	0.9	0.9	0.5
电影	3.5	2.8	5.2	4.1	4.7	4.7	2.7	1.6	1.2
戏剧	0.8	0.4	0.1	0.2	0.2	0.2	0.3	0.4	2.0
财经	0.5	0.3	0.1	0.5	0.1	0.3	0.4	0.6	0.5
生活服务	7.6	8.2	7.3	8.0	7.9	7.6	8.0	8.3	8.0
法制	1.3	1.4	0.4	1.2	0.7	1.8	1.8	1.4	1.5
其他	15.3	15.8	15.6	14.9	15.6	15.4	15.9	16.0	15.1

数据来源：CSM 媒介研究

在受教育程度方面，2017 年安徽省未受过正规教育的观众收看青少类节目的时间比重远高于其他学历观众，达到 15.0%；小学学历观众对戏剧和法制类节目的收视比重居各受教育程度观众之首，同时在电视剧、青少和电影类节目上的收视比重也较高，居各受教育程度观众的第二位；初中学历观众倾注在电视剧、电影和法制类节目上的收视比重相对最高，其中对电视剧类节目的收视比重达到 32.8%；高中学历观众对新闻/时事、综艺、专题、财经和生活服务类节目更为偏好，收视比重位列各受教育程度观众之首；大学及以上学历观众对综艺、体育和音乐类节目的收视比重在各学历观众中最高，分别为 13.1%、3.5% 和 1.4%。整体而言，随着学历的升高，观众在综艺和体育类节目上的收视比重逐步增加（表 1.5.5）。

在个人月收入方面，个人月收入 0~300 元的观众对青少类节目最为偏爱，收视比重达到 15.5%，同时对音乐、电影、戏剧和生活服务类节目的收视兴趣也较高，收视比重高于安徽省市场的平均水平；个人月收入 301~900 元的观众花费在电视剧上的时间比重居各收入水平观众之首，达到 33.7%；个人月收入 901~1700 元的观众对新闻/时事和生活服务类节目投入的时间比重较高，居该细分群体的首位，同时对电视剧、专题、财经和法制类节目表现出较高的收视热情，高于安徽省观众的总体水平；个人月收入 1701~2600 元的观众更青睐新闻/时事、综艺、戏剧和财经类节目；相对而言，个人月收入 3501 元及以上的观众收视兴趣较为广泛，在新闻/时事、体育、音乐、电影和法制类节目上的收视比重均居类型节目市场的首位（表 1.5.5）。

表 1.5.5　2017 年安徽省市场不同受教育程度和个人月收入观众对各类节目的收视比重（%）

节目类型	受教育程度					个人月收入（元）					
	未受过正规教育	小学	初中	高中	大学及以上	0～300 元	301～900 元	901～1700 元	1701～2600 元	2601～3500 元	3501 元及以上
新闻/时事	15.6	15.0	15.9	19.7	18.7	12.3	17.7	18.5	18.5	17.8	18.5
综艺	8.1	11.0	11.2	13.1	13.1	11.1	10.1	10.9	12.0	11.8	11.2
电视剧	29.6	29.9	32.8	28.1	27.1	27.0	33.7	32.1	32.1	30.0	30.0
体育	0.2	0.9	1.1	2.2	3.5	0.7	0.3	1.0	1.5	2.6	3.4
专题	2.8	3.1	4.1	4.7	4.2	3.4	3.5	4.1	3.5	4.4	4.0
教学	0.0	0.1	0.1	0.1	0.1	0.1	0.0	0.0	0.1	0.1	0.0
外语	0.0	0.0	0.0	0.0	0.0	0.0	0.0	0.0	0.0	0.0	0.0
青少	15.0	10.5	4.5	2.8	3.2	15.5	5.8	4.3	2.3	3.2	2.7
音乐	0.5	0.7	1.2	0.9	1.4	1.1	0.9	0.7	0.8	1.0	1.1
电影	1.9	3.0	3.8	2.7	2.9	3.6	2.5	2.2	2.8	3.9	4.3
戏剧	0.6	0.7	0.6	0.4	0.2	0.7	0.8	0.3	0.8	0.4	0.5
财经	0.2	0.1	0.3	0.9	0.8	0.2	0.2	0.5	0.6	0.4	0.3
生活服务	8.0	7.9	7.7	8.3	8.1	8.0	7.5	8.3	8.1	7.6	7.3
法制	1.0	1.5	1.5	1.3	1.4	1.0	1.3	1.8	1.2	1.7	1.9
其他	16.6	15.7	15.5	15.1	15.2	15.6	15.7	15.6	15.6	15.3	15.1

数据来源：CSM 媒介研究

在2017年安徽省不同职业观众中，干部/管理人员在新闻/时事、体育、财经和法制类节目上的收视比重居各职业人群之首，其中对新闻/时事类节目的收视比重达到28.6%；个体/私营企业人员对专题和音乐类节目有较为明显的收视倾向，收视比重高于其他各职业观众；初级公务员在专题类节目上的收视比重为4.3%，在各职业类别观众中居领先地位；工人在新闻/时事、电视剧、生活服务和电影类节目上均表现出较高的收视兴趣，收视比重高于安徽省观众的平均水平；学生花费在综艺、青少和电影类节目上的时间比重相对最高，超过其他职业人群；无业观众对戏剧和生活服务类节目的收视偏好最为明显（表1.5.6）。

表 1.5.6　2017 年安徽省市场不同职业观众对各类节目的收视比重（%）

节目类型	职业						
	干部/管理人员	个体/私营企业人员	初级公务员	工人	学生	无业	其他
新闻/时事	28.6	16.5	18.7	17.1	8.4	17.5	17.3
综艺	9.8	12.0	12.0	11.0	12.1	11.5	10.3
电视剧	22.2	32.2	29.4	33.0	21.4	29.7	34.0
体育	5.0	1.8	3.6	1.0	1.1	1.3	0.5
专题	3.9	4.3	4.3	3.6	3.3	3.7	3.7

续表

节目类型	职业						
	干部/管理人员	个体/私营企业人员	初级公务员	工人	学生	无业	其他
教学	0.1	0.1	0.0	0.0	0.1	0.1	0.1
外语	0.0	0.0	0.0	0.0	0.0	0.0	0.0
青少	3.6	2.6	2.8	3.8	23.5	6.5	4.7
音乐	0.8	1.3	0.8	0.7	1.0	0.9	0.8
电影	0.6	3.9	3.6	3.7	5.4	1.8	3.3
戏剧	0.1	0.2	0.4	0.2	0.1	1.0	0.7
财经	0.9	0.3	0.6	0.4	0.2	0.5	0.2
生活服务	7.3	7.7	7.4	8.1	7.5	8.6	7.5
法制	2.0	1.8	1.4	1.4	0.7	1.4	1.4
其他	15.2	15.4	15.1	16.2	15.2	15.6	15.6

数据来源：CSM 媒介研究

（三）北京市电视收视市场节目竞争格局

1. 北京市场节目竞争此消彼长，电视剧收视份额增长明显

在 2017 年北京电视节目市场竞争中，电视剧以 29.4% 的收视份额继续领跑各类节目，且收视份额同比增长了 2.6 个百分点，进一步扩大了领先优势；新闻/时事节目的收视份额为 13.7%，较 2016 年上升了 1.1 个百分点，超过综艺类节目位居第二；综艺类节目收视份额同比下降了 1.6 个百分点，排名第三；生活服务类节目相比 2016 年下降了 0.9 个百分点，收视份额为 9.4%。2017 年收视份额在 10% 以下的类型节目中，除青少、音乐和外语类节目收视份额维持不变外，其他各类型节目的收视份额均有所下滑，其中体育类节目的收视份额下降了 0.9 个百分点，财经类节目下降了 0.4 个百分点（图 1.5.5）。

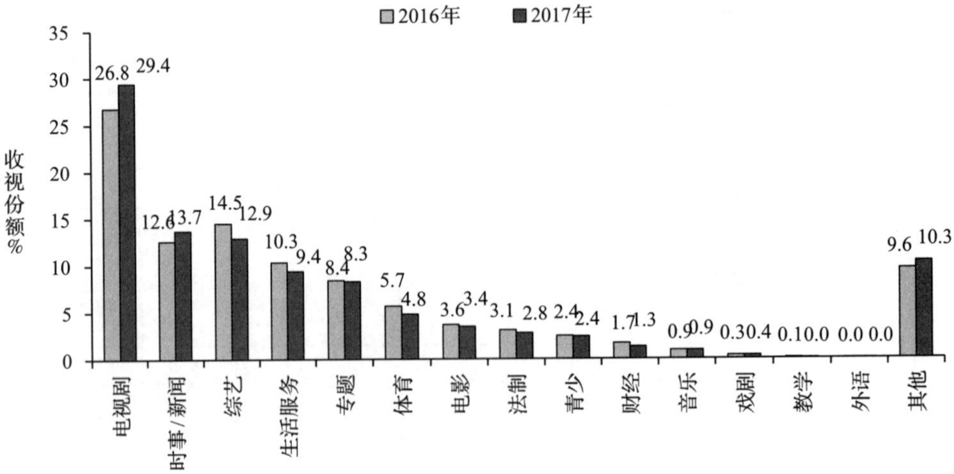

数据来源：CSM 媒介研究

图 1.5.5　2016～2017 年北京市场各类节目的收视份额（%）

2. 中央电视台与北京电视台主导节目收视，外省卫视在部分细分节目市场有所表现

在2017年北京节目收视市场竞争中，中央电视台整体表现出众，在过半类型节目市场居主导地位。其中，在戏剧、音乐、外语、教学和电影类节目市场，以超过70%的收视份额力压其他各级频道；在财经、专题、体育和新闻/时事类节目市场的收视份额也都在40%以上，居类型节目市场的首位。在法制、青少、电视剧和综艺类节目市场，中央电视台的收视份额也都高于20%，具有一定市场竞争力。相比之下，在生活服务类节目市场，中央电视台竞争力相对薄弱，收视份额仅为14.4%（图1.5.6）。

2017年，北京电视台在本地节目市场竞争力整体较强。在法制和生活服务类节目市场，北京电视台分别以超过60%的收视额居类型节目市场的首位；在新闻/时事、电视剧、体育、专题、青少、财经和综艺类节目市场，北京电视台的收视份额都在30%以上，并在综艺、电视剧和青少类节目市场居首位；在戏剧、电影、音乐、外语和教学类节目市场，北京电视台频道竞争力相对薄弱，收视份额均未超过15%（图1.5.6）。

相比之下，外省卫视在北京节目市场的收视竞争力稍显弱势，仅在几个细分节目市场中有所表现。在电视剧和青少类节目市场，外省卫视分别以38.1%和30.0%的收视份额居市场第二、第三位；在综艺和生活服务类节目市场，外省卫视的收视份额分别达到29.2%和16.5%；在音乐、新闻/时事、戏剧、电影、音乐、体育、教学、法制和财经类节目市场，外省卫视的收视份额均不足10%，市场竞争表现欠佳（图1.5.6）。

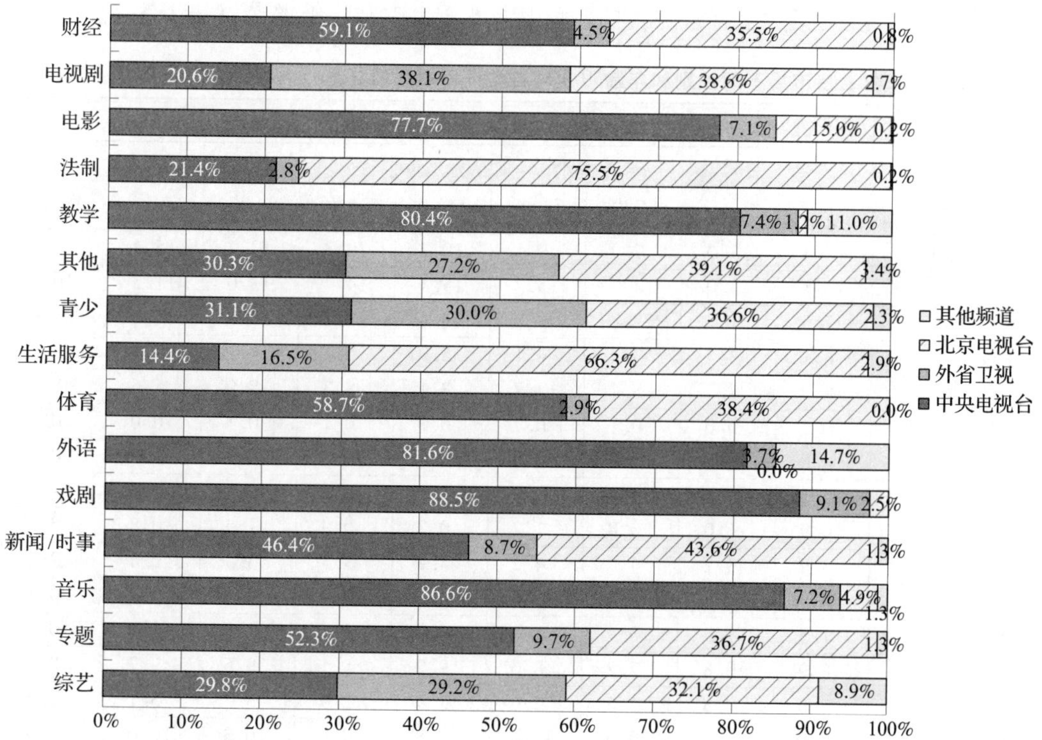

数据来源：CSM媒介研究

图1.5.6　2017年北京市场各类频道在不同节目类别中的收视份额（%）

2017年，其他频道在北京各类节目市场的收视竞争力较弱，仅在外语、教学和综艺类节目市场分别获得14.7%、11.0%和8.9%的收视份额，在其余类型节目市场的收视份额均未超过4.0%（图1.5.6）。

3. 类型节目收视存在差异，类型节目吸引不同观众

2017年北京节目收视市场，男性观众对新闻/时事、体育和专题类节目有较高的收视兴趣，女性观众则对电视剧和生活服务类节目更为偏爱。北京男、女观众收视差异较大的节目类型主要集中在新闻/时事、电视剧、体育和专题类节目上，收视比重差值均超过1个百分点，其中女性观众在电视剧类节目上的收视比重较男性观众高出3.8个百分点。对于其余类型节目，男、女观众的收视比重差别不大（表1.5.7）。

在年龄上，2017年4~14岁观众更偏爱收看综艺、电视剧和青少类节目，收视比重均在10%以上，其中对青少类节目的收视比重远超其他观众群体；15~24岁观众对综艺和戏剧类节目的收视比重在各年龄段观众中最高，分别为15.2%和1.0%，对电视剧类节目的收视比重也高于北京观众的平均水平；25~34岁观众对体育类节目的收视兴趣最高，收视比重为5.9%；与其他年龄段观众相比，35~44岁观众在电影类节目上投入了5.5%的时间比重，居于首位；45~54岁观众在专题、财经、法制和音乐类节目上的收视比重分别为8.9%、1.7%、3.3%和1.5%，均位居各年龄段观众之首；55~64岁观众收看电视剧类节目的时间比重在各年龄段观众中最高，为31.1%；65岁及以上观众对新闻/时事、戏剧和生活服务类节目的收视比重高于其他年龄段观众。随着年龄的增长，北京观众对新闻/时事和生活服务类节目的收视比重呈整体上升趋势（表1.5.7）。

表1.5.7　2017年北京市场不同性别和年龄观众对各类节目的收视比重（%）

节目类型	性别		年龄						
	男	女	4~14岁	15~24岁	25~34岁	35~44岁	45~54岁	55~64岁	65岁及以上
新闻/时事	14.4	13.0	7.9	10.5	10.2	10.3	13.7	15.4	18.5
综艺	12.8	13.0	14.2	15.2	15.1	14.4	13.0	11.5	10.6
电视剧	27.5	31.3	22.8	30.2	29.4	28.2	28.9	31.1	28.9
体育	6.1	3.5	3.4	4.1	5.9	5.1	4.7	4.1	5.1
专题	8.9	7.7	8.1	7.7	7.1	8.3	8.9	8.6	8.5
教学	0.1	0.0	0.1	0.1	0.0	0.1	0.1	0.0	0.1
外语	0.0	0.0	0.0	0.0	0.0	0.0	0.0	0.0	0.0
青少	2.3	2.5	17.0	2.6	3.9	4.3	0.8	1.5	1.3
音乐	0.9	1.0	0.8	1.2	0.8	0.9	1.5	0.8	0.5
电影	3.9	3.1	4.8	4.2	4.7	5.5	3.5	2.4	2.2
戏剧	0.3	0.4	0.2	1.0	0.2	0.2	0.2	0.3	0.8
财经	1.5	1.2	0.9	1.0	0.9	1.4	1.7	1.6	0.9
生活服务	8.9	9.8	7.7	8.6	9.2	8.1	9.5	9.7	10.3
法制	2.8	2.8	1.6	2.6	1.9	2.9	3.3	3.1	2.5
其他	10.0	10.7	10.6	11.2	10.8	10.5	10.3	10.0	9.9

数据来源：CSM媒介研究

在2017年北京不同受教育程度观众中，未受过正规教育的观众对专题、青少、音乐和戏剧类节目的收视比重高于其他学历观众，收视偏好表现明显；小学学历观众对综艺节目关注较多，收视比重位列第一；初中学历观众收看电视剧、音乐和生活服务类节目的时间比重最高，同时对新闻/时事也有较多关注；高中学历观众对新闻/时事、财经和法制类节目的收视比重居各学历观众之首；大学及以上学历观众在综艺、体育、专题和电影类节目上花费的时间比重最高，其中体育类节目最显著，其收视比重大幅度高于其他观众群体。总体上，随着受教育程度的提高，观众对体育类节目的收视比重逐渐升高，对戏剧类节目的收视比重降低（表1.5.8）。

在个人月收入方面，个人月收入0~600元的观众收看综艺、电影、青少类节目的时间比重在各收入水平观众中最高，其中青少类节目最为显著，收视比重达到7.9%；个人月收入1201~1700元的观众青睐收看新闻/时事、专题、音乐、戏剧和法制类节目，收视比重高于其他各收入段观众；个人月收入1701~2600元的观众对音乐和财经类节目更感兴趣，收视比重高于其他收入观众群体；个人月收入2601~3500元的观众在电视剧节目上投入的时间比重最高，达到31.7%；个人月收入3501~5000元的观众最喜爱收看生活服务类节目，收视比重高于其他收入段观众；个人月收入5001元及以上的观众更加关注体育、综艺、专题和电影类节目，收视比重高于北京观众的总体平均水平。此外，随着收入水平的上升，观众对体育类节目的收视比重也随之提高（表1.5.8）。

表1.5.8 2017年北京市场不同受教育程度和收入观众对各类节目的收视比重（%）

节目类型	受教育程度					个人月收入（元）						
	未受过正规教育	小学	初中	高中	大学及以上	0~600元	601~1200元	1201~1700元	1701~2600元	2601~3500元	3501~5000元	5001元及以上
新闻/时事	10.5	12.2	14.2	14.3	13.2	9.5	*	16.4	12.7	14.3	15.2	13.3
综艺	9.3	14.1	11.8	12.1	14.1	14.4	*	12.7	12.8	11.3	12.3	14.0
电视剧	29.2	29.1	31.4	30.2	27.9	29.3	*	27.4	30.9	31.7	29.7	27.4
体育	3.9	3.7	4.1	4.3	5.7	3.1	*	2.4	3.6	4.3	4.5	6.4
专题	8.6	8.2	8.2	8.3	8.4	7.4	*	8.9	7.9	8.6	8.3	8.5
教学	0.1	0.1	0.0	0.1	0.0	0.1	*	0.1	0.0	0.0	0.1	0.1
外语	0.0	0.0	0.0	0.0	0.0	0.0	*	0.0	0.0	0.0	0.0	0.0
青少	10.7	6.7	1.9	1.7	2.4	7.9	*	1.2	2.1	1.8	1.3	2.2
音乐	1.0	0.6	1.0	0.9	0.9	0.9	*	1.3	1.3	0.8	1.0	0.8
电影	2.9	3.5	3.0	3.1	4.0	4.4	*	3.6	3.1	3.1	3.1	3.9
戏剧	2.0	0.7	0.5	0.4	0.2	0.7	*	2.3	0.3	0.3	0.4	0.3
财经	0.6	0.9	1.2	1.5	1.3	0.7	*	0.5	1.7	1.4	1.4	1.3
生活服务	7.4	8.2	9.6	9.3	9.5	8.4	*	6.7	9.4	9.3	10.1	9.2
法制	2.5	2.2	3.1	3.5	2.1	2.3	*	7.1	3.8	2.7	2.8	2.5
其他	11.3	10.1	10.1	10.3	10.5	10.9	*	9.5	10.5	10.3	10.2	10.4

*表示由于样本量不足，无法进行统计推断。

数据来源：CSM媒介研究

在2017年北京不同职业的观众中，干部/管理人员对体育、专题和财经类节目的偏好表现得最为明显，收视比重在各职业观众中最高；个体/私营企业人员在电视剧类节目上的收视比重最高，也比较青睐电影类节目；初级公务员/雇员相对更加关注综艺、音乐、财经和生活服务类节目，收视比重在各职业人群中均居第二位；工人群体对音乐、电影和法制类节目的收视热情表现得最为突出，时间比重高于其他各职业人群；学生更倾向于收看综艺、青少和戏剧类节目，收视比重在各职业观众中居首位；无业观众更为关注新闻/时事和生活服务类节目，收视比重分别为16.1%和9.9%，远高于北京观众的平均水平（表1.5.9）。

表1.5.9　2017年北京市场不同职业观众对各类节目的收视比重（%）

节目类型	职业						
	干部/管理人员	个体/私营企业人员	初级公务员/雇员	工人	学生	无业	其他
新闻/时事	13.9	10.2	12.1	11.8	9.0	16.1	*
综艺	14.2	12.8	14.6	12.1	16.4	11.2	*
电视剧	25.2	31.7	29.1	29.6	26.8	30.0	*
体育	6.7	6.5	5.1	3.5	3.8	4.4	*
专题	8.8	7.9	8.2	8.5	7.8	8.5	*
教学	0.1	0.0	0.0	0.1	0.1	0.0	*
外语	0.0	0.0	0.0	0.0	0.0	0.0	*
青少	2.4	2.2	2.2	2.3	7.1	2.1	*
音乐	1.1	0.7	1.1	2.1	1.1	0.7	*
电影	4.7	4.9	4.0	5.0	4.7	2.4	*
戏剧	0.2	0.2	0.2	0.2	1.1	0.5	*
财经	1.6	1.1	1.4	1.3	0.7	1.3	*
生活服务	8.9	7.8	9.3	8.8	8.4	9.9	*
法制	2.3	3.3	2.3	4.3	2.3	2.9	*
其他	9.9	10.6	10.5	10.5	10.9	10.1	*

*表示由于样本量不足，无法进行统计推断。

数据来源：CSM媒介研究

（四）上海市电视收视市场节目竞争格局

1. 上海市场电视剧收视份额大幅上升，综艺类节目收视份额下降明显

2017年，电视剧继续稳居上海节目收视市场的首位，收视份额为28.6%，较2016年上升了4.6个百分点；新闻/时事和综艺节目收视份额为14.3%和13.2%，比2016年分别上升了0.5个百分点和下降了4个百分点；生活服务类节目的收视份额接近10%，较2016年下降了1.1个百分点。其余各类型节目的收视份额均低于6%，收视份额与2016年相比变化幅度不大，均不超过0.7个百分点（图1.5.7）。

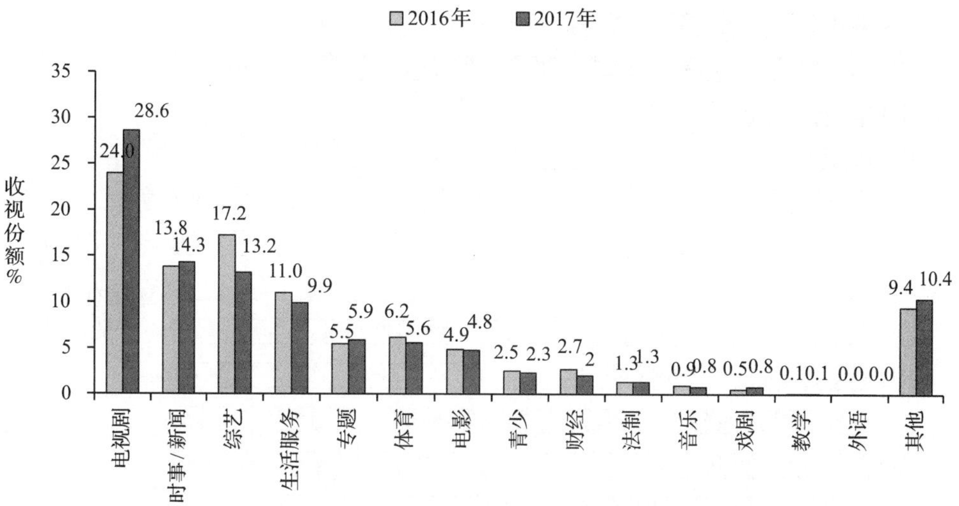

数据来源：CSM 媒介研究

图 1.5.7　2016～2017 年上海市场各类节目的收视份额（%）

2. 上海本地频道在多数类型节目市场竞争优势明显，中央电视台保持部分节目市场的优势

2017 年上海市级频道在上海各类节目市场竞争优势依旧明显，并在多数细分节目市场占据了过半的收视份额。其中，上海市级频道在财经、戏剧和外语类节目市场的收视份额超过 80%；在生活服务、体育、综艺、新闻/时事和电视剧类节目市场的收视份额均在 60%～70% 之间；在青少和电影类节目市场的收视份额在 50% 以上；在专题和教学类节目市场的收视份额均在 30%～40% 之间，具备一定的竞争实力。相比之下，音乐节目是上海市级频道竞争力相对薄弱的节目类型，收视份额不足 10%（图 1.5.8）。

2017 年中央电视台在上海音乐、教学和专题节目市场居领先位置，收视份额分别为 84.4%、58.6% 和 43.6%；在新闻/时事、体育、法制和电影节目市场，收视份额均超 20%，保持市场亚军的位置；在综艺、戏剧、外语、青少和财经类节目市场，收视份额在 10%～20% 之间；在电视剧和生活服务节目市场，收视份额均不足 10%，难以与上海本地频道和外省卫视抗衡（图 1.5.8）。

2017 年外省卫视在上海市场收视竞争表现改观不大。青少和电视剧类节目仍是外省卫视在上海优势相对明显的细分节目市场，收视份额分别为 31.5% 和 29.2%，仅次于上海本地频道；在综艺和生活服务类节目市场，外省卫视也居亚军位置，收视份额分别为 21.2% 和 14.7%；其余各类节目是外省卫视的竞争弱项，收视份额均未超过 13%（图 1.5.8）。

其他频道在上海多数类型节目市场竞争力不强，在外语和教学类节目市场的收视份额分别为 7.0%、4.2%，在其余各节目市场的收视份额均不超过 1.5%（图 1.5.8）。

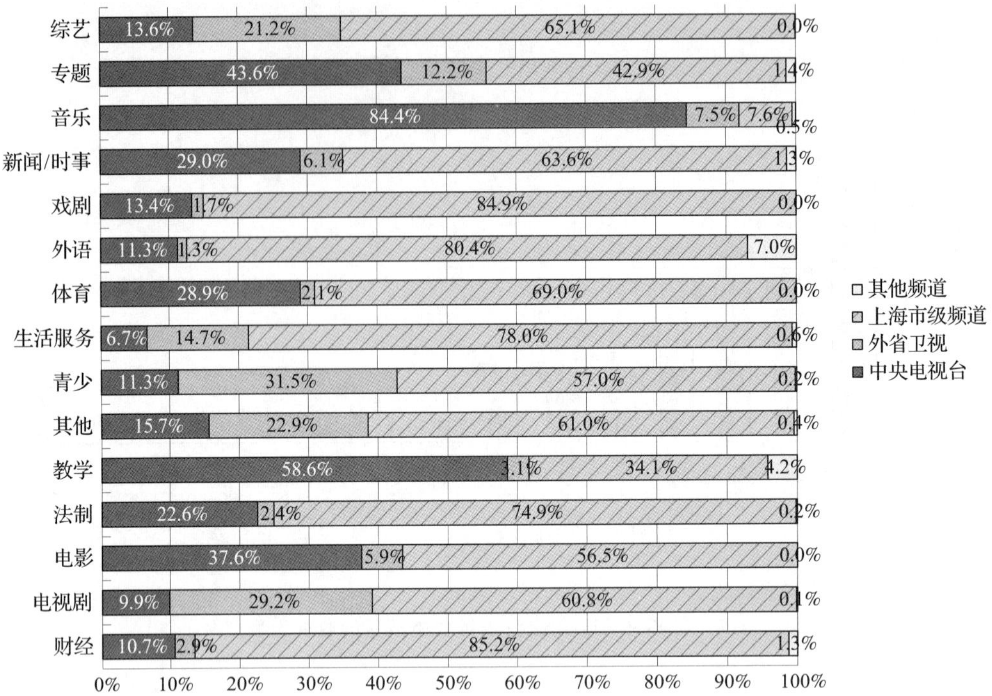

数据来源：CSM 媒介研究

图 1.5.8　2017 年上海市场各类频道在不同类型节目中的收视份额（%）

3. 类型节目吸引不同观众群体，特征观众节目收视各有侧重

2017 年，上海男性观众在体育和新闻/时事类节目的收视比重明显高于女性观众；女性观众更青睐电视剧类节目。男、女观众对电视剧和体育类节目的收视差异明显，男性观众在体育类节目上的收视比重高出女性观众 2.6 个百分点，在电视剧类节目上则低于女性观众 3.8 个百分点；男、女观众对财经、电影、青少、生活服务、戏剧、音乐和综艺类节目的收视偏好接近，收视比重差值均未超过 1 个百分点（表 1.5.10）。

上海不同年龄段观众对类型节目的收视各有侧重。4～14 岁观众将 17% 的收视时间用于青少类节目，收视比重明显高于其他年龄段观众；15～24 岁观众对综艺类节目的收视比重高于其他各年龄段观众，在电视剧、青少和音乐艺类节目上的收视比重高于总体平均水平；25～34 岁观众在体育类节目上的收视比重在各年龄段观众中最高，在电影、青少和综艺类节目上的收视比重在各年龄段观众中处于较高水平；35～44 岁观众更青睐收看电影类节目，其 5.5% 的收视比重在各年龄段观众中最高；45～54 岁观众在财经、法制、音乐和专题类节目上的收视兴趣最突出，收视比重高于其他年龄段观众；55～64 岁观众的收视兴趣相对广泛，他们用于收看财经、电视剧、法制、生活服务、新闻/时事、专题和综艺类节目的时间比重高于观众的总体平均水平；65 岁及以上观众用于收看生活服务和新闻/时事类节目的时间比重高于其他年龄段观众。上海市场不同年龄段观众收看新闻/时事和生活服务类节目的时间比重随年龄的增长而呈整体上升趋势；不同年龄段观众在教学、外语和戏剧类节目中的收视比重差异不明显（表 1.5.10）。

表 1.5.10　2017 年上海市场不同性别和年龄观众对各类节目的收视比重（%）

节目类型	性别		年龄						
	男	女	4～14 岁	15～24 岁	25～34 岁	35～44 岁	45～54 岁	55～64 岁	65 岁及以上
财经	1.5	1.2	0.9	1.0	0.9	1.4	1.7	1.6	0.9
电视剧	27.5	31.3	22.8	30.2	29.4	28.2	28.9	31.1	28.9
电影	3.9	3.1	4.8	4.2	4.7	5.5	3.5	2.4	2.2
法制	2.8	2.8	1.6	2.6	1.9	2.9	3.3	3.1	2.5
教学	0.1	0.0	0.1	0.1	0.0	0.1	0.1	0.0	0.1
青少	2.3	2.5	17.0	2.6	3.9	4.3	0.8	1.5	1.3
生活服务	8.9	9.8	7.7	8.6	9.2	8.1	9.5	9.7	10.3
体育	6.1	3.5	3.4	4.1	5.9	5.1	4.7	4.1	5.1
外语	0.0	0.0	0.0	0.0	0.0	0.0	0.0	0.0	0.0
戏剧	0.3	0.4	0.2	1.0	0.2	0.2	0.2	0.3	0.8
新闻/时事	14.4	13.0	7.9	10.5	10.2	10.3	13.7	15.4	18.5
音乐	0.9	1.0	0.8	1.2	0.8	0.9	1.5	0.8	0.5
专题	8.9	7.7	8.1	7.7	7.1	8.3	8.9	8.6	8.5
综艺	12.8	13.0	14.2	15.2	15.1	14.4	13.0	11.5	10.6
其他	10.0	10.7	10.6	11.2	10.8	10.5	10.3	10.0	9.9

数据来源：CSM 媒介研究

在受教育程度上，2017 年上海市场未受过正规教育的观众在青少和戏剧类节目上的收视比重在各受教育程度观众中最高，分别为 10.7% 和 2.0%；小学学历观众收看综艺类节目的兴趣较为浓厚，收视比重为 14.1%，在各受教育程度观众中最高；初中学历观众更倾向于收看电视剧和生活服务类节目，收视比重在各受教育程度观众中最高；高中学历观众在财经、法制和新闻/时事类节目上的收视比重高于其他受教育程度的观众；大学及以上学历的观众偏爱收看电影、体育和综艺类节目，其收视比重分别为 4.0%、5.7% 和 14.1%，在各学历观众中居首位（表 1.5.11）。

在 2017 年上海市场不同收入水平观众中，个人月收入 0～600 元的观众对电影、青少和综艺类节目的关注度高于其他人群，收视比重分别为 4.4%、7.9% 和 14.4%；个人月收入 1201～1700 元的观众在戏剧、新闻/时事、音乐和专题类节目上的收视比重超过其他收入水平的观众；个人月收入 1701～2600 元的观众对财经和音乐类节目兴趣突出，以 1.7% 的收视比重超过了其他收入段的观众；个人月收入 2601～3500 元的观众在电视剧类节目上的收视比重在各收入水平观众中最高；个人月收入 3501～5000 元的观众对财经、电视剧、生活服务和新闻/时事类节目的收视偏好都较明显；个人月收入5001元及以上的观众将6.4%的收视时间花费在体育类节目上，其收视比重为各收入段观众之首（表1.5.11）。

表1.5.11　2017年上海市场不同受教育程度和个人月收入观众对各类节目的收视比重（%）

节目类型	受教育程度					个人月收入（元）						
	未受过正规教育	小学	初中	高中	大学及以上	0～600元	601～1200元	1201～1700元	1701～2600元	2601～3500元	3501～5000元	5001元及以上
财经	0.6	0.9	1.2	1.5	1.3	0.7	*	0.5	1.7	1.4	1.4	1.3
电视剧	29.2	29.1	31.4	30.2	27.9	29.3	*	27.4	30.9	31.7	29.7	27.4
电影	2.9	3.5	3.0	3.1	4.0	4.4	*	3.6	3.1	3.1	3.1	3.9
法制	2.5	2.2	3.1	3.5	2.1	2.3	*	7.1	3.8	2.7	2.8	2.5
教学	0.1	0.1	0.0	0.1	0.0	0.1	*	0.1	0.0	0.0	0.1	0.1
青少	10.7	6.7	1.9	1.7	2.4	7.9	*	1.2	2.1	1.8	1.3	2.2
生活服务	7.4	8.2	9.6	9.3	9.5	8.4	*	6.7	9.4	9.3	10.1	9.2
体育	3.9	3.7	4.1	4.3	5.7	3.1	*	2.4	3.6	4.3	4.5	6.4
外语	0.0	0.0	0.0	0.0	0.0	0.0	*	0.0	0.0	0.0	0.0	0.0
戏剧	2.0	0.7	0.5	0.4	0.2	0.7	*	2.3	0.3	0.3	0.4	0.3
新闻/时事	10.5	12.2	14.2	14.3	13.2	9.5	*	16.4	12.7	14.3	15.2	13.3
音乐	1.0	0.6	1.0	0.9	0.9	0.9	*	1.3	1.3	0.8	1.0	0.8
专题	8.6	8.2	8.2	8.3	8.4	7.4	*	8.9	7.9	8.6	8.3	8.5
综艺	9.3	14.1	11.8	12.1	14.1	14.4	*	12.7	12.8	11.3	12.3	14.0
其他	11.3	10.1	10.1	10.3	10.5	10.9	*	9.5	10.5	10.3	10.2	10.4

*表示由于样本量不足，无法进行统计推断。

数据来源：CSM媒介研究

2017年上海各职业背景的观众对于不同节目类型的收看各有侧重。干部/管理人员偏爱收看财经、体育和专题类节目，收视比重分别为1.6%、6.7%和8.8%；个体/私营企业人员将31.7%的收视时间分配在电视剧类节目上，收视比重在各职业观众中最高；初级公务员青睐收看生活服务类节目，收视比重为9.3%；工人更关注电影、法制和音乐类节目，收视比重在各职业观众中最高；学生更喜爱收看青少和综艺类节目，分别以7.1%和16.4%的收视比重高于各职业观众；无业观众对新闻/时事类节目的收视比重为16.1%，在各职业人群中最高，同时，他们对电视剧类节目的收视比重也较高（表1.5.12）。

表 1.5.12　2017 年上海市场不同职业观众对各类节目的收视比重（%）

节目类型	职业						
	干部/管理人员	个体/私营企业人员	初级公务员	工人	学生	无业	其他
财经	1.6	1.1	1.4	1.3	0.7	1.3	*
电视剧	25.2	31.7	29.1	29.6	26.8	30.0	*
电影	4.7	4.9	4.0	5.0	4.7	2.4	*
法制	2.3	3.3	2.3	4.3	2.3	2.9	*
教学	0.1	0.0	0.0	0.1	0.1	0.0	*
青少	2.4	2.2	2.2	2.3	7.1	2.1	*
生活服务	8.9	7.8	9.3	8.8	8.4	9.9	*
体育	6.7	6.5	5.1	3.5	3.8	4.4	*
外语	0.0	0.0	0.0	0.0	0.0	0.0	*
戏剧	0.2	0.2	0.2	0.2	1.1	0.5	*
新闻/时事	13.9	10.2	12.1	11.8	9.0	16.1	*
音乐	1.1	0.7	1.1	2.1	1.1	0.7	*
专题	8.8	7.9	8.2	8.5	7.8	8.5	*
综艺	14.2	12.8	14.6	12.1	16.4	11.2	*
其他	9.9	10.6	10.5	10.5	10.9	10.1	*

* 表示由于样本量不足，无法进行统计推断。
数据来源：CSM 媒介研究

（五）广州市电视收视市场节目竞争格局

1. 广州节目市场竞争格局大体稳定，电视剧收视份额涨幅明显

2017 年广州电视节目市场，各类型节目收视排序小幅变动，除电视剧和综艺类节目收视份额波动明显外，其他各类节目收视份额变化不大。2017 年电视剧类节目收视份额同比增长 1.7 个百分点，达到 30.3%，以绝对优势继续位居市场第一；新闻/时事和综艺类节目的收视份额分别为 16.1% 和 7.7%，较 2016 年出现下滑，其中综艺节目降幅较大，下降了 1.3 个百分点；生活服务和专题类节目居市场第四、第五名，收视份额较 2016 年分别上升 0.3 个和 0.1 个百分点；青少、电影和体育类节目的收视份额均在 4% 及以上，其中电影和体育类节目的收视份额降幅较大，达 0.6 个百分点。在收视份额低于 2% 的类型节目中，音乐和法制类节目的位次互换；财经类节目的收视份额上升了 0.2 个百分点，戏剧、教学和外语类节目的收视份额变化微小（图 1.5.9）。

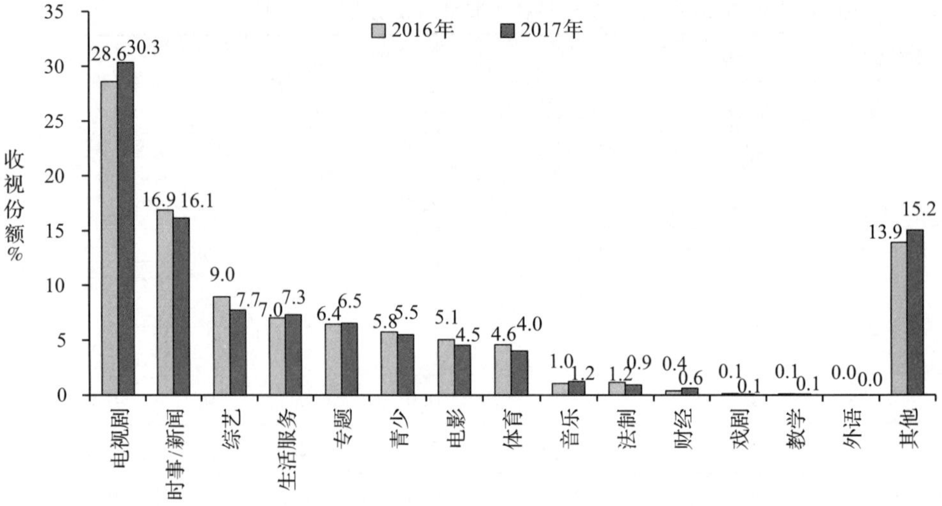

数据来源：CSM媒介研究

图 1.5.9　2016～2017 年广州市场各类节目的收视份额（%）

2. 广州市场各级频道各有优势领域，中央电视台与广东广播电视台整体实力突出

2017年广州电视节目收视市场，中央电视台在音乐类节目市场表现最为突出，收视份额达到83.0%，远超其他各级频道；中央电视台在教学、财经和专题类节目市场表现优异，收视份额均在40%～60%之间，且在细分节目市场位居第一；在戏剧、电影和体育类节目市场，中央电视台具备一定的竞争力，收视份额分别达到37.3%、37.0%和38.1%；中央电视台在法制和综艺类节目市场表现一般，收视份额在20%～30%之间；在生活服务、青少、外语、电视剧和新闻/时事类节目市场，中央电视台表现欠佳，收视份额均不超过20%（图1.5.10）。

2017年外省卫视在综艺类节目市场表现最为突出，收视份额在各级频道中居首，收视份额达到45.5%；在青少类节目市场，外省卫视的收视份额为35%，在各类频道中位居第二；外省卫视在电视剧、生活服务和戏剧类节目市场具备一定竞争力，收视份额均在10%～20%之间；在电影和专题类节目市场，外省卫视的收视份额在5%～10%之间；在音乐、法制、教学、新闻/时事、体育、财经和外语类节目市场，外省卫视的收视份额均不足5%，竞争力偏弱（图1.5.10）。

2017年广东广播电视台在广州多数节目市场居领导地位。在电影、电视剧、体育、新闻/时事、生活服务、青少类、戏剧类节目市场，广东广播电视台均处市场首位，收视份额均在37%以上；在法制类节目市场收视份额达到30%以上，市场竞争力较强；在财经、外语和专题类节目市场收视表现良好，收视份额均在20%～30%之间；在音乐、教学和综艺类节目市场的竞争力不强，收视份额均不超过13%（图1.5.10）。

2017年广州市广播电视台仅在法制类节目市场占据领导地位，收视份额达36.9%；在新闻/时事类节目市场，广州广播电视台的收视份额达31.3%，居市场亚军位置；在财经、电视剧、生活服务、专题、体育和综艺类节目市场，广州市广播电视台的收视份额都在10%～20%之间，收视竞争力一般；在戏剧、青少、音乐、电影、教学和外语类节目市场，广州市广播电视台竞争力薄弱，收视份额均低于10%（图1.5.10）。

2017年广州电视节目收视市场，境外频道在外语类节目市场表现突出，占据市场一半以上收视份额；同时，境外频道在教学类节目市场也较具竞争力，收视份额达37.4%，与中央电视台一起包揽了超过九成的市场份额；在生活服务、财经和专题类节目市场，境外频道的收视份额在10%～20%之间，竞争力一般；在音乐、电视剧、新闻/时事、综艺、电影、青少、戏剧、体育和法制类节目市场，境外频道的收视竞争力较弱，收视份额均在10%以下（图1.5.10）。

2017年，其他频道在广州市场的竞争表现依旧欠佳，在各类节目市场的收视份额均低于1%（图1.5.10）。

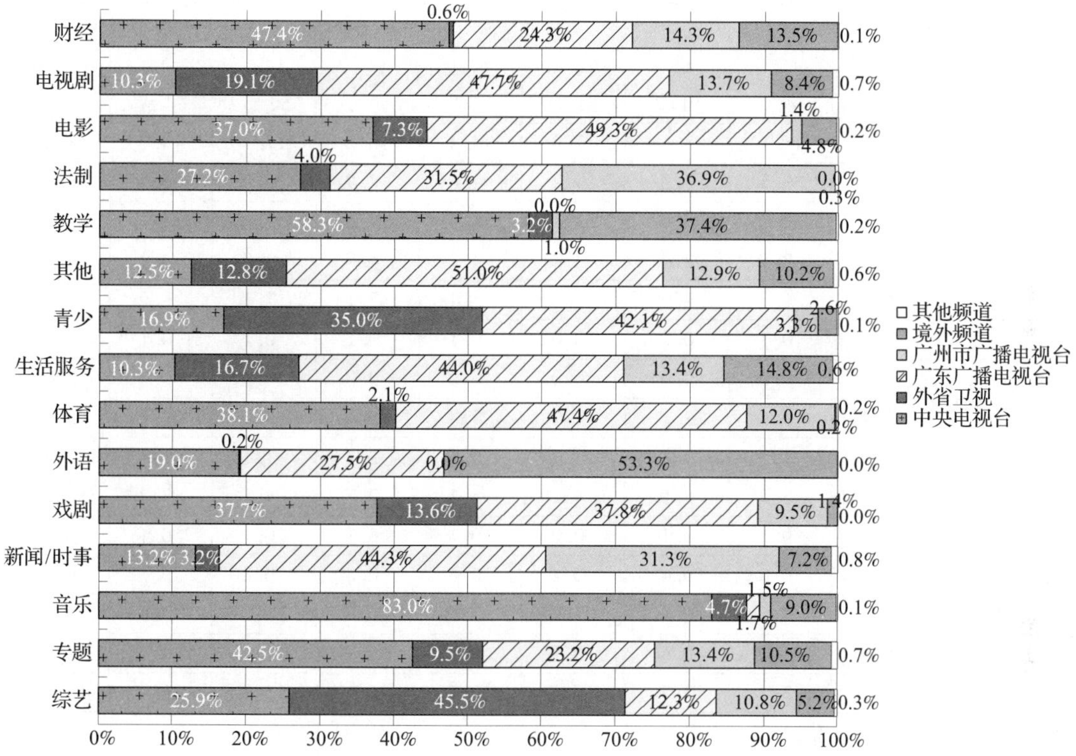

数据来源：CSM媒介研究

图1.5.10 2017年广州市场各类频道在不同节目类别中的收视份额（%）

3. 观众类型节目收视分化，类型节目各有所长

2017年广州男性观众在体育、专题和电影类节目上的收视比重明显更高，女性观众则对综艺、电视剧、音乐和生活服务类节目兴趣更大；男性和女性观众在其他各类节目的收视上差异较小，收视比重差值均低于0.2个百分点（表1.5.13）。

在年龄方面，2017年广州4～14岁观众在综艺和青少类节目上的收视比重居各年龄段观众之首；15～24岁观众更关注生活服务类节目，收视比重高于其他年龄段观众，同时他们较为关注综艺类节目，其收视比重在各年龄段观众中位居第二；25～34岁观众对青少和生活服务类节目的关注度相对较高，投入的时间比重也相对较高；相比其他年龄段观众，35~44岁观众在体育、专题、音乐、电影和财经类节目上的收视比重最高，但在电视剧上的收视比重则明显低于广州平均水平；45~54岁观众更偏向于收看专题、戏剧、财经和法制类节目，收视比重较其他年龄段观众要高；55~64岁观众在电视剧和法制类节目上投入的时间比重突出，同时对新闻/时事、专题和生活服务类节目也表现出较高的收视兴趣；65岁及以上人群对新闻/时事和专题类节目的收视比重在各年龄段观众中最高，对电视剧、体育、音乐、生活服务和法制类节目上的收视比重也高于广州观众的平均水平（表1.5.13）。

表1.5.13　2017年广州市场不同性别和年龄观众对各类节目的收视比重（%）

节目类型	性别		年龄						
	男	女	4~14岁	15~24岁	25~34岁	35~44岁	45~54岁	55~64岁	65岁及以上
新闻/时事	16.1	16.1	8.1	17.6	14.4	16.2	17.1	18.0	18.6
综艺	7.2	8.3	10.0	9.2	7.6	8.9	7.3	6.7	6.1
电视剧	29.7	30.9	25.0	31.1	30.9	25.3	31.6	32.7	32.3
体育	5.3	2.7	2.3	3.8	4.2	4.8	3.9	3.9	4.6
专题	6.8	6.3	4.6	6.8	5.4	7.1	7.1	6.9	7.1
教学	0.1	0.1	0.0	0.0	0.1	0.1	0.1	0.1	0.1
外语	0.0	0.0	0.0	0.0	0.0	0.0	0.0	0.0	0.0
青少	5.4	5.6	22.7	1.7	7.8	5.1	3.0	2.6	2.7
音乐	1.0	1.5	0.8	1.2	0.8	2.4	1.1	1.1	1.4
电影	5.2	3.9	5.5	4.2	4.1	7.7	4.7	3.2	2.8
戏剧	0.1	0.1	0.1	0.0	0.1	0.1	0.1	0.1	0.1
财经	0.6	0.6	0.4	0.4	0.5	0.8	0.8	0.6	0.5
生活服务	7.0	7.6	6.4	7.9	7.6	6.8	7.2	7.5	7.4
法制	0.9	1.0	0.4	0.7	0.7	0.7	1.1	1.2	1.1
其他	14.7	15.4	13.7	15.5	15.7	14.0	15.0	15.4	15.1

数据来源：CSM媒介研究

在受教育程度方面，2017年广州未受过正规教育的观众更偏爱青少类节目，收视比重为19.6%，远高于其他学历观众；小学学历观众收看电视剧节目的时间比重最高，达到33.9%，同时其对青少类节目的关注也较多；初中学历观众在电影和法制类节目上的收视比重高于其他观众，并对电视剧、体育和专题类节目投入了更多的收视时间；高中学历观众对节目类型的偏向较为多面，在专题和音乐类节目上的收视比重高于其他学历观众，在新闻/时事、综艺、电影、财经、生活服务和法制类节目上的收视比重高于广州观众的平均水平；大学及以上学历观众在新闻/时事、综艺、体育、财经和生活服务类节目上的收视比重均位居各类观众群体之首。总体上，广州观众对新闻/时事、综艺、体育和财经类节目的关注度随着学历的升高而逐步提高（表1.5.14）。

从个人月收入来看，2017年广州个人月收入0~600元的观众在青少类节目上的收视比重明显高于其他群体，同时他们对综艺节目投入的收视时间比重也相对很高；个人月收入601~1200元的观众对新闻/时事和音乐类节目的收视比重最高，在法制类节目上的收视比重也高于所有观众的平均水平；个人月收入1201~1700元的观众对多类节目表现出明显的收视兴趣，对电视剧、专题、电影、生活服务和法制类节目的收视比重均居第一位；个人月收入1701~2600元的观众将更多的时间投入到了音乐和财经类节目上，在新闻/时事、电视剧和电影类节目上的收视比重也较高；个人月收入2601~3500元的观众在新闻/时事、电视剧、专题和生活服务类节目上的收视比重超过广州观众的平均水平；个人月收入3501~5000元的观众在新闻/时事类、体育类节目上的收视比重高于所有观众的平均水平；个人月收入5001元及以上的观众更偏爱收看综艺、体育、财经类节目，收视比重在各收入段观众中居首位（表1.5.14）。

表1.5.14 2017年广州市场不同受教育程度和个人月收入观众对各类节目的收视比重（%）

节目类型	受教育程度					个人月收入（元）						
	未受过正规教育	小学	初中	高中	大学及以上	0~600元	601~1200元	1201~1700元	1701~2600元	2601~3500元	3501~5000元	5001元及以上
新闻/时事	10.2	13.6	15.4	17.9	18.1	11.9	20.0	13.8	16.8	18.3	18.2	15.8
综艺	5.7	7.5	6.7	8.5	8.9	8.7	7.8	8.2	6.2	7.1	8.2	8.7
电视剧	29.5	33.9	32.2	28.8	27.1	30.0	30.2	34.7	32.6	32.0	28.3	25.1
体育	1.7	2.8	4.4	3.5	5.8	3.0	2.2	2.2	4.0	3.9	5.0	6.6
专题	4.1	5.7	6.7	7.2	6.5	5.8	6.5	8.0	6.6	6.6	6.7	7.3
教学	0.0	0.0	0.1	0.1	0.1	0.0	0.1	0.1	0.1	0.1	0.1	0.1
外语	0.0	0.0	0.0	0.0	0.0	0.0	0.0	0.0	0.0	0.0	0.0	0.0
青少	19.6	8.6	4.6	3.9	3.7	11.2	3.6	1.5	3.3	2.9	3.9	6.2
音乐	0.7	1.0	1.1	1.6	1.2	1.3	1.8	1.4	1.5	1.2	0.9	1.0
电影	4.4	4.1	5.1	4.9	3.6	4.8	2.8	5.3	5.0	4.0	4.4	4.9
戏剧	0.1	0.1	0.1	0.1	0.1	0.1	0.1	0.0	0.1	0.1	0.1	0.1
财经	0.4	0.5	0.5	0.6	1.0	0.5	0.5	0.4	0.7	0.5	0.6	1.0
生活服务	7.0	6.6	7.1	7.4	8.1	7.3	7.2	7.8	7.1	7.4	7.4	7.4
法制	0.6	0.9	1.1	0.9	0.8	0.6	1.6	2.3	1.0	0.9	0.9	1.0
其他	16.1	14.8	15.1	14.8	15.2	14.8	15.6	14.2	15.1	15.0	15.3	14.9

数据来源：CSM媒介研究

在职业方面，干部/管理人员对体育、专题、音乐和财经类节目的关注度在各职业观众中最高，收视比重位列第一，其中在体育类节目上花费的时间比重明显高于其他人群；个体/私营企业人员更偏爱电影和法制类节目；初级公务员/雇员群体在新闻/时事和生活服务类节目上的收视比重在各职业观众中最高，在综艺、体育、专题、音乐和财经类节目上的收视比重也高于广州观众的平均水平；工人群体投在电视剧上的时间比重更高，比例达到35.1%，均居各职业群体之首；学生更关注综艺和青少类节目，其中对综艺类节目的收视比重达到12.2%、青少类节目达到13%，远高于其他职业人群；无业观众偏爱新闻/时事、电视剧、音乐、戏剧、生活服务和法制类节目，其收视比重均高于广州观众的平均水平（表1.5.15）。

表1.5.15　2017年广州市场不同职业观众对各类节目的收视比重（%）

节目类型	职业						
	干部/管理人员	个体/私营企业人员	初级公务员	工人	学生	无业	其他
新闻/时事	18.7	14.9	19.2	14.9	10.8	16.6	*
综艺	8.2	8.1	8.5	7.0	12.2	6.6	*
电视剧	20.3	29.9	27.1	35.1	26.0	31.4	*
体育	11.4	3.3	4.7	3.2	3.5	3.9	*
专题	8.5	6.9	7.0	5.8	6.3	6.4	*
教学	0.1	0.1	0.1	0.0	0.0	0.1	*
外语	0.0	0.0	0.0	0.0	0.0	0.0	*
青少	4.9	5.7	3.5	3.8	13.0	5.5	*
音乐	1.6	1.3	1.4	0.9	1.2	1.3	*
电影	4.2	6.7	4.2	5.3	5.6	3.5	*
戏剧	0.1	0.0	0.0	0.1	0.0	0.1	*
财经	1.1	0.6	0.7	0.5	0.4	0.6	*
生活服务	7.0	6.7	7.7	7.1	6.8	7.5	*
法制	0.7	1.1	0.7	0.9	0.5	1.1	*
其他	13.4	14.6	15.1	15.4	13.7	15.3	*

数据来源：CSM媒介研究

*表示由于样本量不足，无法进行统计推断。

六、电视广告投放与竞争格局

根据央视市场研究（CTR）发布的广告监测数据①，2017年，中国广告市场在连续两年下降之后同比增长了4.3%，这主要归因于传统广电媒体广告的止跌回升。2017年，电视广告投放额为5605亿元人民币，同比2016年增长了1.7%，而广告时长同比减少了4.5%；广播广告投放额同比增长了6.9%，广告时长同比减少了3.0%；报纸和杂志广告投放额继续断崖式下滑，同比分别下降了32.5%和18.9%。

① 2017年广告投放额以CTR2017年监测范围为基准进行统计，2017年广告投放增长情况以CTR2016年监测范围为基准进行比较；广告投放额以媒体公开报价为统计标准，不含折扣；广告监测时间为17:00~24:00。

（一）中国电视广告投放基本情况

1. 2017 年中国电视广告投放额同比 2016 年增长 1.7%

2017 年中国电视广告投放额为 5605 亿元人民币，同比 2016 年增加了 101 亿元人民币，增长 1.7%。与 2016 年相比，2017 年电视广告投放额平均每个月增长 8.4 亿元人民币。从分月数据来看，2017 年全年广告投放额最高的月份是 12 月，下半年广告投放情况明显好于上半年（图 1.6.1）。

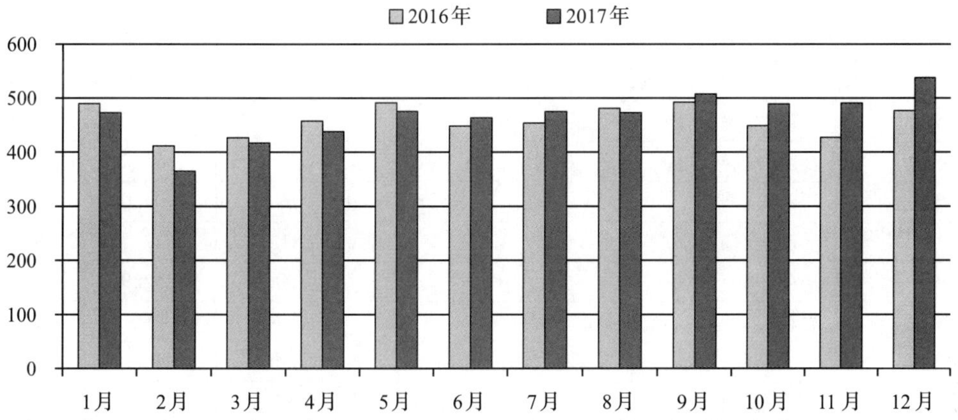

数据来源：央视市场研究媒介智讯（CTR MI）

图 1.6.1　2016 年、2017 年各月中国电视广告投放额（人民币：亿元）

2. 药品类广告 2017 年保持高增长，品类排名第一位

2017 年中国电视广告投放额排名前 5 位的行业是药品、饮料、食品、化妆品/浴室用品和酒精类饮品。2017 年广告投放额 TOP10 行业中增长幅度较大的是家居用品、酒精类饮品和药品等，同比 2016 年分别增长了 68.3%、27.6% 和 11.0%；化妆品/浴室用品、商业及服务、娱乐及休闲、交通行业出现了不同程度的负增长（表 1.6.1）。

表 1.6.1　2017 年中国电视广告投放额排名前十位的品类（人民币：亿元）

品类	2017 年	2016 年	增长率
药品	899.9	808.6	11.0%
饮料	826.1	797.6	3.5%
食品	711.6	717.7	-1.0%
化妆品/浴室用品	603.3	685.5	-12.1%
酒精类饮品	478.6	373.6	27.6%
商业及服务	333.2	367.9	-9.7%
娱乐及休闲	291.7	320.4	-9.1%
家居用品	221.9	131.6	68.3%
活动类	203.9	204.5	-0.5%
交通	202.3	215.4	-6.3%

数据来源：央视市场研究媒介智讯（CTR MI）

3. 鸿茅品牌以226.7亿元广告投放额拔得头筹

2017年电视广告投放额TOP10品牌中，鸿茅品牌以226.7亿元的广告投放额拔得头筹，超过第二位陈李济一倍多。广告投放额排名前10位的品牌主要来自药品、食品、饮料和酒精类饮品等行业，而前些年出现较多的日化品牌均已退出TOP10行列（表1.6.2）。

表1.6.2 2017年中国电视广告投放额排名前十位的品牌（人民币：亿元）

品牌	所属品类	2017年	2016年	增长率
鸿茅	活动类/酒精类饮品/商业及服务/药品	226.7	149.5	51.5%
陈李济	活动类/药品/饮料	112.2	93.9	18.0%
香丹清	活动类/商业及服务/食品	89.1	78.0	14.3%
伊利	食品/饮料	73.1	55.2	32.5%
养无极	活动类/药品	69.4	1.0	〉1000%
同溢堂	活动类/药品/饮料	60.7	32.3	87.7%
曹清华	药品	59.5	52.9	12.5%
汇仁	酒精类饮品/商业及服务/药品	57.0	75.2	-24.2%
葛洪	个人用品/家居用品/酒精类饮品/药品	56.1	30.3	83.2%
旺旺	食品/饮料	52.5	42.4	23.7%

数据来源：央视市场研究媒介智讯（CTR MI）

4. 中央级频道广告投放额增幅明显

从各级电视频道的广告投放额和投放时长来看，2017年中央级频道的广告投放额同比上涨了31.8%，时长同比上涨了17.5%；省级卫视广告投放额同比下降了0.6%，时长同比上升了0.6%；省级地面频道广告投放额同比上升了0.1%，时长同比下降了6.2%；省会城市台广告投放额同比上升了2.1%，时长同比下降了1.0%；其他频道广告投放额和时长下降幅度最大，分别是7.5%和6.0%（图1.6.2）。

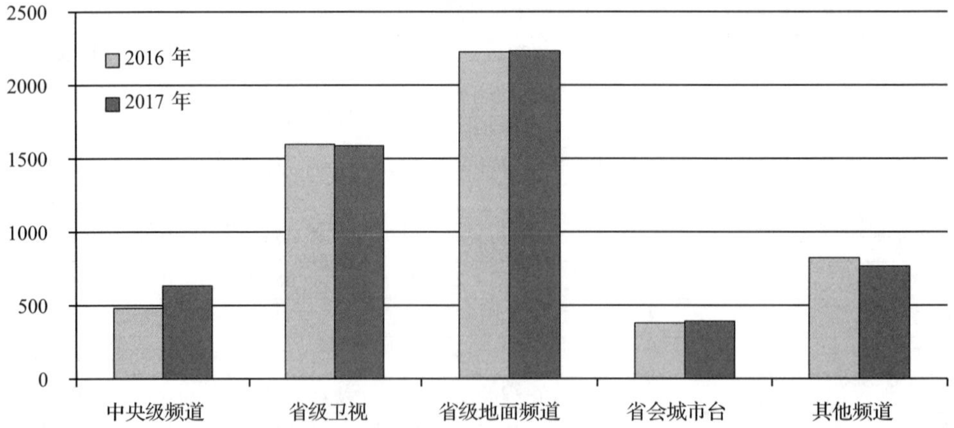

数据来源：央视市场研究媒介智讯（CTR MI）

图1.6.2 2016年、2017年全国各类频道的广告投放额（人民币：亿元）

2017 年中央电视台广告投放额排名 TOP5 的品类有较大变化：食品、药品行业上升为前两位，交通行业从 2016 年的首位下降到第三位；药品、食品和酒精类饮品广告投放额同比出现较大幅度的增长，分别为 188.5%、70.7%和 79.1%（表 1.6.3）。

表 1.6.3 2017 年中央电视台广告投放额排名前五位的品类（人民币：亿元）

品类	2017 年	2016 年	增长率
食品	84.8	49.7	70.7%
药品	81.4	28.2	188.5%
交通	62.8	65.6	-4.2%
酒精类饮品	62.3	34.7	79.1%
邮电通讯	56.6	44.0	28.6%

数据来源：央视市场研究媒介智讯（CTR MI）

2017 年中央电视台广告投放额排名 TOP5 的品牌中有两个是新品牌，即鸿茅和金一。其他三个品牌广告投放额的同比增幅均超过 300%，这五大品牌分别是陈李济、香丹清、小罐、鸿茅和金一（表 1.6.4）。

表 1.6.4 2017 年中央电视台广告投放额排名前五位的品牌（人民币：亿元）

品牌	所属品类	2017 年	2016 年	增长率
陈李济	药品	14.7	1.0	〉1000%
香丹清	食品	13.3	2.3	484.8%
小罐	饮料/家居用品	12.8	2.9	337.6%
鸿茅	酒精类饮品/药品	10.8	~	~
金一	金融/个人用品	10.6	~	~

数据来源：央视市场研究媒介智讯（CTR MI）

2017 年省级卫视广告投放中，饮料、食品、药品、化妆品/浴室用品仍然保持在前几位。2017 年在排名 TOP5 中除了化妆品/浴室用品行业，其他 4 个行业的广告投放额同比都出现了不同程度的增长，其中酒精类饮品广告投放额同比上升了 41.7%（表 1.6.5）。

表 1.6.5 2017 年省级卫视广告投放额排名前五位的品类（人民币：亿元）

品类	2017 年	2016 年	增长率
饮料	379.6	356.8	6.4%
食品	287.6	281.3	2.2%
药品	211.0	204.4	3.2%
化妆品/浴室用品	196.0	228.9	-14.4%
酒精类饮品	84.7	59.8	41.7%

数据来源：央视市场研究媒介智讯（CTR MI）

2017年省级卫视广告投放额排名TOP5的品牌集中在药品、食品和饮料三大行业，其中豆本豆是2017年在省级卫视广告投放中新出现的品牌，其他四大品牌的广告投放额同比均出现了不同程度的增长，其中鸿茅的增长超过一倍（表1.6.6）。

表1.6.6 2017年省级卫视广告投放额排名前五位的品牌（人民币：亿元）

品牌	所属品类	2017年	2016年	增长率
伊利	饮料/食品	34.4	26.5	29.8%
江中	饮料/食品/药品	34.1	31.1	9.8%
豆本豆	饮料	32.8	—	—
鸿茅	酒精类饮品	28.4	13.3	113.6%
盼盼	饮料/食品/家居用品	27.4	22.0	24.7%

数据来源：央视市场研究媒介智讯（CTR MI）

（二）中国电视广告市场竞争格局

1. 频道间竞争：中央级频道份额上升明显

2017年各类电视频道广告投放竞争中，中央级频道的份额上升明显，同比2016年增长了2.6个百分点；省级卫视频道同比下降了0.7个百分点；省级地面频道同比下降了0.7个百分点；省会城市台略有增长；其他频道同比下降了1.3个百分点（表1.6.7）。

表1.6.7 2016年、2017年各类电视频道广告投放额所占份额及其变化

频道类别	2016年	2017年	份额变化（百分点）
中央级频道	8.7%	11.3%	2.6
省级卫视	29.0%	28.3%	-0.7
省级地面频道	40.5%	39.8%	-0.7
省会城市台	6.9%	7.0%	0.1
其他频道	14.9%	13.6%	-1.3

数据来源：央视市场研究媒介智讯（CTR MI）

2017年省级卫视广告投放额排名TOP10的频道中，河南1套、湖北卫视和浙江卫视排名前3位，其中河南1套和湖北卫视广告投放额超过了100亿人民币。由于数据统计口径为硬广告刊例价，广告投放额以媒体公开报价为统计标准，不含折扣，所以像湖南、东方、北京等比较强势的省级卫视没能进入TOP10（表1.6.8）。

在2017年省会城市台广告投放额排名TOP10中，排名比较靠前的是昆明电视台、南京电视台、武汉电视台和广州电视台，其中昆明电视台高居榜首；而2015年之前一直高居榜首的广州电视台则下降为第四位（表1.6.9）。

表 1.6.8　2016 年、2017 年广告投放额排名前十位的省级卫视频道（人民币：亿元）

排名	2016 年		2017 年	
	频道	投放额	频道	投放额
1	湖北卫视	113.8	河南 1 套	117.2
2	云南 1 套	103.1	湖北卫视	101.5
3	河南 1 套	98.2	浙江卫视	98.9
4	浙江卫视	98.1	福建东南电视台	96.1
5	天津卫视	91.9	云南 1 套	89.5
6	江苏卫视	90.3	江苏卫视	85.5
7	山东卫视	84.9	山东卫视	76.3
8	东方卫视	82.6	天津卫视	74.1
9	黑龙江电视台卫星频道	70.3	黑龙江电视台卫星频道	71.9
10	湖南电视台卫星频道	69.2	重庆卫视	71.6

数据来源：央视市场研究媒介智讯（CTR MI）

表 1.6.9　2016 年、2017 年广告投放额排名前十位的省会城市电视台（人民币：亿元）

排名	2016 年		2017 年	
	电视台	投放额	电视台	投放额
1	昆明电视台	60.2	昆明电视台	67.3
2	广州电视台	37.5	南京电视台	48.0
3	南京电视台	33.2	武汉电视台	37.0
4	武汉电视台	29.7	广州电视台	36.7
5	长沙电视台	21.0	郑州电视台	17.7
6	南宁电视台	19.2	福州电视台	16.5
7	郑州电视台	18.9	长沙电视台	15.5
8	杭州电视台	14.4	乌鲁木齐电视台	13.6
9	福州电视台	13.9	西安电视台	13.3
10	合肥电视台	13.0	合肥电视台	13.3

数据来源：央视市场研究媒介智讯（CTR MI）

2. 行业投放竞争：酒精类饮品行业对电视广告增长的贡献率最为突出，化妆品/浴室用品行业贡献率呈现较大负值

2017 年中国电视广告投放额同比 2016 年有所上升，在 21 个行业中有 7 个增长、3 个行业基本持平、11 个行业下跌。各行业对电视广告增长的贡献率①与往年相比发生了一些变化，其中酒精类饮品、家居用品和药品行业对电视广告投放的正向增长贡献较大，而化妆品/浴室用品、清洁用品行业的负向贡献较大（图 1.6.3）。

① 某行业对电视广告增长贡献率 = 某行业电视广告增长额 / 电视广告总增长额 × 电视广告总增长率。

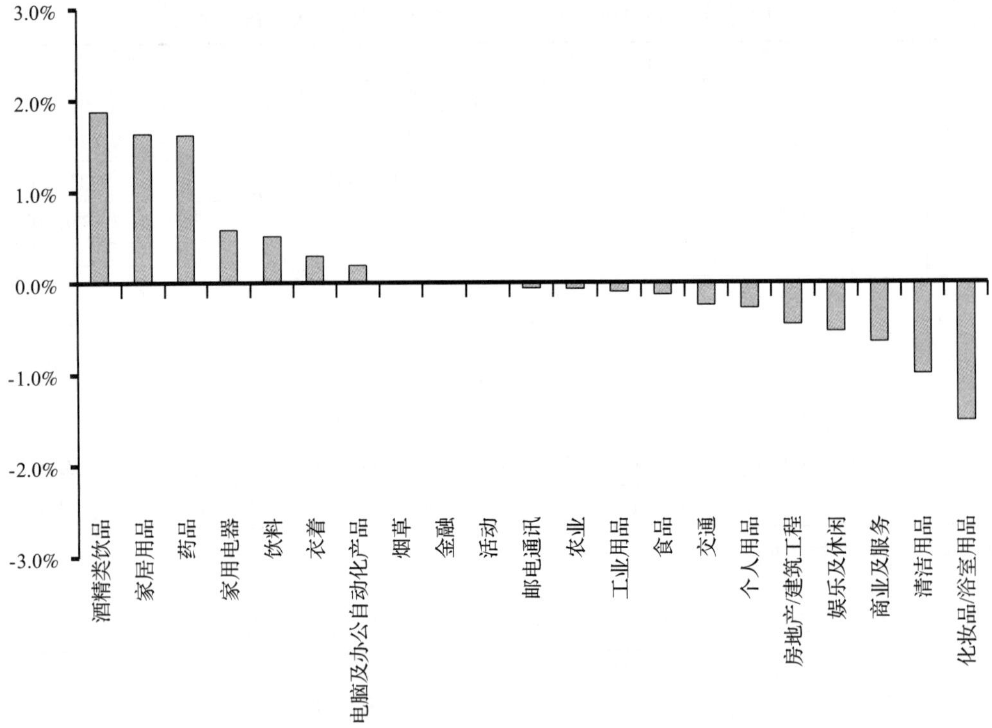

数据来源：央视市场研究媒介智讯（CTR MI）

图 1.6.3　2017 年不同行业对中国电视广告投放额增长的贡献率（%）

第二部分

Part Two

专 题 Analysis Report

2017年中国电视收视市场大事件扫描

2017年，各级电视媒体为应对来自各方面的挑战，不仅在媒体融合方面加速进行探索，还进一步加强了内容创新，以丰富节目类型，实现品质提升。在这一年时间里涌现出许多令人惊喜的亮点，其中不仅有像《人民的名义》这样现象级的电视剧，还有一批弘扬传统文化与主流价值的电视节目占据荧屏，这些节目不仅有意思，更有意义。本文就以“月历”的形式对2017年中国电视收视市场的大事件进行扫描与梳理，以发现2017年的关注热点。

1月

1月1日：电影《盗墓笔记》首播

2016年8月上映、票房达10亿的电影《盗墓笔记》于2017年1月1日在中央台六套播出，首播收视率达到2.1%。该电影在该频道之后又有多次播出，其中4次播出时的收视率都超过1.5%。2016年另一部票房大片《湄公河行动》在中央台六套的首播及之后的播出也有良好的收视表现。《澳门风云（三）》《战狼（二）》于电影院线热播期间，《澳门风云（二）》《战狼》等老片的播出也有不错的收视表现。

表1　2017年中央台六套部分电影收视表现（所有调查城市）

节目名称	播出频道	播出日期	收视率（%）	市场份额（%）
盗墓笔记	中央台六套	2017/01/01	2.1	6.4
湄公河行动	中央台六套	2017/01/31	1.8	6.2
澳门风云（二）	中央台六套	2017/04/22	1.8	5.7
举起手来	中央台六套	2017/11/19	1.7	5.9
战狼	中央台六套	2017/10/04	1.7	5.7

数据来源：CSM媒介研究

1月6日：《最强大脑》第四季首播

大型科学竞技真人秀节目《最强大脑》第四季于2017年1月6日起每周五晚21:00在江苏卫视首播，于2017年4月7日收官。其中2月24日第七期节目平均收视率达1.8%，同时段市场份额达6.4%。

1月8日：《欢乐喜剧人》第三季首播

《欢乐喜剧人》第三季是由上海东方卫视与欢乐传媒联合打造的明星喜剧竞赛真人

秀节目，由郭德纲担任主持，文松、常远、张小斐等曾担任参赛选手。该季节目于2017年1月8日起每周日晚21:00在上海东方卫视首播，于2017年4月9日收官。该季第六期节目收视率达1.7%，同时段市场份额为6.3%。

1月15日:《欢乐中国人》第一季首播

合家欢素人真人秀《欢乐中国人》第一季于2017年1月15日起每周日晚20:00在中央电视台综合频道首播，于2016年4月1日收官。节目中，近百个家庭组团来“搞笑”，再现生活中的小幽默、小智慧。刘涛、撒贝宁、刘仪伟组成的“欢乐评委团”对百组家庭的表演进行点评，并最终选出10个家庭登上“欢乐盛典”的舞台，争夺“年度欢乐中国人”称号。其中1月28日大年初一播出的第三期节目平均收视率为2.8%，同时段市场份额为8.6%。

1月15日:《向往的生活——农夫篇》首播

慢生活纪实节目《向往的生活——农夫篇》由湖南卫视和合心传媒联手推出，节目中黄磊、何炅、刘宪华三人一起守拙归田园，为观众带来一幅幅“自力更生、自给自足、温情待客、完美生态”的生活画面。该节目于2017年1月15日起每周日晚20:30在湖南卫视首播，2月5日起移档至周日晚22:00播出，于2017年4月16日收官。其中第一期、第二期节目的收视率达到1.9%，移至22:00档之后的4月2日一期节目收视率也达到1.8%，同时段市场份额为9.7%。

1月20日：省级卫视春节联欢晚会陆续开播

除了中央电视台大年夜的春节联欢晚会外，多个上星频道从小年夜到大年初四也陆续播出了各具特色的春节联欢晚会。其中除夕前一天播出的辽宁卫视春晚收视率达到2.2%，在省级卫视春晚收视中居于首位。湖南卫视小年夜春晚收视率为2.0%，中央台三套同日播出的《CCTV网络春晚》也取得了1.4%的收视表现。大年初一的竞争最激烈，江苏、北京和上海三家卫视播出了春节联欢晚会，收视率分别为1.4%、1.4%、1.3%。中央电视台综合频道播出的《2017中央军委慰问驻京部队老干部迎新春文艺演出》也获得了1.3%的收视率。山东台、安徽台等省台也错开在春节前后播出了春节联欢晚会，收视率都为0.6%。湖北、四川、黑龙江三家卫视联合办春晚，三频道合计收视率达到0.9%。

表2　2017年部分春节联欢晚会收视表现（所有调查城市）

节目名称	播出频道	播出日期	收视率（%）	市场份额（%）
2017辽宁卫视家和万事兴春节联欢晚会	辽宁卫视	2017/01/26	2.2	9.2
2017湖南卫视小年夜春节联欢晚会	湖南卫视	2017/01/20	2.0	6.4
2017幸福一起来江苏卫视春节联欢晚会	江苏卫视	2017/01/28	1.4	4.9
2017北京电视台春节联欢晚会	北京卫视	2017/01/28	1.4	4.7
2017CCTV网络春晚	中央台三套	2017/01/20	1.4	4.2

续表

节目名称	播出频道	播出日期	收视率（%）	市场份额（%）
文化中国，四海同春——2017 全球华侨华人春节大联欢	湖南卫视	2017/01/30	1.3	4.5
春满东方，欢笑中国——2017 新春大联欢	上海东方卫视	2017/01/28	1.3	4.4
2017 中央军委慰问驻京部队老干部迎新春文艺演出	中央电视台综合频道	2017/01/26	1.3	3.8
金鸡报晓幸福年——2017 安徽卫视春节联欢晚会	安徽卫视	2017/01/25	0.6	2.1
青春在一七——2017 山东卫视春节联欢晚会	山东卫视	2017/01/24	0.6	2.0
2017 乐在今宵——湖北、四川、黑龙江笑星大联欢	湖北卫视	2017/01/31	0.5	2.7
	四川卫视	2017/01/31	0.2	1.5
	黑龙江卫视	2017/01/31	0.2	1.4

数据来源：CSM 媒介研究

1 月 25 日：《星光大道》总决赛播出

中央电视台《星光大道》2016 年度总决赛于 2017 年 1 月 25 日在中央电视台综合频道播出，来自青海玉树的更却才仁和来自沈阳的李光双双获得冠军。《星光大道》总决赛节目首播收视率为 1.8%，市场份额为 5.4%。

1 月 27 日：中央电视台春节联欢晚会多屏直播

根据 CSM 媒介研究全国收视调查网数据，2017 年中央电视台春节联欢晚会跨屏收视率达 31.46%，其中全国电视直播（含 37 家地方台转播）收视率达 30.88%；总收视份额达 78.72%。除夕夜当晚（1 月 27 日）全国超过 7 亿观众通过电视端收看了《2017 年中央电视台春节联欢晚会》。中央电视台并机频道总收视率达 17.64%，相较 2016 年提高了 0.48 个百分点。其中，中央电视台综合频道收视率为 7.65%，比 2016 年（6.98%）提高了 0.67 个百分点；综艺频道收视率为 5.45%，比 2016 年（5.41%）提高了 0.04 个百分点；中文国际频道收视率为 1.95%，军事农业频道收视率为 1.11%，少儿频道收视率为 1.48%。春节联欢晚会网络直播收视率为 1.0237%，春节联欢晚会网络 7 天点播收视率为 1.9707%，春节联欢晚会时移 7 天收视率为 0.5496%。

1 月 29 日：《新春喜剧之夜》推出

中央台三套于 1 月 29 日大年初二推出首档喜剧晚会《2017 新春喜剧之夜》，节目形式多样，集聚了众多喜剧风格，填补了春节期间纯语言节目晚会的空白。节目首播收视率为 2.1%，同时段市场份额为 6.7%。

1 月 30 日：两家卫视联播古装玄幻仙侠剧《三生三世十里桃花》

58 集古装玄幻仙侠剧《三生三世十里桃花》根据唐七公子同名小说改编，讲述了青丘帝姬白浅和九重天太子夜华经历三段爱恨纠葛终成眷属的绝美仙恋故事。该剧由华策影视集团上海剧酷文化传播有限公司、海宁嘉行天下影视文化有限公司、上海三味火文化传播有限公司联合出品，林玉芬执导，杨幂、赵又廷、迪丽热巴等主演，于2017年1月30日登陆上海东方卫视、浙江卫视首播。两家联播总收视率为2.4%，市场份额为6.9%。

表3　《三生三世十里桃花》在两家联播卫视首播收视概况（所有调查城市）

节目名称	播出频道	平均收视率（%）	平均市场份额（%）
三生三世十里桃花	上海东方卫视	1.3	3.7
三生三世十里桃花	浙江卫视	1.1	3.2

数据来源：CSM媒介研究

2月

2月7日:《中国诗词大会》第二季收官

原创文化类电视节目《中国诗词大会》第二季是中央电视台科教频道自主研发，国家语言文字工作委员会和共青团中央联合主办的一档大型演播室季播节目。该节目以"赏中华诗词、寻文化基因、品生活之美"为宗旨，邀请全国各个年龄段、各个领域的诗词爱好者共同参与诗词知识比拼。《中国诗词大会》第二季于2017年1月29日至2月7日晚间20:00在中央电视台综合频道连续播出，10期节目平均收视率为1.8%，同时段市场份额为5.2%。2月7日最后一期节目收视率达2.3%，同时段市场份额达6.5%。

2月11日：元宵晚会播出

2017年的元宵晚会仍然是中央电视台和湖南卫视两家的收视表现较好，北京卫视、辽宁卫视、江苏卫视、上海东方卫视等多家省级卫视的元宵晚会也表现出一定的竞争力。其中，中央电视台的元宵晚会在中央电视台综合频道和中央台三套播出合计的总收视率达到8.2%，同时段市场份额超过23.8%，保持了前一年的市场竞争力。中央台四套22:00的重播也获得了0.5%的收视率。湖南卫视《2017元宵喜乐会》的平均收视率为1.9%，江苏卫视、辽宁卫视、上海东方卫视、北京卫视的元宵晚会收视率也在0.3%~0.5%的水平。

表4　2017年中央电视台及部分省级卫视元宵节晚会收视概况（所有调查城市）

晚会名称	播出频道	收视率（%）	市场份额（%）
2017中央电视台元宵晚会	中央电视台综合频道	5.1	14.8
	中央台三套	3.1	9.0
	中央台四套（重播）	0.5	2.8
2017元宵喜乐会	湖南卫视	1.9	5.3
江苏卫视元宵晚会荔枝元宵包袱铺	江苏卫视	0.5	1.6
欢天喜地闹元宵	辽宁卫视	0.4	1.8
2017东方卫视元宵喜乐会	上海东方卫视	0.3	2.2
金鸡报春闹元宵特别节目	北京卫视	0.3	0.9

数据来源：CSM媒介研究

3 月

3 月 2 日：都市情感励志剧《因为遇见你》开播

46 集都市情感励志剧《因为遇见你》讲述了生活在馄饨店却拥有惊人刺绣天赋、神秘身世的少女张果果如何在时尚圈逆袭的成长励志故事。该剧由上海观达影视文化有限公司出品，周晓鹏执导，孙怡、邓伦、吴优等主演，于 2017 年 3 月 2 日在湖南卫视金鹰独播剧场播出。该剧首播平均收视率为 2.2%，市场份额为 6.9%。

3 月 18 日：《快乐大本营》创收视高峰

开播 20 年的《快乐大本营》在 2017 年仍保持了出色的收视表现，全年平均收视率为 1.8%，同时段市场份额为 6.1%。最高一期——3 月 18 日节目的收视率达到 2.4%，该期邀请的主要嘉宾为迪玛希、霍建华、张艺兴等。

3 月 28 日：世界杯亚洲区预选赛中国 VS 伊朗获得高收视

2017 年是 2018 年世界杯预选赛亚洲区的重要比赛年份，随着中国男足比赛的进行，多场有中国男足国家队参加的比赛获得了很高的收视率。其中，中央台五套 2017 年 3 月 23 日直播的十二强赛第 6 轮中国队战胜韩国队一场比赛的收视率达到 3.5%，同时段市场份额达 10.5%。之后 3 月 28 日的十二强赛第 7 轮中国队对阵伊朗队一场比赛更是将观众的热情推向高潮，直播收视率达到 3.9%，市场份额达到 12.1%，成为收视率最高的足球赛事。另外 3 场十二强赛也都取得了 1.7% 及以上的收视率。

表 5　2017 年中国男足国家队比赛高收视场次（所有调查城市）

节目名称	播出日期	播出频道	收视率（%）	市场份额（%）
2018 年世界杯亚洲区预选赛第三阶段 A 组第 7 轮（伊朗 VS 中国）	2017/03/28	中央台五套	3.9	12.1
国际足联 2018 年世界杯亚洲区预选赛 A 组第 6 轮（中国 VS 韩国）	2017/03/23	中央台五套	3.5	10.5
2018 年世界杯亚洲区预选赛十二强赛（中国 VS 乌兹别克斯坦）	2017/08/31	中央台五套	2.8	9.5
国际足联 2018 年世界杯亚洲区预选赛第三阶段 A 组第 8 轮（叙利亚 VS 中国）	2017/06/13	中央台五套	2.3	13.0
国际足联 2018 年世界杯亚洲区预选赛第三阶段 A 组第 10 轮（卡塔尔 VS 中国）	2017/09/05	中央台五套	1.7	24.8

数据来源：CSM 媒介研究

3月28日：反腐剧《人民的名义》开播

52集反腐剧《人民的名义》讲述了当代检察官维护公平正义、查办贪腐案件的故事。该剧由最高人民检察院影视中心、中央军委后勤保障部金盾影视中心出品，李路执导，陆毅、张丰毅、吴刚、许亚军等主演，于2017年3月28日在湖南卫视金鹰独播剧场播出。该剧首播平均收视率为3.8%，市场份额为12.1%，居2017年所有剧目的首位。

4月

4月9日：《等着我》播出

《等着我》是中央电视台于2014年推出的全国首档利用国家力量为普通大众实现“团圆梦”的大型服务类节目。中央电视台综合频道2017年4月9日至7月9日周日晚20:00播出的11期节目平均收视率为2.0%，同时段市场份额为6.5%。

4月14日：《奔跑吧》第一季首播

大型户外竞技真人秀《奔跑吧》第一季于2017年4月14日起每周五晚21:00在浙江卫视首播，于2017年6月30日收官。第一季12期节目平均收视率为2.8%，同时段市场份额为12.2%，在2017年季播综艺节目中平均收视率居首位。

4月15日：《歌手》上演歌王之战

歌唱真人秀《歌手》于2017年1月21日起每周五后晚间22:30首播，本季歌手主要包括林忆莲、迪玛希、萧敬腾、李健等，最终林忆莲成为歌王。4月15日歌王之战当天首播的收视率为1.7%，同时段市场份额为11.6%。

4月23日：《2017书香中国全民阅读系列活动启动仪式晚会》播出

“2017书香中国全民阅读季”系列活动由国家新闻出版广电总局、湖南省委、湖南省政府共同主办，于4月19日在湖南长沙启动。活动期间，文化学者、文学作家、文艺工作者等分享了各自的读书故事。《2017书香中国全民阅读系列活动启动仪式晚会》于4月23日在湖南卫视晚间播出，节目收视率为2.6%，同时段市场份额为8.0%。

5月

5月11日：两家卫视联播都市女性励志剧《欢乐颂二》

55集都市女性励志剧《欢乐颂二》讲述了居住在欢乐颂小区22楼的五个性格各异而又相亲相爱的女孩身上所发生的一连串有关友情、爱情、亲情、职场和理想的故事。该剧由东阳正午阳光影视有限公司、山东影视制作股份有限公司出品，简川訸、张开宙执导，刘涛、蒋欣、王子文等主演，于2017年5月11日登陆上海东方卫视、浙江卫视首播。两家联播总收视率3.2%，市场份额为10.6%。

表 6　《欢乐颂二》在两家卫视联播首播收视概况（所有调查城市）

节目名称	播出频道	平均收视率（%）	平均市场份额（%）
欢乐颂二	浙江卫视	1.7	5.5
欢乐颂二	上海东方卫视	1.5	5.1

数据来源：CSM 媒介研究

5 月 14 日：《"一带一路"国际合作高峰论坛文艺晚会》直播

第一届"一带一路"国际合作高峰论坛于2017 年5 月14 日至15 日在北京举行，这是2017 年中国重要的主场外交活动，对推动国际和地区合作具有重要意义。中央电视台综合频道、新闻频道、三套和四套以及 30 多个省级上星频道直播了这一届高峰论坛文艺晚会，中央台4 个频道的累计收视率为4.2%，同时段市场份额为14.0%。其他上星频道累计收视率为5.4%，同时段市场份额17.8%。

表 7　2017 年《"一带一路"国际合作高峰论坛文艺晚会》各频道收视表现（所有调查城市）

节目名称	日期	播出频道	收视率（%）	市场份额（%）
"一带一路"国际合作高峰论坛文艺晚会	2017/5/14	中央电视台综合频道	1.6	5.2
		中央电视台新闻频道	0.7	2.2
		中央台三套	0.6	2.3
		中央台四套	1.3	4.3
		其他上星频道	5.4	17.8

6 月

6 月 5 日：2017 年世界乒乓球锦标赛男单决赛直播

2017 年世界乒乓球锦标赛于 2017 年 5 月 29 日至 6 月 5 日在德国杜塞尔多夫举行，女单丁宁夺冠，男单马龙夺冠。其中，6 月 5 日男单马龙与樊振东决赛一场的直播收视率达到 2.2%，同时段市场份额为 7.4%；6 月 4 日女单决赛一场的直播收视率也达到了1.7%。同时段市场份额 5.2%。

6 月 5 日：女性励志传奇古装剧《楚乔传》开播

67 集女性励志传奇古装剧《楚乔传》改编自潇湘冬儿的小说《11 处特工皇妃》，该剧讲述了西魏乱世中，一个特立独行的女奴楚乔在协助建立新政权的过程中关于守护、背叛、信仰、爱情的故事。该剧由慈文传媒、蜜淘影业、克顿传媒联合出品，吴锦源执导，赵丽颖、林更新、窦骁、李沁等主演，于 2017 年 6 月 5 日起在湖南卫视青春进行时剧场播出。该剧首播平均收视率为 1.8%，市场份额为 12.3%，位居 2017 年后晚间时段开播剧目之首。

6月30日：《庆祝香港回归祖国二十周年文艺晚会》播出

《庆祝香港回归祖国二十周年文艺晚会》是为庆祝香港回归祖国20周年，在位于维多利亚港香港会展中心举行的文艺晚会。晚会主题为“心连心·创未来”，由汪明荃、邓梓峰、陈贝儿、张凯丽、任鲁豫主持。中央电视台综合频道、新闻频道、三套和四套并机播出了该晚会，4频道累计收视率为5.1%，同时段市场份额为16.5%。

表8 《庆祝香港回归祖国二十周年文艺晚会》各频道收视表现（所有调查城市）

节目名称	日期	播出频道	收视率（%）	市场份额（%）
庆祝香港回归祖国二十周年文艺晚会	2017/6/30	中央电视台综合频道	1.7	5.5
		中央电视台新闻频道	1.1	3.5
		中央台三套	1.1	3.6
		中央台四套	1.2	3.9

7月

7月4日：两家卫视联播都市情感剧《我的前半生》

42集都市情感剧《我的前半生》讲述了生活优越安逸的全职太太罗子君与丈夫陈俊生离婚后一切归零，在闺蜜唐晶及其男友贺涵的帮助下打破困境、进入职场，在自我成长中走向人生下一程的故事。该剧由新丽电视文化投资有限公司出品，沈严执导，靳东、马伊琍、袁泉、雷佳音等主演，于2017年7月4日登陆北京卫视、上海东方卫视首播。两家联播总收视率为2.8%，市场份额为9.5%。

表9 《我的前半生》在两家联播卫视首播收视概况（所有调查城市）

节目名称	播出频道	平均收视率（%）	平均市场份额（%）
我的前半生	上海东方卫视	1.7	5.8
我的前半生	北京卫视	1.1	3.7

数据来源：CSM媒介研究

7月14日：《中国新歌声》第二季首播

大型原创专业音乐节目《中国新歌声》由浙江卫视联合星空传媒旗下灿星制作打造。《中国新歌声》第二季由周杰伦、陈奕迅、那英、刘欢四位明星担任导师，于2017年7月14日至10月8日每周五晚间21:00在浙江卫视首播。《中国新歌声》第二季15期节目（含演唱会特辑）平均收视率为1.8%，同时段市场份额为8.1%。

7月30日：《庆祝中国人民解放军建军90周年阅兵》直播

2017年7月30日上午7:00开始，中央电视台综合频道、中央电视台新闻频道、中央台七套并机播出了“前进吧中国人民解放军——庆祝中国人民解放军建军90周年”活动。各省级上星频道同步直播了从8:56开始的近80分钟的阅兵活动。阅兵活动在中央电视台及省级卫视电视直播的收视率达到6.3%，同时段市场份额达到52.3%。中央台综合频道、新闻频道、七套的并机总收视率为4.0%，同时段市场份额为33.2%；省级卫视并机收视率为2.3%，同时段市场份额为19.1%。8月1日晚间播出的文艺晚会在中央电视台综合频道及中央台三套的收视率也分别达到1.3%和1.1%。

表10　建军90周年阅兵及文艺晚会各频道收视表现（所有调查城市）

节目名称	播出日期	播出频道	收视率（%）	市场份额（%）
庆祝中国人民解放军建军90周年阅兵	2017/07/30	中央电视台综合频道	2.4	20.3
		中央电视台新闻频道	1.1	8.9
		中央台七套	0.5	4.0
		省级卫视频道累计	2.3	19.1
在党的旗帜下——庆祝中国人民解放军建军90周年文艺晚会	2017/08/01	中央电视台综合频道	1.3	4.3
		中央台三套	1.1	3.7

数据来源：CSM媒介研究

8月

8月5日：女排大奖赛总决赛直播

2017年世界女排大奖赛为国际排联（FIVB）一年一度的女排赛事，本届是第25届。第一档总决赛于2017年8月2日至6日在中国南京举办，中国队最终名列第四。其中8月5日半决赛中国队与意大利队一场比赛直播的收视率达到1.8%，同时段市场份额为6.4%。

8月5日：《关于把电视上星综合频道办成讲导向、有文化传播平台的通知》发布

国家新闻出版广电总局发布《关于把电视上星综合频道办成讲导向、有文化传播平台的通知》（以下简称《通知》）提出电视上星综合频道要坚持新闻综合频道的定位，坚持新闻立台的方针；地方上星综合频道的节目要坚持高标准，要以中央电视台的节目为标杆，坚守底线，把好导向，努力攀登正能量高峰。《通知》要求：强化重点时期黄金时段电视剧播出的管理调控，提前审查，重播重审，原则上不得编排娱乐性较强、题材内容较敏感的电视剧；继续加强综艺娱乐、真人秀节目管理调控，努力提高普通群众在节目中的比重，让基层群众成为节目的嘉宾、主持、主角，注意不能把群众作为明星的陪衬或背景；进一步强化电视上星综合频道的公益属性和文化属性，坚决反对唯收视率，坚决抵制收视率造假；鼓励制作、播出具有中华文化特色的自主原创节目，原则上

黄金时段不再播出引进境外模式的节目，鼓励电视上星综合频道在黄金时段增加公益、文化、科技、经济类节目的播出数量和频次。

8月30日：两家卫视联播年代剧《那年花开月正圆》

74集年代剧《那年花开月正圆》讲述了清末出身民间的陕西女首富周莹跌宕起伏的人生故事。该剧由华视娱乐投资集团股份有限公司出品，丁黑执导，孙俪、陈晓等主演，于2017年8月30日登陆江苏卫视、上海东方卫视首播。两家卫视联播的总收视率为4.1%，市场份额为13.4%，居2017年开播的联播剧目的首位。

表11　《那年花开月正圆》在两家联播卫视首播收视概况（所有调查城市）

节目名称	播出频道	平均收视率（%）	平均市场份额（%）
那年花开月正圆	上海东方卫视	2.4	7.9
那年花开月正圆	江苏卫视	1.7	5.5

数据来源：CSM媒介研究

9月

9月1日：《开学第一课》创收视新高

2017年的《开学第一课》主题为“中华骄傲”，围绕“中华骄傲”，该节目选取了青少年的独特视角，带领大家一起见证中国的历史成就。中央电视台综合频道2017年9月1日晚间21:00首播时段获得了4.6%的收视率，同时段市场份额达到16.6%，相比前几年大幅增长，创下近几年收视新高。

表12　2014~2017年中央台综合频道《开学第一课》首播收视概况（所有调查城市）

节目名称	播出日期	收视率（%）	市场份额（%）
开学第一课	2017/09/01	4.6	16.6
开学第一课	2016/09/01	3.0	8.6
开学第一课	2015/09/04	3.3	9.1
开学第一课	2014/09/01	3.1	8.3

数据来源：CSM媒介研究

9月29日：《关于学习宣传贯彻 < 中华人民共和国国歌法 > 的通知》发布

国家新闻出版广电总局于2017年9月29日发布《关于学习宣传贯彻 < 中华人民共和国国歌法 > 的通知》(以下简称《通知》)。通知要求广播电台、电视台应当依法播放国歌；在国庆节、国际劳动节等重要的国家法定节日、纪念日，中央人民广播电台、中央电视台、中国教育电视台，省、自治区、直辖市的广播电台、电视台，新疆生产建设兵团广播电视台，应当于北京时间上午10:00整在其主频率、主频道播放国歌；中国国际广播电台应当在适当的时点依法播放国歌；广播电台、电视台播放国歌应当与前后节目相协调，维护国歌的尊严。

10 月

10 月 1 日:《中国梦祖国颂 2017 中央电视台国庆特别节目》推出

为庆祝新中国成立 68 周年，中央电视台于国庆节当天推出《中国梦祖国颂 2017 中央电视台国庆特别节目》，用时代的强音讴歌中国梦。节目平均收视率为 2.6%，同时段市场份额为 8.9%，高于前两年的收视水平。

表 13　2015 ~ 2017 年中央台综合频道国庆特别节目首播收视概况（所有调查城市）

节目名称	播出日期	收视率（%）	市场份额（%）
中国梦祖国颂 2017 中央电视台国庆特别节目	2017/10/01	2.6	8.9
中国梦祖国颂 2016 中央电视台国庆特别节目	2016/10/01	2.1	6.6
江山如画 2015 国庆音乐会	2015/10/01	1.8	5.3

数据来源：CSM 媒介研究

10 月 4 日:《2017 年中央电视台中秋晚会》直播

《2017 年中央电视台中秋晚会》在黑龙江省大庆市时代广场举行，本届中秋晚会以歌会形式为主体，展现大庆精神和铁人精神，中央电视台综合频道、三套、四套于 10 月 4 日晚间并机直播晚会，3 个频道累计的总收视率达到 5.0%，同时段市场份额为 17.3%。中央台三套的中秋品牌节目《万家邀明月》特别节目提前一天播出，收视率为 0.7%，同时段市场份额为 4.6%。湖南卫视的《中秋之夜》收视率为 1.3%，同时段市场份额为 4.5%。上海东方卫视于 10 月 2 日播出的晚会收视率为 0.8%，同时段市场份额为 4.0%。整体而言，2017 年中秋晚会的收视同比出现下滑现象。

表 14　2017 年中秋节晚会各频道收视表现（所有调查城市）

晚会名称	播出频道	收视率（%）	市场份额（%）
2017 年中央电视台中秋晚会	中央电视台综合频道	2.3	8.0
	中央台三套	1.3	4.5
	中央台四套	1.4	4.8
让月亮告诉你每一刻都珍贵中秋之夜	湖南卫视	1.3	4.5
2017 中秋晚会花好月圆为美而生（10 月 2 日）	上海东方卫视	0.8	4.0
万家邀明月一起盼中秋 2017 中秋特别节目（10 月 3 日）	中央台三套	0.7	4.6

数据来源：CSM 媒介研究

10 月 30 日：两家卫视联播都市医疗题材剧《急诊科医生》

43 集都市医疗题材剧《急诊科医生》讲述了急诊科主任医生何建一与海归医生江晓琪从一开始的互相审视，到互相理解、渐生情愫并携手克服种种困难、救治患者的故事。该剧由乐视花儿影视出品，郑晓龙、刘雪松执导，张嘉译、王珞丹、江珊、柯蓝等主演，于 2017 年 10 月 30 日登陆北京卫视、上海东方卫视首播。两家卫视联播的总收视率为 2.1%，市场份额为 6.8%。

表 15　《急诊科医生》在两家联播卫视首播收视概况（所有调查城市）

节目名称	播出频道	平均收视率（%）	平均市场份额（%）
急诊科医生	上海东方卫视	1.2	3.9
急诊科医生	北京卫视	0.9	2.9

数据来源：CSM 媒介研究

11 月

11 月 22 日：两家卫视联播都市情感剧《生逢灿烂的日子》

47 集都市情感剧《生逢灿烂的日子》讲述了从 20 世纪 70 年代开始，北京胡同里普通人家四兄弟从青年到不惑之年的人生历程故事。该剧由五星东方影视、上海佳和晖映文化、北京新世邦文化和苏宁环球联合出品，周友朝执导，张嘉译、果靖霖、刘佩琦等主演，于 2017 年 11 月 22 日登陆北京卫视、上海东方卫视首播。两家卫视联播的总收视率为 2.2%，市场份额为 7.3%。

表 16　《生逢灿烂的日子》在两家联播卫视首播收视概况（所有调查城市）

节目名称	播出频道	平均收视率（%）	平均市场份额（%）
生逢灿烂的日子	上海东方卫视	1.1	3.7
生逢灿烂的日子	北京卫视	1.1	3.6

数据来源：CSM 媒介研究

12 月

12 月 31 日：跨年晚会播出

2017 年观众仍集中在中央电视台、湖南卫视等几个频道收看跨年晚会。其中，湖南卫视跨年晚会整体收视率为 2.4%，同时段市场份额为 10.3%；同日中央电视台综合频道和三套并机播出《启航 2018 新年特别节目》，收视率分别为 1.5% 和 1.0%；浙江卫视在 12 月 30 日播出《领跑 2018 演唱会》，收视率为 1.4%；上海东方卫视的《2018 梦圆东方跨年盛典》和江苏卫视的《2018 跨年演唱会让幸福照亮你》的收视率都为 1.2%；北京卫视联合黑龙江卫视与河北卫视播出的《2018 环球跨年冰雪盛典》3 频道累计收视率为 0.8%；四川卫视的跨年演唱会也获得了 0.7% 的收视率。

表 17 2017 年部分跨年晚会收视表现（所有调查城市）

节目名称	播出频道	播出日期	开始时间	结束时间	收视率（%）	市场份额（%）
快乐中国 2017～2018 跨年演唱会	湖南卫视	2017/12/31	19:31	0:22	2.4	10.3
启航 2018 新年特别节目	中央电视台综合频道	2017/12/31	20:00	0:19	1.5	6.5
	中央台三套	2017/12/31	20:00	0:19	1.0	4.3
领跑 2018 演唱会	浙江卫视	2017/12/30	19:35	0:42	1.4	5.6
2018 梦圆东方跨年盛典	上海东方卫视	2017/12/31	19:31	0:03	1.2	4.7
2018 跨年演唱会让幸福照亮你	江苏卫视	2017/12/31	19:39	0:01	1.2	4.6
2018 环球跨年冰雪盛典	北京卫视	2017/12/31	19:30	0:15	0.6	2.5
	黑龙江卫视	2017/12/31	19:30	0:15	0.1	0.6
	河北卫视	2017/12/31	19:30	0:15	0.1	0.2
2018 四川卫视花开天下	四川卫视	2017/12/31	20:29	0:21	0.7	3.2

数据来源：CSM 媒介研究

结语

2017 年新闻大事件不断，建军 90 周年大阅兵、“一带一路”高峰论坛、中国共产党“十九大”的召开都引起了观众的极大关注。电视剧方面，无论是上半年的现象级反腐题材剧《人民的名义》、暑期的古装传奇剧《楚乔传》，还是下半年的古装年代剧《那年花开月正圆》，它们均凭借精良的制作品质为观众带来了令人惊喜的观剧体验。随着电视台与社会制作公司的合作更加紧密，季播综艺节目不断涌现，周末晚间的竞争表现得更加激烈，观众收视逐渐分散，爆款综艺节目难寻。国家新闻出版广电总局支持公益、文化、科技、经济等节目类型的政策激发了更多的细分主题综艺节目的出现，不论是慢综艺还是文化类、科技类节目，它们都满足了不同观众更加多元的收视需求，成为新的亮点。

2017 年电视节目竞争已经尘埃落定，新一年的竞争又拉开了帷幕。我们相信在新的一年里，电视媒体将带给大家更多有意思并有意义的节目内容，更加充分地体现出自己的主流价值。

（作者：吴凡）

固化与垄断，突破与逆袭
——2017 年我国电视剧市场回顾

2017 年我国电视剧市场向纵深层次发展，既延续了前几年的一贯特征，也出现了诸多新的变化。固化与垄断，突破与逆袭，构成了本年度电视剧市场的关键词。内容供应方面，政府坚持严控政策，产量持续下滑；制作公司产业集中度一直在低处徘徊，欲振乏力；明星资源重新组合流动；题材在集中化中出现新大类，硬中趋软；地面频道仍在业绩欲望与资金匮乏之间找平衡；在全国市场层面，卫视频道间的竞争形成了阶层固化与优势资源的垄断，头部卫视之间竞争异常激烈，洗牌加速；现实背景电视剧强力突破重围，出现收视黑马，形成了一股难得的清流，为我国电视剧市场的下一步发展提供了新的思路。

一、制作总量进入下滑通道，市场集中度仍然较低

我国电视剧产业经历了前几年的投资狂潮之后，逐步回归理性，产量逐年紧缩，审批率逐年降低。2017 年，全国通过审批发行的电视剧共 314 部合计13,470集，通过审批的（部数）比例仅为 27%，创历史新低（图 1）。

随着电视剧产业迈入精耕细作时代，作品规模的中长篇趋势开始显现，“越拍越长”成为控制成本、提高收益的常见做法。然而 2017 年，一个值得注意的信号是电视剧的平均集数有所下降，从 2016 年的 45 集降到了 43 集。

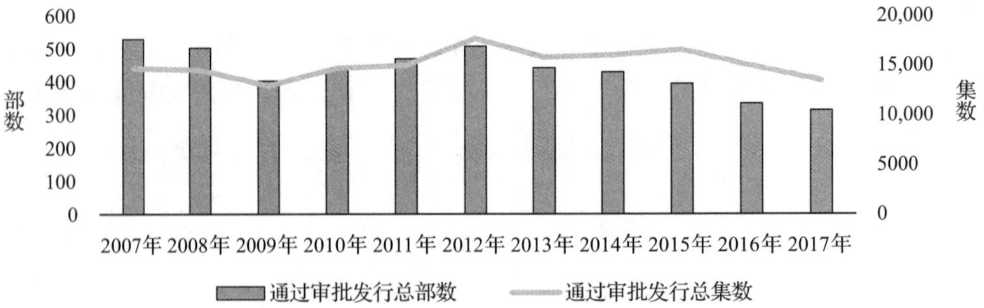

数据来源：国家广电总局

图 1　近年来我国电视剧通过审批发行的数量

近年来我国电视剧产业的CR8①产业集中度没有太大变化，2017年约为10%左右。制作机构有25家，年产量不低于100集，重庆笛女阿瑞斯影视传媒股份有限公司最多，达5部，220集。深圳广播电影电视集团、南方影视节目联合制作中心、公安部金盾影视文化中心各有4部剧通过审批发行，有10家公司的年产量是3部，有29家公司的年产量是2部。仅1部剧获批发行的制作公司数占比突破了八成，这充分表明我国电视剧市场高度分散，小作坊生产的特征依旧未变。

哪些制作机构是2017年的一线制竞争者？在卫视首播部数最多的制作机构有3家，分别是上海新文化传媒集团股份有限公司、公安部金盾影视文化中心、东阳紫风影视制作有限公司。在收视市场表现较好的头部制作公司有浙江华策影视股份有限公司、上海新文化传媒集团股份有限公司，这些公司的产品在100城市晚间黄金时段电视剧播出排名TOP20中频次超过10次。广东南方领航影视传播有限公司、海润影视制作有限公司、四川星空影视文化传媒有限公司、浙江横店影视制作有限公司、中国广播影视音像出版中心、江苏海润影视制作有限公司入选频次不低于6次。海润影视制作有限公司、天视卫星传媒股份有限公司、四川星空影视文化传媒有限公司等制作的军事斗争剧，西安曲江影视投资（集团）有限公司制作的近代传奇剧，浙江华策影视股份有限公司、中国广播影视音像出版中心、上海新文化传媒集团股份有限公司制作的反特/谍战剧，公安部金盾影视文化中心制作的警匪剧，在分类题材中收视均表现较为出色，形成了类型化优势。

二、有收视号召力的明星资源成市场宠儿

在影视剧市场，编剧和导演的作用无疑举足轻重，他们决定了作品在源头和拍摄过程中的品质。2017年有4部及以上作品入选100城市晚上黄金时段电视剧收视率排名TOP20的导演有黄文利、吴锦源、陈伟祥、张多福、于立清、安建、陈朱煌、刁辛、阎建钢、刘新、余淳、孙文学、张国庆、谭俏、马鲁剑；至少有3部剧入选的编剧有张璐、聂欣、赵舒亚、简远信、谈韦、赵锐勇、张强、王丽萍、梁志明、申捷、钱雁秋、张健、孙允亭、赵冬苓、钱晶晶、由甲、田然、钱林森、周萌、张永琛、王莹菲、饶俊、辛迪加编剧群、石小克、邹静之、杨涛、李正虎、马广源、林和平、成浩、李国新、冯骥、陈朱煌、梁振华、高满堂、刘芳、葛亚军、柳国庆等。

演员位于创作产业链的终端，直面观众，自带粉丝效应。明星演员无疑是最稀缺、最有含金量的资源。随着电影演员跨界到荧屏，明星资源的流动性大大增强，也带来了电视剧演员质量的提升。2017年一个显著的变化是完全凭借颜值吃饭的时代俨然终结，那些“颜值+演技+流量”三位一体的明星资源更具投资价值，更受市场关注。一批实力派演员出现了“霸屏”现象：2017年卫视首轮剧中，女演员蒋欣凭借6部剧成为毋庸置疑的数量级“霸主”，她在《老爸当家》《凡人的品格》《继承人》《左轮手枪》《盲约》和《欢乐颂二》中均有参演。靳东、朱泳腾、陈晓、张嘉译各在4部首轮剧中亮

① 集中度指数，CR8表示八个领先竞争者市场份额之总和。

相，翟天临、王子文、万茜、胡杏儿、杨蓉、雷佳音、童蕾、林申、王力可、林永健、吴奇隆、刘欢、于晓光、刘恺威、张丹峰、刘佩琦和邓伦等各参演3部。演员扎堆霸屏，表明了当今市场对明星资源的需求，也透露出市场的投机与浮躁。

但“霸屏”不等于观众买账。从收视的角度看，2017年哪些演员更有观众缘？本文统计，有5部以上作品入选100城市TOP20好剧的演员有杨烁、于震、朱泳腾、于晓光、左小青、徐僧、蒋欣、祖峰、闫学晶、张嘉译、王新军、王挺、吴刚、李健、刘小锋、林永健、靳东、李彩桦、傅程鹏、黄志忠、贾青、张桐、张晞临、王雷、秦海璐、王茜华、童蕾、雷佳音、刘涛、梁冠华、郭晓冬、侯梦莎、何晟铭、范明和侯勇。其中，男演员表现突出，杨烁、于震、朱泳腾入选的频次最高（入选不低于10个城市），成为年度最受观众欢迎的三兄弟。

三、题材高度集中化，言情剧成省卫视新大类

近年来我国电视剧市场的一个明显特征是播出平台的大类题材固定化。“军事斗争”“反特/谍战”“近代传奇”“都市生活”这四大类题材在所有频道中的播出比重居高不下，连续三年均超过10%，合计占总播出量的六成。特别是“军事斗争”题材连续三年凭借20%以上的播出比重成为名副其实的支柱类型，“反特/谍战”剧紧随其后，约占16%~19%，“近代传奇”约占11%~13%。在收视市场上，这四大类题材表现强势，好剧比例也大体和播出比例相匹配，占TOP20部数比重达六成，尤其是“军事斗争”题材，所占好剧比重2017年接近23%，“反特/谍战”题材突破17%，近代传奇近13%。“社会伦理”题材在2017年的收视表现也较为惊艳，好剧比重较2016年上升了4个百分点，达到11.1%（表1）。

表1 所有频道大类题材的播出比重与TOP20部数比重①（%，18:00~24:00，100城市，内地剧）

题材	播出比重（%）			TOP20部数比重（%）		
	2015年	2016年	2017年	2015年	2016年	2017年
军事斗争	20.8	20.1	20.9	22.0	22.4	22.8
反特/谍战	19.1	17.1	16.3	16.8	17.0	17.3
近代传奇	13.4	12.8	11.9	15.1	10.5	12.8
都市生活	10.2	10.6	11.0	9.2	10.6	7.6
社会伦理	7.3	7.5	8.3	7.8	7.1	11.1
言情	6.8	7.4	7.8	9.3	10.5	9.6

数据来源：CSM媒介研究

中央电视台综合频道和中央台八套晚间黄金时段首播档剧目题材有较大差别。中央电视台综合频道更偏向于叙事宏大、格局高远、主旋律强的剧作，例如题材中的“重大革命”在2016年占比超过三分之一，“军事斗争”超过10%；2017年，年代感强、有

① TOP20部数比重（%）=进入各地收视率前20名的电视剧分类题材部数/进入各地收视率前20名的电视剧总部数*100%。

历史底蕴的“时代变迁”和“历史故事”成为首选题材，二者比重均超过19%，加起来占近四成，“近代传奇”占10.7%。中央台八套近三年来的大类题材比重经历了从集中到分散的过程，2015～2016年超过10%的播出比重集中在两类题材上，进入2017年则分散到五类题材上，“军事斗争”剧高高在上，达到27%，“社会伦理”“反特/谍战”“近代传奇”和“都市生活”剧则和市场总体选择相差不大（表2）。

表2　中央电视台综合频道和中央台八套首播档剧播出比重超过10%的题材类型（19:30～21:30，100城市）

年份	中央电视台综合频道	中央台八套
2015年	反特/谍战（22.5%），军事斗争（17.1%），重大革命（15.0%），	军事斗争（34.0%），反特/谍战（17.3%）
2016年	重大革命（33.6%），都市生活（16.9%），军事斗争（10.3%），	都市生活（24.4%），军事斗争（14.0%）
2017年	时代变迁（19.3%），历史故事（19.1%），近代传奇（10.7%）	军事斗争（27.1%），社会伦理（16.0%），反特/谍战（14.9%），近代传奇（11.4%），都市生活（10.7%）

数据来源：CSM媒介研究

省卫视的电视剧题材则有“柔和化”趋势。2017年播出比重超过10%的大类题材中，尽管仍有“军事斗争”、“都市生活”和“反特/谍战”这三大类，但言情剧却出现了变数，成为代替“近代传奇”的新大类题材，播出比重达到12.3%。言情剧关注青年之间的情感关系、风花雪月，“人畜无害”，看起来既轻松又养眼，契合了当下观众结构年轻化、创作方式表达年轻化的需求与趋势，而且也大多不涉及政治、革命战争等貌似沉重的领域，因而它们不仅成为省卫视晚间黄金时段首轮剧的首选题材，而且在22:00档的次黄时段也成为第一大题材，播出比重高达近35%，远超其他类型（图2）。

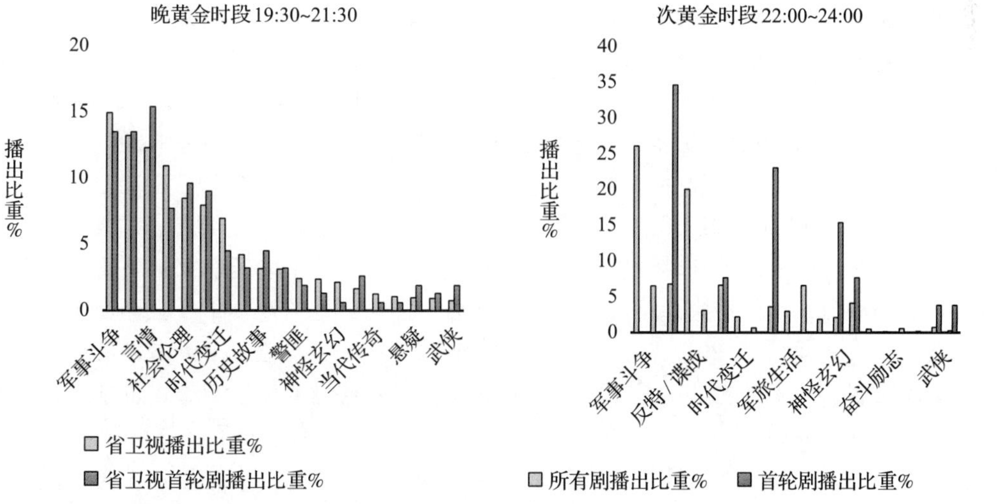

数据来源：CSM媒介研究

图2　2017年省卫视题材播出比重（%，100城市）

面对深刻变化的电视剧市场，地面频道显得应变乏力，整体竞争力日渐式微，所选择的题材也多以“高性价比”为主。数据显示，地面频道近三年来的大类题材十分固定，呈现出高度集中化的态势，“军事斗争”“反特/谍战”“近代传奇”“都市生活”四大类播出比重合计在60%以上。“军事斗争”剧“好看不贵”，性价比极高，播出比重每年稳步上升，“反特/谍战”“近代传奇”题材播出比重持续下滑，都市生活则保持基本稳定（图3）。

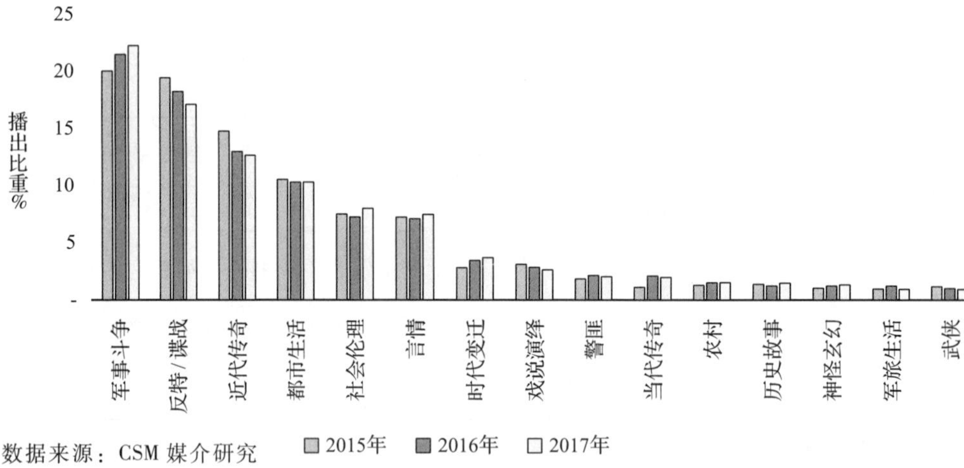

数据来源：CSM 媒介研究

图3　2015～2017年地面频道不同题材电视剧播出比重（%，18:00～24:00，100城市，内地剧）

四、卫视竞争演化到“阶层固化”，头部卫视频道掌控优质剧目资源

政策限制、新媒体分羹、购剧成本激增、观众分流等一系列因素对电视媒体造成了巨大冲击，也对新剧上市造成了影响。近年来一个突出的趋势是首播新剧（同名剧除外）播出规模直线下降——2013年播出368部，2014年微降到351部，2015年进一步减少到311部，2016年萎缩至仅271部，2017年又削减了30部仅剩241部。新剧增长点出现在省卫视，其购剧凶猛，一掷千金，对新剧形成了巨大的需求，瓜分了近40%的新剧，五年来首次超过省地面频道。中央电视台的新剧拥有率则连年下滑，2017年占比已不足8%。省会台略有上升，突破8%。地级台出现断崖式下跌，从2016年的近14%降到2017年的不足6%。从中可见，首轮剧资源集中度急剧上升，省级卫视主导了新剧竞争市场。

卫视频道对电视剧资源的掌控也发生了两极分化。如今，有新剧可播已成为一种优越。卫视晚黄档19:30～21:30时段，所播电视剧中首轮剧占比不足40%，二轮剧占比高达60%。近七成卫视还能播出些许首轮剧，剩余三成的卫视囊中羞涩、无米下锅，无奈只好放弃首轮剧资源，仅能播除二轮剧获取剩余价值。首轮剧更多地集中于强势卫视。这残酷地体现了“三七规则”：2017年，能够播出首轮剧的中央台八套、上海东方卫视、浙江卫视、北京卫视、湖南卫视、江苏卫视、安徽卫视、中央电视台综合频道、山东卫视这9家卫视仅占卫视数量的三分之一，但它们所播首轮剧合计数量却占了首轮剧总量的70%以上。这9家卫视各播出至少12部首轮剧，其中，中央台八套首轮剧部数最多，达25部，上海东方卫视、浙江卫视、北京卫视这3家卫视各播出15部（图4）。

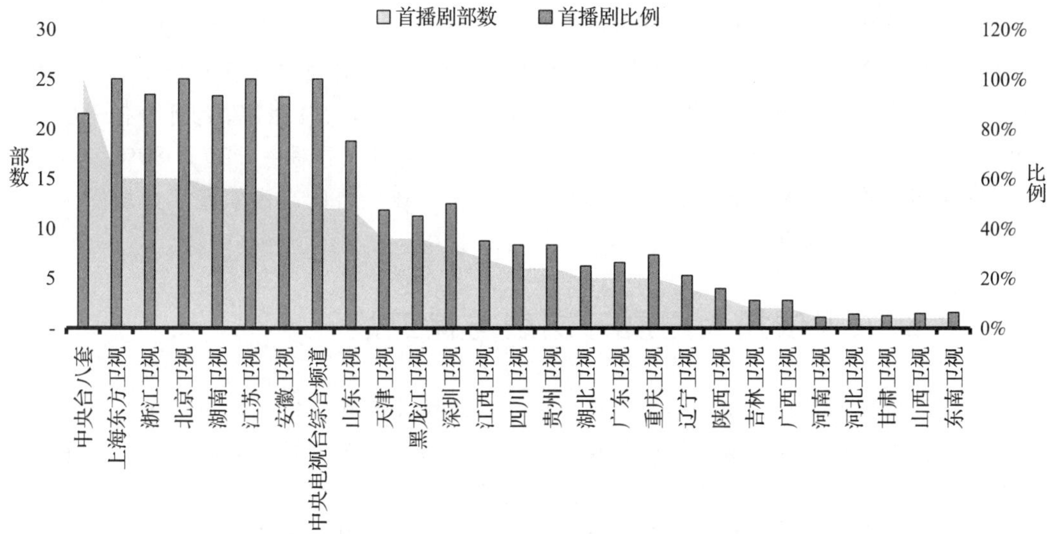

数据来源：CSM 媒介研究

图 4　2017 年卫视开播的首轮剧频道分布（19:30～21:30，100 城市，内地剧）

强势卫视重视对新剧资源的夺取，“全首轮化”正在进行中。2017 年，中央电视台综合频道、上海东方卫视、北京卫视、江苏卫视 4 家强势卫视全部实现了晚黄金档播出首轮剧；浙江卫视、湖南卫视、安徽卫视首轮剧比例超过九成；中央台八套、深圳卫视、山东卫视首轮剧比例约占 50%～80%，天津卫视、黑龙江卫视、江西卫视、四川卫视、贵州卫视等首轮剧比例约占 30%～40%左右。强势卫视还重视资源的独占性与稀缺性，努力实行首轮剧的“独播化”，2017 年 65%的首轮剧采取了独播模式。

从收视效果来看，强势卫视的阶层固化已然全盘实现！强势卫视垄断了收视率超 1%的好剧资源。2017 年，晚黄金时段首轮剧收视率超 1%的剧分布的频道数减少到 7 个：湖南卫视有 10 部（含 1 部 2016 年开播的剧）占近三分之一，中央台八套有 9 部（含 1 部 2016 年开播的剧），上海东方卫视有 7 部，中央电视台综合频道、浙江卫视、江苏卫视、北京这 4 家卫视各有 2 部（表 3）。

表 3　主要卫视频道电视剧收视率≥1%的部数及比重①（19:30～21:30，100 城市，内地剧）

卫视频道	收视率≥1%部数			收视率≥1%比重		
	2015 年	2016 年	2017 年	2015 年	2016 年	2017 年
湖南卫视	15	12	10	32%	27%	29%
中央电视台综合频道	11	7	2	23%	16%	6%
山东卫视	5	2	—	11%	5%	—
江苏卫视	4	3	2	9%	7%	6%
中央台八套	4	8	9	9%	18%	26%
上海东方卫视	3	4	7	6%	9%	21%
浙江卫视	3	4	2	6%	9%	6%
北京卫视	2	4	2	4%	9%	6%

数据来源：CSM 媒介研究

① 注：收视率≥1%比重为本频道收视率≥1%的剧占所有卫视频道收视率≥1%剧的比例。

卫视尽管拼剧凶猛，但优质剧目资源僧多粥少，一直处于稀缺状态。2017年单频道收视率不低于2%的顶尖剧目有3部，占0.5%，尽管比上年略有上升，仍不过是杯水车薪；收视率在1%～2%之间的优势剧目占5%；收视率在0.5%～1%之间的普通剧目占15%，较前两年有所下降；收视率不足0.5%的炮灰剧目比重进一步逼近80%。各卫视晚间首播档编播如今高度雷同，依靠编排取胜几无可能。因此，谁掌握了好剧资源，谁就占据了竞争的制高点。

五、头部卫视依托大剧展开逆袭与保卫战

近几年电视剧市场主要竞争频道已经固定，连续几年都锁定在湖南卫视、上海东方卫视、中央电视台综合频道、浙江卫视、中央台八套、江苏卫视、北京卫视、山东卫视等几家卫视，形成了寡头垄断的局面。然而这些卫视并非铁板一块，彼此之间的电视剧收视率甚为接近。收视扁平化为实现突破提供了可能性。2017年晚黄金档，湖南卫视电视剧整体竞争力最强，单频道收视率为1.43%，虽然超过其他卫视，然而却比上年数据略降。分季度来看，湖南卫视在2017年第二季度实现了爆发式增长，晚黄金时段湖南卫视电视剧收视率一度逼近2%，成为其他卫视望尘莫及的“超级卫视”。然而随后却急剧回落，晚黄金时段湖南卫视电视剧第三季度收视率仅为1.12%，被风头正劲的上海东方卫视（1.51%）反超近0.4%，一度和江苏卫视非常接近（1.07%），第四季度形势更加恶化，收视率跌破1%，被上海东方卫视（1.18%）和中央台八套（1.08%）超过。2017年上海东方卫视成功实现了局部超越超级卫视的逆袭，年度电视剧平均收视率达到1.17%，实现了连年增长，可谓大赢家。中央电视台综合频道萎缩较为明显，2017年电视剧收视率仅为0.91%，与江苏卫视、中央台八套的0.86%仅相差0.05个百分点，与浙江卫视的0.82%也非常接近。

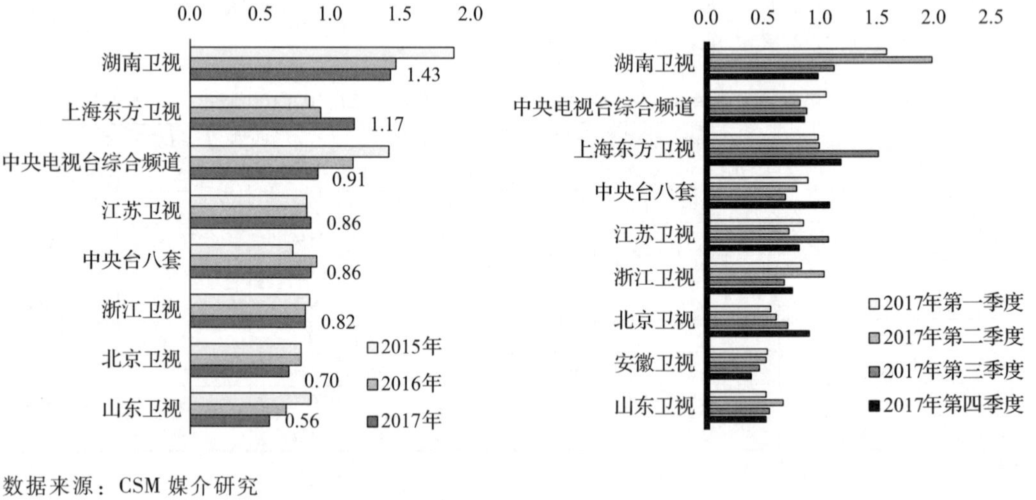

数据来源：CSM媒介研究

图5　近年卫视频道电视剧平均收视率对比（%，19:30～21:30，100城市）

由此可见，卫视的竞争力并非一成不变，而是随剧波动。2017年开年电视剧，主要卫视之间竞争激烈、胶着，中央电视台综合频道的《于成龙》虽然表现较好，但并未拉开太大差距。2月，上海东方卫视、浙江卫视携手，凭借《三生三世十里桃花》推动一波收视行情。3月，湖南卫视先后凭借《因为遇见你》和《人民的名义》碾压同期剧目，扩大了竞争优势；特别是《人民的名义》创造了上半年收视高峰，成为年度最大亮点。4月，山东卫视的《黄大妮》在竞争高压下表现相对较好。收视高潮之后，5月初，电视剧市场陷入相对沉寂的阶段，上海东方卫视和浙江卫视再次趁机联袂播出《欢乐颂二》，一跃而成为市场的弄潮儿。湖南卫视播出《思美人》之后收视相对低迷，到《夏至未至》方有所起色，卫视之间的整体竞争格局重回开年拉锯战之局面。暑期（27～35周）适逢政府重要宣传窗口期，市场表现相对平淡。7月初，上海东方卫视、北京卫视推出《我的前半生》，掀起社会热议与收视高潮，其他剧目则表现一般。9月，上海东方卫视、江苏卫视播出《那年花开月正圆》，收视直线攀升，成为大女主戏的又一代表作。11月，北京卫视、上海东方卫视推出《急诊科医生》，收视略好。12月，中央台八套的《东风破》收视较好（图6）。

好剧稀缺，且集中在强势卫视，大剧在卫视竞争中起到了至关重要的作用，直接决定了竞争的激烈程度和卫视的最终排位。

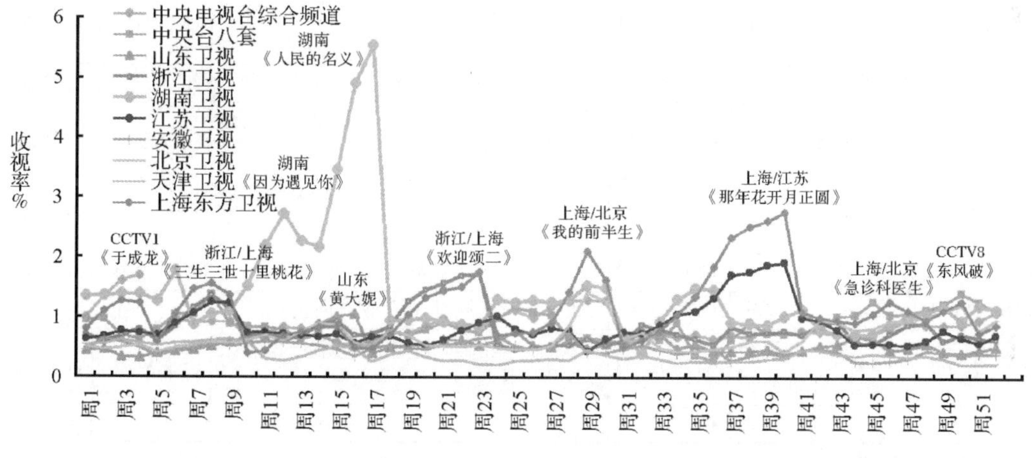

数据来源：CSM媒介研究

图6　2017年主要卫视频道电视剧收视率分周走势（19:30～21:30，100城市）

六、卫视晚黄金时段现实剧接地气，称霸市场

2017年卫视晚黄金档首轮剧总收视率超1%的电视剧有48部（超2%的有8部），其中当代剧23部、古装剧7部、年代剧15部、跨越剧3部。这透出一个信息：现实题材剧竞争力强劲，已然主导了好剧市场。

表4　2017年卫视首轮剧总收视率超过1.4%的剧目（19:30～21:30，100城市）

首播剧	首播卫视	开播日期	总收视率 %	制作机构	题材	时代
那年花开月正圆	江苏、上海	2017/08/30	3.98	西安曲江影视投资（集团）有限公司	近代传奇	古装剧
人民的名义	湖南	2017/03/28	3.74	最高人民检察院影视中心	反腐倡廉	当代剧
欢乐颂二	浙江、上海	2017/05/11	3.11	东阳正午阳光影视有限公司	都市生活	当代剧
我的前半生	北京、上海	2017/07/04	2.81	新丽电视文化投资有限公司	都市生活	当代剧
三生三世十里桃花	浙江、上海	2017/01/30	2.32	上海剧酷文化传播有限公司	神怪玄幻	古装剧
生逢灿烂的日子	北京、上海	2017/11/22	2.19	安徽五星东方影视投资有限公司	时代变迁	跨越剧
因为遇见你	湖南	2017/03/02	2.16	上海观达影视文化有限公司	言情	当代剧
急诊科医生	北京、上海	2017/10/30	2.03	东阳市乐视花儿影视文化有限公司	社会伦理	当代剧
国民大生活	浙江、上海	2017/10/09	1.84	上海贯一文化传播有限公司	言情	当代剧
风筝	北京、上海	2017/12/17	1.67	东阳新丽狂欢者影视文化有限公司	反特/谍战	年代剧
剃刀边缘	北京、上海	2017/03/20	1.59	新丽电视文化投资有限公司	反特/谍战	年代剧
黄大妮	山东、天津	2017/03/31	1.47	陕西广电影视文化产业发展有限公司	时代变迁	跨越剧
我们的少年时代	湖南	2017/07/09	1.46	湖南芒果娱乐有限公司	青春	当代剧
外科风云	浙江、北京	2017/04/17	1.45	得闲影业（北京）有限公司	社会伦理	当代剧
深海利剑	浙江、北京	2017/07/27	1.43	北京鑫宝源影视投资有限公司	军旅生活	当代剧
孤芳不自赏	湖南	2017/01/02	1.43	上海克顿影视有限责任公司	历史故事	古装剧
鸡毛飞上天	浙江、江苏	2017/03/03	1.42	杭州佳平影业有限公司	时代变迁	跨越剧
于成龙	中央电视台综合频道	2017/01/03	1.42	山西广电影视艺术传媒有限公司	历史故事	古装剧
守护丽人	上海、深圳	2017/01/01	1.40	深圳广播电影电视集团	言情	当代剧

数据来源：CSM媒介研究

在8部收视率超2%的电视剧中，有7部是相当接地气、取材于现实生活的剧目，获得了令人瞩目的好成绩（表4）。江苏卫视和上海东方卫视联播的《那年花开月正圆》100城市总收视率达3.98%，成为年度冠军。该剧由丁黑执导，孙俪主演，以清末陕西女首富周莹为原型，讲述了几段惊心动魄的创业故事和情感历程。该剧一经播出便凭借精心的编剧、精致的制作、精湛的演技，成为一部走心的作品，收视率节节攀升。湖南卫视有4部独播剧收视率超1.4%，其中《人民的名义》成为上半年度的最大黑马。该剧讲述了检察官身份的主角与贪腐分子斗智斗勇的故事，是最高人民检察院影视中心重点打造的一部检察题材的精品力作，大尺度再现反腐内幕，加上老戏骨飙戏，100城市收视率达到3.74%，成为年度亚军。都市生活剧《欢乐颂二》在浙江卫视、上海东方卫视两平台的总收视率为3.11%，是东阳正午阳光影视有限公司推出欢乐系列的第二季，继续讲述居住在欢乐颂小区22楼五个女孩有关友情、爱情、亲情、职场和理想的故事，成为年度季军。

北京卫视和上海东方卫视屡次携手，联袂播出系列好剧，在市场上有一定的话题性，取得了不俗战绩，特别是现实题材剧表现抢眼。《我的前半生》播出后，引发了社会热议。该剧由沈严执导，靳东、马伊琍、袁泉、雷佳音、吴越主演，讲述一个中年家庭主妇失去婚姻之后重获新生的故事。由于切中“出轨”这一敏感词，又充满正能量，加上制作精良，演员演技出神入化，该剧获得了2.81%的总收视率。《生逢灿烂的日子》同样是一部都市情感剧，张嘉译主演，讲述20世纪70年代北京小胡同里普通人家的悲喜生活，充满怀旧气息，满怀一代人的成长记忆，获得了2.19%的总收视率。《急诊科医生》是都市医疗题材剧，由郑晓龙、刘雪松执导，张嘉译、王珞丹、江珊、柯蓝主演，讲述了一个救治患者、救赎自我的故事，总收视率也超过了2%。这两家卫视还推出了两部反特/谍战剧《风筝》和《剃刀边缘》，总收视率分别达到1.67%、1.59%，实现了强强联手的双赢。湖南卫视的《因为遇见你》讲述了馄饨店小妹成长为苏绣大师的梦想励志故事，新人主演，名不见经传，但却凭借励志气质，独播后获得了2.16%的收视率。

在收视率超2%的电视剧中，唯一一部古装剧是大IP古装玄幻仙侠剧《三生三世十里桃花》，由浙江卫视和上海东方卫视联播。该剧根据唐七公子的同名小说改编，讲述了三段爱恨仙恋故事，由上海剧酷文化传播有限公司制作，赵又廷、杨幂、迪丽热巴主演，在两家卫视的收视率分别超过1%。同样是大IP古装剧，《孤芳不自赏》在湖南卫视的收视率尽管突破了1.4%，却陷入了“抠像”风波。总收视率超1.4%的电视剧还有《黄大妮》《我们的少年时代》《外科风云》《深海利剑》《孤芳不自赏》《鸡毛飞上天》《于成龙》和《守护丽人》等。

值得关注的是，政府在重要宣传期推出的72部参考剧目，2017全年播出27部，其中有9部收视率超1%，并且出现了《人民的名义》这样的现象级大剧。《生逢灿烂的日子》《急诊科医生》《国民大生活》《外科风云》《鸡毛飞上天》《青恋》《我的1997》和《林海雪原》等剧表现亦可圈可点，为行业树立了良好榜样。

七、卫视次黄金时段周播剧成古装大IP的战场

自从湖南卫视开辟周播剧场这个蓝海大获成功，随着晚间黄金档竞争的白热化，更多的省卫视开始考虑开辟新战场，纷纷将目光瞄准次黄金档周播剧。相对于晚黄金档剧，次黄金档周播剧在题材上更自由灵活，更契合年轻观众的收视偏好，从而成为电视剧市场的新亮点。例如，科幻剧《那片星空那片海》根据桐华同名小说改编，讲述了一个奇特的凡人女与鲛人男的梦幻爱情故事，构思奇特。

2017年次黄金时段卫视共播出26部周播剧（有审批证号），其中古装剧有15部之多，占近六成。古装周播剧中，以历史故事剧（6部）和时代背景架空的神怪玄幻剧（3部）为主，此外还有戏说演绎、言情、公案、武侠等题材。

这些周播剧中有IP原著的共16部，占总量的六成。古装剧大部分拥有一个大IP

(11部):《楚乔传》《择天记》《秦时丽人明月心》《醉玲珑》《那片星空那片海第二季》《上古情歌》《大唐荣耀二》《射雕英雄传》《琅琊榜之风起长林》《青云志二》和《极品家丁》,大部分改编自热门网文IP,天然自带粉丝光环。而当代剧也多为IP改编作品,《浪花一朵朵》《那片星空那片海》《极光之恋》《路从今夜白之遇见青春》和《春风十里不如你》分别改编自酒小七、桐华、王千赫、墨舞碧歌、冯唐的相关作品。

从收视表现来看,大部分周播剧收视表现平平,2017年近六成剧总收视率低于0.5%,和黄金强档剧收视率有一定的差距。收视率超1%的周播剧仅有两部。《楚乔传》根据潇湘冬儿的小说《11处特工皇妃》改编,是一部大女主戏,讲述一个特立独行的女奴逆袭的故事,由上海蜜淘影业有限公司制作,赵丽颖、林更新、窦骁、李沁主演,湖南卫视播出后在100城市获得了1.77%的收视率和11.59%的市场份额,这一成绩让诸多黄金强档剧黯然失色,成为次黄金档剧年度冠军。《择天记》改编自猫腻同名小说,讲述一个"逆天改命"的故事,由当红顶级流量明星鹿晗主演,获得了1.09%的收视率。尽管其他周播剧收视不尽如人意,但它们丰富了荧屏,满足了不同受众的需求,而且由于一些政策限制,越来越多的大剧会考虑次黄金时段,选择周播模式(表5)。

表5 2017年卫视开播的周播剧收视表现(22:00~24:00,100城市)

首播剧	首播卫视	总收视率	开播日期	主演	制作机构	原著	题材	时代
楚乔传	湖南	1.77	2017/06/05	林更新、窦骁、赵丽颖、李沁	上海蜜淘影业有限公司	潇湘冬儿	历史故事	古装剧
择天记	湖南	1.09	2017/04/17	鹿晗、娜扎	上海腾讯影业文化传播有限公司	猫腻	神怪玄幻	古装剧
浪花一朵朵	湖南	0.91	2017/07/30	熊梓淇、黄圣池、谭松韵	芒果影视文化(湖南)有限公司	酒小七	言情	当代剧
漂亮的李慧珍	湖南	0.85	2017/01/02	盛一仑、迪丽热巴	芒果影视文化(湖南)有限公司		言情	当代剧
那片星空那片海	湖南	0.74	2017/02/06	冯绍峰、郭碧婷	浙江梦幻星生园影视文化有限公司	桐华	科幻	当代剧
秦时丽人明月心	浙江	0.63	2017/08/14	张彬彬、李泰、迪丽热巴、	华录百纳影视(天津)有限公司	温世仁	历史故事	古装剧
醉玲珑	上海	0.61	2017/07/13	陈伟霆、徐海乔、刘诗诗	新派系(上海)文化传媒有限公司	十四夜	历史故事	古装剧
极光之恋	湖南	0.59	2017/11/27	马可、张晓龙、关晓彤	北京中视礴广文化传媒有限公司	王千赫	言情	当代剧
那片星空那片海第二季	湖南	0.53	2017/10/02	冯绍峰、郭碧婷	浙江梦幻星生园影视文化有限公司	桐华	言情	古装剧
进击吧闪电	湖南	0.53	2017/08/28	蒋劲夫、胡宇崴、陈娅安	芒果影视文化(湖南)有限公司		言情	当代剧
上古情歌	上海	0.51	2017/06/12	黄晓明、盛一伦、宋茜、张俪	上海剧酷文化传播有限公司	洛小世	神怪玄幻	古装剧

数据来源:CSM媒介研究

八、地面频道热剧有地域差异，头部剧竞争激烈

2017年地面频道流行的剧风依然集中于风格硬朗、情节紧张、节奏明快的“军事斗争”和“反特/谍战”题材，“近代传奇”题材也有惊艳表现。在100城市18:00～24:00时段进入当地收视排名前20频次最高的电视剧有两部——军事斗争题材《我的压寨男人》和《双枪》，在15个城市进入收视排名前20名之列；“军事斗争”剧《我的父亲我的兵》和“近代传奇”剧《一剑横空》，在12个城市进入收视排名前20名；“军事斗争”剧《雪地娘子军》《第一声枪响》和“近代传奇”剧《烈火刀影》，均在10多个城市进入收视排名前20名。此外，还有一系列剧目在7个及以上城市表现突出，包括《冰锋》《血债血偿》《黄大妮》《女子特战队》《李三枪》《神勇武工队传奇》《地道女英雄》《黑狐之风影》《战火中的兄弟》和《战地枪王》等（表6）。

表6　2017年地面频道进入排名前二十名频次较高的剧目（18:00～24:00，100城市）

电视剧	进入当地收视排名前20名的城市数	制作机构	题材
我的压寨男人	15	星纪元影视文化传媒有限公司	军事斗争
双枪	15	乐禾成都影业有限公司	军事斗争
我的父亲我的兵	12	江苏稻草熊影业有限公司	军事斗争
一剑横空	12	江苏稻草熊影业有限公司	近代传奇
雪地娘子军	11	海润影视制作有限公司	军事斗争
烈火刀影	11	浙江晟喜华视文化传媒有限公司	近代传奇
第一声枪响	10	北京时代光影文化传媒股份有限公司	军事斗争
冰锋	9	中国广播影视音像出版中心	反特/谍战
血债血偿	9	上海永洲影视有限公司	军事斗争
黄大妮	8	陕西广电影视文化产业发展有限公司	时代变迁
女子特战队	8	广东星河传媒有限公司	军事斗争
李三枪	8	西安曲江丫丫影视文化股份有限公司	军事斗争
神勇武工队传奇	8	海南中艺影业有限公司	军事斗争
地道女英雄	7	东阳盟将威影视文化有限公司	军事斗争
黑狐之风影	7	西安梦舟影视文化传播有限责任公司	反特/谍战
战火中的兄弟	7	东阳文瀚影视广告有限公司	军事斗争
信者无敌	7	北京中联华盟文化传媒投资有限公司	军事斗争
铁核桃之无间风云	7	重庆萌梓影视传媒有限公司	反特/谍战
战地枪王	7	天视卫星传媒股份有限公司	军事斗争

数据来源：CSM媒介研究

九、结语

我国电视剧资源正在加速分化与整合，资源配置更加合理化，业内IP的产业链布局意识正在形成，基于坚挺大IP的续集创作在持续进行中，资本获取最大剩余价值的特征更加突出。电视剧资本市场更趋于理智，更重视剧的制作品质，政府也在积极引导市场，这些都是积极的信号。2018年开局，喧嚣一时的那些古装剧销声匿迹，现实题材剧挑大梁。电视剧市场是否能打破既有垄断坚冰、突破阶层桎梏，走出一波新行情，让我们静待花开。

（作者：李红玲）

2017 年全国新闻节目收视分析

2017 年，诸多“大日子”“大场面”引人关注：“一带一路”国际合作高峰论坛成功举行，金砖国家领导人完成第九次会晤，庆祝中国人民解放军建军 90 周年朱日和大阅兵隆重举行，香港迎来回归 20 周年，还有中共十九大顺利召开。这些重大新闻事件引发了全球关注，而伴随着这些重大事件的发生，电视新闻节目的收视也充满了变化和亮点。本文根据 CSM 媒介研究 2017 年在全国 120 个城市的收视调查数据，对全国新闻节目的播出与收视情况做简要回顾与分析，以解读新闻节目的收视特征，探究观众对新闻节目的收视习惯与偏好。

一、新闻节目整体收播状况

1. 观众人均每日收看电视时长比 2016 年减少 13 分钟，新闻节目收看时长减少 1 分钟

自 2011 年以来，只有 2012 年观众人均每日收看电视的时长高于 2011 年，之后逐年递减，2017 年人均每日收看电视 139 分钟，比 2016 年减少了 13 分钟，同比下降达到 8.55%，是近年来下降幅度最大的一年。受到收视大环境的影响，新闻类节目的收视也有所下降，2017 年人均每日收视 18 分钟，比 2016 年减少了 1 分钟（图 1）。

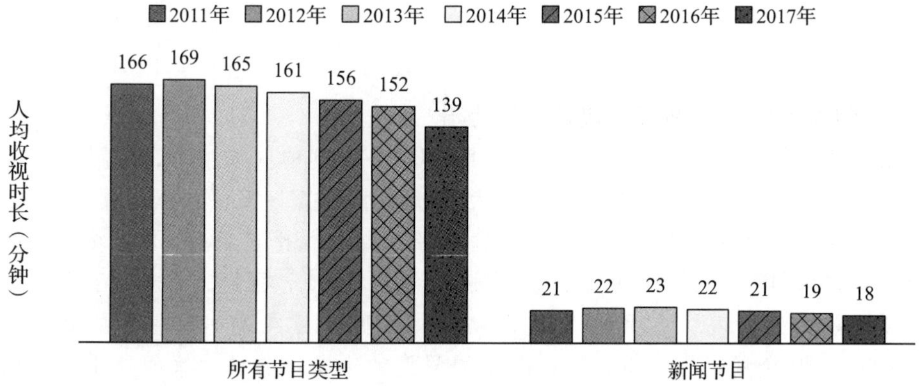

数据来源：CSM 媒介研究

图 1　2011～2017 年所有节目类型及新闻节目人均每日收视时长（历年所有调查城市）

2. 新闻节目的资源使用效率小幅上升

从资源使用效率来看，2017 年新闻节目的播出比重略有减少，但收视比重有所上升，资源使用效率达到了自 2012 年以来的最高值。经过连续 5 年的下滑，2017 年新闻节目的资源利用效率终于维持住了 2016 年的上升趋势，且增幅高于 2016 年（表 1）。

与其他节目类型相比较，新闻类节目的播出比重少于电视剧和生活服务类节目，而获得的收视比重仅次于电视剧，但由于电视剧类节目的播出时长远远超过新闻类节目，因此新闻类节目的资源利用效率明显高于电视剧类节目（表 2）。

表 1　2011 ~ 2017 年新闻节目的收播比重及资源使用效率（历年所有调查城市）

年份	播出比重（%）	收视比重（%）	资源使用效率（%）
2011 年	10.0	13.1	31.5
2012 年	10.7	14.0	30.8
2013 年	11.3	14.8	30.7
2014 年	10.9	14.2	30.3
2015 年	11.0	14.1	28.5
2016 年	10.7	13.8	29.0
2017 年	10.6	13.9	31.1

数据来源：CSM 媒介研究

表 2　2015 ~ 2017 年主要节目类型收播比重（历年所有调查城市）

节目类型	2015 年		2016 年		2017 年	
	播出比重（%）	收视比重（%）	播出比重（%）	收视比重（%）	播出比重（%）	收视比重（%）
电视剧	26.2	30	27.1	29.6	26.7	30.9
新闻/时事	11.0	14.1	10.7	13.8	10.6	13.9
综艺	5.9	13.0	6.1	13.7	5.9	12.0
生活服务	17.1	8.2	15.3	7.6	14.5	7.2

数据来源：CSM 媒介研究

3. 多数城市晚间新闻节目收视比重上升

观察新闻节目在 35 个中心城市[①]晚间 17:00 ~ 24:00 的收播情况，可以看到新闻节目的整体播出比重各城市间差异不大，绝大部分城市都在 14% ~ 16% 之间，其中深圳、海口和哈尔滨晚间新闻节目的播出比重超过 16%。从收视比重来看，8 个城市新闻节目的收视比重达到 20% 以上，其中杭州、西安、合肥和长沙地区的比重超过了 23%。超过 15% 的城市数量更是达到了 30 个，这足以说明新闻节目在晚间收视中的重要性。与 2016 年相比，20 个城市的收视比重都有不同程度的上升，其中北京和郑州上升幅度超过了 10%，其次是厦门和沈阳，上升幅度也达到了 9% 以上（图 2）。

① 包含 27 个省会城市、4 个直辖市以及 4 个计划单列市。

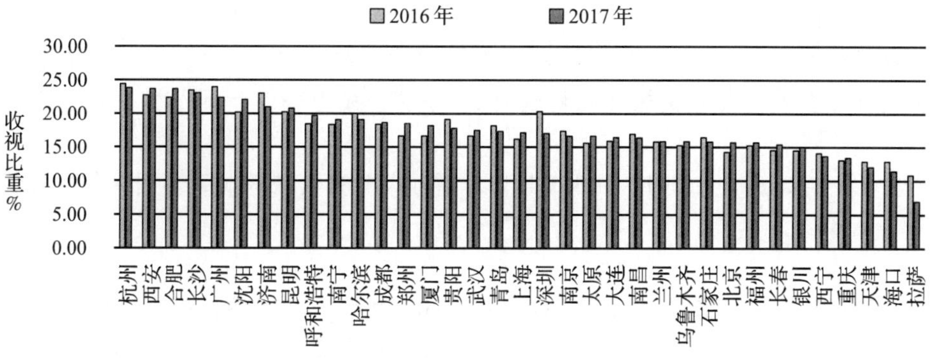

数据来源：CSM 媒介研究

图 2　2016 ~ 2017 年主要城市晚间新闻节目的收视比重（17：00 ~ 24：00）

4. 新闻节目全年收视呈现下滑趋势，重大事件期间收视表现突出

从 2017 年新闻节目全年收视走势来看，整体呈现出高开低走的态势。年初人均每日收视时长维持在 19 分钟左右，但“两会”之后开始逐渐下滑，年底的最后几周只有 15 分钟左右（图 3）。与 2016 年相比，2017 年全年大部分时期收视都略逊一筹，只有 4 周的数值略高于 2016 年，其中 3 周为“十九大”等重大事件带来的收视量，年初的第 7 周则是因为 2016 年春节期间新闻节目收视量常态下跌导致的。

新闻节目的播出和收视受重大新闻事件影响的情况较为突出。2017 年主要的 4 次收视凸起分别对应了 4 件重要的新闻大事：3 月 3 号“两会”召开，第 10 周的人均每日收视时长上升到 20.1 分钟，是全年分周的最高值；5 月 14 日，第一届“一带一路”国际合作高峰论坛在北京举行，受到社会各界广泛关注；7 月 30 日，庆祝中国人民解放军建军 90 周年阅兵，当天人均收视时长高达 31 分钟，比前一周上升了 2.9 分钟，有力地带

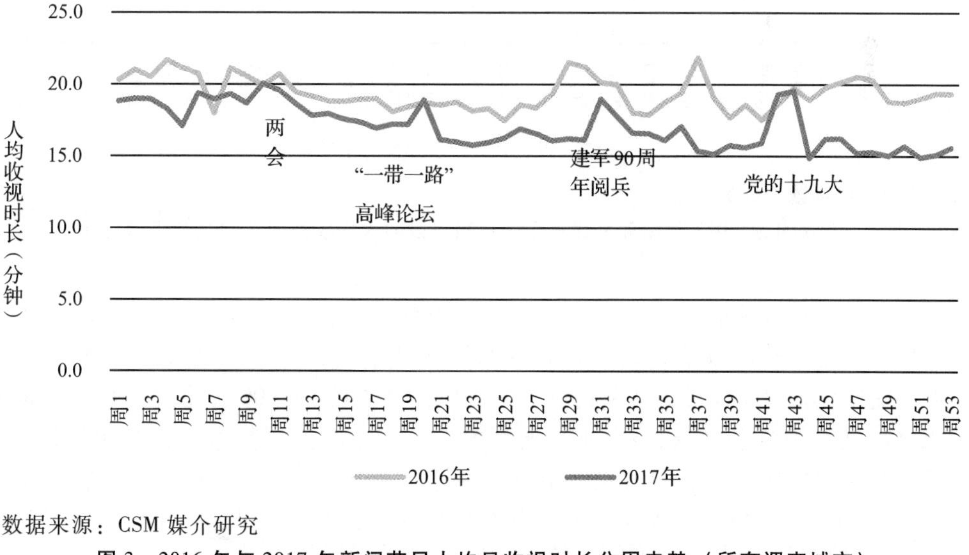

数据来源：CSM 媒介研究

图 3　2016 年与 2017 年新闻节目人均日收视时长分周走势（所有调查城市）

动了节目所在的第31周的收视；10月18日~24日，“党的十九大”召开，两周平均收视分钟数都超过了19分钟，18日开幕以及25日中国共产党第十九届中央委员会第一次全体会议召开当天，人均收视时长均达到32分钟，成为全年新闻节目收视水平最高的两天。

与往年一样，观众在2017年春节期间对新闻节目的关注较少，期间人均收视时长明显下降（图3）。

5. 新闻节目收视集中在晚间18:00~22:00时段，收视峰值低于2016年同时段

从分钟收视走势来看，新闻节目最主要的收视时段集中在晚间18:00~22:00，该时段的人均收视量达到10.14分钟，占到了全天收视总量的59%，全天收视最高峰为中央电视台综合频道的《新闻联播》开播时段，19:00的人均收视分钟数达到2.93分钟，低于2016年的3.45分钟。除晚间收视黄金时段外，中午12:00左右以及早晨06:00也有两个收视高峰。与2016年相比，早间新闻节目的收视高峰有所提前，07:00~08:00时段收视略有下降，中午的收视量变化不大，晚间18:30地方新闻播出时段的收视明显下滑，低于2016年（图4）

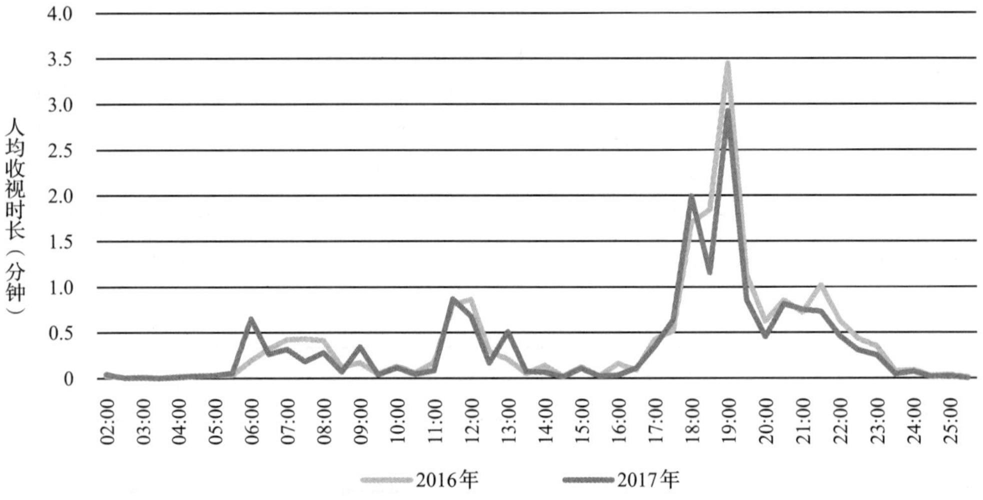

数据来源：CSM媒介研究

图4 2016年及2017年新闻节目在全天不同时段的人均收视时长（所有调查城市）

新闻类节目依据播出的主要内容又可以分为综合新闻、新闻评述以及新闻/时事其他类节目。从播出情况来看，以《新闻联播》为代表的综合新闻播出量最大，集中在早、中、晚以及22:00以后的后晚间黄金段时间，尤其以19:00播出量为最多，其次是早晨06:00~07:00时段。新闻/时事其他类节目以民生新闻、各类会议新闻为主，主要播出时段与综合新闻相似，但白天的播出量明显高于综合新闻，尤其在中午前后的时段，傍晚17:00~18:30时段是地方新闻全天播出量最为集中的时段。新闻评述类节目播出量最少，均匀分布在一天中的各个时段（图5）。

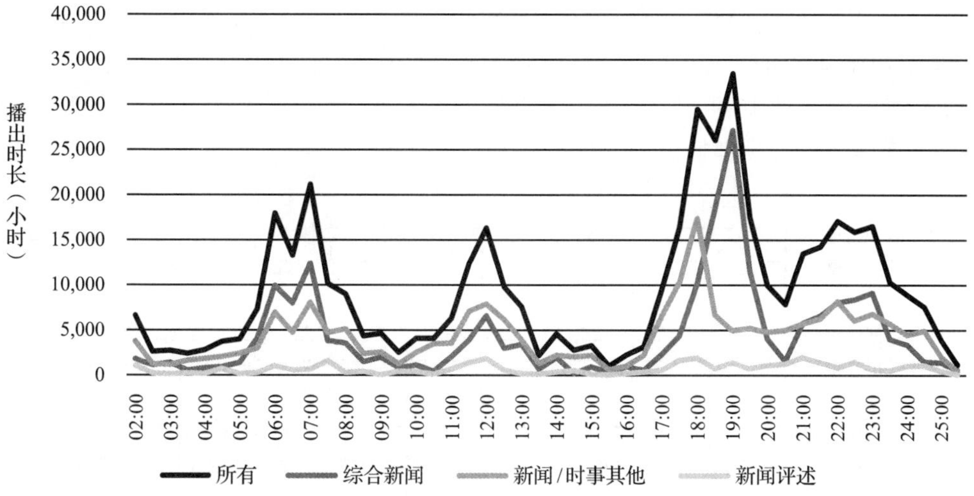

数据来源：CSM 媒介研究

图 5 2017 年各类型新闻节目全天不同时段播出情况（所有调查城市）

不同类型新闻节目的收视，也在一定程度上反映出观众对新闻类节目的需求特征。早晨和傍晚时段是本地新闻的收视高峰时段，而中午和晚间 19：00 左右，观众对综合新闻的收视需求增加，新闻评述类节目的收视量主要集中在晚间 20:00 之后（图 6）。

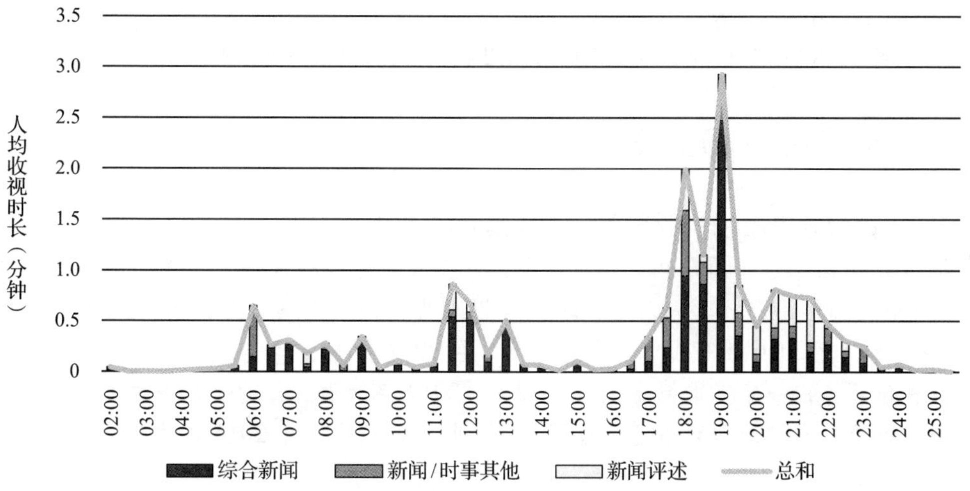

数据来源：CSM 媒介研究

图 6 2017 年各类型新闻节目全天不同时段收视情况（所有调查城市）

6. 综合新闻收播占比均过半，新闻评述节目收视比重上升

从不同类型新闻节目的播出情况来看，综合新闻的播出比重在 2017 年首次超过一半，达到 51.2%；新闻评述类节目的播出比重逐年减少，2017 年只有 6.9%；新闻/时事其他类节目 2017 年的播出比重也比 2016 年减少了 5.2 个百分点。

从收视情况来看，综合新闻维持了多年来的收视比重，2017 年仍然占有过半的比例，但与 2016 年相比略有下降；新闻评述类节目以 6.9% 的播出量获得了 22.8% 的收视比重，收视比重较 2016 年明显上升，资源使用效率明显高于其他两类新闻节目；新闻/时事其他节目的收视比重低于前两年（图 7）。

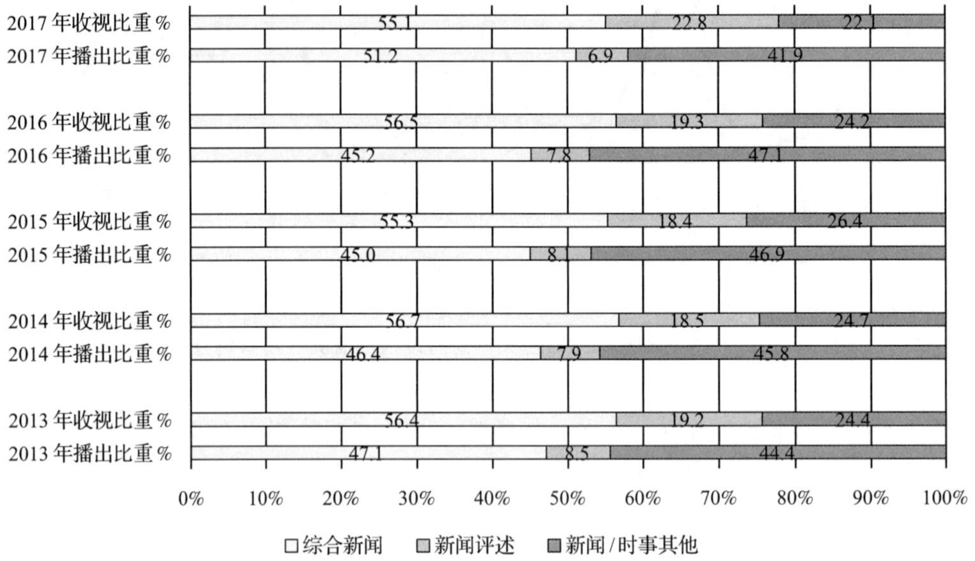

数据来源：CSM 媒介研究

图 7　2013～2017 年各类型新闻节目播出比重及收视比重（历年所有调查城市）

二、新闻节目市场竞争格局

1. 中央级频道收视份额居首，且连续两年上升

2017 年全国电视新闻节目收视市场中，中央级频道依然占据了最重要的位置，连续 5 年收视份额都达到三分之一以上，2015 年以来收视份额持续上升，2017 年的收视份额达到 44.4%，比 2016 年高出 3.7 个百分点。在 2017 年的新闻类节目市场，省级上星频道的收视份额与前一年基本持平，为 16.2%。2017 年地面频道的收视份额出现明显的下滑态势，不论是省级地面频道还是市级频道，收视份额都低于 2016 年的数值。

2. 中央级频道新闻节目在全天多个时段收视居首，省级非上星频道在傍晚时段收视表现强势

在全天多个时段，中央级频道新闻节目的人均收视时长都高于其他频道组，主要是在早晨 06:00～07:00、08:00～14：00、19:00～23:00 时段，但在 17:00～19:00 时段，地面频道的人均收视时长则明显高于上星频道组，尤其是省级非上星频道表现突出。在晚间 21:00～22:00 时段，新闻类节目的收视主要集中在省级非上星频道和中央级频道（图 9）。

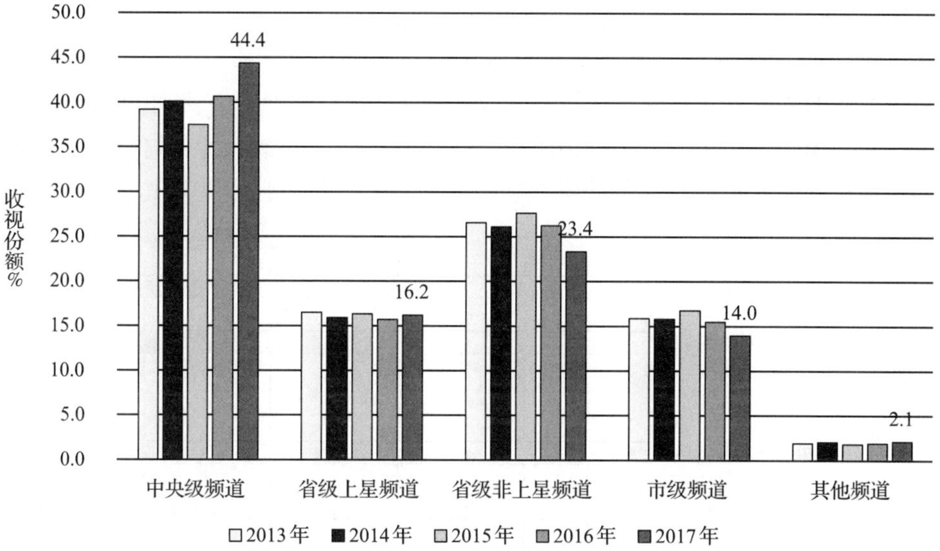

数据来源：CSM 媒介研究

图 8　2013～2017 年新闻类节目市场各级频道的收视份额（历年所有调查城市）

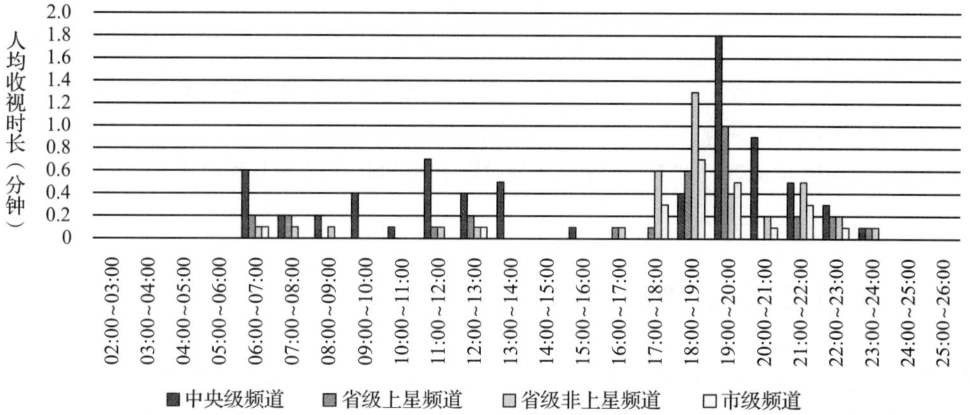

数据来源：CSM 媒介研究

图 9　2017 年各级频道组新闻类节目不同时段人均收视时长（所有调查城市）

3. 中央级频道的新闻评述类节目较受欢迎，地面频道民生类新闻占优势

中央级频道在综合新闻，尤其在新闻评述类节目上竞争优势显著。中央级别的频道通常是重大新闻的首发平台，专业、权威、可信度高，每当有重大事件发生，观众的首选还是中央电视台频道的新闻转播，其新闻评述类节目也因其分析和观点多来自知名专家，具有专业性和权威性而受到观众的青睐。2017 年，中央级频道获得了新闻评述类节目近三分之二的收视份额（63.2%）。地面频道主打民生类新闻，贴近百姓生活，在以民生新闻为主的新闻/时事其他类节目的收视竞争中，省级地面频道和市级频道合力获得了 62.6% 的份额，具有较强的竞争优势。

与2016年相比，2017年中央级频道在各类型新闻节目中的收视份额都有所增长，尤其是新闻/时事其他类节目的增长幅度较大；省级卫视频道在各类型新闻节目中的收视份额近两年相近，变化不大；省级地面频道在新闻/时事其他类节目中的收视份额明显下滑，从2016年的42%下降到2017年的37.2%，在综合新闻中也略有下滑；市级频道在各类型新闻节目中的收视份额都有小幅下降，但幅度较小（图10）。

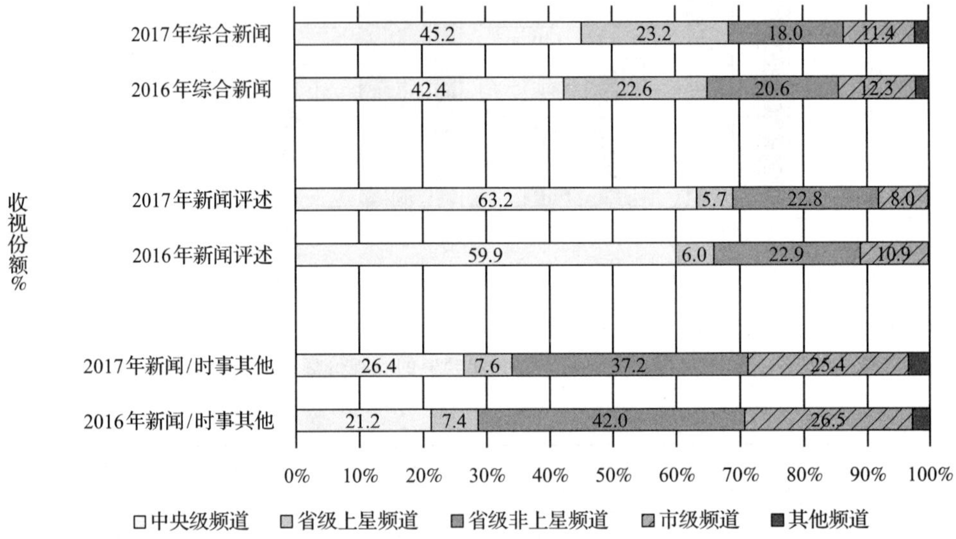

数据来源：CSM媒介研究

图10　2016年及2017年各级频道在不同类型新闻节目中的收视份额（所有调查城市）

三、新闻节目观众特征

新闻节目观众中男性居多，近两年比例都在54%以上，性别特征较为稳定，变化较小。2017年45岁及以上年龄段观众占到了近70%的比例，占比高于2016年。尤其是55岁及以上观众的占比，自2012年以来一直保持稳步增长；而35~44岁群体的占比却逐年下滑，2017年15~34岁青少年占比明显下降。从受教育程度来看，初高中学历观众占主体，但大学及以上受教育程度高的观众的比例呈上升趋势，虽然2017年这一趋势有所放缓，但我们还是可以看出高学历观众对新闻节目的关注程度在增加（图11）。

不同类型的新闻节目，其观众构成也存在一定的差异。新闻评述类节目男性观众的占比高于其他两类节目，而以民生新闻为主的新闻/时事其他类节目，女性观众的占比最高；55岁及以上观众在综合新闻节目观众中所占比例高于其他两类节目，25~34岁年轻观众在新闻评述类节目中的占比高于其他两类节目；高中及以上受教育程度观众更多地收看综合新闻（图12）。

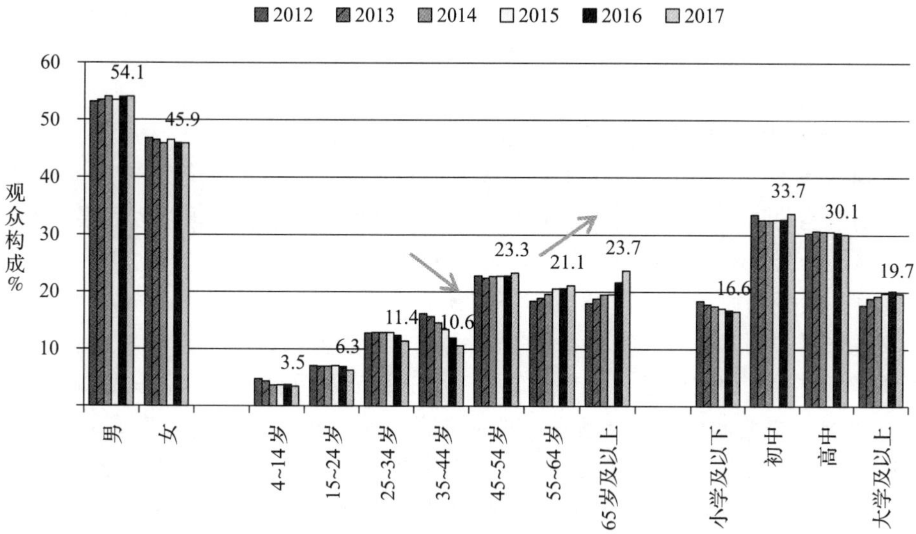

数据来源：CSM 媒介研究

图 11 2012～2017 年新闻类节目观众构成（%，历年所有调查城市）

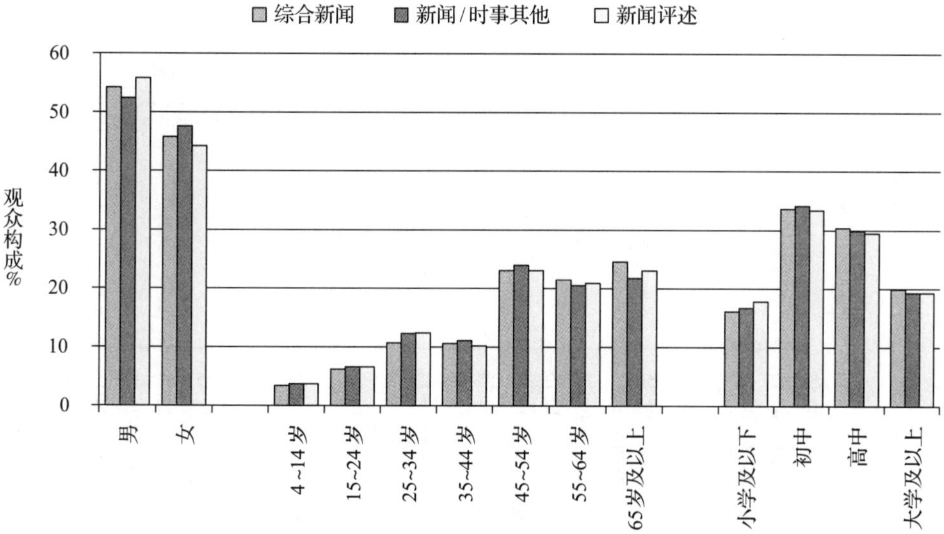

数据来源：CSM 媒介研究

图 12 2017 年各类型新闻节目观众构成（%，所有调查城市）

四、重大新闻事件的收视表现

重大新闻事件对新闻节目的收视具有明显的促进作用。2017 年，3 月全国“两会”的召开，5 月“一带一路”国际合作高峰论坛的举行，7 月中国人民解放军建军 90 周年的阅兵庆典，9 月金砖国家领导人的厦门会晤、10 月中国共产党第十九次全国代表大会的顺利召开等等，都受到了国内和国际的诸多关注。下面我们选取“一带一路”国际合作高峰论坛、中国人民解放军建军90周年阅兵庆典、中国共产党第十九次全国代表大会召开这三个重大新闻事件，对其收视表现进行分析。

1. “一带一路”国际合作高峰论坛

5月14~15日，“一带一路”国际合作高峰论坛在北京成功举行，这是“一带一路”框架下最高规格的国际会议，也是新中国成立以来由中国首倡、中国主办的层级最高、规模最大的多边外交活动，受到多方关注。借着这次论坛报道，中央电视台着力打造自己的新媒体品牌，央视新闻移动网以48小时不间断的连续直播，对论坛进行全方位、立体式的报道。央视网以“同奏合作共赢新乐章”为主题，开设丝路聚焦、丝路视频、丝路观察、丝路解码等板块，生动地讲述“一带一路”所倡议的发展历程和互利合作成果。

在电视端，中央电视台综合频道、中央电视台新闻频道和中央台四套并机直播，同时有30多家省级卫视共同转播了此次论坛的相关报道。5月14日论坛开幕式时段(08:00~10:09),中央台频道在所有调查城市的平均收视率为1.35%，市场份额为18.17%，与前一周（2017年5月7日~5月13日）对比，上升幅度分别达到了80%和75%（图13）；观众规模和观众忠实度也有明显上升，当天新闻联播时段（19:00~19:45)观众忠实度达到60%，比上一周同时段高出10%。

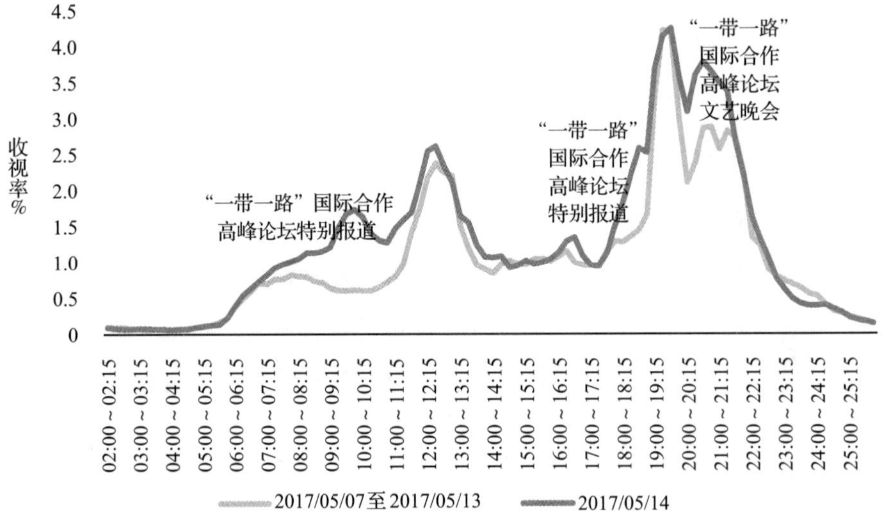

数据来源：CSM媒介研究

图13　2017年5月14日“一带一路”国际合作高峰论坛开幕日中央台频道收视走势（所有调查城市）[①]

2. 建军90周年阅兵庆典

2017年是中国人民解放军建军90周年，也是八一南昌起义90周年。2017年7月30日上午9:00，庆祝中国人民解放军建军90周年阅兵活动在朱日和训练基地举行。这是中国人民解放军首次以庆祝建军节为主题的盛大阅兵，是野战化、实战化的沙场点兵，

① 此处中央台频道收视走势为直播“一带一路”的中央电视台综合频道、中央台四套和中央电视台新闻频道并机播出的收视率走势。

是人民军队整体性、革命性变革后的全新亮相。7 月 30 日上午，中央电视台综合频道、中央台七套和中央电视台新闻频道于 08:57～10:14 并机直播了该项活动，同时，还有 33 家省级上星频道以及北京电视台新闻频道对该项活动进行了转播。

从整体收视表现来看，全国有 11.1% 的观众收看了“阅兵”直播节目。中央电视台是中国重要的新闻舆论机构，收看阅兵直播的观众中，有 55% 的观众选择通过中央台频道收看，而且有高达 65.4% 的观众全程收看了中央电视台的阅兵节目，平均每人观看时长达到 50 分钟，换台率仅为 1.1 次（表 3）。北京电视台新闻频道作为唯一一家参与转播此次阅兵的地面频道，在北京地区也得到了更多的关注，收看北京新闻频道转播的阅兵式的观众有 88.6% 全程观看、没有换台，人均收看 68 分钟。

表 3　直播建军 90 周年阅兵庆典节目频道①收视情况（所有调查城市）

频道	收视率（%）	平均到达率（%）	平均忠实度（%）	人均收视时长（分钟）	人均收视时长（观众）（分钟）	人均收视段数	平均每段收视时长（分钟）
央视频道	4.0	6.2	65.4	3.1	50	1.1	46.4
省级卫视频道	2.2	5.3	42.1	1.7	32	1.3	24.6
直播阅兵仪式所有频道	6.3	11.1	56.4	4.8	43	1.2	35.3

数据来源：CSM 媒介研究

从观看阅兵庆典的观众构成情况来看，与对比周相比，阅兵时段男性观众占比更高；25～54 岁年龄段的观众比例增加明显，高中和大学以上学历观众占比显著升高（图 14）。

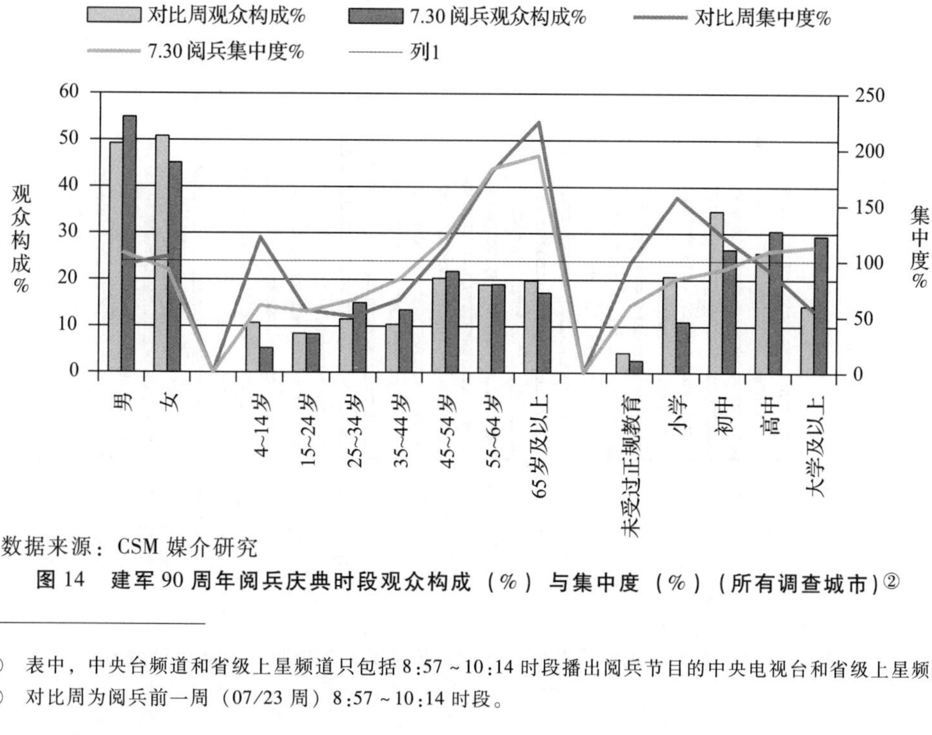

数据来源：CSM 媒介研究

图 14　建军 90 周年阅兵庆典时段观众构成（%）与集中度（%）（所有调查城市）②

① 表中，中央台频道和省级上星频道只包括 8:57～10:14 时段播出阅兵节目的中央电视台和省级上星频道。

② 对比周为阅兵前一周（07/23 周）8:57～10:14 时段。

3. 中国共产党第十九次全国代表大会召开

中国共产党第十九次全国代表大会于2017年10月18日上午9:00在北京人民大会堂开幕，在随后的一周多时间，中国进入“十九大时间”，北京成为全球舆论的强磁场，也成为全球媒体的竞技场，受到普遍关注，国内多家企事业单位和公司组织员工集体收看大会实况，通过电视、网络、手机客户端等多种渠道，第一时间收听收看大会盛况，学习领会会议精神。

“十九大”期间，中央电视台全程进行现场直播，全国各省级电视台也同时进行转播，至25日“十九大”结束，仅开闭幕式和中外记者招待会这3个时段就有累计8600万观众收看。从2017年10月分天收视走势可以看出，在“十九大”期间，收视最为突出的就是开幕式、闭幕式和中外记者见面会。在开幕式当天，观众人均收视时长达到32.1分钟，比头一天增加了14.2分钟，增长幅度为79%；闭幕式当天，观众的关注度再度上升，25日上午，党的十九届中央委员会第一次全体会议新选出的中央政治局常委与采访“十九大”的中外记者见面，观众收视再一次达到峰值（图15）。

开幕式时段的市场占有率高达71.02%，全国观众中有19.46%的人收看了开幕式；25日的中外记者见面会，有37.1%的观众全程收看了节目，该时段平均收视率达到5.29%（表4）。

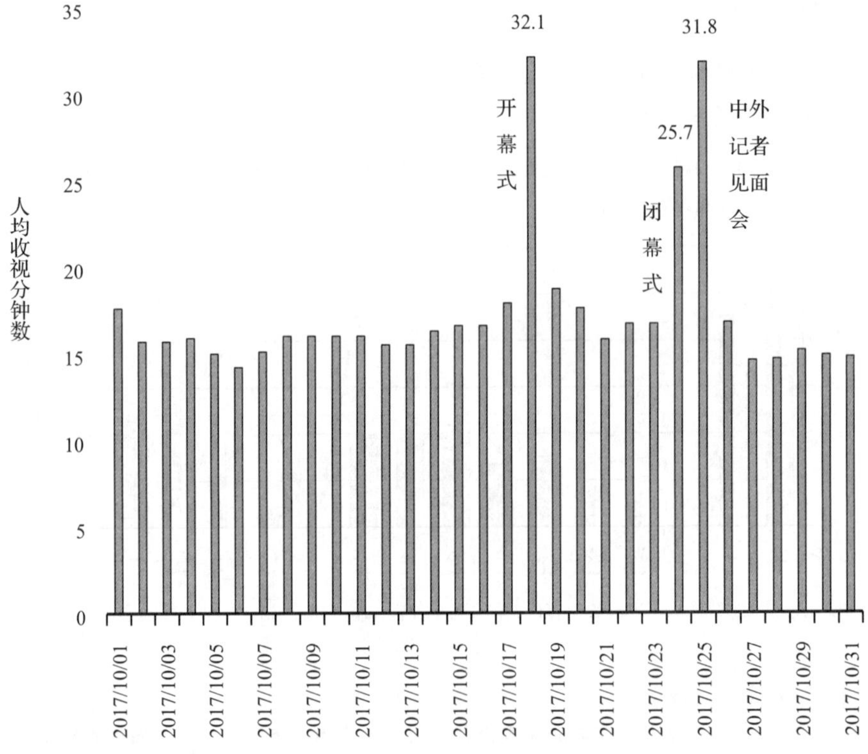

数据来源：CSM媒介研究

图15 “十九大”期间及前后人均收视分钟数分天走势（所有调查城市）

表 4　“十九大”开闭幕式及记者见面会收视情况（所有调查城市）①

时间段	收视率（%）	市场份额（%）	平均到达率（%）	平均忠实度（%）	人均收视时长（分钟）	人均收视时长（观众，分钟）
开幕式 07:00～12:50	5.14	71.02	19.46	26.4	18.0	92.5
闭幕式 08:50～14:16	4.84	67.91	17.31	28.0	15.8	91.2
中外记者见面会 10:00～12:40	5.29	68.51	14.24	37.1	8.5	59.4

数据来源：CSM 媒介研究

五、结语

2017 年，全国电视市场人均收视时间仍然继续下跌，在大环境的影响下，电视新闻节目的人均收视时间也有小幅下滑，但节目的资源使用效率却有一定的上浮，多数中心城市晚间新闻节目的收视比重上升。综合新闻占了新闻类节目收视的主体，新闻评述类节目的播出比重略有下降，但收视比重却有所上升，中央级频道的新闻评述类节目较受观众欢迎。全年来看，新闻类节目的收视呈现高开低走的态势，但重大事件仍然会提升新闻节目的收视，“两会”“一带一路高峰论坛”“庆祝中国人民解放军建军 90 周年朱日和阅兵”“十九大”等重大事件成为受众关注之重。在新媒体的各式冲击下，电视新闻仍然是受众不可或缺的主要新闻来源。挑战即机遇，如何捍卫传统电视在百姓生活中的地位仍然是一大课题。

（作者：娜布琪）

① 所选频道为中央级频道和省级卫视频道组。

2017 年全国综艺节目收视及发展特点分析

2017 年，综艺节目内容出现了更多的细分领域，《见字如面》《中国诗词大会》《朗读者》《等着你》等文化公益类节目立足于凸显文化自信的传递，创造了多维、深远、立体的节目品牌影响力；《加油吧少年》《未来架构师》《我是未来》等新科技综艺节目也陆续出现，软件和硬件双重升级；《中餐厅》《亲爱的客栈》《漂亮的房子》《三个院子》《熊猫奇缘》等"慢综"节目从生活方式的角度，让人文、艺术、自然、动物等多元场景融合，结合特定场所和景物，以及与此密切相关的空间等软要素，充分发挥场景的烘托作用；《极限挑战》《二十四小时》《奔跑吧》等"快综"节目则为内容营销注入新的文化自信点，进而通过定制化的品牌植入，深度挖掘植入广告及其赞助商的品牌价值及形象。本文主要依据 CSM 媒介研究 2017 年所有调查城市的收视数据，对综艺节目的收视情况进行回顾，对综艺节目的发展特点进行分析，以期为业内人士提供借鉴。

一、综艺节目整体收视状况

1. 综艺节目人均收视总量较 2016 年有所下滑

2017 年所有调查城市观众全年人均收看综艺节目总时长为 5384 分钟，较 2016 年降幅超过 23%（图 1）。从综艺节目分月收视时长走势来看，受电视整体收视量下滑的连

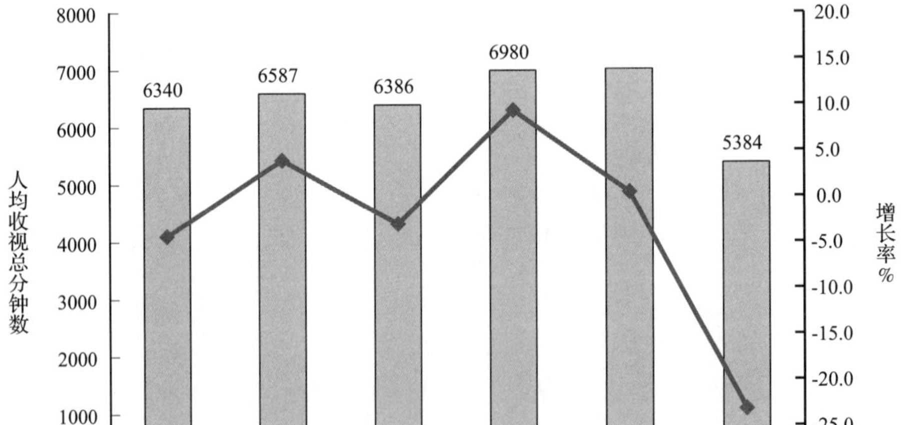

数据来源：CSM 媒介研究

图 1　2012～2017 年综艺节目的全年人均收视时长及增幅（历年所有调查城市）

带影响，除1月份春节期间人均收视量同比有所提升外，其余11个月综艺节目的人均收看时长都比2016年有所减少，其中2月和10月同比降幅更大，均超过30%（图2）。

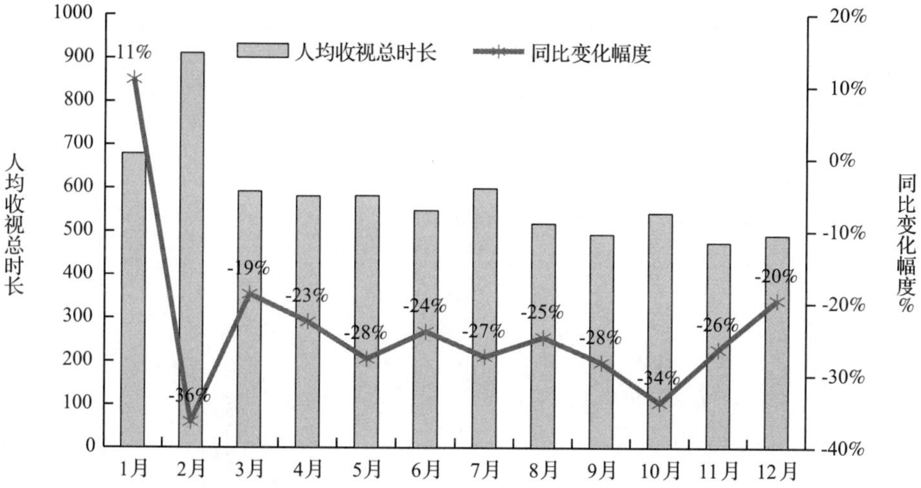

数据来源：CSM媒介研究

图2 2017年综艺节目分月人均收视时长及同比变化幅度（历年所有调查城市）

2. 综艺节目人均收视量周末同比降幅更为明显

从不同周天综艺节目人均收视时长来看，2017年周末综艺节目人均收视时长仍然显著高于平时，周一至周四综艺节目人均收视量差异不大。在2017年综艺节目整体人均收视量下降的背景下，周五至周日人均收视量同比均有减少，其中周日综艺节目人均每天收看量同比降幅达30%。周一至周四周间综艺节目虽然形式多样，但整体收视量同比降幅为21.4%，其中周一和周四的收视量同比降幅较大，均为27%（图3）。

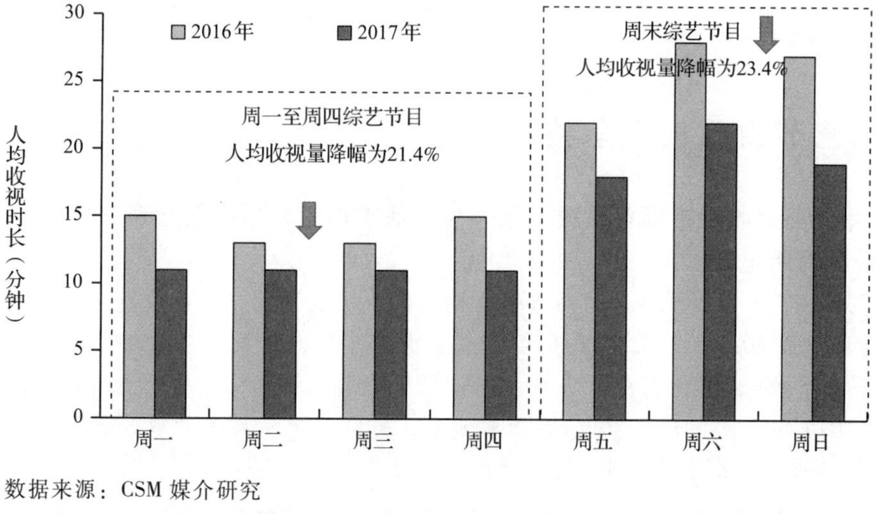

数据来源：CSM媒介研究

图3 2016～2017年综艺节目分周天人均收视时长比较（历年所有调查城市）

3. 各时段综艺节目人均收视时长均明显下降

与2016年相比，2017年综艺节目各时段人均收视分钟数均有明显下滑。除午夜和凌晨时段以外，下午14:00~16:00时段下滑幅度较大，降幅均超过30%。晚间时段仍是综艺节目全天收视的主要支撑，但20:00~23:00的综艺节目人均收视量同比也有下降，其中20:00~21:00时段的收视量同比降幅也超过30%（图4）。

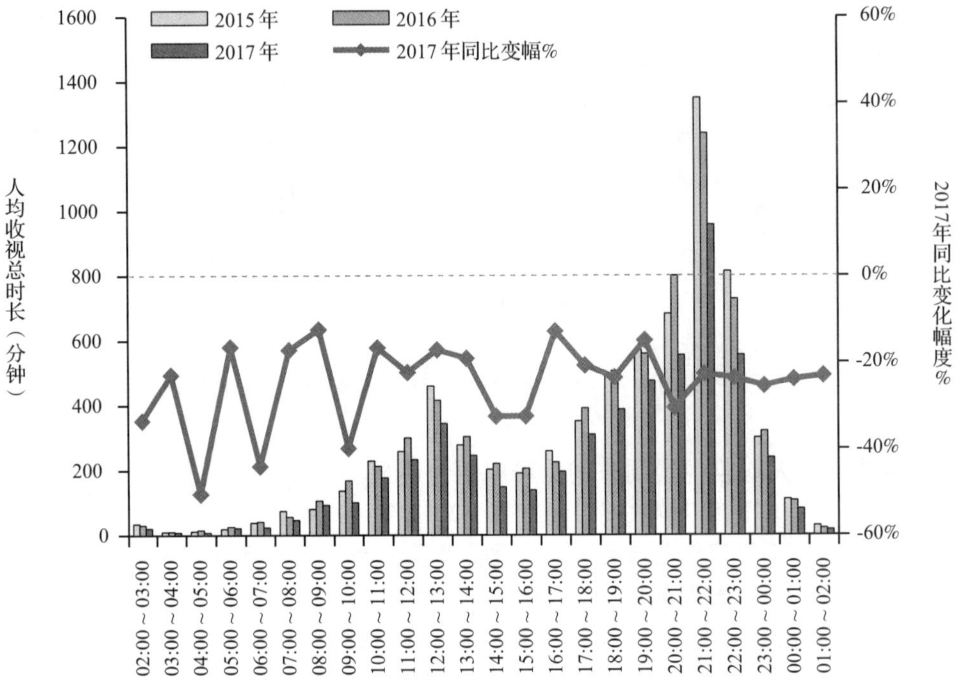

数据来源：CSM媒介研究

图4 2015~2017年综艺节目全天分时段人收视量对比（历年所有调查城市）

二、综艺节目收视竞争格局

1. 综艺节目收视市场各级频道竞争格局基本稳定，中央级频道和省级非上星频道收视份额有所上升

2017年综艺节目收视市场的频道竞争格局没有明显变化。上星频道总体的收视量占到了所有频道的80.9%，同比2016年略有下滑；其中，省级上星频道的收视份额同比2016年下滑了6%，但仍以45.3%的收视份额保持领先地位；中央级频道的收视份额继续增长，2017年同比上升了5%。地面频道中，省级非上星频道的收视份额同比增加了8%，市级频道则同比下降了4%（图5）。

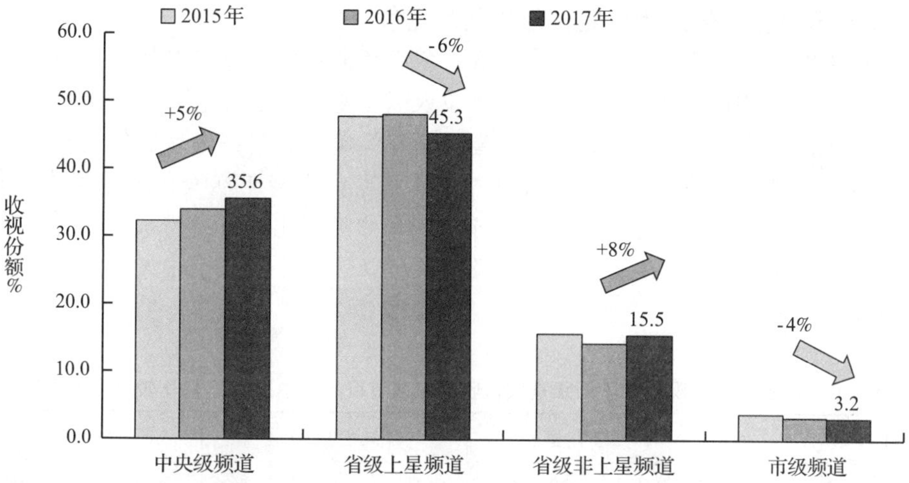

数据来源：CSM 媒介研究

图 5　2015～2017 年各级频道在综艺节目市场的收视份额（历年所有调查城市）

2. 各级频道综艺节目收播比重稳中有变，上星频道收视比重下滑明显

与 2016 年相比，2017 年各级频道中综艺节目的播出比重和收视比重稳中有变。受电视收视量整体下滑的影响，2017 年中央级和省级上星频道综艺节目的收视比重合计从 2016 年的 33.0% 减少至 2017 年的 28.2%，其中省级上星频道综艺节目的收视比重同比降幅更大；2017 年地面频道综艺节目的播出比重与上年基本持平，收视比重略有下滑（图6）。

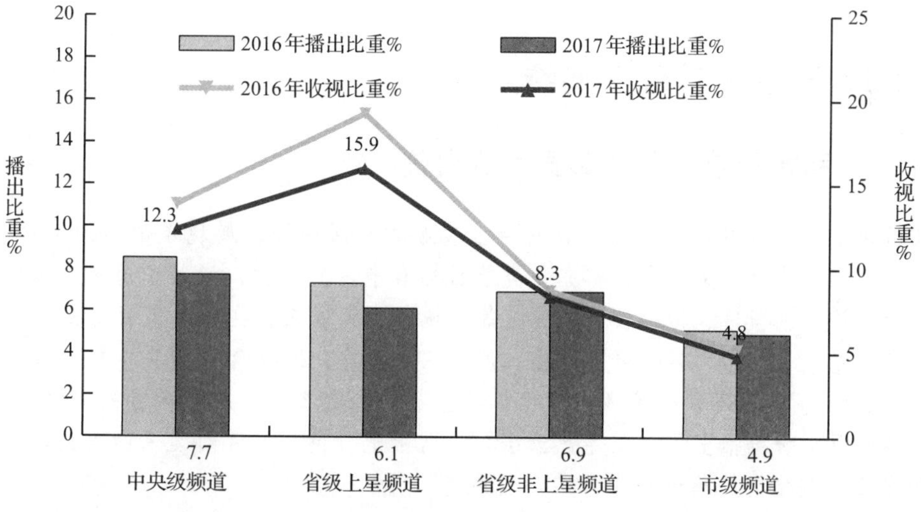

数据来源：CSM 媒介研究

图 6　2016～2017 年各级频道综艺节目播出比重及收视比重（历年所有调查城市）

3. 综艺节目差异化的受众定位形成区隔竞争

从各年龄段观众综艺节目的集中度来看，各级频道的综艺节目在竞争中形成了差异化的受众定位。与2016年相比，2017年44岁及以下观众收看综艺节目的集中度均有不同幅度的下降，年龄越小，对综艺节目的喜好度降幅越大。中央级频道综艺节目的观众中，45~54岁观众的集中度同比减少，但55岁及以上中老年观众的集中度有所增加。省级上星频道中，45岁及以上观众对综艺节目的集中度同比均有所增加。地面频道综艺节目不同年龄段的观众集中度变化与中央级频道相似，55岁及以上中老年观众的集中度同比有所增加（表1）。

表1　2016~2017年各年龄段观众在不同级别频道收看综艺节目的集中度（%）比较（所有调查城市）

目标观众	中央级频道		省级上星频道		地面频道	
4岁及以上所有人	2016年	2017年	2016年	2017年	2016年	2017年
4~14岁	55.19	54.31	105.35	102.06	43.43	39.59
15~24岁	45.88	45.23	85.75	80.7	50.49	42.38
25~34岁	52.35	45.78	85.72	80.34	59.44	59.13
35~44岁	72.20	70.47	96.50	96.41	71.03	59.10
45~54岁	123.83	118.77	117.48	122.39	143.89	140.36
55~64岁	197.09	201.57	119.37	127.55	211.08	221.77
65岁及以上	256.27	275.97	105.80	110.70	185.63	213.85

数据来源：CSM媒介研究

三、2017年综艺节目发展特点

（一）弘扬传统文化，彰显民族自信

2017年，传统文化类综艺节目通过专业包装和精深内涵，展现了中华的灿烂文明，激发出更多中国观众的文化自信。文化类节目拥有丰富的题材，涵盖了历史、文字、诗词、音乐、语言、书信、传统技艺、鉴宝等领域。一直以来，文化类节目都是立意曲高和寡，广告竞争乏力，大多叫好不叫座。值得注意的是，2017年初中央电视台接连推出《中国诗词大会》《朗读者》等多档文化类综艺节目，掀起了一股弘扬传统文化的热潮。随后，各大卫视纷纷推出了《汉字风云会》《向上吧！诗词》《阅读·阅美》《儿行千里》等节目，文化类综艺节目成为“一股清流”（表2）。

表 2　2017 年部分文化类综艺节目播出情况

节目名称	播出频道	开播日期	播出时间
中国诗词大会	中央电视台综合频道	1 月 29 日	周日 21:30
非凡匠心	北京卫视	1 月 15 日	周日 20:00
朗读者	中央电视台综合频道	2 月 18 日	周日 20:00
了不起的匠人	湖北卫视	2 月 26 日	周日 21:20
	黑龙江卫视	2 月 26 日	周日 21:20
诗书中华	上海东方卫视	4 月 14 日	周五 22:00
年代秀中国文化季	深圳卫视	5 月 26 日	周五 21:10
龙的传人	湖南电视台金鹰卡通频道	6 月 30 日	周五 19:00
少年国学派	安徽卫视	7 月 2 日	周日 22:00
国学小名士	山东卫视	8 月 17 日	周四 21:20
阅读阅美	江苏卫视	8 月 26 日	周六 22:30
诗歌之王	四川卫视	9 月 9 日	周六 20:30
中华好故事	浙江卫视	10 月 21 日	周六 20:40
我是演说家	北京卫视	10 月 21 日	周六 21:00
今日影评 · 表演者言	中央台六套	11 月 6 日 ~11 月 17 日	周一至周五 22:00
穿越吧	四川卫视	12 月 17 日	周日 20:30

数据来源：CSM 媒介研究

2017 年末，中央电视台又推出《国家宝藏》《今日影评 · 表演者言》《环球影迷大会》三档题材各异、风格独特的文化类综艺节目。《国家宝藏》揭秘中国文物背后的历史传奇和传承故事，《今日影评 · 表演者言》严肃探讨影视剧演员表演背后的故事和技巧，《环球影迷大会》则邀请影迷参与电影知识问答，深度解读电影背后的文化故事。值得一提的是，这些节目都邀请了明星嘉宾来演绎和探讨文化话题，兼顾了文化性和娱乐性，因此成为画风清奇的“网红”综艺。这些崭露头角的文化节目在节目语言上尝试运用更具娱乐综艺性的表达方式去贴近现代生活，每期节目主题的选择都兼具观赏趣味性和人文价值。节目从现实生活中寻找素材，贴近普通观众的视角，从最普遍的情感需求出发去激发观众的情感共鸣，得到了中青年观众的认可（图 7）。

另外，文化类综艺节目除了在内容上展现中华灿烂文明外，在形式上也不断创新和拓展，融入“一带一路”的“泛文化”合作。2017 年 6 月，陕西、宁夏、新疆、广西、福建等 7 家省级卫视与哈萨克斯坦、伊朗、印度、蒙古、泰国、斯里兰卡等国的 10 家电视媒体共同发起成立了“丝路国际卫视联盟”，并在西安举办了首届联席会议，积极推动了联盟内各电视台之间的项目合作。2017 年 7 月，中国电视剧《生活启示录》在蒙古国家电视台“中国剧场”栏目播出，引发了蒙古观众的热烈追捧，最高收视率达 5.93%，市场占有率高达 23.62%，连续 20 天夺得蒙古全国收视冠军，超过了同期播出

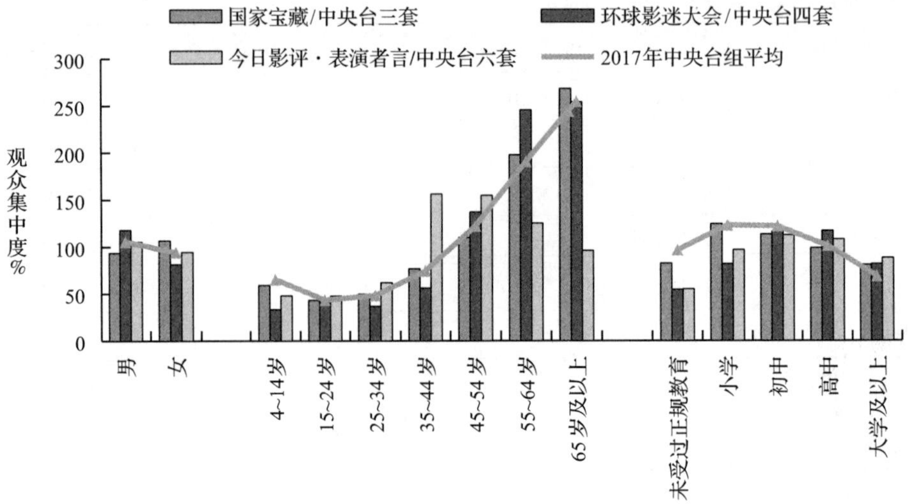

数据来源：CSM 媒介研究

图 7　2017 年底央视部分文化综艺节目不同目标观众集中度（%，71 城市）①

的韩剧、俄剧和蒙剧②。体现文化自信的“泛文化”节目将通过建立多层次人文合作机制，搭建更多的合作平台，开辟更多的合作渠道。

（二）垂直领域深入拓展，专业化与生活化并存

2017 年，《中餐厅》《亲爱的客栈》《漂亮的房子》《三个院子》《熊猫奇缘》等“泛文化”节目从生活方式的角度，将人文、艺术、自然、动物等多元的场景融入，结合特定场所和景物以及与此密切相关的空间等软要素，充分发挥场景的烘托作用，为内容营销注入新的文化自信点，进而通过定制化的品牌植入，深度挖掘赞助商的品牌价值及形象。专业化与生活化并存，最大限度地实现了节目内容与企业的无缝对接，从而缓和了商业与内容消费之间的矛盾。目前，一方面迫于当前市场环境和政策管理的无奈，一方面出于对挖掘、拓展新内容机会的渴望，综艺垂直节目最常见的方法是先找到首播线上的一个核心目标人群，然后通过一个直击该人群关注点的内容去吸引他们，再通过符合其特质的节目形式和场景调性去黏住他们。2017 年，多地晚间高收视季播节目观众集中度对应分析结果显示，观众的个人需求现在更加复杂，每个人身上都可能存在多种需求，对节目的喜好也是会随着个人行为轨迹的不同而产生纵横交错的不同场景需求（图8）。

鉴于选秀、转椅子等大众综艺节目曾经取得巨大成功，2017 年没有出现此类爆红的大众型综艺节目，反而是结合了各种垂直场景的综艺节目获得了关注。需要注意的是，“细分”更多的是从分类角度来讲的，只是更系统化地将节目类别化了，而“垂直”则要求从节目立项一开始就吸引该圈层观众的注意，从制作前到播出后真正形成一个完整

① 数据来源：CSM71 城，2017 年 11 月 1 日 -12 月 31 日，开始时间 18：00 -24：00，首播。

② http：//www. zongyijia. net/News/News_ info? id =88452

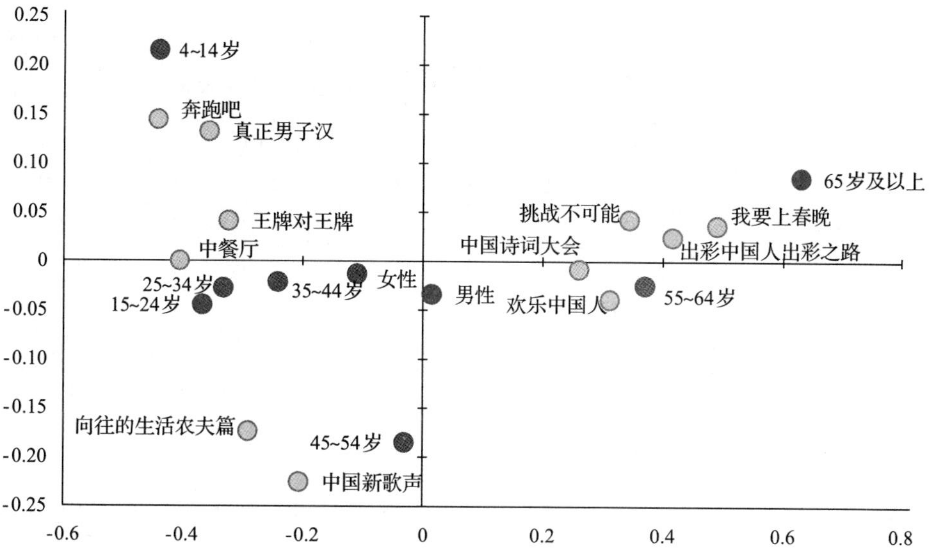

数据来源：CSM 媒介研究

图 8　2017 年多地高收视季播节目不同观众集中度对应分析

闭环的产业链。所以准确地说，“垂直”并不等完全等同于“细分”。大众综艺节目需要重新被分解定义，大众生活的方方面面都可以被拆解成不同的场景进行解读，从而找到综艺节目的新机遇。2017 年，147 档晚间新开播的季播节目中有主打明星经营的《中餐厅》（湖南卫视）、主打乡野休闲生活的《向往的生活农夫篇》（湖南卫视）、主打儿童教育的《零零大冒险》（中央电视台少儿频道）等针对各个具象观众群体的垂直细分节目（表 3）。

表 3　2017 年多地高收视晚间新开播季播节目举例①

播出频道	节目名称	进入当地收视前 20 名的城市数	开播日期	广告品牌
中央电视台综合频道	欢乐中国人	49	2017/01/15	长安汽车
湖南卫视	中餐厅	39	2017/07/22	立白
湖南卫视	向往的生活农夫篇	37	2017/01/15	江中猴姑米稀
湖南卫视	神奇的孩子	34	2017/02/03	小天才电话手表
湖南卫视	七十二层奇楼	33	2017/05/05	vivo
浙江卫视	高能少年团	28	2017/04/01	OPPO
浙江卫视	我们十七岁	25	2016/12/10	王老吉
中央台三套	全家好拍档	22	2016/10/08	海天黄豆酱
中央电视台综合频道	朗读者	22	2017/02/18	北汽集团

① 数据范围：TVPRISRS，71 城市，2017 年 1 月 1 日 ~ 12 月 31 日，18:00 ~ 24:00，上星频道，第 1 季，进入当地同时段季播节目收视率前 20 名（TOP20）城市的季播节目。

续表

播出频道	节目名称	进入当地收视前20名的城市数	开播日期	广告品牌
上海东方卫视	中国式相亲	21	2016/12/24	景田
上海东方卫视	笑傲江湖之笑声传奇	21	2017/04/16	老村长酒
上海东方卫视	天籁之战	20	2016/10/16	海天味极鲜
湖南卫视	奇兵神犬	20	2017/11/03	vivo
浙江卫视	梦想的声音	19	2016/11/04	华为手机
中央电视台综合频道	机智过人	13	2017/08/25	六个核桃
中央电视台少儿频道	零零大冒险	12	2016/12/31	南方黑芝麻糊
湖南卫视	亲爱的客栈	12	2017/10/07	OPPO
浙江卫视	食在囧途	11	2016/12/10	苏宁易购
浙江卫视	开心剧乐部	10	2017/07/08	三全儿童水饺
中央台六套	国片大首映	9	2017/07/22	金立 S10

数据来源：CSM 媒介研究，TVPRISRS

（三）科技引领生活，创新驱动发展

从社交媒体的运用到互联网经济的繁荣发展，从对人工智能的追捧到智能家居的更新换代，科技无时无刻不影响着人们的生活并改变着未来发展的可能性。2017 年下半年，在国家广电总局“鼓励电视上星综合频道在黄金时段增加公益、文化、科技、经济类节目的播出数量和频次”这一政策的大力扶持下，包括中央电视台在内的多家卫视平台纷纷着眼于“科技”这一高端领域：中央电视台综合频道的《加油！向未来 2》《机智过人》、中央台二套的《未来架构师》、湖南卫视的《我是未来》、深圳卫视的《极客智造》等节目陆续推出。科技类节目的创作也逐渐从最初的以说明解释为主逐渐向更加综艺化的形式转变。

与前几年简单解释科学原理的《原来如此》《1001 个真相》不同，2017 年科技类节目在技术中显现温度。一方面是节目舞美换代升级，在新开播的科技类节目中，大量 VR、AR 技术投入运用，在视觉方面更具科技感。以《我是未来》为例，为了更直观地展示“基因技术对于人类的意义”，节目通过虚拟现实技术，让已经灭绝的猛犸象走上舞台。此外，人机对战、人工智能、未来世界等具有娱乐化的科技内容，也避免了节目走进曲高和寡的窘境，提升了观众的收视热情。另一方面是《加油向未来》《最强大脑》《一站到底人机大战》等已经形成品牌效应的科技节目表现得更有“温度”，节目更接地气、更有亲和力。节目让所涉及的科技内容尽可能地气，且调整了星素搭配的角度。比如《加油！向未来 2》，整个对抗形式都做了改变，答题人变为由普通人组成的两个阵营，明星只是参与到科学实验的实景验证中；《我是未来》则让科学家取代明星而成为节目的主角，杨振宁教授、无人机之父拉菲罗·安德烈等科技领域领袖的现身，让科学家从严肃刻板的形象变为一个个充满人情味的个体（表 4）。

表 4　2017 年部分频道科技类节目播出概况

节目名称	播出频道	首期日期	首期开始时间
最强大脑	江苏卫视	2017/01/06	周五 21:00
奇幻科学城	辽宁卫视	2017/01/13	周五 21:20
哈哈我喜欢	上海电视台炫动卡通频道	2017/06/02	周五 19:30
加油向未来	中央电视台综合频道	2017/07/16	周日 20:00
未来架构师	中央台二套	2017/07/23	周日 19:30
我是未来	湖南卫视	2017/07/30	周日 20:30
机智过人	中央电视台综合频道	2017/08/25	周五 20:00
极客智造	深圳卫视（新闻综合频道）	2017/08/26	周六 21:30
科普贵州	贵州广播电视台科教健康频道	2017/09/04	周一和周二 21:00
机会来了	北京卫视	2017/11/01	周三 21:20
小儿大医生	浙江卫视	2017/11/08	周三 22:00
科学大解码	云南广播电视台猜猜少儿频道	2017/12/01	周五 20:00
极客出发	中央台二套	2017/12/17	周日 19:25
你好科学	成都电视台经济资讯服务频道（二套）	2017/12/24	周日 20:00

数据来源：CSM 媒介研究

虽然全明星综艺节目受限后，星素混搭的科教类节目凭借着新奇的模式逐步迈进了黄金档，并且当下科学类综艺节目也抛弃了早期单一的知识普及和科学实验的节目形式，开始大量融入真人秀、脱口秀、益智竞技等综艺元素，从而使得节目的形态更加丰满和多样、模式感更强，但目前的科技类节目大多还处于“投石问路”阶段。虽然节目的内容和质量都有一定的水准，但科技类节目的收视率普遍偏低，低于大部分综艺节目，除《最强大脑》以外，排名靠前的科技类节目的收视率均未超过1%（图 9）。

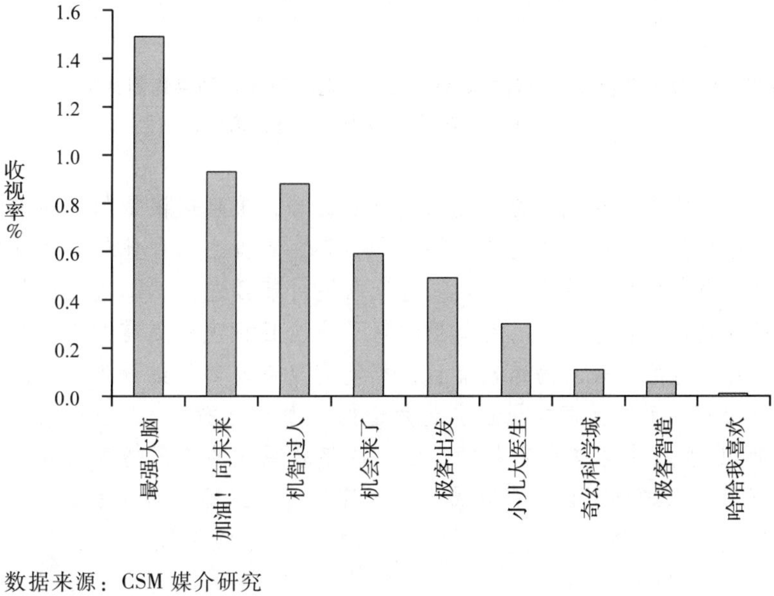

数据来源：CSM 媒介研究

图 9　2017 年部分上星频道科学类节目收视概况（71 城市）①

(四)彰显青春激扬,关注励志成长

家庭成员相伴收视仍是目前电视收视的一种主要形式,特定目标观众的收视数据反映的收视行为可能不仅仅是该类目标观众的个体行为,而是受家庭成员相互影响而共同选择的结果。以2017年暑期为例,4~6岁儿童对遥控器的操控能力较差,因此每天与家庭成员相伴收视的儿童比例达到所有4~6岁儿童的42.49%,单独收看电视的4~6岁儿童仅为4~6岁所有观众的29.19%。随着年龄的增长,7~14岁少年观众对遥控器的操作能力增强,其与家庭成员间相伴收视的行为开始减少,伴随收视和单独收视两者的占比差异减小。15~24岁青年观众与成年观众对节目的偏好逐渐趋同,选择伴随收视的观众的比例再次与单人收视观众的比例拉大差距。随着年龄进一步增长,35岁及以上观众家庭中有儿童的比例增多,55岁及以上观众家中有儿女和孙辈的比例增多,因此其伴随收视观众比例都显著高于单人收视的比例(图10)。

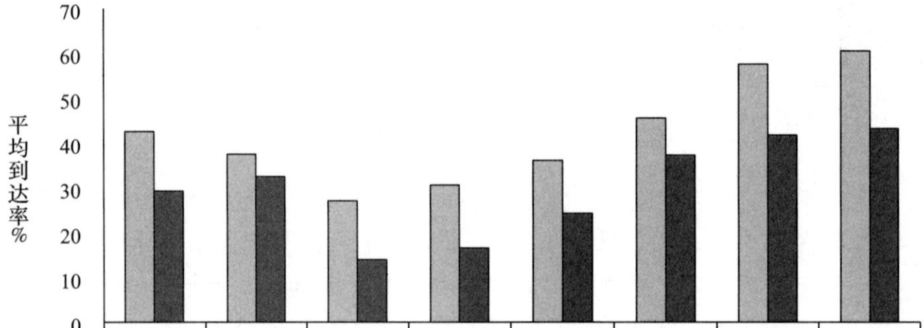

	4~6岁	7~14岁	15~24岁	25~34岁	35~44岁	45~54岁	55~64岁	65岁及以上
伴随收视	42.49	37.46	26.98	30.55	35.97	45.49	57.45	60.38
单人收视	29.19	32.38	13.95	16.55	24.18	37.28	41.70	43.15

数据来源:CSM媒介研究

图10 暑期节目收视中各年龄段观众单人与伴随收视的平均到达率(%)
(所有城市,2017年6月~8月,全天)

所以,对于定位于年轻观众的电视综艺节目而言,重点应该是如何找准节目的核心目标人群,再通过符合人群特质的节目形式和情怀、氛围去黏住他们,由此收获稳定且有特质的观众。当这部分有特质的观众通过互联网对节目进行"二次传播"之后,节目也能获得更多的效益,这也许比只看节目收获了多少目标观众更有意义。如果想要做定位于已然是消费主力的年轻人的综艺节目,那就需要考虑如何细分年轻人。这种细分要么从不同年龄切入,例如北京电视台文艺频道的《加油吧孩子》、合肥电视台故事休闲频道的《星动00后》等主打儿童人群;要么从年轻观众的不同场景切入,如郑州三套的《小小歌剧团》以歌剧团训练为场景。但不管采用上述哪种切入角度,无论是上星频道还是地面频道,它们都需要把一个细分的人群、细分的领域、细分的场景做透(表5~表6)。

表 5 2017 年部分按年龄划分的地面频道青少类综艺节目播出概况

名称	播出频道	首期日期	首期开始时间
校园大视界	南宁电视台都市生活频道	2017/01/01	周六和周日 18:45
亲爱的宝贝	杭州电视台生活频道	2017/02/22	周三 21:30
梦幻少年派	湖北生活	2017/03/25	周六 20:30
校园足球	武汉教育台	2017/03/29	周三 20:30
星动 00 后	合肥电视台故事休闲频道	2017/04/28	周五和周六 17:20
横店潮莱坞	浙江 8 套	2017/05/05	周五 20:40
加油吧孩子	北京电视台文艺频道	2017/06/30	周五 19:30
雏鹰少年	山东电视台第九频道（少儿）	2017/07/09	周日 20:30
宝贝叮咚锵	武汉广播电视台少儿频道	2017/08/25	周五 20:00
超级童心	贵州广播电视台影视文艺频道	2017/09/23	周六 17:10
金秋欢乐颂	黑龙江电视台少儿频道	2017/10/12	日播 18:20
成长魔法棒	深圳电视台六套（少儿频道）	2017/11/03	周五 20:33
我们的宝贝	山东电视综艺频道	2017/12/17	周日 19:45

数据来源：CSM 媒介研究

表 6 2017 年部分按不同场景划分的地面频道青少类综艺节目播出概况

名称	播出频道	首期日期	首期开始时间
笑点国学社	贵阳广播电视台三套（法制频道）	2017/01/13	周五和周日 20:30
T 台之星	江苏电视台教育频道	2017/01/01	周日 17:30
校园足球	武汉教育台	2017/03/29	周三 20:20
小小歌剧团	郑州三套	2017/04/08	周六和周日 19:00
动物野疯狂	济南电视台少儿频道	2017/05/05	周五 20:20
萌眼看西安	西安广播电视台二套（白鸽都市频道）	2017/06/17	周六 17:20
周六家长会	湖南电视台经济频道	2017/07/15	周六 22:25
无双毕竟是家山小伢儿跟着诗词逛杭州	杭州电视台五套	2017/08/12	周日和周六 17:00
辣妈萌宝猜猜猜	山东电视齐鲁频道	2017/09/23	周六 19:10
爱 U 我要去	内蒙古电视台少儿频道	2017/09/22	周五和周六 21:10
成长魔法棒	深圳电视台六套（少儿频道）	2017/11/03	周五 20:30
翻滚吧熊猫君	成都电视台新闻综合频道（一套）	2017/12/31	周日 17:00

数据来源：CSM 媒介研究

(五)高收视综艺节目中以议程明确的“快综”为主、随性而为的“慢综”为辅

2017年综艺节目整体收视水平同比有所下滑，以71城市上星频道晚间季播节目收视为例，在所有晚间季播节目中，收视率过1%的节目数量占比从2016年的22.5%下降到2017年的15.5%。但《奔跑吧》《中国新歌声》《极限挑战》这些口碑好的“快综”仍在综艺市场具有强大的影响力，在37档晚间黄金档季播节目中占了86.49%的比例(图12)。这主要是因为“快综”节目逻辑清晰，剪辑干净利落，笑点密集，矛盾冲突快、准、狠，因此视觉冲击力强，非常抓人眼球，到高潮部分甚至会让观众不由自主地融入节目设置的游戏场景和才艺比拼中，更容易让观众产生为节目停留的心理“共鸣”。

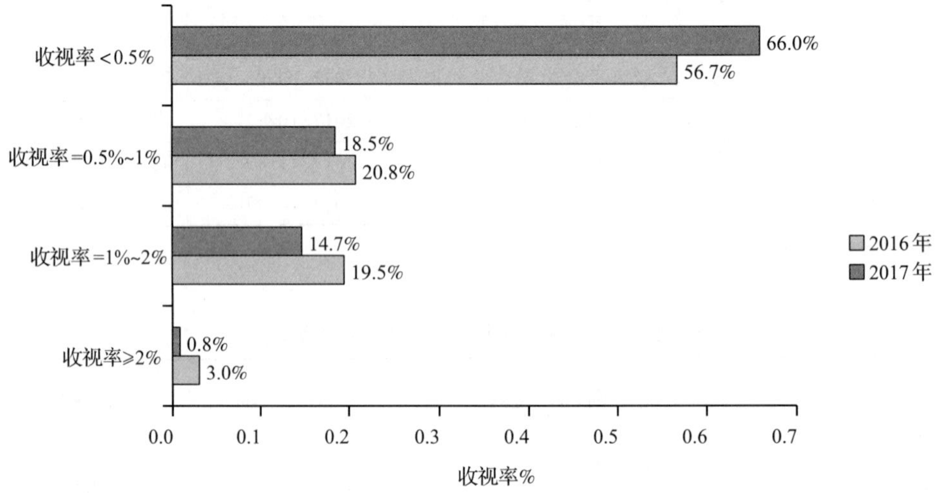

数据来源：CSM媒介研究

图11 2016~2017年上星频道晚间季播节目收视概况(71城市，18:00~24:00)

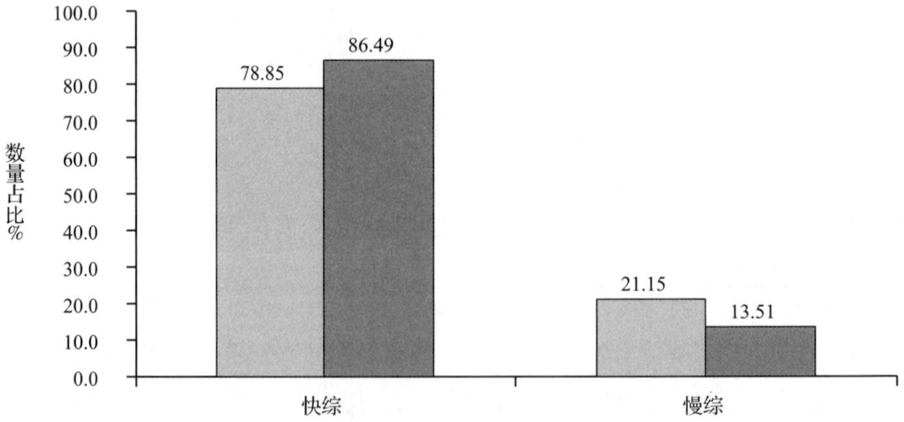

数据来源：CSM媒介研究

图12 2017年上星频道收视率≥1%的“快综”和“慢综”季播节目数量占比(71城市，18:00~24:00)

相比议程环节设置分明、竞争激烈的“快综”，“慢综”让嘉宾回归到日常生活中，在慢节奏里展现出自然真实的一面，不会有太多明显的任务和环节设置。从《向往的生活》到《中餐厅》《美丽的房子》《亲爱的客栈》，嘉宾们除了开餐馆，还造房子、开客栈，亲身诠释“慢下来”的美好，这些体验生活、剧本痕迹弱、画面精美、价值观深刻、口碑也不错的“慢综”叫好声不断。虽然与2016年相比，“慢综”在71城市收视率过1%的晚间季播节目中占比下降了近8个百分点，但在忙碌的现代都市，闲适生活已经成为多数人可望而不可即的事情，“慢综”提供了这样寻求慰藉与满足想象的机会。所以“慢综”虽然不能像“快综”那样能成为综艺节目收视的支撑主力，但在社会上也引起了一些反响，有一定的讨论量（图13，图中深灰色的是“慢综”节目）。

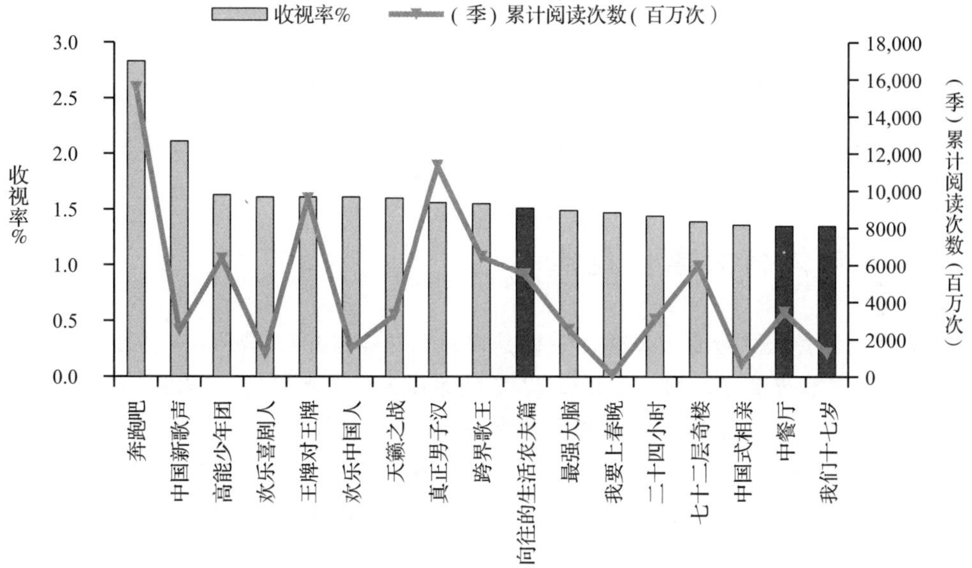

数据来源：CSM媒介研究

图13　2017年上星频道部分高收视综艺节目收视表现及微博累计阅读次数（71城市，18:00~24:00）

四、结语

随着综艺节目数量的增多和类型的丰富，新的监管要求也在不断出台。2017年国家广电总局接连下发多个文件整顿网络视听环境，其中，“限模令”“网台同标”“7月限星令”等政策对综艺节目的发展起着导向性的作用，相信今后会有更多文化、科技、公益类等体现中华文化特色的自主原创综艺节目亮相荧屏，真正让节目寓教于乐，在娱乐的同时体现出节目的教育引导功能。

（作者：王钦）

2017 年全国体育节目收视分析

与拥有里约奥运会和欧洲杯等大型赛事的2016 年相比，2017 年体育市场水花较小，不过仍有多个单项赛事火热举行，顽强拼搏的体育健儿们用汗水和泪水为我们呈现了一幅幅美丽的画卷。

本文基于 CSM 媒介研究在2017 年全国所有调查城市的收视数据，对全国体育节目的播出与收视状况进行分析并与近几年的数据进行对比，解读2017 年电视体育节目的概况和特点。

一、2017 年体育大事件盘点

2017 年世界足坛的最重大事件之一就是内马尔转会。2017 年 8 月 4 日凌晨，法甲豪门巴黎圣日耳曼官方宣布，内马尔以 2.22 亿欧元的天价加盟球队，远超一年前曼联博格巴创造的转会纪录，由此内马尔也成为世界足坛史上身价最高的球员。除了内马尔之外，2017 年足球运动员转会窗口大开，天价转会费频频冲击着人们的神经，足坛已经完全被金元风暴所笼罩。另外值得一提的是，在经历了 2016 年的春风得意之后，皇马和 C 罗势不可当、势如破竹，北京时间 6 月 4 日，皇马以 4:1 的比分战胜来自意甲的尤文图斯，连续两年斩获大耳朵杯，这也是皇马队史上的第十二冠。同时，皇马也成为欧冠联赛自 92～93 赛季改制以来的第一支卫冕球队，而队中核心人物 C 罗也凭借其出色的表现第五次收获金球奖。NBA 赛场上，骑士和勇士已经连续三年在总决赛上相遇，这在 NBA 漫长的历史中也是第一次出现，此次大战中，勇士没有给骑士任何机会，最终以 4:1完成了对骑士的复仇，三年两冠，勇士王朝确立。8 月 13 日的伦敦碗体育场座无虚席，观众就为见证田径史上最伟大选手牙买加飞人博尔特职业生涯的最后一站，就在 4×100 米谢幕演出上，博尔特在冲刺阶段拉伤了大腿，倒在了终点线前。虽然谢幕不算完美，但是连续三届奥运会收获 100 米和 200 米跑两项冠军，再加上 11 枚世锦赛金牌，博尔特的传奇大概很难复制。万米之神法拉赫同样也选择在伦敦田径世锦赛后退役，荣光加冕后回归生活。网球赛场上，费德勒和纳达尔宝刀未老，依旧傲视年轻选手，包揽了本年度四大满贯的冠军。

国内体育赛场也是精彩纷呈。国足在时隔 15 年重新杀入世预赛 12 强之后，遗憾出局，无缘2018 年俄罗斯世界杯。中超联赛恒大实现了七连冠，这个前无古人可能也是后无来者的纪录，稳固了恒大在中超赛场的王者地位。篮球方面，CBA 联赛进入“姚明元年”，赛制的更改以及联赛硬件软件水平的全面提升，使得联赛更加精彩。2017 年 8 月 27 日晚，中华人民共和国第十三届运动会在天津奥林匹克中心体育场开幕，全国性的体育赛事再掀波澜。同时，人工智能开始在体育领域大显神威，在 5 月 23 日至 27 日乌镇围棋峰会上，当今围棋界第一人柯洁三盘均不敌 AlphaGo。人工智能的自主学习能力是否真的无人能敌？让许多人为之高兴的是，英雄联盟2017 年全球总决赛落户北京，这不仅是国内第一次承办该项赛事，也是中国目前为数不多的世界级顶尖电竞赛事，这表明电子竞技作为一类体育项目越来越被中国主流社会所接纳。

2017 年是体育市场寻求变革和突破的一年，有人遗憾地结束了这一年，也有人辉煌地结束了这一年。但是不论结果怎样，体育最重要的是竞技精神，只要这股精神还在，未来仍旧值得我们期待！

二、体育节目整体播出及收视状况

2017 年体育节目的收视较 2016 年有所下降，成为近几年的一个低谷，即使和以往的体育小年相比，也存在着一定的差距。

1. 体育节目人均收视时间为近十年最低

2017 年我国电视观众全年体育节目人均收视总时长为 1339 分钟，与 2016 年相比减少了 461 分钟，降幅为 25.6%，与 2013 年人均收视总分钟数相比也下降了 4.8%，是近 10 年的一个最低谷（图 1）。

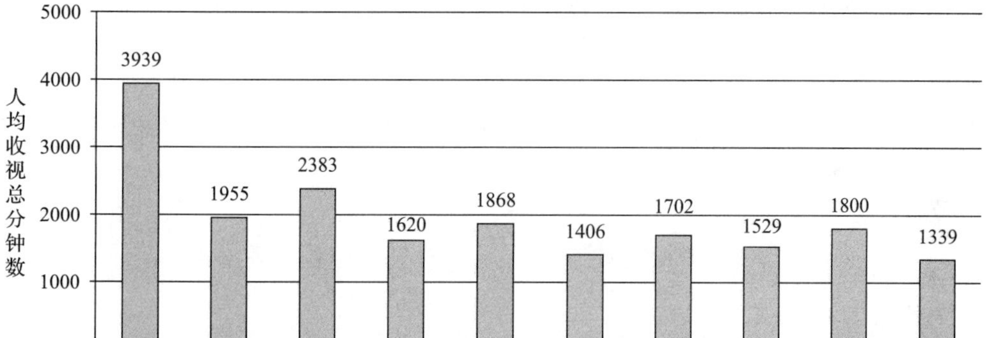

数据来源：CSM 媒介研究

图 1　2008～2017 年体育节目人均收视总分钟数（历年所有调查城市）

不同目标观众群体因为受到各种因素的影响，在收看电视的时间方面存在着较大的差异，而体育节目的专业性也使得不同观众群体的差异性表现得更加明显。2017 年体育节目在不同目标观众群体中的收视差异特征与往年类似，男性、高学历、高收入观众群体对体育节目的人均收视总时长依然高于女性、低学历和低收入观众群体，中老年观众仍旧是收视的主力军（表 1）。

表1　2017年各类目标观众体育节目人均收视总时长（所有调查城市）

目标观众		人均收视总分钟数	目标观众		人均收视总分钟数
性别	男	1677	年龄	4～14岁	505
	女	984		15～24岁	663
职业类型	干部/管理人员	1642		25～34岁	935
	个体/私营企业人员	1139		35～44岁	1009
	初级公务员/雇员	1316		45～54岁	1798
	工人	1066		55～64岁	2440
	学生	610		65岁及以上	2741
	无业	2025	个人平均月收入（元）	0～600元	783
	其他	1020		601～1200元	1356
受教育程度	未受过正规教育	633		1201～1700元	1217
	小学	1058		1701～2600元	1484
	初中	1344		2601～3500元	1564
	高中	1522		3501～5000元	1526
	大学及以上	1393		5001元及以上	1814

数据来源：CSM媒介研究

2. 体育节目播出时长较2016年有所增长，人均收视时长月度之间波动不大

2017年全国体育节目播出时长较2016年上涨了4.2%，尤其是7月和9月，分别上涨了13.8%和14.9%。但由于2016年奥运会的原因，2017年8月体育节目的播出时长较2016年8月减少了9.1%。在收视时长方面，2017年各月之间人均收视时长波动幅度不大（图2）。

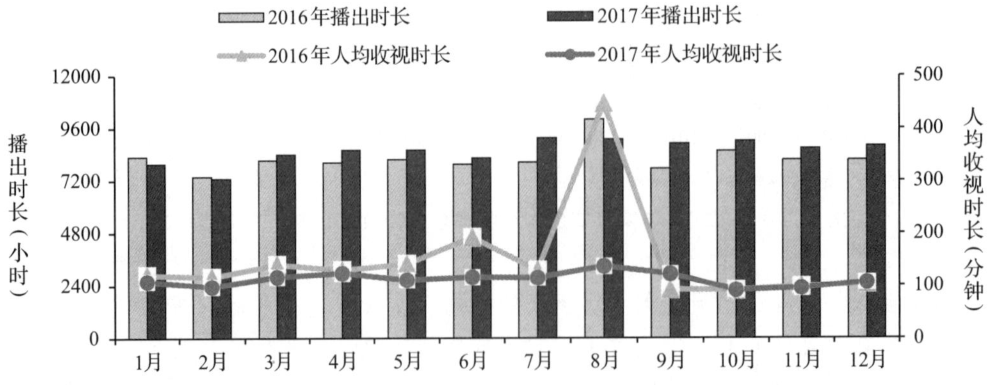

数据来源：CSM媒介研究

图2　2016年及2017年各月体育节目播出及人均收视时长（历年所有调查城市）

3. 体育节目播出比重与2016年持平，收视比重略有下降

2017年体育节目整体播出时长在所有电视节目中占2.2%，与2016年持平。尽管2017年没有奥运会、欧洲杯这样的世界级体育赛事，体育节目的收视比重仍然达到了3.0%，仅比2016年（3.5%）下降了0.5个百分点（图3）。

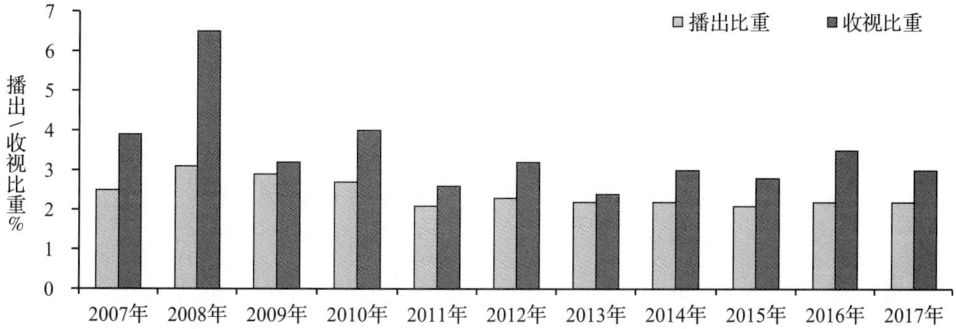

数据来源：CSM媒介研究

图3　2007～2017年体育节目的播出比重与收视比重（历年所有调查城市）

三、体育节目收视市场竞争概况

2017年电视体育节目市场上各级频道之间的竞争保持了与往年相似的格局。在播出方面，中央级频道受到频道数量的限制，体育节目的播出份额相对较低，只有15.5%；省级地面频道和市级频道占据了体育节目播出的大部分时长，播出份额合计超过了75%。从收视份额来看，2017年中央级频道的优势依然非常明显，占体育节目收视总量的67.2%（表2），这说明2017年电视观众对体育节目的收视首选依然是覆盖全国的中央级频道。2017年是“体育小年”，没有了奥运会、欧洲杯等独家版权大赛的支撑，中央级频道在赛事资源方面的优势明显比2016年小了很多，收视份额也较2016年有所下降。由此可见，重大体育赛事的转播对提升收视水平和吸引观众注意力至关重要。

从数据来看，各级频道已经形成了以中央级频道为龙头、省级地面频道、省级上星频道和市级频道为补充的收视格局（表2）。在2017这个非大赛年，赛事资源较为匮乏的省级地面频道和市级频道的收视份额较2016年都有较为明显的提升，分别增长了3.7和0.8个百分点。省级上星频道在赛事资源不占优势的情况下，近年来纷纷着手打造自己的赛事品牌，凭借平台的优势也获得了稳定的收视份额。总之，在专业化体育媒体竞争日益激烈的竞技场上，谁拥有更广阔的媒介平台，谁占有更多的精品体育节目资源，谁就更有可能主导我国电视市场体育节目的收视市场。

表2　2016～2017年各级频道在体育节目中的播出份额及收视份额（历年所有调查城市）

年份	中央级频道		省级上星频道		省级地面频道		市级频道		其他频道	
	播出份额	收视份额	播出份额	收视份额	播出份额	收视份额	播出份额	收视份额	播出份额	收视份额
2016年	16.4%	72.0%	4.1%	5.2%	55.4%	21.4%	20.4%	1.3%	3.7%	0.1%
2017年	15.5%	67.2%	3.7%	5.5%	55.8%	25.1%	23.2%	2.1%	1.8%	0.1%

数据来源：CSM媒介研究

四、体育节目观众特征

2017 年，中国体育节目的观众特征和往年基本一致。男性、25 岁及以上、初中及以上学历人群构成了 2017 年中国体育电视观众的主体。集中度数据显示，男性观众对体育节目的兴趣度依然高于女性观众，随着观众学历和收入的提高，他们对体育节目的兴趣度也基本呈现上升趋势。另外，体育节目中老年观众的比例较上年有所增加，55 岁及以上观众的集中度也有所上升，体育节目电视观众进一步呈现出老龄化的趋势（图 4）。

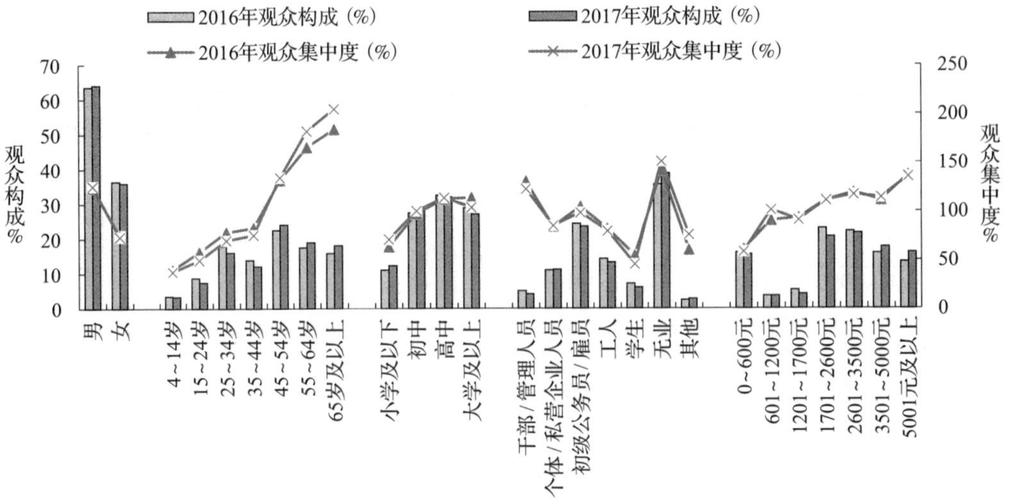

数据来源：CSM 媒介研究

图 4　2016～2017 年体育节目的观众构成和集中度（历年所有调查城市）

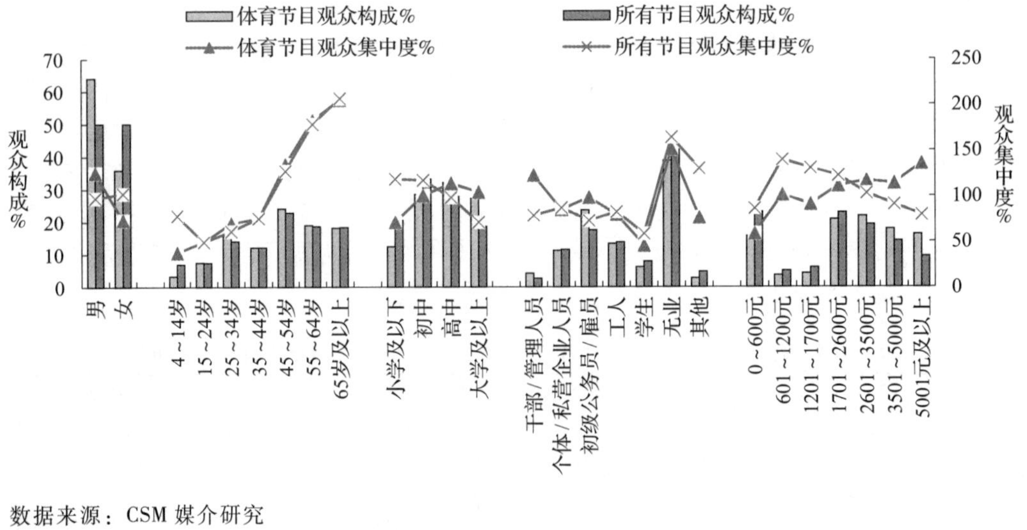

数据来源：CSM 媒介研究

图 5　2017 年体育节目的观众构成及集中度与所有节目的比较（所有调查城市）

体育节目电视观众构成与所有节目电视观众构成依然有着较大差异。男性、25～34岁青年、高学历和高收入观众在体育节目观众中的比例明显高于在所有节目中，同时这些人群对体育节目的偏好也相对更高，可见体育节目继续保持着男性化和精英化的特征(图5)。

五、中央级频道体育节目收视概况

1．中央台五套的整体收视概况

有别于2016年这一传统意义上的体育大年，中央台五套2017年的收视整体表现较为平稳。受赛事资源的影响，在部分赛事期间，中央台五套的平均收视率略高于全年其他时期（图6)。具体来说，1月底（第五周）春节时期NBA贺岁季的密集赛事为中央台五套开启了第一个收视小高潮；之后3月28日进行的足球世界杯预选赛和4月末（第17周）的亚冠联赛也带动了收视提升；5月29日至6月5日在德国举办的世界乒乓球锦标赛（简称“世乒赛”)，中国再次以多个冠军称霸乒坛，中央台五套第二十三周周平均收视率达到0.30%，是全年收视小高峰；在7月14日至30日布达佩斯举行的国际泳联世锦赛上，中国健儿努力拼搏的表现也拉动了中央台五套的收视上浮；8月27日至9月8日第十三届全国运动会（以下简称“全运会”）举办，中央台五套的收视达到全年最高峰，第三十五周周平均收视率达0.35%。尽管没有集中型的体育大赛，中央台五套2017年的收视依然受热点赛事的影响而有所变化，通过安排常规赛事转播以及体育栏目的播出，满足了广大体育爱好者收看国内外各项赛事的需求。

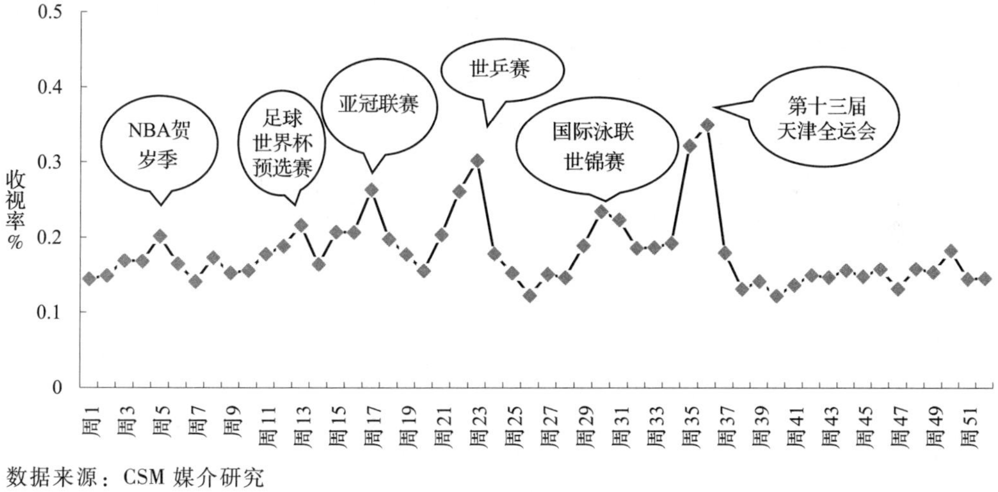

数据来源：CSM媒介研究

图6　2017年中央台五套周平均收视率走势（所有调查城市）

2017年中央台五套全年的市场份额变化趋势与收视率变化趋势基本保持一致，即热点赛事期间出现高峰，平日表现基本稳定。在8月至9月的全运会期间，周平均市场份额最高值达到3.81%。其次是在世乒赛期间，周平均市场份额为3.2%。在全年没有国际大型赛事举行的时期内，中央台五套的市场份额也能够保持在1.76%左右，整体表现较为稳定（图7)。

对比2017与2016年全年中央台五套的市场份额走势，我们可以清晰地看到集中型体育大赛对中央台五套市场份额的拉动作用。2016年，尤其是在2016年6月进行的法国欧洲杯和8月进行的里约奥运会期间，中央台五套的市场份额表现极为突出。在2017年的热点赛事时期（春节期间、十二强赛、亚冠联赛、乒乓球世锦赛、游泳世锦赛和全运会），其市场份额较2016年同期明显增长。其余时期内，2017和2016两年的市场份额并没有表现出明显的差距，但与2016年下半年（特别是后奥运会时期）的市场份额表现相比，2017年同期市场份额略有上升。

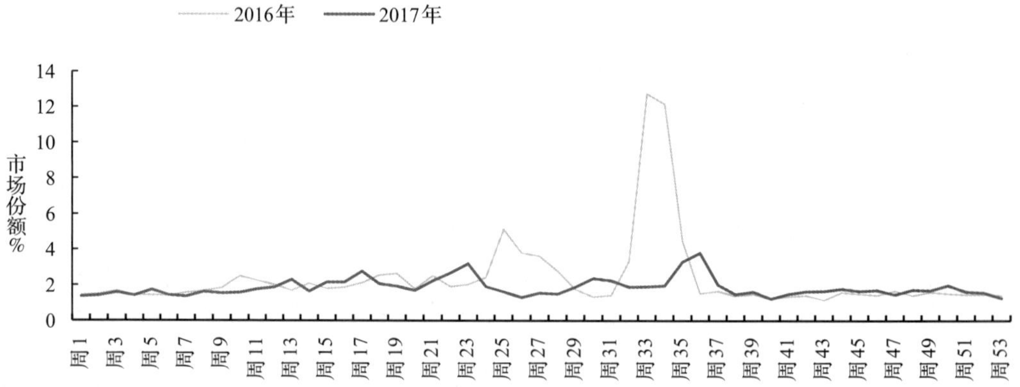

数据来源：CSM媒介研究

图7 2016~2017年中央台五套周平均市场份额走势（所有调查城市）

我们再来分析2017年全天分时段收视率走势，可以发现中央台五套的收视变化和往年规律类似，全天有3个收视高峰，分别出现在正午12:00、傍晚18:00和晚间20:00~22:00左右（图8）。但在这几个时间节点上，2017年的收视率较上年同期均有所下降，其中21:00~22:30时段较上年下降得最为明显。造成这种差异的主要原因是2016年两大赛事的直播从21:00左右开始，而在2017年同时段没有强力赛事来拉动收视，因此在相应时段收视有所回落。

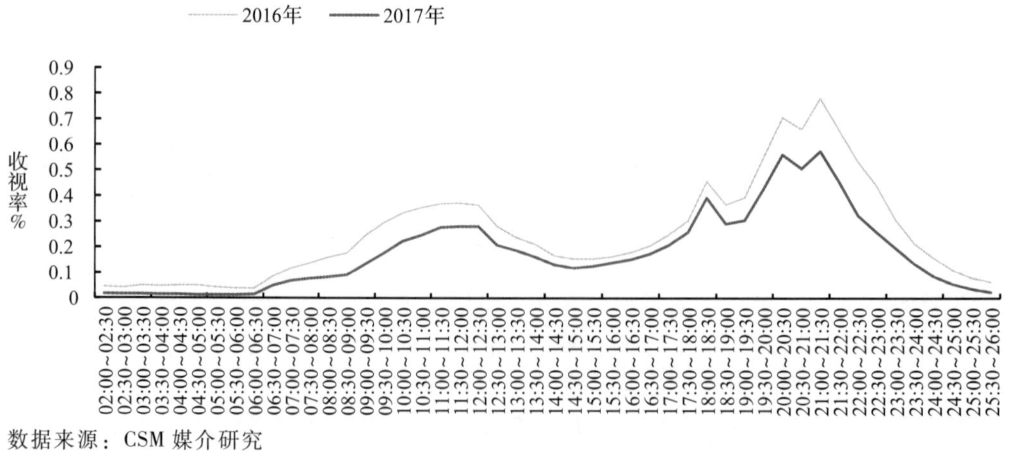

数据来源：CSM媒介研究

图8 2016~2017年中央台五套全天收视走势（所有调查城市）

相较2016年在凌晨、上午及午夜时段的明显竞争优势，2017年中央台五套各时段的市场份额表现平稳。整体看来，2017年中央台五套的主要竞争优势时段集中在上午，特别是10:00～11:30时段，市场份额均超过3%。中央台五套全天竞争力最低的时段是早间06:00～06:30，市场份额是一天中的最低值（图9）。

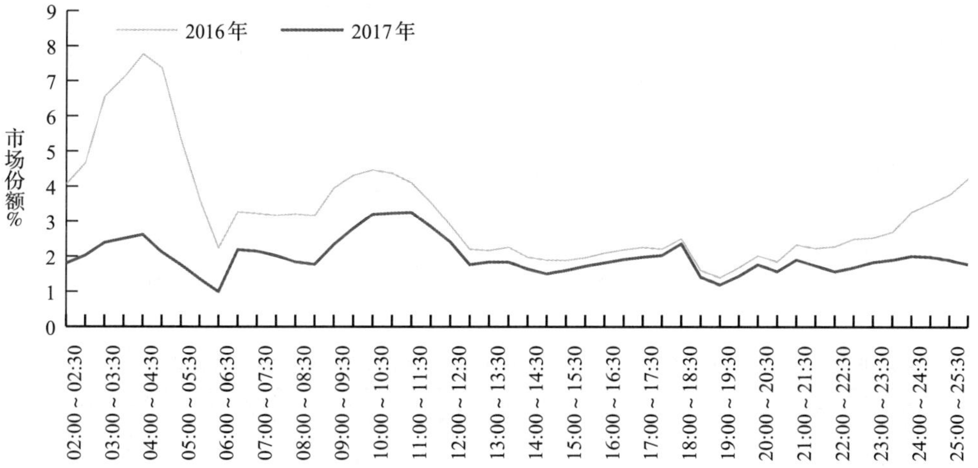

数据来源：CSM媒介研究

图9　2016～2017年中央台五套全天市场份额走势（所有调查城市）

2. 重点赛事收视表现

2017年，在这个既无奥运会、世界杯，也无亚运会、欧洲杯的体育小年，各项体育赛事在按部就班地进行，很多人可能认为这是索然无味的一年，但我们并不能忽视这个重要年份，它为下一个体育大年打下了重要基础。这一年，中国国家足球队通过5场生死攸关的世界杯亚洲区预选赛牵动着全国观众的心；2月举办的亚洲冬运会上，中国队以12金、14银、9铜的成绩排名奖牌榜第三位，为平昌冬奥会进行了一场练兵；8月天津全运会开幕，为该年度的体育节目迎来收视高潮。赛场，就像浓缩的人生，喜悦与哀伤，成功与失败，向我们一一展现，摄像机为我们记录下了这些宝贵瞬间，而中央台五套则是最大的展示平台。

2017年虽然没有重大国际赛事，但仍有3项赛事表现抢眼。年中的德国世乒赛，由于中国队表现优异，在16:00以后至晚间黄金时段形成了一个收视小高峰，收视率也远高出2017年的平均水平；天津全运会期间，全天多项赛事的密集播出及赛事本身的影响力，使得中央台五套在该时期内大多数时段的收视率均高于2017年的平均水平；而穿插在3月至9月间播出的5场世界杯亚洲区预选赛中国队赛事更是对晚间时段19:30～22:30的收视具有明显的提升作用，其收视率在21:00～21:30达到顶峰的2.61%（图10）。

2017年德国世乒赛在北京时间6月5日完美落幕，本届比赛中国代表团收获颇丰，包揽了男单、女单、男双、女双4枚金牌。在男单决赛的赛场上，马龙、樊振东上演的世纪大战堪称经典，该场赛事的收视率达到2.2%，市场份额为7.4%，获得世乒赛收视率冠军，较2016年世乒赛的最高收视率上升了0.2个百分点。世乒赛开赛前爆出的孔令辉事件让人们为中国女队捏了一把汗，但中国女队并没有受此影响，半决赛上丁宁4:1

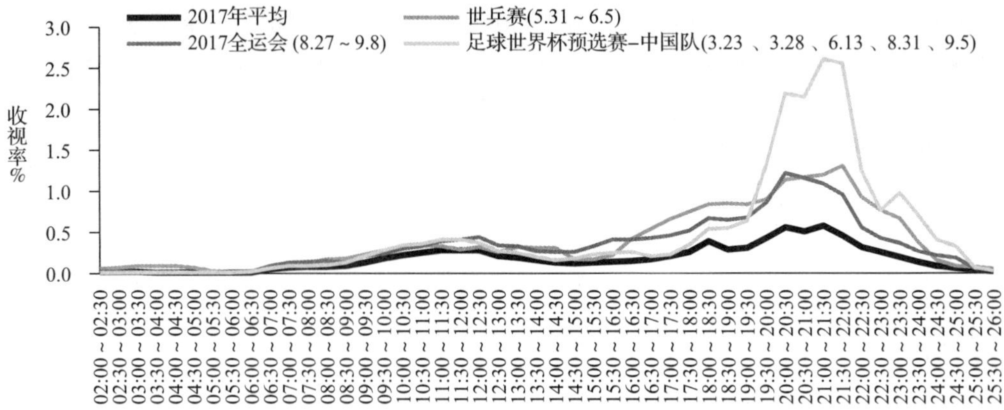

数据来源：CSM 媒介研究

图 10　2017 年重点赛事期间中央台五套全天收视走势（所有调查城市）

表 3　中央台五套播出的“2017 年德国世乒赛”收视率较高的赛事（所有调查城市）

比赛名称	播出日期	开始时间	收视率（%）	市场份额（%）
2017 年世乒赛男单决赛	2017/06/05	20:30:56	2.2	7.4
2017 年世乒赛女单决赛	2017/06/04	19:54:03	1.7	5.2
2017 年世乒赛女单半决赛	2017/06/03	18:36:26	1.6	7.5
2017 年世乒赛男单 1/4 决赛	2017/06/04	21:07:05	1.6	5.9
2017 年世乒赛女双决赛	2017/06/05	22:07:21	1.4	9.7
2017 年世乒赛女双半决赛	2017/06/05	17:58:33	1.3	5.9
2017 年世乒赛男双决赛	2017/06/05	19:55:44	1.3	4.3
2017 年世乒赛女单半决赛	2017/06/03	19:49:00	1.3	4.2
2017 年世乒赛男双决赛	2017/06/04	22:30:49	1.2	9.7
2017 年世乒赛男单第四轮	2017/06/03	17:22:59	1.1	7.8

注：该排名不包括颁奖仪式及集锦

数据来源：CSM 媒介研究

成功复仇平野美宇，该场比赛收视率为 1.6%，收视份额为 7.5%，收视排在世乒赛第三名。决赛比赛中，丁宁 4:2 逆转队友朱雨玲，收获个人第三个考比伦杯，成为继邓亚萍、王楠之后的第三人。这场晚间黄金时段进行的女单决赛收视率为 1.7%，市场份额为 5.2%，成为世乒赛收视亚军（表 3）。

2017 年 9 月 5 日，中国男足以 2:1 逆转卡塔尔，用胜利的方式告别了俄罗斯世界杯。尽管最后一场比赛开始之前中国男足出线的几率已经十分渺茫，但中国男足并没有放弃，老将郑智更是拼尽了全力，为中国队最后成功逆转立下了汗马功劳，该场比赛收获了 1.7% 的优秀收视表现。3 月 23 日，时隔 32 年，中国 1:0 战胜韩国，获得了世界杯预选赛最为重要的一场胜利，该场比赛收视率为 3.5%，位居收视率榜第二名。而 5 天后的德黑兰则是中国能否成功进入世界杯的关键，虽然结果不尽如人意，但牵动全国球迷的该场比赛仍以 3.9% 的收视率高居榜首（表 4）。

表 4　中央台五套播出的“世界杯亚洲区预选赛～中国队”收视率较高的赛事（所有调查城市）

比赛名称	播出日期	开始时间	收视率（%）	市场份额（%）
2018 年世界杯亚洲区预选赛第三阶段 A 组第 7 轮/伊朗 VS 中国	2017/03/28	19:53:07	3.9	12.1
2018 年世界杯亚洲区预选赛 A 组第 6 轮/中国 VS 韩国	2017/03/23	19:27:01	3.5	10.5
2018 年世界杯亚洲区预选赛十二强赛/中国 VS 乌兹别克斯坦	2017/08/31	19:55:21	2.8	9.5
2018 年世界杯亚洲区预选赛第三阶段 A 组第 8 轮/叙利亚 VS 中国	2017/06/13	21:39:07	2.3	13.0
2018 年世界杯亚洲区预选赛第三阶段 A 组第 10 轮/卡塔尔 VS 中国	2017/09/05	22:57:49	1.7	24.8

注：该排名不包括颁奖仪式及集锦。

数据来源：CSM 媒介研究

8 月 27 日至 9 月 8 日，第十三届全国运动会在天津举行。本届全运会推出了多项举措，不仅打破了历届全运会由北京、上海、广州轮流举办的限制，还取消了全运会官方对 2017 年第十三届全运会金牌榜的统计，意在让运动员放下压力、全力以赴，不再以金牌为唯一目标。8 月 27 日晚间直播的《中华人民共和国第十三届运动会开幕式》不仅展现了中国体育健儿的精神面貌，也向全国人民展现了“大美天津”。该场开幕式以 1.6% 的收视率成为全运会收视冠军（表 5）。

表 5　中央台五套播出的“2017 年天津全运会”高收视率赛事/节目（所有调查城市）

比赛名称	播出日期	开始时间	收视率（%）	市场份额（%）
中华人民共和国第十三届运动会开幕式	2017/08/27	19:56:01	1.6	5.1
第十三届全运会女子标枪决赛	2017/09/03	20:19:30	1.4	4.4
第十三届全运会女子 400 米栏预赛	2017/09/02	20:58:52	1.4	4.4
第十三届全运会女子七项全能之七－800 米小组赛	2017/09/03	20:21:33	1.4	4.3
第十三届全运会女子 100 米决赛	2017/09/03	20:47:16	1.4	4.3
第十三届全运会女子跳高决赛	2017/09/03	20:17:16	1.4	4.2
第十三届全运会男子 100 米决赛	2017/09/03	20:56:09	1.3	4.4
第十三届全运会男子链球决赛	2017/09/07	20:18:25	1.3	4.4
第十三届全运会女子跳远决赛	2017/09/07	20:14:39	1.3	4.3
第十三届全运会男子链球决赛	2017/09/07	20:13:14	1.3	4.2

注：该排名不包括颁奖仪式及集锦。

数据来源：CSM 媒介研究

3. 主要运动项目播出与收视情况

由于缺乏大型赛事，2017 年中央台五套各项目之间的播出和收视格局与 2016 年相比发生了较大变化。足球赛事在电视市场上的地位依然不可撼动，但由于没有欧洲杯的播出，播出比重及收视比重均有所下降。

足球项目在 2017 年体育类节目中的播出比重为 15.38%（表 6），较 2016 年下降 1.59 个百分点；收视比重为 13.82%，下降了 1.26 个百分点，收视降幅小于播出降幅。2018 年世界杯亚洲区预选赛对足球项目的贡献尤为突出，5 场中国队赛事的直播均保持了较高收视水平，同时也保证了足球项目的节目资源利用效率没下降。

北京成功申办冬奥会的利好消息依然带动着冰上/水上运动的热度，这一类赛事在中央台五套的播出比重随着冬奥会的临近而明显上升，同比升幅超过 70%，播出比重超过篮球项目，排在第二位，在收视方面，同比升幅也超过了 50%。但由于冬奥会尚未举办，利好消息虽然带动了中国观众的热情，但要使这项运动为广大受众所熟悉尚需时日。因此，2017 年冰上/水上项目的收视增长与播出投入的增加并不对等，节目资源利用效率略有下降。

在依靠常规项目支撑收视的年份中，篮球项目的收视表现十分抢眼，2017 年尽管受到冰上/水上运动等项目的冲击，篮球项目的播出比重有所下降，9.30% 的比重较 2016 年下降近了 17%。然而在收视方面，篮球项目的观众不仅没有因可收看的赛事减少而流失，收视率增长幅度反而超过了 20%。

两大传统球类乒乓球、排球在 2017 年依然保持了广泛的群众基础，尽管节目播出比重并不高，但收视比重相对较高；乒乓球项目的收视比重较有里约奥运会的 2016 年还有所增长。

台球类赛事在中央台五套历来占有比较重要的地位。2017 年台球类赛事的播出比重有小幅下降，不过 2017 年丁俊晖在挫折中夺取两冠，对台球类节目的整体收视起到了拉动作用。

表 6　2017 年中央台五套各主要运动项目的播出比重与收视比重（所有调查城市）

运动项目	播出比重（%）	收视比重（%）
足球	15.38	13.82
冰上/水上运动	10.61	7.44
篮球	9.30	17.00
其他赛事	8.74	6.22
排球	4.23	6.13
搏击	3.58	2.84
乒乓球	3.46	6.41
台球	3.38	4.43
网球	3.23	2.06

数据来源：CSM 媒介研究

六、结语

2016 年举办了欧洲杯和奥运会，2018 年将要举办平昌冬奥会和足球世界杯。作为两个体育大年的过度年，2017 年的体育赛事以常规赛事为主，但这一年的体育赛场依旧充满魅力：世界杯十二强赛、世乒赛、游泳世锦赛、全运会等赛事贯穿全年，构建了体育电视节目的主体。作为拥有体育赛事优质资源的中央级频道，中央电视台的市场地位依旧无可撼动。受版权的影响，地方频道掌握的体育节目资源较少，对观众的吸引力逐渐降低。日后，如何更好地分配赛事资源，全面支撑体育电视节目，满足观众的多样化需求是需要业界考虑的问题。2017 年已在平稳中度过，2018 年将又会是体育迷们兴奋的一年，从年初的冬奥会、年中的世界杯到下半年的亚运会，体育观众应接不暇。让我们一同期待 2018 年。

（作者：于松涛）

2017 年晚间新节目观察

2017 年，电视节目创新继续在融合传播的时空中理性向前。一方面，媒体的融合发展为电视节目创新提供了源源不绝的创意和推动力；另一方面，节目创新也成为媒体融合的切实落脚点，各级频道纷纷运用自身的资源在内容创新、样态创新、技术创新等领域探索前进。本文基于 CSM 媒介研究收视调查数据，对中央级频道、省级卫视和 71 城市①地面频道在晚间 17:00～24:00 时段的新节目②播出与收视状况进行梳理与分析，以期对 2017 年全年新节目的发展状况作一总结和回顾。

一、新节目播出概况

1. 常态新节目占比持续下滑，非节庆性非常态节目创新集中

2017 年晚间时段，在 71 城市电视市场中，各级电视频道共播出新节目 4000 余档。其中，进入频道日常播出序列的常态新节目近 600 档，占新节目总量的 14%；总体数量较 2016 年减少了 110 余档，在所有新节目中所占比例较 2016 年下降了 3 个百分点，且呈继续下滑之势。以形式多样的评选/颁奖/典礼、节庆/假期特别节目、电视比赛/活动等为主体的非常态新节目则占到了新节目总量的 86%，其中非节庆性的庆典/颁奖/晚会类节目创新最为集中，在非常态新节目中的占比达到 29%（图 1）。

2. 常态节目创新集中于开年和暑期，非常态新节目节庆期间放量增长

长期以来，顺应观众收视习惯的变化及流动特点，电视节目创新逐渐形成了特有的季节性规律。象征一元复始、万象更新的开年时节及大量年轻收视群体回流传统收视的暑期成为常态电视节目创新的高峰节点，同时在重大传统节庆时期，非常态节目创新量倍增。2017 年，这种节目创新的时期性规律依然显现（图 2），1 月和 7 月成为全年常态节目创新最为集中的两个月，各级频道推出的常态新节目数量分别达到 108 档和 63 档，远高于其他月份。在同时集结了元旦、春节的 1 月和国庆中秋交相辉映的 10 月，电视节目创新市场中非常态新节目则大量涌现，在电视媒体上形成团圆欢庆的氛围。

---

① 71 城市包括 4 个直辖市、5 个计划单列市、26 个省会城市（不包括拉萨）和 36 个地级城市（包括苏州）。

② 本文对新节目的界定为：各上星频道 18:00～24:00 播出、省/市级地面频道 17:00～24:00 播出，同名称节目在 2012 年 1 月 1 日至 2016 年 12 月 31 日期间未出现过，节目长度超过 20 分钟（含 20 分钟）。以下节目类型不属于新节目范围：广告、频道包装、节目预告、导视节目、电视剧、电影、外语、各类体育赛事等。

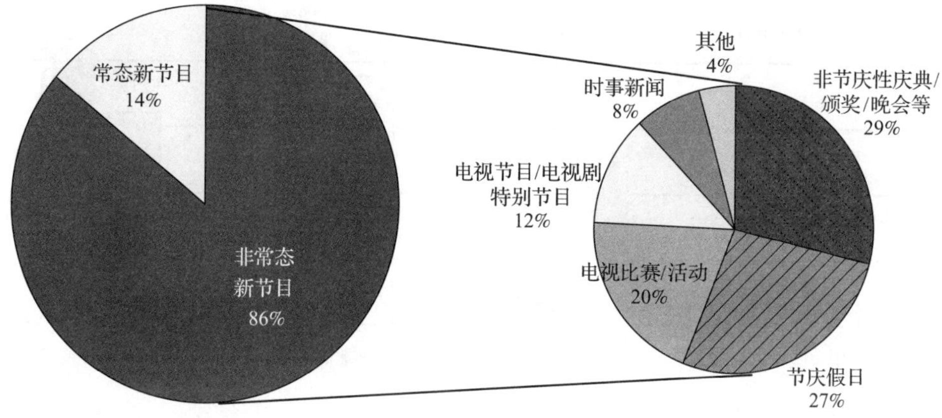

数据来源：CSM 媒介研究

图 1 2017 年常态新节目与非常态新节目的数量分布

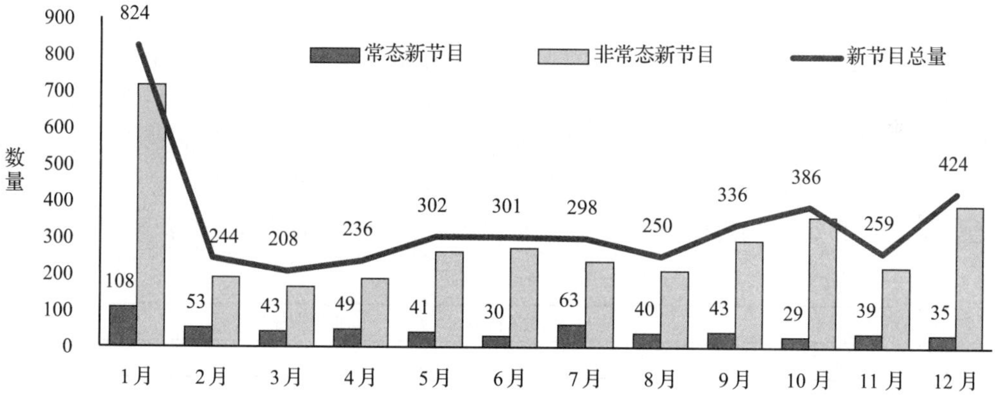

数据来源：CSM 媒介研究

图 2 2017 年各月新节目播出数量

3. 常态节目创新更集中于省级频道，地面频道非常态节目创新量逾八成

在各级电视媒体顺应市场竞争变化及自身资源运营规律的背景下，常态、非常态节目创新结构也存在着一定的差别。总体来看，常态节目的创新更加集中于资源能力和频道数量都相对具有优势的省级平台，其中占据资源优势的省级卫视以较少的频道数量贡献了四分之一的常态新节目，数量众多的省级地面频道常态节目的创新占比也接近四成。非常态节目的创新主要集中于数量极其庞大的地面频道，省、市两级地面频道每年投入大量资源，以非常态节目履行媒体的娱乐、宣传、教育等功能，非常态节目的创新占比合计超过八成。中央级频道受频道数量有限的限制，在常态和非常态新节目总量中所占比例均较小，在5%左右（图3）。

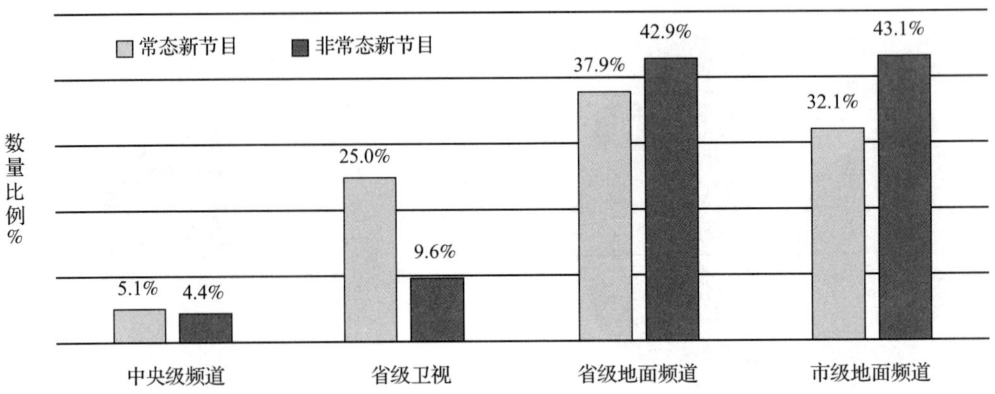

数据来源：CSM 媒介研究

图 3　2017 年常态新节目与非常态新节目在各级频道的分布比例（%）

4. 节目创新集中于综艺、专题和青少三大领域，生活服务类节目在市级地面频道更受重视

从节目创新总量来看，综艺、专题和青少类节目依然是2017 年电视节目创新最为集中的三大领域，其中综艺节目更是以绝对的领先优势成为电视节目创新的最热点类型，其在常态新节目中的占比达到32%，在非常态新节目中的占比达到41%。专题和青少类节目近年来在电视节目去娱乐化的政策导向下也迎来了新的发展，成为综艺节目之外的热点创新领域。生活服务类节目由于其特殊的服务性、贴近性，在常态新节目中的数量占比甚至超过了专题和青少类节目，成为仅次于综艺类节目的第二大创新类型（图 4）。

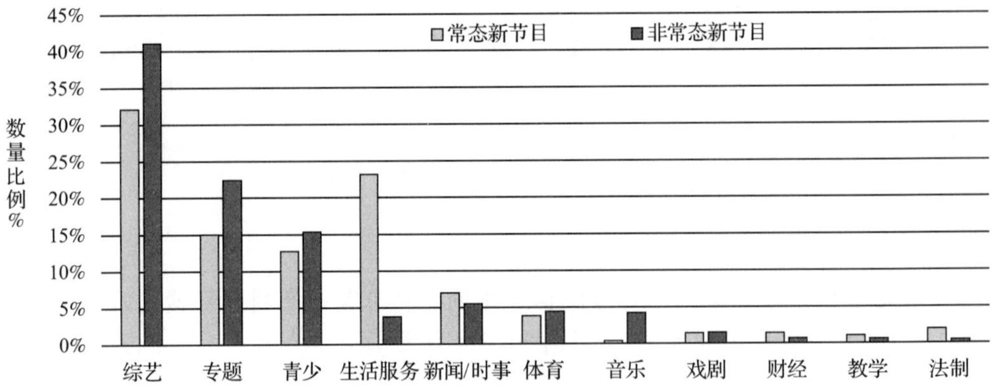

数据来源：CSM 媒介研究

图 4　2017 年新节目类型分布比例（%）

从各类节目创新在不同级别频道中的分布来看，作为电视节目创新的第一大节目类型，综艺节目在省级卫视更受重视。2017 年，综艺节目在省级卫视常态和非常态新节目中的占比都在五成以上。对于多个专业频道均衡发展的中央级频道而言，其电视节目创

新的集中度有所降低，创新节目类型也更趋多元化，除综艺类节目之外，专题类节目在常态新节目中的占比高达28%。省级和市级地面频道除综艺类节目以外，在生活服务、专题和青少等节目类型的创新上也可圈可点，在市级地面频道常态新节目中，生活类服务节目的占比高达30%，在省、市级地面频道常态新节目中，青少类节目的占比也超过了10%（表1）。

表1 2017年各级频道常态新节目、非常态新节目的类型分布比例（%）

节目类别	所有频道		中央级频道		省级卫视		省级地面频道		市级地面频道	
	常态新节目	非常态新节目	常态新节目	非常态新节目	常态新节目	非常态新节目	常态新节目	非常态新节目	常态新节目	非常态新节目
综艺	32%	41%	28%	44%	51%	68%	31%	37%	20%	39%
专题	15%	22%	28%	7%	11%	4%	12%	25%	19%	26%
青少	13%	15%	7%	7%	9%	6%	13%	17%	16%	16%
生活服务	23%	4%	7%	1%	20%	1%	22%	4%	30%	4%
新闻/时事	7%	5%	3%	10%	5%	9%	8%	5%	8%	5%
体育	4%	4%	0%	12%	2%	1%	6%	6%	3%	3%
音乐	0%	4%	0%	8%	0%	9%	0%	4%	1%	4%
戏剧	1%	1%	10%	5%	1%	2%	1%	2%	1%	1%
财经	1%	1%	0%	5%	1%	0%	3%	1%	1%	0%
教学	1%	1%	10%	0%	0%	0%	0%	1%	1%	1%
法制	2%	0%	7%	1%	1%	0%	2%	0%	2%	0%

注：省级地面频道包括直辖市地面频道。

数据来源：CSM媒介研究

5. 近三成常态新节目在21:00~22:00推出，六成新节目时长在20~50分钟之间

根据CSM媒介研究近年来对新节目播出规律的持续追踪，各级电视频道推出的常态新节目有向后黄金时段不断集中的趋势，其中21:00~22:00之间开播的新节目数量占比最高。2013年所有频道中，开始时间在21:00~22:00之间的常态新节目数量占比为23.0%，2014年这一数值上升至25.0%；2015年以来，在广电新政的影响下，新节目向这一时段集中的趋势稳定，开播于21:00~22:00之间的新节目占比基本保持在29%左右（2015年29.9%，2016年29.1%，2017年28.8%）。

在各级频道中，省级卫视常态新节目向后黄金时段集中的趋势表现得最为明显，21:00~22:00开播的常态新节目占比达到60.8%。中央级频道的常态节目创新集中于19:00~22:00这3个小时之内，19:00~20:00之间开播的新节目占比接近四成。省、市地面频道在常态新节目播出的时间安排上较上星频道更为均衡，除了17:00~19:00的常规民生新闻时段节目创新稳定外，20:00~22:00时段常态新节目也较为集中（表2）。

表2　2017年各级频道常态新节目播出时段分布（数量比例%）

首期开始时间	中央级频道	省级卫视	省级地面频道	市级地面频道	所有频道
17:00（含）~18:00	——	——	14.7%	15.3%	10.7%
18:00（含）~19:00	10.3%	4.2%	13.8%	16.4%	11.9%
19:00（含）~20:00	37.9%	2.8%	17.1%	10.4%	12.4%
20:00（含）~21:00	20.7%	13.3%	14.7%	25.1%	18.0%
21:00（含）~22:00	24.1%	60.8%	19.4%	15.8%	28.8%
22:00（含）~23:00	6.9%	16.8%	15.2%	13.1%	14.5%
23:00（含）~24:00（含）	0.0%	2.1%	5.1%	3.8%	3.7%
总计	100.0%	100.0%	100.0%	100.0%	100.0%

数据来源：CSM媒介研究

从各级频道常态新节目的播出时长分布来看，时长在20~50分钟之间的节目数量最多，占所有常态新节目总量的六成以上。时长在50~90分钟的新节目所占比重也逾三成，时长超过90分钟的节目占总量不足5%（图5）。

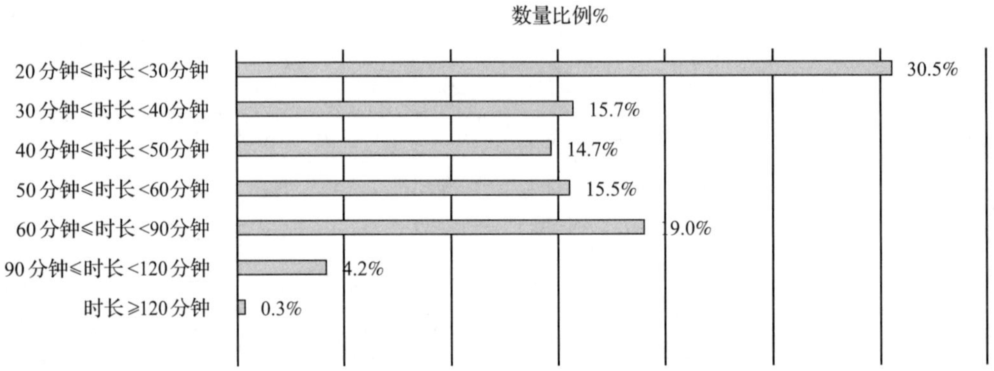

数据来源：CSM媒介研究

图5　2017年常态新节目时长分布比例（%）

二、常态新节目收视概况

1. 上星频道高收视新节目占比下降，高收视常态新节目向头部卫视集中

尽管近年来各级频道的电视节目创新都朝着更为理性的方向发展，常态节目的创新数量回落，但在传统媒体市场整体竞争力难抑颓势的大背景下，常态新节目的吸睛能力不容乐观。综观2017年晚间时段上星频道常态新节目的平均收视水平，高收视新节目占比较前3年进一步下降，平均收视率在0.5%及以上的常态新节目占比仅为9%，较2016年的18%和2015年的11%明显减少。与此同时，收视率在0.2%以下的新节目占比超过六成，较2016年增多（图6）。

综观2017年上星频道晚间时段平均收视率较高的常态新节目，我们可以发现文化、喜剧和青春励志元素在高收视新节目中身影频现。中央电视台综合频道文化情感节目

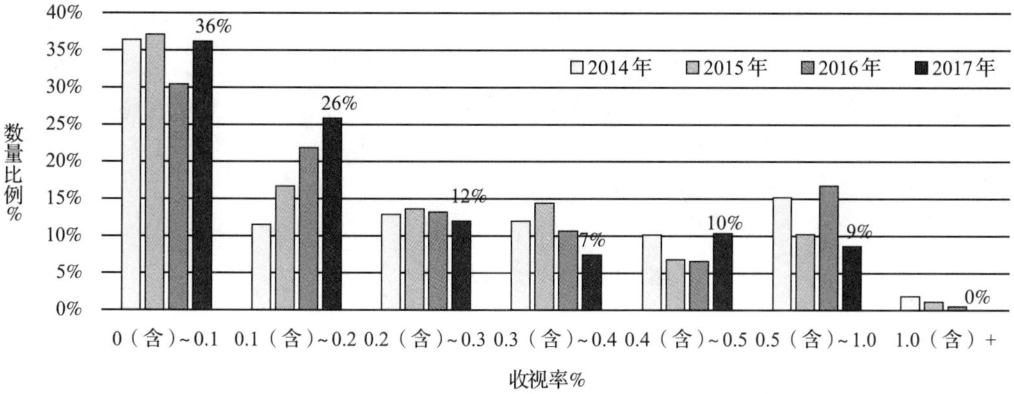

数据来源：CSM 媒介研究

图 6　2014～2017 年上星频道常态新节目平均收视率分布（71 城市，18:00～24:00）

《朗读者》、湖南卫视文化探秘真人秀《七十二层奇楼》、中央台四套文化体验纪实节目《非常传奇》以文化视角引领荧屏正能量和价值风尚；上海东方卫视星素喜剧挑战竞技秀《笑傲江湖之笑声传奇》、中央电视台综合频道合家欢真人秀《欢乐中国人》、浙江卫视实景明星即兴喜剧《开心剧乐部》以喜剧为切入点引发受众的追捧；湖南卫视儿童智趣才艺脱口秀《神奇的孩子》、浙江卫视偶像对抗挑战真人秀《高能少年团》、江苏卫视少儿励志音乐真人秀《歌声的翅膀》、浙江卫视女团音乐养成真人秀《天生是优我》则以满满的青春能量在创新市场掀起年轻化的追寻和探索，为荧屏带来了青春力量（表 3）。

表 3　2017 年平均收视率较高①的上星频道常态新节目（71 城市，开始时间 18:00～24:00）

节目名称	播出频道	类别	播出月份	热播元素
朗读者	中央电视台综合频道	专题	2 月	文化情感节目
七十二层奇楼	湖南卫视	综艺	5 月	文化探秘真人秀
神奇的孩子	湖南卫视	青少	2 月	儿童智趣才艺脱口秀
高能少年团	浙江卫视	综艺	4 月	偶像对抗挑战真人秀
中餐厅	湖南卫视	综艺	7 月	青春合伙人经营体验
笑傲江湖之笑声传奇	上海东方卫视	综艺	4 月	星素喜剧挑战竞技秀
欢乐中国人	中央电视台综合频道	综艺	1 月	合家欢真人秀
开心剧乐部	浙江卫视	综艺	7 月	实景明星即兴喜剧
向往的生活农夫篇	湖南卫视	综艺	1 月	生活纪实慢综艺
越野千里	上海东方卫视	综艺	2 月	自然探索真人秀
非常传奇	中央台四套	专题	1 月	文化体验纪实
剧说很好看	中央台八套	综艺	5 月	电视剧推荐访谈栏目
挑战的法则	上海东方卫视	综艺	6 月	艺人演艺竞技真人秀
歌声的翅膀	江苏卫视	青少	4 月	少儿励志音乐真人秀
天生是优我	浙江卫视	综艺	4 月	女团音乐养成真人秀

数据来源：CSM 媒介研究

①　全年在 71 城市晚间 18:00～24:00 的平均收视率超过 0.5%，不区分首重播。

从新节目的播出平台来看，高收视常态新节目有进一步向头部卫视集中的趋势。2017年，平均收视率超过0.5%的常态新节目进一步集中于湖南卫视、浙江卫视、上海东方卫视等头部卫视频道，3个频道播出的高收视新节目占所有上星频道的近七成。在中央级频道中，中央电视台综合频道、中央台四套和中央台八套2017年的高收视新节目占比也较上年明显增长（图7）。

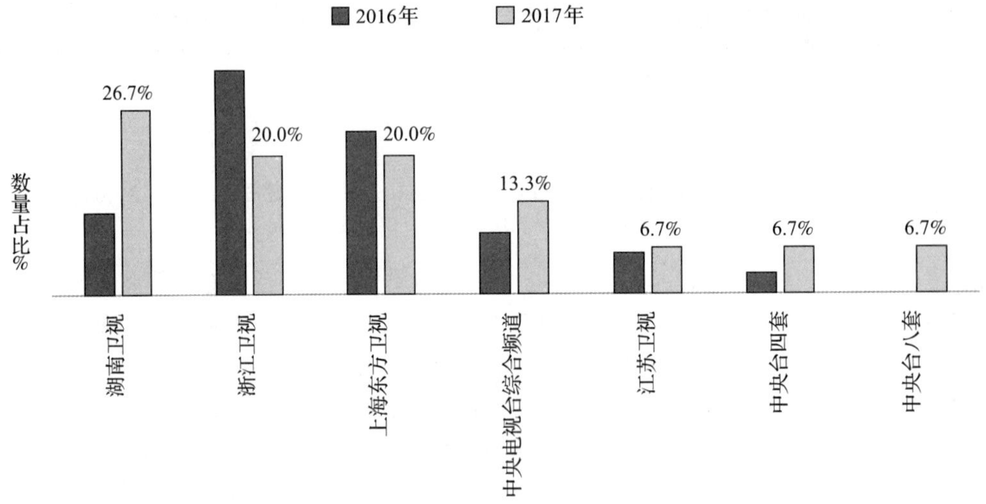

数据来源：CSM媒介研究

图7　2016～2017年平均收视率超过0.5%的上星频道常态新节目频道分布

（71城市，开始时间18:00～24:00）

2. 地面频道高收视新节目数量萎缩，地域文化与民生服务提升收视热度

在整体收视市场竞争中优势不断旁落的地面频道，在节目创新中承受的压力也日益加大。2017年晚间时段地面频道播出的常态新节目中，首播月在本地收视率达到1%及以上的节目数量较前3年进一步萎缩，所占比例仅为11%；而收视率在0.1%以下的低收视常态新节目比例则明显增长，占到了总量的近一半（图8）。地面频道在节目创新的道路上仍面临着巨大的资源和竞争压力。

具体观察2017年晚间时段地面频道首播月平均收视较高的常态新节目，我们可以发现以贴近本土地域文化、以民生服务为主旨的节目较为集中（表4）。湖南电视台经济频道《你是湖南人不咯》和扬州二套《一路楼台直到山》以文化益智的模式向观众展示本土韵味文化；江西电视台都市频道《天使降临》、湖南电视台经济频道《周六家长会》、江西电视台少儿频道《中国亲子阅读大会》则围绕孕产、亲子互动、亲子阅读等内容为本土受众提供亲子服务；山东电视齐鲁频道《爱的旅途》、贵州广播电视台公共频道《调解小分队》以旅游相亲、调解等模式切实解决本土受众的实际问题。

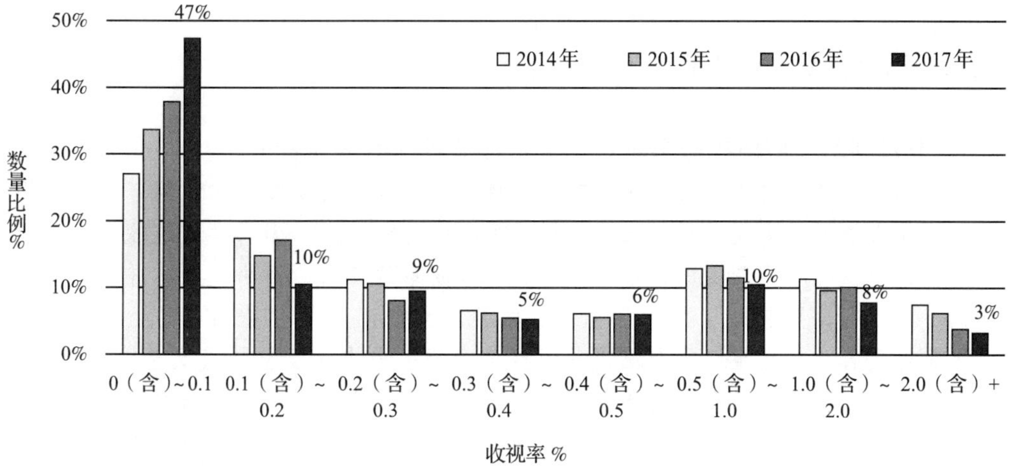

数据来源：CSM 媒介研究

图 8 2014～2017 年地面频道常态新节目首播月平均收视率分布（本地，17:00～24:00）

表 4 2017 年平均收视率较高①的地面频道常态新节目（本地，开始时间 17:00～24:00）

节目名称	播出频道	类别	播出月份
你是湖南人不咯	湖南电视台经济频道	综艺	10 月
天使降临	江西电视台都市频道（二套）	专题	8 月
嘻哈学堂	宁波电视台三套（都市文体频道）	综艺	1 月
周六家长会	湖南电视台经济频道	青少	7 月
小郭寻宝	山西广播电视台科教频道	专题	3 月
今日最大牌	杭州电视台西湖明珠频道	综艺	3 月
一路楼台直到山	扬州二套	专题	10 月
贵阳大数据	贵阳广播电视台一套（新闻综合频道）	专题	1 月
好人帮	贵阳广播电视台三套（法制频道）	生活服务	1 月
新闻经纬度	大连台一套（新闻综合频道）	新闻/时事	1 月
爱的旅途	山东电视齐鲁频道	生活服务	4 月
新片放映室	上海电视台娱乐频道	生活服务	8 月
嘻哈俱乐部	山东电视齐鲁频道	综艺	2 月
一七来猜吧	山东电视齐鲁频道	综艺	1 月
你系岩既	广东广播电视台珠江频道	综艺	4 月
跨界卖霸	山东电视生活频道	综艺	4 月
中国亲子阅读大会	江西电视台少儿频道（六套）	青少	12 月
调解小分队	贵州广播电视台公共频道	生活服务	5 月
舞动之星	山东电视齐鲁频道	综艺	5 月

数据来源：CSM 媒介研究

① 首播月在本地省会晚间 17:00～24:00 的平均收视率超过 1.8%，不区分首重播。

三、2017 年节目创新总体特点

1. 节目创新回归电视叙事本位，文化类节目传承落地有声

随着创新主体对电视的文化认知功能、教育功能和审美功能的再认识，如何运用电视的叙事能力讲好故事成为近年来节目创新的一个突破方向。2017 年，电视节目创新领域涌现出诸多围绕不同领域的人物、专注于讲好故事的节目，而讲述主体并不限于特定领域的专家名家，更包括了处于社会基层的芸芸众生，他们在展现自己生活状态的同时，更是通过自己的人生经历与励志故事点亮梦想。中央台三套的《文艺名家讲故事》用电影化的镜头揭秘德艺双馨的艺术家之所以成为“大家”的偶然性与必然性；中央台十一套的《角儿来了》以情景舞台引导名家故事访谈，讲述梨园名角的传奇故事；北京卫视的《我想见到你》聚焦平凡人的非凡经历，展现为爱圆梦的温暖。这些节目引发了受众对社会责任和自我实现的价值思考，成为节目创新中令人振奋的力量。与之类似，在 2016 年 3 月“工匠精神”首次出现在政府工作报告中后，电视节目对其的关注也提上了日程，北京卫视的《非凡匠心》不拘泥于对传统文化厚重抽象的刻画，通过“真人秀”“文化体验”等手段和技巧丰富主流文化的电视表达。中央台四套的《非常传奇》也聚焦传统文化的传承，将舞台展演、嘉宾解读和明星体验相结合，让传统文化以一种通俗易懂的姿态走进人们的审美认知。湖南卫视的《百心百匠》用年轻的语态讲述濒亡的中国手工艺及其传承者的故事，揭示中华传统文化的传承价值。北京卫视的《创意中国》则通过呈现最具震撼力的文化创意项目，引领观众去领略中国丰富的非物质文化遗产。

在电视节目市场竞争不断升温以及广电主管部门监管力度不断加大的背景之下，无论是来自政策的外因还是节目创制者自发的内在思考，电视节目创新越来越关注对文化内涵和公益内涵的挖掘。在此背景下，以传统文化为内核的电视节目在 2017 年呈现井喷之势，无论是作为几千年来国人精神礼赞的传统诗词，还是凝结千年来人们智慧、精神和思想精髓的戏曲文化，都在新的电视艺术形式下，浸润心灵、启迪人心。中央电视台综合频道的《朗读者》以最平实的情感读出文字背后的价值，引领观众去感悟文化的魅力。上海东方卫视的《诗书中华》围绕“诗礼传家”“诗教家风”的主题，充分诠释中华传统美好的家风、家训、家史。中央台十一套的《中国戏曲大会》深刻挖掘戏曲多剧种、多故事的特点，《中国戏歌》力图开拓全新的戏曲节目样态。上海东方卫视的《喝彩中华》则聚焦普通人的戏曲梦，在传递艺术之美的同时，更重视发扬与传承国粹。

不仅如此，随着上星平台在开发该类节目的过程中经验日益丰富、制作日趋成熟，文化类节目的创新平台从上星频道进一步扩展至地面频道，从而使文化传播与传承真正做到了落地有声。烟台电视台三套的《我爱读书》以声情并茂的朗读让观众感受文学之美；江西电视台少儿频道的《中国亲子阅读大会》和杭州电视台五套的《小伢儿跟着诗词逛杭州》以阅读和诗词文化为载体，从孩子的视角传承和表达人文；贵州广播电视台影视文艺频道的《跟我学戏曲》通过现场教唱经典唱段弘扬中华国粹；西安广播电视台丝路频道的《品味中华经典》集诵读、讲解、书法三位于一体；山东电视影视频道的《一封家书》则通过朗诵家书的形式深入挖掘家书背后的文化情感。

2. 节目创新深入垂直领域，创新市场体量不断扩大

近年来，生活服务类常态新节目一直是节目创新市场的一剂定心良药，节目以贴近和服务为出发点，围绕百姓生活的方方面面展开，成为地面和上星频道一种较为稳妥的创新选择。但从另一个方面来看，生活服务类新节目的话题性和影响力不足，较难在短期内快速圈粉，形成特立独行的标签。在2017年的电视节目创新中，我们发现深耕某一垂直领域的生活服务节目逐渐崛起，在家装、音乐、舞蹈、法律、时尚、旅行、体育等领域进行创新尝试，其影响力在特定目标群体中迅速扩大，创新性元素的融入也使节目能快速圈粉，从而极大地扩大了电视节目创新市场的体量。

2017年，上星频道多档节目深耕家装主题，从软装和硬装等多个角度，在注重服务性的同时，强调改造后的变化和惊喜，看点十足。中央台二套的《秘密大改造》揭秘了在14天的改造周期内，顶级设计师如何免费为榜样人物进行全屋设计与改造，挑战性、公益性、神秘性兼具；上海东方卫视的《生活改造家》和浙江卫视的《全能宅急变》，从普通人的情感出发，节目价值不仅停留在对一间房屋的改造上，更有对委托人生活状态的提升；江苏卫视的《大梦小家》和北京卫视的《向往的空间》则以星素互动的模式，通过家装见证亲情、友情、爱情，重现家的真正意义。

历经素人选秀、学院派角逐、明星竞演等阶段的发展，中国内地音乐节目多样态绽放。综观2017年活跃于荧屏的音乐类新节目，我们可以发现这些节目在音乐之外，尝试融合更多的元素，将音乐与游戏（山东卫视《超强音浪》）、音乐与喜剧（北京卫视《厉害了我的歌》）强强联手，为音乐增加了更多动能。不仅如此，安徽卫视的《耳畔中国》致力于发掘优秀的民族歌者，传播歌声背后悠久的中国文化。江苏卫视的《中国乐队》和北京卫视、黑龙江卫视的《舞力觉醒》两档文化纪实型节目则直接深入音乐和舞蹈产业链，深耕中国原创的乐队和街舞文化。不同于上星频道的大手笔，地面频道在音乐节目的创新中更注重贴近性和互动性，通过将音乐与本地百姓的生活进行融合，通过创新与本土乐迷的互动，拉近与观众的距离，将本土化进行到底。山东电视影视频道的《麦霸大搜索》双屏互动，极大提高了节目的参与性；安徽综艺的《全民KTV》也是将三屏互动贯彻到底，真正实现了参与的零门槛。

除上述垂直主题之外，还有多档节目在法律、时尚、旅行、体育等垂直领域中展开多元化的尝试，突破常规的创新思路与垂直领域的传统题材完美契合、同频共振。中央台十二套的《律师来了》、河北卫视的《拜托了律师》和辽宁广播电视台公共频道（沈阳台）的《帮你找律师》从法律服务的角度为受众提供公益帮助；东南卫视的《美人帮》和江苏卫视的《疯狂的衣橱》在时尚美妆和潮流穿搭上有所建树；内蒙古卫视的《嘿马上出发》和山西卫视的《探秘大峡谷》聚焦人文旅行；北京电视台体育频道的《中国球迷汇》则从球星球迷互动访谈的角度挖掘足球这一领域的创新资源。

3. “美食+”成创新市场热点，多元题材叠加挖掘节目衍生价值

与家装节目类似，美食节目作为电视市场中更为传统的节目类型，也是各级电视媒体发力生活服务垂直领域的一个突破口。在2017年的节目创新市场，“美食+”成为格

外吸睛的一个创新方向。美食节目通过将情感故事、明星名人、厨艺竞技、家庭关系、文化传播等多种元素和题材进行叠加，最大限度地释放自身的潜力，展现美食题材的多样衍生价值。安徽卫视的《蜜食记》回到食物的起点，通过觅食故事和蜜事情感的结合，讲述中国餐桌上的小故事；江苏卫视的《鲜厨当道》以明星美食竞技为基调，让亲情、友情在节目里碰撞，通过明星美食背后的故事，传递美食的正能量；安徽卫视的《家有厨神》将美食融入家庭关系中，让家长与孩子通过烹饪展开话题，从美食的视角传递美好生活理念；山西卫视的《世界面食大会》则立足于面食文化的传播，弘扬美食文化，助力当地旅游业的发展。

在上星频道之外，各级地面频道则凭借着自身多年经营一方的经验，以贴近百姓生活为出发点，展开多种多样的服务本地百姓的美食节目创新。山东电视齐鲁频道的《美味俏佳人》通过与美食相关的游戏比拼，以打造一档属于当地百姓的“色香味”俱全的美食综艺；上海电视台星尚频道的《下厨吧型男》让现场嘉宾从制作创意料理的五位型男中猜出谁是真正的职业厨师，集颜值、美味与竞猜于一体；江苏电视台城市频道的《食色生香》不仅教大家做菜的方法，还会挖掘美食背后的故事，让厨艺技巧与饮食文化相结合；湖北电视台综合频道的《真的在点》将厨房搬至演播厅，让明星大厨现场做菜，并邀请路边的人们进入透明演播厅与明星近距离接触，以展现美食的好用实惠；贵州卫视的《美食大篷车》则跳出常规美食类综艺节目的明星模式，走进全国12座美食名城，不仅让观众见识到了中国特色食材和食物，还让他们从中了解了中华饮食文化的精致和源远流长。这些节目在美食的内核下，通过形式多样的创新，尤其是竞猜、比拼、互动等形式的运用，大大提升了节目的感染力。

4. 青春励志元素融入节目创新，亲子题材全方位关注成长问题

长期以来，传统电视主流收视群体的中老年化成为“唱衰电视”的有力依据，并由此引发了大家对电视价值的质疑。而在近几年的媒体创新实践中，我们发现传统广电从未停止对受众年轻化的探索，受众年轻化已成为与电视产业化潮流相伴相生的迫切需求。在2017年的电视节目创新中，多档节目围绕着青春主题展开，从节目内容到节目形式再到参与嘉宾的选择，无不彰显了电视媒体对青年、少年乃至儿童观众的关注，节目从歌唱、励志挑战、才艺展示、养成等多个角度展示属于他们的多样的青春。浙江卫视的《高能少年团》以在年轻受众中具有较高人气的王俊凯、刘昊然、董子健、张一山、王大陆为固定主持人，展现90后少年的青春正能量风采；浙江卫视的《天生是优我》则以女团音乐养成为主线，展示青春少女的风采；江苏卫视的《歌声的翅膀》关注青少年的音乐文化教育，以寻找最美天籁童声；北京电视台文艺频道的《加油吧孩子》、山东教育台的《校园星力量》和郑州三套的《小小歌剧团》都以才艺展示为基调，聚焦少年儿童的才艺展示，以挖掘孩子的潜能，增强他们的自信。

不仅如此，随着消费的升级以及二胎全面放开的政策利好，以育儿、亲子、成长、教育为主题的电视节目创新加速。2017年全年，从上星频道到地面频道均有多档节目围绕着上述题材展开创新。这些节目在多元化的育儿理念的碰撞中，在家庭化的文化互动中，彰显了电视媒体在儿童教育舆论引导及文化传播上的社会功能。北京卫视的《厉害

了奶爸》对比孩子出生前后爸爸的变化，以新手奶爸的视角展现中国育儿，展现一个爸爸从男孩到男人的蜕变历程；中央电视台少儿频道的《小鬼当家》全程跟踪记录12～17岁处于青春叛逆期的青少年，在财经专家导师的指导下接管全家财务管理的1个月中家庭关系的变化；山东卫视的《上阵父子兵》以素人父子为焦点，通过父子组队完成生活挑战的过程，解构全新的父子关系；江苏卫视的《了不起的沙发》通过为家庭创造欢乐有趣的沙发时间，让家长们在轻松愉快的游戏氛围中陪伴孩子们共度亲子时光。在地面频道中，上海电视台哈哈少儿频道的《咿呀咿呀》聚焦亲子幼教；山东电视齐鲁频道的《辣妈萌宝猜猜猜》将辣妈和萌宝进行组合，展开益智答题和互动游戏；山东电视台第九频道的《雏鹰少年》、重庆电视台生活频道的《超级小玩家》通过成长体验提升少年儿童的各种能力；北京电视台青年频道的《成长大会》聚焦青少年成长过程中的教育、健康、亲子关系等问题，全方位关注成长教育；江西电视台少儿频道的《中国亲子阅读大会》则号称是亲子版的《朗读者》，以全家总动员共同参与的亲子文化互动模式，掀起家庭阅读的旋风。

5. 明星跨界讲述不一样的故事，素人竞演呈现生活本真

2015年，国家广电总局颁布了《关于进一步加强真人秀节目管理的通知》，要求真人秀节目要“避免过度明星化，关注普通人”，被业界称为“限真令”。此后，在明星真人秀在模式、数量和时段受到调控的同时，以“星素结合”为创新突破的真人秀开始在荧屏上走红，但在“星”与“素”的搭配模式、互动关系、地位转换等方面，此类节目也一直处于探索之中。2017年，作为电视真人秀的两大参与主体——明星和素人，从不同角度演绎着各自的故事及精彩。明星跨界经商、冰上实境表演、户外生存探险，素人则凭借独特的民间幽默、超群技艺和励志故事呈现生活的本真。

中央台二套的《跨界见真章》以明星跨界经商财经访谈为主要形式，深入挖掘明星跨界经商背后的故事，呈现他们在创投领域的真实轨迹。北京卫视、河北卫视的《跨界冰雪王》要明星们从零基础滑冰菜鸟蜕变为翩翩起舞的跨界冰雪王，明星的跨界效应不仅展示了明星另外的一面，也在一定程度上点燃了观众对冰雪运动的兴趣。此外，上海东方卫视的《越野千里》也通过贝尔带领韩庚、傅园慧、李彦宏、姚明等明星跨界进行户外生存探险，展现人们对自然和生命的敬畏、对自身突破的渴望。

与明星的高调跨界不同，在素人真人秀中，芸芸大众以真情为基调，用朴实、原生态的表演诠释生活的美好。中央电视台综合频道的《欢乐中国人》创新了“真实素人喜剧”模式，从爱情、亲情、友情等不同维度，捕捉生活中的幽默瞬间；中央台二套的《城市梦想》以农民工生活为主题，向社会传递不同劳动群体相互尊重的价值观；山东卫视的《超级惊喜》通过民间高手的脑力、体力巅峰对抗完成超越自我的挑战；云南卫视的《了不起的你》让拥有不凡经历的平凡人讲述自己的人生经历和励志故事；黑龙江卫视的《驿站》则用平凡人不平凡的感人故事打造一座心灵驿站，让观众感受情感的温度，获得心灵的平静。

此外，电视荧屏中的几档星素互动节目在融合搭载的元素上也有所突破，融入了传统文化、公益等元素，收到了较好收视反馈。在上海东方卫视的《拜见小师父》中，明

星徒弟与担任师父的传统文化艺术传承人之间的互动成为节目的看点;江苏卫视的《不凡的改变 idea show》素人竞演歌手改编了重量级明星音乐人的经典歌曲,为节目增色不少;湖南卫视的《让世界听见》则让音乐节目搭上公益支教和致敬传统文化的元素,明星音乐老师对大山里儿童音乐梦想的关注在受众中引发热议。

四、结语

2017 年,媒体融合向纵深发展,传统电视也在不断的创新探索中发展前行。一方面,在节目创新理性回归的背景下,常态新节目占比不断下降;另一方面,优质创新节目进一步向头部卫视集中,现象级新节目在创新市场尤显稀缺。展望 2018 年,原创人文类节目能否在现有基础上开掘出新的爆发点,电视节目创新能否在家庭大屏收视时空中守住疆土乃至进一步抢占先机,这必定是一场更为激烈的竞争和角逐。

(作者:周欣欣)

深耕垂直领域，精准定位受众
—— 垂直类电视节目发展路径探析

近年来我国电视市场无法忽视这样一个事实：像2012年夏天引发收视狂潮的《中国好声音》、2013年湖南卫视的《我是歌手》《爸爸去哪儿》、2014年浙江卫视掀起全民撕名牌风潮的《奔跑吧兄弟》这类口碑、收视双双达到爆款水准的节目已鲜有出现。究其原因，一方面是由于季播节目已成为各类型节目的制作常态，节目井喷现象严重。仅以综艺节目为例，互联网数据显示，2016年国内综艺节目数量高达400多档，2017年仅上半年综艺节目数量就有150余档，数量上的增长，带来的是日益严重的同质化现象。另一方面，少数明星霸屏电视，国内电视节目对明星嘉宾的过分依赖已经导致电视生产机构对明星粉丝经济的过度开发，嘉宾荒、明星荒等问题透过某几个明星跑遍各平台、各节目的现象直观地反映了出来。

近两年来的电视市场，比起前两年喧闹、泛娱乐化和同质化的竞争，不论是在题材的广泛性上还是在节目类型的多元化方面，都有了更多的发展。2017年，在强竞技类节目逐步走下神坛，综N代勉强维系，慢综艺、文化类节目不断同质化的现阶段，主打“小而精”的垂直类电视节目逐渐成为上星频道及地面频道节目创新的标配，各级媒体纷纷将创新着力点深入到更为精准的垂直领域，从文化、家装、美食、亲子等题材入手，力求把握更为细分的受众市场。本文对2017年新开播的各类型垂直类电视节目进行归纳，力求透过10余档优秀节目对垂直类电视节目的发展路径加以梳理与分析。

一、地面频道新开播垂直类节目数量远超上星频道

2017年1~10月，全国各级电视频道新开播垂直类电视节目共111档，其中中央级频道开播5档，省级卫视频道开播32档，省级地面频道开播36档，市级地面频道开播38档。我们可以看出，地面频道开播的垂直类电视节目加在一起共计70余档，在数量上远超上星频道。其实，垂直类节目因其自身具备较强的针对性，且某些类型节目的制作成本相对较低，受到了各级地面频道的普遍青睐，不到一年的时间既涌现出大量新节目（图1）。

这些垂直类节目有的与青少年息息相关，如亲子、成长等；有的则在日常生活中寻找素材，如家居、旅行等领域。大量为广告主精心设计的垂直类电视节目登上各级电视的荧屏，这些节目定位精准、收视理想、观众黏性高、品牌建立与传播迅速，有相对较强的服务性，诸多优势使得垂直类节目拥有广阔的市场空间。

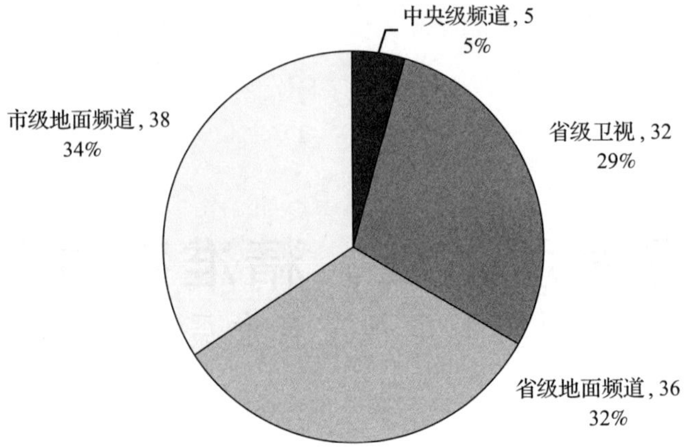

数据来源：CSM 媒介研究

图1　2017 年 1~10 月各级频道新开播的垂直类节目数量及占比（%）

二、青少类：或细分不同年龄，或着力某一领域

青少年时期正是“三观”形成的关键期，青少类电视节目对青少年心理健康、人格塑造、价值观形成的作用不可忽视。虽然各级频道都有青少类节目播出，但是随着时代的发展，青少类节目已不能满足广大青少年以及家长的诉求，多年来固定不变的方式显得单调和老套，节目往往带有浓厚的宣传和教化色彩，缺乏吸引力。

其实，青少类节目本身便自带垂直属性，针对青少类电视节目普遍存在的问题，广大节目制作者深入到青少年的教育、生活、娱乐等方方面面之中，寻找新的发力点，不求面面俱到，只求对某一垂直领域进行深度挖掘：有些从不同年龄层入手，深入青少年发展教育和亲子教育层面，为孩子增添寓教于乐的方式，为家长提供解决问题的方法，真正发挥电视节目对青少年群体的教育功能；有些则着力于某一领域，如国学文化、体育竞技等，透过青少年的体验参与，展现当代中国青少年朝气勃勃的形象。

1. 中央电视台少儿频道的《小鬼当家》

电视的教育功能与课堂教育不同，它是一种间接的教育，是将传统的“耳提面命”转变为对话甚至体验的形式，易于接受。为了帮助家长、更是为了帮助孩子找到叛逆期的相处之道，中央电视台少儿频道聚焦叛逆期少年，推出了一档节目《小鬼当家》。

《小鬼当家》是一档家庭教育季播节目，节目主体设计是在全国范围内找到 10 名年龄在 10~17 岁的青春叛逆期青少年，让他们在财经专家导师的指导下，用一个月的时间接管全家的财务管理职责。节目全程跟踪记录在这一个月里家庭关系的变化，其中包括感情碰撞、观念冲突、利益纠葛、爱恨交织，最终目标是让专家帮助孩子与家庭理智平衡地计划花销，疏解紧张的家庭关系，寻找家庭和谐稳定的根源，共同探讨孩子成长的话题。从分期观众集中度数据可以看出，节目在 10~17 岁这一年龄层观众中的集中度均高于 100%（图 2）。

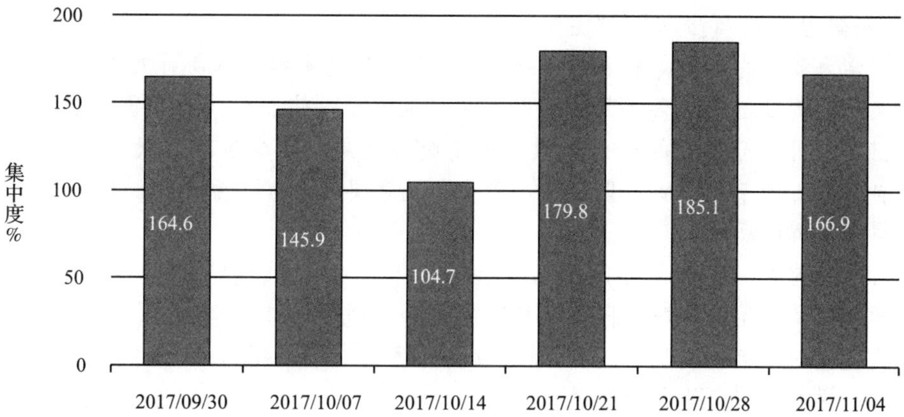

数据来源：CSM 媒介研究

图 2 中央电视台少儿频道《小鬼当家》各期 10～17 岁观众的集中度（%，71 城市）

2. 山东齐鲁频道的《辣妈萌宝猜猜猜》

辣妈，作为一个新生代网络名词，它是健康、乐观、积极向上的妈妈形象的代言人，而孩子又是世界上最可爱的小天使。辣妈和萌宝的碰撞，肯定会带来意想不到的喜剧效果。山东齐鲁频道推出了一档亲子类节目《辣妈萌宝猜猜猜》，节目面向 4～9 岁的孩子和他们的家长，聚焦亲子教育。节目每场有 9 组辣妈萌宝组合展开比拼，涵盖了答题、才艺展示、游戏等多种方式，将亲子关系、家庭教育、科学知识等与青少年成长发展有关的方方面面内容融入展示竞赛之中。从分期观众特征数据中可以看出，节目在 4～9 岁儿童及其家长（25～34 岁）年龄层观众中的集中度均高于 100%（图 3）。

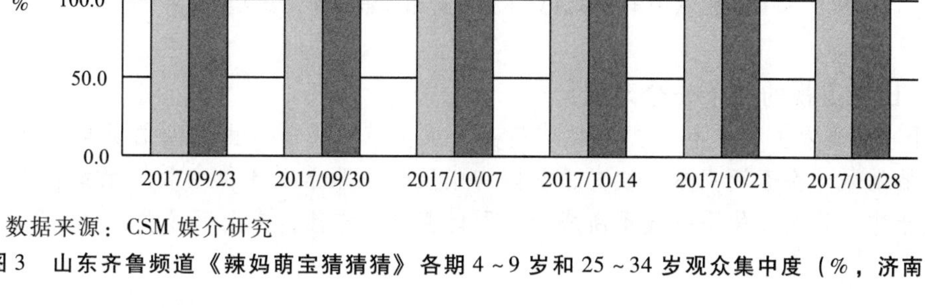

数据来源：CSM 媒介研究

图 3 山东齐鲁频道《辣妈萌宝猜猜猜》各期 4～9 岁和 25～34 岁观众集中度（%，济南）

3. 安徽卫视的《少年国学派》

以国学为载体的文化类节目近年来在电视荧屏屡见不鲜，然而针对青少年儿童群体的国学文化类节目还从未亮相荧屏。安徽卫视推出了一档节目《少年国学派》，从国学的角度出发，用益智节目的形式生动地将传统文化展现在各位观众眼前。以“导师选人、亲自督战”为节目形式，以“引导青少年儿童国学修为”为目的，在电视以及互联网上取得了不俗的反响。

节目播出前夕，各位导师以及节目组走进几十万家庭，覆盖了全国20多个城市、百余所学校，举办了180多场国学讲座，极大地促进了青少年参与国学热潮的积极性，这与此同时也对节目本身进行了很好的宣传。另外，节目同时在微博、微信端提前预热，此举也提升了节目的曝光度①。

该节目虽然是一档青少类节目，但选择了流行的导师制方式，且导师阵容毫不马虎，大学教授、知名教育家、《百家讲坛》主讲等，4位导师从百名学员中选拔出32名学员，组成4支战队，在节目中进行成语故事演绎、自由演讲、导师学员辩论PK等形式多样的国学比拼。

从微博数据来看，各年龄段人群对《少年国学派》的提及人数均有涉及，其中1990~1999年出生的90后人群占比为22.15%，占比最高；其次为80后人群，占比为17.50%（图4）。

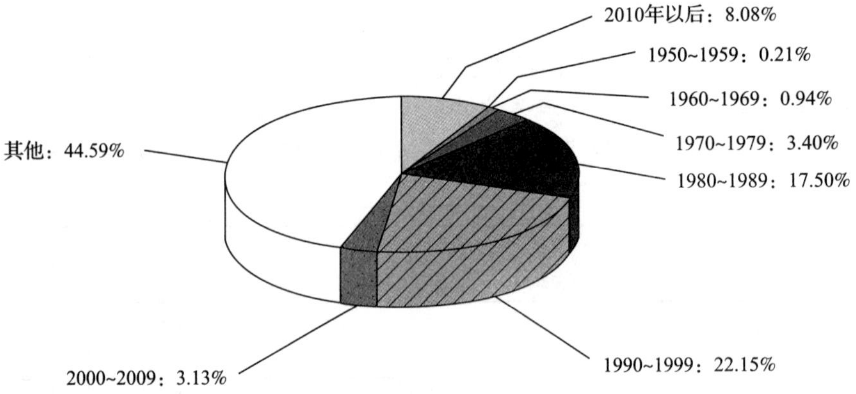

数据来源：CSM媒介研究

图4　安徽卫视《少年国学派》不同年龄组人群微博提及人数及占比（%）

4. 山东卫视的《下一个球星》

《下一个球星》是一档青少年足球精英养成类节目。节目由曾经的英格兰国家队队长、利物浦足球金童迈克尔·欧文，前国脚张玉宁、邓乐军3位主教练坐镇指导，在竞技与娱乐中，让国足的下一代不断成长，同时兼具趣味性，专业而不失风趣。20名少年

① https://www.tvsou.com/article/8a155339c88d4a9f80c9

在教练们手下经历严格的淘汰训练，最终3名小球员经选拔后跟随总教头欧文前往欧洲足球圣地生活、训练，破茧成蝶，优秀者与知名足球俱乐部签约并为国效力，成为备受瞩目的下一代足球巨星①。从微博数据来看，东部沿海地区较发达城市对《下一个球星》的提及人数较多，热度较高。

三、生活类：或挖掘本土资源，或贴近受众诉求

随着我国经济的高速增长和发展，人们对生活品质的要求越来越高，更希望了解与自己生活密切相关的各种资讯，享受经济快速发展所带来的便捷与时尚。生活服务类节目便是优质载体，外地观众渴望通过这一载体了解其他地域的风土人情，而本地观众则渴望透过当地频道获得便捷的生活资讯。地域的差别决定了生活服务类节目必须深入挖掘当地特色，具有相当的本土色彩。各级卫视频道利用自身的传播优势，在地域性上垂直挖掘，寻找出生活服务类节目的创新点；而地面频道则继续锁定当地百姓的生活状况、生活空间，以无可取代的贴近性为依托来吸引受众。

生活服务类节目只有努力倾听受众的需求，不断强化服务意识，才能成为介入社会生活的文化力量。因此，生活服务类节目的选题和策划必须适应时代和社会的发展，向深度和广度拓展，做到与时俱进、开拓创新。对生活的介入和指导应涵盖衣食住行等日常家庭生活的方方面面，但不必大而全，可以择一重点，着眼于普通居家生活的范畴，如家装、时尚等领域，站在普通百姓的立场与角度发现和解决问题，达到释疑解惑的目的，从而满足广大电视观众，尤其是节目目标受众的诉求。

1. 山西卫视的《世界面食大会》

“世界面食在中国，中国面食在山西”，山西无疑是中国面食之乡。《世界面食大会》是山西卫视打造的美食类文化竞演节目，由山西省商务厅和山西省电视台共同策划，旨在推动中国与世界各地的特色面食文化。节目通过12场电视节目竞技（每期依据当期主题如“老面新作”“面承百年”等），由4个知名面食品牌携人气单品“巅峰对决”，角逐每期唯一的“金牌面食”称号，最终由评委和广大网友从食材选择、制作技艺、品牌打造、单品口味和是否符合当期主题5个方面打分并评选出精品面食品牌。

《世界面食大会》借助电视制作，搭建起知名面食品牌之间交流切磋的平台，第一次将镜头聚焦世界各地面食文化的传统技艺、手工绝活、民俗风情、创新基因、时尚追求，旨在通过“小小一款面，乾坤大舞台”来选拔出深受美食家和大众食客青睐的面食品牌。节目在制作中更是将面食的制作过程直接通过直播的方式在移动互联网各直播平台“一直播”中与大家互动交流。同时，各家品牌的直接参与又使得节目的品牌价值得以直接展现，从而使得节目有能力构筑和占领市场高地。从播出前后的观众构成和集中度变化上可以看出，45岁及以上目标观众的占比和喜爱程度均有明显提升（图5）。

① http://sports.eastday.com/a/170717180319946068770.html

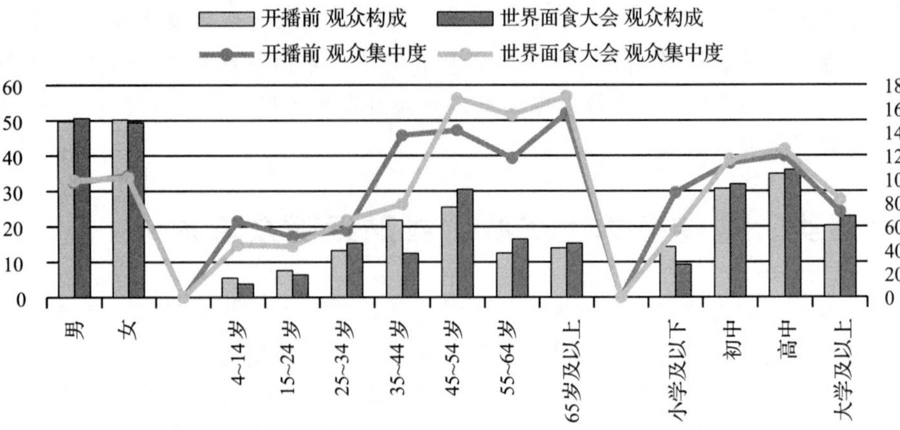

数据来源：CSM 媒介研究

图 5　太原地区山西卫视《世界面食大会》开播前后观众构成（%）和观众集中度（%）

2. 杭州生活频道的《领我吃呀》

在地面频道中，美食类节目及类似探店类型的节目，都是收视排名前列的节目，各家地方台也从未放弃过这种节目类型，几乎每一个地面频道都会播出走访当地美食的节目。这是由于地面频道熟知本地餐饮的特色以及本地人的饮食习惯，往往能够快速寻找到符合当地口味的地方，并迅速直观地呈现。同时，也正因为其可以直接垂直于餐饮品牌本身，这一类型节目虽然早已出现，但依然拥有广泛的受众市场，每年都会涌现出相同类型的新节目。

杭州生活频道的《领我吃呀》是一档探寻杭州及周边美食的节目，节目邀请了时下当地知名的网红主播参与节目主持，走访、吃遍杭州的大街小巷。节目号称是一档全媒体互动节目，除了电视台的视频网站葫芦网外，还在腾讯、爱奇艺网站投放了相关视频；与此同时，节目还在大众点评上开通了专题，在大众点评中将节目中推荐的餐厅提

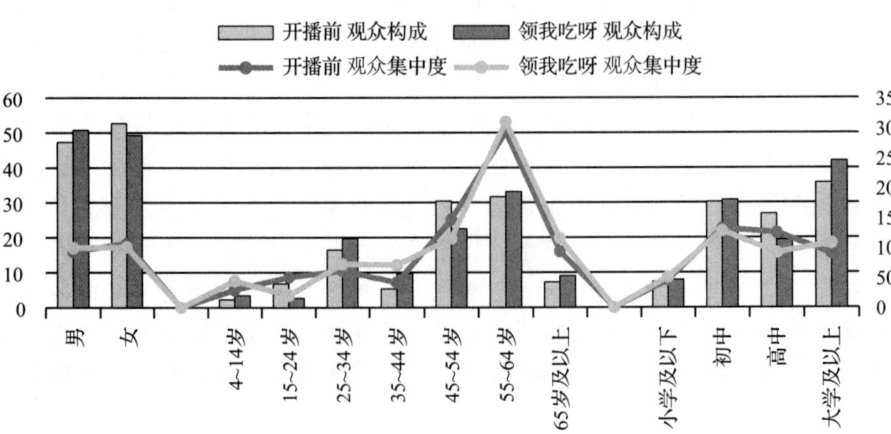

数据来源：CSM 媒介研究

图 6　杭州地区杭州生活频道《领我吃呀》开播前后观众构成（%）和观众集中度（%）

供给网友，请大家参与点评并给出排名。从《领我吃呀》开播前后观众构成和集中度对比可以看出，男性、4~14岁、25~34岁、55岁及以上年龄观众的占比有所上升，且观众喜爱程度也呈现出上升趋势（图6）。

3. 浙江卫视的《全能宅急变》

家装类节目在国外一直属于长寿型节目，比如韩国的《旧家新家》、美国的《树屋大师》、日本的《全能住宅改造王》，它们在播出期间都曾引发社会的热议与共鸣[①]。在中国，电视制作人发现，家装类节目也可以做得很接地气，因为“家是一个人情感记忆的凝结点，喜怒哀乐都与家有关系”，家装节目不仅关注装修空间的设计思路，同样聚焦委托家庭的生存状态。这种真实需求正是观众产生情感共鸣的原因。对于播出平台而言，家装类节目也绝对属于广告友好型，发达的家装行业也为家装类节目提供了足够的资金支持。

《全能宅急变》是浙江卫视打造的家庭情感类家装生活服务节目。节目定位于家庭情感类生活服务，从普通人的情感出发，用一个月的时间慢慢打磨出一个更适合普通人居住的家。改造期定为30天，有助于帮助人们的实际生活和改善居住条件，对装修过程的体现点到即止，着重通过最后的施工结果来看扎实的设计和施工。节目打破了委托人和设计师无法互相选择的“包办改装”形式，回归更真实的市场双向选择机制，精准地解决委托人关于家的种种需求与困惑。节目中，待改装住房的情况介绍完毕后，设计师可以选择是否参与竞标，并现场与工作团队一起制定设计方案。委托人在了解了各位设计师的理念后，再权衡自身最关切的家之困惑与设计师理念的匹配度，以做出抉择与判断，从而为之后家的完美变身奠定良好的沟通和信任基础[②]。

对比《全能宅急变》播出前后的收视数据，2017年5月2日播出后，收视率较未播出同时段有明显上升，平均收视上升幅度为18.7%（图7）。

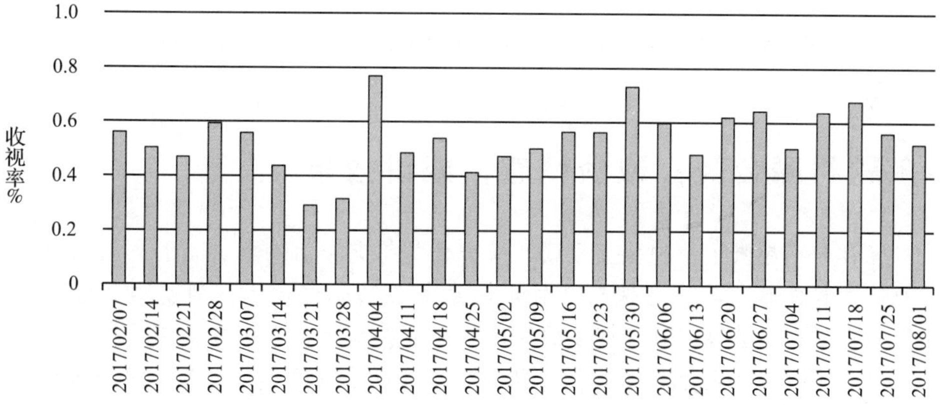

数据来源：CSM媒介研究

图7 杭州地区浙江卫视《全能宅急变》开播前后收视率（%）对比

---

① http://www.sohu.com/a/168320023_770746

② http://mini.eastday.com/mobile/170510084832726.html

4. 深圳娱乐频道的《好色之师》

时尚生活类节目在电视荧屏中早已屡见不鲜，如何创新才是关键。深圳娱乐频道的《好色之师》便将目光对准了穿衣搭配中的一个环节——颜色搭配。节目邀请自带流量和话题的正能量网络红人、时尚行业知名媒体人、知名时尚博主、时尚达人以及具有一定知名度的模特、影视明星、歌手、谐星等作为嘉宾来到节目中，携手将《好色之师》打造成一个引领时尚潮流又具趣味性的特“色”节目。每期一个话题，例如什么颜色才是真正适合自己的颜色？衣橱里的衣服都买对了吗？到底应该选择什么样的打扮才会更好看？如何选择不同场合的着装？该节目在深圳娱乐生活频道首播，腾讯视频、爱奇艺、搜狐、乐视、优酷、土豆等11家主流视频网站同步上新。

从《好色之师》观众构成和集中度数据来看，女性、25~34岁、大学及以上高学历观众以及初级公务员/雇员的占比最高，可见该节目在这些人群中的影响力（图8）。

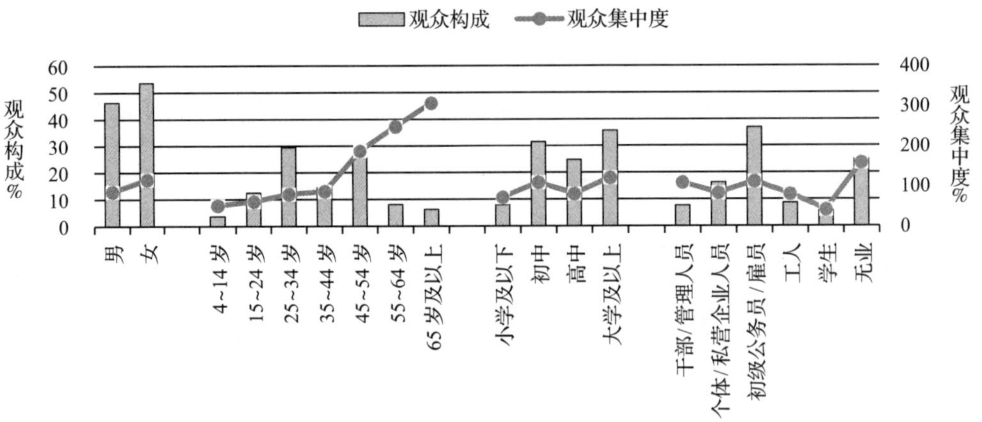

数据来源：CSM媒介研究

图8 深圳地区深圳娱乐频道《好色之师》观众构成（%）和观众集中度（%）

四、多题材融合类：或谈情感，或讲故事

某些节目并不局限于一种垂直领域，以美食类综艺节目为例，美食作为载体，承载着更多的情感和故事。其实在综艺节目市场竞争白热化的今天，创新和突破都越来越难，在国外垂直类综艺节目日渐增多的同时，国内的综艺创新也在向精耕细作、垂直题材方向发力。2017年的综艺节目市场，从电视台到网络视频平台，各家纷纷布局，着力打造各类垂直类综艺节目，从居家、育儿到萌宝，这样的综艺节目做得风生水起。对于长时间备受竞技类、音乐类节目“洗礼”的观众来说，这类节目的兴起无疑给他们提供了新的“追综”体验；而对于综艺市场来说，这类节目的兴起无疑扩大了市场体量，丰富了市场类型，对于整个市场层面的发展大有裨益。

从广告层面上来讲，如今在综艺投放上的决策更趋于理性，资本搭台、明星唱戏的手法已经不再是万无一失的通用利器，相比于铺大蛋糕，牢牢抓住部分忠实消费者才是广告商们更看重的制胜法宝。广告主的资源向垂直类综艺倾斜，使得各级频道更愿意冒更低的风险来制作小而美的垂直类综艺，而不是以泛人群为目标的大综艺。

以美食类综艺节目为例，荧屏上的美食类综艺节目近年来呈现爆发式增长，大平台、大制作、大明星的美食节目扎堆出现，收视却日渐疲软。面对这种局面，多元题材叠加的“美食+”模式提供了一条解决道路，将美食类综艺节目向垂直方向进一步拓展，或以美食为载体讲述人间情感，或以美食为依托叙述故事经历。

1. 江苏卫视的《穿越吧厨房2017》

江苏卫视的《穿越吧厨房2017》前身为网综《穿越吧厨房》，是一档由纯网综转为上星平台与网络平台双渠道联播的综艺节目。节目由胡海泉、沙溢担任主持，刘宪华、苏醒、沈南、郑合惠子组成固定嘉宾。“笑着做菜，哭着吃饭”成为节目最大的亮点。该节目以美食为载体，向观众传递温情、传播文化，通过每期飞行嘉宾的“灵魂美食”，带出嘉宾心中的故事，为观众解读食物背后的情感、情怀和记忆。微博端数据显示，节目话题性十分明显，微博话题提及人数和提及次数均十分理想（图9）。

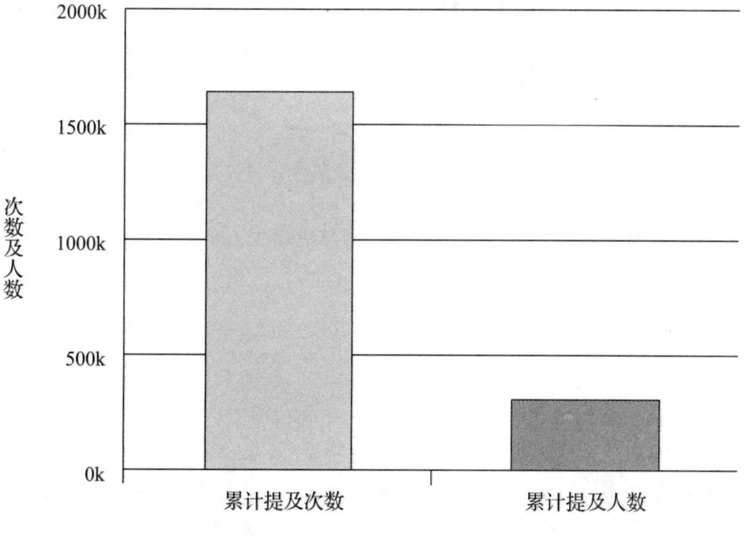

数据来源：CSM媒介研究

图9　江苏卫视《穿越吧厨房2017》微博提及人数及次数

2. 安徽卫视的《蜜食记》

《蜜食记》是安徽卫视的一档实境旅行美食慢综艺节目。节目结合自媒体美食内容深耕厨房场景的特点，以“达人网红觅食故事和暖意人生的蜜事情感”为叙述主线，以“蜜”破题，在美女旅厨达人汪聪的带领下，通过在安徽、重庆、成都、北京、上海、香港等多个城市或地区的美食呈现，以故事入胃，为观众带来不一样的美食故事以及美食背后的人文情怀。以“清新”为主打旋律的《蜜食记》立意为回归对理想生活的探讨，衍生出“诗与远方”的韵味。因此，节目向观众提出了“人生的思考问题——命途的意义”。

从微博数据来看，女性在微博中的话题提及人数明显高于男性；1990～1999年出生的90后人群占比为35.71%，占比最高（图10）。

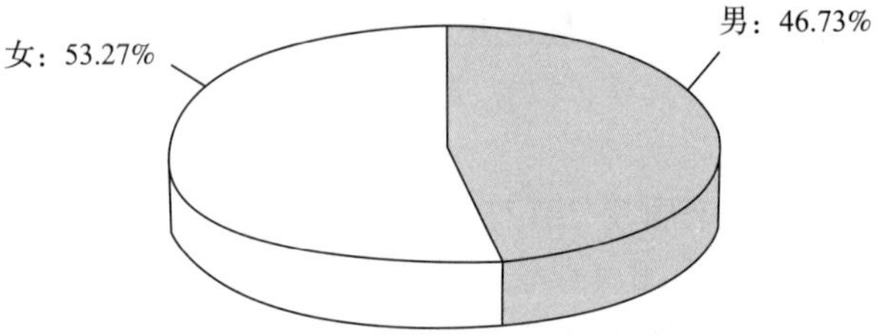

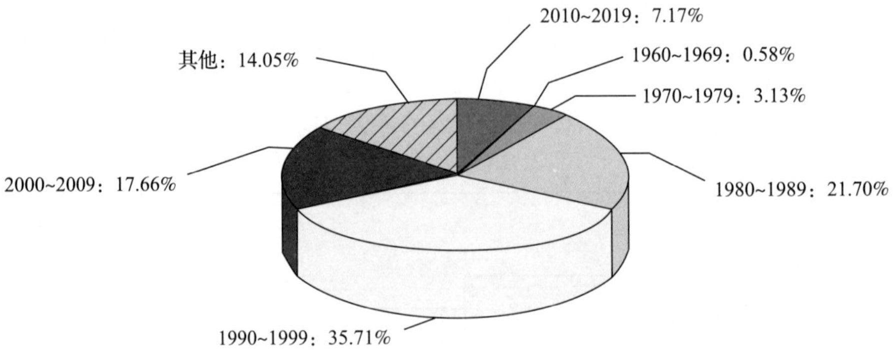

数据来源：CSM媒介研究

图10　安徽卫视《蜜食记》不同性别、不同年份出生人群微博提及人数占比（%）

五、结语

电视以及其他媒体平台在各个垂直领域都拿出了越来越多的玩法，对比大明星、大制作的节目，垂直类节目的深耕似乎是一条更保险、更理性的路。但是，经过几年的发展，垂直类节目所涉及的领域既宽且广，能够涵盖生活的方方面面。那么，如何进一步细分和强化垂直类节目的发展方向，使垂直类电视节目这一看似小而精的类型能够进一步迸发活力，便成了摆在诸多节目制作者面前值得思考的问题。

（作者：马超）

新时代对农节目收视与发展策略探析

发展农业和农村经济，增加农民收入，一直以来都是我们国家经济工作的重中之重。近年来出台的各种支农惠农政策充分体现了党中央振兴农村、发展农业、提升农民收入和生活水平的迫切愿望，国家的扶持政策也为对农节目提供了广阔的发展空间和前景。此外，随着城市居民对新农业、新农村、新农民关注度的提升，对农节目在城市的受众市场也进一步扩大。“三农”领域，点多、线长、面广，特别是随着我国城乡一体化战略的推进，农业、农民和城市的关系也愈加紧密。在媒体融合大发展的新时代，对农节目与新媒体携手融合发展，因而利用新媒体平台开展农产品推广销售等活动，可以实现电视台与农业相关从业者的双赢。另外，越来越多的省份坚持“绿水青山就是金山银山”的生态发展道路，这也为农业节目采编提供了鲜活的选题。

本文利用 CSM 媒介研究的收视调查数据，对农业类节目的整体播出与竞争力状况进行简要分析，并重点着墨典型农业类频道及其代表性节目的收视表现，以期探寻新时代对农节目发展策略，为业界人士提供有益的借鉴。

一、对农节目总体播出与竞争力状况

1. 对农节目的主要电视播出平台

对农节目的对象性决定了节目题材要贴近农业、贴近农村、贴近农民，而不是远离。好的对农节目选题应该与“三农”息息相关，与农民急切想知道的问题直接挂钩，对农民致富有帮助，与农民生活有关联。对农节目的这些属性促使既面向城市电视观众亦面向乡村电视观众的省级地面频道成了播出农业类节目的主力军。在 CSM 媒介研究 2017 年 1 ~9 月 29 个省级收视调查网播出农业类节目时长位于前 10 位的频道中，卫视频道中有中央台七套、农林卫视和辽宁卫视，但省级地面频道则为主体，包括内蒙古电视台农牧频道、山东电视农科频道、重庆公共农村频道、湖北垄上频道、河南电视台第 9 频道、吉林电视台乡村频道和海南广播电视总台综合频道（表 1）。

表1　2017年1~9月农业类节目播出时长排名前10位的频道（29省网）

排名	播出频道	播出时长（小时）
1	内蒙古电视台农牧频道	1886.80
2	山东电视农科频道	971.00
3	中央台七套	751.60
4	农林卫视	668.80
5	重庆公共农村频道	426.60
6	湖北垄上频道	410.90
7	河南电视台第9频道	350.90
8	吉林电视台乡村频道（五套）	322.30
9	海南广播电视总台综合频道	255.80
10	辽宁卫视	198.50

数据来源：CSM媒介研究

2. 对农节目的竞争力状况

在“眼球经济”时代，有吸引力才能有竞争力。与热闹的电视剧、精彩的娱乐节目及重大的新闻事件相比，农业类节目的竞争力很弱。观察各主要节目类型在29省网的收视比重，可以看出电视剧、综艺和新闻/时事类节目比重最大，分别达到31.91%，13.17%和12.65%。在整体市场上，农业类节目收视比重很低，仅占0.26%，依然属于小众节目类型（图1）。

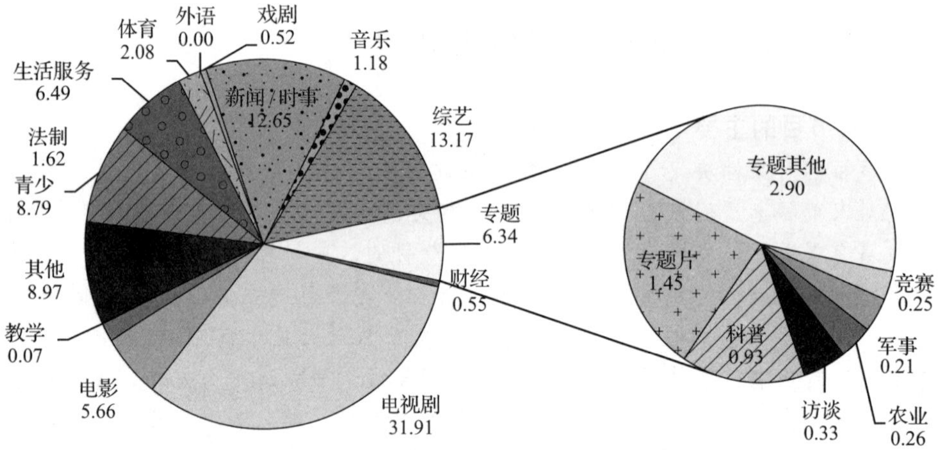

图1　2017年1~9月各主要节目类型节目的收视比重（29省网）

从各主要农业频道的收视竞争力来看，中央台七套在29省网的市场份额接近1%，农林卫视由于在各省覆盖率都较低，市场份额不高。省级地面频道中，吉林电视台乡村频道在本省竞争力较强，2017年1~9月市场份额达8.59%。从年度变化来看，内蒙古农牧频道、山东农科频道、重庆公共农村频道2017年1~9月市场份额较上年同期相比增幅超过50%，湖北垄上频道增幅也在30%以上（表2）。

表2　2017年1~9月主要农业类频道与2016年同期市场份额对比

频道	地区	2017年1~9月市场份额%	2016年1~9月市场份额%	市场份额变化幅度%
中央台七套	29省网	0.78	0.89	-12.36
农林卫视	29省网	0.03	0.05	-40.00
内蒙古电视台农牧频道	内蒙古	1.20	0.47	155.32
山东电视农科频道	山东	0.70	0.40	75.00
湖北垄上频道	湖北	1.50	1.13	32.74
吉林电视台乡村频道（五套）	吉林	8.59	7.58	13.32
重庆公共农村频道	重庆	0.29	0.16	81.25
河南电视台第9频道	河南	0.28	0.42	-33.33

数据来源：CSM媒介研究

二、典型农业类频道及节目收视分析[①]

1. 中央级频道——中央台七套

中央台七套又名中央电视台军事·农业频道，是以播出军事、农业节目为主的专业频道，于1995年11月30日开播，硬件设施过硬，是兼具权威性和实用性的唯一国家级农业频道。从2017年1~9月全天收视走势来看，中央台七套全天收视高峰分别出现在6:30~9:00、11:00~14:30及晚间18:15~22:30时段，高峰时段主要播出节目为农业、军事类和综艺类节目。从城乡收视差异来看，城市观众在播出军事类节目《军事纪实》《军营大舞台》和综艺类节目《2017精彩一夏》等节目时收视较高；乡村观众在播出农业类节目《农广天地》《每日农经》《致富经》、专题类节目《科技苑》、体现乡村青年价值观的相亲交友类大型户外快乐访谈节目《乡约》及科普类节目《动物世界》栏目时收视较高（图2）。

值得一提的是，在城乡统筹发展的背景下，对农传播的受众已经不再仅限于传统的留守农民。在城市化进程中，很多迁徙的农民工、失地安置农民、对农投资者，都是对农传播的对象，中央台七套有不少节目就同时受到了城市居民和农民的关注，例如《农广天地》《致富经》《每日农经》等。这几档节目或做足"农旅融合"，在合力中做美、做乐对农节目；或关注城乡居民致富问题，深刻关注"如何寻找致富商机？如何选择项目？遇到挫折如何处理？"等一系列城乡居民关注的话题，因而取得了良好的收视效果。

① 为了便于观察农业类节目城乡收视特征，在下文的分析中，我们只选取非直辖市的25个省级收视市场。

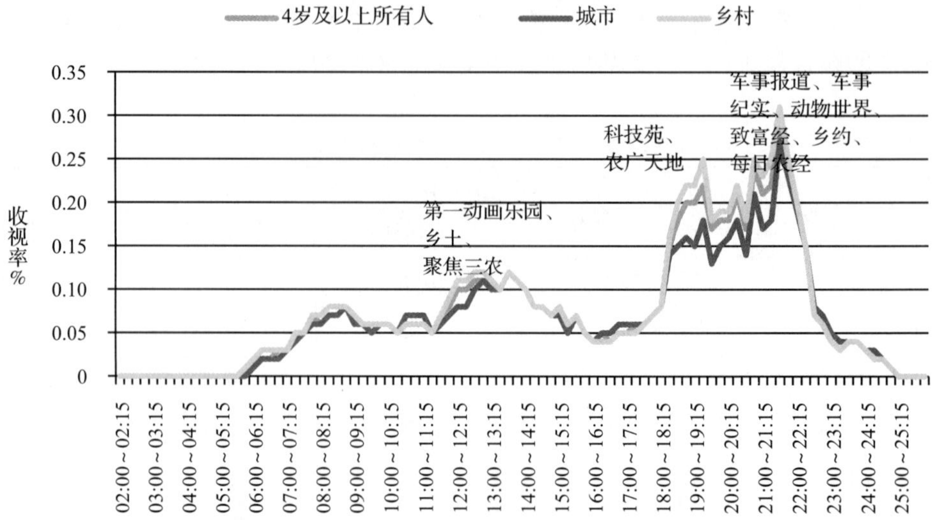

数据来源：CSM 媒介研究

图 2　2017 年 1～9 月中央台七套全天收视率走势（29 省网）

可以说，未来只有关注城镇和农村居民共同关注的话题，农业节目方能获得可持续发展。

农业频道对农村观众具有天然的聚合力。从中央台七套的观众构成来看，男性、乡村、35 岁及以上、中等学历、个体/私营企业人员、学生/无业人员和以农民为主体的其他人员占比较高；男性、乡村、45 岁及以上、小学及初中学历观众更喜欢观看这个频道（图 3）。军事和农业类节目的观众集中度数据显示，男性、45 岁及以上、小学、初中学历观众更爱看军事类节目，而农村观众、男性、35 岁及以上、小学、初高中学历、学生/无业和以农民为主体的其他观众更喜欢看农业类节目（图 4～图 5）。

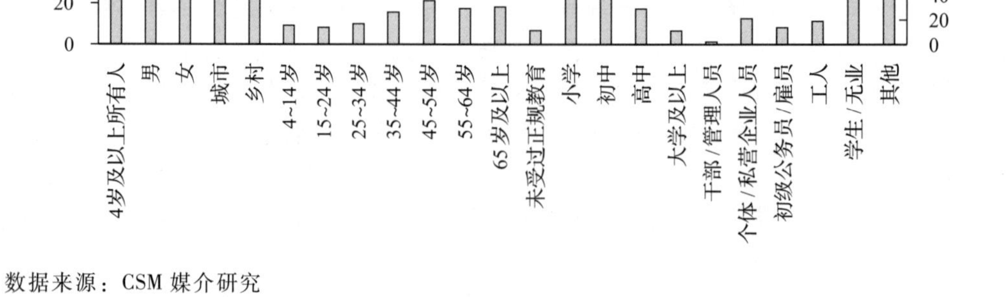

数据来源：CSM 媒介研究

图 3　2017 年 1～9 月中央台七套观众构成（%）及观众集中度（%）（25 省网）

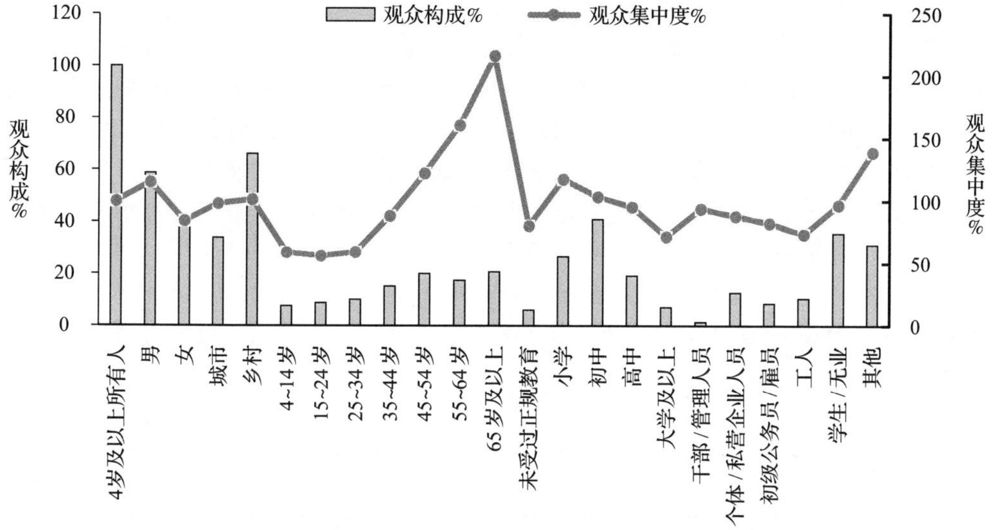

数据来源：CSM 媒介研究

图4　2017 年 1 ~9 月中央台七套军事类节目观众构成（%）及观众集中度（%）（25 省网）

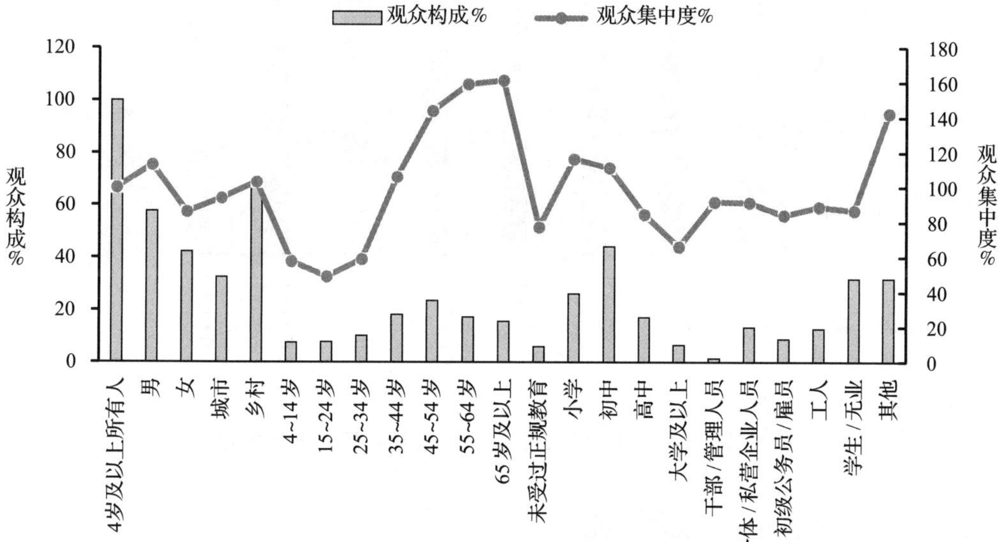

数据来源：CSM 媒介研究

图5　2017 年 1 ~9 月中央台七套农业类节目观众构成（%）及观众集中度（%）（25 省网）

中央台七套之所以受到相关电视观众的青睐，与其节目故事的深度演绎密不可分。例如，《致富经》就是一档同时受到城镇与乡村观众喜欢的节目。这档节目注重城乡居民致富问题，深刻关注“如何寻找致富商机？如何选择项目？遇到挫折如何处理?”等一系列城乡居民关注的话题，因而取得了极好收视效果。2003 年改版以前，节目受众定位为农民，认为农民都关注致富项目，但市场调查显示，很多农民对《致富经》很冷漠。节目定位“贪大图全”，结果没有明确的受众目标，受众接受度并不高。现在，节目定位更加明确，主要针对想创业的人。在农村，这些想创业的人也是经济方面的舆论领袖，对普通农民进行示范带动，有较大的标杆价值。经过《致富经》的4次大型受众调查，发现这些想创业的人并不喜欢罗列一些不符合本地实际情况的项目，而是关注“怎么创业？在选择项目、在创业遭遇困境的时候，怎么克服？创业成功的经验和关键是什么？创业心得是什么？”①。《致富经》栏目2017年8月28日播出的节目《借三万赚百万——爱笑少女的18岁》，讲述的是一个爱笑的少女钟玉秀，如何用小小青蛙改变家庭命运、实现财富人生的故事。这些生动形象的创业故事，有效地提高了节目收视率，2017年1～9月，该节目在25省网的平均收视率为0.27%，在城市与乡村均取得了较好的收视效果（图6)。节目在获得良好收视表现的同时，也给了城乡观众极大的震撼和启迪，实现了良好的社会效益。

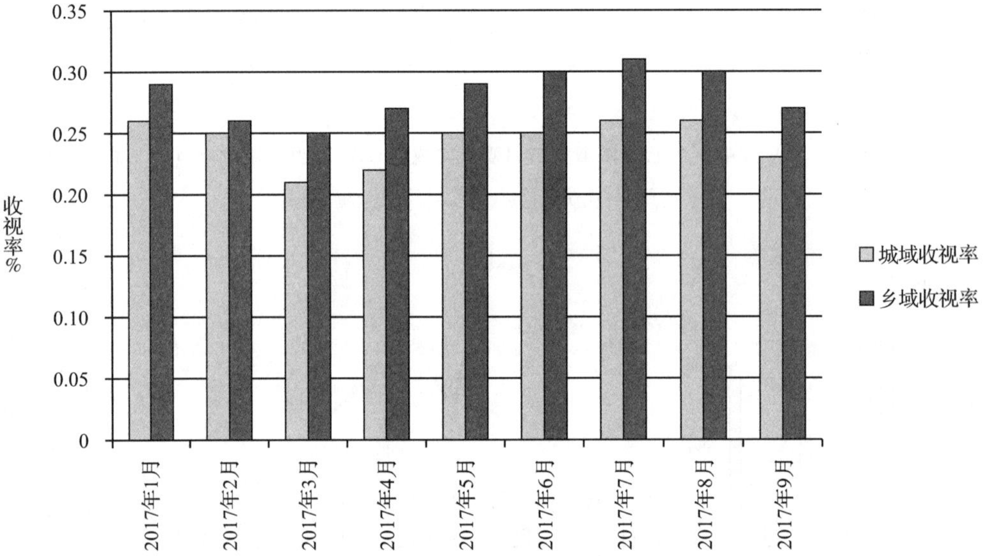

数据来源：CSM媒介研究

图6 2017年1～9月《致富经》分月首播收视走势（25省网）

2. 省级卫视频道——农林卫视

农林卫视是经国家广电总局批准，由陕西电视台农林科技频道于2010年1月1日起正式更名而来。农林卫视播出的节目类型主要为专题、生活服务及电视剧类节目，其中专题类节目播出时长占所有节目播出时长的36.37%，且几乎全部为农业类节目（图7)。

从该频道2017年1～9月在25省网的收视数据来看，《中国农资秀》《天天农高会》和《三农信息联播》播出天数最多，而《天天农高会》《三农信息联播》《三农大视野》《中国农资秀》和《N1农一网农》收视率较高，2017年1～9月份平均收视率（000）超过10万人，且农村观众、35～54岁观众占比较高（图8)。

① 冉明仙．新形势下电视对农节目经营新思路［J］．中国记者，2016，(2)．

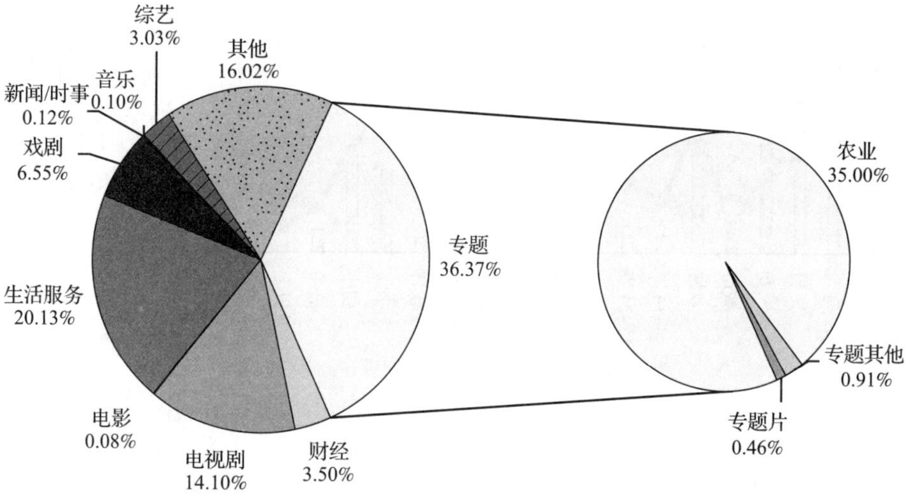

图7　2017年1~9月农林卫视各类节目播出比重（%，25省网）

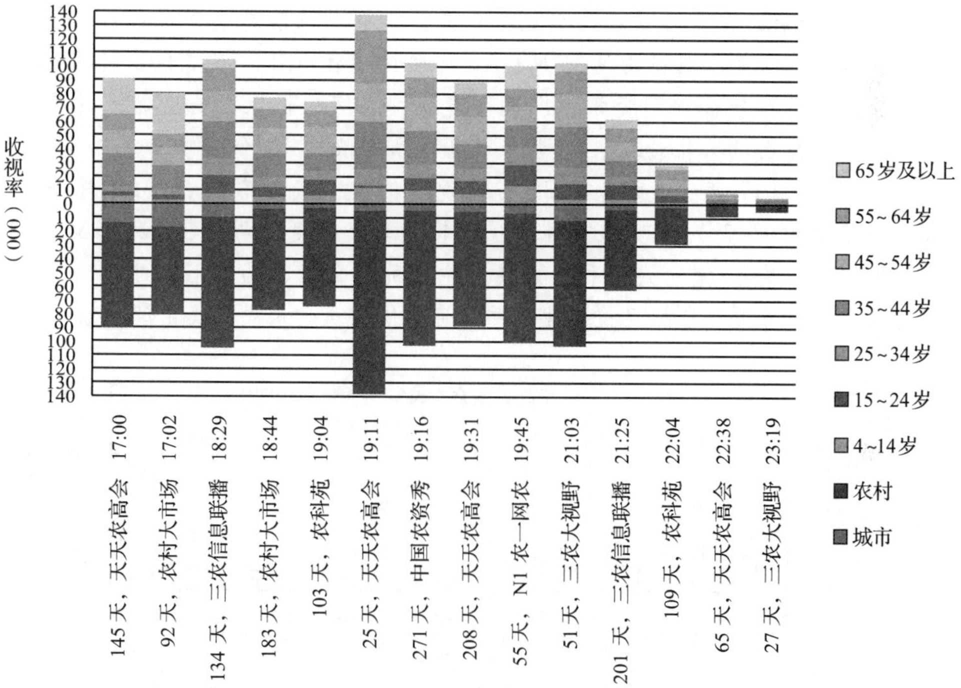

图8　2017年1~9月农林卫视主要农业类节目播出情况及收视率（000）（25省网）

从收看农林卫视农业节目的观众构成来看，乡村居民占比十分突出，以35~54岁、小学及初中学历观众为主体；男性、乡村、35岁及以上、小学、初中学历的观众对农林卫视的农业节目更感兴趣（图9）。

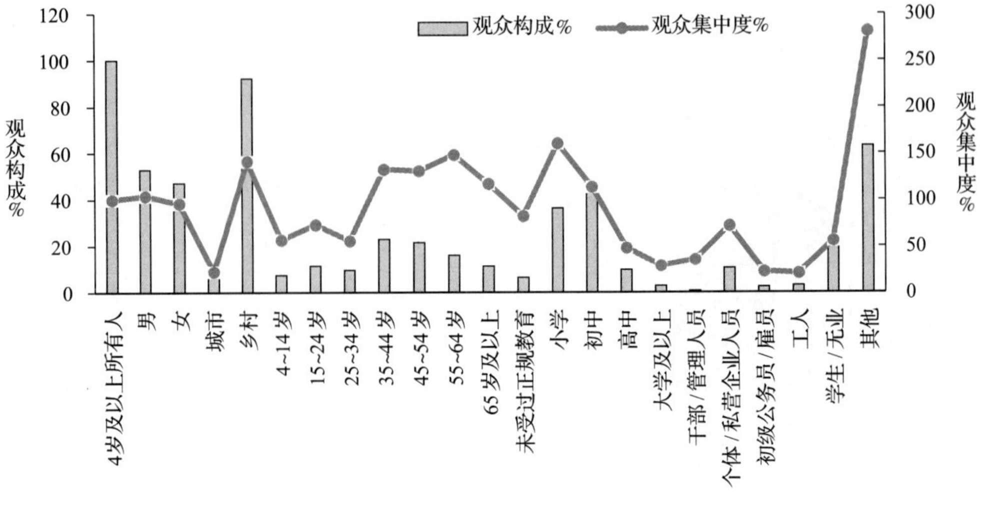

数据来源：CSM 媒介研究

图 9　2017 年 1 ~9 月农林卫视农业类节目观众构成（%）及观众集中度（%）（25 省网）

《三农信息联播》是农林卫视频道完全自办的一档资讯信息类播报节目，栏目定位语是“农民致富的高参，城乡沟通的桥梁”。该栏目共有今日三农资讯、陕西三农、农业科技、经济评述和分析预测资讯、价格行情和供求信息资讯、民生资讯（农民工）、国际三农资讯、农业信息化资讯、有话大家说和品味陕西 10 个版块，每期 45 分钟①。《三农信息联播》2017 年 1 ~9 月在 25 省网晚间的收视表现较好，1 ~9 月分月收视率（000)最高时逾 16 万人。观察节目的观众构成与集中度，男性、乡村、35 ~64 岁、小学、初中学历、学生/无业人员和以农民为主体的其他人员为节目的重度观众，且对节目更为偏爱，这与观看农林卫视农业相关节目整体的观众构成和集中度类似（图 10)。

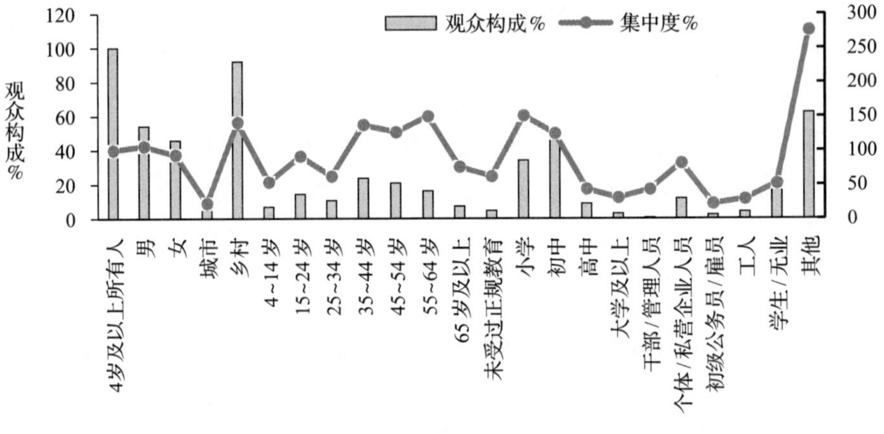

数据来源：CSM 媒介研究

图 10　2017 年 1 ~9 月农林卫视《三农信息联播》节目观众构成（%）及观众集中度（%）（25 省网）

① https://www.tvmao.com

3. 省级非上星频道——吉林电视台乡村频道（五套）

吉林电视台乡村频道是我国较早服务于“三农”的专业频道，频道以传播现代农业科技资讯、关注乡村百姓生活动态、弘扬地域文化为宗旨，全方位、多角度地服务于农业、农村、农民[①]。2017 年前 3 季度，其在本省收视排名第二（收视率 0.74%，市场份额 8.59%），市场份额较 2016 年同期提升了 13.3%。吉林电视台乡村频道全天乡村收视率显著高于城市，农业类节目于早间、午间和晚间播出，早间和午间在农业节目的带动下，形成了小的收视高峰，晚间是吉林电视台乡村频道收视最为突出的时段，除农业节目外，频道还播出了接地气并符合乡村受众口味的综艺和电视剧，有力地拉升了晚间时段的收视。例如，频道播出记录农民真实生活的栏目《我是农民》，以“民生、民意、民情”为关注点，记录大时代背景下普通人的心路历程，见证在时代变迁、社会变迁中，农民在生活和精神上的变化历程，以许许多多真实的农民人物为关注对象，呈现农民的百味人生，是一档生动、平实、有深度、充满温情的人物纪实访谈节目。还有定位为“品地方艺术、展百姓风采”的极具地域特色的综艺节目《二人转总动员》，该节目是吉林电视台乡村频道携吉林省二人转艺术家协会共同打造的一档二人转总动员大赛[②]。自 2006 年至 2017 年已经成功举办了 4 届“吉林省电视二人转大赛”活动，累计报名人数超过了 150 万。此外还有《老乡你好》《家长里短》等受众定位清晰、深受农民观众喜爱的节目（图 11）。正如传播学奠基人施拉姆所言：“受众参与传播就好像在自助餐厅就餐，媒介在这种传播环境中的作用只是为受众服务，提供尽可能让受众满意的饭菜（信息）。”吉林电视台乡村频道之所以能够取得良好的收视表现，与其量体裁衣的节目编排紧密相关。

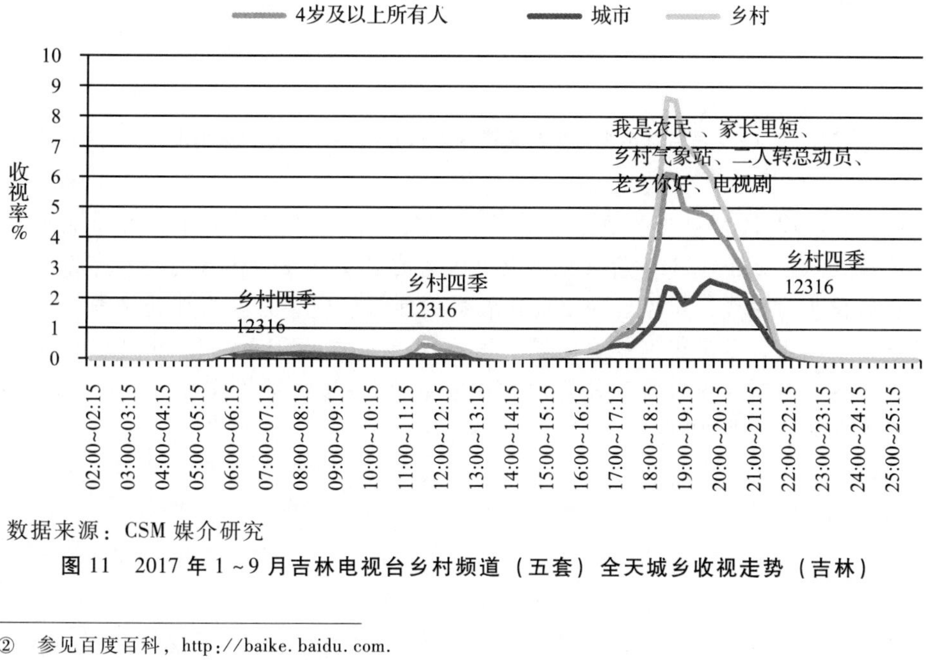

数据来源：CSM 媒介研究

图 11　2017 年 1～9 月吉林电视台乡村频道（五套）全天城乡收视走势（吉林）

①② 参见百度百科，http://baike.baidu.com.

虽然吉林电视台乡村频道定位于专业的农业频道，但是其播出的农业类节目并不多（播出比重为4.9%），播出的节目主要以综艺和电视剧为主（综艺节目播出比重为16%，电视剧播出比重为46%）；农业类节目主要为自办栏目《乡村四季12316》。

“关注乡村百姓生活动态”的目标定位使得吉林电视台乡村频道对农村中老年人具有天然的聚合力。同时，农业新技术、新项目等信息也吸引了具有一定农业知识背景且想依靠科技走上致富道路的农民观众。此外，频道中讲述身边家长里短的栏目还受到未受过正规教育的观众以及女性观众的青睐。数据表明，女性、乡村、35岁及以上、小学、初中学历、学生/无业人员和以农民为主的其他人员占据了吉林电视台乡村频道的观众主体；另外，女性、乡村、45岁及以上、较低学历观众和农民为主体的其他观众对频道更为偏爱（图13）。

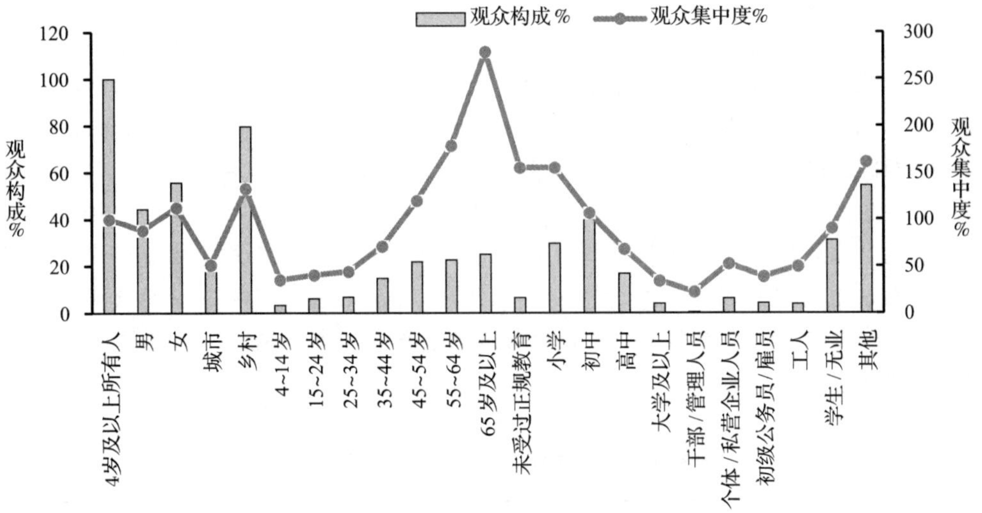

数据来源：CSM媒介研究

图12　2017年1~9月吉林电视台乡村频道观众构成（%）及观众集中度（%）（吉林）

《乡村四季12316》以民生诉求作为节目的定位，涵盖资讯发布、新闻及政策背景分析以及每天从上万个12316新农村热线中筛选的农民关注的热点问题和专家的分析点评。节目以民生为主线，用不同的形式说农村的新闻、趣事以及农业经济与发展、农民的高兴事、烦心事，尽最大可能地体现农民的民生诉求。2017年1~9月该档农业节目在吉林地区的乡村观众中取得了较好的收视效果（1~9月平均收视率为0.4%），分月收视也有上佳表现（图12）。

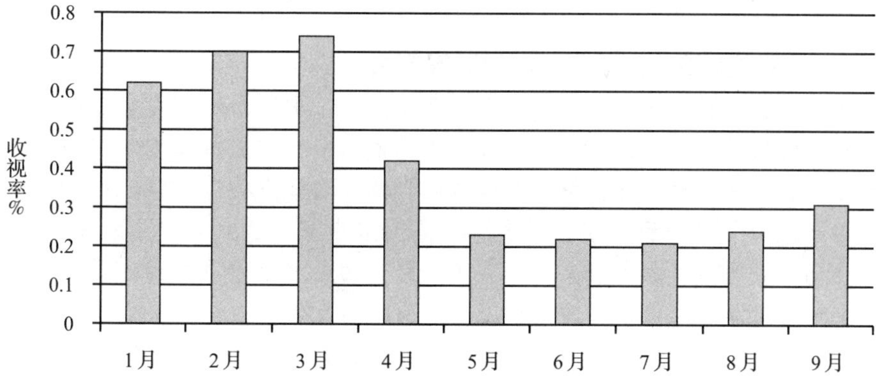

数据来源：CSM 媒介研究

图 13　吉林电视台乡村频道《乡村四季 12316》2017 年 1～9 月分月收视表现①（吉林）

三、新时代对农节目发展策略探析

2005 年 8 月，时任浙江省委书记的习近平同志在浙江湖州安吉考察时，提出了“绿水青山就是金山银山”的科学论断。近年来，越来越多的地方政府坚持走生态发展的道路，乡村休闲旅游、民宿经济、疗养及养生经济、精品生态农业、农村电子商务等发展迅速，山区的生态“后发优势”日渐明显，为当地农村、农业、农民的发展注入了新的活力。这也为对农节目的采编提供了鲜活的选题。同时，在与新媒体融合发展的大环境下，对农节目如何与新媒体更好地融合发展，也是电视人必须思考的问题。

1. 发展农业电子商务，推动农业节目市场化

相对来说，农民是社会上需要更多关注的群体，电视更要发挥资源、传播等优势，做好连接城乡和沟通涉农各方的纽带桥梁，通过建立助农平台、组织相关公益活动，服务农民，扶助贫弱。比如，对农产品的营销，可以在电视节目中提供供求信息，公益推介滞销产品，有条件的可以直接搭建销售渠道；再如，可以组织专家把农技医疗服务送到农民身边等。这些做法都可以成为电视媒体为民服务的选项。随着近年来 O2O 进入高速发展阶段，农业类节目也乘上了 O2O 的快车，农业电子商务获得了长足发展。例如，河南电视台在《新农村服务社》节目的基础上，联合全省 100 个县级台共同建立了“新农村 e 联社”O2O 电子商务平台，试图打造中国农村电商第一品牌。其通过独有的智能终端，把销售网点铺设到每个村，为农民提供购买便利、销售便利和城乡一体化的便民服务，甚至可以实现小额取现、信用贷款等金融服务。天津电视台公共频道、湖北广播电视台垄上频道、吉林电视台乡村频道都通过自身平台开展线下活动，推广销售农产品，实现线上线下的有效互动。电视台依据独一无二的公信力，可以起到任何一个纯粹的商业电商无法起到的作用。以上这些，都是电视人能够利用电视媒体的独特优势为农村经济发展所贡献的力量。

① 节目不区分首重播。

2. 做足“农旅融合”，做美、做乐对农节目

近年来，随着新农村建设步伐的加快，农村发生了翻天覆地的变化。山清水秀、空气清新的农村受到了城市居民的青睐，农村成了他们向往的旅游点和居住地。同时，人们对农产品安全变得十分敏感，绿色农产品成为城市人眼中的香饽饽。不少农业节目也抓住了“农旅融合”这一新契机，做美、做乐对农节目。例如中央台七套的《农广天地》曾讲述田园乡村棠溪村怎样从一个名不见经传的古村落发展成为中国最美的休闲乡村的故事。节目组深入到位于福建省福安市潭头镇的棠溪村，通过一个个镜头展现这个临水而建、依山傍水的古村落如何凭借着大自然的馈赠，种植山茶，制作工艺花茶，发展休闲旅游，从而将一个名不见经传的古村落发展成为闻名的休闲乡村。对农节目把农业和旅游业融合起来报道，这样的对农节目才显得更加有趣，农民观众也通过节目获得了很多值得学习和借鉴的知识和想法。此外，聚焦新型农业形态，在对农节目报道中通过具体案例挖掘“绿水青山就是金山银山”的转化通道以及乡村民宿和农家乐的成功升级，也能很好地契合新时代对农旅游的新需求，具有很强的现实意义。

3. 借助互联网平台，做好、做精对农节目

在与新媒体融合发展的大环境下，把节目放到网站、微博、微信等平台上，尤其是通过微信的形式直接发送给观众，能够拉近与观众之间的距离，增强节目在农村的影响力。对农电视服务的传统模式表现为对农村群众提供资讯服务、输送精神文化产品、建立城乡沟通渠道、为农村提供宣传推广的中介服务等。互联网的出现，使得对农节目提供上述服务的渠道更加通畅便捷，而且时效性也大大增强。例如，农业具有地域性强、季节性强、产品的标准化程度低、生产者分散等特点，因而农业资讯的及时有效传播就显得尤为重要。而农业节目通过微信公众号的形式可以直接把供需信息推送至相关受众面前，从而可以有效地推动农业产业化的步伐，促进农村经济发展，降低农产品交易中买难卖难的问题，使农业信息化成为现代农业的得力助手。可以说，借助互联网平台，农业节目与观众之间的距离更近了，节目的服务性更强了。

四、结语

时代在变，理念在变，对农节目服务的初心不变。在城乡统筹发展的背景下，坚持人与自然和谐共生、发展生态农业的基本理念，必将会为电视农业节目注入更多鲜活的选题。同时，伴随着媒体融合的不断加深，借力新媒体，也可以有效地助推对农节目的发展。总之，对农节目的未来，需要新思维，需要新技术，需要新模式，需要多方合力，共同推动对农节目的良性发展。

（作者：张广彦）

立足本土，不忘初心
——城市台优质自办节目创新特色及路径分析

在我国传统电视版图中，城市台是在数量上不容忽视、在影响力上也可圈可点的一级电视台。它植根于地方百姓的日常生活中，跃动于城市化进程的脉搏中，弄潮于从小民生向大民生转变的洪流中。本文以城市台发展较好地区的优质自办节目为分析对象，通过梳理其播出概况及创新特色，探寻城市台“TV +”的努力方向，以期为业界同行提供借鉴。

一、城市台整体收视状况

近年来，传统电视面临新媒体的竞争，市场空间不断萎缩。而在传统电视内部，囿于覆盖和体制历史沿革等因素，不仅不同级别频道之间的发展极不均衡——上星频道日益聚集更多的资源和收视，而且同一级别频道内部的发展也日益呈现两极分化——强势卫视影响力及话语权不断增强，中下游卫视进入头部阵营的门槛不断提升；数量庞大但仅占电视收视市场不足10%市场空间的城市电视台内部，2016 年市场份额最高的20 个城市中，市级频道的平均市场份额是位于队尾的20 个城市市级频道平均份额的24 倍，差异悬殊。

2017 年第一季度，相较于前几年的情况，地面媒体的竞争地位更不乐观。城市台7.7%的市场份额较2016 年同期进一步缩减了1.16 个百分点（图1），在整体市场蛋糕中，其份额的流失，对于其中的强势者抑或弱势方，均是不好的消息。而进一步观察单个竞争主体，我们可以发现这种下滑遍布于多数城市台频道（图2），75%的城市台市场份额下滑，仅25%的城市台保持不变或获得有限增长。

本文在这里历数上述数据，并非是在唱衰传统电视及城市台，相反，是为了让传统电视及城市台在清醒地认识自身所处媒体环境和所处竞争地位的前提下，通过借鉴同级优秀平台或者节目的宝贵经验，在尚不明朗的大环境中找到属于自己的一片天空。若践行者众，则会有更多的个体得到提升，未来传统电视或者城市台未必不会迎来自己的晴朗天空。在下文的分析中，本文将关注点聚焦在城市台整体竞争力较强地区的市级频道上，甄选其收视水平较高的典型节目，总结其分布特征、创新特色及路径，以为其他兄弟电视媒体提供借鉴。

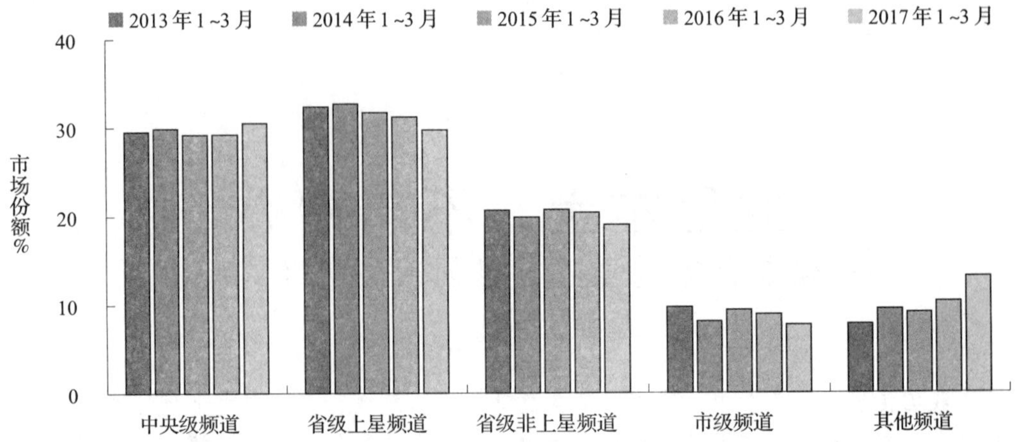

数据来源：CSM 媒介研究

图 1　2013 ~ 2017 年各年第一季度各级频道的市场份额（历年所有调查城市）

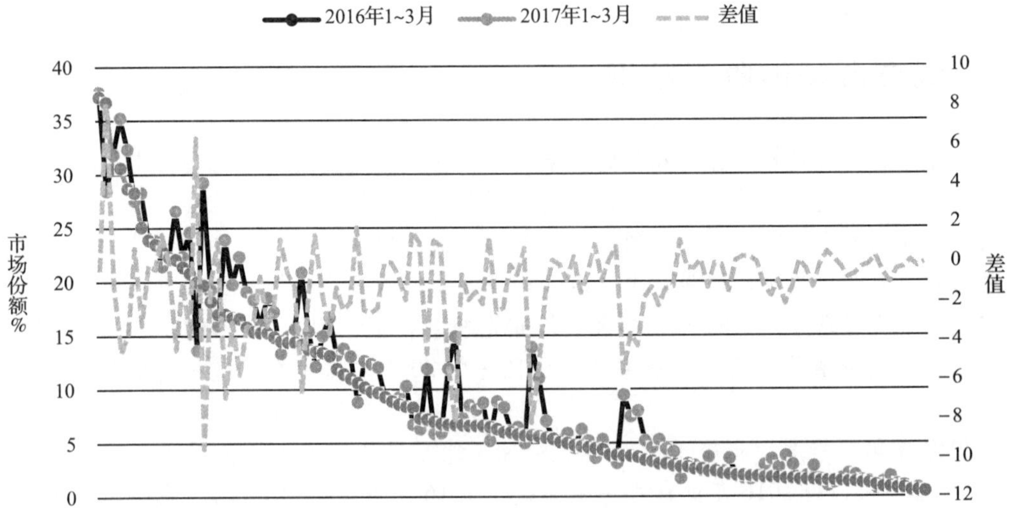

数据来源：CSM 媒介研究

图 2　2016 年、2017 年第一季度各地城市台市场份额（除直辖市外所有调查城市）

二、城市台优质节目概览

2017 年第一季度，以城市台在本地的市场份额达 20% 为划分节点，梳理城市台竞争力较强的地区中城市台频道晚间 18:00 ~ 24:00 时段开播的优质节目（表 1），我们可以发现多数城市晚间收视 TOP5 的栏目由本地 1 ~ 3 个频道所贡献，说明强势平台本身对于强势节目起到了相得益彰的助力作用。在这些节目中，69% 的是日播栏目，31% 为周播栏目。

表 1 2017 年第一季度本地市台市场份额大于 20% 的城市中高收视栏目概览（本地，18:00～24:00）

城市	节目名称	播出频道	城市	节目名称	播出频道
苏州	社会传真	苏州电视台社会经济频道（二套）	绍兴	师爷说新闻	绍兴电视台公共频道（二套）
苏州	苏州新闻	苏州电视台新闻综合频道（一套）	绍兴	金笛真话难听说	绍兴电视台公共频道（二套）
苏州	新闻夜班车	苏州电视台新闻综合频道（一套）	绍兴	直播绍兴	绍兴电视台公共频道（二套）
苏州	乐活 6 点档	苏州电视台新闻综合频道（一套）	绍兴	绍兴新闻联播	绍兴电视台新闻综合频道（一套）
苏州	施斌聊斋	苏州电视台社会经济频道（二套）	绍兴	新老娘舅	绍兴电视台公共频道（二套）
泉州	新闻广角	泉州电视台新闻综合频道	扬州	今日生活	扬州城市频道
泉州	周末视点	泉州电视台新闻综合频道	扬州	甲方乙方	扬州城市频道
泉州	法治连线	泉州电视台新闻综合频道	扬州	扬州好佬	扬州城市频道
泉州	名城群英会	泉州电视台新闻综合频道	扬州	相亲相爱	扬州城市频道
泉州	泉州新闻联播	泉州电视台新闻综合频道	扬州	苏北民歌邀请赛	扬州城市频道
无锡	阿福聊斋	无锡广播电视台都市资讯频道	宁波	来发讲啥西	宁波电视台二套（经济生活频道）
无锡	不见不散	无锡广播电视台都市资讯频道	宁波	讲大道	宁波电视台三套（都市文体频道）
无锡	今晚 60 分	无锡广播电视台都市资讯频道	宁波	嘻哈学堂	宁波电视台三套（都市文体频道）
无锡	扯扯老空	无锡广播电视台经济频道	宁波	天然舞台	宁波电视台二套（经济生活频道）
无锡	服务车	无锡广播电视台新闻综合频道	宁波	开心大赢家	宁波电视台四套（影视剧频道）
深圳	第 1 现场	深圳电视台一套（都市频道）	厦门	看戏	厦门电视台生活频道
深圳	第 1 调解	深圳电视台一套（都市频道）	厦门	特区新闻广场	厦门电视台海峡频道
深圳	廉正直击	深圳电视台一套（都市频道）	厦门	厦视直播室	厦门电视台海峡频道
深圳	都市调查	深圳电视台一套（都市频道）	厦门	福建新闻联播	厦门电视台综合频道
深圳	市民文化大讲堂	深圳电视台一套（都市频道）	厦门	厦视直播室	厦门电视台综合频道

续表

城市	节目名称	播出频道	城市	节目名称	播出频道
潮州	潮州人民医院民生直播室	潮州电视台二套（公共频道）	嘉兴	小新说事	嘉兴电视台新闻综合频道
潮州	健康面对面	潮州电视台二套（公共频道）	嘉兴	齐福堂阿胶今朝多看点	嘉兴电视台文化影视频道
潮州	同仁堂国医馆	潮州电视台二套（公共频道）	嘉兴	第一楼市	嘉兴电视台新闻综合频道
潮州	老震说吧	潮州电视台二套（公共频道）	嘉兴	嘉兴新闻	嘉兴电视台新闻综合频道
潮州	天天好生活	潮州电视台一套（新闻综合频道）	嘉兴	嘉兴观察	嘉兴电视台新闻综合频道
衢州	开化是个好地方	衢州电视公共频道	温州	百晓讲新闻	温州市广播电视总台经济科教频道
衢州	直播衢州	衢州电视公共频道	温州	闲事婆和事佬	温州市广播电视总台新闻综合频道
衢州	衢州新闻联播	衢州电视新闻综合频道	温州	民生大擂台	温州市广播电视总台公共民生频道
衢州	工业新观察	衢州电视新闻综合频道	温州	温州新闻联播	温州市广播电视总台新闻综合频道
衢州	佳佳农话	衢州电视新闻综合频道	温州	反腐纵横	温州市广播电视总台新闻综合频道
盐城	盐城警方	盐城电视台二套	济南	今晚20分	济南电视台新闻综合频道
盐城	今日民声	盐城电视台二套	济南	都市新女报	济南电视台都市女性频道
盐城	记者调查	盐城电视台一套	济南	济南新闻	济南电视台新闻综合频道
盐城	今晚关注	盐城电视台一套	济南	有么说么故事会	济南电视台新闻综合频道
盐城	聚焦政风	盐城电视台二套	济南	有话好好说	济南电视台生活频道
杭州	阿六头说新闻	杭州电视台西湖明珠频道			
杭州	和事佬	杭州电视台西湖明珠频道			
杭州	专家团助力和事佬	杭州电视台西湖明珠频道			
杭州	开心戏剧社	杭州电视台西湖明珠频道			
杭州	明珠新闻	杭州电视台西湖明珠频道			

数据来源：CSM媒介研究

1. 民生新闻仍是城市台的生命线

从高收视栏目的类型来看，作为城市台新闻报道重要组成部分的民生新闻节目占据主体，占比超过一半，成为城市台高收视节目最为集中的类型（图3）。民生新闻以平民视角反映民生问题，更能体现本土的地域文化，且这一节目形式打破了传统新闻以说教和灌输为主的传播模式，更具平民化和本土化特质，多年以来为地面频道贡献了不俗的收视率和影响力。除民生新闻外，以方言时评、民生调解、政风行风为主体的专题节目，贴近地方百姓日常生活方方面面的生活服务节目，以及体现地方文化特色和创新潮流的综艺类节目，也是高收视地面节目的重要类型。

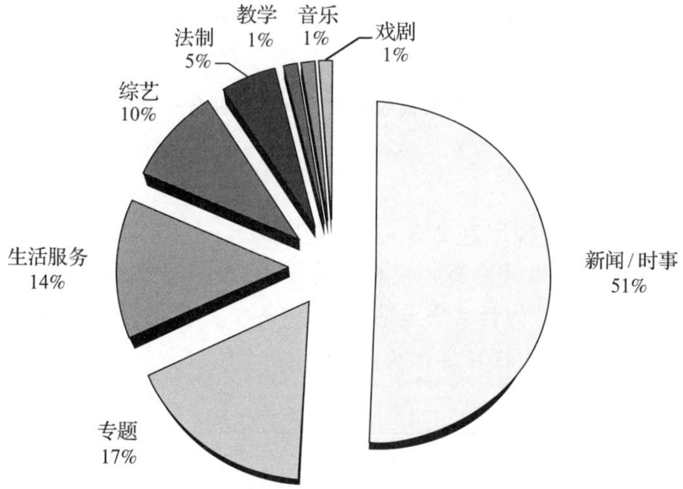

数据来源：CSM 媒介研究

图3 2017 年第一季度优势城市台高收视栏目①类型分布（本地，18:00～24:00）

2. 高收视栏目播出时段契合地方观众的收视习惯

契合于地方观众对城市台节目的收视习惯，37%的高收视栏目集中在18:00～19:00这一传统民生节目时段开播。19:00～22:00是中央电视台《新闻联播》和地面频道电视剧播出时段，上星频道的强势电视剧及自办栏目也多选择在这一时段开播，节目市场收视竞争较为激烈。在这3个小时内开播的城市台，高收视节目数量分布相对均衡，占比在15%～20%之间。22:00～24:00时段通常是省级卫视季播节目的主战场，城市台在这一时段的收视竞争中普遍处于弱势地位，在其间开播且获得较高收视的城市台节目占比较低，仅为8%（图4）。

---

① 优势城市台指2017年第一季度全天本地城市台市场份额高于20%地区的城市台；高收视栏目指该地区晚间18:00～24:00开播的栏目收视率排名TOP5，下文皆同。

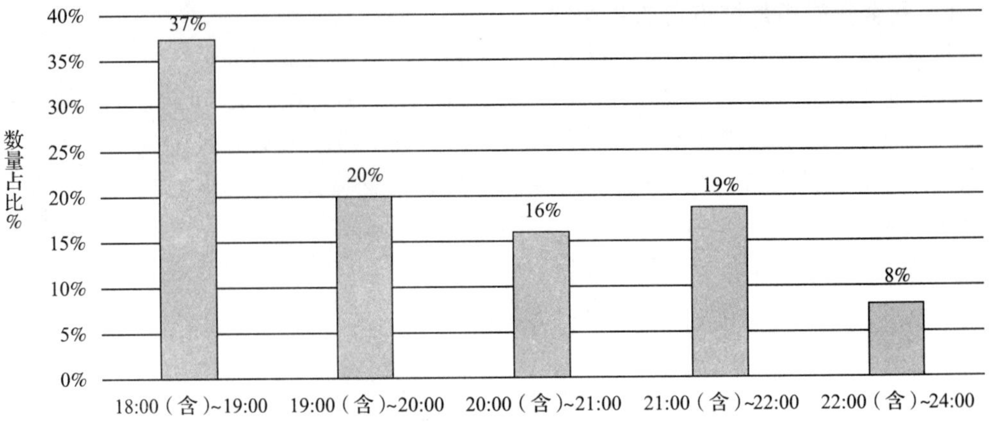

数据来源：CSM 媒介研究

图 4　2017 年第一季度优势城市台高收视栏目开播时间分布（本地，18:00～24:00）

3. 六成高收视栏目收视率在 2%～5% 之间

从 2017 年第一季度晚间时段高收视栏目的平均收视率来看，多数栏目的收视率集中在 2%～5% 之间，这个水平的栏目数量占比在六成左右，收视率高于 5% 的栏目占比不足三成，收视率在 2% 以下的栏目占比为 15%（图 5）。

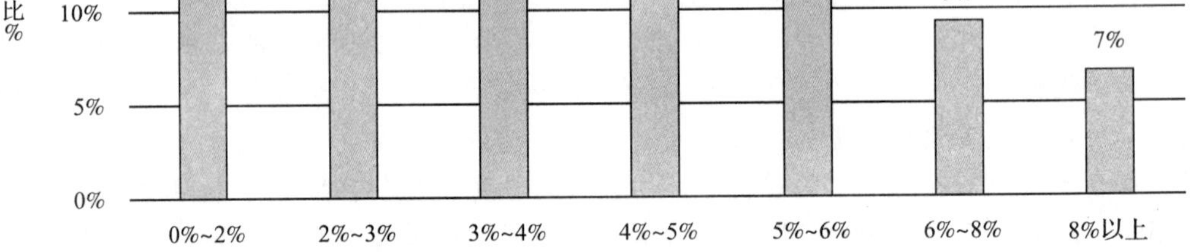

数据来源：CSM 媒介研究

图 5　2017 年第一季度优势城市台高收视栏目平均收视率分布（本地，18:00～24:00）

三、城市台优质节目创新特色

1. 生活服务：以“小民生”视角报道“大民生”问题

长期以来，切中民生脉络是城市台在本土市场赢得受众关注并提升自身影响力的一大利器。随着大量以日常生活中柴米油盐、衣食住行等个案为关注点的节目的集中推出，不仅观众的收视兴趣降低，而且媒体本身也由于节目触及社会生活的深度和广度不够而无法获得进一步的拓展及提升。在这样的背景下，通过民生角度来解读与百姓息息相关的政策法规等，并以浅显易懂的方式将这些政策法规的基本内涵及影响展示给观众的节目，开始活跃于城市平台，并在短时间内获得了较高的关注度，成为广大城市台突破既有天花板，将“小民生”向“大民生”扩展的一项重要突破。

观察上述强势城市台的优质节目，不难看出，以“小民生”视角报道或者解决“大民生”问题的电视节目是城市台优质服务类节目的一个共性。杭州电视台西湖明珠频道的《和事佬》，以法制调解为出发点，通过成立人民调解委员会，大大提高了节目调解的权威性，为当事人提供了一条快速便捷解决纠纷的途径，同时也为节目开辟了一条独具法律和维权内涵的调解节目发展之路。潮州电视台一套（新闻综合频道）的《天天好生活》立足于为潮州观众提供生活知识和服务信息，在节目新开播版块“法槌响”中，栏目与潮州中院合作，通过“庭审现场”“案情介绍”“情景扮演”“法官释法”等环节，将与老百姓生活密切相关的法律知识，通过一期期节目予以呈现和解读。泉州电视台新闻综合频道的《法治连线》更是以坚持舆论监督、普及法律知识为栏目宗旨，关注社会转型期出现的新型案例，关注有戏剧性冲突、有典型意义的民事小案。这些节目从小民生的视角切入大民生的问题，在解决了百姓实际需要的同时，也大大提高了媒体自身的公信力。

2. 民生新闻：用“内容优势”化解“速度劣势”

作为城市台崛起重要依托的节目类型，民生新闻曾经创下了一时的辉煌。但近年来城市台民生新闻的公信力和影响力都在不断降低，很大一部分原因在于媒体融合时代草根记者的出现，导致民生新闻不再是电视台的独家内容，而且电视台的民生新闻在时效性上也难以与新媒体相提并论。在这样的背景下，城市台民生新闻节目已经走到一个发展关口，如何通过方方面面的努力，挖掘自身的潜力，变劣势为优势，成为城市台未来发展的关键。

我们反过来再对包括城市台在内的整个传统电视的优势进行反思，不难发现，其优势不在于时效性，而在于建立在公信力基础上的内容优势，在于对权威内容的掌控。观察城市台优质民生新闻节目我们不难发现，它们正是把握了内容上的独特性，以“内容优势”化解“速度劣势”，从选材角度、挖掘深度、提升高度等方面，对新闻进行信息“大整合”，将内容与平台的优势双剑合壁，才形成了新媒体新闻难以企及的高度。嘉兴电视台新闻综合频道的《小新说事》是本地的一档热播民生新闻栏目，节目强调策划的重要性，在热点新闻事件上予以广泛关注、深入报道、积极引导，使内容的丰富性、权威性得到了保障。此外，节目还通过在官方微博上发起和引领“房价可能会跌?”“二手房再现乱象”“你家孩子用过这个假药吗”等话题，进一步提升观众对节目的关注度。泉州电视台新闻综合频道的《新闻广角》以反映社情民意和舆论监督为出发点，运用暗访、明查、系列报道、追踪报道、记者体验、场内外互动等各种报道手法，将社会反响强烈的问题暴露在阳光下，推动矛盾的解决，为媒体赢得了品牌力及公信力。苏州电视台社会经济频道（二套）的《社会传真》更是坚持“大民生”的定位，用最具公信力的调查和最感人至深的故事，见证城市现代化的进程。经过二十余年的发展，该栏目已经成为苏州电视台社会经济频道（二套）的旗舰新闻栏目和苏州市民晚间准时享用的新闻晚餐。

3. 民生综艺：综艺外壳，服务内核

与上星频道动辄数千万甚至上亿的资金投入相比，城市台频道在综艺节目上可用的资金可谓捉襟见肘，但这并未妨碍各地城市台依托本土优势在综艺节目市场开辟属于自己的一方天地。观察2017年第一季度强势城市台的优质综艺节目，我们不难看出，城市台在综艺节目的外壳下，通过锁定服务内核，尽管在制作上不敌上星频道的综艺大片，但在本土却能牢牢抓住核心受众的收视关注，成为收视、口碑双丰收的品牌节目。例如，无锡广播电视台都市资讯频道的《不见不散》就是一档为本城单身男女提供真实交友平台的综艺节目。节目本着服务本土观众的宗旨，相继推出了“青春专场”“中老年专场”“残疾人专场”“城市台联盟”等一系列专辑，在解决本地单身男女婚恋问题的同时，更是大大提高了节目自身的影响力，在当地众多综艺节目中脱颖而出。

不仅如此，在上星频道选秀类节目风生水起的当下，城市台频道本着服务本土的宗旨，也走出了一条贴近化、多样化、特色化的发展道路，在一般的艺术选秀之外，通过特色传统艺术选秀、独门绝技展示、地方戏曲竞演、本地方言脱口秀等多种节目形式，既丰富了荧屏节目的生态，更弘扬了乡土文化，彰显了城市台的地域影响力。例如，扬州电视台城市频道的《扬州好佬》方言秀就有一期节目将高邮地方特色文化搬上了扬州电视台的荧屏；温州市广播电视总台公共民生频道打造的《民生大擂台》则以益智类竞技为形式，在本地打造了一场群英荟萃的智力盛宴；宁波电视台二套（经济生活频道）的《天然舞台》更是以承载着宁波几代人文化记忆的老戏院的名字命名，将原来的“送文化”转向搭台让百姓“演文化”，吸引了更多的市民走上舞台，从而提升了城市文化生活的品质和频道的影响力。

4. 媒体问政：紧扣民情民意，延伸城市台社会功能

从2004年开始零星尝试，发展到今天各地方台争相创新，电视问政类节目已经成为地方媒体通过舆论监督带动群众监督，动员社会力量参与党风廉政建设的一种积极有效的尝试。对于更加贴近本地受众的城市电视台来说，媒体问政类节目更是由于定位准确、贴近百姓生活、解决问题切实有力、形式更加创新等优点，延伸了城市台的社会功能，得到了本地观众的支持和喜爱。

盐城电视台二套的《聚焦政风》是盐城市纪委、市监察局、市纠风办、盐城广播电

视台、盐阜大众报报业集团深入整合电视、电台、报纸、网络等全媒体资源而共同搭建的一个政风热线全新平台，多种媒体的互动融合大大畅通了群众的诉求渠道，扩大了节目的受众面和影响力。该节目在2017年第一季度盐城当地晚间时段的节目收视排行中位居前列。温州市广播电视总台新闻综合频道的《反腐纵横》由温州市纪律检查委员会、温州市监察局、温视新闻综合频道联合主办，节目通过大量热点追踪、案例解析，让观众在故事性叙述、互动性联系的报道中，见证城市倡廉进程，从而提高了媒体的公信力。深圳电视台一套（都市频道）的《廉正直击》在展现深圳党风廉政建设的同时，以舆论监督和民生类题材为主，反映具有普遍意义的社会现象，受到了市民的追捧与喜爱，成为深圳市反腐倡廉备受关注的一个媒体品牌。这些电视问政类节目在地面频道的开办，不仅为城市台有效地实施舆论监督找到了新的渠道，更切实扩大了城市台的影响力，提高了城市台的收视竞争力，不失为城市台在节目创新探索中的一个努力方向。

四、城市台创新路径探索

1. 跨区域联合：抱团取暖，提升品质

如本文开篇所说，当前包括城市台在内的地面播出平台在多方挤压下市场空间越来越不容乐观，在资源、资金、人才等都有限的情况下，针对如何减少成本、提升产出品质这一问题，众多城市台在跨区域联合方面已经进行了有效的尝试。目前，国内城市台的联合模式主要有内容联合、经营联合、人才联合、技术联合等几种，其中以联购、联播、联制为主要形式的内容联合在实用性、可操作性和有效性上优于其他模式。

在具体操作案例上，2015年10月开播的《隐藏歌手》由上海电视台娱乐频道、深圳电视台一套（都市频道）、北京电视台文艺频道、广州市广播电视台综合频道4个频道联合制作、联合播出、联合招商，节目开播后在北京、上海、广州、深圳等城市均获得了不俗的收视成绩。2017年7月开播的儿童归家成长体验真人秀《一米天空》陆续在福州电视台影视频道、呼和浩特电视台都市生活频道、温州市广播电视总台都市生活频道、武汉教育台、宜昌三峡电视台公共频道联合播出，扩大了节目的覆盖面和影响力。在内容的联合上，城市台经过多年的探索已经积累了一定的经验和成功案例，目前影响力较大的联合制播节目更多地以省级地面频道为主导。2016年4月，由湖南电视台经济频道牵头，湖北电视台综合频道、河南电视台都市频道、安徽电视台经济生活频道、江西电视台公共频道、河北广播电视台经济生活频道联合制作的全国方言知识竞答类节目《多彩中国话》应运而生，节目不仅为展现各省方言特点、传承方言文化作出了贡献，播出后更在各平台获得了优异的收视成绩。2016年7月，采用“1+8+N”全网全渠道发行机构合作模式的《长大之前去旅行》在1家卫视、8家主流省级少儿频道黄金时段多屏联播，并携手国内市县优秀城市频道进行二次轮播，将节目的影响力不断拓展延伸。

2. 跨界经营：整合资源，创造入口

在传统电视产业整体市场空间不断萎缩的背景下，对于各级电视媒体来说，单纯定位为节目制作平台已经远远不够，如何顺利转型，向连接受众与商业资源的入口转化，实现资源的高效配置，是传统电视必须重新学习的课题。

济南电视台自2012年开始举办、至今已连续成功举办十余届的济南电视家居节，有200多个知名品牌参展，观众流每日10万人次，现场交易量日均2亿元①。这些成绩不仅使家居节成了济南市家喻户晓的影响市场和行业的重要活动，更在广告之外为传统电视提供了一个盈利平台，使之实现了线上线下互补。徐州电视台举办多年的春季房交会也引人瞩目，以2016年为例，该房交会已经汇聚了30家企业近40个楼盘参展，通过整合包括电视、广播、周刊、网站、无线徐州客户端等在内的广电全媒体资源，让消费者、企业和电视台都获得了实惠。在跨界经营的过程中，城市台不仅通过整合资源拓展了收入，增强了在辐射区域的影响力，更为自身打造了一个通向未来的窗口，为明日的竞争积累了经验、锻造了实力。

城市台以外，不少省级地面频道也在跨界经营领域不辍耕耘，为城市台在此方面的探索提供了成功的借鉴和经验。广东电视台珠江频道的《摇钱树》在2016年推出了电视电商平台，由电视台、尚传广告以及南方新媒体三方合作。经过一年多的发展，《摇钱树》电视端观众对节目的关注度不断提升，微信平台的粉丝量不断增长，可以直接转化为经济效益的订单量也稳步上升。山东电视台齐鲁频道则将综艺节目与电视购物相嫁接，推出了《好运连连到》，节目播出后不仅在电视端取得了较好的收视效果，而且在销售数据上也获得了良好的回报。

3. 跨媒体融合：打破壁垒，引领传播

在媒体融合背景下，传统电视既面临着挑战也面临着机会，如何在打造过硬内容的前提下，主动打破不同媒体介质间的壁垒，通过多种媒体联动，放大主流媒体的传播效应，成为城市台主动出击的一个方向。

无锡广播电视台新闻综合频道的《政风面对面》作为一档政民互动的服务栏目，尝试综合运用广播、电视、报纸、网站、微博、微信公众号召集受众，以每周三的广播直播节目为先导，周五报纸出版跟进，周六电视现场直播，同时辅以随时在线的网站、微博、微信作为内容发布和节目互动的平台②，合力之下，在当地形成了强大的舆论场。在新闻领域之外，聚焦娱乐领域的佛山电视台公共频道推出了《2016珠江形象大使竞选》③，选举当天，除电视直播之外，微信直播的运用不仅为电视直播注入了活力，提升了传播的影响力，更大大提高了平台对年轻、高层次受众的吸纳能力，优化了自身的受众结构。此外，武汉广播电视台重点打造的以新闻资讯、社交娱乐、生活服务为一体的《掌上武汉》，则可以说是具有强烈广播电视特色的无线应用客户端，该应用不仅支持在

---

① http://mt. sohu. com/20160922/n468936720. shtml.

② 郭王．从1.0到3.0:无锡广电新闻融合传播探索［J］．中国广播影视，2017－3.

③ 李慧玲．创新“电视＋”——广东地区境外/地面媒体跨界传播新尝试［J］．收视中国．2017（4）.

线免费收看、回看武汉广播电视台的所有电视广播节目，而且还提供电视手机双屏互动游戏，给用户提供获得丰厚大奖的机会。

可以看出，在传统媒体与新媒体融合发展的进程中，有前瞻性的城市台已经开始了主动融合新媒体、引领新传播方式的思考，并已经踏上了探索和实践的征程。

五、结语

作为传统电视收视竞争中的一级，数量众多的城市台频道面临着发展的困境：整体蛋糕不断缩小，内部两极分化严重。但这并不能掩盖一些优秀的城市台依托多年深耕本土的经验，不断吸收借鉴媒介市场的新技术、新模式和新应用，扩展自身节目内涵和频道影响力的事实。通过梳理城市台优质自办节目的创新特点，我们可以看出，只要切实把握本土的民生和服务内核，精心雕琢内容，潜心拓展媒体功能，立足本土，不忘初心，城市电视台仍然大有可为！

（作者：周欣欣）

观众收视行为变化：人均日收看频道数下降而频道收看时长增加

近些年，我们观察到电视观众的规模和收视量都出现了下滑。那些仍在看电视的观众的收视行为发生了哪些变化？观众每天的收看时长可以分解为观众收看的频道数和平均每个频道的停留时间。那么现在电视观众收看的频道数是更多了还是更少了？不同城市的观众收看频道数量是否存在差异？这些频道中上星频道和地面频道各有几个？对于不同的人群而言，老年人收看电视的时间相比年轻人更多，那他们是收看了更多的频道还是每个频道收看的时间更长了呢？带着这一系列疑问，我们从人均每天收看电视频道数量的角度对电视直播收视率数据进行进一步挖掘，从中发现相关变化特点。

在CSM媒介研究的收视率调查中，采用测量仪采集数据可以更为精确地记录电视观众停留的频道情况。在收视分析中，我们使用观众到达率反映不同频道的观众规模数值。如果我们将各频道的观众规模数值累加，除以当天所有频道不重复的收视观众规模数值，就可以得出平均每个观众每天收看的电视频道数。在CSM媒介研究的收视调查网中，2017年有77个测量仪调查城市，本文将依据这77个城市中有独立收视率监测的700多个频道的直播收视数据（收视时长占观众全天收视总量的90%左右），对观众每天收看电视直播频道数的变化特点进行初步研究。

一、观众人均收看频道数逐年减少，在每个频道停留的时间逐年上涨

2017年前3季度，观众人均每天收看频道数量为7.16个，平均在每频道停留的时间为32.3分钟。从近5年的数据来看，观众人均收看频道数从8.50个逐年减少至7.16个（图1），观众在每个频道停留的时间从29.6分钟逐渐上涨到32.3分钟，整体呈增长态势（图2）。

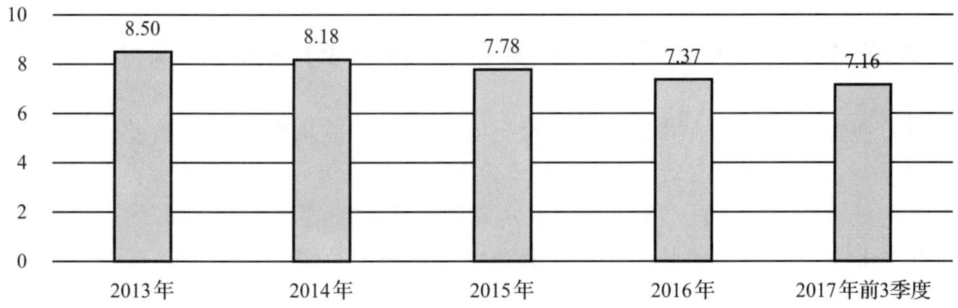

数据来源：CSM 媒介研究

图 1　2013～2017 年（前 3 季度）观众人均每天收看频道数变化（当年所有测量仪城市）

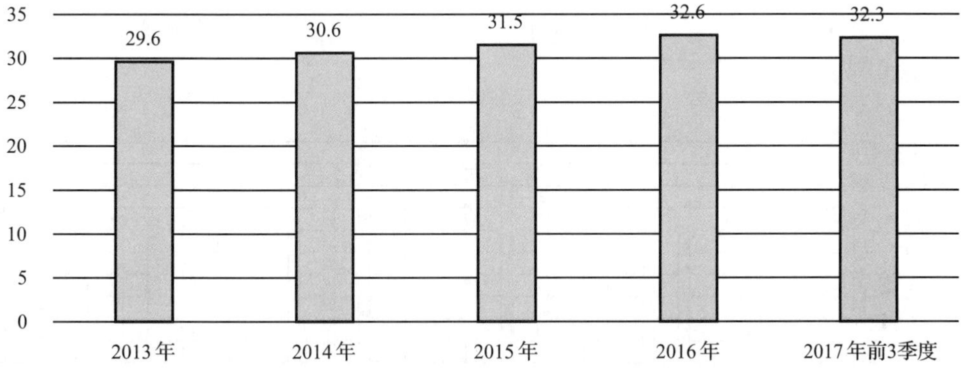

数据来源：CSM 媒介研究

图 2　2013～2017 年（前 3 季度）观众人均每频道收看分钟数（当年所有测量仪城市）

我们知道近些年观众的日均规模呈逐年下滑的态势，根据近 5 年测量仪城市组的平均到达率数据，2017 年前 3 季度的数值约为 55%，相比 2013 年的 64%下滑了 9 个百分点。对于收看电视直播的观众而言，他们平均每天收看电视的时长从 2013 年的 251 分钟下滑到 2017 年的 231 分钟，降幅约为 8%（表 1），但人均收看频道数降幅达到 16%，在每个频道停留的时间增长了 9%。这也反映出电视观众收视集中的现象，只有优质内容能够让他们停留下来，否则观众便可能转而收看时移点播等其他电视内容，甚至通过其他设备收看自己喜欢的内容。

表 1　2013～2017 年（前 3 季度）观众人均每天收看分钟数对比（当年所有测量仪城市）

年份	人均收视分钟数（观众）	人均收视频道数	平均每频道收视时长
2013 年	251.3	8.50	29.6
2014 年	250.3	8.18	30.6
2015 年	245.3	7.78	31.5
2016 年	240.4	7.37	32.6
2017 年前 3 季度	231.3	7.16	32.3

数据来源：CSM 媒介研究

二、中老年观众人均收看频道数及时长均高于平均水平

我们都知道中老年观众相比年轻观众到达率高，收看电视的时间更长。通过人均收看频道数分析，我们可以发现，34岁及以下观众人均每天收看的频道数大约为6个，较平均水平约低1个（图3）。55～64岁观众人均每天收看频道数为8.4个，65岁及以上观众达到8.8个。这两个年龄段观众收看的频道数分别是平均水平的1.17倍和1.22倍，同时其每频道的收看时长也分别是平均水平的1.06倍和1.12倍。由此可见，收看频道数对55岁及以上中老年观众总收视时长的影响相对更大一些。

在职业构成方面，退休及无业人员观众人均每天收看频道数为8.3个，干部/管理人员、个体/私营企业人员、初级公务员/雇员、工人及学生这5类参加工作和学习的观众人均每天收看频道数只有6.6个，低于退休及无业人员，且这5类观众之间人均收看频道数的差异相对不大。

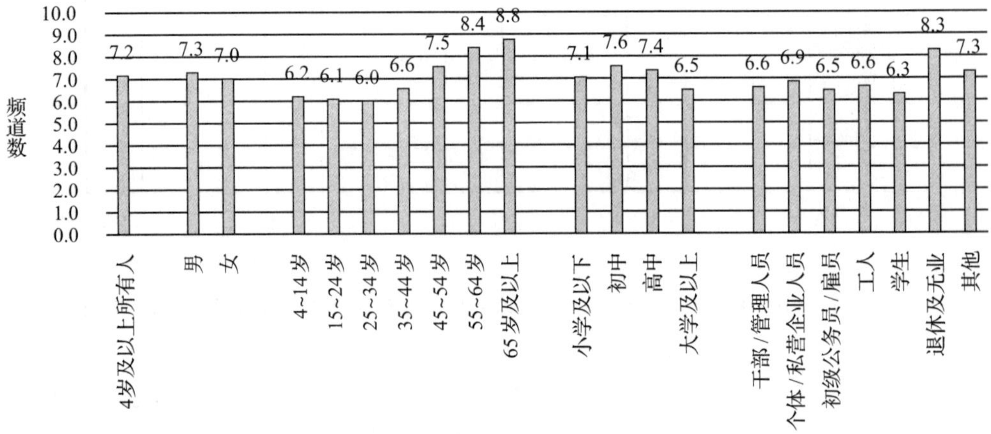

数据来源：CSM媒介研究

图3　2017年前3季度不同类型观众人均每天收看频道数对比（77个测量仪城市）

三、北方观众人均每天收看的频道数更多，频道平均停留时长地域差异较为明显

不同城市观众人均每天收看的频道数也存在一定差异，整体呈现北高南低的态势。2017年前3季度，七成以上城市的观众人均收看频道数为6～8个。观众人均每天收看频道数处于前10位的城市都分布在东北、西北和华北等北方区域。人均每天收看频道数最多的前3名城市分别为西宁、乌鲁木齐和大连，分别为9.38个、9.11个和8.95个。人均每天收看频道数最少的前3名城市分别为佛山、东莞和盐城，分别为4.91个、5.31个和5.56个（图4）。

北京、上海、广州和深圳作为中国的一线城市，其观众人均每天收看频道数有较大的差异。北京观众人均收看频道数为8.50个，上海为6.86个，深圳和广州则分别为6.17个和5.85个（图5）。

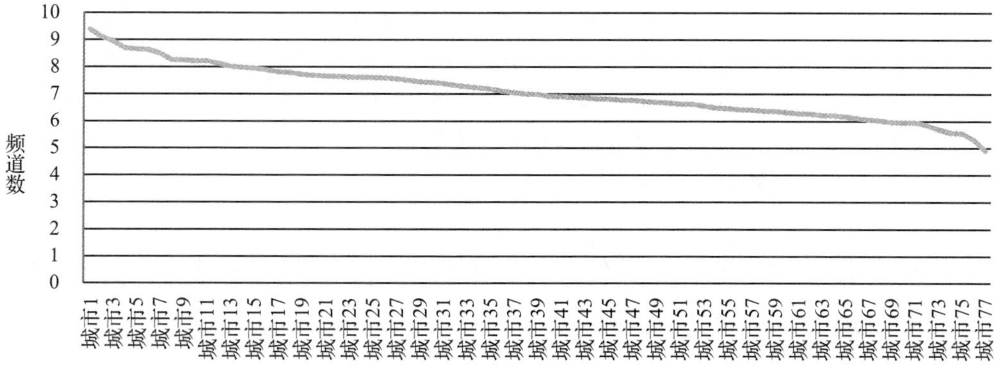

数据来源：CSM 媒介研究

图 4　2017 年前 3 季度不同城市观众人均每天收看频道数对比（77 个测量仪城市）

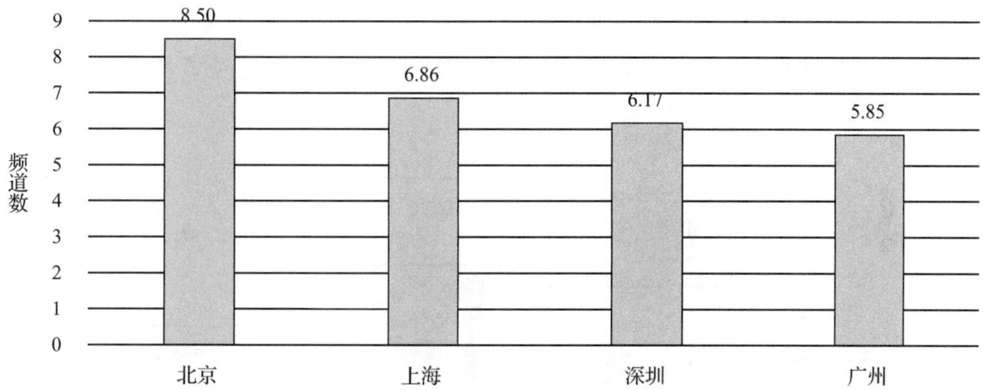

数据来源：CSM 媒介研究

图 5　2017 年前 3 季度北、上、广、深四城市观众人均每天收看频道数对比

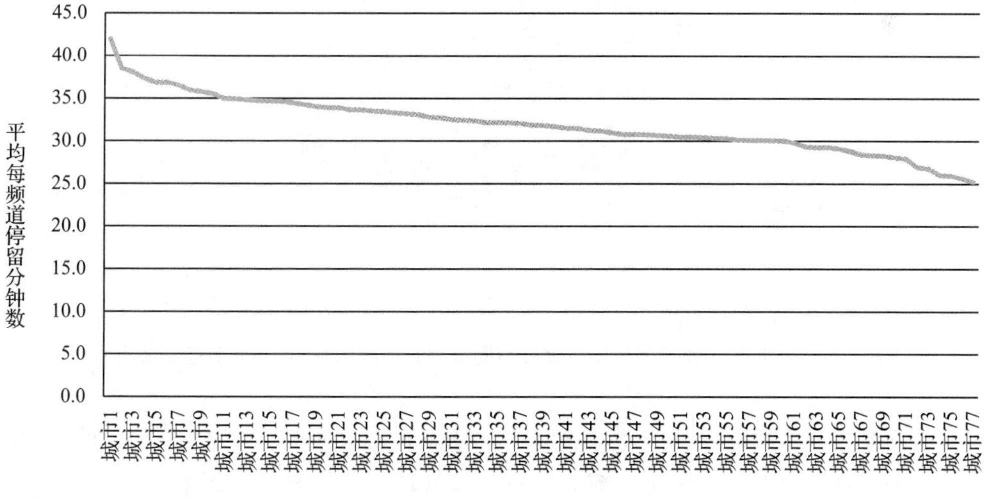

数据来源：CSM 媒介研究

图 6　2017 年前 3 季度不同城市观众人均每频道停留分钟数（77 个测量仪城市）

观众人均在每个频道停留时长数据显示，该数值的地域差异也较为明显。近三分之二城市的观众人均每频道停留时长在30～35分钟之间。人均每频道停留时长最高的前3名城市分别为佛山、长沙和南昌，分别为42.0分钟、38.5分钟和38.0分钟。人均每频道停留时长最少的前3名城市分别为西安、银川和乌鲁木齐，分别为25.3分钟、25.7分钟和26.0分钟（图6）。

四、上星频道跻身前五名、地面频道进入前两名才有更多的机会进入观众的“收视篮子”

从2017年77个测量仪城市的数据来看，观众平均每天收看中央级频道2.50个、省级上星频道2.65个、省级地面频道1.31个、市级频道0.58个，占比分别为35%、37%、18%和8%（图7）。观众平均收看的频道数比例与收视份额所占比例基本接近，这从另一个角度说明观众收看频道数是影响各频道组收视份额的重要因素。对于各级别频道而言，要想进入观众的“收视篮子”，中央级和省级上星频道需要挤入前5位，省、市级地面频道只有进入前两位才有更多的机会。

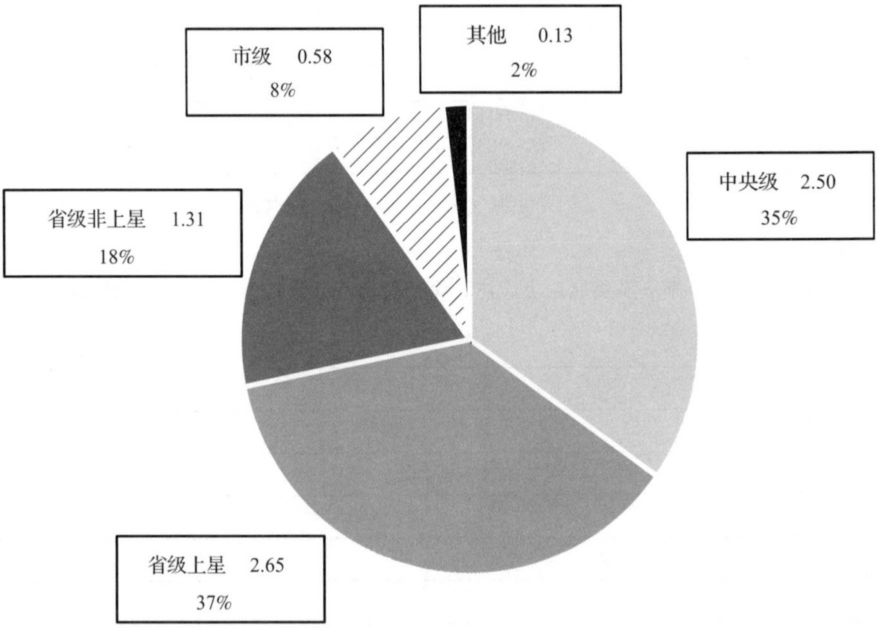

数据来源：CSM媒介研究

图7　2017年前3季度观众人均收看不同级别频道数构成（77个测量仪城市）

从近5年来观众收看不同类型频道组的数量变化趋势来看，中央级频道和省级上星频道近两年呈现逐渐稳定的态势，省、市级地面频道仍在下滑中（图8）。

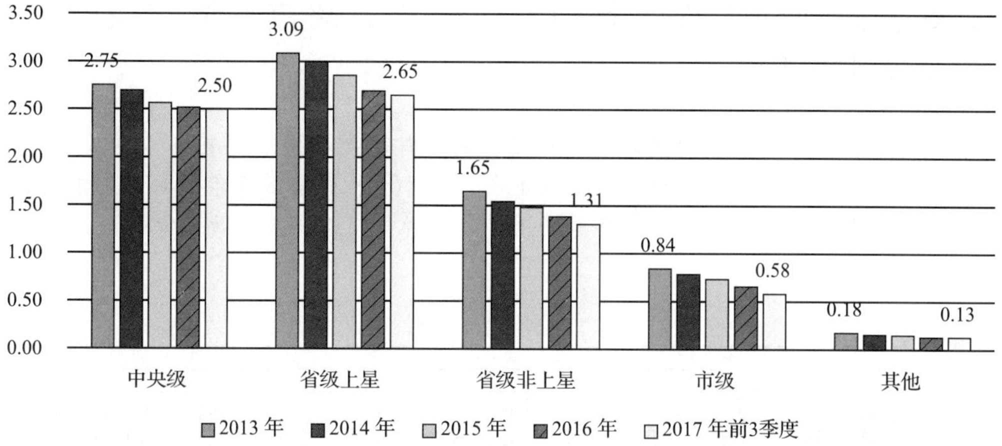

数据来源：CSM 媒介研究

图 8　2013～2017 年观众人均收看不同级别频道数（当年所有测量仪城市）

五、周末人均收看电视频道数较工作日小幅增长

由于周末放假，观众收看电视的时间有一定增长，人均收看电视的频道数也有小幅增长，人均收看 7.55 个频道。这个数值高于工作日的 7.00 个，增幅为 7.9%（图 9）。2016 年周末较工作日人均收看频道数的增幅与 2017 年前 3 季度相同，而 2015 年周末较工作日人均收看频道数的增幅更大一些（9.1%）。

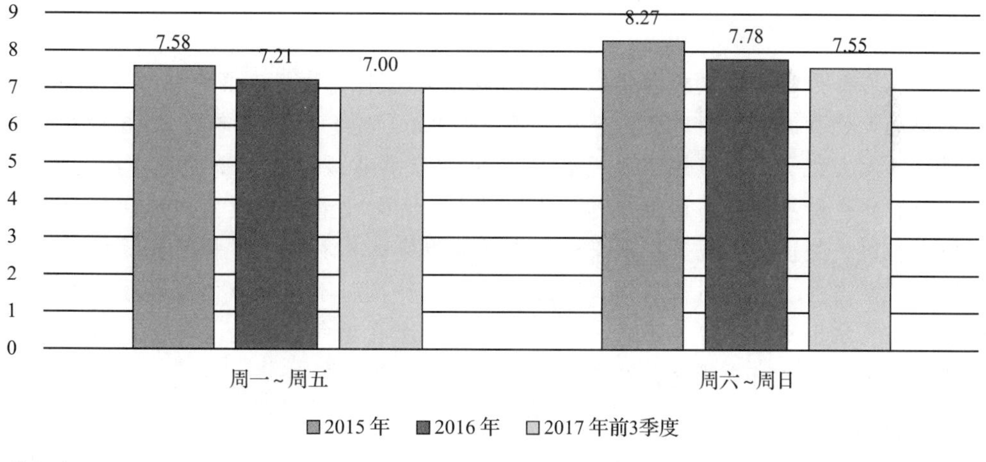

数据来源：CSM 媒介研究

图 9　2017 年前 3 季度工作日与周末观众人均每天收看频道数对比（77 个测量仪城市）

六、寒暑假观众人均收看频道数较平时略高，但寒假红利正在逐渐消失

整体而言，寒暑假期间观众人均收看频道数相对略高。2017 年前 3 季度数据显示，暑期期间比平时收看的频道数大约多出 0.4 个（图 10）。而从近 3 年的对比来看，寒假期间的优势已从 0.8 个减少到 0.6 个再到 0.4 个左右，寒假带来的收看频道数增长红利正在逐渐消失。

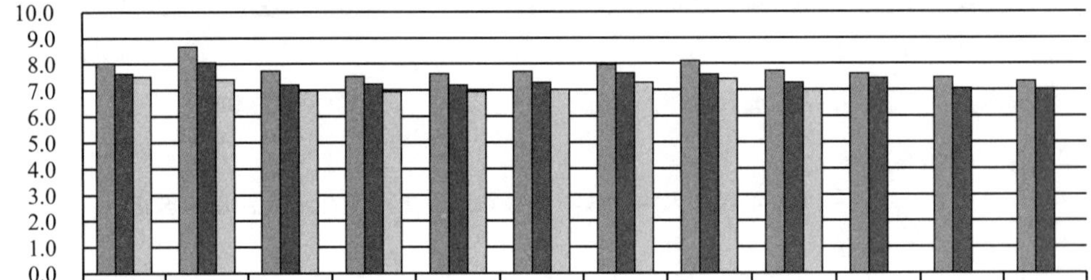

	1月	2月	3月	4月	5月	6月	7月	8月	9月	10月	11月	12月
2015年	8.0	8.7	7.7	7.5	7.6	7.7	8.0	8.1	7.7	7.6	7.5	7.3
2016年	7.6	8.0	7.2	7.2	7.2	7.3	7.6	7.6	7.3	7.4	7.0	7.0
2017年	7.5	7.4	7.0	6.9	6.9	7.0	7.3	7.4	7.0			

数据来源：CSM 媒介研究

图 10　2017 年前 3 季度不同类型观众人均每天收看频道数对比（所有测量仪城市）

七、结语

观众人均每天收看的电视频道数为我们观察研究电视收视率数据提供了新的角度。观众人均每天收看的电视频道数已经从 5 年前的 8.50 个降至 2017 年的 7.16 个，而要想进入观众每天大约 7 个频道的“收视篮子”，中央级和省级上星频道就必须挤入前 5 名，省市级地面频道则要进入前两位才有更多的机会。人均收看频道数的减少和每频道停留时间的增长所反映出的收视集中现象，也告诉电视媒体人必须为电视观众提供更多的优质内容。只有这样才能吸引他们停留下来。不同年龄段、不同城市的观众收看电视频道数的差异也显示出不同定位、不同区域电视媒体所面临竞争压力的差异，电视媒体人可以加强对这种现象的分析研究，从中找到适合自己的努力方向。

（作者：吴凡）

时移收视率：多元收视环境下大屏收视监测的拓展

近10年来，随着媒介技术的发展，“看电视”这一受众最为日常的行为发生了很大的变化。观众仍然会坐在客厅里看电视，但是其使用电视的方式与以前大相径庭。人们不再需要电视节目表，也不必坐在电视机前等候自己喜欢的节目开始，取而代之的是根据自己的安排，在最方便的时间点播或回看想看的节目。这种非线性的、个性化的主动收看正逐渐成为很多观众的日常收视模式。

媒介环境的变化给用户化提供了更多的选择，市场产生了新的需求，也催生了新的监测技术和方法。英国早在1991年就开始提供时移收视数据，美国则在2005年年底开始进行时移电视收视的监测。随着时移收视用户的增多和测量范围的扩大，时移收视数据的参考价值逐步得到了业界的认可。截至2016年，全球已有39个国家开展了时移收视监测并将时移收视率纳入电视节目评估体系。在中国，CSM媒介研究自2014年年初开始尝试对时移收视进行监测，目前已经可以提供所有测量仪城市的时移收视数据。时移收视率作为直播收视率的有益补充，也正在被国内业界所接受。

一、时移收视的监测方法

目前，CSM媒介研究时移收视的监测方法是将原本直播收视监测时归入“其他”频道中的点播和回看记录进行归类，按照节目内容纳入相应直播节目的“时移”收视中。具体来讲，CSM媒介研究基于原有的人员测量仪收视调查方法，使用声音匹配技术，将匹配的日期范围扩大至7天（或者更长），将用户收看电视内容的信息与电视台7天内播出的所有节目的音频信息进行匹对，从而汇总出电视节目在非直播时段的收视情况(图1)。

二、时移收视发展概况

2016年，全球人均时移收视时间达到平均每天16分钟，较前两年有缓慢的增长。与此同时，电视直播人均每天收视时间呈现出逐年下降的态势，由2014年的230分钟降至2016年的222分钟（图2）。

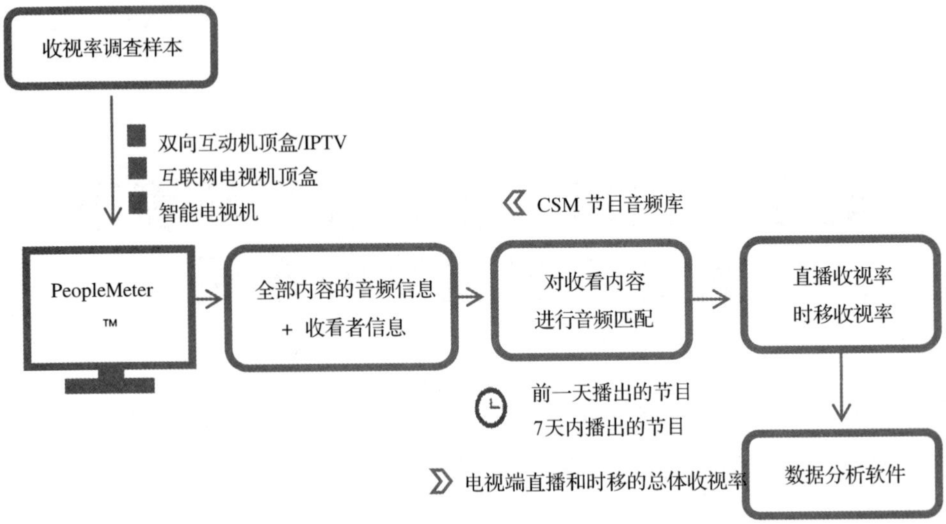

图 1　电视时移收视测量基本方法图示

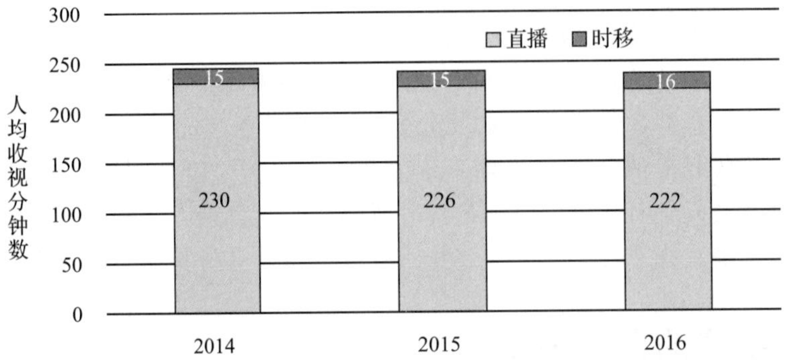

数据来源：Eurodata TV. *One TV Year in the World*, 2017

图 2　30 个国家直播与时移收视时间对比（分钟）

与全天直播收视平均时长相比，时移收视为电视带来超过 7% 的收视增量。在英国、瑞士等国家，时移收视的增量更是达到了 15% 以上，在美国、比利时、爱尔兰、加拿大等国家，这一数字均超过 10%。

中国观众的收视习惯在近两年也逐渐向时移收视转移。以 2017 年 7 ~ 10 月为例，在 52 城市所有电视收视人口中，每天有 6.5% 的观众发生时移收视行为（7 天内时移）[①]，约占观众总到达规模 52.8% 的八分之一，即每 8 个收看电视的观众中就有 1 人点播或回看过电视节目（图 3）。

① 除非特别标明，此文所述时移收视数据均为 7 天内时移收视数据。

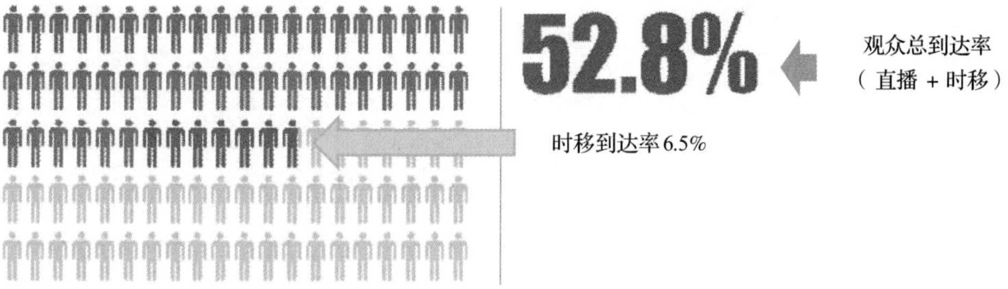

数据来源：CSM 媒介研究

图 3　52 城市电视收视总体到达率（2017 年 7～10 月）

在越来越多的观众选择时移这种收视方式时，他们花在时移收视上的时间也相对稳定。最近的数据显示，在 CSM 媒介研究进行时移监测的 52 城市中，观众平均每天收看时移节目的时长约为 5 分钟，相当于在直播收视率的基础上增加了 4% 的收视。在西安、重庆、上海、天津等城市，时移人均收视时间能达到 10 分钟左右，时移为直播带来了 5% 以上的增量（图 4）。

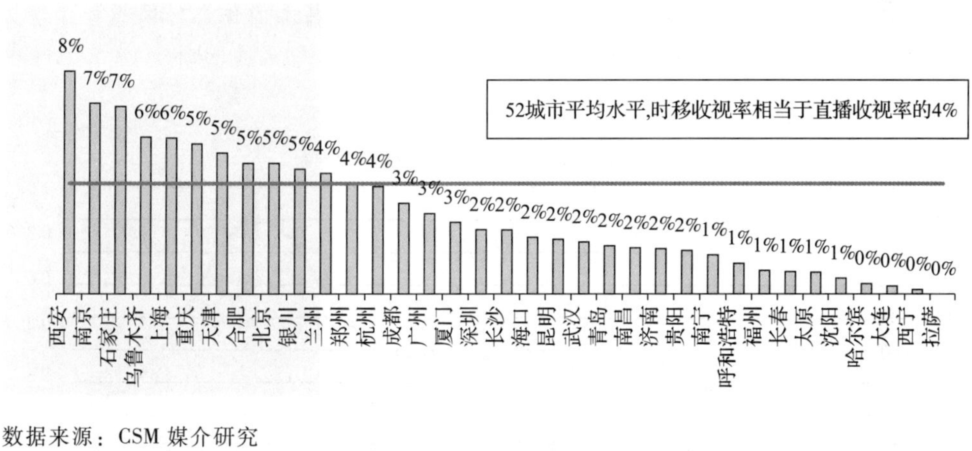

数据来源：CSM 媒介研究

图 4　部分主要城市时移收视率与直播收视率比值（%，2017 年 7～10 月）

从更长的时间范围来看，我国电视观众在选择直播和时移收看方式时对时间的分配也与其他国家保持了一致。2017 年 1～10 月的直播收视时间与前一年同期相比有所下降，时移收视时间略有上升（图 5，CSM52 城市时移数据始于 2017 年 7 月 1 日，为了延长数据考察时间，图 5 使用了 15 城市数据）。

从时移观众（在监测期间有过时移收视行为）来看，则无论是直播还是时移，人均收视时长均高于总体观众，同时时移收视为电视直播带来的收视增量超过了 8%（图 5）。

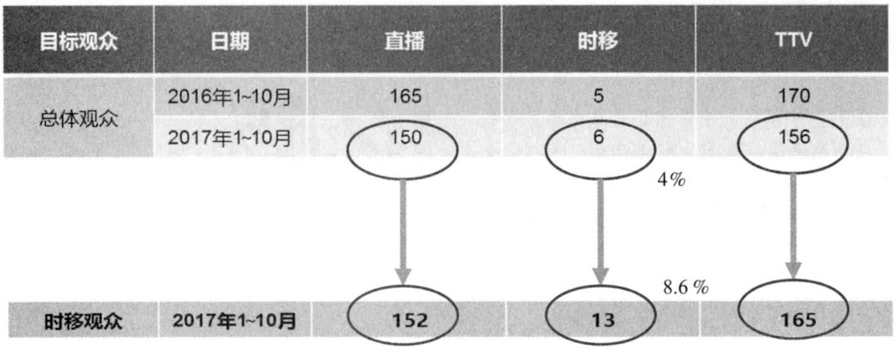

数据来源：CSM 媒介研究

图 5　15 城市观众人均直播收视与时移收视时长对比（2017 年 1 ~ 10 月）

三、时移收视的特点

1. 观众对大屏的新体验仍然遵从家庭娱乐时间规律

与直播收视类似，观众时移收视的时间也大多集中在晚间，区别只在于时移收视的黄金时段比直播后移了一个小时左右，但仍然符合家庭的娱乐时间规律（图6）。观众通过时移收视行为自行选择节目内容，打破了线性传播的局限，延长了节目的收视时长。然而，在选择什么时间看电视这件事上，观众仍然遵循着基本的作息时间规律，晚饭后到睡前始终是属于电视大屏的黄金时段。

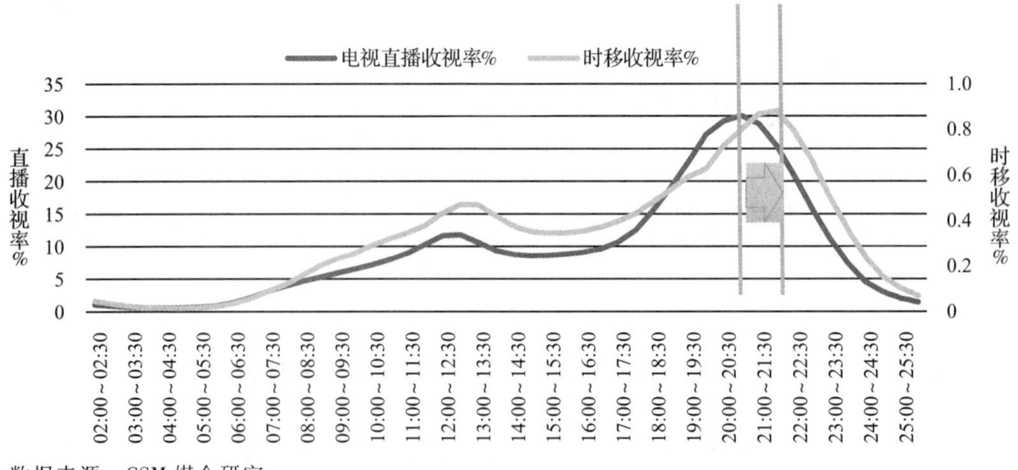

数据来源：CSM 媒介研究

图 6　52 城市直播收视与 7 天内时移收视分时段走势（2017 年 7 ~ 10 月）

2. 灵活的收看体验留住并引发了一批年轻高学历观众回流

与直播收视观众构成相比，时移收视观众整体上倾向于女性、年轻及受过高等教育的人群。

时移收视观众中有三分之一的人年龄在25 ~ 44 岁之间，较直播电视观众中同年龄段人群的占比明显更大，而作为传统电视观众中主要组成部分的55岁及以上观众，在时移观众中的占比有较大幅度的下降。受过高等教育（受教育程度为大学及以上）的观众在时移观众中的比例达到28%，也远远大于其在直播观众中的占比（图7）。

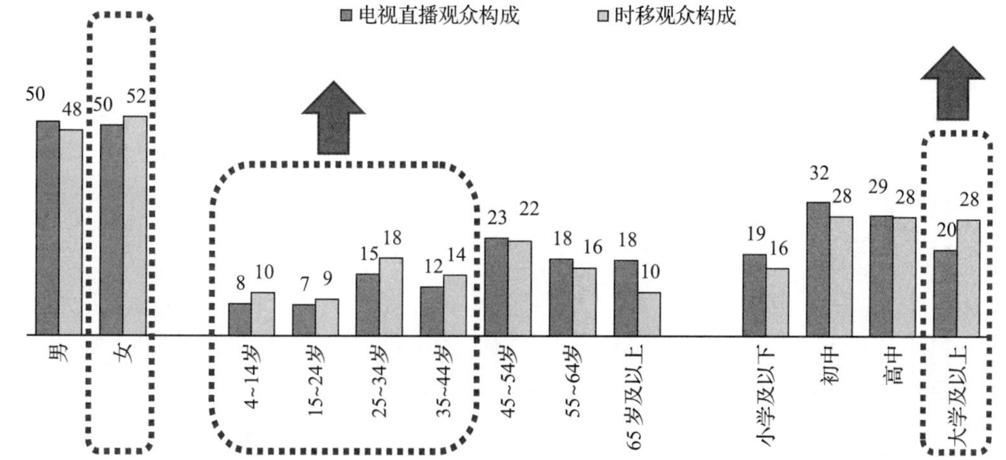

数据来源：CSM媒介研究

图7 52城市直播收视与7天内时移收视的观众构成（%，2017年7~10月）

在时移收视中，观众拥有主动选择的便利，所以时移收视行为会放大节目的观众特征，因此不同类型节目的时移观众构成差异便显得更加明显。以观众特征明显的电视剧为例，不同题材的电视剧会吸引不同的目标观众，而选择以时移方式收看某部电视剧的观众，其特征通常比直播观众表现得更为鲜明。

IP剧《醉玲珑》的观众主要为年轻女性观众，直播观众中有53%为女性，而在使用时移方式收看《醉玲珑》的观众中，女性观众的占比达到了70%以上，比直播观众中的比例高出近20个百分点（图8）。

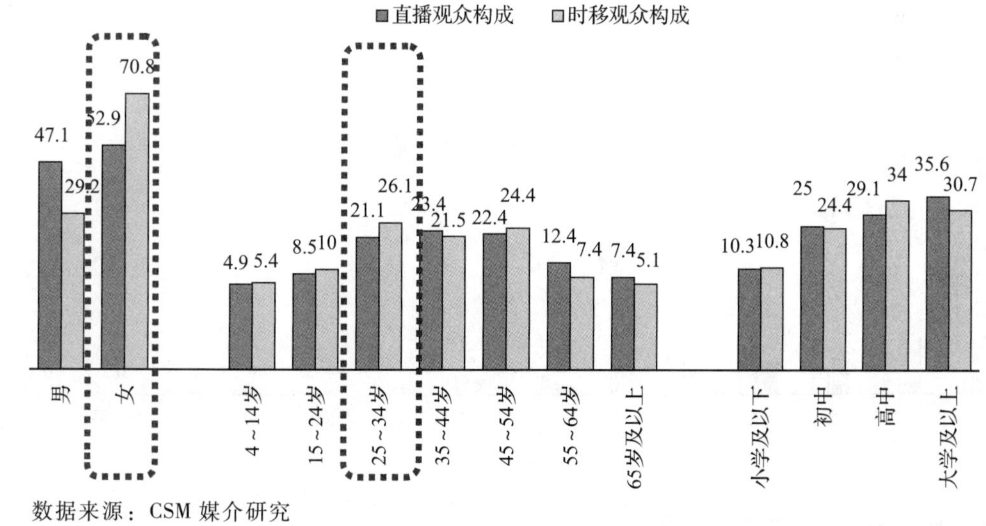

数据来源：CSM媒介研究

图8 35城市《醉玲珑》直播收视与60天内时移收视的观众构成
（%，2017年7月13日~10月7日）

以抗日战争为背景的电视剧《飞哥战队》偏向男性题材，直播观众中性别分布比较均匀，而选择时移收看的观众则以中高学历男性观众为主。除了这两个特点，该剧时移观众中有21.9%为25～34岁的年轻人，该比例比直播观众中的比例高出10个百分点，可见这个年龄段的年轻人更愿意点播或回看《飞哥战队》（图9）。

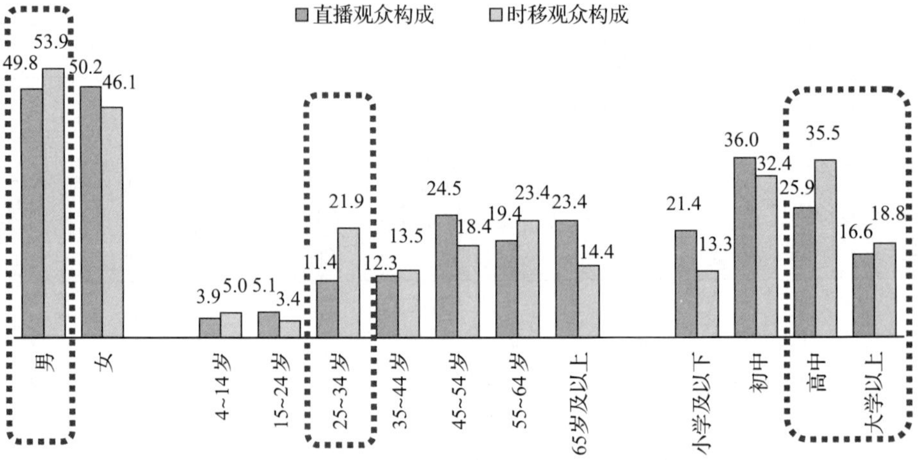

数据来源：CSM媒介研究

图9　35城市《飞哥战队》直播收视与60天内时移收视的观众构成（%，2017年10月25日～11月18日）

3. 电视剧和综艺节目是时移内容消费的主体

电视观众的时移收视中，有近一半（48%）的时间都用在了电视剧类节目的收视上，其次是综艺节目（16%），其他节目类型均未超过10%。直播收视中比重较大的新闻类节目在时移收视中仅占5%，专题和生活服务类节目也较少有人选择时移收看。可见观众在时移收视时更倾向于选择娱乐属性较强的剧情类节目，对具有时效性和服务性的节目选择倾向性不强（图10）。

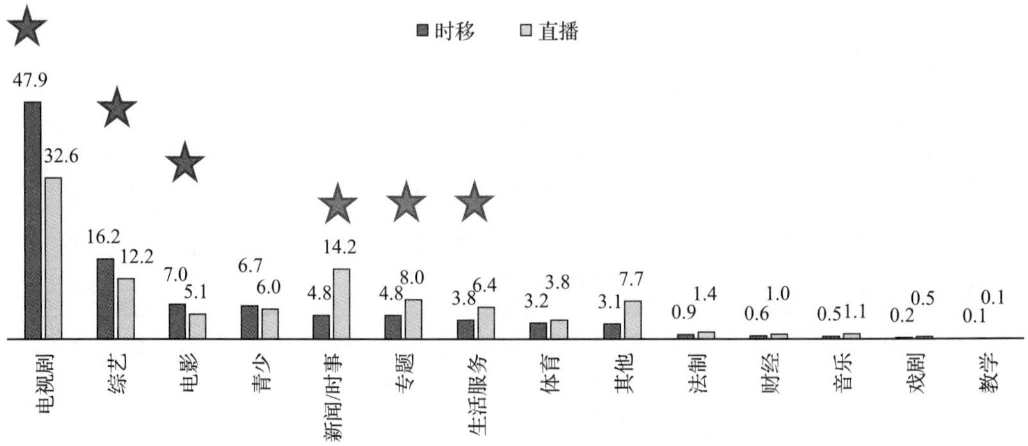

数据来源：CSM媒介研究

图10　52城市各类型节目在直播与时移收视中的收视比重（%，2017年7～10月）

四、时移收视的影响因素

影响时移收视率水平的因素有三个：一是双向互动用户的渗透率，二是运营方提供节目点播和回放的类型、时效及容量，三是观众在点播和回放方面收视习惯的养成程度。

2016 年年初，CSM 媒介研究 52 城市市场中“其他频道”所占收视份额接近 11%，到 2017 年 9 月，这一数字已超过 16%，涨幅接近 50%。而在“其他频道”组的收视份额中，点播、回看等时移收视内容占了很大部分。CSM 媒介研究从多方获得的统计数据证实，在 CSM 电视监测数据中，在“其他频道”组收视份额上升的同时，全国 IPTV 用户量增加了 144%，有线电视双向覆盖规模及渗透率也进一步扩大。此外，我国智能电视机的保有量在 2017 年年底估计达到了 1.7 亿台。这些双向互动硬件条件的成熟，为时移收视行为的扩大奠定了基础（图 11）。

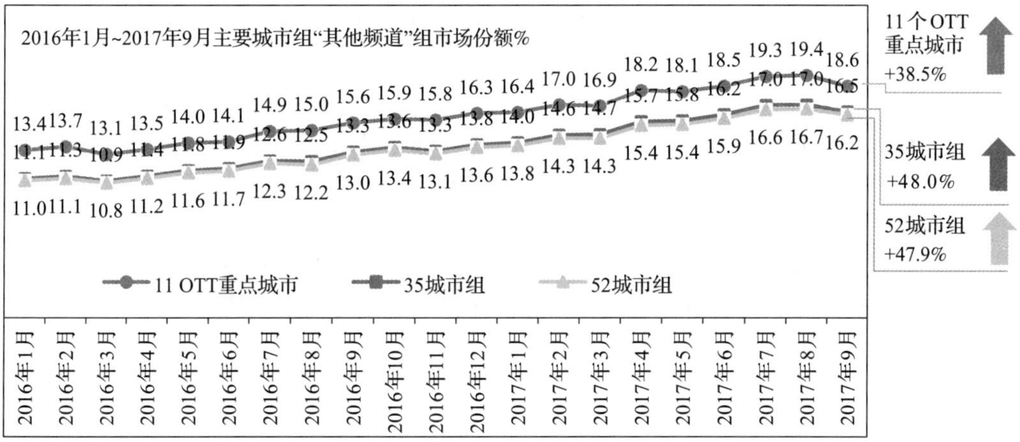

数据来源：CSM 媒介研究

图 11　2016 年 1 月 ~2017 年 9 月不同城市组“其他频道”组市场份额变化情况

注：1. “其他频道”收视以点播、回看等非直播收视为主，还包含少量地市级以下频道和数字频道的直播收视行为。

2. 11 个 OTT 重点城市为：北京、上海、广州、深圳、天津、重庆、成都、杭州、南京、西安、郑州。

统计数据表明，我国中心城市（CSM52 城市）电视人口的 83% 已经具备了双向互动收视的条件，即在 52 城市共计 2.19 亿电视人口中，有 1.82 亿人可以通过数字有线电视、互联网电视、IPTV 三种方式中的一种或几种，点播或回放电视节目内容，从而实现双向互动收视（图 12）。

此外，广播电视系统数字化转型完成后，数字电视机顶盒包含的“时移回看”“节目点播”等功能通常可以让观众时移收看一周之内的所有电视节目，点播收看电视剧、综艺、教育等专门的节目类型。如此，几乎所有的电视节目都变成了能够时移收视的节

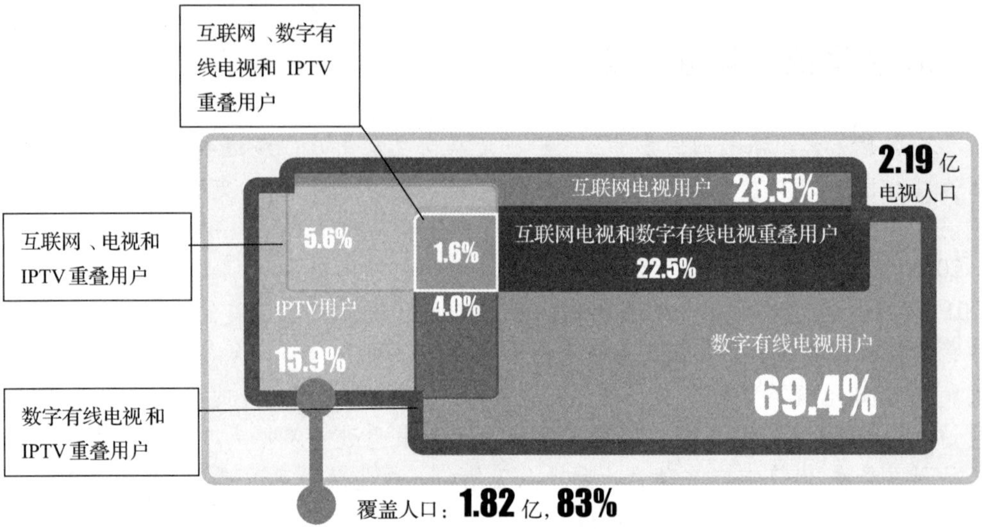

数据来源：CSM 媒介研究

图 12　52 城市双向互动收视用户分布（2017 年）

目资源，可以满足观众不同的收视需求。此外，IPTV 或通过 OTT 盒子连接到互联网的普通电视以及本身带有互联网功能的智能电视进一步扩大了时移收视的范围，存放在互联网上的电视节目资源也被纳入了可以时移收视的节目资源，这些都为时移收视行为提供了充足的节目储备。

结合上文的时移收视分析数据，无论是从观众规模还是从观众收视黏性的角度来看，我国观众的时移收视习惯已经基本养成。随着双向互动用户渗透率的进一步提高和节目资源的不断增加，时移收视可能会迎来爆发式增长。

五、结语

时移收视进一步延长了节目的收视时间，成为数字化背景下节目价值延伸的重要范畴。时移收视率可以更加全面地反映电视节目在电视端的收视效果，是对测量仪电视收视数据的进一步挖掘，也是多元收视环境下对大屏收视监测的拓展。

同时，CSM 媒介研究也认识到，大屏收视只是观众收视行为的一部分。在"互联网+"时代，电视之外的其他设备，如移动电话、平板电脑、笔记本电脑甚至台式电脑都可以接收到电视节目，而除了电视节目以外，还有很多其他的视频资源也被冠以了"节目"的名称。无论是从收视方式抑或是从收视内容来看，"碎片化"已经成为大势所趋，传统收视监测方法将会面临更加复杂的挑战。时移收视监测只是探索的第一步，CSM 媒介研究已经在跨屏收视监测及研究方面大踏步向前，以期能够进一步为电视市场开拓增量价值并扩大影响力。

（作者：曹珩）

家庭直播与时移收视中的单人及伴随收视特点

近年来，移动视频及网络视频盛行，个性化的视频收视行为越来越普遍，但这些依然没有撼动电视家庭收视在人们生活中的既有位置。在新媒体触手可及的时代，为何电视家庭收视在人们的生活中处于如此重要的位置？个性化的移动视频和网络视频为何没有取代传统的电视家庭收视？针对这些问题，本文尝试从家庭成员不同收视方式这一视角来分析电视家庭收视行为的不可替代性。

本文使用 CSM 媒介研究 2017 年第一季度有时移收视调查的 15 城市数据[①]，分别从直播和时移收视行为中，拆解出家庭成员独立收视与伴随收视的数据，以此来分析在直播与时移收视行为中，观众独立收视及伴随收视的特征。

一、伴随收视是家庭收视的主要方式

家庭收视中，成员间相伴收看电视节目仍然是最主要的形态，而非每个成员的独立收视。家庭电视收视不仅仅是成员个体对电视节目、频道喜好程度的体现，而且由于情感交流等精神及心理方面的需求，家庭电视收视更多地表现为成员间表达情感、陪伴、互动的一种更为广义的生活方式，这种需求远非个性化媒体所能够满足。就收视数据而言，当我们获得特定目标观众的收视数据时，该数据反映的收视行为都不仅仅是该类目标观众的个体行为，多数情况下它是受同伴影响而共同选择的结果。

CSM 媒介研究的电视收视调查数据也验证，电视收视仍然以家庭成员相伴收视为主要形式。2017 年第一季度 15 城市观众中，每天独自收看电视的观众占比为 27.2%，与家人相伴收看电视的观众占比为 43.2%；平均每人每天独自收看电视的时长为 56.7 分钟，与家人相伴收看电视的时长为 106.8 分钟，与家人相伴收看电视的观众收视时长明显更长。

伴随收视也是不同年龄段观众的主要收视方式，各年龄段观众日均单人收视占比明显低于伴随收视的占比。4 ~6 岁儿童对遥控器的操控能力较差，因此每天与家庭成员相伴收视的儿童比例达到了所有 4 ~6 岁儿童的 46.62%，单独收看电视的 4 ~6 岁儿童仅

① 15 个城市为：北京、成都、广州、杭州、合肥、济南、南京、上海、天津、西安、长沙、重庆、乌鲁木齐、银川、郑州，即回看设备样户比例 > =20% 的直辖市和省会城市。

占4~6岁所有观众的25.50%（图1）。随着年龄的增长，7~14岁少年观众对遥控器的操作能力逐渐增强，不再需要他人帮助便可以自由选择自己喜爱的频道和节目，青春期、逆反期的出现也使得他们更需要个人空间，加之他们对节目及频道的偏好与成年观众之间存在明显差异，其与家庭成员间相伴收视行为开始减少。数据显示，7~14岁少年观众每天虽然仍以伴随收视为主，但伴随收视和单独收视两者的占比差异缩小，每天伴随收视的观众比例为36%，单人收视比例为28%。15~24岁青年观众与成年观众对节目的偏好逐渐趋同，选择伴随收视的观众比例再次与单人收视观众比例拉大了差距；随着观众年龄的进一步增长，35岁及以上观众家庭中有儿童的比例增多，55岁及以上观众家中有儿女和孙辈的比例增多，因此其伴随收视观众的比例显著高于单人收视。

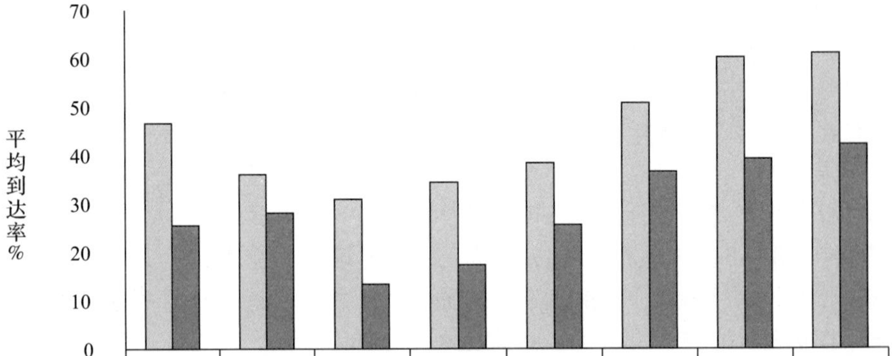

	4~6岁	7~14岁	15~24岁	25~34岁	35~44岁	45~54岁	55~64岁	65岁及以上
直播：伴随收视	46.62	36.03	30.87	34.33	38.33	50.72	60.13	60.93
直播：单人收视	25.50	28.05	13.30	17.34	25.55	36.54	39.15	42.05

数据来源：CSM媒介研究

图1　直播收视中各年龄段观众单人与伴随收视的平均到达率（%）

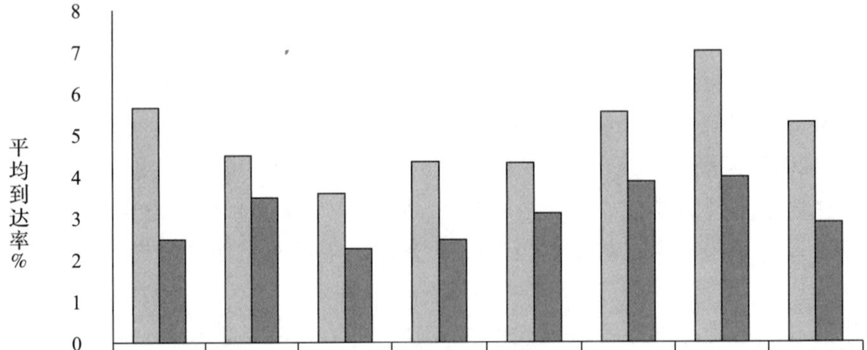

	4~6岁	7~14岁	15~24岁	25~34岁	35~44岁	45~54岁	55~64岁	65岁及以上
时移：伴随收视	5.64	4.49	3.59	4.35	4.32	5.54	7.01	5.29
时移：单人收视	2.47	3.48	2.25	2.46	3.10	3.87	3.98	2.88

数据来源：CSM媒介研究

图2　时移收视中各年龄段观众单人与伴随收视的平均到达率（%）

在观众点播、回看电视节目时，伴随收视也是各类观众收视的主要方式。与直播收视不同的是，点播、回看节目的遥控器操作更加复杂，因而操作能力较弱的观众更加依赖伴随收视的方式，能否与家庭成员间相伴收视，已然成为影响其能否进行时移收视的一个重要因素，于是便形成了“若无法伴随，则无法收视”的结果。4～6岁的儿童每天单人时移收视的观众占比仅为2.47%，而直播观众中第一大收视群体——65岁及以上老人单人时移收视的观众比例仅为2.88%，排名第五（图2）。

二、直播收视中伴随收视的观众忠实度更高，时移收视中单人收视的观众忠实度更高

对于大多数年龄段的观众来说，直播收视中，伴随收视的观众忠实度更高；时移收视中，单人收视的观众忠实度更高。

在直播收视中，各年龄段观众“被动”地收看电视台的直播节目，他们能够主动选择的只有频道，一旦确定了频道，观众便“容忍”电视直播的线性播出内容，此时家庭成员间的相伴可能会弱化其对电视台直播节目的喜好或厌恶。除电视收视以外，他们更多的是获得其他方面的满足，如亲子陪伴、情感交流等。直播收视中，主要年龄段观众的伴随收视忠实度比单人收视状态下更高，尤其是陪伴需求更为强烈的4～6岁、55岁及以上年龄段观众，其相伴收视的忠实度远高于单人收视（图3）。

与直播收视中的情况相反，我们发现在时移收视中，除了4～6岁和65岁及以上比较依赖于家庭成员辅助点播、回看节目的这两个年龄段观众以外，其他年龄段观众都是单人收视的忠实度更高。在时移收视中，各类观众依据个人的喜好点播、回看节目，他们不被相伴收视观众的节目偏好所影响，忠实于自己的选择进行收视，因此其单人收视的忠实度会更高，相伴收视行为反而会降低这部分观众的忠实度（图3）。

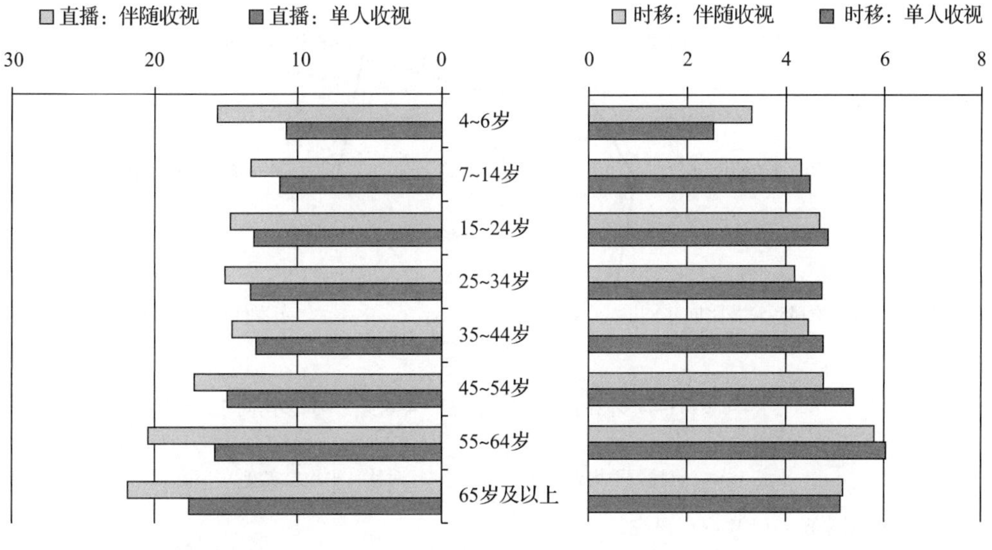

数据来源：CSM媒介研究

图3　直播、时移收视中各年龄段观众单人、伴随收视的平均忠实度（%）

每个个体在被家庭成员陪同收视时，其收视忠实度不仅取决于个人喜好等因素，也会受到相伴成员的影响。以 4 ~6 岁儿童为例，我们来观察一下陪伴观众对他们收视忠实度的影响。

在直播收视中，由于年龄较小，这部分观众专注力的持续时间有限，因此其单独收看电视的忠实度很低。当他们与同龄（4 ~6 岁）孩子相伴收看电视时，他们的收视喜好较为相似，相伴收视会提升他们的收视专注度，且会显著增加他们看电视的时间，相应地其忠实度也大大提升。当他们与 7 ~14 岁少年相伴收视时，不管遥控器是掌控在4 ~6 岁儿童的手中，还是掌控在 7 ~14 岁少年的手中，他们喜欢收视的节目内容仍然比较相近，因此双方的陪伴也提升了各自的收视忠实度。当 4 ~6 岁儿童与 15 ~24 岁观众相伴收看电视时，一边是还处于孩童时期的小宝宝，少儿节目是他们的主要收视内容；一边却是青春期或者刚刚大学毕业的大哥哥、大姐姐，其收视偏好已经高度接近成年人。这两个年龄段观众所喜爱的节目类型及内容有很大的差异，同时大哥哥、大姐姐并不具备父母及祖父母等成人那种对子女或孙辈的容忍和谦让，双方对对方所选节目的容忍度都较低，因此这两部分人相伴在一起收视时，往往持续的时间很短、忠实度很低。25 岁及以上观众陪伴 4 ~6 岁儿童收视时，相伴儿童观众的或是他们的父母、或是他们的祖父母，他们对儿童所选择节目的容忍度逐渐增强，虽然不会像同龄人之间那样互相促进，但也不会像 15 ~24 岁观众那样互相排斥，忠实度表现稳定（图 4）。

在时移收视中，由于 4 ~6 岁儿童没有足够的能力自己点播、回看喜爱的节目，他们只能依赖其他观众对遥控器的操纵。从数据中可以看到，在他们单人收视、与 7 ~14 岁少年及与 65 岁及以上老人相伴收看电视时，其忠实度都较低。究其原因，可能是他们自己和这些相伴观众操作遥控器的能力都较差，无法点播、回看到自己喜欢的节目（图 4）。

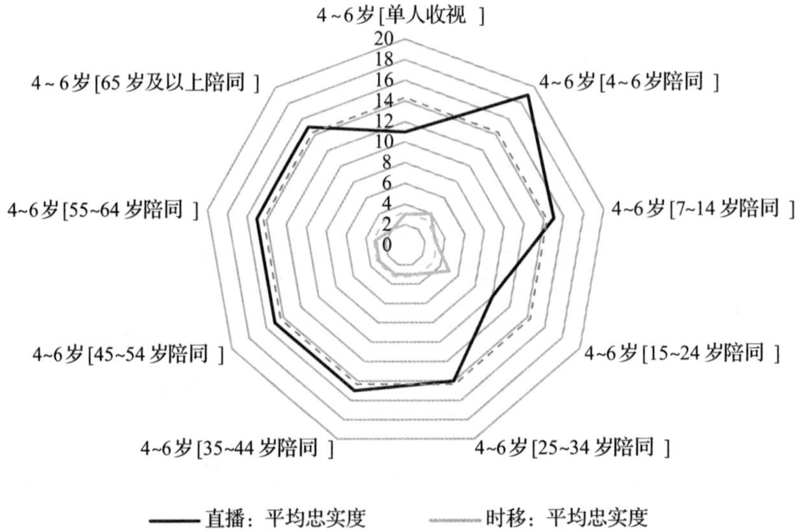

数据来源：CSM 媒介研究

图4 4 ~6 岁儿童单人及与各年龄段观众伴随收视时的平均忠实度（%）

三、伴随收视为全天各时段的主要收视方式，收视高峰时段介于直播收视与时移收视单人收视高峰之间

对于4岁及以上所有观众来说，无论是直播收视还是时移收视，全天各时段中伴随收视行为均占主导地位，伴随收视的高峰时段介于直播收视与时移收视单人收视高峰之间；无论是单人收视还是伴随收视，观众仍然在黄金时段首选收看电视直播节目，直播节目过后才会点播和回看其他电视节目，因而时移收视高峰滞后于直播收视高峰（图5）。

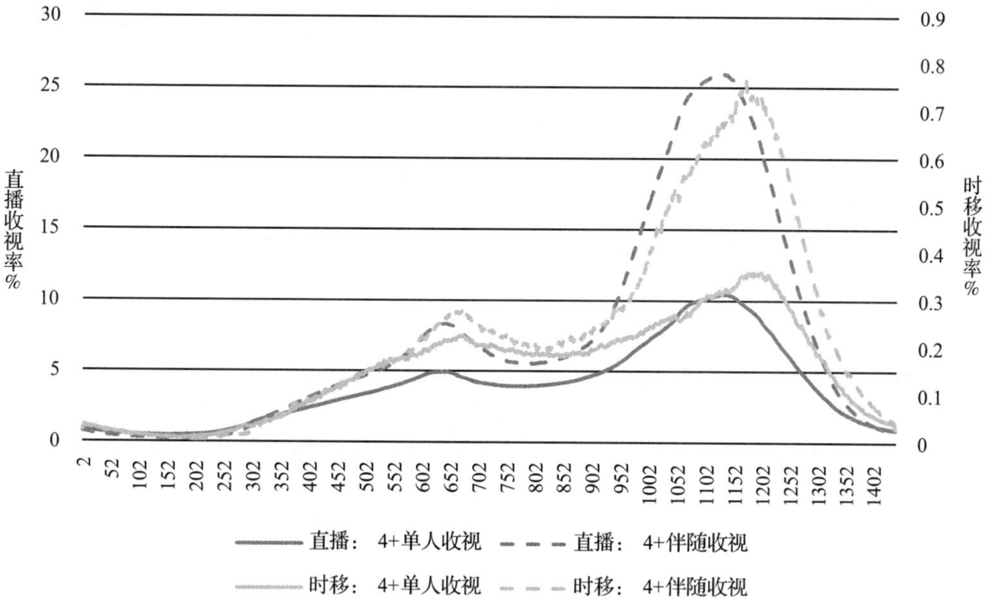

数据来源：CSM媒介研究

图5　直播与时移中单人收视与伴随收视分时段收视率（%）走势

家庭收视中，孩子与父母一起收看电视是最常见的家庭收视形态，因此我们选取4~14岁儿童与25~44岁成年观众作为考察目标，观察这两个目标人群中单人及伴随收视的时段特征。

从两个目标观众群体单独收视的时段特征来看，4~14岁儿童的收视高峰时段比25~44岁观众来得更早。18:00左右是各级频道少儿节目播出最为密集的时段，4~14岁孩子放学回家后便会观看电视，他们的收视高峰从18:30开始；同时，儿童早睡的习惯会使收视高峰结束于21:00附近。25~44成年观众下班晚饭和料理家务之后，常常于19:30以后才开始进入观看电视的状态，此时也是各频道电视剧和综艺节目的主打时段，随着电视剧及综艺节目播出的结束，收视高峰终止于22:00前后（图6）。

从两个目标观众群体互相陪伴收视的时段特征来看，4~14岁少年儿童与25~44岁成年人相伴收视时，两部分观众都会受对方的影响，于是4~14岁儿童的收视高峰后移，而25~44岁成年观众的收视高峰前移。被25~44岁成年人陪伴的4~14岁儿童的

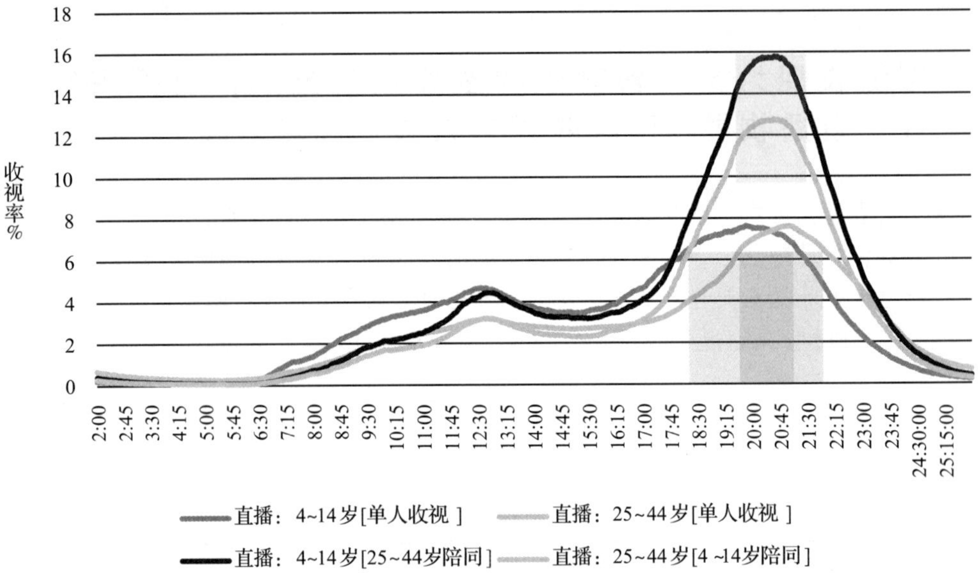

数据来源：CSM 媒介研究

图 6　4 ~ 14 岁及 25 ~ 44 岁观众直播收视中单人与伴随收视的时段收视率（%）走势

收视高峰时段与被 4 ~ 14 岁儿童陪伴的 25 ~ 44 岁成人观众的收视高峰时段互相靠拢，出现在 19:30 ~ 21:30 时段之间（图 6）。

从两个目标观众群体时移收视的时段特征来看，4 ~ 14 岁儿童观众在其单人直播收视高峰到来之前选择点播、回看自己喜爱的节目，25 ~ 44 岁成年观众则在其单人直播收视高峰到来之后选择点播、回看自己喜爱的节目。而在与对方互相陪伴收视时，直播和时移收视的高峰时段都会由于迁就对方的收视时段而合二为一（图 7、图 8）。

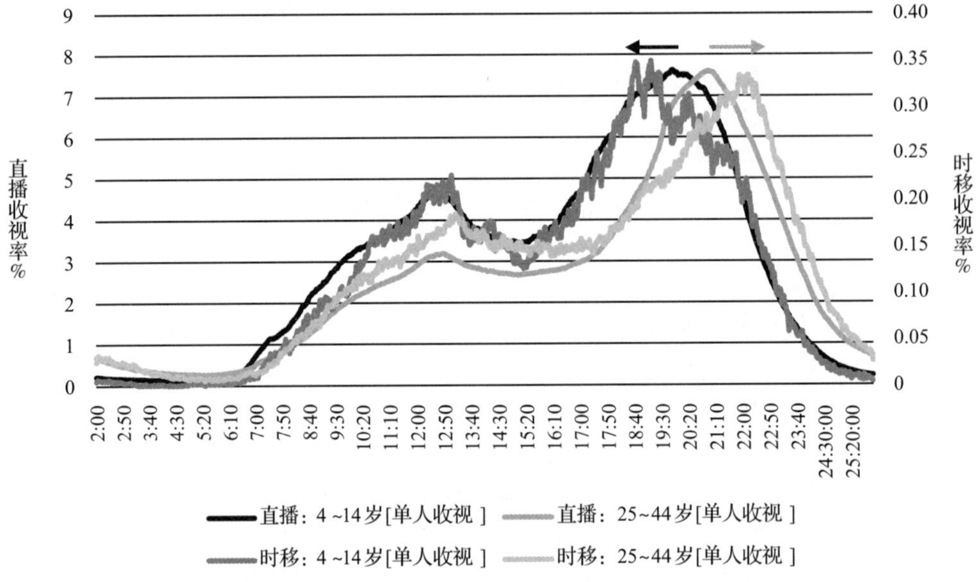

数据来源：CSM 媒介研究

图 7　4 ~ 14 岁及 25 ~ 44 岁观众全天各时段直播收视与时移收视中的单人收视率（%）走势

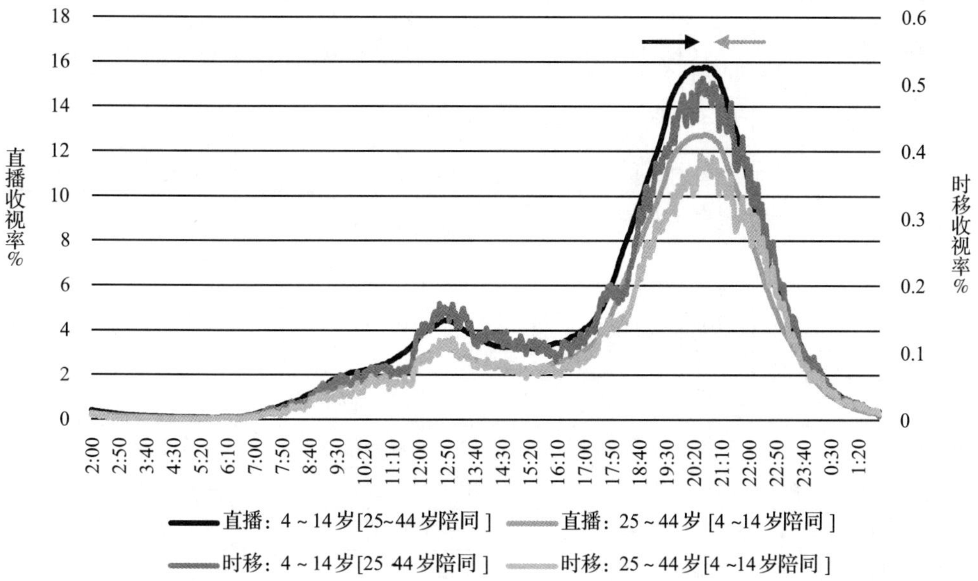

数据来源：CSM 媒介研究

图8 4~14 岁及25~44 岁观众全天各时段直播收视与时移收视中的伴随收视率（%）走势

四、伴随收视中，观众对频道的选择会明显受伴随观众的影响

下面以4~14少年儿童和25~44岁成年观众为例，观察这两类目标观众对频道的选择如何互相影响。

直播收视中，在4~14岁单人收视市场，专业卡通和少儿类频道市场份额名列前茅（如湖南电视台金鹰卡通频道、北京卡酷少儿频道、中央电视台少儿频道、广东广播电视台嘉佳卡通频道），紧随其后的是深受这部分人喜欢的综艺节目播出频道（湖南卫视、浙江卫视）；而25~44岁成人观众单独收看电视时，市场份额较高的10个频道主要为主打电影、综艺及电视剧的频道（湖南卫视、上海东方卫视、浙江卫视等），卡通及少儿类频道不在其中（表1）。

当这两部分人互相陪伴收视时，他们所选择的频道明显会被伴随观众所影响。4~14岁儿童观众被25~44岁成人观众陪同时，少儿及卡通频道的市场份额排名明显下降，成人喜欢选择的中央台六套、江苏卫视、中央电视台综合频道等排名明显提升；25~44岁观众被儿童一起陪伴收视时，市场份额较高的10个频道中，3个少儿频道和卡通频道也名列其中，这些频道在其单人收视领先榜单中都没有出现过（表1）。

从时移收视不同观众对频道选择的先后顺序来看，4~14岁在点播、回看自己所喜爱频道的节目时，单人收视主要点播和回看湖南卫视、浙江卫视、东方卫视等主打综艺的频道以及少儿、卡通频道；25~44岁成人观众选择的主要频道与其直播收视时无特别显著的差异。但当双方互相陪伴收视时，各自选择的频道都受到了伴随伙伴的影响，并

表1　4～14岁及25～44岁观众直播单人收视和伴随收视中市场份额排名前十位的频道

4～14岁［单人收视］	4～14岁［25～44岁陪同］	25～44岁［单人收视］	25～44岁［4～14岁陪同］
湖南电视台金鹰卡通频道	湖南卫视	中央台六套	湖南卫视
北京卡酷少儿频道	中央台六套	湖南卫视	湖南电视台金鹰卡通频道
中央电视台少儿频道	湖南电视台金鹰卡通频道	上海东方卫视	中央台六套
湖南卫视	浙江卫视	浙江卫视	浙江卫视
浙江卫视	中央电视台综合频道	北京卫视	北京卡酷少儿频道
广东广播电视台嘉佳卡通频道	北京卡酷少儿频道	江苏卫视	中央电视台综合频道
中央台六套	中央电视台少儿频道	中央电视台综合频道	江苏卫视
中央电视台综合频道	江苏卫视	中央台五套	中央电视台少儿频道
优漫卡通卫视	中央台三套	中央台四套	上海东方卫视
上海东方卫视	上海东方卫视	安徽卫视	中央台三套

数据来源：CSM媒介研究

且由25～44岁成人观众陪伴的4～14岁儿童收视与其单独收视时差异更大，说明成年观众对4～14岁儿童点播、回看频道的影响大于直播，而4～14岁儿童的陪伴对25～44岁成人观众点播、回看频道的选择影响小于直播。在时移收视行为上，由于遥控器操作更加复杂，成人观众对遥控器的主导权显露无遗（表2）。

表2　4～14岁及25～44岁观众时移单人收视和伴随收视中市场份额排名前十位的频道

4～14岁［单人收视］	4～14岁［25～44岁陪同］	25～44岁［单人收视］	25～44岁［4～14岁陪同］
湖南卫视	湖南卫视	湖南卫视	湖南卫视
浙江卫视	上海东方卫视	上海东方卫视	上海东方卫视
上海东方卫视	浙江卫视	浙江卫视	浙江卫视
中央台六套	中央台六套	中央台六套	中央台六套
中央电视台少儿频道	中央电视台综合频道	北京卫视	中央电视台综合频道
湖南电视台金鹰卡通频道	江苏卫视	江苏卫视	江苏卫视
北京卡酷少儿频道	北京卫视	中央台八套	北京卫视
优漫卡通卫视	中央台八套	中央电视台综合频道	湖南电视台金鹰卡通频道
上海电视台炫动卡通频道	湖南电视台金鹰卡通频道	中央台五套	中央电视台少儿频道
江苏卫视	中央电视台少儿频道	安徽卫视	辽宁卫视

数据来源：CSM媒介研究

五、伴随收视中，观众对节目的选择也会明显受伴随观众的影响

通常来说，电视直播更多地表现为被动收视，而时移收视却是主动选择的收视。因此，特定节目类型的直播收视比重是观众在各类节目中实际分配的收视时长比重，它是对观众收视“行为”的描述；而时移收视比重反映的却是观众在各类节目中主动选择自己所喜爱节目的收视时长比重，该比重是对观众收视“态度”的描述，分配的时间越多，说明观众越喜爱这类节目。

我们仍然选取家庭中最常见的两类伴随收视目标群体进行进一步分析，发现：在两类观众相伴收视时，受某一方相对喜爱的节目类型的收视比重下降，受某一方相对排斥的节目类型的收视比重上升，下降与上升的幅度与双方对遥控器的主导权强弱有关，强势一方更加主导节目类型的选择。

对于直播收视，4～14 岁儿童单独收视时，其最常收看的节目类型为青少类节目，电视剧和综艺次之，其中青少类节目的收视比重达到33%；25～44 岁成人观众单独收视时，其分配给各类型节目的收视时长从多到少依次为电视剧、综艺及新闻/时事类节目。当两个观众群体陪伴收视时，他们会互相迁就对方喜爱的节目类型，4～14 岁儿童受25～44 岁成人伴随的影响较大，其青少类节目的收视比重下降到 14%，而当 25～44 岁成人与儿童一起收视时，所受影响相对较小，仅青少类节目的收视比重从单人收视时的5%上升到了 14%，电视剧和综艺类节目收视所受影响不大。

对于时移收视，各类观众更多地出于自己的喜好来点播和回看节目，因此直播收视中收视比重较大的节目类型在时移收视中比重会更大，直播收视中收视比重较小的节目类型在时移收视中更小，喜欢和厌恶的态度在时移收视数据中体现得更为明确。

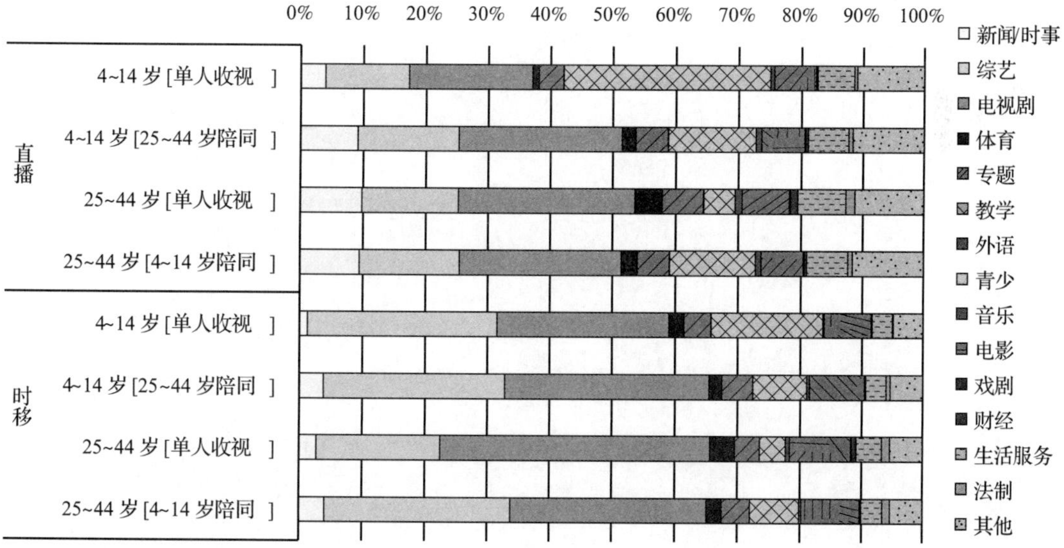

数据来源：CSM 媒介研究

图 9　不同目标观众直播收视与时移收视中各类型节目的收视比重（%）

六、结语

本文基于2017年第一季度15城市的电视直播、时移收视数据，分析了单人收视及伴随收视在电视直播收视与时移收视中的收视方式、忠实度、时段、频道及节目类型选择等几个方面的特点。研究发现，目前家庭成员之间相伴的集体收视方式仍然占主导，家庭成员相伴收看喜爱的频道，共同点播、回看喜爱的节目，仍然是家庭电视消费的主要形态。这种陪伴式收看电视节目的情感体验远非个性化的移动视频或互联网视频所能比拟。

此外，常规收视数据所反映的各类目标人群的收视特征，如某类观众各时段的收视特征、观众对频道的选择以及对节目类型的偏好等，并非仅仅是该目标人群自己独特的行为特征，而是受相伴观众影响、与伴随观众共同发生的收视特征。只有了解观众收视行为背后的根本驱动力，节目制作机构才能制作出更多符合目标观众共同喜爱的节目，才能真正收获节目的高收视，广告主才能更加准确地制定广告投放策略，收获事半功倍的投放效果。因此，伴随收视及伴随观众间的互相影响，应成为节目制作及广告投放时考虑的一个重要因素。

（作者：胡文慧）

《人民的名义》多终端传播效果浅析

2017年3月20日，国家新闻出版广电总局电视剧司发布迎接党的十九大胜利召开推荐播出剧目名单，《人民的名义》赫然在列，彰显了官方对该剧弘扬主旋律、推动反腐倡廉作用的信心。该剧播出之后，不仅引起了巨大的舆论反响，而且在收视市场的表现更是气势如虹。本文通过综合运用CSM媒介研究全国网电视直播收视数据、全国网时移收视数据、微博电视指数、PC端数据（下文分别简称为电视端、时移、微博、PC端），对《人民的名义》的收视状况进行多维度、立体式的展示，以供读者参考。

一、多维度数据凸显《人民的名义》的高收视

2017年3月28日，《人民的名义》登陆湖南卫视晚间金鹰独播剧场，4月28日收官。电视端直播收视数据屡创新高，整部剧全国首播平均收视率达3.05%，市场份额达10.24%；单日最高收视率为5.58%（2017/04/28），单日最高市场份额为18.62%（2017/04/27）；单集最高收视率为5.92%（第51集），单集最高市场份额为20.53%（第51集）。从竞争力来看，此剧是2017年开春之后收视率突破3%的重磅大剧。

该剧在全国市场的观众规模累计达到4.71亿人，在全国12.84亿电视观众中，到达率为36.7%。数据显示，该剧播出后7天内，观众通过电视机点播或回看功能进行的时移收视率达到0.42%，时移收视与直播收视的比值为13.66%，即时移收视达到直播收视的七分之一。

PC端数据显示，该剧排重后的累计观众规模达到7626.5万人。分周观众规模高速增长：第一周，该剧观众规模为374.3万人，第二周增加了3倍多，达到1563.3万人，第三周增加到2050.2万人，第四周观众规模达到2754.1万人，最后一周也有约2500万人。

微博指数显示，全天时段，该剧的微博提及人数为337.8万人，提及次数达到575.4万次，总阅读量达94.7亿次！从当天18:00至次日18:00，平均每天有2025.4万人阅读有关该剧的微博消息，平均每天有超过1.5亿人次的微博阅读量，平均每人阅读7.6条相关微博信息。如此海量的阅读量充分表明该剧已经成为全民关注的热点。在长达32天的排期中，该剧第一天仅位居电视剧榜单的第10名，第二天即已攀升至榜单的榜眼位置，此后27天一直雄霸电视剧微博指数榜首。

二、电视端直播、时移收视走高，PC 端、微博用户激增

在信息爆炸的当下，能成功吸引全社会注意力资源的节目好比金矿，《人民的名义》在其中尤为耀眼。观众不仅追看和回看此剧，还在线下追读有关信息，争相讨论。线上热播与线下热议相辅相成，热播引领跟剧风潮，热议反哺线上收视，追看剧情的观众规模持续增加，《人民的名义》的播出和收视形成了一个良性循环。

在这种全民狂欢的收视氛围中，随着育良书记和同伟厅长面目嘴脸的逐渐暴露以及反腐斗争的白热化，剧情也进入高潮，该剧的电视端观众规模急剧扩张，4 月 24 日突破 1 亿人，收官前一天（2017 年 4 月 27 日）达到单日最高点（1.14 亿人）。

PC 端的观众数量也是逐集增加，第 5 集突破 100 万人，第 16 集突破 200 万人，第 22 集突破 300 万人，到第 40 集突破 400 万人。电视端和 PC 端观众规模相比，电视仍然是人们最主要的收看平台。

追看电视剧并主动上网阅读和发布相关微博信息，已成为很多人的媒介消费习惯。《人民的名义》每天微博阅读人数变动剧烈，但整体呈上升趋势，第一天阅读人数仅为 6500 人，第二天就突破了 130 万人，到 4 月 7 日突破了 3100 多万人。随着人们的好奇心逐步得到满足，关注度逐步趋于平缓。微博阅读人数曾经出现较大幅度的回落，但关于此剧的微博话题发酵并未停止，微博提及人数曲线在该剧播出的前三分之二过程呈上扬态势，播出结尾期间，提及人数迅速减少，表明人们对此剧的新鲜感已在前期和中期得到满足，后期逐步丧失亦在情理之中（图 1）。

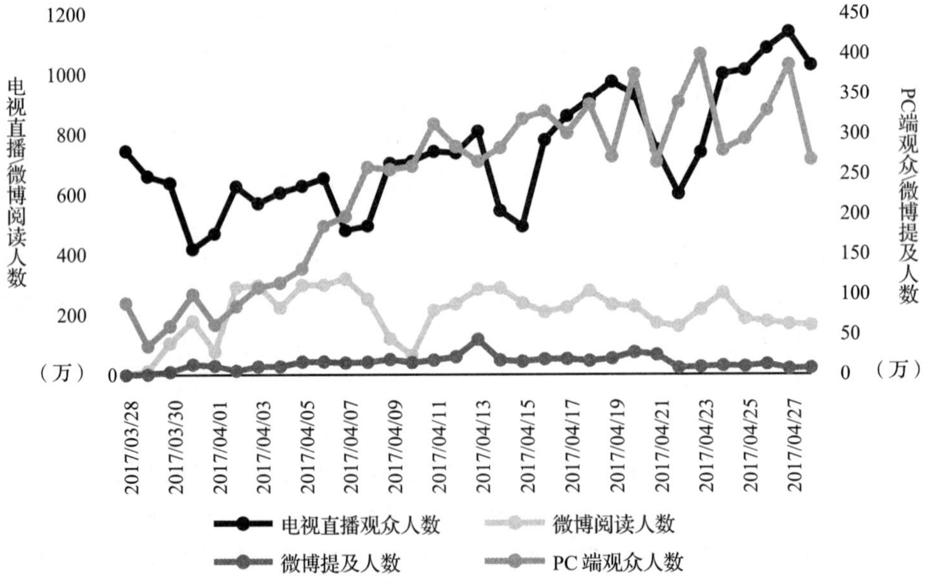

数据来源：CSM 媒介研究与微博，comScore

图 1　电视剧《人民的名义》不同终端用户规模分天走势（微博为当天 18:00 ~ 次日 18:00）

注：PC 端观众规模取当日播出各集观众规模的平均值。

该剧在电视端的收视走势显示了其良好的整体成长性，单集收视率屡有突破。第1集起步颇高，收视率高达2.41%，第2集也突破了2%。其中，第31集（2017/04/16，“侯亮平为账本再找魏彩霞，梁璐向高育良揭穿祁同伟”）收视率破3%；第36集（2017/04/18，“高育良和侯亮平发生争执，沙瑞金带李达康视察信访办”）收视率破4%；第47集（2017/04/25，“侯亮平被诬陷的事真相大白，高育良情急之下警示祁同伟”）收视率破5%；第49集（“利剑行动收网祁同伟在逃，侯亮平用智斗揭穿高小凤”）收视率也达到了5.75%；第51集（2017/04/27，“祁同伟畏罪饮弹自杀，侯亮平劝说高育良”）收获了整部剧的最高收视率，5.92%；第52集大结局收视率略降，5.58%，完美收官。

不可否认，该剧也存在剧情注水的嫌疑，单集收视率走势并非呈现为一条完美的持续向上曲线，前7集甚至“高开低走”，前2集节奏明确，“小官巨贪”的角度切入令人拍案称奇，收视效果不错。然而之后剧情进入大风厂的冲突事件，貌似和反贪情节并无直接关联，收视率有所下滑。第8集开始随着侯亮平初到汉东任职，近距离反贪行动开始，收视率回升，并一路攀升（图2）。

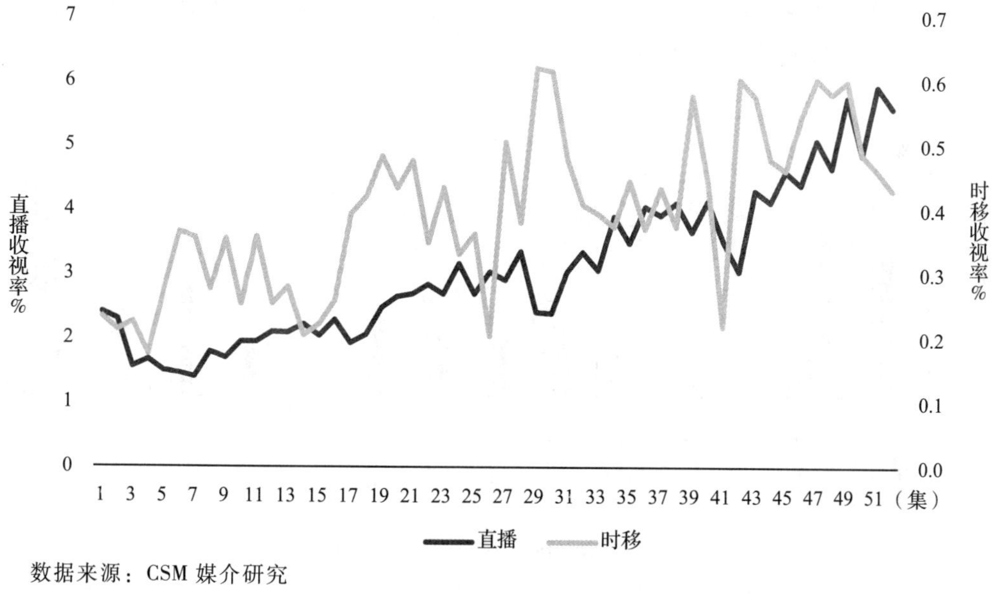

数据来源：CSM 媒介研究

图2　电视剧《人民的名义》分集收视率走势（%）

时移收视走势也反映出剧情变化对收视的影响。该剧时移收视率前半部呈稳步增长的态势。开播伊始，第1集时移收视率仅为0.23%，第4集下滑到0.18%，随后逐步波动上升，第19集达到0.48%，第29集（“沙瑞金用十张图剖析干部制度，山水集团对刘庆祝杀人灭口”）达到本剧时移收视率最高峰的0.62%。时移收视曲线出现了3次“断崖式下跌”，谷底分别是第14集（“蔡成功被疲劳审讯后打伤，陈岩石筹建新大风集团”）、第26集（“祁同伟和梁璐婚姻破裂，沙瑞金和易学习视察月牙湖”）、第41集（“大家齐心合力找司机和会计，李达康给懒政干部办学习班”）。从剧情上分析，这几集恰恰是和反腐斗争没有特别直接联系的游离式情节。

时移收视数据的这种剧烈波动也凸显出时移收视和直播收视的区别，时移收视行为更为灵活、自主，对剧集的选择性更大，剧情吸引力不足，观众就可能流失；而情节加快，剧情有所突破，观众则随之而来，收视曲线触底反弹。可见电视剧唯有依托强烈的剧集黏度，去除多余的注水泡沫，方能吸引观众自觉自愿地顺流到下一集的收视。

三、时移、PC端以男性观众较多，微博用户更偏年轻态

在不同的平台，《人民的名义》的观众/用户特征各具特色，不同平台的观众/用户对该剧的收视消费呈现了各自特有的行为习惯和轨迹。

从性别构成来看，电视端观众以女性居多，女性观众占比为53.5%，符合湖南卫视一贯的频道定位；时移和PC端观众的性别构成有所不同，这两个平台观众以男性居多，特别是PC端，男性观众占比高达63.2%。在微博受众性别构成中，女性（51.7%）略高于男性，符合女性天生爱表达的特征。本文认为该剧以男性演员为主，披露居于高位的男性领导的工作状态、生活细节、官场规则，情节紧张曲折，主旋律导向明确，紧随当今政治风向，风格刚硬明快，反腐中混合了悬疑、侦探、官斗等元素，因而吸引了诸多男性观众主动线下收看（图3）。

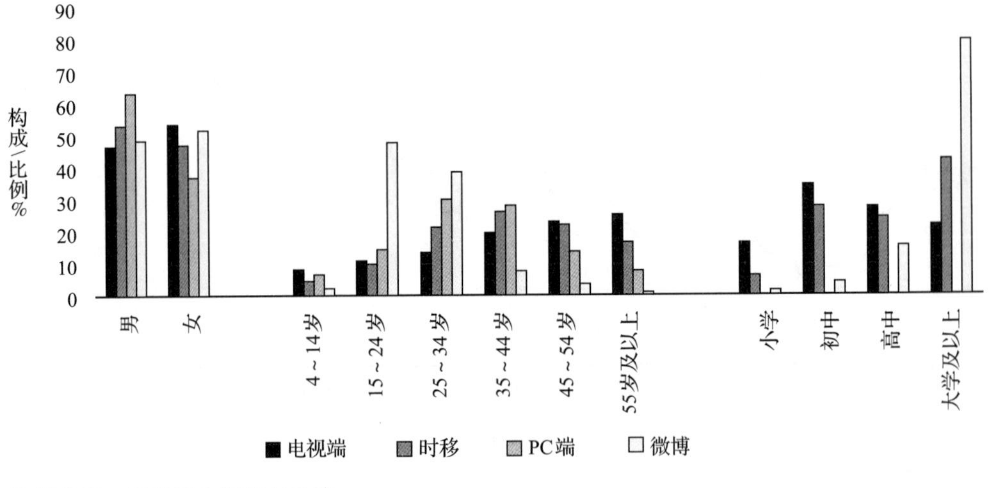

数据来源：CSM媒介研究与微博

图3　电视剧《人民的名义》播出期间观众/用户结构（%，2017/03/28～2017/04/28）

从年龄构成来看，该剧电视端观众更为成熟，以“60后”“50后”及以上老人居多，而且观众年龄越大，其占比也越高：45岁及以上观众占了近一半，35～44岁观众约占五分之一。时移观众比电视端观众稍显年轻：35～44岁观众充当了时移收视的主力，占比为26%，其次是45～54岁观众，占22%。“70后”观众已步入中年，是社会、工作和生活的中坚力量，日常行程相对紧张，其电视端直播收视率低于老年观众，他们由于各种原因错掉了该剧的直播收视，更愿意主动选择时移收视。PC端观众相对于时移观众更年轻一层：以25～34岁占比最高，占29.9%；其次是35～44岁观众，占

28%。二者构成了 PC 端收视的主力，共占近六成。相对于电视直播、时移、PC 端观众，微博用户构成则呈现出典型的年轻态特点：15～24 岁用户的比例占据近半壁江山，是讨论该剧、发布博文最为活跃的用户，25～34 岁用户的比例也逼近四成。

从学历构成上看，该剧是典型的“高智商”剧。其受众或关注用户在时移和微博端呈现出学历越高、人数越多的特点。“大学及以上”高学历观众在时移收视观众中占比超过40%，在微博端甚至接近80%，在电视端也超过20%。从这个角度来说，该剧针砭时弊，戳中了社会痛点，与政局时事密切相关，不仅牢牢吸引了中老年观众，而且还成功地把一度远离电视的年轻观众、高学历观众也拉回了电视机前、这类观众不仅等待收看直播，还踊跃发微博表达见解。

四、话题讨论不断，演员演技成微博热点

《人民的名义》播出之后，微博话题不断，全国各地遍布“剧粉”，发微博讨论的用户比例在广东（9.6%）、北京（8.6%）、江苏（7.1%）、山东（6%）、浙江（5.5%）、上海（4.8%）等经济发达地区较高。而这几个地区也恰恰是网友们猜测较多的剧中“汉东省京州市”原型地。该剧在海外也引起了反响，微博用户提及人数中，海外人群占比为4.1%。

该剧微博用户讨论的范围非常广泛，整体博文共涉及1000个词，梳理起来，集中在对电视剧态度的评价（含表情）、演员及饰演角色的评价、编导及剧情创作、播出平台及其他方面等。其中“人民的名义”提及频率最高，这无疑反映了当下人民群众对这部电视剧及该词所代表含义及身份的关注与思考。

该剧老戏骨云集，演员演技为人们津津乐道。关注演员、演技的词频共计4.3万条/次，这充分反映了该剧是依托过硬的品质取得成功的。在具体角色关键词中，排名前列的有“达康书记”（含李达康、达康）（8.6万条）、“侯亮平”（含侯局，3.2万条）和“祁同伟”（祁厅长，2.4万条）。达康书记火爆一时，词频最高，显示了人们对这个角色的喜爱。剧中角色词频较高的还有“书记”“赵东来”“老师”“高育良”“陈海”“BOSS”“丁义珍”等。

在演员中，提及频率较高的有陆毅、高亚麟、吴刚、侯勇、张丰毅等。侯亮平的扮演者陆毅被议论的词频有4.9万条/次。著名演员高亚麟不仅扮演了剧中刘新建这个角色，其作为此剧的幕后出品人、总制片人的身份也被曝光，成为热议点，词频为2.5万条/次。老演员吴刚因为饰演李达康一角而爆红，网友甚至推出了“达康表情包”，他的词频为1.9万条/次，成为微博红人。

态度表达中，“喜欢”该剧的词频最高，有4.3万条；其次是“cry”，超过3.4万条。表达“期待”的约2.4万条，表示“支持”“关注”“不错”“好看”“鼓掌”的也有各超过1万条。想“追剧”的有9400多条，使用“精彩”“很棒”“开心”“正义”“厉害”“可爱”等褒义词的各至少有7000多条。

该剧的编剧、导演以及题材、剧情（含剧透）、片酬、尺度、小说、剧本、剧组、台词、主题曲乃至花式点钞的细节都成了微博用户颇感兴趣、深入挖掘的话题。其中，

用户对“剧情+剧透”的关注率最高，有1.6万条。认为此剧是“大剧”的排第二，有1.5万条。大家对导演（含李路）的好奇度颇高，词频合计有1.9万条/次。

微博用户对于电视剧的播出平台、形式等方面也十分在意。“网友”“全集”“独家”的词频名列前茅，关注“直播”“收视”“正版”“湖南卫视”等方面的也不在少数。

该剧在其他方面也被“分析研究”得颇为透彻。“反腐”“人民”“中国”“现实”“GDP”“政治”“贪官”乃至“审讯”“检察官”等均因为该剧而被大面积热议。甚至江映蓉因为演唱了该剧片尾曲、易烊千玺因在该剧之后接档《思美人》，饰演剧中小屈原，也成了热议的焦点（表1）。

表1 《人民的名义》在微博用户提及词分布举例（2017/03/28～2017/04/28）

态度&表情		演员及饰演角色		编导及剧情创作		播出方面		其他	
关键词	词频	关键词	词频	关键词	词频	关键词	词频	关键词	词频
喜欢	43,169	达康书记（李达康、达康）	85,630	剧情+剧透	16,401	网友	16,153	反腐	42,941
cry	34,204	陆毅	48,737	大剧	15,158	全集	15,432	人民	37,221
doge	27,103	侯亮平（侯局）	31,798	剧中	13,717	独家	13,098	中国	17,141
期待	23,954	高亚麟	24,830	导演	13,390	2017	12,728	江映蓉	15,738
表情	14,481	祁同伟（祁厅长）	23,607	尺度	13,268	观众	12,603	现实	12,375
支持	14,071	（老）戏骨	23,019	编剧	9,938	视频	12,098	曝光	12,183
关注	13,757	演员	21,764	片酬	9,424	人民的名义热播	11,637	GDP	11,697
不错	13,285	演技	21,027	大结局	8,572	直播	10,125	审讯	11,337
好看	12,889	吴刚	18,627	小说	7,693	第一	10,121	守护	10,938
鼓掌	10,493	书记	14,597	题材	7,636	正版	9,571	贪官	10,622
追剧	9,401	赵东来	11,490	花式点钞	6,760	湖南卫视	8,525	政治	9,928
精彩	8,554	老师	11,111	周梅森	6,487	首播	8,072	检察官	9,481
很棒	8,073	高育良	10,806	李路	6,059	全网	8,056	窗口	9,071
开心	7,923	侯勇	9,469	剧本	3,976	影视	5,801	世界	8,952
正义	7,819	张丰毅	8,707	剧组	3,928	收视	5,779	选择	8,614
厉害	7,735	陈海	8,201	台词	3,556	投票	5,758	易烊千玺	8,477
可爱	7,081	boss	8,041	主题曲	3,501	圈粉	6,566	国民	6,815

数据来源：CSM媒介研究与微博

由此可见，一部好剧就是一道好的“议程设置”，其带给人们的不仅仅有剧情本身，其背后所隐含的更广阔的社会意义、价值取向等，都能成功地引爆议题。微博指数显示，该剧在微博用户中口碑评价相当不错，对该剧持“正面”评价的用户占54%，保持中立态度的占41%，只有5%的用户持负面评价（图4）。

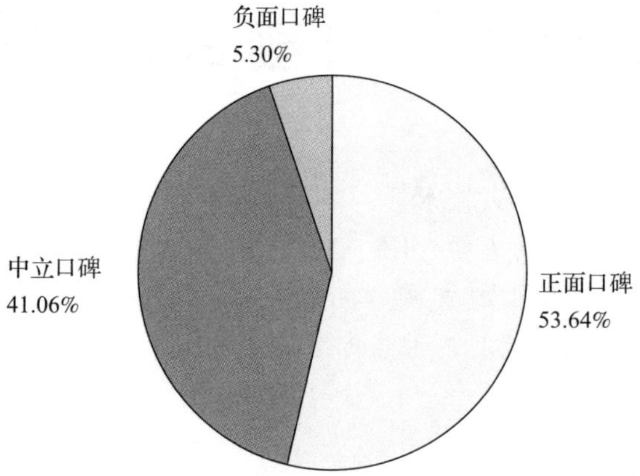

数据来源：CSM媒介研究与微博

图4　《人民的名义》在微博用户中的口碑评价比例
(%，2017/03/28～2017/04/28)

五、结语

一部没有“小鲜肉”的敏感题材电视剧，在人间四月天火了。不仅火爆荧屏，更成了全民热议的焦点，成功地引发了人们对人物、角色、演技的比较和反观现实的深入思考，现象级大剧可谓实至名归。正所谓“一切权力属于人民”，只有考虑了“人民”需求的电视剧，才能得到来自“人民”馈赠的满意的收视效果。

（作者：李红玲）

省级卫视新闻栏目融合传播效果研究

近年来，媒体融合已经步入深水区，“一台一网”“三微一端”的相互联动已成为新闻媒体的常态，短视频、移动直播、H5、VR、AR等新型媒体形式的应用，更加速了媒体融合从“相加”到“相融”的发展。在媒体融合风起云涌的背景下，CSM媒介研究自2017年起对省级卫视新闻栏目的融合传播效果进行研究，力求为媒体融合的观察和解读提供参考。

一、省级卫视新闻栏目融合传播效果研究背景及方法简介

2014年8月18日，中央全面深化改革领导小组会议审议通过了《关于推动传统媒体和新兴媒体融合发展的指导意见》。习近平总书记发表重要讲话，强调要坚持传统媒体和新兴媒体优势互补、一体发展。2016年2月19日，习近平总书记在党的新闻舆论工作座谈会上的讲话中再次强调，要适应分众化、差异化传播趋势，加快构建舆论引导新格局；要推动融合发展，主动借助新媒体传播优势。随后的两年间，中央和地方广电媒体创新不断，“中央厨房”的出现和改良、“媒体矩阵”联动电视大屏与移动端，短视频、移动直播、H5、VR、AR等新型媒体形式的应用见证了媒体融合从“相加”到“相融”的深入发展过程。

2017年2月起，CSM媒介研究开始构建融合传播指数，对31档省级卫视新闻栏目①的融合传播效果进行研究。融合传播指数包含渠道布局力、内容生产力、传播力、覆盖力、互动力5个维度，监测指标有20余个；融合传播指数的构建基于多平台的数据，包括电视、网络视频、微信、微博、移动端短视频、移动客户端6个传播渠道的内容发布、传播效果、用户互动等数据。

根据新闻的传播特点，CSM媒介研究构建了两类融合传播指数。融合传播指数-E（Event）用于研究热点事件（如全国“两会”“十九大”）期间，新闻栏目的融合传播效果；融合传播指数-N（Normal）则用于研究日常传播中新闻栏目的融合传播效果。

在计算方法上，融合传播指数-E（热点事件融合传播研究）以重大事件前市场的平均水平为“统计基期”，将重大事件期间的传播水平与之进行对比。以100为基准，

① 31档省级卫视新闻栏目：全国省级上星频道晚间黄金时段（18:00-19:00）播出的新闻栏目，通常在转播中央电视台《新闻联播》前播出。由于地域特殊性，新疆新闻联播、西藏新闻联播、兵团新闻联播不在该研究范围之内。

某栏目的融合传播指数 - E 高于 100 表示其融合传播水平在“统计基期”的市场平均水平之上；某栏目的融合传播指数 - E 低于 100 则表示其融合传播水平在“统计基期”的市场平均水平之下。融合传播指数 - N（日常融合传播研究）则在监测期间内，以 31 档栏目各数据维度上的最大值和最小值为区间，分别计算每档栏目的各个维度在 31 档栏目中所处的位置，并通过加权计算出融合传播指数 - N，在数值上介于 0 ~ 100 之间。

融合传播指数 - E、融合传播指数 - N 均设置了 5 个二级指数，分别为渠道布局力指数、内容生产力指数、传播力指数、覆盖力指数和互动力指数。具体来看，渠道布局力指数衡量的是电视新闻栏目的传播渠道拓展能力，利用栏目在电视、两微一端、网络视频、短视频、视频/资讯客户端等传播渠道的入驻量来反映。内容生产力指数衡量的是电视新闻栏目多渠道内容的生产能力，可表现为电视、网络视频、微信文章、微博、短视频等内容的发布量。传播力指数衡量的是电视新闻栏目在多个传播渠道中的受关注程度，通过电视收视率、网络视频播放量、微信文章阅读量等来体现。覆盖力指数是电视新闻栏目在不同传播渠道中受众规模的体现，如电视观众规模、微博粉丝数等。互动力指数衡量的是电视新闻栏目在不同传播渠道中与受众群体产生的互动行为能力，表现为转发数、评论数、点赞数等。

融合传播指数的构建需要对上述相关指标进行加权，各项指标的权重基于 CSM 基础研究（Establishment Survey）受众媒介接触行为、互联网行业报告，并结合历史监测数据和德尔菲法来综合确定。

二、省级卫视新闻栏目渠道布局较广，但在内容生产力、传播力和互动力方面存在短板

基于 2017 年 3 月以来月度数据的分析，我们发现，31 档省级卫视新闻栏目的渠道布局力指数整体较高，是 5 个维度指数中表现最突出的方面。在 31 档栏目中，有 27 档栏目的平台保有量在 3 个及以上，这意味着 87% 的栏目在电视、网络视频、微博、微信、短视频、移动客户端 6 个传播渠道中，开设了半数以上的传播渠道。同时，31 档栏目中有 21 个开设了官方微信账号，24 个开设了官方微博账号，10 个具备了以新闻内容为主的官方客户端，在主流短视频平台中有 54 个官方短视频账号。

2018 年 2 月的融合传播指数显示，31 档新闻栏目的渠道布局力指数在 5 个维度指数中最高，而内容生产力指数、传播力指数、互动力指数则相对较低，这说明在渠道布局较为充分的情况下，各档新闻栏目并未生产出足够充分的内容。此外，内容的传播效果、与用户之间的互动效果也存在短板。例如，某档栏目在 2 月的渠道布局力为 31 档栏目中最高，但日均网络视频和短视频的发布量分别为 30 条和 6 条，产生的网络视频播放量、短视频播放量分别为 5000 余次和 400 余次，且未产生评论和点赞行为，这说明该栏目在内容生产力、传播力和互动力方面均不尽如人意。

三、省级卫视新闻栏目融合传播效果可通过加强综合实力、侧重渠道深耕来提升

在2018年全国“两会”期间，各档省级卫视新闻栏目的融合传播效果表现各有所长。《东方新闻》各方面能力均较为突出，属于31档栏目中的“全能型”；《安徽新闻联播》《北京新闻》《湖南新闻联播》《江苏新时空》属于“均衡型”，在各维度指数稳定的基础上，能够依靠侧重性提高整体表现。《山东新闻联播》《山西新闻联播》的优势呈现得更为集中，往往受某一维度指数的带动而获得较好的融合传播效果。[①]

具体来看，《东方新闻》在5个维度上均有上佳表现，尤其在内容生产力、互动力方面具有突出的实力。作为新闻栏目融合传播的基础，《东方新闻》在渠道布局力上的高水平为其传播的顺利进行提供了有效平台。在移动端，《东方新闻》借助微博、微信等社交媒体，入驻聚合资讯平台、视频网站、短视频平台，同时整合自有APP传播渠道，形成了“一台一网，三微一端”的传播网络。在内容生产力方面，《东方新闻》在视频网站、短视频平台上的发布量分别稳定在单日近40条和400条的水平，与在社交媒体上的稳定表现相结合，体现出较为全面的内容生产力。

不仅如此，《东方新闻》在稳定的内容生产力的基础上也表现出出色的传播力，尤其在短视频方面，与“两会”相关的新闻内容通过全台统一分发发布者账号“看看新闻Knews”传播，效果突出。“两会”首日，短视频《首场“委员通道”丨张凯丽哽咽谈感悟：生活中应做好人》在秒拍平台发布当天获得17.3万次的播放量，48小时内播放量增长至50余万次。短视频以影视演员张凯丽为切入点，敏感地捕捉时事新闻中的大众热点。“两会”期间，“看看新闻Knews”发布的相关短视频持续关注社会民生热点，引发了用户的关注。如3月7日的《韩长赋：城里人不允许到农村买宅基地》、3月7日的《房产税怎么征？个税怎么调？财政部详细解答了!》，短视频发布首日即获得了3万~6万次的播放量；3月7日的《李彦宏：7、8月无人汽车可以量产，希望（百度）回归A股》、3月10日的《林忠钦：进一步提高人才培养质量，特别是博士生》，短视频发布48小时内播放量即分别增长至100余万次和38万次。此外，《东方新闻》在电视、新媒体平台广泛覆盖受众的基础上，发挥了良好的互动力。如在短视频方面，“两会”期间《东方新闻》日均评论数在8000条左右，日均点赞数破10万；在微博端，转发数、评论数、点赞数均为31档新闻栏目中最高的。

除了加强综合实力之外，以某一渠道为突破口，也能带动融合传播效果的提升。例如，《湖南新闻联播》在电视收视排名第二的基础上，具有较高的网络视频播放量；《北京新闻》《山东新闻联播》电视观众覆盖力强、收视率高；《江苏新时空》《山西新闻联播》则在微信阅读量上有出色表现，再加上在其他媒体渠道的稳定表现，位列融合传播

① 文中涉及的栏目顺序依据栏目名称首字母顺序进行排列。

指数前10名。

由于《湖南新闻联播》的网络视频整合入芒果TV平台进行独家内容分发，同时在短视频方面缺少新闻性内容发布，《湖南新闻联播》的内容生产力指数并未超过“两会”期间前3个月的市场平均水平。但栏目在传播力上的表现却远超出基期水平，尤其在网络视频端，《湖南新闻联播》的视频播放量增量常有较好的表现，3月7日、8日、10日、13日视频播放量增量[①]均在6万~10万次之间；其中，非当日发布的视频播放量占比在90%以上。这说明不仅当日新发布的视频播放效果良好，网络“长尾”效应也使得近期的新闻内容受到了较高的关注。

《北京新闻》强在覆盖力上，“两会”期间，《北京新闻》的大学以上学历电视观众占比高，结合新媒体端的稳定表现，获得了较好的融合传播效果。如3月5日，《北京新闻》的大学以上学历电视观众占比超过了35%；在短视频传播方面，一则由发布者“BTV新闻”发布于今日头条平台的《实拍！全国人大开幕会全场高唱国歌!》，单条播放量超10万次，跻身于当日融合传播指数前5名。同样是在电视端，《山东新闻联播》则强在电视收视上，“两会”期间的平均收视率为0.21%，时移收视千人7.47，这无疑对传播力、互动力的提升起到了积极作用。为迎“两会”，《山东新闻联播》栏目新开设了《直通全国两会》专栏，通过“直通全国两会·声音”“媒体聚焦山东团”等新闻版块，围绕民生热点进行系列报道。在良好的电视收视成绩的带动下，《山东新闻联播》跻身于“两会”期间融合传播指数的前10位。

《江苏新时空》在微信端的阅读量是其亮点。3月5日，《江苏新时空》官方微信账号“江苏新闻”的阅读量合计超2万次，“两会”相关内容《政府工作报告给你发了8个“红包”，快领取!》形式新颖，阅读量超过7000次。3月19日，《江苏新时空》微信文章的阅读量约为2.4万次，其中题为《习近平签署主席令，任命国务院副总理、国务委员等国务院其他组成人员》的文章阅读量最高，约为5000次。《江苏新时空》在微信上取得了稳定而良好的发布、传播效果，再结合网络视频、短视频平台稳定的内容发布，最终收到了较好的融合传播效果。《山西新闻联播》的微信阅读量也常有上佳表现。如3月3日，《山西新闻联播》在微信端发布了7条“两会”相关文章，产生了8万次阅读量，这为其在传播力方面积累了优势。3月14日，《山西新闻联播》的收视率排名仅为第二十二位，但融合传播指数位列前10名。这主要得益于其传播力高于市场平均水平，尤其是微信阅读量10万次，其中《十三届全国政协主席、副主席、秘书长、常务委员名单》单条内容的阅读量就有6.8万次。3月17日，《山西新闻联播》的8条微信文章获得了21万次的阅读量，且内容以“两会”为主这推高了其内容生产力和传播力指数；其中，《号外！习近平全票当选国家主席、中央军委主席》一文的阅读量在9.5万次以上。

① 视频播放量增量：被监测的视频平台中，发布时间为近15天内，栏目相关的网络视频在统计当天新增的播放量。

四、结语

在急剧变化的媒体环境中，数据研究依然具备“化繁为简”的功能，这也是以科学的视角观察媒体融合进程的途径。作为结合了“一台一网，三微一端”的数据研究体系，融合传播指数综合了收视率数据与互联网大数据。在省级卫视新闻栏目融合传播效果研究中，融合传播指数表明，尽管在渠道布局上各个栏目给予了足够的重视和投入，但在内容生产力、传播力、互动力方面仍存在短板。与此同时，在聚焦2018年“两会”等热点事件时，在各层面、各渠道全面开花固然是高效融合传播的理想状态，但从实际入手，深耕特定渠道、提升内容产出、带动传播效果和用户互动也是提升融合传播效果的切入点。

（作者：辛悦）

OTT 用户观察

——2017 年家庭大屏收视概览

当前，新媒体、新技术、新业态发展迅速，媒体融合更加深入，以智能电视、互联网盒子为代表的 OTT 设备推动着电视向互联网延伸拓展，使电视在传播新时代展现出新的活力。融入互联网基因的电视大屏为观众带来了新的收视体验，电视观众的收视特征也悄然发生着变化。企业主需要科学、权威的 OTT 收视调查数据，为广告投放提供依据。快速成长的 OTT 行业也需要客观、标准化的测量数据，以促进自己健康、良性、有序地发展。

2017 年，CSM 媒介研究在电视大屏方面的研究进一步深化，以电视大屏标准评估 OTT 收视的研究思路得到了业界的广泛认可。作为研究的一部分，本文将简要梳理 OTT 的发展现状并基于 CSM52 城市组，从人口属性和收视特征两方面观察 OTT 观众，比较其与传统收视设备观众的异同。

一、OTT 的发展背景

OTT 的全称“Over the Top”源于一个篮球的术语，意为把球从对手头顶传过去。被借用到传媒行业后，OTT 代表互联网公司越过运营商，发展基于开放互联网的各种视频及数据服务业务。OTT 一词的出现和到来，也将过往较为封闭的只能接收广播电视信号的家庭电视变成了个性化定制、相对开放和资源丰富的家庭电视。OTT 所提供的服务除视频内容外，还包括游戏、购物等。目前，提供 OTT 服务的设备主要包括智能电视和互联网盒子两种。

1. 行业构成

OTT 行业复杂、机构众多、职能各异，其中最为重要的三类服务方为内容提供方、终端提供方和牌照方。

内容提供方为 OTT 观众提供点播的视频节目内容，包括电视节目、互联网视频节目等，以爱奇艺、腾讯视频、优酷等互联网视频网站为代表。终端提供方是智能电视、互联网盒子的生产厂商，它们提供 OTT 设备、操作系统及相关互动服务，以海信、小米、长虹、TCL、康佳、创维等厂商为代表。

牌照方是 OTT 内容的播控机构。国家广电总局于 2009 年 8 月 14 日正式下发了《关于加强以电视机为接收终端的互联网视听节目服务管理有关问题的通知》，要求厂商如果通过互联网连接电视机或机顶盒等电子产品，向电视机终端用户提供视听节目服务，应当按照《互联网视听节目服务管理规定》和《专网及定向传播视听节目管理办法》的有关规定，取得“以电视机为接收终端的视听节目集成运营服务”的信息网络传播视听节目许可证。取得该牌照的机构相关信息如表1：

表1　牌照方机构相关信息

OTT牌照广电机构	牌照运营公司	简称
中国网络电视台	未来电视有限公司	NewTV
中央人民广播电台	银河互联网电视有限公司	GITV
中国国际广播电台	国广东方网络（北京）公司	CIBN互联网电视
上海广播电视台	上海东方明珠新媒体股份有限公司	BesTV百视通
湖南广播电视台	快乐阳光互动娱乐传媒有限公司	芒果TV
广东广播电视台	广东南方新媒体股份有限公司	SNM（云视听）
华数	华数传媒网络有限公司	华数

资料来源：国家广电总局等

2. 相关政策

自2007年起，国家广电总局发布了一系列OTT相关文件（图1），给OTT的发展之路指出了明确的方向。

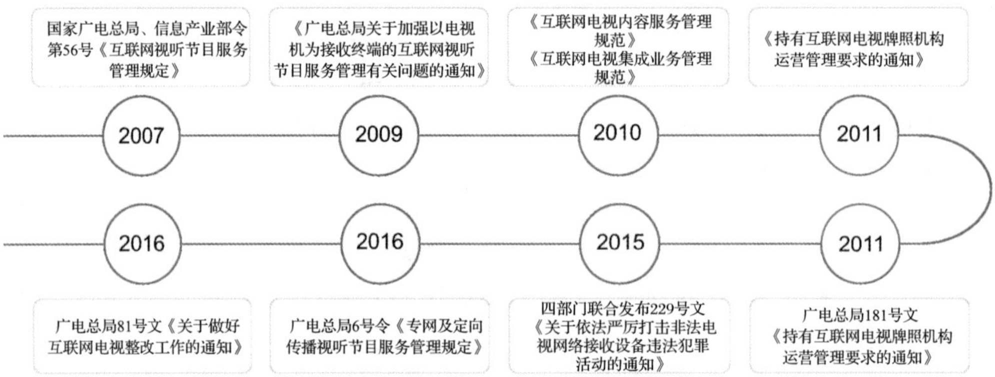

图1　OTT相关监管文件

(1)《持有互联网电视牌照机构运营管理要求的通知》。简称181号文，于2011年颁布。该文对互联网电视集成业务、内容服务、业务运营以及互联网电视机顶盒等终端产品的管理提出了明确要求。规定电视盒子、智能电视等产品所提供的内容必须在中国网络电视台、华数、上海文广（东方明珠）、广东广播电视台（南方传媒）、湖南广播电视台、中国国际广播电台以及中央人民广播电台这7家国有广电系牌照商的集成播控平台上呈现。

(2)《关于依法严厉打击非法电视网络接收设备违法犯罪活动的通知》。简称229号文，于2015年颁布。该文由最高人民法院、最高人民检察院、公安部和国家新闻出版广电总局四部门联合下发，治理对象涵盖了终端、内容以及软件，包括了运营、下载等营利性行为，严厉取缔非法直播服务软件、山寨盒子，对互联网电视终端的管理、内容的审查趋于严格。

(3)《关于做好互联网电视整改工作的通知》。简称81号文，于2017年颁布。重点查处IPTV和OTT的混业经营现状，要求各持牌机构必须对自身负责集成的各类型互联网电视终端严格把关，在内容源、应用接入、用户认证、计费管理等方面都需要做到可管可控。不能用OTT平台变相开展IPTV业务，不得擅自开展IPTV+OTT业务。

如今的OTT行业已然形成了一个完整的OTT大屏生态体系。不论是针对内容出口的监管，还是针对硬件厂商的规范抑或版权保护，都有明确的条例和规范。

二、OTT观众特征

本节基于2017年CSM媒介研究52城市基础研究数据，比较、分析有OTT设备的家庭户（以下简称OTT家庭户）观众和没有OTT设备的家庭户（以下简称非OTT家庭户）观众的人口属性特征。

1. OTT家庭户占比近四成

2017年CSM媒介研究基础研究数据显示，52城市电视家庭中，拥有OTT盒子或智能电视设备的家庭户比例为38.5%，没有OTT盒子或智能电视设备的家庭户比例为61.5%。

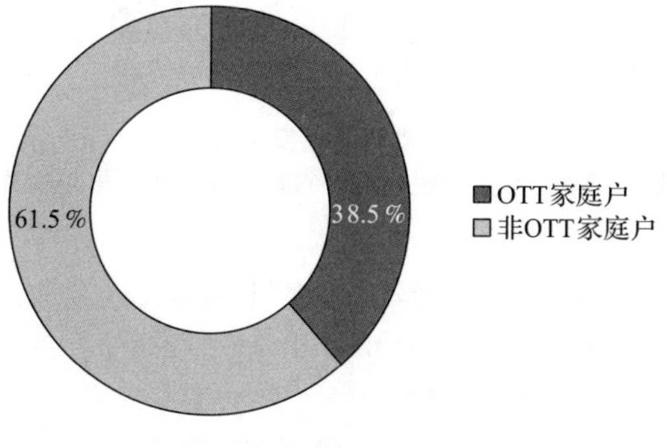

数据来源：2017年CSM媒介研究基础研究，52城市组

图2　52城市组OTT家庭户与非OTT家庭户占比（%）

2. OTT观众：更年轻、学历更高、收入更高

OTT家庭户观众与非OTT家庭户观众在性别构成方面无明显差异，均是男性比例略高于女性。OTT家庭户观众男女占比分别为51.1%与48.9%，非OTT家庭户男女观众性别构成比例分别为51.5%和48.5%。

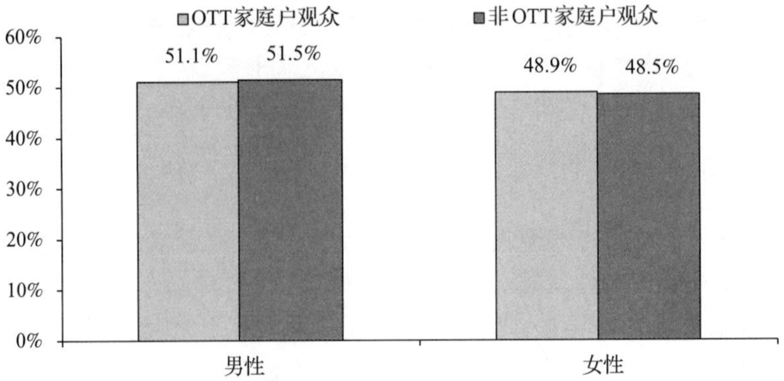

数据来源：2017 年 CSM 媒介研究基础研究，52 城市组

图 3　OTT 家庭户观众/非 OTT 家庭户观众性别构成

OTT 家庭户观众年龄较非 OTT 家庭户观众更年轻。OTT 家庭户 4～44 岁间观众占比达 69.4%，其间各年龄段观众比例均高于非 OTT 家庭户观众。OTT 家庭户观众年龄在 25～34 岁的比例最高，达 21.7%，非 OTT 家庭户观众在同年龄段的观众占比为 17.1%。

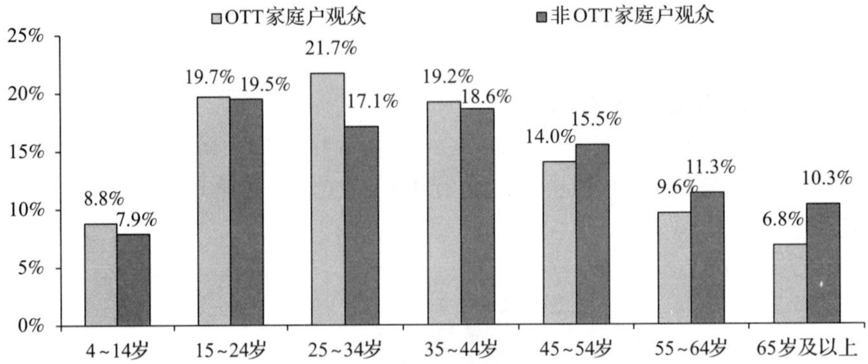

数据来源：2017 年 CSM 媒介研究基础研究，52 城市组

图 4　OTT 家庭户观众/非 OTT 家庭户观众年龄构成

OTT 家庭户观众中高学历人群占比较高。OTT 家庭户观众中"大学及以上"学历观众的占比为 16.0%，非 OTT 家庭户观众中该比例为 12.8%。高中、大专、大学及以上受教育程度，OTT 家庭户观众占比达 57.9%，较非 OTT 家庭户观众高出 5.7 个百分点。

OTT 家庭户观众的个人收入和家庭收入均具更高水平。OTT 家庭户观众个人月收入在 5901 元及以上的占比为 11.5%，较非 OTT 家庭户观众高出 1.2 个百分点；OTT 家庭月收入与非 OTT 家庭月收入在 5901～10,000 元水平的占比持平，收入水平差异在更高收入水平上显得非常明显，OTT 家庭月收入在10,001元及以上的占比为 34.4%，较非 OTT 家庭户高出 8.6 个百分点。

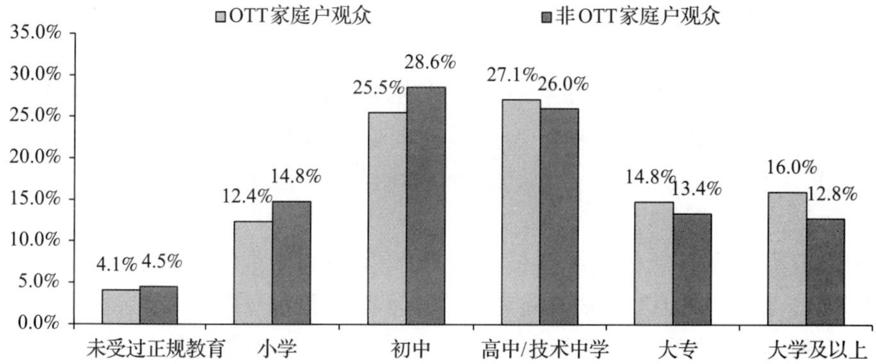

数据来源：2017 年 CSM 媒介研究基础研究，52 城市组

图 5　OTT 家庭户观众/非 OTT 家庭户观众受教育程度构成

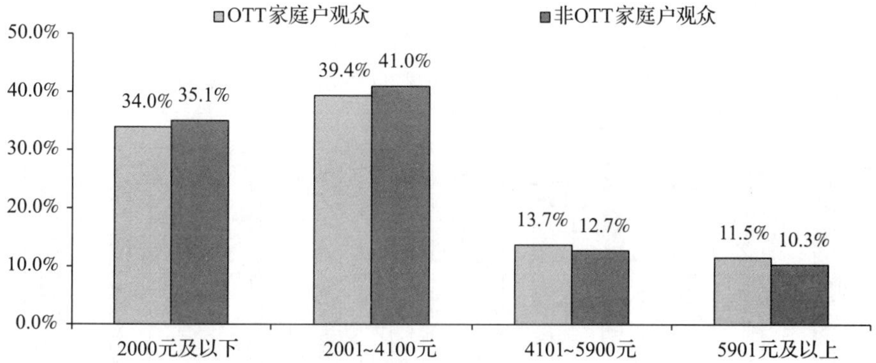

数据来源：2017 年 CSM 媒介研究基础研究，52 城市组

图 6　OTT 家庭户观众/非 OTT 家庭户观众个人月收入构成

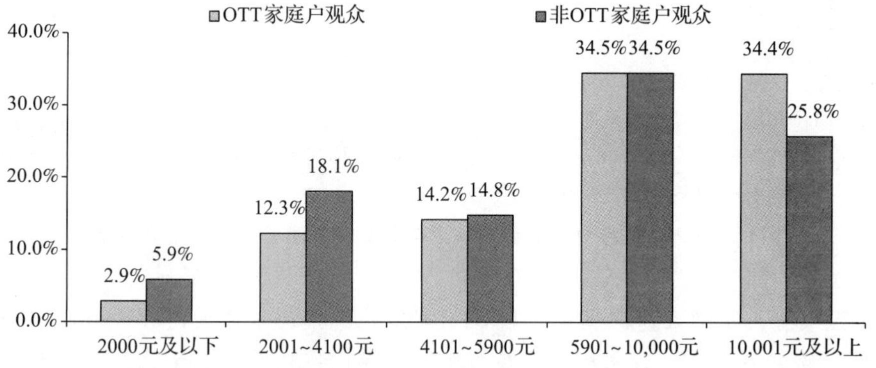

数据来源：2017 年 CSM 媒介研究基础研究，52 城市组

图 7　OTT 家庭户观众/非 OTT 家庭户观众家庭月收入构成

三、OTT 观众家庭大屏收视特征

本节基于2017 年 CSM 媒介研究 52 城市电视收视调查数据，对家中安装有 OTT 设备的家庭户（以下简称 OTT 家庭户）观众和没有安装 OTT 设备的家庭户（以下简称非 OTT 家庭户）观众的收视特征进行对比分析。

1. OTT 家庭户观众总体收视略低于非 OTT 家庭户观众，假期收视表现较突出

总体而言，2017 年 OTT 家庭户观众的收视率略低于非 OTT 家庭户观众。分月来看，2017 年上半年，OTT 家庭户观众与非 OTT 家庭户观众在 2017 年 1 月、2 月的直播收视率均高于其他月份，收视率超过 11%。2017 年下半年，OTT 家庭户观众与非 OTT 家庭户观众在 7 月、8 月暑期的直播收视率也较高，收视率超过 10%。就两组观众的收视差异比例（非 OTT 家庭户观众较 OTT 家庭户观众的差异比例）而言，两组观众在第四季度的差异较小，在第一季度差异较大。

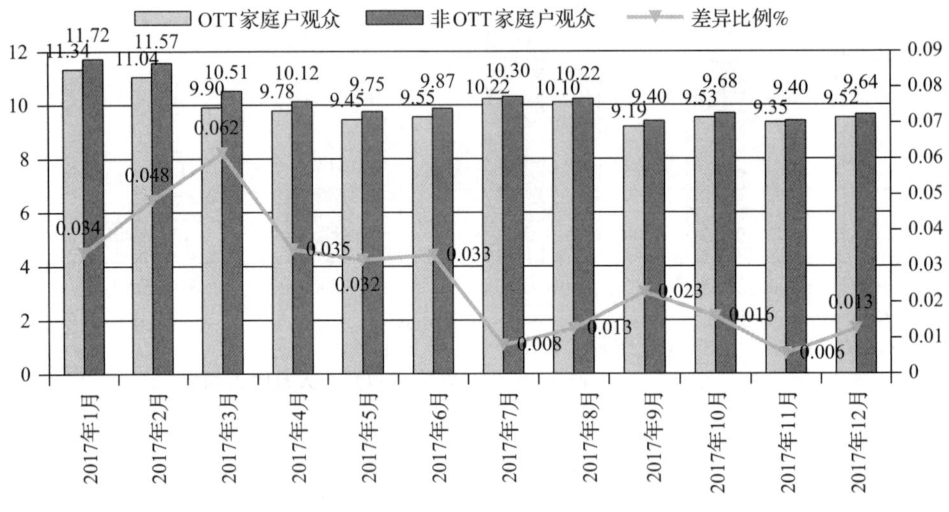

数据来源：CSM 媒介研究 52 城市组

数据周期：2017 年 1 月 1 日 ~2017 年 12 月 31 日

数据说明：此处的“差异比例” = （非 OTT 家庭户观众收视率 - OTT 家庭户观众收视率）/ OTT 家庭户观众收视率

图 8　2017 年各月 OTT 家庭户观众与非 OTT 家庭户观众收视率对比

分周天来看，OTT 家庭户观众与非 OTT 家庭户观众周末两天的收视率明显高于工作日，均在 11%左右。另外，两组观众在周末的差异比例也明显小于工作日，与工作日相比，OTT 家庭户观众在周末的收视率较非 OTT 家庭户观众上升得更多。

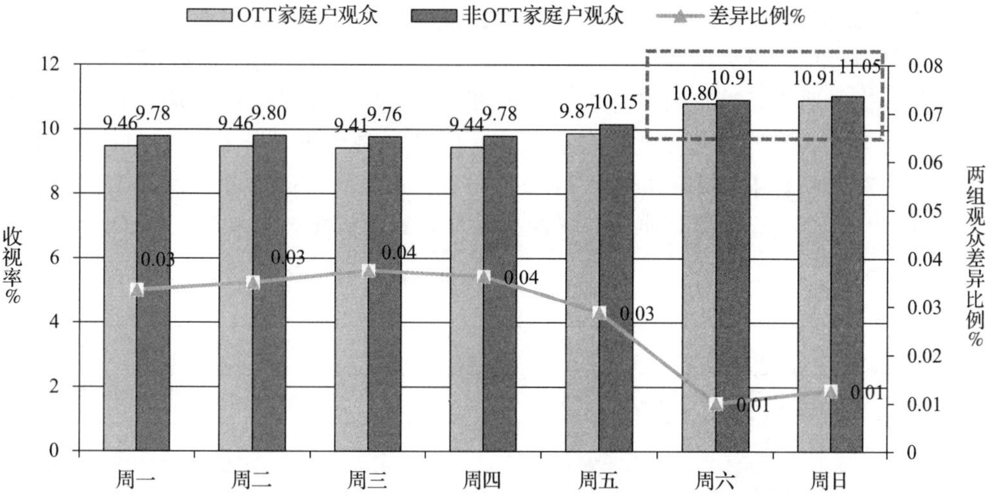

数据来源：CSM 媒介研究 52 城市组

数据周期：2017 年 1 月 1 日 ~2017 年 12 月 31 日

图 9　2017 年 OTT 家庭户观众与非 OTT 家庭户观众分周天收视率对比

2. OTT 家庭户观众更喜欢在深夜时段收看电视节目

在全天不同时段中，OTT 家庭户观众与非 OTT 家庭户观众的收视率高峰均在 20:50 前后，OTT 家庭户观众的收视率最高点为 31.09%，非 OTT 家庭户观众的收视率最高点为 32.89%，较前者略高。OTT 家庭户观众在 22:00 后深夜时段的总体收视率较非 OTT 家庭户观众更有优势，非 OTT 家庭户观众在早间 06:00 ~ 09:00 时段和晚上 19:00 ~ 22:00黄金时段的总体收视率较 OTT 家庭户观众更有优势。

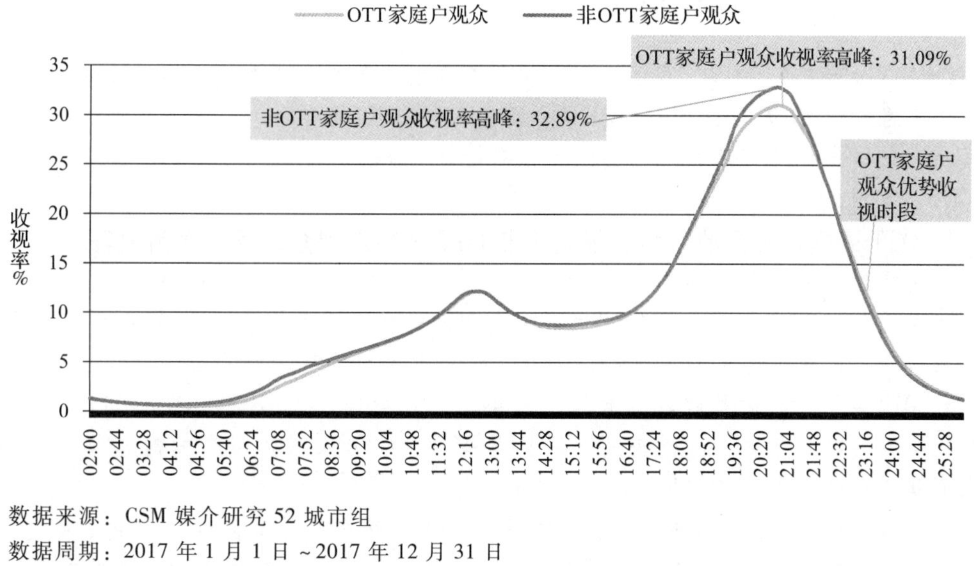

数据来源：CSM 媒介研究 52 城市组

数据周期：2017 年 1 月 1 日 ~2017 年 12 月 31 日

图 10　2017 年 OTT 家庭户观众与非 OTT 家庭户观众分分钟收视率对比

3. OTT 家庭户观众更偏爱收看“其他频道”

在各级频道中，中央级和省级上星频道在OTT家庭户观众与非OTT家庭户观众的市场份额均最高，两个频道组的市场份额合计均过半。与非OTT家庭户观众相比，OTT家庭户观众更偏爱收看“其他频道”组，“其他频道”组的市场份额为21.11%，较在非OTT家庭户观众中的13.37%高出7.74个百分点。“其他频道”收视以点播、回看等非直播收视为主，还包含少量地市级以下频道和数字频道的直播收视。

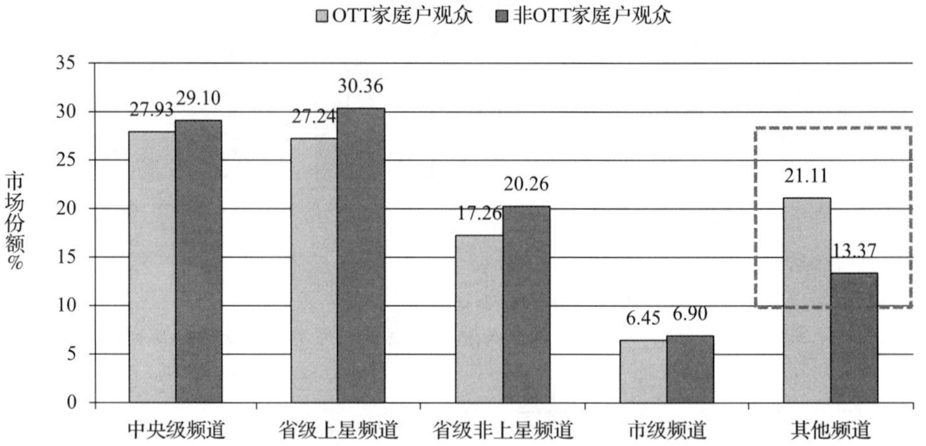

数据来源：CSM 媒介研究 52 城市组

数据周期：2017 年 1 月 1 日 ~2017 年 12 月 31 日

数据说明：“其他频道”的收视以点播、回看等非直播收视为主，还包含少量地市级以下频道和数字频道的直播收视

图 11　2017 年各级频道在 OTT 家庭户观众与非 OTT 家庭户观众中的市场份额比较

四、OTT 观众时移收视特征

CSM媒介研究自2017年7月1日起提供全国所有测量仪调查城市的时移收视数据服务。本节将基于2017年下半年CSM媒介研究52城市组的观众收视调查数据，比较OTT家庭户观众和非OTT家庭户观众的时移收视行为特征。

1. OTT 家庭户观众的时移收视高于非 OTT 家庭户观众，周末尤为显著

上文提到，2017年全年OTT家庭户观众的总体收视率略低于非OTT家庭户观众。与之相反的是，2017年下半年OTT家庭户观众的时移收视率均高于非OTT家庭户观众。2017年7月、8月暑假期间，两组观众的时移收视率均较高。就OTT家庭户观众而言，7月是2017年下半年时移收视的高峰，收视率达0.45%，其后逐渐回落，11、12月时移收视率较之前逐渐回升。比较两组观众的差异，OTT家庭户观众的时移收视率较非OTT家庭户观众在2017年11、12月差异最大。

与直播收视率类似，在时移收视率方面，OTT家庭户观众和非OTT家庭户观众在周六、周日的时移收视率较工作日有明显提升。OTT家庭户观众在周末的时移收视率与非OTT家庭户观众差异更大，较工作日提升得更为显著。

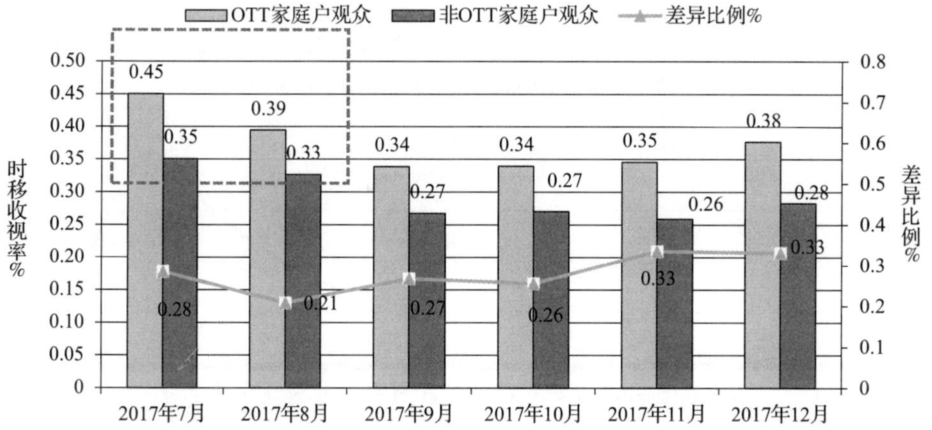

数据来源：CSM 媒介研究 52 城市组（7 天时移）

数据周期：2017 年 7 月 1 日 ~2017 年 12 月 31 日

数据说明：此处的“差异比例” =（OTT 家庭户观众收视率 - 非 OTT 家庭户观众收视率）/ 非 OTT 家庭户观众收视率

图 12　2017 年下半年 OTT 家庭户观众与非 OTT 家庭户观众时移收视分月对比

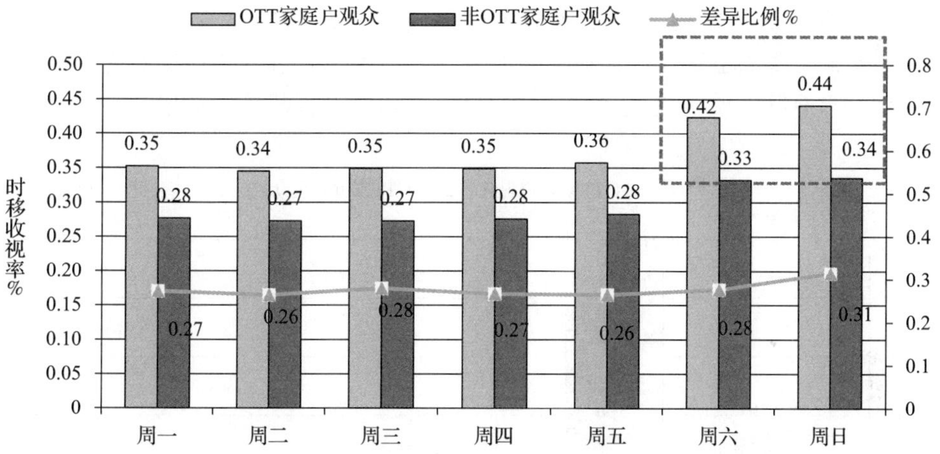

数据来源：CSM52 城市组（7 天时移）

数据周期：2017 年 7 月 1 日 ~2017 年 12 月 31 日

图 13　2017 年下半年 OTT 家庭户观众与非 OTT 家庭户观众时移收视分周天对比

2. OTT 家庭户观众的时移收视率高峰比直播收视率高峰晚 50 分钟

在全天中，OTT 家庭户观众除了早上 04:30 ~08:30 左右时段外，其余大部分时段的时移收视率均领先于非 OTT 家庭户观众。在晚间 21:30 左右，OTT 家庭户观众的时移收视率接近 1%，达到全天高峰，比直播收视率高峰晚 50 分钟左右。非 OTT 家庭户观众的时移收视高峰比 OTT 家庭户观众略早，时移收视率为 0.83%。

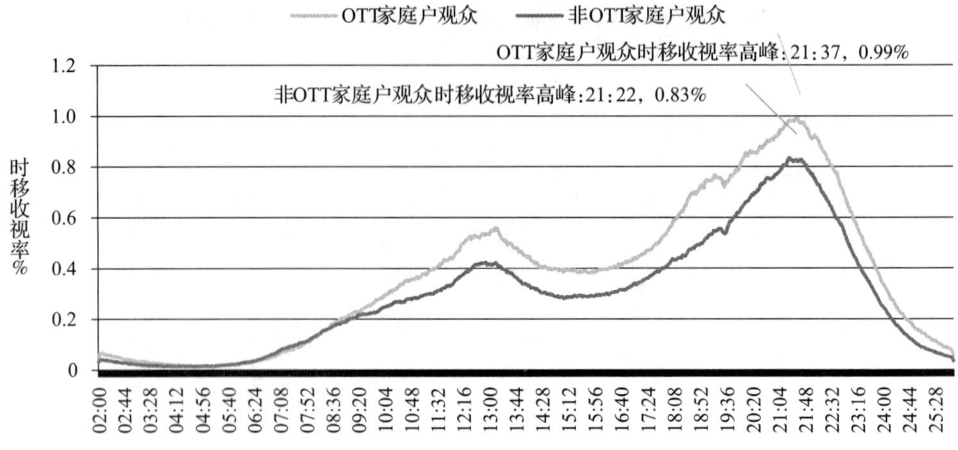

数据来源：CSM52 城市组（7 天时移）

数据周期：2017 年 7 月 1 日 ~2017 年 12 月 31 日

图 14　2017 年下半年 OTT 家庭户观众与非 OTT 家庭户观众时移收视分分钟对比

3. OTT 家庭户观众对省级上星频道的时移收视遥遥领先

在频道偏好方面，省级上星频道在两组观众的时移收视中市场份额均最高，在 OTT 家庭户观众中市场份额为 54.53%，在非 OTT 家庭户观众中为 48.91%。OTT 家庭户观众对中央级频道、省级上星频道、市级频道和“其他频道”组的市场份额均高于非 OTT 家庭户观众，非 OTT 家庭户观众对省级非上星频道的市场份额较有优势。

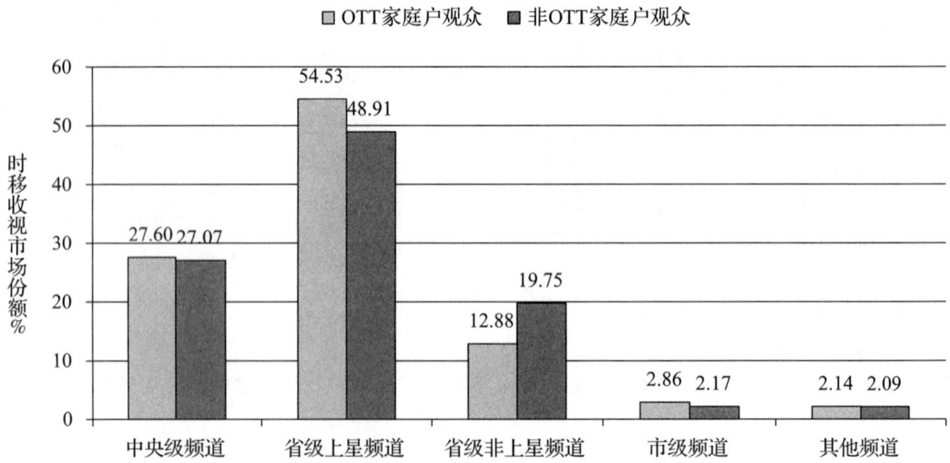

数据来源：CSM52 城市组（7 天时移）

数据周期：2017 年 7 月 1 日 ~2017 年 12 月 31 日

数据说明：时移收视中的“其他频道”收视剔除了点播及回看收视，主要包括少量地市级以下频道和数字频道的时移收视

图 15　2017 年下半年各级频道组在 OTT 家庭户观众与非 OTT 家庭户观众时移收视中的市场份额对比

五、热点节目收视案例分析

本节选取2017年下半年热点电视剧和综艺的各一档节目，基于CSM媒介研究52城市组的收视数据，观察分析OTT家庭户观众与非OTT家庭户观众的收视异同。

1. 热点电视剧：《我的前半生》

电视剧《我的前半生》讲述了生活优越安逸的全职太太罗子君因丈夫陈俊生外遇离婚后，在闺蜜唐晶及其男友贺涵的帮助下从头开始，打破困境，进入职场，在跌宕起伏的生活中实现突破与成长的故事。该剧共42集，于2017年7月4~26日在上海东方卫视、北京卫视同步播出。①

2017年7月4~26日期间，电视剧《我的前半生》OTT家庭户观众的首播直播收视率为3.05%，略低于非OTT家庭户观众的3.16%；该剧在7月4日~12月31日期间OTT家庭户观众的时移收视率为1.02%，较非OTT家庭户观众高出0.26个百分点。

表2　电视剧《我的前半生》首播直播收视率（%）与时移收视率（%）

观众类型	首播直播收视率（%）	时移收视率（%）
OTT家庭户观众	3.05	1.02
非OTT家庭户观众	3.16	0.76

数据来源：CSM媒介研究52城市组（7天时移）

数据周期：2017年7月4日~2017年12月31日

数据说明：《我的前半生》收视率为北京卫视与上海东方卫视之和；其中，首播直播收视率为该剧首播的直播收视率；时移收视率为2017年7月4日该剧开播后至2017年12月31日该剧时移收视行为的总和

时移收看《我的前半生》的OTT家庭户观众占该剧总收视观众的15.37%，高于非OTT家庭户观众（11.69%）。仅使用时移方式、不通过直播收看该剧的OTT家庭户观众占该剧总收视观众的3.25%。

表3　电视剧《我的前半生》时移观众占比（%）

观众类型	时移观众占比（包含仅时移收看、既通过时移也通过直播收看的观众）	仅时移观众占比（包含仅时移收看的观众）
OTT家庭户观众	15.37%	3.25%
非OTT家庭户观众	11.69%	1.62%

数据来源：CSM媒介研究52城市组（7天时移）

数据周期：2017年7月4日~2017年12月31日

数据说明：《我的前半生》到达率为北京卫视和东方卫视之和

注：时移观众占比（%）=通过时移收看该节目的观众到达/节目总到达；仅时移观众占比（%）=仅通过时移收看该节目的观众到达/节目总到达。

① 内容总结修改来自百度百科 https://baike.baidu.com/item/%E6%88%91%E7%9A%84%E5%89%8D%E5%8D%8A%E7%94%9F/13870057?fr=aladdin.

从分集收视来看,《我的前半生》首播直播收视率随着剧集的推进呈现出持续上升的态势;在25~30集,随着直播收视的上升,时移收视有所回落,在第31集后有所上升。OTT家庭户观众在第39集的首播直播收视率为5.55%,达到全剧的最高峰;第34集的时移收视率最高,为1.46%;首播直播收视率和时移收视率之和在全剧倒数第二集时(第41集)达到最高,为6.64%。

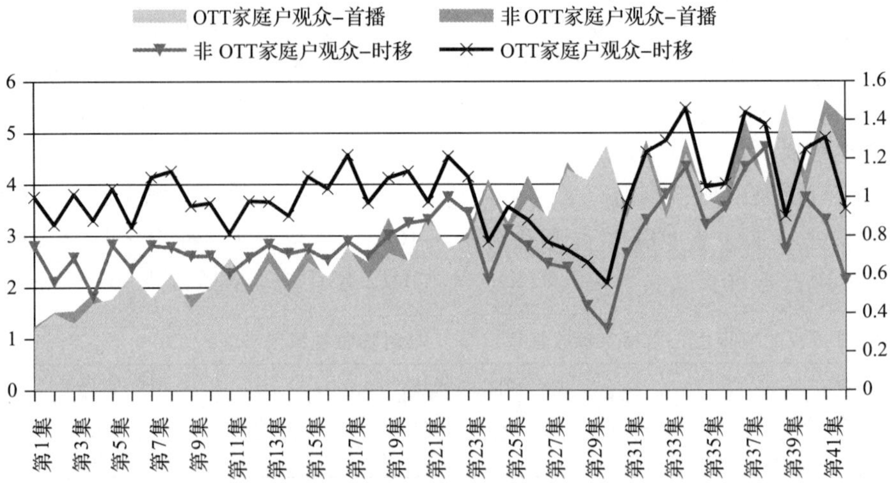

数据来源:CSM媒介研究52城市组(7天时移)

数据周期:2017年7月4日~2017年12月31日

数据说明:《我的前半生》收视率为北京卫视与上海东方卫视之和。其中,首播收视率为该剧首播的直播收视率;时移收视率为2017年7月4日该剧开播后至2017年12月31日该剧时移收视行为的总和

图16 电视剧《我的前半生》首播直播与时移收视率分集对比(%)

在时移收视的观众构成方面,女性、45~54岁的中年人和家中没有儿童的观众在两类家庭户观众中均占比较高,这一特点在OTT家庭户观众中较在非OTT家庭户观众中表现得更为突出。非OTT家庭户时移收视观众中,25~34岁和55~64岁两个年龄段的占比明显高于OTT家庭户观众。

2. 热点综艺节目:《极限挑战》第三季

《极限挑战》是上海东方卫视推出的励志体验真人秀节目,每期节目围绕社会热点或时代背景而展开,明星嘉宾真实体验包括家政服务等在内的各类挑战,与素人良好互动,在为观众带来欢笑之余也提供积极向上的正能量。《极限挑战》第三季于2017年7月9日起每周日晚22:00首播,9月3日(第9期)后停播;11月3日重新开播,并将首播时间调整至周五晚22:00。本季节目播出于2017年11月17日完结。[①]

① 内容总结修改自百度百科 https://baike.baidu.com/item/%E6%9E%81%E9%99%90%E6%8C%91%E6%88%98/17558221.

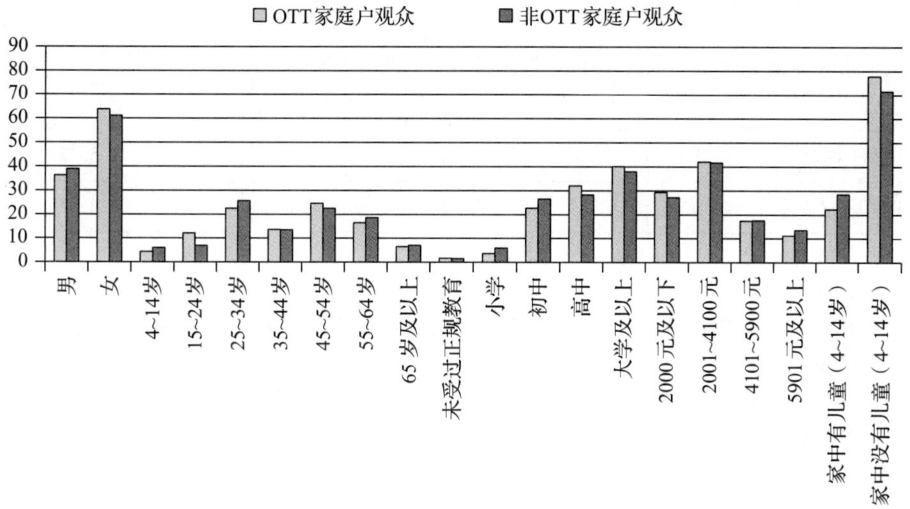

数据来源：CSM 媒介研究 52 城市组（7 天时移）
数据周期：2017 年 7 月 4 日 ~2017 年 12 月 31 日
数据说明：《我的前半生》观众构成为北京卫视和上海东方卫视之和

图 17 电视剧《我的前半生》时移收视观众构成（%）

2017 年 7 月 9 日 ~12 月 31 日期间，《极限挑战》OTT 家庭户观众的首播直播收视率为 1.16%，略高于非 OTT 家庭户观众的 1.06%；OTT 家庭户观众的时移收视率为 0.91%，较非 OTT 家庭户观众高出 0.15 个百分点。

表 4 《极限挑战》第三季首播直播收视率（%）与时移收视率（%）

观众类型	首播直播收视率（%）	时移收视率（%）
OTT 家庭户观众	1.16	0.91
非 OTT 家庭户观众	1.06	0.76

数据来源：CSM 媒介研究 52 城市组（7 天时移）
数据周期：2017 年 7 月 9 日 ~2017 年 12 月 31 日
数据说明：（1）首播直播收视率为该节目首播的直播收视率；时移收视率为 2017 年 7 月 9 日该节目开播后至 2017 年 12 月 31 日该节目时移收视行为的总和。（2）《极限挑战》第三季的时移收视包括名称为《极限挑战》《极限挑战前传》和《极限挑战后传》的时移收视

在《极限挑战》第三季中，时移收看该节目的 OTT 家庭户观众占该节目总收视观众的 18.42%，高于非 OTT 家庭户观众（14.36%）。仅使用时移方式收看该节目的 OTT 家庭户观众占该节目总收视观众的 8.58%。

表 5 《极限挑战》第三季时移观众占比（%）

观众类型	时移观众占比（包含仅时移收看、既通过时移也通过直播收看的观众）	仅时移观众占比（包含仅时移收看的观众）
OTT 家庭户观众	18.42%	8.58%
非 OTT 家庭户观众	14.36%	6.41%

数据来源：CSM 媒介研究 52 城市组（7 天时移）

数据周期：2017 年 7 月 9 日 ~ 2017 年 12 月 31 日

数据说明：观众到达为节目名称为《极限挑战》《极限挑战前传》和《极限挑战后传》的观众到达之和

注：时移观众占比（%）= 通过时移收看该节目的观众到达/节目总到达；仅时移观众占比（%）= 仅通过时移收看该节目的观众到达/节目总到达。

从分期来看，《极限挑战》第三季中前 2 期的首播直播收视率较高，在第 5 期之后有所降低；停播复播后首播直播的收视率较之前明显下降。而时移收视在第 9 期停播复播后反而上升较大，第 10 ~ 12 期，OTT 家庭户观众的时移收视率均较第 9 期上升了 100% 多，并明显高于首播直播的收视率，对该剧整体收视率的贡献度较高。

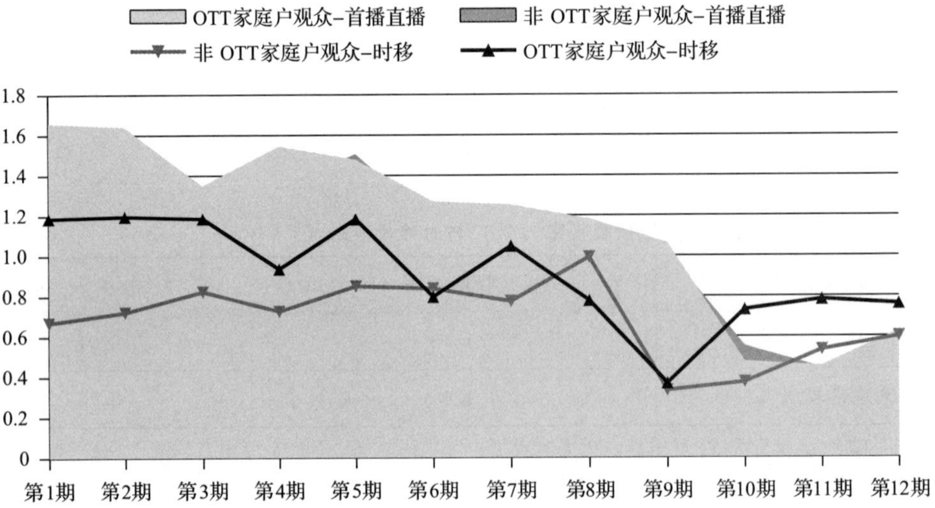

数据来源：CSM 媒介研究 52 城市组（7 天时移）

数据周期：2017 年 7 月 9 日 ~ 2017 年 12 月 31 日

数据说明：(1) 首播收视率为该节目首播的直播收视率；时移收视率为 2017 年 7 月 9 日该节目开播后至 2017 年 12 月 31 日该节目时移收视行为的总和。(2)《极限挑战》第三季的时移收视包括名称为《极限挑战》《极限挑战前传》和《极限挑战后传》的时移收视

图 18 《极限挑战》第三季首播直播与时移收视率分集对比（%）

在《极限挑战》第三季时移收视的观众构成方面，男女观众的总体差异较小。时移收视观众中，25～34岁、大学及以上学历、家中没有儿童的群体占比较大，这一特点在OTT家庭户观众中较非OTT家庭户观众更为突出。

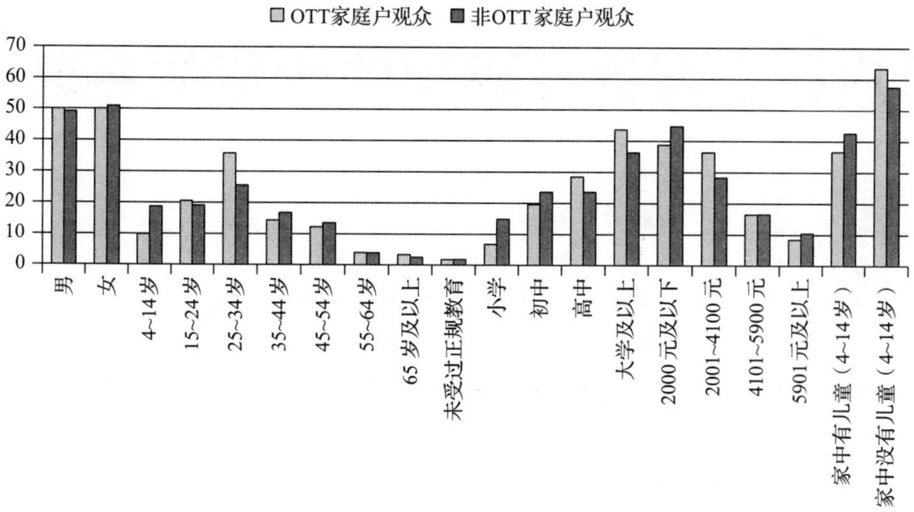

数据来源：CSM媒介研究52城市组（7天时移）
数据周期：2017年7月9日～2017年12月31日
数据说明：观众构成为节目名称为《极限挑战》《极限挑战前传》和《极限挑战后传》的时移收视的观众构成

图19　《极限挑战》第三季时移收视观众构成（%）

六、结语

OTT让互联网走进了电视大屏，走进了家庭客厅。未来，智能大屏将成为长视频收看的主流载体，智能大屏也将成为互联网的下一个战场，智能大屏所汇集的政策关切和商业价值也将愈见凸显。纵观2017年，电视内容在智能大屏上的表现已经显示出新的活力，更年轻、更具消费能力的观众群体正在向智能大屏聚集。CSM媒介研究将持续探索智能大屏带来的收视影响，关注行业成长，继续为电视业发展贡献力量。

（作者：刘洁婷　伍杨娟）

用户核心与数据驱动的价值体系建构

在互联网的视界里，电视观众变身为视频用户，同时也是更广泛意义上的互联网用户。讨论观众变身用户的意义，关键在于观众与用户之间如何实现价值转换。从研究受众到研究用户，从研究单屏电视收视到研究跨屏的数据融合，CSM媒介研究正在致力于为客户挖掘收视市场的价值增量。实现这样的价值增量，需要将收视研究上升到一个新的高度，媒介研究行业需要建构用户核心与用户驱动的价值体系。

一、从观众到用户的测量

实现从观众测量到用户测量的转变，首先要界定用户与观众之间的差别，需要测量观众与用户的连接点，要刻画这一连接点的数据。近年来，我们多次提到一个说法，就是原来电视研究中节目、广告和观众之间三位一体的关系，在新的融媒体时代已变成产品营销和用户之间的关系，可以表述为内容产品化、营销数据化和观众用户化。融合传播时代如何打通产品、用户和营销，构建新的三位一体的价值体系，是重新理解传媒产业变化的一个出发点。

更早的时候，从国家广电总局到各电视台，大家都在讲“广电＋”，从最初广电和互联网相加可以发生的物理变化，到后来开始讲化学变化、讲融合，从相加到相融，媒体产业里面的五个要素不可或缺：内容、渠道、终端、用户和营销。这五个方面分别加诸于互联网后会发生哪些变化？“内容＋互联网”，就是融合传播，跨平台传播；“渠道＋互联网”，就是渠道多元化，为渠道提供更多的互动功能，使之演变为点播等非线性收视方法；“终端＋互联网”，可以变成一对一、一对多的互动营销；“营销＋互联网”，实质上就是大数据营销；“用户＋互联网”，则更多地关注长尾和碎片化行为。就每个要素与互联网之间产生的化学反应而言，单体是新的变化，合到一起就是生态重建。

所谓融合传播，有两层含义：一是如何融通，二是如何结合。内容与媒介之间的融合更多地体现为如何将内容与媒介相融通，而媒介与用户之间的融合则更多地体现为用户如何与媒介相结合。举例来说，如何把我们的传统内容放在互联网上、放在手机端播出，这是内容与媒介的重新融通；用户怎么使用手机、怎么使用大屏、怎么使用OTT，则是受众与媒介的结合。新技术范式下的内容与媒介相融通带动了广电供给侧的变革，比如打造“中央厨房”；而媒介与用户相结合则演绎出丰富多样的需求侧形态变化，比如激活“T2O”。CSM 媒介研究更多地关注基于需求侧的变化，以期为供给侧的用户提供新的数据参考。这也会形成两端的机会点：站在客户的角度，更多地关注内容的新机会点；站在 CSM 媒介研究的角度，则更多地关注用户所带来的市场变革和用户研究这个新增量的机会点。是做内容的深入研究，还是做用户的深入研究？CSM 媒介研究更强调的是从用户角度去做研究，从需求侧的角度来反观供给侧的变化。

在当今电视融合传播的形势下，从电视台的角度来看，有两个实际问题要面对，这也是 CSM 媒介研究在观察和研究用户变革的基础上形成的新的思考。第一，我们既然能够把内容向新的终端传播，那么这种传播有没有价值变现的基础？增量中，有多少属于电视台内容提供商？有多少属于渠道？有多少属于终端？这个分账如何完成？营销机会点到底可以给我们带来多少广告收入？传统广电广告收入处在下降通道，我们都希望在内容增量部分能够把握住新的价值变现机会，包括版权经营、广告分账以及多种新的营销机会。第二，观众变成了用户，他们不仅消费内容，还能基于内容产生更多的消费增量。观众用户化之后媒体如何配合市场变化、配合消费升级进行营销升级，这是用户驱动的一个新的必然核心要义。

关于内容如何进入新渠道，内容如何连接新终端，内容如何锁定新用户，市场上已经有很多非常好的案例。北京卫视、深圳卫视和浙江卫视等在尝试新方法，有的与阿里这样的互联网大鳄产生了新结合点，这是在实现电视用户的营销升级。他们有四句话概括这样的全新范式：电视版“淘宝”、实现内容即销售的新营销方式、基于家庭场景的营销和台网新联盟（图 1）。

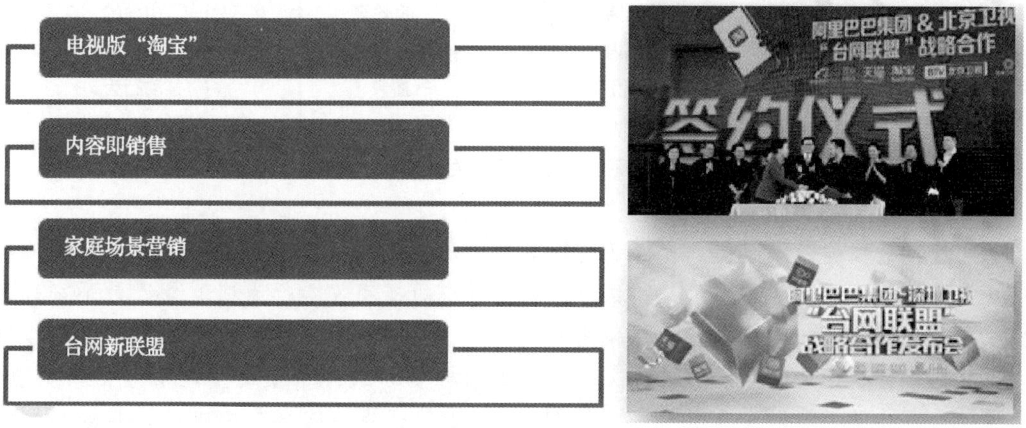

图 1　电视用户的营销升级

二、用户即数据

从观众到用户的测量，更多的是要放大和寻找增量，解决融合传播过程中的痛点。归结到数据研究上来，就是用户即数据。所谓用户即数据，就是要以用户为核心，注重研究用户标签，加强与用户之间的互动，发掘用户价值。所有这些，都需要有一个更好的数据价值体系。

数据有两类：一类是测量数据，一类是记录数据。测量数据是设定一组目标后，依照一定的方法体系，借助一定的技术手段而主动进行调查、监测所得来的数据，例如目前的收视率固定样组调查。几千人也好，几万人也罢，测量数据是用测量仪方法对观众进行实时收视测量，是实名制的用户数据采集。这种测量数据有很多优点。但也有大量数据并不依赖主动测量，而是通过监测、记录部分或者全部用户各自与其行为对象之间的互动过程所得到的数据，我们称之为记录数据，它更多地来自渠道和终端，这些数据是匿名的，但是可以通过用户画像进行反观。测量获得的是小数据，而记录积累的更多的是大数据。当然，对大数据也可以开展二次测量，以期得到更加可靠有用的精致小数据。

这两类数据，基本上体现了用户四个层面的行为，即用户与视频相关的四个内容：第一，用户看什么视频？这是“所见”；第二，用户看了之后有什么思想态度变化？想到什么？这是“所想”；第三，用户发表了什么相关言论和观点？微博微信上的讨论如何？这是“所说”；第四，用户有没有形成一些行为，去效仿、去购买，为电商形成导流？这是“所做”（图2）。“所见”“所想”“所说”和“所做”，基本就可以把一个视频用户与视频相关联的不同层面的数据归集在一起，正所谓用户是数据的源头。

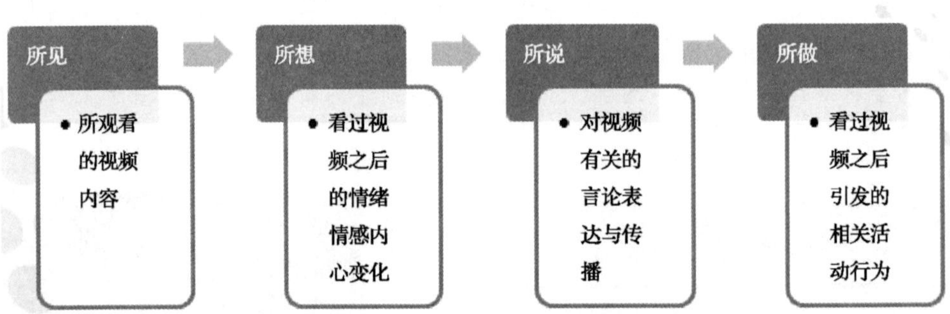

图2 视频用户与视频相关联的四个层面

就收视数据的获取而言，收视率测量不仅涉及收看电视的行为，还涉及使用其他终端收看的行为，这就延展到了跨屏测量，即将所有的视频收看行为都测量记录下来，是收视率测量的加法。收视率测量视频用户之“所见”；使用满意度调查量表采集的态度倾向数据，甚至借助脑电仪、眼动仪、面部表情分析系统等采集的生理心理活动数据，则可以一定程度上映射视频用户之“所想”；基于社交媒体的有关话题讨论和分享数据记录视频用户之“所说”；消费领域的大量数据则相当一部分来自广告主借助视频营销传播之后激活的用户之“所做”。从用户（受众）“所见”到用户（受众）“所做”的四个层面，对“所见”的测量是第一位的，因为这是一个出发点。只有将用户关心的媒体内容特别是视频内容研究透，才可以在他的“所想”“所说”和“所做”之间构建更大的价值体系。所以研究用户（受众）看到的电视内容、视频内容是现实意义上要讲的跨屏收视测量问题。

从单一的家庭电视收视测量，到多终端视频收视测量，再到社交化媒体传播以及消费化的媒体营销，有两个要义：一是如何识别用户，二是如何识别内容。大数据情形下，用户很难识别。内容识别则有很多方法，如标签或者声音匹配等。但是时间和接触点非常宽泛，时间轴上可以是非线性的，有很多家庭之外的场景。大数据和小数据之间，通过用户画像和收视率测量用户照相方法，可以形成更好的融通结合，形成更好的融合数据体系。

在此基础之上，数据驱动变成了两个方面的工作：一是如何用数据来驱动内容，现在有一些节目公司已经开始通过收视率和大数据之间的融合研究来撬动其生产，以使之更加符合市场发展的趋势，包括电视剧、综艺节目。二是如何用数据来驱动营销，目前很多的程序化购买、投放就是通过数据营销来完成的。基于用户研究，在采集四个方面的数据并将之融通之后，我们便可以利用数据研究驱动内容的开发、优化内容的传播；也可以利用数据撬动营销，实现营销的精准化和高增量。

三、建构新的数据价值体系

从用户“所见”到用户“所做”的新的融合视频测量体系，我们可称之为新的数据价值体系。正如笔者在《实现从 TV 到 TV 的真正测量》一文中所述，第一个 TV 是电视，电视收视率语境下的电视观众调查，如果将电视观众的含义放大到所有视频观众，就变成了视频用户调查（即 Video Audience Measurement，VAM），现在 VAM 可能还不够大，视频内容还包括其他的微视频、短视频以及更多的视频分发平台，出现一个更大的融合在一起的 TV，即 Total Video。Total Video 测量的是小数据，现在还有大数据，把用户足迹、轨迹、印记记录数据采集起来，与测量数据相融合，形成 TVUT（全视频用户跟踪）（图 3），基于这样的数据研究内容、升级营销，就会非常有针对性，且更加方便容易。

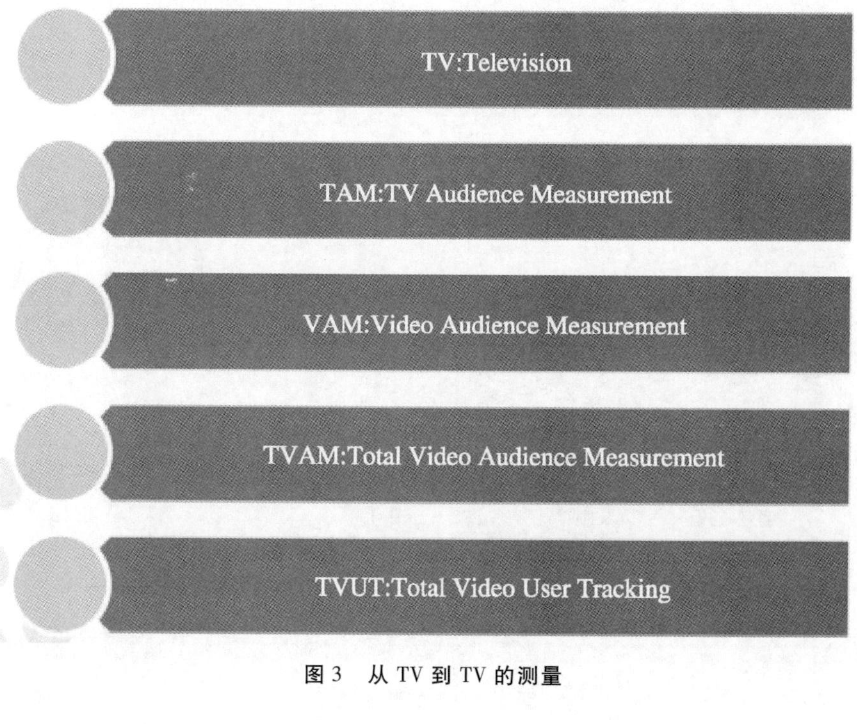

图 3　从 TV 到 TV 的测量

全视频用户跟踪（TVUT）是当今世界电视受众测量扩展之后的前沿领域。2017年在美国迈阿密举办的全球电视受众研究峰会上，CSM媒介研究介绍了即将在香港实行的全视频测量方案。该方案是将所有的数据测量放在一个共同测量体系里面，如图4所示，中间部分是CORE PANEL，就是现在内地每个城市用测量仪方法进行的固定样组调查，测量家庭电视机的使用收视行为；另外一方面是测量传统电视之外的互联网收视。两者的融合需要一个建模技术，此外还会用到一些来自有线电视网的大数据，比如回路数据（RETURN PATH DATA）。有了前两者的完整图像，若局部细节不够清晰，需要对局部做更加清晰的分析时，就可能需要一个局部的大数据。RETURN PATH DATA就是局部大数据，它可以丰富我们的研究价值体系，可以把数据更多地导向营销。除此以外，还可以做SET METER PANEL，对终端做标签。可以将微博、微信和脸书（Facebook）这样一些基于多用户的、大流量的数据与线上数据整合。固定样组数据可以与大数据融合，样组数据可以与来自互联网端的大数据融合，小数据加大数据可以体现更多的数据价值。香港全视频测量的新实践，是完整的、多屏统一的融合数据测量体系，是以用户为中心的数据价值体系（图5）

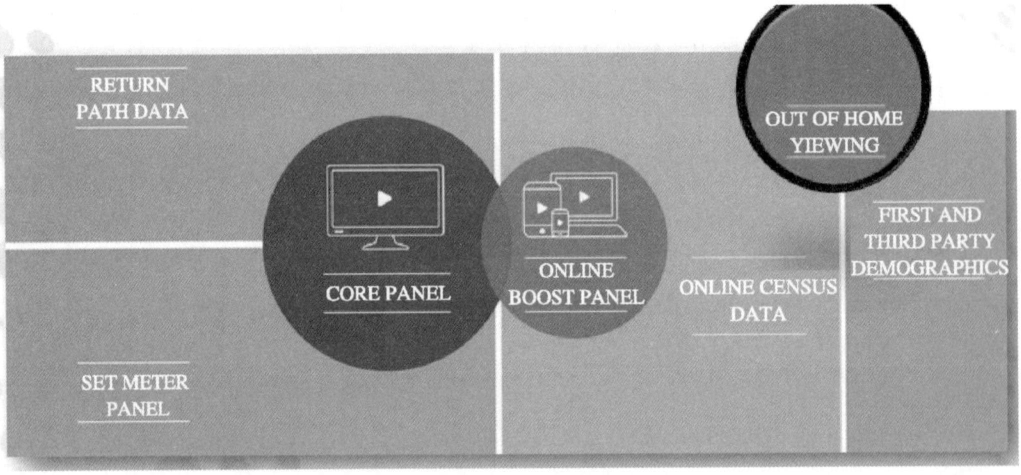

图4 数据源及其测量

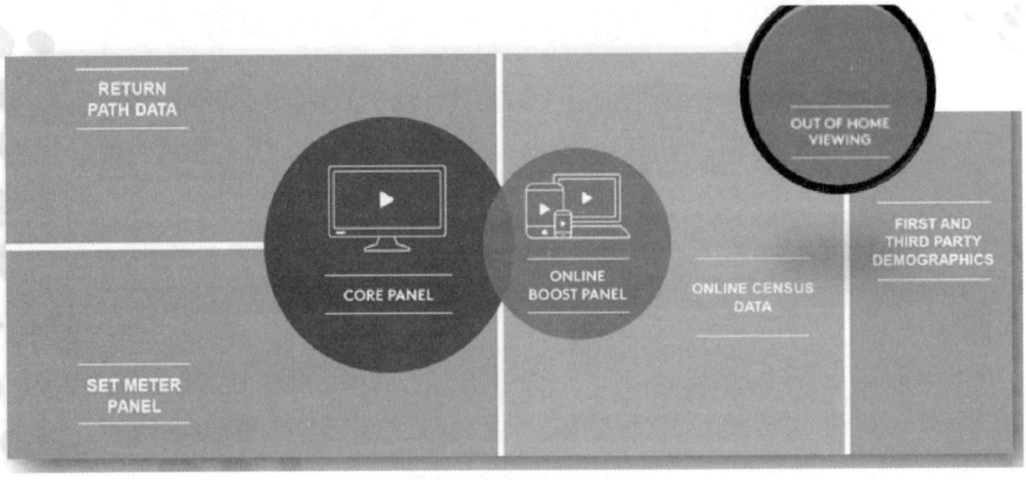

图5 香港的新实践

收视调查需要成熟的技术手段和技术保障。目前，CSM媒介研究可以为市场提供多种技术和服务，如测量家庭电视机的TAM，测量互联网端的VAM，追踪内容的可标签化技术和水印技术等。这是一个新的通用货币体系，是一个融合价值评估体系，是一个更好、更大的体系。在这个体系下，可以将电视收视率扩展到视频收视率，进而与大数据整合，实现社交和消费之间的转换和连接。一个以用户为核心的数据图谱和价值图谱清晰完整地展现于市场（图6）。

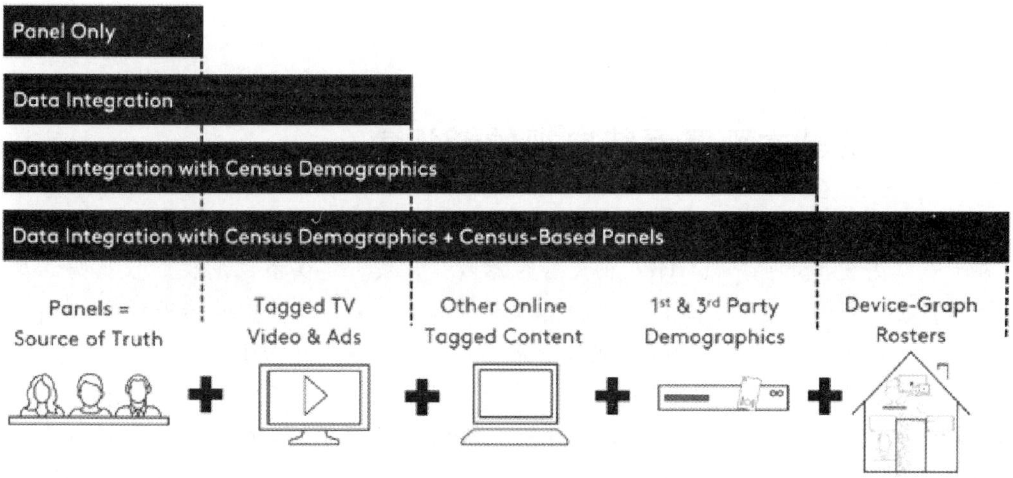

图6　通用货币体系的新发展

媒介是人的延伸，每个终端都是人的延伸，端和人不可分割。因此，我们要从人和端的关系出发，重新思考电视。调查从人到端，先选定样组，选定人再测量端。从端到人，需要统计建模，需要抽样方法。从人到端，强调的是用户核心；从端到人，强调的是数据驱动。“用户核心、数据驱动”，这样一个新的概念也许能激发我们解决电视发展新形势下的问题，帮助我们解决创新和增量的问题。

（作者：郑维东）

媒介进化图景中的电视方位

一、电视的基本面及看待电视的新视角

我们到底应该如何看待当下的电视?让我们先从数据来看看目前电视的基本面是什么样子。从央视市场研究(CTR)的广告监测数据,我们确实看到电视广告花费近几年在下降,但是我们也看到,2017年前3季度这个降幅在收窄。电视广告花费2016年前3季度同比下降了3.1%,而2017年前3季度同比下降幅度缩小为1.7%。

再从CSM媒介研究的收视数据来看,全国电视观众的人均收视时间仍在减少,而且2017年上半年的降幅在加大。人均收视时长从2016年上半年的156分钟下降为2017年上半年的144分钟,2015年上半年、2014年上半年人均收视时长分别为156分钟和163分钟。

在这样一个基本面下,我们应该如何看待目前电视的发展状况?本文给出的一个新视角是:从媒介进化的图景来看电视。

首先本文非常愿意跟大家分享这样一句话——我们最大的悲剧不在于遭遇了毁灭性的灾难,而在于我们从未意识到自身巨大的潜力。这也许就像人难以清醒地认知自己一样,似乎只有当一个更为强大的媒介出现时,电视才能更清楚地认识自己。目前被一种悲观情绪笼罩着的中国电视界,最大的悲剧并不在于遭遇了所谓的互联网冲击或者颠覆,而在于人们对电视的特性、价值和潜力的“不自知”。

其实,这种“不自知”也并非现在才有。当年在我们曾经为电视的辉煌沾沾自喜的时候,其实我们就应该反思,是否是因为电视渠道的强势在某种程度上掩盖了内容的乏力?高收视率背后是否有时也是一时虚幻,也有一些“水分”?而今天在我们哀叹电视的衰退,对电视未来的发展感到彷徨时,是否也是对电视与生俱来的禀赋和价值的“不自知”?

二、媒介进化图景中电视的方位和特殊价值

人类的进化过程,是从直立行走到使用工具、机械化,再到工业化、信息化,以千万年计的一个进程。媒介的进化也随着人类社会的发展沿袭了几千年,不过以报纸为开端的现代媒介的进化只有几百年的历史。那么在这样一个进化图景中,电视处于什么样的方位?它特殊的价值是什么?本文认为:

1. 在所有现代媒介中，电视是没有任何门槛、最能让人轻松接受的媒介

人们甚至不需要识字，打开电视就可以慵懒地坐在家中以看电视来享受闲暇时光。大家经常说互联网更强，因为它更为个性化，人们在使用互联网时是“前倾式”“主动式”地接收信息。但请大家注意，互联网的“主动式”“前倾式”接收方式和电视的“被动式”“后仰式”接收方式都是人的本性。而人性对媒介的进化具有决定性的作用。大家有没有想过，电影是在广播之后才出现的媒介，那为什么无声电影，也就是默片没有留下来，而广播却留下来了？因为从人性的角度看，听到的同时不一定看得到，这是人们日常生活中经常出现的信息传播场景，是符合人本性的。反过来，只看得到却听不到，是违反人性的，人们会觉得很别扭，这就是默片消失而广播却留下来的一个重要原因。

2. 电视还有一个重要特质，就是在整个媒介进化图景中，它是唯一的家用媒介

电视从诞生的那一刻起，就具备“家庭共用”这个天然特质。大家有没有注意到，我们买电视机的时候都是在家用电器当中去购买。而在家庭场景当中则汇聚了不同代际、不同职业、不同性别、不同受教育程度等各个圈层的人群。所以，从传播效果的视角来看，电视这种一对多而非一对一的传播形态，拥有能够打透圈层的巨大能量，而这正是目前电视媒体被严重低估的特殊价值。

3. 电视是迄今为止最有效的广告传播载体

电视这种大屏能够用声波和光波信号直接刺激人们的感官和心理，其强烈的视听震撼力能够给受众带来持续的视觉冲击力和感染力，能够以视听兼备的形式，非常逼真、突出地从各方面给品牌带来全面的表现力，电视这种与生俱来的广告优势也是其他媒体难以企及的。此外，在中国，电视拥有最大的受众人群，其综合人口覆盖率达到了98.9%。所以在广告触达方面，电视媒体有无可比拟的优势；在投资回报方面，与网络数字媒体相比，电视媒体也占有优势。

在这方面，广告主最有发言权。我们从各种渠道中看到宝洁、联合利华、可口可乐等大型广告主，它们非常看重电视媒体“无可匹敌的受众基础”，并且感受到了电视投入的“质量在上升”。可口可乐前 CEO 也表示：“电视仍然提供了最好的投资回报率，自 2014 年以来，可口可乐在电视上投入每 1 美元能换来 2.13 美元的回报，而数字媒体带来的回报仅为 1.26 美元。”我们也看到，越是大品牌，其电视广告投放越多。根据世界广告研究中心（WARC）的全球广告发展报告，投放额超过1000 万美元以上的高预算广告中大约有66%花费在电视上，并且随着总预算金额的提升，分配给电视的预算比例也随之提高。这与央视市场研究（CTR）2017 年的广告主调查数据是一致的，我们发现广告主的规模越大，他们在传统媒体上的广告预算比例也会越高，其中电视占据了领先地位(图 1)。

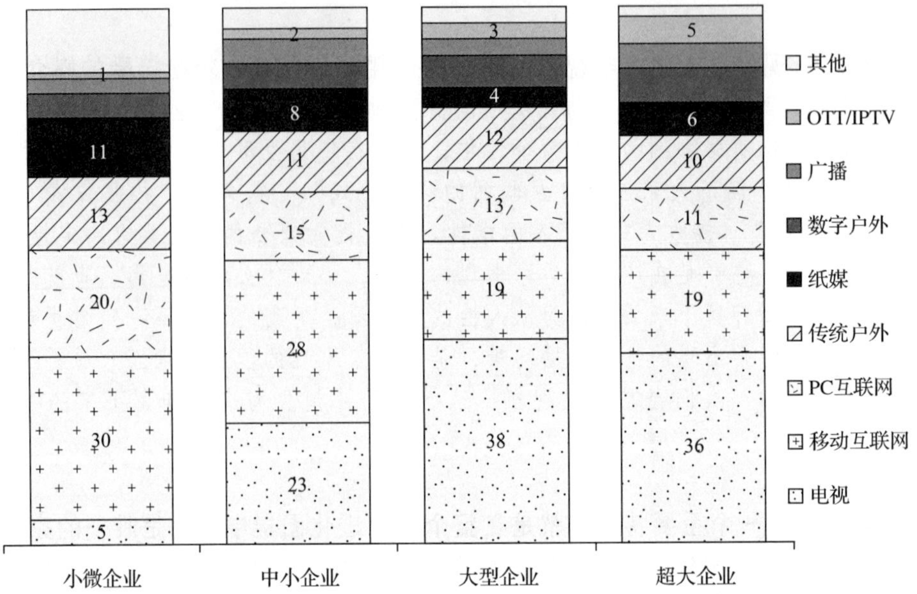

数据来源：CTR《2017 年广告主营销趋势调查》

图 1　2017 年各种规模企业在不同媒体上的广告预算分配比例（%）

从以上的分析中我们看到，电视是最能让人轻松接受的媒介，电视是唯一的家用媒介，电视也是迄今为止最有效的广告传播载体，这些都是电视与生俱来的禀赋，它让我们预见电视的未来时会多一些底气，多一些自信。

三、未来电视的方位与新时代的新电视

电视将来一定不能在原来的延长线上继续简单重复地往前走，我们一定会迎来新时代的新电视。那么，未来电视的方位在哪里？新时代的新电视应该是什么样的？我们的判断是：

1. 新时代的新电视将是“线上”“智能”的电视

“在线化”的电视已经可以实现实时双向互动，电视观众的收看习惯也出现了重大变化。我们看到，观众点播更为自由，时移收视量也越来越大。根据 CSM 媒介研究的收视数据，2017 年最火的电视剧《人民的名义》首播收视率是 3.72%，时移收视已经达到了 2.14%；综艺节目《奔跑吧》的首播收视率是 2.83%，时移收视则达到了 1.95%。

此外，电视发展史就是一个电视技术驱动的历史，从黑白到彩色，从标清到高清，再到 3D、4K，电视一直在追求清晰度的最大化。而在电视智能化的今天，除了“画质效果”之外，原来似乎与电视毫不相关的“操作系统”“使用体验”也被更多地推向前台，电视的智能应用变得更为重要了。

2. 新时代的新电视将是“用户化”“数据化”的电视

经过90多年的时间和文化积累，电视已经与观众建立起了非常深厚的情感联系和价值认同，这是电视已经储备的巨大潜在价值，新时代的新电视应该把这个价值挖掘出来。当新电视已经成为线上电视、智能电视之后，将观众用户化并建立以用户和数据为核心的运营体系，便能够最有效地延续和放大电视的影响力。这既是互联网思维，更是电视人应该发掘的潜在价值。

3. 新时代的新电视将是“开放”“共生”的电视

今天的电视节目已不单纯是为电视大屏而生产了，今天的电视大屏也已不仅仅是为电视台生产了。电视越来越开放，在新电视产业生态链上，将出现硬件商、网络运营商、内容提供方、应用开发商、技术提供商、数据服务商等多方共生的图景。1996年，人们绝不会想到电视台记者和生产电视机的海尔、海信会成为一个行当。但今天不一样了，我们看到，腾讯先后投资数亿元入股创维旗下的酷开和TCL旗下的雷鸟，山东电视台也和海信达成了战略合作。开放将让电视跨越单纯的视听服务，实现视听服务与各个垂直产业的对接。我们除了看电视，玩电视、用电视也将成为普遍的应用场景，教育、游戏、医疗、旅游、购物、社交等这些多方共同合作的“全场景”应用，将赋予新电视更加强大的能力。

回到整个媒介进化的图景，我们既看到了电视拥有与生俱来的禀赋价值，也看到了新时代的新电视就是要在这些禀赋的基础上去适应新的媒介环境和新的技术发展，不断进化。所谓“进化”，对于动植物这些生命体而言，其实就是对外界环境变化的一种自然反应；但是对于电视这种“非生命体”而言，“进化”的意义则需要注入更多的紧迫感和自觉性。在未来的发展道路上，经过90多年积累的全球电视行业既要保持对自身价值的自知和自信，同时也要有驾驭进化的能力，主动去适应新的时代，这就是电视在未来媒介进化图景中应有的方位。

（作者：徐立军）

第三部分

Part Three

收视数据 Rating Data

主要收视指标解释与电视节目收视排名规则

一、主要收视指标解释

1. 频道覆盖（入户）率：一个地区能够接收到该频道的户数占该地区电视家庭总户数的百分比。它是从接收情况来反映某个频道覆盖状况的指标。

2. 人均收视时间：在一个地区某个时间段内所有电视观众平均每人收看某一频道（或节目）的时间，一般以分钟来计算。

3. 收视率：本年鉴中的收视率是个人收视率，指一个地区的某个时间段中收看某一频道（或节目）的人数占电视观众总人数的百分比。

4. 市场占有率（或市场份额）：本年鉴中的市场占有率是个人市场占有率，指一个地区某个时间段中收看某一频道（或节目）的人数占该时段收看电视总人数的百分比。

5. 观众构成：一个地区某个时段收看某一频道（或节目）的观众中各类观众所占的百分比。

6. 各类节目的播出份额：各类节目的播出时间长度占所有节目类型播出时间长度的百分比。

7. 各类节目的收视份额：各类节目的收视时间长度占所有节目类型收视时间长度的百分比。

二、电视节目收视排名规则

1. 节目收视排名主要按收视率由高到低排序，如收视率相同，再按市场份额排序，高者排前；如果两项指标都相同，则节目排序号相同。

2. 全国样本城市市场电视节目收视排名（包括节目其他指标计算）的时间范围为全天，重点市场电视节目收视排名（包括节目其他指标计算）的时间范围为17:00～24:00。

3. 电视节目（栏目）以该节目（栏目）的平均收视率排名，首、重播分开，取最高档参加排名。

4. 对于常态的一次性播出、并有多台同时转播的节目，只取收视率最高的一档参加排名，如春晚、元宵晚会、“两会”总理记者会等，新闻突发性事件不在此列。

5. 除极个别情况外，收视排名不考虑节目名称前的“冠名”。

6. 电视剧出现多轮播出的情形，按收视率最高的一轮参加电视剧类和所有节目的排名，并标注播出日期；跨年度播出的电视剧，只统计在2017年度内播出集数的平均收视率并参加电视剧类和所有节目的排名，节目名称后标注集数。

7. 体育节目的收视排名规则为：同一体育项目赛事中只选取该项赛事收视率最高的一档参加体育类节目的排名和所有节目的总排名，其他体育节目按平均收视率参加排名。

8. 选秀类节目（比赛部分）选取收视率最高的一期参加收视排名并标注日期；有些选秀类节目涉及两季播出，则分别计算各季每期的平均收视率，选取最高的一期代表该季参加排名并标出播出日期；常态类综艺节目（包括季播节目，如果有跨年播出，需注明具体日期范围），计算节目的平均收视率并参加排名。

9. 2017年春节联欢晚会的收视率是春节联欢晚会播出期间（2017年1月27日20:00～24:49）的平均收视率。

一、基本收视条件

表 3.1.1　2017 年全国收视调查网视听设备拥有情况

	电视机台数		电视机种类		其他视听设备		
	1台	2台及以上	液晶电视机	智能电视机	影碟机	智能手机	个人电脑
	%	%	%	%	%	%	%
全国	72.6	27.4	72.1	33.2	15.3	82.5	50.5
城域	74.9	25.1	79.2	36.1	12.5	86.9	62.4
乡域	70.9	29.1	67.0	31.2	17.3	79.4	42.1

表 3.1.2　2017 年各省级收视调查网视听设备拥有情况

	电视机台数		电视机种类		其他视听设备		
省份	1台	2台及以上	液晶电视机	智能电视机	影碟机	智能手机	个人电脑
	%	%	%	%	%	%	%
安徽省	60.2	39.8	72.7	21.8	9.3	75.2	38.3
福建省	60.1	39.9	75.1	37.5	8.4	82.8	56.4
甘肃省	80.6	19.4	56.2	19.1	33.1	86.6	32.5
广东省	81.1	18.9	77.5	40.7	17.3	85.0	55.4
广西壮族自治区	89.2	10.8	65.0	39.3	19.7	80.7	27.4
贵州省	90.0	10.0	61.4	43.3	16.0	64.9	12.3
海南省	85.6	14.4	74.4	37.4	28.9	84.6	27.8
河北省	74.5	25.5	64.8	22.8	5.8	82.8	53.2
黑龙江省	87.2	12.8	74.2	34.7	8.7	85.9	48.0
河南省	68.4	31.6	59.7	35.4	9.9	82.5	55.3
湖北省	70.5	29.5	74.3	43.9	15.2	82.7	49.8
湖南省	73.9	26.1	78.3	47.4	21.6	79.7	38.7
内蒙古自治区	85.4	14.6	70.3	40.1	16.5	91.3	51.6
江苏省	44.1	55.9	77.3	32.3	20.1	82.9	65.0
江西省	55.0	45.0	73.8	38.0	10.8	81.9	52.2
吉林省	86.7	13.3	78.0	24.4	9.5	86.5	47.6
辽宁省	84.2	15.8	69.6	29.5	15.2	84.3	51.5
宁夏回族自治区	85.6	14.4	66.3	30.4	19.6	87.8	33.0
陕西省	77.6	22.4	68.0	39.0	18.6	88.3	52.2
山东省	88.1	11.9	61.9	29.8	7.1	71.7	54.9
山西省	75.5	24.5	68.3	32.5	8.1	87.3	67.2
四川省	68.8	31.2	71.4	38.5	23.9	79.6	36.6
新疆维吾尔自治区	96.1	3.9	79.2	6.1	33.9	78.0	33.5
云南省	80.9	19.1	66.8	31.0	52.9	84.4	25.6
浙江省	41.5	58.5	77.9	36.1	9.1	85.4	67.8

表 3.1.3　2017 年各城市收视调查网视听设备拥有情况

城市	电视机台数		电视机种类		其他视听设备		
	1 台	2 台及以上	液晶电视机	智能电视机	影碟机	智能手机	个人电脑
	%	%	%	%	%	%	%
安庆	69.5	30.5	78.4	30.6	7.4	79.4	62.8
鞍山	81.0	19.0	76.0	10.0	9.4	78.2	70.5
宝鸡	88.8	11.2	59.3	13.8	14.0	87.7	75.1
包头	93.0	7.0	41.3	27.2	16.8	84.6	68.6
北海	79.3	20.7	57.3	19.0	25.3	91.8	73.3
北京	76.3	23.7	89.6	21.1	5.2	93.6	80.1
蚌埠	62.2	37.8	77.3	34.4	7.0	86.6	69.7
长春	88.1	11.9	86.6	37.9	20.9	93.0	75.1
常德	67.8	32.2	80.0	55.1	18.3	83.1	51.7
长沙	83.8	16.2	82.5	61.0	15.1	92.0	69.4
常熟	30.0	70.0	72.6	14.2	25.9	80.5	75.0
常州	32.0	68.0	89.7	41.4	4.9	90.7	76.7
潮州	61.7	38.3	87.2	44.0	35.8	94.4	72.8
成都	65.3	34.7	81.2	37.3	6.3	90.5	62.3
重庆	66.5	33.5	82.1	35.5	3.5	79.1	55.6
滁州	55.6	44.4	66.6	14.6	7.1	72.2	69.8
大理	76.2	23.8	71.2	53.6	62.4	90.3	51.0
大连	90.5	9.5	82.4	48.0	25.5	90.6	72.6
丹东	78.5	21.5	56.7	14.1	2.0	81.4	64.3
大同	96.4	3.6	70.8	50.1	5.5	89.6	63.7
达州	77.5	22.5	66.2	47.1	27.9	74.1	40.7
德州	92.0	8.0	71.3	25.9	13.6	87.5	68.0
东莞	81.1	18.9	75.4	45.8	6.4	92.0	60.6
佛山	75.4	24.6	84.6	39.1	1.6	93.3	65.0
抚顺	89.3	10.7	77.4	34.8	29.4	86.7	64.0
福州	49.5	50.5	84.6	47.4	3.6	90.9	76.5
赣州	60.8	39.2	83.3	37.2	6.2	89.8	74.0
广元	75.8	24.2	75.4	59.9	27.2	85.9	50.1
广州	84.6	15.4	77.8	38.9	20.8	91.2	66.9
桂林	85.8	14.2	62.5	12.0	9.6	91.0	71.1
贵阳	94.8	5.2	77.4	56.9	4.3	84.3	36.7
海口	88.4	11.6	80.2	38.8	30.8	92.5	59.7
杭州	41.8	58.2	92.5	55.4	1.7	94.5	81.8
哈尔滨	86.1	13.9	80.7	39.4	12.7	91.2	62.0
合肥	76.8	23.2	77.7	22.8	1.8	95.3	59.1
衡阳	90.3	9.7	79.7	46.9	8.1	87.4	39.3
呼和浩特	96.0	4.0	74.5	30.4	16.3	92.5	68.7
惠州	82.8	17.2	80.0	38.0	18.7	85.0	54.9
湖州	38.1	61.9	83.0	31.9	19.1	90.5	76.8
江门	72.3	27.7	86.1	65.2	18.9	94.8	83.6
嘉兴	41.7	58.3	63.4	20.8	21.5	84.6	76.3

续表

城市	电视机台数		电视机种类		其他视听设备		
	1台	2台及以上	液晶电视机	智能电视机	影碟机	智能手机	个人电脑
	%	%	%	%	%	%	%
揭阳	87.2	12.8	75.3	44.8	27.7	89.2	41.7
吉林	89.6	10.4	61.2	7.7	11.6	73.4	59.6
济南	82.6	17.4	78.7	39.5	15.4	85.9	78.3
荆门	72.5	27.5	75.0	60.6	24.0	91.8	63.6
荆州	76.0	24.0	80.2	42.9	10.0	89.2	64.7
金华	52.1	47.9	80.8	6.1	0.6	81.0	58.3
济宁	90.4	9.6	75.4	33.4	9.7	86.4	62.6
锦州	90.8	9.2	75.2	44.0	4.5	82.8	74.9
九江	62.4	37.6	84.4	45.7	13.2	93.4	76.5
昆明	88.5	11.5	74.0	32.7	46.7	91.5	63.4
兰州	94.0	6.0	78.2	51.5	25.7	92.7	64.7
乐山	60.5	39.5	83.0	51.8	12.8	87.3	55.5
拉萨	81.1	18.9	87.9	70.3	18.5	98.9	20.8
丽水	47.6	52.4	59.6	19.7	22.3	68.0	61.0
柳州	90.2	9.8	91.3	38.4	37.5	89.6	76.1
龙岩	53.7	46.3	68.5	18.1	5.3	95.2	70.2
洛阳	89.6	10.4	78.5	78.5	5.0	90.9	70.7
泸州	59.7	40.3	77.7	35.5	21.9	82.7	39.3
梅州	54.1	45.9	78.4	66.4	27.9	90.7	66.1
牡丹江	92.2	7.8	61.7	4.5	25.2	85.3	71.3
南昌	63.1	36.9	79.9	46.1	12.5	90.1	66.9
南充	77.3	22.7	44.5	7.4	27.8	69.1	46.4
南京	52.9	47.1	86.0	22.9	18.7	87.4	76.9
南宁	89.6	10.4	83.0	52.2	22.3	92.1	64.8
南通	42.1	57.9	83.1	4.9	9.1	88.9	79.4
宁波	42.1	57.9	85.8	30.6	0.7	90.9	76.3
平顶山	87.0	13.0	39.8	30.8	21.1	87.3	80.2
青岛	93.2	6.8	86.0	56.0	7.5	87.3	69.4
清远	80.1	19.9	60.9	9.9	20.5	88.5	61.8
秦皇岛	83.8	16.2	61.6	8.5	9.9	78.3	68.7
泉州	68.2	31.8	85.4	52.3	13.6	91.7	83.5
衢州	53.0	47.0	72.6	21.6	14.1	81.1	74.2
三亚	85.6	14.4	78.3	46.4	34.2	93.8	39.6
上海	43.3	56.7	93.1	9.1	3.7	94.1	82.0
汕头	78.5	21.5	72.8	29.9	38.2	92.5	61.6
汕尾	77.9	22.1	79.9	77.2	41.1	92.1	51.5
韶关	80.5	19.5	86.7	40.4	11.2	87.2	63.9
绍兴	33.0	67.0	80.1	28.4	0.7	80.9	72.6
沈阳	85.5	14.5	73.5	32.5	9.7	90.0	57.0
深圳	97.0	3.0	90.7	45.2	3.0	97.8	86.8
石家庄	75.6	24.4	82.4	39.7	2.1	91.6	77.5

续表

城市	电视机台数		电视机种类		其他视听设备		
	1台	2台及以上	液晶电视机	智能电视机	影碟机	智能手机	个人电脑
	%	%	%	%	%	%	%
苏州	51.0	49.0	83.1	39.7	14.3	88.7	75.9
太原	88.3	11.7	77.5	49.7	11.4	91.7	79.5
泰州	33.4	66.6	68.6	11.5	12.5	83.9	70.5
台州	41.5	58.5	70.1	4.4	14.8	80.8	65.7
唐山	88.8	11.2	81.0	42.2	1.0	80.9	61.6
天津	81.3	18.7	85.1	17.8	12.3	92.6	79.9
铜陵	68.0	32.0	64.5	0.0	4.3	68.5	65.9
乌鲁木齐	97.5	2.5	79.3	34.6	7.5	82.6	54.3
潍坊	93.8	6.2	74.0	50.0	0.4	83.3	70.1
温州	37.2	62.8	95.1	37.9	4.1	93.9	80.9
武汉	69.0	31.0	81.6	53.1	4.3	89.1	72.9
芜湖	46.2	53.8	88.5	22.1	13.3	82.5	55.6
无锡	38.8	61.2	85.0	25.7	25.0	88.4	74.8
厦门	79.5	20.5	82.3	24.3	9.9	90.4	68.8
西安	86.8	13.2	80.0	49.8	6.4	92.9	72.3
襄阳	77.8	22.2	78.9	37.4	12.4	90.9	74.5
西昌	83.5	16.5	73.9	45.1	32.4	84.9	42.5
西宁	96.3	3.7	86.0	77.1	10.5	95.0	62.2
徐州	69.0	31.0	80.3	50.7	27.6	90.4	84.9
盐城	38.0	62.0	81.0	45.2	42.1	88.5	76.2
阳江	74.4	25.6	72.1	29.2	29.8	85.1	56.0
扬州	31.4	68.6	85.3	20.9	16.3	90.2	76.9
烟台	85.0	15.0	81.3	54.3	10.7	84.0	72.9
宜宾	70.3	29.7	67.4	7.3	24.4	75.6	40.8
宜昌	81.8	18.2	81.9	51.0	2.7	91.2	79.4
宜春	68.5	31.5	66.8	35.4	9.1	82.2	44.1
银川	97.5	2.5	77.4	43.3	29.3	92.7	61.2
营口	67.8	32.2	62.2	6.6	18.1	78.2	52.3
永济	54.0	46.0	39.9	36.3	7.9	82.3	79.1
岳阳	74.0	26.0	56.4	32.4	13.6	84.5	67.0
漳州	82.1	17.9	86.9	71.7	28.0	87.6	75.2
湛江	84.6	15.4	82.5	43.9	19.9	85.8	59.2
肇庆	74.3	25.7	84.6	48.0	0.5	89.7	70.4
郑州	79.4	20.6	83.7	55.5	7.3	94.8	86.7
镇江	37.2	62.8	84.1	44.8	22.5	93.1	81.2
中山	75.2	24.8	82.2	57.3	16.2	96.1	82.9
舟山	34.9	65.1	70.7	10.5	5.4	78.1	63.3
珠海	88.3	11.7	89.4	45.4	17.7	95.7	79.4
株洲	84.5	15.5	87.0	73.6	9.9	94.6	69.1
淄博	93.5	6.5	75.9	5.9	10.8	75.1	59.5
遵义	88.7	11.3	72.8	3.7	35.9	82.1	48.6

表 3.1.4　2017 年全国收视调查网电视信号接收方式

	省、市有线用户比例	可收看卫星电视用户比例	可收看卫星电视的非有线用户比例	其他
	%	%	%	%
全国	44.8	95.9	51.1	4.1
城域	60.7	95.7	35.0	4.3
乡域	33.6	96.0	62.4	4.0

表 3.1.5　2017 年各省级收视调查网电视信号接收方式

省份	省、市有线用户比例	可收看卫星电视用户比例	可收看卫星电视的非有线用户比例	其他
	%	%	%	%
安徽省	91.6	91.6	91.6	8.4
福建省	82.8	96.1	13.3	3.9
甘肃省	44.9	98.2	53.4	1.8
广东省	90.7	97.7	7.0	2.3
广西壮族自治区	38.3	97.2	58.9	2.8
贵州省	68.4	97.9	29.5	2.1
海南省	55.7	97.6	41.9	2.4
河北省	64.5	95.0	30.5	5.0
黑龙江省	84.1	97.1	13.0	2.9
河南省	49.9	91.9	42.0	8.1
湖北省	68.7	94.8	26.1	5.2
湖南省	64.4	97.6	33.3	2.4
内蒙古自治区	80.6	92.1	11.5	7.9
江苏省	88.4	96.4	8.0	3.6
江西省	69.8	98.0	28.2	2.0
吉林省	86.2	97.5	11.3	2.5
辽宁省	80.4	94.6	14.2	5.4
宁夏回族自治区	93.4	98.4	5.0	1.6
陕西省	57.3	95.9	38.6	4.1
山东省	70.2	96.5	26.3	3.5
山西省	55.7	94.9	39.2	5.1
四川省	75.7	98.5	22.8	1.5
新疆维吾尔自治区	93.5	99.7	6.2	0.3
云南省	46.2	96.9	50.7	3.1
浙江省	91.2	97.1	5.9	2.9

表 3.1.6　2017 年各城市收视调查网电视信号接收方式

城市	省、市有线用户比例	可收看卫星电视用户比例	可收看卫星电视的非有线用户比例	其他
	%	%	%	%
安庆	96.0	96.0	96.0	4.0
鞍山	92.7	97.8	5.1	2.2
宝鸡	83.7	96.8	13.1	3.2
包头	83.4	92.4	9.0	7.6
北海	64.9	91.4	26.5	8.6
北京	98.8	99.0	0.2	1.0
蚌埠	58.9	96.5	37.6	3.5
长春	86.9	92.6	5.7	7.4
常德	95.5	100.0	4.5	0.0
长沙	90.0	91.1	1.1	8.9
常熟	97.3	99.7	2.4	0.3
常州	98.5	98.5	0.0	1.5
潮州	97.3	98.5	1.2	1.5
成都	95.0	97.5	2.5	2.5
重庆	81.0	99.6	18.6	0.4
滁州	59.7	95.7	36.0	4.3
大理	77.5	94.2	16.7	5.8
大连	84.7	88.1	3.4	11.9
丹东	76.0	99.8	23.8	0.2
大同	42.0	95.7	53.7	4.3
达州	68.5	99.2	30.7	0.8
德州	91.5	97.0	5.5	3.0
东莞	82.2	94.6	12.4	5.4
佛山	94.6	99.4	4.8	0.6
抚顺	92.6	96.1	3.5	3.9
福州	93.2	95.5	2.3	4.5
赣州	79.7	99.1	19.4	0.9
广元	90.6	97.4	6.8	2.6
广州	95.4	97.2	1.8	2.8
桂林	91.2	99.8	8.6	0.2
贵阳	77.8	89.0	11.2	11.0
海口	80.7	92.3	11.6	7.7
杭州	97.5	98.3	0.8	1.7
哈尔滨	90.0	94.5	4.5	5.5
合肥	56.1	90.8	34.7	9.2
衡阳	89.8	95.5	5.7	4.5
呼和浩特	66.3	84.1	17.8	15.9

续表

城市	省、市有线用户比例	可收看卫星电视用户比例	可收看卫星电视的非有线用户比例	其他
	%	%	%	%
惠州	94.8	97.5	2.7	2.5
湖州	89.4	91.8	2.4	8.2
江门	97.5	99.1	1.6	0.9
嘉兴	93.2	98.1	4.9	1.9
揭阳	84.5	92.4	7.9	7.6
吉林	85.1	97.2	12.1	2.8
济南	89.0	93.4	4.4	6.6
荆门	68.5	96.2	27.7	3.8
荆州	79.8	87.9	8.1	12.1
金华	94.0	99.2	5.2	0.8
济宁	80.6	92.8	12.2	7.2
锦州	97.9	99.4	1.5	0.6
九江	76.7	98.0	21.3	2.0
昆明	92.1	95.3	3.2	4.7
兰州	78.9	96.5	17.6	3.5
乐山	93.1	99.5	6.4	0.5
拉萨	94.6	98.6	4.0	1.4
丽水	87.7	98.0	10.3	2.0
柳州	81.7	98.0	16.3	2.0
龙岩	87.2	99.8	12.6	0.2
洛阳	88.9	96.9	8.0	3.1
泸州	78.4	98.0	19.6	2.0
梅州	87.8	98.1	10.3	1.9
牡丹江	89.9	97.5	7.6	2.5
南昌	87.4	97.0	9.6	3.0
南充	86.0	96.9	10.9	3.1
南京	95.0	97.5	2.5	2.5
南宁	74.3	95.2	20.9	4.8
南通	97.5	99.7	2.2	0.3
宁波	97.5	98.0	0.5	2.0
平顶山	84.6	97.2	12.6	2.8
青岛	92.8	95.4	2.6	4.6
清远	89.7	98.7	9.0	1.3
秦皇岛	87.3	95.8	8.5	4.2
泉州	88.2	97.2	9.0	2.8
衢州	88.7	97.5	8.8	2.5
三亚	54.1	97.4	43.3	2.6

续表

城市	省、市有线用户比例	可收看卫星电视用户比例	可收看卫星电视的非有线用户比例	其他
	%	%	%	%
上海	94.8	95.3	0.5	4.7
汕头	89.2	93.5	4.3	6.5
汕尾	99.3	99.6	0.3	0.4
韶关	95.0	99.7	4.7	0.3
绍兴	99.0	99.0	0.0	1.0
沈阳	78.5	90.4	11.9	9.6
深圳	87.0	91.2	4.2	8.8
石家庄	80.9	89.6	8.7	10.4
苏州	81.4	95.6	14.2	4.4
太原	82.3	94.4	12.1	5.6
泰州	93.9	97.3	3.4	2.7
台州	88.5	97.9	9.4	2.1
唐山	87.5	95.6	8.1	4.4
天津	95.0	99.5	4.5	0.5
铜陵	74.4	94.3	19.9	5.7
乌鲁木齐	96.1	98.2	2.1	1.8
潍坊	84.3	92.7	8.4	7.3
温州	89.9	97.8	7.9	2.2
武汉	84.3	94.9	10.6	5.1
芜湖	54.8	94.3	39.5	5.7
无锡	96.9	100.0	3.1	0.0
厦门	87.4	96.2	8.8	3.8
西安	85.8	98.5	12.7	1.5
襄阳	79.1	96.6	17.5	3.4
西昌	92.2	98.1	5.9	1.9
西宁	96.8	97.6	0.8	2.4
徐州	92.1	96.2	4.1	3.8
盐城	93.9	96.2	2.3	3.8
阳江	92.9	94.7	1.8	5.3
扬州	96.6	97.6	1.0	2.4
烟台	82.0	96.5	14.5	3.5
宜宾	63.4	96.6	33.2	3.4
宜昌	75.4	94.3	18.9	5.7
宜春	63.5	98.4	34.9	1.6
银川	85.5	96.2	10.7	3.8
营口	85.4	95.8	10.4	4.2
永济	61.6	100.0	38.4	0.0

续表

城市	省、市有线用户比例	可收看卫星电视用户比例	可收看卫星电视的非有线用户比例	其他
	%	%	%	%
岳阳	85.5	96.3	10.8	3.7
漳州	84.0	95.5	11.5	4.5
湛江	94.5	98.1	3.6	1.9
肇庆	99.2	99.4	0.2	0.6
郑州	91.5	96.6	5.1	3.4
镇江	94.1	98.3	4.2	1.7
中山	96.9	98.6	1.7	1.4
舟山	95.4	100.0	4.6	0.0
珠海	95.8	96.0	0.2	4.0
株洲	93.1	94.1	1.0	5.9
淄博	85.0	98.0	13.0	2.0
遵义	92.5	98.1	5.6	1.9

表 3.1.7 2017 年全国收视调查网卫视频道入户覆盖率排名前二十位

排名	全国		城域		乡域	
	频道	覆盖率(%)	频道	覆盖率(%)	频道	覆盖率(%)
1	中央电视台新闻频道	93.4	中央电视台综合频道	93.6	中央台二套	93.7
2	中央台二套	92.6	中央电视台新闻频道	93.0	中央电视台新闻频道	93.6
3	中央台七套	92.6	中央台四套	91.6	中央台七套	93.3
4	中央电视台综合频道	92.3	中央台七套	91.5	山东卫视	92.7
5	山东卫视	91.6	中央台十一套	91.4	中央台十二套	92.2
6	湖南电视台卫星频道	91.4	中央台二套	91.0	安徽卫视	92.1
7	安徽卫视	91.4	湖南电视台卫星频道	90.6	湖南电视台卫星频道	92.0
8	中央电视台少儿频道	91.2	浙江卫视	90.5	中央电视台少儿频道	91.8
9	浙江卫视	91.1	江苏卫视	90.5	中央台十套	91.8
10	中央台四套	91.1	安徽卫视	90.4	浙江卫视	91.6
11	中央台十套	91.1	中央电视台少儿频道	90.3	中央电视台综合频道	91.4
12	江西电视台卫星频道(一套)	90.8	江西电视台卫星频道(一套)	90.1	江西电视台卫星频道(一套)	91.2
13	中央台十二套	90.8	北京卫视	90.1	天津卫视	91.1
14	江苏卫视	90.7	中央台十套	90.1	江苏卫视	90.9
15	中央台十一套	90.5	山东卫视	90.0	北京卫视	90.8
16	北京卫视	90.5	上海东方卫视	89.9	中央台四套	90.7
17	天津卫视	90.4	中央电视台音乐频道	89.9	河南电视台卫星频道(一套)	90.5
18	上海东方卫视	90.1	四川卫视	89.8	四川卫视	90.2
19	四川卫视	90.0	贵州卫视	89.4	上海东方卫视	90.2
20	贵州卫视	89.8	天津卫视	89.3	贵州卫视	90.1

表 3.1.8 2017 年全国收视调查网电视频道接收情况

	平均每户可接收的频道个数
全国	83
城域	92
乡域	77

表 3.1.9 2017 年各省级收视调查网电视频道接收情况

省份	平均每户可接收频道个数
安徽省	57
福建省	87
甘肃省	74
广东省	88
广西壮族自治区	60
贵州省	60
海南省	78
河北省	85
黑龙江省	97
河南省	78
湖北省	82
湖南省	66
内蒙古自治区	82
江苏省	80
江西省	86
吉林省	76
辽宁省	99
宁夏回族自治区	93
陕西省	78
山东省	87
山西省	77
四川省	107
新疆维吾尔自治区	71
云南省	76
浙江省	134

表 3.1.10 2017 年各城市收视调查网电视频道接收情况

城市	平均每户可接收频道个数
安庆	73
鞍山	101
宝鸡	80
包头	83
北海	65
北京	159

续表

城市	平均每户可接收频道个数
蚌埠	73
长春	89
常德	74
长沙	81
常熟	80
常州	90
潮州	83
成都	135
重庆	81
滁州	61
大理	96
大连	92
丹东	93
大同	70
达州	104
德州	130
东莞	65
佛山	87
抚顺	121
福州	101
赣州	80
广元	119
广州	81
桂林	69
贵阳	62
海口	92
杭州	101
哈尔滨	109
合肥	82
衡阳	76
呼和浩特	84
惠州	88
湖州	64
江门	85
嘉兴	68
揭阳	68
吉林	70
济南	103
荆门	84
荆州	75

续表

城市	平均每户可接收频道个数
金华	97
济宁	92
锦州	137
九江	114
昆明	69
兰州	110
乐山	109
拉萨	57
丽水	84
柳州	82
龙岩	72
洛阳	126
泸州	111
梅州	76
牡丹江	80
南昌	103
南充	96
南京	95
南宁	72
南通	78
宁波	94
平顶山	96
青岛	98
清远	76
秦皇岛	99
泉州	101
衢州	73
三亚	79
上海	87
汕头	74
汕尾	96
韶关	85
绍兴	75
沈阳	104
深圳	92
石家庄	103
苏州	74
太原	93
泰州	100
台州	88

续表

城市	平均每户可接收频道个数
唐山	92
天津	105
铜陵	62
乌鲁木齐	128
潍坊	101
温州	86
武汉	83
芜湖	76
无锡	93
厦门	70
西安	97
襄阳	70
西昌	115
西宁	117
徐州	80
盐城	74
阳江	75
扬州	84
烟台	147
宜宾	104
宜昌	88
宜春	74
银川	105
营口	84
永济	76
岳阳	77
漳州	77
湛江	95
肇庆	80
郑州	134
镇江	97
中山	97
舟山	71
珠海	86
株洲	73
淄博	106
遵义	82

二、全国收视数据

表 3.2.1　2013～2017 年全国样本城市及各城市收视调查网人均收视时间(分钟)

城市	2013 年	2014 年	2015 年	2016 年	2017 年
全国	165	161	156	152	139
安庆	128	127	121	107	96
鞍山	163	170	170	177	165
蚌埠	150	147	121	127	130
包头	176	162	171	149	129
宝鸡	165	160	138	138	134
保定	166	154	*	*	*
北海	134	107	122	119	96
北京(M)	194	190	180	172	160
滨州	175	153	*	*	*
长春(M)	167	156	155	153	143
常德(M)	145	154	146	142	127
长沙(M)	185	189	183	171	161
常熟(M)	*	115	113	103	104
常州(M)	134	121	133	127	118
潮州(M)	176	165	160	159	141
成都(M)	195	202	198	201	181
承德	148	141	*	*	*
重庆(M)	167	167	176	182	163
滁州	126	105	102	88	85
达州	158	172	179	161	146
大理	147	135	139	144	151
大连(M)	185	179	180	178	165
大同	160	169	157	148	136
丹东	183	158	172	166	141
德阳	137	145	142	123	*
德州(M)	145	149	150	156	147
东莞(M)	137	130	132	137	121
佛山(M)	145	139	145	138	134
福州(M)	148	134	119	116	113
抚顺(M)	212	219	212	202	173
阜阳	124	137	*	*	*
赣州(M)	130	130	127	118	110
广元(M)	164	166	164	161	154
广州(M)	151	141	140	142	136
贵阳(M)	248	236	237	248	205

续表

城市	2013 年	2014 年	2015 年	2016 年	2017 年
桂林	138	131	129	122	125
哈尔滨(M)	193	187	185	170	152
海口(M)	135	134	133	129	126
邯郸	184	174	163	136	*
杭州(M)	210	186	171	160	129
合肥(M)	155	151	144	134	123
河源	124	128	125	113	*
菏泽	113	*	*	*	*
衡阳(M)	154	164	168	146	135
呼和浩特(M)	166	156	149	139	135
湖州(M)	145	135	123	120	98
淮安	130	105	99	110	*
惠州(M)	136	138	129	118	101
吉林市	148	138	122	120	121
济南(M)	205	209	209	193	168
济宁(M)	160	164	154	148	139
嘉兴	103	108	106	103	91
江门(M)	149	138	127	130	124
江阴(M)	116	121	120	*	*
揭阳	154	116	122	*	*
揭阳(M)	*	*	*	165	140
金华	142	144	129	128	106
锦州(M)	175	175	167	160	147
晋城	165	*	*	*	*
荆门(M)	137	129	125	114	103
荆州(M)	137	132	133	115	96
九江	124	127	122	*	*
九江(M)	*	*	*	139	114
昆明(M)	166	168	167	163	152
昆山	121	*	*	*	*
拉萨	155	150	122	*	*
拉萨(M)	*	*	*	160	161
莱芜	155	142	*	*	*
兰州(M)	174	167	156	156	143
乐山	155	150	134	132	122
丽水	139	124	121	117	130
连云港	142	131	116	121	*
临汾	159	*	*	*	*
临沂	152	158	*	*	*

续表

城市	2013 年	2014 年	2015 年	2016 年	2017 年
柳州(M)	169	163	158	142	152
龙岩	*	108	107	114	108
泸州	146	146	127	125	119
洛阳(新)	121	114	102	94	92
茂名(M)	126	121	125	*	*
眉山	138	143	129	125	*
梅州	106	98	*	*	*
梅州(M)	*	*	142	145	140
绵阳	148	160	137	126	*
牡丹江	169	158	155	161	123
南昌(M)	186	169	167	153	144
南充	118	146	135	138	138
南京(M)	193	187	161	149	124
南宁(M)	156	150	148	150	127
南通	121	*	*	*	*
南通(M)	*	123	104	105	90
南阳	125	133	132	120	*
宁波(M)	124	127	123	116	110
攀枝花	149	143	*	*	*
平顶山	155	146	126	108	92
秦皇岛	157	151	152	129	126
青岛(M)	197	187	188	179	161
清远	162	145	138	124	118
衢州	160	128	120	113	122
泉州(新)	94	90	98	98	91
三亚(M)	126	123	111	107	93
厦门(M)	128	120	117	114	99
汕头(M)	169	160	160	146	125
汕尾	142	134	123	116	110
上海(M)	174	163	164	162	155
上海浦东	124	129	125	113	*
韶关(M)	177	167	161	154	139
绍兴	128	120	99	101	95
深圳(M)	134	129	122	111	103
深圳蛇口	116	105	*	*	*
沈阳(M)	204	214	211	204	176
石家庄(M)	170	155	153	145	127
苏州(M)	130	124	116	130	128
遂宁	161	171	140	132	*

续表

城市	2013 年	2014 年	2015 年	2016 年	2017 年
台州	139	127	110	101	97
太原(M)	181	178	169	157	143
泰安	159	146	139	129	*
泰州	134	125	115	125	110
唐山(M)	162	157	167	163	154
天津(城)(M)	231	223	192	194	187
铜陵	105	111	107	99	106
威海	130	115	113	103	*
潍坊(M)	172	168	169	147	128
渭南	146	*	*	*	*
温州(M)	157	139	132	125	108
乌鲁木齐(M)	164	161	161	159	148
无锡(M)	129	133	118	113	109
芜湖	121	130	106	115	105
梧州	171	*	*	*	*
武汉(M)	196	201	202	186	139
西安(M)	171	167	156	154	140
西昌	*	*	107	109	129
西宁(M)	169	165	163	155	144
湘潭(M)	145	147	*	*	*
襄阳(襄樊)	162	157	148	162	146
徐州	150	*	*	*	*
徐州(M)	*	164	148	137	118
烟台(M)	172	168	159	145	131
盐城(M)	144	134	132	132	126
扬州(M)	140	134	117	112	99
阳江	134	137	112	122	111
宜宾	133	138	122	114	105
宜昌(M)	147	150	144	139	143
宜春	157	132	127	134	111
银川	182	*	*	*	*
银川(M)	*	171	159	147	135
营口	131	134	143	140	129
永济	148	148	127	126	121
玉林	165	142	133	105	*
岳阳	138	128	116	125	113
云浮	176	*	*	*	*
湛江(M)	141	128	116	119	93
张家港	114	*	*	*	*

续表

城市	2013 年	2014 年	2015 年	2016 年	2017 年
漳州	136	123	126	125	110
肇庆(M)	150	151	160	159	143
镇江(M)	183	178	161	148	133
郑州(M)	144	141	144	145	131
中山(M)	132	128	121	121	117
舟山	117	115	116	115	115
珠海(M)	146	135	131	134	112
株洲(M)	134	150	148	147	134
资阳	138	137	*	*	*
淄博	146	124	128	123	112
自贡(城区)	126	*	*	*	*
遵义	163	155	142	147	139

注:

(1)全国:2013 年包括 150 个样本城市,2014 年包括 143 个样本城市,2015 年包括 133 个样本城市,2016 年包括 129 个样本城市,2017 年包括 120 个样本城市。

(2)标有(M)的城市为采用测量仪调查的城市。

(3)* 表示没有数据。

(4)赣州、济宁自 2013 年 7 月 1 日采用测量仪方式调查,本表中赣州(M)、济宁(M)2013 年人均收视分钟数为 2013 年 7~12 月数据计算结果。

(5)龙岩自 2014 年 7 月 1 日开始日记卡方式调查,本表中龙岩 2014 年人均收视分钟数为 2014 年 7~12 月日记卡数据计算结果。

(6)深圳蛇口自 2014 年 2 月 1 日停止日记卡方式调查,本表中深圳蛇口 2014 年人均收视分钟数为 2014 年 1 月日记卡数据计算结果。

(7)梅州自 2014 年 10 月 1 日停止日记卡方式调查,本表中梅州 2014 年人均收视分钟数为 2014 年 1~9 月日记卡数据计算结果。

(8)西昌自 2015 年 7 月 1 日开始日记卡方式调查,本表中西昌 2015 年人均收视分钟数为 2015 年 7~12 月日记卡数据计算结果。

(9)江阴(M)自 2015 年 5 月 1 日停止测量仪方式调查,本表中江阴(M)2015 年人均收视分钟数为 2015 年 1~4 月测量仪数据计算结果。

(10)茂名(M)自 2015 年 8 月 1 日停止测量仪方式调查,本表中茂名(M)2015 年人均收视分钟数为 2015 年 1~7 月测量仪数据计算结果。

(11)揭阳自 2015 年 10 月 1 日停止日记卡方式调查,本表中揭阳 2015 年人均收视分钟数为 2015 年 1~9 月日记卡数据计算结果。

(12)德阳、河源、绵阳、遂宁、泰安、玉林自 2016 年 7 月 1 日起停止日记卡方式调查,本表中该六个地区 2016 年人均收视分钟数为 2016 年 1~6 月日记卡数据计算结果。

(13)常熟(M)、丽水、舟山自 2017 年 4 月 1 日起停止调查,本表中该三个地区 2017 年人均收视分钟数为 2017 年 1~3 月计算结果。

表 3.2.2　2013～2017 年各省级收视调查网人均收视时间(分钟)

省份	目标观众	2013 年	2014 年	2015 年	2016 年	2017 年
安徽	4 岁及以上所有人	125	118	106	99	89
	城市	125	117	111	103	100
	农村	126	119	103	97	84
福建(M)	4 岁及以上所有人	175	164	162	153	148
	城市	138	123	117	119	109
	农村	192	185	185	171	167
甘肃	4 岁及以上所有人	127	113	107	97	88
	城市	145	138	133	123	112
	农村	120	100	93	83	75
广东(M)	4 岁及以上所有人	149	142	138	137	129
	城市	143	133	126	128	118
	农村	157	154	155	148	144
广西	4 岁及以上所有人	126	118	112	112	109
	城市	132	121	122	116	103
	农村	124	116	108	110	112
贵州	4 岁及以上所有人	130	127	120	116	106
	城市	159	163	161	152	136
	农村	126	114	105	102	95
海南(M)	4 岁及以上所有人	129	126	126	122	115
	城市	132	131	128	122	113
	农村	128	124	124	122	115
河北(M)	4 岁及以上所有人	177	170	171	153	134
	城市	171	159	155	148	138
	农村	178	173	174	154	133
河南	4 岁及以上所有人	133	129	125	118	110
	城市	157	136	121	104	97
	农村	128	127	126	121	114
黑龙江	4 岁及以上所有人	159	154	138	131	112
	城市	175	160	148	151	139
	农村	150	149	130	117	94
湖北(M)	4 岁及以上所有人	170	176	179	169	152
	城市	167	169	170	157	131
	农村	171	182	187	178	168
湖南(M)	4 岁及以上所有人	168	173	181	171	149
	城市	165	172	165	159	143
	农村	169	174	186	175	151
吉林	4 岁及以上所有人	149	145	133	134	124
	城市	152	149	144	145	134
	农村	148	142	126	126	117
江苏(M)	4 岁及以上所有人	160	157	147	135	135
	城市	163	151	141	136	130
	农村	157	162	151	134	139
江西(M)	4 岁及以上所有人	145	122	130	124	113
	城市	133	120	144	137	124
	农村	149	123	126	121	111

续表

省份	目标观众	2013 年	2014 年	2015 年	2016 年	2017 年
辽宁(M)	4 岁及以上所有人	195	200	194	186	167
	城市	194	201	191	185	160
	农村	195	199	198	188	173
内蒙古	4 岁及以上所有人	164	142	143	134	126
	城市	148	143	145	137	128
	农村	173	142	142	133	125
宁夏	4 岁及以上所有人	157	150	148	136	125
	城市	171	162	160	145	140
	农村	143	139	137	127	111
山东(M)	4 岁及以上所有人	180	185	202	196	188
	城市	172	174	173	170	153
	农村	184	191	216	209	205
山西	4 岁及以上所有人	153	156	147	144	130
	城市	165	159	151	151	130
	农村	148	155	146	141	130
陕西	4 岁及以上所有人	160	149	136	122	118
	城市	163	152	133	117	110
	农村	158	147	138	126	123
四川(M)	4 岁及以上所有人	150	158	156	155	149
	城市	173	175	174	173	161
	农村	140	150	148	147	144
新疆	4 岁及以上所有人	128	110	106	95	88
	城市	138	127	120	106	97
	农村	122	97	95	86	81
云南	4 岁及以上所有人	130	124	118	121	130
	城市	150	139	134	139	136
	农村	125	119	113	116	128
浙江(M)	4 岁及以上所有人	156	156	144	136	120
	城市	172	161	143	138	119
	农村	147	152	145	135	121

表 3.2.3 2013~2017 年全国样本城市各目标观众人均收视时间(分钟)

目标观众		2013 年	2014 年	2015 年	2016 年	2017 年
4 岁及以上所有人		165	161	156	152	139
性别	男	161	157	153	149	136
	女	170	165	160	156	142
年龄	4~14 岁	134	132	126	124	114
	15~24 岁	95	90	86	83	70
	25~34 岁	119	113	106	103	89
	35~44 岁	150	144	134	124	108
	45~54 岁	214	211	202	194	177
	55~64 岁	254	253	257	254	240
	65 岁及以上	274	275	278	281	273

续表

目标观众		2012 年	2013 年	2014 年	2015 年	2016 年
教育程度	未受过正规教育	157	160	152	154	143
	小学	177	181	184	180	170
	初中	181	178	177	173	161
	高中	166	159	153	150	137
	大学及以上	136	130	121	118	103
职业类别	干部/管理人员	142	134	131	129	114
	个体/私营企业人员	150	146	140	136	123
	初级公务员/雇员	137	133	123	117	104
	工人	149	142	135	129	114
	学生	110	104	101	97	85
	无业	237	237	237	237	223
	其他	168	173	180	181	174
个人月收入	0 ~ 600 元	148	144	140	136	122
	601 ~ 1200 元	187	191	194	194	189
	1201 ~ 1700 元	192	192	189	185	175
	1701 ~ 2600 元	179	177	176	177	166
	2601 ~ 3500 元	157	154	154	153	142
	3501 ~ 5000 元	154	149	140	137	128
	5001 元及以上	134	135	131	128	115

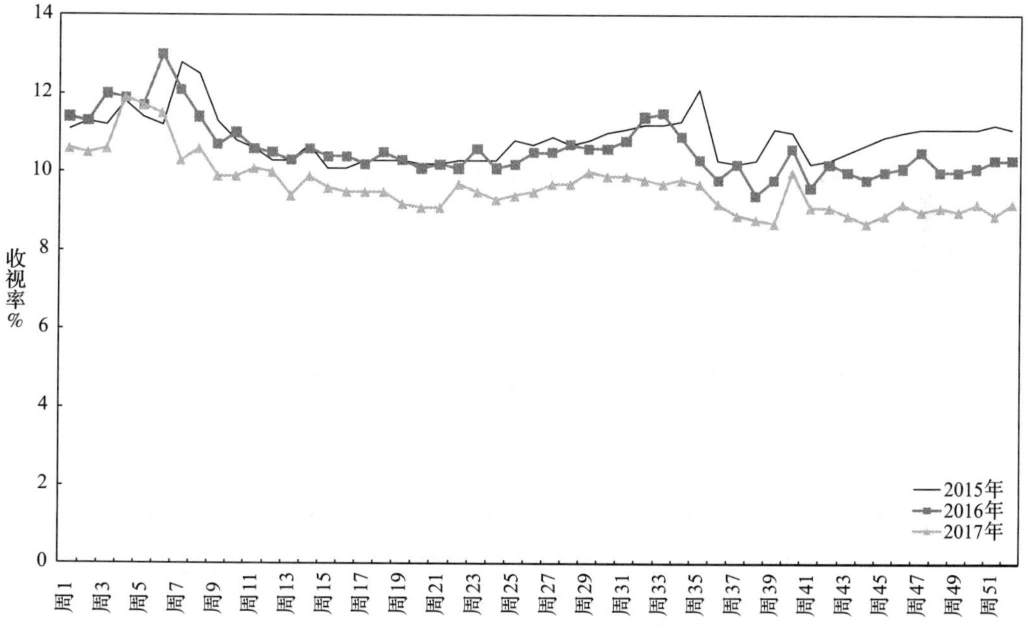

图 3.2.1 2015 ~ 2017 年全国样本城市观众全年收视率走势

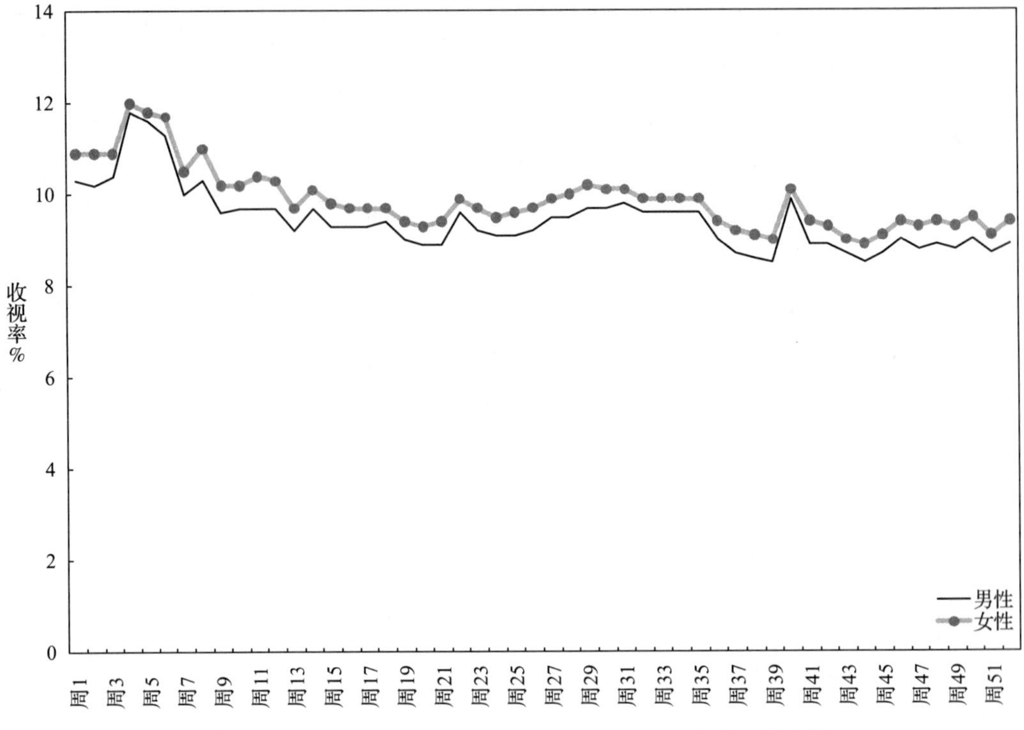

图 3.2.2　2017 年全国样本城市不同性别观众全年收视率走势

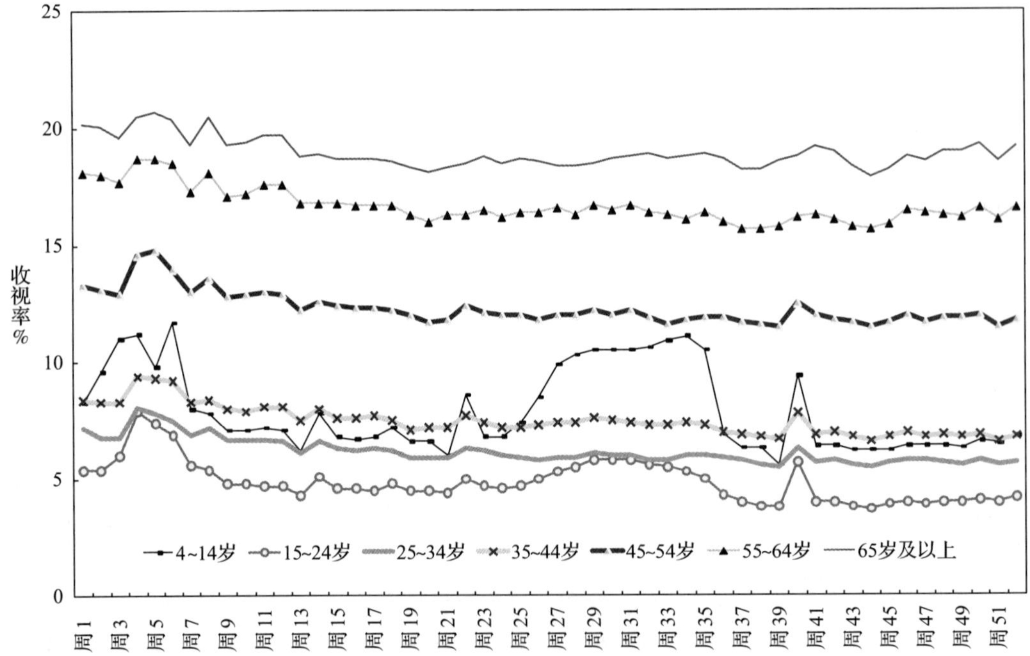

图 3.2.3　2017 年全国样本城市不同年龄观众全年收视率走势

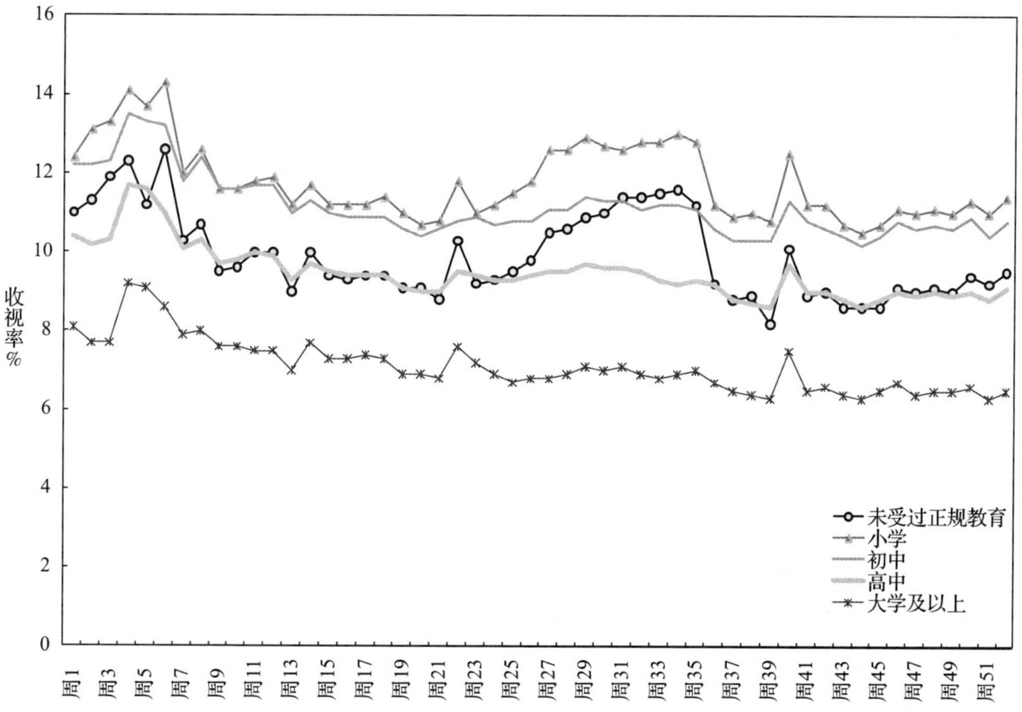

图 3.2.4 2017 年全国样本城市不同文化程度观众全年收视率走势

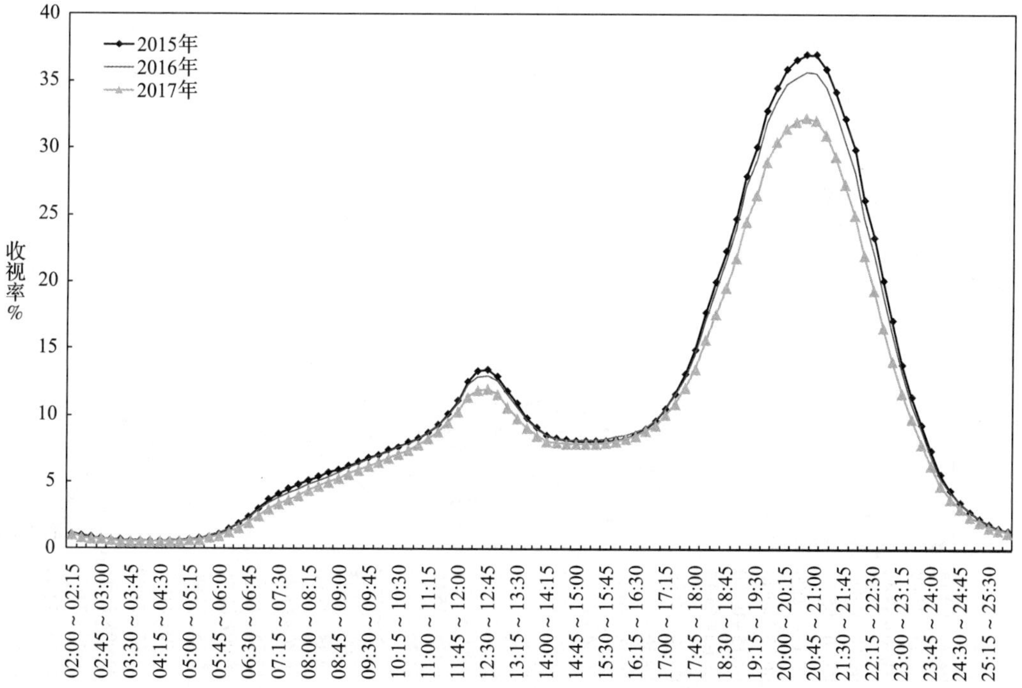

图 3.2.5 2015～2017 年全国样本城市观众全天收视率走势

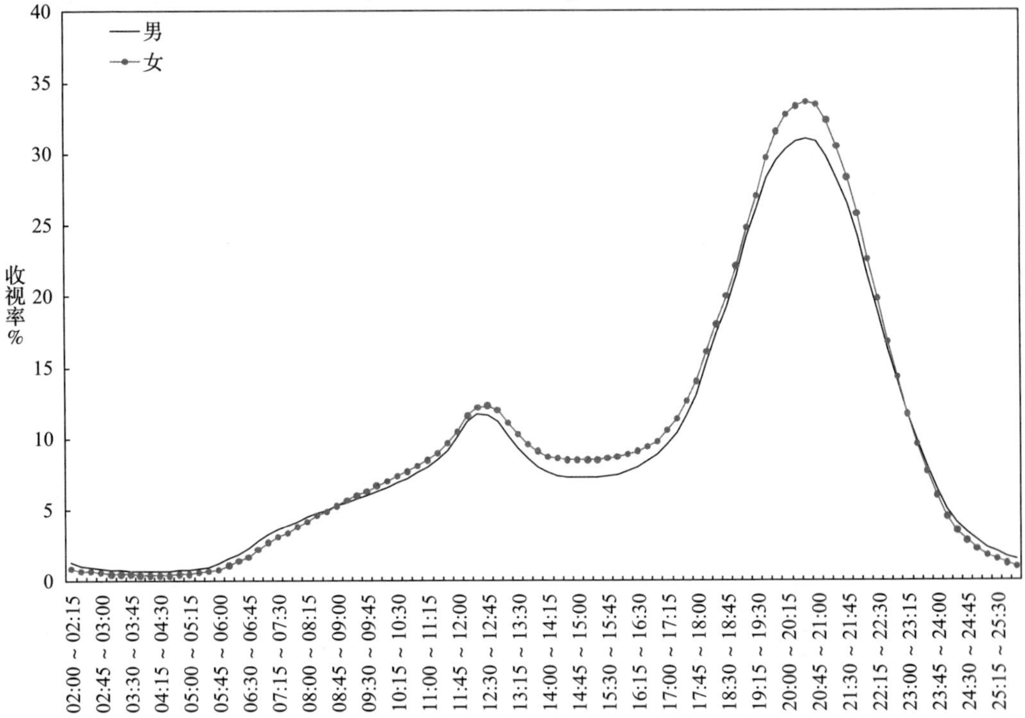

图 3.2.6　2017 年全国样本城市不同性别观众全天收视率走势

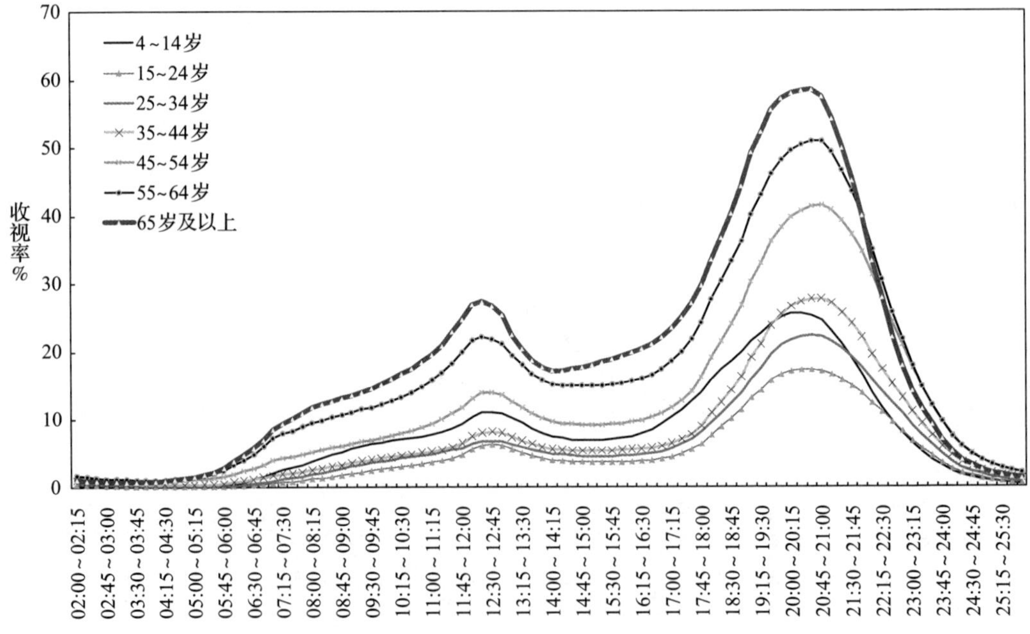

图 3.2.7　2017 年全国样本城市不同年龄观众全天收视率走势

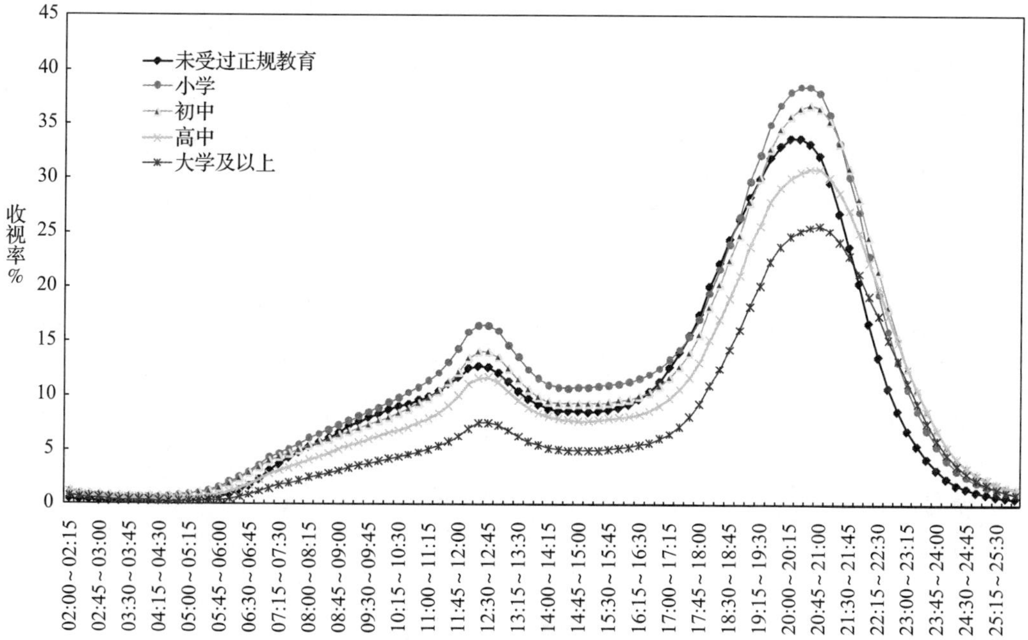

图 3.2.8　2017 年全国样本城市不同文化程度观众全天收视率走势

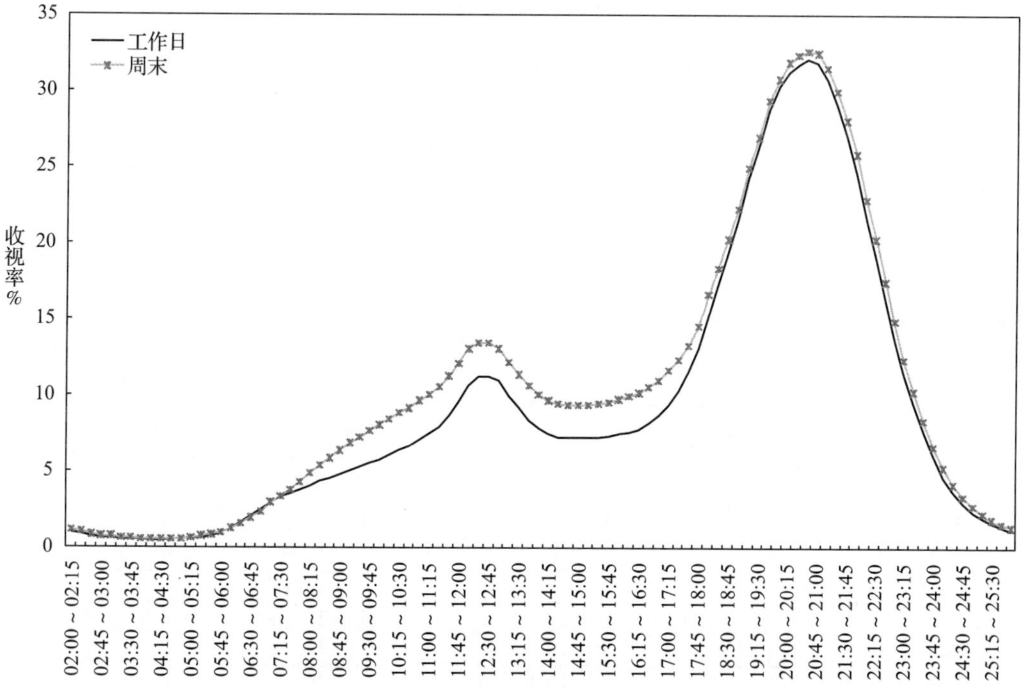

图 3.2.9　2017 年全国样本城市观众工作日与周末全天收视率走势

表 3.2.4 2017 年全国样本城市观众周一至周日各时段收视率(%)

时间段	周一	周二	周三	周四	周五	周六	周日
02:00~02:15	1.0	1.0	1.0	1.0	1.0	1.2	1.2
02:15~02:30	0.9	0.9	0.9	0.9	0.9	1.1	1.1
02:30~02:45	0.8	0.8	0.8	0.8	0.8	0.9	1.0
02:45~03:00	0.7	0.7	0.7	0.7	0.7	0.8	0.9
03:00~03:15	0.7	0.6	0.6	0.7	0.7	0.8	0.8
03:15~03:30	0.6	0.6	0.6	0.6	0.6	0.7	0.7
03:30~03:45	0.6	0.6	0.6	0.6	0.6	0.6	0.7
03:45~04:00	0.6	0.5	0.5	0.6	0.6	0.6	0.6
04:00~04:15	0.6	0.5	0.5	0.5	0.5	0.6	0.6
04:15~04:30	0.5	0.5	0.5	0.5	0.5	0.6	0.6
04:30~04:45	0.6	0.6	0.5	0.6	0.6	0.6	0.6
04:45~05:00	0.6	0.6	0.6	0.6	0.6	0.6	0.6
05:00~05:15	0.7	0.7	0.6	0.7	0.7	0.7	0.7
05:15~05:30	0.7	0.7	0.7	0.7	0.7	0.8	0.8
05:30~05:45	0.8	0.9	0.8	0.8	0.9	0.9	0.9
05:45~06:00	1.0	1.0	1.0	1.0	1.0	1.0	1.0
06:00~06:15	1.3	1.3	1.3	1.3	1.3	1.3	1.3
06:15~06:30	1.7	1.7	1.7	1.6	1.7	1.6	1.6
06:30~06:45	2.1	2.1	2.1	2.1	2.1	2.0	2.0
06:45~07:00	2.5	2.5	2.5	2.5	2.5	2.4	2.4
07:00~07:15	3.0	3.1	3.1	3.0	3.0	3.0	3.0
07:15~07:30	3.4	3.4	3.4	3.4	3.4	3.4	3.4
07:30~07:45	3.6	3.6	3.6	3.6	3.6	3.8	3.9
07:45~08:00	3.9	3.9	3.8	3.8	3.8	4.3	4.4
08:00~08:15	4.2	4.2	4.1	4.1	4.1	4.8	5.0
08:15~08:30	4.5	4.4	4.4	4.4	4.3	5.3	5.5
08:30~08:45	4.7	4.6	4.6	4.6	4.5	5.7	6.1
08:45~09:00	5.0	4.9	4.8	4.8	4.7	6.1	6.6
09:00~09:15	5.2	5.1	5.1	5.1	5.0	6.5	7.2
09:15~09:30	5.5	5.4	5.3	5.3	5.2	6.9	7.6
09:30~09:45	5.7	5.6	5.6	5.5	5.4	7.3	8.1
09:45~10:00	6.0	5.9	5.8	5.8	5.7	7.7	8.6
10:00~10:15	6.3	6.2	6.1	6.1	6.0	8.1	9.0
10:15~10:30	6.5	6.5	6.4	6.3	6.3	8.4	9.4
10:30~10:45	6.8	6.8	6.8	6.6	6.6	8.8	9.7
10:45~11:00	7.2	7.2	7.1	7.0	6.9	9.2	10.1
11:00~11:15	7.6	7.6	7.6	7.4	7.4	9.6	10.5
11:15~11:30	8.1	8.1	8.0	8.0	7.9	10.2	11.0
11:30~11:45	8.8	8.8	8.7	8.7	8.6	10.8	11.7
11:45~12:00	9.7	9.7	9.6	9.5	9.5	11.6	12.5
12:00~12:15	10.8	10.8	10.8	10.7	10.6	12.6	13.6
12:15~12:30	11.4	11.3	11.3	11.2	11.2	13.0	14.0
12:30~12:45	11.4	11.4	11.4	11.3	11.3	13.0	14.0
12:45~13:00	11.0	11.0	10.9	10.9	10.9	12.7	13.6
13:00~13:15	10.1	10.0	10.0	10.0	10.0	11.8	12.6
13:15~13:30	9.2	9.2	9.1	9.1	9.1	11.0	11.9
13:30~13:45	8.5	8.4	8.4	8.4	8.4	10.2	11.1
13:45~14:00	8.0	7.9	7.8	7.9	7.9	9.7	10.5

续表

时间段	周一	周二	周三	周四	周五	周六	周日
14:00~14:15	7.6	7.5	7.4	7.5	7.5	9.3	10.1
14:15~14:30	7.4	7.3	7.3	7.3	7.4	9.1	9.9
14:30~14:45	7.3	7.3	7.2	7.3	7.3	9.0	9.8
14:45~15:00	7.3	7.2	7.2	7.2	7.3	9.0	9.8
15:00~15:15	7.3	7.2	7.2	7.3	7.3	9.0	9.8
15:15~15:30	7.4	7.3	7.2	7.3	7.3	9.1	9.8
15:30~15:45	7.5	7.4	7.3	7.4	7.4	9.2	10.0
15:45~16:00	7.5	7.5	7.4	7.5	7.5	9.4	10.2
16:00~16:15	7.7	7.6	7.6	7.6	7.7	9.6	10.4
16:15~16:30	7.9	7.8	7.8	7.8	7.9	9.8	10.6
16:30~16:45	8.2	8.2	8.1	8.1	8.2	10.2	10.9
16:45~17:00	8.7	8.7	8.6	8.6	8.7	10.6	11.4
17:00~17:15	9.5	9.5	9.4	9.4	9.5	11.3	12.1
17:15~17:30	10.4	10.4	10.3	10.3	10.4	12.0	12.8
17:30~17:45	11.6	11.6	11.5	11.5	11.6	12.9	13.7
17:45~18:00	13.1	13.1	13.1	13.0	13.1	14.3	15.0
18:00~18:15	15.4	15.4	15.3	15.2	15.3	16.3	17.1
18:15~18:30	17.4	17.3	17.3	17.2	17.2	18.0	18.8
18:30~18:45	19.5	19.4	19.4	19.3	19.3	19.9	20.7
18:45~19:00	21.7	21.6	21.6	21.5	21.5	21.9	22.8
19:00~19:15	24.5	24.4	24.3	24.2	24.2	24.6	25.5
19:15~19:30	26.5	26.4	26.3	26.3	26.3	26.5	27.4
19:30~19:45	29.0	28.9	28.8	28.7	28.8	28.9	29.8
19:45~20:00	30.5	30.4	30.2	30.2	30.4	30.5	31.2
20:00~20:15	31.4	31.4	31.2	31.1	31.5	31.5	32.2
20:15~20:30	31.9	31.8	31.7	31.6	32.2	32.1	32.7
20:30~20:45	32.1	32.1	31.9	31.8	32.6	32.5	32.8
20:45~21:00	31.9	31.8	31.6	31.6	32.6	32.4	32.5
21:00~21:15	30.7	30.7	30.5	30.5	31.8	31.7	31.4
21:15~21:30	28.8	28.8	28.7	28.7	30.4	30.3	29.7
21:30~21:45	26.6	26.7	26.5	26.6	28.7	28.6	27.7
21:45~22:00	24.2	24.2	24.0	24.2	26.6	26.7	25.2
22:00~22:15	21.1	21.1	20.9	21.1	23.8	23.7	22.2
22:15~22:30	18.4	18.5	18.3	18.4	21.3	21.2	19.5
22:30~22:45	15.6	15.7	15.6	15.6	18.5	18.3	16.6
22:45~23:00	13.2	13.4	13.3	13.3	16.0	15.7	14.1
23:00~23:15	10.9	11.1	11.0	10.9	13.3	13.1	11.6
23:15~23:30	9.0	9.3	9.1	9.1	11.1	11.0	9.6
23:30~23:45	7.3	7.6	7.4	7.4	9.0	9.0	7.8
23:45~24:00	5.7	5.8	5.7	5.8	7.3	7.3	6.2
24:00~24:15	4.3	4.4	4.4	4.4	5.7	5.7	4.8
24:15~24:30	3.4	3.5	3.4	3.5	4.6	4.5	3.8
24:30~24:45	2.7	2.8	2.8	2.8	3.7	3.7	3.0
24:45~25:00	2.2	2.3	2.3	2.3	3.0	3.0	2.5
25:00~25:15	1.9	1.9	1.9	1.9	2.5	2.5	2.1
25:15~25:30	1.6	1.6	1.6	1.6	2.0	2.1	1.7
25:30~25:45	1.3	1.3	1.4	1.4	1.7	1.7	1.5
25:45~26:00	1.1	1.1	1.2	1.2	1.5	1.5	1.3

表 3.2.5 2017 年全国样本城市所有频道及各类频道观众构成(%)

目标观众		所有频道	中央电视台频道	中国教育电视台频道	省级卫视频道	其他频道
4 岁及以上所有人		100.0	100.0	100.0	100.0	100.0
性别	男	50.0	54.2	51.4	46.3	49.8
	女	50.0	45.8	48.6	53.7	50.2
年龄	4~14 岁	7.2	5.9	6.0	9.7	9.3
	15~24 岁	7.6	6.3	6.8	8.6	9.0
	25~34 岁	14.7	11.1	14.2	16.9	19.6
	35~44 岁	12.4	12.1	12.1	13.6	14.6
	45~54 岁	22.8	22.2	24.8	22.0	22.7
	55~64 岁	17.9	19.7	16.9	15.8	13.8
	65 岁及以上	17.3	22.7	19.3	13.5	11.0
教育程度	未受过正规教育	4.5	4.2	3.6	5.1	4.5
	小学	15.9	16.0	17.2	15.5	14.2
	初中	32.7	33.9	33.8	31.2	29.2
	高中	27.7	28.1	26.8	27.7	27.4
	大学及以上	19.2	17.8	18.7	20.5	24.7
职业类别	干部/管理人员	2.8	2.7	2.3	3.0	3.6
	个体/私营企业人员	11.6	11.6	13.4	11.4	12.8
	初级公务员/雇员	18.1	15.5	17.0	18.7	22.5
	工人	13.6	13.0	14.1	13.2	13.1
	学生	8.2	6.9	7.5	10.6	10.3
	无业	41.1	45.2	41.3	38.6	34.5
	其他	4.6	5.1	4.4	4.5	3.1
个人月收入	0~600 元	23.5	21.2	22.1	27.3	25.8
	601~1200 元	4.9	5.1	5.5	4.7	3.9
	1201~1700 元	5.8	6.5	5.6	5.6	4.2
	1701~2600 元	22.3	24.5	22.4	21.0	18.6
	2601~3500 元	19.0	19.5	18.5	17.8	18.5
	3501~5000 元	14.4	14.0	15.3	13.6	15.8
	5001 元及以上	9.9	9.1	10.6	10.0	13.1

表 3.2.6 2013~2017 年全国样本城市电视收视市场各类频道的市场占有率(%)

频道类别	年份				
	2013 年	2014 年	2015 年	2016 年	2017 年
中央电视台频道	28.7	29.2	28.5	30.0	29.9
中国教育电视台频道	0.4	0.3	0.2	0.1	0.1
省级卫视频道	31.9	32.6	31.2	30.0	28.7
其他频道	39.0	37.9	40.1	39.9	41.3

表 3.2.7 2015～2017 年各类频道在全国样本城市各目标观众中的市场占有率(%)

频道类别		中央电视台频道			省级卫视频道			中国教育电视台频道		
年份		2015年	2016年	2017年	2015年	2016年	2017年	2015年	2016年	2017年
4 岁及以上所有人		28.5	30.0	29.9	31.2	30.0	28.7	0.2	0.1	0.1
性别	男	30.8	32.3	32.3	29.0	28.0	26.6	0.2	0.1	0.1
	女	26.1	27.6	27.4	33.5	32.1	30.9	0.2	0.1	0.1
年龄	4～14 岁	25.2	24.7	24.3	42.8	42.0	38.6	0.1	0.1	0.1
	15～24 岁	22.9	25.0	25.0	38.1	35.1	32.5	0.2	0.1	0.1
	25～34 岁	23.8	24.3	22.5	34.8	34.1	33.0	0.2	0.1	0.1
	35～44 岁	28.2	29.6	29.1	33.2	32.0	31.5	0.3	0.1	0.1
	45～54 岁	27.8	29.4	29.2	29.0	28.5	27.7	0.2	0.2	0.1
	55～64 岁	30.9	32.4	32.7	26.3	25.5	25.2	0.2	0.1	0.1
	65 岁及以上	36.4	38.9	39.1	25.3	23.5	22.4	0.2	0.1	0.1
教育程度	未受过正规教育	27.8	27.6	28.1	34.0	34.2	32.5	0.1	0.1	0.1
	小学	27.6	29.1	29.9	31.8	30.5	28.1	0.2	0.1	0.1
	初中	28.8	30.6	31.0	30.5	29.0	27.4	0.2	0.1	0.1
	高中	28.8	30.6	30.3	30.9	29.7	28.7	0.2	0.1	0.1
	大学及以上	28.3	29.1	27.6	31.9	31.0	30.7	0.2	0.1	0.1
职业类别	干部/管理人员	29.6	30.2	28.2	30.0	29.8	30.4	0.2	0.1	0.1
	个体/私营企业人员	28.9	30.6	29.7	30.8	29.8	28.2	0.2	0.2	0.2
	初级公务员/雇员	25.5	26.5	25.7	30.9	29.9	29.8	0.2	0.1	0.1
	工人	26.9	28.1	28.6	31.0	29.9	27.9	0.2	0.1	0.1
	学生	24.4	25.4	25.4	42.9	40.5	37.2	0.2	0.1	0.1
	无业	31.1	32.8	32.8	29.2	27.9	27.0	0.2	0.1	0.1
	其他	28.7	32.1	33.2	31.5	30.4	28.0	0.2	0.1	0.1
个人月收入	0～600 元	25.7	26.7	27.0	37.2	35.9	33.4	0.2	0.1	0.1
	601～1200 元	28.8	30.8	31.2	30.3	29.4	27.7	0.2	0.1	0.1
	1201～1700 元	30.4	32.6	33.4	29.9	29.2	27.3	0.2	0.1	0.1
	1701～2600 元	30.4	32.6	32.8	29.2	28.1	26.9	0.2	0.1	0.1
	2601～3500 元	28.7	30.5	30.6	29.0	27.6	26.8	0.2	0.1	0.1
	3501～5000 元	28.5	29.5	29.0	28.6	27.9	27.2	0.2	0.1	0.1
	5001 元及以上	27.4	28.3	27.3	29.7	29.0	29.1	0.2	0.2	0.1

表 3.2.8　2015～2017 年全国样本城市市场各类频道在各时段的市场占有率(%)

频道	中央电视台频道			省级卫视频道			中国教育电视台频道		
年份	2015年	2016年	2017年	2015年	2016年	2017年	2015年	2016年	2017年
02:00～03:00	26.2	27.5	25.9	33.5	31.5	30.0	0.3	0.2	0.2
03:00～04:00	26.2	29.0	26.0	32.8	29.8	28.6	0.3	0.2	0.2
04:00～05:00	30.2	33.9	30.2	30.0	27.2	26.8	0.3	0.2	0.2
05:00～06:00	34.2	39.5	37.5	29.7	26.7	25.9	0.3	0.3	0.2
06:00～07:00	40.0	44.6	46.6	27.2	23.7	21.0	0.1	0.1	0.2
07:00～08:00	41.5	42.4	42.9	23.6	22.4	21.1	0.1	0.2	0.2
08:00～09:00	40.3	40.3	40.0	27.8	27.7	26.6	0.2	0.2	0.2
09:00～10:00	36.2	36.7	35.7	33.2	32.8	32.5	0.3	0.3	0.3
10:00～11:00	35.2	35.8	34.7	35.3	34.3	33.1	0.2	0.3	0.2
11:00～12:00	36.8	37.4	37.1	32.7	32.1	30.4	0.1	0.2	0.1
12:00～13:00	37.5	39.0	38.5	30.1	28.0	27.0	0.2	0.1	0.1
13:00～14:00	34.6	34.4	33.9	33.3	32.4	30.6	0.2	0.2	0.2
14:00～15:00	30.7	31.7	31.6	38.5	37.0	34.5	0.2	0.2	0.3
15:00～16:00	30.6	31.3	31.6	39.8	38.5	35.8	0.3	0.3	0.3
16:00～17:00	30.4	31.3	31.7	38.9	37.7	34.9	0.2	0.2	0.2
17:00～18:00	30.2	30.2	30.1	30.1	29.9	28.7	0.1	0.1	0.1
18:00～19:00	27.6	27.9	28.1	16.2	16.6	16.5	0.1	0.1	0.1
19:00～20:00	28.0	29.2	30.0	22.3	22.6	22.4	0.2	0.1	0.1
20:00～21:00	22.6	24.5	24.7	35.2	34.2	33.0	0.3	0.1	0.1
21:00～22:00	24.0	26.4	25.9	33.5	31.3	29.5	0.2	0.1	0.1
22:00～23:00	21.7	24.5	23.7	36.3	33.6	31.4	0.2	0.1	0.1
23:00～24:00	24.7	27.7	26.9	37.8	33.9	32.7	0.1	0.1	0.1
24:00～25:00	28.1	29.9	29.8	33.5	30.6	28.5	0.1	0.1	0.3
25:00～26:00	26.9	29.0	28.0	31.6	29.5	28.6	0.2	0.2	0.3

表 3.2.9　2017 年各月全国样本城市市场各类频道的市场占有率(%)

月份	中央电视台频道	中国教育电视台频道	省级卫视频道	其他频道
1月	31.6	0.1	29.6	38.7
2月	30.4	0.1	30.1	39.4
3月	28.7	0.1	29.7	41.5
4月	28.7	0.1	30.8	40.4
5月	30.0	0.1	28.8	41.1
6月	30.0	0.1	29.0	40.9
7月	29.3	0.1	30.1	40.5
8月	29.8	0.2	28.7	41.3
9月	29.3	0.1	28.6	42.0
10月	30.1	0.1	27.0	42.8
11月	30.0	0.1	25.7	44.2
12月	30.5	0.1	26.3	43.1

表 3.2.10 2017 年全国样本城市市场份额排名前二十位的频道

名次	频道名称	市场份额(%)
1	中央电视台综合频道	4.4
2	中央台四套	4.2
3	湖南卫视	3.4
4	中央台六套	3.2
4	中央台八套	3.2
6	中央台三套	3.0
7	中央电视台新闻频道	2.5
7	浙江卫视	2.5
7	上海东方卫视	2.5
10	江苏卫视	2.0
11	中央台五套	1.9
12	北京卫视	1.7
13	中央电视台少儿频道	1.6
14	湖南电视台金鹰卡通频道	1.5
15	安徽卫视	1.3
15	山东卫视	1.3
17	广东广播电视台珠江频道	1.0
17	中央台十套	1.0
17	天津卫视	1.0
17	北京卡酷少儿频道	1.0

表 3.2.11 2015～2017 年全国样本城市市场各类节目的播出份额(%)与收视份额(%)

节目类别	2015 年		2016 年		2017 年	
	播出份额	收视份额	播出份额	收视份额	播出份额	收视份额
新闻/时事	11.0	14.1	10.7	13.8	10.5	13.9
综艺	5.9	13.0	6.1	13.7	5.9	12.0
电视剧	26.2	30.0	27.1	29.6	26.8	30.9
体育	2.1	2.8	2.2	3.5	2.4	3.0
专题	9.0	6.5	8.5	6.4	8.3	6.6
教学	0.3	0.1	0.3	0.1	0.3	0.1
外语	0.1	0.0	0.1	0.0	0.1	0.0
青少	3.8	4.6	4.2	5.0	4.5	5.4
音乐	1.2	1.0	0.9	1.0	0.9	1.0
电影	3.3	4.4	3.4	4.6	3.1	4.8
戏剧	0.6	0.4	0.6	0.4	0.6	0.4
财经	1.1	1.0	1.0	0.9	1.0	0.8
生活服务	17.1	8.2	15.3	7.6	14.6	7.2
法制	1.7	1.8	1.5	1.6	1.5	1.4
其他	16.7	12.1	18.1	11.9	19.7	12.5

表 3.2.12 2015～2017 年中央电视台各类节目的播出份额(%)与收视份额(%)

节目类别	2015 年		2016 年		2017 年	
	播出份额	收视份额	播出份额	收视份额	播出份额	收视份额
新闻/时事	13.1	16.8	13.1	16.8	12.7	17.9
综艺	9.5	13.4	9.2	13.9	8.5	12.3
电视剧	12.3	16.3	12.9	17.2	12.9	17.9
体育	11.4	6.3	11.5	7.6	11.3	5.8
专题	18.6	10.5	17.9	10.5	18.4	11.2
教学	0.6	0.2	0.4	0.1	0.4	0.1
外语	0.0	0.0	0.0	0.0	0.3	0.0
青少	3.7	5.0	3.7	4.2	3.5	4.1
音乐	4.7	2.7	4.5	2.6	4.2	2.5
电影	5.5	9.0	5.6	8.7	5.7	9.5
戏剧	1.9	0.7	2.0	0.7	2.1	0.7
财经	3.0	1.7	3.1	1.5	3.1	1.5
生活服务	5.0	5.2	4.4	4.6	4.6	4.2
法制	2.7	2.8	2.5	2.4	2.3	2.0
其他	8.1	9.2	9.2	9.3	10.0	10.3

表 3.2.13 2015～2017 年省级卫视各类节目的播出份额(%)与收视份额(%)

节目类别	2015 年		2016 年		2017 年	
	播出份额	收视份额	播出份额	收视份额	播出份额	收视份额
新闻/时事	8.7	6.6	8.8	6.4	9.0	6.6
综艺	7.0	17.9	7.3	19.2	6.1	15.9
电视剧	31.9	39.5	35.0	38.2	34.6	40.0
体育	0.8	0.4	1.1	0.5	1.0	0.5
专题	14.3	4.6	14.2	3.9	14.6	3.7
教学	0.1	0.0	0.1	0.0	0.1	0.0
外语	0.0	0.0	0.0	0.0	0.0	0.0
青少	8.3	6.6	8.8	8.1	9.3	9.2
音乐	0.6	0.3	0.5	0.3	0.6	0.3
电影	1.9	1.8	1.5	2.2	1.4	1.9
戏剧	0.4	0.1	0.6	0.1	0.6	0.1
财经	1.1	0.5	0.7	0.3	0.3	0.2
生活服务	11.4	8.2	7.9	7.8	7.2	8.0
法制	0.6	0.4	0.6	0.4	0.5	0.4
其他	12.8	13.0	12.9	12.6	14.6	13.1

表 3.2.14　2017 年全国样本城市各类节目在各目标观众市场的收视份额(%)

节目类别		新闻/时事	综艺	电视剧	体育	专题	教学	外语	青少	音乐	电影	戏剧	财经	生活服务	法制	其他
4 岁及以上所有人		13.9	12.0	30.9	3.0	6.6	0.1	0.0	5.4	1.0	4.8	0.4	0.8	7.2	1.4	12.5
性别	男	15.0	11.3	29.5	3.8	7.1	0.1	0.0	5.1	0.9	5.4	0.4	0.8	6.9	1.4	12.2
	女	12.8	12.6	32.4	2.1	6.1	0.1	0.0	5.7	1.0	4.2	0.4	0.7	7.6	1.5	12.9
年龄	4～14 岁	7.1	11.2	22.6	1.4	4.5	0.0	0.0	25.7	0.8	6.4	0.2	0.3	6.3	0.7	12.7
	15～24 岁	11.9	14.8	31.0	3.0	6.3	0.1	0.0	3.8	1.3	5.6	0.3	0.5	7.1	1.2	13.0
	25～34 岁	11.3	12.6	29.1	3.4	5.7	0.0	0.0	8.6	1.0	5.5	0.2	0.7	7.6	1.1	13.2
	35～44 岁	12.2	12.7	29.7	3.0	6.7	0.1	0.0	4.8	1.3	7.4	0.2	0.8	7.1	1.3	12.7
	45～54 岁	14.2	11.7	32.6	3.1	7.1	0.1	0.0	2.6	1.1	5.1	0.2	0.9	7.3	1.5	12.5
	55～64 岁	15.9	11.5	32.4	3.0	6.8	0.1	0.0	3.4	0.9	3.4	0.3	1.0	7.4	1.7	12.2
	65 岁及以上	18.0	10.9	32.7	2.9	7.1	0.1	0.0	1.8	0.7	2.6	1.1	0.8	7.4	1.7	12.1
教育程度	未受过正规教育	8.8	9.0	26.4	1.4	4.5	0.0	0.0	22.1	0.7	5.1	0.6	0.3	6.5	1.0	13.5
	小学	11.8	11.0	33.7	1.9	5.8	0.1	0.0	7.9	0.9	4.8	0.7	0.5	6.6	1.4	12.9
	初中	14.1	11.7	32.5	2.6	6.6	0.1	0.0	4.2	1.1	5.0	0.4	0.6	7.1	1.6	12.6
	高中	15.1	12.4	29.9	3.4	7.0	0.1	0.0	3.8	1.0	4.7	0.3	1.0	7.5	1.5	12.4
	大学及以上	14.8	13.3	28.3	4.4	7.0	0.1	0.0	3.9	0.9	4.5	0.3	1.0	8.0	1.3	12.3
职业类别	干部/管理人员	15.2	12.9	27.9	4.6	7.4	0.1	0.0	3.4	0.9	5.2	0.2	1.1	7.6	1.1	12.2
	个体/私营企业人员	13.3	11.5	31.4	2.9	6.9	0.1	0.0	4.4	1.1	6.1	0.3	0.7	6.8	1.6	12.9
	初级公务员/雇员	14.0	13.0	29.1	4.0	6.9	0.1	0.0	4.0	1.0	5.2	0.2	1.0	7.9	1.3	12.4
	工人	13.2	12.0	32.5	2.9	6.5	0.0	0.0	4.0	1.2	5.9	0.2	0.7	6.9	1.3	12.8
	学生	9.3	14.9	26.7	2.3	5.7	0.1	0.0	13.0	1.0	6.5	0.2	0.4	6.5	1.0	12.4
	无业	15.3	11.1	31.4	2.7	6.6	0.1	0.0	5.5	0.9	3.5	0.6	0.8	7.4	1.6	12.5
	其他	11.5	11.2	36.8	1.7	5.9	0.1	0.0	4.8	1.1	5.4	0.6	0.4	6.4	1.6	12.6
个人月收入	0～600 元	10.4	12.1	29.6	2.0	5.6	0.0	0.0	12.0	1.1	5.4	0.4	0.4	6.7	1.2	13.0
	601～1200 元	12.6	11.3	36.2	2.2	6.3	0.1	0.0	4.0	1.0	4.3	0.5	0.5	6.6	1.6	12.7
	1201～1700 元	13.9	11.7	34.2	2.1	6.5	0.1	0.0	3.5	1.1	4.4	0.5	0.6	7.1	1.7	12.8
	1701～2600 元	15.2	11.9	32.6	2.7	6.7	0.1	0.0	3.1	1.0	4.2	0.4	0.7	7.3	1.5	12.6
	2601～3500 元	15.5	11.8	30.3	3.4	7.0	0.1	0.0	3.6	1.0	4.6	0.4	0.9	7.4	1.5	12.4
	3501～5000 元	15.4	12.0	29.6	3.7	7.0	0.1	0.0	3.4	0.9	5.1	0.3	1.0	7.8	1.4	12.2
	5001 元及以上	14.6	12.3	28.5	5.1	7.2	0.1	0.0	3.7	0.9	5.1	0.3	1.2	7.7	1.4	11.9

表 3.2.15　2017 年全国样本城市市场所有节目收视率排名前三十位

名次	节目名称	节目类别	播出频道	平均收视率(%)	平均占有率(%)
1	中央电视台 2017 春节联欢晚会	综艺	中央电视台综合频道	8.9	24.1
2	中央电视台 2017 元宵晚会	综艺	中央电视台综合频道	5.1	14.8
3	开学第一课	青少	中央电视台综合频道	4.6	16.6
4	2018 年世界杯亚洲区预选赛第三阶段 A 组第 7 轮(伊朗 VS 中国)	体育	中央台五套	3.9	12.1
5	人民的名义	电视剧	湖南卫视	3.8	12.1
6	一年又一年	专题	中央电视台综合频道	3.3	13.5
7	奔跑吧	综艺	浙江卫视	2.8	12.2
8	欢乐中国人(1 月 28 日)	综艺	中央电视台综合频道	2.8	8.6
9	天气预报	生活服务	中央电视台综合频道	2.6	9.0
10	中国梦祖国颂 2017 中央电视台国庆特别节目	综艺	中央电视台综合频道	2.6	8.9
11	2017 书香中国全民阅读系列活动启动式	综艺	湖南卫视	2.6	8.0
12	快乐中国 20172018 跨年演唱会	音乐	湖南卫视	2.4	10.3
13	中国新歌声(8 月 4 日)	综艺	浙江卫视	2.4	10.2
14	那年花开月正圆	电视剧	上海东方卫视	2.4	7.9
15	2017 年中央电视台中秋晚会	综艺	中央电视台综合频道	2.3	8.0
16	中国诗词大会第二季(2 月 7 日)	专题	中央电视台综合频道	2.3	6.5
17	2017 辽宁卫视家和万事兴春节联欢晚会	综艺	辽宁卫视	2.2	9.2
18	新闻联播	新闻	中央电视台综合频道	2.2	8.6
19	2017 年世界乒乓球锦标赛男单决赛	体育	中央台五套	2.2	7.4
20	新春相声大联欢	综艺	中央台三套	2.2	7.0
21	因为遇见你	电视剧	湖南卫视	2.2	6.9
22	新春喜剧之夜	综艺	中央台三套	2.1	6.7
23	盗墓笔记(1 月 1 日)	电影	中央台六套	2.1	6.4
24	等着我	专题	中央电视台综合频道	2.0	6.5
25	2017 湖南卫视小年夜春晚	综艺	湖南卫视	2.0	6.4
26	2017 元宵喜乐会	综艺	湖南卫视	1.9	5.3
27	楚乔传	电视剧	湖南卫视	1.8	12.3
28	2017 年世界女排大奖赛总决赛半决赛(中国队 VS 意大利队)	体育	中央台五套	1.8	6.4
28	最强大脑(2 月 24 日)	综艺	江苏卫视	1.8	6.4
30	湄公河行动(1 月 31 日)	电影	中央台六套	1.8	6.2

表 3.2.16 2017 年全国样本城市市场电视剧收视率排名前二十位

名次	节目名称	播出频道	平均收视率（%）	平均占有率（%）
1	人民的名义	湖南卫视	3.8	12.1
2	那年花开月正圆	上海东方卫视	2.4	7.9
3	因为遇见你	湖南卫视	2.2	6.9
4	楚乔传	湖南卫视	1.8	12.3
5	放弃我抓紧我	湖南卫视	1.8	5.1
6	我的前半生	上海东方卫视	1.7	5.8
7	那年花开月正圆	江苏卫视	1.7	5.5
7	欢乐颂二	浙江卫视	1.7	5.5
9	我们的少年时代	湖南卫视	1.6	5.3
10	欢乐颂二	上海东方卫视	1.5	5.1
11	孤芳不自赏	湖南卫视	1.5	4.5
12	东风破	中央台八套	1.4	5.4
13	人间至味是清欢	湖南卫视	1.4	4.9
14	夏至未至	湖南卫视	1.4	4.8
15	于成龙	中央电视台综合频道	1.3	4.5
16	青年霍元甲之冲出江湖	中央台八套	1.3	4.2
17	三生三世十里桃花	上海东方卫视	1.3	3.7
18	枪口	中央台八套	1.2	4.6
19	太行英雄传	中央台八套	1.2	4.4
19	擒狼	中央台八套	1.2	4.4

表 3.2.17 2017 年全国样本城市市场新闻类节目收视率排名前二十位

名次	节目名称	播出频道	平均收视率（%）	平均占有率（%）
1	新闻联播	中央电视台综合频道	2.2	8.6
2	前进吧中国人民解放军庆祝中国人民解放军建军 90 周年	中央电视台综合频道	1.6	17.3
3	海峡两岸	中央台四套	1.5	4.7
4	香港回归祖国 20 周年特别报道(晚间 19 点档)	中央电视台综合频道	1.4	4.7
5	探梦天宫(4 月 20 日)	中央台四套	1.4	4.3
6	今日关注	中央台四套	1.3	5.0
7	焦点访谈	中央电视台综合频道	1.3	4.2
8	中国舆论场	中央台四套	1.3	4.0
9	中国共产党第十九次全国代表大会开幕会特别报道	中央电视台综合频道	1.2	16.2
10	中国新闻	中央台四套	1.2	4.0
11	中国共产党第十九次全国代表大会开幕会专题新闻	中央电视台综合频道	1.2	3.8

续表

名次	节目名称	播出频道	平均收视率(%)	平均占有率(%)
12	今日亚洲	中央台四套	1.1	3.6
13	十九届中共中央政治局常委同中外记者见面特别报道	中央电视台综合频道	1.0	12.7
14	深度国际	中央台四套	1.0	3.2
15	从胜利走向胜利庆祝中国人民解放军建军90周年特别报道	中央台四套	0.9	9.0
16	新闻30分	中央电视台综合频道	0.9	7.8
17	中国共产党第十九次全国代表大会专题新闻	中央电视台综合频道	0.9	3.2
18	李克强总理会见中外记者并回答提问	中央电视台综合频道	0.8	5.6
19	筑梦天宫天舟一号首飞之旅	中央电视台新闻频道	0.8	3.2
20	中国共产党第十九次全国代表大会闭幕会特别报道	中央电视台综合频道	0.7	10.0

表3.2.18　2017年全国样本城市市场专题类节目收视率排名前二十位

名次	节目名称	播出频道	平均收视率(%)	平均占有率(%)
1	一年又一年	中央电视台综合频道	3.3	13.5
2	中国诗词大会第二季(2月7日)	中央电视台综合频道	2.3	6.5
3	等着我	中央电视台综合频道	2.0	6.5
4	总书记为俺家算清了脱贫账	中央电视台综合频道	1.7	5.1
5	香港发展一直牵动着我的心 习近平香港行纪实	中央电视台综合频道	1.6	5.7
6	我们的歌手	湖南卫视	1.5	6.2
7	千年大计国家大事	中央电视台综合频道	1.5	5.0
8	315在行动用责任汇聚诚信的力量	中央台二套	1.5	4.9
9	老区脱贫攻坚习近平心中的牵挂	中央电视台综合频道	1.4	4.9
10	感动中国2016年度人物颁奖盛典	中央电视台综合频道	1.4	4.1
11	不忘初心牢记使命永远奋斗	中央电视台综合频道	1.3	4.6
12	打铁还需自身硬	中央电视台综合频道	1.3	3.7
13	今日视点	中央电视台综合频道	1.2	10.0
14	巡视利剑	中央电视台综合频道	1.1	3.5
15	中国建设者	中央电视台综合频道	1.0	7.5
16	大国外交	中央电视台综合频道	1.0	3.3
17	朗读者	中央电视台综合频道	1.0	2.9
18	从胜利走向胜利	中央电视台综合频道	0.9	3.2
19	不忘初心继续前进	中央电视台综合频道	0.9	2.9
19	将改革进行到底	中央电视台综合频道	0.9	2.9

表 3.2.19 2017 年全国样本城市市场电影类节目收视率排名前二十位

名次	节目名称	播出频道	平均收视率（%）	平均占有率（%）
1	盗墓笔记(1 月 1 日)	中央台六套	2.1	6.4
2	湄公河行动(1 月 31 日)	中央台六套	1.8	6.2
3	澳门风云二(4 月 22)	中央台六套	1.8	5.7
4	举起手来(11 月 19 日)	中央台六套	1.7	5.9
5	战狼(10 月 4 日)	中央台六套	1.7	5.7
6	少林寺(12 月 9 日)	中央台六套	1.6	6.0
7	王牌逗王牌(2 月 2 日)	中央台六套	1.6	5.7
8	渊子崖保卫战(10 月 8 日)	中央台六套	1.6	5.3
9	快手枪手快枪手(4 月 4 日)	中央台六套	1.6	5.2
10	危城(2 月 3 日)	中央台六套	1.5	5.7
11	功夫瑜伽(12 月 30 日)	中央台六套	1.5	5.6
12	过年好(2 月 3 日)	中央台六套	1.5	4.3
13	智取威虎山(3 月 5 日)	中央台六套	1.4	5.5
14	太极张三丰(11 月 26 日)	中央台六套	1.4	5.2
15	特殊身份(11 月 24 日)	中央台六套	1.4	5.0
16	新龙门客栈(1 月 15 日)	中央台六套	1.4	4.8
17	寻龙诀(4 月 15 日)	中央台六套	1.4	4.7
18	我的战争(2 月 2 日)	中央台六套	1.4	4.6
18	勇士(1 月 29 日)	中央台六套	1.4	4.6
20	锦衣卫(4 月 1 日)	中央台六套	1.4	4.5

注：多次播出电影取收视率最高值参与排名，括号中为播出日期。

表 3.2.20 2017 年全国样本城市市场综艺节目收视率排名前二十位

名次	节目名称	播出频道	平均收视率（%）	平均占有率（%）
1	中央电视台 2017 春节联欢晚会	中央电视台综合频道	8.9	24.1
2	中央电视台 2017 元宵晚会	中央电视台综合频道	5.1	14.8
3	奔跑吧	浙江卫视	2.8	12.2
4	欢乐中国人(1 月 28 日)	中央电视台综合频道	2.8	8.6
5	中国梦祖国颂 2017 中央电视台国庆特别节目	中央电视台综合频道	2.6	8.9
6	2017 书香中国全民阅读系列活动启动式	湖南卫视	2.6	8.0
7	中国新歌声(8 月 4 日)	浙江卫视	2.4	10.2
8	2017 年中央电视台中秋晚会	中央电视台综合频道	2.3	8.0
9	2017 辽宁卫视家和万事兴春节联欢晚会	辽宁卫视	2.2	9.2

续表

名次	节目名称	播出频道	平均收视率(%)	平均占有率(%)
10	新春相声大联欢	中央台三套	2.2	7.0
11	新春喜剧之夜	中央台三套	2.1	6.7
12	2017 湖南卫视小年夜春晚	湖南卫视	2.0	6.4
13	2017 元宵喜乐会	湖南卫视	1.9	5.3
14	最强大脑(2 月 24 日)	江苏卫视	1.8	6.4
15	快乐大本营	湖南卫视	1.8	6.1
16	星光大道 2016 年度总决赛(1 月 25 日)	中央电视台综合频道	1.8	5.4
17	歌手歌王之战(4 月 15 日)	湖南卫视	1.7	11.6
18	欢乐喜剧人(2 月 19 日)	上海东方卫视	1.7	6.3
19	庆祝香港回归祖国二十周年文艺晚会	中央电视台综合频道	1.7	5.5
20	直通春晚 CCTV 我要上春晚特别节目(1 月 8 日)	中央台三套	1.7	4.7

表 3.2.21　2017 年全国样本城市市场体育节目收视率排名前二十位

名次	节目名称	播出频道	平均收视率(%)	平均占有率(%)
1	2018 年世界杯亚洲区预选赛第三阶段 A 组第 7 轮(伊朗 VS 中国)	中央台五套	3.9	12.1
2	2017 年世界乒乓球锦标赛男单决赛	中央台五套	2.2	7.4
3	2017 年世界女排大奖赛总决赛半决赛(中国队 VS 意大利队)	中央台五套	1.8	6.4
4	2017 年亚洲足联冠军联赛 1/4 决赛次回合(广州恒大 VS 上海上港)	中央台五套	1.6	6.7
5	中华人民共和国第十三届运动会开幕式	中央台五套	1.6	5.1
6	2017 年国际女排大冠军杯赛(中国队 VS 日本队)	中央台五套	1.4	7.8
7	第十三届全运会女子七项全能之七 800 米	中央台五套	1.4	4.3
8	第十三届全运会男子 800 米自由泳决赛	中央台五套	1.2	4.0
9	2016/2017 赛季 NBA 总决赛第四场(勇士 VS 骑士)	中央台五套	1.1	10.5
10	2017 年第十三届全运会乒乓球男单决赛	中央台五套	1.1	7.5
11	2017 年亚洲乒乓球锦标赛女单决赛	中央台五套	1.1	4.5

续表

名次	节目名称	播出频道	平均收视率（%）	平均占有率（%）
12	第十三届全运会女子举重 63 公斤级决赛挺举	中央台五套	1.1	3.6
13	2017 年中国杯国际足球锦标赛（中国国家男子足球队 VS 冰岛国家男子足球队）	中央台五套	1.1	3.4
13	2016/2017 赛季中国男子篮球职业联赛总决赛第四场（广东东莞银行 VS 新疆喀什古城）	中央台五套	1.1	3.4
15	2017 年东亚足球锦标赛第二轮（日本男子足球队 VS 中国男子足球队）	中央台五套	1.0	4.0
16	2017 年第十三届全运会女排决赛（上海 VS 江苏）	中央台五套	1.0	3.3
17	2019 年男篮世界杯预选赛（韩国队 VS 中国队）	中央台五套	0.9	3.6
18	第十三届全运会跳水男子 10 米台决赛	中央台五套	0.9	3.3
19	2017 年苏迪曼杯羽毛球赛半决赛女双	中央台五套	0.9	3.0
20	17 年中超联赛第 3 轮（广州恒大淘宝 VS 上海上港）	中央台五套	0.9	2.9

三、安徽收视数据

表 3.3.1　2013～2017 年安徽市场各类频道的市场占有率(%)

频道类别	年份				
	2013 年	2014 年	2015 年	2016 年	2017 年
中央电视台频道	34.5	35.6	32.6	35.5	33.2
中国教育电视台频道	0.8	0.5	0.4	0.2	0.1
安徽省级频道	28.0	27.3	29.7	30.5	31.4
其他省级卫视频道	31.2	31.9	31.8	26.4	25.4
其他频道	5.6	4.7	5.5	7.4	9.9

表 3.3.2　2017 年安徽市场各类频道在不同目标观众中的市场占有率(%)

目标观众		中央电视台频道	中国教育电视台频道	安徽省级频道	其他省级卫视频道	其他频道
4 岁及以上所有人		33.2	0.1	31.4	25.4	9.9
城乡	城市	36.4	0.2	31.9	22.8	8.7
	农村	31.4	0.1	31.1	26.9	10.5
性别	男	36.9	0.2	31.6	21.7	9.6
	女	29.5	0.1	31.2	29.1	10.1
年龄	4～14 岁	40.3	0.1	9.3	38.4	11.9
	15～24 岁	26.0	0.2	21.1	37.5	15.2
	25～34 岁	27.9	0.2	20.7	37.7	13.5
	35～44 岁	31.1	0.3	24.2	31.1	13.3
	45～54 岁	30.2	0.1	43.7	21.4	4.6
	55～64 岁	32.7	0.1	43.3	14.8	9.1
	65 岁及以上	40.1	0.1	40.1	13.5	6.2
教育程度	未受过正规教育	32.9	0.1	38.3	19.0	9.7
	小学	33.3	0.1	35.1	23.6	7.9
	初中	31.9	0.1	28.6	28.7	10.7
	高中	35.1	0.2	29.9	23.5	11.3
	大学及以上	34.5	0.2	25.3	28.9	11.1
职业类别	干部/管理人员	36.4	0.0	34.4	20.2	9.0
	个体/私营企业人员	30.3	0.2	30.9	26.9	11.7
	初级公务员/雇员	33.5	0.4	29.2	25.6	11.3
	工人	27.0	0.1	37.8	27.2	7.9
	学生	35.9	0.2	12.4	38.5	13.0
	无业	36.3	0.1	37.2	17.9	8.5
	其他	31.7	0.1	31.8	27.0	9.4
个人月收入	0～300 元	33.5	0.2	25.4	28.9	12.0
	301～900 元	33.3	0.0	32.5	27.2	7.0
	901～1700 元	32.1	0.1	33.4	25.2	9.2
	1701～2600 元	32.2	0.1	39.6	20.2	7.9
	2601～3500 元	33.3	0.1	29.0	27.2	10.4
	3501 元及以上	36.0	0.2	29.8	23.2	10.8

表 3.3.3 2017 年安徽市场各类频道在不同时段的市场占有率(%)

时间段	中央电视台频道	中国教育电视台频道	安徽省级频道	其他省级卫视频道	其他频道
02:00~03:00	77.1	0.1	3.7	16.6	2.5
03:00~04:00	74.0	0.3	5.5	15.6	4.6
04:00~05:00	65.5	0.1	8.4	20.3	5.7
05:00~06:00	58.6	0.1	17.0	18.9	5.4
06:00~07:00	47.8	0.2	29.1	14.8	8.1
07:00~08:00	51.5	0.2	25.6	14.8	7.9
08:00~09:00	44.7	0.2	18.2	24.3	12.6
09:00~10:00	40.9	0.2	19.1	25.7	14.1
10:00~11:00	40.7	0.1	18.2	26.9	14.1
11:00~12:00	41.0	0.2	23.6	23.2	12.0
12:00~13:00	43.7	0.2	27.9	19.8	8.4
13:00~14:00	39.1	0.2	22.9	27.0	10.8
14:00~15:00	36.8	0.2	12.9	35.2	14.9
15:00~16:00	37.1	0.3	14.1	32.6	15.9
16:00~17:00	39.2	0.2	15.4	31.0	14.2
17:00~18:00	33.9	0.2	30.6	24.9	10.4
18:00~19:00	34.8	0.2	45.8	11.3	7.9
19:00~20:00	35.7	0.1	38.0	18.8	7.4
20:00~21:00	24.9	0.1	35.5	30.8	8.7
21:00~22:00	25.7	0.1	31.8	31.4	11.0
22:00~23:00	28.3	0.2	26.6	32.8	12.1
23:00~24:00	31.4	0.3	18.5	38.7	11.1
24:00~25:00	39.2	1.6	15.6	37.4	6.2
25:00~26:00	51.7	1.9	14.3	27.6	4.5

表 3.3.4 2017 年安徽市场收视份额排名前十位的频道

名次	频道名称	收视份额(%)
1	安徽卫视	13.5
2	中央电视台综合频道	7.6
3	安徽影视	7.0
4	湖南卫视	6.5
5	安徽经视	6.3
6	中央电视台少儿频道	5.4
7	中央台八套	3.0
7	浙江卫视	3.0
9	中央台六套	2.9
9	中央台四套	2.9

表 3.3.5　2017 年安徽市场主要频道的观众构成(%)

目标观众		所有频道	主要频道				
			安徽卫视	中央电视台综合频道	安徽影视	湖南卫视	安徽经视
4 岁及以上所有人		100.0	100.0	100.0	100.0	100.0	100.0
城乡	城市	36.2	38.0	49.8	33.1	28.1	39.9
	乡村	63.8	62.0	50.2	66.9	71.9	60.1
性别	男	49.9	45.9	55.6	59.7	34.1	47.7
	女	50.1	54.1	44.4	40.3	65.9	52.3
年龄	4~14 岁	11.2	4.9	5.5	2.3	15.3	1.8
	15~24 岁	7.9	6.6	5.8	3.2	16.7	4.6
	25~34 岁	10.8	8.5	8.7	5.9	22.7	5.5
	35~44 岁	17.6	14.6	15.4	11.9	24.6	11.8
	45~54 岁	16.6	22.6	14.6	26.0	10.8	20.7
	55~64 岁	17.0	22.2	20.5	24.1	4.9	24.6
	65 岁及以上	18.9	20.6	29.5	26.6	5.0	31.0
教育程度	未受过正规教育	9.2	9.9	8.8	9.0	3.2	19.5
	小学	30.1	35.9	24.7	34.2	24.9	28.1
	初中	35.5	32.6	31.8	36.9	44.7	25.0
	高中	17.1	14.5	23.3	16.5	16.2	20.0
	大学及以上	8.1	7.1	11.4	3.4	11.0	7.4
职业类别	干部/管理人员	1.1	1.4	1.9	0.4	0.9	1.4
	个体/私营企业人员	12.8	15.6	11.7	9.1	14.9	8.0
	初级公务员/雇员	8.3	7.5	9.4	8.4	9.5	8.3
	工人	9.4	8.7	9.0	16.8	10.0	9.4
	学生	12.1	6.4	7.2	3.0	20.6	4.0
	无业	31.4	31.2	33.7	42.8	16.7	41.7
	其他	24.9	29.2	27.1	19.5	27.4	27.2
个人月收入	0~300 元	29.0	23.5	20.6	20.6	35.4	28.8
	301~900 元	11.3	14.2	12.3	7.5	9.6	12.9
	901~1700 元	14.3	16.2	18.2	14.6	14.5	16.3
	1701~2600 元	22.1	24.7	22.8	33.3	16.4	24.6
	2601~3500 元	13.1	11.6	14.4	11.6	14.3	11.7
	3501 元及以上	10.2	9.8	11.7	12.4	9.8	5.7

表 3.3.6　2015~2017 年安徽市场各类节目的播出份额(%)和收视份额(%)

节目类型	2015 年		2016 年		2017 年	
	播出份额	收视份额	播出份额	收视份额	播出份额	收视份额
财经	1.7	0.4	1.4	0.3	1.1	0.2
电视剧	20.9	32.3	21.3	29.1	21.5	32.8
电影	3.6	2.6	3.6	2.6	4.0	2.8
法制	1.2	1.2	1.1	1.2	1.4	1.1
教学	0.3	0.0	0.2	0.0	0.2	0.0
青少	6.2	5.3	6.2	4.9	6.5	5.3
生活服务	9.6	8.4	8.9	8.4	8.8	7.9
体育	2.8	0.8	2.8	1.2	3.1	1.0
外语	0.0	0.0	0.0	0.0	0.1	0.0
戏剧	0.8	0.3	0.9	0.3	0.8	0.5
新闻/时事	15.4	17.8	15.9	20.3	16.1	18.1
音乐	2.4	0.4	1.9	0.8	1.6	0.7
专题	13.1	5.0	13.7	4.1	13.4	3.5
综艺	8.9	10.2	9.2	10.9	7.8	10.2
其他	13.3	15.4	13.0	15.9	13.6	15.9

表 3.3.7　2017 年安徽市场所有节目收视率排名前三十位

名次	节目名称	节目类型	播出频道	平均收视率（%）	平均占有率（%）
1	中央电视台 2017 春节联欢晚会	综艺	中央电视台综合频道	17.1	58.4
2	小草青青(7～55)	电视剧	安徽卫视	5.9	17.9
3	平凡岁月	电视剧	安徽卫视	5.4	17.2
4	平凡岁月一周精彩回顾	综艺	安徽卫视	5.3	16.6
5	一带一路国际合作高峰论坛特别报道	新闻	安徽卫视	5.2	14.1
6	我的小姨(1～52)	电视剧	安徽卫视	5.1	16.8
7	繁星四月	电视剧	安徽卫视	5.1	15.5
8	大唐荣耀	电视剧	安徽卫视	5.1	15.2
9	新闻联播	新闻	中央电视台综合频道	5.0	20.3
10	白鹿原	电视剧	安徽卫视	5.0	15.8
11	林海雪原	电视剧	安徽卫视	5.0	15.6
12	夜市人生	电视剧	安徽卫视	5.0	14.7
13	凡人的品格	电视剧	安徽卫视	4.9	15.7
14	老爸当家	电视剧	安徽卫视	4.9	14.8
15	暖爱	电视剧	安徽卫视	4.8	15.6
16	警察锅哥	电视剧	安徽卫视	4.8	14.9
17	大军师司马懿之军师联盟	电视剧	安徽卫视	4.7	14.9
18	梦回大唐	综艺	安徽卫视	4.7	12.9
19	重回白鹿原电视剧白鹿原幕后纪录片	专题	安徽卫视	4.4	13.0
20	一年又一年	专题	中央电视台综合频道	4.3	26.0
21	花儿与远方	电视剧	安徽卫视	4.1	14.1
22	天气预报	生活服务	中央电视台综合频道	3.9	12.9
23	2017 元宵喜乐会	综艺	湖南卫视	3.9	12.8
24	一带一路国际合作高峰论坛文艺晚会	综艺	安徽卫视	3.8	12.0
25	我们的少年时代	电视剧	湖南卫视	3.7	12.5
26	2016 国剧盛典	综艺	安徽卫视	3.6	14.9
27	中央电视台 2017 元宵晚会	综艺	中央电视台综合频道	3.5	13.4
28	千年大计国家大事	专题	中央电视台综合频道	3.5	10.7
29	金鸡报晓幸福年 2017 安徽卫视春节联欢晚会	综艺	安徽卫视	3.4	19.4
30	海豚剧好看	综艺	安徽卫视	3.4	13.6

表 3.3.8　2017 年安徽市场电视剧收视率排名前十位

名次	节目名称	播出频道	平均收视率(%)	平均占有率(%)
1	小草青青(7~55)	安徽卫视	5.9	17.9
2	平凡岁月	安徽卫视	5.4	17.2
3	我的小姨(1~52)	安徽卫视	5.1	16.8
4	繁星四月	安徽卫视	5.1	15.5
5	大唐荣耀	安徽卫视	5.1	15.2
6	白鹿原	安徽卫视	5.0	15.8
7	林海雪原	安徽卫视	5.0	15.6
8	夜市人生	安徽卫视	5.0	14.7
9	凡人的品格	安徽卫视	4.9	15.7
10	老爸当家	安徽卫视	4.9	14.8

表 3.3.9　2017 年安徽市场新闻节目收视率排名前十位

名次	节目名称	播出频道	平均收视率(%)	平均占有率(%)
1	一带一路国际合作高峰论坛特别报道	安徽卫视	5.2	14.1
2	新闻联播	中央电视台综合频道	5.0	20.3
3	焦点访谈	中央电视台综合频道	3.1	9.5
4	安徽新闻联播	安徽卫视	2.8	19.1
5	李克强总理会见中外记者并回答提问	中央电视台综合频道	2.3	6.6
6	第 1 时间	安徽经视	1.9	10.3
7	香港回归祖国 20 周年特别报道	中央电视台综合频道	1.9	6.8
8	中国共产党第十九次全国代表大会开幕会专题新闻	中央电视台综合频道	1.9	6.3
9	每日新闻报	安徽卫视	1.6	16.1
10	两会大家说	中央电视台综合频道	1.1	7.2

表 3.3.10　2017 年安徽市场专题节目收视率排名前十位

名次	节目名称	播出频道	平均收视率(%)	平均占有率(%)
1	重回白鹿原电视剧白鹿原幕后纪录片	安徽卫视	4.4	13.0
2	一年又一年	中央电视台综合频道	4.3	26.0
3	千年大计国家大事	中央电视台综合频道	3.5	10.7
4	总书记为俺家算清了脱贫账	中央电视台综合频道	3.3	10.4
5	不忘初心牢记使命永远奋斗	中央电视台综合频道	2.9	9.8
6	老区脱贫攻坚习近平心中的牵挂	中央电视台综合频道	2.8	9.1
7	香港发展一直牵动着我的心 习近平香港行纪实	中央电视台综合频道	2.6	7.9
8	我是未来	湖南卫视	2.3	8.9
9	青年先锋颁奖盛典	安徽经视	1.9	5.9
10	理响新时代	安徽经视	1.8	5.7

表 3.3.11　2017 年安徽市场综艺节目收视率排名前十位

名次	节目名称	播出频道	平均收视率（%）	平均占有率（%）
1	中央电视台 2017 春节联欢晚会	中央电视台综合频道	17.1	58.4
2	平凡岁月一周精彩回顾	安徽卫视	5.3	16.6
3	梦回大唐	安徽卫视	4.7	12.9
4	2017 元宵喜乐会	湖南卫视	3.9	12.8
5	一带一路国际合作高峰论坛文艺晚会	安徽卫视	3.8	12.0
6	2016 国剧盛典	安徽卫视	3.6	14.9
7	中央电视台 2017 元宵晚会	中央电视台综合频道	3.5	13.4
8	金鸡报晓幸福年 2017 安徽卫视春节联欢晚会	安徽卫视	3.4	19.4
9	海豚剧好看	安徽卫视	3.4	13.6
10	2017 书香中国全民阅读系列活动启动式	湖南卫视	3.2	9.2

表 3.3.12　2017 年安徽市场体育节目收视率排名前十位

名次	节目名称	播出频道	平均收视率（%）	平均占有率（%）
1	中华人民共和国第十三届运动会闭幕式	中央电视台综合频道	1.6	4.9
2	中华人民共和国第十三届运动会开幕式	中央电视台综合频道	1.0	3.1
3	2017 年全国男子篮球联赛季后赛第一轮（安徽文一 VS 贵州森航）	安徽综艺	0.9	2.8
4	2017 年国际男篮锦标赛第二站（中国队 VS 新西兰队）	中央台五套	0.8	2.4
5	2017 年亚洲乒乓球锦标赛男单 1/8 决赛	中央台五套	0.8	2.2
6	羽超联赛颁奖仪式	中央台五套	0.7	2.9
7	2016/2017 赛季中国羽毛球俱乐部超级联赛决赛女子双打	中央台五套	0.7	2.1
8	英超第 29 轮精华	中央台五套	0.6	4.1
9	2017 年世界女排大奖赛总决赛半决赛（中国队 VS 意大利队）	中央台五套	0.6	2.3
10	16/17 赛季自由式滑雪世界杯普光站 U 型池女子个人决赛	中央台五套	0.6	2.2

四、福建收视数据

表 3.4.1　2013～2017 年福建市场各类频道的市场占有率(%)

频道类别	年份				
	2013 年	2014 年	2015 年	2016 年	2017 年
中央电视台频道	27.8	30.3	31.3	30.7	30.4
中国教育电视台频道	0.3	0.3	0.2	0.1	0.1
福建省级频道	33.6	30.0	25.9	26.2	27.2
其他省级卫视频道	27.3	27.6	30.5	30.6	25.6
其他频道	11.0	11.8	12.1	12.4	16.7

表 3.4.2　2017 年福建市场各类频道在不同目标观众中的市场占有率(%)

目标观众		中央电视台频道	中国教育电视台频道	福建省级频道	其他省级卫视频道	其他频道
4 岁及以上所有人		30.4	0.1	27.2	25.6	16.7
城乡	城市	34.2	0.1	11.3	28.9	25.5
	农村	29.2	0.1	32.4	24.5	13.9
性别	男	32.3	0.1	26.9	25.1	15.5
	女	28.4	0.1	27.4	26.1	18.0
年龄	4～14 岁	21.0	0.1	25.6	37.0	16.4
	15～24 岁	25.1	0.1	25.4	30.4	19.0
	25～34 岁	30.3	0.1	31.8	25.0	12.8
	35～44 岁	22.9	0.1	37.6	22.9	16.5
	45～54 岁	32.4	0.1	25.6	21.1	20.8
	55～64 岁	39.7	0.1	22.4	24.6	13.2
	65 岁及以上	40.0	0.2	18.4	21.2	20.1
教育程度	未受过正规教育	27.0	0.1	25.6	29.1	18.3
	小学	28.0	0.1	29.1	25.6	17.1
	初中	29.2	0.1	31.6	23.7	15.4
	高中	38.7	0.2	15.5	28.4	17.2
	大学及以上	41.3	0.1	19.2	21.9	17.5
职业类别	干部/管理人员	42.7	0.1	25.5	12.4	19.4
	个体/私营企业人员	31.2	0.2	28.0	23.7	16.9
	初级公务员/雇员	35.4	0.1	27.1	21.0	16.5
	工人	29.6	0.1	29.7	24.6	16.1
	学生	21.5	0.1	23.4	36.2	18.8
	无业	33.5	0.1	20.0	29.2	17.2
	其他	25.8	0.1	39.7	19.5	14.8
个人月收入	0～300 元	27.4	0.1	22.9	31.6	18.1
	301～900 元	30.2	0.1	35.6	21.7	12.4
	901～1700 元	28.4	0.1	37.5	20.1	13.9
	1701～2600 元	26.9	0.2	32.7	22.5	17.7
	2601～3500 元	38.5	0.1	20.5	25.9	15.1
	3501 元及以上	35.7	0.2	25.4	19.8	18.8

表 3.4.3　2017 年福建市场各类频道不同时段的市场占有率(%)

时间段	中央电视台频道	中国教育电视台频道	福建省级频道	其他省级卫视频道	其他频道
02:00~03:00	29.5	0.1	18.9	29.1	22.4
03:00~04:00	30.1	0.1	20.2	31.2	18.5
04:00~05:00	24.9	0.0	23.8	31.0	20.2
05:00~06:00	30.8	0.1	22.6	29.8	16.8
06:00~07:00	49.5	0.1	11.2	22.9	16.3
07:00~08:00	51.2	0.2	9.4	24.3	15.0
08:00~09:00	41.5	0.1	10.0	34.5	13.8
09:00~10:00	34.4	0.2	8.7	41.3	15.5
10:00~11:00	34.1	0.3	7.6	41.2	16.9
11:00~12:00	37.8	0.1	6.2	39.3	16.6
12:00~13:00	39.9	0.1	5.0	35.1	20.0
13:00~14:00	36.7	0.2	6.1	37.8	19.2
14:00~15:00	33.2	0.3	7.5	37.8	21.2
15:00~16:00	31.7	0.3	8.5	38.2	21.2
16:00~17:00	32.4	0.3	8.5	39.3	19.5
17:00~18:00	31.3	0.1	18.8	32.2	17.6
18:00~19:00	25.0	0.0	47.3	12.6	15.0
19:00~20:00	30.0	0.1	43.5	12.8	13.7
20:00~21:00	25.2	0.0	39.7	20.1	15.0
21:00~22:00	27.5	0.0	37.4	19.7	15.4
22:00~23:00	26.0	0.1	32.0	24.1	17.8
23:00~24:00	28.4	0.1	20.7	32.0	18.8
24:00~25:00	30.0	0.2	17.9	29.5	22.4
25:00~26:00	30.0	0.2	16.5	27.3	26.0

表 3.4.4　2017 年福建市场收视份额排名前十位的频道

名次	频道名称	收视份额(%)
1	东南卫视	9.0
2	福建省广播影视集团综合频道	5.8
3	中央台六套	5.5
4	福建省广播影视集团新闻频道	5.4
5	湖南电视台金鹰卡通频道	4.8
5	中央台八套	4.8
7	中央电视台综合频道	3.8
8	湖南卫视	3.5
9	福建省广播影视集团电视剧频道	3.4
10	中央台四套	3.2

表 3.4.5　2017 年福建市场各主要频道的观众构成(%)

目标观众		所有频道	主要频道				
			东南卫视	福建省广播影视集团综合频道	中央台六套	福建省广播影视集团新闻频道	湖南电视台金鹰卡通频道
4 岁及以上所有人		100.0	100.0	100.0	100.0	100.0	100.0
城乡	城市	24.7	5.7	12.9	23.6	5.9	24.8
	农村	75.3	94.3	87.1	76.4	94.1	75.2
性别	男	51.2	50.5	56.1	57.7	50.0	49.5
	女	48.8	49.5	43.9	42.3	50.0	50.5
年龄	4~14 岁	13.9	11.8	12.1	10.4	11.3	36.7
	15~24 岁	8.1	2.9	6.5	7.3	14.0	7.6
	25~34 岁	15.2	26.1	13.2	19.9	19.5	20.7
	35~44 岁	16.9	17.6	34.7	16.1	25.8	10.7
	45~54 岁	17.7	17.8	14.1	23.6	14.0	4.2
	55~64 岁	16.8	16.2	10.6	14.9	11.4	16.4
	65 岁及以上	11.4	7.6	8.8	7.8	4.0	3.7
教育程度	未受过正规教育	14.3	17.5	4.7	13.8	7.6	27.0
	小学	33.2	35.4	43.4	34.4	33.3	31.1
	初中	33.9	32.6	44.1	35.2	54.5	26.1
	高中	12.2	5.0	5.2	11.7	3.4	11.7
	大学及以上	6.4	9.5	2.6	4.8	1.2	4.1
职业类别	干部/管理人员	2.4	1.9	1.3	1.1	4.5	0.7
	个体/私营企业人员	13.9	10.7	11.6	15.4	22.4	12.2
	初级公务员/雇员	9.8	11.8	7.7	9.5	9.9	5.1
	工人	12.2	15.8	14.3	16.7	4.9	8.8
	学生	10.4	5.6	14.5	9.4	7.8	17.7
	无业	32.7	25.2	15.0	30.8	24.9	46.3
	其他	18.7	29.1	35.7	17.1	25.6	9.1
个人月收入	0~300 元	36.2	28.8	28.5	37.2	30.6	61.8
	301~900 元	8.0	17.3	8.1	4.6	1.9	3.7
	901~1700 元	12.0	13.9	18.3	10.9	13.1	8.2
	1701~2600 元	15.6	18.9	19.1	14.0	26.8	9.8
	2601~3500 元	14.8	7.8	17.8	18.9	5.2	9.8
	3501 元及以上	13.5	13.3	8.2	14.4	22.4	6.8

表 3.4.6　2015~2017 年福建市场各类节目的播出份额(%)和收视份额(%)

节目类别	2015 年		2016 年		2017 年	
	播出份额	收视份额	播出份额	收视份额	播出份额	收视份额
财经	1.5	0.6	1.3	0.5	1.2	0.4
电视剧	24.1	31.0	26.2	28.4	20.9	27.6
电影	4.2	7.0	4.5	7.5	4.5	6.3
法制	0.9	1.2	0.9	1.0	0.9	0.8
教学	0.3	0.1	0.3	0.1	0.2	0.0
青少	6.0	8.8	6.6	10.4	7.1	8.0
生活服务	10.6	7.1	7.8	6.6	7.9	6.3
体育	3.5	1.7	3.8	1.8	3.9	0.9
外语	0.0	0.0	0.0	0.0	0.1	0.0
戏剧	0.7	0.3	0.7	0.3	0.8	0.2
新闻/时事	10.5	12.1	10.5	12.1	15.2	16.5
音乐	2.5	1.3	1.8	1.4	1.5	1.3
专题	13.1	6.5	13.8	6.1	15.0	8.0
综艺	7.3	10.3	7.0	11.7	8.0	8.8
其他	14.8	12.0	14.8	12.1	12.8	14.8

表 3.4.7　2017 年福建市场所有节目收视率排名前三十位

名次	节目名称	节目类型	播出频道	平均收视率（%）	平均占有率（%）
1	一带一路国际合作高峰论坛文艺晚会	综艺	东南卫视	6.5	19.1
2	锦绣未央	电视剧	东南卫视	6.2	18.2
3	中央电视台 2017 春节联欢晚会	综艺	中央电视台综合频道	6.1	17.5
4	人民军队忠于党庆祝中国人民解放军建军 90 周年文艺演出	综艺	东南卫视	6.0	19.5
5	鸡毛飞上天	电视剧	东南卫视	6.0	18.2
6	爱情万万岁	电视剧	东南卫视	6.0	16.9
7	风云天地	电视剧	东南卫视	5.9	17.8
8	麻辣芳邻(8～30)	电视剧	东南卫视	5.9	16.8
9	三生三世十里桃花	电视剧	东南卫视	5.8	16.8
10	开学第一课	青少	中央电视台综合频道	5.7	18.1
11	追婚记	电视剧	东南卫视	5.7	15.7
12	绝命后卫师	电视剧	东南卫视	5.4	17.1
13	大国外交	专题	东南卫视	5.4	15.7
14	小别离	电视剧	东南卫视	5.4	15.1
15	大道清源	专题	东南卫视	5.3	24.9
16	放弃我抓紧我	电视剧	东南卫视	5.3	17.8
17	全面小康的福建故事	专题	东南卫视	5.3	16.6
18	彭德怀元帅	电视剧	东南卫视	5.3	16.1
19	绝密 543	电视剧	东南卫视	5.2	16.6
20	一带一路国际合作高峰论坛特别报道	新闻/时事	东南卫视	5.2	15.8
21	外科风云	电视剧	东南卫视	5.2	14.6
22	流动的盛宴	专题	东南卫视	5.1	19.1
23	第三届海上丝绸之路国际艺术节开幕式	综艺	东南卫视	5.1	16.5
24	北上广依然相信爱情	电视剧	东南卫视	5.1	14.7
25	转播中央台新闻联播	新闻/时事	东南卫视	5.0	16.7
26	东南气象快讯	生活服务	东南卫视	4.9	18.0
27	全民跑步盛典 2017 特步 321 跑步节	综艺	东南卫视	4.9	13.9
28	一年又一年	专题	东南卫视	4.9	13.2
29	家有喜妇	电视剧	东南卫视	4.8	14.1
30	太极张三丰	电影	中央台六套	4.7	14.2

表 3.4.8　2017 年福建市场电视剧收视率排名前十位

名次	节目名称	播出频道	平均收视率(%)	平均占有率(%)
1	锦绣未央	东南卫视	6.2	18.2
2	鸡毛飞上天	东南卫视	6.0	18.2
3	爱情万万岁	东南卫视	6.0	16.9
4	风云天地	东南卫视	5.9	17.8
5	麻辣芳邻(8～30)	东南卫视	5.9	16.8
6	三生三世十里桃花	东南卫视	5.8	16.8
7	追婚记	东南卫视	5.7	15.7
8	绝命后卫师	东南卫视	5.4	17.1
9	小别离	东南卫视	5.4	15.1
10	放弃我抓紧我	东南卫视	5.3	17.8

表 3.4.9　2017 年福建市场新闻节目收视率排名前十位

名次	节目名称	播出频道	平均收视率(%)	平均占有率(%)
1	一带一路国际合作高峰论坛特别报道	东南卫视	5.2	15.8
2	转播中央台新闻联播	东南卫视	5.0	16.7
3	福建卫视新闻	东南卫视	4.1	16.5
4	台湾新闻脸	东南卫视	3.4	12.4
5	现场深一度	福建省广播影视集团新闻频道	3.3	10.2
6	福建新闻联播	福建省广播影视集团综合频道	3.1	9.4
7	防抗纳沙特别报道	福建省广播影视集团新闻频道	3.0	12.8
8	现场	福建省广播影视集团新闻频道	3.0	11.4
9	现场深一度周末版	福建省广播影视集团新闻频道	3.0	9.6
10	中国共产党第十九次全国代表大会特别报道继往开来迎新局	福建省广播影视集团综合频道	3.0	8.7

表 3.4.10　2017 年福建市场专题节目收视率排名前十位

名次	节目名称	播出频道	平均收视率(%)	平均占有率(%)
1	大国外交	东南卫视	5.4	15.7
2	大道清源	东南卫视	5.3	24.9
3	全面小康的福建故事	东南卫视	5.3	16.6
4	流动的盛宴	东南卫视	5.1	19.1
5	一年又一年	东南卫视	4.9	13.2
6	梦想新声音 2016 第八届海峡两岸电视主持新人大赛总决赛	东南卫视	4.6	16.4
7	项南	东南卫视	4.5	12.5
8	全面小康的福建故事(10 月 2～7 日,9～10 日)	福建省广播影视集团新闻频道	4.0	13.8
9	一马当先福建省大学生学习马克思主义理论知识竞赛	东南卫视	3.9	12.7
10	不忘初心廖俊波的故事	福建省广播影视集团新闻频道	3.9	11.0

表 3.4.11 2017 年福建市场综艺节目收视率排名前十位

名次	节目名称	播出频道	平均收视率（%）	平均占有率（%）
1	一带一路国际合作高峰论坛文艺晚会	东南卫视	6.5	19.1
2	中央电视台 2017 春节联欢晚会	中央电视台综合频道	6.1	17.5
3	人民军队忠于党庆祝中国人民解放军建军 90 周年文艺演出	东南卫视	6.0	19.5
4	第三届海上丝绸之路国际艺术节开幕式	东南卫视	5.1	16.5
5	全民跑步盛典 2017 特步 321 跑步节	东南卫视	4.9	13.9
6	百花争艳尽芳菲福建省文艺献礼党的十九大	东南卫视	4.5	16.8
7	海上生明月中华经典诗词咏诵会	东南卫视	4.4	13.0
8	星厨集结号	东南卫视	4.3	13.7
9	好运旅行团	东南卫视	3.9	12.9
10	金砖国家领导人厦门会晤新兴市场国家与发展中国家对话会文艺晚会	福建省广播影视集团综合频道	3.7	11.5

表 3.4.12 2017 年福建市场体育节目收视率排名前十位

名次	节目名称	播出频道	平均收视率（%）	平均占有率（%）
1	中华人民共和国第十三届运动会闭幕式	中央电视台综合频道	2.0	5.5
2	中华人民共和国第十三届运动会开幕式	中央电视台综合频道	1.7	5.3
3	第十三届全运会男子 4×100 米混合泳接力决赛	中央台五套	1.4	5.2
4	直播周末:2017 年世界女排大奖赛总决赛半决赛（中国队 VS 意大利队）	中央台五套	1.3	4.4
5	现场直播 澳网女单颁奖仪式	中央台五套	1.2	4.6
6	直播周末:2017 年亚洲羽毛球锦标赛女子单打决赛	中央台五套	1.1	6.3
7	第十三届全运会女子跳远决赛	中央台五套	1.1	3.3
8	黄金赛场:2017 年 CCTV 贺岁杯世界拳王争霸赛 IBF 中量级亚洲青年争霸	中央台五套	1.1	3.1
9	国际足联 2018 年世界杯欧洲区预选赛 E 组第 8 轮（亚美尼亚 VS 丹麦）	中央台五套	1.0	35.5
10	神奇水世界:2017 年国际泳联世锦赛男子 100 米自由泳半决赛	中央台五套	1.0	13.2

五、甘肃收视数据

表 3.5.1　2013 ~ 2017 年甘肃市场各类频道的市场占有率(%)

频道类别	年份				
	2013 年	2014 年	2015 年	2016 年	2017 年
中央电视台频道	47.9	49.2	48.1	51.7	48.2
中国教育电视台频道	1.6	1.0	0.5	0.3	0.2
甘肃省级频道	3.9	4.0	5.4	6.5	7.9
其他省级卫视频道	41.6	40.1	39.9	34.6	30.9
其他频道	5.0	5.7	6.1	6.9	12.8

表 3.5.2　2017 年甘肃市场各类频道在不同目标观众中的市场占有率(%)

目标观众		中央电视台频道	中国教育电视台频道	甘肃省级频道	其他省级卫视频道	其他频道
4 岁及以上所有人		48.2	0.2	7.9	30.9	12.8
城乡	城市	49.9	0.2	6.3	30.8	12.8
	农村	46.9	0.2	9.2	30.9	12.8
性别	男	49.7	0.3	8.3	29.1	12.6
	女	46.6	0.2	7.6	32.7	12.9
年龄	4 ~ 14 岁	47.8	0.2	4.3	33.8	13.9
	15 ~ 24 岁	42.1	0.3	5.3	36.4	15.9
	25 ~ 34 岁	43.8	0.3	7.7	35.7	12.5
	35 ~ 44 岁	45.4	0.2	6.1	32.7	15.6
	45 ~ 54 岁	50.3	0.2	7.5	30.8	11.2
	55 ~ 64 岁	53.4	0.2	11.3	24.2	10.9
	65 岁及以上	55.7	0.1	14.3	21.6	8.3
教育程度	未受过正规教育	49.6	0.3	8.6	31.4	10.1
	小学	48.0	0.2	7.4	31.2	13.2
	初中	46.6	0.2	7.9	32.2	13.1
	高中	49.8	0.2	8.5	29.3	12.2
	大学及以上	51.3	0.3	7.6	26.7	14.1
职业类别	干部/管理人员	50.2	0.1	4.1	24.2	21.4
	个体/私营企业人员	49.2	0.3	7.4	30.8	12.3
	初级公务员/雇员	52.6	0.3	7.5	26.4	13.2
	工人	49.0	0.2	4.5	32.0	14.3
	学生	45.5	0.3	5.0	34.9	14.3
	无业	54.0	0.2	7.0	26.2	12.6
	其他	44.4	0.2	10.9	32.7	11.8
个人月收入	0 ~ 300 元	48.3	0.3	5.5	32.8	13.1
	301 ~ 900 元	46.3	0.2	10.2	31.5	11.8
	901 ~ 1700 元	47.5	0.1	11.3	29.3	11.8
	1701 ~ 2600 元	46.1	0.3	9.6	30.4	13.6
	2601 ~ 3500 元	51.4	0.2	6.6	28.8	13.0
	3501 元及以上	53.3	0.2	6.1	28.9	11.5

表 3.5.3 2017 年甘肃市场各类频道在不同时段的市场占有率(%)

时间段	中央电视台频道	中国教育电视台频道	甘肃省级频道	其他省级卫视频道	其他频道
02:00~03:00	17.6	9.8	3.5	9.5	59.7
03:00~04:00	29.4	2.1	6.6	20.7	41.2
04:00~05:00	40.8	0.0	12.1	29.3	17.8
05:00~06:00	45.7	1.3	6.2	33.8	13.0
06:00~07:00	64.3	0.5	2.4	25.4	7.3
07:00~08:00	72.3	0.6	2.2	18.8	6.0
08:00~09:00	62.8	0.3	3.6	25.1	8.2
09:00~10:00	52.0	0.3	4.9	31.4	11.4
10:00~11:00	49.6	0.3	4.7	31.9	13.4
11:00~12:00	51.0	0.3	4.7	31.3	12.7
12:00~13:00	64.5	0.3	2.9	24.2	8.2
13:00~14:00	56.3	0.3	3.4	28.8	11.2
14:00~15:00	46.5	0.3	3.4	34.9	14.8
15:00~16:00	42.3	0.3	3.7	36.9	16.8
16:00~17:00	43.5	0.3	4.1	34.7	17.4
17:00~18:00	52.1	0.2	4.5	30.1	13.1
18:00~19:00	57.5	0.3	10.4	19.9	11.9
19:00~20:00	60.5	0.2	7.6	22.8	8.9
20:00~21:00	40.6	0.1	10.3	36.8	12.1
21:00~22:00	39.1	0.2	10.7	35.1	14.9
22:00~23:00	39.0	0.3	8.7	32.4	19.6
23:00~24:00	38.1	0.3	3.8	32.2	25.7
24:00~25:00	38.2	0.2	4.5	24.2	32.9
25:00~26:00	26.6	0.1	7.8	25.8	39.7

表 3.5.4 2017 年甘肃市场收视份额排名前十位的频道

名次	频道名称	收视份额(%)
1	中央电视台综合频道	16.2
2	中央台八套	5.9
3	中央电视台少儿频道	5.5
4	中央台六套	5.4
5	湖南卫视	5.2
6	甘肃卫视	3.0
7	中央电视台新闻频道	2.8
8	中央台三套	2.7
9	甘肃电视台文化影视频道	2.6
10	浙江卫视	2.4

表 3.5.5　2017 年甘肃市场各主要频道的观众构成(%)

目标观众		所有频道	中央电视台综合频道	中央台八套	中央电视台少儿频道	中央台六套	湖南卫视
4 岁及以上所有人		100.0	100.0	100.0	100.0	100.0	100.0
城乡	城市	44.2	48.9	45.2	32.5	39.2	38.7
	乡村	55.8	51.1	54.8	67.5	60.8	61.3
性别	男	50.9	54.0	48.3	50.7	55.9	41.5
	女	49.1	46.0	51.7	49.3	44.1	58.5
年龄	4~14 岁	12.3	4.9	5.4	57.9	11.0	14.8
	15~24 岁	13.7	10.2	11.7	12.7	14.9	22.4
	25~34 岁	12.1	10.8	10.8	8.6	13.1	16.3
	35~44 岁	19.9	17.8	22.1	7.3	31.9	25.1
	45~54 岁	15.8	19.1	21.5	4.4	14.6	13.6
	55~64 岁	13.8	19.6	14.8	6.9	8.3	4.1
	65 岁及以上	12.4	17.6	13.6	2.2	6.2	3.5
教育程度	未受过正规教育	8.5	8.3	5.9	20.0	6.2	5.2
	小学	24.3	20.0	21.4	46.1	21.7	23.5
	初中	38.7	36.5	44.4	24.2	47.9	43.3
	高中	21.4	25.8	21.5	7.8	19.5	20.1
	大学及以上	7.2	9.4	6.8	1.9	4.6	7.8
职业类别	干部/管理人员	1.0	1.1	0.8	0.1	0.3	0.4
	个体/私营企业人员	17.2	20.2	17.5	7.9	21.3	20.2
	初级公务员/雇员	4.0	5.3	4.0	0.9	1.8	3.6
	工人	5.1	5.4	6.1	0.9	7.0	7.1
	学生	16.4	8.7	10.2	48.5	17.7	25.7
	无业	22.7	28.4	20.7	26.4	14.3	14.7
	其他	33.6	30.8	40.6	15.3	37.6	28.4
个人月收入	0~300 元	31.8	23.6	28.2	74.6	30.1	37.6
	301~900 元	9.5	10.0	9.0	4.7	11.0	7.5
	901~1700 元	15.3	15.8	20.0	4.9	16.0	14.8
	1701~2600 元	23.5	26.6	21.5	9.0	19.7	22.4
	2601~3500 元	12.7	15.1	14.8	3.9	14.3	12.1
	3501 元及以上	7.2	8.7	6.5	3.0	9.0	5.5

表 3.5.6　2015~2017 年甘肃市场各类节目的播出份额(%)和收视份额(%)

节目类别	2015 年		2016 年		2017 年	
	播出份额	收视份额	播出份额	收视份额	播出份额	收视份额
财经	1.9	0.5	1.4	0.5	1.2	0.4
电视剧	20.7	34.1	20.9	30.0	21.8	30.0
电影	3.7	3.2	3.7	4.7	3.8	5.2
法制	0.9	1.1	0.7	1.2	1.0	1.0
教学	0.3	0.0	0.3	0.0	0.4	0.1
青少	7.0	4.8	6.9	4.4	7.3	5.7
生活服务	9.1	8.8	8.6	8.3	7.8	7.5
体育	3.0	0.9	2.8	1.6	3.4	0.9
外语	0.0	0.0	0.0	0.0	0.1	0.0
戏剧	0.9	0.7	0.9	0.5	0.9	0.5
新闻/时事	14.7	14.0	15.2	15.3	15.4	14.6
音乐	2.6	0.8	2.0	1.1	1.6	1.0
专题	13.9	5.4	14.4	5.6	14.6	6.4
综艺	8.9	10.4	9.0	11.3	8.0	10.6
其他	12.4	15.3	13.1	15.6	13.0	16.0

表 3.5.7　2017 年甘肃市场所有节目收视率排名前三十位

名次	节目名称	节目类别	播出频道	平均收视率（%）	平均占有率（%）
1	中央电视台 2017 春节联欢晚会	综艺	中央电视台综合频道	20.6	67.7
2	新闻联播	新闻/时事	中央电视台综合频道	8.7	41.6
3	天气预报	生活服务	中央电视台综合频道	7.8	29.9
4	总书记为俺家算清了脱贫账	专题	中央电视台综合频道	7.8	25.1
5	中央电视台 2017 元宵晚会	综艺	中央电视台综合频道	7.2	23.5
6	一带一路国际合作高峰论坛特别报道	新闻/时事	中央电视台综合频道	7.1	21.3
7	2017 中央军委慰问驻京部队老干部迎新春文艺演出	综艺	中央电视台综合频道	6.6	17.9
8	焦点访谈	新闻/时事	中央电视台综合频道	6.5	23.1
9	一带一路国际合作高峰论坛文艺晚会	综艺	中央电视台综合频道	6.0	17.5
10	一年又一年	专题	中央电视台综合频道	5.9	39.8
11	星光大道(1 月 21 日)	综艺	中央电视台综合频道	5.9	17.5
12	千年大计国家大事	专题	中央电视台综合频道	5.8	21.3
13	2017 年新年戏曲晚会	戏剧	中央电视台综合频道	5.4	12.1
14	不忘初心牢记使命永远奋斗	专题	中央电视台综合频道	5.3	21.9
15	香港回归祖国 20 周年特别报道	新闻/时事	中央电视台综合频道	5.2	21.4
16	自然的力量	专题	中央电视台综合频道	5.2	14.0
17	中国共产党第十九次全国代表大会专题新闻	新闻/时事	中央电视台综合频道	5.1	17.8
18	打铁还需自身硬	专题	中央电视台综合频道	5.1	12.5
19	金砖国家领导人第九次会晤特别报道	新闻/时事	中央电视台综合频道	5.0	17.5
20	李克强总理会见中外记者并回答提问	新闻/时事	中央电视台综合频道	4.8	14.5
21	等着我	专题	中央电视台综合频道	4.8	13.7
22	中国梦祖国颂 2017 中央电视台国庆特别节目	综艺	中央电视台综合频道	4.6	13.7
23	中华人民共和国第十三届运动会开幕式	体育	中央电视台综合频道	4.6	13.6
24	于成龙	电视剧	中央电视台综合频道	4.5	15.5
25	中国影像方志	专题	中央电视台综合频道	4.5	13.1
26	香港发展一直牵动着我的心习近平香港行纪实	专题	中央电视台综合频道	4.4	16.4
27	老区脱贫攻坚习近平心中的牵挂	专题	中央电视台综合频道	4.3	17.4
28	将改革进行到底	专题	中央电视台综合频道	4.3	13.4
29	朗读者	专题	中央电视台综合频道	4.3	11.7
30	在党的旗帜下庆祝中国人民解放军建军 90 周年文艺晚会	综艺	中央电视台综合频道	4.1	13.7

表 3.5.8　2017 年甘肃市场电视剧收视率排名前十位

名次	节目名称	播出频道	平均收视率(%)	平均占有率(%)
1	于成龙	中央电视台综合频道	4.5	15.5
2	大秦帝国之崛起	中央电视台综合频道	3.6	11.0
3	女儿红	中央电视台综合频道	3.5	12.1
4	北方大地	中央电视台综合频道	3.4	11.0
5	我的 1997	中央电视台综合频道	3.3	12.0
6	热血尖兵	中央电视台综合频道	3.3	11.0
7	黄大年	中央电视台综合频道	3.3	10.5
8	真心想让你幸福	中央台八套	3.3	8.8
9	青年霍元甲之冲出江湖	中央台八套	3.0	8.9
10	我们的少年时代	湖南卫视	2.9	10.0

表 3.5.9　2017 年甘肃市场新闻节目收视率排名前十位

名次	节目名称	播出频道	平均收视率(%)	平均占有率(%)
1	新闻联播	中央电视台综合频道	8.7	41.6
2	一带一路国际合作高峰论坛特别报道	中央电视台综合频道	7.1	21.3
3	焦点访谈	中央电视台综合频道	6.5	23.1
4	香港回归祖国 20 周年特别报道	中央电视台综合频道	5.2	21.4
5	中国共产党第十九次全国代表大会专题新闻	中央电视台综合频道	5.1	17.8
6	金砖国家领导人第九次会晤特别报道	中央电视台综合频道	5.0	17.5
7	李克强总理会见中外记者并回答提问	中央电视台综合频道	4.8	14.5
8	中国共产党第十九次全国代表大会开幕会专题新闻	中央电视台综合频道	3.3	11.6
9	晚间新闻	中央电视台综合频道	1.3	11.3
10	共同关注	中央电视台综合频道	1.0	12.1

表 3.5.10　2017 年甘肃市场专题节目收视率排名前十位

名次	节目名称	播出频道	平均收视率(%)	平均占有率(%)
1	总书记为俺家算清了脱贫账	中央电视台综合频道	7.8	25.1
2	一年又一年	中央电视台综合频道	5.9	39.8
3	千年大计国家大事	中央电视台综合频道	5.8	21.3
4	不忘初心牢记使命永远奋斗	中央电视台综合频道	5.3	21.9
5	自然的力量	中央电视台综合频道	5.2	14.0
6	打铁还需自身硬	中央电视台综合频道	5.1	12.5
7	等着我	中央电视台综合频道	4.8	13.7
8	中国影像方志	中央电视台综合频道	4.5	13.1
9	香港发展一直牵动着我的心 习近平香港行纪实	中央电视台综合频道	4.4	16.4
10	朗读者	中央电视台综合频道	4.3	11.7

表 3.5.11 2017 年甘肃市场综艺节目收视率排名前十位

名次	节目名称	播出频道	平均收视率（%）	平均占有率（%）
1	中央电视台 2017 春节联欢晚会	中央电视台综合频道	20.6	67.7
2	中央电视台 2017 元宵晚会	中央电视台综合频道	7.2	23.5
3	2017 中央军委慰问驻京部队老干部迎新春文艺演出	中央电视台综合频道	6.6	17.9
4	星光大道(1 月 21 日)	中央电视台综合频道	5.9	17.5
5	一带一路国际合作高峰论坛文艺晚会	中央电视台综合频道	6.0	17.5
6	中国梦祖国颂 2017 中央电视台国庆特别节目	中央电视台综合频道	4.6	13.7
7	在党的旗帜下庆祝中国人民解放军建军 90 周年文艺晚会	中央电视台综合频道	4.1	13.7
8	欢乐颂	中央电视台综合频道	3.9	15.9
9	金砖国家领导人厦门会晤新兴市场国家与发展中国家对话会文艺晚会	中央电视台综合频道	3.9	12.6
10	2017 五月的鲜花激扬青春梦全国大中学生文艺会演	中央电视台综合频道	3.8	12.8

表 3.5.12 2017 年甘肃市场体育节目收视率排名前十位

名次	节目名称	播出频道	平均收视率（%）	平均占有率（%）
1	中华人民共和国第十三届运动会开幕式	中央电视台综合频道	4.6	13.6
2	中华人民共和国第十三届运动会闭幕式	中央电视台综合频道	3.1	10.4
3	第十三届全运会男子 400 米决赛	中央台五套	0.8	2.7
4	第十一届格萨尔赛马节中国九色甘南香巴拉玛曲	甘肃电视台公共频道	0.7	1.9
5	直播周末:2017 年世界女排大奖赛总决赛半决赛(中国队 VS 意大利队)	中央台五套	0.5	1.9
6	实况录像:2017 年世界体操锦标赛男子吊环决赛	中央台五套	0.5	1.8
6	黄金赛场 神奇水世界:17 年国际泳联世锦赛跳水组合双人十米台决赛	中央台五套	0.5	1.8
8	黄金赛场:2017 年中国杯世界花样滑冰大奖赛双人自由滑	中央台五套	0.4	2.0
9	黄金赛场:2016/2017 赛季中国男子篮球职业联赛第 31 轮(新疆喀什古城 VS 上海哔哩哔哩)	中央台五套	0.4	1.2
10	黄金赛场:2017 年 CCTV 贺岁杯世界拳王争霸赛 IBF 中量级亚洲青年争霸	中央台五套	0.4	1.1

六、广东收视数据

表 3.6.1　2013～2017 年广东市场各类频道的市场占有率(%)

频道类别	年份				
	2013 年	2014 年	2015 年	2016 年	2017 年
中央电视台频道	19.8	20.9	19.3	20.6	20.5
中国教育电视台频道	0.3	0.2	0.2	0.1	0.1
广东省级频道	40.2	38.7	38.8	37.4	36.3
其他省级卫视频道	17.5	17.1	16.6	15.4	14.9
境外频道	5.4	4.9	4.5	4.4	4.3
其他频道	16.8	18.2	20.6	22.1	23.9

表 3.6.2　2017 年广东市场各类频道在不同目标观众中的市场占有率(%)

目标观众		中央电视台频道	中国教育电视台频道	广东省级频道	其他省级卫视频道	境外频道	其他频道
4 岁及以上所有人		20.5	0.1	36.3	14.9	4.3	23.9
城乡	城市	20.5	0.1	29.1	16.0	6.0	28.3
	农村	20.3	0.1	44.2	13.6	2.5	19.3
性别	男	22.5	0.1	35.8	13.5	4.2	23.9
	女	18.4	0.1	36.9	16.2	4.4	24.0
年龄	4～14 岁	18.7	0.1	39.8	18.1	2.0	21.3
	15～24 岁	18.3	0.1	32.5	18.6	4.3	26.2
	25～34 岁	15.4	0.1	35.2	15.0	6.8	27.5
	35～44 岁	22.9	0.1	30.1	14.5	4.4	28.0
	45～54 岁	22.4	0.1	34.5	14.8	3.9	24.3
	55～64 岁	20.3	0.1	40.0	12.4	5.2	22.0
	65 岁及以上	25.9	0.1	41.5	10.0	3.8	18.7
教育程度	未受过正规教育	18.7	0.1	45.3	13.3	3.1	19.5
	小学	19.5	0.1	41.6	14.5	2.4	21.9
	初中	20.4	0.1	37.2	14.3	4.2	23.8
	高中	22.7	0.1	30.4	14.8	5.7	26.3
	大学及以上	19.8	0.1	24.2	19.0	7.7	29.2
职业类别	干部/管理人员	24.3	0.1	21.8	16.7	5.4	31.7
	个体/私营企业人员	22.7	0.1	35.1	15.7	4.0	22.4
	初级公务员/雇员	18.9	0.1	26.8	16.7	7.5	30.0
	工人	19.5	0.1	34.6	13.8	5.5	26.5
	学生	19.7	0.1	32.0	21.0	2.1	25.1
	无业	20.7	0.1	40.0	13.0	4.4	21.8
	其他	20.3	0.1	46.5	11.4	2.4	19.3
个人月收入	0～300 元	19.9	0.1	40.1	15.9	2.4	21.6
	301～900 元	18.7	0.1	44.4	9.8	4.9	22.1
	901～1700 元	20.1	0.1	40.5	13.1	3.7	22.5
	1701～2600 元	23.0	0.1	34.9	13.5	4.4	24.1
	2601～3500 元	18.0	0.1	33.9	14.9	6.1	27.0
	3501 元及以上	22.0	0.1	24.4	17.0	7.7	28.8

表 3.6.3 2017 年广东市场各类频道在不同时段的市场占有率(%)

时间段	中央电视台频道	中国教育电视台频道	广东省级频道	其他省级卫视频道	境外频道	其他频道
02:00~03:00	23.1	0.1	15.2	22.7	4.3	34.6
03:00~04:00	21.9	0.1	16.7	20.2	3.8	37.3
04:00~05:00	24.3	0.1	22.9	16.4	3.4	32.9
05:00~06:00	33.6	0.0	27.5	12.8	5.5	20.6
06:00~07:00	29.8	0.1	29.3	11.5	9.9	19.4
07:00~08:00	30.1	0.2	30.3	11.4	7.0	21.0
08:00~09:00	31.3	0.2	25.0	17.3	5.3	20.9
09:00~10:00	29.3	0.2	22.4	23.5	3.0	21.6
10:00~11:00	28.0	0.2	22.9	23.2	3.2	22.5
11:00~12:00	27.4	0.1	25.9	21.6	3.0	22.0
12:00~13:00	24.9	0.0	28.9	19.8	4.5	21.9
13:00~14:00	24.0	0.1	28.9	19.9	3.4	23.7
14:00~15:00	24.6	0.2	26.6	21.2	3.4	24.0
15:00~16:00	24.9	0.2	25.1	22.0	3.3	24.5
16:00~17:00	25.3	0.2	26.5	22.0	2.6	23.4
17:00~18:00	24.1	0.1	31.8	17.6	2.1	24.3
18:00~19:00	19.1	0.1	41.4	6.5	3.2	29.7
19:00~20:00	16.9	0.0	51.0	6.9	2.4	22.8
20:00~21:00	15.4	0.0	48.6	11.8	4.2	20.0
21:00~22:00	16.7	0.0	41.1	13.1	6.6	22.5
22:00~23:00	17.1	0.1	27.0	17.3	8.2	30.3
23:00~24:00	21.8	0.1	21.8	21.8	4.4	30.1
24:00~25:00	25.8	0.3	18.9	20.6	5.8	28.6
25:00~26:00	25.2	0.3	15.2	23.0	5.3	31.0

表 3.6.4 2017 年广东市场收视份额排名前十位的频道

名次	频道名称	收视份额(%)
1	广东广播电视台珠江频道	11.4
2	广东广播电视台影视频道	5.9
3	广东广播电视台经济科教频道	3.3
3	湖南卫视	3.3
5	广东广播电视台嘉佳卡通频道	3.1
6	翡翠台(中文)(有线网转播)	2.9
7	广东广播电视台南方卫视	2.8
8	广东广播电视台少儿频道	2.7
8	广东广播电视台公共频道	2.7
8	中央台六套	2.7

表 3.6.5　2017 年广东市场各主要频道的观众构成(%)

目标观众		所有频道	主要频道				
			广东广播电视台珠江频道	广东广播电视台影视频道	广东广播电视台经济科教频道	湖南卫视	广东广播电视台嘉佳卡通频道
4 岁及以上所有人		100.0	100.0	100.0	100.0	100.0	100.0
城乡	城市	52.3	34.7	39.8	41.3	49.6	38.0
	农村	47.7	65.3	60.2	58.7	50.4	62.0
性别	男	50.4	46.3	52.8	53.6	38.3	46.8
	女	49.6	53.7	47.2	46.4	61.7	53.2
年龄	4~14 岁	16.9	13.3	11.6	11.9	24.4	46.3
	15~24 岁	9.5	10.3	7.7	7.9	14.9	3.4
	25~34 岁	16.5	14.2	18.9	14.4	15.5	20.6
	35~44 岁	12.0	9.8	6.7	12.2	13.1	9.3
	45~54 岁	20.7	23.2	22.6	22.1	18.8	6.7
	55~64 岁	12.4	15.1	15.8	14.1	7.3	7.5
	65 岁及以上	12.0	14.1	16.7	17.4	6.0	6.2
教育程度	未受过正规教育	8.5	8.2	8.7	4.2	4.5	26.0
	小学	25.8	32.9	28.3	29.6	28.3	29.1
	初中	35.2	35.9	42.5	39.8	35.5	28.6
	高中	20.7	17.6	13.3	20.3	20.1	12.7
	大学及以上	9.8	5.4	7.2	6.1	11.6	3.6
职业类别	干部/管理人员	2.0	0.8	0.7	1.0	2.1	1.4
	个体/私营企业人员	13.7	14.0	12.6	16.6	15.4	8.8
	初级公务员/雇员	10.0	6.9	8.7	6.2	10.4	3.5
	工人	19.3	19.4	19.7	19.3	18.3	12.7
	学生	13.4	9.7	5.9	11.2	27.7	22.4
	无业	29.7	29.7	30.1	30.6	16.6	43.8
	其他	11.9	19.5	22.3	15.1	9.5	7.4
个人月收入	0~300 元	37.9	39.2	36.1	39.6	43.4	64.4
	301~900 元	6.3	10.3	9.5	5.3	3.6	4.5
	901~1700 元	10.6	13.3	13.9	12.4	8.7	7.4
	1701~2600 元	17.3	15.7	17.3	22.8	15.7	8.8
	2601~3500 元	12.7	11.4	15.9	12.1	12.4	7.0
	3501 元及以上	15.2	10.1	7.3	7.8	16.2	7.9

表 3.6.6　2015~2017 年广东市场各类节目的播出份额(%)和收视份额(%)

节目类型	2015 年		2016 年		2017 年	
	播出份额	收视份额	播出份额	收视份额	播出份额	收视份额
财经	1.7	0.3	1.3	0.3	1.2	0.4
电视剧	20.7	35.9	21.3	34.1	21.9	34.3
电影	3.9	4.3	3.9	4.9	4.0	5.2
法制	0.9	0.5	0.7	0.5	0.8	0.6
教学	0.2	0.0	0.2	0.0	0.2	0.0
青少	6.9	6.9	7.0	7.2	7.5	8.4
生活服务	10.1	7.0	9.4	6.8	8.5	6.9
体育	3.6	3.3	3.9	3.8	4.0	3.6
外语	0.0	0.0	0.0	0.0	0.1	0.0
戏剧	0.8	0.2	0.8	0.1	0.8	0.1
新闻/时事	14.5	12.9	14.6	12.9	15.1	12.2
音乐	2.4	1.2	1.8	1.4	1.4	1.4
专题	12.5	4.6	13.0	5.1	13.5	5.0
综艺	8.7	9.5	9.1	9.3	7.7	7.5
其他	13.1	13.4	13.0	13.6	13.3	14.4

表 3.6.7 2017 年广东市场所有节目收视率排名前三十位

名次	节目名称	节目类型	播出频道	平均收视率（%）	平均占有率（%）
1	拥抱幸福	电视剧	广东广播电视台珠江频道	7.9	23.2
2	南京爱情	电视剧	广东广播电视台珠江频道	7.5	22.5
3	爱人的谎言	电视剧	广东广播电视台珠江频道	7.4	23.4
4	刀客家族的女人	电视剧	广东广播电视台珠江频道	7.4	22.6
5	爱情心心相印（18～34 集）	电视剧	广东广播电视台珠江频道	6.8	20.5
6	因为遇见你	电视剧	广东广播电视台珠江频道	6.6	22.7
7	百战天狼	电视剧	广东广播电视台珠江频道	6.6	21.1
8	心如铁	电视剧	广东广播电视台珠江频道	6.5	20.0
9	御姐归来	电视剧	广东广播电视台珠江频道	6.4	21.3
10	爱情不打烊	电视剧	广东广播电视台珠江频道	6.4	20.7
11	云巅之上	电视剧	广东广播电视台珠江频道	6.3	20.7
12	我的前半生	电视剧	广东广播电视台珠江频道	6.1	18.8
13	桃花运	电视剧	广东广播电视台珠江频道	6.0	18.5
14	小情人	电视剧	广东广播电视台珠江频道	6.0	18.3
15	北上广依然相信爱情	电视剧	广东广播电视台珠江频道	5.7	18.2
16	继承人	电视剧	广东广播电视台珠江频道	5.6	17.9
17	金鸡迎春贺三千——《外来媳妇本地郎》16 年播出 3000 集表彰暨文艺晚会	综艺	广东广播电视台珠江频道	5.3	16.3
18	天气预报	生活服务	广东广播电视台珠江频道	4.7	19.4
19	神勇武工队传奇	电视剧	广东广播电视台影视频道	4.6	16.1
20	外来媳妇本地郎	电视剧	广东广播电视台珠江频道	4.5	15.6
21	烈火刀影	电视剧	广东广播电视台影视频道	4.2	14.7
22	战狼	电视剧	广东广播电视台影视频道	4.0	13.9
23	夺宝奇兵	电视剧	广东广播电视台影视频道	4.0	13.5
24	和顺美满合家欢 2017 广东广播电视台春节晚会	综艺	广东广播电视台珠江频道	4.0	12.6
25	太行英雄传	电视剧	广东广播电视台影视频道	3.9	13.9
26	冰锋	电视剧	广东广播电视台影视频道	3.9	13.8
27	今日关注	新闻/时事	广东广播电视台珠江频道	3.9	13.4
28	战狼前传	电视剧	广东广播电视台影视频道	3.9	13.3
29	开学第一课	青少	中央电视台综合频道	3.9	13.1
30	浪花淘尽	电视剧	广东广播电视台影视频道	3.6	13.1

表 3.6.8 2017 年广东市场电视剧收视率排名前十位

名次	节目名称	播出频道	平均收视率(%)	平均占有率(%)
1	拥抱幸福	广东广播电视台珠江频道	7.9	23.2
2	南京爱情	广东广播电视台珠江频道	7.5	22.5
3	爱人的谎言	广东广播电视台珠江频道	7.4	23.4
4	刀客家族的女人	广东广播电视台珠江频道	7.4	22.6
5	爱情心心相印(18~34 集)	广东广播电视台珠江频道	6.8	20.5
6	因为遇见你	广东广播电视台珠江频道	6.6	22.7
7	百战天狼	广东广播电视台珠江频道	6.6	21.1
8	心如铁	广东广播电视台珠江频道	6.5	20.0
9	御姐归来	广东广播电视台珠江频道	6.4	21.3
10	爱情不打烊	广东广播电视台珠江频道	6.4	20.7

表 3.6.9 2017 年广东市场新闻节目收视率排名前十位

名次	节目名称	播出频道	平均收视率(%)	平均占有率(%)
1	今日关注	广东广播电视台珠江频道	3.9	13.4
2	珠江新闻眼	广东广播电视台珠江频道	2.5	15.1
3	DV 现场	广东广播电视台公共频道	1.6	5.4
4	香港回归祖国 20 周年特别报道	中央电视台综合频道	1.1	3.6
5	探梦天宫(4 月 20 日)	中央台四套	0.9	2.8
6	中国共产党广东省第十二次代表大会	广东卫视	0.9	2.6
7	今日 1 线	广东广播电视台经济科教频道	0.8	3.4
8	2017 行政长官选举辩论	翡翠台(中文)(有线网转播)	0.8	2.5
9	海峡两岸	中央台四套	0.8	2.3
10	庆祝中国人民解放军建军 90 周年阅兵	中央电视台新闻频道	0.7	3.3

表 3.6.10 2017 年广东市场专题节目收视率排名前十位

名次	节目名称	播出频道	平均收视率(%)	平均占有率(%)
1	社工故事	广东广播电视台珠江频道	1.7	7.9
2	中国诗词大会第二季(2 月 2 日)	中央电视台综合频道	1.4	4.4
3	我们的歌手	湖南卫视	1.3	5.7
4	珠江纪事	广东广播电视台珠江频道	1.2	6.1
5	文化珠江	广东广播电视台珠江频道	1.2	5.9
6	一年又一年	中央电视台综合频道	1.1	4.9
7	等着我	中央电视台综合频道	1.1	3.6
8	万家灯火	广东广播电视台公共频道	1.0	3.7
9	香港发展一直牵动着我的心 习近平香港行纪实	中央电视台综合频道	1.0	3.1
10	3.15 我的消费我做主 2017 广东3.15 晚会	广东广播电视台经济科教频道	1.0	3.0

表 3.6.11 2017 年广东市场综艺节目收视率排名前十位

名次	节目名称	播出频道	平均收视率（%）	平均占有率（%）
1	金鸡迎春贺三千——《外来媳妇本地郎》16 年播出 3000 集表彰暨文艺晚会	广东广播电视台珠江频道	5.3	16.3
2	和顺美满合家欢 2017 广东广播电视台春节晚会	广东广播电视台珠江频道	4.0	12.6
3	中央电视台 2017 春节联欢晚会	中央电视台综合频道	3.1	10.3
4	奔跑吧	浙江卫视	2.7	11.9
5	新春嘉年华	中央台三套	2.7	8.3
6	星光水上电音节	广东广播电视台珠江频道	2.5	9.4
7	喜剧之王(9 月 23 日)	广东广播电视台珠江频道	2.2	11.5
8	海洋保卫战史诗式大型汇演	广东广播电视台珠江频道	2.2	9.0
9	中国新歌声(7 月 21 日)	浙江卫视	2.0	7.4
10	麦王争霸(1 月 21 日)	广东广播电视台珠江频道	1.9	9.5

表 3.6.12 2017 年广东市场体育节目收视率排名前十位

名次	节目名称	播出频道	平均收视率（%）	平均占有率（%）
1	2018 年世界杯亚洲区预选赛第三阶段 A 组第 7 轮(伊朗 VS 中国)	中央台五套	3.5	10.6
2	2016/2017 赛季 CBA 半决赛第 4 场(深圳马可波罗 VS 广东东莞银行)	广东广播电视台体育频道	3.3	9.9
3	2017 年世界女排大奖赛总决赛半决赛(中国队 VS 意大利队)	中央台五套	2.8	9.6
4	2017/2018 赛季 CBA 常规赛第 17 轮(广东东莞银行 VS 浙江稠州银行)	广东广播电视台体育频道	2.6	9.0
5	2017 年亚洲足联冠军联赛 G 组第 3 轮(中国广州恒大 VS 日本川崎前锋)	中央台五套	2.3	7.2
6	2017 年世界乒乓球锦标赛男单决赛	中央台五套	1.7	5.7
7	第十三届全运会男 10000 米决赛	中央台五套	1.7	5.3
8	2017 年中国平安中国足球协会超级联赛第 1 轮(广州恒大淘宝 VS 北京中赫国安)	广东广播电视台体育频道	1.6	5.2
9	第十三届全运会男子 4×100 米自由泳接力决赛	中央台五套	1.6	4.6
10	第十三届全运会女子举重 63 公斤级决赛挺举	中央台五套	1.5	4.5

七、广西收视数据

表 3.7.1　2013～2017 年广西市场各类频道的市场占有率(%)

频道类别	年份				
	2013 年	2014 年	2015 年	2016 年	2017 年
中央电视台频道	33.6	32.5	32.3	34.3	34.7
中国教育电视台频道	1.3	0.6	0.3	0.2	0.1
广西壮族自治区级频道	24.9	27.1	27.9	26.0	27.8
其他省级卫视频道	32.3	32.0	31.4	31.3	29.2
其他频道	7.9	7.8	8.1	8.2	8.2

表 3.7.2　2017 年广西市场各类频道在不同目标观众中的市场占有率(%)

目标观众		中央电视台频道	中国教育电视台频道	广西壮族自治区级频道	其他省级卫视频道	其他频道
4 岁及以上所有人		34.7	0.1	27.8	29.2	8.2
城乡	城市	38.6	0.3	25.0	24.4	11.7
	农村	33.1	0.1	28.9	31.2	6.7
性别	男	37.6	0.1	28.2	25.4	8.7
	女	31.6	0.1	27.4	33.2	7.7
年龄	4～14 岁	31.2	0.1	14.6	46.7	7.4
	15～24 岁	26.5	0.1	30.3	34.0	9.1
	25～34 岁	37.1	0.1	25.8	29.5	7.5
	35～44 岁	30.4	0.1	28.7	32.1	8.7
	45～54 岁	33.4	0.1	37.6	20.8	8.1
	55～64 岁	42.2	0.1	32.2	18.3	7.2
	65 岁及以上	41.1	0.3	29.1	19.7	9.8
教育程度	未受过正规教育	37.8	0.1	17.9	39.3	4.9
	小学	32.1	0.1	24.5	34.2	9.1
	初中	33.2	0.2	31.5	27.2	7.9
	高中	40.2	0.1	28.8	23.1	7.8
	大学及以上	41.9	0.0	26.7	21.1	10.3
职业类别	干部/管理人员	41.3	0.0	31.0	20.1	7.6
	个体/私营企业人员	36.8	0.2	25.2	27.9	9.9
	初级公务员/雇员	38.8	0.1	28.8	20.9	11.4
	工人	32.2	0.1	29.7	29.3	8.7
	学生	29.0	0.1	17.0	45.7	8.2
	无业	42.3	0.2	23.7	25.2	8.6
	其他	32.5	0.1	34.1	26.2	7.1
个人月收入	0～300 元	31.2	0.1	20.7	39.7	8.3
	301～900 元	33.8	0.1	33.2	26.2	6.7
	901～1700 元	33.8	0.2	33.6	25.1	7.3
	1701～2600 元	37.8	0.2	31.0	21.6	9.4
	2601～3500 元	44.2	0.1	26.4	21.1	8.2
	3501 元及以上	40.6	0.0	26.2	22.4	10.8

表 3.7.3　2017 年广西市场各类频道在不同时段的市场占有率(%)

时间段	中央电视台频道	中国教育电视台频道	广西壮族自治区级频道	其他省级卫视频道	其他频道
02:00~03:00	30.1	0.1	9.8	41.3	18.7
03:00~04:00	22.6	0.2	17.6	38.1	21.5
04:00~05:00	25.6	0.6	19.5	39.8	14.5
05:00~06:00	44.6	1.0	12.6	30.0	11.8
06:00~07:00	65.5	0.8	9.3	18.8	5.6
07:00~08:00	58.8	0.9	12.3	22.6	5.4
08:00~09:00	48.4	0.4	12.7	31.7	6.8
09:00~10:00	44.3	0.2	12.0	35.4	8.1
10:00~11:00	43.6	0.2	12.0	36.7	7.5
11:00~12:00	44.4	0.2	10.7	37.9	6.8
12:00~13:00	47.5	0.2	12.2	33.7	6.4
13:00~14:00	40.3	0.4	16.1	35.6	7.6
14:00~15:00	34.0	0.3	16.6	42.2	6.9
15:00~16:00	36.1	0.3	14.1	41.9	7.6
16:00~17:00	39.8	0.2	12.4	39.9	7.7
17:00~18:00	43.8	0.1	14.9	33.4	7.8
18:00~19:00	39.0	0.0	31.8	19.0	10.2
19:00~20:00	35.3	0.0	35.1	20.6	9.0
20:00~21:00	26.6	0.1	35.6	30.5	7.2
21:00~22:00	27.1	0.1	35.9	28.9	8.0
22:00~23:00	32.5	0.1	22.6	34.3	10.5
23:00~24:00	30.0	0.1	24.1	34.6	11.2
24:00~25:00	32.3	0.2	22.6	30.4	14.5
25:00~26:00	30.2	0.3	14.4	36.0	19.1

表 3.7.4　2017 年广西市场收视份额排名前十位的频道

名次	频道名称	收视份额(%)
1	广西电视台综艺频道	14.2
2	湖南卫视	7.2
3	中央电视台少儿频道	6.8
4	中央电视台综合频道	6.2
5	广西电视台卫星频道	4.7
6	广西电视台都市频道	3.5
7	中央台八套	3.1
8	中央台六套	2.9
8	湖南电视台金鹰卡通频道	2.9
10	中央台三套	2.6

表 3.7.5　2017 年广西市场各主要频道的观众构成(%)

目标观众		所有频道	主要频道				
			广西电视台综艺频道	湖南卫视	中央电视台少儿频道	中央电视台综合频道	广西电视台卫星频道
4 岁及以上所有人		100.0	100.0	100.0	100.0	100.0	100.0
城乡	城市	28.9	19.8	21.4	15.5	51.3	23.6
	农村	71.1	80.2	78.6	84.5	48.7	76.4
性别	男	50.7	53.8	34.6	48.7	55.8	53.7
	女	49.3	46.2	65.4	51.3	44.2	46.3
年龄	4～14 岁	18.9	10.4	31.1	56.5	8.3	7.4
	15～24 岁	9.6	9.0	16.5	4.5	7.6	8.6
	25～34 岁	11.9	10.1	12.2	13.6	11.4	8.2
	35～44 岁	15.2	16.0	21.2	9.4	13.9	14.3
	45～54 岁	15.7	22.8	9.6	4.8	15.8	19.1
	55～64 岁	14.4	17.5	3.2	7.5	18.2	20.0
	65 岁及以上	14.3	14.2	6.2	3.7	24.8	22.4
教育程度	未受过正规教育	7.0	4.0	5.5	22.6	5.7	5.6
	小学	30.2	27.5	36.3	44.9	22.1	28.5
	初中	42.4	49.6	44.4	24.4	40.2	47.6
	高中	15.7	15.3	10.6	6.2	22.2	14.3
	大学及以上	4.7	3.6	3.2	1.9	9.8	4.0
职业类别	干部/管理人员	0.9	1.2	0.3	0.8	1.8	0.4
	个体/私营企业人员	12.3	8.9	11.0	7.4	15.3	11.4
	初级公务员/雇员	3.8	3.8	2.4	1.3	6.3	3.7
	工人	5.7	6.1	5.7	2.5	8.1	4.7
	学生	15.8	9.0	31.6	36.8	8.1	8.1
	无业	19.5	14.8	9.0	23.4	29.8	14.8
	其他	42.0	56.2	40.0	27.8	30.6	56.9
个人月收入	0～300 元	34.7	25.5	49.2	70.8	21.6	24.2
	301～900 元	15.3	18.5	14.6	6.6	14.9	23.0
	901～1700 元	18.8	22.7	16.5	9.8	15.1	21.9
	1701～2600 元	20.7	22.8	12.9	9.0	29.8	23.3
	2601～3500 元	7.7	7.5	5.3	3.3	12.9	6.6
	3501 元及以上	2.8	3.0	1.5	0.5	5.7	1.0

表 3.7.6　2015～2017 年广西市场各类节目的播出份额(%)和收视份额(%)

节目类别	2015 年		2016 年		2017 年	
	播出份额	收视份额	播出份额	收视份额	播出份额	收视份额
财经	1.8	0.4	1.3	0.4	1.1	0.3
电视剧	21.2	34.4	21.8	33.8	22.4	34.0
电影	4.5	4.3	4.5	4.2	4.6	4.3
法制	1.3	2.9	1.2	2.7	1.4	2.7
教学	0.2	0.0	0.2	0.0	0.2	0.0
青少	6.6	7.2	6.6	8.7	6.9	9.1
生活服务	9.0	8.3	8.4	7.6	7.9	7.5
体育	2.9	1.3	3.2	2.1	3.3	1.8
外语	0.0	0.0	0.0	0.0	0.1	0.0
戏剧	0.8	0.1	0.8	0.1	0.8	0.1
新闻/时事	14.6	9.8	14.8	10.2	15.2	10.6
音乐	2.6	1.2	1.9	1.3	1.5	1.3
专题	13.0	5.2	13.6	4.5	14.0	4.6
综艺	8.8	8.4	9.1	8.7	7.9	7.7
其他	12.5	16.5	12.6	15.7	12.7	16.0

表 3.7.7 2017 年广西市场所有节目收视率排名前三十位

名次	节目名称	节目类别	播出频道	平均收视率（%）	平均占有率（%）
1	中央电视台 2017 春节联欢晚会	综艺	中央电视台综合频道	11.2	44.6
2	雪地娘子军	电视剧	广西电视台综艺频道	8.6	24.8
3	烈火刀影	电视剧	广西电视台综艺频道	8.5	25.4
4	绝地刀锋	电视剧	广西电视台综艺频道	8.4	24.8
5	武间道	电视剧	广西电视台综艺频道	8.4	23.3
6	双枪	电视剧	广西电视台综艺频道	8.3	23.5
7	蜂鸟	电视剧	广西电视台综艺频道	8.3	23.0
8	战火中青春之血染风采	电视剧	广西电视台综艺频道	8.2	23.4
9	我的压寨男人(第 5 ~43 集)	电视剧	广西电视台综艺频道	8.1	22.7
10	铁血军魂	电视剧	广西电视台综艺频道	8.1	22.2
11	我是一个兵纪念中国人民解放军建军 90 周年特别节目	综艺	广西电视台综艺频道	8.1	21.8
12	烽火英雄传	电视剧	广西电视台综艺频道	8.0	24.0
13	飞哥大英雄之飞哥战队	电视剧	广西电视台综艺频道	8.0	23.2
14	怒江之战	电视剧	广西电视台综艺频道	7.9	21.9
15	硬骨头	电视剧	广西电视台综艺频道	7.7	22.8
16	杀手锏	电视剧	广西电视台综艺频道	7.7	22.0
17	神勇武工队传奇	电视剧	广西电视台综艺频道	7.6	21.9
17	铁核桃之无间风云	电视剧	广西电视台综艺频道	7.6	21.9
19	铁血荣耀	电视剧	广西电视台综艺频道	7.6	21.5
20	绝地枪王二之松花江上的枪声	电视剧	广西电视台综艺频道	7.6	21.0
21	红娘子	电视剧	广西电视台综艺频道	7.5	22.3
22	新猛龙过江	电视剧	广西电视台综艺频道	7.5	21.9
23	一剑横空	电视剧	广西电视台综艺频道	7.5	21.3
24	第一声枪响	电视剧	广西电视台综艺频道	7.5	20.9
25	刀光枪影	电视剧	广西电视台综艺频道	7.4	22.4
26	密战无声	电视剧	广西电视台综艺频道	7.3	21.1
27	战寇	电视剧	广西电视台综艺频道	7.2	20.4
28	丝路山水画里民歌 19th 南宁国际民歌艺术节大地飞歌晚会特别节目	综艺	广西电视台综艺频道	7.2	20.3
29	我的父亲我的兵	电视剧	广西电视台综艺频道	7.1	20.6
30	战虎行动(第 1 ~7 集)	电视剧	广西电视台综艺频道	6.8	19.9

表 3.7.8　2017 年广西市场电视剧收视率排名前十位

名次	节目名称	播出频道	平均收视率（%）	平均占有率（%）
1	雪地娘子军	广西电视台综艺频道	8.6	24.8
2	烈火刀影	广西电视台综艺频道	8.5	25.4
3	绝地刀锋	广西电视台综艺频道	8.4	24.8
4	武间道	广西电视台综艺频道	8.4	23.3
5	双枪	广西电视台综艺频道	8.3	23.5
6	蜂鸟	广西电视台综艺频道	8.3	23.0
7	战火中青春之血染风采	广西电视台综艺频道	8.2	23.4
8	我的压寨男人(第 5～43 集)	广西电视台综艺频道	8.1	22.7
9	铁血军魂	广西电视台综艺频道	8.1	22.2
10	烽火英雄传	广西电视台综艺频道	8.0	24.0

表 3.7.9　2017 年广西市场新闻节目收视率排名前十位

名次	节目名称	播出频道	平均收视率（%）	平均占有率（%）
1	新闻联播	中央电视台综合频道	4.7	15.6
2	香港回归祖国 20 周年特别报道	中央电视台综合频道	3.4	9.0
3	焦点访谈	中央电视台综合频道	3.3	8.6
4	一带一路国际合作高峰论坛特别报道	湖南卫视	2.9	6.7
5	李克强总理会见中外记者并回答提问	中央电视台综合频道	2.4	5.9
6	广西新闻	广西电视台卫星频道	2.2	12.2
7	转播中央台新闻联播	广西电视台卫星频道	2.1	6.8
8	自治区十二届人大六次会议自治区政协十一届五次会议特别节目	广西电视台卫星频道	1.7	4.3
9	中国共产党第十九次全国代表大会开幕会专题新闻	中央电视台综合频道	1.6	4.3
10	金砖国家领导人第九次会晤特别报道	中央电视台综合频道	1.2	5.3

表 3.7.10　2017 年广西市场专题类节目收视率排名前十位

名次	节目名称	播出频道	平均收视率（%）	平均占有率（%）
1	老区脱贫攻坚习近平心中的牵挂	中央电视台综合频道	3.9	10.0
2	一年又一年	中央电视台综合频道	3.7	20.6
3	不忘初心牢记使命永远奋斗	中央电视台综合频道	3.6	9.4
4	千年大计国家大事	中央电视台综合频道	3.1	8.1
5	香港发展一直牵动着我的心 习近平香港行纪实	中央电视台综合频道	3.0	7.0
6	总书记为俺家算清了脱贫账	中央电视台综合频道	2.9	8.0
7	我是未来	湖南卫视	2.8	9.0
8	社会主义有点潮	湖南卫视	2.4	6.0
9	将改革进行到底	中央电视台综合频道	2.1	5.1
10	寻找最美医生 2016 大型公益活动颁奖典礼	中央电视台综合频道	2.0	6.0

表 3.7.11　2017 年广西市场综艺节目收视率排名前十位

名次	节目名称	播出频道	平均收视率（%）	平均占有率（%）
1	中央电视台 2017 春节联欢晚会	中央电视台综合频道	11.2	44.6
2	我是一个兵纪念中国人民解放军建军 90 周年特别节目	广西电视台综艺频道	8.1	21.8
3	丝路山水画里民歌 19th 南宁国际民歌艺术节大地飞歌晚会特别节目	广西电视台综艺频道	7.2	20.3
4	快乐大本营	湖南卫视	3.5	11.6
5	七十二层奇楼	湖南卫视	3.5	11.0
6	我们来了	湖南卫视	3.3	10.6
7	2017 书香中国全民阅读系列活动启动式	湖南卫视	3.3	8.1
8	让月亮告诉你每一刻都珍贵中秋之夜	湖南卫视	3.2	10.5
9	真正男子汉	湖南卫视	3.0	10.0
10	2017 中央军委慰问驻京部队老干部迎新春文艺演出	中央电视台综合频道	3.0	8.1

表 3.7.12　2017 年广西市场体育节目收视率排名前十位

名次	节目名称	播出频道	平均收视率（%）	平均占有率（%）
1	中华人民共和国第十三届运动会闭幕式	中央电视台综合频道	1.9	4.7
2	中华人民共和国第十三届运动会开幕式	中央电视台综合频道	1.7	4.6
3	黄金赛场:2018 年世界杯亚洲区预选赛十二强赛(中国 VS 乌兹别克斯坦)	中央台五套	1.6	4.9
4	直播周末:2017 年世界女排大奖赛总决赛半决赛(中国队 VS 意大利队)	中央台五套	1.6	4.8
5	第十三届全运会男子 100 米决赛	中央台五套	1.6	4.2
6	第十三届全运会乒乓球混双决赛	中央台五套	1.5	5.0
7	2017 年第十三届全运会女排决赛(上海 VS 江苏)	中央台五套	1.4	3.4
8	2016/2017 赛季 NBA 总决赛第四场(勇士队 VS 骑士队)	中央台五套	1.2	3.2
9	实况录像:2017 年世界体操锦标赛男子单杠决赛	中央台五套	1.1	3.9
10	第十三届全运会跳水男子 10 米台决赛	中央台五套	1.1	3.8

八、贵州收视数据

表 3.8.1　2013～2017 年贵州市场各类频道的市场占有率(%)

频道类别	年份				
	2013 年	2014 年	2015 年	2016 年	2017 年
中央电视台频道	31.2	35.0	35.6	40.7	44.4
中国教育电视台频道	0.8	0.6	0.3	0.1	0.2
贵州省级频道	19.7	15.8	14.4	12.9	12.0
其他省级卫视频道	43.6	43.4	44.4	40.0	38.7
其他频道	4.7	5.2	5.3	6.3	4.7

表 3.8.2　2017 年贵州市场各类频道在不同目标观众中的市场占有率(%)

目标观众		中央电视台频道	中国教育电视台频道	贵州省级频道	其他省级卫视频道	其他频道
4 岁及以上所有人		44.4	0.2	12.0	38.7	4.7
城乡	城市	45.0	0.1	14.5	32.1	8.3
	农村	44.1	0.3	10.7	42.3	2.6
性别	男	47.0	0.2	12.3	36.0	4.5
	女	41.8	0.2	11.6	41.5	4.9
年龄	4～14 岁	46.6	0.2	5.4	43.6	4.2
	15～24 岁	33.5	0.3	7.4	53.1	5.7
	25～34 岁	41.4	0.2	11.8	43.3	3.3
	35～44 岁	42.6	0.3	10.6	41.3	5.2
	45～54 岁	47.1	0.1	16.2	31.9	4.7
	55～64 岁	48.2	0.1	18.8	28.4	4.5
	65 岁及以上	49.4	0.2	16.8	28.5	5.1
教育程度	未受过正规教育	49.1	0.2	9.0	38.1	3.6
	小学	46.1	0.2	10.2	39.2	4.3
	初中	42.4	0.2	12.9	39.7	4.8
	高中	42.5	0.2	14.1	37.2	6.0
	大学及以上	44.7	0.1	18.7	31.5	5.0
职业类别	干部/管理人员	46.7	0.0	20.7	27.9	4.7
	个体/私营企业人员	44.3	0.2	13.9	36.4	5.2
	初级公务员/雇员	41.4	0.1	17.5	33.9	7.1
	工人	43.8	0.1	13.1	39.7	3.3
	学生	42.3	0.3	5.7	47.1	4.6
	无业	49.8	0.1	14.7	29.9	5.5
	其他	42.3	0.3	12.1	41.6	3.7
个人月收入	0～300 元	42.9	0.2	8.1	44.4	4.4
	301～900 元	45.0	0.3	13.4	37.6	3.7
	901～1700 元	44.0	0.4	12.5	38.6	4.5
	1701～2600 元	45.4	0.1	14.6	34.9	5.0
	2601～3500 元	46.7	0.2	15.8	31.5	5.8
	3501 元及以上	46.5	0.1	16.0	32.5	4.9

表 3.8.3　2017 年贵州市场各类频道在不同时段的市场占有率(%)

时间段	中央电视台频道	中国教育电视台频道	贵州省级频道	其他省级卫视频道	其他频道
02:00~03:00	41.5	0.0	3.9	44.0	10.6
03:00~04:00	41.8	0.0	6.7	41.9	9.6
04:00~05:00	46.6	0.2	6.6	39.8	6.8
05:00~06:00	54.1	0.2	7.6	32.4	5.7
06:00~07:00	50.2	0.3	6.9	39.0	3.6
07:00~08:00	58.6	0.3	6.1	31.4	3.6
08:00~09:00	54.5	0.2	6.5	34.4	4.4
09:00~10:00	51.9	0.2	6.3	37.4	4.2
10:00~11:00	50.1	0.2	6.1	38.8	4.8
11:00~12:00	51.0	0.3	5.2	38.0	5.5
12:00~13:00	53.3	0.2	4.3	36.9	5.3
13:00~14:00	49.1	0.2	3.5	42.2	5.0
14:00~15:00	44.8	0.3	4.9	44.7	5.3
15:00~16:00	45.1	0.2	4.1	45.2	5.4
16:00~17:00	47.7	0.3	4.4	42.3	5.3
17:00~18:00	50.5	0.3	9.0	33.6	6.6
18:00~19:00	44.8	0.2	26.6	22.4	6.0
19:00~20:00	48.8	0.2	17.2	30.0	3.8
20:00~21:00	38.0	0.2	13.6	44.6	3.6
21:00~22:00	37.8	0.2	11.6	45.9	4.5
22:00~23:00	37.4	0.2	9.7	46.9	5.8
23:00~24:00	36.4	0.1	8.3	47.3	7.9
24:00~25:00	43.6	0.1	5.8	40.3	10.2
25:00~26:00	39.5	0.1	4.3	46.6	9.5

表 3.8.4　2017 年贵州市场收视份额排名前十位的频道

名次	频道名称	收视份额(%)
1	湖南卫视	11.1
2	中央电视台少儿频道	8.1
3	中央台八套	7.6
4	中央电视台综合频道	7.4
5	中央台六套	6.7
6	贵州卫视	5.0
7	浙江卫视	4.1
8	贵州广播电视台公共频道	3.7
9	安徽卫视	2.3
9	中央台三套	2.3

表 3.8.5　2017 年贵州市场各主要频道的观众构成(%)

目标观众		所有频道	主要频道				
			湖南卫视	中央电视台少儿频道	中央台八套	中央电视台综合频道	中央台六套
4 岁及以上所有人		100.0	100.0	100.0	100.0	100.0	100.0
城乡	城市	34.9	25.2	24.6	30.8	42.1	34.3
	乡村	65.1	74.8	75.4	69.2	57.9	65.7
性别	男	50.4	40.0	52.0	46.1	54.0	57.4
	女	49.6	60.0	48.0	53.9	46.0	42.6
年龄	4~14 岁	19.6	25.8	55.4	13.4	8.6	20.0
	15~24 岁	11.7	19.3	7.4	8.3	6.1	13.4
	25~34 岁	10.7	12.3	10.8	8.5	7.7	12.3
	35~44 岁	18.4	23.3	8.6	20.0	18.2	24.6
	45~54 岁	13.5	8.1	4.8	18.1	19.3	13.0
	55~64 岁	13.3	5.5	7.9	16.7	19.6	10.1
	65 岁及以上	12.8	5.7	5.1	15.0	20.5	6.6
教育程度	未受过正规教育	9.8	7.2	23.2	7.3	8.8	8.8
	小学	32.9	33.4	48.1	35.1	24.9	35.1
	初中	40.8	42.5	21.8	44.5	41.1	42.3
	高中	12.4	13.1	5.2	9.3	18.0	10.8
	大学及以上	4.1	3.8	1.7	3.8	7.2	3.0
职业类别	干部/管理人员	1.1	1.4	0.1	1.1	2.6	0.7
	个体/私营企业人员	14.7	12.5	6.0	17.3	18.0	17.5
	初级公务员/雇员	4.7	4.9	1.7	4.1	5.9	4.5
	工人	7.7	8.6	3.9	11.9	6.6	10.1
	学生	22.3	35.9	44.6	16.6	9.4	25.1
	无业	23.0	12.3	23.2	22.1	35.6	14.4
	其他	26.5	24.4	20.5	26.9	21.9	27.7
个人月收入	0~300 元	40.5	50.0	71.9	30.0	25.7	41.5
	301~900 元	9.6	9.4	7.4	11.0	10.2	9.3
	901~1700 元	11.6	11.0	7.2	14.2	12.4	13.2
	1701~2600 元	17.1	14.7	7.0	20.2	21.0	16.0
	2601~3500 元	12.4	8.1	3.9	13.5	18.4	12.0
	3501 元及以上	8.8	6.8	2.6	11.1	12.3	8.0

表 3.8.6　2015~2017 年贵州市场各类节目的播出份额(%)和收视份额(%)

节目类型	2015 年		2016 年		2017 年	
	播出份额	收视份额	播出份额	收视份额	播出份额	收视份额
财经	1.8	0.3	1.3	0.4	1.1	0.4
电视剧	19.6	33.2	20.0	30.1	20.8	28.7
电影	3.8	4.0	3.8	5.3	3.8	5.6
法制	1.4	1.6	1.2	1.5	1.2	1.2
教学	0.2	0.0	0.2	0.0	0.2	0.0
青少	6.6	4.7	6.7	5.8	6.8	6.7
生活服务	9.8	9.1	9.2	8.7	8.9	8.3
体育	3.0	1.0	3.3	1.7	3.1	1.1
外语	0.0	0.0	0.0	0.0	0.1	0.0
戏剧	0.8	0.2	0.9	0.2	0.9	0.2
新闻/时事	14.4	13.8	14.4	13.9	15.0	14.9
音乐	2.6	0.9	2.0	1.1	1.6	1.0
专题	13.9	5.4	14.5	6.0	14.9	6.0
综艺	9.4	9.9	9.7	10.4	8.5	9.7
其他	12.8	15.8	12.8	14.9	13.2	16.2

表 3.8.7 2017 年贵州市场所有节目收视率排名前三十位

名次	节目名称	节目类型	播出频道	平均收视率（%）	平均占有率（%）
1	中央电视台 2017 春节联欢晚会	综艺	中央电视台综合频道	8.2	37.2
2	我们的少年时代	电视剧	湖南卫视	8.2	23.6
3	因为遇见你	电视剧	湖南卫视	6.6	20.2
4	2017 湖南卫视小年夜春晚	综艺	湖南卫视	6.3	22.4
5	新闻联播	新闻/时事	中央电视台综合频道	5.8	22.1
6	敢为天下先共筑新湖南湖南创新奖励主题晚会	综艺	湖南卫视	5.7	15.5
7	我是未来	专题	湖南卫视	5.6	17.9
8	夏至未至	电视剧	湖南卫视	5.6	17.4
9	快乐大本营	综艺	湖南卫视	5.5	20.1
10	神奇的孩子	青少	湖南卫视	5.5	19.1
11	我们来了	综艺	湖南卫视	5.5	19.0
12	文化中国四海同春 2017 全球华侨华人春节大联欢	综艺	湖南卫视	5.4	19.6
13	真正男子汉	综艺	湖南卫视	5.2	18.9
14	天气预报	生活服务	中央电视台综合频道	5.2	16.1
15	让月亮告诉你每一刻都珍贵中秋之夜	综艺	湖南卫视	5.1	17.8
16	人间至味是清欢	电视剧	湖南卫视	5.1	16.2
17	一带一路国际合作高峰论坛文艺晚会	综艺	湖南卫视	5.1	14.7
18	2017 书香中国全民阅读系列活动启动式	综艺	湖南卫视	5.1	13.6
19	孤芳不自赏	电视剧	湖南卫视	5.0	15.7
20	美味奇缘之二	电视剧	湖南卫视	5.0	15.5
21	七十二层奇楼	综艺	湖南卫视	4.9	18.9
22	秋收起义	电视剧	湖南卫视	4.8	14.7
23	美味奇缘	电视剧	湖南卫视	4.6	15.3
24	人民的名义	电视剧	湖南卫视	4.6	15.1
25	特勤精英	电视剧	湖南卫视	4.6	14.3
26	思美人	电视剧	湖南卫视	4.5	14.5
27	周末父母	电视剧	湖南卫视	4.4	12.8
28	一带一路国际合作高峰论坛特别报道	新闻/时事	湖南卫视	4.4	11.2
29	目标战	电影	中央台六套	4.3	11.1
30	2017 元宵喜乐会	综艺	湖南卫视	4.1	17.6

表 3.8.8　2017 年贵州市场电视剧收视率排名前十位

名次	节目名称	播出频道	平均收视率(%)	平均占有率(%)
1	我们的少年时代	湖南卫视	8.2	23.6
2	因为遇见你	湖南卫视	6.6	20.2
3	夏至未至	湖南卫视	5.6	17.4
4	人间至味是清欢	湖南卫视	5.1	16.2
5	孤芳不自赏	湖南卫视	5.0	15.7
6	美味奇缘之二	湖南卫视	5.0	15.5
7	秋收起义	湖南卫视	4.8	14.7
8	美味奇缘	湖南卫视	4.6	15.3
9	人民的名义	湖南卫视	4.6	15.1
10	特勤精英	湖南卫视	4.6	14.3

表 3.8.9　2017 年贵州市场新闻节目收视率排名前十位

名次	节目名称	播出频道	平均收视率(%)	平均占有率(%)
1	新闻联播	中央电视台综合频道	5.8	22.1
2	一带一路国际合作高峰论坛特别报道	湖南卫视	4.4	11.2
3	焦点访谈	中央电视台综合频道	4.1	12
4	中国共产党贵州省第十二次代表大会开幕会	贵州卫视	2.9	8.5
5	香港回归祖国 20 周年特别报道	中央电视台综合频道	2.3	8.1
6	李克强总理会见中外记者并回答提问	中央电视台综合频道	2.3	7.3
7	百姓关注	贵州广播电视台公共频道	2.1	8.4
8	中国共产党第十九次全国代表大会开幕会专题新闻	中央电视台综合频道	2.0	5.6
9	贵州新闻联播	贵州卫视	1.9	12
10	转播中央台新闻联播	贵州卫视	1.8	6.8

表 3.8.10　2017 年贵州市场专题节目收视率排名前十位

名次	节目名称	播出频道	平均收视率(%)	平均占有率(%)
1	我是未来	湖南卫视	5.6	17.9
2	千年大计国家大事	中央电视台综合频道	4.1	12.3
3	老区脱贫攻坚习近平心中的牵挂	中央电视台综合频道	3.6	10.6
4	不忘初心牢记使命永远奋斗	中央电视台综合频道	3.6	10.1
5	社会主义有点潮(10 月 22 ~ 27 日)	湖南卫视	3.5	10.4
6	总书记为俺家算清了脱贫账	中央电视台综合频道	3.3	11.3
7	香港发展一直牵动着我的心 习近平香港行纪实	中央电视台综合频道	3.0	9.3
8	一年又一年	中央电视台综合频道	2.9	17.8
9	我们的歌手	湖南卫视	2.7	20.1
10	大国外交	中央电视台综合频道	2.0	5.6

表 3.8.11 2017 年贵州市场综艺节目收视率排名前十位

名次	节目名称	播出频道	平均收视率（%）	平均占有率（%）
1	中央电视台 2017 春节联欢晚会	中央电视台综合频道	8.2	37.2
2	2017 湖南卫视小年夜春晚	湖南卫视	6.3	22.4
3	敢为天下先共筑新湖南湖南创新奖励主题晚会	湖南卫视	5.7	15.5
4	快乐大本营	湖南卫视	5.5	20.1
5	我们来了	湖南卫视	5.5	19.0
6	文化中国四海同春 2017 全球华侨华人春节大联欢	湖南卫视	5.4	19.6
7	真正男子汉	湖南卫视	5.2	18.9
8	让月亮告诉你每一刻都珍贵中秋之夜	湖南卫视	5.1	17.8
9	一带一路国际合作高峰论坛文艺晚会	湖南卫视	5.1	14.7
10	2017 书香中国全民阅读系列活动启动式	湖南卫视	5.1	13.6

表 3.8.12 2017 年贵州市场体育类节目收视率排名前十位

名次	节目名称	播出频道	平均收视率（%）	平均占有率（%）
1	中华人民共和国第十三届运动会闭幕式	中央电视台综合频道	2.2	6.3
2	中华人民共和国第十三届运动会开幕式	中央电视台综合频道	1.9	5.8
3	黄金赛场:2017 年中国平安中国足球协会超级联赛第 24 轮（天津权健 VS 贵州恒丰智诚）	中央台五套	1.1	3.0
4	第十三届全运会击剑女子重剑个人决赛	中央台五套	1.0	5.1
5	第十三届全运会跳水男子 10 米台决赛	中央台五套	1.0	3.7
6	实况录像:2017 年全国游泳冠军赛男子100 米自由泳决赛	中央台五套	1.0	2.9
7	直播周末:中国体育彩票谁是舞王总决赛	中央台五套	0.9	2.7
8	直播周末:16/17 赛季短道速滑世界杯明斯克站女子 3000 米接力决赛	中央台五套	0.9	2.5
9	实况录像:2017 年亚洲乒乓球锦标赛女双决赛	中央台五套	0.8	2.5
10	黄金赛场:中网男单颁奖仪式	中央台五套	0.7	2.4

九、海南收视数据

表 3.9.1　2013 ~ 2017 年海南市场各类频道的市场占有率(%)

频道类别	年份				
	2013 年	2014 年	2015 年	2016 年	2017 年
中央电视台频道	33.0	33.0	31.8	35.6	38.2
中国教育电视台频道	0.7	0.7	0.5	0.4	0.3
海南省级频道	26.3	22.2	23.3	20.7	18.2
其他省级卫视频道	24.2	26.9	28.7	28.0	27.1
其他频道	15.8	17.2	15.7	15.3	16.2

表 3.9.2　2017 年海南市场各类频道在不同目标观众中的市场占有率(%)

目标观众		中央电视台频道	中国教育电视台频道	海南省级频道	其他省级卫视频道	其他频道
4 岁及以上所有人		38.2	0.3	18.2	27.1	16.2
城乡	城市	35.7	0.1	15.2	31.5	17.5
	农村	39.6	0.4	19.8	24.8	15.4
性别	男	39.8	0.3	19.1	24.4	16.4
	女	36.4	0.2	17.1	30.4	15.9
年龄	4 ~ 14 岁	31.9	0.3	15.6	37.7	14.5
	15 ~ 24 岁	34.4	0.3	15.7	31.6	18.0
	25 ~ 34 岁	29.9	0.2	15.5	34.3	20.1
	35 ~ 44 岁	39.1	0.4	15.6	28.7	16.2
	45 ~ 54 岁	41.2	0.2	17.6	23.0	18.0
	55 ~ 64 岁	46.7	0.3	24.9	15.8	12.3
	65 岁及以上	44.2	0.3	23.5	18.0	14.0
教育程度	未受过正规教育	33.9	0.2	19.2	32.7	14.0
	小学	33.0	0.3	18.7	30.3	17.7
	初中	38.9	0.3	18.2	26.3	16.3
	高中	43.2	0.2	16.9	23.1	16.6
	大学及以上	49.5	0.4	17.4	21.4	11.3
职业类别	干部/管理人员	31.1	0.4	16.5	28.9	23.1
	个体/私营企业人员	40.3	0.5	14.1	24.0	21.1
	初级公务员/雇员	47.8	0.3	16.8	24.6	10.5
	工人	38.6	0.3	15.6	27.9	17.6
	学生	31.1	0.3	14.6	38.4	15.6
	无业	39.6	0.2	18.0	27.5	14.7
	其他	36.7	0.3	22.2	23.2	17.6
个人月收入	0 ~ 300 元	34.0	0.2	16.7	32.6	16.5
	301 ~ 900 元	38.3	0.2	29.5	19.7	12.3
	901 ~ 1700 元	39.5	0.3	17.4	26.4	16.4
	1701 ~ 2600 元	40.2	0.2	15.5	25.5	18.6
	2601 ~ 3500 元	41.1	0.4	19.3	24.1	15.1
	3501 元及以上	45.8	0.3	13.1	24.1	16.7

表 3.9.3 2017 年海南市场各类频道在不同时段的市场占有率(%)

时间段	中央电视台频道	中国教育电视台频道	海南省级频道	其他省级卫视频道	其他频道
02:00~03:00	23.3	0.4	5.3	42.8	28.3
03:00~04:00	22.5	0.3	5.6	42.2	29.4
04:00~05:00	24.4	0.2	5.8	39.3	30.4
05:00~06:00	32.4	0.1	10.2	30.9	26.4
06:00~07:00	53.0	0.2	8.8	18.9	19.1
07:00~08:00	49.3	0.3	11.1	23.4	15.9
08:00~09:00	40.9	0.4	12.9	31.0	14.8
09:00~10:00	37.3	0.4	12.6	33.5	16.2
10:00~11:00	39.0	0.4	13.1	31.4	16.1
11:00~12:00	43.3	0.2	11.1	31.1	14.3
12:00~13:00	46.8	0.2	8.6	30.1	14.4
13:00~14:00	41.8	0.4	10.1	30.5	17.2
14:00~15:00	40.6	0.6	10.0	31.0	17.8
15:00~16:00	40.5	0.6	10.6	31.3	17.0
16:00~17:00	39.6	0.5	10.2	33.1	16.6
17:00~18:00	40.8	0.3	12.6	29.9	16.4
18:00~19:00	39.2	0.2	29.7	14.8	16.1
19:00~20:00	43.5	0.2	25.8	16.6	13.9
20:00~21:00	34.7	0.1	21.9	27.1	16.2
21:00~22:00	35.0	0.2	22.1	26.0	16.7
22:00~23:00	34.0	0.3	20.8	29.5	15.4
23:00~24:00	30.7	0.3	22.1	31.4	15.7
24:00~25:00	34.0	0.6	12.6	32.3	20.4
25:00~26:00	30.5	0.7	3.9	38.8	26.1

表 3.9.4 2017 年海南市场收视份额排名前十位的频道

名次	频道名称	收视份额(%)
1	海南广播电视总台综合频道	9.5
2	中央台八套	6.9
3	湖南卫视	6.1
4	中央电视台综合频道	5.4
5	中央电视台少儿频道	5.1
6	中央台六套	4.0
7	中央台四套	3.9
8	湖南电视台金鹰卡通频道	3.4
9	中央台三套	3.2
10	海南广播电视总台公共频道	3.1

表 3.9.5　2017 年海南市场各主要频道的观众构成(%)

目标观众		所有频道	主要频道				
			海南广播电视总台综合频道	中央台八套	湖南卫视	中央电视台综合频道	中央电视台少儿频道
4 岁及以上所有人		100.0	100.0	100.0	100.0	100.0	100.0
城乡	城市	34.9	25.5	29.5	37.7	30.1	33.5
	农村	65.1	74.5	70.5	62.3	69.9	66.5
性别	男	53.8	58.0	46.6	41.5	56.3	49.6
	女	46.2	42.0	53.4	58.5	43.7	50.4
年龄	4～14 岁	18.2	13.3	8.1	30.2	10.2	50.7
	15～24 岁	8.9	8.1	7.1	11.2	5.7	9.0
	25～34 岁	13.2	10.0	8.0	16.1	6.9	15.2
	35～44 岁	13.7	9.7	13.6	16.1	8.7	7.5
	45～54 岁	20.4	19.1	26.1	12.8	20.8	8.4
	55～64 岁	13.7	23.5	20.6	5.6	29.1	4.3
	65 岁及以上	11.9	16.3	16.5	8.0	18.6	4.9
教育程度	未受过正规教育	10.1	9.8	6.2	11.5	7.4	29.0
	小学	21.8	23.5	22.0	31.6	18.2	28.7
	初中	49.3	48.3	50.9	46.6	42.6	35.8
	高中	14.2	13.5	17.9	8.8	20.6	4.2
	大学及以上	4.6	4.9	3.0	1.5	11.2	2.3
职业类别	干部/管理人员	0.5	0.5	0.4	0.5	0.6	0.4
	个体/私营企业人员	7.4	5.2	7.6	5.0	10.9	3.7
	初级公务员/雇员	8.5	7.7	12.5	6.1	14.0	3.8
	工人	10.6	6.7	9.5	11.6	7.4	7.9
	学生	12.8	8.4	7.8	24.5	7.5	24.0
	无业	29.5	25.5	31.1	25.5	30.3	39.8
	其他	30.7	46.0	31.1	26.8	29.3	20.4
个人月收入	0～300 元	33.8	26.9	29.8	44.7	21.0	61.9
	301～900 元	12.8	31.1	10.6	7.1	16.1	9.2
	901～1700 元	20.0	17.9	25.2	21.0	19.8	13.3
	1701～2600 元	17.1	11.0	21.8	16.7	15.8	8.3
	2601～3500 元	8.4	9.0	5.9	6.0	15.0	4.7
	3501 元及以上	7.9	4.1	6.7	4.5	12.3	2.6

表 3.9.6　2015～2017 年海南市场各类节目的播出份额(%)和收视份额(%)

节目类别	2015 年		2016 年		2017 年	
	播出份额	收视份额	播出份额	收视份额	播出份额	收视份额
财经	1.8	0.5	1.8	0.7	1.1	0.6
电视剧	20.6	39.6	20.6	40.4	22.4	36.9
电影	4.7	6.0	4.8	6.8	4.4	6.7
法制	1.0	0.5	0.9	0.3	1.0	0.3
教学	0.2	0.0	0.2	0.0	0.2	0.0
青少	7.3	7.5	7.0	7.2	7.4	9.5
生活服务	10.0	5.9	8.9	6.3	7.5	5.7
体育	3.1	2.1	2.9	2.2	3.3	2.5
外语	0.0	0.0	0.0	0.0	0.1	0.0
戏剧	0.7	0.1	0.8	0.0	0.9	0.1
新闻/时事	14.9	10.3	15.0	8.6	15.5	9.2
音乐	2.6	0.5	2.6	0.8	1.6	1.2
专题	12.0	5.8	13.4	5.8	14.4	6.8
综艺	8.8	11.1	8.9	11.6	8.1	9.8
其他	12.3	10.1	12.2	9.3	12.1	10.6

表 3.9.7　2017 年海南市场所有节目收视率排名前三十位

名次	节目名称	节目类型	播出频道	平均收视率（%）	平均占有率（%）
1	黄金赛场：2017 年世界女排大奖赛总决赛小组赛（中国队 VS 荷兰队）	体育	中央台五套	7.1	24.1
2	山河同在	电视剧	海南广播电视总台综合频道	6.8	24.6
3	因为遇见你	电视剧	湖南卫视	6.4	22.0
4	擒蛇	电视剧	海南广播电视总台综合频道	6.2	23.4
5	龙门决（1～53 集）	电视剧	海南广播电视总台综合频道	5.8	21.3
6	天涯赤子心	电视剧	海南广播电视总台综合频道	5.8	20.9
7	历史的对决	电视剧	海南广播电视总台综合频道	5.5	19.8
8	团圆	电视剧	海南广播电视总台综合频道	5.0	18.6
9	战火中的兄弟	电视剧	海南广播电视总台综合频道	5.0	18.0
10	勇者使命	电视剧	海南广播电视总台综合频道	5.0	17.2
11	枪口	电视剧	中央台八套	4.7	17.3
12	东风破	电视剧	海南广播电视总台综合频道	4.6	15.5
13	过界	电视剧	中央台八套	4.5	16.9
14	燃烧（21～47 集）	电视剧	海南广播电视总台综合频道	4.3	15.0
15	飞哥战队	电视剧	中央台八套	4.1	15.8
16	烈火刀影	电视剧	海南广播电视总台综合频道	3.9	15.0
17	暗战危城	电视剧	海南广播电视总台综合频道	3.9	14.4
18	望海的女人	电视剧	海南广播电视总台综合频道	3.9	14.0
19	血债血偿	电视剧	海南广播电视总台综合频道	3.8	13.4
20	女管家	电视剧	海南广播电视总台综合频道	3.7	14.2
21	浪漫三月情定琼中 2017 年海南省黎族苗族三月三节庆主会场开幕式	综艺	海南广播电视总台综合频道	3.7	13.7
22	我们的少年时代	电视剧	湖南卫视	3.6	13.6
23	不忘初心牢记使命奋力夺取新时代中国特色社会主义伟大胜利	综艺	海南广播电视总台综合频道	3.6	12.4
24	青年霍元甲之冲出江湖	电视剧	中央台八套	3.4	11.9
25	擒狼	电视剧	中央台八套	3.3	13.9
26	美味奇缘之二	电视剧	湖南卫视	3.3	12.2
27	开门大吉（2 月 1 日）	综艺	中央台三套	3.3	11.7
28	黄金赛场：2017 年世界乒乓球锦标赛男单决赛	体育	中央台五套	3.2	12.9
29	诗乡歌海情调儋州 2017 年儋州市喜迎十九大调声广场文艺演出	综艺	海南广播电视总台综合频道	3.2	12.1
30	爱人同志	电视剧	中央台八套	3.2	11.9

表 3.9.8　2017 年海南市场电视剧收视率排名前十位

名次	节目名称	播出频道	平均收视率（%）	平均占有率（%）
1	山河同在	海南广播电视总台综合频道	6.8	24.6
2	因为遇见你	湖南卫视	6.4	22.0
3	擒蛇	海南广播电视总台综合频道	6.2	23.4
4	龙门决(1～53 集)	海南广播电视总台综合频道	5.8	21.3
5	天涯赤子心	海南广播电视总台综合频道	5.8	20.9
6	历史的对决	海南广播电视总台综合频道	5.5	19.8
7	团圆	海南广播电视总台综合频道	5.0	18.6
8	战火中的兄弟	海南广播电视总台综合频道	5.0	18.0
9	勇者使命	海南广播电视总台综合频道	5.0	17.2
10	枪口	中央台八套	4.7	17.3

表 3.9.9　2017 年海南市场新闻节目收视率排名前十位

名次	节目名称	播出频道	平均收视率（%）	平均占有率（%）
1	直播海南	海南广播电视总台综合频道	2.0	18.7
2	新闻联播	中央电视台综合频道	1.8	9.9
3	我爱海口	海南广播电视总台综合频道	1.4	6.7
4	中国舆论场	中央台四套	1.4	5.4
5	海峡两岸	中央台四套	1.4	4.6
6	今日亚洲	中央台四套	1.1	4.7
7	焦点访谈	中央电视台综合频道	1.1	4.3
8	深度国际	中央台四套	1.1	3.8
8	李克强总理会见中外记者并回答提问	中央电视台综合频道	1.1	3.8
10	一带一路国际合作高峰论坛特别报道	中央台三套	1.1	3.6

表 3.9.10　2017 年海南市场专题节目收视率排名前十位

名次	节目名称	播出频道	平均收视率（%）	平均占有率（%）
1	国家记忆	海南广播电视总台综合频道	2.5	11.3
2	绿色农业进行时	海南广播电视总台综合频道	2.4	14.6
3	两学一做电视夜校	海南广播电视总台综合频道	2.2	8.0
4	脱贫致富电视夜校	海南广播电视总台综合频道	2.1	7.4
5	一年又一年	中央电视台综合频道	1.7	12.3
6	寻找最美教师 2017 大型公益活动颁奖典礼	中央电视台综合频道	1.7	7.5
7	海南故事	海南广播电视总台综合频道	1.5	6.1
8	总书记为俺家算清了脱贫账	中央电视台综合频道	1.4	5.3
9	不忘初心牢记使命永远奋斗	中央电视台综合频道	1.4	5.1
10	大国外交	中央电视台综合频道	1.4	4.9

表 3.9.11 2017 年海南市场综艺节目收视率排名前十位

名次	节目名称	播出频道	平均收视率（%）	平均占有率（%）
1	浪漫三月情定琼中 2017 年海南省黎族苗族三月三节庆主会场开幕式	海南广播电视总台综合频道	3.7	13.7
2	不忘初心牢记使命奋力夺取新时代中国特色社会主义伟大胜利	海南广播电视总台综合频道	3.6	12.4
2	开门大吉(2 月 1 日)	中央台三套	3.3	11.7
4	诗乡歌海情调儋州 2017 年儋州市喜迎十九大调声广场文艺演出	海南广播电视总台综合频道	3.2	12.1
5	孤芳不自赏追剧抢鲜看	湖南卫视	2.9	10.9
6	2017 东南西北贺新春	中央台三套	2.8	11.6
7	中央电视台 2017 春节联欢晚会	海南广播电视总台综合频道	2.7	9.5
8	越战越勇（2 月 15 日）	中央台三套	2.6	8.1
9	中国新歌声(8 月 25 日)	浙江卫视	2.4	9.7
10	有味海南年 2017 海南春节联欢晚会	海南广播电视总台综合频道	2.3	14.4

表 3.9.12 2017 年海南市场体育节目收视率排名前十位

名次	节目名称	播出频道	平均收视率（%）	平均占有率（%）
1	黄金赛场:2017 年世界女排大奖赛总决赛小组赛(中国队 VS 荷兰队)	中央台五套	7.1	24.1
2	黄金赛场:2017 年世界乒乓球锦标赛男单决赛	中央台五套	3.2	12.9
3	第十三届全运会男女混合 4×100 米接力决赛	中央台五套	3.0	10.6
4	第十三届全运会男子 50 米自由泳决赛	中央台五套	2.7	10.3
5	2017 海南亲水运动季暨海南省全民健身运动会开幕式	海南广播电视总台综合频道	2.7	9.1
6	我是球王第二届海南省电视杯群众羽毛球赛	海南广播电视总台综合频道	2.5	8.7
7	中华人民共和国第十三届运动会开幕式	中央台五套	2.5	8.1
8	第十三届全运会女子举重 63 公斤级决赛挺举	中央台五套	1.7	5.5
9	现场直播:2017 年斯诺克世锦赛半决赛	中央台五套	1.7	5.1
10	黄金赛场:2018 年世界杯亚洲区预选赛十二强赛（中国 VS 乌兹别克斯坦）	中央台五套	1.5	5.7

十、河北收视数据

表 3.10.1　2013～2017 年河北市场各类频道的市场占有率(%)

频道类别	年份				
	2013 年	2014 年	2015 年	2016 年	2017 年
中央电视台频道	29.3	31.8	33.4	37.4	38.8
中国教育电视台频道	0.5	0.3	0.2	0.2	0.1
河北省级频道	29.9	29.8	27.6	22.8	18.4
其他省级卫视频道	29.0	29.3	29.3	27.8	23.2
其他频道	11.3	8.8	9.5	11.8	19.5

表 3.10.2　2017 年河北市场各类频道在不同目标观众中的市场占有率(%)

目标观众		中央电视台频道	中国教育电视台频道	河北省级频道	其他省级卫视频道	其他频道
4 岁及以上所有人		38.8	0.1	18.4	23.2	19.5
城乡	城市	41.9	0.1	16.5	26.1	15.4
	农村	38.1	0.1	18.8	22.5	20.5
性别	男	42.5	0.1	17.4	21.4	18.6
	女	35.3	0.1	19.4	25.0	20.2
年龄	4～14 岁	29.0	0.1	10.7	31.3	28.9
	15～24 岁	33.5	0.2	15.5	28.8	22.0
	25～34 岁	24.9	0.1	12.6	32.2	30.2
	35～44 岁	37.2	0.2	20.9	22.7	19.0
	45～54 岁	40.5	0.2	17.8	23.7	17.8
	55～64 岁	47.1	0.1	20.7	20.5	11.6
	65 岁及以上	45.6	0.1	23.8	14.5	16.0
教育程度	未受过正规教育	28.9	0.2	17.8	29.2	23.9
	小学	34.7	0.1	23.0	19.8	22.4
	初中	39.9	0.1	17.7	23.9	18.4
	高中	44.4	0.1	16.8	22.8	15.9
	大学及以上	44.6	0.1	10.0	25.9	19.4
职业类别	干部/管理人员	42.0	0.1	14.9	20.3	22.7
	个体/私营企业人员	38.1	0.1	20.1	23.5	18.2
	初级公务员/雇员	44.4	0.1	15.3	22.6	17.6
	工人	31.2	0.2	13.8	28.9	25.9
	学生	30.5	0.1	13.6	27.8	28.0
	无业	41.3	0.1	18.9	23.1	16.6
	其他	38.5	0.2	21.4	20.9	19.0
个人月收入	0～300 元	32.5	0.1	17.2	25.1	25.1
	301～900 元	37.9	0.1	28.3	16.2	17.5
	901～1700 元	43.0	0.2	17.3	25.8	13.7
	1701～2600 元	46.2	0.1	16.8	21.1	15.8
	2601～3500 元	42.6	0.1	15.6	24.1	17.6
	3501 元及以上	34.4	0.2	17.1	23.6	24.7

表 3.10.3　2017 年河北市场各类频道在不同时段的市场占有率(%)

时间段	中央电视台频道	中国教育电视台频道	河北省级频道	其他省级卫视频道	其他频道
02:00～03:00	41.9	0.1	12.2	19.5	26.3
03:00～04:00	42.7	0.1	11.5	20.3	25.4
04:00～05:00	45.9	0.1	11.5	21.5	21.0
05:00～06:00	54.1	0.1	14.0	18.7	13.1
06:00～07:00	60.9	0.1	9.9	14.0	15.1
07:00～08:00	52.4	0.2	10.0	19.3	18.1
08:00～09:00	47.1	0.3	9.1	24.3	19.2
09:00～10:00	38.7	0.2	9.9	29.5	21.7
10:00～11:00	37.0	0.2	10.2	30.7	21.9
11:00～12:00	43.3	0.1	10.3	26.4	19.9
12:00～13:00	37.0	0.1	22.5	22.4	18.0
13:00～14:00	38.0	0.2	11.4	26.8	23.6
14:00～15:00	38.6	0.3	9.2	29.8	22.1
15:00～16:00	39.1	0.3	8.4	31.5	20.7
16:00～17:00	38.5	0.3	9.5	31.7	20.0
17:00～18:00	40.2	0.1	12.1	27.5	20.1
18:00～19:00	42.6	0.1	25.0	12.8	19.5
19:00～20:00	41.4	0.1	26.0	14.7	17.8
20:00～21:00	32.9	0.1	25.8	23.5	17.7
21:00～22:00	33.8	0.1	24.9	22.7	18.5
22:00～23:00	30.6	0.1	24.0	25.7	19.6
23:00～24:00	35.7	0.1	15.7	27.5	21.0
24:00～25:00	41.5	0.2	13.2	22.9	22.2
25:00～26:00	41.5	0.2	13.9	20.7	23.7

表 3.10.4　2017 年河北市场收视份额排名前十位的频道

名次	频道名称	收视份额(%)
1	河北广播电视台农民频道	6.3
2	中央台八套	5.7
2	中央电视台综合频道	5.7
4	河北广播电视台经济生活频道	5.3
5	中央台四套	5.0
6	中央台三套	3.7
6	中央电视台少儿频道	3.7
8	河北广播电视台卫视频道	3.2
9	中央台六套	3.1
10	湖南电视台金鹰卡通频道	2.5

表 3.10.5 2017 年河北市场各主要频道的观众构成(%)

目标观众		所有频道	主要频道				
			河北广播电视台农民频道	中央台八套	中央电视台综合频道	河北广播电视台经济生活频道	中央台四套
4 岁及以上所有人		100.0	100.0	100.0	100.0	100.0	100.0
城乡	城市	19.6	17.2	19.1	20.3	14.8	22.7
	农村	80.4	82.8	80.9	79.7	85.2	77.3
性别	男	49.9	43.4	51.7	48.4	42.5	63.9
	女	50.1	56.6	48.3	51.6	57.5	36.1
年龄	4~14 岁	12.2	5.6	5.1	7.5	8.2	3.9
	15~24 岁	7.4	5.0	5.7	7.2	7.3	3.0
	25~34 岁	10.5	5.0	5.2	7.6	12.3	2.8
	35~44 岁	11.3	9.7	8.3	10.1	10.1	7.2
	45~54 岁	19.2	17.3	25.6	13.7	15.8	16.1
	55~64 岁	17.9	20.7	29.4	16.7	23.5	32.1
	65 岁及以上	21.5	36.7	20.7	37.2	22.8	34.9
教育程度	未受过正规教育	7.6	4.8	2.6	5.6	12.7	2.6
	小学	24.9	33.5	19.7	28.6	30.7	17.0
	初中	43.7	43.3	56.1	34.8	39.4	46.4
	高中	17.4	15.3	16.9	21.2	14.2	26.6
	大学及以上	6.4	3.1	4.7	9.8	3.0	7.4
职业类别	干部/管理人员	2.1	0.9	1.0	1.8	1.0	2.3
	个体/私营企业人员	10.8	12.6	9.5	9.4	12.0	11.9
	初级公务员/雇员	10.5	8.3	11.7	11.9	8.9	14.0
	工人	5.5	4.4	4.1	4.1	3.0	2.6
	学生	10.4	6.6	5.8	8.1	8.6	4.4
	无业	32.8	42.2	30.5	45.5	29.4	47.4
	其他	27.9	25.0	37.4	19.2	37.1	17.4
个人月收入	0~300 元	34.4	42.3	26.2	37.5	26.2	19.9
	301~900 元	12.4	19.7	17.5	9.8	28.3	13.8
	901~1700 元	20.6	15.2	26.5	17.1	15.7	14.6
	1701~2600 元	18.3	12.1	16.8	21.0	17.1	36.0
	2601~3500 元	8.6	7.1	9.7	8.9	7.8	10.1
	3501 元及以上	5.7	3.6	3.3	5.7	4.9	5.6

表 3.10.6 2015~2017 年河北市场各类节目的播出份额(%)和收视份额(%)

节目类别	2015 年		2016 年		2017 年	
	播出份额	收视份额	播出份额	收视份额	播出份额	收视份额
财经	1.6	0.7	1.3	0.6	1.1	0.4
电视剧	27.3	34.9	22.3	32.2	22.2	32.3
电影	4.4	4.1	4.1	4.1	4.1	4.6
法制	1.2	2.2	0.8	1.0	0.9	1.6
教学	0.2	0.1	0.3	0.0	0.2	0.0
青少	6.3	6.8	6.8	6.1	7.3	8.0
生活服务	10.4	6.5	8.6	6.8	8.0	6.1
体育	3.1	1.4	3.5	2.0	3.5	1.9
外语	0.0	0.0	0.0	0.0	0.1	0.0
戏剧	0.8	0.5	0.9	0.9	0.9	1.8
新闻/时事	10.3	9.7	14.5	12.2	15.2	11.6
音乐	2.7	1.3	1.9	1.2	1.5	0.9
专题	13.1	7.7	13.8	7.7	14.4	7.4
综艺	7.6	14.3	9.5	15.3	8.5	12.3
其他	11.0	9.9	11.7	9.9	12.1	11.1

表 3.10.7　2017 年河北市场所有节目收视率排名前三十位

名次	节目名称	节目类型	播出频道	平均收视率（%）	平均占有率（%）
1	中央电视台 2017 春节联欢晚会	综艺	中央电视台综合频道	9.1	21.9
2	中央电视台 2017 元宵晚会	综艺	中央电视台综合频道	6.6	18.8
3	一年又一年	专题	中央电视台综合频道	5.4	16.4
4	黄大妮	电视剧	河北广播电视台农民频道	4.5	15.3
5	婆媳的战争	电视剧	河北广播电视台农民频道	4.1	12.1
6	天气预报	生活服务	中央电视台综合频道	3.4	13.0
7	林家媳妇	电视剧	河北广播电视台农民频道	3.4	12.4
8	不忘初心牢记使命永远奋斗	专题	中央电视台综合频道	3.4	11.3
9	激战南京	电视剧	河北广播电视台经济生活频道	3.4	9.7
10	新春相声大联欢	综艺	中央台三套	3.3	9.7
11	开学第一课	青少	中央电视台综合频道	3.2	14.6
12	家庭的秘密之春暖花开	电视剧	河北广播电视台经济生活频道	3.2	9.9
13	中国梦祖国颂 2017 中央电视台国庆特别节目	综艺	中央电视台综合频道	3.1	10.5
14	美丽河北	综艺	河北广播电视台经济生活频道	3.1	8.4
15	总书记为俺家算清了脱贫账	专题	中央电视台综合频道	3.1	8.2
16	我的抗战之药侠传奇	电视剧	河北广播电视台经济生活频道	3.0	10.8
17	家庭的秘密	电视剧	河北广播电视台经济生活频道	3.0	8.8
18	新春喜剧之夜	综艺	中央台三套	3.0	8.4
19	夺宝熊兵	电影	中央电视台综合频道	2.9	16.3
20	再婚的战争	电视剧	河北广播电视台农民频道	2.9	8.2
21	亲叔辣婶	电视剧	河北广播电视台农民频道	2.8	11.2
22	恩情无限	电视剧	河北广播电视台农民频道	2.8	10.3
23	喜到福到好运到春晚倒计时	综艺	中央台三套	2.8	8.5
24	一剑横空	电视剧	河北广播电视台经济生活频道	2.7	10.9
25	幸福约定	电视剧	河北广播电视台经济生活频道	2.7	9.8
26	咱家	电视剧	河北广播电视台农民频道	2.7	9.3
27	2017 年中央电视台中秋晚会	综艺	中央电视台综合频道	2.7	9.1
27	探梦天宫	新闻/时事	中央台四套	2.7	9.1
29	我的压寨男人	电视剧	河北广播电视台经济生活频道	2.6	11.1
30	绝地归途	电视剧	河北广播电视台经济生活频道	2.6	10.3

表 3.10.8　2017 年河北市场电视剧收视率排名前十位

名次	节目名称	播出频道	平均收视率（%）	平均占有率（%）
1	黄大妮	河北广播电视台农民频道	4.5	15.3
2	婆媳的战争	河北广播电视台农民频道	4.1	12.1
3	林家媳妇	河北广播电视台农民频道	3.4	12.4
4	激战南京	河北广播电视台经济生活频道	3.4	9.7
5	家庭的秘密之春暖花开	河北广播电视台经济生活频道	3.2	9.9
6	我的抗战之药侠传奇	河北广播电视台经济生活频道	3.0	10.8
7	家庭的秘密	河北广播电视台经济生活频道	3.0	8.8
8	再婚的战争	河北广播电视台农民频道	2.9	8.2
9	亲叔辣婶	河北广播电视台农民频道	2.8	11.2
10	恩情无限	河北广播电视台农民频道	2.8	10.3

表 3.10.9　2017 年河北市场新闻节目收视率排名前十位

名次	节目名称	播出频道	平均收视率（%）	平均占有率（%）
1	探梦天宫	中央台四套	2.7	9.1
2	中国共产党第十九次全国代表大会开幕会专题新闻	中央电视台综合频道	2.1	7.3
3	香港回归祖国 20 周年特别报道	中央电视台综合频道	1.9	9.2
4	转播中央台新闻联播	河北广播电视台卫视频道	1.9	8.1
5	一带一路国际合作高峰论坛特别报道	中央电视台综合频道	1.7	7.2
6	今日资讯	河北广播电视台经济生活频道	1.6	9.6
7	河北新闻联播	河北广播电视台卫视频道	1.4	7.4
8	海峡两岸	中央台四套	1.4	4.7
9	春节传奇中国节	中央台四套	1.4	4.2
10	焦点访谈	中央电视台综合频道	1.3	4.7

表 3.10.10　2017 年河北市场专题节目收视率排名前十位

名次	节目名称	播出频道	平均收视率（%）	平均占有率（%）
1	一年又一年	中央电视台综合频道	5.4	16.4
2	不忘初心牢记使命永远奋斗	中央电视台综合频道	3.4	11.3
3	总书记为俺家算清了脱贫账	中央电视台综合频道	3.1	8.2
4	香港发展一直牵动着我的心 习近平香港行纪实	中央电视台综合频道	2.4	12.2
5	老区脱贫攻坚习近平心中的牵挂	中央电视台综合频道	2.4	9.9
6	千年大计国家大事	中央电视台综合频道	1.9	8.0
7	中国成语大会 2015 决赛第六场	中央电视台综合频道	1.7	8.8
8	不忘初心继续前进	中央电视台综合频道	1.5	4.9
9	将改革进行到底	中央电视台综合频道	1.3	4.7
9	巡视利剑	中央电视台综合频道	1.3	4.7

表 3.10.11　2017 年河北市场综艺节目收视率排名前十位

名次	节目名称	播出频道	平均收视率（%）	平均占有率（%）
1	中央电视台 2017 春节联欢晚会	中央电视台综合频道	9.1	21.9
2	中央电视台 2017 元宵晚会	中央电视台综合频道	6.6	18.8
3	新春相声大联欢	中央台三套	3.3	9.7
4	中国梦祖国颂 2017 中央电视台国庆特别节目	中央电视台综合频道	3.1	10.5
5	美丽河北	河北广播电视台经济生活频道	3.1	8.4
6	新春喜剧之夜	中央台三套	3.0	8.4
7	喜到福到好运到春晚倒计时	中央台三套	2.8	8.5
8	2017 年中央电视台中秋晚会	中央电视台综合频道	2.7	9.1
9	九九艳阳天	中央台三套	2.4	8.8
10	喜福会中文国际频道春节特别节目（2 月 2 日）	中央台四套	2.0	7.8

表 3.10.12　2017 年河北市场体育节目收视率排名前十位

名次	节目名称	播出频道	平均收视率（%）	平均占有率（%）
1	中华人民共和国第十三届运动会开幕式	中央电视台综合频道	1.9	6.2
2	直播周末:2017 年世界乒乓球锦标赛男单 1/4 决赛	中央台五套	1.7	8.0
3	直播周末:2017 年世界女排大奖赛总决赛半决赛（中国队 VS 意大利队）	中央台五套	1.6	6.4
4	第十三届全运会男子 200 米蛙泳决赛	中央台五套	1.4	19.4
5	WLF2017 全球功夫盛典	河南电视台卫星频道（一套）	1.4	7.1
6	实况录像:2016 年世界综合格斗锦标赛重量级决赛	中央台五套	1.4	6.9
7	直播周末:2017 年亚洲乒乓球锦标赛男双决赛	中央台五套	1.3	10.7
8	直播周末:2017 年国际女排大冠军杯赛（中国队 VS 日本队）	中央台五套	1.3	9.7
9	黄金赛场:2017 年 CCTV 贺岁杯世界拳王争霸 IBF 女子迷你轻量级争霸赛	中央台五套	1.3	8.2
10	第十三届全运会女子跳高	中央台五套	1.2	4.7

十一、河南收视数据

表 3.11.1　2013～2017 年河南市场各类频道的市场占有率(%)

频道类别	年份				
	2013 年	2014 年	2015 年	2016 年	2017 年
中央电视台频道	38.8	42.3	42.7	43.5	44.5
中国教育电视台频道	0.5	0.7	0.5	0.4	0.3
河南省级频道	22.9	17.6	16.7	16.9	14.1
其他省级卫视频道	33.7	36.0	36.9	35.2	35.2
其他频道	4.1	3.4	3.2	4.0	5.9

表 3.11.2　2017 年河南市场各类频道在不同目标观众中的市场占有率(%)

目标观众		中央电视台频道	中国教育电视台频道	河南省级频道	其他省级卫视频道	其他频道
4 岁及以上所有人		44.5	0.3	14.1	35.2	5.9
城乡	城市	48.7	0.2	18.0	28.3	4.8
	农村	43.5	0.3	13.1	36.9	6.2
性别	男	48.0	0.3	14.0	31.8	5.9
	女	41.2	0.3	14.2	38.4	5.9
年龄	4～14 岁	41.3	0.2	4.6	46.5	7.4
	15～24 岁	39.2	0.3	8.5	47.4	4.6
	25～34 岁	35.6	0.2	10.6	45.9	7.7
	35～44 岁	41.9	0.3	12.0	39.8	6.0
	45～54 岁	46.9	0.3	18.2	29.4	5.2
	55～64 岁	51.1	0.2	23.0	19.1	6.6
	65 岁及以上	55.0	0.2	21.7	18.9	4.2
教育程度	未受过正规教育	47.6	0.1	9.4	33.9	9.0
	小学	45.1	0.3	14.0	34.5	6.1
	初中	42.2	0.3	15.1	36.1	6.3
	高中	46.9	0.3	13.1	34.9	4.8
	大学及以上	49.7	0.3	13.2	33.3	3.5
职业类别	干部/管理人员	54.5	0.1	12.6	29.8	3.0
	个体/私营企业人员	43.9	0.4	16.0	33.5	6.2
	初级公务员/雇员	55.1	0.2	14.2	27.7	2.8
	工人	43.4	0.3	12.5	32.8	11.0
	学生	39.6	0.3	5.5	49.8	4.8
	无业	47.4	0.1	17.2	27.0	8.3
	其他	43.7	0.3	16.4	34.7	4.9
个人月收入	0～300 元	42.2	0.2	11.8	39.6	6.2
	301～900 元	46.1	0.4	19.4	27.1	7.0
	901～1700 元	44.1	0.3	13.1	37.8	4.7
	1701～2600 元	45.2	0.3	17.4	31.1	6.0
	2601～3500 元	53.8	0.2	13.8	27.8	4.4
	3501 元及以上	40.0	0.4	13.1	36.9	9.6

表 3.11.3 2017 年河南市场各类频道在不同时段的市场占有率(%)

时间段	中央电视台频道	中国教育电视台频道	河南省级频道	其他省级卫视频道	其他频道
02:00~03:00	48.4	0.0	8.8	34.4	8.4
03:00~04:00	43.3	0.9	8.7	39.8	7.3
04:00~05:00	30.3	0.4	29.7	36.8	2.8
05:00~06:00	40.1	0.1	19.6	35.6	4.6
06:00~07:00	59.1	0.2	12.2	23.9	4.6
07:00~08:00	59.6	0.4	12.8	22.2	5.0
08:00~09:00	52.3	0.5	10.3	30.6	6.3
09:00~10:00	48.6	0.5	7.9	36.8	6.2
10:00~11:00	45.0	0.5	7.1	40.6	6.8
11:00~12:00	46.7	0.3	8.7	37.4	6.9
12:00~13:00	56.0	0.2	8.4	30.2	5.2
13:00~14:00	49.8	0.2	10.5	32.4	7.1
14:00~15:00	41.7	0.6	12.6	37.3	7.8
15:00~16:00	40.3	0.3	8.9	43.8	6.7
16:00~17:00	41.7	0.3	8.3	42.3	7.4
17:00~18:00	45.1	0.3	10.8	35.6	8.2
18:00~19:00	50.0	0.2	21.9	21.7	6.2
19:00~20:00	55.0	0.2	16.3	24.1	4.4
20:00~21:00	35.3	0.2	16.4	42.7	5.4
21:00~22:00	32.6	0.2	15.9	45.2	6.1
22:00~23:00	31.0	0.4	17.3	43.7	7.6
23:00~24:00	29.1	0.4	18.1	42.9	9.5
24:00~25:00	40.6	0.6	14.8	31.4	12.6
25:00~26:00	39.1	0.1	15.7	26.2	18.9

表 3.11.4 2017 年河南市场收视份额排名前十位的频道

名次	频道名称	收视份额(%)
1	中央电视台综合频道	10.1
2	湖南卫视	6.8
3	中央电视台少儿频道	5.9
4	中央台八套	5.0
5	河南电视台卫星频道(一套)	4.8
6	中央台六套	4.1
7	中央台三套	3.7
8	浙江卫视	3.3
8	河南电视台都市频道(二套)	3.3
10	中央台四套	3.0

表 3.11.5 2017 年河南市场各主要频道的观众构成(%)

目标观众		所有频道	主要频道				
			中央电视台综合频道	湖南卫视	中央电视台少儿频道	中央台八套	河南电视台卫星频道(一套)
4 岁及以上所有人		100.0	100.0	100.0	100.0	100.0	100.0
城乡	城市	19.8	33.2	17.3	13.0	21.1	13.8
	农村	80.2	66.8	82.7	87.0	78.9	86.2
性别	男	48.1	51.0	40.1	53.5	39.7	50.2
	女	51.9	49.0	59.9	46.5	60.3	49.8
年龄	4~14 岁	14.4	5.8	15.6	56.0	8.8	4.1
	15~24 岁	13.9	11.6	25.6	11.5	11.4	7.6
	25~34 岁	11.5	7.3	18.9	10.5	8.3	5.5
	35~44 岁	17.0	18.2	21.6	7.6	14.1	12.6
	45~54 岁	16.1	19.5	11.5	4.4	22.5	12.3
	55~64 岁	14.2	16.9	3.4	8.8	23.0	24.1
	65 岁及以上	12.9	20.7	3.5	1.2	12.0	33.8
教育程度	未受过正规教育	4.0	2.4	2.4	16.3	2.4	3.1
	小学	23.5	19.4	20.0	42.0	25.7	33.0
	初中	45.9	43.2	46.8	29.5	43.1	43.9
	高中	20.1	25.5	22.4	9.4	21.5	15.9
	大学及以上	6.6	9.5	8.3	2.8	7.4	4.2
职业类别	干部/管理人员	0.6	1.2	0.6	0.5	0.4	0.1
	个体/私营企业人员	10.4	10.7	11.6	4.2	11.3	6.3
	初级公务员/雇员	6.8	12.2	5.1	1.2	7.5	4.3
	工人	6.2	6.5	8.3	3.7	5.7	2.9
	学生	18.3	9.8	28.1	49.2	12.2	7.2
	无业	19.7	22.0	11.2	18.2	24.2	17.7
	其他	38.0	37.5	35.1	23.1	38.6	61.5
个人月收入	0~300 元	39.3	31.7	44.4	73.8	32.1	41.0
	301~900 元	9.7	8.3	5.3	7.0	11.6	14.4
	901~1700 元	18.0	18.5	20.3	10.9	23.1	17.6
	1701~2600 元	19.8	23.0	18.0	3.9	21.0	18.0
	2601~3500 元	9.0	13.0	6.6	3.0	9.1	6.2
	3501 元及以上	4.2	5.5	5.3	1.4	3.0	2.8

表 3.11.6 2015~2017 年河南市场各类节目的播出份额(%)和收视份额(%)

节目类别	2015 年		2016 年		2017 年	
	播出份额	收视份额	播出份额	收视份额	播出份额	收视份额
财经	1.5	0.6	1.2	0.5	1.0	0.6
电视剧	24.7	29.8	26.9	28.3	26.6	26.3
电影	4.2	3.2	4.2	3.5	4.2	4.3
法制	1.1	2.6	1.0	2.5	1.0	2.1
教学	0.2	0.1	0.2	0.1	0.2	0.1
青少	5.9	7.9	6.2	8.4	6.6	8.7
生活服务	10.7	8.3	8.1	7.6	7.4	7.2
体育	3.0	1.0	3.2	1.5	3.2	1.5
外语	0.0	0.0	0.0	0.0	0.1	0.0
戏剧	0.8	1.3	0.9	1.5	0.9	1.3
新闻/时事	10.4	12.7	10.4	12.8	10.8	13.6
音乐	2.6	0.9	1.7	0.9	1.3	1.1
专题	13.7	5.9	14.8	7.0	15.2	6.9
综艺	7.1	10.1	6.9	10.4	6.0	10.7
其他	14.1	15.6	14.2	15.0	15.4	15.7

表 3.11.7 2017 年河南市场所有节目收视率排名前三十位

名次	节目名称	节目类型	播出频道	平均收视率（%）	平均占有率（%）
1	中央电视台 2017 春节联欢晚会	综艺	中央电视台综合频道	24.7	76.4
2	新闻联播	新闻/时事	中央电视台综合频道	7.3	26.8
3	一年又一年	专题	中央电视台综合频道	6.4	28.9
4	天气预报	生活服务	中央电视台综合频道	6.2	18.8
5	2017 书香中国全民阅读系列活动启动式	综艺	湖南卫视	5.3	13.5
6	总书记为俺家算清了脱贫账	专题	中央电视台综合频道	4.9	12.6
7	梨园春	戏剧	河南电视台卫星频道（一套）	4.7	12.8
8	焦点访谈	新闻/时事	中央电视台综合频道	4.6	13.3
9	不忘初心牢记使命永远奋斗	专题	中央电视台综合频道	4.5	13.0
10	焦点访谈特别节目问计两会	新闻/时事	中央电视台综合频道	4.5	12.0
11	2017 湖南卫视小年夜春晚	综艺	湖南卫视	4.4	15.4
12	因为遇见你	电视剧	湖南卫视	4.2	12.8
13	千年大计国家大事	专题	中央电视台综合频道	4.2	12.2
14	快乐大本营	综艺	湖南卫视	4.1	14.8
15	2017 元宵喜乐会	综艺	湖南卫视	4.0	11.5
16	一带一路国际合作高峰论坛特别报道	新闻/时事	河南电视台卫星频道（一套）	3.9	10.3
17	我们来了	综艺	湖南卫视	3.6	12.4
18	我们的少年时代	电视剧	湖南卫视	3.6	11.6
19	人民的名义	电视剧	湖南卫视	3.6	11.4
20	人间至味是清欢	电视剧	湖南卫视	3.5	10.7
21	孤芳不自赏	电视剧	湖南卫视	3.2	9.3
22	文化中国四海同春 2017 全球华侨华人春节大联欢	综艺	湖南卫视	3.1	11.8
23	美味奇缘之二	电视剧	湖南卫视	3.1	9.4
24	一带一路国际合作高峰论坛文艺晚会	综艺	湖南卫视	3.1	9.3
25	放弃我抓紧我	电视剧	湖南卫视	3.1	8.0
26	开学第一课	青少	中央电视台综合频道	3.0	14.8
27	夏至未至	电视剧	湖南卫视	2.9	9.9
28	老区脱贫攻坚习近平心中的牵挂	专题	中央电视台综合频道	2.9	9.8
29	香港回归祖国 20 周年特别报道	新闻/时事	中央电视台综合频道	2.8	9.9
30	让月亮告诉你每一刻都珍贵中秋之夜	综艺	湖南卫视	2.8	8.3

表 3.11.8　2017 年河南市场电视剧收视率排名前十位

名次	节目名称	播出频道	平均收视率(%)	平均占有率(%)
1	因为遇见你	湖南卫视	4.2	12.8
2	我们的少年时代	湖南卫视	3.6	11.6
3	人民的名义	湖南卫视	3.6	11.4
4	人间至味是清欢	湖南卫视	3.5	10.7
5	孤芳不自赏	湖南卫视	3.2	9.3
6	美味奇缘之二	湖南卫视	3.1	9.4
7	放弃我抓紧我	湖南卫视	3.1	8.0
8	夏至未至	湖南卫视	2.9	9.9
9	秋收起义	湖南卫视	2.6	8.8
10	小草青青	河南电视台卫星频道(一套)	2.6	7.1

表 3.11.9　2017 年河南市场新闻节目收视率排名前十位

名次	节目名称	播出频道	平均收视率(%)	平均占有率(%)
1	新闻联播	中央电视台综合频道	7.3	26.8
2	焦点访谈	中央电视台综合频道	4.6	13.3
3	一带一路国际合作高峰论坛特别报道	河南电视台卫星频道(一套)	3.9	10.3
4	香港回归祖国 20 周年特别报道	中央电视台综合频道	2.8	9.9
5	中国共产党第十九次全国代表大会开幕会专题新闻	中央电视台综合频道	2.8	7.8
6	李克强总理会见中外记者并回答提问	中央电视台综合频道	2.7	7.6
7	金砖国家领导人第九次会晤特别报道	中央电视台综合频道	2.6	7.6
8	河南新闻联播	河南电视台卫星频道(一套)	2.0	12.8
9	全国两会特别报道	河南电视台卫星频道(一套)	1.7	6.7
10	转播中央台新闻联播	河南电视台卫星频道(一套)	1.7	6.1

表 3.11.10　2017 年河南市场专题节目收视率排名前十位

名次	节目名称	播出频道	平均收视率(%)	平均占有率(%)
1	一年又一年	中央电视台综合频道	6.4	28.9
2	总书记为俺家算清了脱贫账	中央电视台综合频道	4.9	12.6
3	不忘初心牢记使命永远奋斗	中央电视台综合频道	4.5	13.0
4	千年大计国家大事	中央电视台综合频道	4.2	12.2
5	老区脱贫攻坚习近平心中的牵挂	中央电视台综合频道	2.9	9.8
6	香港发展一直牵动着我的心 习近平香港行纪实	中央电视台综合频道	2.7	9.3
7	辉煌中国	中央电视台综合频道	2.2	6.0
8	大国外交	中央电视台综合频道	2.2	5.7
9	千年大计国家大事	中央电视台新闻频道	2.1	6.0
10	不忘初心继续前进	中央电视台综合频道	2.1	5.6

表 3.11.11　2017 年河南市场综艺节目收视率排名前十位

名次	节目名称	播出频道	平均收视率（%）	平均占有率（%）
1	中央电视台 2017 春节联欢晚会	中央电视台综合频道	24.7	76.4
2	2017 书香中国全民阅读系列活动启动式	湖南卫视	5.3	13.5
3	2017 湖南卫视小年夜春晚	湖南卫视	4.4	15.4
4	快乐大本营	湖南卫视	4.1	14.8
5	2017 元宵喜乐会	湖南卫视	4.0	11.5
6	我们来了	湖南卫视	3.6	12.4
7	文化中国四海同春 2017 全球华侨华人春节大联欢	湖南卫视	3.1	11.8
8	一带一路国际合作高峰论坛文艺晚会	湖南卫视	3.1	9.3
9	让月亮告诉你每一刻都珍贵中秋之夜	湖南卫视	2.8	8.3
10	中国梦祖国颂 2017 中央电视台国庆特别节目	中央电视台综合频道	2.8	7.8

表 3.11.12　2017 年河南市场体育节目收视率排名前十位

名次	节目名称	播出频道	平均收视率（%）	平均占有率（%）
1	中华人民共和国第十三届运动会开幕式	中央电视台综合频道	2.0	5.6
2	中华人民共和国第十三届运动会闭幕式	中央电视台综合频道	1.6	4.1
3	第十三届全运会男女混合 4×100 米接力决赛	中央台五套	0.9	3.0
4	实况录像:2017/2018 赛季单板滑雪世界杯崇礼站男子 U 型池决赛	中央台五套	0.9	2.8
5	现场直播 实况录像:17/18 赛季自由式滑雪雪上技巧世界杯男子决赛	中央台五套	0.9	2.7
6	WLF2017 全球功夫盛典	河南电视台卫星频道(一套)	0.8	4.8
7	实况录像:17 年世界跆拳道大满贯冠军赛女子 67 公斤以上级铜牌赛	中央台五套	0.8	4.0
8	第十三届全运会女子 200 米仰泳决赛	中央台五套	0.8	3.6
9	直播周末:2017/2018 赛季花样滑冰大奖赛总决赛女单自由滑	中央台五套	0.8	2.9
10	2017 年亚洲冬季运动会短道速滑女子 500 米决赛	中央台五套	0.8	2.2

十二、黑龙江收视数据

表 3.12.1　2013~2017 年黑龙江市场各类频道的市场占有率(%)

频道类别	年份				
	2013 年	2014 年	2015 年	2016 年	2017 年
中央电视台频道	29.9	32.3	32.1	33.9	35.4
中国教育电视台频道	0.4	0.3	0.2	0.2	0.2
黑龙江省级频道	38.5	37.3	37.1	37.0	35.3
其他省级卫视频道	25.4	24.2	25.0	23.4	24.0
其他频道	5.8	5.9	5.6	5.5	5.1

表 3.12.2　2017 年黑龙江市场各类频道在不同目标观众中的市场占有率(%)

目标观众		中央电视台频道	中国教育电视台频道	黑龙江省级频道	其他省级卫视频道	其他频道
4 岁及以上所有人		35.4	0.2	35.3	24.0	5.1
城乡	城市	37.6	0.2	31.2	24.8	6.2
	乡村	33.2	0.1	39.4	23.2	4.1
性别	男	37.6	0.2	36.4	20.2	5.6
	女	33.3	0.1	34.2	27.6	4.8
年龄	4~14 岁	33.5	0.2	14.9	46.2	5.2
	15~24 岁	32.2	0.3	32.9	29.1	5.5
	25~34 岁	35.7	0.1	29.4	30.2	4.6
	35~44 岁	32.1	0.2	34.3	27.4	6.0
	45~54 岁	34.0	0.2	38.9	22.1	4.8
	55~64 岁	36.9	0.1	40.2	18.1	4.7
	65 岁及以上	41.4	0.2	37.8	14.9	5.7
教育程度	未受过正规教育	30.3	0.3	29.1	35.8	4.5
	小学	33.8	0.1	39.7	22.2	4.2
	初中	33.1	0.2	38.6	22.9	5.2
	高中	39.8	0.1	31.1	23.9	5.1
	大学及以上	42.6	0.2	20.9	28.4	7.9
职业类别	干部/管理人员	39.1	0.2	18.9	32.7	9.1
	个体/私营企业	34.1	0.1	37.9	23.3	4.6
	初级公务员/雇员	38.4	0.2	23.8	29.5	8.1
	工人	37.0	0.2	33.8	23.4	5.6
	学生	32.9	0.1	22.9	39.0	5.1
	无业	38.3	0.2	33.4	22.8	5.3
	其他	29.9	0.1	46.7	19.4	3.9
个人月收入	0~300 元	33.8	0.2	29.0	32.0	5.0
	301~900 元	31.2	0.2	42.8	22.3	3.5
	901~1700 元	34.5	0.1	42.4	19.5	3.5
	1701~2600 元	34.5	0.2	37.5	22.8	5.0
	2601~3500 元	41.7	0.2	27.8	22.5	7.8
	3501 元及以上	40.8	0.1	28.5	22.8	7.8

表 3.12.3 2017 年黑龙江市场各类频道在不同时段的市场占有率(%)

时间段	中央电视台频道	中国教育电视台频道	黑龙江省级频道	其他省级卫视频道	其他频道
02:00~03:00	38.9	0.5	20.2	35.1	5.3
03:00~04:00	54.6	0.0	20.7	22.3	2.4
04:00~05:00	68.1	0.0	17.5	13.3	1.1
05:00~06:00	57.2	0.0	24.9	15.1	2.8
06:00~07:00	49.4	0.1	30.9	14.2	5.4
07:00~08:00	48.9	0.1	27.6	17.2	6.2
08:00~09:00	46.7	0.1	22.4	25.1	5.7
09:00~10:00	44.1	0.2	17.7	32.2	5.8
10:00~11:00	42.8	0.2	16.3	34.2	6.5
11:00~12:00	42.9	0.2	15.1	34.8	7.0
12:00~13:00	42.5	0.1	13.6	38.3	5.5
13:00~14:00	39.2	0.5	15.9	39.8	4.6
14:00~15:00	41.6	0.8	15.3	37.5	4.8
15:00~16:00	40.2	0.4	17.4	36.7	5.3
16:00~17:00	40.2	0.3	20.9	32.3	6.3
17:00~18:00	33.7	0.1	35.0	24.0	7.2
18:00~19:00	28.5	0.1	53.4	12.2	5.8
19:00~20:00	31.7	0.1	50.2	14.7	3.3
20:00~21:00	27.9	0.2	42.6	25.4	3.9
21:00~22:00	27.4	0.2	40.7	26.0	5.7
22:00~23:00	27.7	0.1	35.5	29.7	7.0
23:00~24:00	33.6	0.1	23.9	30.4	12.0
24:00~25:00	36.3	0.2	21.0	35.0	7.5
25:00~26:00	22.2	0.0	24.4	50.1	3.3

表 3.12.4 2017 年黑龙江市场收视份额排名前十位的频道

名次	频道名称	收视份额(%)
1	黑龙江电视台影视频道	9.0
2	黑龙江卫视	7.6
3	中央电视台综合频道	7.2
4	黑龙江电视台文体频道	6.7
5	黑龙江电视台都市频道	6.0
6	中央台八套	4.5
7	中央台三套	4.4
8	黑龙江电视台新闻频道	4.0
8	中央台四套	4.0
10	中央台六套	3.7

表 3.12.5　2017 年黑龙江市场各主要频道的观众构成(%)

目标观众		所有频道	主要频道				
			黑龙江电视台影视频道	黑龙江卫视	中央电视台综合频道	黑龙江电视台文体频道	黑龙江电视台都市频道
4 岁及以上所有人		100.0	100.0	100.0	100.0	100.0	100.0
城乡	城市	49.9	44.4	34.5	52.6	45.2	47.9
	乡村	50.1	55.6	65.5	47.4	54.8	52.1
性别	男	48.4	53.9	49.9	49.6	49.9	45.7
	女	51.6	46.1	50.1	50.4	50.1	54.3
年龄	4 ~ 14 岁	6.0	1.7	2.6	4.2	1.4	2.1
	15 ~ 24 岁	7.9	5.9	8.4	8.5	6.9	8.6
	25 ~ 34 岁	10.7	5.7	11.2	8.4	9.0	10.0
	35 ~ 44 岁	17.5	19.3	15.7	18.9	18.1	15.5
	45 ~ 54 岁	23.1	28.5	23.3	20.6	24.5	25.6
	55 ~ 64 岁	19.4	23.1	19.4	20.1	25.2	22.1
	65 岁及以上	15.4	15.8	19.4	19.3	14.9	16.1
教育程度	未受过正规教育	4.2	4.0	3.7	1.5	3.4	2.5
	小学	18.9	26.0	20.4	16.8	19.8	18.1
	初中	46.7	48.7	53.8	45.1	56.1	47.6
	高中	21.6	17.1	17.3	25.2	16.1	24.7
	大学及以上	8.6	4.2	4.8	11.4	4.6	7.1
职业类别	干部/管理人员	1.1	0.5	0.3	1.1	0.7	1.0
	个体/私营企业	14.0	15.1	19.3	14.3	12.4	14.0
	初级公务员/雇员	5.6	3.1	3.7	9.7	3.5	4.4
	工人	13.1	12.4	8.8	13.0	12.0	16.3
	学生	7.8	3.3	4.9	7.5	4.1	7.6
	无业	37.7	36.4	35.9	42.2	37.4	31.9
	其他	20.7	29.2	27.1	12.2	29.9	24.8
个人月收入	0 ~ 300 元	20.8	15.5	16.2	20.8	17.9	15.6
	301 ~ 900 元	9.1	11.0	12.0	7.3	12.0	9.8
	901 ~ 1700 元	19.7	23.6	24.9	18.2	24.1	22.5
	1701 ~ 2600 元	30.4	33.9	31.3	30.6	30.7	35.2
	2601 ~ 3500 元	12.7	10.3	11.0	14.0	9.2	10.4
	3501 元及以上	7.3	5.7	4.6	9.1	6.1	6.5

表 3.12.6　2015 ~ 2017 年黑龙江市场各类节目的播出份额(%)和收视份额(%)

节目类别	2015 年		2016 年		2017 年	
	播出份额	收视份额	播出份额	收视份额	播出份额	收视份额
财经	2.0	0.2	1.4	0.2	1.1	0.2
电视剧	19.7	27.8	20.9	28.4	22.0	28.1
电影	3.6	1.7	3.6	2.1	4.0	3.0
法制	1.0	1.0	0.8	1.1	0.9	0.9
教学	0.3	0.0	0.4	0.0	0.2	0.0
青少	6.6	3.4	6.9	3.3	7.3	4.2
生活服务	9.3	9.8	8.7	8.4	7.9	7.9
体育	2.9	0.9	3.2	1.5	3.4	1.4
外语	0.0	0.0	0.0	0.0	0.1	0.0
戏剧	0.8	0.1	0.8	0.1	0.8	0.2
新闻/时事	15.3	20.3	15.4	18.9	15.9	18.5
音乐	2.6	0.5	1.9	0.6	1.5	0.8
专题	13.5	3.3	13.9	3.8	14.2	4.9
综艺	10.4	16.0	10.3	16.9	8.7	14.0
其他	12.0	15.0	11.8	14.7	12.0	15.9

表 3.12.7　2017 年黑龙江市场所有节目收视率排名前三十位

名次	节目名称	节目类型	播出频道	平均收视率（%）	平均占有率（%）
1	中央电视台 2017 春节联欢晚会	综艺	中央电视台综合频道	31.6	79.6
2	一年又一年	专题	中央电视台综合频道	7.8	34.0
3	相亲相爱	综艺	黑龙江电视台文体频道	5.1	16.1
4	中央电视台 2017 元宵晚会	综艺	中央电视台综合频道	4.9	18.0
5	新闻联播	新闻/时事	中央电视台综合频道	4.9	16.3
6	大城小爱	综艺	黑龙江电视台文体频道	4.7	15.9
7	天气预报	生活服务	黑龙江卫视	3.9	10.4
8	星光灿烂	电视剧	黑龙江卫视	3.8	10.6
9	2017 年新年戏曲晚会	戏剧	中央电视台综合频道	3.6	10.3
9	2017 书香中国全民阅读系列活动启动式	综艺	湖南卫视	3.6	10.3
11	1212 接力爱公益晚会	专题	黑龙江电视台文体频道	3.5	11.6
12	英雄之勇往直前	电视剧	黑龙江电视台影视频道	3.4	15.7
13	枪影	电视剧	黑龙江电视台影视频道	3.4	15.5
14	尖峰对决	电视剧	黑龙江电视台影视频道	3.4	14.1
15	你死我活	电视剧	黑龙江电视台影视频道	3.4	13.9
16	一带一路国际合作高峰论坛特别报道	新闻/时事	中央电视台综合频道	3.4	9.6
17	我的老爸是卧底	电视剧	黑龙江电视台影视频道	3.3	14.6
18	老大的幸福	电视剧	黑龙江卫视	3.3	9.9
19	麻雀	电视剧	黑龙江卫视	3.3	8.7
20	残月啸天狼	电视剧	黑龙江电视台影视频道	3.2	13.5
21	英雄之雷神出击	电视剧	黑龙江电视台影视频道	3.1	14.7
22	英雄之天雷地火	电视剧	黑龙江电视台影视频道	3.1	14.3
23	新铁血使命	电视剧	黑龙江电视台影视频道	3.1	13.4
24	危机四伏	电视剧	黑龙江电视台影视频道	3.1	12.7
25	陌路兄弟	电视剧	黑龙江电视台影视频道	3.1	11.5
26	英雄密码	电视剧	黑龙江电视台影视频道	3.1	11.4
27	希望的田野第一季拉林河畔	专题	黑龙江电视台文体频道	3.1	10.5
28	枪侠	电视剧	黑龙江卫视	3.1	10.0
29	总书记为俺家算清了脱贫账	专题	中央电视台综合频道	3.1	9.0
30	妈妈来了	综艺	黑龙江电视台都市频道	3.1	8.7

表 3.12.8　2017 年黑龙江市场电视剧收视率排名前十位

名次	节目名称	播出频道	平均收视率（%）	平均占有率（%）
1	星光灿烂	黑龙江卫视	3.8	10.6
2	英雄之勇往直前	黑龙江电视台影视频道	3.4	15.7
3	枪影	黑龙江电视台影视频道	3.4	15.5
4	尖峰对决	黑龙江电视台影视频道	3.4	14.1
5	你死我活	黑龙江电视台影视频道	3.4	13.9
6	我的老爸是卧底	黑龙江电视台影视频道	3.3	14.6
7	老大的幸福	黑龙江卫视	3.3	9.9
8	麻雀	黑龙江卫视	3.3	8.7
9	残月啸天狼	黑龙江电视台影视频道	3.2	13.5
10	英雄之雷神出击	黑龙江电视台影视频道	3.1	14.7

表 3.12.9　2017 年黑龙江市场新闻节目收视率排名前十位

名次	节目名称	播出频道	平均收视率（%）	平均占有率（%）
1	新闻联播	中央电视台综合频道	4.9	16.3
2	一带一路国际合作高峰论坛特别报道	中央电视台综合频道	3.4	9.6
3	新闻联播	黑龙江卫视	2.9	14.0
4	焦点访谈	中央电视台综合频道	2.7	8.2
5	小佳怡找到了(2 月 7 日)	黑龙江电视台都市频道	2.5	14.6
6	李克强总理会见中外记者并回答提问	中央电视台综合频道	2.3	6.9
7	新闻夜航	黑龙江电视台都市频道	2.1	8.3
8	新华视点	黑龙江卫视	1.6	9.4
9	中国龙新闻周刊	黑龙江卫视	1.6	9.1
10	中国共产党黑龙江省第十二次代表大会开幕式	黑龙江电视台新闻频道	1.6	9.0

表 3.12.10　2017 年黑龙江市场专题节目收视率排名前十位

名次	节目名称	播出频道	平均收视率（%）	平均占有率（%）
1	一年又一年	中央电视台综合频道	7.8	34.0
2	1212 接力爱公益晚会	黑龙江电视台文体频道	3.5	11.6
3	希望的田野第一季拉林河畔	黑龙江电视台文体频道	3.1	10.5
4	总书记为俺家算清了脱贫账	中央电视台综合频道	3.1	9.0
5	不忘初心牢记使命永远奋斗	中央电视台综合频道	3.0	10.2
6	千年大计国家大事	中央电视台综合频道	2.9	8.3
7	2016 年度中国好书	中央电视台综合频道	2.4	8.5
8	老区脱贫攻坚习近平心中的牵挂	中央电视台综合频道	2.4	8.1
9	航拍中国第一季	黑龙江电视台文体频道	2.4	8.0
10	中国梦新征程	黑龙江电视台影视频道	2.1	17.4

表 3.12.11 2017 年黑龙江市场综艺节目收视率排名前十位

名次	节目名称	播出频道	平均收视率（%）	平均占有率（%）
1	中央电视台 2017 年春节联欢晚会	中央电视台综合频道	31.6	79.6
2	相亲相爱	黑龙江电视台文体频道	5.1	16.1
3	中央电视台 2017 元宵晚会	中央电视台综合频道	4.9	18.0
4	大城小爱	黑龙江电视台文体频道	4.7	15.9
5	2017 书香中国全民阅读系列活动启动式	湖南卫视	3.6	10.3
6	妈妈来了	黑龙江电视台都市频道	3.1	8.7
7	加油向未来（7 月 16 日）	中央电视台综合频道	2.7	10.5
8	星光大道（3 月 3 日）	中央电视台综合频道	2.7	8.6
9	中国梦祖国颂 2017 中央电视台国庆特别节目	中央电视台综合频道	2.6	11.8
10	一带一路国际合作高峰论坛文艺晚会	中央电视台综合频道	2.6	8.8

表 3.12.12 2017 年黑龙江市场体育节目收视率排名前十位

名次	节目名称	播出频道	平均收视率（%）	平均占有率（%）
1	中华人民共和国第十三届运动会闭幕式	中央台四套	1.5	5.6
2	中华人民共和国第十三届运动会开幕式	中央电视台综合频道	1.3	5.2
3	第十三届全运会女子三级跳远决赛	中央台五套	1.2	5.0
3	第十三届全运会男子 1500 米自由泳决赛	中央台五套	1.1	7.3
5	2017 年世界乒乓球锦标赛男双决赛	中央台五套	1.1	3.6
6	黄金赛场 超级足球之夜:18 年世界杯亚洲区预选赛第三阶段 A 组第 7 轮（伊朗 VS 中国）	中央台五套	1.0	3.8
7	第十三届全运会跳水男子 10 米台决赛	中央台五套	0.9	6.4
8	实况录像:2017 年亚洲冠军联赛小组赛 H 组第四轮（中国江苏 VS 日本大阪钢巴）	中央台五套	0.9	2.8
9	第十三届全运会男子佩剑团体决赛	中央台五套	0.8	4.6
10	再见天津陕西再见第十三届全运会闭幕式特别节目	中央台五套	0.8	3.5

十三、湖北收视数据

表 3.13.1　2013～2017 年湖北市场各类频道的市场占有率(%)

频道类别	年份				
	2013 年	2014 年	2015 年	2016 年	2017 年
中央电视台频道	29.7	29.4	27.8	31.5	33.5
中国教育电视台频道	0.4	0.3	0.2	0.1	0.1
湖北省级频道	29.2	30.5	31.3	30.2	29.4
其他省级卫视频道	24.9	24.8	26.2	25.2	22.2
其他频道	15.8	15.0	14.5	13.0	14.8

表 3.13.2　2017 年湖北市场各类频道在不同目标观众中的市场占有率(%)

目标观众		中央电视台频道	中国教育电视台频道	湖北省级频道	其他省级卫视频道	其他频道
4 岁及以上所有人		33.5	0.1	29.4	22.2	14.8
城乡	城市	33.3	0.1	22.1	27.5	17.0
	农村	33.7	0.1	33.8	19.1	13.3
性别	男	35.9	0.1	28.1	21.4	14.5
	女	31.3	0.1	30.7	23.1	14.8
年龄	4～14 岁	29.5	0.1	21.4	33.4	15.6
	15～24 岁	33.1	0.1	21.0	30.9	14.9
	25～34 岁	29.6	0.1	28.9	23.8	17.6
	35～44 岁	29.7	0.1	36.1	19.8	14.3
	45～54 岁	29.1	0.1	34.5	20.4	15.9
	55～64 岁	36.6	0.1	31.0	19.1	13.2
	65 岁及以上	45.0	0.1	23.8	18.4	12.7
教育程度	未受过正规教育	37.2	0.1	23.6	26.1	13.0
	小学	32.0	0.1	32.6	21.9	13.4
	初中	32.6	0.1	34.0	20.5	12.8
	高中	35.4	0.1	25.7	22.3	16.5
	大学及以上	33.8	0.1	14.6	26.8	24.7
职业类别	干部/管理人员	35.8	0.1	10.9	22.9	30.3
	个体/私营企业人员	32.5	0.1	30.0	22.5	14.9
	初级公务员/雇员	34.1	0.1	20.3	25.0	20.5
	工人	32.7	0.1	31.1	21.9	14.2
	学生	27.9	0.1	17.6	36.2	18.2
	无业	36.4	0.1	25.8	23.4	14.3
	其他	31.9	0.1	40.0	15.9	12.1
个人月收入	0～300 元	26.8	0.1	34.5	24.6	14.0
	301～900 元	34.9	0.1	34.6	17.3	13.1
	901～1700 元	39.9	0.1	26.0	20.0	14.0
	1701～2600 元	35.6	0.1	25.0	23.5	15.8
	2601～3500 元	37.3	0.1	27.7	20.1	14.8
	3501 元及以上	38.1	0.1	19.8	23.8	18.2

表 3.13.3　2017 年湖北市场各类频道在不同时段的市场占有率(%)

时间段	中央电视台频道	中国教育电视台频道	湖北省级频道	其他省级卫视频道	其他频道
02:00~03:00	27.9	0.1	18.9	28.4	24.7
03:00~04:00	25.4	0.2	22.6	28.7	23.1
04:00~05:00	25.6	0.1	26.9	27.1	20.3
05:00~06:00	31.2	0.1	26.2	24.8	17.7
06:00~07:00	42.3	0.1	25.3	16.6	15.7
07:00~08:00	45.5	0.2	21.2	18.2	14.9
08:00~09:00	39.9	0.1	24.6	21.6	13.8
09:00~10:00	34.5	0.1	27.3	24.0	14.1
10:00~11:00	33.3	0.2	25.5	26.0	15.0
11:00~12:00	34.6	0.1	27.7	24.1	13.5
12:00~13:00	40.1	0.1	24.1	22.1	13.6
13:00~14:00	37.4	0.2	21.6	25.5	15.3
14:00~15:00	34.6	0.2	20.1	28.5	16.6
15:00~16:00	35.0	0.3	17.7	30.2	16.8
16:00~17:00	35.1	0.2	19.0	30.0	15.7
17:00~18:00	33.0	0.1	28.7	23.0	15.2
18:00~19:00	32.2	0.1	39.0	11.4	17.3
19:00~20:00	36.1	0.1	34.5	15.3	14.0
20:00~21:00	30.5	0.0	33.4	23.3	12.8
21:00~22:00	30.2	0.1	34.6	21.9	13.2
22:00~23:00	26.2	0.1	36.2	23.5	14.0
23:00~24:00	32.8	0.1	21.2	29.2	16.7
24:00~25:00	36.2	0.1	18.2	25.3	20.2
25:00~26:00	32.2	0.3	18.6	25.5	23.4

表 3.13.4　2017 年湖北市场收视份额排名前十位的频道

名次	频道名称	收视份额(%)
1	湖北综合	8.3
2	湖北卫视	7.0
3	湖北经视	6.7
4	中央台八套	4.6
5	湖北影视	4.5
6	中央电视台综合频道	4.3
7	中央台六套	4.1
8	中央电视台少儿频道	4.0
9	湖南卫视	3.6
10	中央台三套	3.5

表 3.12.5　2017 年湖北市场各主要频道的观众构成(%)

目标观众		所有频道	主要频道				
			湖北综合	湖北卫视	湖北经视	中央台八套	湖北影视
4 岁及以上所有人		100.0	100.0	100.0	100.0	100.0	100.0
城乡	城市	37.6	23.4	22.0	27.5	33.1	36.4
	农村	62.4	76.6	78.0	72.5	66.9	63.6
性别	男	49.2	45.4	49.1	38.3	41.2	58.0
	女	50.8	54.6	50.9	61.7	58.8	42.0
年龄	4~14 岁	10.8	11.1	5.8	6.6	4.2	7.7
	15~24 岁	7.3	5.0	6.5	4.2	8.4	4.9
	25~34 岁	10.2	11.0	9.4	13.0	5.8	7.1
	35~44 岁	15.4	21.0	23.6	21.3	11.9	9.7
	45~54 岁	21.4	23.6	20.8	26.5	22.6	32.1
	55~64 岁	18.8	16.3	20.9	17.4	20.3	23.9
	65 岁及以上	16.1	12.0	13.0	11.0	26.8	14.6
教育程度	未受过正规教育	9.2	10.7	5.6	6.3	8.9	5.5
	小学	24.5	28.3	24.9	28.2	30.6	25.8
	初中	37.7	46.0	41.9	44.0	36.7	44.6
	高中	19.9	13.0	22.4	16.9	18.0	17.7
	大学及以上	8.7	2.0	5.2	4.6	5.8	6.4
职业类别	干部/管理人员	1.2	0.2	0.5	0.5	0.8	0.7
	个体/私营企业人员	10.4	11.6	10.0	9.0	11.1	12.0
	初级公务员/雇员	6.9	3.4	6.4	2.9	6.0	5.9
	工人	15.4	16.1	15.9	15.3	14.2	20.4
	学生	7.1	3.9	5.0	3.9	3.1	4.4
	无业	34.4	31.1	27.0	32.1	33.6	28.0
	其他	24.6	33.7	35.2	36.3	31.2	28.6
个人月收入	0~300 元	33.1	47.9	43.5	39.6	22.8	21.4
	301~900 元	13.7	14.3	14.9	16.4	15.2	20.7
	901~1700 元	13.3	11.0	11.5	11.8	19.0	13.0
	1701~2600 元	20.1	11.5	14.7	14.6	23.2	29.6
	2601~3500 元	10.1	9.1	9.3	12.4	10.6	7.5
	3501 元及以上	9.7	6.2	6.1	5.2	9.2	7.8

表 3.13.6　2015~2017 年湖北市场各类节目的播出份额(%)和收视份额(%)

节目类别	2015 年		2016 年		2017 年	
	播出份额	收视份额	播出份额	收视份额	播出份额	收视份额
财经	1.5	0.7	1.3	0.5	1.1	0.4
电视剧	25.3	35.7	22.0	34.4	22.6	34.7
电影	3.9	4.8	3.5	4.6	3.7	4.8
法制	1.2	1.2	1.0	0.7	1.0	0.6
教学	0.3	0.1	0.2	0.0	0.2	0.0
青少	6.0	6.3	6.4	6.3	6.7	7.1
生活服务	11.7	8.1	9.2	7.6	8.4	7.2
体育	3.0	1.6	3.2	1.7	3.3	1.6
外语	0.0	0.0	0.0	0.0	0.1	0.0
戏剧	0.7	0.2	0.8	0.2	0.8	0.2
新闻/时事	10.9	11.9	14.9	13.5	15.2	14.1
音乐	2.6	0.7	1.9	0.7	1.5	0.7
专题	13.1	5.2	13.9	4.8	14.1	4.7
综艺	8.2	11.7	9.4	12.8	8.6	10.6
其他	11.6	11.8	12.3	12.2	12.7	13.3

表 3.13.7　2017 年湖北市场所有节目收视率排名前三十位

名次	节目名称	节目类别	播出频道	平均收视率（%）	平均占有率（%）
1	中央电视台 2017 春节联欢晚会	综艺	中央电视台综合频道	10.1	21.8
2	少林寺	电影	中央台六套	4.3	13.5
3	精武陈真	电视剧	湖北综合	4.2	14.7
4	天气预报	生活服务	中央电视台综合频道	4.2	13.2
5	因为遇见你	电视剧	湖南卫视	4.1	11.4
6	黎明破晓前	电视剧	湖北综合	4.0	14.5
7	人民的名义	电视剧	湖南卫视	4.0	11.8
8	黄大妮	电视剧	湖北经视	3.9	12.2
9	一年又一年	专题	中央电视台综合频道	3.9	11.8
10	卧底	电视剧	湖北综合	3.8	12.1
11	新春喜剧之夜	综艺	中央台三套	3.8	11.6
12	黄河英雄	电视剧	湖北综合	3.6	13.7
13	我和她的传奇情仇	电视剧	湖北综合	3.6	12.6
14	边城剿匪	电视剧	湖北综合	3.5	14.0
15	杀寇侠侣	电视剧	湖北影视	3.5	13.0
16	风狼队	电视剧	湖北影视	3.5	12.6
17	秘密小分队	电视剧	湖北综合	3.4	12.5
18	调解现场	生活服务	湖北综合	3.4	11.2
19	青年霍元甲之冲出江湖	电视剧	中央台八套	3.4	10.4
20	心如铁	电视剧	湖北综合	3.3	12.5
21	李小龙传奇	电视剧	湖北综合	3.3	11.9
22	学生兵	电视剧	湖北综合	3.3	11.2
23	女子奇袭队	电视剧	湖北综合	3.3	11.1
23	大声说出来	综艺	湖北综合	3.3	11.1
25	桃花朵朵开	综艺	湖北经视	3.2	15.2
26	双枪李向阳	电视剧	湖北综合	3.2	12.2
27	火线姐妹	电视剧	湖北综合	3.2	11.8
28	胜利之路	电视剧	湖北综合	3.2	10.5
29	荆楚工匠	专题	湖北综合	3.1	11.3
30	2017 东南西北贺新春	综艺	中央台三套	3.1	9.9

表 3.13.8 2017 年湖北市场电视剧收视率排名前十位

名次	节目名称	播出频道	平均收视率（%）	平均占有率（%）
1	精武陈真	湖北综合	4.2	14.7
2	因为遇见你	湖南卫视	4.1	11.4
3	黎明破晓前	湖北综合	4.0	14.5
4	人民的名义	湖南卫视	4.0	11.8
5	黄大妮	湖北经视	3.9	12.2
6	卧底	湖北综合	3.8	12.1
7	黄河英雄	湖北综合	3.6	13.7
8	我和她的传奇情仇	湖北综合	3.6	12.6
9	边城剿匪	湖北综合	3.5	14.0
10	杀寇侠侣	湖北影视	3.5	13.0

表 3.13.9 2017 年湖北市场新闻节目收视率排名前十位

名次	节目名称	播出频道	平均收视率（%）	平均占有率（%）
1	帮女郎在行动	湖北综合	2.7	12.5
2	经视直播	湖北经视	2.4	10.1
3	新闻 360	湖北综合	2.2	11.5
4	转播中央台新闻联播	湖北卫视	2.0	7.2
5	香港回归祖国 20 周年特别报道	中央电视台综合频道	2.0	6.3
6	360 看天下	湖北综合	1.6	11.4
7	海峡两岸	中央台四套	1.6	4.7
7	一带一路国际合作高峰论坛特别报道	湖北卫视	1.6	4.7
9	湖北新闻	湖北卫视	1.4	6.0
10	焦点访谈	中央电视台综合频道	1.3	4.0

表 3.12.10 2017 年湖北市场专题节目收视率排名前十位

名次	节目名称	播出频道	平均收视率（%）	平均占有率（%）
1	一年又一年	中央电视台综合频道	3.9	11.8
2	荆楚工匠	湖北综合	3.1	11.3
3	旅游带动发展	湖北综合	2.9	9.0
4	千年大计国家大事	中央电视台综合频道	2.1	6.8
5	巡视利剑	中央电视台综合频道	1.7	5.6
5	香港发展一直牵动着我的心 习近平香港行纪实	中央电视台综合频道	1.7	5.6
7	2017 我选湖北湖北省大学生创业大赛	湖北综合	1.7	5.4
8	不忘初心牢记使命永远奋斗	中央电视台新闻频道	1.5	4.5
9	大国外交	中央电视台综合频道	1.4	4.2
10	打铁还需自身硬	中央电视台综合频道	1.4	3.8

表 3.13.11　2017 年湖北市场综艺节目收视率排名前十位

名次	节目名称	播出频道	平均收视率（%）	平均占有率（%）
1	中央电视台 2017 春节联欢晚会	中央电视台综合频道	10.1	21.8
2	新春喜剧之夜	中央台三套	3.8	11.6
3	大声说出来	湖北综合	3.3	11.1
4	桃花朵朵开	湖北经视	3.2	15.2
5	2017 东南西北贺新春	中央台三套	3.1	9.9
6	中央电视台 2017 元宵晚会	中央电视台综合频道	3.0	9.4
7	中国梦祖国颂 2017 中央电视台国庆特别节目	中央电视台综合频道	2.9	9.4
8	喜到福到好运到春晚倒计时	中央台三套	2.9	8.8
9	第四届国际道教论坛开幕式	湖北综合	2.7	8.6
10	中国梦劳动美 2017 年庆祝五一国际劳动节心连心特别节目	中央电视台综合频道	2.6	7.9

表 3.13.12　2017 年湖北市场体育节目收视率排名前十位

名次	节目名称	播出频道	平均收视率（%）	平均占有率（%）
1	黄金赛场:2018 年世界杯亚洲区预选赛十二强赛/中国 VS 乌兹别克斯坦	中央台五套	2.0	6.6
2	中华人民共和国第十三届运动会开幕式	中央电视台综合频道	1.9	5.9
3	直播周末:2017 年世界女排大奖赛总决赛半决赛/中国队 VS 意大利队	中央台五套	1.7	6.3
4	第十三届全运会男子 100 米仰泳半决赛	中央台五套	1.6	6.7
5	2017 年世界乒乓球锦标赛女双半决赛	中央台五套	1.6	6.0
6	第十三届全运会女子 400 米栏预赛	中央台五套	1.5	4.3
7	2017 年第十三届全运会女排决赛/上海 VS 江苏	中央台五套	1.4	4.6
8	直播周末:2017 年亚洲乒乓球锦标赛男单决赛	中央台五套	1.3	7.6
9	黄金赛场:2017 年国际男篮锦标赛第二站/中国队 VS 新西兰队	中央台五套	1.3	4.5
10	黄金赛场:2017 年中国杯国际足球锦标赛/中国国家男子足球队 VS 冰岛国家男子足球队	中央台五套	1.3	3.7

十四、湖南收视数据

表 3.14.1 2013～2017 年湖南市场各类频道的市场占有率(%)

频道类别	年份				
	2013 年	2014 年	2015 年	2016 年	2017 年
中央电视台频道	24.5	24.3	21.9	22.9	21.4
中国教育电视台频道	0.3	0.2	0.1	0.1	0.1
湖南省级频道	54.3	55.8	58.3	53.9	54.8
其他省级卫视频道	9.4	8.4	8.5	8.3	8.1
其他频道	11.6	11.3	11.2	14.8	15.6

表 3.14.2 2017 年湖南市场各类频道在不同目标观众中的市场占有率(%)

目标观众		中央电视台频道	中国教育电视台频道	湖南省级频道	其他省级卫视频道	其他频道
4 岁及以上所有人		21.4	0.1	54.8	8.1	15.6
城乡	城市	27.0	0.1	51.1	8.2	13.6
	农村	19.8	0.1	55.9	8.1	16.1
性别	男	22.8	0.1	54.8	7.4	14.9
	女	20.0	0.1	54.9	8.8	16.2
年龄	4～14 岁	20.2	0.1	55.6	10.0	14.1
	15～24 岁	16.1	0.1	54.9	10.9	18.0
	25～34 岁	20.9	0.1	55.2	7.6	16.2
	35～44 岁	25.1	0.2	48.6	10.9	15.2
	45～54 岁	20.9	0.2	57.3	6.6	15.0
	55～64 岁	21.4	0.1	54.8	6.2	17.5
	65 岁及以上	22.9	0.1	56.7	6.8	13.5
教育程度	未受过正规教育	23.1	0.1	54.2	7.3	15.3
	小学	19.7	0.1	59.5	7.5	13.2
	初中	21.5	0.2	53.3	8.3	16.7
	高中	22.3	0.1	52.3	8.6	16.7
	大学及以上	25.4	0.2	49.2	9.3	15.9
职业类别	干部/管理人员	36.5	0.1	41.1	6.0	16.3
	个体/私营企业人员	20.9	0.2	56.7	8.5	13.7
	初级公务员/雇员	21.9	0.1	52.9	10.9	14.2
	工人	22.0	0.1	49.9	8.1	19.9
	学生	17.9	0.1	56.9	12.3	12.8
	无业	21.4	0.1	55.2	7.8	15.5
	其他	22.4	0.2	54.8	6.4	16.2
个人月收入	0～300 元	20.0	0.1	55.8	8.8	15.3
	301～900 元	21.5	0.1	57.8	6.8	13.8
	901～1700 元	21.3	0.1	52.1	7.5	19.0
	1701～2600 元	22.5	0.1	57.3	7.4	12.7
	2601～3500 元	22.8	0.1	53.6	8.1	15.4
	3501 元及以上	25.2	0.3	47.3	9.2	18.0

表 3.14.3　2017 年湖南市场各类频道在不同时段的市场占有率(%)

时间段	中央电视台频道	中国教育电视台频道	湖南省级频道	其他省级卫视频道	其他频道
02:00~03:00	19.8	0.3	40.5	12.8	26.6
03:00~04:00	18.3	0.5	43.6	12.0	25.6
04:00~05:00	19.2	0.7	40.5	11.3	28.3
05:00~06:00	22.7	0.8	35.2	11.9	29.4
06:00~07:00	36.5	0.4	31.4	9.8	21.9
07:00~08:00	38.0	0.2	33.7	9.3	18.8
08:00~09:00	31.8	0.2	39.1	10.3	18.6
09:00~10:00	27.4	0.2	42.1	11.3	19.0
10:00~11:00	25.5	0.3	45.3	11.0	17.9
11:00~12:00	26.2	0.1	45.6	11.6	16.5
12:00~13:00	25.7	0.1	47.2	12.3	14.7
13:00~14:00	25.3	0.2	46.7	11.3	16.5
14:00~15:00	25.8	0.2	45.0	11.1	17.9
15:00~16:00	25.5	0.2	43.4	11.8	19.1
16:00~17:00	26.2	0.3	41.7	12.5	19.3
17:00~18:00	22.7	0.1	50.4	10.6	16.2
18:00~19:00	19.4	0.1	62.9	4.0	13.6
19:00~20:00	21.8	0.1	60.0	4.6	13.5
20:00~21:00	17.2	0.0	63.8	6.6	12.4
21:00~22:00	17.7	0.1	62.8	5.9	13.5
22:00~23:00	14.9	0.1	64.3	6.2	14.5
23:00~24:00	18.5	0.1	53.8	9.1	18.5
24:00~25:00	22.9	0.2	41.7	11.4	23.8
25:00~26:00	20.7	0.3	36.5	12.3	30.2

表 3.14.4　2017 年湖南市场收视份额排名前十位的频道

名次	频道名称	收视份额(%)
1	湖南电视台电视剧频道	9.6
2	湖南卫视	9.0
3	湖南电视台潇湘电影频道	8.4
4	湖南电视台经济频道	7.9
5	湖南电视台都市频道	7.7
6	湖南电视台金鹰卡通频道	7.4
7	中央电视台少儿频道	3.8
8	湖南电视台娱乐频道	3.4
9	中央电视台综合频道	2.3
9	中央台六套	2.3

表 3.14.5　2017 年湖南市场各主要频道的观众构成(%)

目标观众		所有频道	主要频道				
			湖南电视台电视剧频道	湖南卫视	湖南电视台潇湘电影频道	湖南电视台经济频道	湖南电视台都市频道
4 岁及以上所有人		100.0	100.0	100.0	100.0	100.0	100.0
城乡	城市	22.3	15.8	17.2	21.2	27.8	18.5
	农村	77.7	84.2	82.8	78.8	72.2	81.6
性别	男	50.3	51.0	40.7	57.0	53.7	50.2
	女	49.7	49.0	59.3	43.0	46.3	49.8
年龄	4~14 岁	14.6	13.8	19.3	10.0	7.3	7.4
	15~24 岁	6.9	5.4	11.2	5.6	7.4	8.7
	25~34 岁	12.1	10.6	9.3	14.4	10.2	14.2
	35~44 岁	14.3	11.5	15.9	13.6	9.2	15.4
	45~54 岁	21.1	19.6	12.6	29.2	26.4	26.2
	55~64 岁	18.2	19.8	17.6	11.7	27.4	15.7
	65 岁及以上	12.8	19.3	14.1	15.5	12.1	12.3
教育程度	未受过正规教育	8.1	6.1	8.2	4.6	5.2	5.1
	小学	29.8	42.1	33.5	34.4	32.1	22.6
	初中	38.0	34.4	33.9	40.4	35.1	43.9
	高中	19.4	14.6	19.6	17.4	23.8	21.4
	大学及以上	4.6	2.9	4.9	3.3	4.0	7.1
职业类别	干部/管理人员	0.7	0.4	0.3	0.2	0.6	0.3
	个体/私营企业人员	13.4	9.2	13.8	15.5	13.6	20.4
	初级公务员/雇员	4.5	3.3	3.8	4.2	6.5	5.3
	工人	8.7	8.7	6.3	10.8	8.7	4.3
	学生	10.6	10.2	21.5	9.0	6.0	4.9
	无业	31.4	33.0	29.8	28.5	28.5	33.5
	其他	30.8	35.2	24.6	31.9	36.0	31.3
个人月收入	0~300 元	39.2	41.2	52.6	30.9	29.3	33.8
	301~900 元	13.3	13.9	10.8	16.8	18.3	16.3
	901~1700 元	17.4	17.0	13.4	21.1	18.0	15.2
	1701~2600 元	15.3	17.0	13.2	14.4	18.4	17.3
	2601~3500 元	7.0	6.2	4.7	8.7	7.6	9.7
	3501 元及以上	7.8	4.8	5.3	8.2	8.4	7.8

表 3.14.6　2015~2017 年湖南市场各类节目的播出份额(%)和收视份额(%)

节目类型	2015 年		2016 年		2017 年	
	播出份额	收视份额	播出份额	收视份额	播出份额	收视份额
财经	1.7	0.2	1.3	0.2	1.1	0.2
电视剧	21.3	40.3	22.3	37.8	23.1	41.8
电影	4.5	7.1	4.2	6.3	4.3	6.1
法制	0.8	0.3	0.7	0.3	0.8	0.3
教学	0.3	0.0	0.2	0.0	0.2	0.0
青少	6.5	8.7	6.5	8.5	6.8	8.8
生活服务	8.7	5.5	8.3	5.6	7.3	5.1
体育	2.9	0.9	3.2	1.3	3.3	1.0
外语	0.0	0.0	0.0	0.0	0.1	0.0
戏剧	0.8	0.1	0.8	0.2	0.8	0.3
新闻/时事	15.1	11.6	15.3	12.7	15.9	11.3
音乐	2.5	1.1	1.9	1.1	1.5	0.8
专题	13.8	5.4	13.7	5.5	14.0	5.8
综艺	8.8	8.1	9.3	9.0	8.1	7.4
其他	12.3	10.7	12.3	11.4	12.6	11.1

表 3.14.7 2017 年湖南市场所有节目收视率排名前三十位

名次	节目名称	节目类型	播出频道	平均收视率（%）	平均占有率（%）
1	中央电视台 2017 春节联欢晚会	综艺	中央电视台综合频道	10.3	18.2
2	因为遇见你	电视剧	湖南卫视	7.7	20.2
3	快乐中国 2017/2018 跨年演唱会(12 月 31 日)	音乐	湖南卫视	6.9	18.6
4	一剑横空	电视剧	湖南电视台经济频道	6.5	17.4
5	精武传奇前传	电视剧	湖南电视台潇湘电影频道	6.4	20.9
6	一年又一年	专题	中央电视台综合频道	6.3	16.7
7	使命 1915	电视剧	湖南电视台潇湘电影频道	6.2	20.8
8	大侠杜心五	电视剧	湖南电视台潇湘电影频道	6.2	20.0
9	神枪	电视剧	湖南电视台电视剧频道	6.0	23.0
10	叶问传奇	电视剧	湖南电视台潇湘电影频道	6.0	20.6
11	喋血神枪	电视剧	湖南电视台经济频道	6.0	18.4
12	快乐中国跨年演唱会(1 月 1 日)	音乐	湖南卫视	5.9	22.5
13	大地惊雷	电视剧	湖南电视台经济频道	5.9	18.4
14	赌坊侠客	电影	湖南电视台潇湘电影频道	5.9	17.2
15	人民的名义	电视剧	湖南卫视	5.9	16.9
16	天狼星行动	电视剧	湖南电视台电视剧频道	5.8	23.9
17	大西北剿匪记	电视剧	湖南电视台经济频道	5.7	16.8
18	烈火刀影	电视剧	湖南电视台经济频道	5.6	20.0
19	我们的少年时代	电视剧	湖南卫视	5.6	17.9
20	无名者	电视剧	湖南电视台经济频道	5.5	16.2
21	羽毛耳环	电视剧	湖南电视台电视剧频道	5.4	18.1
22	李小龙传奇	电视剧	湖南电视台潇湘电影频道	5.4	17.9
22	神勇武工队传奇	电视剧	湖南电视台经济频道	5.4	17.9
24	烈火战狼	电视剧	湖南电视台经济频道	5.3	15.0
25	复仇黑玫瑰	电视剧	湖南电视台经济频道	5.3	14.3
26	喋血孤岛	电视剧	湖南电视台潇湘电影频道	5.2	18.5
27	精武传奇	电视剧	湖南电视台潇湘电影频道	5.2	16.3
28	冰锋	电视剧	湖南电视台经济频道	5.2	15.6
29	生死血刃	电视剧	湖南电视台经济频道	5.2	14.6
30	剿匪英雄	电视剧	湖南电视台潇湘电影频道	5.1	18.7

表3.14.8　2017年湖南市场电视剧收视率排名前十位

名次	节目名称	播出频道	平均收视率(%)	平均占有率(%)
1	因为遇见你	湖南卫视	7.7	20.2
2	一剑横空	湖南电视台经济频道	6.5	17.4
3	精武传奇前传	湖南电视台潇湘电影频道	6.4	20.9
4	使命1915	湖南电视台潇湘电影频道	6.2	20.8
5	大侠杜心五	湖南电视台潇湘电影频道	6.2	20.0
6	神枪	湖南电视台电视剧频道	6.0	23.0
7	叶问传奇	湖南电视台潇湘电影频道	6.0	20.6
8	喋血神枪	湖南电视台经济频道	6.0	18.4
9	大地惊雷	湖南电视台经济频道	5.9	18.4
10	人民的名义	湖南卫视	5.9	16.9

表3.14.9　2017年湖南市场新闻节目收视率排名前十位

名次	节目名称	播出频道	平均收视率(%)	平均占有率(%)
1	都市大直播(晚间档)	湖南电视台都市频道	4.4	15.4
2	转播中央台新闻联播	湖南卫视	3.2	11.6
3	湖南新闻联播	湖南卫视	2.6	11.8
4	都市1时间	湖南电视台都市频道	2.1	9.2
5	直播大事件(晚间档)	湖南电视台经济频道	1.4	7.9
6	一带一路国际合作高峰论坛特别报道	湖南卫视	1.2	4.1
7	新闻当事人	湖南卫视	1.1	6.2
8	都市晚间	湖南电视台都市频道	1.1	4.1
9	世界大不同	湖南电视台都市频道	1.0	8.8
10	经视焦点	湖南电视台经济频道	1.0	4.3

表3.14.10　2017年湖南市场专题节目收视率排名前十位

名次	节目名称	播出频道	平均收视率(%)	平均占有率(%)
1	一年又一年	中央电视台综合频道	6.3	16.7
2	寻情记	湖南电视台都市频道	4.1	11.5
3	我们的歌手	湖南卫视	2.9	10.7
4	我是未来	湖南卫视	1.7	5.3
5	湖南好儿女	湖南电视台电视剧频道	1.5	11.6
6	平民英雄	湖南卫视	1.4	7.9
7	社会主义有点潮	湖南卫视	1.4	4.0
8	加油男孩	中央电视台少儿频道	1.4	3.4
9	新闻大求真	湖南卫视	1.3	7.5
10	不忘初心继续前进	湖南卫视	1.2	8.6

表 3.14.11 2017 年湖南市场综艺节目收视率排名前十位

名次	节目名称	播出频道	平均收视率（%）	平均占有率（%）
1	中央电视台 2017 春节联欢晚会	中央电视台综合频道	10.3	18.2
2	2017 元宵喜乐会	湖南卫视	5.4	15.1
3	2017 湖南卫视小年夜春晚	湖南卫视	4.9	13.4
4	1 生 1 世合家欢春晚前戏五仙报喜	湖南电视台经济频道	3.9	7.3
5	孤芳不自赏追剧抢鲜看	湖南卫视	3.8	10.6
6	让月亮告诉你每一刻都珍贵中秋之夜	湖南卫视	3.6	11.4
7	快乐大本营	湖南卫视	3.2	9.7
8	2017 书香中国全民阅读系列活动启动式	湖南卫视	3.0	9.1
9	七十二层奇楼	湖南卫视	2.6	7.9
10	中央电视台 2017 元宵晚会	中央电视台综合频道	2.6	7.5

表 3.14.12 2017 年湖南市场体育节目收视率排名前十位

名次	节目名称	播出频道	平均收视率（%）	平均占有率（%）
1	超级足球之夜 黄金赛场:国际足联 18 年世界杯亚洲区预选赛 A 组第 6 轮（中国 VS 韩国）	中央台五套	2.7	6.9
2	黄金赛场:2017 年中国足球协会超级联赛第 15 轮（上海绿地申花 VS 辽宁沈阳开新）	中央台五套	1.8	4.8
3	黄金赛场:2017 年亚冠 H 组第 4 轮（江苏 VS 大阪钢巴）	中央台五套	1.7	4.9
4	2016/2017 赛季德国足球甲级联赛第 33轮前瞻	中央台五套	1.6	4.8
5	第十三届全运会女子 400 米栏预赛	中央台五套	1.4	4.2
6	实况录像:2017 年国际田联钻石联赛斯德哥尔摩站女子 800 米	中央台五套	1.4	3.7
7	黄金赛场:2017 年中国足协杯半决赛次回合（上海申鑫 VS 上海申花）	中央台五套	1.2	3.6
8	六月华彩	中央台五套	1.2	3.3
9	中华人民共和国第十三届运动会开幕式	中央台四套	1.1	3.3
10	黄金赛场:2016/2017 赛季中国男子篮球职业联赛总决赛第三场（广东东莞银行 VS 新疆喀什古城）	中央台五套	1.1	3.1

十五、吉林收视数据

表 3.15.1 2013~2017 年吉林市场各类频道的市场占有率(%)

频道类别	年份				
	2013 年	2014 年	2015 年	2016 年	2017 年
中央电视台频道	37.6	36.7	37.7	39.6	38.4
中国教育电视台频道	0.4	0.2	0.2	0.1	0.1
吉林省级频道	23.8	27.1	26.2	25.9	24.5
其他省级卫视频道	32.0	31.0	27.7	25.2	27.9
其他频道	6.2	5.0	8.2	9.2	9.1

表 3.15.2 2017 年吉林市场各类频道在不同目标观众中的市场占有率(%)

目标观众		中央电视台频道	中国教育电视台频道	吉林省级频道	其他省级卫视频道	其他频道
4 岁及以上所有人		38.4	0.1	24.5	27.9	9.1
城乡	城市	40.9	0.1	21.7	30.7	6.6
	农村	36.6	0.1	26.7	25.8	10.8
性别	男	41.7	0.1	23.2	25.5	9.5
	女	35.3	0.1	25.8	30.3	8.5
年龄	4~14 岁	50.6	0.1	9.9	33.3	6.1
	15~24 岁	35.7	0.1	17.7	36.3	10.2
	25~34 岁	36.7	0.1	16.4	38.2	8.6
	35~44 岁	35.0	0.1	21.3	34.2	9.4
	45~54 岁	36.4	0.1	27.6	26.0	9.9
	55~64 岁	38.8	0.1	32.0	20.1	9.0
	65 岁及以上	42.8	0.0	34.9	14.1	8.2
教育程度	未受过正规教育	45.6	0.0	28.7	18.6	7.1
	小学	37.8	0.1	29.2	23.4	9.5
	初中	37.1	0.1	24.0	29.6	9.2
	高中	38.2	0.1	22.9	30.0	8.8
	大学及以上	43.7	0.1	19.2	29.0	8.0
职业类别	干部/管理人员	47.7	0.1	19.2	23.1	9.9
	个体/私营企业人员	39.4	0.1	20.4	30.7	9.4
	初级公务员/雇员	43.5	0.1	19.5	31.6	5.3
	工人	37.7	0.0	21.3	33.2	7.8
	学生	41.8	0.1	13.4	36.4	8.3
	无业	42.0	0.1	26.5	23.3	8.1
	其他	32.9	0.1	29.9	26.1	11.0
个人月收入	0~300 元	41.2	0.1	19.3	30.9	8.5
	301~900 元	32.6	0.0	35.9	23.1	8.4
	901~1700 元	36.2	0.1	26.5	27.5	9.7
	1701~2600 元	37.2	0.1	25.3	27.6	9.8
	2601~3500 元	43.5	0.1	20.2	29.4	6.8
	3501 元及以上	41.3	0.1	23.0	25.9	9.7

表 3.15.3　2017 年吉林市场各类频道在不同时段的市场占有率(%)

时间段	中央电视台频道	中国教育电视台频道	吉林省级频道	其他省级卫视频道	其他频道
02:00~03:00	54.1	1.3	9.3	27.1	8.2
03:00~04:00	41.4	0.3	12.6	20.9	24.8
04:00~05:00	50.0	0.2	14.6	20.0	15.2
05:00~06:00	46.7	0.2	20.3	23.9	8.9
06:00~07:00	48.1	0.1	15.2	29.6	7.0
07:00~08:00	53.7	0.2	14.0	23.7	8.4
08:00~09:00	51.3	0.3	12.1	26.6	9.7
09:00~10:00	47.0	0.2	9.9	34.2	8.7
10:00~11:00	44.9	0.2	9.6	36.5	8.8
11:00~12:00	42.8	0.1	11.8	37.2	8.1
12:00~13:00	43.4	0.1	8.4	41.5	6.6
13:00~14:00	46.1	0.1	7.8	39.2	6.8
14:00~15:00	44.1	0.5	7.2	39.4	8.8
15:00~16:00	39.5	0.2	11.1	38.6	10.6
16:00~17:00	26.8	0.1	44.0	22.4	6.7
17:00~18:00	29.2	0.0	43.6	17.7	9.5
18:00~19:00	34.2	0.1	42.2	12.6	10.9
19:00~20:00	46.7	0.0	26.1	18.7	8.5
20:00~21:00	30.2	0.0	24.1	36.4	9.3
21:00~22:00	28.4	0.1	22.4	40.4	8.7
22:00~23:00	32.5	0.0	12.7	45.5	9.3
23:00~24:00	41.5	0.0	7.6	38.2	12.7
24:00~25:00	40.7	0.3	10.5	23.1	25.4
25:00~26:00	41.7	0.0	22.4	21.1	14.8

表 3.15.4　2017 年吉林市场收视份额排名前十位的频道

名次	频道名称	收视份额(%)
1	中央电视台综合频道	9.5
2	吉林电视台乡村频道(五套)	8.3
3	吉林电视台生活频道(三套)	6.6
4	中央电视台少儿频道	4.9
5	湖南卫视	3.8
6	吉林电视台都市频道(二套)	3.7
6	中央台三套	3.7
8	中央台八套	3.6
9	浙江卫视	3.4
10	中央台六套	3.2

表 3.15.5 2017 年吉林市场各主要频道的观众构成(%)

目标观众		所有频道	主要频道				
			中央电视台综合频道	吉林电视台乡村频道(五套)	吉林电视台生活频道(三套)	中央电视台少儿频道	湖南卫视
4 岁及以上所有人		100.0	100.0	100.0	100.0	100.0	100.0
城乡	城市	43.4	53.5	21.0	34.6	27.0	40.8
	农村	56.6	46.5	79.0	65.4	73.0	59.2
性别	男	49.1	53.2	43.8	45.6	49.2	39.2
	女	50.9	46.8	56.2	54.4	50.8	60.8
年龄	4~14 岁	7.4	4.9	3.1	2.6	51.7	11.0
	15~24 岁	9.6	7.6	6.2	6.8	10.9	19.7
	25~34 岁	11.8	10.1	6.6	8.1	16.2	19.2
	35~44 岁	19.4	17.5	13.8	16.7	9.8	26.6
	45~54 岁	20.7	23.2	22.4	24.8	5.8	14.6
	55~64 岁	17.8	20.8	23.6	24.6	4.0	5.2
	65 岁及以上	13.3	16.0	24.3	16.4	1.6	3.7
教育程度	未受过正规教育	3.9	3.0	6.6	5.2	19.7	1.3
	小学	20.5	13.6	30.1	26.0	40.6	15.1
	初中	41.7	40.3	43.4	41.7	30.7	47.1
	高中	24.7	31.2	16.2	20.1	6.4	24.4
	大学及以上	9.1	12.0	3.7	7.0	2.7	12.0
职业类别	干部/管理人员	1.1	2.8	0.3	0.6	0.2	0.7
	个体/私营企业人员	10.6	11.8	6.3	7.2	6.6	11.8
	初级公务员/雇员	10.1	14.9	4.4	8.8	3.4	10.6
	工人	8.2	9.8	3.7	6.5	3.6	11.1
	学生	9.8	6.8	4.8	5.1	36.3	20.3
	无业	25.9	28.0	25.7	26.9	25.1	14.0
	其他	34.3	25.9	54.8	44.9	24.7	31.4
个人月收入	0~300 元	19.2	14.4	17.2	14.6	61.7	28.0
	301~900 元	8.9	7.5	19.6	14.0	4.5	6.2
	901~1700 元	23.6	20.1	24.4	26.1	14.4	20.1
	1701~2600 元	27.9	30.8	24.1	27.7	11.9	24.9
	2601~3500 元	13.0	18.2	8.2	11.1	6.0	14.6
	3501 元及以上	7.4	9.1	6.4	6.5	1.5	6.1

表 3.15.6 2015~2017 年吉林市场各类节目的播出份额(%)和收视份额(%)

节目类型	2015 年		2016 年		2017 年	
	播出份额	收视份额	播出份额	收视份额	播出份额	收视份额
财经	1.5	0.5	1.2	0.7	1.0	0.6
电视剧	24.8	27.5	27.2	25.0	27.8	26.2
电影	4.3	3.6	4.3	4.2	4.4	4.7
法制	1.1	1.6	0.9	1.6	0.9	1.5
教学	0.3	0.1	0.3	0.1	0.2	0.1
青少	5.7	5.0	6.0	5.2	6.5	5.8
生活服务	10.5	8.0	8.0	8.0	7.4	7.5
体育	3.0	1.8	3.2	2.6	3.3	2.0
外语	0.0	0.0	0.0	0.0	0.1	0.0
戏剧	0.7	0.2	0.7	0.3	0.8	0.6
新闻/时事	10.4	13.7	10.1	13.2	10.3	13.6
音乐	2.6	1.2	1.8	1.4	1.4	1.4
专题	13.2	5.4	13.6	5.4	13.7	4.9
综艺	7.7	15.2	8.0	16.2	7.1	14.3
其他	14.4	16.1	14.7	16.2	15.2	16.9

表 3.15.7　2017 年吉林市场所有节目收视率排名前三十位

名次	节目名称	节目类型	播出频道	平均收视率（%）	平均占有率（%）
1	中央电视台 2017 春节联欢晚会	综艺	中央电视台综合频道	39.4	81.9
2	一年又一年	专题	中央电视台综合频道	10.2	34.3
3	新闻联播	新闻/时事	中央电视台综合频道	10.0	28.8
4	天气预报	生活服务	中央电视台综合频道	7.4	19.0
5	千年大计国家大事	专题	中央电视台综合频道	6.2	14.5
6	不忘初心牢记使命永远奋斗	专题	中央电视台综合频道	6.0	16.8
7	总书记为俺家算清了脱贫账	专题	中央电视台综合频道	5.9	15.4
8	乡村情感之女怕嫁错郎	电视剧	吉林电视台乡村频道(五套)	5.5	15.6
9	焦点访谈	新闻/时事	中央电视台综合频道	5.4	13.7
10	中央电视台 2017 元宵晚会	综艺	中央电视台综合频道	4.7	23.9
11	中国诗词大会第二季(2 月 3 日)	专题	中央电视台综合频道	4.7	13.4
12	2017 书香中国全民阅读系列活动启动式	综艺	湖南卫视	4.7	12.8
13	老区脱贫攻坚习近平心中的牵挂	专题	中央电视台综合频道	4.4	11.8
14	一带一路国际合作高峰论坛特别报道	新闻/时事	中央电视台综合频道	4.2	11.2
15	抓住彩虹的男人	电视剧	吉林电视台乡村频道(五套)	4.1	11.5
16	全城热恋	综艺	吉林电视台生活频道(三套)	3.9	22.9
17	二人转总动员精彩乐无边	综艺	吉林电视台乡村频道(五套)	3.9	22.4
18	老郭家的孩子们	电视剧	吉林电视台乡村频道(五套)	3.9	11.2
19	樱桃红之袖珍妈妈	电视剧	吉林电视台乡村频道(五套)	3.8	11.4
20	两个女人的战争	电视剧	吉林电视台乡村频道(五套)	3.8	11.1
21	中国共产党第十九次全国代表大会开幕会专题新闻	新闻/时事	中央电视台综合频道	3.7	12.4
22	碧血书香梦	电视剧	吉林电视台乡村频道(五套)	3.7	12.0
23	老牛家的战争	电视剧	吉林电视台乡村频道(五套)	3.7	11.8
24	翠兰的爱情	电视剧	吉林电视台乡村频道(五套)	3.6	12.3
25	那年花开月正圆	电视剧	上海东方卫视	3.6	11.0
26	放弃我抓紧我	电视剧	湖南卫视	3.6	8.0
27	锁清秋	电视剧	吉林电视台乡村频道(五套)	3.5	11.7
28	生命中的好日子	电视剧	吉林电视台乡村频道(五套)	3.5	11.4
29	黄大妮	电视剧	吉林电视台乡村频道(五套)	3.5	10.8
30	生活有点甜	电视剧	吉林电视台乡村频道(五套)	3.5	9.5

表3.15.8　2017年吉林市场电视剧收视率排名前十位

名次	节目名称	播出频道	平均收视率(%)	平均占有率(%)
1	乡村情感之女怕嫁错郎	吉林电视台乡村频道(五套)	5.5	15.6
2	抓住彩虹的男人	吉林电视台乡村频道(五套)	4.1	11.5
3	老郭家的孩子们	吉林电视台乡村频道(五套)	3.9	11.2
4	樱桃红之袖珍妈妈	吉林电视台乡村频道(五套)	3.8	11.4
5	两个女人的战争	吉林电视台乡村频道(五套)	3.8	11.1
6	碧血书香梦	吉林电视台乡村频道(五套)	3.7	12.0
7	老牛家的战争	吉林电视台乡村频道(五套)	3.7	11.8
8	翠兰的爱情	吉林电视台乡村频道(五套)	3.6	12.3
9	那年花开月正圆	上海东方卫视	3.6	11.0
10	放弃我抓紧我	湖南卫视	3.6	8.0

表3.15.9　2017年吉林市场新闻节目收视率排名前十位

名次	节目名称	播出频道	平均收视率(%)	平均占有率(%)
1	新闻联播	中央电视台综合频道	10.0	28.8
2	焦点访谈	中央电视台综合频道	5.4	13.7
3	一带一路国际合作高峰论坛特别报道	中央电视台综合频道	4.2	11.2
4	中国共产党第十九次全国代表大会开幕会专题新闻	中央电视台综合频道	3.7	12.4
5	李克强总理会见中外记者并回答提问	中央电视台综合频道	2.9	8.0
6	香港回归祖国20周年特别报道	中央电视台综合频道	2.5	9.5
7	守望都市	吉林电视台都市频道(二套)	2.5	9.1
8	共同关注	中央电视台综合频道	2.4	9.7
9	金砖国家领导人第九次会晤特别报道	中央电视台综合频道	1.5	6.0
10	直通乌镇峰会第四届世界互联网大会特别节目	浙江卫视	1.4	7.8

表3.15.10　2017年吉林市场专题节目收视率排名前十位

名次	节目名称	播出频道	平均收视率(%)	平均占有率(%)
1	一年又一年	中央电视台综合频道	10.2	34.3
2	千年大计国家大事	中央电视台综合频道	6.2	14.5
3	不忘初心牢记使命永远奋斗	中央电视台综合频道	6.0	16.8
4	总书记为俺家算清了脱贫账	中央电视台综合频道	5.9	15.4
5	中国诗词大会第二季(2月3日)	中央电视台综合频道	4.7	13.4
5	老区脱贫攻坚习近平心中的牵挂	中央电视台综合频道	4.4	11.8
7	香港发展一直牵动着我的心 习近平香港行纪实	中央电视台综合频道	3.0	8.2
8	本草中华	上海东方卫视	2.4	10.0
9	打铁还需自身硬	中央电视台综合频道	2.4	6.1
10	益路有你	吉林电视台乡村频道(五套)	2.3	10.8

表 3.15.11　2017 年吉林市场综艺节目收视率排名前十位

名次	节目名称	播出频道	平均收视率(%)	平均占有率(%)
1	中央电视台 2017 春节联欢晚会	中央电视台综合频道	39.4	81.9
2	中央电视台 2017 元宵晚会	中央电视台综合频道	4.7	23.9
3	2017 书香中国全民阅读系列活动启动式	湖南卫视	4.7	12.8
4	二人转总动员精彩乐无边	吉林电视台乡村频道(五套)	3.9	22.4
5	2017 中央军委慰问驻京部队老干部迎新春文艺演出	中央电视台综合频道	3.1	8.5
6	好看中国蓝特别节目热巴来了	浙江卫视	3.0	10.0
7	中国梦祖国颂 2017 中央电视台国庆特别节目	中央电视台综合频道	2.5	10.1
8	快乐大本营	湖南卫视	2.4	11.0
9	庆祝香港回归祖国二十周年文艺晚会	中央电视台综合频道	2.3	7.7
10	敢为天下先共筑新湖南湖南创新奖励主题晚会	湖南卫视	2.3	6.5

表 3.15.12　2017 年吉林市场体育节目收视率排名前十位

名次	节目名称	播出频道	平均收视率(%)	平均占有率(%)
1	中华人民共和国第十三届运动会开幕式	中央电视台综合频道	2.3	7.3
2	中华人民共和国第十三届运动会闭幕式	中央电视台综合频道	1.4	4.0
3	直播周末:17/18 赛季短道速滑世界杯上海站男子 5000 米接力半决赛	中央台五套	1.2	5.0
4	新闻速递	中央台五套	1.2	3.0
5	黄金赛场:2017 年世界女排大奖赛总决赛小组赛	中央台五套	1.1	4.1
6	第十三届全运会男子 4×100 米自由泳接力决赛	中央台五套	1.1	3.6
7	2017 年第十三届全运会女排决赛	中央台五套	1.1	3.2
7	第十三届全运会男子 1500 米决赛	中央台五套	1.1	3.2
9	第十三届全运会女子举重 63 公斤级决赛抓举	中央台五套	1.1	3.0
10	直播周末:2017 年国际女排大冠军杯赛	中央台五套	1.0	4.2

十六、江苏收视数据

表 3.16.1 2013～2017 年江苏市场各类频道的市场占有率(%)

频道类别	年份				
	2013 年	2014 年	2015 年	2016 年	2017 年
中央电视台频道	27.6	28.9	31.0	34.7	34.0
中国教育电视台频道	0.4	0.3	0.2	0.1	0.2
江苏省级频道	35.6	37.4	28.9	22.2	27.0
其他省级卫视频道	17.1	16.3	20.4	21.2	17.2
其他频道	19.3	17.1	19.5	21.8	21.6

表 3.16.2 2017 年江苏市场各类频道在不同目标观众中的市场占有率(%)

目标观众		中央电视台频道	中国教育电视台频道	江苏省级频道	其他省级卫视频道	其他频道
4 岁及以上所有人		34.0	0.2	27.0	17.2	21.6
城乡	城市	35.3	0.3	15.8	17.4	31.2
	农村	33.1	0.1	34.6	17.0	15.2
性别	男	37.0	0.2	25.3	15.5	22.0
	女	31.1	0.2	28.6	18.8	21.3
年龄	4～14 岁	23.6	0.1	31.8	29.5	15.0
	15～24 岁	20.4	0.1	31.2	21.3	27.0
	25～34 岁	21.4	0.3	37.5	19.0	21.8
	35～44 岁	33.6	0.1	20.4	22.7	23.2
	45～54 岁	31.8	0.1	31.4	13.9	22.8
	55～64 岁	35.6	0.1	25.3	14.8	24.2
	65 岁及以上	51.5	0.3	17.2	11.5	19.5
教育程度	未受过正规教育	39.2	0.1	31.2	17.6	11.9
	小学	35.4	0.3	27.1	17.5	19.7
	初中	32.3	0.2	28.8	15.8	22.9
	高中	34.2	0.2	23.7	18.0	23.9
	大学及以上	29.0	0.1	19.1	19.5	32.3
职业类别	干部/管理人员	35.9	0.1	17.4	15.1	31.5
	个体/私营企业人员	32.1	0.2	30.7	13.4	23.6
	初级公务员/雇员	32.6	0.2	18.9	17.0	31.3
	工人	32.3	0.2	24.6	17.2	25.7
	学生	22.5	0.1	20.5	34.8	22.1
	无业	37.3	0.2	21.5	18.9	22.1
	其他	36.7	0.1	41.3	11.3	10.6
个人月收入	0～300 元	28.5	0.1	27.8	25.0	18.6
	301～900 元	52.0	0.1	24.5	9.4	14.0
	901～1700 元	31.5	0.3	33.8	13.8	20.6
	1701～2600 元	36.7	0.2	22.4	15.3	25.4
	2601～3500 元	29.1	0.2	32.9	15.9	21.9
	3501 元及以上	35.8	0.2	20.3	15.8	27.9

表 3.16.3　2017 年江苏市场各类频道在不同时段的市场占有率(%)

时间段	中央电视台频道	中国教育电视台频道	江苏省级频道	其他省级卫视频道	其他频道
02:00~03:00	42.3	0.3	15.1	18.9	23.4
03:00~04:00	41.3	0.3	17.1	17.7	23.6
04:00~05:00	44.2	0.2	17.7	18.3	19.6
05:00~06:00	46.5	0.1	16.9	18.0	18.5
06:00~07:00	52.0	0.1	18.8	11.8	17.3
07:00~08:00	45.4	0.3	26.6	13.1	14.6
08:00~09:00	39.2	0.4	21.1	23.0	16.3
09:00~10:00	38.4	0.5	14.1	28.6	18.4
10:00~11:00	40.7	0.5	11.0	28.7	19.1
11:00~12:00	43.7	0.1	13.1	25.5	17.6
12:00~13:00	43.7	0.1	13.1	25.7	17.4
13:00~14:00	44.5	0.7	9.7	28.3	16.8
14:00~15:00	44.2	0.7	9.8	27.1	18.2
15:00~16:00	43.0	0.5	10.0	27.9	18.6
16:00~17:00	41.9	0.4	10.7	28.8	18.2
17:00~18:00	37.8	0.1	18.8	24.4	18.9
18:00~19:00	29.9	0.1	39.9	8.5	21.6
19:00~20:00	29.1	0.1	39.2	8.9	22.7
20:00~21:00	25.4	0.0	36.1	14.0	24.5
21:00~22:00	28.5	0.1	32.0	14.4	25.0
22:00~23:00	30.3	0.1	29.3	16.2	24.1
23:00~24:00	38.2	0.1	20.6	18.9	22.2
24:00~25:00	43.7	0.3	15.9	18.0	22.1
25:00~26:00	43.9	0.3	13.9	19.6	22.3

表 3.16.4　2017 年江苏市场收视份额排名前十位的频道

名次	频道名称	收视份额(%)
1	江苏电视台综艺频道	8.4
2	江苏卫视	5.6
3	江苏电视台城市频道	4.6
4	中央台六套	4.3
5	中央台四套	4.2
6	中央台三套	4.1
6	中央台八套	4.1
8	湖南卫视	3.7
9	江苏电视台影视频道	3.5
10	中央电视台少儿频道	3.1

表 3.16.5　2017 年江苏市场各主要频道的观众构成(%)

目标观众		所有频道	江苏电视台综艺频道	江苏卫视	江苏电视台城市频道	中央台六套	中央台四套
4 岁及以上所有人		100.0	100.0	100.0	100.0	100.0	100.0
城乡	城市	40.8	18.5	25.2	36.9	40.8	52.4
	农村	59.2	81.5	74.8	63.1	59.2	47.6
性别	男	49.3	46.0	46.4	46.5	55.0	63.2
	女	50.7	54.0	53.6	53.5	45.0	36.8
年龄	4~14 岁	10.6	14.5	5.7	12.2	6.7	1.8
	15~24 岁	6.9	7.9	13.7	5.3	5.1	2.6
	25~34 岁	11.5	18.9	12.0	16.2	10.8	2.4
	35~44 岁	10.3	5.7	11.7	4.8	21.4	7.7
	45~54 岁	23.4	26.6	24.3	32.0	19.4	16.9
	55~64 岁	15.5	16.0	14.3	17.0	14.1	17.1
	65 岁及以上	21.8	10.4	18.3	12.5	22.5	51.5
教育程度	未受过正规教育	14.3	19.4	7.9	17.3	18.2	11.2
	小学	24.7	23.2	25.3	21.2	21.9	26.3
	初中	34.7	41.2	39.5	40.2	35.7	33.6
	高中	16.8	12.6	17.5	15.3	15.2	21.5
	大学及以上	9.5	3.6	9.8	6.0	9.0	7.4
职业类别	干部/管理人员	1.7	0.6	1.2	1.4	1.7	2.3
	个体/私营企业人员	12.1	11.4	19.2	7.7	11.9	10.8
	初级公务员/雇员	11.5	5.1	9.5	8.5	10.7	12.4
	工人	17.4	17.8	18.7	11.6	23.5	11.4
	学生	7.3	6.3	4.4	6.1	7.1	2.5
	无业	28.4	18.8	20.4	29.2	20.6	36.2
	其他	21.6	40.0	26.6	35.5	24.5	24.4
个人月收入	0~300 元	25.9	29.0	18.8	28.7	20.9	12.2
	301~900 元	10.4	10.0	8.9	7.4	16.1	21.5
	901~1700 元	12.6	20.1	14.0	14.4	13.8	8.6
	1701~2600 元	16.7	13.7	16.1	15.8	16.0	18.8
	2601~3500 元	17.8	20.4	25.5	21.1	14.2	17.4
	3501 元及以上	16.6	6.8	16.7	12.6	19.0	21.5

表 3.16.6　2015~2017 年江苏市场各类节目的播出份额(%)和收视份额(%)

节目类别	2015 年		2016 年		2017 年	
	播出份额	收视份额	播出份额	收视份额	播出份额	收视份额
财经	1.9	0.5	1.4	0.5	1.2	0.4
电视剧	20.8	34.1	21.3	30.0	21.4	32.1
电影	3.6	4.8	3.9	5.4	3.9	4.9
法制	1.0	1.6	0.9	1.4	1.1	1.4
教学	0.3	0.1	0.2	0.0	0.2	0.0
青少	6.6	6.4	6.7	6.6	6.9	6.3
生活服务	9.0	6.3	8.6	6.4	8.3	7.5
体育	3.2	1.7	3.4	2.5	3.7	2.4
外语	0.0	0.0	0.0	0.0	0.1	0.0
戏剧	0.8	0.5	0.8	0.7	0.8	0.6
新闻/时事	14.5	9.3	14.6	10.5	15.1	9.6
音乐	2.6	1.0	1.9	1.3	1.5	1.0
专题	13.8	5.1	14.2	5.5	14.5	5.7
综艺	9.4	16.6	9.8	17.6	8.5	15.2
其他	12.5	12.0	12.3	11.6	12.8	12.9

表 3.16.7 2017 年江苏市场所有节目收视率排名前三十位

名次	节目名称	节目类型	播出频道	平均收视率（%）	平均占有率（%）
1	中央电视台 2017 春节联欢晚会	综艺	中央台三套	8.7	24.2
2	怒海红尘	电视剧	江苏电视台综艺频道	6.3	18.3
3	暖爱	电视剧	江苏电视台综艺频道	5.9	16.6
4	双枪	电视剧	江苏电视台综艺频道	5.8	18.0
5	义道	电视剧	江苏电视台综艺频道	5.7	16.8
6	红线	电视剧	江苏电视台综艺频道	5.7	16.7
7	猎豺狼	电视剧	江苏电视台综艺频道	5.6	16.4
8	射雕英雄传	电视剧	江苏电视台综艺频道	5.6	15.7
9	津门飞鹰	电视剧	江苏电视台综艺频道	5.6	15.6
10	危机迷雾	电视剧	江苏电视台综艺频道	5.3	15.6
11	开学第一课	青少	中央电视台综合频道	5.1	16.7
12	那年花开月正圆	电视剧	江苏卫视	5.1	14.1
13	中央电视台 2017 元宵晚会	综艺	中央台三套	5.0	14.8
14	越战越勇(11 月 8 日)	综艺	江苏电视台城市频道	4.9	15.1
15	玄武	电视剧	江苏电视台综艺频道	4.8	14.6
16	老九门	电视剧	江苏电视台综艺频道	4.7	14.1
17	三生三世十里桃花	电视剧	江苏电视台综艺频道	4.5	13.3
18	我们的爱	电视剧	江苏卫视	4.5	12.2
19	茉莉花开首届江苏民歌大会	综艺	江苏电视台综艺频道	4.3	16.8
20	等着我	专题	江苏电视台综艺频道	4.3	13.3
21	爱来的刚好	电视剧	江苏卫视	4.1	11.6
22	战狼	电影	江苏卫视	3.9	11.7
23	骑士的手套	电视剧	江苏电视台综艺频道	3.8	13.3
24	护卫强富美高新江苏公安贯彻党代会精神汇报江苏最美警察评选活动	专题	江苏电视台综艺频道	3.8	11.8
25	娘亲舅大	电视剧	江苏电视台城市频道	3.7	12.7
26	半步之遥	电视剧	江苏电视台城市频道	3.7	10.6
27	反恐特战队之猎影	电视剧	江苏卫视	3.7	10.2
28	魔都风云	电视剧	江苏电视台综艺频道	3.6	12.5
29	一转成双	专题	江苏电视台综艺频道	3.6	12.4
30	绝路逢生	电视剧	江苏电视台城市频道	3.6	11.1

表 3.16.8　2017 年江苏市场电视剧收视率排名前十位

名次	节目名称	播出频道	平均收视率（%）	平均占有率（%）
1	怒海红尘	江苏电视台综艺频道	6.3	18.3
2	暖爱	江苏电视台综艺频道	5.9	16.6
3	双枪	江苏电视台综艺频道	5.8	18.0
4	义道	江苏电视台综艺频道	5.7	16.8
5	红线	江苏电视台综艺频道	5.7	16.7
6	猎豺狼	江苏电视台综艺频道	5.6	16.4
7	射雕英雄传	江苏电视台综艺频道	5.6	15.7
8	津门飞鹰	江苏电视台综艺频道	5.6	15.6
9	危机迷雾	江苏电视台综艺频道	5.3	15.6
10	那年花开月正圆	江苏卫视	5.1	14.1

表 3.16.9　2017 年江苏市场新闻节目收视率排名前十位

名次	节目名称	播出频道	平均收视率（%）	平均占有率（%）
1	一带一路国际合作高峰论坛特别报道	江苏卫视	3.2	9.8
2	转播中央台新闻联播	江苏卫视	2.0	7.6
3	海峡两岸	中央台四套	1.6	4.5
4	新闻联播（10 月 18、24、25 日）	中央台四套	1.4	4.3
5	零距离	江苏电视台城市频道	1.2	4.7
6	今日关注	中央台四套	1.2	4.2
7	今日亚洲	中央台四套	1.2	3.8
8	中国舆论场	中央台四套	1.2	3.6
8	中国新闻	中央台四套	1.2	3.6
10	江苏新时空	江苏卫视	1.1	5.3

表 3.16.10　2017 年江苏市场专题节目收视率排名前十位

名次	节目名称	播出频道	平均收视率（%）	平均占有率（%）
1	等着我	江苏电视台综艺频道	4.3	13.3
2	护卫强富美高新江苏公安贯彻党代会精神汇报江苏最美警察评选活动	江苏电视台综艺频道	3.8	11.8
3	一转成双	江苏电视台综艺频道	3.6	12.4
4	中国诗词大会(1 月 6 日)	中央电视台综合频道	2.0	7.3
5	中国诗词大会第二季(2 月 6 日)	中央电视台综合频道	1.9	5.2
6	一年又一年	上海东方卫视	1.7	4.7
7	世界听我说全球华人辩论大会(11 月 27 日)	中央台四套	1.5	9.7
8	感动中国 2016 年度人物颁奖盛典	中央电视台综合频道	1.5	4.4
9	茶界中国	江苏卫视	1.4	4.7
10	英雄丰碑清明颂	中央台三套	1.4	4.3

表 3.16.11 2017 年江苏市场综艺节目收视率排名前十位

名次	节目名称	播出频道	平均收视率（%）	平均占有率（%）
1	中央电视台 2017 春节联欢晚会	中央台三套	8.7	24.2
2	中央电视台 2017 元宵晚会	中央台三套	5.0	14.8
3	越战越勇(11 月 8 日)	中央台三套	4.9	15.1
4	茉莉花开首届江苏民歌大会	江苏电视台综艺频道	4.3	16.8
5	新春喜剧之夜	中央台三套	3.3	10.2
6	让历史告诉未来南京大屠杀 80 周年祭音乐朗诵会	江苏电视台综艺频道	3.1	11.9
7	挑战不可能(3 月 24 日)	中央台三套	3.0	8.3
8	喜到福到好运到春晚倒计时	中央台三套	2.9	14.1
9	山海连云全域旅游 2017 连云港之夏金铁霖马秋华师生演唱会	江苏电视台综艺频道	2.9	9.2
10	震撼一条龙	江苏电视台综艺频道	2.8	15.1

表 3.16.12 2017 年江苏市场体育节目收视率排名前十位

名次	节目名称	播出频道	平均收视率（%）	平均占有率（%）
1	黄金赛场 超级足球之夜:18 年世界杯亚洲区预选赛第三阶段 A 组第 7 轮(伊朗 VS 中国)	中央台五套	2.6	7.7
2	第十三届全运会女子 4×200 米自由泳接力决赛	中央台五套	2.4	6.9
3	2017 年第十三届全运会乒乓球男单决赛	中央台五套	2.1	11.3
4	黄金赛场:2017 年世界乒乓球锦标赛男单决赛	中央台五套	2.0	6.4
5	第十三届全运会男子 4×400 米接力决赛	中央台五套	2.0	6.0
6	第十三届全运会跆拳道男子 68 公斤级决赛	中央台五套	1.9	5.5
7	实况录像:2017 年世界体操锦标赛男子单杠决赛	中央台五套	1.8	5.7
8	中华人民共和国第十三届运动会开幕式	中央台五套	1.8	4.9
9	直播周末:2017 年国际女排大冠军杯赛(中国队 VS 日本队)	中央台五套	1.7	9.1
10	第十三届全运会跳水男子 10 米台决赛	中央台五套	1.6	4.8

十七、江西收视数据

表 3.17.1　2013～2017 年江西市场各类频道的市场占有率(%)

频道类别	年份				
	2013 年	2014 年	2015 年	2016 年	2017 年
中央电视台频道	35.6	39.7	30.7	29.9	29.1
中国教育电视台频道	0.8	0.4	0.1	0.1	0.1
江西省级频道	31.0	22.8	31.2	34.1	32.6
其他省级卫视频道	29.0	32.6	27.3	26.2	24.2
其他频道	3.6	4.5	10.7	9.7	14.0

表 3.17.2　2017 年江西市场各类频道在不同目标观众中的市场占有率(%)

目标观众		中央电视台频道	中国教育电视台频道	江西省级频道	其他省级卫视频道	其他频道
4 岁及以上所有人		29.1	0.1	32.6	24.2	14.0
城乡	城市	29.6	0.1	32.5	21.9	15.9
	农村	29.0	0.1	32.6	24.9	13.4
性别	男	31.4	0.1	32.6	21.9	14.0
	女	26.6	0.1	32.6	26.6	14.1
年龄	4～14 岁	23.1	0.0	24.3	39.3	13.3
	15～24 岁	23.0	0.1	28.2	34.8	13.9
	25～34 岁	29.2	0.1	26.3	32.8	11.6
	35～44 岁	30.8	0.1	26.7	26.8	15.6
	45～54 岁	30.7	0.1	38.3	16.3	14.6
	55～64 岁	32.2	0.1	37.3	15.9	14.5
	65 岁及以上	33.6	0.1	43.0	8.8	14.5
教育程度	未受过正规教育	24.2	0.1	30.1	30.6	15.0
	小学	28.2	0.1	34.3	23.0	14.4
	初中	30.3	0.1	32.3	23.8	13.5
	高中	31.8	0.1	33.2	21.9	13.0
	大学及以上	33.1	0.1	27.2	25.6	14.0
职业类别	干部/管理人员	31.9	0.1	32.6	20.7	14.7
	个体/私营企业人员	28.7	0.1	32.1	26.8	12.3
	初级公务员/雇员	30.1	0.1	28.3	24.7	16.8
	工人	30.2	0.1	30.8	21.5	17.4
	学生	23.7	0.0	21.7	41.1	13.5
	无业	29.4	0.1	33.5	22.3	14.7
	其他	31.1	0.1	41.3	16.3	11.2
个人月收入	0～300 元	24.8	0.1	27.4	33.2	14.5
	301～900 元	27.5	0.1	44.9	16.4	11.1
	901～1700 元	32.7	0.1	34.7	18.7	13.8
	1701～2600 元	32.9	0.1	33.3	19.5	14.2
	2601～3500 元	32.8	0.1	35.1	17.9	14.1
	3501 元及以上	31.4	0.1	33.0	20.9	14.6

表 3.17.3 2017 年江西市场各类频道在不同时段的市场占有率(%)

时间段	中央电视台频道	中国教育电视台频道	江西省级频道	其他省级卫视频道	其他频道
02:00~03:00	26.0	0.1	37.2	14.8	21.9
03:00~04:00	30.1	0.1	34.2	15.6	20.0
04:00~05:00	34.3	0.1	32.4	17.2	16.0
05:00~06:00	39.4	0.0	25.8	22.1	12.7
06:00~07:00	41.8	0.1	25.7	20.4	12.0
07:00~08:00	32.0	0.1	28.2	25.7	14.0
08:00~09:00	30.8	0.2	25.8	32.1	11.1
09:00~10:00	31.1	0.1	20.6	35.6	12.6
10:00~11:00	29.9	0.2	22.9	33.1	13.9
11:00~12:00	33.1	0.0	21.4	32.5	13.0
12:00~13:00	33.8	0.0	24.4	28.8	13.0
13:00~14:00	32.3	0.1	23.8	30.4	13.4
14:00~15:00	31.8	0.2	21.6	31.7	14.7
15:00~16:00	30.5	0.2	22.6	32.2	14.5
16:00~17:00	29.3	0.2	23.3	33.4	13.8
17:00~18:00	28.9	0.1	26.4	30.9	13.7
18:00~19:00	29.2	0.0	38.1	18.5	14.2
19:00~20:00	31.8	0.0	40.8	17.1	10.3
20:00~21:00	25.8	0.0	38.3	22.3	13.6
21:00~22:00	26.2	0.0	37.9	20.7	15.2
22:00~23:00	23.8	0.1	37.5	21.2	17.4
23:00~24:00	24.5	0.0	35.6	21.6	18.3
24:00~25:00	27.5	0.1	35.8	15.8	20.8
25:00~26:00	27.0	0.1	35.7	13.9	23.3

表 3.17.4 2017 年江西市场收视份额排名前十位的频道

名次	频道名称	收视份额(%)
1	江西卫视	7.5
2	江西电视台都市频道(二套)	7.2
3	湖南电视台金鹰卡通频道	6.4
4	江西电视台影视频道(四套)	5.7
5	湖南卫视	4.4
6	中央台六套	4.2
7	中央电视台综合频道	3.7
7	江西电视台少儿频道(六套)	3.7
9	中央电视台少儿频道	3.6
9	中央台三套	3.6

表 3.17.5　2017 年江西市场各主要频道的观众构成(%)

目标观众		所有频道	主要频道				
			江西卫视	江西电视台都市频道(二套)	湖南电视台金鹰卡通频道	江西电视台影视频道(四套)	湖南卫视
4 岁及以上所有人		100.0	100.0	100.0	100.0	100.0	100.0
城乡	城市	22.8	19.7	27.8	13.6	21.5	18.4
	农村	77.2	80.3	72.2	86.4	78.5	81.6
性别	男	51.6	50.0	46.2	48.1	57.4	40.7
	女	48.4	50.0	53.8	51.9	42.6	59.3
年龄	4~14 岁	21.1	11.8	8.6	51.4	10.3	28.8
	15~24 岁	6.7	6.4	6.4	7.7	4.9	12.1
	25~34 岁	10.5	9.3	8.0	12.7	7.5	15.3
	35~44 岁	11.8	9.1	11.8	5.2	9.0	18.2
	45~54 岁	20.9	20.9	21.9	13.3	33.6	12.9
	55~64 岁	14.3	21.6	19.2	6.3	15.2	9.5
	65 岁及以上	14.7	20.9	24.1	3.4	19.5	3.2
教育程度	未受过正规教育	12.3	9.5	10.2	27.6	8.7	7.0
	小学	39.2	45.5	35.1	39.5	46.0	36.7
	初中	28.7	25.8	28.3	20.9	30.2	33.4
	高中	13.0	14.3	16.5	8.3	11.5	13.9
	大学及以上	6.8	4.9	9.9	3.7	3.6	9.0
职业类别	干部/管理人员	0.7	0.6	0.7	0.1	0.7	0.7
	个体/私营企业人员	9.5	8.7	12.0	4.6	9.5	15.3
	初级公务员/雇员	7.1	4.8	9.5	3.9	5.2	8.2
	工人	15.0	13.1	13.8	9.7	16.1	14.9
	学生	14.7	8.8	5.3	27.4	6.0	29.8
	无业	30.8	28.7	35.1	36.2	29.2	18.6
	其他	22.2	35.3	23.6	18.1	33.3	12.5
个人月收入	0~300 元	38.0	31.2	26.7	66.3	24.6	49.3
	301~900 元	9.9	18.4	10.1	10.6	15.8	3.9
	901~1700 元	15.1	16.9	17.2	5.0	16.4	13.4
	1701~2600 元	13.9	12.5	17.2	7.7	17.0	12.7
	2601~3500 元	13.7	13.6	18.3	5.8	15.2	11.0
	3501 元及以上	9.4	7.4	10.5	4.6	11.0	9.7

表 3.17.6　2015~2017 年江西市场各类节目的播出份额(%)和收视份额(%)

节目类型	2015 年		2016 年		2017 年	
	播出份额	收视份额	播出份额	收视份额	播出份额	收视份额
财经	1.8	0.5	1.3	0.3	1.1	0.3
电视剧	22.4	39.0	22.9	37.7	23.6	36.1
电影	4.3	5.9	4.1	5.6	4.1	5.9
法制	1.0	2.3	0.9	2.0	1.0	1.6
教学	0.3	0.1	0.4	0.0	0.3	0.0
青少	6.9	10.7	7.1	11.9	7.3	11.4
生活服务	9.0	5.6	8.4	5.5	7.8	5.8
体育	2.8	0.8	3.2	1.1	3.2	0.8
外语	0.0	0.0	0.0	0.0	0.1	0.0
戏剧	0.8	0.2	0.8	0.2	0.8	0.3
新闻/时事	14.3	8.7	14.3	9.2	14.8	10.8
音乐	2.5	1.2	1.9	1.2	1.5	1.2
专题	13.3	6.7	13.8	6.0	14.4	6.5
综艺	8.7	8.2	9.1	9.1	8.1	8.8
其他	12.0	10.1	11.8	10.2	11.9	10.5

表 3.17.7　2017 年江西市场所有节目收视率排名前三十位

名次	节目名称	节目类型	播出频道	平均收视率（%）	平均占有率（%）
1	娘心	电视剧	江西卫视	6.1	22.4
2	九丹	电视剧	江西卫视	5.1	19.2
3	擒狼	电视剧	江西卫视	4.9	18.1
4	天气预报	生活服务	江西卫视	4.5	26.7
5	青年霍元甲之冲出江湖	电视剧	江西卫视	4.4	16.0
6	黑狐之风影	电视剧	江西卫视	4.3	16.1
7	因为遇见你	电视剧	湖南卫视	4.3	14.5
8	举起手来	电影	中央台六套	4.1	14.7
9	真心想让你幸福	电视剧	江西卫视	3.9	13.6
10	八九不离十	电视剧	江西卫视	3.8	13.8
11	九纹龙史进之替天行道	电影	中央台六套	3.7	16.4
12	中央电视台 2017 春节联欢晚会	综艺	中央电视台综合频道	3.7	11.9
13	乱世丽人行	电视剧	江西卫视	3.6	11.7
14	少林寺(1 月 13 日)	电影	中央台六套	3.4	13.4
15	中央电视台 2017 元宵晚会	综艺	中央电视台综合频道	3.4	11.5
16	开学第一课	青少	中央电视台综合频道	3.3	13.9
17	都市情缘	专题	江西电视台都市频道(二套)	3.3	12.7
18	冲出江湖	电视剧	江西电视台影视频道(四套)	3.1	14.5
19	特种兵火凤凰	电视剧	江西卫视	3.1	13.1
20	南拳王	电影	中央台六套	3.1	12.8
21	一个鬼子都不留之四太行英雄传	电视剧	江西卫视	3.1	11.5
22	倚天屠龙记之魔教教主	电影	中央台六套	3.0	14.1
23	漂洋过海来看你	电视剧	江西卫视	3.0	11.8
24	六指琴魔	电影	中央台六套	3.0	11.5
25	心如铁	电视剧	江西卫视	3.0	10.6
26	越战越勇(10 月 11 日)	综艺	中央台三套	3.0	10.0
27	天下第一剑	电影	中央台六套	3.0	9.8
28	知青家庭	电视剧	江西卫视	3.0	9.7
29	血色孤狼	电视剧	江西电视台影视频道(四套)	2.9	14.1
30	开门大吉(11 月 27 日)	综艺	中央台三套	2.9	11.4

表 3.17.8　2017 年江西市场电视剧收视率排名前十位

名次	节目名称	播出频道	平均收视率（%）	平均占有率（%）
1	娘心	江西卫视	6.1	22.4
2	九丹	江西卫视	5.1	19.2
3	擒狼	江西卫视	4.9	18.1
4	青年霍元甲之冲出江湖	江西卫视	4.4	16.0
5	黑狐之风影	江西卫视	4.3	16.1
6	因为遇见你	湖南卫视	4.3	14.5
7	真心想让你幸福	江西卫视	3.9	13.6
8	八九不离十	江西卫视	3.8	13.8
9	乱世丽人行	江西卫视	3.6	11.7
10	冲出江湖	江西电视台影视频道(四套)	3.1	14.5

表 3.17.9　2017 年江西市场新闻节目收视率排名前十位

名次	节目名称	播出频道	平均收视率（%）	平均占有率（%）
1	转播中央台新闻联播	江西卫视	2.4	11.6
2	都市现场	江西电视台都市频道(二套)	2.3	14.7
3	江西新闻联播	江西卫视	2.2	15.1
4	一带一路国际合作高峰论坛特别报道	江西卫视	1.5	6.0
5	中国共产党第十九次全国代表大会开幕会专题新闻	中央电视台综合频道	1.1	4.3
6	海峡两岸	中央台四套	1.1	3.7
7	金砖国家领导人第九次会晤特别报道	中央台三套	0.9	3.6
8	今日关注	中央台四套	0.8	3.8
9	李克强总理会见中外记者并回答提问	中央电视台综合频道	0.8	2.4
10	焦点访谈	中央电视台综合频道	0.7	2.8

表 3.17.10　2017 年江西市场专题节目收视率排名前十位

名次	节目名称	播出频道	平均收视率（%）	平均占有率（%）
1	都市情缘	江西电视台都市频道(二套)	3.3	12.7
2	总书记为俺家算清了脱贫账	中央电视台综合频道	1.9	6.5
3	一年又一年	江西电视台红色经典频道(七套)	1.9	6.3
4	中国表情	江西卫视	1.6	10.8
5	人文中国	江西卫视	1.5	19.7
6	红色传家宝	江西卫视	1.4	6.3
7	巡视利剑	中央电视台综合频道	1.4	4.9
8	把梦想点燃荧屏里的中国	江西卫视	1.3	10.7
9	天使降临	江西电视台都市频道(二套)	1.3	7.9
10	铸利刃守安全江西省食品药品稽查能力大比武	江西电视台都市频道(二套)	1.2	4.8

表 3.17.11　2017 年江西市场综艺节目收视率排名前十位

名次	节目名称	播出频道	平均收视率（%）	平均占有率（%）
1	中央电视台 2017 春节联欢晚会	中央电视台综合频道	3.7	11.9
2	中央电视台 2017 元宵晚会	中央电视台综合频道	3.4	11.5
3	越战越勇(10 月 11 日)	中央台三套	3.0	10.0
4	开门大吉(11 月 27 日)	中央台三套	2.9	11.4
5	星光大道(11 月 5 日)	中央台三套	2.4	9.5
6	中俄艺术家大联欢	中央台三套	2.2	8.5
7	中国民歌大会第二季(10 月 9 日)	中央台三套	2.2	7.5
8	在党的旗帜下庆祝中国人民解放军建军 90 周年文艺晚会	中央台三套	2.1	7.5
9	挑战不可能(3 月 24 日)	中央台三套	2.1	5.9
10	2017 湖南卫视小年夜春晚	湖南卫视	2.0	7.4

表 3.17.12　2017 年江西市场体育节目收视率排名前十位

名次	节目名称	播出频道	平均收视率（%）	平均占有率（%）
1	中华人民共和国第十三届运动会闭幕式	中央电视台综合频道	1.3	4.3
2	中华人民共和国第十三届运动会开幕式	中央电视台综合频道	1.2	4.0
3	实况录像 东风精英赛场:17 年国际田联钻石联赛奥斯陆站女子 200 米	中央台五套	1.1	9.0
4	黄金赛场 超级足球之夜:18 年世界杯亚洲区预选赛第三阶段 A 组第 7 轮(伊朗 VS 中国)	中央台五套	1.1	3.9
5	黄金赛场 现场直播:2016/2017 赛季世界斯诺克锦标赛半决赛	中央台五套	0.9	5.2
6	2017 年江西百县农耕健身大赛	江西电视台少儿频道(六套)	0.9	3.2
7	黄金赛场:2016/2017 赛季中国男子篮球职业联赛半决赛第四场(辽宁本钢VS 新疆喀什古城)	中央台五套	0.9	2.9
8	神奇水世界:2017 年国际泳联世锦赛女子 200 米仰泳半决赛	中央台五套	0.8	16.0
9	直播周末:2016/2017 赛季意大利足球甲级联赛第 29 轮(桑普多利亚 VS 尤文图斯)	中央台五套	0.8	8.4
10	精英赛场:2017 年昆仑决综合格斗冠军赛	中央台五套	0.8	8.0

十八、辽宁收视数据

表 3.18.1 2013~2017 年辽宁市场各类频道的市场占有率(%)

频道类别	年份				
	2013 年	2014 年	2015 年	2016 年	2017 年
中央电视台频道	33.5	33.9	35.6	35.2	33.3
中国教育电视台频道	0.6	0.4	0.3	0.2	0.2
辽宁省级频道	23.3	24.1	22.3	24.2	23.8
其他省级卫视频道	31.8	28.6	28.1	25.7	26.0
其他频道	10.8	13.0	13.7	14.7	16.7

表 3.18.2 2017 年辽宁市场各类频道在不同目标观众中的市场占有率(%)

目标观众		中央电视台频道	中国教育电视台频道	辽宁省级频道	其他省级卫视频道	其他频道
4 岁及以上所有人		33.3	0.2	23.8	26.0	16.7
城乡	城市	33.9	0.1	22.1	25.8	18.1
	农村	32.7	0.3	25.4	26.2	15.4
性别	男	36.0	0.2	23.9	23.2	16.7
	女	30.6	0.2	23.8	28.8	16.6
年龄	4~14 岁	25.2	0.2	12.3	42.5	19.8
	15~24 岁	30.8	0.2	16.8	35.0	17.2
	25~34 岁	24.5	0.2	12.8	39.6	22.9
	35~44 岁	33.5	0.3	17.4	28.8	20.0
	45~54 岁	31.6	0.2	26.1	25.0	17.1
	55~64 岁	35.3	0.3	30.4	20.0	14.0
	65 岁及以上	39.7	0.2	28.5	18.1	13.5
教育程度	未受过正规教育	25.4	0.2	18.0	37.4	19.0
	小学	30.9	0.3	26.9	24.8	17.1
	初中	34.8	0.2	25.5	24.4	15.1
	高中	33.8	0.2	19.9	28.2	17.9
	大学及以上	36.1	0.2	14.1	28.9	20.7
职业类别	干部/管理人员人员	39.8	0.1	19.9	26.1	14.1
	个体/私营企业人员	35.0	0.2	21.1	25.3	18.4
	初级公务员/雇员	37.0	0.3	16.7	27.5	18.5
	工人	31.6	0.2	22.1	26.7	19.4
	学生	27.8	0.2	13.6	40.9	17.5
	无业	35.8	0.2	24.0	25.4	14.6
	其他	30.1	0.3	31.5	21.3	16.8
个人月收入	0~300 元	31.0	0.2	19.0	31.5	18.3
	301~900 元	29.6	0.3	31.6	24.1	14.4
	901~1700 元	33.6	0.3	32.0	20.9	13.2
	1701~2600 元	37.1	0.2	23.6	22.4	16.7
	2601~3500 元	31.7	0.2	21.3	30.3	16.5
	3501 元及以上	34.0	0.2	19.6	25.4	20.8

表 3.18.3　2017 年辽宁市场各类频道不同时段的市场占有率(%)

时间段	中央电视台频道	中国教育电视台频道	辽宁省级频道	其他省级卫视频道	其他频道
02:00~03:00	39.7	0.3	15.5	25.1	19.4
03:00~04:00	40.8	0.5	17.0	22.7	19.0
04:00~05:00	45.2	0.6	19.4	19.9	14.9
05:00~06:00	41.1	0.2	29.9	16.8	12.0
06:00~07:00	35.7	0.2	37.8	13.1	13.2
07:00~08:00	36.7	0.4	30.8	15.1	17.0
08:00~09:00	38.9	0.5	17.0	26.3	17.3
09:00~10:00	35.3	0.4	12.0	35.6	16.7
10:00~11:00	34.7	0.4	11.1	37.9	15.9
11:00~12:00	37.6	0.1	10.5	36.4	15.4
12:00~13:00	35.8	0.1	15.5	33.1	15.5
13:00~14:00	35.9	0.4	13.3	36.7	13.7
14:00~15:00	34.3	0.5	13.0	37.9	14.3
15:00~16:00	35.4	0.4	11.7	38.1	14.4
16:00~17:00	35.6	0.4	13.9	35.6	14.5
17:00~18:00	29.6	0.1	30.0	24.4	15.9
18:00~19:00	29.9	0.1	39.7	11.9	18.4
19:00~20:00	34.0	0.1	31.8	16.2	17.9
20:00~21:00	29.7	0.1	27.5	25.5	17.2
21:00~22:00	31.2	0.1	26.7	23.8	18.2
22:00~23:00	31.5	0.1	18.3	31.5	18.6
23:00~24:00	31.4	0.1	17.2	33.6	17.7
24:00~25:00	35.3	0.6	15.9	29.2	19.0
25:00~26:00	37.5	0.8	14.4	28.3	19.0

表 3.18.4　2017 年辽宁市场收视份额排名前十位的频道

名次	频道名称	收视份额(%)
1	辽宁广播电视台都市频道	7.3
2	中央台四套	5.4
3	辽宁广播电视台影视剧频道	4.9
4	辽宁卫视	4.8
5	中央台八套	4.4
6	中央台三套	3.7
6	中央台六套	3.7
8	湖南卫视	3.0
9	湖南电视台金鹰卡通频道	2.8
9	中央电视台综合频道	2.8

表 3.18.5　2017 年辽宁市场各主要频道的观众构成(%)

目标观众		所有频道	主要频道				
			辽宁广播电视台都市频道	中央台四套	辽宁广播电视台影视剧频道	辽宁卫视	中央台八套
4 岁及以上所有人		100.0	100.0	100.0	100.0	100.0	100.0
城乡	城市	47.4	55.2	51.1	38.6	40.4	41.2
	农村	52.6	44.8	48.9	61.4	59.6	58.8
性别	男	50.0	48.2	60.3	53.7	51.4	45.4
	女	50.0	51.8	39.7	46.3	48.6	54.6
年龄组	4~14 岁	8.0	3.4	2.1	4.2	3.9	3.5
	15~24 岁	6.1	5.3	4.1	3.1	4.2	4.7
	25~34 岁	7.5	5.3	2.8	3.2	3.6	3.7
	35~44 岁	11.9	7.5	5.9	7.8	8.6	11.2
	45~54 岁	23.7	27.1	21.5	24.9	20.7	23.3
	55~64 岁	20.7	25.3	23.0	29.5	24.7	23.4
	65 岁及以上	22.1	26.1	40.7	27.4	34.3	30.2
教育程度	未受过正规教育	4.5	2.3	1.8	4.7	2.1	1.6
	小学	26.5	26.3	19.6	32.9	26.5	30.4
	初中	46.8	51.5	53.8	47.7	53.9	49.9
	高中	13.9	13.8	15.5	11.7	11.7	12.1
	大学及以上	8.2	6.1	9.3	3.0	5.8	6.0
职业类别	干部/管理人员	0.7	0.9	0.9	0.5	0.5	0.4
	个体/私营企业人员	7.0	7.3	4.4	5.7	6.0	6.5
	初级公务员/雇员	6.6	6.2	6.4	2.8	5.9	6.2
	工人	17.9	17.0	15.0	17.5	12.6	16.7
	学生	7.2	4.1	2.7	3.8	3.9	4.4
	无业	39.4	46.6	49.7	36.4	41.0	47.1
	其他	21.3	17.9	21.0	33.3	30.1	18.7
个人月收入	0~300 元	28.2	20.7	24.1	20.4	23.0	26.5
	301~900 元	7.5	7.0	6.1	11.8	9.6	6.8
	901~1700 元	18.3	22.5	17.7	28.5	23.8	22.6
	1701~2600 元	25.6	31.5	33.6	20.4	25.9	26.8
	2601~3500 元	11.6	11.5	9.4	10.5	10.4	9.2
	3501 元及以上	8.7	6.7	9.1	8.4	7.2	8.1

表 3.18.6　2015~2017 年辽宁市场各类节目的播出份额(%)和收视份额(%)

节目类别	2015 年		2016 年		2017 年	
	播出份额	收视份额	播出份额	收视份额	播出份额	收视份额
财经	1.5	0.6	1.3	0.6	1.1	0.5
电视剧	24.6	28.4	26.6	27.5	26.9	30.6
电影	4.1	5.5	3.9	4.7	4.0	5.1
法制	1.0	1.6	0.9	1.2	0.9	1.1
教学	0.2	0.1	0.2	0.0	0.2	0.0
青少	5.9	5.4	6.5	5.4	6.9	6.6
生活服务	12.8	7.7	10.1	7.0	9.2	7.0
体育	3.4	3.4	3.4	4.1	3.4	3.1
外语	0.0	0.0	0.0	0.0	0.1	0.0
戏剧	0.7	0.3	0.8	0.3	0.8	0.2
新闻/时事	9.8	13.6	9.8	14.3	10.2	13.3
音乐	2.5	1.7	1.7	1.5	1.3	1.2
专题	12.7	6.4	13.3	6.3	13.6	6.2
综艺	7.4	14.5	7.9	16.2	6.9	13.5
其他	13.4	10.9	13.7	10.8	14.6	11.5

表 3.18.7　2017 年辽宁市场所有节目收视率排名前三十位

名次	节目名称	节目类别	播出频道	平均收视率（%）	平均占有率（%）
1	2017 辽宁卫视家和万事兴春节联欢晚会	综艺	辽宁卫视	22.0	58.6
2	中央电视台 2017 春节联欢晚会	综艺	辽宁卫视	7.2	14.2
3	现场直播：88 厨城 2016/2017 赛季 CBA 联赛四分之一决赛第四场（辽宁本钢 VS 浙江广厦控股）	体育	辽宁广播电视台体育频道	6.0	14.9
4	飞哥大英雄	电视剧	辽宁广播电视台影视剧频道	4.7	14.6
5	烈火刀影	电视剧	辽宁广播电视台影视剧频道	4.5	13.8
6	黄金赛场 超级足球之夜：18 年世界杯亚洲区预选赛第三阶段 A 组第 7 轮（伊朗 VS 中国）	体育	中央台五套	4.3	12.4
7	双喜盈门	电视剧	辽宁卫视	4.1	10.1
8	箭在弦上	电视剧	辽宁广播电视台影视剧频道	4.0	14.5
9	喜到福到好运到春晚倒计时	综艺	中央台三套	4.0	9.8
10	不可能完成的任务	电视剧	辽宁广播电视台影视剧频道	3.9	13.2
11	小草青青	电视剧	辽宁卫视	3.9	9.6
12	英雄戟	电视剧	辽宁广播电视台影视剧频道	3.8	12.0
13	第十三届全运会男子 10000 米决赛	体育	中央台五套	3.7	11.3
14	新北方	新闻/时事	辽宁广播电视台都市频道	3.5	14.0
15	直播周末：2017 年世界女排大奖赛总决赛半决赛（中国队 VS 意大利队）	体育	中央台五套	3.5	12.6
16	中央电视台 2017 元宵晚会	综艺	中央电视台综合频道	3.5	12.2
17	年味辽宁辽宁卫视春节特别节目	专题	辽宁卫视	3.5	10.7
18	我的压寨男人	电视剧	辽宁广播电视台影视剧频道	3.4	8.8
19	新闻正前方	新闻/时事	辽宁广播电视台都市频道	3.2	18.7
20	东风破	电视剧	辽宁广播电视台影视剧频道	3.2	9.9

续表

名次	节目名称	节目类别	播出频道	平均收视率(%)	平均占有率(%)
21	冒牌英雄	电视剧	辽宁广播电视台影视剧频道	3.2	9.8
22	举起手来	电影	中央台六套	3.2	9.7
23	血狼犬	电影	中央台六套	3.1	10.0
24	浴血重生	电视剧	辽宁广播电视台影视剧频道	3.0	11.8
25	倚天屠龙记之魔教教主	电影	中央台六套	3.0	7.8
26	女儿门	电视剧	辽宁卫视	3.0	7.3
27	毒战	电视剧	辽宁广播电视台影视剧频道	2.9	10.9
28	咱家	电视剧	辽宁卫视	2.9	8.0
29	星光灿烂	电视剧	辽宁广播电视台都市频道	2.9	7.2
30	人民的名义	电视剧	湖南卫视	2.8	9.3

表 3.18.8　2017 年辽宁市场电视剧收视率排名前十位

名次	节目名称	播出频道	平均收视率(%)	平均占有率(%)
1	飞哥大英雄	辽宁广播电视台影视剧频道	4.7	14.6
2	烈火刀影	辽宁广播电视台影视剧频道	4.5	13.8
3	双喜盈门	辽宁卫视	4.1	10.1
4	箭在弦上	辽宁广播电视台影视剧频道	4.0	14.5
5	不可能完成的任务	辽宁广播电视台影视剧频道	3.9	13.2
6	小草青青	辽宁卫视	3.9	9.6
7	英雄戟	辽宁广播电视台影视剧频道	3.8	12.0
8	我的压寨男人	辽宁广播电视台影视剧频道	3.4	8.8
9	东风破	辽宁广播电视台影视剧频道	3.2	9.9
10	冒牌英雄	辽宁广播电视台影视剧频道	3.2	9.8

表 3.18.9　2017 年辽宁市场新闻节目收视率排名前十位

名次	节目名称	播出频道	平均收视率(%)	平均占有率(%)
1	新北方	辽宁广播电视台都市频道	3.5	14.0
2	新闻正前方	辽宁广播电视台都市频道	3.2	18.7
3	中国舆论场	中央台四套	1.9	5.5
4	探梦天宫	中央台四套	1.8	5.9
5	转播中央台新闻联播	辽宁卫视	1.8	5.7
6	今日亚洲	中央台四套	1.8	5.3
7	海峡两岸	中央台四套	1.8	5.2
8	今日关注	中央台四套	1.7	7.2
9	辽宁新闻	辽宁卫视	1.7	6.4
10	春节传奇中国节	中央台四套	1.7	4.1

表 3.18.10　2017 年辽宁市场专题节目收视率排名前十位

名次	节目名称	播出频道	平均收视率（%）	平均占有率（%）
1	年味辽宁辽宁卫视春节特别节目	辽宁卫视	3.5	10.7
2	一年又一年	中央电视台综合频道	2.5	6.1
3	东北味道中国年新北方春节特别节目	辽宁广播电视台都市频道	2.4	7.0
4	老梁故事会	辽宁卫视	1.8	5.3
5	微纪实系列片我是党员	辽宁广播电视台都市频道	1.7	7.2
6	中国成语大会 2015 决赛第四场	中央电视台综合频道	1.6	4.9
7	中文国际频道一带一路特别节目大道共赢	中央台四套	1.5	4.5
8	自由女神背后的枪声	中央台四套	1.5	4.0
9	全运者说	中央台五套	1.4	5.2
10	远方的家特别节目	中央台四套	1.4	4.6

表 3.18.11　2017 年辽宁市场综艺节目收视率排名前十位

名次	节目名称	播出频道	平均收视率（%）	平均占有率（%）
1	2017 辽宁卫视家和万事兴春节联欢晚会	辽宁卫视	22.0	58.6
2	中央电视台 2017 春节联欢晚会	辽宁卫视	7.2	14.2
3	喜到福到好运到春晚倒计时	中央台三套	4.0	9.8
4	中央电视台 2017 元宵晚会	中央电视台综合频道	3.5	12.2
5	春晚倒计时	辽宁卫视	2.8	7.6
6	欢天喜地闹元宵	辽宁卫视	2.6	11.3
7	2017 百姓欢乐秀	辽宁广播电视台都市频道	2.3	9.5
8	2017 湖南卫视小年夜春晚	湖南卫视	2.3	6.4
9	新春喜剧之夜	中央台三套	2.1	9.5
10	好看中国蓝特别节目热巴来了	浙江卫视	2.1	6.2

表 3.18.12　2017 年辽宁市场体育节目收视率排名前十位

名次	节目名称	播出频道	平均收视率（%）	平均占有率（%）
1	现场直播：2016/2017 赛季 CBA 联赛四分之一决赛第四场（辽宁本钢 VS 浙江广厦控股）	辽宁广播电视台体育频道	6.0	14.9
2	黄金赛场 超级足球之夜：18 年世界杯亚洲区预选赛第三阶段 A 组第 7 轮（伊朗 VS 中国）	中央台五套	4.3	12.4
3	第十三届全运会男子 10000 米决赛	中央台五套	3.7	11.3
4	直播周末：2017 年世界女排大奖赛总决赛半决赛（中国队 VS 意大利队）	中央台五套	3.5	12.6

续表

名次	节目名称	播出频道	平均收视率(%)	平均占有率(%)
5	第十三届全运会男子50米自由泳决赛	中央台五套	3.3	11.0
6	2017年第十三届全运会男子篮球决赛(辽宁队VS新疆队)	中央台五套	2.6	20.2
7	黄金赛场:2017年世界乒乓球锦标赛男单决赛	中央台五套	2.6	9.0
8	中华人民共和国第十三届运动会开幕式	中央台五套	2.6	8.6
9	直播周末:2017年亚洲乒乓球锦标赛女单决赛	中央台五套	2.1	7.3
10	第十三届全运会跆拳道女子57公斤级决赛	中央台五套	2.1	7.2

十九、内蒙古收视数据

表 3.19.1 2013～2017 年内蒙古市场各类频道的市场占有率(%)

频道类别	年份				
	2013 年	2014 年	2015 年	2016 年	2017 年
中央电视台频道	42.1	46.0	49.3	54.0	52.5
中国教育电视台频道	0.8	0.4	0.3	0.1	0.1
内蒙古自治区级频道	4.1	4.9	4.8	5.5	7.2
其他省级卫视频道	50.0	46.3	42.2	36.8	36.7
其他频道	3.0	2.4	3.4	3.6	3.5

表 3.19.2 2017 年内蒙古市场各类频道在不同目标观众中的市场占有率(%)

目标观众		中央电视台频道	中国教育电视台频道	内蒙古自治区级频道	其他省级卫视频道	其他频道
4 岁及以上所有人		52.5	0.1	7.2	36.7	3.5
城乡	城市	53.3	0.0	7.2	34.7	4.8
	乡村	52.1	0.2	7.2	37.8	2.7
性别	男	55.3	0.1	7.6	33.5	3.5
	女	49.9	0.2	6.8	39.6	3.5
年龄	4～14 岁	51.9	0.1	4.0	40.8	3.2
	15～24 岁	44.1	0.1	5.3	47.4	3.1
	25～34 岁	51.5	0.1	4.6	39.8	4.0
	35～44 岁	51.6	0.1	4.8	40.3	3.2
	45～54 岁	52.2	0.2	8.1	35.6	3.9
	55～64 岁	56.3	0.1	10.9	29.8	2.9
	65 岁及以上	56.2	0.2	10.0	29.6	4.0
教育程度	未受过正规教育	52.9	0.1	9.2	34.6	3.2
	小学	49.7	0.3	8.2	40.0	1.8
	初中	53.2	0.1	7.4	35.5	3.8
	高中	54.2	0.0	5.5	36.0	4.3
	大学及以上	53.2	0.0	6.5	35.4	4.9
职业类别	干部/管理人员	54.3	0.0	8.2	33.0	4.5
	个体/私营企业人员	52.6	0.2	5.4	37.9	3.9
	初级公务员/雇员	51.9	0.0	9.6	33.5	5.0
	工人	57.0	0.0	6.4	32.6	4.0
	学生	44.7	0.1	3.3	47.9	4.0
	无业	54.4	0.2	6.9	34.6	3.9
	其他	52.0	0.1	11.1	35.8	1.0
个人月收入	0～300 元	47.0	0.3	6.4	43.6	2.7
	301～900 元	50.0	0.1	12.3	37.3	0.3
	901～1700 元	55.9	0.0	8.0	32.0	4.1
	1701～2600 元	54.2	0.1	7.0	34.6	4.1
	2601～3500 元	56.2	0.1	6.7	32.9	4.1
	3501 元及以上	58.2	0.0	7.1	29.9	4.8

表 3.19.3　2017 年内蒙古市场各类频道在不同时段的市场占有率(%)

时间段	中央电视台频道	中国教育电视台频道	内蒙古自治区级频道	其他省级卫视频道	其他频道
02:00~03:00	59.3	0.0	0.0	35.0	5.7
03:00~04:00	53.7	0.0	1.0	41.4	3.9
04:00~05:00	66.5	0.0	2.7	30.3	0.5
05:00~06:00	73.3	0.0	2.8	23.5	0.4
06:00~07:00	70.8	0.1	3.8	22.4	2.9
07:00~08:00	68.4	0.2	2.8	25.6	3.0
08:00~09:00	58.9	0.2	2.8	35.9	2.2
09:00~10:00	55.4	0.2	3.3	38.4	2.7
10:00~11:00	54.7	0.1	3.2	38.8	3.2
11:00~12:00	57.3	0.1	2.6	37.6	2.4
12:00~13:00	61.6	0.0	1.8	34.5	2.1
13:00~14:00	56.1	0.4	1.4	40.3	1.8
14:00~15:00	47.8	0.6	2.5	46.3	2.8
15:00~16:00	47.4	0.4	2.9	45.8	3.5
16:00~17:00	48.3	0.3	3.6	43.7	4.1
17:00~18:00	54.5	0.1	8.5	33.2	3.7
18:00~19:00	55.2	0.2	24.4	15.0	5.2
19:00~20:00	61.3	0.2	9.5	25.7	3.3
20:00~21:00	44.3	0.1	6.4	46.1	3.1
21:00~22:00	47.0	0.1	6.0	43.1	3.8
22:00~23:00	45.6	0.2	5.3	43.9	5.0
23:00~24:00	44.7	0.4	2.7	46.0	6.2
24:00~25:00	57.2	0.2	2.0	33.7	6.9
25:00~26:00	62.2	0.3	2.5	29.3	5.7

表 3.19.4　2017 年内蒙古市场收视份额排名前十位的频道

名次	频道名称	收视份额(%)
1	中央电视台综合频道	11.1
2	中央台八套	8.8
3	中央台六套	6.4
4	中央台三套	6.2
5	中央电视台少儿频道	5.7
6	湖南卫视	5.3
7	浙江卫视	3.7
8	中央台四套	3.0
9	中央电视台新闻频道	2.9
10	中央台十二套	2.4

表 3.19.5 2017 年内蒙古市场各主要频道的观众构成(%)

目标观众		所有频道	主要频道				
			中央电视台综合频道	中央台八套	中央台六套	中央台三套	中央电视台少儿频道
4 岁及以上所有人		100.0	100.0	100.0	100.0	100.0	100.0
城乡	城市	38.2	50.4	34.9	30.3	40.2	16.7
	乡村	61.8	49.6	65.1	69.7	59.8	83.3
性别	男	48.9	51.6	45.2	55.7	47.0	47.3
	女	51.1	48.4	54.8	44.3	53.0	52.7
年龄	4~14 岁	8.8	3.9	3.4	6.4	2.9	49.3
	15~24 岁	8.7	7.6	7.2	10.7	8.0	3.6
	25~34 岁	13.1	9.8	9.4	21.7	11.9	19.6
	35~44 岁	17.9	17.2	17.0	28.4	14.3	18.4
	45~54 岁	20.7	22.8	25.0	18.9	21.6	5.2
	55~64 岁	17.4	20.9	22.3	9.2	21.5	3.0
	65 岁及以上	13.4	17.8	15.7	4.7	19.8	0.9
教育程度	未受过正规教育	5.9	2.8	3.1	4.0	3.6	28.2
	小学	24.4	18.6	25.1	21.6	22.0	36.1
	初中	37.4	36.5	40.1	42.1	41.3	24.7
	高中	22.1	27.1	23.3	22.6	23.9	7.4
	大学及以上	10.2	15.0	8.4	9.7	9.2	3.6
职业类别	干部/管理人员	1.0	1.2	0.7	0.9	1.2	0.3
	个体/私营企业人员	21.6	22.5	23.7	28.0	18.4	13.4
	初级公务员/雇员	8.8	11.4	6.9	9.3	9.3	2.6
	工人	6.0	6.0	5.6	10.6	6.7	3.6
	学生	10.1	7.2	5.4	9.6	5.8	25.4
	无业	34.6	37.2	37.6	20.5	35.9	42.5
	其他	17.9	14.5	20.1	21.1	22.7	12.2
个人月收入	0~300 元	35.2	25.4	28.4	32.5	25.6	71.6
	301~900 元	6.3	4.6	6.5	5.7	8.6	3.5
	901~1700 元	8.2	7.4	12.1	8.6	9.4	6.2
	1701~2600 元	18.4	22.2	20.9	17.5	21.2	8.0
	2601~3500 元	15.4	18.7	15.6	16.5	17.1	4.5
	3501 元及以上	16.5	21.7	16.5	19.2	18.1	6.2

表 3.19.6 2015~2017 年内蒙古市场各类节目的播出份额(%)和收视份额(%)

节目类别	2015 年		2016 年		2017 年	
	播出份额	收视份额	播出份额	收视份额	播出份额	收视份额
财经	1.8	0.5	1.3	0.4	1.1	0.4
电视剧	20.9	31.6	21.4	29.8	21.5	29.7
电影	3.7	3.8	3.6	5.0	3.8	5.7
法制	1.0	1.7	0.9	1.6	0.9	1.1
教学	0.3	0.0	0.3	0.0	0.2	0.0
青少	7.3	3.9	7.4	4.4	7.6	5.3
生活服务	8.9	8.2	8.3	7.5	7.6	7.3
体育	3.4	1.2	3.6	1.9	3.7	1.4
外语	0.0	0.0	0.0	0.0	0.1	0.0
戏剧	0.9	0.4	0.9	0.3	0.9	0.4
新闻/时事	14.7	14.1	14.7	13.6	15.5	13.8
音乐	2.6	0.9	2.0	1.1	1.7	1.0
专题	13.3	5.0	14.2	5.0	14.6	5.1
综艺	9.0	13.4	9.4	15.1	8.6	13.4
其他	12.2	15.3	12.0	14.3	12.2	15.4

表 3.19.7　2017 年内蒙古市场所有节目收视排名前三十位

名次	节目名称	节目类型	播出频道	平均收视率(%)	平均占有率(%)
1	中央电视台 2017 春节联欢晚会	综艺	中央电视台综合频道	30.2	71.2
2	新闻联播	新闻/时事	中央电视台综合频道	10.8	34.6
3	中央电视台 2017 元宵晚会	综艺	中央电视台综合频道	9.1	24.8
4	一年又一年	专题	中央电视台综合频道	9.0	38.3
5	天气预报	生活服务	中央电视台综合频道	8.6	22.2
6	千年大计国家大事	专题	中央电视台综合频道	8.1	20.1
7	一带一路国际合作高峰论坛特别报道	新闻/时事	中央电视台综合频道	7.6	16.9
8	总书记为俺家算清了脱贫账	专题	中央电视台综合频道	7.5	18.1
9	焦点访谈	新闻/时事	中央电视台综合频道	6.4	15.5
10	一带一路国际合作高峰论坛文艺晚会	综艺	中央电视台综合频道	6.4	15.0
11	不忘初心牢记使命永远奋斗	专题	中央电视台综合频道	6.3	16.7
12	青年霍元甲之冲出江湖	电视剧	中央台八套	5.7	14.8
13	真心想让你幸福	电视剧	中央台八套	5.7	14.0
14	中国梦祖国颂 2017 中央电视台国庆特别节目	综艺	中央电视台综合频道	5.6	14.1
15	东风破	电视剧	中央台八套	5.4	17.0
16	2017 年中央电视台中秋晚会	综艺	中央电视台综合频道	5.4	15.5
17	枪口	电视剧	中央台八套	5.3	16.5
18	老区脱贫攻坚习近平心中的牵挂	专题	中央电视台综合频道	5.2	13.1
19	2017 书香中国全民阅读系列活动启动式	综艺	湖南卫视	5.2	11.1
20	擒狼	电视剧	中央台八套	5.1	14.3
21	过界	电视剧	中央台八套	5.0	15.3
22	新春相声大联欢	综艺	中央台三套	5.0	12.5
23	飞哥战队	电视剧	中央台八套	4.9	14.9
24	太行英雄传	电视剧	中央台八套	4.7	13.6
25	香港发展一直牵动着我的心习近平香港行纪实	专题	中央电视台综合频道	4.3	10.4
26	我的继父是偶像	电视剧	中央台八套	4.2	13.5
27	破晓	电视剧	中央台八套	4.2	11.2
28	因为遇见你	电视剧	湖南卫视	4.2	11.1
28	醉侠苏乞儿(7 月 16 日)	电影	中央台六套	4.2	11.1
30	从你的全世界路过(6 月 9 日)	电影	中央台六套	4.2	9.9

表 3.19.8 2017 年内蒙古市场电视剧收视率排名前十位

名次	节目名称	播出频道	平均收视率（%）	平均占有率（%）
1	青年霍元甲之冲出江湖	中央台八套	5.7	14.8
2	真心想让你幸福	中央台八套	5.7	14.0
3	东风破	中央台八套	5.4	17.0
4	枪口	中央台八套	5.3	16.5
5	擒狼	中央台八套	5.1	14.3
6	过界	中央台八套	5.0	15.3
7	飞哥战队	中央台八套	4.9	14.9
8	太行英雄传	中央台八套	4.7	13.6
9	我的继父是偶像	中央台八套	4.2	13.5
10	破晓	中央台八套	4.2	11.2

表 3.19.9 2017 年内蒙古市场新闻节目收视率排名前十位

名次	节目名称	播出频道	平均收视率（%）	平均占有率（%）
1	新闻联播	中央电视台综合频道	10.8	34.6
2	一带一路国际合作高峰论坛特别报道	中央电视台综合频道	7.6	16.9
3	焦点访谈	中央电视台综合频道	6.4	15.5
4	李克强总理会见中外记者并回答提问	中央电视台综合频道	4.0	8.6
5	香港回归祖国 20 周年特别报道	中央电视台综合频道	3.9	10.7
6	中国共产党第十九次全国代表大会开幕会专题新闻	中央电视台综合频道	3.3	8.0
7	金砖国家领导人第九次会晤特别报道	中央台三套	2.7	5.8
8	内蒙古新闻联播	内蒙古卫视	1.8	8.8
9	新闻天天看	内蒙古电视台新闻综合频道	1.7	6.8
10	两会大家说	中央电视台综合频道	1.5	6.1

表 3.19.10 2017 年内蒙古市场专题节目收视率排名前十位

名次	节目名称	播出频道	平均收视率（%）	平均占有率（%）
1	一年又一年	中央电视台综合频道	9.0	38.3
2	千年大计国家大事	中央电视台综合频道	8.1	20.1
3	总书记为俺家算清了脱贫账	中央电视台综合频道	7.5	18.1
4	不忘初心牢记使命永远奋斗	中央电视台综合频道	6.3	16.7
5	老区脱贫攻坚习近平心中的牵挂	中央电视台综合频道	5.2	13.1
6	香港发展一直牵动着我的心 习近平香港行纪实	中央电视台综合频道	4.3	10.4
7	感动中国 2016 年度人物颁奖盛典	中央电视台综合频道	3.9	10.4
8	打铁还需自身硬	中央电视台综合频道	3.3	7.8
9	朗读者	中央电视台综合频道	3.3	7.5
10	自然的力量	中央电视台综合频道	2.8	5.6

表 3.19.11　2017 年内蒙古市场综艺节目收视率排名前十位

名次	节目名称	播出频道	平均收视率(%)	平均占有率(%)
1	中央电视台 2017 春节联欢晚会	中央电视台综合频道	30.2	71.2
2	中央电视台 2017 元宵晚会	中央电视台综合频道	9.1	24.8
3	一带一路国际合作高峰论坛文艺晚会	中央电视台综合频道	6.4	15.0
4	中国梦祖国颂 2017 中央电视台国庆特别节目	中央电视台综合频道	5.6	14.1
5	2017 年中央电视台中秋晚会	中央电视台综合频道	5.4	15.5
6	2017 书香中国全民阅读系列活动启动式	湖南卫视	5.2	11.1
7	新春相声大联欢	中央台三套	5.0	12.5
8	2017 中央军委慰问驻京部队老干部迎新春文艺演出	中央电视台综合频道	4.2	9.4
9	快乐大本营	湖南卫视	4.1	11.4
10	庆祝香港回归祖国二十周年文艺晚会	中央电视台综合频道	3.9	9.2

表 3.19.12　2017 年内蒙古市场体育节目收视率排名前十位

名次	节目名称	播出频道	平均收视率(%)	平均占有率(%)
1	中华人民共和国第十三届运动会开幕式	中央电视台综合频道	2.8	6.6
2	中华人民共和国第十三届运动会闭幕式	中央电视台综合频道	2.8	6.4
3	第十三届全运会男子 10000 米决赛	中央台五套	2.0	4.5
4	第十三届全运会跆拳道女子 57 公斤级决赛	中央台五套	1.6	4.1
5	第十三届全运会男子 800 米自由泳决赛	中央台五套	1.6	3.4
6	黄金赛场:2017 年世界乒乓球锦标赛男单决赛	中央台五套	1.4	4.0
7	黄金赛场:2018 年世界杯亚洲区预选赛十二强赛	中央台五套	1.4	3.6
8	直播周末:2017 年世界女排大奖赛总决赛半决赛	中央台五套	1.3	3.7
9	超级足球之夜 黄金赛场:国际足联 18 年世界杯亚洲区预选赛 A 组第 6 轮(中国 VS 韩国)	中央台五套	1.2	3.0
10	第十三届全运会乒乓球混双决赛	中央台五套	1.1	3.1

二十、宁夏收视数据

表 3.20.1 2013～2017 年宁夏市场各类频道的市场占有率(%)

频道类别	年份				
	2013 年	2014 年	2015 年	2016 年	2017 年
中央电视台频道	50.7	52.6	53.3	54.9	54.8
中国教育电视台频道	1.3	0.6	0.5	0.2	0.1
宁夏回族自治区级频道	2.5	2.7	3.7	6.0	5.9
其他省级卫视频道	42.5	40.7	37.2	33.3	31.4
其他频道	3.1	3.3	5.3	5.6	7.8

表 3.20.2 2017 年宁夏市场各类频道在不同目标观众中的市场占有率(%)

目标观众		中央电视台频道	中国教育电视台频道	宁夏回族自治区级频道	其他省级卫视频道	其他频道
4 岁及以上所有人		54.8	0.1	5.9	31.4	7.8
城乡	城市	53.9	0.1	6.6	30.1	9.4
	农村	56.0	0.2	5.0	33.0	5.8
性别	男	57.6	0.1	6.3	27.8	8.2
	女	52.3	0.1	5.5	34.7	7.4
年龄	4～14 岁	53.3	0.1	4.2	33.2	9.3
	15～24 岁	48.1	0.2	4.4	38.6	8.8
	25～34 岁	48.9	0.2	5.0	36.2	9.7
	35～44 岁	49.1	0.1	5.8	36.1	8.9
	45～54 岁	58.9	0.1	6.8	29.3	4.9
	55～64 岁	63.9	0.1	7.7	21.7	6.6
	65 岁及以上	62.4	0.1	7.2	24.5	5.9
教育程度	未受过正规教育	64.0	0.1	5.8	25.0	5.1
	小学	55.4	0.2	6.2	31.0	7.3
	初中	53.1	0.1	5.6	34.5	6.7
	高中	53.4	0.1	6.0	29.5	10.9
	大学及以上	55.1	0.2	6.1	27.6	11.0
职业类别	干部/管理人员	67.6	0.9	1.2	18.5	11.7
	个体/私营企业人员	51.4	0.1	6.3	31.2	11.1
	初级公务员/雇员	56.3	0.2	5.2	29.5	8.9
	工人	51.6	0.1	6.8	33.7	7.8
	学生	49.3	0.2	4.2	36.5	10.0
	无业	58.4	0.1	6.3	26.7	8.6
	其他	57.3	0.2	6.2	34.0	2.4
个人月收入	0～300 元	52.4	0.1	4.5	34.1	8.9
	301～900 元	57.0	0.1	6.3	32.9	3.6
	901～1700 元	57.7	0.2	6.0	31.3	4.8
	1701～2600 元	53.5	0.2	7.6	32.3	6.4
	2601～3500 元	56.3	0.1	7.0	28.3	8.3
	3501 元及以上	54.7	0.1	5.9	28.5	10.8

表 3.20.3　2017 年宁夏市场各类频道在不同时段的市场占有率(%)

时间段	中央电视台频道	中国教育电视台频道	宁夏回族自治区级频道	其他省级卫视频道	其他频道
02:00~03:00	38.5	0.0	2.5	41.8	17.3
03:00~04:00	47.3	0.1	2.8	39.4	10.5
04:00~05:00	79.8	0.3	1.2	16.7	2.1
05:00~06:00	89.3	0.1	1.1	8.2	1.4
06:00~07:00	76.3	0.1	11.2	10.9	1.5
07:00~08:00	71.3	0.3	8.4	16.8	3.2
08:00~09:00	64.0	0.2	5.8	24.5	5.5
09:00~10:00	57.4	0.2	5.4	29.9	7.1
10:00~11:00	55.2	0.2	5.7	31.1	7.8
11:00~12:00	57.3	0.2	5.0	29.1	8.5
12:00~13:00	60.4	0.1	2.9	27.9	8.7
13:00~14:00	53.8	0.1	2.6	33.2	10.2
14:00~15:00	44.8	0.4	4.0	41.7	9.3
15:00~16:00	45.9	0.3	4.3	40.1	9.4
16:00~17:00	51.6	0.3	4.6	34.7	8.8
17:00~18:00	58.5	0.2	9.8	23.1	8.4
18:00~19:00	65.3	0.1	11.5	13.5	9.6
19:00~20:00	68.3	0.1	4.5	21.8	5.3
20:00~21:00	46.6	0.1	5.1	41.3	6.9
21:00~22:00	46.1	0.1	5.8	39.9	8.1
22:00~23:00	44.8	0.2	7.7	36.7	10.7
23:00~24:00	39.2	0.1	11.2	36.9	12.7
24:00~25:00	46.5	0.1	15.8	22.8	14.8
25:00~26:00	52.3	0.0	8.4	21.5	17.8

表 3.20.4　2017 年宁夏市场收视份额排名前十位的频道

名次	频道名称	收视份额(%)
1	中央电视台综合频道	11.1
2	中央台八套	9.8
3	中央电视台少儿频道	8.2
4	中央台六套	8.1
5	湖南卫视	6.4
6	中央台三套	3.9
7	浙江卫视	3.4
8	中央电视台新闻频道	2.6
9	中央台十二套	2.5
10	中央台四套	2.3

表 3.20.5 2017 年宁夏市场各主要频道的观众构成(%)

目标观众		所有频道	中央电视台综合频道	中央台八套	中央电视台少儿频道	中央台六套	湖南卫视
4 岁及以上所有人		100.0	100.0	100.0	100.0	100.0	100.0
城乡	城市	54.7	61.3	45.5	42.9	49.3	56.9
	农村	45.3	38.7	54.5	57.1	50.7	43.1
性别	男	48.4	51.1	47.0	45.1	54.5	36.9
	女	51.6	48.9	53.0	54.9	45.5	63.1
年龄	4~14 岁	14.5	7.3	7.0	48.3	14.1	18.3
	15~24 岁	11.6	9.8	8.8	8.5	13.9	22.0
	25~34 岁	14.7	10.8	11.2	18.2	17.0	20.7
	35~44 岁	17.4	15.5	14.3	11.2	24.7	22.4
	45~54 岁	14.2	17.0	21.2	5.4	16.5	9.3
	55~64 岁	15.3	21.5	21.3	6.4	8.6	3.9
	65 岁及以上	12.3	18.0	16.1	2.0	5.0	3.4
教育程度	未受过正规教育	8.8	9.4	10.9	19.8	6.9	5.0
	小学	25.7	21.1	26.6	38.4	24.7	23.5
	初中	40.1	36.0	43.0	29.5	47.6	47.6
	高中	19.0	23.9	15.4	9.5	15.9	16.2
	大学及以上	6.4	9.6	4.2	2.8	4.9	7.9
职业类别	干部/管理人员	1.0	2.4	0.4	0.3	0.3	0.7
	个体/私营企业人员	11.0	9.7	10.7	8.3	11.4	11.6
	初级公务员/雇员	5.3	7.0	4.6	2.2	6.7	5.6
	工人	15.5	13.9	14.7	9.3	19.7	19.1
	学生	16.3	11.2	7.8	35.0	17.1	27.4
	无业	31.1	37.4	30.4	30.1	19.9	18.9
	其他	20.0	18.4	31.3	14.8	24.9	16.7
个人月收入	0~300 元	34.9	26.9	26.6	67.4	35.6	44.9
	301~900 元	5.4	6.6	7.8	3.3	5.2	4.5
	901~1700 元	14.3	15.4	19.7	7.4	15.0	11.8
	1701~2600 元	16.4	18.5	17.0	8.3	16.0	16.3
	2601~3500 元	17.3	20.0	16.7	8.3	15.0	12.1
	3501 元及以上	11.7	12.6	12.1	5.3	13.3	10.3

表 3.20.6 2015~2017 年宁夏市场各类节目的播出份额(%)和收视份额(%)

节目类别	2015 年		2016 年		2017 年	
	播出份额	收视份额	播出份额	收视份额	播出份额	收视份额
财经	1.9	0.4	1.4	0.7	1.2	0.3
电视剧	20.3	32.0	21.2	29.2	21.2	28.8
电影	4.7	4.9	3.5	5.5	4.9	8.3
法制	0.8	1.1	0.8	0.7	0.9	1.0
教学	0.3	0.0	0.3	0.0	0.2	0.0
青少	7.0	5.9	6.6	4.1	7.4	6.5
生活服务	8.9	8.7	8.7	6.6	7.6	7.3
体育	3.0	1.0	2.7	3.0	3.4	1.3
外语	0.0	0.0	0.0	0.0	0.1	0.0
戏剧	0.8	0.6	0.9	0.7	0.9	0.4
新闻/时事	14.7	12.5	15.5	14.6	15.6	13.0
音乐	2.6	1.0	1.9	0.9	1.6	1.0
专题片	13.4	5.1	14.5	7.1	14.4	5.1
综艺	8.9	11.4	8.7	16.1	8.1	11.1
其他	12.5	15.3	13.3	10.6	12.5	15.8

表 3.20.7　2017 年宁夏市场所有节目收视率排名前三十位

名次	节目名称	节目类别	播出频道	平均收视率（%）	平均占有率（%）
1	一年又一年	专题	中央电视台综合频道	27.2	62.0
2	中央电视台 2017 春节联欢晚会	综艺	中央电视台综合频道	26.0	74.8
3	新闻联播	新闻/时事	中央电视台综合频道	12.3	42.1
4	天气预报	生活服务	中央电视台综合频道	10.2	29.2
5	总书记为俺家算清了脱贫账	专题	中央电视台综合频道	8.3	20.5
6	千年大计国家大事	专题	中央电视台综合频道	7.9	21.4
7	焦点访谈	新闻/时事	中央电视台综合频道	7.1	19.4
8	中国共产党第十九次全国代表大会专题新闻	新闻/时事	中央电视台综合频道	6.5	17.4
9	青年霍元甲之冲出江湖	电视剧	中央台八套	6.5	17.2
10	中央电视台 2017 元宵晚会	综艺	中央电视台综合频道	6.3	17.5
11	真心想让你幸福	电视剧	中央台八套	5.9	15.0
12	一带一路国际合作高峰论坛特别报道	新闻/时事	中央电视台综合频道	5.7	13.2
13	老区脱贫攻坚习近平心中的牵挂	专题	中央电视台综合频道	5.5	17.3
14	我们的少年时代	电视剧	湖南卫视	5.4	15.7
15	2017 书香中国全民阅读系列活动启动式	综艺	湖南卫视	5.4	13.2
16	不忘初心牢记使命永远奋斗	专题	中央电视台综合频道	5.2	16.2
17	香港回归祖国 20 周年特别报道	新闻/时事	中央电视台综合频道	5.0	16.1
18	我们是冠军（12 月 10 日）	电影	中央台六套	5.0	14.5
19	向着幸福前进	电视剧	中央台八套	5.0	14.2
20	人民的名义	电视剧	湖南卫视	5.0	13.6
21	2017 中央军委慰问驻京部队老干部迎新春文艺演出	综艺	中央电视台综合频道	4.9	12.1
22	诱狼（2 月 5 日）	电影	中央台六套	4.9	11.6
23	新娘大作战（11 月 26 日）	电影	中央台六套	4.8	13.6
24	大追捕	电影	中央台六套	4.8	12.3
25	因为遇见你	电视剧	湖南卫视	4.7	13.1
26	西游记之孙悟空三打白骨精(1 月 15 日)	电影	中央台六套	4.7	12.3
26	飞哥战队	电视剧	中央台八套	4.6	15.8
28	东风破	电视剧	中央台八套	4.6	15.7
29	我的继父是偶像	电视剧	中央台八套	4.6	15.1
30	绝地（1 月 22 日）	电影	中央台六套	4.6	11.7

表 3.20.8 2017 年宁夏市场电视剧收视率排名前十位

名次	节目名称	播出频道	平均收视率（%）	平均占有率（%）
1	青年霍元甲之冲出江湖	中央台八套	6.5	17.2
2	真心想让你幸福	中央台八套	5.9	15.0
3	我们的少年时代	湖南卫视	5.4	15.7
4	向着幸福前进	中央台八套	5.0	14.2
5	人民的名义	湖南卫视	5.0	13.6
6	因为遇见你	湖南卫视	4.7	13.1
7	飞哥战队	中央台八套	4.6	15.8
8	东风破	中央台八套	4.6	15.7
9	我的继父是偶像	中央台八套	4.6	15.1
10	枪口	中央台八套	4.5	15.3

表 3.20.9 2017 年宁夏市场新闻节目收视率排名前十位

名次	节目名称	播出频道	平均收视率（%）	平均占有率（%）
1	新闻联播	中央电视台综合频道	12.3	42.1
2	焦点访谈	中央电视台综合频道	7.1	19.4
3	中国共产党第十九次全国代表大会专题新闻	中央电视台综合频道	6.5	17.4
4	一带一路国际合作高峰论坛特别报道	中央电视台综合频道	5.7	13.2
5	香港回归祖国 20 周年特别报道	中央电视台综合频道	5.0	16.1
6	李克强总理会见中外记者并回答提问	中央电视台综合频道	4.2	10.9
7	金砖国家领导人第九次会晤特别报道	中央电视台综合频道	4.0	11.0
8	中国共产党第十九次全国代表大会开幕会专题新闻	中央电视台综合频道	3.0	8.3
9	共同关注	中央电视台综合频道	1.8	12.3
10	直通省党代会	浙江卫视	1.2	3.9

表 3.20.10 2017 年宁夏市场专题节目收视率排名前十位

名次	节目名称	播出频道	平均收视率（%）	平均占有率（%）
1	一年又一年	中央电视台综合频道	27.2	62.0
2	总书记为俺家算清了脱贫账	中央电视台综合频道	8.3	20.5
3	千年大计国家大事	中央电视台综合频道	7.9	21.4
4	老区脱贫攻坚习近平心中的牵挂	中央电视台综合频道	5.5	17.3
4	不忘初心牢记使命永远奋斗	中央电视台综合频道	5.2	16.2
6	香港发展一直牵动着我的心 习近平香港行纪实	中央电视台综合频道	4.2	11.8
7	打铁还需自身硬	中央电视台综合频道	3.8	9.4
8	将改革进行到底	中央电视台综合频道	3.2	8.3
9	感动中国 2016 年度人物颁奖盛典	中央电视台综合频道	3.2	8.1
10	戎装小平	中央台六套	3.1	7.5

表 3.20.11　2017 年宁夏市场综艺节目收视率排名前十位

名次	节目名称	播出频道	平均收视率(%)	平均占有率(%)
1	中央电视台 2017 春节联欢晚会	中央电视台综合频道	26.0	74.8
2	中央电视台 2017 元宵晚会	中央电视台综合频道	6.3	17.5
3	2017 书香中国全民阅读系列活动启动式	湖南卫视	5.4	13.2
4	2017 中央军委慰问驻京部队老干部迎新春文艺演出	中央电视台综合频道	4.9	12.1
5	星光大道(1 月 21 日)	中央电视台综合频道	4.5	11.0
6	一带一路国际合作高峰论坛文艺晚会	湖南卫视	4.3	10.6
7	快乐大本营	湖南卫视	4.1	12.1
8	银幕之光映草原迎庆辉煌 70 年少数民族精品电影展映季启动仪式	中央台六套	4.0	11.2
9	2017 湖南卫视小年夜春晚	湖南卫视	3.8	10.2
10	真正男子汉	湖南卫视	3.6	10.1

表 3.20.12　2017 年宁夏市场体育节目收视率排名前十位

名次	节目名称	播出频道	平均收视率(%)	平均占有率(%)
1	中华人民共和国第十三届运动会开幕式	中央电视台综合频道	3.2	8.4
2	中华人民共和国第十三届运动会闭幕式	中央电视台综合频道	2.5	6.7
3	第十三届全运会男女混合 4×400 米接力	中央台五套	1.5	4.0
4	第十三届全运会跆拳道女子 57 公斤级决赛	中央台五套	1.1	3.3
5	直播周末:2017 年世乒赛女单决赛	中央台五套	1.1	2.6
6	第十三届全运会男子 100 米仰泳决赛	中央台五套	0.9	8.0
7	实况录像:2017 年亚洲男排锦标赛 1/4 决赛(韩国队 VS 中国队)	中央台五套	0.9	3.6
8	新闻速递	中央台五套	0.9	2.8
9	现场直播:第十三届全国运动会攀岩速度标准决赛	中央台五套	0.8	2.4
10	黄金赛场:2017/2018 赛季 CBA 常规赛第 4 轮(辽宁本钢 VS 浙江广厦控股)	中央台五套	0.8	2.1

二十一、山东收视数据

表 3.21.1　2013～2017 年山东市场各类频道的市场占有率(%)

频道类别	年份				
	2013 年	2014 年	2015 年	2016 年	2017 年
中央电视台频道	27.5	25.0	22.9	24.5	25.3
中国教育电视台频道	0.1	0.1	0.0	0.0	0.1
山东省级频道	43.0	45.8	47.0	44.0	43.5
其他省级卫视频道	17.8	18.4	18.1	18.1	15.5
其他频道	11.7	10.7	12.0	13.4	15.6

表 3.21.2　2017 年山东市场各类频道在不同目标观众中的市场占有率(%)

目标观众		中央电视台频道	中国教育电视台频道	山东省级频道	其他省级卫视频道　山东	其他频道
4 岁及以上所有人		25.3	0.1	43.5	15.5	15.6
城乡	城市	30.5	0.1	27.4	22.1	19.9
	乡村	23.4	0.1	49.4	13.1	14.0
性别	男	26.7	0.1	43.5	14.1	15.6
	女	23.9	0.1	43.6	16.8	15.6
年龄	4～14 岁	20.9	0.1	35.0	27.0	17.0
	15～24 岁	20.0	0.1	45.0	16.2	18.7
	25～34 岁	20.7	0.0	42.9	21.2	15.2
	35～44 岁	23.6	0.1	36.2	21.0	19.1
	45～54 岁	22.3	0.1	49.5	12.6	15.5
	55～64 岁	29.5	0.1	45.5	11.3	13.6
	65 岁及以上	34.4	0.1	44.6	7.9	13.0
教育程度	未受过正规教育	24.3	0.0	47.1	15.7	12.9
	小学	26.5	0.1	45.8	14.0	13.6
	初中	23.8	0.1	45.2	15.1	15.8
	高中	28.6	0.1	38.5	15.7	17.1
	大学及以上	25.6	0.1	29.2	23.4	21.7
职业类别	干部/管理人员	28.7	0.1	20.6	21.9	28.7
	个体/私营企业人员	21.0	0.0	40.4	19.1	19.5
	初级公务员/雇员	25.2	0.1	35.9	18.8	20.0
	工人	22.9	0.0	47.8	12.8	16.5
	学生	21.3	0.1	32.1	27.5	19.0
	无业	31.7	0.1	35.7	17.1	15.4
	其他	23.9	0.1	52.3	11.7	12.0
个人月收入	0～300 元	27.0	0.1	39.2	19.1	14.6
	301～900 元	19.3	0.1	54.3	12.2	14.1
	901～1700 元	22.3	0.0	51.5	12.9	13.3
	1701～2600 元	27.2	0.1	42.4	14.3	16.0
	2601～3500 元	30.5	0.1	36.0	14.3	19.1
	3501 元及以上	28.4	0.1	30.4	19.0	22.1

表 3.21.3　2017 年山东市场各类频道在不同时段的市场占有率(%)

时间段	中央电视台频道	中国教育电视台频道	山东省级频道	其他省级卫视频道	其他频道
02:00~03:00	36.2	0.1	19.7	24.3	19.7
03:00~04:00	32.8	0.1	23.2	23.1	20.8
04:00~05:00	43.4	0.1	21.9	16.1	18.5
05:00~06:00	42.3	0.0	27.4	15.5	14.8
06:00~07:00	50.7	0.0	26.7	10.4	12.2
07:00~08:00	39.8	0.1	33.7	11.9	14.5
08:00~09:00	33.8	0.1	33.1	18.9	14.1
09:00~10:00	30.5	0.1	28.4	25.1	15.9
10:00~11:00	32.6	0.1	21.8	27.3	18.2
11:00~12:00	34.7	0.1	25.0	23.7	16.5
12:00~13:00	35.1	0.0	27.7	21.8	15.4
13:00~14:00	33.6	0.1	23.7	25.3	17.3
14:00~15:00	30.9	0.2	22.8	27.6	18.5
15:00~16:00	30.8	0.2	21.9	29.1	18.0
16:00~17:00	30.0	0.2	24.0	27.6	18.2
17:00~18:00	21.8	0.1	45.3	15.8	17.0
18:00~19:00	18.6	0.0	58.5	6.8	16.1
19:00~20:00	20.4	0.0	57.8	7.6	14.2
20:00~21:00	17.5	0.0	57.2	11.6	13.7
21:00~22:00	21.2	0.0	53.1	11.4	14.3
22:00~23:00	23.5	0.1	40.7	17.7	18.0
23:00~24:00	31.9	0.0	21.6	25.8	20.7
24:00~25:00	37.3	0.1	20.1	21.0	21.5
25:00~26:00	36.2	0.1	19.0	23.5	21.2

表 3.21.4　2017 年山东市场收视份额排名前十位的频道

名次	频道名称	收视份额(%)
1	山东电视齐鲁频道	11.5
2	山东卫视	11.3
3	山东电视综艺频道	7.2
4	山东电视生活频道	4.8
5	中央电视台综合频道	4.2
6	中央台四套	3.8
7	山东电视公共频道	3.5
8	中央台六套	3.3
9	中央台三套	2.8
10	中央台八套	2.4

表 3.21.5　2017 年山东市场各主要频道的观众构成(%)

目标观众		所有频道	主要频道				
			山东电视齐鲁频道	山东卫视	山东电视综艺频道	山东电视生活频道	中央电视台综合频道
4 岁及以上所有人		100.0	100.0	100.0	100.0	100.0	100.0
城乡	城市	26.5	12.3	19.5	23.8	6.3	28.9
	乡村	73.5	87.7	80.5	76.2	93.7	71.1
性别	男	48.2	50.1	47.9	47.8	48.7	50.0
	女	51.8	49.9	52.1	52.2	51.3	50.0
年龄	4~14 岁	10.1	7.7	8.0	5.9	8.3	6.2
	15~24 岁	7.7	8.5	8.2	10.1	8.2	5.4
	25~34 岁	13.3	12.7	10.7	11.8	14.9	7.8
	35~44 岁	13.1	9.5	11.7	14.1	7.6	10.0
	45~54 岁	21.3	21.7	27.0	19.1	32.4	18.1
	55~64 岁	17.0	20.5	15.3	17.2	14.9	20.9
	65 岁及以上	17.5	19.4	19.1	21.8	13.7	31.6
教育程度	未受过正规教育	13.0	19.6	11.9	10.7	11.7	14.1
	小学	17.9	20.6	17.3	19.4	18.7	19.6
	初中	46.3	44.2	52.1	48.5	51.1	45.9
	高中	17.7	12.2	16.4	19.1	14.5	16.8
	大学及以上	5.1	3.4	2.3	2.3	4.0	3.6
职业类别	干部/管理人员	0.9	0.4	0.6	0.5	0.5	0.6
	个体/私营企业人员	7.6	9.0	5.7	6.9	10.3	4.9
	初级公务员/雇员	7.2	4.2	7.1	4.2	4.4	5.4
	工人	21.2	22.5	25.7	28.1	18.2	19.1
	学生	7.1	3.1	7.1	6.6	6.1	4.8
	无业	23.9	19.4	19.2	24.0	12.4	28.9
	其他	32.1	41.4	34.6	29.7	48.1	36.3
个人月收入	0~300 元	29.7	28.4	27.8	26.1	21.3	34.3
	301~900 元	17.3	21.8	20.9	14.2	29.8	19.0
	901~1700 元	17.8	24.1	16.1	20.8	26.9	12.4
	1701~2600 元	18.3	14.4	20.0	21.1	12.4	17.2
	2601~3500 元	8.2	5.6	8.0	11.3	1.9	9.3
	3501 元及以上	8.7	5.7	7.2	6.5	7.7	7.8

表 3.21.6　2015~2017 年山东市场各类节目的播出份额(%)和收视份额(%)

节目类别	2015 年		2016 年		2017 年	
	播出份额	收视份额	播出份额	收视份额	播出份额	收视份额
财经	1.7	0.5	1.2	0.4	1.1	0.2
电视剧	19.8	26.5	26.4	25.0	20.0	22.9
电影	3.5	2.6	3.9	3.8	3.7	3.7
法制	0.8	0.5	0.9	1.5	1.0	0.9
教学	0.2	0.0	0.2	0.0	0.2	0.0
青少	6.7	4.4	6.7	7.9	7.7	5.9
生活服务	10.7	10.6	8.6	10.1	9.3	10.3
体育	3.3	0.9	3.3	1.2	3.7	1.2
外语	0.0	0.0	0.0	0.0	0.1	0.0
戏剧	0.8	0.2	0.8	0.3	0.8	0.3
新闻/时事	14.5	18.0	10.3	13.9	15.1	15.7
音乐	2.5	0.4	1.7	0.7	1.5	0.7
专题	13.3	3.5	13.6	4.5	14.3	6.3
综艺	9.8	17.1	7.7	17.1	9.3	17.5
其他	12.4	14.8	14.6	13.6	12.3	14.5

表 3.21.7　2017 年山东市场所有节目收视率排名前三十位

名次	节目名称	节目类型	播出频道	平均收视率（%）	平均占有率（%）
1	中央电视台 2017 春节联欢晚会	综艺	中央电视台综合频道	11.1	21.1
2	智取威虎山(8 月 18 日)	电影	山东卫视	10.9	24.5
3	血染大青山	电视剧	山东卫视	10.6	21.9
4	我的小姨	电视剧	山东卫视	9.8	21.6
5	田姐辣妹	电视剧	山东卫视	9.5	20.9
6	林海雪原	电视剧	山东卫视	9.2	22.1
7	儿科医生	电视剧	山东卫视	9.0	19.4
8	开学第一课	青少	中央电视台综合频道	8.9	24.7
9	娘亲舅大	电视剧	山东电视齐鲁频道	8.6	20.9
10	女管家	电视剧	山东卫视	8.4	19.4
11	双枪	电视剧	山东电视齐鲁频道	8.3	17.4
12	碧海雄心	电视剧	山东卫视	8.2	19.1
13	血债血偿	电视剧	山东电视齐鲁频道	8.2	17.9
14	咱家	电视剧	山东卫视	8.1	18.7
15	雪地娘子军	电视剧	山东电视齐鲁频道	8.1	16.6
16	花儿与远方	电视剧	山东卫视	8.0	19.0
17	我的仨妈俩爸	电视剧	山东电视齐鲁频道	7.6	17.3
18	开封府	电视剧	山东电视齐鲁频道	7.6	17.2
19	永不停歇的征程	专题	山东卫视	7.6	16.5
19	我的压寨男人	电视剧	山东电视齐鲁频道	7.6	16.5
21	家国恩仇记	电视剧	山东电视齐鲁频道	7.5	18.3
22	第一声枪响	电视剧	山东电视齐鲁频道	7.4	17.8
23	黄大妮	电视剧	山东卫视	7.2	19.0
24	齐鲁百姓春晚爱临 17 百姓传奇	综艺	山东电视齐鲁频道	7.0	15.0
25	咱们相爱吧	电视剧	山东卫视	6.8	14.1
26	海边女人	电视剧	山东电视齐鲁频道	6.7	16.3
27	漂洋过海来看你	电视剧	山东卫视	6.7	15.8
28	战地枪王	电视剧	山东电视齐鲁频道	6.7	15.2
29	忍冬艳蔷薇	电视剧	山东电视齐鲁频道	6.7	14.8
30	最炫国剧风	综艺	山东卫视	6.6	17.1

表 3.21.8　2017 年山东市场电视剧收视率排名前十位

名次	节目名称	播出频道	平均收视率（%）	平均占有率（%）
1	血染大青山	山东卫视	10.6	21.9
2	我的小姨	山东卫视	9.8	21.6
3	田姐辣妹	山东卫视	9.5	20.9
4	林海雪原	山东卫视	9.2	22.1
5	儿科医生	山东卫视	9.0	19.4
6	娘亲舅大	山东电视齐鲁频道	8.6	20.9
7	女管家	山东卫视	8.4	19.4
8	双枪	山东电视齐鲁频道	8.3	17.4
9	碧海雄心	山东卫视	8.2	19.1
10	血债血偿	山东电视齐鲁频道	8.2	17.9

表 3.21.9　2017 年山东市场新闻节目收视率排名前十位

名次	节目名称	播出频道	平均收视率（%）	平均占有率（%）
1	每日新闻	山东电视齐鲁频道	6.3	18.1
2	转播中央台新闻联播	山东卫视	5.4	12.8
3	一带一路国际合作高峰论坛特别报道	山东卫视	5.2	11.7
4	说闻解字	山东电视生活频道	3.8	8.0
5	调查	山东卫视	3.2	9.9
6	拉呱	山东电视齐鲁频道	2.9	16.5
7	生活帮	山东电视生活频道	2.9	8.1
8	山东新闻联播	山东卫视	2.8	8.1
9	民生直通车	山东电视公共频道	2.5	7.7
10	直通 12345	山东电视公共频道	2.5	5.2

表 3.21.10　2017 年山东市场专题节目收视率排名前十位

名次	节目名称	播出频道	平均收视率（%）	平均占有率（%）
1	永不停歇的征程	山东卫视	7.6	16.5
2	一年又一年	中央电视台综合频道	5.1	11.8
3	幸福心观察	山东电视综艺频道	3.9	17.0
4	山东之美	山东卫视	3.6	9.9
5	山东好人 2016 十大年度人物颁奖典礼	山东电视齐鲁频道	3.6	7.7
6	齐鲁时代楷模发布厅	山东电视公共频道	2.9	6.2
7	齐鲁最美人物发布厅齐鲁最美律师	山东电视公共频道	2.8	6.0
8	2017 年山东省厚道鲁商品牌形象榜发布仪式	山东卫视	2.6	11.2
9	齐鲁家风	山东电视公共频道	2.6	5.1
10	中国成语大会 2015 决赛第五场	中央电视台综合频道	2.5	7.1

表 3.21.11　2017 年山东市场综艺节目收视率排名前十位

名次	节目名称	播出频道	平均收视率(%)	平均占有率(%)
1	中央电视台 2017 春节联欢晚会	中央电视台综合频道	11.1	21.1
2	齐鲁百姓春晚爱临 17 百姓传奇	山东电视齐鲁频道	7.0	15.0
3	忠义传奇大美梁山 2017 中国梁山水浒文化旅游节	山东电视齐鲁频道	6.1	13.6
4	春晚驾到	山东电视齐鲁频道	5.9	11.3
5	2017 青春在一七 2017 山东卫视春节联欢晚会	山东卫视	5.6	16.3
6	主播大作战	山东电视齐鲁频道	5.6	11.9
6	嘻哈俱乐部	山东电视齐鲁频道	5.6	11.9
8	中央电视台 2017 元宵晚会	中央电视台综合频道	5.3	11.7
9	好运连连到	山东电视齐鲁频道	5.2	11.4
10	舞动之星	山东电视齐鲁频道	5.1	13.0

表 3.21.12　2017 年山东市场体育节目收视率排名前十位

名次	节目名称	播出频道	平均收视率(%)	平均占有率(%)
1	中华人民共和国第十三届运动会开幕式	中央台四套	1.8	3.9
2	黄金赛场 超级足球之夜:18 年世界杯亚洲区预选赛第三阶段 A 组第 7 轮(伊朗 VS 中国)	中央台五套	1.7	4.0
3	中华人民共和国第十三届运动会闭幕式	中央电视台综合频道	1.7	3.3
4	超级赛场:2017/2018 赛季 CBA 联赛常规赛第 15 轮(江苏肯帝亚 VS 山东高速)	山东电视体育频道	1.6	3.6
5	全运赛场 开幕式文体展演逐梦远航	山东电视体育频道	1.4	3.3
6	全运赛场:第十三届全运会男子十项全能之十 1500 米	山东电视体育频道	1.3	2.9
7	巅峰赛事:2007 年亚冠联赛精选小组赛 G 组第二轮(山东鲁能 VS 城南一和)	山东电视体育频道	1.3	2.7
8	黄金赛场:2017 年 CCTV 贺岁杯 CCTV 次最轻量级拳王金腰带争霸赛	中央台五套	1.2	3.7
9	超级赛场:2017 年中国足协杯 1/4 决赛首回合(山东鲁能泰山 VS 上海绿地申花)	山东电视体育频道	1.2	2.6
10	第十三届全运会女子举重 63 公斤级决赛抓举	中央台五套	1.2	2.3

二十二、陕西收视数据

表 3.22.1　2013～2017 年陕西市场各类频道的市场占有率(%)

频道类别	年份				
	2013 年	2014 年	2015 年	2016 年	2017 年
中央电视台频道	37.1	39.8	39.8	42.1	42.8
中国教育电视台频道	1.1	0.7	0.4	0.3	0.3
陕西省级频道	12.6	13.3	13.9	14.4	14.3
其他省级卫视频道	45.4	43.6	42.6	38.3	35.1
其他频道	3.8	2.6	3.3	4.9	7.5

表 3.22.2　2017 年陕西市场各类频道在各目标观众中的市场占有率(%)

目标观众		中央电视台频道	中国教育电视台频道	陕西省级频道	其他省级卫视频道	其他频道
4 岁及以上所有人		42.8	0.3	14.3	35.1	7.5
城乡	城市	44.4	0.1	17.9	27.9	9.7
	农村	41.9	0.4	12.5	38.9	6.3
性别	男	45.5	0.3	15.3	31.3	7.6
	女	40.1	0.3	13.4	38.6	7.5
年龄	4～14 岁	47.5	0.2	3.4	41.4	7.5
	15～24 岁	36.5	0.5	10.4	44.3	8.3
	25～34 岁	36.9	0.2	9.5	42.0	11.4
	35～44 岁	42.6	0.3	11.2	38.5	7.4
	45～54 岁	42.0	0.2	15.2	34.4	8.2
	55～64 岁	44.1	0.3	22.1	26.2	7.3
	65 岁及以上	48.5	0.3	23.7	23.5	4.0
教育程度	未受过正规教育	49.7	0.5	8.9	36.4	4.5
	小学	44.0	0.3	11.6	38.7	5.4
	初中	39.8	0.3	16.4	35.8	7.7
	高中	43.7	0.3	15.1	30.8	10.1
	大学及以上	47.9	0.2	12.7	31.8	7.4
职业类别	干部/管理人员	37.2	0.1	22.5	27.6	12.6
	个体/私营企业人员	39.4	0.1	13.3	34.6	12.6
	初级公务员/雇员	46.1	0.2	13.1	30.7	9.9
	工人	43.4	0.1	15.8	32.8	7.9
	学生	41.9	0.5	6.0	44.0	7.6
	无业	45.3	0.3	16.0	31.5	6.9
	其他	41.3	0.4	16.0	36.0	6.3
个人月收入	0～300 元	42.5	0.4	10.2	40.3	6.6
	301～900 元	42.0	0.5	19.3	33.7	4.5
	901～1700 元	37.8	0.1	19.5	32.6	10.0
	1701～2600 元	45.5	0.2	16.4	28.7	9.2
	2601～3500 元	43.0	0.2	17.0	33.0	6.8
	3501 元及以上	49.6	0.2	11.9	28.7	9.6

表 3.22.3　2017 年陕西市场各类频道在不同时段的市场占有率(%)

时间段	中央电视台频道	中国教育电视台频道	陕西省级频道	其他省级卫视频道	其他频道
02:00~03:00	38.3	0.5	2.1	51.7	7.4
03:00~04:00	50.2	0.5	1.4	40.8	7.1
04:00~05:00	55.6	2.5	3.3	32.1	6.5
05:00~06:00	70.5	0.6	4.0	20.8	4.1
06:00~07:00	68.6	0.3	8.8	17.4	4.9
07:00~08:00	60.1	0.6	8.0	26.5	4.8
08:00~09:00	51.8	0.6	6.6	35.6	5.4
09:00~10:00	48.3	0.4	7.4	36.5	7.4
10:00~11:00	46.4	0.4	9.3	34.5	9.4
11:00~12:00	48.6	0.2	9.2	32.8	9.2
12:00~13:00	54.9	0.3	8.6	28.7	7.5
13:00~14:00	50.9	0.6	7.7	31.5	9.3
14:00~15:00	42.6	0.8	6.6	41.6	8.4
15:00~16:00	41.0	0.8	6.7	42.1	9.4
16:00~17:00	40.7	0.6	9.1	39.0	10.6
17:00~18:00	47.5	0.4	10.8	30.9	10.4
18:00~19:00	51.7	0.3	22.4	17.3	8.3
19:00~20:00	50.4	0.2	16.4	27.4	5.6
20:00~21:00	33.5	0.2	15.7	44.3	6.3
21:00~22:00	33.3	0.2	19.0	40.4	7.1
22:00~23:00	33.4	0.2	20.6	36.7	9.1
23:00~24:00	37.1	0.2	15.2	36.5	11.0
24:00~25:00	44.9	0.5	8.4	35.5	10.7
25:00~26:00	47.4	1.6	5.4	38.5	7.1

表 3.22.4　2017 年陕西市场收视份额排名前十位的频道

名次	频道名称	收视份额(%)
1	中央电视台综合频道	8.6
2	中央电视台少儿频道	7.3
3	湖南卫视	6.6
4	中央台八套	5.9
5	陕西广播电视台都市青春频道(二套)	4.1
6	陕西卫视	3.4
6	中央台六套	3.4
8	中央台三套	3.1
9	浙江卫视	2.9
9	中央台十二套	2.9

表 3.22.5 2017 年陕西市场各主要频道的观众构成(%)

目标观众		所有频道	中央电视台综合频道	中央电视台少儿频道	湖南卫视	中央台八套	陕西广播电视台都市青春频道(二套)
4 岁及以上所有人		100.0	100.0	100.0	100.0	100.0	100.0
城乡	城市	34.5	49.0	18.7	29.8	34.3	61.7
	农村	65.5	51.0	81.3	70.2	65.7	38.3
性别	男	49.0	52.6	46.3	35.3	48.4	48.1
	女	51.0	47.4	53.7	64.7	51.6	51.9
年龄	4~14 岁	10.6	5.5	45.7	14.3	4.5	2.1
	15~24 岁	12.1	9.9	8.5	22.1	7.8	9.8
	25~34 岁	11.5	7.4	13.5	16.1	8.6	8.3
	35~44 岁	17.7	17.3	16.0	20.3	17.8	18.2
	45~54 岁	18.2	19.5	7.2	15.2	21.3	20.5
	55~64 岁	14.1	16.7	6.2	7.7	21.5	18.8
	65 岁及以上	15.8	23.8	3.0	4.3	18.5	22.3
教育程度	未受过正规教育	6.6	6.0	22.6	4.1	5.9	1.2
	小学	20.6	15.8	35.9	20.6	27.8	10.0
	初中	43.3	35.3	29.2	45.4	40.2	50.5
	高中	22.2	30.2	10.0	22.2	20.0	28.3
	大学及以上	7.2	12.8	2.3	7.7	6.1	10.1
职业类别	干部/管理人员	0.9	1.4	0.1	0.7	0.5	1.6
	个体/私营企业人员	7.7	9.0	3.8	10.2	6.0	9.3
	初级公务员/雇员	5.3	8.2	1.4	5.6	5.2	6.1
	工人	7.8	8.9	3.3	6.9	8.4	10.8
	学生	13.4	9.7	33.1	22.7	6.3	5.9
	无业	28.7	35.5	36.8	26.3	24.1	38.3
	其他	36.4	27.3	21.5	27.6	49.5	28.0
个人月收入	0~300 元	41.4	32.9	75.7	54.3	34.8	22.5
	301~900 元	9.1	7.3	4.8	5.1	13.6	6.5
	901~1700 元	14.9	11.5	7.7	10.8	16.9	22.6
	1701~2600 元	15.9	23.2	4.5	12.5	17.7	22.3
	2601~3500 元	11.9	13.6	4.0	11.3	10.8	19.9
	3501 元及以上	6.8	11.6	3.4	6.0	6.2	6.3

表 3.22.6 2015~2017 年陕西市场各类节目的播出份额(%)和收视份额(%)

节目类别	2015 年		2016 年		2017 年	
	播出份额	收视份额	播出份额	收视份额	播出份额	收视份额
财经	1.6	0.4	1.3	0.3	1.1	0.4
电视剧	20.4	33.8	21.3	32.4	21.6	31.6
电影	5.2	2.5	5.2	3.9	4.9	3.9
法制	0.9	1.2	0.8	1.1	0.9	1.4
教学	0.3	0.1	0.2	0.1	0.2	0.2
青少	6.4	5.5	6.4	6.0	6.8	6.9
生活服务	9.7	8.4	9.2	7.8	8.6	7.5
体育	3.2	0.9	3.4	1.5	3.4	1.2
外语	0.0	0.0	0.0	0.0	0.1	0.0
戏剧	1.3	1.5	1.2	1.3	1.2	1.5
新闻/时事	14.7	14.4	14.7	14.3	15.3	13.4
音乐	2.4	0.7	1.8	1.1	1.4	1.0
专题	12.6	5.1	13.1	4.8	13.5	5.2
综艺	8.6	10.1	9.2	11.2	8.2	10.4
其他	12.7	15.4	12.3	14.6	12.7	15.4

表 3.22.7　2017 年陕西市场所有节目收视率排名前三十位

名次	节目名称	节目类别	播出频道	平均收视率(%)	平均占有率(%)
1	中央电视台 2017 春节联欢晚会	综艺	中央电视台综合频道	31.0	70.2
2	一年又一年	专题	中央电视台综合频道	8.5	38.1
3	新闻联播	新闻	中央电视台综合频道	6.9	28.1
4	中央电视台 2017 元宵晚会	综艺	中央电视台综合频道	6.9	19.1
5	天气预报	生活服务	中央电视台综合频道	6.1	19.0
6	总书记为俺家算清了脱贫账	专题	中央电视台综合频道	5.7	15.4
7	2017 书香中国全民阅读系列活动启动式	综艺	湖南卫视	5.6	13.9
8	中国诗词大会第二季(1 月 29 日)	专题	中央电视台综合频道	5.3	12.8
9	不忘初心牢记使命永远奋斗	专题	中央电视台综合频道	5.0	15.3
10	焦点访谈	新闻	中央电视台综合频道	4.7	14.0
11	人民的名义	电视剧	湖南卫视	4.7	13.1
12	因为遇见你	电视剧	湖南卫视	4.6	12.6
13	一带一路国际合作高峰论坛特别报道	新闻	中央电视台综合频道	4.4	11.4
14	老区脱贫攻坚习近平心中的牵挂	专题	中央电视台综合频道	4.2	14.9
15	千年大计国家大事	专题	中央电视台综合频道	4.2	13.5
16	快乐大本营	综艺	湖南卫视	4.1	12.1
17	我们的少年时代	电视剧	湖南卫视	3.7	13.3
18	神奇的孩子	青少	湖南卫视	3.7	10.9
19	中国梦祖国颂 2017 中央电视台国庆特别节目	综艺	中央电视台综合频道	3.7	10.0
20	一带一路国际合作高峰论坛文艺晚会	综艺	湖南卫视	3.7	9.5
21	思美人	电视剧	湖南卫视	3.6	10.5
22	2017 中央军委慰问驻京部队老干部迎新春文艺演出	综艺	中央电视台综合频道	3.6	9.1
23	银河之声 2018 少儿频道新年特别节目	青少	中央电视台少儿频道	3.5	15.5
24	敢为天下先共筑新湖南湖南创新奖励主题晚会	综艺	湖南卫视	3.5	9.0
25	星光大道(10 月 28 日)	综艺	中央电视台综合频道	3.5	8.8
26	开学第一课	青少	中央电视台综合频道	3.4	12.1
27	夏至未至	电视剧	湖南卫视	3.3	10.9
28	2017 元宵喜乐会	综艺	湖南卫视	3.2	8.3
29	七十二层奇楼	综艺	湖南卫视	3.1	10.2
30	我们来了	综艺	湖南卫视	3.1	10.0

表 3.22.8　2017 年陕西市场电视剧收视率排名前十位

名次	节目名称	播出频道	平均收视率（%）	平均占有率（%）
1	人民的名义	湖南卫视	4.7	13.1
2	因为遇见你	湖南卫视	4.6	12.6
3	我们的少年时代	湖南卫视	3.7	13.3
4	思美人	湖南卫视	3.6	10.5
5	夏至未至	湖南卫视	3.3	10.9
6	孤芳不自赏	湖南卫视	3.1	8.2
7	东风破	中央台八套	3.0	10.0
8	飞哥战队	中央台八套	3.0	9.9
9	我的继父是偶像	中央台八套	2.9	9.2
10	过界	中央台八套	2.8	9.2

表 3.22.9　2017 年陕西市场新闻节目收视率排名前十位

名次	节目名称	播出频道	平均收视率（%）	平均占有率（%）
1	新闻联播	中央电视台综合频道	6.9	28.1
2	焦点访谈	中央电视台综合频道	4.7	14.0
3	一带一路国际合作高峰论坛特别报道	中央电视台综合频道	4.4	11.4
4	中国共产党第十九次全国代表大会开幕会专题新闻	中央电视台综合频道	3.0	8.3
5	香港回归祖国 20 周年特别报道	中央电视台综合频道	2.8	10.2
6	李克强总理会见中外记者并回答提问	中央电视台综合频道	2.5	6.4
7	都市快报	陕西广播电视台都市青春频道（二套）	1.4	6.4
8	今日点击	陕西广播电视台新闻资讯频道（一套）	1.3	5.0
9	直通乌镇峰会第四届世界互联网大会特别节目	浙江卫视	1.3	4.5
10	金砖国家领导人第九次会晤特别报道	中央电视台综合频道	1.2	8.5

表 3.22.10　2017 年陕西市场专题节目收视率排名前十位

名次	节目名称	播出频道	平均收视率（%）	平均占有率（%）
1	一年又一年	中央电视台综合频道	8.5	38.1
2	总书记为俺家算清了脱贫账	中央电视台综合频道	5.7	15.4
3	中国诗词大会第二季(1 月 29 日)	中央电视台综合频道	5.3	12.8
4	不忘初心牢记使命永远奋斗	中央电视台综合频道	5.0	15.3
5	老区脱贫攻坚习近平心中的牵挂	中央电视台综合频道	4.2	14.9
6	千年大计国家大事	中央电视台综合频道	4.2	13.5
7	感动中国 2016 年度人物颁奖盛典	中央电视台综合频道	3.0	8.2
8	香港发展一直牵动着我的心 习近平香港行纪实	中央电视台综合频道	2.8	9.3
9	我是未来	湖南卫视	2.7	8.5
10	不忘初心继续前进	中央电视台综合频道	2.6	7.1

表 3.22.11　2017 年陕西市场综艺节目收视率排名前十位

名次	节目名称	播出频道	平均收视率(%)	平均占有率(%)
1	中央电视台 2017 春节联欢晚会	中央电视台综合频道	31.0	70.2
2	中央电视台 2017 元宵晚会	中央电视台综合频道	6.9	19.1
3	2017 书香中国全民阅读系列活动启动式	湖南卫视	5.6	13.9
4	快乐大本营	湖南卫视	4.1	12.1
5	中国梦祖国颂 2017 中央电视台国庆特别节目	中央电视台综合频道	3.7	10.0
6	一带一路国际合作高峰论坛文艺晚会	湖南卫视	3.7	9.5
7	2017 中央军委慰问驻京部队老干部迎新春文艺演出	中央电视台综合频道	3.6	9.1
8	敢为天下先共筑新湖南湖南创新奖励主题晚会	湖南卫视	3.5	9.0
9	星光大道(10 月 28 日)	中央电视台综合频道	3.5	8.8
10	2017 元宵喜乐会	湖南卫视	3.2	8.3

表 3.22.12　2017 年陕西市场体育节目收视率排名前十位

名次	节目名称	播出频道	平均收视率(%)	平均占有率(%)
1	中华人民共和国第十三届运动会开幕式	中央电视台综合频道	3.0	8.4
2	中华人民共和国第十三届运动会闭幕式	中央电视台综合频道	2.3	6.8
3	第十三届全运会女子 4×200 米自由泳接力决赛	中央台五套	1.1	3.6
4	第十三届全运会女子 100 米栏决赛	中央台五套	1.1	3.3
5	2018 年世界杯亚洲区预选赛十二强赛(中国 VS 乌兹别克斯坦)	中央台五套	0.9	2.8
6	2017 年第十三届全运会乒乓球男子团体1/4 决赛	中央台五套	0.8	3.0
6	2017 年世界女排大奖赛总决赛小组赛(中国队 VS 荷兰队)	中央台五套	0.8	3.0
8	2017 年世界女子冰壶锦标赛决赛权赛	中央台五套	0.8	2.0
9	第十三届全运会场地自行车男子凯林赛	中央台五套	0.6	2.1
10	2017 年世界羽毛球锦标赛女单 1/4 决赛	中央台五套	0.6	1.8

二十三、山西收视数据

表 3.23.1　2013～2017 年山西市场各类频道的市场占有率(%)

频道类别	年份				
	2013 年	2014 年	2015 年	2016 年	2017 年
中央电视台频道	36.5	36.3	37.3	40.0	40.7
中国教育电视台频道	1.0	0.6	0.3	0.2	0.1
山西省级频道	12.7	14.9	15.0	14.4	12.8
其他省级卫视频道	47.1	45.4	44.1	41.5	41.4
其他频道	2.7	2.8	3.3	3.9	5.0

表 3.23.2　2017 年山西市场各类频道在不同目标观众中的市场占有率(%)

目标观众		中央电视台频道	中国教育电视台频道	山西省级频道	其他省级卫视频道	其他频道
4 岁及以上所有人		40.7	0.1	12.8	41.4	5.0
城乡	城市	50.3	0.1	12.0	31.6	6.0
	农村	36.5	0.1	13.1	45.7	4.6
性别	男	43.0	0.1	13.5	38.2	5.2
	女	38.3	0.1	12.0	44.6	5.0
年龄	4～14 岁	40.9	0.1	6.3	48.0	4.7
	15～24 岁	35.0	0.1	8.2	51.3	5.4
	25～34 岁	33.1	0.1	8.5	52.6	5.7
	35～44 岁	38.3	0.1	10.3	44.7	6.6
	45～54 岁	42.0	0.1	13.7	40.4	3.8
	55～64 岁	42.7	0.1	21.8	30.5	4.9
	65 岁及以上	50.6	0.1	17.3	27.5	4.5
教育程度	未受过正规教育	40.8	0.0	9.5	45.7	4.0
	小学	37.3	0.2	14.6	44.0	3.9
	初中	38.7	0.1	14.4	41.7	5.1
	高中	45.7	0.1	9.6	38.5	6.1
	大学及以上	45.9	0.1	10.3	37.6	6.1
职业类别	干部/管理人员	40.1	0.1	8.3	45.3	6.2
	个体/私营企业人员	36.8	0.1	14.7	42.1	6.3
	初级公务员/雇员	44.9	0.0	10.7	38.9	5.5
	工人	43.2	0.1	7.5	42.8	6.4
	学生	39.6	0.1	6.9	47.6	5.8
	无业	40.8	0.1	16.0	39.0	4.1
	其他	42.8	0.1	9.9	42.3	4.9
个人月收入	0～300 元	36.1	0.1	12.9	47.1	3.8
	301～900 元	42.2	0.2	11.7	40.0	5.9
	901～1700 元	39.3	0.1	11.3	44.9	4.4
	1701～2600 元	43.6	0.1	13.9	36.6	5.8
	2601～3500 元	47.3	0.1	11.4	34.0	7.2
	3501 元及以上	42.2	0.1	14.9	36.9	5.9

表 3.23.3　2017 年山西市场各类频道在不同时段的市场占有率(%)

时间段	中央电视台频道	中国教育电视台频道	山西省级频道	其他省级卫视频道	其他频道
02:00～03:00	24.5	0.4	15.3	58.5	1.3
03:00～04:00	27.2	0.7	8.4	62.2	1.5
04:00～05:00	46.3	0.1	9.9	41.5	2.2
05:00～06:00	61.6	0.1	14.1	21.7	2.5
06:00～07:00	64.6	0.1	12.1	20.9	2.3
07:00～08:00	62.4	0.3	10.5	23.7	3.1
08:00～09:00	46.0	0.3	11.1	39.1	3.5
09:00～10:00	37.6	0.2	13.8	43.5	4.9
10:00～11:00	39.9	0.2	9.8	43.0	7.1
11:00～12:00	44.4	0.1	8.2	40.9	6.4
12:00～13:00	56.7	0.1	7.4	32.3	3.5
13:00～14:00	44.3	0.1	17.4	35.0	3.2
14:00～15:00	39.7	0.2	13.3	42.8	4.0
15:00～16:00	41.5	0.2	5.2	47.6	5.5
16:00～17:00	41.5	0.2	5.8	46.4	6.1
17:00～18:00	46.0	0.2	8.9	38.2	6.7
18:00～19:00	51.7	0.1	21.9	20.3	6.0
19:00～20:00	48.7	0.0	14.0	33.0	4.3
20:00～21:00	30.4	0.0	12.8	51.9	4.9
21:00～22:00	32.3	0.0	13.1	48.9	5.7
22:00～23:00	33.7	0.1	13.8	45.1	7.3
23:00～24:00	34.7	0.1	12.1	43.2	9.9
24:00～25:00	45.0	0.1	11.6	34.6	8.7
25:00～26:00	29.5	0.0	19.3	47.3	3.9

表 3.23.4　2017 年山西市场收视份额排名前十位的频道

名次	频道名称	收视份额(%)
1	中央电视台综合频道	9.1
2	湖南卫视	6.6
3	山西卫视	6.0
4	中央台八套	5.3
5	中央电视台少儿频道	5.2
6	山东卫视	4.1
7	中央台三套	3.5
8	浙江卫视	3.2
9	中央台六套	3.1
10	中央台四套	3.0

表 3.23.5　2017 年山西市场各主要频道的观众构成(%)

目标观众		所有频道	主要频道				
			中央电视台综合频道	湖南卫视	山西卫视	中央台八套	中央电视台少儿频道
4 岁及以上所有人		100.0	100.0	100.0	100.0	100.0	100.0
城乡	城市	30.1	64.6	30.0	11.3	25.3	13.7
	农村	69.9	35.4	70.0	88.7	74.7	86.3
性别	男	49.8	53.8	37.6	55.2	46.4	46.9
	女	50.2	46.2	62.4	44.8	53.6	53.1
年龄	4~14 岁	11.4	4.5	13.5	4.2	3.1	60.0
	15~24 岁	12.0	10.4	23.8	9.8	9.3	7.5
	25~34 岁	11.8	10.0	18.1	9.4	7.8	12.9
	35~44 岁	17.4	17.6	22.9	14.2	18.4	6.3
	45~54 岁	18.1	18.1	13.7	16.6	25.2	7.5
	55~64 岁	15.1	18.5	5.3	23.7	22.7	4.1
	65 岁及以上	14.2	20.9	2.7	22.1	13.5	1.7
教育程度	未受过正规教育	6.1	1.6	3.0	6.9	2.4	29.7
	小学	24.4	13.8	20.7	32.9	18.0	41.4
	初中	39.2	34.2	40.8	40.5	45.9	19.2
	高中	19.6	30.6	22.7	13.2	24.2	6.2
	大学及以上	10.7	19.8	12.8	6.5	9.5	3.5
职业类别	干部/管理人员	2.0	3.3	3.5	1.5	1.9	0.4
	个体/私营企业人员	20.1	18.9	22.0	23.4	18.3	7.9
	初级公务员/雇员	6.3	10.3	8.2	3.5	6.6	1.7
	工人	5.7	8.4	6.7	3.1	5.9	1.7
	学生	10.1	8.4	18.5	4.4	3.7	32.7
	无业	37.5	37.5	29.6	46.3	31.0	48.0
	其他	18.3	13.2	11.5	17.8	32.6	7.6
个人月收入	0~300 元	37.5	20.2	45.5	44.9	27.3	79.4
	301~900 元	5.6	5.0	2.6	6.7	6.2	2.3
	901~1700 元	11.2	9.9	12.5	11.6	13.9	5.5
	1701~2600 元	20.5	27.1	18.2	18.4	25.7	5.9
	2601~3500 元	16.0	24.6	12.4	9.8	20.0	4.4
	3501 元及以上	9.2	13.2	8.8	8.6	6.9	2.5

表 3.23.6　2015~2017 年山西市场各类节目的播出份额(%)和收视份额(%)

节目类别	2015 年		2016 年		2017 年	
	播出份额	收视份额	播出份额	收视份额	播出份额	收视份额
财经	1.7	0.4	1.3	0.3	1.2	0.3
电视剧	21.0	34.2	21.7	33.1	21.9	32.4
电影	3.9	2.0	3.9	2.8	4.2	3.1
法制	1.0	1.6	0.9	1.6	1.0	1.4
教学	0.3	0.0	0.2	0.0	0.2	0.0
青少	7.2	4.7	7.2	4.7	7.4	5.7
生活服务	9.3	9.1	8.8	8.6	8.3	8.5
体育	3.0	1.1	3.3	1.6	3.1	0.9
外语	0.0	0.0	0.0	0.0	0.1	0.0
戏剧	0.8	0.9	0.8	1.0	0.9	1.0
新闻/时事	14.4	13.2	14.5	13.3	15.3	13.1
音乐	2.6	0.8	1.9	1.0	1.5	1.2
专题	13.2	5.3	13.7	5.2	14.1	5.0
综艺	9.2	10.7	9.6	11.7	8.4	11.2
其他	12.4	16.0	12.2	15.1	12.6	16.1

表 3.23.7　2017 年山西市场所有节目收视率排名前三十位

名次	节目名称	节目类型	播出频道	平均收视率(%)	平均占有率(%)
1	中央电视台 2017 春节联欢晚会	综艺	中央电视台综合频道	26.0	56.0
2	新闻联播	新闻/时事	中央电视台综合频道	7.8	28.6
3	2017 书香中国全民阅读系列活动启动式	综艺	湖南卫视	7.6	16.3
4	一年又一年	专题	中央电视台综合频道	6.6	31.2
5	天气预报	生活服务	中央电视台综合频道	5.9	16.1
6	千年大计国家大事	专题	中央电视台综合频道	5.9	14.7
7	人民的名义	电视剧	湖南卫视	5.8	13.2
8	快乐大本营	综艺	湖南卫视	5.3	13.9
9	黄大妮	电视剧	山东卫视	4.8	10.1
10	一带一路国际合作高峰论坛特别报道	新闻/时事	中央电视台综合频道	4.7	10.9
11	2017 中央军委慰问驻京部队老干部迎新春文艺演出	综艺	中央电视台综合频道	4.7	9.6
12	2017 年中央电视台中秋晚会	综艺	中央电视台综合频道	4.6	11.4
13	一带一路国际合作高峰论坛文艺晚会	综艺	湖南卫视	4.6	10.5
13	因为遇见你	电视剧	湖南卫视	4.6	10.5
15	敢为天下先共筑新湖南湖南创新奖励主题晚会	综艺	湖南卫视	4.6	10.3
16	不忘初心牢记使命永远奋斗	专题	中央电视台综合频道	4.5	11.8
17	焦点访谈	新闻/时事	中央电视台综合频道	4.5	11.3
17	夏至未至	电视剧	湖南卫视	4.5	11.3
19	思美人	电视剧	湖南卫视	4.4	10.5
20	老区脱贫攻坚习近平心中的牵挂	专题	中央电视台综合频道	4.3	12.3
21	我们的少年时代	电视剧	湖南卫视	4.3	11.6
22	2017 湖南卫视小年夜春晚	综艺	湖南卫视	4.3	11.3
23	七十二层奇楼	综艺	湖南卫视	4.2	11.0
24	中国梦祖国颂 2017 中央电视台国庆特别节目	综艺	中央电视台综合频道	4.1	9.7
25	香港发展一直牵动着我的心习近平香港行纪实	专题	中央电视台综合频道	4.0	11.3
26	那年花开月正圆	电视剧	上海东方卫视	4.0	9.8
27	老公们的私房钱(14~47 集)	电视剧	山西卫视	4.0	8.3
28	开学第一课	青少	中央电视台综合频道	3.9	12.9
29	人间至味是清欢	电视剧	湖南卫视	3.9	9.9
30	中央电视台 2017 元宵晚会	综艺	中央电视台综合频道	3.8	14.4

表 3.23.8 2017 年山西市场电视剧收视率排名前十位

名次	节目名称	播出频道	平均收视率（%）	平均占有率（%）
1	人民的名义	湖南卫视	5.8	13.2
2	黄大妮	山东卫视	4.8	10.1
3	因为遇见你	湖南卫视	4.6	10.5
4	夏至未至	湖南卫视	4.5	11.3
5	思美人	湖南卫视	4.4	10.5
6	我们的少年时代	湖南卫视	4.3	11.6
7	那年花开月正圆	上海东方卫视	4.0	9.8
8	老公们的私房钱(14~47 集)	山西卫视	4.0	8.3
9	人间至味是清欢	湖南卫视	3.9	9.9
10	欢乐颂二	浙江卫视	3.6	8.2

表 3.23.9 2017 年山西市场新闻节目收视率排名前十位

名次	节目名称	播出频道	平均收视率（%）	平均占有率（%）
1	新闻联播	中央电视台综合频道	7.8	28.6
2	一带一路国际合作高峰论坛特别报道	中央电视台综合频道	4.7	10.9
3	焦点访谈	中央电视台综合频道	4.5	11.3
4	香港回归祖国 20 周年特别报道	中央电视台综合频道	3.5	9.9
5	转播中央台新闻联播	山西卫视	2.9	10.7
6	中国共产党第十九次全国代表大会开幕会专题新闻	中央电视台综合频道	2.8	6.6
7	李克强总理会见中外记者并回答提问	中央电视台综合频道	2.8	5.8
8	山西新闻联播	山西卫视	2.3	16.4
9	喜迎十九大特别节目还看今朝	山西卫视	1.8	5.0
10	金砖国家领导人第九次会晤特别报道	中央台三套	1.5	3.5

表 3.23.10 2017 年山西市场专题节目收视率排名前十位

名次	节目名称	播出频道	平均收视率（%）	平均占有率（%）
1	一年又一年	中央电视台综合频道	6.6	31.2
2	千年大计国家大事	中央电视台综合频道	5.9	14.7
3	不忘初心牢记使命永远奋斗	中央电视台综合频道	4.5	11.8
4	老区脱贫攻坚习近平心中的牵挂	中央电视台综合频道	4.3	12.3
5	香港发展一直牵动着我的心 习近平香港行纪实	中央电视台综合频道	4.0	11.3
6	总书记为俺家算清了脱贫账	中央电视台综合频道	3.8	8.7
7	感动中国 2016 年度人物颁奖盛典	中央电视台综合频道	3.7	8.6
8	本草中华	上海东方卫视	3.0	7.5
9	打铁还需自身硬	中央电视台综合频道	2.7	5.6
10	我是未来	湖南卫视	2.4	9.6

表 3.23.11 2017 年山西市场综艺节目收视率排名前十位

名次	节目名称	播出频道	平均收视率(%)	平均占有率(%)
1	中央电视台 2017 春节联欢晚会	中央电视台综合频道	26.0	56.0
2	2017 书香中国全民阅读系列活动启动式	湖南卫视	7.6	16.3
3	快乐大本营	湖南卫视	5.3	13.9
4	2017 中央军委慰问驻京部队老干部迎新春文艺演出	中央电视台综合频道	4.7	9.6
5	2017 年中央电视台中秋晚会	中央电视台综合频道	4.6	11.4
6	一带一路国际合作高峰论坛文艺晚会	湖南卫视	4.6	10.5
7	敢为天下先共筑新湖南湖南创新奖励主题晚会	湖南卫视	4.6	10.3
8	2017 湖南卫视小年夜春晚	湖南卫视	4.3	11.3
9	七十二层奇楼	湖南卫视	4.2	11.0
10	中国梦祖国颂 2017 中央电视台国庆特别节目	中央电视台综合频道	4.1	9.7

表 3.23.12 2017 年山西市场体育节目收视率排名前十位

名次	节目名称	播出频道	平均收视率(%)	平均占有率(%)
1	中华人民共和国第十三届运动会闭幕式	中央电视台综合频道	2.7	6.2
2	中华人民共和国第十三届运动会开幕式	中央电视台综合频道	2.2	5.2
3	第十三届全运会男子标枪决赛	中央台五套	1.2	2.5
4	第十三届全运会乒乓球混双决赛	中央台五套	1.1	2.9
5	神奇水世界:17 年布达佩斯国际泳联世锦赛女 4×200 米自由泳接力决赛	中央台五套	1.1	2.6
6	2017 年第十三届全运会男子花剑个人决赛	中央台五套	1.0	3.0
7	津彩全运汇	天津卫视	0.9	5.0
8	WLF2017 全球功夫盛典	河南电视台卫星频道(一套)	0.9	3.4
9	第十三届全运会跳水男子 10 米台决赛	中央台五套	0.9	2.4
10	2017 年第十三届全运会女排决赛(上海 VS 江苏)	中央台五套	0.9	2.0

二十四、四川收视数据

表 3.24.1　2013～2017 年四川市场各类频道的市场占有率(%)

频道类别	年份				
	2013 年	2014 年	2015 年	2016	2017 年
中央电视台频道	34.3	33.4	32.1	31.1	32.5
中国教育电视台频道	0.5	0.4	0.1	0.1	0.1
四川省级频道	23.6	26.1	26.5	26.1	25.3
其他省级卫视频道	25.4	23.6	23.3	22.1	19.8
其他频道	16.2	16.5	18.0	20.6	22.3

表 3.24.2　2017 年四川市场各类频道在不同目标观众中的市场占有率(%)

目标观众		中央电视台频道	中国教育电视台频道	四川省级频道	其他省级卫视频道	其他频道
4 岁及以上所有人		32.5	0.1	25.3	19.8	22.3
城乡	城市	35.0	0.0	19.4	22.0	23.6
	农村	31.2	0.2	28.4	18.7	21.5
性别	男	33.6	0.2	26.9	18.2	21.1
	女	31.4	0.1	23.8	21.4	23.3
年龄	4～14 岁	23.7	0.1	16.8	33.4	26.0
	15～24 岁	28.3	0.1	27.1	23.2	21.3
	25～34 岁	29.9	0.1	20.0	24.4	25.6
	35～44 岁	34.0	0.6	21.1	19.5	24.8
	45～54 岁	32.3	0.1	25.7	18.1	23.8
	55～64 岁	33.4	0.1	31.7	15.7	19.1
	65 岁及以上	40.8	0.1	30.3	11.5	17.3
教育程度	未受过正规教育	28.2	0.1	28.6	23.2	19.9
	小学	31.0	0.3	28.3	18.8	21.6
	初中	35.4	0.1	23.2	18.3	23.0
	高中	33.1	0.1	22.2	21.3	23.3
	大学及以上	31.7	0.0	13.1	29.7	25.5
职业类别	干部/管理人员	34.0	0.0	13.6	34.7	17.7
	个体/私营企业人员	32.6	0.1	23.2	20.3	23.8
	初级公务员/雇员	34.8	0.1	14.8	25.3	25.0
	工人	34.0	0.0	27.0	16.4	22.6
	学生	23.8	0.1	14.5	33.6	28.0
	无业	34.0	0.0	22.9	19.5	23.6
	其他	32.8	0.4	34.8	14.4	17.6
个人月收入	0～300 元	30.0	0.1	25.0	22.4	22.5
	301～900 元	31.0	0.6	33.7	14.1	20.6
	901～1700 元	32.4	0.1	22.2	19.1	26.2
	1701～2600 元	36.5	0.0	25.8	17.3	20.4
	2601～3500 元	38.5	0.1	21.1	20.4	19.9
	3501 元及以上	33.5	0.0	21.3	21.3	23.9

表 3.24.3　2017 年四川市场各类频道在不同时段的市场占有率(%)

时间段	中央电视台频道	中国教育电视台频道	四川省级频道	其他省级卫视频道	其他频道
02:00～03:00	29.3	0.1	28.8	16.5	25.3
03:00～04:00	30.8	0.1	28.9	14.7	25.5
04:00～05:00	33.3	0.0	31.0	13.5	22.2
05:00～06:00	35.0	0.1	33.7	13.8	17.4
06:00～07:00	49.5	0.3	20.7	14.2	15.3
07:00～08:00	48.7	1.3	12.1	19.2	18.7
08:00～09:00	40.8	0.6	9.2	25.6	23.8
09:00～10:00	34.3	0.4	10.9	28.7	25.7
10:00～11:00	33.8	0.3	12.6	27.0	26.3
11:00～12:00	37.6	0.1	13.1	25.0	24.2
12:00～13:00	42.6	0.1	11.9	22.7	22.7
13:00～14:00	39.6	0.2	14.9	22.6	22.7
14:00～15:00	35.9	0.3	15.8	23.8	24.2
15:00～16:00	34.3	0.4	15.8	24.7	24.8
16:00～17:00	33.7	0.3	13.9	26.5	25.6
17:00～18:00	33.6	0.1	13.8	26.0	26.5
18:00～19:00	35.2	0.1	23.3	15.0	26.4
19:00～20:00	34.2	0.1	29.9	15.3	20.5
20:00～21:00	28.0	0.0	33.0	19.5	19.5
21:00～22:00	28.4	0.1	35.2	17.3	19.0
22:00～23:00	23.6	0.1	39.1	15.9	21.3
23:00～24:00	25.8	0.0	34.6	16.9	22.7
24:00～25:00	31.8	0.1	23.0	17.4	27.7
25:00～26:00	30.1	0.1	26.7	17.3	25.8

表 3.24.4　2017 年四川市场收视份额排名前十位的频道

名次	频道名称	收视份额(%)
1	四川电视台影视文艺频道(五套)	12.7
2	中央台六套	5.2
3	中央台八套	5.1
4	中央电视台综合频道	4.4
5	四川经视频道	3.9
5	中央台三套	3.6
7	湖南卫视	3.3
7	四川卫视	3.1
9	中央台四套	3.0
10	中央电视台少儿频道	2.5

表 3.24.5 2017 年四川市场各主要频道的观众构成(%)

目标观众		所有频道	主要频道				
			四川电视台影视文艺频道(五套)	中央台六套	中央台八套	中央电视台综合频道	四川经视频道
4 岁及以上所有人		100.0	100.0	100.0	100.0	100.0	100.0
城乡	城市	34.3	22.8	29.7	39.6	40.5	20.4
	农村	65.7	77.2	70.3	60.4	59.5	79.6
性别	男	50.6	56.0	55.0	43.7	49.8	49.9
	女	49.4	44.0	45.0	56.3	50.2	50.1
年龄	4~14 岁	14.9	10.2	11.0	6.2	9.3	12.4
	15~24 岁	7.7	7.5	8.9	6.9	6.4	14.3
	25~34 岁	8.7	6.6	11.8	6.5	6.3	6.4
	35~44 岁	11.4	8.2	18.3	10.5	9.1	10.5
	45~54 岁	22.4	23.6	25.8	27.2	18.9	28.3
	55~64 岁	16.0	22.1	12.2	19.3	18.9	14.6
	65 岁及以上	18.9	21.8	12.0	23.4	31.1	13.5
教育程度	未受过正规教育	11.0	14.3	9.2	8.3	8.0	10.0
	小学	39.1	44.9	40.4	35.8	38.1	44.6
	初中	34.3	31.3	38.4	39.1	34.9	30.8
	高中	11.9	8.0	9.3	13.9	14.2	13.4
	大学及以上	3.7	1.5	2.7	2.9	4.8	1.2
职业类别	干部/管理人员	1.2	0.6	0.9	2.3	1.7	0.4
	个体/私营企业人员	8.8	8.6	10.6	10.5	6.4	7.6
	初级公务员/雇员	6.6	2.8	8.3	7.6	6.9	3.8
	工人	11.4	12.4	16.6	11.2	8.5	15.6
	学生	10.6	4.6	8.9	4.8	7.5	10.7
	无业	32.2	30.6	27.0	36.2	36.9	22.6
	其他	29.2	40.4	27.7	27.4	32.1	39.3
个人月收入	0~300 元	42.7	43.8	40.6	32.9	38.7	39.7
	301~900 元	13.8	17.8	13.2	14.7	13.7	20.9
	901~1700 元	11.1	9.9	10.0	13.2	11.8	7.3
	1701~2600 元	14.4	14.9	16.2	18.2	16.4	11.2
	2601~3500 元	10.4	7.4	11.8	15.1	12.6	12.3
	3501 元及以上	7.6	6.2	8.2	5.9	6.8	8.6

表 3.24.6 2015~2017 年四川市场各类节目的播出份额(%)和收视份额(%)

节目类别	2015 年		2016 年		2017 年	
	播出份额	收视份额	播出份额	收视份额	播出份额	收视份额
财经	1.9	0.4	1.5	0.3	1.2	0.4
电视剧	20.7	40.2	21.1	39.9	22.5	41.0
电影	4.4	6.8	4.3	6.9	4.3	7.1
法制	0.8	0.7	0.7	0.5	0.8	0.6
教学	0.2	0.1	0.2	0.0	0.2	0.0
青少	6.4	6.2	6.5	6.5	6.8	7.0
生活服务	10.2	7.5	9.6	7.2	8.5	6.7
体育	2.8	1.2	3.1	1.1	3.2	0.9
外语	0.0	0.0	0.0	0.0	0.1	0.0
戏剧	0.8	0.2	0.8	0.3	0.8	0.2
新闻/时事	14.5	8.7	14.5	9.5	15.2	8.6
音乐	2.5	1.2	1.9	1.0	1.5	1.1
专题	12.9	4.9	13.4	4.7	13.8	4.7
综艺	9.5	10.5	9.9	10.1	8.3	9.2
其他	12.4	11.4	12.4	12.0	12.8	12.5

表 3.24.7 2017 年四川市场所有节目收视率排名前三十位

名次	节目名称	节目类别	播出频道	平均收视率(%)	平均占有率(%)
1	护宝风云	电视剧	四川电视台影视文艺频道(五套)	7.7	27.1
2	女子特战队	电视剧	四川电视台影视文艺频道(五套)	7.7	26.8
3	我叫刘传说	电视剧	四川电视台影视文艺频道(五套)	7.3	25.0
4	我的父亲我的兵	电视剧	四川电视台影视文艺频道(五套)	7.2	26.7
5	我们的绝地反击	电视剧	四川电视台影视文艺频道(五套)	7.2	24.2
6	雪地娘子军	电视剧	四川电视台影视文艺频道(五套)	6.9	25.3
7	魔都风云	电视剧	四川电视台影视文艺频道(五套)	6.6	25.3
8	战鼓擂	电视剧	四川电视台影视文艺频道(五套)	6.6	23.0
9	战昆仑	电视剧	四川电视台影视文艺频道(五套)	6.6	22.0
10	战火红颜	电视剧	四川电视台影视文艺频道(五套)	6.4	24.3
11	战金岭	电视剧	四川电视台影视文艺频道(五套)	6.1	21.9
12	擒狼	电视剧	四川电视台影视文艺频道(五套)	6.0	23.1
13	尖锋一之烈焰青春	电视剧	四川电视台影视文艺频道(五套)	6.0	22.6
14	地道女英雄	电视剧	四川电视台影视文艺频道(五套)	6.0	21.4
15	中央电视台 2017 春节联欢晚会	综艺	中央电视台综合频道	6.0	15.0
16	我的压寨男人	电视剧	四川电视台影视文艺频道(五套)	5.8	24.2
17	山河同在	电视剧	四川电视台影视文艺频道(五套)	5.8	22.2
18	烈火刀影	电视剧	四川电视台影视文艺频道(五套)	5.8	19.5
19	打土匪	电视剧	四川电视台影视文艺频道(五套)	5.7	22.7
20	铁核桃之无间风云	电视剧	四川电视台影视文艺频道(五套)	5.6	22.8
21	红色追剿 1949	电视剧	四川电视台影视文艺频道(五套)	5.6	22.5
22	飞哥大英雄之飞哥战队	电视剧	四川电视台影视文艺频道(五套)	5.6	21.5

续表

名次	节目名称	节目类别	播出频道	平均收视率（%）	平均占有率（%）
23	大地惊雷	电视剧	四川电视台影视文艺频道（五套）	5.6	20.3
24	渊子崖保卫战	电影	中央台六套	5.6	16.0
25	双枪	电视剧	四川电视台影视文艺频道（五套）	5.5	20.6
26	义海	电视剧	四川电视台影视文艺频道（五套）	5.5	20.3
27	女汉子	电视剧	四川经视频道	5.5	17.0
28	勇者	电视剧	四川电视台影视文艺频道（五套）	5.3	20.3
29	红线	电视剧	四川电视台影视文艺频道（五套）	5.2	20.6
30	刀尖上的搏杀	电视剧	四川电视台影视文艺频道（五套）	5.2	18.5

表 3.24.8　2017 年四川市场电视剧收视率排名前十位

名次	节目名称	播出频道	平均收视率（%）	平均占有率（%）
1	护宝风云	四川电视台影视文艺频道（五套）	7.7	27.1
2	女子特战队	四川电视台影视文艺频道（五套）	7.7	26.8
3	我叫刘传说	四川电视台影视文艺频道（五套）	7.3	25.0
4	我的父亲我的兵	四川电视台影视文艺频道（五套）	7.2	26.7
5	我们的绝地反击	四川电视台影视文艺频道（五套）	7.2	24.2
6	雪地娘子军	四川电视台影视文艺频道（五套）	6.9	25.3
7	魔都风云	四川电视台影视文艺频道（五套）	6.6	25.3
8	战鼓擂	四川电视台影视文艺频道（五套）	6.6	23.0
9	战昆仑	四川电视台影视文艺频道（五套）	6.6	22.0
10	战火红颜	四川电视台影视文艺频道（五套）	6.4	24.3

表 3.24.9　2017 年四川市场新闻节目收视率排名前十位

名次	节目名称	播出频道	平均收视率（%）	平均占有率（%）
1	共同关注	中央电视台综合频道	2.2	8.3
2	茂县山体高位垮塌抢险救援特别报道	四川卫视	2.1	7.6
3	中国共产党第十九次全国代表大会开幕会专题新闻	中央电视台综合频道	1.6	3.9
4	新闻联播	中央电视台综合频道	1.5	6.1
5	新闻联播（10 月 18、24、25）	中央台四套	1.4	3.7
6	海峡两岸	中央台四套	1.4	3.6
7	转播中央台新闻联播	四川卫视	1.1	4.5
8	香港回归祖国 20 周年特别报道	中央电视台综合频道	1.1	3.6
9	中国舆论场	中央台四套	1.1	3.2
10	今日关注	中央台四套	1.0	3.2

表 3.24.10　2017 年四川市场专题节目收视率排名前十位

名次	节目名称	播出频道	平均收视率(%)	平均占有率(%)
1	圆梦中国德耀中华第六届全国道德模范颁奖仪式	中央电视台综合频道	2.1	6.2
2	一年又一年	中央电视台综合频道	2.0	8.9
3	金钗猎人	中央台九套纪录频道	1.6	4.0
4	不忘初心牢记使命永远奋斗	中央电视台综合频道	1.5	4.2
5	大国外交	中央电视台综合频道	1.4	4.0
5	我们的歌手	湖南卫视	1.2	4.7
7	巡视利剑	中央电视台综合频道	1.2	3.5
7	中国与南南合作以发展促人权构建人类命运共同体	中央电视台综合频道	1.2	3.4
9	强军	中央电视台综合频道	1.2	3.1
10	中国戏曲大会	中央电视台综合频道	1.1	3.6

表 3.24.11　2017 年四川市场综艺节目收视率排名前十位

名次	节目名称	播出频道	平均收视率(%)	平均占有率(%)
1	中央电视台 2017 春节联欢晚会	中央电视台综合频道	6.0	15.0
2	黄金 100 秒 (9 月 23 日)	中央台三套	3.6	9.3
3	新春嘉年华	中央台三套	2.9	7.7
4	中国梦祖国颂 2017 中央电视台国庆特别节目	中央电视台综合频道	2.5	7.1
5	好大一棵树二 0 一七教师节特别节目	中央台三套	2.2	6.8
6	孤芳不自赏追剧抢鲜看	湖南卫视	2.1	6.4
7	星光大道 (3 月 4 日)	中央台三套	2.1	5.3
8	奔跑吧	浙江卫视	2.0	7.1
9	守望相助草原情内蒙古自治区成立 70 周年心连心艺术团赴内蒙古演出	中央电视台综合频道	2.0	6.8
10	歌手歌王之战 (4 月 15 日)	湖南卫视	1.8	10.7

表 3.24.12　2017 年四川市场体育节目收视率排名前十位

名次	节目名称	播出频道	平均收视率(%)	平均占有率(%)
1	中华人民共和国第十三届运动会开幕式	中央电视台综合频道	2.0	6.8
2	中华人民共和国第十三届运动会闭幕式	中央电视台综合频道	1.4	3.7
3	第十三届全运会女子七项全能之七 800 米	中央台五套	1.3	3.4

续表

名次	节目名称	播出频道	平均收视率（%）	平均占有率（%）
4	现场直播：国际足联2018年世界杯亚洲区预选赛第三阶段A组第8轮（叙利亚VS中国）	中央台五套	0.8	3.8
5	实况录像：2017年上海超级杯大奖赛双人自由滑	中央台五套	0.8	2.5
6	实况录像：2017年世界体操锦标赛女子平衡木决赛	中央台五套	0.8	1.9
6	直播周末：2017年世乒赛女单决赛	中央台五套	0.8	1.9
8	实况录像：2016年世界综合格斗锦标赛次中量级决赛	中央台五套	0.7	7.1
9	第十三届全运会女子举重63公斤级决赛抓举	中央台五套	0.7	3.4
10	黄金赛场 现场直播：2016/2017赛季世界斯诺克锦标赛半决赛	中央台五套	0.7	2.8

二十五、新疆收视数据

表 3.25.1　2013 ~ 2017 年新疆市场各类频道的市场占有率(%)

频道类别	年份				
	2013 年	2014 年	2015 年	2016 年	2017 年
中央电视台频道	26.5	29.4	31.0	29.5	31.5
中国教育电视台频道	0.2	0.2	0.2	0.1	0.1
新疆维吾尔自治区级频道	27.2	27.0	29.0	35.1	26.3
其他省级卫视频道	21.9	21.9	18.1	14.6	16.8
其他频道	24.2	21.5	21.8	20.6	25.3

表 3.25.2　2017 年新疆市场各类频道在不同目标观众中的市场占有率(%)

目标观众		中央电视台频道	中国教育电视台频道	新疆维吾尔自治区级频道	其他省级卫视频道	其他频道
4 岁及以上所有人		31.5	0.1	26.3	16.8	25.3
城乡	城市	36.1	0.1	24.3	18.7	20.8
	农村	27.4	0.2	28.1	15.1	29.2
性别	男	33.7	0.2	25.9	14.6	25.6
	女	29.4	0.1	26.7	18.9	24.9
年龄	4 ~ 14 岁	29.4	0.2	26.9	17.5	26.0
	15 ~ 24 岁	16.2	0.1	31.6	13.9	38.2
	25 ~ 34 岁	21.8	0.2	32.3	17.8	27.9
	35 ~ 44 岁	27.7	0.2	30.9	16.1	25.1
	45 ~ 54 岁	35.0	0.2	22.2	19.2	23.4
	55 ~ 64 岁	44.8	0.1	17.9	18.4	18.8
	65 岁及以上	52.7	0.1	17.5	14.8	14.9
教育程度	未受过正规教育	38.9	0.2	24.7	16.6	19.6
	小学	30.4	0.2	27.4	13.5	28.5
	初中	28.0	0.1	28.1	15.8	28.0
	高中	35.1	0.1	24.0	19.0	21.8
	大学及以上	36.5	0.1	21.8	25.9	15.7
职业类别	干部/管理人员	29.5	0.0	15.4	31.9	23.2
	个体/私营企业人员	33.7	0.2	20.2	16.7	29.2
	初级公务员/雇员	40.1	0.0	20.0	20.8	19.1
	工人	37.7	0.1	25.4	19.0	17.8
	学生	24.4	0.2	29.2	16.8	29.4
	无业	39.6	0.1	21.7	18.0	20.6
	其他	22.6	0.2	34.8	13.3	29.1
个人月收入	0 ~ 300 元	28.0	0.1	28.3	17.0	26.6
	301 ~ 900 元	16.3	0.2	37.2	11.7	34.6
	901 ~ 1700 元	29.3	0.2	29.7	11.0	29.8
	1701 ~ 2600 元	41.5	0.2	16.8	20.8	20.7
	2601 ~ 3500 元	46.6	0.1	18.9	20.0	14.4
	3501 元及以上	41.4	0.1	18.0	21.2	19.3

表 3.25.3　2017 年新疆市场各类频道在不同时段的市场占有率(%)

时间段	中央电视台频道	中国教育电视台频道	新疆维吾尔自治区级频道	其他省级卫视频道	其他频道
02:00~03:00	39.7	0.2	3.6	33.0	23.5
03:00~04:00	41.5	0.3	1.0	39.7	17.5
04:00~05:00	43.5	0.0	0.9	40.0	15.6
05:00~06:00	61.9	0.3	0.6	23.7	13.5
06:00~07:00	63.9	0.6	0.8	22.4	12.3
07:00~08:00	64.7	0.2	1.8	22.9	10.4
08:00~09:00	54.4	0.1	9.1	24.0	12.4
09:00~10:00	43.4	0.2	22.6	17.8	16.0
10:00~11:00	33.4	0.2	30.7	14.2	21.5
11:00~12:00	33.9	0.2	24.1	15.4	26.4
12:00~13:00	34.7	0.2	22.4	14.5	28.2
13:00~14:00	35.1	0.2	19.8	18.0	26.9
14:00~15:00	33.5	0.1	19.7	18.4	28.3
15:00~16:00	33.2	0.2	21.4	20.2	25.0
16:00~17:00	30.0	0.2	25.5	18.5	25.8
17:00~18:00	31.3	0.2	23.4	16.8	28.3
18:00~19:00	36.7	0.3	24.8	12.4	25.8
19:00~20:00	47.6	0.2	20.2	13.1	18.9
20:00~21:00	30.4	0.1	28.8	17.9	22.8
21:00~22:00	27.9	0.1	30.5	16.4	25.1
22:00~23:00	23.8	0.1	32.5	16.7	26.9
23:00~24:00	23.9	0.1	27.9	18.8	29.3
24:00~25:00	25.0	0.2	21.3	17.4	36.1
25:00~26:00	31.7	0.4	11.2	17.2	39.5

表 3.25.4　2017 年新疆市场收视份额排名前十位的频道

名次	频道名称	收视份额(%)
1	新疆电视台九套(维语经济生活频道)	7.3
2	新疆电视台五套(维语综艺频道)	6.4
2	新疆电视台二套(维语新闻综合频道)	6.4
4	中央电视台综合频道	5.6
5	中央台八套	5.1
6	中央电视台少儿频道	4.5
7	中央台六套	3.5
8	中央电视台新闻频道	2.7
9	湖南卫视	2.6
10	中央台三套	2.3

表 3.25.5　2017 年新疆市场各主要频道的观众构成(%)

目标观众		所有频道	新疆电视台九套(维语经济生活频道)	新疆电视台五套(维语综艺频道)	新疆电视台二套(维语新闻综合频道)	中央电视台综合频道	中央台八套
4 岁及以上所有人		100.0	100.0	100.0	100.0	100.0	100.0
城乡	城市	47.2	43.3	42.8	38.9	60.8	60.2
	农村	52.8	56.7	57.2	61.1	39.2	39.8
性别	男	48.9	47.3	47.9	48.9	49.6	48.4
	女	51.1	52.7	52.1	51.1	50.4	51.6
年龄	4～14 岁	12.7	13.2	12.8	12.9	6.0	4.5
	15～24 岁	13.8	17.1	17.9	15.7	6.7	2.3
	25～34 岁	14.5	20.7	20.5	19.0	9.4	8.1
	35～44 岁	20.7	24.2	23.4	23.4	17.8	17.6
	45～54 岁	14.9	11.5	12.2	12.7	17.0	18.7
	55～64 岁	11.2	6.9	7.0	7.9	18.0	20.3
	65 岁及以上	12.2	6.4	6.2	8.4	25.1	28.5
教育程度	未受过正规教育	5.8	4.5	4.1	6.0	5.1	5.7
	小学	26.2	29.9	26.3	28.3	24.0	26.0
	初中	38.3	44.7	41.3	41.2	33.4	34.2
	高中	21.1	15.2	21.1	17.9	24.0	24.9
	大学及以上	8.6	5.7	7.2	6.6	13.5	9.2
职业类别	干部/管理人员	1.4	0.7	0.7	1.2	1.2	1.7
	个体/私营企业人员	12.6	8.2	11.3	10.0	13.2	14.3
	初级公务员/雇员	6.5	3.7	4.9	4.6	10.7	6.3
	工人	5.0	5.9	5.0	3.3	5.5	6.9
	学生	15.5	16.9	18.3	16.7	7.8	4.8
	无业	31.1	22.7	22.6	23.4	43.7	43.9
	其他	27.9	41.9	37.2	40.8	17.9	22.1
个人月收入	0～300 元	34.6	37.0	36.1	34.7	26.4	21.4
	301～900 元	17.7	28.9	26.8	29.8	6.8	8.4
	901～1700 元	10.7	12.5	12.2	12.4	9.7	10.3
	1701～2600 元	12.0	7.0	8.1	6.0	16.4	18.5
	2601～3500 元	12.3	7.4	8.1	9.3	21.7	23.5
	3501 元及以上	12.7	7.2	8.7	7.8	19.0	17.9

表 3.25.6　2015～2017 年新疆市场各类节目的播出份额(%)和收视份额(%)

节目类别	2015 年		2016 年		2017 年	
	播出份额	收视份额	播出份额	收视份额	播出份额	收视份额
财经	1.5	0.8	1.3	0.4	1.1	0.2
电视剧	24.3	26.8	26.5	28.0	22.3	29.6
电影	5.0	5.3	4.9	6.1	4.8	5.9
法制	1.0	1.6	0.9	1.2	0.8	1.1
教学	0.3	0.2	0.3	0.1	0.2	0.0
青少	6.0	6.0	6.4	6.4	6.9	6.3
生活服务	9.8	6.9	7.2	5.7	7.7	6.1
体育	3.6	3.3	3.8	3.8	4.0	2.6
外语	0.0	0.0	0.0	0.0	0.1	0.0
戏剧	0.7	0.5	0.8	0.3	0.8	0.3
新闻/时事	10.0	12.4	10.1	11.8	14.5	12.4
音乐	2.6	1.1	1.8	0.9	1.5	0.7
专题	12.9	8.1	13.6	7.8	14.4	7.8
综艺	7.5	11.5	7.3	10.4	8.1	10.9
其他	14.8	15.7	15.3	17.2	12.8	16.1

表 3.25.7　2017 年新疆市场所有节目收视率排名前三十位

名次	节目名称	节目类别	播出频道	平均收视率（%）	平均占有率（%）
1	中央电视台 2017 春节联欢晚会	综艺	中央电视台综合频道	7.3	33.0
2	爱情雨	电视剧	新疆电视台九套（维语经济生活频道）	3.6	14.0
3	想你（27～30）	电视剧	新疆电视台九套（维语经济生活频道）	3.2	11.7
4	税企共话一带一路	专题	新疆电视台九套（维语经济生活频道）	2.9	10.5
5	新闻联播	新闻	中央电视台综合频道	2.7	25.5
6	金牌律师	电视剧	新疆电视台九套（维语经济生活频道）	2.7	10.8
7	温州一家人	电视剧	新疆电视台九套（维语经济生活频道）	2.7	10.5
8	中央电视台 2017 元宵晚会	综艺	中央电视台综合频道	2.7	10.3
9	丝绸之路好歌声（1 月 29 日）	综艺	新疆电视台九套（维语经济生活频道）	2.7	9.7
10	求偶二人组	电影	新疆电视台五套（维语综艺频道）	2.6	10.6
11	结婚七年	电影	新疆电视台五套（维语综艺频道）	2.5	9.8
12	天气预报	生活服务	中央电视台综合频道	2.3	18.5
13	党的光辉耀天山自治区迎接党的十九大主题文艺晚会	综艺	新疆电视台九套（维语经济生活频道）	2.3	11.5
14	小爸爸	电视剧	新疆电视台九套（维语经济生活频道）	2.3	9.6
15	过界	电视剧	中央台八套	2.2	10.7
16	的士飚花	电影	新疆电视台五套（维语综艺频道）	2.2	9.7
17	不忘初心牢记使命永远奋斗	专题	中央电视台综合频道	2.1	16.1
18	幸福美丽绽放	电视剧	新疆电视台五套（维语综艺频道）	2.1	10.9
19	因子 8 号（3 月 27 日）	电影	新疆电视台五套（维语综艺频道）	2.1	10.1
20	枪口	电视剧	中央台八套	2.1	9.7
21	奶奶再爱我一次	电视剧	新疆电视台九套（维语经济生活频道）	2.1	9.1
22	让历史告诉未来	专题	新疆电视台二套（维语新闻综合频道）	2.1	7.6
23	证人	电影	新疆电视台五套（维语综艺频道）	2.0	8.9
24	神奇四侠	电影	新疆电视台五套（维语综艺频道）	2.0	8.3
25	护士奈丽	电影	新疆电视台五套（维语综艺频道）	2.0	7.9
26	南希与弗朗克纽约情缘	电影	新疆电视台五套（维语综艺频道）	2.0	7.6

续表

名次	节目名称	节目类别	播出频道	平均收视率(%)	平均占有率(%)
27	总书记为俺家算清了脱贫账	专题	中央电视台综合频道	1.9	14.3
28	中国共产党第十九次全国代表大会开幕会专题新闻	新闻	中央电视台综合频道	1.9	10.1
29	我的公主(20~25)	电视剧	新疆电视台五套(维语综艺频道)	1.9	10.0
30	飞哥战队	电视剧	中央台八套	1.9	9.6

表 3.25.8　2017 年新疆市场电视剧收视率排名前十位

名次	节目名称	播出频道	平均收视率(%)	平均占有率(%)
1	爱情雨	新疆电视台九套(维语经济生活频道)	3.6	14.0
2	想你(27~30)	新疆电视台九套(维语经济生活频道)	3.2	11.7
3	金牌律师	新疆电视台九套(维语经济生活频道)	2.7	10.8
4	温州一家人	新疆电视台九套(维语经济生活频道)	2.7	10.5
5	小爸爸	新疆电视台九套(维语经济生活频道)	2.3	9.6
6	过界	中央台八套	2.2	10.7
7	幸福美丽绽放	新疆电视台五套(维语综艺频道)	2.1	10.9
8	枪口	中央台八套	2.1	9.7
9	奶奶再爱我一次	新疆电视台九套(维语经济生活频道)	2.1	9.1
10	我的公主(20~25)	新疆电视台五套(维语综艺频道)	1.9	10.0

表 3.25.9　2017 年新疆市场新闻节目收视率排名前十位

名次	节目名称	播出频道	平均收视率(%)	平均占有率(%)
1	新闻联播	中央电视台综合频道	2.7	25.5
2	中国共产党第十九次全国代表大会开幕会专题新闻	中央电视台综合频道	1.9	10.1
3	焦点访谈	中央电视台综合频道	1.8	12.9
4	一带一路国际合作高峰论坛特别报道	新疆电视台二套(维语新闻综合频道)	1.7	9.0
5	新疆新闻联播	新疆电视台二套(维语新闻综合频道)	1.6	7.3
6	喜迎十九大特别节目还看今朝	新疆电视台九套(维语经济生活频道)	1.3	6.9
7	长五问天	中央电视台新闻频道	1.0	7.8
8	香港回归祖国 20 周年特别报道	中央电视台综合频道	1.0	6.5
9	李克强总理会见中外记者并回答提问	中央电视台综合频道	1.0	5.0
10	两会大家说	中央电视台综合频道	0.6	3.3

表 3.25.10 2017 年新疆市场专题节目收视率排名前十位

名次	节目名称	播出频道	平均收视率（%）	平均占有率（%）
1	税企共话一带一路	新疆电视台九套（维语经济生活频道）	2.9	10.5
2	不忘初心牢记使命永远奋斗	中央电视台综合频道	2.1	16.1
3	让历史告诉未来	新疆电视台二套（维语新闻综合频道）	2.1	7.6
4	总书记为俺家算清了脱贫账	中央电视台综合频道	1.9	14.3
5	千年大计国家大事	中央电视台综合频道	1.8	14.7
6	美丽故事	新疆电视台九套（维语经济生活频道）	1.8	7.9
7	探索	新疆电视台二套（维语新闻综合频道）	1.7	7.2
8	真心话	新疆电视台二套（维语新闻综合频道）	1.6	7.3
9	一年又一年	中央电视台综合频道	1.5	18.1
10	今日聚焦	新疆电视台二套（维语新闻综合频道）	1.5	7.0

表 3.25.11 2017 年新疆市场综艺节目收视率排名前十位

名次	节目名称	播出频道	平均收视率（%）	平均占有率（%）
1	中央电视台 2017 春节联欢晚会	中央电视台综合频道	7.3	33.0
2	中央电视台 2017 元宵晚会	中央电视台综合频道	2.7	10.3
3	丝绸之路好歌声（1 月 29 日）	新疆电视台九套（维语经济生活频道）	2.7	9.7
4	党的光辉耀天山自治区迎接党的十九大主题文艺晚会	新疆电视台九套（维语经济生活频道）	2.3	11.5
5	2017 新疆电视台春节联欢晚会	新疆电视台九套（维语经济生活频道）	1.8	8.9
6	星光大道（1 月 21 日）	中央电视台综合频道	1.8	7.3
7	启航 2018 新年特别节目	中央电视台综合频道	1.8	7.1
8	一带一路国际合作高峰论坛文艺晚会	新疆电视台二套（维语新闻综合频道）	1.6	7.6
9	巾帼心向党扬帆新征程 2017 自治区纪念三八国际妇女节	新疆电视台五套（维语综艺频道）	1.5	14.2
10	憨豆先生	新疆电视台九套（维语经济生活频道）	1.4	9.5

表 3.25.12　2017 年新疆市场体育节目收视率排名前十位

名次	节目名称	播出频道	平均收视率(%)	平均占有率(%)
1	足球世界	新疆电视台五套(维语综艺频道)	1.5	6.3
2	新疆体育	新疆电视台五套(维语综艺频道)	1.2	6.5
3	中华人民共和国第十三届运动会闭幕式	中央电视台综合频道	0.9	6.0
4	中华人民共和国第十三届运动会开幕式	中央电视台综合频道	0.9	4.6
5	第十三届全运会女子 1500 米决赛	中央台五套	0.8	4.3
6	2017 年国际泳联世锦赛女子 100 米蝶泳决赛	中央台五套	0.8	3.6
7	17 年艺术体操世界杯挑战赛西班牙瓜达拉哈拉站集体决赛	中央台五套	0.7	9.2
8	2017 年世界田径锦标赛男子 4×100 米接力决赛	中央台五套	0.7	3.4
9	2017 年中国男篮系列赛中澳男篮对抗赛(中国队 VS 澳大利亚职业联队)	中央台五套	0.7	3.3
9	2017 年 WBA 迷你轻量级过渡拳王争霸赛	中央台五套	0.7	3.3

二十六、云南收视数据

表 3.26.1　2013～2017 年云南市场各类频道的市场占有率(%)

频道类别	年份				
	2013 年	2014 年	2015 年	2016 年	2017 年
中央电视台频道	34.1	35.4	36.6	45.4	47.6
中国教育电视台频道	1.0	0.5	0.3	0.1	0.1
云南省级频道	17.7	17.8	17.2	15.0	10.2
其他省级卫视频道	39.9	39.2	37.8	31.2	32.3
其他频道	7.3	7.1	8.1	8.3	9.8

表 3.26.2　2017 年云南市场各类频道在各目标观众中的市场占有率(%)

目标观众		中央电视台频道	中国教育电视台频道	云南省级频道	其他省级卫星频道	其他频道
4 岁及以上所有人		47.6	0.1	10.2	32.3	9.8
城乡	城市	45.3	0.1	12.7	24.8	17.1
	农村	48.4	0.1	9.2	35.0	7.3
性别	男	49.9	0.2	10.2	29.8	9.9
	女	45.1	0.1	10.1	34.9	9.8
年龄	4～14 岁	46.5	0.1	7.9	39.0	6.5
	15～24 岁	41.4	0.1	6.8	40.3	11.4
	25～34 岁	45.0	0.2	8.6	34.7	11.5
	35～44 岁	45.6	0.1	8.9	35.4	10.0
	45～54 岁	49.5	0.1	12.1	27.9	10.4
	55～64 岁	49.4	0.2	14.1	26.0	10.3
	65 岁及以上	56.0	0.2	13.1	22.1	8.6
教育程度	未受过正规教育	46.2	0.1	9.1	36.7	7.9
	小学	47.7	0.2	9.1	35.5	7.5
	初中	47.4	0.1	10.8	32.3	9.4
	高中	47.7	0.2	10.4	28.3	13.4
	大学及以上	49.4	0.1	11.5	23.8	15.2
职业类别	干部/管理人员	51.4	0.0	8.1	26.0	14.5
	个体/私营企业人员	43.7	0.1	9.2	32.6	14.4
	初级公务员/雇员	53.0	0.1	10.1	24.0	12.8
	工人	45.4	0.1	10.8	29.6	14.1
	学生	42.6	0.1	7.1	43.1	7.1
	无业	52.8	0.2	13.9	24.3	8.8
	其他	46.7	0.1	8.8	37.7	6.7
个人月收入	0～300 元	44.7	0.2	9.0	38.5	7.6
	301～900 元	53.7	0.1	6.6	35.1	4.5
	901～1700 元	48.0	0.1	9.5	34.9	7.5
	1701～2600 元	46.8	0.1	11.5	29.3	12.3
	2601～3500 元	49.7	0.1	11.7	26.2	12.3
	3501 元及以上	50.5	0.1	10.4	26.1	12.9

表 3.26.3　2017 年云南市场各类频道在不同时段的市场占有率(%)

时间段	中央电视台频道	中国教育电视台频道	云南省级频道	其他省级卫星频道	其他频道
02:00~03:00	48.9	0.0	1.3	35.3	14.5
03:00~04:00	44.4	0.0	1.5	39.0	15.1
04:00~05:00	42.1	0.7	1.0	45.3	10.9
05:00~06:00	56.9	0.4	2.6	36.5	3.6
06:00~07:00	68.0	0.2	4.1	23.1	4.6
07:00~08:00	70.0	0.5	4.2	20.4	4.9
08:00~09:00	58.7	0.5	5.1	30.3	5.4
09:00~10:00	55.3	0.4	5.1	32.0	7.2
10:00~11:00	55.7	0.3	4.9	30.9	8.2
11:00~12:00	57.3	0.2	5.2	30.3	7.0
12:00~13:00	60.7	0.2	4.0	28.4	6.7
13:00~14:00	59.1	0.2	4.2	28.2	8.3
14:00~15:00	47.3	0.2	5.1	36.1	11.3
15:00~16:00	43.9	0.2	5.7	38.9	11.3
16:00~17:00	45.2	0.2	6.9	37.0	10.7
17:00~18:00	50.0	0.1	12.5	26.6	10.8
18:00~19:00	51.4	0.1	18.2	17.1	13.2
19:00~20:00	54.5	0.1	10.0	27.5	7.9
20:00~21:00	41.9	0.1	11.3	38.3	8.4
21:00~22:00	42.1	0.1	12.6	34.9	10.3
22:00~23:00	41.9	0.1	11.5	33.3	13.2
23:00~24:00	40.6	0.1	8.6	34.2	16.5
24:00~25:00	37.3	0.1	5.8	28.6	28.2
25:00~26:00	43.4	0.3	4.1	24.2	28.0

表 3.26.4　2017 年云南市场收视份额排名前十位的频道

名次	频道名称	收视份额(%)
1	湖南卫视	10.3
2	中央台八套	9.9
3	中央台六套	8.7
4	中央电视台综合频道	6.0
5	云南广播电视台都市频道(二套)	5.0
6	中央电视台少儿频道	4.9
7	中央台三套	3.2
8	中央台十二套	3.1
9	浙江卫视	3.0
10	中央台四套	2.7

表 3.26.5 2017 年云南市场各主要频道的观众构成(%)

目标观众		所有频道	主要频道				
			湖南卫视	中央台八套	中央台六套	中央电视台综合频道	云南广播电视台都市频道(二套)
4 岁及以上所有人		100.0	100.0	100.0	100.0	100.0	100.0
城乡	城市	26.4	19.2	20.5	21.0	34.3	31.3
	农村	73.6	80.8	79.5	79.0	65.7	68.7
性别	男	51.1	42.1	49.9	55.8	50.6	50.5
	女	48.9	57.9	50.1	44.2	49.4	49.5
年龄	4~14 岁	14.2	17.7	7.7	13.2	6.7	6.7
	15~24 岁	11.9	17.9	11.7	14.3	8.3	4.9
	25~34 岁	14.1	17.2	12.3	16.9	9.0	11.0
	35~44 岁	19.0	25.0	19.0	24.9	16.4	15.3
	45~54 岁	15.3	11.2	22.2	14.2	16.6	18.8
	55~64 岁	12.5	6.5	14.0	9.6	18.9	22.4
	65 岁及以上	12.9	4.6	13.0	7.0	24.1	21.0
教育程度	未受过正规教育	6.9	6.0	6.7	5.8	3.6	5.2
	小学	29.2	31.7	29.2	31.8	24.9	21.0
	初中	40.9	44.7	43.8	43.6	39.4	46.3
	高中	17.0	13.8	15.1	15.1	20.7	18.3
	大学及以上	6.0	3.8	5.2	3.7	11.5	9.2
职业类别	干部/管理人员	1.1	0.8	0.8	0.8	1.1	1.2
	个体/私营企业人员	16.8	21.0	18.0	20.2	14.2	13.6
	初级公务员/雇员	7.7	5.5	8.9	5.7	10.0	9.4
	工人	8.8	8.1	8.4	9.8	7.8	8.8
	学生	14.3	23.2	8.5	14.2	8.1	5.9
	无业	25.1	10.7	23.4	14.7	38.3	43.7
	其他	26.1	30.6	32.0	34.6	20.5	17.5
个人月收入	0~300 元	29.1	34.0	22.0	26.7	18.1	20.6
	301~900 元	5.5	5.8	8.3	8.3	5.3	2.4
	901~1700 元	13.8	14.5	15.5	18.7	10.8	12.8
	1701~2600 元	28.7	26.5	29.6	25.8	35.1	35.2
	2601~3500 元	13.7	11.7	16.1	13.1	16.3	17.8
	3501 元及以上	9.1	7.5	8.5	7.4	14.3	11.2

表 3.26.6 2015~2017 年云南市场各类节目的播出份额(%)和收视份额(%)

节目类别	2015 年		2016 年		2017 年	
	播出份额	收视份额	播出份额	收视份额	播出份额	收视份额
财经	1.5	0.4	1.3	0.5	1.1	0.5
电视剧	23.9	35.5	26.4	33.2	26.6	31.4
电影	4.0	4.8	4.0	6.1	4.1	8.1
法制	1.0	1.4	1.0	1.6	1.0	1.5
教学	0.2	0.1	0.2	0.1	0.2	0.1
青少	6.3	5.1	6.8	5.6	7.2	6.4
生活服务	11.3	8.2	8.3	7.1	7.6	6.5
体育	3.0	1.0	3.1	2.1	3.1	1.7
外语	0.0	0.0	0.0	0.0	0.1	0.0
戏剧	0.7	0.3	0.8	0.2	0.8	0.3
新闻/时事	10.2	9.3	10.4	9.7	10.4	10.0
音乐	2.6	1.1	1.7	1.2	1.3	1.3
专题	12.7	4.9	13.5	5.0	13.8	5.4
综艺	8.0	12.5	7.4	12.7	6.3	11.0
其他	14.6	15.4	15.1	14.9	16.3	15.7

表 3.26.7　2017 年云南市场所有节目收视率排名前三十位

名次	节目名称	节目类别	播出频道	平均收视率（%）	平均占有率（%）
1	中央电视台 2017 春节联欢晚会	综艺	中央电视台综合频道	13.5	42.4
2	2017 书香中国全民阅读系列活动启动式	综艺	湖南卫视	9.8	20.3
3	因为遇见你	电视剧	湖南卫视	9.5	21.4
4	人民的名义	电视剧	湖南卫视	8.7	19.8
5	我们的少年时代	电视剧	湖南卫视	7.5	16.7
6	东风破	电视剧	中央台八套	7.4	19.4
7	枪口	电视剧	中央台八套	7.2	19.1
8	一带一路国际合作高峰论坛文艺晚会	综艺	湖南卫视	6.9	14.8
9	放弃我抓紧我	电视剧	湖南卫视	6.8	15.5
9	夏至未至	电视剧	湖南卫视	6.8	15.5
11	渊子崖保卫战	电影	中央台六套	6.5	14.3
12	我的继父是偶像	电视剧	中央台八套	6.4	17.1
13	过界	电视剧	中央台八套	6.4	16.6
14	擒狼	电视剧	中央台八套	6.4	15.7
15	2017 湖南卫视小年夜春晚	综艺	湖南卫视	6.3	16.5
16	太行英雄传	电视剧	中央台八套	6.2	15.2
17	快乐大本营	综艺	湖南卫视	6.1	14.9
18	一带一路国际合作高峰论坛特别报道	新闻/时事	湖南卫视	6.1	13.3
19	冰封重生之门（7 月 17 日）	电影	中央台六套	5.9	12.2
20	捕蛇少年(8 月 14 日）	电影	中央台六套	5.9	11.6
21	悍匪围城(6 月 6 日）	电影	中央台六套	5.8	12.9
22	陈赓晋南大捷（3 月 6 日）	电影	中央台六套	5.8	12.5
23	警察故事 2013（6 月 18 日）	电影	中央台六套	5.8	12.2
24	孤芳不自赏	电视剧	湖南卫视	5.7	13.7
24	新侠客行	电视剧	中央台八套	5.7	13.7
26	冲出亚马逊（10 月 17 日）	电影	中央台六套	5.7	13.4
27	我们来了	综艺	湖南卫视	5.6	13.2
27	思美人	电视剧	湖南卫视	5.6	13.2
27	人间至味是清欢	电视剧	湖南卫视	5.6	13.2
30	周末父母	电视剧	湖南卫视	5.6	12.3

表 3.26.8 2017 年云南市场电视剧收视率排名前十位

名次	节目名称	播出频道	平均收视率（%）	平均占有率（%）
1	因为遇见你	湖南卫视	9.5	21.4
2	人民的名义	湖南卫视	8.7	19.8
3	我们的少年时代	湖南卫视	7.5	16.7
4	东风破	中央台八套	7.4	19.4
5	枪口	中央台八套	7.2	19.1
6	放弃我抓紧我	湖南卫视	6.8	15.5
6	夏至未至	湖南卫视	6.8	15.5
8	我的继父是偶像	中央台八套	6.4	17.1
9	过界	中央台八套	6.4	16.6
10	擒狼	中央台八套	6.4	15.7

表 3.26.9 2017 年云南市场新闻节目收视率排名前十位

名次	节目名称	播出频道	平均收视率（%）	平均占有率（%）
1	一带一路国际合作高峰论坛特别报道	湖南卫视	6.1	13.3
2	新闻联播	中央电视台综合频道	5.0	20.2
3	焦点访谈	中央电视台综合频道	3.3	8.4
4	香港回归祖国 20 周年特别报道	中央电视台综合频道	2.3	5.5
5	金砖国家领导人第九次会晤特别报道	中央电视台综合频道	2.2	5.3
6	李克强总理会见中外记者并回答提问	中央电视台综合频道	2.1	4.7
7	中国共产党第十九次全国代表大会开幕会专题新闻	中央电视台综合频道	2.0	4.4
8	直通省党代会	浙江卫视	1.4	3.6
9	紫荆花开 20 年香港回归祖国二十周年特别报道	中央台四套	1.4	3.5
10	庆祝中国人民解放军建军 90 周年阅兵	中央电视台新闻频道	1.3	4.4

表 3.26.10 2017 年云南市场专题节目收视率排名前十位

名次	节目名称	播出频道	平均收视率（%）	平均占有率（%）
1	戎装小平	中央台六套	5.1	10.5
2	总书记为俺家算清了脱贫账	中央电视台综合频道	4.3	12.0
3	不忘初心牢记使命永远奋斗	中央电视台综合频道	3.9	10.5
4	一年又一年	中央电视台综合频道	3.8	25.6
5	老区脱贫攻坚习近平心中的牵挂	中央电视台综合频道	3.8	10.1
6	我是未来	湖南卫视	3.4	13.2
7	我们的歌手	湖南卫视	3.1	12.3
8	千年大计国家大事	中央电视台综合频道	3.1	8.5
9	百心百匠	湖南卫视	2.9	7.4
10	儿行千里	湖南卫视	2.5	12.6

表 3.26.11　2017 年云南市场综艺节目收视率排名前十位

名次	节目名称	播出频道	平均收视率(%)	平均占有率(%)
1	中央电视台 2017 春节联欢晚会	中央电视台综合频道	13.5	42.4
2	2017 书香中国全民阅读系列活动启动式	湖南卫视	9.8	20.3
3	一带一路国际合作高峰论坛文艺晚会	湖南卫视	6.9	14.8
4	2017 湖南卫视小年夜春晚	湖南卫视	6.3	16.5
5	快乐大本营	湖南卫视	6.1	14.9
6	我们来了	湖南卫视	5.6	13.2
7	文化中国四海同春 2017 全球华侨华人春节大联欢	湖南卫视	5.5	15.1
8	让月亮告诉你每一刻都珍贵中秋之夜	湖南卫视	5.5	13.1
9	敢为天下先共筑新湖南湖南创新奖励主题晚会	湖南卫视	5.4	11.1
10	2017 元宵喜乐会	湖南卫视	4.6	11.3

表 3.26.12　2017 年云南市场体育节目收视率排名前十位

名次	节目名称	播出频道	平均收视率(%)	平均占有率(%)
1	中华人民共和国第十三届运动会闭幕式	中央电视台综合频道	2.5	5.8
2	中华人民共和国第十三届运动会开幕式	中央电视台综合频道	2.0	4.4
3	WLF2017 全球功夫盛典	河南电视台卫星频道(一套)	1.2	5.0
4	直播周末:2017 年世界女排大奖赛总决赛半决赛(中国队 VS 意大利队)	中央台五套	1.2	2.8
5	神奇水世界:17 年布达佩斯国际泳联世锦赛女 4×200 米自由泳接力决赛	中央台五套	1.0	2.5
6	黄金赛场:2016/2017 赛季 CBA 总决赛第二场(新疆喀什古城 VS 广东东莞银行)	中央台五套	1.0	2.2
7	武林风	河南电视台卫星频道(一套)	0.9	4.8
8	黄金赛场:2017 年 CBA 全明星赛三分球大赛决赛	中央台五套	0.9	1.9
9	实况录像 精英赛场:17 年 CCTV 贺岁杯 IBF中国女子轻量级国际挑战赛	中央台五套	0.8	5.1
10	实况录像 东风精英赛场:17 年札幌亚洲冬运会短道速滑男 500 米决赛	中央台五套	0.8	2.9

二十七、浙江收视数据

表 3.27.1 2013～2017 年浙江市场各类频道的市场占有率(%)

频道类别	年份				
	2013 年	2014 年	2015 年	2016 年	2017 年
中央电视台频道	25.0	28.5	30.0	34.2	34.4
中国教育电视台频道	0.5	0.4	0.3	0.2	0.2
浙江省级频道	32.6	30.3	28.0	26.0	24.0
其他省级卫视频道	22.7	22.2	23.2	21.5	21.9
其他频道	19.2	18.6	18.5	18.1	19.5

表 3.27.2 2017 年浙江市场各类频道在不同目标观众中的市场占有率(%)

目标观众		中央电视台频道	中国教育电视台频道	浙江省级频道	其他省级卫视频道	其他频道
4 岁及以上所有人		34.4	0.2	24.0	21.9	19.5
城乡	城市	28.6	0.2	20.0	22.8	28.4
	农村	38.2	0.2	26.6	21.3	13.7
性别	男	38.8	0.2	21.4	20.5	19.1
	女	29.8	0.2	26.8	23.5	19.7
年龄	4～14 岁	25.9	0.1	20.8	33.3	19.9
	15～24 岁	21.7	0.1	31.6	26.0	20.6
	25～34 岁	23.7	0.1	28.5	24.1	23.6
	35～44 岁	37.6	0.2	21.7	19.7	20.8
	45～54 岁	35.8	0.2	21.4	23.8	18.8
	55～64 岁	39.3	0.2	24.5	20.1	15.9
	65 岁及以上	40.7	0.2	24.4	13.7	21.0
教育程度	未受过正规教育	33.0	0.1	27.2	22.1	17.6
	小学	36.1	0.2	22.1	24.2	17.4
	初中	35.3	0.2	24.2	20.1	20.2
	高中	35.6	0.1	22.2	24.0	18.1
	大学及以上	26.6	0.1	29.4	18.4	25.5
职业类别	干部/管理人员	30.3	0.1	29.5	14.9	25.2
	个体/私营企业人员	41.9	0.1	17.9	22.6	17.5
	初级公务员/雇员	30.8	0.1	29.3	19.3	20.5
	工人	38.0	0.2	23.7	21.6	16.5
	学生	22.6	0.1	23.1	30.9	23.3
	无业	34.2	0.2	24.2	22.0	19.4
	其他	38.6	0.2	21.8	19.5	19.9
个人月收入	0～300 元	29.0	0.2	24.1	26.6	20.1
	301～900 元	42.4	0.2	25.4	15.6	16.4
	901～1700 元	36.8	0.1	28.1	21.6	13.4
	1701～2600 元	36.1	0.2	23.1	21.9	18.7
	2601～3500 元	34.2	0.2	23.7	20.2	21.7
	3501 元及以上	36.2	0.1	22.6	19.6	21.5

表 3.27.3 2017 年浙江市场各类频道在不同时段的市场占有率(%)

时间段	中央电视台频道	中国教育电视台频道	浙江省级频道	其他省级卫视频道	其他频道
02:00~03:00	28.5	0.2	8.3	40.4	22.6
03:00~04:00	25.8	0.1	8.7	44.9	20.5
04:00~05:00	32.6	0.2	10.1	40.8	16.3
05:00~06:00	40.2	0.1	11.8	35.4	12.5
06:00~07:00	52.4	0.1	8.9	25.7	12.9
07:00~08:00	50.6	0.4	9.5	23.7	15.8
08:00~09:00	43.7	0.3	10.9	27.4	17.7
09:00~10:00	38.0	0.3	13.3	31.3	17.1
10:00~11:00	40.5	0.4	11.5	31.2	16.4
11:00~12:00	46.0	0.1	10.2	28.1	15.6
12:00~13:00	43.8	0.1	13.4	26.2	16.5
13:00~14:00	38.7	0.5	13.3	30.4	17.1
14:00~15:00	35.4	0.6	11.0	33.2	19.8
15:00~16:00	38.7	0.5	10.3	31.6	18.9
16:00~17:00	37.2	0.4	18.6	28.1	15.7
17:00~18:00	35.5	0.1	24.2	24.9	15.3
18:00~19:00	34.4	0.0	35.4	9.2	21.0
19:00~20:00	30.0	0.1	39.7	11.0	19.2
20:00~21:00	26.4	0.1	35.2	18.7	19.6
21:00~22:00	31.2	0.1	24.8	20.4	23.5
22:00~23:00	35.6	0.1	15.2	25.5	23.6
23:00~24:00	39.0	0.1	10.3	30.1	20.5
24:00~25:00	41.7	0.2	11.3	26.2	20.6
25:00~26:00	36.0	0.3	10.5	30.5	22.7

表 3.27.4 2017 年浙江市场收视份额排名前十位的频道

名次	频道名称	收视份额(%)
1	浙江电视台教育科技频道	7.2
2	中央台八套	5.5
3	中央台四套	5.4
4	湖南卫视	4.6
5	中央台六套	4.1
6	浙江电视台经济生活频道	4.0
7	浙江卫视	3.9
8	浙江电视台钱江都市频道	3.4
9	中央电视台新闻频道	3.3
10	中央台三套	2.8

表 3.27.5　2017 年浙江市场各主要频道的观众构成(%)

目标观众		所有频道	浙江电视台教育科技频道	中央台八套	中央台四套	湖南卫视	中央台六套
4 岁及以上所有人		100.0	100.0	100.0	100.0	100.0	100.0
城乡	城市	39.4	31.9	21.7	35.3	29.5	35.3
	农村	60.6	68.1	78.3	64.7	70.5	64.7
性别	男	51.5	45.5	51.5	67.9	41.6	64.9
	女	48.5	54.5	48.5	32.1	58.4	35.1
年龄	4~14 岁	8.7	3.4	2.9	2.3	20.1	8.7
	15~24 岁	6.8	5.3	5.8	2.6	19.5	8.7
	25~34 岁	11.2	11.5	6.4	4.9	13.1	8.0
	35~44 岁	12.1	9.6	8.8	9.4	14.9	24.1
	45~54 岁	23.4	17.9	25.6	24.6	21.0	24.9
	55~64 岁	22.3	25.6	31.2	33.2	8.2	16.8
	65 岁及以上	15.5	26.7	19.3	23.0	3.2	8.8
教育程度	未受过正规教育	6.3	10.5	4.7	5.8	3.9	5.8
	小学	29.5	33.8	39.0	26.5	30.4	28.3
	初中	35.4	33.1	37.0	39.8	28.7	37.2
	高中	17.1	10.7	14.9	17.4	28.9	19.4
	大学及以上	11.7	11.9	4.4	10.5	8.1	9.3
职业类别	干部/管理人员	2.2	3.1	1.0	1.3	0.9	2.9
	个体/私营企业人员	16.3	7.8	20.3	23.4	14.4	24.8
	初级公务员/雇员	20.6	23.6	16.2	19.5	22.8	16.4
	工人	11.0	8.6	17.8	7.3	9.8	15.2
	学生	8.2	3.6	2.8	2.4	25.0	10.9
	无业	35.0	46.8	34.0	37.2	22.9	20.7
	其他	6.7	6.5	7.9	8.9	4.2	9.1
个人月收入	0~300 元	24.1	23.4	18.6	12.1	40.2	23.3
	301~900 元	3.8	5.9	6.0	8.6	1.2	1.5
	901~1700 元	12.4	18.0	14.2	15.6	7.9	9.7
	1701~2600 元	17.8	17.6	21.9	21.1	17.4	16.6
	2601~3500 元	15.9	13.4	15.7	12.8	15.2	18.1
	3501 元及以上	26.0	21.7	23.6	29.8	18.1	30.8

表 3.27.6　2015~2017 年浙江市场各类节目的播出份额(%)和收视份额(%)

节目类别	2015 年		2016 年		2017 年	
	播出份额	收视份额	播出份额	收视份额	播出份额	收视份额
财经	1.9	1.1	1.5	1.0	1.5	0.8
电视剧	20.3	32.0	21.0	31.4	21.3	32.4
电影	3.6	4.6	3.5	4.7	3.7	5.0
法制	0.8	0.8	0.7	0.8	0.8	0.8
教学	0.2	0.1	0.2	0.0	0.2	0.0
青少	6.8	5.6	6.8	4.7	7.1	5.7
生活服务	10.4	10.6	9.5	9.7	8.9	9.5
体育	2.9	1.1	3.2	2.0	3.4	1.6
外语	0.0	0.0	0.0	0.0	0.1	0.0
戏剧	0.8	0.5	0.8	0.5	0.8	0.7
新闻/时事	15.6	13.7	15.7	15.2	16.1	14.3
音乐	2.5	0.8	1.9	0.8	1.5	1.0
专题	13.1	6.5	13.8	6.3	14.3	6.1
综艺	8.7	10.8	9.2	11.3	7.9	10.0
其他	12.4	11.8	12.2	11.6	12.4	12.1

表 3.27.7　2017 年浙江市场所有节目收视率排名前三十位

名次	节目名称	节目类型	播出频道	平均收视率（%）	平均占有率（%）
1	中央电视台 2017 春节联欢晚会	综艺	中央台三套	5.1	16.1
2	生死黎平	电视剧	浙江电视台教育科技频道	4.7	15.9
3	战地枪王	电视剧	浙江电视台教育科技频道	4.6	15.6
4	开学第一课	青少	中央电视台综合频道	4.4	16.6
5	铁核桃之无间风云	电视剧	浙江电视台教育科技频道	4.3	15.0
6	绝地枪王二之松花江上的枪声	电视剧	浙江电视台教育科技频道	4.2	14.3
6	南京爱情	电视剧	浙江电视台教育科技频道	4.2	14.3
8	梅花儿香	电视剧	浙江电视台经济生活频道	4.0	13.7
9	信者无敌	电视剧	浙江电视台教育科技频道	3.9	13.1
10	守卫者浮出水面	电视剧	浙江电视台教育科技频道	3.9	13.0
11	中国新歌声（8 月 18 日）	综艺	浙江卫视	3.8	19.7
12	暗战风云	电视剧	浙江电视台教育科技频道	3.8	13.0
13	胭脂	电视剧	浙江电视台教育科技频道	3.7	13.7
13	卧底归来	电视剧	浙江电视台教育科技频道	3.7	13.7
15	反恐特战队之猎影	电视剧	浙江电视台教育科技频道	3.7	13.1
16	奔跑吧	综艺	浙江卫视	3.6	18.9
17	暗战危城	电视剧	浙江电视台教育科技频道	3.6	13.8
18	女管家	电视剧	浙江电视台教育科技频道	3.5	13.9
19	女医明妃传	电视剧	浙江电视台教育科技频道	3.5	11.4
20	寂寞空庭春欲晚	电视剧	浙江电视台钱江都市频道	3.5	11.2
21	老九门	电视剧	浙江电视台教育科技频道	3.4	12.3
22	人民的名义	电视剧	湖南卫视	3.4	11.7
23	神丐(11 月 29 日)	电影	中央台六套	3.4	11.0
24	麻雀	电视剧	浙江电视台教育科技频道	3.3	12.7
25	双刺	电视剧	浙江电视台钱江都市频道	3.3	11.4
26	解密	电视剧	浙江电视台教育科技频道	3.3	11.0
27	三妹	电视剧	中央台八套	3.2	14.7
28	新萧十一郎	电视剧	浙江电视台教育科技频道	3.2	12.6
29	东风破	电视剧	中央台八套	3.2	12.4
30	漂亮的李慧珍	电视剧	浙江电视台经济生活频道	3.2	11.2

表 3.27.8　2017 年浙江市场电视剧收视率排名前十位

名次	节目名称	播出频道	平均收视率（%）	平均占有率（%）
1	生死黎平	浙江电视台教育科技频道	4.7	15.9
2	战地枪王	浙江电视台教育科技频道	4.6	15.6
3	铁核桃之无间风云	浙江电视台教育科技频道	4.3	15.0
4	绝地枪王二之松花江上的枪声	浙江电视台教育科技频道	4.2	14.3
4	南京爱情	浙江电视台教育科技频道	4.2	14.3
6	梅花儿香	浙江电视台经济生活频道	4.0	13.7
7	信者无敌	浙江电视台教育科技频道	3.9	13.1
8	守卫者浮出水面	浙江电视台教育科技频道	3.9	13.0
9	暗战风云	浙江电视台教育科技频道	3.8	13.0
10	胭脂	浙江电视台教育科技频道	3.7	13.7

表 3.27.9　2017 年浙江市场新闻节目收视率排名前十位

名次	节目名称	播出频道	平均收视率（%）	平均占有率（%）
1	海峡两岸	中央台四套	2.2	7.1
2	小强热线	浙江电视台教育科技频道	2.0	7.7
3	今日关注	中央台四套	1.8	7.8
4	中国新闻	中央台四套	1.7	6.2
5	一带一路国际合作高峰论坛特别报道	中央台三套	1.5	5.1
6	小智情报站	浙江 8 套	1.4	5.4
7	中国舆论场	中央台四套	1.4	4.7
8	传奇中国节中秋节	中央电视台综合频道	1.2	7.5
9	探梦天宫	中央台四套	1.2	4.7
10	新闻联播（10 月 18、24、25 日）	中央台四套	1.2	4.5

表 3.27.10　2017 年浙江市场专题节目收视率排名前十位

名次	节目名称	播出频道	平均收视率（%）	平均占有率（%）
1	护美绿水青山打造金山银山浙江农林大学服务三农生动实践	浙江电视台经济生活频道	2.5	13.1
2	最美浙江人最美工匠发布	浙江电视台钱江都市频道	2.5	7.9
3	全国道德模范与身边好人中国好医生中国好护士现场交流活动	浙江电视台钱江都市频道	2.0	7.0
4	中国诗词大会第二季（1 月 31 日）	中央电视台综合频道	1.9	6.4
5	一年又一年	中央电视台综合频道	1.8	9.1
6	新引擎新动能新征程中国浙江网上技术市场十五周年巡礼	浙江电视台经济生活频道	1.7	9.0
7	浙江省第 20 届推普周活动启动仪式	浙江 8 套	1.7	5.4
8	中国诗词大会（1 月 9 日）	中央电视台综合频道	1.6	7.7
9	挺立潮头唱大风浙江省创新方法工作纪实	浙江电视台经济生活频道	1.5	13.3
10	创客天下 2017 杭州市海外高层次人才创新创业大赛总决赛	浙江电视台经济生活频道	1.4	8.0

表 3.27.11 2017 年浙江市场综艺节目收视率排名前十位

名次	节目名称	播出频道	平均收视率(%)	平均占有率(%)
1	中央电视台 2017 春节联欢晚会	中央台三套	5.1	16.1
2	中国新歌声(8 月 18 日)	浙江卫视	3.8	19.7
3	奔跑吧	浙江卫视	3.6	18.9
4	七夕特别直播	浙江电视台教育科技频道	3.1	10.2
5	向人民报告浙江省公安消防部队创人民满意消防队伍活动主题报告会	浙江电视台钱江都市频道	2.5	10.2
6	浙江广电青年走基层走进景宁	浙江电视台教育科技频道	2.5	8.4
7	2017 横店春节大庙会	浙江电视台教育科技频道	2.3	8.9
8	大开眼界海宁硖石灯会开园大直播	浙江电视台教育科技频道	2.2	8.6
9	梦想的声音 2(10 月 27 日)	浙江卫视	2.1	15.1
10	快乐大本营	湖南卫视	2.1	7.5

表 3.27.12 2017 年浙江市场体育节目收视率排名前十位

名次	节目名称	播出频道	平均收视率(%)	平均占有率(%)
1	中华人民共和国第十三届运动会开幕式	中央台四套	2.4	8.3
2	第十三届全运会男子 50 米自由泳决赛	中央台五套	2.3	8.6
3	第十三届全运会女子七项全能之七 800 米	中央台五套	2.1	6.0
4	现场直播:2017 年澳网女单第二轮	中央台五套	2.0	14.4
5	第十三届全运会 BMX 小轮车女子越野决赛	中央台五套	1.7	18.7
6	直播周末:2017 年世界田径锦标赛男子50 公里竞走决赛	中央台五套	1.5	9.9
7	实况录像:2017 年世界体操锦标赛女子高低杠决赛	中央台五套	1.5	6.4
8	黄金赛场:2017 年世界乒乓球锦标赛男单决赛	中央台五套	1.5	5.3
9	神奇水世界:2017 年国际泳联世锦赛女子 100 米蛙泳决赛	中央台五套	1.4	9.3
10	第十三届全运会女子举重 63 公斤级决赛抓举	中央台五套	1.4	5.1

二十八、北京收视数据

表 3.28.1 2013～2017 **年北京市场各类频道的市场占有率(%)**

频道类别	年份				
	2013 年	2014 年	2015 年	2016 年	2017 年
中央电视台频道	26.0	25.2	24.6	27.4	28.6
中国教育电视台频道	2.2	2.1	1.0	0.5	0.3
北京台频道	39.0	39.0	39.4	36.2	33.6
其他省级卫视频道	22.3	23.0	22.2	20.5	20.8
其他频道	10.5	10.7	12.8	15.4	16.7

表 3.28.2 2017 **年北京市场各类频道在不同目标观众中的市场占有率(%)**

目标观众		中央电视台频道	中国教育电视台频道	北京电视台频道	其他省级卫视频道	其他频道
4 岁及以上所有人		28.6	0.3	33.6	20.8	16.7
性别	男	30.6	0.3	32.6	19.4	17.1
	女	26.7	0.3	34.6	22.2	16.2
年龄	4～14 岁	25.9	0.2	25.0	26.0	22.9
	15～24 岁	24.4	0.3	26.5	26.2	22.6
	25～34 岁	23.8	0.3	29.5	26.2	20.2
	35～44 岁	26.0	0.3	25.6	24.9	23.2
	45～54 岁	26.2	0.4	34.3	21.4	17.7
	55～64 岁	31.0	0.3	39.9	16.5	12.3
	65 岁及以上	38.1	0.3	37.4	14.4	9.8
教育程度	未受过正规教育	40.5	0.3	27.2	18.4	13.6
	小学	32.2	0.3	31.7	20.7	15.1
	初中	31.9	0.4	36.1	19.1	12.5
	高中	28.6	0.3	36.1	19.1	15.9
	大学及以上	26.4	0.3	31.0	22.8	19.5
职业类别	干部/管理人员	26.3	0.2	31.3	21.2	21.0
	个体/私营企业人员	22.7	0.3	30.8	23.1	23.1
	初级公务员/雇员	26.1	0.3	31.2	23.8	18.6
	工人	26.1	0.6	30.7	21.5	21.1
	学生	24.9	0.2	23.6	27.1	24.2
	无业	32.7	0.3	37.9	17.0	12.1
	其他	*	*	*	*	*
个人月收入	0～600 元	26.4	0.3	25.3	26.1	21.9
	601～1200 元	*	*	*	*	*
	1201～1700 元	38.7	0.2	35.4	17.6	8.1
	1701～2600 元	30.1	0.4	35.3	22.0	12.2
	2601～3500 元	30.6	0.4	35.6	19.7	13.7
	3501～5000 元	29.2	0.3	37.5	18.8	14.2
	5001 元及以上	26.9	0.3	31.3	21.4	20.1

注：* 表示目标样本量不足，无法进行统计推断。

表 3.28.3　2017 年北京市场各类频道在不同时段的市场占有率(%)

时间段	中央电视台频道	中国教育电视台频道	北京电视台频道	其他省级卫视频道	其他频道
02:00～03:00	27.1	1.0	13.2	26.3	32.4
03:00～04:00	26.9	1.0	14.1	27.0	31.0
04:00～05:00	22.2	0.9	15.7	22.7	38.5
05:00～06:00	31.0	0.6	24.0	18.6	25.8
06:00～07:00	42.7	0.2	32.9	10.3	13.9
07:00～08:00	33.0	0.2	48.1	8.2	10.5
08:00～09:00	35.3	0.4	38.8	11.7	13.8
09:00～10:00	34.6	0.5	29.2	17.8	17.9
10:00～11:00	33.0	0.6	27.3	20.0	19.1
11:00～12:00	35.2	0.2	28.5	18.9	17.2
12:00～13:00	29.3	0.1	41.3	14.7	14.6
13:00～14:00	29.1	0.5	33.3	18.4	18.7
14:00～15:00	29.7	0.7	24.3	24.2	21.1
15:00～16:00	30.3	0.7	23.0	25.5	20.5
16:00～17:00	31.8	0.4	24.3	24.9	18.6
17:00～18:00	32.1	0.2	32.2	19.0	16.5
18:00～19:00	28.1	0.1	50.7	6.8	14.3
19:00～20:00	25.7	0.1	45.7	16.2	12.3
20:00～21:00	23.6	0.2	35.3	28.7	12.2
21:00～22:00	26.1	0.4	34.2	24.6	14.7
22:00～23:00	26.1	0.2	26.1	27.2	20.4
23:00～24:00	30.0	0.2	16.5	28.4	24.9
24:00～25:00	29.1	0.7	16.5	24.6	29.1
25:00～26:00	26.7	1.1	15.0	24.5	32.7

表 3.28.4　2017 年北京市场收视份额排名前十位的频道

名次	频道名称	收视份额(%)
1	北京卫视	12.8
2	北京电视台影视频道	5.5
3	中央台四套	4.8
4	北京电视台科教频道	3.5
5	中央电视台综合频道	3.2
6	中央台八套	2.8
6	北京电视台体育频道	2.8
8	中央电视台新闻频道	2.7
9	中央台六套	2.6
10	北京电视台文艺频道	2.5

表 3.28.5 2017 年北京市场各主要频道的观众构成(%)

目标观众		所有频道	北京卫视	北京电视台影视频道	中央台四套	北京电视台科教频道	中央电视台综合频道
4 岁及以上所有人		100.0	100.0	100.0	100.0	100.0	100.0
性别	男	50.0	45.1	47.0	57.6	48.9	50.9
	女	50.0	54.9	53.0	42.4	51.1	49.1
年龄	4~14 岁	2.4	1.3	1.5	1.2	1.3	2.2
	15~24 岁	5.7	4.1	5.1	3.8	5.2	4.4
	25~34 岁	18.0	15.1	14.3	9.1	12.9	14.4
	35~44 岁	11.3	7.7	6.6	6.6	8.9	11.9
	45~54 岁	23.1	22.4	18.8	22.0	29.4	17.3
	55~64 岁	24.1	27.3	36.6	31.0	29.0	27.4
	65 岁及以上	15.4	22.1	17.1	26.3	13.3	22.4
教育程度	未受过正规教育	1.6	1.3	1.1	1.6	1.4	1.4
	小学	3.9	3.4	5.2	4.3	2.7	5.2
	初中	20.0	19.9	26.0	23.6	23.5	23.2
	高中	31.0	32.0	37.0	35.1	39.6	28.7
	大学及以上	43.5	43.4	30.7	35.4	32.8	41.5
职业类别	干部/管理人员	5.8	5.1	3.7	4.3	4.9	3.5
	个体/私营企业人员	7.3	5.9	8.4	4.8	8.2	4.2
	初级公务员/雇员	33.0	29.9	27.6	25.4	26.7	31.9
	工人	5.7	4.4	4.3	5.0	9.0	4.7
	学生	5.1	3.3	2.7	2.7	3.5	3.9
	无业	43.1	51.4	53.3	57.8	47.7	51.8
	其他	*	*	*	*	*	*
个人月收入	0~600 元	9.9	7.1	6.4	6.3	7.2	9.7
	601~1200 元	*	*	*	*	*	*
	1201~1700 元	1.1	0.8	1.8	0.9	2.7	0.7
	1701~2600 元	8.5	8.2	9.7	9.7	12.1	9.6
	2601~3500 元	19.0	18.9	25.1	22.8	19.7	20.9
	3501~5000 元	28.1	31.9	32.0	31.3	30.2	28.8
	5001 元及以上	33.4	33.1	25.0	29	28.1	30.3

注:* 表示目标样本量不足,无法进行统计推断。

表 3.28.6 2015~2017 年北京市场各类节目的播出份额(%)和收视份额(%)

节目类别	2015 年		2016 年		2017 年	
	播出份额	收视份额	播出份额	收视份额	播出份额	收视份额
财经	2.4	1.7	2.0	1.6	1.8	1.2
电视剧	19.8	26.9	20.3	26.7	20.5	29.5
电影	3.7	3.4	3.7	3.6	3.8	3.3
法制	1.4	1.7	1.2	1.6	1.5	1.6
教学	0.2	0.1	0.2	0.0	0.3	0.0
青少	6.1	2.5	6.2	2.1	6.4	2.3
生活服务	10.0	12.1	9.8	11.8	9.1	10.2
体育	3.7	6.2	4.0	6.1	4.1	5.1
外语	0.0	0.0	0.0	0.0	0.2	0.0
戏剧	0.8	0.3	0.8	0.3	0.8	0.3
新闻/时事	14.1	12.2	14.1	12.6	14.5	13.3
音乐	2.5	1.1	1.8	1.0	1.5	0.9
专题	14.0	8.1	14.6	7.5	15.5	7.5
综艺	9.4	13.4	9.6	15.3	8.3	14.2
其他	12.0	10.4	11.7	9.9	11.9	10.8

表 3.28.7 2017 年北京市场所有节目收视率排名前三十位

名次	节目名称	节目类型	播出频道	平均收视率(%)	平均占有率(%)
1	2017 北京电视台春节联欢晚会(1 月 28 日)	综艺	北京卫视	11.7	31.2
2	生逢灿烂的日子	电视剧	北京卫视	9.9	31.4
3	2018 年世界杯亚洲区预选赛第三阶段 A 组第 7 轮(伊朗 VS 中国)	体育	中央台五套	8.9	26.0
4	天气预报	生活服务	北京卫视	8.4	34.7
5	中央电视台 2017 春节联欢晚会(1 月 27 日)	综艺	北京卫视	8.3	21.5
6	我的前半生	电视剧	北京卫视	7.9	26.3
7	风筝(1~25 集)	电视剧	北京卫视	7.5	24.1
8	情满四合院	电视剧	北京卫视	7.2	24.0
9	急诊科医生	电视剧	北京卫视	7.2	23.8
10	2018 环球跨年冰雪盛典	综艺	北京卫视	6.9	19.7
11	跨界歌王总决赛(7 月 1 日)	综艺	北京卫视	6.8	23.2
12	黎明决战	电视剧	北京卫视	6.7	18.9
13	转播中央台新闻联播	新闻	北京卫视	6.5	24.7
14	我的前半生播出庆典特别节目	综艺	北京卫视	6.3	19.2
15	开学第一课	青少	中央电视台综合频道	6.0	19.4
16	外科风云	电视剧	北京卫视	5.8	17.6
17	剃刀边缘	电视剧	北京卫视	5.8	17.1
18	北京新闻	新闻	北京卫视	5.2	23.1
19	深海利剑	电视剧	北京卫视	5.1	18.4
20	最后一张签证	电视剧	北京卫视	5.1	13.6
21	2017 年中国足球协会超级联赛第 23 轮(河北华夏幸福 VS 北京中赫国安)	体育	北京电视台体育频道	4.8	15.2
22	平凡岁月	电视剧	北京卫视	4.7	16.5
23	人民的名义	电视剧	湖南卫视	4.5	14.7
24	扬帆习近平总书记 2.26 视察北京三周年	专题	北京卫视	4.5	12.6
25	大唐荣耀	电视剧	北京卫视	4.5	11.7
26	2017 年世界乒乓球锦标赛男单决赛	体育	中央台五套	4.4	13.6
27	深海利剑收官庆典	综艺	北京卫视	4.3	15.2
28	16/17 赛季中职篮常规赛第 38 轮(北京首钢 VS 四川品胜)	体育	北京电视台体育频道	4.3	10.2
29	我的前半生收官庆典	综艺	北京卫视	4.2	20.9
30	地道女英雄	电视剧	北京电视台影视频道	4.2	11.4

表 3.28.8　2017 年北京市场电视剧收视率排名前十位

名次	节目名称	播出频道	平均收视率(%)	平均占有率(%)
1	生逢灿烂的日子	北京卫视	9.9	31.4
2	我的前半生	北京卫视	7.9	26.3
3	风筝(1~25 集)	北京卫视	7.5	24.1
4	情满四合院	北京卫视	7.2	24.0
5	急诊科医生	北京卫视	7.2	23.8
6	黎明决战	北京卫视	6.7	18.9
7	外科风云	北京卫视	5.8	17.6
8	剃刀边缘	北京卫视	5.8	17.1
9	深海利剑	北京卫视	5.1	18.4
10	最后一张签证	北京卫视	5.1	13.6

表 3.28.9　2017 年北京市场新闻节目收视率排名前十位

名次	节目名称	播出频道	平均收视率(%)	平均占有率(%)
1	转播中央台新闻联播	北京卫视	6.5	24.7
2	北京新闻	北京卫视	5.2	23.1
3	蔡奇就空气重污染应急大气污染治理与媒体企业市民代表交流座谈会	北京卫视	3.8	10.6
4	一带一路国际合作高峰论坛特别报道	中央电视台综合频道	3.0	10.2
5	探梦天宫(4 月 20 日)	中央台四套	2.5	7.8
6	今日关注	中央台四套	2.1	7.1
7	海峡两岸	中央台四套	1.7	5.1
8	李克强总理会见中外记者并回答提问	中央电视台综合频道	1.7	4.7
9	中国舆论场	中央台四套	1.5	4.4
10	中国共产党第十九次全国代表大会开幕会专题新闻	中央电视台综合频道	1.4	4.5

表 3.28.10　2017 年北京市场专题节目收视率排名前十位

名次	节目名称	播出频道	平均收视率(%)	平均占有率(%)
1	扬帆习近平总书记 2.26 视察北京三周年	北京卫视	4.5	12.6
2	最后一张签证收官庆典	北京卫视	4.1	10.3
3	315 在行动用责任汇聚诚信的力量(3 月 15 日)	中央台二套	3.1	11.9
4	我的新北京	北京卫视	2.6	13.0
5	生命缘第五季	北京卫视	2.5	9.0
6	一年又一年	中央电视台综合频道	2.4	10.0
7	熊猫奇缘	北京卫视	2.3	7.0
8	非凡匠心特别节目	北京卫视	1.9	6.6
8	老区脱贫攻坚习近平心中的牵挂	中央电视台综合频道	1.9	6.6
10	将改革进行到底	北京卫视	1.8	6.3

表 3.28.11　2017 年北京市场综艺节目收视率排名前十位

名次	节目名称	播出频道	平均收视率(%)	平均占有率(%)
1	2017 北京电视台春节联欢晚会	北京卫视	11.7	31.2
2	中央电视台 2017 春节联欢晚会	北京卫视	8.3	21.5
3	2018 环球跨年冰雪盛典	北京卫视	6.9	19.7
4	跨界歌王总决赛(7 月 1 日)	北京卫视	6.8	23.2
5	我的前半生播出庆典特别节目	北京卫视	6.3	19.2
6	深海利剑收官庆典	北京卫视	4.3	15.2
7	我的前半生收官庆典	北京卫视	4.2	20.9
8	我的前半生特别节目	北京卫视	4.1	16.1
9	跨界喜剧王(9 月 23 日)	北京卫视	4.1	13.8
10	中央电视台 2017 元宵晚会	中央电视台综合频道	4.0	13.0

表 3.28.12　2017 年北京市场体育节目收视率排名前十位

名次	节目名称	播出频道	平均收视率(%)	平均占有率(%)
1	2018 年世界杯亚洲区预选赛第三阶段 A 组第 7 轮(伊朗 VS 中国)	中央台五套	8.9	26.0
2	2017 年中国足球协会超级联赛第 23 轮(河北华夏幸福 VS 北京中赫国安)	北京电视台体育频道	4.8	15.2
3	2017 年世界乒乓球锦标赛男单决赛	中央台五套	4.4	13.6
4	16/17 赛季中职篮常规赛第 38 轮(北京首钢 VS 四川品胜)	北京电视台体育频道	4.3	10.2
5	2017 年世界乒乓球锦标赛女双决赛	中央台五套	4.1	21.0
6	2017 年世界女排大奖赛总决赛半决赛(中国队 VS 意大利队)	中央台五套	3.2	10.8
7	中华人民共和国第十三届运动会开幕式	中央台五套	3.0	7.9
8	2017 年亚洲足联冠军联赛 1/8 决赛次回合(日本鹿岛鹿角 VS 中国广州恒大)	中央台五套	2.6	11.2
9	第十三届全运会男子 4×400 米接力决赛	中央台五套	2.6	10.0
10	2017 年斯诺克世锦赛半决赛	中央台五套	2.6	6.9

二十九、上海收视数据

表 3.29.1 2013～2017 年上海市场各类频道的市场占有率(%)

频道类别	年份				
	2013 年	2014 年	2015 年	2016 年	2017 年
中央电视台频道	15.7	16.1	14.7	15.1	15.4
中国教育电视台频道	0.1	0.1	0.0	0.1	0.1
上海市级频道	55.9	56.3	55.4	54.8	51.3
其他省级卫视频道	17.6	15.2	14.4	13.4	14.4
其他频道	10.7	12.3	15.5	16.6	18.8

表 3.29.2 2017 年上海市场各类频道在不同目标观众中的市场占有率(%)

目标观众		中央电视台频道	中国教育电视台频道	上海市级频道	其他省级卫视频道	其他频道
4 岁及以上所有人		15.4	0.1	51.3	14.4	18.8
性别	男	17.7	0.1	50.6	13.6	18.0
	女	13.1	0.1	51.9	15.1	19.8
年龄	4～14 岁	15.3	0.1	34.6	24.5	25.5
	15～24 岁	17.3	0.0	45.2	19.3	18.2
	25～34 岁	10.9	0.1	44.7	15.6	28.7
	35～44 岁	13.0	0.1	40.9	19.7	26.3
	45～54 岁	14.6	0.1	56.9	12.4	16.0
	55～64 岁	17.6	0.0	53.4	12.0	17.0
	65 岁及以上	19.4	0.1	60.0	12.5	8.0
教育程度	未受过正规教育	21.8	0.0	48.3	16.9	13.0
	小学	12.5	0.1	53.7	22.2	11.5
	初中	16.3	0.1	53.4	15.0	15.2
	高中	16.5	0.1	55.2	12.1	16.1
	大学及以上	13.8	0.1	45.4	15.6	25.1
职业类别	干部/管理人员	16.7	0.1	39.0	21.4	22.8
	个体/私营企业人员	13.8	0.0	39.3	13.1	33.8
	初级公务员/雇员	13.7	0.1	49.0	15.0	22.2
	工人	14.8	0.1	51.6	15.1	18.4
	学生	14.0	0.1	36.5	24.4	25.0
	无业	17.2	0.1	56.9	12.2	13.6
	其他	*	*	*	*	*
个人月收入	0～600 元	15.0	0.1	40.2	21.3	23.4
	601～1200 元	*	*	*	*	*
	1201～1700 元	10.8	0.1	52.0	5.7	31.4
	1701～2600 元	14.8	0.1	57.9	13.4	13.8
	2601～3500 元	17.3	0.1	55.4	13.1	14.1
	3501～5000 元	15.5	0.1	54.8	12.4	17.2
	5001 元及以上	13.7	0.1	44.4	16.4	25.4

注：* 表示目标样本量不足，无法进行统计推断。

表 3.29.3　2017 年上海市场各类频道在不同时段的市场占有率(%)

时间段	中央电视台频道	中国教育电视台频道	上海市级频道	其他省级卫视频道	其他频道
02:00~03:00	18.5	0.1	22.5	17.3	41.6
03:00~04:00	18.2	0.1	16.5	16.3	48.9
04:00~05:00	22.1	0.2	18.5	17.3	41.9
05:00~06:00	25.7	0.1	21.7	18.3	34.2
06:00~07:00	26.0	0.1	42.8	10.1	21.0
07:00~08:00	12.3	0.1	68.3	4.6	14.7
08:00~09:00	15.9	0.1	60.2	8.6	15.2
09:00~10:00	18.0	0.1	50.2	13.0	18.7
10:00~11:00	18.7	0.1	48.0	13.2	20.0
11:00~12:00	20.6	0.1	49.4	11.1	18.8
12:00~13:00	23.2	0.0	47.2	10.3	19.3
13:00~14:00	22.6	0.2	40.5	13.5	23.2
14:00~15:00	21.2	0.2	36.5	17.8	24.3
15:00~16:00	20.6	0.2	35.5	20.1	23.6
16:00~17:00	20.9	0.2	37.2	19.3	22.4
17:00~18:00	17.3	0.1	50.5	14.1	18.0
18:00~19:00	8.8	0.0	73.6	4.7	12.9
19:00~20:00	11.3	0.0	64.7	11.2	12.8
20:00~21:00	12.1	0.0	55.8	17.7	14.4
21:00~22:00	14.1	0.0	51.4	17.0	17.5
22:00~23:00	11.7	0.1	47.4	19.1	21.7
23:00~24:00	15.2	0.0	40.7	18.1	26.0
24:00~25:00	18.5	0.1	33.2	14.5	33.7
25:00~26:00	17.1	0.1	28.6	14.5	39.7

表 3.29.4　2017 年上海市场收视份额排名前十位的频道

名次	频道名称	收视份额(%)
1	上海电视台新闻综合频道	12.0
2	上海东方卫视	9.5
3	上海电视台娱乐频道	6.4
4	上海电视台电视剧频道	6.1
5	上海东方电影频道	5.0
6	中央台四套	3.5
6	上海电视台五星体育频道	3.5
8	上海电视台星尚频道	2.7
9	湖南卫视	2.2
10	中央台六套	1.7

表 3.29.5 2017 年上海市场各主要频道的观众构成(%)

目标观众		所有频道	上海电视台新闻综合频道	上海东方卫视	上海电视台娱乐频道	上海电视台电视剧频道	上海东方电影频道
4 岁及以上所有人		100.0	100.0	100.0	100.0	100.0	100.0
性别	男	49.6	50.8	45.2	42.8	42.1	58.6
	女	50.4	49.2	54.8	57.2	57.9	41.4
年龄	4~14 岁	3.0	1.7	2.2	1.4	1.4	1.3
	15~24 岁	2.9	2.1	3.4	1.9	1.9	3.8
	25~34 岁	18.9	14.6	17.7	16.4	12.9	13.0
	35~44 岁	12.1	8.3	12.1	6.9	7.4	14.3
	45~54 岁	20.4	19.8	26.4	26.1	20.2	23.8
	55~64 岁	25.3	29.8	24.1	26.3	26.9	23.4
	65 岁及以上	17.4	23.7	14.1	21.0	29.3	20.4
教育程度	未受过正规教育	1.4	1.3	1.1	0.9	1.2	1.3
	小学	4.4	4.5	2.9	5.0	6.9	3.2
	初中	19.2	24.9	14.7	20.8	25.6	22.1
	高中	40.5	42.6	43.8	45.5	42.8	43.4
	大学及以上	34.5	26.7	37.5	27.8	23.5	30.0
职业类别	干部/管理人员	3.6	2.1	3.5	2.9	1.6	2.7
	个体/私营企业人员	3.2	2.4	2.5	2.1	2.7	2.6
	初级公务员/雇员	42.7	36.5	44.6	37.3	34.0	46.9
	工人	3.0	2.0	3.0	3.1	3.5	4.1
	学生	4.2	2.2	3.8	2.0	2.4	3.8
	无业	43.4	54.7	42.5	52.6	55.8	39.8
	其他	*	*	*	*	*	*
个人月收入	0~600 元	6.3	4.0	5.1	4.1	4.0	5.8
	601~1200 元	*	*	*	*	*	*
	1201~1700 元	0.6	1.2	0.1	0.7	0.2	0.9
	1701~2600 元	8.4	9.8	7.3	12.8	10.0	11.3
	2601~3500 元	27.5	34.1	25.9	33.5	33.8	24.4
	3501~5000 元	29.2	32.4	32.6	27.3	32.4	32.1
	5001 元及以上	27.9	18.3	28.9	21.3	19.5	25.4

注:* 表示样本量不足,无法进行统计推算。

表 3.29.6 2015~2017 年上海市场各类节目的播出份额(%)和收视份额(%)

节目类别	2015 年		2016 年		2017 年	
	播出份额	收视份额	播出份额	收视份额	播出份额	收视份额
财经	2.4	3.8	2.0	2.0	1.9	1.4
电视剧	19.3	23.8	19.8	24.0	19.9	28.7
电影	4.4	4.9	4.6	4.9	4.5	4.9
法制	0.9	2.1	0.7	1.4	0.8	1.5
教学	0.2	0.1	0.3	0.0	0.2	0.0
青少	6.8	1.6	7.0	2.0	7.2	1.9
生活服务	10.9	11.2	10.3	11.2	9.7	9.9
体育	3.7	5.2	4.0	6.5	4.1	6.3
外语	0.2	0.0	0.1	0.0	0.2	0.0
戏剧	1.7	0.4	1.7	0.5	1.7	0.5
新闻/时事	12.9	13.2	13.0	14.1	13.6	14.8
音乐	2.4	0.7	1.8	0.8	1.4	0.6
专题	13.4	5.7	13.7	4.9	14.6	5.0
综艺	9.2	17.2	9.7	18.2	8.5	14.0
其他	11.6	10.1	11.3	9.5	11.7	10.5

表 3.29.7　2017 年上海市场所有节目收视率排名前三十位

名次	节目名称	节目类型	播出频道	平均收视率(%)	平均占有率(%)
1	那年花开月正圆	电视剧	上海东方卫视	10.1	28.7
2	中央电视台 2017 春节联欢晚会	综艺	上海东方卫视	9.4	30.5
3	2018 梦圆东方跨年盛典	综艺	上海东方卫视	9.4	29.7
4	春满东方欢笑中国 2017 新春大联欢	综艺	上海东方卫视	8.8	33.0
5	天籁之战总决赛(1 月 1 日)	综艺	上海东方卫视	8.6	30.3
6	新闻透视	新闻/时事	上海电视台新闻综合频道	7.7	30.9
7	观众中来	新闻/时事	上海电视台新闻综合频道	7.5	29.4
8	我的前半生	电视剧	上海东方卫视	7.2	21.7
9	新闻报道	新闻/时事	上海电视台新闻综合频道	6.7	28.8
10	黄金赛场 超级足球之夜:18 年世界杯亚洲区预选赛第三阶段 A 组第 7 轮(伊朗 VS 中国)	体育	中央台五套	6.7	20.9
11	2017 年中国足协杯决赛第二回合(上海上港 VS 上海绿地申花)	体育	上海电视台五星体育频道	6.0	18.0
12	巡逻现场实录 2017	专题	上海电视台新闻综合频道	5.9	20.8
13	妈妈咪呀第五季(5 月 13 日)	综艺	上海东方卫视	5.8	19.3
14	一年又一年	专题	上海东方卫视	5.7	21.0
15	东方 110	法制	上海电视台新闻综合频道	5.7	20.7
16	欢乐颂二	电视剧	上海东方卫视	5.7	18.3
17	案件聚焦	法制	上海电视台新闻综合频道	5.4	19.2
18	急诊科医生	电视剧	上海东方卫视	5.4	16.4
19	法制特勤组	法制	上海电视台新闻综合频道	5.3	18.9
20	家族荣誉	电视剧	上海电视台新闻综合频道	5.2	17.1
21	天籁之战(12 月 16 日)	综艺	上海东方卫视	5.2	16.3
22	2017 中国足协杯颁奖仪式	体育	上海电视台五星体育频道	5.1	20.9
23	庭审纪实	法制	上海电视台新闻综合频道	5.1	18.2

续表

名次	节目名称	节目类型	播出频道	平均收视率（%）	平均占有率（%）
24	生逢灿烂的日子	电视剧	上海东方卫视	5.1	16.0
25	1/7	新闻/时事	上海电视台新闻综合频道	5.0	17.0
26	潜伏 1940	电视剧	上海电视台新闻综合频道	4.9	15.7
27	笑傲江湖之笑声传奇（4 月 16 日）	综艺	上海东方卫视	4.8	19.7
28	2017 中秋晚会花好月圆为美而生	综艺	上海东方卫视	4.8	17.5
29	五星中超：2017 年中国足球协会超级联赛第 20 轮（上海上港 VS 天津权健）	体育	上海电视台五星体育频道	4.7	13.8
30	筑梦空间站天舟一号发射直播特别报道	新闻/时事	上海电视台新闻综合频道	4.6	15.8

表 3.29.8　2017 年上海市场电视剧收视率排名前十位

名次	节目名称	播出频道	平均收视率（%）	平均占有率（%）
1	那年花开月正圆	上海东方卫视	10.1	28.7
2	我的前半生	上海东方卫视	7.2	21.7
3	欢乐颂二	上海东方卫视	5.7	18.3
4	急诊科医生	上海东方卫视	5.4	16.4
5	家族荣誉	上海电视台新闻综合频道	5.2	17.1
6	生逢灿烂的日子	上海东方卫视	5.1	16.0
7	潜伏 1940	上海电视台新闻综合频道	4.9	15.7
8	神勇武工队传奇	上海电视台新闻综合频道	4.6	13.6
9	守护丽人	上海东方卫视	4.5	14.6
10	冰锋	上海电视台新闻综合频道	4.4	13.4

表 3.29.9　2017 年上海市场新闻节目收视率排名前十位

名次	节目名称	播出频道	平均收视率（%）	平均占有率（%）
1	新闻透视	上海电视台新闻综合频道	7.7	30.9
2	观众中来	上海电视台新闻综合频道	7.5	29.4
3	新闻报道	上海电视台新闻综合频道	6.7	28.8
4	1/7	上海电视台新闻综合频道	5.0	17.0
5	筑梦空间站天舟一号发射直播特别报道	上海电视台新闻综合频道	4.6	15.8
6	新闻坊	上海电视台新闻综合频道	4.0	23.1
7	一带一路国际合作高峰论坛特别报道	上海东方卫视	3.0	10.0
8	上海市人民政府记者招待会	上海电视台新闻综合频道	2.9	9.7
9	喜迎十九大特别节目还看今朝	上海电视台新闻综合频道	2.8	8.2
10	东方新闻	上海东方卫视	2.4	11.4

表 3.29.10　2017 年上海市场专题节目收视率排名前十位

名次	节目名称	播出频道	平均收视率(%)	平均占有率(%)
1	巡逻现场实录 2017	上海电视台新闻综合频道	5.9	20.8
2	一年又一年	上海东方卫视	5.7	21.0
3	攻坚克难谋发展尽心履职为人民 2016 年上海人大工作纪实	上海电视台新闻综合频道	4.4	15.3
4	夯基垒台强能力履职尽责续新篇 2016 年上海市政协协商民主建设纪实	上海电视台新闻综合频道	4.0	16.0
5	第 5 空间	上海电视台新闻综合频道	3.7	11.9
6	人间世特别节目结核三章	上海电视台新闻综合频道	3.6	11.1
7	本草中华	上海东方卫视	3.2	9.1
8	奋楫者先中共上海十届市委创新发展五年间	上海电视台新闻综合频道	2.9	10.1
9	巡视利剑	上海东方卫视	2.5	8.6
10	起飞中国	上海东方卫视	2.4	7.5

表 3.29.11　2017 年上海市场综艺节目收视率排名前十位

名次	节目名称	播出频道	平均收视率(%)	平均占有率(%)
1	中央电视台 2017 春节联欢晚会	上海东方卫视	9.4	30.5
2	2018 梦圆东方跨年盛典	上海东方卫视	9.4	29.7
3	春满东方欢笑中国 2017 新春大联欢	上海东方卫视	8.8	33.0
4	天籁之战总决赛(1 月 1 日)	上海东方卫视	8.6	30.3
5	妈妈咪呀第五季(5 月 13 日)	上海东方卫视	5.8	19.3
6	天籁之战(12 月 16 日)	上海东方卫视	5.2	16.3
7	笑傲江湖之笑声传奇(4 月 16 日)	上海东方卫视	4.8	19.7
8	2017 中秋晚会花好月圆为美而生	上海东方卫视	4.8	17.5
9	2017 上海市各界人士春节团拜会	上海电视台新闻综合频道	4.4	17.9
10	2017 电视剧品质盛典	上海东方卫视	4.4	13.8

表 3.29.12　2017 年上海市场体育节目收视率排名前十位

名次	节目名称	播出频道	平均收视率(%)	平均占有率(%)
1	黄金赛场 超级足球之夜:18 年世界杯亚洲区预选赛第三阶段 A 组第 7 轮(伊朗 VS 中国)	中央台五套	6.7	20.9
2	2017 年中国足协杯决赛第二回合(上海上港 VS 上海绿地申花)	上海电视台五星体育频道	6.0	18.0
3	2017 中国足协杯颁奖仪式	上海电视台五星体育频道	5.1	20.9
4	五星中超:2017 年中国足球协会超级联赛第 20 轮(上海上港 VS 天津权健)	上海电视台五星体育频道	4.7	13.8

续表

名次	节目名称	播出频道	平均收视率（%）	平均占有率（%）
5	黄金赛场:2017 年亚洲足联冠军联赛半决赛首回合(中国上海上港 VS 日本浦和红宝石)	中央台五套	4.0	11.4
6	G 赛场:2017 年旷世之战 WBO 拳王金腰带卫冕赛	上海电视台五星体育频道	3.4	11.3
7	弈棋耍大牌	上海电视台五星体育频道	2.7	12.7
7	津彩精彩:第十三届全运会游泳男子 1500 米自由泳决赛	上海电视台五星体育频道	2.7	12.7
9	2016/2017 赛季 CBA 季后赛 1/4 决赛第二场(上海哔哩哔哩 VS 深圳马可波罗)	上海电视台五星体育频道	2.7	8.6
10	黄金赛场:2017 年世界乒乓球锦标赛男单决赛	中央台五套	2.2	6.8

三十、天津收视数据

表 3.30.1　2013～2017 年天津市场各类频道的市场占有率(%)

频道类别	年份				
	2013 年	2014 年	2015 年	2016 年	2017 年
中央电视台频道	28.5	29.4	30.2	29.0	27.4
中国教育电视台频道	0.4	0.3	0.2	0.1	0.1
天津市级频道	35.5	32.0	27.3	26.8	28.8
其他省级卫视频道	27.0	29.3	31.1	32.0	27.8
其他频道	8.6	9.0	11.2	12.1	15.9

表 3.30.2　2017 年天津市场各类频道在不同目标观众中的市场占有率(%)

目标观众		中央电视台频道	中国教育电视台频道	天津市级频道	其他省级卫视频道	其他频道
4 岁及以上所有人		27.4	0.1	28.8	27.8	15.9
性别	男	29.3	0.1	28.4	26.0	16.2
	女	25.5	0.1	29.3	29.5	15.6
年龄	4～14 岁	23.6	0.1	18.1	35.1	23.1
	15～24 岁	21.1	0.1	27.2	29.5	22.1
	25～34 岁	21.1	0.1	23.8	36.7	18.3
	35～44 岁	26.0	0.1	21.1	34.5	18.3
	45～54 岁	25.2	0.1	30.8	26.8	17.1
	55～64 岁	31.0	0.1	32.4	24.8	11.7
	65 岁及以上	36.7	0.2	35.1	17.8	10.2
教育程度	未受过正规教育	32.0	0.1	25.1	29.8	13.0
	小学	31.4	0.2	30.4	22.9	15.1
	初中	27.6	0.1	29.7	25.6	17.0
	高中	26.9	0.1	29.3	29.9	13.8
	大学及以上	23.8	0.1	25.8	32.3	18.0
职业类别	干部/管理人员	24.9	0.0	26.2	33.0	15.9
	个体/私营企业人员	26.1	0.1	26.0	28.6	19.2
	初级公务员/雇员	23.9	0.0	25.7	34.3	16.1
	工人	27.6	0.1	27.5	27.9	16.9
	学生	22.8	0.2	20.6	34.5	21.9
	无业	28.8	0.1	32.3	24.7	14.1
	其他	34.5	0.2	30.9	20.8	13.6
个人月收入	0～600 元	24.6	0.1	26.5	30.2	18.6
	601～1200 元	30.6	0.1	32.9	25.2	11.2
	1201～1700 元	32.0	0.2	35.2	22.7	9.9
	1701～2600 元	27.1	0.2	31.1	27.1	14.5
	2601～3500 元	29.7	0.1	28.1	25.9	16.2
	3501～5000 元	26.7	0.0	27.3	29.4	16.6
	5001 元及以上	26.9	0	25.6	30.6	16.9

表 3.30.3 2017 年天津市场各类频道在不同时段的市场占有率(%)

时间段	中央电视台频道	中国教育电视台频道	天津市级频道	其他省级卫视频道	其他频道
02:00～03:00	20.5	0.2	20.1	29.1	30.1
03:00～04:00	19.8	0.2	21.2	27.1	31.7
04:00～05:00	23.6	0.1	23.0	23.8	29.5
05:00～06:00	30.4	0.1	23.4	21.4	24.7
06:00～07:00	44.1	0.1	19.4	17.0	19.4
07:00～08:00	36.2	0.1	32.2	15.5	16.0
08:00～09:00	32.8	0.2	30.4	20.5	16.1
09:00～10:00	31.0	0.2	22.4	28.0	18.4
10:00～11:00	28.9	0.2	22.0	30.3	18.6
11:00～12:00	31.2	0.1	22.1	28.3	18.3
12:00～13:00	34.0	0.1	24.3	24.8	16.8
13:00～14:00	30.2	0.3	25.0	27.0	17.5
14:00～15:00	29.1	0.3	17.6	33.4	19.6
15:00～16:00	28.8	0.3	16.1	34.7	20.1
16:00～17:00	26.9	0.3	21.8	32.8	18.2
17:00～18:00	24.3	0.1	35.1	24.9	15.6
18:00～19:00	22.8	0.1	52.0	10.8	14.3
19:00～20:00	28.9	0.0	38.3	20.3	12.5
20:00～21:00	24.1	0.0	29.6	33.7	12.6
21:00～22:00	26.8	0.1	27.6	31.5	14.0
22:00～23:00	22.7	0.1	27.3	34.8	15.1
23:00～24:00	26.2	0.1	17.4	39.0	17.3
24:00～25:00	28.0	0.2	16.7	33.4	21.7
25:00～26:00	23.2	0.3	18.9	30.5	27.1

表 3.30.4 2017 年天津市场收视份额排名前十位的频道

名次	频道名称	收视份额(%)
1	天津电视台三套(影视频道)	6.3
2	天津卫视	5.0
3	中央电视台综合频道	3.7
4	中央台四套	3.6
5	天津电视台二套(文艺频道)	3.5
6	中央台三套	3.3
7	天津电视台五套(体育频道)	3.0
8	浙江卫视	2.7
8	天津电视台公共频道	2.7
8	湖南卫视	2.7

表 3.30.5　2017 年天津市场各主要频道的观众构成(%)

目标观众		所有频道	主要频道				
			天津电视台三套(影视频道)	天津卫视	中央电视台综合频道	中央台四套	天津电视台二套(文艺频道)
4 岁及以上所有人		100.0	100.0	100.0	100.0	100.0	100.0
性别	男	50.0	51.6	48.9	51.0	59.8	44.5
	女	50.0	48.4	51.1	49.0	40.2	55.5
年龄	4～14 岁	5.1	2.8	3.2	3.3	2.6	2.0
	15～24 岁	8.9	8.8	8.9	6.6	3.7	10.3
	25～34 岁	16.0	9.6	15.9	11.9	11.3	9.1
	35～44 岁	10.2	8.1	9.3	5.8	6.6	5.6
	45～54 岁	22.8	25.9	26.7	17.9	22.1	21.7
	55～64 岁	18.0	21.8	16.6	21.9	18.4	17.3
	65 岁及以上	18.9	23.0	19.4	32.7	35.3	34.0
教育程度	未受过正规教育	3.1	1.6	2.0	3.5	2.3	2.6
	小学	14.4	19.6	12.7	17.7	14.4	19.1
	初中	36.1	41.9	31.8	34.6	39.2	35.5
	高中	28.2	25.3	30.5	28.0	28.5	30.1
	大学及以上	18.2	11.6	23.0	16.2	15.6	12.7
职业类别	干部/管理人员	3.1	1.5	5.4	1.8	3.5	2.1
	个体/私营企业人员	10.9	12.2	8.7	6.8	8.1	7.8
	初级公务员/雇员	15.7	10.8	19.5	14.4	12.4	12.2
	工人	12.2	12.6	12.2	10.5	13.2	9.4
	学生	7.4	4.9	6.0	5.3	3.2	5.1
	无业	44.3	49.2	45.4	53.8	51.9	54.4
	其他	6.4	8.8	2.8	7.4	7.7	9.0
个人月收入	0～600 元	25.1	24.1	21.4	22.6	18.3	26.3
	601～1200 元	6.2	9.5	7.6	5.9	8.0	5.4
	1201～1700 元	4.4	7.2	4.3	5.5	5.0	4.1
	1701～2600 元	25.7	25.6	26.8	27.1	30.3	30.2
	2601～3500 元	21.5	18.7	18.2	24.1	23.1	20.4
	3501～5000 元	11.0	11.1	11.3	9.7	8.7	10.5
	5001 元及以上	6.1	3.8	10.4	5.1	6.6	3.1

表 3.30.6　2015～2017 年天津市场各类节目的播出份额(%)和收视份额(%)

节目类别	2015 年		2016 年		2017 年	
	播出份额	收视份额	播出份额	收视份额	播出份额	收视份额
财经	1.7	0.7	1.2	0.4	1.0	0.4
电视剧	20.2	27.6	20.6	31.1	21.0	31.2
电影	3.9	4.1	3.9	4.2	3.7	3.6
法制	1.2	1.5	1.5	1.4	1.7	1.6
教学	0.2	0.1	0.2	0.0	0.3	0.0
青少	6.7	3.4	7.0	3.2	7.4	4.7
生活服务	9.5	8.7	9.0	7.9	8.1	7.3
体育	3.6	4.4	3.9	4.6	4.0	4.5
外语	0.0	0.0	0.0	0.0	0.1	0.0
戏剧	0.8	0.4	0.8	0.4	0.8	0.5
新闻/时事	14.2	11.8	13.8	11.2	14.6	11.0
音乐	2.4	1.3	1.8	1.2	1.4	1.1
专题	14.1	7.7	14.8	6.6	15.0	6.6
综艺	9.6	16.7	9.9	16.8	9.2	16.9
其他	12.1	11.9	11.7	10.9	11.7	10.6

表 3.30.7　2017 年天津市场所有节目收视率排名前三十位

名次	节目名称	节目类型	播出频道	平均收视率（%）	平均占有率（%）
1	中央电视台 2017 春节联欢晚会	综艺	中央电视台综合频道	11.4	24.7
2	中华人民共和国第十三届运动会开幕式	体育	中央台五套	7.0	15.2
3	2017 年中国足球协会超级联赛第 25 轮（天津权健 VS 重庆当代力帆）	体育	天津电视台五套（体育频道）	5.9	16.4
4	18 年世界杯亚洲区预选赛第三阶段 A 组第 7 轮（伊朗 VS 中国）	体育	中央台五套	5.8	14.3
5	中国新歌声（8 月 4 日）	综艺	浙江卫视	4.9	17.2
6	浴火重生	电视剧	天津电视台三套（影视频道）	4.9	15.5
7	中央电视台 2017 元宵晚会	综艺	中央电视台综合频道	4.8	14.1
8	八方传奇	电视剧	天津电视台三套（影视频道）	4.7	14.3
9	密战无声	电视剧	天津电视台三套（影视频道）	4.7	14.1
10	2017 幸福一起来江苏卫视春节联欢晚会	综艺	江苏卫视	4.6	12.1
11	旗开得胜斗地主电视擂台赛	综艺	天津电视台五套（体育频道）	4.3	17.5
12	2017 辽宁卫视家和万事兴春节联欢晚会（1 月 26 日）	综艺	辽宁卫视	4.3	14.3
13	秘密小分队	电视剧	天津电视台三套（影视频道）	4.2	13.3
14	地火二之真金不怕火炼	电视剧	天津电视台三套（影视频道）	4.2	12.8
15	天气预报	生活服务	中央电视台综合频道	4.2	12.1
16	欢乐喜剧人（1 月 22 日）	综艺	上海东方卫视	4.2	11.1
17	一年又一年	专题	中央电视台综合频道	4.0	13.3
18	战金岭	电视剧	天津电视台三套（影视频道）	4.0	12.1
19	2017 年世界乒乓球锦标赛男单决赛	体育	中央台五套	4.0	12.0
19	小草青青（40～65 集）	电视剧	天津电视台二套（文艺频道）	4.0	10.2
21	开学第一课	青少	中央电视台综合频道	3.9	12.7
22	冰锋	电视剧	天津电视台三套（影视频道）	3.9	11.9
23	双枪	电视剧	天津电视台三套（影视频道）	3.7	9.6
24	潜伏 1940	电视剧	天津电视台三套（影视频道）	3.7	9.4

续表

名次	节目名称	节目类型	播出频道	平均收视率(%)	平均占有率(%)
25	跨界歌王总决赛(7月8日)	综艺	北京卫视	3.6	10.7
25	大西北剿匪记	电视剧	天津电视台三套(影视频道)	3.6	10.7
27	中国梦祖国颂2017中央电视台国庆特别节目	综艺	中央电视台综合频道	3.6	10.4
28	让爱回家	电视剧	天津电视台二套(文艺频道)	3.6	10.3
29	星光灿烂	电视剧	天津卫视	3.6	8.6
30	都市报道60分	新闻	天津电视台一套(新闻频道)	3.5	12.4

表3.30.8 2017年天津市场电视剧收视率排名前十位

名次	节目名称	播出频道	平均收视率(%)	平均占有率(%)
1	浴火重生	天津电视台三套(影视频道)	4.9	15.5
2	八方传奇	天津电视台三套(影视频道)	4.7	14.3
2	密战无声	天津电视台三套(影视频道)	4.7	14.1
4	秘密小分队	天津电视台三套(影视频道)	4.2	13.3
5	地火二之真金不怕火炼	天津电视台三套(影视频道)	4.2	12.8
6	战金岭	天津电视台三套(影视频道)	4.0	12.1
7	小草青青(40~65集)	天津电视台二套(文艺频道)	4.0	10.2
8	冰锋	天津电视台三套(影视频道)	3.9	11.9
9	双枪	天津电视台三套(影视频道)	3.7	9.6
10	潜伏1940	天津电视台三套(影视频道)	3.7	9.4

表3.30.9 2017年天津市场新闻节目收视率排名前十位

名次	节目名称	播出频道	平均收视率(%)	平均占有率(%)
1	都市报道60分	天津电视台一套(新闻频道)	3.5	12.4
2	李克强总理会见中外记者并回答提问	中央电视台综合频道	2.4	5.6
3	新闻联播	中央电视台综合频道	1.9	6.0
4	今日关注	中央台四套	1.9	5.7
5	海峡两岸	中央台四套	1.7	4.5
6	中国共产党第十九次全国代表大会开幕会专题新闻	中央电视台综合频道	1.6	4.5
7	中国舆论场	中央台四套	1.6	4.2
8	香港回归祖国20周年特别报道	中央电视台综合频道	1.5	4.4
9	一带一路国际合作高峰论坛特别报道	中央电视台综合频道	1.5	4.3
10	今日亚洲	中央台四套	1.3	3.7

表 3.30.10 2017 年天津市场专题节目收视率排名前十位

名次	节目名称	播出频道	平均收视率(%)	平均占有率(%)
1	一年又一年	中央电视台综合频道	4.0	13.3
2	老区脱贫攻坚习近平心中的牵挂	中央电视台综合频道	2.6	7.7
3	315 在行动用责任汇聚诚信的力量(3 月 15 日)	中央台二套	1.8	5.9
3	香港发展一直牵动着我的心 习近平香港行纪实	中央电视台综合频道	1.8	5.9
5	我们的歌手	湖南卫视	1.7	5.2
6	巡视利剑	中央电视台综合频道	1.7	4.8
7	总书记为俺家算清了脱贫账	中央电视台综合频道	1.7	4.0
8	千年大计国家大事	中央电视台综合频道	1.6	4.4
9	感动中国 2016 年度人物颁奖盛典	中央电视台综合频道	1.5	3.5
10	等着我	中央电视台综合频道	1.5	8.3

表 3.30.11 2017 年天津市场综艺节目收视率排名前十位

名次	节目名称	播出频道	平均收视率(%)	平均占有率(%)
1	中央电视台 2017 春节联欢晚会	中央电视台综合频道	11.4	24.7
2	中国新歌声(8 月 4 日)	浙江卫视	4.9	17.2
3	中央电视台 2017 元宵晚会	中央电视台综合频道	4.8	14.1
4	2017 幸福一起来江苏卫视春节联欢晚会	江苏卫视	4.6	12.1
5	旗开得胜斗地主电视擂台赛	天津电视台五套(体育频道)	4.3	17.5
6	2017 辽宁卫视家和万事兴春节联欢晚会(1 月 26 日)	辽宁卫视	4.3	14.3
7	欢乐喜剧人(1 月 22 日)	上海东方卫视	4.2	11.1
8	跨界歌王总决赛(7 月 8 日)	北京卫视	3.6	10.7
9	中国梦祖国颂 2017 中央电视台国庆特别节目	中央电视台综合频道	3.6	10.4
10	喜到福到好运到春晚倒计时	中央台三套	3.4	11.3

表 3.30.12 2017 年天津市场体育节目收视率排名前十位

名次	节目名称	播出频道	平均收视率(%)	平均占有率(%)
1	中华人民共和国第十三届运动会开幕式	中央台五套	7.0	15.2
2	2017 年中国足球协会超级联赛第 25 轮(天津权健 VS 重庆当代力帆)	天津电视台五套(体育频道)	5.9	16.4
3	18 年世界杯亚洲区预选赛第三阶段 A 组第 7 轮(伊朗 VS 中国)	中央台五套	5.8	14.3
4	2017 年世界乒乓球锦标赛男单决赛	中央台五套	4.0	12.0

续表

名次	节目名称	播出频道	平均收视率(%)	平均占有率(%)
5	2017年亚洲足联冠军联赛1/4决赛次回合(广州恒大VS上海上港)	中央台五套	3.4	11.3
6	2017/2018赛季中国女子排球超级联赛第一阶段第10轮(天津VS上海)	天津电视台五套(体育频道)	3.1	13.6
7	第十三届全运会女子100米决赛	中央台五套	2.7	7.5
8	第十三届全运会乒乓球混双决赛	中央台五套	2.6	7.8
9	中华人民共和国第十三届运动会闭幕式	中央台五套	2.6	7.2
9	直播周末:2017年世界女排大奖赛总决赛半决赛(中国队VS意大利队)	中央台五套	2.6	7.2

三十一、重庆收视数据

表 3.31.1　2013～2017 年重庆市场各类频道的市场占有率(%)

频道类别	年份				
	2013 年	2014 年	2015 年	2016 年	2017 年
中央电视台频道	28.0	27.1	26.6	27.7	27.1
中国教育电视台频道	0.3	0.2	0.1	0.1	0.1
重庆市级频道	28.0	26.5	26.6	24.3	22.5
其他省级卫视频道	35.7	36.9	36.7	34.8	30.4
其他频道	8.0	9.3	10.0	13.1	19.9

表 3.31.2　2017 年重庆市场各类频道在不同目标观众中的市场占有率(%)

目标观众		中央电视台频道	中国教育电视台频道	重庆市级频道	其他省级卫视频道	其他频道
4 岁及以上所有人		27.1	0.1	22.5	30.4	19.9
性别	男	29.5	0.1	22.7	28.6	19.1
	女	24.6	0.1	22.3	32.1	20.9
年龄	4～14 岁	17.2	0.1	20.6	35.9	26.2
	15～24 岁	29.6	0.0	16.6	35.8	18.0
	25～34 岁	17.7	0.1	19.5	36.0	26.7
	35～44 岁	23.8	0.1	15.9	38.7	21.5
	45～54 岁	24.6	0.1	21.1	31.6	22.6
	55～64 岁	31.9	0.1	27.5	26.0	14.5
	65 岁及以上	36.4	0.2	28.2	20.8	14.4
教育程度	未受过正规教育	22.7	0.1	25.1	31.0	21.1
	小学	28.3	0.2	25.0	29.3	17.2
	初中	26.9	0.1	23.4	28.6	21.0
	高中	26.7	0.1	20.7	33.5	19.0
	大学及以上	28.2	0.1	12.9	33.1	25.7
职业类别	干部/管理人员	23.1	0.1	14.5	30.8	31.5
	个体/私营企业人员	27.2	0.1	18.2	31.7	22.8
	初级公务员/雇员	27.2	0.1	21.3	29.3	22.1
	工人	23.8	0.1	20.1	33.3	22.7
	学生	21.3	0.1	18.8	34.3	25.5
	无业	29.9	0.1	25.2	27.4	17.4
	其他	23.5	0.2	23.8	37.9	14.6
个人月收入	0～600 元	23.3	0.1	20.2	33.6	22.8
	601～1200 元	27.6	0.2	24.6	32.2	15.4
	1201～1700 元	28.4	0.1	29.1	29.5	12.9
	1701～2600 元	30.5	0.1	24.8	26.1	18.5
	2601～3500 元	27.9	0.1	19.9	30.0	22.1
	3501～5000 元	26.0	0.1	24.8	28.5	20.6
	5001 元及以上	33.9	0.1	10.6	27.8	27.6

表 3.31.3　2017 年重庆市场各类频道在不同时段的市场占有率(%)

时间段	中央电视台频道	中国教育电视台频道	重庆市级频道	其他省级卫视频道	其他频道
02:00~03:00	25.6	0.1	14.1	28.9	31.3
03:00~04:00	25.1	0.1	17.3	26.8	30.7
04:00~05:00	26.1	0.1	20.6	25.2	28.0
05:00~06:00	31.7	0.1	24.2	23.0	21.0
06:00~07:00	45.7	0.1	23.2	13.5	17.5
07:00~08:00	47.3	0.1	21.9	13.4	17.3
08:00~09:00	36.3	0.2	18.1	24.5	20.9
09:00~10:00	28.7	0.2	15.6	33.2	22.3
10:00~11:00	28.7	0.2	13.8	33.8	23.5
11:00~12:00	33.8	0.1	14.6	29.5	22.0
12:00~13:00	37.0	0.1	18.4	23.6	20.9
13:00~14:00	33.0	0.2	14.2	28.9	23.7
14:00~15:00	27.4	0.2	12.3	35.4	24.7
15:00~16:00	26.2	0.2	10.7	38.2	24.7
16:00~17:00	26.8	0.2	11.5	37.5	24.0
17:00~18:00	26.6	0.1	18.6	31.2	23.5
18:00~19:00	26.0	0.1	38.1	15.5	20.3
19:00~20:00	24.9	0.0	32.9	25.8	16.4
20:00~21:00	20.8	0.0	28.5	35.7	15.0
21:00~22:00	24.1	0.1	28.3	32.0	15.5
22:00~23:00	22.4	0.1	23.5	35.2	18.8
23:00~24:00	25.5	0.1	13.3	39.0	22.1
24:00~25:00	30.9	0.2	9.8	32.3	26.8
25:00~26:00	29.2	0.2	11.4	29.1	30.1

表 3.31.4　2017 年重庆市场收视份额排名前十位的频道

名次	频道名称	收视份额(%)
1	重庆电视台影视频道(一套)	6.0
2	中央台八套	4.6
3	中央台六套	4.0
4	重庆卫视	3.4
4	中央台四套	3.4
6	中央电视台综合频道	3.2
6	重庆电视台新闻频道(二套)	3.2
6	中央台三套	3.2
9	湖南卫视	3.1
10	重庆电视台时尚频道(七套)	3.0

表 3.31.5 2017 年重庆市场各主要频道的观众构成(%)

目标观众		所有频道	主要频道				
			重庆电视台影视频道(一套)	中央台八套	中央台六套	重庆卫视	中央台四套
4 岁及以上所有人		100.0	100.0	100.0	100.0	100.0	100.0
性别	男	49.8	53.7	49.3	58.8	50.0	62.5
	女	50.2	46.3	50.7	41.2	50.0	37.5
年龄	4~14 岁	10.1	5.6	2.3	11.1	4.7	2.1
	15~24 岁	6.4	2.9	3.8	14.1	4.4	4.1
	25~34 岁	10.4	5.6	6.0	10.2	6.5	4.1
	35~44 岁	11.6	6.0	8.2	14.2	7.6	7.8
	45~54 岁	23.9	21.1	27.1	20.5	22.2	18.9
	55~64 岁	15.9	22.7	17.9	13.4	18.5	26.2
	65 岁及以上	21.7	36.0	34.7	16.6	36.1	36.8
教育程度	未受过正规教育	6.8	7.2	9.6	4.7	4.8	3.5
	小学	27.5	34.2	39.2	28.7	31.9	24.9
	初中	36.3	40.5	32.6	32.7	40.2	41.8
	高中	21.3	13.8	13.1	26.7	17.6	20.5
	大学及以上	8.0	4.3	5.4	7.1	5.5	9.3
职业类别	干部/管理人员	2.1	1.0	1.2	1.2	1.2	1.7
	个体/私营企业人员	8.9	5.9	10.5	11.0	6.9	6.9
	初级公务员/雇员	8.8	5.2	9.4	6.8	7.6	8.5
	工人	15.6	13.0	15.4	16.2	13.7	14.0
	学生	9.3	5.6	2.9	16.3	5.2	2.3
	无业	47.6	56.7	52.7	40.5	58.5	60.8
	其他	7.7	12.7	7.8	8.0	6.8	5.7
个人月收入	0~600 元	32.1	26.2	23.7	39.2	23.9	18.6
	601~1200 元	12.9	15.4	16.7	11.8	16.7	10.2
	1201~1700 元	8.1	12.3	6.7	7.9	12.6	8.9
	1701~2600 元	23.4	28.4	32.3	19.2	28.1	33.6
	2601~3500 元	13.8	10.0	10.8	9.7	10.9	17.2
	3501~5000 元	6.6	6.6	4.7	6.8	6.2	6.8
	5001 元及以上	3.1	1.1	5.1	5.4	1.6	4.6

表 3.31.6 2015~2017 年重庆市场各类节目的播出份额(%)和收视份额(%)

节目类别	2015 年		2016 年		2017 年	
	播出份额	收视份额	播出份额	收视份额	播出份额	收视份额
财经	1.7	0.5	1.3	0.4	1.1	0.4
电视剧	21.3	37.0	21.7	36.3	22.1	36.4
电影	3.5	3.8	3.5	4.3	3.6	4.6
法制	1.3	0.7	1.0	0.6	1.2	0.7
教学	0.3	0.1	0.2	0.1	0.2	0.0
青少	6.8	4.2	6.9	4.8	7.3	5.5
生活服务	10.2	7.2	9.2	7.1	8.4	6.8
体育	2.8	1.4	3.0	1.6	3.2	1.2
外语	0.0	0.0	0.0	0.0	0.1	0.0
戏剧	0.8	0.2	0.8	0.1	0.8	0.1
新闻/时事	14.0	11.7	14.1	11.4	14.5	11.7
音乐	2.4	0.8	1.9	0.9	1.5	1.0
专题	12.9	6.4	13.7	6.0	14.1	6.0
综艺	8.8	13.5	9.1	13.7	7.9	12.5
其他	13.2	12.5	13.6	12.7	14.0	13.1

表 3.31.7　2017 年重庆市场所有节目收视率排名前三十位

名次	节目名称	节目类型	播出频道	平均收视率（%）	平均占有率（%）
1	开学第一课	青少	中央电视台综合频道	6.4	18.7
2	客栈传奇	电视剧	重庆电视台影视频道(一套)	5.6	18.1
3	生死钟声	电视剧	重庆电视台影视频道(一套)	5.3	16.5
4	黄河英雄	电视剧	重庆电视台影视频道(一套)	5.2	16.6
5	荡寇	电视剧	重庆电视台影视频道(一套)	5.0	16.8
6	不可能完成的任务	电视剧	重庆电视台影视频道(一套)	5.0	16.6
7	忠者无敌	电视剧	重庆电视台影视频道(一套)	5.0	15.9
8	李三枪	电视剧	重庆电视台影视频道(一套)	4.7	15.4
8	雪地娘子军	电视剧	重庆电视台影视频道(一套)	4.7	15.4
10	希望使命	电视剧	重庆电视台影视频道(一套)	4.7	13.3
11	中央电视台 2017 春节联欢晚会	综艺	中央电视台综合频道	4.5	11.9
12	女管家	电视剧	重庆电视台影视频道(一套)	4.4	15.0
13	学生兵	电视剧	重庆电视台影视频道(一套)	4.2	13.6
14	刺蝶	电视剧	重庆电视台影视频道(一套)	4.2	13.5
15	回马枪	电视剧	重庆电视台影视频道(一套)	4.2	12.1
16	蜂鸟	电视剧	重庆电视台影视频道(一套)	4.1	13.6
17	刀锋乱世情	电视剧	重庆电视台影视频道(一套)	4.1	12.1
18	黎明破晓前	电视剧	重庆电视台影视频道(一套)	4.0	13.3
19	绝代枪王	电视剧	重庆电视台影视频道(一套)	4.0	13.1
20	黑狐之风影	电视剧	重庆卫视	4.0	10.1
21	战昆仑	电视剧	重庆电视台影视频道(一套)	3.9	12.6
22	家国恩仇记	电视剧	重庆电视台影视频道(一套)	3.9	11.2
23	深流	电视剧	重庆电视台影视频道(一套)	3.7	12.2
24	双枪	电视剧	重庆电视台影视频道(一套)	3.7	12.0
25	开封府	电视剧	重庆电视台影视频道(一套)	3.6	12.3
26	深宅雪	电视剧	重庆电视台影视频道(一套)	3.5	12.2
27	最后的战士	电视剧	重庆电视台影视频道(一套)	3.5	11.1
27	热血勇士	电视剧	重庆电视台影视频道(一套)	3.5	11.1
29	狐影	电视剧	重庆电视台影视频道(一套)	3.4	11.5
30	战火红颜	电视剧	重庆电视台影视频道(一套)	3.4	11.0

表 3.31.8　2017 年重庆市场电视剧收视率排名前十位

名次	节目名称	播出频道	平均收视率（%）	平均占有率（%）
1	客栈传奇	重庆电视台影视频道(一套)	5.6	18.1
2	生死钟声	重庆电视台影视频道(一套)	5.3	16.5
3	黄河英雄	重庆电视台影视频道(一套)	5.2	16.6
4	荡寇	重庆电视台影视频道(一套)	5.0	16.8
5	不可能完成的任务	重庆电视台影视频道(一套)	5.0	16.6
6	忠者无敌	重庆电视台影视频道(一套)	5.0	15.9
7	李三枪	重庆电视台影视频道(一套)	4.7	15.4
7	雪地娘子军	重庆电视台影视频道(一套)	4.7	15.4
9	希望使命	重庆电视台影视频道(一套)	4.7	13.3
10	女管家	重庆电视台影视频道(一套)	4.4	15.0

表 3.31.9　2017 年重庆市场新闻节目收视率排名前十位

名次	节目名称	播出频道	平均收视率（%）	平均占有率（%）
1	天天 630	重庆电视台新闻频道(二套)	2.1	8.1
2	一带一路国际合作高峰论坛特别报道	中央台三套	1.5	5.0
3	重庆新闻联播	重庆卫视	1.4	6.4
4	共同关注	中央电视台综合频道	1.4	5.7
5	转播中央台新闻联播	重庆卫视	1.3	4.9
6	筑梦天宫天舟一号首飞之旅	中央电视台新闻频道	1.2	4.0
7	金砖国家领导人第九次会晤特别报道	中央台三套	1.2	3.7
8	海峡两岸	中央台四套	1.2	3.6
9	新闻联播	中央电视台综合频道	1.1	4.1
10	今日关注	中央台四套	1.1	3.8

表 3.31.10　2017 年重庆市场专题节目收视率排名前十位

名次	节目名称	播出频道	平均收视率（%）	平均占有率（%）
1	2016 感动重庆十大人物颁奖盛典公益福彩之夜	重庆卫视	2.4	8.3
2	一年又一年	中央电视台综合频道	1.8	8.7
3	你们都是好样的福建省纪念三八妇女节 107 周年	东南卫视	1.5	4.5
4	非凡匠心	北京卫视	1.3	5.7
5	你会怎么做	广东卫视	1.2	3.8
6	熊猫奇缘	北京卫视	1.2	3.6
7	幽默观察家	广东卫视	1.1	3.7
8	中国成语大会 2015 决赛第六场(2 月 10 日)	中央电视台综合频道	1.0	5.8
9	大城小事	重庆电视台都市频道(四套)	1.0	5.1
10	我们的歌手	湖南卫视	1.0	3.9

表 3.31.11　2017 年重庆市场综艺节目收视率排名前十位

名次	节目名称	播出频道	平均收视率(%)	平均占有率(%)
1	中央电视台 2017 春节联欢晚会	中央电视台综合频道	4.5	11.9
2	中央电视台 2017 元宵晚会	中央电视台综合频道	3.3	10.1
3	开心剧乐部	浙江卫视	2.5	8.6
4	2017 幸福一起来江苏卫视春节联欢晚会	江苏卫视	2.4	8.0
5	中国新歌声(10 月 8 日)	浙江卫视	2.3	8.0
6	金曲捞金曲之夜(6 月 30 日)	江苏卫视	2.2	11.0
7	中国梦祖国颂 2017 中央电视台国庆特别节目	中央电视台综合频道	2.2	6.6
8	荔枝大剧秀军师联盟	江苏卫视	2.0	6.0
9	2017 湖南卫视小年夜春晚(1 月 20 日)	湖南卫视	2.0	5.8
10	启航 2018 新年特别节目	中央电视台综合频道	1.9	5.9

表 3.31.12　2017 年重庆市场体育节目收视率排名前十位

名次	节目名称	播出频道	平均收视率(%)	平均占有率(%)
1	黄金赛场:2017 年世界乒乓球锦标赛男单决赛	中央台五套	1.6	4.7
2	黄金赛场:2018 年世界杯亚洲区预选赛十二强赛(中国 VS 乌兹别克斯坦)	中央台五套	1.4	4.4
3	第十三届全运会女子 100 米决赛	中央台五套	1.4	3.9
4	直播周末:2017 年世界女排大奖赛总决赛半决赛(中国队 VS 意大利队)	中央台五套	1.3	4.2
5	中华人民共和国第十三届运动会开幕式	中央台四套	1.3	4.1
6	黄金赛场 现场直播:2016/2017 赛季世界斯诺克锦标赛半决赛	中央台五套	1.1	9.7
7	直播周末:2017 年国际乒联世界巡回赛总决赛男双决赛	中央台五套	1.1	6.9
8	第十三届全运会男子 100 米蝶泳半决赛	中央台五套	1.1	3.8
9	实况录像:2017 年世界体操锦标赛男子鞍马决赛	中央台五套	1.0	3.0
10	第十三届全运会击剑女子重剑个人决赛	中央台五套	0.9	2.9

三十二、长春收视数据

表 3.32.1 2013～2017 年长春市场各类频道的市场占有率(%)

频道类别	年份				
	2013 年	2014 年	2015 年	2016 年	2017 年
中央电视台频道	34.4	37.0	35.9	36.5	35.5
中国教育电视台频道	0.2	0.2	0.1	0.1	0.1
吉林省级频道	22.5	23.5	24.6	23.7	23.4
长春市级频道	7.5	5.5	6.0	6.4	6.0
其他省级卫视频道	30.5	29.7	27.0	26.4	25.3
其他频道	4.9	4.1	6.4	6.9	9.7

表 3.32.2 2017 年长春市场各类频道在不同目标观众中的市场占有率(%)

目标观众		中央电视台频道	中国教育电视台频道	吉林省级频道	长春市级频道	其他省级卫视频道	其他频道
4 岁及以上所有人		35.5	0.1	23.4	6.0	25.3	9.7
性别	男	38.0	0.1	22.9	6.2	23.1	9.7
	女	32.7	0.1	24.0	5.7	27.7	9.8
年龄	4～14 岁	30.6	0.1	9.7	1.8	42.9	14.9
	15～24 岁	26.5	0.1	20.1	4.4	35.5	13.4
	25～34 岁	34.3	0.1	12.3	2.8	37.4	13.1
	35～44 岁	30.3	0.1	14.5	4.1	36.3	14.7
	45～54 岁	37.6	0.1	21.6	7.3	21.4	12.0
	55～64 岁	35.5	0.1	29.3	8.7	20.0	6.4
	65 岁及以上	40.7	0.1	33.6	4.9	16.2	4.5
教育程度	未受过正规教育	32.3	0.0	12.3	1.9	42.7	10.8
	小学	31.6	0.1	30.1	7.2	22.7	8.3
	初中	35.8	0.1	26.6	6.8	21.4	9.3
	高中	36.0	0.1	22.2	6.1	26.5	9.1
	大学及以上	36.8	0.1	18.4	4.4	28.2	12.1
职业类别	干部/管理人员	34.2	0.2	18.0	7.5	27.3	12.8
	个体/私营企业人员	32.9	0.1	19.3	7.1	24.9	15.7
	初级公务员/雇员	37.1	0.1	14.0	3.8	32.2	12.8
	工人	32.3	0.1	23.1	8.3	24.1	12.1
	学生	28.6	0.1	15.1	2.3	40.5	13.4
	无业	37.7	0.1	27.8	5.9	22.1	6.4
	其他	*	*	*	*	*	*
个人月收入	0～600 元	*	*	*	*	*	*
	601～1200 元	43.6	0.0	27.4	6.4	17.8	4.8
	1201～1700 元	39.1	0.1	27.7	6.3	19.4	7.4
	1701～2600 元	34.7	0.1	27.9	7.1	21.5	8.7
	2601～3500 元	35.0	0.1	22.9	6.5	22.4	13.1
	3501～5000 元	36.9	0.1	19.2	5.2	27.9	10.7
	5001 元及以上	45.2	0.1	15.3	5.4	25.3	8.7

注:"*"表示目标观众样本量不足,无法进行统计推断。

表 3.32.3 2017 年长春市场各类频道在不同时段的市场占有率(%)

时间段	中央电视台频道	中国教育电视台频道	吉林省级频道	长春市级频道	其他省级卫视频道	其他频道
02:00~03:00	29.5	0.1	29.9	3.0	18.9	18.6
03:00~04:00	30.7	0.1	37.5	2.2	14.7	14.8
04:00~05:00	41.3	0.2	32.8	2.4	12.7	10.6
05:00~06:00	46.5	0.1	28.1	3.9	13.3	8.1
06:00~07:00	51.0	0.1	22.9	5.6	13.0	7.4
07:00~08:00	51.8	0.1	23.7	6.1	11.6	6.7
08:00~09:00	46.7	0.2	19.3	4.2	20.7	8.9
09:00~10:00	40.8	0.2	17.4	3.6	28.1	9.9
10:00~11:00	39.8	0.2	15.2	2.9	31.1	10.8
11:00~12:00	44.5	0.1	11.4	4.2	29.8	10.0
12:00~13:00	49.5	0.1	9.2	2.5	29.0	9.7
13:00~14:00	43.5	0.2	10.7	2.3	32.3	11.0
14:00~15:00	39.2	0.2	12.3	3.7	34.1	10.5
15:00~16:00	37.4	0.2	13.5	5.2	34.1	9.6
16:00~17:00	32.5	0.1	26.3	4.6	28.9	7.6
17:00~18:00	27.7	0.0	36.4	7.7	21.3	6.9
18:00~19:00	32.4	0.0	35.8	10.2	11.4	10.2
19:00~20:00	36.0	0.0	29.8	7.3	17.8	9.1
20:00~21:00	27.9	0.0	27.0	6.6	29.4	9.1
21:00~22:00	30.8	0.1	24.3	6.9	28.4	9.5
22:00~23:00	29.9	0.1	16.6	5.1	35.4	12.9
23:00~24:00	32.4	0.1	8.4	6.1	35.9	17.1
24:00~25:00	37.5	0.1	11.5	4.4	27.5	19.0
25:00~26:00	35.2	0.1	17.9	3.3	23.5	20.0

表 3.32.4 2017 年长春市场收视份额排名前十位的频道

名次	频道名称	收视份额(%)
1	中央台四套	6.2
2	吉林电视台生活频道(三套)	6.1
3	吉林电视台都市频道(二套)	4.9
4	中央电视台综合频道	4.6
5	吉林电视台乡村频道(五套)	4.4
6	中央台三套	3.5
7	长春电视台娱乐频道	3.0
7	中央台八套	3.0
7	中央台六套	3.0
7	中央台五套	3.0

表 3.32.5 2017 年长春市场各主要频道的观众构成(%)

目标观众		所有频道	主要频道				
			中央台四套	吉林电视台生活频道(三套)	吉林电视台都市频道(二套)	中央电视台综合频道	吉林电视台乡村频道(五套)
4 岁及以上所有人		100.0	100.0	100.0	100.0	100.0	100.0
性别	男	51.8	62.0	46.3	46.2	47.4	47.6
	女	48.2	38.0	53.7	53.8	52.6	52.4
年龄	4～14 岁	5.6	1.5	2.6	2.8	4.1	2.1
	15～24 岁	5.7	2.9	4.5	4.9	4.0	4.4
	25～34 岁	9.9	2.7	5.8	5.3	7.2	2.6
	35～44 岁	11.0	4.2	5.3	8.8	8.4	7.8
	45～54 岁	22.9	23.2	17.5	26.6	22.1	14.4
	55～64 岁	26.1	31.6	28.9	31.0	24.0	33.8
	65 岁及以上	18.8	33.8	35.5	20.6	30.2	35.0
教育程度	未受过正规教育	2.6	1.1	1.7	1.0	1.6	1.8
	小学	11.7	9.2	13.8	12.2	12.7	23.3
	初中	30.9	42.9	38.1	33.7	24.3	37.0
	高中	32.9	28.9	29.9	36.8	38.5	24.2
	大学及以上	21.8	17.9	16.6	16.2	22.9	13.7
职业类别	干部/管理人员	1.3	0.5	1.1	0.5	1.9	0.7
	个体/私营企业人员	9.7	5.5	4.4	10.3	6.9	7.7
	初级公务员/雇员	13.3	8.1	7.2	7.9	14.6	5.1
	工人	18.9	13.7	16.4	19.5	13.3	17.8
	学生	6.7	2.7	3.7	5.2	5.3	4.1
	无业	50.1	69.5	67.2	56.6	57.9	64.6
	其他	*	*	*	*	*	*
个人月收入	0～600 元	*	*	*	*	*	*
	601～1200 元	3.2	8.3	3.3	3.9	3.4	6.0
	1201～1700 元	11.6	10.4	12.0	13.0	12.5	14.6
	1701～2600 元	34.4	38.0	42.9	43.1	32.0	40.0
	2601～3500 元	24.7	19.9	23.3	23.5	24.8	21.7
	3501～5000 元	16.8	13.9	15.0	11.1	20.2	12.5
	5001 元及以上	9.3	9.5	3.5	5.5	7.1	5.1

注:"*"表示目标观众样本量不足,无法进行统计推断。

表 3.32.6 2015～2017 年长春市场各类节目的播出份额(%)和收视份额(%)

节目类型	2015 年		2016 年		2017 年	
	播出份额	收视份额	播出份额	收视份额	播出份额	收视份额
财经	1.4	0.9	1.2	0.7	1.1	0.6
电视剧	23.9	30.8	26.4	29.8	26.8	32.0
电影	4.1	5.2	4.2	5.4	4.3	5.6
法制	1.1	1.3	0.9	1.2	0.8	1.1
教学	0.3	0.1	0.2	0.1	0.2	0.1
青少	5.5	3.9	5.9	4.5	6.2	4.3
生活服务	12.4	6.8	9.9	6.6	9.8	6.4
体育	2.9	3.9	3.2	3.9	3.2	3.3
外语	0.0	0.0	0.0	0.0	0.1	0.0
戏剧	0.6	0.2	0.7	0.3	0.8	0.3
新闻/时事	10.5	11.4	10.0	11.2	10.0	12.2
音乐	2.5	1.1	1.8	1.3	1.3	1.0
专题	12.8	7.3	13.1	6.8	13.2	6.5
综艺	7.6	15.5	7.9	16.5	7.0	14.2
其他	14.4	11.6	14.6	11.8	15.2	12.4

表 3.32.7　2017 年长春市场所有节目收视率排名前三十位

名次	节目名称	节目类型	播出频道	平均收视率（%）	平均占有率（%）
1	2017 辽宁卫视家和万事兴春节联欢晚会	综艺	辽宁卫视	8.0	28.3
2	中央电视台 2017 春节联欢晚会	综艺	中央电视台综合频道	7.7	20.1
3	乡村情感之女怕嫁错郎	电视剧	吉林电视台乡村频道(五套)	5.5	16.9
4	中央电视台 2017 元宵晚会	综艺	中央电视台综合频道	5.3	20.8
5	黄金赛场 超级足球之夜：2018 年世界杯亚洲区预选赛第三阶段 A 组第 7 轮(伊朗 VS 中国)	体育	中央台五套	4.9	15.6
6	把福带回家吉林电视台春节联欢晚会	综艺	吉林卫视	4.8	19.8
7	全城热恋	综艺	吉林电视台生活频道(三套)	4.4	21.5
8	开学第一课	青少	中央电视台综合频道	3.8	19.0
9	快乐中国 20172018 跨年演唱会	音乐	湖南卫视	3.7	14.6
10	一年又一年	专题	上海东方卫视	3.7	11.1
11	黄大妮	电视剧	吉林电视台乡村频道(五套)	3.5	11.8
12	守望都市	新闻/时事	吉林电视台都市频道(二套)	3.3	13.9
13	2017 年中央电视台中秋晚会	综艺	中央电视台综合频道	3.3	11.8
14	喜到福到好运到春晚倒计时	综艺	中央台三套	3.1	11.3
15	黄金赛场;2017 年世界乒乓球锦标赛男单决赛	体育	中央台五套	3.1	11.2
16	天气预报	生活服务	中央电视台综合频道	3.0	10.3
17	好看中国蓝特别节目热巴来了	综艺	浙江卫视	3.0	9.4
18	中国诗词大会第二季(2 月 7 日)	专题	中央电视台综合频道	2.9	8.6
19	老牛家的战争	电视剧	吉林电视台乡村频道(五套)	2.8	10.1
20	中国梦祖国颂 2017 中央电视台国庆特别节目	综艺	中央电视台综合频道	2.8	10.0
21	生活有点甜	电视剧	吉林电视台乡村频道(五套)	2.8	8.6
22	第十三届全运会女子 4×100米自由泳接力决赛	体育	中央台五套	2.7	11.4
23	欢乐颂二	电视剧	上海东方卫视	2.7	9.2
24	春草	电视剧	吉林电视台生活频道(三套)	2.7	9.1

续表

名次	节目名称	节目类型	播出频道	平均收视率(%)	平均占有率(%)
25	黄金赛场:2016/2017 赛季 CBA 总决赛第二场(新疆喀什古城 VS 广东东莞银行)	体育	中央台五套	2.7	8.6
26	知青家庭	电视剧	吉林电视台都市频道(二套)	2.6	9.0
27	2017 年亚洲冬季运动会速度滑冰女子六圈集体追逐赛	体育	中央台五套	2.6	8.8
28	邻里一家亲	电视剧	吉林电视台都市频道(二套)	2.6	8.7
29	错恨	电视剧	吉林电视台乡村频道(五套)	2.6	8.6
30	中华人民共和国第十三届运动会开幕式	体育	中央台四套	2.6	8.4

表 3.32.8　2017 年长春市场电视剧收视率排名前十位

名次	节目名称	播出频道	平均收视率(%)	平均占有率(%)
1	乡村情感之女怕嫁错郎	吉林电视台乡村频道(五套)	5.5	16.9
2	黄大妮	吉林电视台乡村频道(五套)	3.5	11.8
3	老牛家的战争	吉林电视台乡村频道(五套)	2.8	10.1
4	生活有点甜	吉林电视台乡村频道(五套)	2.8	8.6
5	欢乐颂二	上海东方卫视	2.7	9.2
6	春草	吉林电视台生活频道(三套)	2.7	9.1
7	知青家庭	吉林电视台都市频道(二套)	2.6	9.0
7	邻里一家亲	吉林电视台都市频道(二套)	2.6	8.7
9	错恨	吉林电视台乡村频道(五套)	2.6	8.6
10	战火中的兄弟	吉林电视台影视频道(四套)	2.6	8.2

表 3.32.9　2017 年长春市场新闻节目收视率排名前十位

名次	节目名称	播出频道	平均收视率(%)	平均占有率(%)
1	守望都市	吉林电视台都市频道(二套)	3.3	13.9
2	新闻联播	中央电视台综合频道	2.5	9.4
3	中国共产党第十九次全国代表大会开幕会专题新闻	中央电视台综合频道	2.3	7.9
4	中国舆论场	中央台四套	2.0	6.4
5	今日关注	中央台四套	1.8	8.6
6	探梦天宫	中央台四套	1.8	6.9
7	海峡两岸	中央台四套	1.8	5.9
8	今日亚洲	中央台四套	1.7	5.9
9	一带一路国际合作高峰论坛特别报道	中央电视台综合频道	1.6	5.4
10	李克强总理会见中外记者并回答提问	中央电视台综合频道	1.6	4.9

表 3.32.10　2017 年长春市场专题节目收视率排名前十位

名次	节目名称	播出频道	平均收视率（%）	平均占有率（%）
1	一年又一年	上海东方卫视	3.7	11.1
2	中国诗词大会第二季(2 月 7 日)	中央电视台综合频道	2.9	8.6
3	千年大计国家大事	中央电视台综合频道	2.3	8.0
4	非常静距离	吉林电视台生活频道(三套)	1.7	7.7
5	熊猫奇缘	北京卫视	1.6	6.9
6	中国成语大会 2015 决赛第四场	中央电视台综合频道	1.6	6.4
7	感动中国 2016 年度人物颁奖盛典	中央电视台综合频道	1.6	5.3
8	老区脱贫攻坚习近平心中的牵挂	中央电视台综合频道	1.5	7.1
9	城变长春市旧城改造提升工程纪实	长春电视台娱乐频道	1.4	5.2
10	不忘初心牢记使命永远奋斗	中央电视台综合频道	1.4	5.1

表 3.32.11　2017 年长春市场综艺节目收视率排名前十位

名次	节目名称	播出频道	平均收视率（%）	平均占有率（%）
1	2017 辽宁卫视家和万事兴春节联欢晚会	辽宁卫视	8.0	28.3
2	中央电视台 2017 春节联欢晚会	中央电视台综合频道	7.7	20.1
3	中央电视台 2017 元宵晚会	中央电视台综合频道	5.3	20.8
4	把福带回家吉林电视台春节联欢晚会	吉林卫视	4.8	19.8
5	全城热恋	吉林电视台生活频道(三套)	4.4	21.5
6	2017 年中央电视台中秋晚会	中央电视台综合频道	3.3	11.8
7	喜到福到好运到春晚倒计时	中央台三套	3.1	11.3
8	好看中国蓝特别节目热巴来了	浙江卫视	3.0	9.4
9	中国梦祖国颂 2017 中央电视台国庆特别节目	中央电视台综合频道	2.8	10.0
10	启航 2018 新年特别节目	中央电视台综合频道	2.3	8.8

表 3.32.12　2017 年长春市场体育节目收视率排名前十位

名次	节目名称	播出频道	平均收视率（%）	平均占有率（%）
1	黄金赛场 超级足球之夜:2018 年世界杯亚洲区预选赛第三阶段 A 组第 7 轮(伊朗 VS 中国)	中央台五套	4.9	15.6
2	黄金赛场:2017 年世界乒乓球锦标赛男单决赛	中央台五套	3.1	11.2
3	第十三届全运会女子 4×100 米自由泳接力决赛	中央台五套	2.7	11.4
4	黄金赛场:2016/2017 赛季 CBA 总决赛第二场(新疆喀什古城 VS 广东东莞银行)	中央台五套	2.7	8.6

续表

名次	节目名称	播出频道	平均收视率（%）	平均占有率（%）
5	2017年亚洲冬季运动会速度滑冰女子六圈集体追逐赛	中央台五套	2.6	8.8
5	中华人民共和国第十三届运动会开幕式	中央台四套	2.6	8.4
7	第十三届全运会女子400米栏预赛	中央台五套	2.4	9.5
8	直播周末：2017年世界女排大奖赛总决赛半决赛（中国队VS意大利队）	中央台五套	2.3	8.4
9	第十三届全运会跆拳道男子68公斤级决赛	中央台五套	2.2	9.5
10	2017年田径世锦赛男子400米预赛	中央台五套	2.1	10.6

三十三、长沙收视数据

表 3.33.1　2013～2017 年长沙市场各类频道的市场占有率(%)

频道类别	年份				
	2013 年	2014 年	2015 年	2016 年	2017 年
中央电视台频道	17.3	18.0	17.0	19.9	21.5
中国教育电视台频道	0.1	0.1	0.0	0.0	0.1
湖南省级频道	44.6	47.6	52.1	51.9	52.1
长沙市级频道	21.2	18.6	16.7	11.2	6.3
其他省级卫视频道	9.5	7.1	6.9	7.9	8.6
其他频道	7.4	8.6	7.3	9.1	11.4

表 3.33.2　2017 年长沙市场各类频道在不同目标观众中的市场占有率(%)

目标观众		中央电视台频道	中国教育电视台频道	湖南省级频道	长沙市级频道	其他省级卫视频道	其他频道
4 岁及以上所有人		21.5	0.1	52.1	6.3	8.6	11.4
性别	男	24.0	0.1	51.0	5.6	8.4	10.9
	女	18.8	0.1	53.3	6.9	8.8	12.1
年龄	4～14 岁	15.4	0.1	50.5	3.6	12.0	18.4
	15～24 岁	19.5	0.0	59.3	8.4	6.5	6.3
	25～34 岁	16.2	0.1	51.9	7.3	9.2	15.3
	35～44 岁	16.6	0.0	55.0	3.7	9.9	14.8
	45～54 岁	20.3	0.1	54.5	5.9	8.5	10.7
	55～64 岁	27.1	0.0	50.1	8.4	6.8	7.6
	65 岁及以上	29.2	0.1	47.1	5.8	8.6	9.2
教育程度	未受过正规教育	15.6	0.1	51.4	3.8	11.9	17.2
	小学	19.7	0.0	55.8	6.4	7.7	10.4
	初中	19.0	0.0	57.6	5.5	8.4	9.5
	高中	23.4	0.1	50.7	6.6	8.1	11.1
	大学及以上	24.9	0.1	43.0	7.2	9.9	14.9
职业类别	干部/管理人员	22.2	0.3	53.0	7.2	9.2	8.1
	个体/私营企业人员	16.6	0.0	57.7	5.7	7.9	12.1
	初级公务员/雇员	20.3	0.0	49.5	8.9	8.6	12.7
	工人	21.4	0.0	53.5	7.3	8.3	9.5
	学生	16.3	0.0	51.8	4.3	12.2	15.4
	无业	24.2	0.1	48.5	6.1	8.9	12.2
	其他	18.0	0.0	68.4	3.1	5.3	5.2
个人月收入	0～600 元	17.8	0.1	54.2	5.1	9.3	13.5
	601～1200 元	15.9	0.0	65.2	4.2	6.8	7.9
	1201～1700 元	23.0	0.0	50.6	11.6	5.7	9.1
	1701～2600 元	21.0	0.1	53.2	6.3	9.1	10.3
	2601～3500 元	22.9	0.0	52.4	8.1	6.3	10.3
	3501～5000 元	28.2	0.1	44.2	5.5	10.2	11.8
	5001 元及以上	21.8	0.1	51.0	6.2	9.1	11.8

表 3.33.3 2017 年长沙市场各类频道在不同时段的市场占有率(%)

时间段	中央电视台频道	中国教育电视台频道	湖南省级频道	长沙市级频道	其他省级卫视频道	其他频道
02:00~03:00	24.2	0.1	35.3	6.4	12.6	21.4
03:00~04:00	23.8	0.1	35.8	7.1	12.0	21.2
04:00~05:00	23.3	0.1	35.5	7.2	13.7	20.2
05:00~06:00	25.1	0.0	33.4	7.1	14.7	19.7
06:00~07:00	38.8	0.1	27.8	9.3	10.1	13.9
07:00~08:00	46.7	0.1	27.2	5.6	7.8	12.6
08:00~09:00	36.1	0.1	35.9	3.8	9.8	14.3
09:00~10:00	29.8	0.1	40.9	3.5	10.6	15.1
10:00~11:00	26.8	0.1	46.6	3.0	9.7	13.8
11:00~12:00	27.8	0.1	49.3	2.6	8.0	12.2
12:00~13:00	26.8	0.0	53.7	2.0	6.3	11.2
13:00~14:00	24.6	0.1	51.0	2.3	8.0	14.0
14:00~15:00	25.7	0.1	44.4	2.9	10.2	16.7
15:00~16:00	27.5	0.1	40.7	3.1	11.8	16.8
16:00~17:00	28.5	0.1	41.4	3.0	11.9	15.1
17:00~18:00	22.1	0.0	54.6	3.2	7.8	12.3
18:00~19:00	14.9	0.0	62.3	9.5	3.8	9.5
19:00~20:00	20.2	0.0	55.0	7.9	7.8	9.1
20:00~21:00	17.0	0.0	56.3	6.8	11.4	8.5
21:00~22:00	17.8	0.1	54.6	10.5	8.0	9.0
22:00~23:00	15.6	0.0	57.4	8.7	8.3	10.0
23:00~24:00	19.6	0.0	52.9	7.0	8.7	11.8
24:00~25:00	27.3	0.1	42.1	4.1	9.7	16.7
25:00~26:00	26.5	0.2	36.8	4.9	11.3	20.3

表 3.33.4 2017 年长沙市场收视份额排名前十位的频道

名次	频道名称	收视份额(%)
1	湖南电视台都市频道	11.3
1	湖南电视台经济频道	11.3
3	湖南卫视	7.1
4	湖南电视台娱乐频道	5.3
5	湖南电视台电视剧频道	4.8
6	湖南电视台潇湘电影频道	4.7
7	中央台四套	4.1
8	湖南电视台金鹰卡通频道	3.4
8	长沙电视政法频道	3.4
10	中央电视台综合频道	2.8

表 3.33.5　2017 年长沙市场各主要频道的观众构成(%)

目标观众		所有频道	主要频道				
			湖南电视台都市频道	湖南电视台经济频道	湖南卫视	湖南电视台娱乐频道	湖南电视台电视剧频道
4 岁及以上所有人		100.0	100.0	100.0	100.0	100.0	100.0
性别	男	51.3	51.4	53.0	43.4	45.2	47.5
	女	48.7	48.6	47.1	56.6	54.8	52.5
年龄	4~14 岁	7.2	4.1	4.5	8.9	5.2	4.2
	15~24 岁	7.0	11.7	4.7	10.0	7.4	5.5
	25~34 岁	17.1	17.2	14.7	23.3	12.7	13.6
	35~44 岁	9.3	10.1	7.9	11.0	11.9	7.9
	45~54 岁	26.8	30.2	28.8	20.0	27.6	35.0
	55~64 岁	14.0	11.0	17.9	11.0	17.5	15.5
	65 岁及以上	18.5	15.7	21.5	15.9	17.8	18.3
教育程度	未受过正规教育	3.9	1.7	3.4	3.5	4.4	2.7
	小学	15.3	15.7	17.0	14.1	15.0	13.7
	初中	31.2	30.8	34.7	29.5	38.5	42.4
	高中	30.1	35.4	29.9	30.3	26.2	25.5
	大学及以上	19.6	16.5	15.0	22.6	15.9	15.7
职业类别	干部/管理人员	2.5	2.2	3.4	2.2	2.6	2.3
	个体/私营企业人员	13.2	16.5	12.1	13.4	11.5	16.6
	初级公务员/雇员	9.2	11.6	7.8	11.8	7.1	6.5
	工人	15.2	17.2	16.0	12.3	17.1	13.1
	学生	6.0	5.4	3.6	9.5	4.6	3.0
	无业	47.7	42.4	46.8	45.1	46.8	46.6
	其他	6.1	4.8	10.3	5.8	10.4	11.9
个人月收入	0~600 元	29.9	29.3	24.6	35.3	27.5	28.0
	601~1200 元	4.4	6.5	6.0	3.8	5.4	6.3
	1201~1700 元	5.0	3.6	5.9	3.9	6.0	7.9
	1701~2600 元	20.0	18.5	21.4	18.0	27.4	23.8
	2601~3500 元	16.0	17.4	17.9	13.5	16.3	16.0
	3501~5000 元	16.2	14.6	16.6	16.0	9.1	11.0
	5001 元及以上	8.6	10.2	7.6	9.6	8.4	7.2

表 3.33.6　2015~2017 年长沙市场各类节目的播出份额(%)和收视份额(%)

节目类型	2015 年		2016 年		2017 年	
	播出份额	收视份额	播出份额	收视份额	播出份额	收视份额
财经	1.6	0.3	1.2	0.3	1.0	0.3
电视剧	22.3	32.8	23.1	32.3	23.7	33.8
电影	4.1	3.6	4.2	3.8	4.6	4.4
法制	1.0	3.9	1.0	3.2	1.1	2.0
教学	0.2	0.0	0.2	0.0	0.2	0.0
青少	6.0	3.3	6.1	4.2	6.3	4.1
生活服务	9.1	6.5	8.5	5.9	7.4	5.5
体育	3.4	1.3	3.6	1.8	3.7	1.4
外语	0.0	0.0	0.0	0.0	0.1	0.0
戏剧	0.7	0.1	0.8	0.1	0.8	0.1
新闻/时事	14.6	21.8	14.8	20.5	15.3	19.5
音乐	2.3	0.4	1.7	0.4	1.4	0.5
专题	13.4	6.3	13.2	6.3	13.9	7.9
综艺	8.6	7.8	9.1	9.8	8.0	8.4
其他	12.7	11.9	12.5	11.4	12.5	12.1

表 3.33.7 2017 年长沙市场所有节目收视率排名前三十位

名次	节目名称	节目类型	播出频道	平均收视率（%）	平均占有率（%）
1	人民的名义	电视剧	湖南卫视	7.5	22.1
2	中央电视台 2017 春节联欢晚会	综艺	湖南电视台经济频道	7.0	17.6
3	超级足球之夜 黄金赛场:国际足联 18 年世界杯亚洲区预选赛 A 组第 6 轮(中国 VS 韩国)	体育	中央台五套	5.8	16.0
4	歌手歌王之战	综艺	湖南卫视	5.4	26.4
5	无名者	电视剧	湖南电视台经济频道	5.3	14.7
6	密战无声	电视剧	湖南电视台经济频道	5.2	17.2
7	喋血神枪	电视剧	湖南电视台经济频道	5.2	15.7
8	2017 共筑诚信消费无忧长沙市 315 晚会	专题	长沙电视政法频道	5.1	15.5
9	快乐中国 20172018 跨年演唱会	音乐	湖南卫视	5.0	20.0
10	追踪者	电视剧	湖南电视台经济频道	5.0	16.8
11	新亮剑	电视剧	湖南电视台经济频道	4.9	14.4
12	火线姐妹	电视剧	湖南电视台经济频道	4.8	16.4
13	兵变 1929	电视剧	湖南电视台经济频道	4.7	14.5
14	复仇黑玫瑰	电视剧	湖南电视台经济频道	4.7	13.6
15	生死血刃	电视剧	湖南电视台经济频道	4.7	13.3
16	神勇武工队传奇	电视剧	湖南电视台经济频道	4.6	16.1
17	大西北剿匪记	电视剧	湖南电视台经济频道	4.6	14.1
18	热血勇士	电视剧	湖南电视台经济频道	4.6	13.5
19	学生兵	电视剧	湖南电视台经济频道	4.6	13.4
19	一剑横空	电视剧	湖南电视台经济频道	4.6	13.4
21	无名者	电视剧	湖南电视台经济频道	4.5	18.9
22	人鱼传说	电影	湖南电视台潇湘电影频道	4.5	18.4
23	双枪	电视剧	湖南电视台经济频道	4.5	14.0
24	烈艳纵横	电视剧	湖南电视台经济频道	4.5	13.6
25	母爱如山	电视剧	湖南电视台娱乐频道	4.5	13.0
26	天气预报	生活服务	湖南卫视	4.4	15.5
27	十八般武艺	电影	湖南电视台潇湘电影频道	4.4	14.5
28	信者无敌	电视剧	湖南电视台经济频道	4.3	15.0
29	让月亮告诉你每一刻都珍贵中秋之夜	综艺	湖南卫视	4.3	14.4
30	魔都风云	电视剧	湖南电视台经济频道	4.3	14.2

表 3.33.8　2017 年长沙市场电视剧收视率排名前十位

名次	节目名称	播出频道	平均收视率(%)	平均占有率(%)
1	人民的名义	湖南卫视	7.5	22.1
2	无名者	湖南电视台经济频道	5.3	14.7
3	密战无声	湖南电视台经济频道	5.2	17.2
4	喋血神枪	湖南电视台经济频道	5.2	15.7
5	追踪者	湖南电视台经济频道	5.0	16.8
6	新亮剑	湖南电视台经济频道	4.9	14.4
7	火线姐妹	湖南电视台经济频道	4.8	16.4
8	兵变 1929	湖南电视台经济频道	4.7	14.5
9	复仇黑玫瑰	湖南电视台经济频道	4.7	13.6
10	生死血刃	湖南电视台经济频道	4.7	13.3

表 3.33.9　2017 年长沙市场新闻节目收视率排名前十位

名次	节目名称	播出频道	平均收视率(%)	平均占有率(%)
1	都市 1 时间	湖南电视台都市频道	3.9	16.0
2	都市大直播(晚间档)	湖南电视台都市频道	3.6	12.4
3	经视焦点	湖南电视台经济频道	3.0	12.1
4	一带一路国际合作高峰论坛特别报道	湖南卫视	2.9	9.6
5	都市晚间	湖南电视台都市频道	2.6	9.0
6	直播大事件(晚间档)	湖南电视台经济频道	2.1	9.3
7	全媒体大直播	长沙电视政法频道	2.1	6.3
8	话山论见	湖南电视台都市频道	2.0	13.2
9	转播中央台新闻联播	湖南卫视	2.0	7.2
10	世界大不同	湖南电视台都市频道	1.9	14.6

表 3.33.10　2017 年长沙市场专题节目收视率排名前十位

名次	节目名称	播出频道	平均收视率(%)	平均占有率(%)
1	2017 共筑诚信消费无忧长沙市 315 晚会	长沙电视政法频道	5.1	15.5
2	寻情记	湖南电视台都市频道	4.0	12.4
3	我们的歌手	湖南卫视	3.4	11.4
4	一年又一年	中央电视台综合频道	2.3	9.6
5	315 在行动用责任汇聚诚信的力量	中央台二套	2.2	7.5
6	总书记为俺家算清了脱贫账	中央电视台综合频道	2.0	6.2
7	苏木绰	湖南电视台国际频道	1.9	7.3
8	夜线	长沙电视政法频道	1.9	6.0
9	人民在我心中第四届我最喜爱的十佳人民警察十佳拥警模范颁奖典礼	湖南电视台经济频道	1.8	6.2
10	湘当韵味	湖南电视台国际频道	1.7	6.8

表 3.33.11 2017 年长沙市场综艺节目收视率排名前十位

名次	节目名称	播出频道	平均收视率（%）	平均占有率（%）
1	中央电视台 2017 春节联欢晚会	湖南电视台经济频道	7.0	17.6
2	歌手歌王之战	湖南卫视	5.4	26.4
3	让月亮告诉你每一刻都珍贵中秋之夜	湖南卫视	4.3	14.4
4	你是湖南人不咯	湖南电视台经济频道	4.0	16.2
5	1 生 1 世合家欢春晚前戏五仙报喜	湖南电视台经济频道	3.9	11.5
6	2017 元宵喜乐会	湖南卫视	3.7	10.3
7	2017 湖南卫视小年夜春晚	湖南卫视	3.4	9.9
8	我是大赢家	湖南电视台娱乐频道	3.3	15.9
9	2017 书香中国全民阅读系列活动启动式	湖南卫视	3.2	10.9
10	1 生 1 世合家欢迎春喜乐会金玉满堂	湖南电视台经济频道	3.1	9.5

表 3.33.12 2017 年长沙市场体育节目收视率排名前十位

名次	节目名称	播出频道	平均收视率（%）	平均占有率（%）
1	超级足球之夜 黄金赛场:国际足联 18 年世界杯亚洲区预选赛 A 组第 6 轮（中国 VS 韩国）	中央台五套	5.8	16.0
2	神奇水世界:2017 年国际泳联世锦赛男子 100 米自由泳预赛	中央台五套	2.1	9.0
3	直播周末:2017 年世界乒乓球锦标赛男单 1/4 决赛	中央台五套	1.8	6.1
4	第十三届全运会男子 100 米决赛	中央台五套	1.8	6.0
5	中华人民共和国第十三届运动会开幕式	中央台四套	1.5	5.0
6	直播周末:2017 年亚洲乒乓球锦标赛女单决赛	中央台五套	1.4	5.6
7	第十三届全运会女子 200 米蛙泳决赛	中央台五套	1.3	7.5
8	黄金赛场 现场直播:2016/2017 赛季世界斯诺克锦标赛半决赛	中央台五套	1.3	4.9
9	直播周末:2017 年世界女排大奖赛总决赛半决赛（中国队 VS 意大利队）	中央台五套	1.3	4.3
10	黄金赛场:2017 年亚冠 H 组第 4 轮（江苏 VS 大阪钢巴）	中央台五套	1.3	3.9

三十四、成都收视数据

表 3.34.1 2013~2017 年成都市场各类频道的市场占有率(%)

频道类别	年份				
	2013 年	2014 年	2015 年	2016 年	2017 年
中央电视台频道	27.9	25.3	26.4	27.9	30.8
中国教育电视台频道	0.2	0.1	0.1	0.1	0.0
四川省级频道	24.0	22.0	21.6	19.5	17.9
成都市级频道	11.1	11.1	10.8	9.7	7.8
其他省级卫视频道	28.0	31.7	30.2	30.6	27.6
其他频道	8.8	9.8	10.9	12.2	15.9

表 3.34.2 2017 年成都市场各类频道在不同目标观众中的市场占有率(%)

目标观众		中央电视台频道	中国教育电视台频道	四川省级频道	成都市级频道	其他省级卫视频道	其他频道
4 岁及以上所有人		30.8	0	17.9	7.8	27.6	15.9
性别	男	32.4	0	18.5	7.5	24.8	16.8
	女	29.2	0	17.3	8.1	30.3	15.1
年龄	4~14 岁	22.7	0	9.8	6.6	37.2	23.7
	15~24 岁	20.3	0	15.8	8.8	34.6	20.5
	25~34 岁	25.9	0	13.2	9.5	34.6	16.8
	35~44 岁	31.2	0	14.4	8.7	28.3	17.4
	45~54 岁	30.1	0	17.6	8.2	27.4	16.7
	55~64 岁	36.8	0	21.2	6.7	23.1	12.2
	65 岁及以上	38.1	0	26.7	5.9	17.8	11.5
教育程度	未受过正规教育	24.6	0.1	12.8	7.7	33.2	21.6
	小学	30.5	0	26.6	4.6	24.3	14.0
	初中	31.6	0	21.7	6.7	24.6	15.4
	高中	32.0	0	15.8	8.6	28.0	15.6
	大学及以上	29.1	0	10.4	10.7	32.7	17.1
职业类别	干部/管理人员	25.0	0	10.4	7.6	39.7	17.3
	个体/私营企业人员	28.6	0	18.0	7.8	27.7	17.9
	初级公务员/雇员	29.9	0	15.6	12.1	27.6	14.8
	工人	25.9	0	17.9	7.3	28.8	20.1
	学生	22.7	0	11.4	4.2	37.6	24.1
	无业	34.1	0	20.1	6.7	24.9	14.2
	其他	35.5	0	32.8	3.4	19.0	9.3
个人月收入	0~600 元	25.2	0	15.1	6.0	32.6	21.1
	601~1200 元	31.5	0	19.1	5.6	30.0	13.8
	1201~1700 元	33.3	0	25.2	5.3	24.2	12.0
	1701~2600 元	33.4	0	21.7	7.9	23.0	14.0
	2601~3500 元	31.1	0	15.2	9.2	28.2	16.3
	3501~5000 元	31.5	0	13.6	9.7	28.7	16.5
	5001 元及以上	28.5	0	12.9	10.4	34.3	13.9

表 3.34.3 2017 年成都市场各类频道在不同时段的市场占有率(%)

时间段	中央电视台频道	中国教育电视台频道	四川省级频道	成都市级频道	其他省级卫视频道	其他频道
02:00~03:00	25.0	0.1	9.7	2.7	28.5	34.0
03:00~04:00	22.7	0.0	9.2	2.4	24.6	41.1
04:00~05:00	25.5	0.0	9.2	2.6	23.3	39.4
05:00~06:00	37.4	0.0	13.4	3.6	19.0	26.6
06:00~07:00	53.7	0.0	18.9	4.0	8.1	15.3
07:00~08:00	50.0	0.0	23.9	4.2	9.9	12.0
08:00~09:00	51.4	0.0	10.6	1.9	21.0	15.1
09:00~10:00	40.7	0.0	10.6	1.9	28.9	17.9
10:00~11:00	38.4	0.1	11.9	2.0	29.4	18.2
11:00~12:00	44.5	0.0	11.4	1.7	25.7	16.7
12:00~13:00	47.7	0.0	13.2	2.0	20.6	16.5
13:00~14:00	40.5	0.0	13.6	1.2	25.2	19.5
14:00~15:00	34.5	0.1	10.7	1.4	32.1	21.2
15:00~16:00	32.8	0.1	10.6	1.5	33.9	21.1
16:00~17:00	34.7	0.1	10.5	1.5	32.9	20.3
17:00~18:00	38.5	0.0	12.9	3.4	27.3	17.9
18:00~19:00	36.9	0.0	20.3	16.6	11.3	14.9
19:00~20:00	29.6	0.0	23.0	10.7	23.8	12.9
20:00~21:00	21.3	0.0	18.8	10.8	36.8	12.3
21:00~22:00	23.3	0.0	21.4	12.5	30.1	12.7
22:00~23:00	20.5	0.0	24.8	10.3	29.3	15.1
23:00~24:00	26.7	0.0	19.7	5.6	29.4	18.6
24:00~25:00	34.0	0.1	11.1	2.9	27.6	24.3
25:00~26:00	28.6	0.1	11.0	2.1	29.5	28.7

表 3.34.4 2017 年成都市场收视份额排名前十位的频道

名次	频道名称	收视份额(%)
1	四川电视台影视文艺频道(五套)	5.5
2	中央台八套	4.6
3	中央电视台综合频道	4.5
4	中央台四套	3.9
5	中央台六套	3.5
6	四川电视台新闻频道	3.4
7	湖南卫视	3.0
7	中央电视台新闻频道	3.0
9	中央台三套	2.9
10	浙江卫视	2.8

表 3.34.5 2017 年成都市场各主要频道的观众构成(%)

目标观众		所有频道	主要频道				
			四川电视台影视文艺频道(五套)	中央台八套	中央电视台综合频道	中央台四套	中央台六套
4 岁及以上所有人		100.0	100.0	100.0	100.0	100.0	100.0
性别	男	50.0	52.3	43.1	47.7	58.8	57.4
	女	50.0	47.7	56.9	52.3	41.2	42.6
年龄	4～14 岁	5.6	3.9	2.0	4.9	1.4	5.3
	15～24 岁	5.7	2.6	3.3	3.9	2.5	4.5
	25～34 岁	17.8	6.0	14.6	14.4	10.0	23.0
	35～44 岁	10.6	7.9	9.2	11.3	5.7	15.9
	45～54 岁	28.6	28.1	26.9	23.7	31.5	29.5
	55～64 岁	16.1	22.8	27.3	20.2	20.6	9.8
	65 岁及以上	15.6	28.7	16.7	21.6	28.3	12.0
教育程度	未受过正规教育	3.7	2.9	2.2	3.1	1.5	2.8
	小学	13.7	21.3	13.8	14.8	10.9	14.7
	初中	31.5	42.9	37.0	27.7	33.2	32.1
	高中	30.8	25.2	29.8	31.4	36.5	30.0
	大学及以上	20.3	7.7	17.2	23.0	17.9	20.4
职业类别	干部/管理人员	5.9	2.7	4.8	5.0	5.0	6.3
	个体/私营企业人员	8.6	6.9	5.9	7.7	7.1	10.5
	初级公务员/雇员	21.1	14.0	18.2	21.7	17.8	26.3
	工人	9.8	10.4	8.6	7.0	8.5	9.7
	学生	5.6	3.9	2.2	5.2	2.3	6.0
	无业	46.9	57.6	58.9	51.4	58.5	38.5
	其他	2.1	4.5	1.4	2.0	0.8	2.7
个人月收入	0～600 元	18.3	12.5	12.5	13.9	7.9	18.4
	601～1200 元	4.0	4.1	4.6	6.5	3.2	3.0
	1201～1700 元	10.4	16.6	13.8	9.9	14.2	7.9
	1701～2600 元	29.6	38.6	36.9	33.0	36.5	31.2
	2601～3500 元	17.5	15.1	13.8	17.4	18.7	16.7
	3501～5000 元	14.8	10.5	15.1	14.2	12.8	19.1
	5001 元及以上	5.4	2.6	3.3	5.1	6.7	3.7

表 3.34.6 2015～2017 年成都市场各类节目的播出份额(%)和收视份额(%)

节目类别	2015 年		2016 年		2017 年	
	播出份额	收视份额	播出份额	收视份额	播出份额	收视份额
财经	1.8	0.9	1.5	0.5	1.2	0.4
电视剧	20.3	28.4	20.6	30.3	22.6	33.2
电影	4.1	4.1	4.0	3.9	4.0	4.3
法制	0.8	0.3	0.7	0.3	0.8	0.3
教学	0.3	0.1	0.3	0.1	0.3	0.0
青少	6.5	2.1	6.6	2.3	6.8	2.5
生活服务	11.3	12.2	10.8	11.3	9.6	9.5
体育	2.7	2.0	3.0	2.0	3.1	1.9
外语	0.0	0.0	0.0	0.0	0.1	0.0
戏剧	0.8	0.1	0.8	0.1	0.8	0.1
新闻/时事	15.2	15.4	15.2	15.4	15.6	15.5
音乐	2.3	0.7	1.7	0.7	1.4	0.6
专题	12.6	7.2	12.9	6.7	13.2	7.0
综艺	9.2	13.8	9.8	13.9	8.3	12.1
其他	12.1	12.7	12.1	12.6	12.2	12.6

表 3.34.7 2017 年成都市场所有节目收视率排名前三十位

名次	节目名称	节目类别	播出频道	平均收视率（%）	平均占有率（%）
1	中央电视台 2017 春节联欢晚会	综艺	中央电视台综合频道	8.6	19.6
2	开学第一课	青少	中央电视台综合频道	5.3	12.7
3	2018 四川卫视花开天下	音乐	四川卫视	4.5	14.5
4	2017 年中央电视台中秋晚会	综艺	中央电视台综合频道	4.2	10.2
5	中央电视台 2017 元宵晚会	综艺	中央电视台综合频道	4.1	12.0
6	喜到福到好运到春晚倒计时	综艺	中央台三套	4.0	15.4
7	歌手（3 月 25 日）	综艺	湖南卫视	4.0	15.1
8	奔跑吧	综艺	浙江卫视	3.9	10.0
9	铁核桃之无间风云	电视剧	四川电视台影视文艺频道（五套）	3.8	12.4
10	魔都风云	电视剧	四川电视台影视文艺频道（五套）	3.8	11.0
11	快乐中国跨年演唱会	音乐	湖南卫视	3.8	10.6
12	中国新歌声（8 月 25 日）	综艺	浙江卫视	3.8	9.7
13	黄金赛场 超级足球之夜:2018 年世界杯亚洲区预选赛第三阶段 A 组第 7 轮（伊朗 VS 中国）	体育	中央台五套	3.8	7.6
14	勇者	电视剧	四川电视台影视文艺频道（五套）	3.7	11.6
15	2017 幸福一起来江苏卫视春节联欢晚会	综艺	江苏卫视	3.7	10.4
16	山河同在	电视剧	四川电视台影视文艺频道（五套）	3.6	10.6
17	人民的名义	电视剧	湖南卫视	3.6	8.0
18	护宝风云	电视剧	四川电视台影视文艺频道（五套）	3.5	11.0
19	一年又一年	专题	中央电视台综合频道	3.4	13.1
20	义海	电视剧	四川电视台影视文艺频道（五套）	3.4	11.0
21	因为遇见你	电视剧	湖南卫视	3.4	7.3
22	打土匪	电视剧	四川电视台影视文艺频道（五套）	3.3	11.5
23	地道女英雄	电视剧	四川电视台影视文艺频道（五套）	3.3	10.4
24	学生兵	电视剧	四川电视台影视文艺频道（五套）	3.3	9.7

续表

名次	节目名称	节目类别	播出频道	平均收视率(%)	平均占有率(%)
25	来吧冠军(6月25日)	综艺	浙江卫视	3.2	8.8
26	向往的生活农夫篇	综艺	湖南卫视	3.1	9.4
27	中国梦祖国颂2017中央电视台国庆特别节目	综艺	中央电视台综合频道	3.0	7.7
28	向上吧!诗词(9月17日)	专题	浙江卫视	3.0	6.9
29	四川新闻	新闻/时事	四川电视台新闻频道	2.9	12.5
30	食在囧途	综艺	浙江卫视	2.9	8.4

表3.34.8　2017年成都市场电视剧收视率排名前十位

名次	节目名称	播出频道	平均收视率(%)	平均占有率(%)
1	铁核桃之无间风云	四川电视台影视文艺频道(五套)	3.8	12.4
2	魔都风云	四川电视台影视文艺频道(五套)	3.8	11.0
3	勇者	四川电视台影视文艺频道(五套)	3.7	11.6
4	山河同在	四川电视台影视文艺频道(五套)	3.6	10.6
5	人民的名义	湖南卫视	3.6	8.0
6	护宝风云	四川电视台影视文艺频道(五套)	3.5	11.0
7	义海	四川电视台影视文艺频道(五套)	3.4	11.0
8	因为遇见你	湖南卫视	3.4	7.3
9	打土匪	四川电视台影视文艺频道(五套)	3.3	11.5
10	地道女英雄	四川电视台影视文艺频道(五套)	3.3	10.4

表3.34.9　2017年成都市场新闻节目收视率排名前十位

名次	节目名称	播出频道	平均收视率(%)	平均占有率(%)
1	四川新闻	四川电视台新闻频道	2.9	12.5
2	12:00新闻现场	四川电视台新闻频道	2.4	12.4
3	黄金30分	四川电视台新闻频道	2.2	5.6
4	18:00新闻现场	四川电视台新闻频道	1.9	7.1
5	新闻联播	中央电视台综合频道	1.9	6.3
6	一带一路国际合作高峰论坛特别报道	中央台三套	1.9	5.6
7	海峡两岸	中央台四套	1.8	4.2
8	茂县山体高位垮塌抢险救援特别报道	四川卫视	1.7	5.0
9	今日关注	中央台四套	1.7	4.1
10	共同关注	中央电视台综合频道	1.6	7.0

表 3.34.10 2017 年成都市场专题节目收视率排名前十位

名次	节目名称	播出频道	平均收视率（%）	平均占有率（%）
1	一年又一年	中央电视台综合频道	3.4	13.1
2	向上吧！诗词（9 月 17 日）	浙江卫视	3.0	6.9
3	我们的歌手	湖南卫视	2.6	6.8
4	感动中国 2016 年度人物颁奖盛典	中央电视台综合频道	2.5	4.8
5	圆梦中国德耀中华第六届全国道德模范颁奖仪式	中央电视台综合频道	2.2	6.0
6	非凡匠心	北京卫视	2.1	5.1
7	香港发展一直牵动着我的心 习近平香港行纪实	中央电视台综合频道	1.8	5.8
8	千年大计国家大事	中央电视台综合频道	1.8	5.1
9	大国外交	中央电视台综合频道	1.7	4.4
10	美丽人生	成都电视台经济资讯服务频道（二套）	1.6	5.2

表 3.34.11 2017 年成都市场综艺节目收视率排名前十位

名次	节目名称	播出频道	平均收视率（%）	平均占有率（%）
1	中央电视台 2017 春节联欢晚会	中央电视台综合频道	8.6	19.6
2	2017 年中央电视台中秋晚会	中央电视台综合频道	4.2	10.2
3	中央电视台 2017 元宵晚会	中央电视台综合频道	4.1	12.0
4	喜到福到好运到春晚倒计时	中央台三套	4.0	15.4
5	歌手（3 月 25 日）	湖南卫视	4.0	15.1
6	奔跑吧	浙江卫视	3.9	10.0
7	中国新歌声（8 月 25 日）	浙江卫视	3.8	9.7
8	2017 幸福一起来江苏卫视春节联欢晚会	江苏卫视	3.7	10.4
9	来吧冠军（6 月 25 日）	浙江卫视	3.2	8.8
10	向往的生活农夫篇	湖南卫视	3.1	9.4

表 3.34.12 2017 年成都市场体育节目收视率排名前十位

名次	节目名称	播出频道	平均收视率（%）	平均占有率（%）
1	黄金赛场 超级足球之夜：2018 年世界杯亚洲区预选赛第三阶段 A 组第 7 轮（伊朗 VS 中国）	中央台五套	3.8	7.6
2	中华人民共和国第十三届运动会开幕式	中央电视台综合频道	2.4	5.8
3	神奇水世界：2017 年国际泳联世锦赛女子 50 米自由泳决赛	中央台五套	2.2	20.1

续表

名次	节目名称	播出频道	平均收视率(%)	平均占有率(%)
4	黄金赛场 超级足球之夜:2017 年亚洲足联冠军联赛 G 组第 3 轮(中国广州恒大 VS 日本川崎前锋)	中央台五套	2.2	4.5
5	黄金赛场:2017 年世界乒乓球锦标赛女双决赛	中央台五套	2.1	7.4
6	直播周末:2017 年世界女排大奖赛总决赛半决赛(中国队 VS 意大利队)	中央台五套	2.1	5.3
7	第十三届全运会男子 100 米自由泳决赛	中央台五套	2.0	7.8
8	第十三届全运会女子 4×100 米接力决赛	中央台五套	2.0	7.1
9	神奇水世界 国际泳联世锦赛女子 50 米蛙泳颁奖仪式	中央台五套	1.8	18.9
10	直播周末:2017 年羽毛球世锦赛女单决赛	中央台五套	1.5	8.4

三十五、大连收视数据

表 3.35.1　2013～2017 年大连市场各类频道的市场占有率(%)

频道类别	年份				
	2013 年	2014 年	2015 年	2016 年	2017 年
中央电视台频道	32.2	33.6	35.4	36.5	35.8
中国教育电视台频道	0.3	0.1	0.1	0.1	0.1
辽宁省级频道	9.1	9.6	7.6	8.7	8.8
大连市级频道	21.5	18.9	20.8	19.7	17.6
其他省级卫视频道	31.1	31.6	29.4	26.0	27.7
其他频道	5.8	6.1	6.7	9.0	10.0

表 3.35.2　2017 年大连市场各类频道在各目标观众中的市场占有率(%)

目标观众		中央电视台频道	中国教育电视台频道	辽宁省级频道	大连市级频道	其他省级卫视频道	其他频道
4 岁及以上所有人		35.8	0.1	8.8	17.6	27.7	10.0
性别	男	38.0	0.1	9.1	16.9	25.6	10.3
	女	33.8	0.1	8.6	18.3	29.6	9.6
年龄	4～14 岁	41.8	0.1	4.7	12.2	28.0	13.2
	15～24 岁	33.1	0.1	8.3	18.0	27.9	12.6
	25～34 岁	30.9	0.1	6.1	15.0	32.4	15.5
	35～44 岁	33.2	0.1	8.6	14.3	29.3	14.5
	45～54 岁	31.6	0.2	9.5	20.7	29.2	8.8
	55～64 岁	39.4	0.1	7.8	17.7	27.2	7.8
	65 岁及以上	41.1	0.1	12.3	18.5	22.2	5.8
教育程度	未受过正规教育	47.3	0.1	7.5	11.4	23.1	10.6
	小学	37.5	0.1	10.4	20.2	22.6	9.2
	初中	34.4	0.1	9.4	18.7	29.2	8.2
	高中	35.1	0.2	7.9	17.8	28.3	10.7
	大学及以上	36.3	0.1	8.5	15.3	27.8	12.0
职业类别	干部/管理人员	31.2	0.1	6.1	15.0	34.3	13.3
	个体/私营企业人员	36.1	0.2	8.2	17.0	28.6	9.9
	初级公务员/雇员	29.9	0.1	7.3	15.4	32.8	14.5
	工人	33.0	0.1	9.3	20.4	27.3	9.9
	学生	35.1	0.1	5.6	15.8	28.6	14.8
	无业	38.4	0.1	9.6	17.0	26.5	8.4
	其他	39.9	0.0	10.6	25.0	19.8	4.7
个人月收入	0～600 元	36.2	0.1	8.1	15.7	27.9	12.0
	601～1200 元	36.4	0.6	9.0	19.0	23.8	11.2
	1201～1700 元	34.1	0.1	8.0	22.1	27.5	8.2
	1701～2600 元	34.6	0.1	9.9	20.4	27.9	7.1
	2601～3500 元	36.0	0.1	7.5	18.8	30.6	7.0
	3501～5000 元	36.2	0.1	10.1	15.8	24.7	13.1
	5001 元及以上	38.9	0.1	8.2	11.0	27.5	14.3

表 3.35.3 2017 年大连市场各类频道在不同时段的市场占有率(%)

时间段	中央电视台频道	中国教育电视台频道	辽宁省级频道	大连市级频道	其他省级卫视频道	其他频道
02:00~03:00	29.4	0.4	11.8	0.2	40.9	17.3
03:00~04:00	31.6	0.5	12.8	0.0	38.3	16.8
04:00~05:00	40.9	0.4	11.0	0.0	31.7	16.0
05:00~06:00	48.8	0.2	9.3	0.3	25.3	16.1
06:00~07:00	56.5	0.1	11.5	6.2	15.9	9.8
07:00~08:00	46.3	0.1	8.7	17.0	18.5	9.4
08:00~09:00	48.2	0.1	5.9	6.7	28.2	10.9
09:00~10:00	40.2	0.2	5.8	6.4	36.3	11.1
10:00~11:00	36.9	0.2	5.6	9.8	36.2	11.3
11:00~12:00	42.5	0.1	6.7	5.2	34.1	11.4
12:00~13:00	44.6	0.1	10.3	3.7	30.9	10.4
13:00~14:00	37.2	0.1	7.6	4.1	40.0	11.0
14:00~15:00	33.5	0.2	8.0	4.5	43.1	10.7
15:00~16:00	32.8	0.1	7.5	6.9	42.4	10.3
16:00~17:00	37.0	0.2	7.0	6.0	39.1	10.7
17:00~18:00	35.3	0.1	11.2	18.2	24.9	10.3
18:00~19:00	37.5	0.0	11.2	34.6	7.2	9.5
19:00~20:00	35.0	0.0	9.4	33.4	13.9	8.3
20:00~21:00	29.4	0.0	8.4	26.4	28.1	7.7
21:00~22:00	34.6	0.2	9.4	18.0	28.6	9.2
22:00~23:00	31.2	0.1	7.6	10.5	38.1	12.5
23:00~24:00	29.8	0.1	9.3	7.3	39.8	13.7
24:00~25:00	32.8	0.3	11.8	9.0	33.4	12.7
25:00~26:00	33.5	0.5	9.6	5.2	36.7	14.5

表 3.35.4 2017 年大连市场收视份额排名前十位的频道

名次	频道名称	收视份额(%)
1	大连台一套(新闻综合频道)	5.8
2	中央台四套	5.1
3	中央台三套	4.0
4	中央台六套	3.6
5	大连台二套(生活频道)	3.5
6	中央电视台综合频道	3.4
6	中央电视台少儿频道	3.4
8	中央台八套	3.1
8	上海东方卫视	3.1
8	大连台三套(公共频道)	3.1

表 3.35.5 2017 年大连市场各主要频道的观众构成(%)

目标观众		所有频道	主要频道				
			大连台一套(新闻综合频道)	中央台四套	中央台三套	中央台六套	大连台二套(生活频道)
4 岁及以上所有人		100.0	100.0	100.0	100.0	100.0	100.0
性别	男	49.3	47.5	59.8	45.4	51.6	42.2
	女	50.7	52.5	40.2	54.6	48.4	57.8
年龄	4~14 岁	5.8	3.0	1.2	2.7	6.1	3.3
	15~24 岁	9.0	10.2	8.1	8.1	12.8	8.5
	25~34 岁	10.1	5.2	3.1	6.2	11.6	11.7
	35~44 岁	11.4	9.1	5.3	8.8	21.0	11.2
	45~54 岁	24.4	28.1	21.5	21.8	28.1	32.4
	55~64 岁	20.9	17.5	29.3	22.9	11.1	18.0
	65 岁及以上	18.5	26.8	31.4	29.5	9.4	15.0
教育程度	未受过正规教育	3.9	1.1	1.0	5.9	3.2	2.0
	小学	11.9	14.1	12.8	13.6	10.0	11.7
	初中	36.8	38.2	34.3	35.4	38.4	39.3
	高中	26.9	28.6	24.9	27.4	29.6	29.2
	大学及以上	20.5	18.1	27.0	17.8	18.8	17.8
职业类别	干部/管理人员	1.0	0.8	1.1	0.9	0.9	0.4
	个体/私营企业人员	14.9	15.2	12.1	12.2	20.7	13.7
	初级公务员/雇员	11.1	8.9	8.7	8.0	11.5	12.5
	工人	18.8	16.5	15.4	18.9	22.5	26.9
	学生	6.9	7.2	5.2	5.5	9.5	5.5
	无业	43.7	45.8	51.9	49.7	30.3	39.6
	其他	3.5	5.7	5.6	4.7	4.6	1.5
个人月收入	0~600 元	21.8	18.6	15.0	16.9	23.6	15.5
	601~1200 元	4.0	4.9	4.6	6.1	2.6	2.3
	1201~1700 元	4.6	5.7	4.6	4.2	3.5	5.8
	1701~2600 元	27.6	28.0	29.5	31.6	25.5	39.5
	2601~3500 元	18.2	21.6	17.8	17.5	18.3	18.5
	3501~5000 元	15.7	16.5	17.0	16.0	17.6	14.7
	5001 元及以上	8.1	4.8	11.4	7.7	9.0	3.7

表 3.35.6 2015~2017 年大连市场各类节目的播出份额(%)和收视份额(%)

节目类别	2015 年		2016 年		2017 年	
	播出份额	收视份额	播出份额	收视份额	播出份额	收视份额
财经	2.2	0.6	1.7	0.6	1.4	0.5
电视剧	20.3	29.7	21.7	27.9	21.9	29.3
电影	3.7	3.6	3.5	3.7	3.8	4.2
法制	1.2	3.2	1.0	3.7	1.2	3.7
教学	0.2	0.0	0.2	0.0	0.2	0.0
青少	6.8	3.7	6.8	3.3	7.4	4.3
生活服务	10.1	6.6	9.4	6.4	8.9	6.6
体育	3.5	4.5	3.7	5.2	3.9	4.0
外语	0.0	0.0	0.0	0.0	0.1	0.0
戏剧	0.7	0.3	0.8	0.1	0.7	0.2
新闻/时事	14.0	13.6	13.6	13.8	14.5	14.0
音乐	2.3	1.1	1.7	1.1	1.3	1.0
专题	13.2	6.3	13.6	6.5	14.0	6.7
综艺	9.2	16.0	9.9	17.2	8.9	14.5
其他	12.6	10.8	12.2	10.5	11.8	11.0

表 3.35.7　2017 年大连市场所有节目收视率排名前三十位

名次	节目名称	节目类别	播出频道	平均收视率(%)	平均占有率(%)
1	黄金赛场 超级足球之夜:2018 年世界杯亚洲区预选赛第三阶段 A 组第 7 轮(伊朗 VS 中国)	体育	中央台五套	10.5	26.7
2	迎新年音乐烟花晚会	综艺	大连台一套(新闻综合频道)	9.9	24.4
3	中央电视台 2017 元宵晚会	综艺	中央电视台综合频道	8.3	18.3
4	2017 辽宁卫视家和万事兴春节联欢晚会	综艺	辽宁卫视	8.2	29.8
5	中央电视台 2017 春节联欢晚会	综艺	中央电视台综合频道	6.3	13.6
6	喜到福到好运到春晚倒计时	综艺	中央台三套	5.5	15.6
7	新闻锋线	新闻/时事	大连台一套(新闻综合频道)	5.3	20.9
8	我的父亲大人	电视剧	大连台二套(生活频道)	5.1	13.6
9	直播周末:2017 年世界女排大奖赛总决赛半决赛(中国队 VS 意大利队)	体育	中央台五套	4.8	15.3
10	法治新天地	法制	大连台三套(公共频道)	4.8	14.1
11	那年花开月正圆	电视剧	上海东方卫视	4.8	13.5
12	谍血枪神	电视剧	大连台一套(新闻综合频道)	4.8	11.9
13	赛事直播:2017 年中国足球协会甲级联赛第 22 轮(大连一方 VS 石家庄永昌)	体育	大连台四套(文体频道)	4.7	12.6
14	第十三届全运会男子 100 米决赛	体育	中央台五套	4.5	13.8
15	和妈妈一起谈恋爱	电视剧	大连台二套(生活频道)	4.5	11.2
16	开学第一课	青少	中央电视台综合频道	4.4	17.0
17	中国梦祖国颂 2017 中央电视台国庆特别节目	综艺	中央电视台综合频道	4.4	13.2
18	一年又一年	专题	大连台一套(新闻综合频道)	4.4	10.2
19	天气预报	生活服务	大连台一套(新闻综合频道)	4.3	14.0
20	中华人民共和国第十三届运动会开幕式	体育	中央台五套	4.3	12.9
21	百姓 315 之以诚信为名	专题	大连台三套(公共频道)	4.3	12.1
22	我的压寨男人	电视剧	大连台一套(新闻综合频道)	4.3	11.9

续表

名次	节目名称	节目类别	播出频道	平均收视率（%）	平均占有率（%）
22	东风破	电视剧	大连台一套(新闻综合频道)	4.3	11.9
24	黄金赛场:2017 年亚洲足联冠军联赛 1/4 决赛次回合（广州恒大 VS 上海上港）	体育	中央台五套	4.1	16.0
25	中国新歌声(7 月 14 日)	综艺	浙江卫视	4.1	14.8
26	黄金赛场:2017 年世界乒乓球锦标赛男单决赛	体育	中央台五套	4.1	13.6
27	守护丽人	电视剧	大连台二套(生活频道)	4.0	10.9
28	举起手来	电影	中央台六套	4.0	10.2
29	太极张三丰	电影	中央台六套	4.0	9.7
30	走基层大连纪事	专题	大连台一套(新闻综合频道)	3.9	14.4

表 3.35.8　2017 年大连市场电视剧收视率排名前十位

名次	节目名称	播出频道	平均收视率（%）	平均占有率（%）
1	我的父亲大人	大连台二套(生活频道)	5.1	13.6
2	那年花开月正圆	上海东方卫视	4.8	13.5
3	谍血枪神	大连台一套(新闻综合频道)	4.8	11.9
4	和妈妈一起谈恋爱	大连台二套(生活频道)	4.5	11.2
5	我的压寨男人	大连台一套(新闻综合频道)	4.3	11.9
5	东风破	大连台一套(新闻综合频道)	4.3	11.9
7	守护丽人	大连台二套(生活频道)	4.0	10.9
8	李三枪	大连台一套(新闻综合频道)	3.9	12.2
9	爱情万万岁	大连台二套(生活频道)	3.7	10.1
10	中国式关系	大连台二套(生活频道)	3.7	9.7

表 3.35.9　2017 年大连市场新闻节目收视率排名前十位

名次	节目名称	播出频道	平均收视率（%）	平均占有率（%）
1	新闻锋线	大连台一套(新闻综合频道)	5.3	20.9
2	转播中央台新闻联播	大连台一套(新闻综合频道)	3.1	9.2
3	大连新闻	大连台一套(新闻综合频道)	3.0	10.4
4	探梦天宫	中央台四套	2.8	8.2
5	辽宁新闻	大连台一套(新闻综合频道)	2.6	8.0
6	今日亚洲	中央台四套	2.4	6.6
7	中国舆论场	中央台四套	2.4	6.3
8	海峡两岸	中央台四套	1.9	4.9
9	中国新闻	中央台四套	1.8	5.4
10	一带一路国际合作高峰论坛特别报道	中央台四套	1.7	5.8

表 3.35.10　2017 年大连市场专题节目收视率排名前十位

名次	节目名称	播出频道	平均收视率(%)	平均占有率(%)
1	一年又一年	大连台一套(新闻综合频道)	4.4	10.2
2	百姓 315 之以诚信为名	大连台三套(公共频道)	4.3	12.1
3	走基层大连纪事	大连台一套(新闻综合频道)	3.9	14.4
4	感动中国 2016 年度人物颁奖盛典	中央电视台综合频道	3.7	9.8
5	315 在行动用责任汇聚诚信的力量	中央台二套	2.5	10.5
6	中国成语大会 2015 决赛第四场	中央电视台综合频道	2.3	7.4
7	调家长理短辩法理人情首届市民调解大赛	大连台三套(公共频道)	2.3	6.0
8	总书记为俺家算清了脱贫账	中央电视台新闻频道	2.3	5.8
9	中国梦时代楷模	大连台一套(新闻综合频道)	2.3	5.7
10	争夺 2017 年度 626 禁毒日主题晚会	大连台三套(公共频道)	2.2	7.8

表 3.35.11　2017 年大连市场综艺节目收视率排名前十位

名次	节目名称	播出频道	平均收视率(%)	平均占有率(%)
1	迎新年音乐烟花晚会	大连台一套(新闻综合频道)	9.9	24.4
2	中央电视台 2017 元宵晚会	中央电视台综合频道	8.3	18.3
3	2017 辽宁卫视家和万事兴春节联欢晚会	辽宁卫视	8.2	29.8
4	中央电视台 2017 春节联欢晚会	中央电视台综合频道	6.3	13.6
5	喜到福到好运到春晚倒计时	中央台三套	5.5	15.6
6	中国梦祖国颂 2017 中央电视台国庆特别节目	中央电视台综合频道	4.4	13.2
7	中国新歌声(7 月 14 日)	浙江卫视	4.1	14.8
8	新春相声大联欢	中央台三套	3.6	9.7
9	2017 年中央电视台中秋晚会	中央台三套	3.6	9.3
10	不信你不笑过年七天乐	中央台三套	3.2	9.3

表 3.35.12　2017 年大连市场体育节目收视率排名前十位

名次	节目名称	播出频道	平均收视率(%)	平均占有率(%)
1	黄金赛场 超级足球之夜:2018 年世界杯亚洲区预选赛第三阶段 A 组第 7 轮(伊朗 VS 中国)	中央台五套	10.5	26.7
2	直播周末:2017 年世界女排大奖赛总决赛半决赛(中国队 VS 意大利队)	中央台五套	4.8	15.3
3	赛事直播:58 同城 2017 年中国足球协会甲级联赛第 22 轮(大连一方 VS 石家庄永昌)	大连台四套(文体频道)	4.7	12.6
4	第十三届全运会男子 100 米决赛	中央台五套	4.5	13.8

续表

名次	节目名称	播出频道	平均收视率（%）	平均占有率（%）
5	中华人民共和国第十三届运动会开幕式	中央台五套	4.3	12.9
6	黄金赛场:2017 年亚洲足联冠军联赛 1/4 决赛次回合（广州恒大 VS 上海上港）	中央台五套	4.1	16.0
7	黄金赛场:2017 年世界乒乓球锦标赛男单决赛	中央台五套	4.1	13.6
8	第十三届全运会男子 50 米自由泳决赛	中央台五套	3.6	12.5
9	2017 年第十三届全运会乒乓球男单决赛	中央台五套	3.5	16.8
10	直播周末:2017 年国际女排大冠军杯赛（中国队 VS 日本队）	中央台五套	3.5	14.8

三十六、福州收视数据

表 3.36.1　2013~2017 年福州市场各类频道的市场占有率(%)

频道类别	年份				
	2013 年	2014 年	2015 年	2016 年	2017 年
中央电视台频道	26.6	30.1	30.6	32.7	34.6
中国教育电视台频道	0.1	0.2	0.1	0.0	0.1
福建省级频道	18.9	14.5	13.0	12.2	10.1
福州市级频道	15.0	14.2	12.4	11.8	9.7
其他省级卫视频道	30.7	31.9	32.6	32.6	31.1
其他频道	8.7	9.1	11.3	10.6	14.5

表 3.36.2　2017 年福州市场各类频道在不同目标观众中的市场占有率(%)

目标观众		中央电视台频道	中国教育电视台频道	福建省级频道	福州市级频道	其他省级卫视频道	其他频道
4 岁及以上所有人		34.6	0.1	10.1	9.7	31.1	14.5
性别	男	38.2	0.1	9.9	9.7	27.5	14.6
	女	30.9	0.0	10.4	9.8	34.7	14.3
年龄	4~14 岁	26.5	0.0	6.4	8.9	41.1	17.0
	15~24 岁	28.3	0.0	8.5	8.3	41.5	13.4
	25~34 岁	27.9	0.2	13.6	9.1	32.5	16.8
	35~44 岁	28.7	0.0	9.0	8.7	38.0	15.6
	45~54 岁	32.8	0.1	12.0	11.0	32.1	12.1
	55~64 岁	36.5	0.1	10.3	10.2	26.3	16.6
	65 岁及以上	47.9	0.1	8.7	10.0	20.9	12.4
教育程度	未受过正规教育	34.7	0.0	6.7	10.5	36.1	12.1
	小学	32.6	0.0	11.8	11.0	31.1	13.5
	初中	35.0	0.1	11.0	10.0	29.8	14.2
	高中	33.0	0.1	10.9	10.6	31.9	13.6
	大学及以上	37.5	0.1	8.1	7.4	30.1	16.9
职业类别	干部/管理人员	46.7	0.0	8.2	2.8	24.7	17.5
	个体/私营企业人员	33.6	0.2	9.4	10.5	34.0	12.3
	初级公务员/雇员	29.9	0.0	10.6	9.4	35.0	15.0
	工人	28.0	0.0	10.3	13.1	31.2	17.4
	学生	29.1	0.0	8.2	9.5	39.4	13.7
	无业	38.6	0.1	10.3	9.3	27.0	14.7
	其他	32.4	0.0	13.3	22.5	24.8	7.0
个人月收入	0~600 元	31.6	0.0	10.0	9.7	36.3	12.5
	601~1200 元	31.8	0.1	7.7	12.6	26.0	21.7
	1201~1700 元	37.0	0.0	21.9	9.5	20.5	11.1
	1701~2600 元	35.9	0.1	10.5	12.4	28.3	12.8
	2601~3500 元	35.8	0.1	9.7	8.9	31.8	13.8
	3501~5000 元	34.8	0.2	8.2	7.9	30.3	18.5
	5001 元及以上	39.1	0.1	8.3	6.5	27.9	18.2

表 3.36.3 2017 年福州市场各类频道在不同时段的市场占有率(%)

时间段	中央电视台频道	中国教育电视台频道	福建省级频道	福州市级频道	其他省级卫视频道	其他频道
02:00~03:00	29.0	0.0	18.7	4.3	27.1	20.8
03:00~04:00	27.9	0.0	18.4	4.5	25.1	24.1
04:00~05:00	27.8	0.0	16.3	5.5	21.1	29.3
05:00~06:00	34.0	0.1	15.0	5.4	19.9	25.6
06:00~07:00	50.6	0.1	10.6	4.7	17.8	16.2
07:00~08:00	52.3	0.1	11.1	6.4	14.9	15.2
08:00~09:00	47.0	0.2	6.8	6.3	24.2	15.5
09:00~10:00	43.3	0.2	6.0	5.6	30.0	15.0
10:00~11:00	42.9	0.2	6.6	5.2	29.7	15.5
11:00~12:00	45.4	0.1	7.5	3.9	28.0	15.2
12:00~13:00	49.7	0.0	5.2	3.0	27.3	14.8
13:00~14:00	44.0	0.2	5.0	4.3	29.1	17.4
14:00~15:00	38.5	0.2	5.8	3.8	33.5	18.1
15:00~16:00	37.8	0.2	5.6	3.6	35.1	17.6
16:00~17:00	39.1	0.2	5.4	4.2	35.0	16.2
17:00~18:00	37.2	0.1	7.1	10.6	29.3	15.7
18:00~19:00	29.8	0.0	17.8	24.3	14.4	13.6
19:00~20:00	30.4	0.0	14.5	16.9	25.9	12.3
20:00~21:00	26.6	0.0	8.1	14.5	39.0	11.8
21:00~22:00	30.0	0.0	9.3	12.5	36.6	11.5
22:00~23:00	28.3	0.0	13.2	5.6	39.7	13.3
23:00~24:00	32.0	0.0	11.4	3.3	37.8	15.5
24:00~25:00	31.5	0.1	15.8	2.7	30.8	19.0
25:00~26:00	30.6	0.0	17.1	3.4	29.2	19.6

表 3.36.4 2017 年福州市场收视份额排名前十位的频道

名次	频道名称	收视份额(%)
1	中央电视台综合频道	6.4
2	中央台八套	5.2
3	中央台四套	4.8
4	中央台三套	4.0
5	福州电视台影视频道	3.8
6	湖南卫视	3.7
6	中央台六套	3.7
8	浙江卫视	3.4
9	福州电视台都市生活频道	2.4
9	安徽卫视	2.4

表 3.36.5　2017 年福州市场各主要频道的观众构成(%)

目标观众		所有频道	主要频道				
			中央电视台综合频道	中央台八套	中央台四套	中央台三套	福州电视台影视频道
4 岁及以上所有人		100.0	100.0	100.0	100.0	100.0	100.0
性别	男	50.1	51.2	53.7	63.6	50.2	55.9
	女	49.9	48.8	46.3	36.4	49.8	44.1
年龄	4~14 岁	7.4	6.5	2.3	4.2	7.2	4.7
	15~24 岁	7.1	3.4	3.9	5.0	7.2	7.2
	25~34 岁	11.4	10.4	5.1	8.8	9.1	8.5
	35~44 岁	15.0	9.5	11.3	9.9	6.1	11.5
	45~54 岁	21.0	14.7	18.4	20.2	19.1	28.4
	55~64 岁	17.4	18.3	14.4	23.7	24.3	17.1
	65 岁及以上	20.7	37.1	44.6	28.1	27.0	22.7
教育程度	未受过正规教育	6.3	5.4	15.4	3.4	7.8	4.1
	小学	17.2	12.6	18.0	13.8	17.6	22.8
	初中	27.9	22.3	30.3	28.2	32.4	33.4
	高中	25.1	22.7	15.1	26.7	25.7	23.2
	大学及以上	23.5	37.0	21.1	27.9	16.6	16.5
职业类别	干部/管理人员	1.6	1.0	0.4	2.8	1.2	0.2
	个体/私营企业人员	13.5	12.8	11.2	12.4	15.7	13.9
	初级公务员/雇员	25.6	20.0	16.2	25.6	17.6	23.7
	工人	3.3	1.6	3.0	2.4	1.8	5.1
	学生	9.1	6.1	5.0	6.4	8.4	10.3
	无业	45.5	55.1	63.4	49.5	54.5	40.1
	其他	1.4	3.5	0.8	1.1	0.7	6.6
个人月收入	0~600 元	27.9	21.9	30.4	19.1	29.0	30.0
	601~1200 元	5.0	1.6	9.0	3.6	3.1	8.3
	1201~1700 元	5.0	5.6	2.9	5.0	6.3	2.3
	1701~2600 元	19.0	20.3	21.4	22.4	23.1	26.0
	2601~3500 元	22.2	23.5	23.2	25.3	16.8	21.3
	3501~5000 元	13.9	16.4	6.4	15.7	16.0	8.8
	5001 元及以上	7.1	10.8	6.8	9.0	5.7	3.3

表 3.36.6　2015~2017 年福州市场各类节目的播出份额(%)和收视份额(%)

节目类别	2015 年		2016 年		2017 年	
	播出份额	收视份额	播出份额	收视份额	播出份额	收视份额
财经	1.5	1.0	1.3	0.9	1.2	0.6
电视剧	24.2	27.8	26.6	29.8	21.3	31.1
电影	4.0	4.9	4.2	4.9	4.4	4.5
法制	1.0	1.1	0.9	1.1	0.9	0.5
教学	0.3	0.2	0.3	0.1	0.2	0.0
青少	6.2	5.3	6.8	5.1	7.5	4.7
生活服务	10.3	7.1	7.7	6.7	7.8	6.7
体育	3.4	2.2	3.6	2.8	3.8	1.7
外语	0.0	0.0	0.0	0.0	0.1	0.0
戏剧	0.6	0.3	0.7	0.3	0.8	0.3
新闻/时事	10.2	13.0	10.2	12.3	15.0	13.7
音乐	2.5	1.2	1.7	1.0	1.5	1.0
专题	13.2	10.4	13.8	8.2	14.9	8.6
综艺	7.1	12.9	6.8	14.7	7.8	13.5
其他	15.6	12.5	15.3	12.0	13.0	13.1

表 3.36.7 2017 年福州市场所有节目收视率排名前三十位

名次	节目名称	节目类型	播出频道	平均收视率（%）	平均占有率（%）
1	开学第一课	青少	中央电视台综合频道	7.4	28.0
2	十邑春晚同源同乐同心全世界福州人自己的春晚	综艺	福州电视台都市生活频道	5.1	18.8
3	中央电视台 2017 元宵晚会	综艺	中央电视台综合频道	5.1	18.4
4	中央电视台 2017 春节联欢晚会	综艺	中央电视台综合频道	4.9	14.5
5	奔跑吧	综艺	浙江卫视	4.1	19.9
6	何所冬暖何所夏凉	电视剧	浙江卫视	3.8	16.6
7	战狼	电影	江苏卫视	3.7	17.3
8	向上吧！诗词(8 月 27 日)	专题	浙江卫视	3.7	16.6
9	人间至味是清欢	电视剧	湖南卫视	3.7	15.2
10	2018 四川卫视花开天下	音乐	四川卫视	3.2	17.1
11	2017 年中央电视台中秋晚会	综艺	中央电视台综合频道	3.2	12.2
12	我们相爱吧爱有天意番外篇	综艺	江苏卫视	2.8	32.2
13	金砖国家领导人厦门会晤新兴市场国家与发展中国家对话会文艺晚会	综艺	中央电视台综合频道	2.7	10.3
14	庆祝香港回归祖国二十周年文艺晚会	综艺	中央电视台综合频道	2.5	10.8
15	虎胆龙威五	电影	中央台六套	2.3	16.5
16	人民的名义	电视剧	湖南卫视	2.3	10.8
17	一剑横空	电视剧	福州电视台影视频道	2.3	10.6
18	感动中国 2016 年度人物颁奖盛典	专题	中央电视台综合频道	2.3	9.5
19	现场直播：国际足联 2018 年世界杯亚洲区预选赛第三阶段 A 组第 8 轮（叙利亚 VS 中国）	体育	中央台五套	2.2	15.1
20	黑狐之风影	电视剧	福州电视台影视频道	2.2	11.3
21	直播周末：2017 年世界女排大奖赛总决赛半决赛（中国队 VS 意大利队）	体育	中央台五套	2.2	10.3
22	历史的使命	电视剧	福州电视台影视频道	2.2	9.9
23	因为遇见你	电视剧	湖南卫视	2.2	8.8
24	快乐中国 20172018 跨年演唱会	音乐	湖南卫视	2.1	10.7
25	直播周末：2017 年世界乒乓球锦标赛男单 1/4 决赛	体育	中央台五套	2.1	9.7
25	太行英雄传	电视剧	中央台八套	2.1	9.7
27	2017 湖南卫视小年夜春晚	综艺	湖南卫视	2.1	9.0
28	天气预报	生活服务	中央电视台综合频道	2.0	9.6
29	真心想让你幸福(32～36)	电视剧	中央台八套	2.0	8.6
30	一年又一年	专题	中央电视台综合频道	2.0	8.3

表 3.36.8　2017 年福州市场电视剧收视率排名前十位

名次	节目名称	播出频道	平均收视率(%)	平均占有率(%)
1	何所冬暖何所夏凉	浙江卫视	3.8	16.6
2	人间至味是清欢	湖南卫视	3.7	15.2
3	人民的名义	湖南卫视	2.3	10.8
4	一剑横空	福州电视台影视频道	2.3	10.6
5	黑狐之风影	福州电视台影视频道	2.2	11.3
6	历史的使命	福州电视台影视频道	2.2	9.9
7	因为遇见你	湖南卫视	2.2	8.8
8	太行英雄传	中央台八套	2.1	9.7
9	真心想让你幸福(32~36)	中央台八套	2.0	8.6
10	青年霍元甲之冲出江湖	中央台八套	2.0	8.5

表 3.36.9　2017 年福州市场新闻节目收视率排名前十位

名次	节目名称	播出频道	平均收视率(%)	平均占有率(%)
1	香港回归祖国 20 周年特别报道	中央电视台综合频道	2.0	10.2
2	防抗纳沙特别报道	福建省广播影视集团新闻频道	1.7	9.6
3	金砖国家领导人第九次会晤特别报道	中央电视台综合频道	1.6	6.4
4	新闻联播	中央电视台综合频道	1.5	7.9
5	新闻 110	福州电视台新闻综合频道	1.4	10.8
6	一带一路国际合作高峰论坛特别报道	中央电视台综合频道	1.4	8.0
7	现场深一度	福建省广播影视集团新闻频道	1.3	6.6
8	今日关注	中央台四套	1.3	6.2
9	海峡两岸	中央台四套	1.2	5.0
10	李克强总理会见中外记者并回答提问	中央电视台综合频道	1.1	4.6

表 3.36.10　2017 年福州市场专题节目收视率排名前十位

名次	节目名称	播出频道	平均收视率(%)	平均占有率(%)
1	向上吧！诗词(8 月 27 日)	浙江卫视	3.7	16.6
2	感动中国 2016 年度人物颁奖盛典	中央电视台综合频道	2.3	9.5
3	一年又一年	中央电视台综合频道	2.0	8.3
4	调解有 1 套	福建省广播影视集团综合频道	1.8	9.7
5	圆梦中国德耀中华第六届全国道德模范颁奖仪式	中央电视台综合频道	1.8	7.7
6	老区脱贫攻坚习近平心中的牵挂	中央电视台综合频道	1.7	9.9
7	我们的歌手	湖南卫视	1.6	7.7
8	爱心帮帮团	福建省广播影视集团综合频道	1.5	9.9
9	打铁还需自身硬	中央电视台综合频道	1.5	6.3
10	川菜在民间德阳篇	东南卫视	1.2	6.0

表 3.36.11 2017 年福州市场综艺节目收视率排名前十位

名次	节目名称	播出频道	平均收视率（%）	平均占有率（%）
1	十邑春晚同源同乐同心全世界福州人自己的春晚	福州电视台都市生活频道	5.1	18.8
2	中央电视台 2017 元宵晚会	中央电视台综合频道	5.1	18.4
3	中央电视台 2017 春节联欢晚会	中央电视台综合频道	4.9	14.5
4	奔跑吧	浙江卫视	4.1	19.9
5	2017 年中央电视台中秋晚会	中央电视台综合频道	3.2	12.2
6	我们相爱吧爱有天意番外篇	江苏卫视	2.8	32.2
7	金砖国家领导人厦门会晤新兴市场国家与发展中国家对话会文艺晚会	中央电视台综合频道	2.7	10.3
8	庆祝香港回归祖国二十周年文艺晚会	中央电视台综合频道	2.5	10.8
9	2017 湖南卫视小年夜春晚	湖南卫视	2.1	9.0
10	中国梦祖国颂 2017 中央电视台国庆特别节目	中央电视台综合频道	1.9	8.4

表 3.36.12 2017 年福州市场体育节目收视率排名前十位

名次	节目名称	播出频道	平均收视率（%）	平均占有率（%）
1	现场直播:国际足联 2018 年世界杯亚洲区预选赛第三阶段 A 组第 8 轮(叙利亚 VS 中国)	中央台五套	2.2	15.1
2	直播周末:2017 年世界女排大奖赛总决赛半决赛(中国队 VS 意大利队)	中央台五套	2.2	10.3
3	直播周末:2017 年世界乒乓球锦标赛男单 1/4 决赛	中央台五套	2.1	9.7
4	第十三届全运会女子标枪	中央台五套	1.8	7.1
5	实况录像:2017 年伦敦世界田径锦标赛男子 800 米决赛	中央台五套	1.6	17.3
6	直播周末:2017 年斯诺克世界公开赛决赛	中央台五套	1.6	8.2
7	神奇水世界:2017 年国际泳联世锦赛男子 200 米混合泳预赛	中央台五套	1.5	7.2
8	中华人民共和国第十三届运动会开幕式	中央电视台综合频道	1.4	5.7
9	直播周末:2017 年世界巡回赛德国公开赛男双决赛	中央台五套	1.3	7.6
10	现场直播:2017 年羽毛球世锦赛男单 1/4 决赛	中央台五套	1.3	5.0

三十七、广州收视数据

表 3.37.1 2013～2017 年广州市场各类频道的市场占有率(%)

频道类别	年份				
	2013 年	2014 年	2015 年	2016 年	2017 年
中央电视台频道	15.1	14.8	14.3	15.3	16.1
中国教育电视台频道	0.1	0.1	0.1	0.1	0.1
广东广播电视台 *	20.9① / 14.8②	35.7③	34.4	34.4	34.1
广州台频道	16.4	16.3	18.6	15.7	13.0
其他省级卫视频道	13.4	13.7	13.7	14.5	14.1
境外频道	11.8	11.0	9.2	8.7	7.9
其他频道	7.5	8.2	9.7	11.3	14.7

* 广东广播电视台由原广东台和南方台于 2014 年 4 月 23 日合并成立;①为原广东台频道市场占有率;②为原南方台频道市场占有率;③为广东广播电视台自 2014 年 4 月 23 日挂牌之日起至 2014 年 12 月 31 日的市场占有率。

表 3.37.2 2017 年广州市场各类频道在各目标观众中的市场占有率(%)

目标观众		中央电视台频道	中国教育电视台频道	广东广播电视台频道	广州台频道	其他省级卫视频道	境外频道	其他频道
4 岁及以上所有人		16.1	0.1	34.1	13.0	14.1	7.9	14.7
性别	男	17.7	0.1	35.0	12.3	13.1	7.0	14.8
	女	14.6	0.1	33.2	13.6	15.1	8.7	14.7
年龄	4～14 岁	14.5	0.1	32.7	8.1	23.0	2.3	19.3
	15～24 岁	11.7	0.1	34.5	14.0	13.4	10.0	16.3
	25～34 岁	11.5	0.1	38.1	11.0	14.3	8.5	16.5
	35～44 岁	22.6	0.1	26.9	10.4	14.3	6.8	18.9
	45～54 岁	17.8	0.1	34.1	14.0	13.8	7.3	12.9
	55～64 岁	13.7	0.1	35.2	16.4	12.7	9.8	12.1
	65 岁及以上	22.0	0.2	35.5	15.2	9.5	8.5	9.1
教育程度	未受过正规教育	11.7	0.1	36.7	12.5	16.5	3.3	19.2
	小学	17.3	0.1	38.4	12.4	14.2	5.3	12.3
	初中	15.7	0.1	38.7	14.1	12.8	5.8	12.8
	高中	16.8	0.1	30.2	13.3	15.7	8.9	15.0
	大学及以上	15.9	0.1	29.1	11.4	12.9	12.4	18.2
职业类别	干部/管理人员	23.9	0.1	20.3	9.6	17.3	10.9	17.9
	个体/私营企业人员	19.8	0.1	32.7	10.4	16.9	5.3	14.8
	初级公务员/雇员	14.1	0.1	30.2	12.1	13.4	11.1	19.0
	工人	13.3	0.1	41.1	15.4	10.7	6.1	13.3
	学生	17.5	0.0	30.0	8.9	21.5	5.3	16.8
	无业	16.5	0.1	34.8	14.2	13.3	8.3	12.8
	其他	12.1	0.1	50.3	14.4	7.4	6.0	9.7
个人月收入	0～600 元	16.5	0.0	34.7	9.7	18.1	5.7	15.3
	601～1200 元	16.5	0.1	42.2	17.9	8.1	6.8	8.4
	1201～1700 元	17.3	0.0	29.5	12.9	20.3	8.2	11.8
	1701～2600 元	15.0	0.2	38.0	13.5	11.3	7.8	14.2
	2601～3500 元	15.6	0.1	33.3	16.1	12.6	7.9	14.4
	3501～5000 元	15.3	0.1	32.9	14.1	12.9	10.0	14.7
	5001 元及以上	19.7	0.1	27.3	8.9	15.5	10.1	18.4

表 3.37.3　2017 年广州市场各类频道在不同时段的市场占有率(%)

时间段	中央电视台频道	中国教育电视台频道	广东广播电视台频道	广州台频道	其他省级卫视频道	境外频道	其他频道
02:00~03:00	18.6	0.1	18.1	11.1	28.2	5.2	18.7
03:00~04:00	20.0	0.1	18.5	13.9	23.3	3.9	20.3
04:00~05:00	25.4	0.1	25.1	13.6	17.5	3.2	15.1
05:00~06:00	17.1	0.0	39.1	11.6	14.7	6.9	10.6
06:00~07:00	21.2	0.1	30.3	15.6	7.5	12.4	12.9
07:00~08:00	20.7	0.1	29.3	20.5	7.7	6.0	15.7
08:00~09:00	22.8	0.2	23.5	15.0	14.3	6.3	17.9
09:00~10:00	25.5	0.2	23.4	6.2	20.8	3.8	20.1
10:00~11:00	26.0	0.2	20.8	6.1	22.1	4.1	20.7
11:00~12:00	24.3	0.1	24.5	8.1	19.7	4.5	18.8
12:00~13:00	18.8	0.0	28.1	12.8	16.6	7.2	16.5
13:00~14:00	17.5	0.2	28.2	11.3	17.3	6.0	19.5
14:00~15:00	20.0	0.3	26.5	7.0	19.3	4.3	22.6
15:00~16:00	20.5	0.3	24.3	7.5	20.6	3.7	23.1
16:00~17:00	19.5	0.2	26.5	7.3	20.4	4.0	22.1
17:00~18:00	18.6	0.1	29.6	11.1	16.5	4.3	19.8
18:00~19:00	12.9	0.1	41.6	22.6	6.2	3.6	13.0
19:00~20:00	12.5	0.0	49.9	16.0	7.8	3.7	10.1
20:00~21:00	12.5	0.0	43.8	12.1	13.4	8.1	10.1
21:00~22:00	13.5	0.0	38.7	9.4	12.9	14.8	10.7
22:00~23:00	13.5	0.0	23.1	19.4	13.6	16.2	14.2
23:00~24:00	18.7	0.1	26.0	10.7	17.6	8.7	18.2
24:00~25:00	22.5	0.3	20.6	9.0	18.5	10.6	18.5
25:00~26:00	21.6	0.4	17.1	8.4	24.0	8.6	19.9

表 3.37.4　2017 年广州市场收视份额排名前十位的频道

排名	频道名称	收视份额(%)
1	广东广播电视台珠江频道	10.5
2	广州市广播电视台综合频道	6.5
3	广东广播电视台影视频道	5.2
4	广东广播电视台南方卫视	4.8
5	广东广播电视台公共频道	3.9
6	中央电视台综合频道	2.9
7	广州市广播电视台新闻频道	2.8
8	市网翡翠台(中文)	2.6
8	湖南卫视	2.6
10	广州市广播电视台影视频道	2.3

表 3.37.5　2017 年广州市场各主要频道的观众构成(%)

目标观众		所有频道	主要频道				
			广东广播电视台珠江频道	广州市广播电视台综合频道	广东广播电视台影视频道	广东广播电视台南方卫视	广东广播电视台公共频道
4 岁及以上所有人		100.0	100.0	100.0	100.0	100.0	100.0
性别	男	49.2	46.5	46.8	53.9	49.8	46.2
	女	50.8	53.5	53.2	46.1	50.2	53.8
年龄	4~14 岁	8.4	3.5	6.2	7.3	7.5	4.2
	15~24 岁	9.9	12.3	7.4	6.8	13.2	10.2
	25~34 岁	18.7	22.6	14.9	21.3	19.5	21.6
	35~44 岁	13.8	10.5	11.6	8.5	13.6	11.5
	45~54 岁	21.5	23.2	22.3	20.1	16.4	19.4
	55~64 岁	17.6	17.9	22.8	19.3	20.0	23.7
	65 岁及以上	10.1	10.0	14.8	16.7	9.8	9.4
教育程度	未受过正规教育	4.5	2.6	4.9	8.2	3.3	2.2
	小学	15.3	18.4	14.6	15.6	17.1	15.8
	初中	30.2	34.2	34.9	43.4	29.7	31.6
	高中	29.8	25.2	29.0	20.3	31.6	32.6
	大学及以上	20.2	19.6	16.6	12.5	18.3	17.8
职业类别	干部/管理人员	3.0	1.3	1.3	0.6	1.7	1.7
	个体/私营企业人员	12.1	11.5	7.5	9.6	9.8	9.9
	初级公务员/雇员	19.0	18.3	15.4	12.5	17.6	21.3
	工人	18.3	24.5	21.6	27.7	17.4	21.0
	学生	8.5	5.1	5.9	2.9	12.9	4.6
	无业	38.5	37.5	47.6	46.3	40.1	40.4
	其他	0.6	1.8	0.7	0.4	0.5	1.1
个人月收入	0~600 元	24.9	20.5	20.2	25.8	30.1	20.5
	601~1200 元	4.3	5.7	6.6	4.9	7.2	5.8
	1201~1700 元	2.9	2.7	1.3	3.1	2.2	3.8
	1701~2600 元	17.9	21.3	17.9	22.3	15.7	21.6
	2601~3500 元	23.6	24.8	29.7	31.4	18.4	25.6
	3501~5000 元	16.6	17.4	19.3	9.8	18.3	15.5
	5001 元及以上	9.8	7.6	5.0	2.7	8.1	7.2

表 3.37.6　2015~2017 年广州市场各类节目的播出份额(%)和收视份额(%)

节目类别	2015 年		2016 年		2017 年	
	播出份额	收视份额	播出份额	收视份额	播出份额	收视份额
财经	1.7	0.4	1.2	0.3	1.2	0.5
电视剧	19.2	28.6	20.0	28.6	21.0	30.6
电影	3.7	3.5	3.6	4.0	3.7	3.7
法制	1.1	0.8	1.1	0.7	1.1	0.6
教学	0.2	0.0	0.2	0.0	0.2	0.0
青少	6.5	4.8	6.7	4.9	7.1	4.6
生活服务	11.0	7.3	10.0	7.5	8.9	7.8
体育	4.2	3.4	4.4	4.3	4.5	4.0
外语	0.3	0.0	0.2	0.0	0.2	0.0
戏剧	0.7	0.2	0.7	0.1	0.7	0.0
新闻/时事	14.6	20.8	14.9	19.6	15.2	18.6
音乐	2.2	0.9	1.7	1.0	1.4	1.1
专题	13.2	6.6	13.6	6.3	13.7	6.3
综艺	8.4	8.8	8.9	8.8	7.8	7.2
其他	13.0	13.9	12.8	13.9	13.3	15.0

表 3.37.7 2017 年广州市场所有节目收视率排名前三十位

名次	节目名称	节目类型	播出频道	平均收视率（%）	平均占有率（%）
1	18 年世界杯亚洲区预选赛第三阶段 A 组第 7 轮（伊朗 VS 中国）	体育	中央台五套	7.2	21.7
2	开学第一课	青少	中央电视台综合频道	6.9	24.0
3	拥抱幸福	电视剧	广东广播电视台珠江频道	5.5	17.4
4	天气预报	生活服务	广东广播电视台珠江频道	5.3	20.9
5	御姐归来	电视剧	广东广播电视台珠江频道	5.2	17.1
6	南京爱情	电视剧	广东广播电视台珠江频道	5.1	16.3
7	因为遇见你	电视剧	广东广播电视台珠江频道	5.0	16.5
8	爱情不打烊	电视剧	广东广播电视台珠江频道	5.0	16.3
9	2017 年中国足球协会超级联赛第 2 轮（山东鲁能泰山 VS 广州恒大淘宝）	体育	广东广播电视台体育频道	5.0	15.2
10	神勇武工队传奇	电视剧	广东广播电视台影视频道	4.9	17.2
11	爱人的谎言	电视剧	广东广播电视台珠江频道	4.9	16.4
12	爱情心心相印（18～34 集）	电视剧	广东广播电视台珠江频道	4.8	15.3
13	2017 年亚洲足联冠军联赛 1/8 决赛第一回合（中国广州恒大队 VS 日本鹿岛鹿角队）	体育	中央台五套	4.8	14.6
14	云巅之上	电视剧	广东广播电视台珠江频道	4.7	15.9
15	夺宝奇兵	电视剧	广东广播电视台影视频道	4.5	15.0
16	百战天狼	电视剧	广东广播电视台珠江频道	4.5	14.2
17	烈火刀影	电视剧	广东广播电视台影视频道	4.4	15.4
18	和顺美满合家欢 2017 广东广播电视台春节晚会	综艺	广东广播电视台珠江频道	4.4	14.0
19	外来媳妇本地郎	电视剧	广东广播电视台珠江频道	4.2	14.6
20	金鸡迎春贺三千外来媳妇本地郎 16 年 3000 集表彰暨文艺晚会	综艺	广东广播电视台珠江频道	4.2	14.2
21	今日关注	新闻/时事	广东广播电视台珠江频道	4.1	13.9
22	海洋保卫战史诗式大型汇演	综艺	广东广播电视台珠江频道	4.1	13.5
23	战狼	电视剧	广东广播电视台影视频道	4.0	13.8
24	继承人（1～35 集）	电视剧	广东广播电视台珠江频道	3.9	13.7
25	心如铁	电视剧	广东广播电视台珠江频道	3.9	13.0
26	北上广依然相信爱情	电视剧	广东广播电视台珠江频道	3.9	12.4
27	我的前半生	电视剧	广东广播电视台珠江频道	3.8	12.7
28	桃花运	电视剧	广东广播电视台珠江频道	3.8	12.6
29	刀客家族的女人	电视剧	广东广播电视台珠江频道	3.8	12.4
30	珠江新闻眼	新闻/时事	广东广播电视台珠江频道	3.7	19.8

表 3.37.8　2017 年广州市场电视剧收视率排名前十位

名次	节目名称	播出频道	平均收视率(%)	平均占有率(%)
1	拥抱幸福	广东广播电视台珠江频道	5.5	17.4
2	御姐归来	广东广播电视台珠江频道	5.2	17.1
3	南京爱情	广东广播电视台珠江频道	5.1	16.3
4	因为遇见你	广东广播电视台珠江频道	5.0	16.5
5	爱情不打烊	广东广播电视台珠江频道	5.0	16.3
6	神勇武工队传奇	广东广播电视台影视频道	4.9	17.2
7	爱人的谎言	广东广播电视台珠江频道	4.9	16.4
8	爱情心心相印（18～34 集）	广东广播电视台珠江频道	4.8	15.3
9	云巅之上	广东广播电视台珠江频道	4.7	15.9
10	夺宝奇兵	广东广播电视台影视频道	4.5	15.0

表 3.37.9　2017 年广州市场新闻节目收视率排名前十位

名次	节目名称	播出频道	平均收视率(%)	平均占有率(%)
1	今日关注	广东广播电视台珠江频道	4.1	13.9
2	珠江新闻眼	广东广播电视台珠江频道	3.7	19.8
3	广视新闻	广州市广播电视台综合频道	3.4	17.4
4	DV 现场	广东广播电视台公共频道	2.6	8.7
5	今日最新闻	广东广播电视台南方卫视	2.1	6.8
6	G4 出动	广州市广播电视台新闻频道	2.0	6.7
7	转播中央台新闻联播	广州市广播电视台综合频道	1.9	6.9
8	国内 2016 年度大事回顾	广州市广播电视台综合频道	1.9	6.8
9	讲开又讲	广东广播电视台南方卫视	1.3	4.3
10	军情观察室	凤凰卫视中文台	1.2	4.7

表 3.37.10　2017 年广州市场专题节目收视率排名前十位

名次	节目名称	播出频道	平均收视率(%)	平均占有率(%)
1	一年又一年	中央电视台综合频道	2.2	10.3
2	社工故事	广东广播电视台珠江频道	2.1	7.9
3	真情追踪	广州市广播电视台影视频道	1.7	7.1
4	我们的歌手	湖南卫视	1.7	6.2
5	中国诗词大会第二季(2 月 7 日)	中央电视台综合频道	1.7	5.4
6	城事特搜	广东广播电视台南方卫视	1.5	5.4
7	与世界连接迎接广州财富全球论坛大型系列报道	广州市广播电视台综合频道	1.4	5.0
8	新春开运王	市网翡翠台(中文)	1.3	6.2
9	文化珠江	广东广播电视台珠江频道	1.3	5.5
10	珠江纪事	广东广播电视台珠江频道	1.3	5.3

表 3.37.11 2017 年广州市场综艺节目收视率排名前十位

名次	节目名称	播出频道	平均收视率（%）	平均占有率（%）
1	和顺美满合家欢 2017 广东广播电视台春节晚会	广东广播电视台珠江频道	4.4	14.0
2	金鸡迎春贺三千外来媳妇本地郎16 年 3000 集表彰暨文艺晚会	广东广播电视台珠江频道	4.2	14.2
3	海洋保卫战史诗式大型汇演	广东广播电视台珠江频道	4.1	13.5
4	中央电视台 2017 春节联欢晚会	中央电视台综合频道	3.6	11.7
5	喜剧之王(9 月 2 日)	广东广播电视台珠江频道	3.3	13.6
6	麦王争霸(1 月 7 日)	广东广播电视台珠江频道	3.2	14.5
7	歌手(3 月 4 日)	湖南卫视	3.0	14.2
8	和顺美满闹花灯 2017 广东广播电视台元宵晚会	广东广播电视台珠江频道	2.9	10.7
9	广州好至爱广州 2018 新年欢乐嘉年华	广州市广播电视台综合频道	2.8	12.0
10	2017 粤语好声音(11 月 11 日)	广东广播电视台珠江频道	2.5	11.3

表 3.37.12 2017 年广州市场体育节目收视率排名前十位

名次	节目名称	播出频道	平均收视率（%）	平均占有率（%）
1	2018 年世界杯亚洲区预选赛第三阶段 A 组第 7 轮(伊朗 VS 中国)	中央台五套	7.2	21.7
2	2017 年中国足球协会超级联赛第 2 轮（山东鲁能泰山 VS 广州恒大淘宝）	广东广播电视台体育频道	5.0	15.2
3	黄金赛场:2017 年亚洲足联冠军联赛 1/8 决赛第一回合（中国广州恒大队 VS 日本鹿岛鹿角队）	中央台五套	4.8	14.6
4	2017 年中国足协超级杯（广州恒大淘宝 VS 江苏苏宁易购）	广东广播电视台体育频道	3.3	10.0
5	2017 年中国足协杯 1/4 决赛首回合(广州富力 VS 广州恒大淘宝）	广东广播电视台体育频道	3.3	9.8
6	2016/2017 赛季 CBA 常规赛第 24 轮(上海哔哩哔哩 VS 广东东莞银行)	广东广播电视台体育频道	3.0	10.3
7	黄金赛场:2017 年世界女排大奖赛昆山站（中国队 VS 美国队)	中央台五套	2.6	9.8
8	黄金赛场:2017 年世界乒乓球锦标赛男单决赛	中央台五套	2.6	8.5
9	黄金赛场:2017 年中国杯国际足球锦标赛（中国 VS 冰岛)	中央台五套	2.1	6.7
10	2017 年中国足协中国之队国际足球赛（中国 VS 菲律宾）	广东广播电视台体育频道	1.9	6.3

三十八、贵阳收视数据

表 3.38.1　2013～2017 年贵阳市场各类频道的市场占有率(%)

频道类别	年份				
	2013 年	2014 年	2015 年	2016 年	2017 年
中央电视台频道	33.0	31.4	29.7	31.7	31.4
中国教育电视台频道	0.1	0.1	0.1	0.1	0.1
贵州省级频道	25.7	24.6	24.6	21.9	20.2
贵阳市级频道	7.4	6.9	7.3	6.4	3.7
其他省级卫视频道	26.5	29.3	27.9	26.7	28.6
其他频道	7.3	7.7	10.4	13.2	16.0

表 3.38.2　2017 年贵阳市场各类频道在不同目标观众中的市场占有率(%)

目标观众		中央电视台频道	中国教育电视台频道	贵州省级频道	贵阳市级频道	其他省级卫视频道	其他频道
4 岁及以上所有人		31.4	0.1	20.2	3.7	28.6	16.0
性别	男	32.5	0.1	19.5	3.6	26.8	17.5
	女	30.3	0.1	21.0	3.7	30.5	14.4
年龄	4～14 岁	26.4	0.1	15.9	2.1	37.9	17.6
	15～24 岁	29.7	0.0	22.7	8.1	23.4	16.1
	25～34 岁	26.1	0.1	22.0	1.6	31.1	19.1
	35～44 岁	25.8	0.1	19.1	3.3	32.9	18.8
	45～54 岁	32.6	0.1	20.7	4.4	27.0	15.2
	55～64 岁	35.6	0.1	21.7	4.3	24.6	13.7
	65 岁及以上	41.8	0.1	19.1	3.9	23.5	11.6
教育程度	未受过正规教育	27.2	0.1	22.5	2.3	37.3	10.6
	小学	31.0	0.1	19.8	4.2	31.6	13.3
	初中	33.1	0.1	20.0	4.5	25.1	17.2
	高中	28.4	0.1	22.1	2.8	29.0	17.6
	大学及以上	35.0	0.1	16.7	3.4	29.3	15.5
职业类别	干部/管理人员	30.0	0.0	14.4	5.5	30.7	19.4
	个体/私营企业人员	26.9	0.1	22.9	3.2	27.8	19.1
	初级公务员/雇员	30.2	0.1	21.6	4.6	28.0	15.5
	工人	25.1	0.0	25.5	1.4	28.4	19.6
	学生	26.6	0.1	18.1	5.9	30.9	18.4
	无业	35.8	0.1	18.8	3.4	27.5	14.4
	其他	37.2	0.2	19.2	2.6	33.5	7.3
个人月收入	0～600 元	29.4	0.1	19.5	4.2	32.3	14.5
	601～1200 元	26.9	0.1	21.1	6.7	29.8	15.4
	1201～1700 元	39.8	0.1	22.9	3.5	24.6	9.1
	1701～2600 元	30.7	0.1	18.6	4.6	27.3	18.7
	2601～3500 元	31.9	0.1	21.6	1.8	26.4	18.2
	3501～5000 元	31.5	0.0	23.4	2.6	27.0	15.5
	5001 元及以上	42.0	0.0	13.0	3.3	31.2	10.5

表 3.38.3 2017 年贵阳市场各类频道在不同时段的市场占有率(%)

时间段	中央电视台频道	中国教育电视台频道	贵州省级频道	贵阳市级频道	其他省级卫视频道	其他频道
02:00~03:00	22.6	0.1	11.7	1.8	26.3	37.5
03:00~04:00	21.5	0.2	12.9	1.9	24.5	39.0
04:00~05:00	20.5	0.0	13.9	1.6	23.8	40.2
05:00~06:00	21.7	0.0	16.1	1.9	23.9	36.4
06:00~07:00	36.7	0.1	12.8	2.4	22.2	25.8
07:00~08:00	51.0	0.1	8.8	1.6	21.1	17.4
08:00~09:00	47.6	0.2	9.4	1.1	26.1	15.6
09:00~10:00	38.0	0.2	10.1	0.9	33.5	17.3
10:00~11:00	36.6	0.2	9.4	0.6	35.2	18.0
11:00~12:00	41.6	0.1	8.7	0.5	31.9	17.2
12:00~13:00	45.0	0.1	7.9	1.1	29.7	16.2
13:00~14:00	41.2	0.1	6.6	0.9	33.5	17.7
14:00~15:00	38.6	0.1	6.1	0.8	35.8	18.6
15:00~16:00	37.0	0.2	6.6	0.7	37.2	18.3
16:00~17:00	37.3	0.1	6.9	1.1	36.5	18.1
17:00~18:00	38.2	0.1	12.6	1.6	30.6	16.9
18:00~19:00	27.2	0.1	42.9	2.5	13.6	13.7
19:00~20:00	22.4	0.1	43.4	7.0	16.2	10.9
20:00~21:00	20.9	0.1	31.7	9.1	27.5	10.7
21:00~22:00	28.3	0.1	24.4	5.9	28.8	12.5
22:00~23:00	28.8	0.1	17.5	4.0	34.1	15.5
23:00~24:00	30.5	0.1	13.0	3.4	34.4	18.6
24:00~25:00	33.5	0.1	8.6	2.5	29.5	25.8
25:00~26:00	28.2	0.2	9.9	1.5	27.9	32.3

表 3.38.4 2017 年贵阳市场收视份额排名前十位的频道

名次	频道名称	收视份额(%)
1	贵州广播电视台公共频道	6.8
2	贵州广播电视台影视文艺频道	4.5
3	中央台六套	4.3
4	中央台四套	4.0
4	中央台八套	4.0
6	贵州广播电视台第五频道	3.7
7	贵州卫视	3.5
8	中央电视台新闻频道	3.1
9	中央电视台综合频道	2.9
9	浙江卫视	2.9

表 3.38.5　2017 年贵阳市场各主要频道的观众构成(%)

目标观众		所有频道	主要频道				
			贵州广播电视台公共频道	贵州广播电视台影视文艺频道	中央台六套	中央台四套	中央台八套
4 岁及以上所有人		100.0	100.0	100.0	100.0	100.0	100.0
性别	男	51.5	48.4	51.6	54.5	57.6	46.9
	女	48.5	51.6	48.4	45.5	42.4	53.1
年龄	4～14 岁	10.8	9.9	8.4	11.2	6.6	5.8
	15～24 岁	7.6	11.0	10.0	6.4	7.2	2.0
	25～34 岁	17.3	15.5	16.6	19.5	5.9	20.8
	35～44 岁	15.7	15.2	15.8	19.1	10.0	8.6
	45～54 岁	18.8	19.9	16.0	23.1	16.4	22.3
	55～64 岁	13.9	15.6	17.0	10.9	21.6	20.9
	65 岁及以上	15.9	12.9	16.2	9.8	32.3	19.6
教育程度	未受过正规教育	5.4	7.5	5.6	4.1	3.6	3.2
	小学	16.9	16.3	17.0	18.4	15.3	16.1
	初中	34.5	33.0	27.0	38.0	39.1	31.7
	高中	28.3	31.0	40.2	24.3	26.8	24.7
	大学及以上	14.9	12.2	10.2	15.2	15.2	24.3
职业类别	干部/管理人员	1.7	1.9	1.0	1.5	2.4	0.9
	个体/私营企业人员	25.5	28.1	29.3	24.6	14.7	29.8
	初级公务员/雇员	13.3	12.9	10.2	16.6	13.3	9.8
	工人	3.7	4.0	4.3	5.0	2.4	1.1
	学生	11.0	11.1	13.1	11.2	6.5	4.5
	无业	36.9	36.5	31.3	26.3	56.0	41.5
	其他	7.9	5.5	10.8	14.8	4.7	12.4
个人月收入	0～600 元	26.7	30.7	25.7	26.2	16.4	20.9
	601～1200 元	6.1	5.1	8.6	6.1	4.2	5.6
	1201～1700 元	6.4	7.1	8.8	6.8	11.5	10.3
	1701～2600 元	24.8	24.8	19.9	21.5	23.2	22.3
	2601～3500 元	22.8	19.9	25.9	24.1	31.3	21.1
	3501～5000 元	10.1	9.0	9.7	10.0	10.8	16.0
	5001 元及以上	3.1	3.4	1.4	5.3	2.6	3.8

表 3.38.6　2015～2017 年贵阳市场各类节目的播出份额(%)和收视份额(%)

节目类型	2015 年		2016 年		2017 年	
	播出份额	收视份额	播出份额	收视份额	播出份额	收视份额
财经	1.8	0.5	1.4	0.5	1.1	0.4
电视剧	19.3	24.0	20.0	23.7	20.7	25.7
电影	3.7	4.4	3.9	4.4	3.9	4.9
法制	1.8	4.9	1.6	5.0	1.6	3.7
教学	0.2	0.1	0.2	0.0	0.2	0.0
青少	6.4	3.7	6.5	4.1	6.8	5.3
生活服务	10.5	9.0	9.2	8.8	8.8	8.4
体育	2.8	2.4	3.1	2.7	3.2	2.0
外语	0.0	0.0	0.0	0.0	0.1	0.0
戏剧	0.8	0.1	0.8	0.1	0.8	0.2
新闻/时事	14.3	17.2	14.4	16.1	14.6	15.0
音乐	2.5	0.7	1.9	0.7	1.5	0.9
专题	13.4	7.5	14.0	7.7	14.6	8.6
综艺	9.3	12.8	9.6	13.1	8.4	11.3
其他	13.1	12.8	13.4	13.1	13.7	13.6

表 3.38.7　2017 年贵阳市场所有节目收视率排名前三十位

名次	节目名称	节目类型	播出频道	平均收视率（%）	平均占有率（%）
1	中央电视台 2017 春节联欢晚会	综艺	中央电视台综合频道	10.2	22.0
2	百姓关注	新闻/时事	贵州广播电视台公共频道	7.8	23.9
3	2018 四川卫视花开天下	音乐	四川卫视	5.7	18.1
4	老爸当家	电视剧	贵州卫视	5.3	11.2
5	王牌逗王牌(4 月 30 日)	电影	中央台六套	5.1	14.1
6	一年又一年	专题	中央电视台综合频道	5.1	13.7
7	狭路	电视剧	贵州卫视	5.1	10.6
8	开学第一课	青少	中央电视台综合频道	5.0	15.1
9	歌手(1 月 21 日)	综艺	湖南卫视	4.9	15.6
10	黄金赛场:2018 年世界杯亚洲区预选赛十二强赛(中国 VS 乌兹别克斯坦)	体育	中央台五套	4.8	13.1
11	绝地枪王二之松花江上的枪声	电视剧	贵州卫视	4.6	9.9
12	反击	电视剧	贵州广播电视台影视文艺频道	4.5	14.0
13	绝代双骄	电影	中央台六套	4.4	15.5
14	盗墓笔记(2 月 26 日)	电影	中央台六套	4.4	10.4
15	大漠擒狼记(6 月 4 日 ~17 日)	电视剧	贵州广播电视台影视文艺频道	4.3	12.8
16	一带一路国际合作高峰论坛文艺晚会	综艺	中央电视台综合频道	4.2	10.5
17	遥远的距离(35 ~48 集)	电视剧	贵州卫视	4.2	9.1
18	夺宝奇兵三圣战奇兵	电影	中央台六套	4.1	12.4
19	独立纵队二	电视剧	贵州广播电视台影视文艺频道	4.1	11.9
19	中央电视台 2017 元宵晚会	综艺	中央电视台综合频道	4.1	11.9
21	西游记之大闹天宫(7 月 21 日)	电影	中央台六套	4.1	10.9
22	移动的枪口	电视剧	贵州广播电视台影视文艺频道	4.0	12.2
23	危城(2 月 3 日)	电影	中央台六套	3.9	9.4
24	天天来帮忙	生活服务	贵州广播电视台公共频道	3.8	16.8
25	楚乔传	电视剧	湖南卫视	3.8	14.4
26	名嘴贺岁金星和她的朋友	综艺	上海东方卫视	3.8	9.0
27	我爷爷和奶奶的故事	电视剧	贵州广播电视台影视文艺频道	3.8	7.9
28	三打三捷(2 月 20 日)	电影	中央台六套	3.8	7.4
29	快乐中国跨年演唱会	音乐	湖南卫视	3.7	9.7
30	中国共产党贵州省第十二次代表大会开幕会	新闻/时事	贵州卫视	3.7	9.4

表 3.38.8　2017 年贵阳市场电视剧收视率排名前十位

名次	节目名称	播出频道	平均收视率(%)	平均占有率(%)
1	老爸当家	贵州卫视	5.3	11.2
2	狭路	贵州卫视	5.1	10.6
3	绝地枪王二之松花江上的枪声	贵州卫视	4.6	9.9
4	反击	贵州广播电视台影视文艺频道	4.5	14.0
5	大漠擒狼记(6 月 4 ~ 17 日)	贵州广播电视台影视文艺频道	4.3	12.8
6	遥远的距离(35 ~ 48 集)	贵州卫视	4.2	9.1
7	独立纵队二	贵州广播电视台影视文艺频道	4.1	11.9
8	移动的枪口	贵州广播电视台影视文艺频道	4.0	12.2
9	楚乔传	湖南卫视	3.8	14.4
10	我爷爷和奶奶的故事	贵州广播电视台影视文艺频道	3.8	7.9

表 3.38.9　2017 年贵阳市场新闻节目收视率排名前十位

名次	节目名称	播出频道	平均收视率(%)	平均占有率(%)
1	百姓关注	贵州广播电视台公共频道	7.8	23.9
2	中国共产党贵州省第十二次代表大会开幕会	贵州卫视	3.7	9.4
3	新闻今日谈	贵州广播电视台公共频道	3.4	8.7
4	香港回归祖国 20 周年特别报道	中央电视台综合频道	2.7	6.9
5	一带一路国际合作高峰论坛特别报道	中央电视台综合频道	2.5	7.1
6	金砖国家领导人第九次会晤特别报道	中央台四套	2.5	6.8
7	中国共产党第十九次全国代表大会开幕会专题新闻	中央电视台新闻频道	2.3	6.5
8	庆祝中国人民解放军建军 90 周年阅兵	中央电视台新闻频道	2.0	6.6
9	今日关注	中央台四套	2.0	5.3
10	转播中央台新闻联播	贵州卫视	1.7	5.1

表 3.38.10　2017 年贵阳市场专题节目收视率排名前十位

名次	节目名称	播出频道	平均收视率(%)	平均占有率(%)
1	一年又一年	中央电视台综合频道	5.1	13.7
2	我们的歌手	湖南卫视	3.7	9.0
3	真情纪事	贵州广播电视台第五频道	3.1	7.9
4	守底线走新路奔小康	贵州广播电视台公共频道	3.0	7.3
5	中国铜仁平凡承道义大爱满黔东 2017 铜仁市见义勇为英雄事迹录	贵州广播电视台影视文艺频道	2.4	8.9
6	帮忙	贵州广播电视台第五频道	2.4	6.0
7	贵阳楷模时代先锋贵阳银行杯贵阳市 2016 年度人物	贵阳广播电视台一套(新闻综合频道)	2.4	5.0
8	千年大计国家大事	中央电视台综合频道	2.2	6.1
9	非常友茗堂	贵州广播电视台公共频道	2.2	5.4
10	合伙中国人	贵州广播电视台影视文艺频道	2.0	6.0

表 3.38.11　2017 年贵阳市场综艺节目收视率排名前十位

名次	节目名称	播出频道	平均收视率（%）	平均占有率（%）
1	中央电视台 2017 春节联欢晚会	中央电视台综合频道	10.2	22.0
2	歌手(1 月 21 日)	湖南卫视	4.9	15.6
3	一带一路国际合作高峰论坛文艺晚会	中央电视台综合频道	4.2	10.5
4	中央电视台 2017 元宵晚会	中央电视台综合频道	4.1	11.9
5	名嘴贺岁金星和她的朋友	上海东方卫视	3.8	9.0
6	喜到福到好运到春晚倒计时	中央台三套	3.5	9.4
7	中国新歌声(10 月 8 日)	浙江卫视	3.0	10.4
8	庆祝香港回归祖国二十周年文艺晚会	中央电视台综合频道	3.0	7.4
9	2017 湖南卫视小年夜春晚	湖南卫视	2.9	6.6
10	2017 书香中国全民阅读系列活动启动式	湖南卫视	2.8	6.9

表 3.38.12　2017 年贵阳市场体育节目收视率排名前十位

名次	节目名称	播出频道	平均收视率（%）	平均占有率（%）
1	黄金赛场:2018 年世界杯亚洲区预选赛十二强赛(中国 VS 乌兹别克斯坦)	中央台五套	4.8	13.1
2	黄金赛场:2017 年亚洲足联冠军联赛半决赛首回合（中国上海上港 VS 日本浦和红宝石）	中央台五套	3.1	9.6
3	第十三届全运会男子 200 米决赛	中央台五套	2.8	8.3
4	C 罗百大经典进球(12 月 11 日)	中央台五套	2.7	16.7
5	黄金赛场:2017 年世界乒乓球锦标赛男单决赛	中央台五套	2.7	7.7
6	神奇水世界:2017 年国际泳联世锦赛女子 3 米板半决赛	中央台五套	2.6	7.1
7	黄金赛场:2017 年世界女排大奖赛总决赛第二场(中国队 VS 巴西队)	中央台五套	2.6	6.9
8	第十三届全运会乒乓球女单决赛	中央台五套	2.5	17.0
9	实况录像:2017 年国际田联钻石联赛巴黎站女子 400 米	中央台五套	2.5	6.5
10	直播周末:2016/2017 赛季世界斯诺克锦标赛半决赛第四阶段	中央台五套	2.4	9.2

三十九、哈尔滨收视数据

表 3.39.1　2013～2017 年哈尔滨市场各类频道的市场占有率(%)

频道类别	年份				
	2013 年	2014 年	2015 年	2016 年	2017 年
中央电视台频道	27.5	28.0	28.8	31.9	28.8
中国教育电视台频道	0.7	0.5	0.3	0.2	0.2
黑龙江省级频道	27.6	26.4	27.3	23.5	24.4
哈尔滨市级频道	11.4	10.4	8.4	4.7	4.7
其他省级卫视频道	25.3	27.3	27.6	32.0	32.6
其他频道	7.5	7.4	7.6	7.7	9.3

表 3.39.2　2017 年哈尔滨市场各类频道在不同目标观众中的市场占有率(%)

目标观众		中央电视台频道	中国教育电视台频道	黑龙江省级频道	哈尔滨市级频道	其他省级卫视	其他频道
4 岁及以上所有人		28.8	0.2	24.4	4.7	32.6	9.3
性别	男	30.9	0.2	24.1	4.6	30.7	9.5
	女	26.5	0.2	24.7	4.9	34.7	9.0
年龄	4～14 岁	21.0	0.1	17.1	2.3	46.1	13.4
	15～24 岁	20.4	0.1	25.9	3.6	36.8	13.2
	25～34 岁	21.9	0.2	17.4	3.0	46.1	11.4
	35～44 岁	24.9	0.2	20.9	3.5	38.3	12.2
	45～54 岁	29.8	0.2	25.2	5.2	30.1	9.5
	55～64 岁	32.0	0.2	29.2	5.7	26.2	6.7
	65 岁及以上	36.3	0.2	25.1	6.0	26.7	5.7
受教育程度	未受过正规教育	24.0	0.1	18.7	10.2	38.7	8.3
	小学	27.8	0.2	22.7	2.9	35.1	11.3
	初中	29.7	0.2	27.4	5.6	29.7	7.4
	高中	29.2	0.1	24.6	4.7	31.9	9.5
	大学及以上	28.5	0.2	19.3	4.0	37.1	10.9
职业类别	干部/管理人员	51.5	0.2	9.5	1.5	23.9	13.4
	个体/私营企业人员	25.9	0.2	21.5	4.7	34.4	13.3
	初级公务员/雇员	26.3	0.2	20.2	4.6	38.7	10.0
	工人	26.2	0.1	28.9	4.4	32.4	8.0
	学生	21.1	0.1	21.7	3.1	39.1	14.9
	无业	33.5	0.2	25.3	5.9	28.5	6.6
	其他	31.0	0.2	21.4	3.9	33.5	10.0
个人月收入	0～600 元	23.0	0.2	21.3	3.8	39.4	12.3
	601～1200 元	29.7	0.2	24.0	2.5	36.2	7.4
	1201～1700 元	27.3	0.2	24.2	4.9	31.2	12.2
	1701～2600 元	31.6	0.2	28.2	5.4	27.3	7.3
	2601～3500 元	27.0	0.2	18.7	4.5	38.6	11.0
	3501～5000 元	27.5	0.2	28.7	5.6	31.1	6.9
	5001 元及以上	38.8	0.2	18.9	4.7	29.9	7.5

表 3.39.3　2017 年哈尔滨市场各类频道在不同时段的市场占有率(%)

时间段	中央电视台频道	中国教育电视台频道	黑龙江省级频道	哈尔滨市级频道	其他省级卫视频道	其他频道
02:00~03:00	20.2	0.1	30.3	5.9	27.7	15.8
03:00~04:00	21.6	0.1	31.5	6.8	23.5	16.5
04:00~05:00	31.4	0.1	26.5	5.8	24.7	11.5
05:00~06:00	39.8	0.1	23.0	4.5	25.2	7.4
06:00~07:00	42.2	0.1	23.6	10.4	16.4	7.3
07:00~08:00	43.6	0.2	20.5	11.7	16.2	7.8
08:00~09:00	41.0	0.4	20.6	4.4	25.1	8.5
09:00~10:00	34.1	0.4	18.6	3.9	33.8	9.2
10:00~11:00	34.2	0.4	15.3	3.6	37.3	9.2
11:00~12:00	38.0	0.2	12.1	3.4	37.1	9.2
12:00~13:00	37.7	0.2	15.0	3.3	35.2	8.6
13:00~14:00	31.9	0.4	16.9	3.9	37.3	9.6
14:00~15:00	29.4	0.5	17.8	4.0	38.4	9.9
15:00~16:00	29.9	0.4	17.6	4.1	38.6	9.4
16:00~17:00	31.4	0.4	17.0	3.9	37.9	9.4
17:00~18:00	29.8	0.1	23.1	6.1	31.7	9.2
18:00~19:00	29.0	0.1	40.1	6.8	14.3	9.7
19:00~20:00	26.3	0.1	35.7	4.3	25.0	8.6
20:00~21:00	21.3	0.1	26.1	3.9	40.1	8.5
21:00~22:00	23.7	0.1	26.1	4.6	36.8	8.7
22:00~23:00	22.3	0.1	21.9	4.6	40.5	10.6
23:00~24:00	22.8	0.1	19.5	3.4	41.6	12.6
24:00~25:00	24.0	0.1	23.1	3.3	35.6	13.9
25:00~26:00	21.0	0.1	26.8	4.4	33.0	14.7

表 3.39.4　2017 年哈尔滨市场收视份额排名前十位的频道

名次	频道名称	收视份额(%)
1	黑龙江电视台影视频道	6.1
2	黑龙江电视台都市频道	4.9
2	黑龙江卫视	4.9
4	中央台四套	4.7
5	中央台六套	3.8
6	黑龙江电视台文体频道	3.5
7	上海东方卫视	3.3
8	中央电视台综合频道	3.1
9	江苏卫视	3.0
9	湖南卫视	3.0

表 3.39.5　2017 年哈尔滨市场各主要频道的观众构成(%)

目标观众		所有频道	主要频道				
			黑龙江电视台影视频道	黑龙江电视台都市频道	黑龙江卫视	中央台四套	中央台六套
4 岁及以上所有人		100.0	100.0	100.0	100.0	100.0	100.0
性别	男	52.3	52.2	50.3	52.4	60.2	62.9
	女	47.7	47.8	49.7	47.6	39.8	37.1
年龄	4~14 岁	5.6	2.2	3.5	5.2	1.9	4.0
	15~24 岁	7.9	7.8	8.6	10.2	3.0	8.4
	25~34 岁	10.4	5.4	7.6	7.6	3.7	9.1
	35~44 岁	11.9	7.7	12.7	12.0	4.5	18.7
	45~54 岁	24.0	25.1	19.7	24.6	30.2	31.1
	55~64 岁	23.6	31.9	32.2	23.7	29.8	23.0
	65 岁及以上	16.6	19.9	15.7	16.7	26.9	5.7
教育程度	未受过正规教育	2.2	2.5	1.7	1.1	1.0	1.1
	小学	15.2	17.2	10.2	19.1	11.8	9.0
	初中	36.0	42.3	44.4	32.5	40.2	37.1
	高中	29.4	26.9	27.5	31.9	34.7	37.7
	大学及以上	17.2	11.1	16.2	15.4	12.3	15.1
职业类别	干部/管理人员	0.8	0.1	0.4	0.3	1.0	2.3
	个体/私营企业人员	10.7	9.3	9.0	8.3	8.7	14.9
	初级公务员/雇员	12.5	6.1	14.1	11.1	7.9	14.1
	工人	23.6	29.1	26.7	24.9	23.6	28.6
	学生	9.2	5.5	8.6	12.1	3.7	8.9
	无业	36.0	39.8	37.7	36.3	49.2	24.3
	其他	7.2	10.1	3.5	7.0	5.9	6.9
个人月收入	0~600 元	19.0	14.1	16.3	21.3	11.0	14.1
	601~1200 元	5.5	7.5	3.4	8.6	4.3	3.6
	1201~1700 元	9.6	6.2	9.7	10.3	9.1	6.9
	1701~2600 元	36.8	47.9	42.9	33.0	44.2	42.3
	2601~3500 元	15.0	12.0	11.0	10.2	16.2	17.9
	3501~5000 元	8.8	9.4	13.1	12.2	6.4	9.4
	5001 元及以上	5.3	2.9	3.6	4.4	8.8	5.8

表 3.39.6　2015~2017 年哈尔滨市场各类节目的播出份额(%)和收视份额(%)

节目类别	2015 年		2016 年		2017 年	
	播出份额	收视份额	播出份额	收视份额	播出份额	收视份额
财经	1.8	0.6	1.3	0.4	1.1	0.2
电视剧	20.2	31.9	20.8	30.0	22.3	34.3
电影	3.5	2.9	3.5	3.9	4.5	4.0
法制	0.9	0.7	0.8	0.8	1.0	0.9
教学	0.2	0.0	0.2	0.0	0.2	0.0
青少	6.2	2.9	6.6	3.8	7.2	3.7
生活服务	10.2	7.9	9.1	7.7	7.7	6.3
体育	2.7	2.4	3.0	3.1	3.5	2.6
外语	0.0	0.0	0.0	0.0	0.1	0.0
戏剧	0.9	0.2	0.8	0.2	0.8	0.2
新闻/时事	15.7	17.1	15.9	16.7	17.2	17.6
音乐	2.4	0.9	1.8	1.1	1.6	0.9
专题	12.8	4.8	13.5	5.0	14.4	5.7
综艺	10.4	16.1	10.5	16.1	9.5	15.6
其他	12.1	11.6	12.2	11.2	8.9	8.0

表 3.39.7　2017 年哈尔滨市场所有节目收视率排名前三十位

名次	节目名称	节目类型	播出频道	平均收视率（%）	平均占有率（%）
1	中央电视台 2017 元宵晚会	综艺	中央电视台综合频道	9.1	22.1
2	中央电视台 2017 春节联欢晚会	综艺	中央台四套	5.9	14.6
3	欢乐喜剧人(2 月 12 日)	综艺	上海东方卫视	4.7	15.3
4	中国新歌声(7 月 14 日)	综艺	浙江卫视	4.0	18.1
5	这个老妈不太冷	电视剧	黑龙江电视台影视频道	4.0	15.2
6	英雄之天雷地火	电视剧	黑龙江电视台影视频道	4.0	13.8
7	开学第一课	青少	中央电视台综合频道	3.9	16.4
8	人民的名义	电视剧	湖南卫视	3.8	12.3
9	守婚	电视剧	黑龙江电视台都市频道	3.8	11.1
10	2018 环球跨年冰雪盛典	综艺	黑龙江卫视	3.7	11.3
11	黄金赛场 超级足球之夜:2018 年世界杯亚洲区预选赛第三阶段 A 组第 7 轮(伊朗 VS 中国)	体育	中央台五套	3.7	9.9
12	最强大脑(3 月 24 日)	综艺	江苏卫视	3.6	13.6
13	野狼帮	电视剧	黑龙江电视台影视频道	3.6	12.8
14	残月啸天狼	电视剧	黑龙江电视台影视频道	3.6	12.6
15	英雄之雷神出击	电视剧	黑龙江电视台影视频道	3.6	12.3
16	开门大吉(2 月 1 日)	综艺	中央台三套	3.6	10.4
17	直播周末:2017 年世界乒乓球锦标赛男单 1/4 决赛	体育	中央台五套	3.5	12.0
18	第十三届全运会女子七项全能之七 800 米	体育	中央台五套	3.5	10.7
19	英雄之兄弟战队	电视剧	黑龙江电视台影视频道	3.4	12.0
20	黄金赛场:2017 年 CCTV 贺岁杯世界拳王争霸 IBF 女子迷你轻量级争霸赛	体育	中央台五套	3.2	17.7
21	风满山城义满天	电视剧	黑龙江电视台影视频道	3.2	13.9
22	2017 年中央电视台中秋晚会	综艺	中央电视台综合频道	3.2	11.5
23	你死我活	电视剧	黑龙江电视台影视频道	3.2	11.2
23	尖峰对决	电视剧	黑龙江电视台影视频道	3.2	11.2
25	平凡岁月	电视剧	黑龙江卫视	3.2	9.5
26	星光灿烂	电视剧	黑龙江卫视	3.2	8.4
27	英雄之勇往直前	电视剧	黑龙江电视台影视频道	3.1	11.6
28	热血男儿	电视剧	黑龙江电视台影视频道	3.1	10.9
29	左轮手枪	电视剧	黑龙江卫视	3.1	10.8
30	直播周末:2017 年世界女排大奖赛总决赛半决赛(中国队 VS 意大利队)	体育	中央台五套	3.1	10.1

表 3.39.8　2017 年哈尔滨市场电视剧收视率排名前十位

名次	节目名称	播出频道	平均收视率（%）	平均占有率（%）
1	这个老妈不太冷	黑龙江电视台影视频道	4.0	15.2
2	英雄之天雷地火	黑龙江电视台影视频道	4.0	13.8
3	人民的名义	湖南卫视	3.8	12.3
4	守婚	黑龙江电视台都市频道	3.8	11.1
5	野狼帮	黑龙江电视台影视频道	3.6	12.8
6	残月啸天狼	黑龙江电视台影视频道	3.6	12.6
7	英雄之雷神出击	黑龙江电视台影视频道	3.6	12.3
8	英雄之兄弟战队	黑龙江电视台影视频道	3.4	12.0
9	风满山城义满天	黑龙江电视台影视频道	3.2	13.9
10	你死我活	黑龙江电视台影视频道	3.2	11.2
10	尖峰对决	黑龙江电视台影视频道	3.2	11.2

表 3.39.9　2017 年哈尔滨市场新闻节目收视率排名前十位

名次	节目名称	播出频道	平均收视率（%）	平均占有率（%）
1	新闻夜航	黑龙江电视台都市频道	2.3	9.0
2	小佳怡找到了(2 月 7 日)	黑龙江电视台都市频道	2.2	7.3
3	一带一路国际合作高峰论坛特别报道	黑龙江卫视	2.0	6.8
4	海峡两岸	中央台四套	1.9	5.7
5	转播中央台新闻联播	黑龙江卫视	1.8	6.6
6	今日关注	中央台四套	1.6	6.7
7	中国舆论场	中央台四套	1.6	4.7
8	新闻联播	黑龙江卫视	1.3	5.9
9	新闻联播（10 月 18、24、25 日）	中央台四套	1.3	4.0
10	今日亚洲	中央台四套	1.2	3.8

表 3.39.10　2017 年哈尔滨市场专题节目收视率排名前十位

名次	节目名称	播出频道	平均收视率（%）	平均占有率（%）
1	一年又一年	中央电视台综合频道	2.8	11.1
2	中国梦新征程	黑龙江电视台影视频道	2.2	8.7
3	十九大最前线党代表访谈	黑龙江电视台影视频道	2.2	8.0
4	1212 接力爱公益晚会	黑龙江电视台文体频道	2.2	7.5
5	微说	黑龙江电视台文体频道	1.6	7.4
6	打铁还需自身硬	中央电视台综合频道	1.6	4.3
7	你们都是好样的福建省纪念三八妇女节 107 周年	东南卫视	1.5	4.2
8	中国成语大会 2015 决赛第六场	中央电视台综合频道	1.4	5.7
9	总书记为俺家算清了脱贫账	中央电视台综合频道	1.4	3.8
10	全运者说	中央台五套	1.3	5.5

表 3.39.11 2017 年哈尔滨市场综艺节目收视率排名前十位

名次	节目名称	播出频道	平均收视率（%）	平均占有率（%）
1	中央电视台 2017 元宵晚会	中央电视台综合频道	9.1	22.1
2	中央电视台 2017 春节联欢晚会	中央台四套	5.9	14.6
3	欢乐喜剧人(2 月 12 日)	上海东方卫视	4.7	15.3
4	中国新歌声(7 月 14 日)	浙江卫视	4.0	18.1
5	2018 环球跨年冰雪盛典	黑龙江卫视	3.7	11.3
6	最强大脑(3 月 24 日)	江苏卫视	3.6	13.6
7	开门大吉(2 月 1 日)	中央台三套	3.6	10.4
8	2017 年中央电视台中秋晚会	中央电视台综合频道	3.2	11.5
9	2017 湖南卫视小年夜春晚	湖南卫视	2.9	8.6
10	越战越勇 (9 月 13 日)	中央台三套	2.9	8.4

表 3.39.12 2017 年哈尔滨市场体育节目收视率排名前十位

名次	节目名称	播出频道	平均收视率（%）	平均占有率（%）
1	黄金赛场 超级足球之夜:2018 年世界杯亚洲区预选赛第三阶段 A 组第 7 轮(伊朗 VS 中国)	中央台五套	3.7	9.9
2	直播周末:2017 年世界乒乓球锦标赛男单 1/4 决赛	中央台五套	3.5	12.0
3	第十三届全运会女子七项全能之七 800 米	中央台五套	3.5	10.7
4	黄金赛场:2017 年 CCTV 贺岁杯世界拳王争霸 IBF 女子迷你轻量级争霸赛	中央台五套	3.2	17.7
5	直播周末:2017 年世界女排大奖赛总决赛半决赛(中国队 VS 意大利队)	中央台五套	3.1	10.1
6	第十三届全运会男子 1500 米自由泳决赛	中央台五套	3.0	18.9
7	直播周末:2017 年国际女排大冠军杯赛(中国队 VS 日本队)	中央台五套	3.0	12.8
8	黄金赛场:2017 年 CCTV 贺岁杯 IBF 重量级国际拳王金腰带争霸赛	中央台五套	2.4	8.6
9	中华人民共和国第十三届运动会开幕式	中央台五套	2.2	8.2
10	黄金赛场:2017 年世界田径锦标赛女子链球资格赛 B 组	中央台五套	2.2	7.5

四十、海口收视数据

表 3.40.1 2013~2017 年海口市场各类频道的市场占有率(%)

频道类别	年份				
	2013 年	2014 年	2015 年	2016 年	2017 年
中央电视台频道	34.9	32.1	31.2	33.0	34.1
中国教育电视台频道	0.9	0.9	0.5	0.3	0.1
海南省级频道	17.5	19.0	22.0	20.0	17.9
海口市级频道	6.9	8.5	6.7	4.8	4.4
其他省级卫视频道	32.6	31.4	30.9	30.5	30.3
其他频道	7.2	8.1	8.7	11.4	13.2

表 3.40.2 2017 年海口市场各类频道在不同目标观众中的市场占有率(%)

目标观众		中央电视台频道	中国教育电视台频道	海南省级频道	海口市级频道	其他省级卫视频道	其他频道
4 岁及以上所有人		34.0	0.1	17.8	4.4	30.3	13.2
性别	男	35.6	0.1	18.0	4.7	27.7	13.8
	女	32.5	0.1	17.7	4.1	32.9	12.7
年龄	4~14 岁	30.2	0.1	11.2	2.4	42.0	14.1
	15~24 岁	25.9	0.1	19.3	2.9	32.3	19.4
	25~34 岁	26.2	0.1	17.9	3.1	35.8	16.7
	35~44 岁	33.5	0.1	15.3	4.9	29.6	16.5
	45~54 岁	37.6	0.1	19.0	4.1	29.9	9.1
	55~64 岁	37.7	0.1	22.2	7.2	23.0	9.7
	65 岁及以上	46.5	0.0	21.1	6.7	14.7	10.8
教育程度	未受过正规教育	37.0	0.0	12.4	3.9	34.1	12.5
	小学	28.8	0.1	21.1	3.9	32.0	13.9
	初中	31.3	0.1	18.4	4.5	32.1	13.4
	高中	38.0	0.1	16.9	5.0	27.3	12.6
	大学及以上	49.1	0.1	14.4	4.2	18.7	13.2
职业类别	干部/管理人员	29.4	0.1	14.4	3.2	27.5	25.3
	个体/私营企业人员	33.9	0.1	19.6	3.7	25.4	17.1
	初级公务员/雇员	37.2	0.1	19.5	5.0	26.3	11.8
	工人	30.7	0.1	20.1	4.5	30.5	14.0
	学生	27.0	0.1	11.5	2.6	43.0	15.7
	无业	38.8	0.1	16.7	4.9	28.3	11.1
	其他	30.4	0.2	21.9	5.1	30.7	11.7
个人月收入	0~600 元	29.7	0.1	16.7	3.6	35.4	14.3
	601~1200 元	30.2	0.1	16.4	3.4	34.7	15.0
	1201~1700 元	31.9	0.2	19.7	4.1	32.1	12.0
	1701~2600 元	35.3	0.1	19.7	5.6	26.6	12.5
	2601~3500 元	38.4	0.2	18.9	5.4	25.1	12.0
	3501~5000 元	46.2	0.0	13.7	3.6	25.8	10.5
	5001 元及以上	42.9	0.1	14.9	3.1	22.8	16.2

表 3.40.3 2017 年海口市场各类频道在不同时段的市场占有率(%)

时间段	中央电视台频道	中国教育电视台频道	海南省级频道	海口市级频道	其他省级卫视频道	其他频道
02:00~03:00	23.1	0.3	5.9	0.3	47.2	23.3
03:00~04:00	22.1	0.2	5.1	0.0	45.6	27.0
04:00~05:00	25.1	0.0	3.8	0.0	40.9	30.2
05:00~06:00	29.6	0.0	6.2	0.0	36.7	27.5
06:00~07:00	51.5	0.1	4.7	1.3	24.3	18.1
07:00~08:00	52.0	0.1	8.8	1.2	27.1	10.8
08:00~09:00	45.5	0.1	7.6	1.0	32.7	13.2
09:00~10:00	39.1	0.1	9.2	1.7	35.7	14.3
10:00~11:00	38.7	0.1	10.4	1.4	35.2	14.2
11:00~12:00	41.0	0.0	11.2	0.9	33.4	13.4
12:00~13:00	47.4	0.0	8.8	1.2	30.3	12.3
13:00~14:00	40.0	0.2	10.3	1.6	32.4	15.4
14:00~15:00	35.8	0.4	10.3	1.6	35.2	16.8
15:00~16:00	36.0	0.2	10.2	1.4	35.2	17.0
16:00~17:00	35.3	0.2	9.4	1.1	37.0	17.0
17:00~18:00	35.6	0.1	10.9	2.8	34.1	16.5
18:00~19:00	31.3	0.1	32.9	7.6	15.8	12.4
19:00~20:00	38.0	0.0	26.2	6.3	18.8	10.8
20:00~21:00	29.0	0.0	20.8	8.8	30.9	10.5
21:00~22:00	28.8	0.1	20.8	8.4	30.3	11.7
22:00~23:00	28.7	0.1	21.0	2.4	34.2	13.6
23:00~24:00	27.1	0.1	23.2	1.7	34.0	13.9
24:00~25:00	30.6	0.2	16.4	1.3	32.8	18.7
25:00~26:00	27.6	0.2	5.0	2.7	42.3	22.3

表 3.40.4 2017 年海口市场收视份额排名前十位的频道

名次	频道名称	收视份额(%)
1	海南广播电视总台综合频道	8.2
2	湖南卫视	6.4
3	中央台八套	5.7
4	中央电视台综合频道	5.0
5	中央电视台少儿频道	4.7
6	海南广播电视总台公共频道	3.7
6	中央台六套	3.7
8	中央台四套	3.4
9	海口广播电视台新闻综合频道(无线)	3.3
9	海南广播电视总台影视综艺频道	3.3

表 3.40.5　2017 年海口市场各主要频道的观众构成(%)

目标观众		所有频道	主要频道				
			海南广播电视总台综合频道	湖南卫视	中央台八套	中央电视台综合频道	中央电视台少儿频道
4 岁及以上所有人		100.0	100.0	100.0	100.0	100.0	100.0
性别	男性	50.7	49.3	39.0	43.3	46.0	49.7
	女性	49.3	50.7	61.0	56.7	54.0	50.3
年龄	4~14 岁	16.5	6.6	22.2	5.8	7.9	52.9
	15~24 岁	9.8	9.8	12.8	8.4	6.0	4.9
	25~34 岁	15.4	13.3	21.2	11.5	9.5	19.0
	35~44 岁	11.3	8.2	13.9	11.6	9.3	5.7
	45~54 岁	20.4	22.6	14.1	19.0	22.3	13.5
	55~64 岁	15.3	22.4	12.4	23.9	23.7	2.8
	65 岁及以上	11.3	17.1	3.4	19.8	21.3	1.2
教育程度	未受正规教育	9.1	4.3	6.3	5.1	7.7	32.5
	小学	21.9	26.4	27.1	22.0	14.5	25.8
	初中	38.9	35.7	47.5	37.8	31.3	26.7
	高中	23.5	27.0	17.3	27.7	30.5	12.9
	大学及以上	6.6	6.6	1.8	7.4	16.0	2.1
职业类别	干部/管理人员	1.1	1.2	1.2	0.4	0.7	1.7
	初级公务员/雇员	10.6	13.3	5.5	10.7	10.5	4.7
	个体/私营企业人员	8.1	8.7	5.7	13.2	11.2	4.1
	工人	21.8	21.2	25.7	18.1	15.3	13.9
	学生	11.9	4.9	20.6	4.6	6.2	21.6
	无业	36.6	38.9	28.8	44.0	50.3	48.1
	其他	9.9	11.8	12.5	9.0	5.8	5.9
个人月收入	0~600 元	35.1	32.5	41.8	26.5	20.9	67.7
	601~1200 元	5.0	3.4	4.5	3.0	4.0	4.2
	1201~1700 元	9.6	11.3	9.2	12.5	7.3	3.6
	1701~2600 元	29.9	32.8	30.0	34.0	35.8	10.9
	2601~3500 元	9.9	11.7	9.1	6.8	17.1	6.4
	3501~5000 元	6.0	4.1	3.8	14.6	8.6	2.7
	5001 元及以上	4.5	4.2	1.6	2.6	6.3	4.5

表 3.40.6　2015~2017 年海口市场各类节目的播出份额(%)和收视份额(%)

节目类别	2015 年		2016 年		2017 年	
	播出份额	收视份额	播出份额	收视份额	播出份额	收视份额
财经	1.8	0.7	1.3	0.6	1.1	0.7
电视剧	21.0	36.7	21.3	33.6	22.6	37.9
电影	4.6	7.3	4.5	7.2	4.2	6.5
法制	0.9	0.6	0.9	0.5	1.0	0.3
教学	0.2	0.0	0.2	0.0	0.3	0.0
青少	6.8	8.1	7.0	10.2	7.2	9.8
生活服务	8.9	6.1	8.3	6.1	7.5	5.8
体育	2.8	1.8	3.1	2.3	3.2	1.9
外语	0.0	0.0	0.0	0.0	0.1	0.0
戏剧	0.8	0.0	0.8	0.1	0.8	0.1
新闻/时事	15.7	11.1	15.9	11.3	16.3	9.9
音乐	2.5	0.6	2.0	0.8	1.6	1.1
专题	13.1	6.6	13.6	6.4	14.0	6.5
综艺	8.7	10.5	9.0	11.1	7.8	9.2
其他	12.2	9.9	12.1	9.8	12.2	10.3

表 3.40.7 2017 年海口市场所有节目收视率排名前三十位

名次	节目名称	节目类型	播出频道	平均收视率（%）	平均占有率（%）
1	黄金赛场：2017 年世界女排大奖赛总决赛小组赛（中国队 VS 荷兰队）	体育	中央台五套	8.5	26.2
2	因为遇见你	电视剧	湖南卫视	7.2	23.9
3	山河同在	电视剧	海南广播电视总台综合频道	5.4	19.1
4	勇者使命	电视剧	海南广播电视总台综合频道	5.4	18.3
5	美味奇缘之二	电视剧	湖南卫视	5.2	18.0
6	擒蛇	电视剧	海南广播电视总台综合频道	4.9	17.6
7	历史的对决	电视剧	海南广播电视总台综合频道	4.8	17.4
8	血债血偿	电视剧	海南广播电视总台综合频道	4.3	15.4
9	美味奇缘	电视剧	湖南卫视	4.3	15.0
10	谍影重重	电视剧	海南广播电视总台综合频道	4.1	15.1
11	我们的少年时代	电视剧	湖南卫视	4.0	15.1
12	天涯赤子心	电视剧	海南广播电视总台综合频道	4.0	13.9
13	铁血荣耀(1~2 集)	电视剧	海南广播电视总台综合频道	3.9	15.5
14	夏至未至	电视剧	湖南卫视	3.9	14.6
15	快乐中国 20172018 跨年演唱会	音乐	湖南卫视	3.7	18.6
16	擎天无影脚黄麒英（1 月 30 日）	电影	中央台六套	3.7	13.6
17	人间至味是清欢	电视剧	湖南卫视	3.7	12.8
18	黄飞鸿之四王者风范	电影	中央台六套	3.5	12.8
19	战火中的兄弟	电视剧	海南广播电视总台综合频道	3.5	12.6
20	直播海南	新闻/时事	海南广播电视总台综合频道	3.2	24.0
21	中央电视台 2017 元宵晚会	综艺	中央电视台综合频道	3.2	11.0
22	动画片：火力少年王悠拳英雄	青少	湖南电视台金鹰卡通频道	3.2	10.7
23	中央电视台 2017 春节联欢晚会	综艺	中央电视台综合频道	3.1	11.9
24	举起手来	电影	中央台六套	3.0	11.1
25	风暴	电影	中央台六套	2.9	8.5
26	孤芳不自赏追剧抢鲜看	综艺	湖南卫视	2.8	10.5
27	嗨住海南民宿	生活服务	海南广播电视总台综合频道	2.7	12.4
28	极限救援	电影	中央台六套	2.7	12.2
29	僵尸先生	电影	海南广播电视总台影视综艺频道	2.7	10.3
30	2017 湖南卫视小年夜春晚	综艺	湖南卫视	2.7	9.8

表 3.40.8　2017 年海口市场电视剧收视率排名前十位

名次	节目名称	播出频道	平均收视率(%)	平均占有率(%)
1	因为遇见你	湖南卫视	7.2	23.9
2	山河同在	海南广播电视总台综合频道	5.4	19.1
3	勇者使命	海南广播电视总台综合频道	5.4	18.3
4	美味奇缘之二	湖南卫视	5.2	18.0
5	擒蛇	海南广播电视总台综合频道	4.9	17.6
6	历史的对决	海南广播电视总台综合频道	4.8	17.4
7	血债血偿	海南广播电视总台综合频道	4.3	15.4
8	美味奇缘	湖南卫视	4.3	15.0
9	谍影重重	海南广播电视总台综合频道	4.1	15.1
10	我们的少年时代	湖南卫视	4.0	15.1

表 3.40.9　2017 年海口市场新闻节目收视率排名前十位

名次	节目名称	播出频道	平均收视率(%)	平均占有率(%)
1	直播海南	海南广播电视总台综合频道	3.2	24.0
2	新闻联播	中央电视台综合频道	1.8	8.9
3	紫荆花开 20 年香港回归祖国二十周年特别报道	中央台四套	1.7	6.1
4	海南新闻联播(10 月 15 日)	海口广播电视台新闻综合频道(无线)	1.6	5.9
5	新闻联播(10 月 18、24、25 日)	中央台四套	1.4	5.1
6	香港回归祖国 20 周年特别报道	中央电视台综合频道	1.3	4.5
7	金砖国家领导人第九次会晤特别报道	中央台三套	1.2	3.6
8	中国共产党第十九次全国代表大会开幕会专题新闻	中央电视台综合频道	1.1	3.9
9	海峡两岸	中央台四套	1.1	3.8
10	热带播报	海口广播电视台新闻综合频道(无线)	1.0	7.1

表 3.40.10　2017 年海口市场专题节目收视率排名前十位

名次	节目名称	播出频道	平均收视率(%)	平均占有率(%)
1	绿色农业进行时	海南广播电视总台综合频道	2.2	11.9
2	寻情记	海南广播电视总台公共频道	2.1	10.3
3	香港发展一直牵动着我的心 习近平香港行纪实	中央电视台综合频道	2.0	8.9
4	国家记忆	海南广播电视总台综合频道	2.0	7.6
5	一代粽师端午特别节目	海南广播电视总台综合频道	1.8	7.5
6	不忘初心牢记使命永远奋斗	中央电视台综合频道	1.6	6.2
7	两学一做电视夜校	海南广播电视总台综合频道	1.4	4.9
8	打铁还需自身硬	中央电视台综合频道	1.3	4.4
9	大国外交	中央电视台综合频道	1.3	4.2
10	暖心餐桌	海南广播电视总台综合频道	1.1	5.3

表 3.40.11　2017 年海口市场综艺节目收视率排名前十位

名次	节目名称	播出频道	平均收视率（%）	平均占有率（%）
1	中央电视台 2017 元宵晚会	中央电视台综合频道	3.2	11.0
2	中央电视台 2017 春节联欢晚会	中央电视台综合频道	3.1	11.9
3	孤芳不自赏追剧抢鲜看	湖南卫视	2.8	10.5
4	2017 湖南卫视小年夜春晚	湖南卫视	2.7	9.8
5	开门大吉(2 月 2 日)	中央三套	2.7	8.8
6	快乐大本营	湖南卫视	2.6	9.6
7	我想和你唱(7 月 15 日)	湖南卫视	2.4	13.7
8	我们来了	湖南卫视	2.4	8.4
9	2017 元宵喜乐会	湖南卫视	2.4	7.9
10	星光大道 2016 年度总决赛(1 月 25 日)	中央电视台综合频道	2.2	8.9

表 3.40.12　2017 年海口市场体育节目收视率排名前十位

名次	节目名称	播出频道	平均收视率（%）	平均占有率（%）
1	黄金赛场:2017 年世界女排大奖赛总决赛小组赛（中国队 VS 荷兰队）	中央台五套	8.5	26.2
2	中华人民共和国第十三届运动会开幕式	中央台四套	2.2	6.9
3	2017 年第十三届全运会乒乓球男单决赛	中央台五套	2.1	17.0
4	第十三届全运会女子 4×100 米接力决赛	中央台五套	2.0	7.5
5	黄金赛场 神奇水世界:17 年国际泳联世锦赛跳水组合双人十米台决赛	中央台五套	2.0	7.3
6	第十三届全运会男子 200 米仰泳决赛	中央台五套	1.9	11.5
7	现场直播:国际足联 2018 年世界杯亚洲区预选赛第三阶段 A 组第 10 轮(卡塔尔 VS 中国)	中央台五套	1.8	16.6
8	黄金赛场:2017 年 CCTV 贺岁杯世界拳王争霸 IBF 女子迷你轻量级争霸赛	中央台五套	1.7	9.9
9	第十三届全运会女子举重 63 公斤级决赛挺举	中央台五套	1.7	5.0
10	实况录像:2017 年世界体操锦标赛女子平衡木决赛	中央台五套	1.6	5.2

四十一、杭州收视数据

表 3.41.1　2013～2017 年杭州市场各类频道的市场占有率(%)

频道类别	年份				
	2013 年	2014 年	2015 年	2016 年	2017 年
中央电视台频道	13.6	15.5	16.4	20.2	22.4
中国教育电视台频道	0.1	0.1	0.1	0.1	0.1
浙江省级频道	39.2	37.0	35.6	31.7	20.2
杭州市级频道	19.8	17.6	15.5	13.6	16.7
其他省级卫视频道	19.1	20.9	23.0	21.7	23.1
其他频道	8.2	8.9	9.4	12.7	17.5

表 3.41.2　2017 年杭州市场各类频道在不同目标观众中的市场占有率(%)

目标观众		中央电视台频道	中国教育电视台频道	浙江省级频道	杭州市级频道	其他省级卫视频道	其他频道
4 岁及以上所有人		22.4	0.1	20.2	16.7	23.1	17.5
性别	男	25.4	0.1	18.2	17.2	22.4	16.7
	女	19.6	0.1	22.2	16.1	23.8	18.2
年龄	4～14 岁	16.4	0.1	14.6	10.6	34.1	24.2
	15～24 岁	17.6	0.1	24.0	14.5	20.3	23.5
	25～34 岁	16.3	0.1	25.6	14.2	23.3	20.5
	35～44 岁	19.6	0.1	16.7	16.1	25.4	22.1
	45～54 岁	21.9	0.1	22.4	18.7	22.4	14.5
	55～64 岁	27.2	0.1	16.9	17.4	21.9	16.5
	65 岁及以上	31.5	0.1	16.8	19.0	21.7	10.9
教育程度	未受过正规教育	18.1	0.1	16.4	18.0	28.0	19.4
	小学	23.0	0.1	18.0	17.1	24.8	17.0
	初中	25.7	0.1	18.0	18.0	23.1	15.1
	高中	22.9	0.1	20.1	16.1	25.1	15.7
	大学及以上	18.9	0.1	23.9	15.4	20.6	21.1
职业类别	干部/管理人员	15.7	0.1	25.2	12.4	19.1	27.5
	个体/私营企业人员	21.4	0.1	18.2	19.4	23.6	17.3
	初级公务员/雇员	18.2	0.1	24.5	17.0	21.9	18.3
	工人	22.4	0.2	22.6	19.2	24.0	11.6
	学生	16.5	0.1	20.4	9.2	31.0	22.8
	无业	27.7	0.1	16.3	17.4	23.0	15.5
	其他	26.5	0.5	21.4	6.2	28.9	16.5
个人月收入	0～600 元	19.5	0.1	17.8	13.2	27.0	22.4
	601～1200 元	19.1	0.1	28.1	15.9	27.6	9.2
	1201～1700 元	25.4	0.1	23.7	17.9	19.8	13.1
	1701～2600 元	23.3	0.1	22.4	21.1	23.4	9.7
	2601～3500 元	23.0	0.1	19.4	16.7	22.3	18.5
	3501～5000 元	22.4	0.1	21.0	16.1	22.9	17.5
	5001 元及以上	23.6	0.1	20.5	18.2	20.7	16.9

表 3.41.3 2017 年杭州市场各类频道在不同时段的市场占有率(%)

时间段	中央电视台频道	中国教育电视台频道	浙江省级频道	杭州市级频道	其他省级卫视频道	其他频道
02:00~03:00	24.1	0.1	14.2	1.6	33.7	26.3
03:00~04:00	25.2	0.1	15.4	1.4	34.7	23.2
04:00~05:00	29.8	0.1	15.9	1.1	33.1	20.0
05:00~06:00	34.2	0.0	18.7	1.0	29.5	16.6
06:00~07:00	45.6	0.2	15.5	3.5	19.6	15.6
07:00~08:00	41.0	0.2	14.6	6.3	20.7	17.2
08:00~09:00	37.6	0.2	13.5	5.1	28.5	15.1
09:00~10:00	32.4	0.1	14.9	4.0	32.1	16.5
10:00~11:00	31.7	0.2	13.6	4.0	32.5	18.0
11:00~12:00	36.9	0.1	10.6	3.7	29.5	19.2
12:00~13:00	37.4	0.1	9.3	6.3	28.3	18.6
13:00~14:00	31.7	0.3	11.2	3.7	32.3	20.8
14:00~15:00	28.8	0.4	9.8	4.1	34.8	22.1
15:00~16:00	27.4	0.4	9.4	5.8	34.1	22.9
16:00~17:00	27.6	0.3	13.4	4.9	32.6	21.2
17:00~18:00	30.1	0.1	16.2	7.6	28.2	17.8
18:00~19:00	19.2	0.0	29.0	25.7	11.1	15.0
19:00~20:00	14.6	0.0	29.1	28.2	14.3	13.8
20:00~21:00	15.1	0.0	25.6	23.9	21.6	13.8
21:00~22:00	16.9	0.1	21.7	26.8	19.1	15.4
22:00~23:00	20.3	0.1	18.3	13.1	26.6	21.6
23:00~24:00	23.9	0.1	13.3	5.3	31.5	25.9
24:00~25:00	24.4	0.2	14.7	4.8	24.1	31.8
25:00~26:00	24.8	0.2	14.7	2.6	26.9	30.8

表 3.41.4 2017 年杭州市场收视份额排名前十位的频道

名次	频道名称	收视份额(%)
1	杭州电视台西湖明珠频道	7.1
2	浙江电视台教育科技频道	5.3
3	浙江卫视	4.2
4	浙江电视台钱江都市频道	4.1
5	中央台四套	3.7
6	中央电视台新闻频道	3.4
6	杭州电视台综合频道	3.4
8	杭州电视台影视频道	3.2
9	中央电视台综合频道	2.9
10	浙江电视台经济生活频道	2.7

表 3.41.5　2017 年杭州市场各主要频道的观众构成(%)

目标观众		所有频道	杭州电视台西湖明珠频道	浙江电视台教育科技频道	浙江卫视	杭州电视台钱江都市频道	中央台四套
4 岁及以上所有人		100.0	100.0	100.0	100.0	100.0	100.0
性别	男	49.7	50.2	41.2	47.5	47.9	64.6
	女	50.3	49.8	58.8	52.5	52.1	35.4
年龄	4～14 岁	5.0	2.8	1.6	7.7	3.8	1.4
	15～24 岁	8.3	8.3	7.4	14.6	10.1	3.7
	25～34 岁	17.4	14.8	28.4	20.6	13.6	8.6
	35～44 岁	10.6	13.2	4.8	14.5	11.2	5.6
	45～54 岁	25.5	30.5	25.4	23.6	32.4	25.9
	55～64 岁	18.9	21.0	15.6	10.2	19.7	27.3
	65 岁及以上	14.3	9.4	16.8	8.8	9.2	27.5
教育程度	未受过正规教育	3.4	2.4	2.0	2.5	4.1	1.7
	小学	12.9	12.8	13.6	11.8	9.3	10.3
	初中	31.2	30.8	28.6	24.6	31.1	41.6
	高中	21.6	20.9	19.5	24.1	19.8	24.6
	大学及以上	30.9	33.1	36.3	37.0	35.7	21.8
职业类别	干部/管理人员	6.3	5.3	6.8	6.2	7.7	4.2
	个体/私营企业人员	8.7	13.2	4.8	8.4	12.4	9.0
	初级公务员/雇员	29.0	34.4	40.8	32.2	34.0	20.5
	工人	7.9	7.7	9.3	7.1	7.2	7.8
	学生	6.7	3.5	3.4	16.5	4.2	1.8
	无业	40.7	35.8	33.7	29.0	34.3	56.0
	其他	0.7	0.1	1.2	0.6	0.2	0.7
个人月收入	0～600 元	15.9	10.6	8.3	27.1	12.8	7.6
	601～1200 元	1.0	1.5	0.9	1.4	1.2	0.8
	1201～1700 元	2.1	1.4	4.1	2.0	1.7	1.6
	1701～2600 元	9.8	12.2	12.9	7.5	11.3	11.9
	2601～3500 元	24.4	21.9	30.1	16.8	22.3	26.0
	3501～5000 元	27.6	29.5	26.5	25.4	28.3	32.9
	5001 元及以上	19.2	22.9	17.2	19.8	22.4	19.2

表 3.41.6　2015～2017 年杭州市场各类节目的播出份额(%)和收视份额(%)

节目类别	2015 年		2016 年		2017 年	
	播出份额	收视份额	播出份额	收视份额	播出份额	收视份额
财经	1.8	1.1	1.5	1.2	1.4	1.0
电视剧	19.5	28.1	20.0	27.6	20.5	28.1
电影	3.4	1.7	3.3	2.1	3.4	2.5
法制	0.8	0.6	0.7	0.4	0.8	0.4
教学	0.2	0.0	0.2	0.0	0.4	0.0
青少	6.5	3.1	6.6	2.5	6.8	3.4
生活服务	11.7	14.8	10.2	12.3	10.3	11.7
体育	2.8	1.5	3.0	1.9	3.2	1.5
外语	0.0	0.0	0.0	0.0	0.1	0.0
戏剧	0.8	0.3	0.8	0.2	0.8	0.3
新闻/时事	15.0	19.1	15.0	20.3	15.4	20.0
音乐	2.4	0.7	1.8	0.7	1.4	0.9
专题	13.3	4.9	14.3	5.6	13.9	5.4
综艺	8.9	10.2	10.0	12.0	8.6	11.6
其他	12.9	13.9	12.6	13.2	13.0	13.2

表 3.41.7　2017 年杭州市场所有节目收视率排名前三十位

名次	节目名称	节目类型	播出频道	平均收视率(%)	平均占有率(%)
1	中央电视台 2017 春节联欢晚会	综艺	中央电视台综合频道	7.0	18.8
2	寂寞空庭春欲晚	电视剧	浙江电视台钱江都市频道	6.6	17.2
3	中国新歌声(8 月 4 日)	综艺	浙江卫视	5.4	20.7
4	创业天堂 2017 年杭商迎春会	综艺	杭州电视台西湖明珠频道	5.2	13.8
5	阿六头说新闻	新闻	杭州电视台西湖明珠频道	5.1	19.4
6	双刺	电视剧	浙江电视台钱江都市频道	4.9	15.4
7	一年又一年	专题	中央电视台综合频道	4.7	16.9
8	领跑 2018 演唱会	音乐	浙江卫视	4.5	18.0
9	活法	电视剧	浙江电视台钱江都市频道	4.5	14.3
10	和事佬	生活服务	杭州电视台西湖明珠频道	4.2	13.4
11	开心戏剧社	综艺	杭州电视台西湖明珠频道	4.2	12.5
12	嫂子嫂子	电视剧	浙江电视台钱江都市频道	4.0	12.6
13	开心茶馆	综艺	杭州电视台西湖明珠频道	4.0	11.9
14	南京爱情	电视剧	浙江电视台教育科技频道	4.0	11.3
15	信者无敌	电视剧	浙江电视台教育科技频道	3.9	10.5
16	奔跑吧	综艺	浙江卫视	3.8	16.9
17	我和你说	新闻	杭州电视台生活频道	3.8	12.2
18	致单身男女	电视剧	浙江电视台钱江都市频道	3.8	12.1
19	明珠新闻	新闻	杭州电视台西湖明珠频道	3.7	13.6
20	将婚姻进行到底	电视剧	浙江电视台钱江都市频道	3.7	11.5
21	星夜喜乐汇	综艺	杭州电视台综合频道	3.5	13.3
22	游击英雄	电视剧	杭州电视台影视频道	3.5	9.6
23	中国新歌声中秋演唱会特辑	综艺	浙江卫视	3.4	11.3
24	人民的名义	电视剧	湖南卫视	3.4	10.5
25	铁核桃之无间风云	电视剧	浙江电视台教育科技频道	3.3	11.6
26	综艺星天地	综艺	杭州电视台西湖明珠频道	3.3	9.5
27	跨界歌王(5 月 6 日)	综艺	北京卫视	3.2	11.5
28	绝地枪王二之松花江上的枪声	电视剧	浙江电视台教育科技频道	3.2	11.3
29	战地枪王	电视剧	浙江电视台教育科技频道	3.2	11.2
30	黄金赛场 超级足球之夜：2018 年世界杯亚洲区预选赛第三阶段 A 组第 7 轮(伊朗 VS 中国)	体育	中央台五套	3.1	9.3

表 3.41.8　2017 年杭州市场电视剧收视率排名前十位

名次	节目名称	播出频道	平均收视率(%)	平均占有率(%)
1	寂寞空庭春欲晚	浙江电视台钱江都市频道	6.6	17.2
2	双刺	浙江电视台钱江都市频道	4.9	15.4
3	活法	浙江电视台钱江都市频道	4.5	14.3
4	嫂子嫂子	浙江电视台钱江都市频道	4.0	12.6
5	南京爱情	浙江电视台教育科技频道	4.0	11.3
6	信者无敌	浙江电视台教育科技频道	3.9	10.5
7	致单身男女	浙江电视台钱江都市频道	3.8	12.1
8	将婚姻进行到底	浙江电视台钱江都市频道	3.7	11.5
9	游击英雄	杭州电视台影视频道	3.5	9.6
10	人民的名义	湖南卫视	3.4	10.5

表 3.41.9　2017 年杭州市场新闻节目收视率排名前十位

名次	节目名称	播出频道	平均收视率(%)	平均占有率(%)
1	阿六头说新闻	杭州电视台西湖明珠频道	5.1	19.4
2	我和你说	杭州电视台生活频道	3.8	12.2
3	明珠新闻	杭州电视台西湖明珠频道	3.7	13.6
4	一带一路国际合作高峰论坛特别报道	浙江卫视	2.5	7.7
5	明珠快报	杭州电视台西湖明珠频道	2.3	10.5
6	转播中央台新闻联播	杭州电视台综合频道	2.3	8.1
7	明珠手语新闻	杭州电视台西湖明珠频道	2.2	9.9
8	新闻 60 分	杭州电视台综合频道	2.1	10.3
9	李克强总理会见中外记者并回答提问	中央电视台综合频道	1.9	4.8
10	范大姐帮忙	浙江电视台钱江都市频道	1.8	7.7

表 3.41.10　2017 年杭州市场专题节目收视率排名前十位

名次	节目名称	播出频道	平均收视率(%)	平均占有率(%)
1	一年又一年	中央电视台综合频道	4.7	16.9
2	最美浙江人最美工匠发布	浙江电视台钱江都市频道	3.0	10.3
3	杭州市党员干部廉洁好家风主题晚会	杭州电视台西湖明珠频道	2.7	9.6
4	全国道德模范与身边好人中国好医生中国好护士现场交流活动	浙江电视台钱江都市频道	2.5	7.5
5	2016 年度风云浙商颁奖典礼倒计时	浙江电视台经济生活频道	2.5	6.8
6	寻梦中国元旦特别节目	中央台四套	2.3	10.4
7	红船缘	浙江卫视	2.1	19.2
8	向上吧！诗词(10 月 15 日)	浙江卫视	2.0	10.0
9	环绕亚洲想要留给后代的美丽风景	杭州电视台综合频道	1.9	6.1
10	中国成语大会 2015 决赛第五场	中央电视台综合频道	1.7	8.5

表 3.41.11　2017 年杭州市场综艺节目收视率排名前十位

名次	节目名称	播出频道	平均收视率（%）	平均占有率（%）
1	中央电视台 2017 春节联欢晚会	中央电视台综合频道	7.0	18.8
2	中国新歌声(8 月 4 日)	浙江卫视	5.4	20.7
3	创业天堂 2017 年杭商迎春会	杭州电视台西湖明珠频道	5.2	13.8
4	开心戏剧社	杭州电视台西湖明珠频道	4.2	12.5
5	开心茶馆	杭州电视台西湖明珠频道	4.0	11.9
6	奔跑吧	浙江卫视	3.8	16.9
7	星夜喜乐汇	杭州电视台综合频道	3.5	13.3
8	中国新歌声中秋演唱会特辑	浙江卫视	3.4	11.3
9	综艺星天地	杭州电视台西湖明珠频道	3.3	9.5
10	跨界歌王(5 月 6 日)	北京卫视	3.2	11.5

表 3.41.12　2017 年杭州市场体育节目收视率排名前十位

名次	节目名称	播出频道	平均收视率（%）	平均占有率（%）
1	黄金赛场 超级足球之夜:2018 年世界杯亚洲区预选赛第三阶段 A 组第 7 轮(伊朗 VS 中国)	中央台五套	3.1	9.3
2	第十三届全运会男子 200 米决赛	中央台五套	2.6	8.2
3	神奇水世界:2017 年国际泳联世锦赛女子 4×100 米自由泳接力决赛	中央台五套	2.1	6.4
4	第十三届全运会男子 800 米自由泳决赛	中央台五套	2.0	6.3
5	黄金赛场:2017 年世界乒乓球锦标赛男单决赛	中央台五套	1.9	6.4
6	第十三届全国学生运动会女子大学乙组100 米蛙泳决赛	杭州电视台影视频道	1.8	7.3
7	黄金赛场:2017 年 CBA 全明星赛扣篮大赛决赛	中央台五套	1.8	4.8
8	中华人民共和国第十三届学生运动会游泳比赛大学组颁奖仪式	杭州电视台影视频道	1.5	5.6
9	黄金赛场:2017 年中国杯国际足球锦标赛(中国国家男子足球队 VS 冰岛国家男子足球队)	中央台五套	1.5	3.8
10	黄金赛场:2017 年 CCTV 贺岁杯世界拳王争霸 IBF 女子迷你轻量级争霸赛	中央台五套	1.2	7.3

四十二、合肥收视数据

表 3.42.1 2013～2017 年合肥市场各类频道的市场占有率(%)

频道类别	年份				
	2013 年	2014 年	2015 年	2016 年	2017 年
中央电视台频道	32.2	33.6	32.4	33.9	32.9
中国教育电视台频道	0.7	0.5	0.3	0.3	0.2
安徽省级频道	23.3	22.1	25.1	25.7	23.2
合肥市级频道	7.9	5.6	5.0	2.6	2.0
其他省级卫视频道	24.7	25.8	27.0	25.0	24.3
其他频道	11.3	12.4	10.2	12.5	17.4

表 3.42.2 2017 年合肥市场各类频道在不同目标观众中的市场占有率(%)

目标观众		中央电视台频道	中国教育电视台频道	安徽省级频道	合肥市级频道	其他省级卫视频道	其他频道
4 岁及以上所有人		32.9	0.2	23.2	2.0	24.3	17.4
性别	男	35.4	0.2	23.2	2.2	23.3	15.7
	女	30.3	0.2	23.2	1.8	25.3	19.2
年龄	4～14 岁	26.8	0.1	9.3	0.9	40.4	22.5
	15～24 岁	31.5	0.2	22.3	1.9	26.2	17.9
	25～34 岁	26.6	0.1	16.7	1.4	30.9	24.3
	35～44 岁	33.5	0.1	18.2	1.8	24.5	21.9
	45～54 岁	34.1	0.4	26.8	2.4	20.2	16.1
	55～64 岁	34.4	0.1	28.2	1.7	23.3	12.3
	65 岁及以上	37.6	0.1	28.9	2.9	17.4	13.1
教育程度	未受过正规教育	28.9	0.1	19.3	1.9	29.7	20.1
	小学	29.0	0.2	26.9	2.1	22.8	19.0
	初中	32.7	0.3	26.7	2.3	23.2	14.8
	高中	33.5	0.1	22.5	1.7	23.8	18.4
	大学及以上	35.8	0.2	18.3	2.0	26.1	17.6
职业类别	干部/管理人员	49.0	0.1	10.4	2.2	24.8	13.5
	个体/私营企业人员	30.6	0.3	23.6	1.9	26.3	17.3
	初级公务员/雇员	35.7	0.2	21.7	2.0	24.2	16.2
	工人	29.8	0.3	23.7	2.2	22.8	21.2
	学生	28.1	0.1	17.2	1.4	30.5	22.7
	无业	33.9	0.1	25.2	2.1	23.3	15.4
	其他	43.5	0.1	37.5	1.9	6.1	10.9
个人月收入	0～600 元	28.9	0.1	19.9	1.4	28.4	21.3
	601～1200 元	31.0	0.1	35.4	3.2	20.7	9.6
	1201～1700 元	29.0	0.1	35.5	2.0	21.4	12.0
	1701～2600 元	34.3	0.3	26.0	2.8	20.6	16.0
	2601～3500 元	34.4	0.1	21.8	1.7	25.1	16.9
	3501～5000 元	33.8	0.2	20.8	1.8	25.7	17.7
	5001 元及以上	37.8	0.1	15.1	1.6	25.6	19.8

表 3.42.3　2017 年合肥市场各类频道在不同时段的市场占有率(%)

时间段	中央电视台频道	中国教育电视台频道	安徽省级频道	合肥市级频道	其他省级卫视频道	其他频道
02:00~03:00	27.8	0.2	5.0	1.1	21.3	44.6
03:00~04:00	24.6	0.2	5.0	0.1	20.4	49.7
04:00~05:00	25.5	0.1	4.0	0.0	21.3	49.1
05:00~06:00	34.1	0.1	8.8	0.3	22.0	34.7
06:00~07:00	41.3	0.2	31.2	1.8	12.1	13.4
07:00~08:00	40.8	0.2	25.8	1.7	19.5	12.0
08:00~09:00	39.6	0.3	11.2	2.4	30.5	16.0
09:00~10:00	38.0	0.3	10.6	2.9	29.8	18.4
10:00~11:00	36.6	0.4	12.6	2.9	27.8	19.7
11:00~12:00	36.2	0.1	19.6	1.4	23.6	19.1
12:00~13:00	39.0	0.1	20.4	1.1	20.7	18.7
13:00~14:00	36.4	0.3	15.9	1.2	25.9	20.3
14:00~15:00	34.8	0.3	13.5	1.9	26.9	22.6
15:00~16:00	34.7	0.4	10.9	2.7	29.0	22.3
16:00~17:00	33.9	0.3	11.7	2.6	30.5	21.0
17:00~18:00	32.7	0.1	22.7	1.7	24.9	17.9
18:00~19:00	30.4	0.1	40.8	2.2	11.8	14.7
19:00~20:00	34.4	0.1	31.2	2.7	18.5	13.1
20:00~21:00	29.3	0.1	28.1	1.4	28.1	13.0
21:00~22:00	30.3	0.1	27.9	2.1	25.3	14.3
22:00~23:00	26.9	0.2	23.4	2.5	28.9	18.1
23:00~24:00	31.7	0.3	13.5	2.0	27.8	24.7
24:00~25:00	33.4	0.6	10.6	2.3	23.3	29.8
25:00~26:00	31.2	0.3	9.0	1.4	21.3	36.8

表 3.42.4　2017 年合肥市场收视份额排名前十位的频道

名次	频道名称	收视份额(%)
1	安徽经视	6.2
2	安徽卫视	5.9
3	中央电视台综合频道	4.9
4	中央台四套	4.7
5	安徽影视	4.6
6	中央电视台新闻频道	4.1
7	中央台六套	3.4
8	安徽公共	3.2
9	中央台三套	3.0
10	安徽综艺	2.8

表 3.42.5 2017 年合肥市场各主要频道的观众构成(%)

目标观众		所有频道	主要频道				
			安徽经视	安徽卫视	中央电视台综合频道	中央台四套	安徽影视
4 岁及以上所有人		100.0	100.0	100.0	100.0	100.0	100.0
性别	男	49.9	46.8	48.2	49.7	60.4	53.2
	女	50.1	53.2	51.8	50.3	39.6	46.8
年龄	4~14 岁	6.6	2.0	3.4	3.8	1.6	1.9
	15~24 岁	11.7	8.1	14.9	12.8	7.6	10.0
	25~34 岁	13.7	10.7	10.9	9.0	7.8	7.1
	35~44 岁	12.6	10.0	10.0	8.9	10.3	7.6
	45~54 岁	22.8	21.3	18.8	19.3	26.3	31.8
	55~64 岁	16.1	22.9	17.0	16.1	20.0	21.7
	65 岁及以上	16.5	25.0	25.0	30.1	26.4	19.9
教育程度	未受过正规教育	4.5	5.8	3.4	2.7	1.0	3.5
	小学	16.3	21.5	18.9	13.9	13.6	16.9
	初中	27.5	30.7	27.4	28.3	26.9	40.3
	高中	28.3	26.0	29.1	26.0	30.4	24.4
	大学及以上	23.4	16.0	21.2	29.1	28.1	14.9
职业类别	干部/管理人员	1.6	0.6	0.5	0.8	2.1	0.4
	个体/私营企业人员	12.8	11.3	11.1	10.2	11.4	14.9
	初级公务员/雇员	19.2	15.8	20.0	20.6	23.5	12.8
	工人	17.9	16.6	15.3	10.3	13.0	21.0
	学生	9.3	5.0	10.7	9.8	4.0	4.6
	无业	38.3	49.5	39.9	45.6	44.6	44.4
	其他	0.9	1.2	2.5	2.7	1.4	1.9
个人月收入	0~600 元	22.9	20.6	23.3	19.1	13.1	15.1
	601~1200 元	2.9	4.0	1.5	2.5	1.7	6.4
	1201~1700 元	7.2	10.0	9.0	5.5	6.8	14.8
	1701~2600 元	29.2	33.9	34.8	36.0	32.4	33.5
	2601~3500 元	16.4	15.6	16.4	15.6	15.5	14.0
	3501~5000 元	12.7	10.7	7.5	8.6	18.2	12.7
	5001 元及以上	8.7	5.2	7.5	12.7	12.3	3.5

表 3.42.6 2015~2017 年合肥市场各类节目的播出份额(%)和收视份额(%)

节目类型	2015 年		2016 年		2017 年	
	播出份额	收视份额	播出份额	收视份额	播出份额	收视份额
财经	1.8	0.6	1.5	0.5	1.2	0.4
电视剧	20.9	30.5	21.5	29.2	21.3	26.5
电影	3.6	3.9	3.9	4.2	4.0	4.4
法制	1.2	1.0	1.0	0.8	1.4	1.1
教学	0.3	0.1	0.2	0.0	0.2	0.0
青少	6.3	3.8	6.4	3.5	6.6	5.8
生活服务	9.7	6.8	9.3	7.5	8.8	7.7
体育	2.7	2.6	3.0	3.3	3.1	2.6
外语	0.0	0.0	0.0	0.0	0.1	0.0
戏剧	0.8	0.2	0.8	0.2	0.8	0.2
新闻/时事	14.9	18.4	14.7	19.2	15.4	19.6
音乐	2.4	0.9	1.8	0.8	1.6	0.9
专题	13.4	6.9	13.8	5.8	13.8	5.6
综艺	9.1	12.9	9.2	13.2	7.9	13.0
其他	13.0	11.4	12.9	11.8	13.8	12.2

表 3.42.7　2017 年合肥市场所有节目收视率排名前三十位

名次	节目名称	节目类型	播出频道	平均收视率（%）	平均占有率（%）
1	中央电视台 2017 春节联欢晚会	综艺	中央电视台综合频道	9.1	21.5
2	中央电视台 2017 元宵晚会	综艺	中央电视台综合频道	6.8	20.8
3	开学第一课	青少	中央电视台综合频道	6.5	25.1
4	2018 年世界杯亚洲区预选赛第三阶段 A 组第 7 轮（伊朗队 VS 中国队）	体育	中央台五套	5.5	19.0
5	金鸡报晓幸福年 2017 安徽卫视春节联欢晚会	综艺	安徽卫视	4.1	15.0
6	星光大道（1 月 21 日）	综艺	中央电视台综合频道	4.1	12.8
7	一年又一年	专题	中央电视台综合频道	3.8	14.4
8	中国梦祖国颂 2017 中央电视台国庆特别节目	综艺	中央电视台综合频道	3.5	13.4
9	白鹿原	电视剧	安徽卫视	3.4	13.1
10	第 1 时间	新闻	安徽经视	3.2	16.0
11	大军师司马懿之军师联盟	电视剧	安徽卫视	3.2	12.5
12	中国新歌声第二季（8 月 4 日）	综艺	浙江卫视	3.1	13.9
13	那年花开月正圆	电视剧	上海东方卫视	3.1	12.1
14	喜到福到好运到春晚倒计时	综艺	中央台三套	3.1	11.6
15	2017 湖南卫视小年夜春晚	综艺	湖南卫视	3.1	10.8
16	花儿与远方	电视剧	安徽卫视	3.0	12.9
17	人民的名义	电视剧	湖南卫视	3.0	10.5
18	奔跑吧	综艺	浙江卫视	2.9	13.4
19	最强大脑第四季（2 月 24 日）	综艺	江苏卫视	2.9	12.4
20	我的战争（2 月 2 日）	电影	中央台六套	2.9	10.9
21	盗墓笔记（1 月 1 日）	电影	中央台六套	2.9	9.7
22	母亲的承诺	电视剧	安徽经视	2.8	11.0
23	新春相声大联欢（1 月 30 日）	综艺	中央台三套	2.7	9.3
24	反贪风暴二（5 月 28 日）	电影	中央台六套	2.7	8.9
25	2016 国剧盛典	综艺	安徽卫视	2.6	11.5
26	平凡岁月	电视剧	安徽卫视	2.6	10.5
27	女子特战队（1～39）	电视剧	安徽影视	2.6	9.6
28	欢乐喜剧人第三季（1 月 22 日）	综艺	上海东方卫视	2.6	9.4
29	湄公河行动（1 月 31 日）	电影	中央台六套	2.6	9.0
30	快手枪手快枪手（1 月 28 日）	电影	中央台六套	2.6	8.9

表 3.42.8　2017 合肥市场电视剧收视率排名前十位

名次	节目名称	播出频道	平均收视率(%)	平均占有率(%)
1	白鹿原	安徽卫视	3.4	13.1
2	大军师司马懿之军师联盟	安徽卫视	3.2	12.5
3	那年花开月正圆	上海东方卫视	3.1	12.1
4	花儿与远方	安徽卫视	3.0	12.9
5	人民的名义	湖南卫视	3.0	10.5
6	母亲的承诺	安徽经视	2.8	11.0
7	平凡岁月	安徽卫视	2.6	10.5
8	女子特战队(1~39)	安徽影视	2.6	9.6
9	我的小姨(1~52)	安徽卫视	2.5	10.5
10	雪地娘子军(20~43)	安徽影视	2.4	8.6

表 3.42.9　2017 年合肥市场新闻节目收视率排名前十位

名次	节目名称	播出频道	平均收视率(%)	平均占有率(%)
1	第 1 时间	安徽经视	3.2	16.0
2	一带一路国际合作高峰论坛特别报道	安徽卫视	2.1	7.5
3	中国舆论场	中央台四套	2.0	7.6
4	今日亚洲	中央台四套	1.9	7.6
5	李克强总理会见中外记者并回答提问	中央电视台综合频道	1.9	6.3
6	帮女郎帮你忙	安徽经视	1.6	12.4
7	转播中央台新闻联播	安徽卫视	1.6	7.2
8	香港回归祖国 20 周年特别报道	中央电视台综合频道	1.6	5.9
9	海峡两岸	中央台四套	1.6	5.7
10	今日关注	中央台四套	1.4	6.3

表 3.42.10　2017 年合肥市场专题节目收视率排名前十位

名次	节目名称	播出频道	平均收视率(%)	平均占有率(%)
1	一年又一年	中央电视台综合频道	3.8	14.4
2	315 在行动用责任汇聚诚信的力量	中央台二套	2.4	8.8
3	千年大计国家大事	中央电视台新闻频道	2.1	7.5
4	打铁还需自身硬	中央电视台综合频道	2.0	6.9
5	总书记为俺家算清了脱贫账	中央电视台综合频道	2.0	5.8
6	重回白鹿原电视剧白鹿原幕后纪录片	安徽卫视	1.9	6.4
6	感动中国 2016 年度人物颁奖盛典	中央电视台综合频道	1.9	6.4
8	香港发展一直牵动着我的心 习近平香港行纪实	中央电视台新闻频道	1.6	6.5
8	熊猫奇缘	北京卫视	1.6	6.5
10	从胜利走向胜利	中央电视台综合频道	1.4	5.0

表 3.42.11 2017 年合肥市场综艺节目收视率排名前十位

名次	节目名称	播出频道	平均收视率（%）	平均占有率（%）
1	中央电视台 2017 春节联欢晚会	中央电视台综合频道	9.1	21.5
2	中央电视台 2017 元宵晚会	中央电视台综合频道	6.8	20.8
3	金鸡报晓幸福年 2017 安徽卫视春节联欢晚会	安徽卫视	4.1	15.0
4	星光大道(1 月 21 日)	中央电视台综合频道	4.1	12.8
5	中国梦祖国颂 2017 中央电视台国庆特别节目	中央电视台综合频道	3.5	13.4
6	中国新歌声第二季(8 月 4 日)	浙江卫视	3.1	13.9
7	喜到福到好运到春晚倒计时	中央台三套	3.1	11.6
8	2017 湖南卫视小年夜春晚	湖南卫视	3.1	10.8
9	奔跑吧	浙江卫视	2.9	13.4
10	最强大脑第四季(2 月 24 日)	江苏卫视	2.9	12.4

表 3.42.12 2017 年合肥市场体育节目收视率排名前十位

名次	节目名称	播出频道	平均收视率（%）	平均占有率（%）
1	2018 年世界杯亚洲区预选赛第三阶段 A 组第 7 轮(伊朗队 VS 中国队)	中央台五套	5.5	19.0
2	2017 年亚洲足联冠军联赛 1/8 决赛第一回合（中国广州恒大 VS 日本鹿岛鹿角）	中央台五套	2.4	8.9
3	2017 年亚洲乒乓球锦标赛混双决赛	中央台五套	2.4	8.0
4	第十三届全运会男子 100 米决赛	中央台五套	2.0	7.6
5	2016/2017 赛季 CBA 总决赛第二场（新疆喀什古城 VS 广东东莞银行）	中央台五套	1.8	6.2
6	2017 年 CBA 全明星赛扣篮大赛决赛	中央台五套	1.8	5.7
7	第十三届全运会男子 4×200 米自由泳接力决赛	中央台五套	1.7	7.0
8	17 年中超联赛第 3 轮（广州恒大淘宝 VS 上海上港）	中央台五套	1.7	5.9
9	2016/2017 赛季世界斯诺克锦标赛半决赛第四阶段	中央台五套	1.6	10.0
10	中华人民共和国第十三届运动会开幕式	中央台四套	1.6	5.8

四十三、呼和浩特收视数据

表 3.43.1　2013～2017 年呼和浩特市场各类频道的市场占有率(%)

频道	年份				
	2013 年	2014 年	2015 年	2016 年	2017 年
中央电视台频道	45.6	45.8	48.6	50.5	48.6
中国教育电视台频道	0.3	0.2	0.2	0.1	0.1
内蒙古自治区级频道	7.0	7.8	8.7	11.0	11.6
呼和浩特市级频道	1.7	1.5	2.3	1.5	2.0
其他省级卫视频道	37.7	38.0	34.5	31.5	30.2
其他频道	7.7	6.7	5.7	5.4	7.5

表 3.43.2　2017 年呼和浩特市场各类频道在不同目标观众中的市场占有率(%)

目标观众		中央电视台频道	中国教育电视台频道	内蒙古自治区级频道	其他省级卫视频道	呼和浩特市级频道	其他频道
4 岁及以上所有人		48.6	0.1	11.6	30.2	2.0	7.5
性别	男	50.1	0.1	11.2	27.8	2.5	8.3
	女	47.3	0.1	11.9	32.3	1.6	6.8
年龄	4～14 岁	42.9	0.2	8.7	41.4	0.7	6.1
	15～24 岁	43.7	0.1	10.8	35.5	2.1	7.8
	25～34 岁	39.9	0.1	10.7	36.2	1.4	11.7
	35～44 岁	50.1	0.1	10.3	31.0	1.0	7.5
	45～54 岁	48.6	0.1	14.2	27.1	2.4	7.6
	55～64 岁	48.7	0.1	13.5	25.3	3.7	8.7
	65 岁及以上	60.8	0.0	9.9	23.9	2.0	3.4
教育程度	未受过正规教育	49.3	0.1	11.2	30.2	1.4	7.8
	小学	51.7	0.1	11.3	31.6	1.5	3.8
	初中	48.7	0.1	12.2	28.7	1.8	8.5
	高中	46.1	0.1	11.4	31.6	2.6	8.2
	大学及以上	50.3	0.1	10.6	29.5	2.1	7.4
职业类别	干部/管理人员	56.7	0.0	19.7	16.6	0.8	6.2
	个体/私营企业人员	49.0	0.1	10.0	30.5	2.9	7.5
	初级公务员/雇员	44.5	0.1	9.7	34.3	1.5	9.9
	工人	44.6	0.1	15.5	28.9	2.0	8.9
	学生	40.3	0.2	9.0	42.0	1.4	7.1
	无业	52.3	0.1	11.0	27.9	2.5	6.2
	其他	58.6	0.2	14.1	19.0	1.4	6.7
个人月收入	0～600 元	44.4	0.1	12.0	35.0	1.6	6.9
	601～1200 元	53.3	0.1	10.8	27.2	1.2	7.4
	1201～1700 元	55.0	0.1	11.6	26.6	2.1	4.6
	1701～2600 元	51.2	0.1	12.6	25.5	2.2	8.4
	2601～3500 元	48.6	0.1	11.2	30.3	2.7	7.1
	3501～5000 元	48.8	0.1	9.5	30.6	1.8	9.2
	5001 元及以上	50.1	0.1	9.5	26.9	1.5	11.9

表 3.43.3　2017 年呼和浩特市场各类频道在不同时段的市场占有率(%)

时间段	中央电视台频道	中国教育电视台频道	内蒙古自治区级频道	其他省级卫视频道	呼和浩特市级频道	其他频道
02:00～03:00	36.0	0.0	4.3	48.7	1.3	9.7
03:00～04:00	31.0	0.1	4.0	54.8	1.5	8.6
04:00～05:00	29.0	0.0	4.2	54.1	2.0	10.7
05:00～06:00	61.2	0.1	3.4	24.7	0.9	9.7
06:00～07:00	68.3	0.0	8.3	14.1	0.6	8.7
07:00～08:00	61.5	0.1	7.3	19.0	1.9	10.2
08:00～09:00	55.7	0.2	4.3	28.4	0.7	10.7
09:00～10:00	49.2	0.2	4.6	35.8	0.7	9.5
10:00～11:00	48.2	0.2	4.5	37.7	0.7	8.7
11:00～12:00	54.7	0.1	4.1	33.3	0.4	7.4
12:00～13:00	59.5	0.0	5.1	28.3	0.8	6.3
13:00～14:00	54.0	0.2	2.5	33.4	0.8	9.1
14:00～15:00	48.2	0.3	3.9	36.4	0.9	10.3
15:00～16:00	47.3	0.2	4.3	37.2	1.2	9.8
16:00～17:00	49.1	0.2	4.5	36.4	1.0	8.8
17:00～18:00	50.3	0.1	9.6	32.0	0.5	7.5
18:00～19:00	45.9	0.1	34.4	11.2	2.6	5.8
19:00～20:00	51.8	0.0	22.5	18.6	1.9	5.2
20:00～21:00	45.0	0.0	12.3	34.2	2.5	6.0
21:00～22:00	47.9	0.1	9.5	32.1	3.2	7.2
22:00～23:00	41.4	0.1	8.9	35.9	4.3	9.4
23:00～24:00	41.4	0.1	5.4	39.1	3.0	11.0
24:00～25:00	42.3	0.1	4.6	39.5	1.7	11.8
25:00～26:00	39.8	0.1	4.2	43.9	1.2	10.8

表 3.43.4　2017 年呼和浩特市场收视份额排名前十位的频道

名次	频道名称	收视份额(%)
1	中央电视台综合频道	7.0
2	中央台六套	6.5
3	中央台三套	6.4
4	中央台八套	6.3
5	内蒙古电视台新闻综合频道	5.3
6	中央台四套	5.1
7	湖南卫视	3.9
8	中央电视台新闻频道	3.7
9	中央电视台少儿频道	3.5
10	上海东方卫视	3.1

表 3.43.5　2017 年呼和浩特市场各主要频道的观众构成(%)

目标观众		所有频道	主要频道				
			中央电视台综合频道	中央台六套	中央台三套	中央台八套	内蒙古电视台新闻综合频道
4 岁及以上所有人		100.0	100.0	100.0	100.0	100.0	100.0
性别	男	48.2	45.0	55.8	43.2	44.1	45.2
	女	51.8	55.0	44.2	56.8	55.9	54.8
年龄	4～14 岁	7.6	4.6	8.2	5.4	3.9	6.3
	15～24 岁	11.4	8.3	11.2	9.1	10.8	11.7
	25～34 岁	14.6	10.7	17.1	12.5	9.2	14.4
	35～44 岁	12.5	11.5	23.4	10.5	10.3	8.3
	45～54 岁	22.4	20.4	24.3	23.2	21.1	28.4
	55～64 岁	14.5	16.4	7.3	15.1	16.1	16.7
	65 岁及以上	17.0	28.1	8.5	24.2	28.6	14.2
教育程度	未受过正规教育	4.2	2.7	2.5	3.5	1.9	3.8
	小学	14.2	14.8	12.4	17.2	20.7	15.5
	初中	37.0	33.3	44.2	36.0	44.5	38.1
	高中	28.5	27.4	26.3	25.3	22.8	28.5
	大学及以上	16.1	21.8	14.6	18.0	10.1	14.1
职业类别	干部/管理人员	1.2	1.3	0.7	2.4	0.1	4.2
	个体/私营企业人员	7.3	5.0	12.7	7.1	5.0	5.3
	初级公务员/雇员	16.5	17.4	15.4	15.3	11.7	16.0
	工人	16.9	14.2	20.5	17.2	15.9	20.4
	学生	11.1	7.6	12.6	8.1	9.7	10.3
	无业	40.3	49.1	26.5	44.6	48.7	38.6
	其他	6.7	5.4	11.6	5.3	8.9	5.2
个人月收入	0～600 元	30.2	24.4	31.4	25.3	26.5	31.7
	601～1200 元	4.5	4.9	4.7	3.9	3.9	3.4
	1201～1700 元	6.8	6.8	4.8	7.0	9.7	6.1
	1701～2600 元	23.3	25.4	22.0	29.4	28.2	26.1
	2601～3500 元	22.1	23.7	18.2	21.9	24.2	24.3
	3501～5000 元	10.8	12.9	15.3	11.4	6.5	7.4
	5001 元及以上	2.3	1.9	3.6	1.1	1.0	1.0

表 3.43.6　2015～2017 年呼和浩特市场各类节目的播出份额(%)和收视份额(%)

节目类别	2015 年		2016 年		2017 年	
	播出份额	收视份额	播出份额	收视份额	播出份额	收视份额
财经	1.7	0.9	1.3	0.7	1.1	0.6
电视剧	20.8	28.3	21.3	26.4	21.3	28.5
电影	3.5	6.4	3.5	6.8	3.7	6.5
法制	0.9	1.3	0.9	1.5	0.9	0.9
教学	0.3	0.1	0.3	0.0	0.2	0.0
青少	7.1	4.6	7.2	4.7	7.5	4.9
生活服务	9.1	6.7	8.7	6.3	7.8	5.9
体育	3.3	2.2	3.5	2.9	3.6	2.2
外语	0.0	0.0	0.0	0.0	0.1	0.0
戏剧	0.9	0.6	0.9	0.6	0.8	0.5
新闻/时事	14.9	15.2	14.8	16.1	15.8	16.5
音乐	2.6	0.8	2.0	0.9	1.7	0.9
专题	13.4	6.8	13.8	6.5	14.2	6.6
综艺	9.0	15.1	9.5	16.3	8.8	15.0
其他	12.5	11.0	12.3	10.3	12.5	11.0

表 3.43.7　2017 年呼和浩特市场所有节目收视率排名前三十位

名次	节目名称	节目类型	播出频道	平均收视率（%）	平均占有率（%）
1	中央电视台 2017 春节联欢晚会	综艺	中央电视台综合频道	15.5	34.2
2	守望相助草原情内蒙古自治区成立 70 周年心连心艺术团赴内蒙古演出	综艺	中央电视台综合频道	12.0	32.4
3	中央电视台 2017 元宵晚会	综艺	中央电视台综合频道	9.0	24.3
4	新春相声大联欢	综艺	中央台三套	7.0	21.5
5	天气预报	生活服务	中央电视台综合频道	6.7	22.5
6	开学第一课	青少	中央电视台综合频道	6.7	22.0
7	湄公河行动(1 月 31 日)	电影	中央台六套	6.0	17.3
8	一年又一年	专题	中央电视台综合频道	5.9	19.4
9	大盛魁第一部东方商魂	电视剧	内蒙古电视台新闻综合频道	5.9	17.8
10	盗墓笔记(1 月 1 日)	电影	中央台六套	5.9	17.1
11	战狼(10 月 4 日)	电影	中央台六套	5.9	16.3
12	第 31 届中国电影金鸡奖颁奖典礼暨第 26 届金鸡百花电影节闭幕式	综艺	中央台六套	5.3	20.8
13	快手枪手快枪手(4 月 4 日)	电影	中央台六套	5.3	14.0
14	终极硬汉(2 月 13 日)	电影	中央台六套	5.3	13.2
15	喜到福到好运到春晚倒计时	综艺	中央台三套	5.1	16.7
16	中国梦祖国颂 2017 中央电视台国庆特别节目	综艺	中央电视台综合频道	5.1	15.0
17	新闻天天看	新闻/时事	内蒙古电视台新闻综合频道	5.0	21.4
18	智取威虎山(10 月 2 日)	电影	中央台六套	4.9	21.7
19	2017 东南西北贺新春	综艺	中央台三套	4.9	12.8
20	过年好(2 月 3 日)	电影	中央台六套	4.8	12.6
21	东风破	电视剧	中央台八套	4.7	15.7
22	反贪风暴二(4 月 8 日)	电影	中央台六套	4.7	12.8
23	危城(2 月 3 日)	电影	中央台六套	4.6	15.5
24	金刚狼二(2 月 3 日)	电影	中央台六套	4.5	28.1
25	快乐中国 20172018 跨年演唱会	音乐	湖南卫视	4.5	12.9
26	人民的名义	电视剧	湖南卫视	4.4	15.0
27	渊子崖保卫战(10 月 8 日)	电影	中央台六套	4.4	13.4
28	少林寺(1 月 13 日)	电影	中央台六套	4.3	14.1
29	启航 2018 新年特别节目	综艺	中央电视台综合频道	4.3	13.2
30	澳门风云二(4 月 22 日)	电影	中央台六套	4.3	13.1

表 3.43.8　2017 年呼和浩特市场电视剧收视率排名前十位

名次	节目名称	播出频道	平均收视率(%)	平均占有率(%)
1	大盛魁第一部东方商魂	内蒙古电视台新闻综合频道	5.9	17.8
2	东风破	中央台八套	4.7	15.7
3	人民的名义	湖南卫视	4.4	15.0
4	青年霍元甲之冲出江湖	中央台八套	4.2	11.3
5	那年花开月正圆	上海东方卫视	3.8	12.1
6	锦绣缘华丽冒险	内蒙古电视台新闻综合频道	3.6	10.4
7	于成龙	中央电视台综合频道	3.3	10.3
8	飞哥战队	中央台八套	3.2	10.9
9	向着幸福前进	中央台八套	3.2	9.4
10	枪口	中央台八套	3.1	10.5

表 3.43.9　2017 年呼和浩特市场新闻节目收视率排名前十位

名次	节目名称	播出频道	平均收视率(%)	平均占有率(%)
1	新闻天天看	内蒙古电视台新闻综合频道	5.0	21.4
2	新闻联播	中央电视台综合频道	3.7	14.2
3	一带一路国际合作高峰论坛特别报道	中央电视台综合频道	3.4	12.8
4	都市全接触	内蒙古电视台经济生活频道	2.6	12.2
5	香港回归祖国 20 周年特别报道	中央电视台综合频道	2.5	9.2
6	李克强总理会见中外记者并回答提问	中央电视台综合频道	2.4	6.3
7	今日关注	中央台四套	2.1	7.4
8	中国共产党第十九次全国代表大会开幕会专题新闻	中央电视台综合频道	2.0	6.2
9	海峡两岸	中央台四套	2.0	5.9
10	中国舆论场	中央台四套	1.8	5.7

表 3.43.10　2017 年呼和浩特市场专题节目收视率排名前十位

名次	节目名称	播出频道	平均收视率(%)	平均占有率(%)
1	一年又一年	中央电视台综合频道	5.9	19.4
2	总书记为俺家算清了脱贫账	中央电视台综合频道	3.5	8.8
3	感动中国 2016 年度人物颁奖盛典	中央电视台综合频道	3.0	7.6
4	打铁还需自身硬	中央电视台综合频道	2.5	7.1
5	2017 学宪法讲宪法	中央台十二套	2.3	10.7
6	千年大计国家大事	中央电视台综合频道	2.1	8.4
7	英雄丰碑清明颂	中央台三套	2.0	4.9
8	老区脱贫攻坚习近平心中的牵挂	中央电视台综合频道	1.8	6.7
9	我们的歌手	湖南卫视	1.8	6.2
10	315 在行动用责任汇聚诚信的力量	中央台二套	1.7	7.2

表 3.43.11　2017 年呼和浩特市场综艺节目收视率排名前十位

名次	节目名称	播出频道	平均收视率（%）	平均占有率（%）
1	中央电视台 2017 春节联欢晚会	中央电视台综合频道	15.5	34.2
2	守望相助草原情内蒙古自治区成立 70 周年心连心艺术团赴内蒙古演出	中央电视台综合频道	12.0	32.4
3	中央电视台 2017 元宵晚会	中央电视台综合频道	9.0	24.3
4	新春相声大联欢	中央台三套	7.0	21.5
5	第 31 届中国电影金鸡奖颁奖典礼暨第 26 届金鸡百花电影节闭幕式	中央台六套	5.3	20.8
6	喜到福到好运到春晚倒计时	中央台三套	5.1	16.7
7	中国梦祖国颂 2017 中央电视台国庆特别节目	中央电视台综合频道	5.1	15.0
8	2017 东南西北贺新春	中央台三套	4.9	12.8
9	启航 2018 新年特别节目	中央电视台综合频道	4.3	13.2
10	直通春晚 CCTV 我要上春晚特别节目	中央台三套	3.9	11.2

表 3.43.12　2017 年呼和浩特市场体育节目收视率排名前十位

名次	节目名称	播出频道	平均收视率（%）	平均占有率（%）
1	黄金赛场 超级足球之夜:2018 年世界杯亚洲区预选赛第三阶段 A 组第 7 轮（伊朗 VS 中国）	中央台五套	3.8	10.6
2	第十三届全运会女子 400 米栏预赛	中央台五套	2.8	9.1
3	黄金赛场:2017 年世界乒乓球锦标赛男单决赛	中央台五套	2.6	8.6
4	黄金赛场:2017 年亚洲乒乓球锦标赛混双决赛	中央台五套	2.6	7.1
5	黄金赛场:2017 年亚洲足联冠军联赛 1/4 决赛首回合（上海上港 VS 广州恒大）	中央台五套	2.3	7.1
6	现场直播:2017 年斯诺克世锦赛半决赛	中央台五套	2.2	6.3
7	2016CCTV 体坛风云人物年度评选颁奖日	中央台五套	2.0	5.7
8	黄金赛场:2017 年 CCTV 贺岁杯世界拳王争霸 IBF 女子迷你轻量级争霸赛	中央台五套	1.9	8.5
9	中华人民共和国第十三届运动会开幕式	中央电视台综合频道	1.9	6.1
10	中华人民共和国第十三届运动会闭幕式	中央电视台综合频道	1.8	5.8

四十四、济南收视数据

表 3.44.1　2013～2017 年济南市场各类频道的市场占有率(%)

频道类别	年份				
	2013 年	2014 年	2015 年	2016 年	2017 年
中央电视台频道	20.4	21.4	21.3	23.0	24.6
中国教育电视台频道	0.1	0.0	0.0	0.0	0.1
山东省级频道	32.2	33.4	32.5	24.6	23.9
济南市级频道	25.6	23.4	23.6	24.0	19.5
其他省级卫视频道	17.1	18.6	18.6	22.2	22.5
其他频道	4.7	3.2	4.0	6.2	9.4

表 3.44.2　2017 年济南市场各类频道在不同目标观众中的市场占有率(%)

目标观众		中央电视台频道	中国教育电视台频道	山东省级频道	济南市级频道	其他省级卫视频道	其他频道
4 岁及以上所有人		24.6	0.1	23.9	19.5	22.5	9.4
性别	男	27.8	0.1	23.6	20.0	19.8	8.7
	女	21.8	0.0	24.2	19.0	24.8	10.2
年龄	4～14 岁	18.1	0.0	20.0	17.1	28.5	16.3
	15～24 岁	23.0	0.1	20.7	18.2	24.4	13.6
	25～34 岁	17.3	0.0	24.3	16.4	31.3	10.7
	35～44 岁	24.3	0.1	18.0	22.1	24.1	11.4
	45～54 岁	25.8	0.1	23.5	20.9	21.9	7.8
	55～64 岁	27.8	0.0	31.3	19.0	16.0	5.9
	65 岁及以上	34.1	0.0	23.4	22.3	13.1	7.1
教育程度	未受过正规教育	21.1	0.0	27.5	17.0	20.6	13.8
	小学	22.0	0.0	24.5	22.4	19.7	11.4
	初中	25.5	0.1	24.5	19.9	22.2	7.8
	高中	25.8	0.0	22.2	19.2	23.1	9.7
	大学及以上	23.8	0.1	23.7	17.4	25.2	9.8
职业类别	干部/管理人员	26.8	0.0	23.6	18.5	22.8	8.3
	个体/私营企业人员	23.6	0.1	23.1	22.3	20.2	10.7
	初级公务员/雇员	21.8	0.1	23.9	20.6	24.8	8.8
	工人	23.9	0.1	23.0	19.3	25.7	8.0
	学生	21.7	0.0	18.9	18.1	28.0	13.3
	无业	26.8	0.0	23.1	19.1	21.5	9.5
	其他	25.7	0.0	34.1	18.0	14.1	8.1
个人月收入	0～600 元	20.6	0.0	25.0	19.4	23.8	11.2
	601～1200 元	24.1	0.0	26.9	19.7	20.3	9.0
	1201～1700 元	29.7	0.0	26.5	13.3	23.3	7.2
	1701～2600 元	25.8	0.1	20.9	23.1	23.0	7.1
	2601～3500 元	27.2	0.1	23.0	19.4	22.3	8.0
	3501～5000 元	27.2	0.0	25.4	18.8	19.0	9.6
	5001 元及以上	27.5	0.1	20.7	18.6	21.5	11.6

表 3.44.3 2017 年济南市场各类频道在不同时段的市场占有率(%)

时间段	中央电视台频道	中国教育电视台频道	山东省级频道	济南市级频道	其他省级卫视频道	其他频道
02:00~03:00	20.9	0.2	14.2	2.3	41.3	21.1
03:00~04:00	15.2	0.1	17.9	1.7	44.9	20.2
04:00~05:00	17.5	0.1	18.8	3.1	45.6	14.9
05:00~06:00	28.6	0.0	22.0	6.5	36.1	6.8
06:00~07:00	59.9	0.1	15.3	4.1	14.7	5.9
07:00~08:00	44.7	0.1	20.2	11.4	14.1	9.5
08:00~09:00	37.5	0.1	22.9	9.3	19.0	11.2
09:00~10:00	32.1	0.1	19.7	9.3	27.1	11.7
10:00~11:00	33.3	0.1	13.9	7.9	32.3	12.5
11:00~12:00	34.7	0.0	16.5	9.8	28.1	10.9
12:00~13:00	33.2	0.0	15.9	19.1	22.0	9.8
13:00~14:00	29.3	0.1	17.1	14.7	27.1	11.7
14:00~15:00	27.9	0.1	18.2	8.6	32.1	13.1
15:00~16:00	28.1	0.1	18.1	7.2	33.1	13.4
16:00~17:00	28.9	0.1	17.6	8.3	31.9	13.2
17:00~18:00	22.6	0.0	23.8	19.6	21.9	12.1
18:00~19:00	20.6	0.0	32.2	29.4	8.4	9.4
19:00~20:00	21.7	0.0	30.4	27.0	13.6	7.3
20:00~21:00	15.9	0.0	31.7	21.9	23.8	6.7
21:00~22:00	19.7	0.0	27.4	24.2	22.2	6.5
22:00~23:00	19.9	0.1	17.8	26.2	27.5	8.5
23:00~24:00	26.4	0.0	11.2	20.4	31.2	10.8
24:00~25:00	32.4	0.2	11.0	6.0	35.0	15.4
25:00~26:00	27.1	0.2	12.2	1.7	37.0	21.8

表 3.44.4 2017 年济南市场收视份额排名前十位的频道

名次	频道名称	收视份额(%)
1	山东卫视	6.8
2	济南电视台新闻综合频道	6.6
3	山东电视齐鲁频道	4.5
4	山东电视综艺频道	4.3
5	中央台四套	4.2
6	济南电视台都市女性频道	3.7
7	中央电视台综合频道	3.6
8	济南电视台影视频道	3.3
9	山东电视生活频道	3.2
10	浙江卫视	2.9

表 3.44.5　2017 年济南市场各主要频道的观众构成(%)

目标观众		所有频道	主要频道				
			山东卫视	济南电视台新闻综合频道	山东电视齐鲁频道	山东电视综艺频道	中央台四套
4 岁及以上所有人		100.0	100.0	100.0	100.0	100.0	100.0
性别	男	46.8	45.5	45.3	45.9	45.3	58.2
	女	53.2	54.5	54.7	54.1	54.7	41.8
年龄	4~14 岁	8.7	7.8	6.0	6.2	6.1	2.4
	15~24 岁	6.7	5.4	4.1	7.0	5.4	4.9
	25~34 岁	18.8	15.5	8.7	23.3	12.9	5.8
	35~44 岁	11.3	10.8	10.9	7.0	9.2	8.0
	45~54 岁	23.5	24.7	23.9	26.7	26.5	26.4
	55~64 岁	18.1	21.0	20.5	20.5	26.9	25.3
	65 岁及以上	12.9	14.8	25.9	9.3	13.0	27.2
教育程度	未受过正规教育	5.4	4.9	4.8	5.4	5.7	3.4
	小学	13.1	18.2	19.2	15.0	14.0	9.3
	初中	40.7	46.8	41.0	42.4	40.7	50.7
	高中	25.6	22.2	23.7	16.2	27.4	26.5
	大学及以上	15.2	7.9	11.3	21.0	12.2	10.1
职业类别	干部/管理人员	3.5	2.2	3.2	1.2	1.5	3.7
	个体/私营企业人员	9.9	11.5	11.3	8.9	11.8	6.6
	初级公务员/雇员	17.5	12.8	17.6	26.9	16.9	10.9
	工人	14.5	16.2	12.2	14.9	16.4	13.8
	学生	9.2	8.6	5.6	5.9	7.1	5.1
	无业	35.5	27.1	39.7	23.9	38.5	44.5
	其他	9.9	21.6	10.4	18.3	7.8	15.4
个人月收入	0~600 元	36.2	44.0	34.4	38.7	33.1	24.1
	601~1200 元	3.9	4.7	5.5	6.1	4.6	4.6
	1201~1700 元	7.2	6.7	4.9	8.7	11.3	14.0
	1701~2600 元	18.3	18.1	23.6	14.4	18.0	18.1
	2601~3500 元	11.4	10.6	12.6	7.7	16.7	18.5
	3501~5000 元	15.4	10.4	11.5	21.6	11.7	14.4
	5001 元及以上	7.6	5.5	7.5	2.8	4.6	6.3

表 3.44.6　2015~2017 年济南市场各类节目的播出份额(%)和收视份额(%)

节目类别	2015 年		2016 年		2017 年	
	播出份额	收视份额	播出份额	收视份额	播出份额	收视份额
财经	1.6	0.5	1.2	0.3	1.1	0.4
电视剧	19.8	23.4	20.2	22.4	19.9	23.3
电影	3.7	3.6	3.9	4.1	3.9	4.0
法制	0.9	0.4	0.8	0.3	1.0	0.5
教学	0.2	0.0	0.2	0.0	0.2	0.0
青少	6.7	4.0	7.0	5.2	7.7	6.1
生活服务	11.1	8.3	10.4	8.4	9.5	7.6
体育	3.0	2.6	3.3	2.9	3.5	3.0
外语	0.0	0.0	0.0	0.0	0.1	0.0
戏剧	0.7	0.2	0.8	0.2	0.8	0.3
新闻/时事	14.2	21.2	14.2	19.6	14.9	18.1
音乐	2.3	0.4	1.7	0.6	1.4	0.6
专题	13.3	6.2	13.8	7.1	14.0	7.3
综艺	10.1	16.4	10.4	17.1	10.0	16.6
其他	12.3	12.9	12.2	12.0	12.0	12.2

表 3.44.7 2017 年济南市场所有节目收视率排名前三十位

名次	节目名称	节目类型	播出频道	平均收视率（%）	平均占有率（%）
1	中央电视台 2017 春节联欢晚会	综艺	中央电视台综合频道	11.0	21.7
2	中央电视台 2017 元宵晚会	综艺	中央电视台综合频道	7.2	17.0
3	乡村爱情浪漫曲	电视剧	济南电视台新闻综合频道	5.9	13.9
4	黄金赛场 超级足球之夜：2018 年世界杯亚洲区预选赛第三阶段 A 组第 7 轮（伊朗 vs 中国）	体育	中央台五套	5.8	14.1
5	万家灯火闹元宵 2017 济南电视元宵喜乐会	综艺	济南电视台新闻综合频道	5.0	21.0
6	女管家	电视剧	山东卫视	4.9	13.6
7	林海雪原	电视剧	山东卫视	4.8	14.7
8	一年又一年	专题	中央电视台综合频道	4.8	12.6
9	智取威虎山（8 月 18 日）	电影	山东卫视	4.7	13.3
10	开年大吉精彩 17 济南电视观众节 2017 济南电视开年晚会	综艺	济南电视台新闻综合频道	4.6	16.7
11	超级赛场：2017 年中国足球协会超级联赛第 4 轮（中国 VS 乌兹别克斯坦）	体育	山东电视体育频道	4.6	10.6
12	我们的年代五一喜乐会暨济南电视青春季启动仪式	综艺	济南电视台新闻综合频道	4.3	24.5
13	黄大妮	电视剧	山东卫视	4.3	12.8
14	开学第一课	青少	中央电视台综合频道	4.2	13.9
15	漂洋过海来看你	电视剧	山东卫视	4.2	12.3
16	咱们相爱吧	电视剧	山东卫视	4.2	9.5
17	啊父老乡亲	电视剧	济南电视台新闻综合频道	4.1	10.9
18	第九届社区大联欢	综艺	济南电视台新闻综合频道	3.9	12.1
19	我的小姨	电视剧	山东卫视	3.9	10.2
20	傻光	电视剧	济南电视台新闻综合频道	3.9	9.1
21	直通春晚	综艺	济南电视台新闻综合频道	3.7	7.6
22	中国梦祖国颂 2017 中央电视台国庆特别节目	综艺	中央电视台综合频道	3.6	10.9
23	咱家	电视剧	山东卫视	3.6	9.5
24	花儿与远方	电视剧	山东卫视	3.4	10.3
25	人民的名义	电视剧	湖南卫视	3.4	9.5
26	血染大青山	电视剧	山东卫视	3.4	9.1
27	双枪	电视剧	山东电视齐鲁频道	3.4	8.2
28	万家庆团圆喜迎十九大 2017 济南电视中秋歌会	综艺	济南电视台新闻综合频道	3.3	21.0
29	一带一路国际合作高峰论坛特别报道	新闻/时事	山东卫视	3.3	8.9
29	赌神二（1 月 2 日）	电影	济南电视台娱乐频道	3.3	8.9

表 3.44.8 2017 年济南市场电视剧收视率排名前十位

名次	节目名称	播出频道	平均收视率(%)	平均占有率(%)
1	乡村爱情浪漫曲	济南电视台新闻综合频道	5.9	13.9
2	女管家	山东卫视	4.9	13.6
3	林海雪原	山东卫视	4.8	14.7
4	黄大妮	山东卫视	4.3	12.8
5	漂洋过海来看你	山东卫视	4.2	12.3
6	咱们相爱吧	山东卫视	4.2	9.5
7	啊父老乡亲	济南电视台新闻综合频道	4.1	10.9
8	我的小姨	山东卫视	3.9	10.2
9	傻光	济南电视台新闻综合频道	3.9	9.1
10	咱家	山东卫视	3.6	9.5

表 3.44.9 2017 年济南市场新闻节目收视率排名前十位

名次	节目名称	播出频道	平均收视率(%)	平均占有率(%)
1	一带一路国际合作高峰论坛特别报道	山东卫视	3.3	8.9
2	今晚 20 分	济南电视台新闻综合频道	3.1	10.2
3	都市新女报	济南电视台都市女性频道	3.1	8.1
4	今晚特别点击	济南电视台新闻综合频道	2.7	11.5
5	济南新闻	济南电视台新闻综合频道	2.5	8.1
6	转播中央台新闻联播	济南电视台新闻综合频道	2.5	7.1
7	说闻解字	山东电视生活频道	2.4	6.1
8	每日新闻	山东电视齐鲁频道	2.3	7.8
9	有么说么新闻大社区	济南电视台新闻综合频道	2.2	10.7
10	生活帮	山东电视生活频道	2.2	7.2

表 3.44.10 2017 年济南市场专题节目收视率排名前十位

名次	节目名称	播出频道	平均收视率(%)	平均占有率(%)
1	一年又一年	中央电视台综合频道	4.8	12.6
2	山东之美	山东电视生活频道	2.8	8.4
3	有么说么故事会	济南电视台新闻综合频道	2.7	10.3
4	总书记为俺家算清了脱贫账	中央电视台综合频道	2.6	6.0
5	幸福心观察	山东电视综艺频道	2.0	9.7
6	香港发展一直牵动着我的心 习近平香港行纪实	中央电视台综合频道	1.9	6.7
7	永不停歇的征程	山东卫视	1.8	4.8
8	都市搜客团	济南电视台都市女性频道	1.8	4.5
9	金星时间	上海东方卫视	1.6	6.2
10	有话好好说	济南电视台生活频道	1.6	4.5

表 3.44.11　2017 年济南市场综艺节目收视率排名前十位

名次	节目名称	播出频道	平均收视率（%）	平均占有率（%）
1	中央电视台 2017 春节联欢晚会	中央电视台综合频道	11.0	21.7
2	中央电视台 2017 元宵晚会	中央电视台综合频道	7.2	17.0
3	万家灯火闹元宵 2017 济南电视元宵喜乐会	济南电视台新闻综合频道	5.0	21.0
4	开年大吉精彩 17 济南电视观众节 2017 济南电视开年晚会	济南电视台新闻综合频道	4.6	16.7
5	我们的年代五一喜乐会暨济南电视青春季启动仪式	济南电视台新闻综合频道	4.3	24.5
6	第九届社区大联欢	济南电视台新闻综合频道	3.9	12.1
7	直通春晚	济南电视台新闻综合频道	3.7	7.6
8	中国梦祖国颂 2017 中央电视台国庆特别节目	中央电视台综合频道	3.6	10.9
9	万家庆团圆喜迎十九大 2017 济南电视中秋歌会	济南电视台新闻综合频道	3.3	21.0
10	一带一路国际合作高峰论坛文艺晚会	山东卫视	3.2	7.7

表 3.44.12　2017 年济南市场体育节目收视率排名前十位

名次	节目名称	播出频道	平均收视率（%）	平均占有率（%）
1	黄金赛场 超级足球之夜：2018 年世界杯亚洲区预选赛第三阶段 A 组第 7 轮（伊朗 VS 中国）	中央台五套	5.8	14.1
2	超级赛场：2017 年中国足球协会超级联赛第 4 轮（中国 VS 乌兹别克斯坦）	山东电视体育频道	4.6	10.6
3	超级足球之夜 黄金赛场：2017 年中超联赛第 3 轮（广州恒大淘宝 VS 上海上港）	中央台五套	3.3	8.1
4	现场直播：2016/2017 赛季中国男子篮球职业联赛常规赛第 24 轮（北京农商银行 VS 山东高速）	山东电视体育频道	3.1	7.9
5	超级赛场：2017/2018 赛季 CBA 联赛常规赛第 17 轮（上海哔哩哔哩 VS 山东高速）	山东电视体育频道	3.1	7.8
6	直播周末：2017 年世界乒乓球锦标赛男单 1/4 决赛	中央台五套	2.8	9.1
7	黄金赛场 超级足球之夜：2017 年亚洲足联冠军联赛 G 组第 3 轮（中国广州恒大 VS 日本川崎前锋）	中央台五套	2.8	7.7
8	第十三届全运会男 10000 米决赛	中央台五套	2.7	6.4
9	直播周末：2019 年男篮世界杯预选赛（韩国队 VS 中国队）	中央台五套	2.6	7.1
10	黄金赛场：2016/2017 赛季 CBA 总决赛第二场（新疆喀什古城 VS 广东东莞银行）	中央台五套	2.5	6.1

四十五、昆明收视数据

表 3.45.1 2013~2017 年昆明市场各类频道的市场占有率(%)

频道类别	年份				
	2013 年	2014 年	2015 年	2016 年	2017 年
中央电视台频道	34.8	34.5	34.1	36.2	35.4
中国教育电视台频道	0.1	0.1	0.1	0.1	0.1
云南省级频道	24.2	23.2	21.3	16.8	15.3
昆明市级频道	12.2	11.8	13.3	13.3	11.6
其他省级卫视频道	22.6	23.9	23.4	24.0	23.3
其他频道	6.2	6.5	7.8	9.6	14.3

表 3.45.2 2017 年昆明市场各类频道在不同目标观众中的市场占有率(%)

目标观众		中央电视台频道	中国教育电视台频道	云南省级频道	昆明市级频道	其他省级卫星频道	其他频道
4 岁及以上所有人		35.4	0.1	15.3	11.6	23.3	14.3
性别	男	37.7	0.1	15.4	11.3	20.8	14.7
	女	33.2	0.1	15.2	11.9	25.7	13.9
年龄	4~14 岁	24.2	0.1	14.2	10.9	30.6	20.0
	15~24 岁	30.6	0.1	12.8	13.0	26.1	17.4
	25~34 岁	28.5	0.1	17.7	9.2	27.0	17.5
	35~44 岁	32.2	0.1	15.8	12.2	24.8	14.9
	45~54 岁	32.9	0.0	14.2	12.3	24.1	16.5
	55~64 岁	39.2	0.0	16.4	12.9	19.6	11.9
	65 岁及以上	49.8	0.1	14.7	10.9	17.6	6.9
教育程度	未受过正规教育	28.7	0.1	17.6	13.0	22.2	18.4
	小学	37.5	0.1	16.1	12.6	22.5	11.2
	初中	35.6	0.1	16.6	12.9	22.3	12.5
	高中	36.6	0.1	13.8	11.8	21.3	16.4
	大学及以上	33.7	0.1	14.7	9.1	27.9	14.5
职业类别	干部/管理人员	34.8	0.1	13.7	10.5	25.6	15.3
	个体/私营企业人员	29.4	0.1	17.0	13.3	24.9	15.3
	初级公务员/雇员	34.5	0.0	14.4	10.0	23.4	17.7
	工人	33.1	0.1	16.6	11.2	25.6	13.4
	学生	28.8	0.1	12.3	13.2	27.6	18.0
	无业	40.4	0.1	15.6	11.4	21.2	11.3
	其他	37.0	0.1	11.7	13.9	17.0	20.3
个人月收入	0~600 元	30.2	0.1	15.6	12.4	25.5	16.2
	601~1200 元	34.7	0.0	22.5	13.7	20.7	8.4
	1201~1700 元	35.7	0.0	17.5	12.0	18.2	16.6
	1701~2600 元	40.1	0.1	14.6	12.0	21.2	12.0
	2601~3500 元	34.8	0.1	13.7	13.0	24.1	14.3
	3501~5000 元	36.1	0.1	17.9	8.2	23.1	14.6
	5001 元及以上	30.0	0.1	9.3	6.9	33.4	20.3

表 3.45.3　2017 年昆明市场各类频道在不同时段的市场占有率(%)

时间段	中央电视台频道	中国教育电视台频道	云南省级频道	昆明市级频道	其他省级卫星频道	其他频道
02:00~03:00	35.6	0.1	8.4	5.5	24.9	25.5
03:00~04:00	35.5	0.0	5.4	5.5	23.8	29.8
04:00~05:00	32.4	0.1	4.6	6.9	22.3	33.7
05:00~06:00	33.2	0.1	5.7	8.9	19.0	33.1
06:00~07:00	53.9	0.1	6.5	10.4	13.7	15.4
07:00~08:00	62.4	0.0	7.6	6.7	12.0	11.3
08:00~09:00	58.7	0.1	8.9	2.9	15.7	13.7
09:00~10:00	51.2	0.1	10.0	2.8	19.6	16.3
10:00~11:00	45.9	0.1	10.4	4.5	21.4	17.7
11:00~12:00	47.5	0.0	9.8	3.7	21.7	17.3
12:00~13:00	51.6	0.0	7.1	4.0	21.1	16.2
13:00~14:00	43.8	0.1	8.2	4.6	25.8	17.5
14:00~15:00	40.0	0.1	10.2	3.2	29.0	17.5
15:00~16:00	39.1	0.1	11.4	2.3	29.9	17.2
16:00~17:00	37.7	0.1	11.7	3.0	30.4	17.1
17:00~18:00	32.7	0.0	15.8	11.4	24.7	15.4
18:00~19:00	27.8	0.0	26.2	24.2	9.4	12.4
19:00~20:00	37.3	0.0	18.6	14.8	17.7	11.6
20:00~21:00	29.0	0.0	16.9	14.1	28.3	11.7
21:00~22:00	30.6	0.1	18.3	15.4	24.0	11.6
22:00~23:00	29.8	0.1	16.0	15.1	25.8	13.2
23:00~24:00	34.6	0.0	13.2	11.0	25.4	15.8
24:00~25:00	36.7	0.1	13.0	7.8	22.1	20.3
25:00~26:00	33.2	0.2	12.2	7.2	23.5	23.7

表 3.45.4　2017 年昆明市场收视份额排名前十位的频道

名次	频道名称	收视份额(%)
1	中央电视台综合频道	6.4
1	昆明广播电视台公共频道	6.4
3	云南广播电视台都市频道(二套)	6.1
4	中央台八套	5.4
5	中央台四套	5.1
6	中央台六套	4.1
7	中央台三套	3.9
8	云南广播电视台卫视频道(一套)	3.3
9	湖南卫视	3.2
10	昆明广播电视台影视综艺频道	2.6

表 3.45.5　2017 年昆明市场各主要频道的观众构成(%)

目标观众		所有频道	主要频道				
			中央电视台综合频道	昆明广播电视台公共频道	云南广播电视台都市频道(二套)	中央台八套	中央台四套
4 岁及以上所有人		100.0	100.0	100.0	100.0	100.0	100.0
性别	男	49.2	51.0	48.7	48.7	46.2	57.9
	女	50.8	49.0	51.3	51.3	53.8	42.1
年龄	4～14 岁	6.4	4.9	5.7	3.8	3.3	2.7
	15～24 岁	9.5	5.3	11.8	8.0	7.6	5.1
	25～34 岁	15.0	14.4	12.5	17.2	10.3	8.8
	35～44 岁	15.0	13.5	16.7	14.2	12.1	8.4
	45～54 岁	19.2	14.2	21.5	19.6	20.0	18.3
	55～64 岁	17.6	18.4	19.3	21.3	22.9	23.5
	65 岁及以上	17.3	29.3	12.6	16.0	23.8	33.2
教育程度	未受过正规教育	4.5	3.1	4.8	2.9	5.9	1.3
	小学	14.3	16.8	12.4	13.0	14.2	15.0
	初中	28.1	25.4	31.1	29.8	33.6	25.8
	高中	30.1	29.8	30.4	30.1	27.5	37.5
	大学及以上	23.0	24.8	21.4	24.3	18.7	20.3
职业类别	干部/管理人员	2.8	3.9	3.4	3.5	2.8	1.8
	个体/私营企业人员	17.1	12.0	20.1	16.6	14.7	13.6
	初级公务员/雇员	18.2	19.3	16.8	16.6	13.0	11.7
	工人	9.7	5.8	8.9	11.6	13.3	9.3
	学生	9.3	6.0	11.9	7.6	6.3	5.9
	无业	40.6	50.6	35.6	42.5	47.5	56.0
	其他	2.3	2.4	3.3	1.7	2.3	1.7
个人月收入	0～600 元	21.3	14.3	21.9	18.0	20.8	11.6
	601～1200 元	3.3	4.5	4.8	3.3	6.0	1.8
	1201～1700 元	7.2	7.2	5.6	10.3	6.6	7.6
	1701～2600 元	29.8	34.6	30.2	30.3	31.8	42.1
	2601～3500 元	20.6	20.7	26.3	18.9	20.1	18.5
	3501～5000 元	13.3	16.2	8.6	16.4	12.1	14.5
	5001 元及以上	4.4	2.4	2.6	2.8	2.5	4.0

表 3.45.6　2015～2017 年昆明市场各类节目的播出份额(%)和收视份额(%)

节目类别	2015 年		2016 年		2017 年	
	播出份额	收视份额	播出份额	收视份额	播出份额	收视份额
财经	1.4	1.1	1.1	1.0	1.0	0.9
电视剧	23.5	33.9	25.9	33.5	26.0	34.9
电影	3.8	4.2	3.8	4.5	3.9	5.0
法制	0.9	0.8	0.9	0.8	0.9	0.7
教学	0.2	0.1	0.2	0.1	0.2	0.1
青少	5.8	3.0	6.2	3.6	6.7	3.3
生活服务	12.6	7.2	10.2	6.8	9.3	6.3
体育	2.7	2.3	2.9	3.0	2.9	2.2
外语	0.0	0.0	0.0	0.0	0.1	0.0
戏剧	0.7	0.2	0.7	0.2	0.7	0.2
新闻/时事	10.6	15.1	10.7	14.8	10.8	14.9
音乐	2.4	0.9	1.6	0.7	1.2	0.8
专题	12.5	6.6	12.9	6.3	13.2	6.5
综艺	7.9	14.0	7.2	13.5	6.0	12.0
其他	14.9	10.7	15.6	11.3	17.1	12.2

表 3.45.7　2017 年昆明市场所有节目收视率排名前三十位

名次	节目名称	节目类型	播出频道	平均收视率（%）	平均占有率（%）
1	开学第一课	青少	中央电视台综合频道	11.8	31.8
2	中央电视台 2017 春节联欢晚会	综艺	中央电视台综合频道	8.3	22.9
3	天气预报	生活服务	中央电视台综合频道	5.0	18.1
4	我的压寨男人	电视剧	云南广播电视台都市频道（二套）	4.7	12.2
5	人民的名义	电视剧	湖南卫视	4.4	11.9
6	黄大妮	电视剧	云南广播电视台都市频道（二套）	4.4	11.6
7	我的 1997	电视剧	中央电视台综合频道	4.2	12.0
8	一年又一年	专题	中央电视台综合频道	4.0	19.3
9	中国梦祖国颂 2017 中央电视台国庆特别节目	综艺	中央电视台综合频道	4.0	17.1
10	中央电视台 2017 元宵晚会	综艺	中央电视台综合频道	3.9	14.6
11	黄金赛场 超级足球之夜：2018 年世界杯亚洲区预选赛第三阶段 A 组第 7 轮（伊朗 VS 中国）	体育	中央台五套	3.9	11.4
12	养母	电视剧	云南广播电视台都市频道（二套）	3.8	11.7
13	速度与激情七	电影	中央台六套	3.7	19.0
14	庆祝香港回归祖国二十周年文艺晚会	综艺	中央电视台综合频道	3.7	10.1
14	暗影	电视剧	云南广播电视台都市频道（二套）	3.7	10.1
16	母亲的承诺	电视剧	云南广播电视台都市频道（二套）	3.6	10.5
17	黄金赛场：2017 年世界乒乓球锦标赛男单决赛	体育	中央台五套	3.6	10.3
18	猎影	电视剧	云南广播电视台都市频道（二套）	3.6	9.7
19	我的舅舅	电视剧	云南广播电视台都市频道（二套）	3.5	10.7
20	香港回归祖国 20 周年特别报道	新闻/时事	中央电视台综合频道	3.5	9.6
21	众里寻你 2017 寻找最美孝心少年颁奖典礼	青少	中央电视台综合频道	3.4	10.0
22	大地惊雷	电视剧	云南广播电视台都市频道（二套）	3.4	9.2
23	回家	电视剧	云南广播电视台都市频道（二套）	3.3	9.8

续表

名次	节目名称	节目类型	播出频道	平均收视率(%)	平均占有率(%)
23	手枪队	电视剧	云南广播电视台都市频道(二套)	3.3	9.8
25	小姨	电视剧	云南广播电视台都市频道(二套)	3.3	9.7
26	打铁还需自身硬	专题	中央电视台综合频道	3.3	7.9
27	都市条形码	新闻/时事	云南广播电视台都市频道(二套)	3.2	18.6
28	替身	电视剧	昆明广播电视台公共频道	3.2	9.3
29	胭脂	电视剧	昆明广播电视台公共频道	3.2	8.5
30	2017年中央电视台中秋晚会	综艺	中央电视台综合频道	3.1	11.3

表 3.45.8　2017 年昆明市场电视剧收视率排名前十位

名次	节目名称	播出频道	平均收视率(%)	平均占有率(%)
1	我的压寨男人	云南广播电视台都市频道(二套)	4.7	12.2
2	人民的名义	湖南卫视	4.4	11.9
3	黄大妮	云南广播电视台都市频道(二套)	4.4	11.6
4	我的 1997	中央电视台综合频道	4.2	12.0
4	养母	云南广播电视台都市频道(二套)	3.8	11.7
6	暗影	云南广播电视台都市频道(二套)	3.7	10.1
7	母亲的承诺	云南广播电视台都市频道(二套)	3.6	10.5
8	猎影	云南广播电视台都市频道(二套)	3.6	9.7
9	我的舅舅	云南广播电视台都市频道(二套)	3.5	10.7
10	大地惊雷	云南广播电视台都市频道(二套)	3.4	9.2

表 3.45.9　2017 年昆明市场新闻节目收视率排名前十位

名次	节目名称	播出频道	平均收视率(%)	平均占有率(%)
1	香港回归祖国 20 周年特别报道	中央电视台综合频道	3.5	9.6
2	都市条形码	云南广播电视台都市频道(二套)	3.2	18.6
3	街头巷尾	昆明广播电视台公共频道	3.0	17.4
4	大口马牙	云南广播电视台都市频道(二套)	3.0	12.3
5	新闻联播	中央电视台综合频道	2.9	12.0
6	新闻重新说	昆明广播电视台公共频道	2.6	10.8
7	金砖国家领导人第九次会晤特别报道	中央电视台综合频道	2.4	7.4
8	李克强总理会见中外记者并回答提问	中央电视台综合频道	2.2	6.3
9	新闻夜总汇	昆明广播电视台公共频道	2.1	8.2
10	中国共产党第十九次全国代表大会开幕会专题新闻	中央电视台综合频道	2.1	6.2

表 3.45.10　2017 年昆明市场专题节目收视率排名前十位

名次	节目名称	播出频道	平均收视率（%）	平均占有率（%）
1	一年又一年	中央电视台综合频道	4.0	19.3
2	打铁还需自身硬	中央电视台综合频道	3.3	7.9
3	老区脱贫攻坚习近平心中的牵挂	中央电视台综合频道	2.9	11.9
4	不忘初心牢记使命永远奋斗	中央电视台综合频道	2.6	9.1
5	感动中国 2016 年度人物颁奖盛典	中央电视台综合频道	2.6	6.4
6	香港发展一直牵动着我的心习近平香港行纪实	中央电视台综合频道	2.5	8.0
7	大国外交	中央电视台综合频道	2.3	7.0
8	了不起的你	云南广播电视台卫视频道（一套）	2.3	6.8
9	紫荆花开	中央电视台综合频道	2.2	7.2
10	将改革进行到底	中央电视台综合频道	2.1	6.6

表 3.45.11　2017 年昆明市场综艺节目收视率排名前十位

名次	节目名称	播出频道	平均收视率（%）	平均占有率（%）
1	中央电视台 2017 春节联欢晚会	中央电视台综合频道	8.3	22.9
2	中国梦祖国颂 2017 中央电视台国庆特别节目	中央电视台综合频道	4.0	17.1
3	中央电视台 2017 元宵晚会	中央电视台综合频道	3.9	14.6
4	庆祝香港回归祖国二十周年文艺晚会	中央电视台综合频道	3.7	10.1
5	2017 年中央电视台中秋晚会	中央电视台综合频道	3.1	11.3
6	一带一路国际合作高峰论坛文艺晚会	中央电视台综合频道	3.1	8.2
7	在党的旗帜下庆祝中国人民解放军建军90 周年文艺晚会	中央电视台综合频道	3.0	8.7
8	启航 2018 新年特别节目	中央电视台综合频道	2.7	9.5
9	守望相助草原情内蒙古自治区成立 70 周年心连心艺术团赴内蒙古演出	中央电视台综合频道	2.6	9.1
10	金砖国家领导人厦门会晤新兴市场国家与发展中国家对话会文艺晚会	中央电视台综合频道	2.6	7.6

表 3.45.12　2017 年昆明市场体育节目收视率排名前十位

名次	节目名称	播出频道	平均收视率（%）	平均占有率（%）
1	黄金赛场 超级足球之夜:2018 年世界杯亚洲区预选赛第三阶段 A 组第 7 轮（伊朗 VS 中国）	中央台五套	3.9	11.4
2	黄金赛场:2017 年世界乒乓球锦标赛男单决赛	中央台五套	3.6	10.3
3	中华人民共和国第十三届运动会开幕式	中央电视台综合频道	3.0	8.9

续表

名次	节目名称	播出频道	平均收视率(%)	平均占有率(%)
4	第十三届全运会男子400米栏决赛	中央台五套	1.9	6.0
5	直播周末:2017年世界女排大奖赛总决赛半决赛(中国队VS意大利队)	中央台五套	1.9	5.9
6	中华人民共和国第十三届运动会闭幕式	中央电视台综合频道	1.7	4.9
7	神奇水世界:2017年布达佩斯国际泳联世锦赛跳水男子10米台决赛	中央台五套	1.6	9.1
8	神奇水世界:2017年布达佩斯国际泳联世锦赛女4×200米自由泳接力决赛	中央台五套	1.5	5.6
9	第十三届全运会女子1500米自由泳决赛	中央台五套	1.5	4.6
10	2017年世界田径锦标赛女子20公里竞走决赛	中央台五套	1.5	4.5

四十六、兰州收视数据

表 3.46.1　2013～2017 年兰州市场各类频道的市场占有率(%)

频道类别	年份				
	2013 年	2014 年	2015 年	2016 年	2017 年
中央电视台频道	46.7	44.8	41.7	42.6	41.6
中国教育电视台频道	0.7	0.3	0.1	0.1	0.1
甘肃省级频道	6.8	5.7	6.0	5.1	5.8
兰州市级频道	4.0	3.8	7.4	6.8	7.1
其他省级卫视频道	35.3	36.9	35.2	32.1	27.4
其他频道	6.5	8.5	9.6	13.4	18.0

表 3.46.2　2017 年兰州市场各类频道在不同目标观众中的市场占有率(%)

目标观众		中央电视台频道	中国教育电视台频道	甘肃省级频道	兰州市级频道	其他省级卫视频道	其他频道
4 岁及以上所有人		41.6	0.1	5.8	7.1	27.4	18.0
性别	男	43.3	0.1	6.1	7.7	26.5	16.3
	女	39.8	0.1	5.5	6.4	28.4	19.8
年龄	4～14 岁	27.9	0.1	4.7	5.2	36.8	25.3
	15～24 岁	32.2	0.1	4.3	4.8	32.5	26.2
	25～34 岁	33.8	0.1	2.5	2.8	38.5	22.4
	35～44 岁	38.4	0.1	3.7	5.6	30.3	22.0
	45～54 岁	37.5	0.1	6.7	7.9	26.7	21.1
	55～64 岁	48.4	0.1	6.8	7.8	23.2	13.8
	65 岁及以上	52.2	0.1	7.6	9.7	21.0	9.4
教育程度	未受过正规教育	29.0	0.2	4.5	6.6	38.3	21.4
	小学	43.5	0.0	8.2	11.0	25.7	11.5
	初中	44.0	0.1	6.2	8.5	24.4	16.8
	高中	43.1	0.1	6.2	6.8	25.4	18.6
	大学及以上	36.1	0.1	3.2	3.6	35.3	21.6
职业类别	干部/管理人员	50.1	0.1	5.6	3.6	33.2	7.5
	个体/私营企业人员	38.2	0.1	6.8	7.9	26.9	20.1
	初级公务员/雇员	36.5	0.1	3.3	4.7	33.1	22.3
	工人	40.4	0.1	3.7	6.2	29.2	20.5
	学生	29.2	0.1	4.0	3.7	34.0	29.0
	无业	46.0	0.1	6.9	8.4	24.1	14.5
	其他	*	*	*	*	*	*
个人月收入	0～600 元	33.1	0.2	4.7	5.7	32.8	23.5
	601～1200 元	43.5	0.1	7.2	12.0	19.9	17.3
	1201～1700 元	47.5	0.1	4.9	9.8	19.8	17.8
	1701～2600 元	45.5	0.1	7.9	7.4	25.0	14.1
	2601～3500 元	41.0	0.1	5.6	6.4	30.7	16.3
	3501～5000 元	37.8	0.1	3.7	4.9	28.9	24.5
	5001 元及以上	48.1	0.1	1.2	0.5	36.3	13.8

注：* 表示样本量不足，无法进行统计推断。

表 3.46.3　2017 年兰州市场各类频道在不同时段的市场占有率(%)

时间段	中央电视台频道	中国教育电视台频道	甘肃省级频道	兰州市级频道	其他省级卫视频道	其他频道
02:00~03:00	24.1	0.0	14.6	1.6	35.6	24.0
03:00~04:00	26.6	0.0	17.4	0.7	32.7	22.7
04:00~05:00	25.4	0.0	21.5	0.4	33.2	19.5
05:00~06:00	32.9	0.0	22.6	0.6	27.1	16.9
06:00~07:00	66.3	0.3	5.2	0.6	15.1	12.5
07:00~08:00	66.1	0.4	4.3	3.9	16.0	9.3
08:00~09:00	55.7	0.3	4.6	8.2	18.5	12.8
09:00~10:00	47.2	0.2	4.2	5.8	26.9	15.7
10:00~11:00	43.7	0.2	4.1	5.1	29.9	17.0
11:00~12:00	46.7	0.1	3.5	3.6	28.6	17.5
12:00~13:00	52.1	0.1	2.6	2.2	26.0	17.1
13:00~14:00	43.7	0.1	2.7	3.5	30.0	20.0
14:00~15:00	40.7	0.2	2.8	4.8	31.0	20.6
15:00~16:00	39.0	0.2	3.2	5.2	31.2	21.3
16:00~17:00	39.7	0.2	3.2	5.1	31.3	20.5
17:00~18:00	41.4	0.1	3.0	5.9	29.4	20.3
18:00~19:00	49.8	0.1	9.8	7.1	15.1	18.1
19:00~20:00	48.5	0.0	8.7	9.7	18.7	14.3
20:00~21:00	37.1	0.1	7.7	8.4	31.3	15.5
21:00~22:00	36.3	0.1	7.3	9.8	28.7	17.8
22:00~23:00	31.9	0.2	5.1	12.2	30.9	19.8
23:00~24:00	36.4	0.1	3.6	5.1	33.5	21.4
24:00~25:00	34.4	0.2	5.8	5.2	31.1	23.3
25:00~26:00	29.2	0.2	9.6	3.1	32.8	25.1

表 3.46.4　2017 年兰州市场收视份额排名前十位的频道

名次	频道名称	收视份额(%)
1	中央电视台综合频道	8.3
2	中央台八套	5.2
3	中央台四套	5.0
4	中央台六套	4.4
4	兰州电视台公共频道	4.4
6	中央电视台新闻频道	4.0
7	中央台三套	3.8
8	湖南卫视	2.7
9	江苏卫视	2.3
10	北京卡酷少儿频道	2.1

表 3.46.5 2017 年兰州市场各主要频道的观众构成(%)

目标观众		所有频道	主要频道				
			中央电视台综合频道	中央台八套	中央台四套	中央台六套	兰州电视台公共频道
4 岁及以上所有人		100.0	100.0	100.0	100.0	100.0	100.0
性别	男性	51.6	51.0	44.4	62.4	54.5	54.2
	女性	48.4	49.0	55.6	37.6	45.5	45.8
年龄	4~14 岁	5.9	3.4	1.5	1.7	3.5	5.1
	15~24 岁	8.3	6.0	4.1	8.3	8.0	4.1
	25~34 岁	10.1	8.0	9.5	3.8	10.9	3.7
	35~44 岁	11.7	10.4	6.0	8.9	20.4	9.2
	45~54 岁	23.1	22.9	14.6	24.4	20.7	26.6
	55~64 岁	16.7	17.4	28.5	20.3	16.8	13.2
	65 岁及以上	24.1	32.0	35.8	32.7	19.7	38.1
教育程度	未受正规教育	3.4	1.8	0.7	0.3	1.9	3.9
	小学	11.5	10.0	19.2	10.4	8.8	25.2
	初中	23.9	27.3	31.0	19.0	26.1	26.3
	高中	43.1	42.6	40.2	52.7	47.5	36.7
	大学及以上	18.0	18.3	8.9	17.6	15.8	7.9
职业类别	干部/管理人员	2.9	5.6	2.3	2.0	2.7	1.2
	个体/私营企业人员	17.8	17.0	14.9	14.3	21.7	19.1
	初级公务员/雇员	12.5	10.3	7.0	15.2	16.7	8.1
	工人	8.2	6.6	4.9	7.8	6.2	6.9
	学生	9.0	6.2	3.4	5.6	8.0	3.9
	无业	49.0	52.4	67.4	55.1	44.5	60.7
	其他	*	*	*	*	*	*
个人月收入	0~600 元	19.6	15.1	12.3	9.5	16.8	16.5
	601~1200 元	7.9	5.2	14.1	8.9	8.8	10.5
	1201~1700 元	10.7	13.6	17.7	10.6	6.6	16.5
	1701~2600 元	29.5	34.6	30.0	37.7	29.1	31.5
	2601~3500 元	19.6	18.3	18.2	20.2	22.4	17.6
	3501~5000 元	9.6	9.9	7.1	7.9	10.1	7.3
	5001 元及以上	3.1	3.4	0.5	5.2	6.1	0.1

注:* 表示样本量不足,无法进行统计推断。

表 3.46.6 2015~2017 年兰州市场各类节目的播出份额(%)和收视份额(%)

节目类别	2015 年		2016 年		2017 年	
	播出份额	收视份额	播出份额	收视份额	播出份额	收视份额
财经	1.8	0.9	1.4	0.7	1.1	0.6
电视剧	21.1	32.8	21.2	29.2	22.1	32.3
电影	3.5	5.0	3.5	5.5	3.7	5.5
法制	0.9	0.8	0.8	0.7	1.0	0.6
教学	0.3	0.1	0.3	0.0	0.3	0.0
青少	6.7	4.0	6.6	4.1	6.9	4.7
生活服务	9.4	6.7	8.7	6.6	7.8	6.2
体育	2.9	2.6	2.7	3.0	3.2	2.5
外语	0.0	0.0	0.0	0.0	0.1	0.0
戏剧	0.8	0.5	0.9	0.7	0.8	0.6
新闻/时事	15.0	13.6	15.5	14.6	15.7	14.3
音乐	2.5	0.9	1.9	0.9	1.5	1.3
专题	13.8	6.9	14.5	7.1	14.8	6.9
综艺	8.6	14.8	8.7	16.1	7.8	13.6
其他	12.7	10.4	13.3	10.6	13.1	10.8

表 3.46.7　2017 年兰州市场所有节目收视率排名前三十位

名次	节目名称	节目类别	播出频道	平均收视率(%)	平均占有率(%)
1	一年又一年	专题	中央电视台综合频道	14.5	41.1
2	中央电视台 2017 春节联欢晚会	综艺	中央电视台综合频道	13.6	30.9
3	中央电视台 2017 元宵晚会	综艺	中央电视台综合频道	13.1	33.7
4	星光大道 2016 年度总决赛	综艺	中央电视台综合频道	6.8	20.0
5	天气预报	生活服务	中央电视台综合频道	6.6	24.6
6	一带一路国际合作高峰论坛特别报道	新闻/时事	中央电视台综合频道	5.5	18.8
7	等着我	专题	中央电视台综合频道	5.2	17.6
8	人民的名义	电视剧	湖南卫视	5.2	17.0
9	于成龙	电视剧	中央电视台综合频道	5.0	16.0
10	总书记为俺家算清了脱贫账	专题	中央电视台综合频道	4.9	15.0
11	2017 中央军委慰问驻京部队老干部迎新春文艺演出	综艺	中央电视台综合频道	4.8	13.1
12	一带一路国际合作高峰论坛文艺晚会	综艺	中央电视台综合频道	4.6	16.3
13	开学第一课	青少	中央电视台综合频道	4.1	15.7
14	2017 东南西北贺新春	综艺	中央台三套	4.1	12.2
15	新闻联播	新闻/时事	中央电视台综合频道	4.0	16.3
16	盗墓笔记(2 月 26 日)	电影	中央台六套	4.0	14.6
17	新春相声大联欢	综艺	中央台三套	3.9	13.6
18	蒸发太平洋(2 月 25 日)	电影	中央台六套	3.9	13.3
19	快乐中国 20172018 跨年演唱会	音乐	湖南卫视	3.8	14.7
20	巡视利剑	专题	中央电视台综合频道	3.8	14.4
21	在党的旗帜下庆祝中国人民解放军建军 90 周年文艺晚会	综艺	中央电视台综合频道	3.8	13.4
22	黄金赛场 超级足球之夜:2018 年世界杯亚洲区预选赛第三阶段 A 组第 7 轮(伊朗 VS 中国)	体育	中央台五套	3.8	12.4
23	中国梦劳动美 2017 年庆祝五一国际劳动节心连心特别节目	综艺	中央电视台综合频道	3.7	14.1
24	王牌逗王牌(2 月 2 日)	电影	中央台六套	3.7	13.9
25	2017 年中央电视台中秋晚会	综艺	中央电视台综合频道	3.7	12.9
26	那年花开月正圆	电视剧	江苏卫视	3.6	13.2
27	千年大计国家大事	专题	中央电视台综合频道	3.6	10.2
28	女儿红	电视剧	中央电视台综合频道	3.4	12.0
29	一切为人民 2017 全国公安系统英雄模范立功集体表彰大会特别节目	综艺	中央电视台综合频道	3.4	11.4
30	感动中国 2016 年度人物颁奖盛典	专题	中央电视台综合频道	3.4	9.8

表 3.46.8 2017 年兰州市场电视剧收视率排名前十位

名次	节目名称	播出频道	平均收视率（%）	平均占有率（%）
1	人民的名义	湖南卫视	5.2	17.0
2	于成龙	中央电视台综合频道	5.0	16.0
3	那年花开月正圆	江苏卫视	3.6	13.2
4	女儿红	中央电视台综合频道	3.4	12.0
5	绝地烽火	兰州电视台公共频道	3.1	10.2
6	我的继父是偶像	中央台八套	3.0	10.6
7	绝密底牌	兰州电视台公共频道	2.9	10.0
8	女汉子	兰州电视台公共频道	2.8	12.7
9	天下粮田	中央电视台综合频道	2.8	9.7
10	青年霍元甲之冲出江湖	中央台八套	2.6	7.7

表 3.46.9 2017 年兰州市场新闻节目收视率排名前十位

名次	节目名称	播出频道	平均收视率（%）	平均占有率（%）
1	一带一路国际合作高峰论坛特别报道	中央电视台综合频道	5.5	18.8
2	新闻联播	中央电视台综合频道	4.0	16.3
3	李克强总理会见中外记者并回答提问	中央电视台综合频道	3.2	10.3
4	中国共产党第十九次全国代表大会开幕会专题新闻	中央电视台综合频道	2.5	9.8
5	香港回归祖国 20 周年特别报道	中央电视台综合频道	2.5	9.1
6	焦点访谈	中央电视台综合频道	2.5	8.9
7	金砖国家领导人第九次会晤特别报道	中央电视台综合频道	2.2	8.1
8	探梦天宫	中央台四套	2.2	7.3
9	中国舆论场	中央台四套	2.1	7.3
10	海峡两岸	中央台四套	1.8	6.1

表 3.46.10 2017 年兰州市场专题节目收视率排名前十位

名次	节目名称	播出频道	平均收视率（%）	平均占有率（%）
1	一年又一年	中央电视台综合频道	14.5	41.1
2	等着我	中央电视台综合频道	5.2	17.6
3	总书记为俺家算清了脱贫账	中央电视台综合频道	4.9	15.0
4	巡视利剑	中央电视台综合频道	3.8	14.4
5	千年大计国家大事	中央电视台综合频道	3.6	10.2
6	感动中国 2016 年度人物颁奖盛典	中央电视台综合频道	3.4	9.8
7	香港发展一直牵动着我的心 习近平香港行纪实	中央电视台综合频道	3.2	14.3
8	不忘初心牢记使命永远奋斗	中央电视台综合频道	2.7	9.6
9	打铁还需自身硬	中央电视台综合频道	2.7	8.7
10	中国成语大会 2015 决赛第三场	中央电视台综合频道	2.4	11.4

表 3.46.11　2017 年兰州市场综艺节目收视率排名前十位

名次	节目名称	播出频道	平均收视率(%)	平均占有率(%)
1	中央电视台 2017 春节联欢晚会	中央电视台综合频道	13.6	30.9
2	中央电视台 2017 元宵晚会	中央电视台综合频道	13.1	33.7
3	星光大道 2016 年度总决赛	中央电视台综合频道	6.8	20.0
4	2017 中央军委慰问驻京部队老干部迎新春文艺演出	中央电视台综合频道	4.8	13.1
5	一带一路国际合作高峰论坛文艺晚会	中央电视台综合频道	4.6	16.3
6	2017 东南西北贺新春	中央台三套	4.1	12.2
7	新春相声大联欢	中央台三套	3.9	13.6
8	在党的旗帜下庆祝中国人民解放军建军90 周年文艺晚会	中央电视台综合频道	3.8	13.4
9	中国梦劳动美 2017 年庆祝五一国际劳动节心连心特别节目	中央电视台综合频道	3.7	14.1
10	2017 年中央电视台中秋晚会	中央电视台综合频道	3.7	12.9

表 3.46.12　2017 年兰州市场体育节目收视率排名前十位

名次	节目名称	播出频道	平均收视率(%)	平均占有率(%)
1	黄金赛场 超级足球之夜:2018 年世界杯亚洲区预选赛第三阶段 A 组第 7 轮(伊朗 VS 中国)	中央台五套	3.8	12.4
2	直播周末:2017 年世乒赛女单决赛	中央台五套	3.3	10.7
3	直播周末:2017 年中国羽毛球公开赛男单决赛	中央台五套	2.5	16.6
4	中华人民共和国第十三届运动会闭幕式	中央电视台综合频道	2.4	9.2
5	中华人民共和国第十三届运动会开幕式	中央台四套	2.3	8.1
6	第十三届全运会男子 200 米自由泳决赛	中央台五套	2.2	13.8
7	黄金赛场:2017 年 CCTV 贺岁杯世界拳王争霸 IBF 女子迷你轻量级争霸赛	中央台五套	2.2	9.2
8	黄金赛场:2016/2017 赛季 CBA 总决赛第一场 (新疆喀什古城 VS 广东东莞银行)	中央台五套	2.2	8.3
9	现场直播:2017 年世界女排大奖赛中国香港站(中国队 VS 日本队)	中央台五套	1.9	8.6
10	黄金赛场 现场直播:2016/2017 赛季世界斯诺克锦标赛半决赛	中央台五套	1.9	7.6

四十七、南昌收视数据

表 3.47.1　2013～2017 年南昌市场各类频道的市场占有率(%)

频道类别	年份				
	2013 年	2014 年	2015 年	2016 年	2017 年
中央电视台频道	25.0	27.5	26.7	25.8	23.7
中国教育电视台频道	0.4	0.3	0.1	0.1	0.0
江西省级频道	40.4	36.3	35.1	37.5	36.9
南昌市级频道	4.4	4.7	4.3	4.2	3.7
其他省级卫视频道	18.3	19.0	20.5	20.6	21.4
其他频道	11.5	12.2	13.3	11.8	14.3

表 3.47.2　2017 年南昌市场各类频道在不同目标观众中的市场占有率(%)

目标观众		中央电视台频道	中国教育电视台频道	江西省级频道	南昌市级频道	其他省级卫视频道	其他频道
4 岁及以上所有人		23.7	0.0	36.9	3.7	21.4	14.3
性别	男	26.0	0.1	34.6	3.8	19.9	15.6
	女	21.5	0.0	39.2	3.5	22.8	13.0
年龄	4～14 岁	19.6	0.0	30.2	1.9	32.5	15.8
	15～24 岁	17.2	0.0	40.7	2.0	27.3	12.8
	25～34 岁	17.3	0.0	42.8	1.8	22.4	15.7
	35～44 岁	22.0	0.1	32.4	2.6	26.5	16.4
	45～54 岁	23.1	0.1	35.0	5.3	20.3	16.2
	55～64 岁	26.9	0.0	38.5	5.6	17.3	11.7
	65 岁及以上	34.3	0.1	38.3	4.7	10.8	11.8
教育程度	未受过正规教育	23.5	0.1	35.3	2.6	26.9	11.6
	小学	21.1	0.1	41.4	3.8	20.1	13.5
	初中	24.1	0.1	35.9	4.8	20.4	14.7
	高中	24.7	0.0	37.8	2.7	20.7	14.1
	大学及以上	25.0	0.0	32.7	2.9	23.3	16.1
职业类别	干部/管理人员	22.2	0.0	28.3	4.0	29.9	15.6
	个体/私营企业人员	22.8	0.1	37.8	2.6	21.9	14.8
	初级公务员/雇员	19.1	0.0	35.9	4.1	25.5	15.4
	工人	20.5	0.1	43.5	3.8	17.9	14.2
	学生	18.8	0.0	32.7	2.0	30.2	16.3
	无业	29.4	0.0	35.1	4.6	18.3	12.6
	其他	21.0	0.1	44.9	1.9	15.4	16.7
个人月收入	0～600 元	20.9	0.0	36.2	2.5	26.6	13.8
	601～1200 元	15.1	0.0	53.9	4.1	12.8	14.1
	1201～1700 元	26.2	0.1	36.1	4.4	18.7	14.5
	1701～2600 元	25.9	0.0	39.8	4.7	18.0	11.6
	2601～3500 元	28.0	0.1	31.2	3.8	22.5	14.4
	3501～5000 元	21.5	0.1	33.7	3.8	20.8	20.1
	5001 元及以上	22.3	0.1	43.8	2.8	16.2	14.8

表 3.47.3　2017 年南昌市场各类频道在不同时段的市场占有率(%)

时间段	中央电视台频道	中国教育电视台频道	江西省级频道	南昌市级频道	其他省级卫视频道	其他频道
02:00~03:00	23.2	0.1	21.2	0.5	21.3	33.7
03:00~04:00	24.4	0.3	19.6	0.2	21.6	33.9
04:00~05:00	26.3	0.3	21.4	0.2	21.1	30.7
05:00~06:00	32.0	0.2	21.2	0.4	20.9	25.3
06:00~07:00	42.7	0.1	21.2	3.5	12.6	19.9
07:00~08:00	34.8	0.1	26.7	4.1	16.1	18.2
08:00~09:00	33.1	0.1	27.9	3.0	19.6	16.3
09:00~10:00	30.5	0.1	29.9	1.8	21.7	16.0
10:00~11:00	29.5	0.1	31.9	1.3	21.9	15.3
11:00~12:00	31.8	0.0	30.2	1.6	22.1	14.3
12:00~13:00	32.3	0.0	32.1	1.7	20.9	13.0
13:00~14:00	28.2	0.1	33.2	1.4	21.3	15.8
14:00~15:00	27.5	0.1	31.0	1.7	22.5	17.2
15:00~16:00	27.7	0.1	31.1	1.7	22.2	17.2
16:00~17:00	27.6	0.1	31.1	2.3	22.6	16.3
17:00~18:00	25.3	0.0	32.4	6.6	21.0	14.7
18:00~19:00	22.3	0.0	46.8	7.5	10.7	12.7
19:00~20:00	22.9	0.0	43.9	5.4	16.9	10.9
20:00~21:00	17.5	0.0	40.9	3.6	26.9	11.1
21:00~22:00	18.4	0.0	42.0	3.4	23.6	12.6
22:00~23:00	16.4	0.1	38.8	4.5	24.9	15.3
23:00~24:00	20.5	0.0	33.2	3.7	24.9	17.7
24:00~25:00	24.1	0.1	28.8	3.9	19.9	23.2
25:00~26:00	24.8	0.1	24.3	1.2	21.2	28.4

表 3.47.4　2017 年南昌市场收视份额排名前十位的频道

名次	频道名称	收视份额(%)
1	江西卫视	9.0
2	江西电视台都市频道(二套)	8.7
3	江西电视台影视频道(四套)	6.1
4	江西电视台公共频道(五套)	4.4
5	中央电视台综合频道	4.2
6	中央台四套	3.7
7	江西电视台少儿频道(六套)	3.4
8	湖南卫视	3.0
9	江西电视台红色经典频道(七套)	2.7
10	浙江卫视	2.6

表 3.47.5 2017 年南昌市场各主要频道的观众构成(%)

目标观众		所有频道	主要频道				
			江西卫视	江西电视台都市频道(二套)	江西电视台影视频道(四套)	江西电视台公共频道(五套)	中央电视台综合频道
4 岁及以上所有人		100.0	100.0	100.0	100.0	100.0	100.0
性别	男	49.9	47.8	42.8	51.5	45.4	47.5
	女	50.1	52.2	57.2	48.5	54.6	52.5
年龄	4～14 岁	12.3	7.7	7.0	10.9	5.9	6.2
	15～24 岁	10.5	10.4	8.5	14.2	8.4	6.8
	25～34 岁	14.1	21.7	10.5	18.3	13.0	7.7
	35～44 岁	12.2	9.7	9.4	11.2	14.1	9.8
	45～54 岁	18.5	20.3	18.1	15.9	20.5	14.7
	55～64 岁	13.4	15.5	17.5	8.6	21.3	17.3
	65 岁及以上	19.0	14.7	29.0	20.9	16.8	37.5
教育程度	未受过正规教育	6.6	2.9	7.2	7.1	4.5	6.6
	小学	20.4	27.8	26.0	19.6	19.4	16.3
	初中	32.9	30.7	39.7	35.2	25.3	31.7
	高中	22.9	21.5	18.5	25.6	28.3	23.5
	大学及以上	17.2	17.1	8.6	12.5	22.5	21.9
职业类别	干部/管理人员	1.3	1.3	0.3	0.6	3.6	1.0
	个体/私营企业人员	11.3	13.5	15.2	7.2	12.1	7.8
	初级公务员/雇员	16.7	21.7	10.1	15.9	19.1	14.9
	工人	12.5	12.3	11.7	20.6	13.1	8.8
	学生	13.1	10.9	8.6	13.4	8.9	7.9
	无业	38.1	28.2	42.5	35.4	36.0	54.3
	其他	7.0	12.1	11.6	6.9	7.2	5.3
个人月收入	0～600 元	27.5	25.2	25.5	28.1	16.4	21.6
	601～1200 元	3.6	7.6	6.9	4.0	6.4	1.6
	1201～1700 元	5.2	5.1	7.6	4.3	3.2	4.6
	1701～2600 元	24.2	25.2	29.0	26.3	33.4	30.3
	2601～3500 元	19.5	11.3	15.5	19.3	16.3	25.4
	3501～5000 元	13.3	13.7	7.3	13.2	17.3	10.4
	5001 元及以上	6.7	11.9	8.2	4.8	7.0	6.1

表 3.47.6 2015～2017 年南昌市场各类节目的播出份额(%)和收视份额(%)

节目类型	2015 年		2016 年		2017 年	
	播出份额	收视份额	播出份额	收视份额	播出份额	收视份额
财经	1.7	0.8	1.3	0.4	1.1	0.4
电视剧	23.1	35.1	23.7	34.9	24.4	36.8
电影	4.1	3.6	3.9	4.0	3.9	3.3
法制	1.4	2.8	1.2	2.7	1.2	2.1
教学	0.3	0.1	0.3	0.1	0.3	0.0
青少	6.6	5.3	6.7	5.6	7.0	6.4
生活服务	9.0	6.9	8.5	6.8	7.9	7.1
体育	2.7	1.3	3.0	1.6	3.1	1.0
外语	0.0	0.0	0.0	0.0	0.1	0.0
戏剧	0.8	0.1	0.8	0.1	0.8	0.1
新闻/时事	14.5	14.5	14.5	14.5	15.1	14.0
音乐	2.4	0.9	1.8	0.9	1.4	0.9
专题	13.0	8.2	13.4	7.4	13.8	7.5
综艺	8.3	9.0	9.0	9.9	7.9	9.1
其他	12.1	11.4	11.9	11.1	12.0	11.3

表 3.47.7　2017 年南昌市场节目收视率排名前三十位

名次	节目名称	节目类型	播出频道	平均收视率(%)	平均占有率(%)
1	开学第一课	青少	中央电视台综合频道	7.0	23.1
2	中央电视台 2017 元宵晚会	综艺	中央电视台综合频道	6.5	17.6
3	2017 哈尼卡通迎春大直播	青少	江西电视台少儿频道(六套)	6.4	20.7
4	中央电视台 2017 春节联欢晚会	综艺	江西卫视	5.6	16.0
5	妈妈向前冲冲冲	电视剧	江西卫视	5.3	14.7
6	知青家庭	电视剧	江西卫视	5.2	14.6
6	乱世丽人行	电视剧	江西卫视	5.2	14.6
8	娘心	电视剧	江西卫视	5.0	16.3
9	我是你的眼	电视剧	江西卫视	4.9	14.3
10	妈妈向前冲二	电视剧	江西卫视	4.7	12.4
11	赛小花的远大前程	电视剧	江西卫视	4.4	13.4
12	因为遇见你	电视剧	江西卫视	4.3	14.0
13	都市现场	新闻/时事	江西电视台都市频道(二套)	3.9	18.6
14	微微一笑很倾城	电视剧	江西卫视	3.9	12.0
15	都市情缘	专题	江西电视台都市频道(二套)	3.7	12.3
16	黑狐之风影	电视剧	江西卫视	3.7	12.2
16	最强大脑(3 月 24 日)	综艺	江苏卫视	3.7	12.2
18	一带一路国际合作高峰论坛文艺晚会	综艺	江西卫视	3.7	11.7
19	晚间 800	法制	江西电视台都市频道(二套)	3.7	11.4
20	一带一路国际合作高峰论坛特别报道	新闻/时事	江西卫视	3.6	12.0
21	好运到你家	综艺	江西电视台影视频道(四套)	3.6	11.6
22	天气预报	生活服务	江西卫视	3.5	16.0
23	我是联想王(4 月 18 日)	综艺	江西卫视	3.5	11.6
24	谎言的诱惑二	电视剧	江西电视台都市频道(二套)	3.5	10.8
25	青年霍元甲之冲出江湖	电视剧	江西卫视	3.5	10.5
26	绝命猎王	电视剧	江西电视台影视频道(四套)	3.4	16.3
27	一年又一年	专题	中央电视台综合频道	3.4	14.5
28	浴血之剑	电视剧	江西电视台影视频道(四套)	3.4	13.4
29	漂洋过海来看你	电视剧	江西卫视	3.4	11.5
30	天使的反击	电视剧	江西电视台都市频道(二套)	3.4	10.5

表 3.47.8 2017 年南昌市场电视剧收视率排名前十位

名次	节目名称	播出频道	平均收视率（%）	平均占有率（%）
1	妈妈向前冲冲冲	江西卫视	5.3	14.7
2	知青家庭	江西卫视	5.2	14.6
2	乱世丽人行	江西卫视	5.2	14.6
4	娘心	江西卫视	5.0	16.3
5	我是你的眼	江西卫视	4.9	14.3
6	妈妈向前冲二	江西卫视	4.7	12.4
7	赛小花的远大前程	江西卫视	4.4	13.4
8	因为遇见你	江西卫视	4.3	14.0
9	微微一笑很倾城	江西卫视	3.9	12.0
10	黑狐之风影	江西卫视	3.7	12.2

表 3.47.9 2017 年南昌市场新闻节目收视率排名前十位

名次	节目名称	播出频道	平均收视率（%）	平均占有率（%）
1	都市现场	江西电视台都市频道（二套）	3.9	18.6
2	一带一路国际合作高峰论坛特别报道	江西卫视	3.6	12.0
3	转播中央台新闻联播	江西卫视	3.2	12.6
4	江西新闻联播	江西卫视	2.3	11.4
5	中国共产党第十九次全国代表大会开幕会专题新闻	中央电视台综合频道	2.2	6.7
6	李克强总理会见中外记者并回答提问	中央电视台综合频道	2.0	5.3
7	香港回归祖国 20 周年特别报道	中央电视台综合频道	1.9	5.7
8	海峡两岸	中央台四套	1.4	4.3
9	新闻晚高峰	江西电视台公共频道（五套）	1.3	6.8
10	今日关注	中央台四套	1.3	4.8

表 3.47.10 2017 年南昌市场专题节目收视率排名前十位

名次	节目名称	播出频道	平均收视率（%）	平均占有率（%）
1	都市情缘	江西电视台都市频道（二套）	3.7	12.3
2	一年又一年	中央电视台综合频道	3.4	14.5
3	2017 江西 3.15 国际消费者权益日电视晚会网络诚信消费无忧	江西电视台经济生活频道（三套）	2.6	7.9
4	金牌调解	江西卫视	2.5	11.9
5	超人访问团	江西卫视	2.5	8.6
6	创客英雄会	江西卫视	2.4	9.9
7	人文中国	江西卫视	2.2	13.9
8	传奇故事	江西卫视	2.2	7.7
9	香港发展一直牵动着我的心 习近平香港行纪实	中央电视台综合频道	2.1	6.6
10	天使降临	江西电视台都市频道（二套）	2.0	9.9

表 3.47.11　2017 年南昌市场综艺节目收视率排名前 10 位

名次	节目名称	播出频道	平均收视率(%)	平均占有率(%)
1	中央电视台 2017 元宵晚会	中央电视台综合频道	6.5	17.6
2	中央电视台 2017 春节联欢晚会	江西卫视	5.6	16.0
3	最强大脑(3 月 24 日)	江苏卫视	3.7	12.2
4	一带一路国际合作高峰论坛文艺晚会	江西卫视	3.7	11.7
5	好运到你家	江西电视台影视频道(四套)	3.6	11.6
6	我是联想王(4 月 18 日)	江西卫视	3.5	11.6
7	明月情中国心明月山全球华人中秋拜月暨创上海大世界吉尼斯纪录	江西电视台都市频道(二套)	3.1	9.5
8	家庭幽默录像	江西卫视	2.6	9.5
9	蒙面唱将猜猜猜倒计时(9 月 24 日)	江苏卫视	2.6	7.5
10	欢乐喜剧人(1 月 22 日)	上海东方卫视	2.4	8.4

表 3.47.12　2017 年南昌市场体育节目收视率排名前十位

名次	节目名称	播出频道	平均收视率(%)	平均占有率(%)
1	黄金赛场 超级足球之夜:2018 年世界杯亚洲区预选赛第三阶段 A 组第 7 轮(伊朗 VS 中国)	中央台五套	3.1	8.8
2	第十三届全运会女子铅球决赛	中央台五套	1.8	5.4
3	第十三届全运会游泳男子 400 米混合泳决赛	中央台五套	1.7	8.2
4	黄金赛场:2017 年世界乒乓球锦标赛男单决赛	中央台五套	1.6	5.6
5	中华人民共和国第十三届运动会闭幕式	中央台四套	1.6	4.2
6	直播周末:2016/2017 赛季世界斯诺克锦标赛半决赛第四阶段	中央台五套	1.4	10.4
7	中华人民共和国第十三届运动会开幕式	中央电视台综合频道	1.1	3.2
8	实况录像精英赛场:2017 年国际田联钻石联赛上海站男子 110 米栏	中央台五套	0.9	5.1
9	2017 年江西百县农耕健身大赛	江西电视台少儿频道(六套)	0.9	3.1
10	直播周末:2017 年世界短道速滑锦标赛男子500 米决赛 B 组	中央台五套	0.8	12.1

四十八、南京收视数据

表 3.48.1　2013～2017 年南京市场各类频道的市场占有率(%)

频道类别	年份				
	2013 年	2014 年	2015 年	2016 年	2017 年
中央电视台频道	21.9	24.5	27.5	30.3	34.0
中国教育电视台频道	0.3	0.3	0.3	0.1	0.1
江苏省级频道	34.7	35.3	36.2	27.7	20.5
南京市级频道	16.1	13.2	5.8	6.1	5.6
其他省级卫视频道	17.9	15.0	17.3	19.3	19.7
其他频道	9.1	11.7	12.9	16.5	20.1

表 3.48.2　2017 年南京市场各类频道在不同目标观众中的市场占有率(%)

目标观众		中央电视台频道	中国教育电视台频道	江苏省级频道	南京市级频道	其他省级卫视频道	其他频道
4 岁及以上所有人		34.0	0.1	20.5	5.6	19.7	20.1
性别	男	36.6	0.1	19.9	5.2	17.1	21.1
	女	31.2	0.1	21.2	5.9	22.4	19.2
年龄	4～14 岁	20.8	0.0	16.7	2.0	31.2	29.3
	15～24 岁	19.5	0.0	23.2	4.4	27.1	25.8
	25～34 岁	22.3	0.1	18.9	2.3	20.4	36.0
	35～44 岁	29.4	0.0	21.8	3.1	21.5	24.2
	45～54 岁	32.7	0.1	23.4	5.7	18.3	19.8
	55～64 岁	37.6	0.0	18.7	7.3	19.8	16.6
	65 岁及以上	47.8	0.1	19.8	8.5	15.4	8.4
教育程度	未受过正规教育	33.2	0.0	24.9	9.3	17.3	15.3
	小学	37.1	0.1	23.5	6.4	20.4	12.5
	初中	36.9	0.0	20.6	5.7	17.5	19.3
	高中	32.1	0.2	18.1	5.4	21.1	23.1
	大学及以上	30.1	0.0	19.5	3.5	21.5	25.4
职业类别	干部/管理人员	24.3	0.1	21.0	3.5	16.9	34.2
	个体/私营企业人员	25.4	0.0	24.4	3.7	18.8	27.7
	初级公务员/雇员	28.9	0.1	17.8	3.7	21.7	27.8
	工人	34.5	0.0	24.5	5.4	15.8	19.8
	学生	21.2	0.1	14.4	1.9	31.9	30.5
	无业	37.9	0.1	19.9	7.0	19.4	15.7
	其他	44.2	0.0	22.5	7.9	17.2	8.2
个人月收入	0～600 元	28.8	0.1	20.7	4.4	25.3	20.7
	601～1200 元	47.7	0.0	16.6	8.3	17.1	10.3
	1201～1700 元	31.4	0.0	31.0	5.7	15.3	16.6
	1701～2600 元	39.2	0.2	19.5	7.4	17.4	16.3
	2601～3500 元	32.9	0.1	21.6	6.9	18.1	20.4
	3501～5000 元	33.3	0.1	20.2	4.8	19.6	22.0
	5001 元及以上	35.4	0.1	18.3	3.3	18.7	24.2

表 3.48.3　2017 年南京市场各类频道在不同时段的市场占有率(%)

时间段	中央电视台频道	中国教育电视台频道	江苏省级频道	南京市级频道	其他省级卫视频道	其他频道
02:00~03:00	38.2	0.3	7.4	1.2	22.1	30.8
03:00~04:00	40.2	0.3	6.7	0.5	20.5	31.8
04:00~05:00	41.0	0.3	10.0	0.4	18.5	29.8
05:00~06:00	44.6	0.2	13.2	2.0	17.5	22.5
06:00~07:00	50.2	0.1	16.4	5.8	12.6	14.9
07:00~08:00	45.3	0.2	24.5	4.0	10.6	15.4
08:00~09:00	43.7	0.3	16.4	4.3	16.1	19.2
09:00~10:00	41.6	0.2	10.5	4.0	22.0	21.7
10:00~11:00	41.2	0.2	9.0	3.3	25.0	21.3
11:00~12:00	44.7	0.1	10.7	3.1	21.7	19.7
12:00~13:00	43.2	0.1	11.3	5.0	20.0	20.4
13:00~14:00	39.0	0.1	9.4	3.5	24.1	23.9
14:00~15:00	36.1	0.1	9.9	3.9	26.4	23.6
15:00~16:00	37.3	0.1	9.8	3.3	27.4	22.1
16:00~17:00	39.1	0.1	10.0	1.8	27.4	21.6
17:00~18:00	36.5	0.0	15.8	8.3	20.2	19.2
18:00~19:00	33.7	0.0	28.6	10.6	9.6	17.5
19:00~20:00	32.1	0.0	29.2	7.3	14.9	16.5
20:00~21:00	26.4	0.0	28.7	6.3	21.7	16.9
21:00~22:00	28.8	0.0	27.5	6.7	18.0	19.0
22:00~23:00	27.5	0.1	21.9	3.9	22.1	24.5
23:00~24:00	32.4	0.1	11.6	2.9	23.5	29.5
24:00~25:00	37.0	0.2	8.6	3.3	20.7	30.2
25:00~26:00	37.7	0.3	7.4	3.0	22.0	29.6

表 3.48.4　2017 年南京市场收视份额排名前十位的频道

名次	频道名称	收视份额(%)
1	江苏电视台城市频道	7.0
2	中央台四套	6.4
3	江苏卫视	5.3
4	中央台八套	4.3
5	中央台六套	4.1
6	中央台三套	4.0
6	中央电视台综合频道	4.0
8	中央电视台新闻频道	2.7
8	江苏电视台综艺频道	2.7
8	南京电视台新闻综合频道(一套)	2.7

表 3.48.5　2017 年南京市场各主要频道的观众构成(%)

目标观众		所有频道	江苏电视台城市频道	中央台四套	江苏卫视	中央台八套	中央台六套
4 岁及以上所有人		100.0	100.0	100.0	100.0	100.0	100.0
性别	男	52.2	50.2	65.1	49.1	43.5	59.7
	女	47.8	49.8	34.9	50.9	56.5	40.3
年龄	4~14 岁	5.8	3.2	1.5	3.4	1.7	4.2
	15~24 岁	3.9	3.8	1.3	5.7	1.7	3.1
	25~34 岁	13.2	8.1	3.8	12.5	7.9	13.6
	35~44 岁	12.7	12.0	9.2	14.5	7.9	22.0
	45~54 岁	23.5	27.4	19.5	26.4	23.0	26.6
	55~64 岁	18.3	17.0	19.3	15.9	28.9	16.4
	65 岁及以上	22.6	28.5	45.4	21.6	28.9	14.1
教育程度	未受过正规教育	7.6	9.7	3.4	6.1	9.2	6.3
	小学	15.4	19.1	14.3	16.5	18.5	16.1
	初中	31.3	31.8	37.7	30.7	38.4	40.0
	高中	25.9	21.3	29.9	24.9	21.6	23.2
	大学及以上	19.8	18.1	14.7	21.8	12.3	14.4
职业类别	干部/管理人员	1.7	1.7	1.1	2.0	0.5	1.1
	个体/私营企业人员	7.7	8.1	3.6	11.4	4.0	10.6
	初级公务员/雇员	17.8	11.1	14.0	17.8	11.4	15.7
	工人	17.4	21.2	16.5	19.3	19.3	27.2
	学生	5.6	2.4	2.0	5.1	1.9	5.0
	无业	43.8	49.0	58.1	37.4	53.0	31.9
	其他	6.0	6.5	4.7	7.0	9.9	8.5
个人月收入	0~600 元	20.5	18.4	10.3	18.6	16.9	20.0
	601~1200 元	4.2	4.1	6.1	3.1	10.5	5.9
	1201~1700 元	3.7	5.8	2.0	5.2	4.4	6.3
	1701~2600 元	15.6	14.2	21.0	16.3	20.1	12.6
	2601~3500 元	24.1	29.1	25.9	25.7	17.8	20.5
	3501~5000 元	18.2	18.3	18.6	15.7	17.5	23.2
	5001 元及以上	13.7	10.1	16.1	15.4	12.8	11.5

表 3.48.6　2015~2017 年南京市场各类节目的播出份额(%)和收视份额(%)

节目类别	2015 年		2016 年		2017 年	
	播出份额	收视份额	播出份额	收视份额	播出份额	收视份额
财经	2.4	0.8	2.0	0.7	1.8	0.7
电视剧	20.4	32.2	21.2	30.6	21.0	32.3
电影	3.1	3.5	3.3	4.2	3.5	4.9
法制	1.2	2.2	1.1	2.6	1.3	2.4
教学	0.3	0.1	0.2	0.1	0.3	0.1
青少	6.4	3.7	6.4	3.9	6.6	4.0
生活服务	11.3	6.3	10.9	6.7	10.5	6.8
体育	3.7	2.4	3.9	2.8	4.1	2.5
外语	0.0	0.0	0.0	0.0	0.1	0.0
戏剧	0.7	0.2	0.7	0.3	0.7	0.5
新闻/时事	13.8	15.3	13.8	15.3	13.9	14.9
音乐	2.3	0.7	1.7	0.5	1.3	0.5
专题	12.7	4.9	12.9	4.9	13.1	5.5
综艺	9.7	15.1	9.9	15.6	8.9	12.6
其他	12.0	12.6	12.0	11.8	12.9	12.3

表 3.48.7　2017 年南京市场所有节目收视率排名前三十位

名次	节目名称	节目类型	播出频道	平均收视率(%)	平均占有率(%)
1	中央电视台 2017 春节联欢晚会	综艺	中央电视台综合频道	6.3	20.5
2	2018 跨年演唱会让幸福照亮你	综艺	江苏卫视	4.4	18.3
3	黄金赛场超级足球之夜:2018 年世界杯亚洲区预选赛第三阶段 A 组第 7 轮(伊朗 VS 中国)	体育	中央台五套	4.0	13.8
4	爱人同志	电视剧	江苏电视台城市频道	4.0	13.5
5	爱来的刚好	电视剧	江苏卫视	4.0	12.6
6	女管家	电视剧	江苏电视台城市频道	3.9	16.1
7	烈火刀影	电视剧	江苏电视台城市频道	3.9	15.5
8	黄大妮	电视剧	江苏电视台城市频道	3.9	13.8
9	一个鬼子都不留之四血债血偿	电视剧	江苏电视台城市频道	3.9	13.4
10	2017 幸福一起来江苏卫视春节联欢晚会	综艺	江苏卫视	3.8	15.5
11	娘亲舅大	电视剧	江苏电视台城市频道	3.8	14.4
12	地道女英雄	电视剧	江苏电视台城市频道	3.8	13.2
13	那年花开月正圆	电视剧	江苏卫视	3.7	12.7
14	杀八方	电视剧	江苏电视台城市频道	3.6	12.7
15	中央电视台 2017 元宵晚会	综艺	中央台三套	3.6	12.3
16	绝路逢生	电视剧	江苏电视台城市频道	3.5	13.9
17	咱家	电视剧	江苏电视台城市频道	3.5	12.4
18	半步之遥	电视剧	江苏电视台城市频道	3.5	12.3
19	一树桃花开	电视剧	江苏电视台城市频道	3.5	12.2
20	我们的爱	电视剧	江苏卫视	3.5	11.1
21	鸡毛飞上天	电视剧	江苏卫视	3.5	10.8
22	摧毁	电视剧	江苏电视台城市频道	3.3	12.4
23	一起长大	电视剧	江苏卫视	3.3	10.9
24	惊蛰	电视剧	江苏电视台城市频道	3.2	12.5
25	开学第一课	青少	中央电视台综合频道	3.1	11.7
26	警察锅哥	电视剧	江苏电视台城市频道	3.1	11.3
27	越战越勇(1 月 18 日)	综艺	中央台三套	3.1	9.1
28	澳门风云二(9 月 24 日)	电影	中央台六套	3.0	12.3
29	盗墓笔记(1 月 1 日)	电影	中央台六套	3.0	10.9
30	复婚前规则	电视剧	江苏电视台城市频道	3.0	10.0

表 3.48.8 2017 年南京市场电视剧收视率排名前十位

名次	节目名称	播出频道	平均收视率（%）	平均占有率（%）
1	爱人同志	江苏电视台城市频道	4.0	13.5
2	爱来的刚好	江苏卫视	4.0	12.6
3	女管家	江苏电视台城市频道	3.9	16.1
4	烈火刀影	江苏电视台城市频道	3.9	15.5
5	黄大妮	江苏电视台城市频道	3.9	13.8
6	一个鬼子都不留之四血债血偿	江苏电视台城市频道	3.9	13.4
7	娘亲舅大	江苏电视台城市频道	3.8	14.4
8	地道女英雄	江苏电视台城市频道	3.8	13.2
9	那年花开月正圆	江苏卫视	3.7	12.7
10	杀八方	江苏电视台城市频道	3.6	12.7

表 3.48.9 2017 年南京市场新闻节目收视率排名前十位

名次	节目名称	播出频道	平均收视率（%）	平均占有率（%）
1	零距离	江苏电视台城市频道	2.8	12.6
2	海峡两岸	中央台四套	2.1	6.9
3	今日关注	中央台四套	1.8	7.2
4	中国新闻	中央台四套	1.7	5.8
5	新闻联播（10 月 18、24、25 日）	中央台四套	1.6	5.8
6	新闻联播	中央电视台综合频道	1.5	6.5
7	一带一路国际合作高峰论坛特别报道	中央电视台综合频道	1.5	5.5
8	中国舆论场	中央台四套	1.5	5.2
9	今日亚洲	中央台四套	1.4	4.9
10	春节传奇中国节	中央台四套	1.3	6.7

表 3.48.10 2017 年南京市场专题节目收视率排名前十位

名次	节目名称	播出频道	平均收视率（%）	平均占有率（%）
1	一年又一年	中央电视台综合频道	2.2	11.8
2	中国诗词大会第二季（2 月 7 日）	中央电视台综合频道	1.9	5.7
3	千年大计国家大事	中央电视台综合频道	1.6	6.0
4	绿水青山看中国（10 月 5 日）	中央电视台综合频道	1.5	6.4
5	落实全面从严治党推进两聚一高实践	江苏电视台公共新闻频道	1.5	4.6
6	老广的味道	江苏卫视	1.3	7.6
7	国家记忆	中央台四套	1.3	4.3
8	一转成双	江苏电视台综艺频道	1.2	5.0
9	等着我	中央电视台综合频道	1.1	6.7
10	护航安全消费 2017	江苏电视台公共新闻频道	1.1	5.0

表 3.48.11 2017 年南京市场综艺节目收视率排名前十位

名次	节目名称	播出频道	平均收视率（%）	平均占有率（%）
1	中央电视台 2017 春节联欢晚会	中央电视台综合频道	6.3	20.5
2	2018 跨年演唱会让幸福照亮你	江苏卫视	4.4	18.3
3	2017 幸福一起来江苏卫视春节联欢晚会	江苏卫视	3.8	15.5
4	中央电视台 2017 元宵晚会	中央台三套	3.6	12.3
5	越战越勇（1 月 18 日）	中央台三套	3.1	9.1
6	超凡魔术师（10 月 20 日）	江苏卫视	2.9	17.8
7	最强大脑（1 月 20 日）	江苏卫视	2.9	12.8
8	新春相声大联欢	中央台三套	2.8	9.8
9	我们的挑战	江苏卫视	2.7	9.5
10	新春喜剧之夜	中央台三套	2.6	9.5

表 3.48.12 2017 年南京市场体育节目收视率排名前十位

名次	节目名称	播出频道	平均收视率（%）	平均占有率（%）
1	黄金赛场超级足球之夜:2018 年世界杯亚洲区预选赛第三阶段 A 组第 7 轮（伊朗 VS 中国）	中央台五套	4.0	13.8
2	中华人民共和国第十三届运动会开幕式	中央台四套	2.8	8.9
3	第十三届全运会男子 400 米决赛	中央台五套	2.7	7.6
4	2017 年第十三届全运会女排决赛（上海 VS 江苏）	中央台五套	2.4	6.8
5	直播周末:2017 年世界女排大奖赛总决赛半决赛（中国队 VS 意大利队）	中央台五套	2.1	7.4
6	直播周末:2017 年国际女排大冠军杯赛（中国队 VS 日本队）	中央台五套	1.9	11.0
7	神奇水世界:2017 年国际泳联世锦赛男子 800 米自由泳预赛	中央台五套	1.9	6.5
8	2017 年中国足协超级杯（广州恒大淘宝 VS 江苏苏宁易购）	中央台五套	1.9	5.8
9	2017 年中国足球协会超级联赛第 19 轮（重庆当代力帆 VS 江苏苏宁易购）	江苏电视台体育休闲频道	1.8	6.2
9	直播周末:2017 年世乒赛女单决赛	中央台五套	1.8	6.2
10	黄金赛场:2017 年 CBA 全明星赛扣篮大赛决赛	中央台五套	1.8	5.8

四十九、南宁收视数据

表 3.49.1 2013～2017 年南宁市场各类频道的市场占有率(%)

频道类别	年份				
	2013 年	2014 年	2015 年	2016 年	2017 年
中央电视台频道	35.4	32.7	31.0	33.0	33.4
中国教育电视台频道	0.5	0.1	0.1	0.0	0.1
广西壮族自治区级频道	28.8	30.2	29.9	31.6	29.0
南宁市级频道	11.7	10.5	10.7	7.2	6.8
其他省级卫视频道	19.4	20.3	21.7	22.2	19.7
其他频道	4.2	6.2	6.6	6.0	11.0

表 3.49.2 2017 年南宁市场各类频道在不同目标观众中的市场占有率(%)

目标观众		中央电视台频道	中国教育电视台频道	广西壮族自治区级频道	南宁市级频道	其他省级卫视频道	其他频道
4 岁及以上所有人		33.4	0.1	29.0	6.8	19.7	11.0
性别	男	35.8	0.1	28.2	6.8	18.4	10.7
	女	30.9	0.1	29.9	6.8	21.0	11.3
年龄	4～14 岁	24.1	0.0	24.3	4.1	29.7	17.8
	15～24 岁	25.5	0.1	28.2	5.7	22.6	17.9
	25～34 岁	28.1	0.1	32.3	5.7	21.4	12.4
	35～44 岁	33.5	0.0	28.7	5.8	19.6	12.4
	45～54 岁	35.4	0.2	28.3	7.3	19.6	9.2
	55～64 岁	37.2	0.1	30.8	7.4	16.9	7.6
	65 岁及以上	42.2	0.1	27.3	10.0	13.1	7.3
教育程度	未受过正规教育	23.0	0.0	29.6	5.3	25.1	17.0
	小学	33.0	0.0	32.5	8.4	17.9	8.2
	初中	32.2	0.1	31.0	6.9	20.0	9.8
	高中	36.5	0.1	27.1	8.3	19.1	8.9
	大学及以上	34.9	0.1	27.0	5.1	19.3	13.6
职业类别	干部/管理人员	32.5	0.0	35.9	3.2	16.7	11.7
	个体/私营企业人员	35.1	0.1	29.6	6.6	17.4	11.2
	初级公务员/雇员	32.7	0.1	24.0	7.3	21.8	14.1
	工人	29.9	0.0	38.6	7.9	15.5	8.1
	学生	23.7	0.1	25.0	5.4	29.9	15.9
	无业	36.2	0.1	26.4	7.9	19.2	10.2
	其他	27.8	0.1	40.3	4.2	20.9	6.7
个人月收入	0～600 元	28.0	0.1	27.0	5.0	26.0	13.9
	601～1200 元	28.4	0.1	35.6	5.2	24.1	6.6
	1201～1700 元	33.3	0.1	27.0	9.3	19.6	10.7
	1701～2600 元	37.1	0.1	32.1	8.0	14.7	8.0
	2601～3500 元	33.9	0.1	26.4	8.2	19.3	12.1
	3501～5000 元	42.9	0.2	19.9	6.0	21.1	9.9
	5001 元及以上	28.2	0.0	35.9	5.0	16.3	14.6

表 3.49.3　2017 年南宁市场各类频道不同时段的市场占有率(%)

时间段	中央电视台频道	中国教育电视台频道	广西壮族自治区级频道	南宁市级频道	其他省级卫视频道	其他频道
02:00~03:00	30.4	0.0	11.0	0.8	28.2	29.6
03:00~04:00	31.4	0.1	11.1	0.5	27.9	29.0
04:00~05:00	35.1	0.5	9.0	0.2	26.6	28.6
05:00~06:00	37.8	0.0	15.0	1.3	21.6	24.3
06:00~07:00	56.4	0.2	12.5	3.0	12.9	15.0
07:00~08:00	49.7	0.2	14.5	6.9	15.9	12.8
08:00~09:00	44.5	0.2	14.9	6.6	19.8	14.0
09:00~10:00	39.1	0.1	17.6	5.4	23.6	14.2
10:00~11:00	39.1	0.1	18.1	4.3	24.1	14.3
11:00~12:00	45.4	0.1	15.6	4.1	21.2	13.6
12:00~13:00	47.5	0.1	17.7	2.4	19.2	13.1
13:00~14:00	36.6	0.2	22.7	1.7	24.4	14.4
14:00~15:00	34.5	0.2	23.2	2.5	24.6	15.0
15:00~16:00	37.5	0.1	21.0	2.6	24.2	14.6
16:00~17:00	38.9	0.1	19.7	2.5	24.4	14.4
17:00~18:00	36.1	0.1	20.2	5.7	24.3	13.6
18:00~19:00	30.1	0.0	34.3	9.7	15.0	10.9
19:00~20:00	29.0	0.1	34.9	15.0	12.5	8.5
20:00~21:00	28.9	0.0	37.1	8.0	17.5	8.5
21:00~22:00	29.6	0.1	37.8	6.0	18.4	8.1
22:00~23:00	31.5	0.1	28.5	5.6	25.0	9.3
23:00~24:00	32.6	0.1	27.1	5.0	24.2	11.0
24:00~25:00	34.9	0.5	23.5	3.6	21.7	15.8
25:00~26:00	34.7	0.4	15.2	0.9	25.0	23.8

表 3.49.4　2017 年南宁市场收视份额排名前十位的频道

名次	频道名称	收视份额(%)
1	广西电视台综艺频道	8.9
2	广西电视台新闻频道	6.5
3	中央台四套	5.8
4	广西电视台都市频道	4.6
5	中央电视台综合频道	4.3
6	中央台五套	3.9
7	中央台三套	3.7
8	南宁电视台新闻综合频道	3.2
9	广西电视台卫星频道	2.8
9	广西电视台影视频道	2.8

表 3.49.5 2017 年南宁市场各主要频道的观众构成(%)

目标观众		所有频道	主要频道				
			广西电视台综艺频道	广西电视台新闻频道	中央台四套	广西电视台都市频道	中央电视台综合频道
4 岁及以上所有人		100.0	100.0	100.0	100.0	100.0	100.0
性别	男	50.4	53.9	47.0	56.4	46.4	49.4
	女	49.6	46.1	53.0	43.6	53.6	50.6
年龄	4~14 岁	10.1	4.5	11.8	3.1	8.8	10.8
	15~24 岁	3.8	4.1	2.7	2.9	2.7	2.7
	25~34 岁	19.9	22.2	27.5	11.2	19.0	12.4
	35~44 岁	14.2	8.6	20.0	9.0	13.8	18.7
	45~54 岁	20.8	23.1	13.2	22.7	23.3	16.2
	55~64 岁	16.6	18.8	19.3	20.9	21.9	21.5
	65 岁及以上	14.6	18.7	5.5	30.2	10.5	17.7
教育程度	未受过正规教育	7.5	6.4	4.8	2.1	9.5	9.0
	小学	11.1	13.3	9.6	12.3	13.3	10.6
	初中	29.6	34.5	20.2	31.5	36.4	26.2
	高中	25.1	22.5	27.3	25.8	22.2	31.1
	大学及以上	26.7	23.3	38.1	28.3	18.6	23.1
职业类别	干部/管理人员	3.2	2.8	10.6	4.0	1.3	3.7
	个体/私营企业人员	26.3	30.2	34.8	24.4	19.1	17.5
	初级公务员/雇员	14.2	8.6	12.6	11.9	14.9	11.6
	工人	4.2	9.2	2.3	1.7	4.4	4.1
	学生	6.3	3.2	9.4	3.2	3.5	4.6
	无业	35.9	32.5	26.0	50.9	33.9	47.2
	其他	9.9	13.5	4.3	3.9	22.9	11.3
个人月收入	0~600 元	20.2	14.0	15.8	12.3	24.7	21.1
	601~1200 元	7.3	10.2	3.1	3.0	9.4	5.5
	1201~1700 元	9.3	7.5	6.5	9.0	9.6	8.6
	1701~2600 元	25.2	32.8	29.2	34.0	27.9	30.6
	2601~3500 元	17.1	16.5	16.3	17.1	12.7	18.0
	3501~5000 元	10.7	3.7	8.2	13.1	6.8	10.1
	5001 元及以上	10.2	15.3	20.9	11.5	8.9	6.1

表 3.49.6 2015~2017 年南宁市场各类节目的播出份额(%)和收视份额(%)

节目类别	2015 年		2016 年		2017 年	
	播出份额	收视份额	播出份额	收视份额	播出份额	收视份额
财经	1.7	0.7	1.2	0.8	1.3	0.6
电视剧	22.1	30.0	27.4	28.2	22.4	28.5
电影	4.3	5.2	4.5	5.1	4.3	5.2
法制	1.9	4.3	1.6	3.6	1.8	4.0
教学	0.2	0.0	0.2	0.0	0.2	0.0
青少	6.4	5.7	6.2	5.6	6.5	4.8
生活服务	9.0	7.0	8.7	6.9	8.4	7.0
体育	2.7	3.3	3.0	4.4	3.0	4.0
外语	0.0	0.0	0.0	0.0	0.0	0.0
戏剧	0.8	0.1	0.7	0.1	0.8	0.0
新闻/时事	15.0	13.5	10.8	14.3	15.0	15.3
音乐	2.4	1.0	1.8	1.0	1.8	0.9
专题	12.6	6.4	13.8	6.3	13.2	6.0
综艺	8.4	9.8	6.8	11.5	8.8	11.5
其他	12.5	12.9	13.3	12.2	12.5	12.3

表 3.49.7　2017 年南宁市场所有节目收视率排名前三十位

名次	节目名称	节目类别	播出频道	平均收视率(%)	平均占有率(%)
1	中央电视台 2017 春节联欢晚会	综艺	中央电视台综合频道	10.7	26.4
2	黄金赛场 超级足球之夜:2018 年世界杯亚洲区预选赛第三阶段A 组第 7 轮(伊朗 VS 中国)	体育	中央台五套	8.2	21.8
3	杀手锏	电视剧	广西电视台综艺频道	5.8	19.7
4	直播周末:2017 年世界女排大奖赛总决赛半决赛(中国队 VS 意大利队)	体育	中央台五套	5.8	18.3
5	怒江之战	电视剧	广西电视台综艺频道	5.6	16.4
6	黄金赛场:2017 年中国杯国际足球锦标赛(中国国家男子足球队 VS 冰岛国家男子足球队)	体育	中央台五套	5.6	14.9
7	雪地娘子军	电视剧	广西电视台综艺频道	5.5	17.8
8	一剑横空	电视剧	广西电视台综艺频道	5.5	16.0
9	战寇	电视剧	广西电视台综艺频道	5.5	15.8
10	中央电视台 2017 元宵晚会	综艺	中央电视台综合频道	5.3	15.8
11	我的压寨男人(第 5～43 集)	电视剧	广西电视台综艺频道	5.3	15.3
12	神勇武工队传奇	电视剧	广西电视台综艺频道	5.2	18.7
13	烽火英雄传	电视剧	广西电视台综艺频道	5.0	16.7
14	新猛龙过江	电视剧	广西电视台综艺频道	4.9	17.1
15	飞哥大英雄之飞哥战队	电视剧	广西电视台综艺频道	4.8	16.0
15	绝地刀锋	电视剧	广西电视台综艺频道	4.8	16.0
17	绝地枪王二之松花江上的枪声	电视剧	广西电视台综艺频道	4.6	16.1
18	香港发展一直牵动着我的心 习近平香港行纪实	专题	中央电视台综合频道	4.6	16.0
19	黄金赛场:2016/2017 赛季 CBA 总决赛第二场(新疆喀什古城 VS 广东东莞银行)	体育	中央台五套	4.4	16.4
20	我的父亲我的兵	电视剧	广西电视台综艺频道	4.4	15.3
21	烈火刀影	电视剧	广西电视台综艺频道	4.4	14.8
22	刀光枪影	电视剧	广西电视台综艺频道	4.4	13.5
23	黄金赛场 超级足球之夜:2017 年亚洲足联冠军联赛 G 组第 3 轮(中国广州恒大 VS 日本川崎前锋)	体育	中央台五套	4.4	11.8
24	战火中青春之血染风采	电视剧	广西电视台综艺频道	4.2	13.8
25	开学第一课	青少	中央电视台综合频道	4.1	15.1
26	武间道	电视剧	广西电视台综艺频道	4.1	14.1
27	战虎行动(第 1～7 集)	电视剧	广西电视台综艺频道	4.1	14.0
28	第十三届全运会男子 400 米栏决赛	体育	中央台五套	4.1	10.9
29	现场直播:2017 年苏迪曼杯羽毛球赛半决赛男双	体育	中央台五套	4.0	18.0
30	蜂鸟	电视剧	广西电视台综艺频道	4.0	15.8

表 3.49.8 2017 年南宁市场电视剧收视率排名前十位

名次	节目名称	播出频道	平均收视率（%）	平均占有率（%）
1	杀手锏	广西电视台综艺频道	5.8	19.7
2	怒江之战	广西电视台综艺频道	5.6	16.4
3	雪地娘子军	广西电视台综艺频道	5.5	17.8
4	一剑横空	广西电视台综艺频道	5.5	16.0
5	战寇	广西电视台综艺频道	5.5	15.8
6	我的压寨男人(第 5 ~43 集)	广西电视台综艺频道	5.3	15.3
7	神勇武工队传奇	广西电视台综艺频道	5.2	18.7
8	烽火英雄传	广西电视台综艺频道	5.0	16.7
9	新猛龙过江	广西电视台综艺频道	4.9	17.1
10	飞哥大英雄之飞哥战队	广西电视台综艺频道	4.8	16.0
10	绝地刀锋	广西电视台综艺频道	4.8	16.0

表 3.49.9 2017 年南宁市场新闻节目收视率排名前十位

名次	节目名称	播出频道	平均收视率（%）	平均占有率（%）
1	转播中央台新闻联播	南宁电视台新闻综合频道	3.4	13.1
2	香港回归祖国 20 周年特别报道	中央电视台综合频道	2.9	8.8
3	在线大搜索	广西电视台新闻频道	2.7	12.3
4	一带一路国际合作高峰论坛特别报道	中央电视台综合频道	2.4	8.0
5	海峡两岸	中央台四套	2.3	7.3
6	盛会播报	广西电视台新闻频道	2.2	9.4
7	新闻在线	广西电视台新闻频道	2.2	8.9
8	最新播报	广西电视台新闻频道	2.0	17.5
9	广西新闻	广西电视台新闻频道	2.0	6.9
10	新闻夜班	南宁电视台新闻综合频道	1.9	6.3

表 3.49.10 2017 年南宁市场专题节目收视率排名前十位

名次	节目名称	播出频道	平均收视率（%）	平均占有率（%）
1	香港发展一直牵动着我的心 习近平香港行纪实	中央电视台综合频道	4.6	16.0
2	保护生态环境建设美丽广西 2017 年广西环保世纪行宣传活动纪实	广西电视台新闻频道	3.8	12.9
3	315 在行动用责任汇聚诚信的力量	中央台二套	3.2	11.6
4	总书记为俺家算清了脱贫账	中央电视台综合频道	3.1	9.0
5	美丽玉林五彩天下玉林县域经济发展建设纪实	广西电视台新闻频道	3.0	10.0
6	一年又一年	中央电视台综合频道	2.5	11.9
7	休闲农业美丽广西	广西电视台新闻频道	2.5	9.0
8	八桂农业五彩田园	广西电视台新闻频道	2.5	8.0
9	光阴的故事中越情谊	广西电视台新闻频道	2.5	7.7
10	飞阅园博园	广西电视台新闻频道	2.5	7.5

表 3.49.11　2017 年南宁市场综艺节目收视率排名前十位

名次	节目名称	播出频道	平均收视率(%)	平均占有率(%)
1	中央电视台 2017 春节联欢晚会	中央电视台综合频道	10.7	26.4
2	中央电视台 2017 元宵晚会	中央电视台综合频道	5.3	15.8
3	庆祝香港回归祖国二十周年文艺晚会	中央电视台综合频道	3.8	10.3
4	中国新歌声(8 月 18 日)	浙江卫视	3.7	14.0
5	军营大拜年(2 月 2 日)	中央台三套	3.6	13.8
6	丝路山水画里民歌 19th 南宁国际民歌艺术节大地飞歌 2017	广西电视台综艺频道	3.4	14.3
7	一带一路国际合作高峰论坛文艺晚会	中央台四套	3.3	9.7
8	第六届巴马国际长寿文化旅游节开幕式晚会	广西电视台新闻频道	3.2	10.1
9	中国梦祖国颂 2017 中央电视台国庆特别节目	中央电视台综合频道	3.1	10.1
10	丝路山水画里民歌 19th 南宁国际民歌艺术节大地飞歌晚会特别节目	广西电视台综艺频道	3.0	11.4

表 3.49.12　2017 年南宁市场体育节目收视率排名前十位

名次	节目名称	播出频道	平均收视率(%)	平均占有率(%)
1	黄金赛场 超级足球之夜:2018 年世界杯亚洲区预选赛第三阶段 A 组第 7 轮(伊朗 VS 中国)	中央台五套	8.2	21.8
2	直播周末:2017 年世界女排大奖赛总决赛半决赛(中国队 VS 意大利队)	中央台五套	5.8	18.3
3	黄金赛场:2017 年中国杯国际足球锦标赛(中国国家男子足球队 VS 冰岛国家男子足球队)	中央台五套	5.6	14.9
4	黄金赛场:2016/2017 赛季 CBA 总决赛第二场(新疆喀什古城 VS 广东东莞银行)	中央台五套	4.4	16.4
5	黄金赛场 超级足球之夜:2017 年亚洲足联冠军联赛 G 组第 3 轮(中国广州恒大 VS 日本川崎前锋)	中央台五套	4.4	11.8
6	第十三届全运会男子 400 米栏决赛	中央台五套	4.1	10.9
7	现场直播:2017 年苏迪曼杯羽毛球赛半决赛男双	中央台五套	4.0	18.0
8	直播周末:2017 年世乒赛女单决赛	中央台五套	4.0	15.3
9	黄金赛场:2017/2018 赛季中国男子篮球职业联赛第 5 轮(广东东莞银行 VS 新疆喀什古城)	中央台五套	3.8	11.6
10	第十三届全运会男子 800 米自由泳决赛	中央台五套	3.8	10.1

五十、宁波收视数据

表 3.50.1　2013～2017 年宁波市场各类频道的市场占有率(%)

频道类别	年份				
	2013 年	2014 年	2015 年	2016 年	2017 年
中央电视台频道	30.4	29.7	29.8	30.2	27.5
中国教育电视台频道	0.8	0.5	0.3	0.2	0.2
浙江省级频道	12.8	12.9	11.7	8.9	7.4
宁波市级频道	23.6	21.4	25.7	26.0	26.2
其他省级卫视频道	22.9	24.0	18.9	18.1	19.5
其他频道	9.5	11.5	13.6	16.6	19.2

表 3.50.2　2017 年宁波市场各类频道在不同目标观众中的市场占有率(%)

目标观众		中央电视台频道	中国教育电视台频道	浙江省级频道	宁波市级频道	其他省级卫视频道	其他频道
4 岁及以上所有人		27.5	0.2	7.4	26.2	19.5	19.2
性别	男	31.2	0.2	7.1	25.1	17.0	19.4
	女	24.1	0.2	7.8	27.2	21.8	18.9
年龄	4～14 岁	19.4	0.2	7.7	7.9	24.7	40.1
	15～24 岁	20.0	0.3	14.2	8.8	29.8	26.9
	25～34 岁	26.3	0.2	9.3	17.6	20.9	25.7
	35～44 岁	27.9	0.3	9.6	14.9	16.7	30.6
	45～54 岁	27.8	0.2	7.8	28.5	19.4	16.3
	55～64 岁	30.0	0.1	7.7	26.7	22.0	13.5
	65 岁及以上	28.5	0.3	3.0	40.4	14.0	13.8
教育程度	未受过正规教育	23.1	0.1	3.1	18.6	11.9	43.2
	小学	30.1	0.2	6.0	30.4	15.8	17.5
	初中	24.5	0.2	7.2	29.7	20.0	18.4
	高中	27.4	0.2	10.9	17.6	24.0	19.9
	大学及以上	32.6	0.1	7.7	17.8	22.1	19.7
职业类别	干部/管理人员	28.0	0.6	12.6	18.3	28.9	11.6
	个体/私营企业人员	28.5	0.2	8.7	23.5	21.3	17.8
	初级公务员/雇员	29.5	0.2	8.5	20.9	19.6	21.3
	工人	25.4	0.3	12.5	25.0	16.6	20.2
	学生	17.4	0.2	10.3	5.0	30.4	36.7
	无业	26.5	0.2	5.2	33.2	18.1	16.8
	其他	36.0	0.1	7.7	30.6	18.2	7.4
个人月收入	0～600 元	20.6	0.2	8.4	18.8	23.2	28.8
	601～1200 元	23.3	0.3	2.6	45.0	13.5	15.3
	1201～1700 元	27.7	0.2	7.0	33.9	19.8	11.4
	1701～2600 元	24.0	0.1	8.0	31.7	17.6	18.6
	2601～3500 元	33.4	0.2	6.7	21.2	19.9	18.6
	3501～5000 元	31.2	0.2	8.7	23.7	16.5	19.7
	5001 元及以上	32.2	0.2	9.3	13.9	25.8	18.6

表 3.50.3　2017 年宁波市场各类频道在不同时段的市场占有率(%)

时间段	中央电视台频道	中国教育电视台频道	浙江省级频道	宁波市级频道	其他省级卫视频道	其他频道
02:00~03:00	20.6	0.2	6.1	21.3	22.5	29.3
03:00~04:00	20.3	0.2	5.6	23.3	23.7	26.9
04:00~05:00	23.7	0.2	6.4	23.3	26.2	20.2
05:00~06:00	31.5	0.2	7.6	19.0	24.3	17.4
06:00~07:00	45.8	0.2	6.5	12.7	20.5	14.3
07:00~08:00	43.6	0.2	4.4	10.9	21.7	19.2
08:00~09:00	29.8	0.3	5.0	19.8	23.5	21.6
09:00~10:00	31.2	0.3	6.8	10.5	26.5	24.7
10:00~11:00	30.4	0.4	6.0	16.4	22.8	24.0
11:00~12:00	34.2	0.2	5.0	14.2	26.0	20.4
12:00~13:00	34.6	0.2	8.4	10.4	27.4	19.0
13:00~14:00	33.4	0.4	6.6	11.3	27.3	21.0
14:00~15:00	33.7	0.5	4.8	11.9	26.5	22.6
15:00~16:00	33.6	0.5	5.0	11.6	27.3	22.0
16:00~17:00	32.7	0.5	6.4	13.2	26.4	20.8
17:00~18:00	26.9	0.1	5.3	27.9	19.3	20.5
18:00~19:00	24.4	0.1	7.7	41.8	7.8	18.2
19:00~20:00	23.2	0.1	9.7	41.3	9.8	15.9
20:00~21:00	23.2	0.1	8.7	34.8	18.7	14.5
21:00~22:00	23.8	0.1	7.8	33.0	18.5	16.8
22:00~23:00	25.1	0.1	9.1	21.9	22.3	21.5
23:00~24:00	29.6	0.2	7.2	16.1	22.2	24.7
24:00~25:00	30.0	0.2	6.7	17.4	18.0	27.7
25:00~26:00	24.9	0.2	7.9	18.4	19.9	28.7

表 3.50.4　2017 年宁波市场收视份额排名前十位的频道

名次	频道名称	收视份额(%)
1	宁波电视台四套(影视剧频道)	8.2
2	宁波电视台二套(经济生活频道)	6.2
3	宁波电视台三套(都市文体频道)	5.9
4	中央台四套	4.2
5	宁波电视台一套(新闻综合频道)	3.7
6	中央台三套	3.3
7	湖南卫视	3.2
7	浙江卫视	3.2
9	上海东方卫视	3.1
10	中央台八套	2.9

表 3.50.5　2017 年宁波市场各主要频道的观众构成(%)

目标观众		所有频道	宁波电视台四套(影视剧频道)	宁波电视台二套(经济生活频道)	宁波电视台三套(都市文体频道)	中央台四套	宁波电视台一套(新闻综合频道)
4 岁及以上所有人		100.0	100.0	100.0	100.0	100.0	100.0
性别	男	48.7	55.6	38.2	36.4	63.5	50.8
	女	51.3	44.4	61.8	63.6	36.5	49.2
年龄	4~14 岁	4.8	1.0	1.6	0.6	0.5	2.3
	15~24 岁	4.1	0.9	1.3	1.6	1.5	1.9
	25~34 岁	11.0	4.7	7.6	5.5	6.1	15.3
	35~44 岁	9.6	4.8	5.8	4.8	3.4	6.9
	45~54 岁	28.8	29.5	35.2	32.2	31.2	28.0
	55~64 岁	22.1	20.3	25.2	20.0	31.2	21.6
	65 岁及以上	19.6	38.8	23.3	35.3	26.1	24.0
教育程度	未受过正规教育	2.5	1.1	1.7	2.1	3.6	3.2
	小学	29.1	34.8	32.0	34.1	26.9	28.2
	初中	39.6	48.4	44.9	42.5	43.4	45.0
	高中	17.1	10.4	13.5	12.2	18.2	11.3
	大学及以上	11.7	5.3	7.9	9.1	7.9	12.3
职业类别	干部/管理人员	1.1	0.3	1.2	1.2	1.7	0.6
	个体/私营企业人员	8.6	10.0	6.5	6.6	6.8	6.2
	初级公务员/雇员	35.0	21.8	31.7	26.2	35.9	35.8
	工人	5.4	4.7	6.1	4.6	3.7	5.3
	学生	4.3	0.5	0.8	0.5	0.5	1.0
	无业	42.3	56.7	50.9	57.6	45.9	49.1
	其他	3.3	6.0	2.8	3.3	5.5	2.0
个人月收入	0~600 元	15.8	8.3	11.7	11.6	6.8	10.9
	601~1200 元	7.6	15.6	9.3	15.4	10.9	16.0
	1201~1700 元	12.6	20.3	15.3	16.2	14.8	10.3
	1701~2600 元	20.8	23.9	28.2	26.6	17.7	22.6
	2601~3500 元	22.3	17.5	16.8	17.6	25.4	20.4
	3501~5000 元	12.9	9.9	14.7	8.3	19.5	16.4
	5001 元及以上	8.0	4.5	4.0	4.3	4.9	3.4

表 3.50.6　2015~2017 年宁波市场各类节目的播出份额(%)和收视份额(%)

节目类别	2015 年		2016 年		2017 年	
	播出份额	收视份额	播出份额	收视份额	播出份额	收视份额
财经	1.8	1.0	1.4	0.7	1.4	0.8
电视剧	20.4	29.1	21.3	28.1	22.1	31.2
电影	3.9	5.1	3.8	5.0	3.8	4.7
法制	0.8	0.4	0.7	0.6	0.8	0.5
教学	0.2	0.0	0.2	0.0	0.2	0.0
青少	6.7	2.9	6.7	2.5	7.0	3.1
生活服务	10.4	7.1	9.4	6.5	8.8	6.8
体育	2.8	2.7	3.0	3.1	3.2	2.4
外语	0.0	0.0	0.0	0.0	0.1	0.0
戏剧	0.8	0.2	0.8	0.2	0.8	0.2
新闻/时事	15.3	14.1	15.2	14.4	15.7	13.9
音乐	2.4	0.7	1.8	0.7	1.4	0.7
专题	13.0	10.6	13.6	10.6	14.0	9.4
综艺	8.8	13.3	9.2	14.3	7.8	12.6
其他	12.7	12.8	12.9	13.3	12.9	13.7

表 3.50.7 2017 年宁波市场所有节目收视率排名前三十位

名次	节目名称	节目类型	播出频道	平均收视率(%)	平均占有率(%)
1	中央电视台 2017 春节联欢晚会	综艺	中央台三套	5.4	19.2
2	奔跑吧	综艺	浙江卫视	4.5	26.2
3	寒山令	电视剧	宁波电视台四套(影视剧频道)	4.3	19.4
4	药行街	电视剧	宁波电视台三套(都市文体频道)	3.9	17.3
5	天然舞台(20:30)	综艺	宁波电视台二套(经济生活频道)	3.9	15.3
6	中国新歌声(10 月 8 日)	综艺	浙江卫视	3.7	20.9
7	一个人战争	电视剧	宁波电视台四套(影视剧频道)	3.7	16.3
8	超级足球之夜 黄金赛场:国际足联 2018 年世界杯亚洲区预选赛 A 组第 6 轮(中国 VS 韩国)	体育	中央台五套	3.7	13.8
9	来发讲啥西(20:30)	新闻/时事	宁波电视台二套(经济生活频道)	3.6	14.6
10	讲大道(18:45)	专题	宁波电视台三套(都市文体频道)	3.5	17.1
11	老爷升堂	电视剧	宁波电视台三套(都市文体频道)	3.5	15.6
12	绝战	电视剧	宁波电视台四套(影视剧频道)	3.4	16.1
13	我们的绝地反击	电视剧	宁波电视台四套(影视剧频道)	3.4	15.1
14	生死黎平	电视剧	宁波电视台四套(影视剧频道)	3.3	15.6
15	踏破硝烟	电视剧	宁波电视台四套(影视剧频道)	3.3	13.9
16	一剑横空	电视剧	宁波电视台四套(影视剧频道)	3.2	16.2
17	中央电视台 2017 元宵晚会	综艺	中央电视台综合频道	3.2	11.9
18	战火中的兄弟	电视剧	宁波电视台四套(影视剧频道)	3.1	13.3
19	战火连天	电视剧	宁波电视台四套(影视剧频道)	3.0	16.0
20	无名者	电视剧	宁波电视台四套(影视剧频道)	3.0	14.7
20	第一声枪响	电视剧	宁波电视台四套(影视剧频道)	3.0	14.7
22	破阵	电视剧	宁波电视台四套(影视剧频道)	3.0	14.3
23	人民的名义	电视剧	湖南卫视	3.0	12.1
24	快乐中国 2017/2018 跨年演唱会	音乐	湖南卫视	2.9	16.2
25	双枪	电视剧	宁波电视台四套(影视剧频道)	2.9	15.8
26	女子特战队	电视剧	宁波电视台四套(影视剧频道)	2.9	15.7
27	狐狸的夏天	电视剧	宁波电视台二套(经济生活频道)	2.8	14.2
28	回马枪	电视剧	宁波电视台四套(影视剧频道)	2.7	14.1
29	战昆仑	电视剧	宁波电视台四套(影视剧频道)	2.7	14.0
30	开学第一课	青少	中央电视台综合频道	2.7	11.9

表 3.50.8 2017 年宁波市场电视剧收视率排名前十位

名次	节目名称	播出频道	平均收视率（%）	平均占有率（%）
1	寒山令	宁波电视台四套(影视剧频道)	4.3	19.4
2	药行街	宁波电视台三套(都市文体频道)	3.9	17.3
3	一个人战争	宁波电视台四套(影视剧频道)	3.7	16.3
4	老爷升堂	宁波电视台三套(都市文体频道)	3.5	15.6
5	绝战	宁波电视台四套(影视剧频道)	3.4	16.1
6	我们的绝地反击	宁波电视台四套(影视剧频道)	3.4	15.1
7	生死黎平	宁波电视台四套(影视剧频道)	3.3	15.6
8	踏破硝烟	宁波电视台四套(影视剧频道)	3.3	13.9
9	一剑横空	宁波电视台四套(影视剧频道)	3.2	16.2
10	战火中的兄弟	宁波电视台四套(影视剧频道)	3.1	13.3

表 3.50.9 2017 年宁波市场新闻节目收视率排名前十位

名次	节目名称	播出频道	平均收视率（%）	平均占有率（%）
1	来发讲啥西(20:30)	宁波电视台二套(经济生活频道)	3.6	14.6
2	海峡两岸	中央台四套	1.6	6.3
3	来发讲啥西(17:15)	宁波电视台二套(经济生活频道)	1.5	13.1
4	探梦天宫	中央台四套	1.4	6.4
5	今日关注	中央台四套	1.3	6.9
6	第 1 聚焦	宁波电视台一套(新闻综合频道)	1.3	5.4
7	看看看	宁波电视台一套(新闻综合频道)	1.2	7.6
8	春节传奇中国节	中央台四套	1.2	5.8
9	中国舆论场	中央台四套	1.2	5.0
10	宁波新闻	宁波电视台一套(新闻综合频道)	1.1	4.8
10	丹说	宁波电视台一套(新闻综合频道)	1.1	4.8

表 3.50.10 2017 年宁波市场专题节目收视率排名前十位

名次	节目名称	播出频道	平均收视率（%）	平均占有率（%）
1	讲大道(18:45)	宁波电视台三套(都市文体频道)	3.5	17.1
2	一年又一年	上海东方卫视	2.4	8.2
3	勇立潮头	浙江卫视	2.3	8.6
4	中国诗词大会第二季(2 月 7 日)	中央电视台综合频道	2.2	7.8
5	第一测试	宁波电视台一套(新闻综合频道)	1.7	9.9
6	我在中国过大年	中央台四套	1.6	5.3
7	田野	宁波电视台二套(经济生活频道)	1.5	6.4
8	看看看春节特别节目小阿姐陪你过大年	宁波电视台一套(新闻综合频道)	1.4	8.6
9	非常杂志	宁波电视台三套(都市文体频道)	1.3	7.8
10	勇立潮头	宁波电视台一套(新闻综合频道)	1.3	5.0

表 3.50.11　2017 年宁波市场综艺节目收视率排名前十位

名次	节目名称	播出频道	平均收视率(%)	平均占有率(%)
1	中央电视台 2017 春节联欢晚会	中央台三套	5.4	19.2
2	奔跑吧	浙江卫视	4.5	26.2
3	天然舞台(20:30)	宁波电视台二套(经济生活频道)	3.9	15.3
4	中国新歌声(10 月 8 日)	浙江卫视	3.7	20.9
5	中央电视台 2017 元宵晚会	中央电视台综合频道	3.2	11.9
6	嘻哈学堂	宁波电视台三套(都市文体频道)	2.7	10.3
7	喜到福到好运到春晚倒计时	中央台三套	2.3	11.4
8	让月亮告诉你每一刻都珍贵中秋之夜	湖南卫视	2.1	8.5
9	挑战不可能(2 月 17 日)	中央台三套	2.1	6.8
10	真正男子汉	湖南卫视	1.9	8.1

表 3.50.12　2017 年宁波市场体育节目收视率排名前十位

名次	节目名称	播出频道	平均收视率(%)	平均占有率(%)
1	超级足球之夜 黄金赛场:国际足联 2018 年世界杯亚洲区预选赛 A 组第 6 轮(中国 VS 韩国)	中央台五套	3.7	13.8
2	直播周末:2017 年田径世锦赛男子 400 米栏预赛	中央台五套	2.0	12.0
3	第十三届全运会男子 100 米决赛	中央台五套	2.0	9.2
4	第十三届全运会男子 200 米自由泳决赛	中央台五套	1.8	12.1
5	直播周末:2017 年世界乒乓球锦标赛男单 1/4 决赛	中央台五套	1.8	8.6
6	黄金赛场:2016/2017 赛季中国男子篮球职业联赛总决赛第三场(广东东莞银行 VS 新疆喀什古城)	中央台五套	1.8	7.3
7	中华人民共和国第十三届运动会开幕式	中央台四套	1.7	7.8
8	直播周末:2017 年世界女排大奖赛中国香港站(中国队 VS 俄罗斯队)	中央台五套	1.4	12.1
9	中华人民共和国第十三届运动会闭幕式	中央台四套	1.4	6.0
10	第十三届全运会女子举重 63 公斤级决赛挺举	中央台五套	1.4	5.8

五十一、青岛收视数据

表 3.51.1　2013～2017 年青岛市场各类频道的市场占有率(%)

频道类别	年份				
	2013 年	2014 年	2015 年	2016 年	2017 年
中央电视台频道	32.6	33.8	31.3	30.2	30.1
中国教育电视台频道	0.2	0.2	0.1	0.1	0.1
山东省级频道	17.0	19.9	21.5	16.9	14.1
青岛市级频道	22.7	21.6	20.2	17.5	16.4
其他省级卫视频道	23.2	20.4	20.7	25.6	25.5
其他频道	4.3	4.1	6.2	9.7	13.8

表 3.51.2　2017 年青岛市场各类频道在不同目标观众中的市场占有率(%)

目标观众		中央电视台频道	中国教育电视台频道	山东省级频道	青岛市级频道	其他省级卫视频道	其他频道
4 岁及以上所有人		30.1	0.1	14.1	16.4	25.5	13.8
性别	男	33.4	0.1	13.2	16.7	22.8	13.8
	女	27.2	0.1	14.8	16.2	27.8	13.9
年龄	4～14 岁	21.9	0.2	11.5	10.4	35.0	21.0
	15～24 岁	25.6	0.1	8.8	19.0	26.3	20.2
	25～34 岁	23.2	0.1	13.5	13.0	30.7	19.5
	35～44 岁	29.0	0.1	8.6	12.7	32.9	16.7
	45～54 岁	29.6	0.1	13.1	15.8	23.6	17.8
	55～64 岁	38.0	0.1	19.1	18.5	18.5	5.8
	65 岁及以上	31.7	0.1	16.2	20.7	23.8	7.5
教育程度	未受过正规教育	21.5	0.1	21.4	14.7	26.6	15.7
	小学	27.9	0.1	19.5	17.3	24.2	11.0
	初中	30.4	0.1	16.0	17.9	23.7	11.9
	高中	32.4	0.1	10.9	16.4	25.8	14.4
	大学及以上	30.4	0.1	8.2	13.6	29.3	18.4
职业类别	干部/管理人员	24.1	0.1	7.7	14.3	34.4	19.4
	个体/私营企业人员	24.1	0.2	17.6	16.4	23.7	18.0
	初级公务员/雇员	29.5	0.1	10.5	15.7	28.3	15.9
	工人	33.4	0.1	16.1	15.7	22.0	12.7
	学生	24.9	0.2	8.7	13.7	32.9	19.6
	无业	32.8	0.1	15.6	18.2	23.9	9.4
	其他	25.7	0.1	17.4	12.7	24.0	20.1
个人月收入	0～600 元	25.8	0.1	14.9	15.3	29.6	14.3
	601～1200 元	29.4	0.0	17.4	16.2	24.7	12.3
	1201～1700 元	33.4	0.1	22.1	16.2	23.7	4.5
	1701～2600 元	31.1	0.1	17.2	16.3	23.1	12.2
	2601～3500 元	31.1	0.1	12.5	19.7	22.4	14.2
	3501～5000 元	32.1	0.1	10.3	15.1	27.4	15.0
	5001 元及以上	32.2	0.1	10.4	14.7	25.7	16.9

表 3.51.3　2017 年青岛市场各类频道在不同时段的市场占有率(%)

时间段	中央电视台频道	中国教育电视台频道	山东省级频道	青岛市级频道	其他省级卫视频道	其他频道
02:00~03:00	29.4	0.1	9.0	3.2	33.0	25.3
03:00~04:00	26.6	0.1	9.7	3.0	34.4	26.2
04:00~05:00	34.1	0.0	9.7	2.2	29.4	24.6
05:00~06:00	49.7	0.0	13.9	2.0	20.2	14.2
06:00~07:00	60.8	0.1	9.7	4.6	14.7	10.1
07:00~08:00	53.1	0.1	10.9	8.7	15.7	11.5
08:00~09:00	43.8	0.2	16.2	5.4	20.7	13.7
09:00~10:00	37.6	0.2	14.5	3.2	29.2	15.3
10:00~11:00	35.1	0.2	11.1	4.6	33.4	15.6
11:00~12:00	39.7	0.1	13.2	4.1	28.9	14.0
12:00~13:00	44.3	0.1	12.2	4.5	24.3	14.6
13:00~14:00	36.3	0.2	13.1	3.5	29.9	17.0
14:00~15:00	32.8	0.2	12.9	4.4	32.3	17.4
15:00~16:00	32.9	0.2	12.0	6.1	32.2	16.6
16:00~17:00	31.8	0.2	10.1	11.1	32.0	14.8
17:00~18:00	29.0	0.1	11.0	19.5	27.0	13.4
18:00~19:00	30.0	0.1	13.9	31.4	12.3	12.3
19:00~20:00	29.1	0.0	15.2	26.5	17.7	11.5
20:00~21:00	20.3	0.0	14.9	23.7	28.9	12.2
21:00~22:00	22.5	0.1	17.1	22.5	25.1	12.7
22:00~23:00	22.0	0.1	19.2	14.3	29.2	15.2
23:00~24:00	28.5	0.1	11.6	10.0	33.2	16.6
24:00~25:00	33.4	0.2	8.7	9.9	30.0	17.8
25:00~26:00	34.2	0.1	8.8	3.9	31.1	21.9

表 3.51.4　2017 年青岛市场收视份额排名前十位的频道

名次	频道名称	收视份额(%)
1	中央电视台综合频道	4.9
1	中央台四套	4.9
3	山东卫视	4.7
4	青岛电视台生活服务频道	4.0
5	青岛电视台新闻综合频道	3.8
6	中央台六套	3.7
7	青岛电视台影视频道	3.6
8	山东电视综艺频道	3.5
8	中央台三套	3.5
10	中央台八套	2.9

表 3.51.5　2017 年青岛市场各主要频道的观众构成(%)

目标观众		所有频道	主要频道				
			中央电视台综合频道	中央台四套	山东卫视	青岛电视台生活服务频道	青岛电视台新闻综合频道
4 岁及以上所有人		100.0	100.0	100.0	100.0	100.0	100.0
性别	男	46.8	46.9	59.8	43.3	47.1	46.1
	女	53.2	53.1	40.2	56.7	52.9	53.9
年龄	4~14 岁	6.4	5.1	1.3	4.1	2.3	4.2
	15~24 岁	6.3	4.0	4.3	5.8	11.7	8.5
	25~34 岁	12.7	7.8	4.6	12.4	5.5	8.7
	35~44 岁	11.6	6.7	7.4	7.0	12.9	8.0
	45~54 岁	23.0	20.8	23.3	25.9	21.5	22.6
	55~64 岁	20.4	27.7	29.0	23.5	22.3	20.5
	65 岁及以上	19.7	27.9	30.1	21.3	23.7	27.5
教育程度	未受过正规教育	5.3	3.8	2.2	5.6	6.1	4.1
	小学	16.6	17.7	12.0	19.0	12.8	14.2
	初中	32.8	37.7	30.2	39.1	33.8	33.6
	高中	28.2	27.7	33.5	23.5	29.5	31.6
	大学及以上	17.1	13.0	22.1	12.9	17.8	16.5
职业类别	干部/管理人员	2.8	1.4	2.2	2.1	4.5	2.9
	个体/私营企业人员	9.8	7.1	6.9	11.6	14.4	6.9
	初级公务员/雇员	22.3	15.3	21.9	18.9	18.2	22.7
	工人	12.7	11.7	12.6	13.0	10.7	8.2
	学生	7.2	5.2	2.3	5.3	7.4	7.4
	无业	40.1	54.9	51.9	41.9	41.2	48.1
	其他	5.0	4.4	2.0	7.2	3.6	3.8
个人月收入	0~600 元	22.8	19.6	10.5	24.1	21.4	20.5
	601~1200 元	7.4	8.4	6.3	9.4	6.0	6.0
	1201~1700 元	3.6	3.4	5.1	5.2	3.3	2.2
	1701~2600 元	18.7	21.1	18.8	21.1	13.3	18.1
	2601~3500 元	21.9	21.2	29.6	22.3	28.8	31.3
	3501~5000 元	13.6	15.4	17.8	9.0	14.6	12.2
	5001 元及以上	11.8	10.9	12.0	9.0	12.6	9.8

表 3.51.6　2015~2017 青岛市场各类节目的播出份额(%)和收视份额(%)

节目类别	2015 年		2016 年		2017 年	
	播出份额	收视份额	播出份额	收视份额	播出份额	收视份额
财经	1.7	0.4	1.2	0.3	1.0	0.3
电视剧	20.0	27.4	20.5	28.7	20.0	28.6
电影	3.2	3.3	3.3	3.4	3.5	3.8
法制	0.9	1.0	0.7	0.4	1.0	0.8
教学	0.2	0.0	0.2	0.0	0.2	0.0
青少	7.1	4.3	7.3	4.1	7.9	4.3
生活服务	10.8	9.5	10.0	10.3	9.5	9.2
体育	3.0	2.2	3.3	2.6	3.4	2.5
外语	0.0	0.0	0.0	0.0	0.1	0.0
戏剧	0.7	0.2	0.8	0.2	0.7	0.2
新闻/时事	14.7	15.9	14.5	15.2	15.3	14.9
音乐	2.3	0.7	1.7	0.7	1.4	0.8
专题	13.2	5.9	13.7	6.1	14.1	8.2
综艺	10.1	17.5	10.3	16.7	9.7	15.2
其他	12.1	11.7	12.5	11.3	12.2	11.3

表 3.51.7　2017 年青岛市场所有节目收视率排名前三十位

名次	节目名称	节目类型	播出频道	平均收视率(%)	平均占有率(%)
1	中央电视台 2017 春节联欢晚会	综艺	中央电视台综合频道	16.7	33.2
2	中央电视台 2017 元宵晚会	综艺	中央电视台综合频道	7.9	17.7
3	开学第一课	青少	中央电视台综合频道	7.3	21.9
4	一年又一年	专题	中央电视台综合频道	7.2	18.4
5	黄河英雄	电视剧	青岛电视台影视频道	5.7	17.9
6	潜伏在黎明之前	电视剧	青岛电视台影视频道	5.2	16.3
7	黄金赛场 超级足球之夜：2018 年世界杯亚洲区预选赛第三阶段 A 组第 7 轮(伊朗 VS 中国)	体育	中央台五套	5.2	13.4
8	狐影	电视剧	青岛电视台影视频道	4.7	14.2
9	刺蝶	电视剧	青岛电视台影视频道	4.0	12.4
10	一剑横空	电视剧	青岛电视台影视频道	4.0	11.9
11	天气预报	生活服务	中央电视台综合频道	3.9	11.6
12	2017 青春在一七 2017 山东卫视春节联欢晚会	综艺	山东卫视	3.9	11.2
13	喜到福到好运到春晚倒计时	综艺	中央台三套	3.9	10.0
14	民兵康宝	电视剧	青岛电视台影视频道	3.7	11.0
15	中国新歌声(8 月 18 日)	综艺	浙江卫视	3.6	14.9
16	黄大妮	电视剧	山东卫视	3.6	11.7
17	杀尽豺狼	电视剧	青岛电视台影视频道	3.6	11.1
18	2017 年中央电视台中秋晚会	综艺	中央电视台综合频道	3.6	10.2
19	我有我花漾全能斗秀场	综艺	山东卫视	3.5	18.7
20	黎明之前	电视剧	青岛电视台影视频道	3.5	10.7
21	女管家	电视剧	山东卫视	3.5	10.3
22	咱家	电视剧	山东卫视	3.5	9.5
23	欢乐颂二	电视剧	浙江卫视	3.4	9.7
24	激战	电视剧	青岛电视台影视频道	3.4	9.5
25	举起手来	电影	中央台六套	3.3	9.6
26	左轮手枪	电视剧	青岛电视台影视频道	3.3	7.8
27	大决战第二部淮海战役	电影	中央台六套	3.2	10.9
28	战火中的兄弟	电视剧	青岛电视台影视频道	3.2	9.8
29	X 女特工	电视剧	青岛电视台影视频道	3.1	9.7
30	锋刃	电视剧	青岛电视台影视频道	3.1	9.5

表 3.51.8　2017 年青岛市场电视剧收视率排名前十位

名次	节目名称	播出频道	平均收视率（%）	平均占有率（%）
1	黄河英雄	青岛电视台影视频道	5.7	17.9
2	潜伏在黎明之前	青岛电视台影视频道	5.2	16.3
3	狐影	青岛电视台影视频道	4.7	14.2
4	刺蝶	青岛电视台影视频道	4.0	12.4
5	一剑横空	青岛电视台影视频道	4.0	11.9
6	民兵康宝	青岛电视台影视频道	3.7	11.0
7	黄大妮	山东卫视	3.6	11.7
8	杀尽豺狼	青岛电视台影视频道	3.6	11.1
9	黎明之前	青岛电视台影视频道	3.5	10.7
10	女管家	山东卫视	3.5	10.3

表 3.51.9　2017 年青岛市场新闻节目收视率排名前十位

名次	节目名称	播出频道	平均收视率（%）	平均占有率（%）
1	今日－今日 60 分	青岛电视台新闻综合频道	2.6	11.0
2	转播中央台新闻联播	青岛电视台新闻综合频道	2.4	8.0
3	一带一路国际合作高峰论坛特别报道	中央电视台综合频道	2.3	6.9
4	香港回归祖国 20 周年特别报道	中央电视台综合频道	2.0	5.8
5	生活在线	青岛电视台生活服务频道	1.9	6.4
6	紫荆花开 20 年香港回归祖国二十周年特别报道	中央台四套	1.6	5.4
7	青岛新闻	青岛电视台新闻综合频道	1.5	4.4
7	中国共产党第十九次全国代表大会开幕会专题新闻	中央电视台综合频道	1.5	4.4
9	中国舆论场	中央台四套	1.5	4.2
10	今日关注	中央台四套	1.4	4.8

表 3.51.10　2017 年青岛市场专题节目收视率排名前十位

名次	节目名称	播出频道	平均收视率（%）	平均占有率（%）
1	一年又一年	中央电视台综合频道	7.2	18.4
2	幸福心观察	山东电视综艺频道	2.3	10.0
3	岛城先锋	青岛电视台新闻综合频道	2.3	8.0
4	中国成语大会 2015 决赛第一场	中央电视台综合频道	2.1	7.8
5	真情调解	青岛电视台生活服务频道	2.0	8.2
6	调解面对面	青岛电视台生活服务频道	2.0	7.9
7	2016 年国家网络安全宣传周网络安全微视频展映	青岛电视台影视频道	2.0	7.7
8	老区脱贫攻坚习近平心中的牵挂	中央电视台综合频道	1.7	5.0
9	不忘初心牢记使命永远奋斗	中央电视台综合频道	1.6	5.7
10	熊猫奇缘	北京卫视	1.5	4.3

表 3.51.11　2017 年青岛市场综艺节目收视率排名前十位

名次	节目名称	播出频道	平均收视率(%)	平均占有率(%)
1	中央电视台 2017 春节联欢晚会	中央电视台综合频道	16.7	33.2
2	中央电视台 2017 元宵晚会	中央电视台综合频道	7.9	17.7
3	2017 青春在一七 2017 山东卫视春节联欢晚会	山东卫视	3.9	11.2
4	喜到福到好运到春晚倒计时	中央台三套	3.9	10.0
5	中国新歌声(8 月 18 日)	浙江卫视	3.6	14.9
6	2017 年中央电视台中秋晚会	中央电视台综合频道	3.6	10.2
7	我有我花漾全能斗秀场	山东卫视	3.5	18.7
8	中央电视台 2017 春节联欢晚会语言节目集锦	中央电视台综合频道	2.8	8.4
9	2017 湖南卫视小年夜春晚	湖南卫视	2.8	6.8
10	挑战不可能总决赛	中央电视台综合频道	2.6	7.4

表 3.51.12　2017 年青岛市场体育节目收视率排名前十位

名次	节目名称	播出频道	平均收视率(%)	平均占有率(%)
1	黄金赛场 超级足球之夜:2018 年世界杯亚洲区预选赛第三阶段 A 组第 7 轮(伊朗 VS 中国)	中央台五套	5.2	13.4
2	第十三届全运会游泳男子 400 米混合泳决赛	中央台五套	2.5	10.0
3	现场直播:2017 年亚洲足联冠军联赛 1/8 决赛次回合(日本鹿岛鹿角 VS 中国广州恒大)	中央台五套	2.5	8.6
4	黄金赛场:2017 年中国足协杯决赛次回合(上海上港 VS 上海绿地申花)	中央台五套	2.5	8.2
5	黄金赛场:2017 年中国杯国际足球锦标赛(中国国家男子足球队 VS 冰岛国家男子足球队)	中央台五套	2.3	5.5
6	直播周末:2017 年亚洲乒乓球锦标赛女单决赛	中央台五套	2.2	7.0
7	第十三届全运会男子 400 米决赛	中央台五套	2.2	6.3
8	直播周末:2017 年世界女排大奖赛总决赛半决赛	中央台五套	1.9	5.9
9	黄金赛场:2017 年世界田径锦标赛女子100 米预赛	中央台五套	1.8	7.3
10	黄金赛场:2017 年世界乒乓球锦标赛男单决赛	中央台五套	1.8	5.4

五十二、沈阳收视数据

表 3.52.1　2013～2017 年沈阳市场各类频道的市场占有率(%)

频道类别	年份				
	2013 年	2014 年	2015 年	2016 年	2017 年
中央电视台频道	32.6	30.2	30.0	31.6	30.7
中国教育电视台频道	0.5	0.3	0.3	0.2	0.2
辽宁省级频道	25.2	25.6	23.8	25.6	20.9
沈阳市级频道	4.7	4.5	5.5	4.7	11.0
其他省级卫视频道	32.6	34.4	34.1	30.3	26.5
其他频道	4.4	5.0	6.4	7.6	10.7

表 3.52.2　2017 年沈阳市场各类频道在不同目标观众中的市场占有率(%)

目标观众		中央电视台频道	中国教育电视台频道	辽宁省级频道	沈阳市级频道	其他省级卫视频道	其他频道
4 岁及以上所有人		30.7	0.2	20.9	11.0	26.5	10.7
性别	男	33.5	0.2	22.1	10.5	23.1	10.6
	女	27.9	0.1	19.6	11.5	29.9	11.0
年龄	4～14 岁	27.8	0.1	13.5	6.2	39.5	12.9
	15～24 岁	24.5	0.2	16.0	7.9	39.0	12.4
	25～34 岁	24.8	0.3	16.9	8.6	34.5	14.9
	35～44 岁	28.4	0.2	17.0	9.8	32.4	12.2
	45～54 岁	29.2	0.2	20.2	10.2	26.8	13.4
	55～64 岁	31.0	0.1	25.6	12.9	21.8	8.6
	65 岁及以上	38.7	0.1	23.8	13.6	17.8	6.0
教育程度	未受过正规教育	20.6	0.3	33.1	7.7	25.6	12.7
	小学	33.1	0.2	23.6	10.1	23.4	9.6
	初中	31.9	0.1	24.0	11.5	24.0	8.5
	高中	29.6	0.2	17.8	11.9	28.5	12.0
	大学及以上	28.9	0.3	14.0	9.4	31.9	15.5
职业类别	干部/管理人员	30.1	0.2	18.4	11.4	28.2	11.7
	个体/私营企业人员	30.4	0.1	19.0	9.3	27.7	13.5
	初级公务员/雇员	27.5	0.2	15.0	12.0	31.7	13.6
	工人	28.7	0.2	20.3	10.0	28.0	12.8
	学生	27.1	0.1	15.8	7.3	41.0	8.7
	无业	34.1	0.2	22.0	12.4	23.1	8.2
	其他	22.3	0.1	32.8	7.5	22.2	15.1
个人月收入	0～600 元	23.7	0.0	41.0	9.8	10.9	14.6
	601～1200 元	29.6	0.1	28.8	11.9	20.7	8.9
	1201～1700 元	31.6	0.2	27.4	9.7	21.9	9.2
	1701～2600 元	30.6	0.2	20.2	13.7	25.6	9.7
	2601～3500 元	32.5	0.1	21.6	9.4	25.9	10.5
	3501～5000 元	29.5	0.4	15.8	11.1	26.5	16.7
	5001 元及以上	35.2	0.3	18.7	5.0	32.7	8.1

表 3.52.3　2017 年沈阳市场各类频道不同时段的市场占有率(%)

时间段	中央电视台频道	中国教育电视台频道	辽宁省级频道	沈阳市级频道	其他省级上星频道	其他频道
02:00~03:00	34.1	0.5	19.4	5.8	26.7	13.5
03:00~04:00	33.7	0.6	21.9	7.7	22.8	13.3
04:00~05:00	38.7	0.6	20.7	9.2	20.4	10.4
05:00~06:00	37.0	0.3	28.2	9.2	15.2	10.1
06:00~07:00	30.8	0.2	24.3	27.8	8.6	8.3
07:00~08:00	32.4	0.3	17.1	30.2	11.9	8.1
08:00~09:00	37.5	0.3	13.7	15.7	21.4	11.4
09:00~10:00	35.8	0.2	13.9	7.3	30.0	12.8
10:00~11:00	36.0	0.3	12.5	5.1	33.4	12.7
11:00~12:00	39.0	0.1	12.0	5.9	30.8	12.2
12:00~13:00	40.0	0.1	14.6	7.7	26.0	11.6
13:00~14:00	37.0	0.4	13.6	2.4	33.2	13.4
14:00~15:00	33.4	0.4	13.9	2.2	36.3	13.8
15:00~16:00	34.5	0.4	12.3	3.0	37.1	12.7
16:00~17:00	32.1	0.3	15.3	7.1	34.1	11.1
17:00~18:00	22.2	0.1	32.4	13.9	22.2	9.2
18:00~19:00	25.7	0.1	38.4	17.4	8.9	9.5
19:00~20:00	32.2	0.1	28.8	12.1	17.8	9.0
20:00~21:00	27.0	0.1	21.2	11.3	30.9	9.5
21:00~22:00	27.4	0.1	20.3	13.4	29.3	9.5
22:00~23:00	25.7	0.2	14.2	11.0	36.7	12.2
23:00~24:00	30.6	0.1	15.2	6.1	34.9	13.1
24:00~25:00	35.0	0.5	16.6	6.1	28.7	13.1
25:00~26:00	35.4	0.9	16.7	4.5	28.9	13.6

表 3.52.4　2016 年沈阳市场收视份额排名前十位的频道

名次	频道名称	收视份额(%)
1	辽宁广播电视台都市频道	7.8
2	中央台四套	5.7
3	沈阳电视台一套(新闻综合频道)	4.9
4	辽宁广播电视台经济频道(沈阳台)	4.7
5	中央电视台综合频道	3.9
6	辽宁卫视	3.8
7	中央台三套	3.7
8	辽宁广播电视台影视剧频道	3.4
9	中央电视台新闻频道	3.2
9	中央台六套	3.2

表 3.52.5 2017 年沈阳市场各主要频道的观众构成(%)

目标观众		所有频道	主要频道				
			辽宁广播电视台都市频道	中央台四套	沈阳电视台一套(新闻频道)	辽宁广播电视台经济频道(沈阳台)	中央电视台综合频道
4 岁及以上所有人		100.0	100.0	100.0	100.0	100.0	100.0
性别	男	50.5	51.6	63.0	48.9	46.3	51.5
	女	49.5	48.4	37.0	51.1	53.7	48.5
年龄	4~14 岁	3.9	2.3	0.9	1.2	3.2	2.4
	15~24 岁	6.1	4.1	2.7	3.6	4.6	6.4
	25~34 岁	10.7	10.5	5.4	7.1	9.7	9.8
	35~44 岁	10.8	8.5	4.9	8.1	12.1	12.6
	45~54 岁	26.0	24.5	26.3	25.7	20.4	20.3
	55~64 岁	20.4	24.3	24.2	23.8	25.2	24.3
	65 岁及以上	22.2	25.8	35.6	30.6	24.9	24.2
教育程度	未受过正规教育	1.8	1.2	0.4	0.4	1.1	1.0
	小学	11.1	13.5	6.9	8.4	12.0	10.9
	初中	44.6	52.4	51.7	44.2	48.7	45.3
	高中	24.9	19.7	23.8	29.7	24.2	24.6
	大学及以上	17.6	13.2	17.2	17.3	14.0	18.2
职业类别	干部/管理人员	1.9	2.5	1.4	3.1	1.3	1.3
	个体/私营企业人员	7.2	6.1	5.9	6.7	4.8	5.8
	初级公务员/雇员	11.4	9.9	9.3	12.9	13.0	10.2
	工人	20.7	17.9	20.9	15.1	20.0	16.6
	学生	5.8	3.8	2.6	2.7	4.3	4.9
	无业	46.7	50.5	56.2	57.7	50.6	50.9
	其他	6.2	9.3	3.7	1.8	6.0	10.3
个人月收入	0~600 元	1.8	4.0	0.9	0.8	2.7	1.4
	601~1200 元	6.8	7.0	5.5	4.5	9.4	8.4
	1201~1700 元	9.2	9.2	9.6	7.3	7.5	13.1
	1701~2600 元	45.1	45.9	43.8	54.4	53.2	47.7
	2601~3500 元	20.4	20.9	19.2	16.3	14.5	18.5
	3501~5000 元	12.7	10.8	14.3	15.5	10.3	8.9
	5001 元及以上	4.0	2.3	6.7	1.2	2.4	1.9

表 3.52.6 2015~2017 年沈阳市场各类节目的播出份额(%)和收视份额(%)

节目类别	2015 年		2016 年		2017 年	
	播出份额	收视份额	播出份额	收视份额	播出份额	收视份额
财经	1.5	0.8	1.3	0.9	1.1	0.6
电视剧	24.6	28.3	26.6	26.9	26.8	29.1
电影	4.0	4.2	3.8	3.9	3.9	4.0
法制	1.0	0.7	0.9	0.5	0.9	0.6
教学	0.2	0.1	0.2	0.0	0.2	0.0
青少	5.9	2.4	6.4	2.4	6.8	3.0
生活服务	12.8	11.0	10.1	10.0	9.2	9.6
体育	3.3	3.8	3.4	4.8	3.3	3.8
外语	0.0	0.0	0.0	0.0	0.1	0.0
戏剧	0.7	0.2	0.8	0.2	0.8	0.2
新闻/时事	10.1	15.6	10.0	16.1	10.6	16.7
音乐	2.5	0.8	1.7	0.7	1.3	0.7
专题	12.6	6.2	13.2	5.5	13.5	6.0
综艺	7.4	14.9	7.9	17.1	6.9	13.8
其他	13.4	11.0	13.7	10.9	14.7	11.9

表 3.52.7　2017 年沈阳市场所有节目收视率排名前三十位

名次	节目名称	节目类别	播出频道	平均收视率(%)	平均占有率(%)
1	2017 辽宁卫视家和万事兴春节联欢晚会	综艺	辽宁卫视	23.8	58.2
2	中央电视台 2017 春节联欢晚会	综艺	中央电视台综合频道	9.8	22.3
3	黄金赛场 超级足球之夜:2018 年世界杯亚洲区预选赛第三阶段 A 组第 7 轮(伊朗 VS 中国)	体育	中央台五套	7.9	19.1
4	现场直播:2016/2017 赛季 CBA 联赛四分之一决赛第四场(辽宁本钢 VS 浙江广厦控股)	体育	辽宁广播电视台体育频道	6.5	15.4
5	中央电视台 2017 元宵晚会	综艺	中央电视台综合频道	5.3	16.7
6	新北方	新闻/时事	辽宁广播电视台都市频道	4.8	19.6
7	一年又一年	专题	中央电视台综合频道	4.4	13.6
8	现场直播:2017/2018 赛季中国男子篮球职业联赛常规赛第 18 轮(辽宁本钢 VS 广州龙狮)	体育	辽宁广播电视台体育频道	4.3	12.4
9	新闻正前方	新闻/时事	辽宁广播电视台都市频道	3.7	20.4
10	人民的名义	电视剧	湖南卫视	3.7	11.4
11	春晚倒计时	综艺	辽宁卫视	3.3	9.2
12	欢乐喜剧人荣耀时刻	综艺	上海东方卫视	3.2	20.6
13	母亲的承诺	电视剧	沈阳电视台一套(新闻综合频道)	3.2	8.9
14	第十三届全运会男子 200 米决赛	体育	中央台五套	3.2	9.0
15	2017 年中央电视台中秋晚会	综艺	中央电视台综合频道	3.1	10.1
16	举起手来	电影	中央台六套	3.1	9.4
17	我的！体育老师	电视剧	浙江卫视	3.1	8.4
18	直播周末:2017 年亚洲乒乓球锦标赛女单决赛	体育	中央台五套	3.0	10.7
19	黄金赛场:2017 年世界乒乓球锦标赛男单决赛	体育	中央台五套	3.0	9.7
20	那年花开月正圆	电视剧	上海东方卫视	3.0	9.6
21	2017 书香中国全民阅读系列活动启动式	综艺	湖南卫视	3.0	8.1
22	双喜盈门	电视剧	辽宁卫视	3.0	7.3
23	2017 百姓欢乐秀	综艺	辽宁广播电视台都市频道	2.9	12.3
24	不可能完成的任务	电视剧	辽宁广播电视台影视剧频道	2.9	9.9
25	中国梦祖国颂 2017 中央电视台国庆特别节目	综艺	中央电视台综合频道	2.9	9.7
26	年味辽宁辽宁卫视春节特别节目	专题	辽宁卫视	2.9	9.6
27	2017 湖南卫视小年夜春晚	综艺	湖南卫视	2.9	7.3
28	星光灿烂	电视剧	辽宁广播电视台都市频道	2.9	6.9
29	信者无敌	电视剧	辽宁广播电视台影视剧频道	2.8	10.2
30	快乐中国 2017/2018 跨年演唱会	音乐	湖南卫视	2.8	9.4

表 3.52.8　2017 年沈阳市场电视剧收视率排名前十位

名次	节目名称	播出频道	平均收视率（%）	平均占有率（%）
1	人民的名义	湖南卫视	3.7	11.4
2	母亲的承诺	沈阳电视台一套（新闻综合频道）	3.2	8.9
3	我的！体育老师	浙江卫视	3.1	8.4
4	那年花开月正圆	上海东方卫视	3.0	9.6
5	双喜盈门	辽宁卫视	3.0	7.3
6	不可能完成的任务	辽宁广播电视台影视剧频道	2.9	9.9
7	星光灿烂	辽宁广播电视台都市频道	2.9	6.9
8	信者无敌	辽宁广播电视台影视剧频道	2.8	10.2
9	英雄戟	辽宁广播电视台影视剧频道	2.8	8.9
10	飞哥大英雄	辽宁广播电视台影视剧频道	2.8	8.6
10	烈火刀影	辽宁广播电视台影视剧频道	2.8	8.6

表 3.52.9　2017 年沈阳市场新闻节目收视率排名前十位

名次	节目名称	播出频道	平均收视率（%）	平均占有率（%）
1	新北方	辽宁广播电视台都市频道	4.8	19.6
2	新闻正前方	辽宁广播电视台都市频道	3.7	20.4
3	海峡两岸	中央台四套	2.4	6.8
4	今日关注	中央台四套	2.3	8.2
5	沈视晚报	沈阳电视台一套（新闻综合频道）	2.0	7.3
6	紫荆花开 20 年香港回归祖国二十周年特别报道	中央台四套	2.0	6.8
7	中国舆论场	中央台四套	2.0	5.7
8	一带一路国际合作高峰论坛特别报道	中央台三套	2.0	5.4
9	今日亚洲	中央台四套	1.8	5.5
10	沈阳新闻	沈阳电视台一套（新闻综合频道）	1.6	6.0

表 3.52.10　2017 年沈阳市场专题节目收视率排名前十位

名次	节目名称	播出频道	平均收视率（%）	平均占有率（%）
1	一年又一年	中央电视台综合频道	4.4	13.6
2	年味辽宁辽宁卫视春节特别节目	辽宁卫视	2.9	9.6
3	总书记为俺家算清了脱贫账	中央电视台综合频道	2.6	6.2
4	自由女神背后的枪声	中央台四套	2.4	5.7
5	打铁还需自身硬	中央电视台综合频道	2.2	5.5
6	微纪实系列片我是党员	辽宁广播电视台都市频道	2.1	8.4
7	千年大计国家大事	中央电视台综合频道	2.1	6.3
8	东北味道中国年新北方春节特别节目	辽宁广播电视台都市频道	1.9	5.9
9	老区脱贫攻坚习近平心中的牵挂	中央电视台综合频道	1.7	4.9
10	感动中国 2016 年度人物颁奖盛典	中央电视台综合频道	1.7	4.4

表 3.52.11　2017 年沈阳市场综艺节目收视率排名前十位

名次	节目名称	播出频道	平均收视率(%)	平均占有率(%)
1	2017 辽宁卫视家和万事兴春节联欢晚会	辽宁卫视	23.8	58.2
2	中央电视台 2017 春节联欢晚会	中央电视台综合频道	9.8	22.3
3	中央电视台 2017 元宵晚会	中央电视台综合频道	5.3	16.7
4	春晚倒计时	辽宁卫视	3.3	9.2
5	欢乐喜剧人荣耀时刻	上海东方卫视	3.2	20.6
6	2017 年中央电视台中秋晚会	中央电视台综合频道	3.1	10.1
7	2017 书香中国全民阅读系列活动启动式	湖南卫视	3.0	8.1
8	2017 百姓欢乐秀	辽宁广播电视台都市频道	2.9	12.3
9	中国梦祖国颂 2017 中央电视台国庆特别节目	中央电视台综合频道	2.9	9.7
10	2017 湖南卫视小年夜春晚	湖南卫视	2.9	7.3

表 3.52.12　2017 年沈阳市场体育节目收视率排名前十位

名次	节目名称	播出频道	平均收视率(%)	平均占有率(%)
1	黄金赛场 超级足球之夜:2018 年世界杯亚洲区预选赛第三阶段 A 组第 7 轮(伊朗 VS 中国)	中央台五套	7.9	19.1
2	现场直播:2016/2017 赛季 CBA 联赛四分之一决赛第四场(辽宁本钢 VS 浙江广厦控股)	辽宁广播电视台体育频道	6.5	15.4
3	现场直播:2017/2018 赛季中国男子篮球职业联赛常规赛第 18 轮(辽宁本钢 VS 广州龙狮)	辽宁广播电视台体育频道	4.3	12.4
4	第十三届全运会男子 200 米决赛	中央台五套	3.2	9.0
5	直播周末:2017 年亚洲乒乓球锦标赛女单决赛	中央台五套	3.0	10.7
6	黄金赛场:2017 年世界乒乓球锦标赛男单决赛	中央台五套	3.0	9.7
7	黄金赛场 超级足球之夜:2017 年亚洲足联冠军联赛 G 组第 3 轮(中国广州恒大 VS 日本川崎前锋)	中央台五套	2.9	8.0
8	2016CCTV 体坛风云人物年度评选颁奖日	中央台五套	2.8	7.4
9	黄金赛场:2017 年中国杯国际足球锦标赛(中国国家男子足球队 VS 冰岛国家男子足球队)	中央台五套	2.5	6.7
10	第十三届全运会男子 100 米蝶泳半决赛	中央台五套	2.4	7.4

五十三、深圳收视数据

表 3.53.1 2013～2017 年深圳市场各类频道的市场占有率(%)

频道类别	年份				
	2013 年	2014 年	2015 年	2016 年	2017 年
中央电视台频道	21.1	22.3	21.6	23.4	22.1
中国教育电视台频道	0.1	0.1	0.1	0.1	0.1
广东省级台	8.8	7.4	8.0	7.4	7.9
深圳市级台	33.9	35.1	34.8	31.9	26.0
境外频道	6.5	6.4	5.4	4.4	3.6
其他省级卫视频道	20.1	19.8	20.8	19.8	24.4
其他频道	9.5	8.9	9.3	13.0	15.9

表 3.53.2 2017 年深圳市场各类频道在各目标观众中的市场占有率(%)

目标观众		中央电视台频道	中国教育台频道	广东省级台	深圳市级台	境外频道	其他省级卫视频道	其他频道
4 岁及以上所有人		22.1	0.1	7.9	26.0	3.6	24.4	15.9
性别	男	23.6	0.1	8.0	26.0	3.5	23.0	15.8
	女	20.5	0.1	7.8	25.9	3.7	25.9	16.1
年龄	4～14 岁	19.2	0.1	12.6	22.0	1.7	21.8	22.6
	15～24 岁	19.5	0.1	7.0	27.7	3.0	30.7	12.0
	25～34 岁	20.8	0.1	7.8	22.8	3.1	25.3	20.1
	35～44 岁	21.1	0.1	7.1	22.7	3.3	27.8	17.9
	45～54 岁	23.1	0.1	6.8	32.8	4.9	21.9	10.4
	55～64 岁	25.7	0.1	8.1	30.2	5.2	16.1	14.6
	65 岁及以上	36.6	0.6	10.4	21.0	4.3	17.1	10.0
教育程度	未受过正规教育	20.7	0.1	14.1	25.3	1.5	15.5	22.8
	小学	18.2	0.1	12.8	27.2	2.6	21.5	17.6
	初中	22.4	0.2	8.0	28.9	3.4	22.2	14.9
	高中	24.2	0.1	7.2	26.4	4.5	23.9	13.7
	大学及以上	21.2	0.1	5.4	21.2	3.4	30.4	18.3
职业类别	干部/管理人员	21.2	0.1	6.2	22.4	4.0	26.7	19.4
	个体/私营企业人员	21.8	0.2	6.6	26.6	3.2	23.4	18.2
	初级公务员/雇员	20.6	0.1	5.6	24.6	3.8	28.5	16.8
	工人	21.7	0.1	10.5	32.5	2.7	20.2	12.3
	学生	19.7	0.1	9.8	24.0	2.1	29.3	15.0
	无业	25.2	0.2	9.8	25.9	4.6	20.2	14.1
	其他	*	*	*	*	*	*	*
个人月收入	0～600 元	21.3	0.1	9.9	25.6	3.1	23.9	16.1
	601～1200 元	33.9	0.0	7.9	32.4	3.2	16.5	6.1
	1201～1700 元	16.5	0.0	19.4	30.4	5.0	21.9	6.8
	1701～2600 元	24.0	0.5	6.5	27.5	3.5	26.2	11.8
	2601～3500 元	22.2	0.1	10.7	32.5	3.8	19.0	11.7
	3501～5000 元	20.9	0.1	5.7	26.2	3.5	24.2	19.4
	5001 元及以上	22.5	0.1	6.4	23.3	3.9	26.8	17.0

注：* 表示由于样本量不足，无法进行统计推断。

表 3.53.3　2017 年深圳市场各类频道在不同时段的市场占有率(%)

时间段	中央电视台频道	中国教育电视台频道	广东省级台	深圳市级台	境外频道	其他省级卫视频道	其他频道
02:00~03:00	17.1	0.2	3.9	13.7	7.2	27.3	30.6
03:00~04:00	14.0	0.3	3.8	15.1	6.7	27.1	33.0
04:00~05:00	12.5	0.3	3.3	16.1	7.4	27.3	33.1
05:00~06:00	15.7	0.7	2.6	14.7	8.7	25.6	32.0
06:00~07:00	30.3	1.9	5.8	18.5	12.9	11.6	19.0
07:00~08:00	33.4	0.9	10.7	23.5	9.7	7.2	14.6
08:00~09:00	35.0	0.5	11.5	15.5	7.6	14.3	15.6
09:00~10:00	31.7	0.4	10.0	13.8	3.0	23.3	17.8
10:00~11:00	31.1	0.4	9.2	11.9	2.7	26.1	18.6
11:00~12:00	33.6	0.1	10.8	10.2	3.0	25.1	17.2
12:00~13:00	30.5	0.1	10.4	17.9	5.2	20.2	15.7
13:00~14:00	29.9	0.2	8.9	14.0	4.1	24.4	18.5
14:00~15:00	27.3	0.2	8.3	14.0	2.5	27.2	20.5
15:00~16:00	26.5	0.2	6.9	14.4	2.4	29.2	20.4
16:00~17:00	26.5	0.2	8.2	14.4	2.0	28.9	19.8
17:00~18:00	24.7	0.1	9.6	22.0	2.4	22.7	18.5
18:00~19:00	21.3	0.1	10.1	42.8	3.5	7.7	14.5
19:00~20:00	20.8	0.0	8.9	36.3	2.4	18.1	13.5
20:00~21:00	16.9	0.0	7.4	28.9	2.7	31.0	13.1
21:00~22:00	17.4	0.1	7.0	29.9	3.9	28.4	13.3
22:00~23:00	13.7	0.1	4.5	32.9	4.0	30.0	14.8
23:00~24:00	15.7	0.1	4.8	32.5	3.1	27.8	16.0
24:00~25:00	18.9	0.2	4.7	25.9	7.3	21.8	21.2
25:00~26:00	18.7	0.5	3.7	17.3	10.1	22.8	26.9

表 3.53.4　2017 年深圳市场收视份额排名前十位的频道

名次	频道名称	收视份额(%)
1	深圳电视台二套(电视剧频道)	7.6
2	深圳电视台一套(都市频道)	6.6
3	湖南卫视	4.7
4	浙江卫视	4.2
5	深圳卫视(新闻综合频道)	3.6
6	中央电视台综合频道	3.5
7	广东广播电视台嘉佳卡通频道	3.0
7	江苏卫视	3.0
9	中央电视台少儿频道	2.9
9	深圳电视台六套(少儿频道)	2.9

表 3.53.5 2017 年深圳市场各主要频道的观众构成(%)

目标观众		所有频道	主要频道				
			深圳电视台二套(电视剧频道)	深圳电视台一套(都市频道)	湖南卫视	浙江卫视	深圳卫视(新闻综合频道)
4 岁及以上所有人		100.0	100.0	100.0	100.0	100.0	100.0
性别	男	50.6	56.2	48.6	38.6	48.8	50.8
	女	49.4	43.8	51.4	61.4	51.2	49.2
年龄	4~14 岁	7.8	4.7	4.2	8.0	10.8	5.9
	15~24 岁	12.8	16.1	8.4	18.2	23.3	14.8
	25~34 岁	30.9	23.7	31.5	37.1	27.7	24.0
	35~44 岁	15.7	12.0	13.7	15.5	20.1	19.2
	45~54 岁	22.1	33.4	31.0	15.3	13.9	24.6
	55~64 岁	6.3	6.7	7.7	3.7	2.4	7.2
	65 岁及以上	4.4	3.4	3.5	2.2	1.8	4.3
教育程度	未受过正规教育	3.0	2.1	2.0	1.6	2.0	2.6
	小学	12.1	10.3	12.5	11.2	13.0	12.1
	初中	31.5	42.8	27.9	29.5	30.4	31.6
	高中	28.3	28.4	29.1	25.7	28.3	32.7
	大学及以上	25.1	16.4	28.5	32.0	26.3	21.0
职业类别	干部/管理人员	6.3	5.7	6.4	9.2	5.6	6.6
	个体/私营企业人员	19.9	24.4	20.0	17.9	14.4	19.0
	初级公务员/雇员	27.0	23.0	32.8	29.9	31.2	29.3
	工人	10.6	17.3	9.8	6.3	8.4	12.8
	学生	10.7	9.2	5.3	15.6	23.0	9.6
	无业	25.5	20.4	25.7	21.1	17.4	22.7
	其他	*	*	*	*	*	*
个人月收入	0~600 元	29.6	26.9	23.1	32.3	36.8	25.2
	601~1200 元	1.3	1.3	2.4	1.0	1.0	1.8
	1201~1700 元	0.9	0.4	0.6	0.5	0.8	1.6
	1701~2600 元	8.2	10.1	6.6	10.5	8.1	8.6
	2601~3500 元	10.2	13.0	9.7	7.1	6.7	17.5
	3501~5000 元	17.7	14.4	24.3	16.5	15.9	22.5
	5001 元及以上	32.1	33.9	33.3	32.1	30.7	22.8

注:“*”表示样本量不足,无法进行统计推断。

表 3.53.6 2015~2017 年深圳市场各类节目的播出份额(%)和收视份额(%)

节目类别	2015 年		2016 年		2017 年	
	播出份额	收视份额	播出份额	收视份额	播出份额	收视份额
财经	1.8	1.2	1.3	0.9	1.2	0.6
电视剧	21.4	31.7	22.0	32.3	22.0	33.7
电影	3.4	2.4	3.4	2.8	3.6	2.8
法制	1.5	0.9	1.2	0.9	0.9	0.6
教学	0.2	0.1	0.2	0.1	0.1	0.1
青少	6.5	5.1	6.9	5.8	7.3	7.8
生活服务	9.9	7.1	9.3	6.4	8.5	6.5
体育	3.5	3.5	3.7	2.9	4.1	3.0
外语	0.2	0.0	0.1	0.0	0.2	0.0
戏剧	0.7	0.1	0.6	0.1	0.6	0.1
新闻/时事	15.1	17.1	15.2	16.3	16.2	14.4
音乐	2.1	1.0	1.5	1.2	1.2	0.9
专题	12.0	6.0	12.4	6.2	12.7	5.4
综艺	8.5	11.1	9.0	11.3	7.9	10.9
其他	13.2	12.7	13.2	12.8	13.5	13.2

表 3.53.7　2017 年深圳市场所有节目收视率排名前三十位

名次	节目名称	类型	播出频道	平均收视率(%)	平均占有率(%)
1	开学第一课	青少	中央电视台综合频道	5.9	21.8
2	国际足联 2018 年世界杯亚洲区预选赛 A 组第 6 轮(中国 VS 韩国)	体育	中央台五套	4.1	18.3
3	快乐中国 2017/2018 跨年演唱会	音乐	湖南卫视	4.0	20.5
4	超凡魔术师(10 月 13 日)	综艺	江苏卫视	3.7	19.3
5	中国新歌声(10 月 8 日)	综艺	浙江卫视	3.6	19.0
6	中央电视台 2017 春节联欢晚会	综艺	中央电视台综合频道	3.6	17.1
7	来吧冠军(5 月 21 日)	综艺	浙江卫视	3.4	20.2
8	伏击	电视剧	深圳电视台二套(电视剧频道)	3.3	17.7
9	蒙面唱将猜猜猜(9 月 3 日)	综艺	江苏卫视	3.3	13.8
10	极速前进(8 月 4 日)	综艺	深圳卫视(新闻综合频道)	3.2	14.5
11	东江英雄刘黑仔	电视剧	深圳电视台二套(电视剧频道)	3.1	15.8
12	中央电视台 2017 元宵晚会	综艺	中央电视台综合频道	3.1	10.9
13	地道女英雄	电视剧	深圳电视台二套(电视剧频道)	3.0	14.2
14	第 1 现场	新闻/时事	深圳电视台一套(都市频道)	2.9	19.2
15	学生兵	电视剧	深圳电视台二套(电视剧频道)	2.9	14.8
15	光影	电视剧	深圳电视台二套(电视剧频道)	2.9	14.7
17	我和她的传奇情仇	电视剧	深圳电视台二套(电视剧频道)	2.8	17.1
18	王牌特工	电视剧	深圳电视台二套(电视剧频道)	2.8	14.5
19	快乐中国跨年演唱会	音乐	湖南卫视	2.8	14.0
19	特战小分队	电视剧	深圳电视台二套(电视剧频道)	2.8	13.6
21	人民的名义	电视剧	湖南卫视	2.8	12.2
22	黄大妮	电视剧	深圳电视台一套(都市频道)	2.8	11.5
23	冒牌特工	电视剧	深圳电视台二套(电视剧频道)	2.6	15.2
24	英雄戟	电视剧	深圳电视台二套(电视剧频道)	2.6	14.5

续表

名次	节目名称	类型	播出频道	平均收视率（%）	平均占有率（%）
25	冲天炮	电视剧	深圳电视台二套（电视剧频道）	2.6	13.7
26	百战天狼	电视剧	深圳电视台二套（电视剧频道）	2.6	13.6
26	忍冬艳蔷薇	电视剧	深圳电视台二套（电视剧频道）	2.6	13.6
28	雪豹坚强岁月	电视剧	深圳电视台二套（电视剧频道）	2.6	13.4
29	独立纵队二	电视剧	深圳电视台二套（电视剧频道）	2.6	13.0
30	跨界喜剧王(10 月 14 日)	综艺	北京卫视	2.6	11.1

表 3.53.8　2017 年深圳市场电视剧收视率排名前十位

名次	节目名称	播出频道	平均收视率（%）	平均占有率（%）
1	伏击	深圳电视台二套(电视剧频道)	3.3	17.7
2	东江英雄刘黑仔	深圳电视台二套(电视剧频道)	3.1	15.8
3	地道女英雄	深圳电视台二套(电视剧频道)	3.0	14.2
4	学生兵	深圳电视台二套(电视剧频道)	2.9	14.8
5	光影	深圳电视台二套(电视剧频道)	2.9	14.7
6	我和她的传奇情仇	深圳电视台二套(电视剧频道)	2.8	17.1
7	王牌特工	深圳电视台二套(电视剧频道)	2.8	14.5
8	特战小分队	深圳电视台二套(电视剧频道)	2.8	13.6
9	人民的名义	湖南卫视	2.8	12.2
10	黄大妮	深圳电视台一套(都市频道)	2.8	11.5

表 3.53.9　2017 年深圳市场新闻节目收视率排名前十位

名次	节目名称	播出频道	平均收视率（%）	平均占有率（%）
1	第 1 现场	深圳电视台一套(都市频道)	2.9	19.2
2	香港回归祖国 20 周年特别报道	中央电视台综合频道	1.6	7.1
3	18 点新闻	深圳电视台七套(公共频道)	1.2	11.4
4	都市路路通	深圳电视台一套(都市频道)	0.9	11.0
5	都市调查	深圳电视台一套(都市频道)	0.9	6.1
6	一带一路国际合作高峰论坛特别报道	浙江卫视	0.9	4.3
7	直击 2017 双 11	深圳卫视(新闻综合频道)	0.8	10.7
8	新闻联播	中央电视台综合频道	0.7	4.1
9	抗击台风帕卡特别直播	深圳电视台一套(都市频道)	0.7	2.8
10	直播深圳	深圳电视台一套(都市频道)	0.6	5.6

表 3.53.10　2017 年深圳市场专题节目收视率排名前十位

名次	节目名称	播出频道	平均收视率(%)	平均占有率(%)
1	我们的歌手	湖南卫视	1.6	7.8
2	中国诗词大会第二季(2 月 1 日)	中央台十套	1.4	12.6
3	2017 春季知识发布会	深圳卫视(新闻综合频道)	1.3	5.8
4	茶界中国	江苏卫视	1.2	5.4
5	一年又一年	上海东方卫视	1.1	5.7
6	长谈让我把话说完	深圳卫视(新闻综合频道)	1.1	5.4
7	香港发展一直牵动着我的心 习近平香港行纪实	中央电视台综合频道	1.1	5.1
8	港珠澳大桥	中央电视台综合频道	1.0	9.3
9	紫荆花开	中央电视台综合频道	1.0	5.1
9	长歌浩荡五水共治这三年	浙江卫视	1.0	5.1

表 3.53.11　2017 年深圳市场综艺节目收视率排名前十位

名次	节目名称	播出频道	平均收视率(%)	平均占有率(%)
1	超凡魔术师(10 月 13 日)	江苏卫视	3.7	19.3
2	中国新歌声(10 月 8 日)	浙江卫视	3.6	19.0
3	中央电视台 2017 春节联欢晚会	中央电视台综合频道	3.6	17.1
4	来吧冠军(5 月 21 日)	浙江卫视	3.4	20.2
5	蒙面唱将猜猜猜(9 月 3 日)	江苏卫视	3.3	13.8
6	极速前进(8 月 4 日)	深圳卫视(新闻综合频道)	3.2	14.5
7	中央电视台 2017 元宵晚会	中央电视台综合频道	3.1	10.9
8	跨界喜剧王(10 月 14 日)	北京卫视	2.6	11.1
9	歌手(2 月 11 日)	湖南卫视	2.5	14.8
10	跨界歌王(5 月 6 日)	北京卫视	2.5	11.0

表 3.53.12　2017 年深圳市场体育节目收视率排名前十位

名次	节目名称	播出频道	平均收视率(%)	平均占有率(%)
1	国际足联 2018 年世界杯亚洲区预选赛A 组第 6 轮(中国 VS 韩国)	中央台五套	4.1	18.3
2	2017 年亚洲足联冠军联赛 1/4 决赛次回合(广州恒大 VS 上海上港)	中央台五套	2.2	12.1
3	2016/2017 赛季 CBA 总决赛第二场(新疆喀什古城 VS 广东东莞银行)	中央台五套	1.8	7.4
4	2017/2018 赛季 CBA 常规赛第 22 轮(广东东莞银行 VS 上海哔哩哔哩)	广东广播电视台体育频道	1.6	8.6
5	2017 年中国足球协会超级联赛第 18 轮(上海上港 VS 广州恒大淘宝)	广东广播电视台体育频道	1.4	6.9
6	2017 年世乒赛女单决赛	中央台五套	1.4	6.1

续表

名次	节目名称	播出频道	平均收视率（%）	平均占有率（%）
7	2017年世界女排大奖赛总决赛小组赛（中国队VS荷兰队）	中央台五套	1.3	5.8
8	第十三届全运会BMX小轮车女子越野决赛	中央台五套	1.2	12.5
9	2019年男篮世界杯预选赛（韩国队VS中国队）	中央台五套	1.2	6.7
10	2017年超级企鹅篮球名人赛（红队VS蓝队）	深圳电视台五套（体育健康频道）	1.2	5.1

五十四、石家庄收视数据

表 3.54.1　2013～2017 年石家庄市场各类频道的市场占有率(%)

频道类别	年份				
	2013 年	2014 年	2015 年	2016 年	2017 年
中央电视台频道	36.6	35.9	35.6	38.4	35.4
中国教育电视台频道	0.1	0.1	0.1	0.0	0.1
河北省级频道	20.1	27.9	22.5	19.8	19.0
石家庄市级频道	10.1	8.8	9.4	8.1	6.6
其他省级卫视频道	28.1	22.5	27.3	26.2	22.5
其他频道	5.1	4.8	5.1	7.5	16.4

表 3.54.2　2017 年石家庄市场各类频道在不同目标观众中的市场占有率(%)

目标观众		中央电视台频道	中国教育电视台频道	河北省级频道	石家庄市级频道	其他省级卫视频道	其他频道
4 岁及以上所有人		35.4	0.1	19.0	6.6	22.5	16.4
性别	男	37.8	0.1	19.5	6.6	19.9	16.1
	女	33.3	0.1	18.6	6.6	24.9	16.5
年龄	4～14 岁	29.9	0.1	10.1	3.0	28.6	28.3
	15～24 岁	27.3	0.1	17.6	6.5	27.2	21.3
	25～34 岁	28.8	0.1	11.6	4.5	28.1	26.9
	35～44 岁	34.9	0.1	15.8	5.5	21.6	22.1
	45～54 岁	31.2	0.1	21.1	9.9	22.6	15.1
	55～64 岁	36.9	0.1	24.2	7.2	19.9	11.7
	65 岁及以上	47.7	0.1	22.8	5.8	17.7	5.9
教育程度	未受过正规教育	35.9	0.1	20.2	4.1	23.2	16.5
	小学	34.1	0.1	21.8	4.9	22.6	16.5
	初中	35.5	0.1	21.8	7.9	20.3	14.4
	高中	36.4	0.1	17.0	6.2	24.1	16.2
	大学及以上	35.0	0.1	13.6	7.2	24.6	19.5
职业类别	干部/管理人员	35.6	0.1	10.4	4.4	26.4	23.1
	个体/私营企业人员	34.3	0.1	19.5	7.0	23.8	15.3
	初级公务员/雇员	30.6	0.1	16.3	6.8	24.7	21.5
	工人	28.6	0.1	22.0	12.7	19.6	17.0
	学生	29.4	0.1	12.8	4.2	25.8	27.7
	无业	40.9	0.1	20.6	5.8	20.8	11.8
	其他	29.7	0.1	26.2	8.1	23.7	12.2
个人月收入	0～600 元	33.0	0.1	19.7	5.3	22.3	19.6
	601～1200 元	31.7	0.1	26.7	6.8	21.6	13.1
	1201～1700 元	34.9	0.1	20.9	8.1	23.9	12.1
	1701～2600 元	37.6	0.1	16.5	9.2	23.0	13.6
	2601～3500 元	37.9	0.1	18.2	5.8	21.8	16.2
	3501～5000 元	41.2	0.1	15.6	3.4	22.8	16.9
	5001 元及以上	30.1	0.1	13.1	5.1	21.7	29.9

表 3.54.3 2017 年石家庄市场各类频道在不同时段的市场占有率(%)

时间段	中央电视台频道	中国教育电视台频道	河北省级频道	石家庄市级频道	其他省级卫视频道	其他频道
02:00~03:00	24.7	0.1	15.6	2.2	19.6	37.8
03:00~04:00	23.4	0.1	15.7	2.8	16.5	41.5
04:00~05:00	29.3	0.0	14.6	3.0	17.9	35.2
05:00~06:00	35.9	0.1	13.7	3.9	24.5	21.9
06:00~07:00	51.1	0.1	13.6	5.8	13.7	15.7
07:00~08:00	51.4	0.1	22.7	3.1	10.9	11.8
08:00~09:00	52.0	0.1	11.1	3.4	18.9	14.5
09:00~10:00	42.7	0.1	9.8	3.6	27.1	16.7
10:00~11:00	39.8	0.1	10.5	3.7	28.3	17.6
11:00~12:00	42.6	0.1	12.1	6.2	22.8	16.2
12:00~13:00	34.8	0.0	26.7	8.3	15.9	14.3
13:00~14:00	37.4	0.1	11.3	3.9	26.6	20.7
14:00~15:00	34.5	0.2	9.3	1.9	32.4	21.7
15:00~16:00	34.2	0.1	9.6	3.3	32.5	20.3
16:00~17:00	35.6	0.2	10.4	3.7	30.5	19.6
17:00~18:00	38.9	0.1	14.1	4.5	24.3	18.1
18:00~19:00	38.1	0.1	25.5	9.4	10.7	16.2
19:00~20:00	38.7	0.1	23.1	9.9	15.0	13.2
20:00~21:00	29.9	0.0	23.3	8.6	25.5	12.7
21:00~22:00	31.6	0.1	22.5	8.3	23.2	14.3
22:00~23:00	27.4	0.1	22.4	5.4	26.7	18.0
23:00~24:00	29.4	0.1	15.2	3.2	30.2	21.9
24:00~25:00	28.9	0.2	13.3	3.2	27.7	26.7
25:00~26:00	25.2	0.2	14.1	2.7	24.9	32.9

表 3.54.4 2017 年石家庄市场收视份额排名前十位的频道

名次	频道名称	收视份额(%)
1	河北广播电视台农民频道	7.6
2	中央电视台综合频道	5.2
3	中央台四套	4.9
4	河北广播电视台经济生活频道	4.1
5	石家庄广播电视台新闻综合频道	3.8
5	中央台八套	3.8
7	中央台三套	3.7
7	河北广播电视台卫视频道	3.7
9	中央台六套	3.1
10	湖南卫视	2.6

表 3.54.5 2017 年石家庄市场各主要频道的观众构成(%)

目标观众		所有频道	主要频道				
			河北广播电视台农民频道	中央电视台综合频道	中央台四套	河北广播电视台经济生活频道	石家庄广播电视台新闻综合频道
4 岁及以上所有人		100.0	100.0	100.0	100.0	100.0	100.0
性别	男	48.2	44.5	49.3	60.4	53.4	49.4
	女	51.8	55.5	50.7	39.6	46.6	50.6
年龄	4~14 岁	8.2	4.5	5.6	2.6	3.9	3.4
	15~24 岁	8.9	5.2	9.8	5.0	12.6	9.0
	25~34 岁	12.3	7.1	10.4	5.6	4.8	8.3
	35~44 岁	9.7	5.6	12.4	7.3	5.8	8.1
	45~54 岁	24.0	25.8	18.5	16.2	23.0	33.4
	55~64 岁	13.9	23.8	14.4	15.6	20.4	15.2
	65 岁及以上	23.0	28.0	28.9	47.7	29.5	22.6
教育程度	未受过正规教育	5.4	4.7	4.2	2.7	3.1	3.4
	小学	16.5	27.0	12.3	14.0	16.0	11.7
	初中	33.5	37.3	31.6	30.3	45.9	39.1
	高中	29.1	23.6	33.4	32.8	20.9	26.3
	大学及以上	15.5	7.4	18.5	20.2	14.1	19.5
职业类别	干部/管理人员	1.7	0.5	2.4	1.2	0.4	1.1
	个体/私营企业人员	19.3	16.3	17.5	13.1	30.2	17.1
	初级公务员/雇员	18.1	13.2	17.3	11.0	12.2	17.2
	工人	6.4	6.2	5.7	4.6	6.0	15.0
	学生	9.3	5.0	9.9	5.4	6.0	6.9
	无业	42.3	53.5	45.1	63.6	41.6	39.5
	其他	2.9	5.3	2.1	1.1	3.6	3.2
个人月收入	0~600 元	33.3	44.1	29.3	24.1	23.2	26.6
	601~1200 元	9.8	14.7	9.7	8.6	18.6	9.3
	1201~1700 元	8.2	6.7	7.4	5.2	10.8	8.5
	1701~2600 元	25.9	18.9	29.9	32.6	23.3	42.3
	2601~3500 元	13.6	12.4	12.8	15.8	11.8	9.1
	3501~5000 元	6.7	2.4	8.7	12.3	9.4	2.3
	5001 元及以上	2.5	0.8	2.2	1.4	2.9	1.9

表 3.54.6 2015~2017 年石家庄市场各类节目的播出份额(%)和收视份额(%)

节目类别	2015 年		2016 年		2017 年	
	播出份额	收视份额	播出份额	收视份额	播出份额	收视份额
财经	1.5	0.8	1.3	0.7	1.1	0.5
电视剧	27.3	30.2	22.2	29.1	22.1	31.8
电影	4.2	3.9	3.9	4.4	3.9	4.3
法制	1.4	2.5	1.0	1.1	1.2	1.1
教学	0.2	0.1	0.2	0.0	0.2	0.0
青少	6.0	4.2	6.6	3.6	7.0	4.7
生活服务	11.0	7.6	9.4	8.1	8.5	6.7
体育	3.0	2.7	3.3	3.4	3.3	2.4
外语	0.0	0.0	0.0	0.0	0.1	0.0
戏剧	0.7	0.5	0.9	0.9	0.9	1.8
新闻/时事	10.4	13.9	14.7	14.8	15.5	14.3
音乐	2.6	0.5	1.8	0.4	1.4	0.5
专题	12.9	9.0	13.5	7.4	13.9	7.5
综艺	7.7	14.0	9.4	15.9	8.7	13.6
其他	11.1	10.1	11.8	10.2	12.2	10.8

表 3.54.7 2017 年石家庄市场所有节目收视率排名前三十位

名次	节目名称	节目类型	播出频道	平均收视率（%）	平均占有率（%）
1	中央电视台 2017 春节联欢晚会	综艺	中央电视台综合频道	14.6	30.4
2	中央电视台 2017 元宵晚会	综艺	中央电视台综合频道	10.5	26.6
3	一年又一年	专题	中央电视台综合频道	6.5	23.1
4	绝对有戏第六届河北省戏迷票友电视大赛(11 月 26 日)	戏剧	河北广播电视台农民频道	6.1	21.4
5	2017 北京电视台春节联欢晚会	综艺	北京卫视	4.9	15.4
6	中国诗词大会第二季（2 月 6 日）	专题	中央电视台综合频道	4.6	11.7
7	恩情无限	电视剧	河北广播电视台农民频道	4.5	15.9
8	超级足球之夜 黄金赛场:国际足联 2018 年世界杯亚洲区预选赛 A 组第 6 轮/中国 VS 韩国	体育	中央台五套	4.5	12.6
9	温暖的日子	电视剧	河北广播电视台农民频道	4.3	14.8
10	婆媳的战争	电视剧	河北广播电视台农民频道	4.2	11.9
11	人民的名义	电视剧	湖南卫视	4.1	15.0
12	我的三个爸爸	电视剧	河北广播电视台农民频道	4.0	14.3
13	我的小姨	电视剧	河北广播电视台农民频道	4.0	14.1
14	天气预报	生活服务	中央电视台综合频道	3.9	14.4
15	亲叔辣婶	电视剧	河北广播电视台农民频道	3.6	13.2
16	大妮子	电视剧	河北广播电视台农民频道	3.5	10.8
17	开学第一课	青少	中央电视台综合频道	3.4	14.0
18	上门姐夫	电视剧	河北广播电视台农民频道	3.4	12.0
19	男过女人关	综艺	河北广播电视台农民频道	3.3	12.4
20	黄大妮	电视剧	河北广播电视台农民频道	3.3	10.5
21	快乐中国 2017/2018 跨年演唱会	音乐	湖南卫视	3.0	13.1
22	正阳门下	电视剧	石家庄广播电视台新闻综合频道	3.0	10.3
23	星光大道 2016 年度总决赛	综艺	中央电视台综合频道	3.0	7.4
24	喜到福到好运到春晚倒计时	综艺	中央台三套	2.9	10.1

续表

名次	节目名称	节目类型	播出频道	平均收视率(%)	平均占有率(%)
25	2017书香中国全民阅读系列活动启动式	综艺	湖南卫视	2.9	8.9
26	咱家	电视剧	河北广播电视台农民频道	2.9	8.8
27	我的养母我的家	电视剧	河北广播电视台农民频道	2.7	10.1
28	耿星光的幸福生活	电视剧	河北广播电视台农民频道	2.7	7.8
29	2017中央军委慰问驻京部队老干部迎新春文艺演出	综艺	中央电视台综合频道	2.7	6.5
30	黄金赛场:2017年世界乒乓球锦标赛男单决赛	体育	中央台五套	2.6	10.1

表3.54.8　2017年石家庄市场电视剧收视率排名前十位

名次	节目名称	播出频道	平均收视率(%)	平均占有率(%)
1	恩情无限	河北广播电视台农民频道	4.5	15.9
2	温暖的日子	河北广播电视台农民频道	4.3	14.8
3	婆媳的战争	河北广播电视台农民频道	4.2	11.9
4	人民的名义	湖南卫视	4.1	15.0
5	我的三个爸爸	河北广播电视台农民频道	4.0	14.3
6	我的小姨	河北广播电视台农民频道	4.0	14.1
7	亲叔辣婶	河北广播电视台农民频道	3.6	13.2
8	大妮子	河北广播电视台农民频道	3.5	10.8
9	上门姐夫	河北广播电视台农民频道	3.4	12.0
10	黄大妮	河北广播电视台农民频道	3.3	10.5

表3.54.9　2017年石家庄市场新闻节目收视率排名前十位

名次	节目名称	播出频道	平均收视率(%)	平均占有率(%)
1	新闻联播	中央电视台综合频道	2.5	10.5
2	探梦天宫	中央台四套	2.5	7.7
3	海峡两岸	中央台四套	1.9	6.3
4	李克强总理会见中外记者并回答提问	中央电视台综合频道	1.8	5.1
5	今日资讯	河北广播电视台经济生活频道	1.5	9.0
6	一带一路国际合作高峰论坛特别报道	中央电视台综合频道	1.5	6.2
7	中国舆论场	中央台四套	1.5	5.0
8	香港回归祖国20周年特别报道	中央电视台综合频道	1.4	6.8
9	今日关注	中央台四套	1.4	5.7
10	焦点访谈	中央电视台综合频道	1.4	5.0

表 3.54.10 2017 年石家庄市场专题节目收视率排名前十位

名次	节目名称	播出频道	平均收视率（%）	平均占有率（%）
1	一年又一年	中央电视台综合频道	6.5	23.1
2	中国诗词大会第二季(2 月 6 日)	中央电视台综合频道	4.6	11.7
3	315 在行动用责任汇聚诚信的力量	中央台二套	2.5	11.2
4	打铁还需自身硬	中央电视台综合频道	2.5	7.0
5	总书记为俺家算清了脱贫账	中央电视台综合频道	2.5	6.6
6	中国诗词大会(1 月 14 日)	中央电视台综合频道	2.3	9.5
7	老区脱贫攻坚习近平心中的牵挂	中央电视台新闻频道	1.7	6.8
8	朗读者	中央电视台综合频道	1.7	4.9
9	中国成语大会 2015 决赛第一场	中央电视台综合频道	1.5	8.4
10	不忘初心牢记使命永远奋斗	中央电视台综合频道	1.4	4.8

表 3.54.11 2017 年石家庄市场综艺节目收视率排名前十位

名次	节目名称	播出频道	平均收视率（%）	平均占有率（%）
1	中央电视台 2017 春节联欢晚会	中央电视台综合频道	14.6	30.4
2	中央电视台 2017 元宵晚会	中央电视台综合频道	10.5	26.6
3	2017 北京电视台春节联欢晚会	北京卫视	4.9	15.4
4	男过女人关	河北广播电视台农民频道	3.3	12.4
5	星光大道 2016 年度总决赛	中央电视台综合频道	3.0	7.4
6	喜到福到好运到春晚倒计时	中央台三套	2.9	10.1
7	2017 书香中国全民阅读系列活动启动式	湖南卫视	2.9	8.9
8	2017 中央军委慰问驻京部队老干部迎新春文艺演出	中央电视台综合频道	2.7	6.5
9	电视观众节五一狂欢夜	河北广播电视台农民频道	2.6	9.8
10	中国梦祖国颂 2017 中央电视台国庆特别节目	中央电视台综合频道	2.3	8.0

表 3.54.12 2017 年石家庄市场体育节目收视率排名前十位

名次	节目名称	播出频道	平均收视率（%）	平均占有率（%）
1	超级足球之夜 黄金赛场:国际足联 2018 年世界杯亚洲区预选赛 A 组第 6 轮(中国 VS 韩国)	中央台五套	4.5	12.6
2	黄金赛场:2017 年世界乒乓球锦标赛男单决赛	中央台五套	2.6	10.1
3	直播周末:2017 年亚洲乒乓球锦标赛男单决赛	中央台五套	2.2	20.0
4	中华人民共和国第十三届运动会开幕式	中央台四套	2.2	7.0

续表

名次	节目名称	播出频道	平均收视率(%)	平均占有率(%)
5	黄金赛场:2016/2017 赛季中国男子篮球职业联赛总决赛第四场(广东东莞银行 VS 新疆喀什古城)	中央台五套	2.2	6.9
6	第十三届全运会跳水男子 10 米台决赛	中央台五套	2.0	7.0
7	黄金赛场:2017 年亚洲足联冠军联赛 F 组第 5 轮(中国上海上港 VS 韩国首尔)	中央台五套	1.7	5.5
8	黄金赛场:2017 年 CBA 全明星赛三分球大赛决赛	中央台五套	1.7	4.4
9	2017 年第十三届全运会女排决赛(上海 VS 江苏)	中央台五套	1.6	5.4
10	第十三届全运会男子 1500 米决赛	中央台五套	1.6	5.3

五十五、太原收视数据

表 3.55.1　2013～2017 年太原市场各类频道的市场占有率(%)

频道类别	年份				
	2013 年	2014 年	2015 年	2016 年	2017 年
中央电视台频道	34.0	33.9	33.5	38.1	39.2
中国教育电视台频道	0.7	0.6	0.3	0.3	0.4
山西省级频道	18.1	19.0	21.9	19.7	17.9
太原市级频道	7.8	6.2	6.2	5.8	4.9
其他省级卫视频道	34.5	34.2	32.5	29.1	27.7
其他频道	4.9	6.1	5.6	7.0	9.9

表 3.55.2　2017 年太原市场各类频道在不同目标观众中的市场占有率(%)

目标观众		中央电视台频道	中国教育电视台频道	山西省级频道	太原市级频道	其他省级卫星频道	其他频道
4 岁及以上所有人		39.2	0.4	17.9	4.9	27.7	9.9
性别	男	42.3	0.4	17.8	4.7	24.9	9.9
	女	36.2	0.3	18.1	5.1	30.5	9.8
年龄	4～14 岁	25.9	0.5	14.0	2.3	43.0	14.3
	15～24 岁	33.7	0.4	18.2	4.7	30.1	12.9
	25～34 岁	27.5	0.4	18.2	3.9	33.6	16.4
	35～44 岁	38.5	0.2	16.2	3.7	29.8	11.6
	45～54 岁	32.8	0.7	20.4	4.0	30.6	11.5
	55～64 岁	44.3	0.1	21.0	5.5	24.2	4.9
	65 岁及以上	54.6	0.2	14.4	7.2	18.3	5.3
教育程度	未受过正规教育	21.1	0.1	17.0	3.1	43.9	14.8
	小学	42.7	0.3	20.2	3.7	23.8	9.3
	初中	39.8	0.4	17.2	5.4	27.1	10.1
	高中	40.4	0.4	17.5	5.2	28.2	8.3
	大学及以上	37.2	0.4	19.2	4.4	27.5	11.3
职业类别	干部/管理人员	34.7	0.0	32.7	3.8	21.8	7.0
	个体/私营企业人员	32.1	0.6	20.0	5.0	28.1	14.2
	初级公务员/雇员	37.5	0.2	14.6	4.1	33.6	10.0
	工人	32.7	1.0	28.2	3.2	22.5	12.4
	学生	34.5	0.6	16.5	3.9	34.6	9.9
	无业	44.7	0.2	17.3	5.6	24.6	7.6
	其他	25.9	0.3	20.0	1.5	25.6	26.7
个人月收入	0～600 元	32.0	0.5	19.3	3.7	32.4	12.1
	601～1200 元	35.2	0.8	23.6	4.7	27.1	8.6
	1201～1700 元	32.2	0.2	25.2	4.6	24.9	12.9
	1701～2600 元	44.6	0.3	16.2	5.8	24.0	9.1
	2601～3500 元	43.9	0.3	16.0	5.2	28.0	6.6
	3501～5000 元	40.3	0.4	15.5	5.2	27.2	11.4
	5001 元及以上	32.6	0.3	23.0	5.4	28.4	10.3

表 3.55.3　2017 年太原市场各类频道在不同时段的市场占有率(%)

时间段	中央电视台频道	中国教育电视台频道	山西省级频道	太原市级频道	其他省级卫视频道	其他频道
02:00~03:00	29.6	1.4	17.3	3.7	21.3	26.7
03:00~04:00	24.8	1.9	21.6	3.0	16.4	32.3
04:00~05:00	34.8	2.2	19.4	3.4	12.4	27.8
05:00~06:00	45.4	1.2	14.9	3.6	11.3	23.6
06:00~07:00	60.9	0.6	7.3	1.9	15.5	13.8
07:00~08:00	63.6	0.7	10.1	4.5	13.7	7.4
08:00~09:00	56.7	0.8	9.5	2.7	21.6	8.7
09:00~10:00	43.4	0.9	16.8	2.1	27.5	9.3
10:00~11:00	41.5	0.8	15.4	2.0	29.7	10.6
11:00~12:00	45.1	0.2	14.7	1.7	27.1	11.2
12:00~13:00	49.6	0.2	14.2	1.3	24.6	10.1
13:00~14:00	38.1	0.3	22.1	2.0	26.5	11.0
14:00~15:00	38.3	0.5	15.9	2.6	30.9	11.8
15:00~16:00	41.0	0.5	9.2	3.0	34.5	11.8
16:00~17:00	39.5	0.5	8.7	3.1	36.1	12.1
17:00~18:00	39.0	0.3	10.3	3.8	34.4	12.2
18:00~19:00	42.5	0.2	22.3	7.8	16.7	10.5
19:00~20:00	41.6	0.3	21.2	9.0	19.9	8.0
20:00~21:00	32.4	0.2	20.0	6.9	32.6	7.9
21:00~22:00	34.6	0.2	20.8	6.7	29.4	8.3
22:00~23:00	30.8	0.3	22.5	6.3	31.1	9.0
23:00~24:00	37.0	0.3	18.1	2.3	32.2	10.1
24:00~25:00	37.5	0.6	18.5	3.0	27.6	12.8
25:00~26:00	34.2	1.2	18.0	3.8	24.0	18.8

表 3.55.4　2017 年太原市场收视份额排名前十位的频道

名次	频道名称	收视份额(%)
1	中央电视台综合频道	7.4
2	中央台四套	7.1
3	山西广播电视台科教频道	4.7
4	中央台三套	3.7
4	湖南卫视	3.7
6	山西黄河电视台	3.6
7	中央台八套	3.5
8	山西广播电视台影视频道	3.4
9	中央台六套	3.3
10	上海东方卫视	2.8

表 3.55.5 2017 年太原市场各主要频道的观众构成(%)

目标观众		所有频道	主要频道				
			中央电视台综合频道	中央台四套	山西广播电视台科教频道	中央台三套	湖南卫视
4 岁及以上所有人		100.0	100.0	100.0	100.0	100.0	100.0
性别	男	49.4	49.8	60.6	46.0	46.2	39.3
	女	50.6	50.2	39.4	54.0	53.8	60.7
年龄	4~14 岁	5.4	2.9	0.8	3.1	3.0	8.3
	15~24 岁	10.7	8.9	8.4	9.3	5.5	21.1
	25~34 岁	11.3	7.0	3.5	11.4	8.3	12.9
	35~44 岁	11.3	9.4	7.1	11.0	8.8	18.1
	45~54 岁	22.3	18.0	15.4	23.7	14.5	22.4
	55~64 岁	18.1	16.9	27.5	24.0	18.6	6.5
	65 岁及以上	20.9	36.9	37.3	17.5	41.3	10.7
教育程度	未受过正规教育	2.7	0.9	0.3	1.5	1.5	3.3
	小学	8.9	8.1	7.3	9.6	11.5	8.2
	初中	38.3	40.3	45.3	39.3	41.2	39.9
	高中	29.6	27.4	32.2	28.0	27.8	27.7
	大学及以上	20.5	23.3	14.9	21.6	18.0	20.9
职业类别	干部/管理人员	1.4	1.3	0.9	1.4	1.6	1.6
	个体/私营企业人员	17.7	12.7	10.3	18.2	10.1	22.5
	初级公务员/雇员	18.5	15.0	15.0	15.9	15.5	20.0
	工人	4.3	3.9	2.4	6.5	3.6	2.7
	学生	9.2	7.7	5.2	7.8	5.5	23.3
	无业	47.4	58.9	65.2	49.3	62.7	29.1
	其他	1.5	0.5	1.0	0.9	1.0	0.8
个人月收入	0~600 元	25.7	20.2	17.6	22.8	18.1	42.2
	601~1200 元	2.9	3.8	1.0	1.8	3.0	2.1
	1201~1700 元	7.3	4.1	5.6	14.0	8.8	7.2
	1701~2600 元	25.8	29.0	37.3	26.3	30.5	18.2
	2601~3500 元	23.8	30.7	25.7	22.4	26.0	19.5
	3501~5000 元	11.6	9.7	10.9	7.2	11.3	8.0
	5001 元及以上	2.9	2.5	1.9	5.5	2.3	2.8

表 3.55.6 2015~2017 年太原市场各类节目的播出份额(%)和收视份额(%)

节目类型	2015 年		2016 年		2017 年	
	播出份额	收视份额	播出份额	收视份额	播出份额	收视份额
财经	1.6	1.0	1.2	0.8	1.1	0.7
电视剧	20.8	28.5	21.1	27.6	21.5	28.5
电影	3.7	3.8	3.7	4.4	3.9	4.4
法制	1.6	3.0	1.4	2.8	1.6	1.9
教学	0.5	0.1	0.3	0.1	0.2	0.1
青少	6.8	5.1	6.8	5.1	7.2	4.9
生活服务	10.6	9.2	10.8	9.1	9.8	9.2
体育	2.8	2.2	3.1	2.7	3.2	2.3
外语	0.0	0.0	0.0	0.0	0.1	0.0
戏剧	0.8	0.3	0.8	0.4	0.8	0.7
新闻/时事	14.0	13.6	13.9	13.7	14.8	14.4
音乐	2.4	0.6	1.8	0.6	1.5	0.7
专题	13.1	6.4	13.6	6.6	13.6	6.9
综艺	9.0	14.1	9.3	14.8	8.2	13.2
其他	12.3	12.2	12.2	11.3	12.5	12.1

表 3.55.7　2017 年太原市场所有节目收视率排名前三十位

名次	节目名称	节目类型	播出频道	平均收视率(%)	平均占有率(%)
1	中央电视台 2017 春节联欢晚会	综艺	中央电视台综合频道	14.7	27.0
2	中央电视台 2017 元宵晚会	综艺	中央电视台综合频道	6.2	19.7
3	中国梦祖国颂 2017 中央电视台国庆特别节目	综艺	中央电视台综合频道	5.8	18.4
4	开学第一课	青少	中央电视台综合频道	5.5	20.2
5	人民的名义	电视剧	湖南卫视	5.3	16.6
6	一年又一年	专题	中央电视台综合频道	4.9	15.9
7	天气预报	生活服务	中央电视台综合频道	4.8	18.3
8	新春相声大联欢	综艺	中央台三套	4.8	13.5
9	2017 年中央电视台中秋晚会	综艺	中央电视台综合频道	4.4	11.8
10	快乐中国跨年演唱会	音乐	湖南卫视	4.0	12.9
11	湄公河行动(1 月 31 日)	电影	中央台六套	4.0	11.3
12	盗墓笔记(1 月 1 日)	电影	中央台六套	3.9	10.3
13	星光大道 2016 年度总决赛(1 月 25 日)	综艺	中央电视台综合频道	3.7	9.5
14	2017 书香中国全民阅读系列活动启动式	综艺	湖南卫视	3.6	12.8
15	那年花开月正圆	电视剧	上海东方卫视	3.6	12.7
16	庆祝香港回归祖国二十周年文艺晚会	综艺	中央电视台综合频道	3.5	12.9
17	于成龙	电视剧	中央电视台综合频道	3.5	10.3
17	因为遇见你	电视剧	湖南卫视	3.5	10.3
19	真心想让你幸福(32 ~ 36 集)	电视剧	中央台八套	3.3	8.7
20	2017 北京电视台春节联欢晚会	综艺	北京卫视	3.3	8.3
21	黄金赛场:2017 年世界乒乓球锦标赛男单决赛	体育	中央台五套	3.2	10.8
22	黄金赛场 超级足球之夜:2018 年世界杯亚洲区预选赛第三阶段 A 组第 7 轮(伊朗 VS 中国)	体育	中央台五套	3.2	9.4
23	中国梦劳动美 2017 年庆祝五一国际劳动节心连心特别节目	综艺	中央电视台综合频道	3.1	9.7
24	2017 元宵喜乐会	综艺	湖南卫视	3.1	9.1
25	向着幸福前进	电视剧	中央台八套	3.1	8.8
26	2017 中央军委慰问驻京部队老干部迎新春文艺演出	综艺	中央电视台综合频道	3.1	6.6
27	新闻联播	新闻/时事	中央电视台综合频道	3.0	13.5
28	中国新歌声(10 月 8 日)	综艺	浙江卫视	3.0	11.5
29	2017 湖南卫视小年夜春晚	综艺	湖南卫视	3.0	8.0
30	中华人民共和国第十三届运动会开幕式	体育	中央台四套	2.9	8.4

表 3.55.8 2017 年太原市场电视剧收视率排名前十位

名次	节目名称	播出频道	平均收视率（%）	平均占有率（%）
1	人民的名义	湖南卫视	5.3	16.6
2	那年花开月正圆	上海东方卫视	3.6	12.7
3	于成龙	中央电视台综合频道	3.5	10.3
3	因为遇见你	湖南卫视	3.5	10.3
5	真心想让你幸福(32～36 集)	中央台八套	3.3	8.7
6	向着幸福前进	中央台八套	3.1	8.8
7	我的 1997	中央电视台综合频道	2.7	10.5
8	楚乔传	湖南卫视	2.5	15.2
9	急诊科医生	上海东方卫视	2.5	8.4
10	我的父亲我的兵(35～49 集)	山西广播电视台影视频道	2.4	7.2

表 3.55.9 2017 年太原市场新闻节目收视率排名前十位

名次	节目名称	播出频道	平均收视率（%）	平均占有率（%）
1	新闻联播	中央电视台综合频道	3.0	13.5
2	香港回归祖国 20 周年特别报道	中央电视台综合频道	2.6	9.9
3	探梦天宫(4 月 20 日)	中央台四套	2.5	8.6
4	海峡两岸	中央台四套	2.4	7.6
5	今日关注	中央台四套	2.2	7.8
6	一带一路国际合作高峰论坛特别报道	中央电视台综合频道	1.9	6.4
6	中国舆论场	中央台四套	1.9	6.4
8	春节传奇中国节	中央台四套	1.9	6.1
9	李克强总理会见中外记者并回答提问	中央电视台综合频道	1.9	5.5
10	今日亚洲	中央台四套	1.7	6.1

表 3.55.10 2017 年太原市场专题节目收视率排名前十位

名次	节目名称	播出频道	平均收视率（%）	平均占有率（%）
1	一年又一年	中央电视台综合频道	4.9	15.9
2	感动中国 2016 年度人物颁奖盛典	中央电视台综合频道	2.8	7.3
3	总书记为俺家算清了脱贫账	中央电视台综合频道	2.6	6.6
4	打铁还需自身硬	中央电视台综合频道	2.2	5.9
5	香港发展一直牵动着我的心 习近平香港行纪实	中央电视台综合频道	2.1	9.8
6	将改革进行到底	中央电视台综合频道	2.0	7.5
7	我们的歌手	湖南卫视	2.0	6.7
8	自由女神背后的枪声	中央台四套	2.0	5.8
9	朗读者	中央电视台综合频道	2.0	5.6
10	中国成语大会 2015 决赛第四场(2 月 8 日)	中央电视台综合频道	1.9	11.4

表 3.55.11　2017 年太原市场综艺节目收视率排名前十位

名次	节目名称	播出频道	平均收视率(%)	平均占有率(%)
1	中央电视台 2017 春节联欢晚会	中央电视台综合频道	14.7	27.0
2	中央电视台 2017 元宵晚会	中央电视台综合频道	6.2	19.7
3	中国梦祖国颂 2017 中央电视台国庆特别节目	中央电视台综合频道	5.8	18.4
4	新春相声大联欢	中央台三套	4.8	13.5
5	2017 年中央电视台中秋晚会	中央电视台综合频道	4.4	11.8
6	星光大道 2016 年度总决赛	中央电视台综合频道	3.7	9.5
7	2017 书香中国全民阅读系列活动启动式	湖南卫视	3.6	12.8
8	庆祝香港回归祖国二十周年文艺晚会	中央电视台综合频道	3.5	12.9
9	2017 北京电视台春节联欢晚会	北京卫视	3.3	8.3
10	中国梦劳动美 2017 年庆祝五一国际劳动节心连心特别节目	中央电视台综合频道	3.1	9.7

表 3.55.12　2017 年太原市场体育节目收视率排名前十位

名次	节目名称	播出频道	平均收视率(%)	平均占有率(%)
1	黄金赛场:2017 年世界乒乓球锦标赛男单决赛	中央台五套	3.2	10.8
2	黄金赛场 超级足球之夜:2018 年世界杯亚洲区预选赛第三阶段 A 组第 7 轮(伊朗 VS 中国)	中央台五套	3.2	9.4
3	中华人民共和国第十三届运动会开幕式	中央台四套	2.9	8.4
4	黄金赛场:2016/2017 赛季 CBA 总决赛第二场(新疆喀什古城 VS 广东东莞银行)	中央台五套	2.7	8.1
5	直播周末:2017 年世界女排大奖赛总决赛半决赛(中国队 VS 意大利队)	中央台五套	2.6	9.5
6	第十三届全运会男子 400 米栏决赛	中央台五套	2.5	9.1
7	第十三届全运会乒乓球女单 1/4 决赛	中央台五套	2.0	7.8
8	现场直播:2017 年斯诺克世锦赛半决赛	中央台五套	2.0	5.9
9	黄金赛场:2017 年亚洲乒乓球锦标赛混双决赛	中央台五套	2.0	5.6
10	直播周末 世乒赛男子双打颁奖仪式	中央台五套	1.9	29.1

五十六、乌鲁木齐收视数据

表 3.56.1 2013～2017 年乌鲁木齐市场各类频道的市场占有率(%)

频道类别	年份				
	2013 年	2014 年	2015 年	2016 年	2017 年
中央电视台频道	38.0	38.7	37.6	42.6	41.0
中国教育电视台频道	0.4	0.3	0.1	0.1	0.2
新疆维吾尔自治区级频道	10.8	10.8	11.7	9.9	7.6
乌鲁木齐市级频道	5.2	4.6	5.3	4.7	3.3
其他省级卫视频道	31.7	31.1	28.5	26.4	26.2
其他频道	13.9	14.5	16.7	16.3	21.7

表 3.56.2 2017 年乌鲁木齐市场各类频道在不同目标观众中的市场占有率(%)

目标观众		中央电视台频道	中国教育电视台频道	新疆维吾尔自治区级频道	乌鲁木齐市级频道	其他省级卫视频道	其他频道
4 岁及以上所有人		41.0	0.2	7.6	3.3	26.2	21.7
性别	男	43.4	0.2	7.6	3.3	24.2	21.3
	女	38.5	0.2	7.6	3.2	28.3	22.2
年龄	4～14 岁	21.7	0.2	9.0	3.0	31.3	34.8
	15～24 岁	28.1	0.1	6.5	2.9	31.4	31.0
	25～34 岁	29.8	0.2	9.3	3.5	28.1	29.1
	35～44 岁	35.7	0.2	5.9	3.2	27.7	27.3
	45～54 岁	41.5	0.2	8.6	3.9	26.9	18.9
	55～64 岁	49.3	0.2	8.4	3.7	22.4	16.0
	65 岁及以上	62.4	0.2	5.6	2.1	20.6	9.1
教育程度	未受过正规教育	21.4	0.1	8.4	2.7	40.5	26.9
	小学	40.0	0.2	10.6	3.3	21.4	24.5
	初中	48.8	0.2	8.5	3.4	22.8	16.3
	高中	40.6	0.2	6.9	3.5	26.8	22.0
	大学及以上	37.6	0.2	5.9	2.9	29.1	24.3
职业类别	干部/管理人员	44.0	0.2	11.2	5.2	19.5	19.9
	个体/私营企业人员	33.7	0.2	8.6	3.9	23.7	29.9
	初级公务员/雇员	37.1	0.2	6.2	3.6	29.7	23.2
	工人	44.1	0.3	6.8	3.3	24.6	20.9
	学生	27.1	0.1	5.9	3.1	31.1	32.7
	无业	47.3	0.2	8.4	2.8	25.0	16.3
	其他	*	*	*	*	*	*
个人月收入	0～600 元	28.9	0.2	9.9	3.3	30.0	27.7
	601～1200 元	59.7	0.1	10.0	3.1	17.0	10.1
	1201～1700 元	50.3	0.2	6.5	3.6	25.2	14.2
	1701～2600 元	44.1	0.3	8.6	2.9	26.1	18.0
	2601～3500 元	47.5	0.2	6.2	3.2	25.4	17.5
	3501～5000 元	40.4	0.2	6.4	3.4	25.3	24.3
	5001 元及以上	35.6	0.2	5.6	3.4	25.1	30.1

*表示样本量不足,无法进行统计推断。

表 3.56.3 2017 年乌鲁木齐市场各类频道在不同时段的市场占有率(%)

时间段	中央电视台频道	中国教育电视台频道	新疆维吾尔自治区级频道	乌鲁木齐市级频道	其他省级卫视频道	其他频道
02:00~03:00	23.0	0.2	5.2	1.7	31.4	38.5
03:00~04:00	22.0	0.2	4.3	1.5	30.6	41.4
04:00~05:00	22.3	0.3	3.4	1.7	32.9	39.4
05:00~06:00	26.3	0.4	3.9	1.1	29.3	39.0
06:00~07:00	47.6	0.3	3.9	0.8	15.7	31.7
07:00~08:00	71.4	0.1	1.9	0.5	9.1	17.0
08:00~09:00	66.8	0.2	4.1	0.8	14.9	13.2
09:00~10:00	56.3	0.3	7.3	1.7	22.3	12.1
10:00~11:00	44.3	0.2	8.5	2.2	28.3	16.5
11:00~12:00	40.6	0.1	8.1	2.1	30.0	19.1
12:00~13:00	40.9	0.2	7.8	1.9	27.9	21.3
13:00~14:00	41.1	0.3	6.2	1.9	27.6	22.9
14:00~15:00	39.7	0.3	5.5	1.5	28.6	24.4
15:00~16:00	37.8	0.3	6.7	1.7	28.4	25.1
16:00~17:00	37.1	0.3	6.7	1.8	29.1	25.0
17:00~18:00	39.4	0.2	6.1	1.6	27.7	25.0
18:00~19:00	55.4	0.1	4.6	1.4	16.6	21.9
19:00~20:00	57.6	0.1	5.1	1.4	20.0	15.8
20:00~21:00	43.0	0.1	6.8	3.7	30.0	16.4
21:00~22:00	41.1	0.1	9.2	5.0	24.8	19.8
22:00~23:00	33.2	0.2	9.5	7.0	27.9	22.2
23:00~24:00	34.8	0.1	10.0	4.2	26.6	24.3
24:00~25:00	31.6	0.4	11.0	3.5	24.4	29.1
25:00~26:00	27.6	0.5	6.5	2.9	27.9	34.6

表 3.55.4 2017 年乌鲁木齐市场收视份额排名前十位的频道

名次	频道名称	收视份额(%)
1	中央电视台综合频道	5.9
2	中央台八套	5.4
3	中央台四套	4.9
4	中央电视台新闻频道	4.7
5	中央台六套	3.6
6	中央台三套	3.3
7	浙江卫视	2.8
8	湖南卫视	2.6
8	中央台五套	2.6
10	上海东方卫视	1.6

表 3.56.5 2017 年乌鲁木齐市场各主要频道的观众构成(%)

目标观众		所有频道	主要频道				
			中央电视台综合频道	中央台八套	中央台四套	中央电视台新闻频道	中央台六套
4 岁及以上所有人		100.0	100.0	100.0	100.0	100.0	100.0
性别	男	51.2	52.6	48.9	58.8	55.3	58.9
	女	48.8	47.4	51.1	41.2	44.7	41.1
年龄	4~14 岁	7.9	4.9	2.0	2.7	2.3	6.9
	15~24 岁	7.4	5.8	3.1	3.9	2.7	7.1
	25~34 岁	15.1	12.6	11.9	5.2	8.2	14.9
	35~44 岁	14.8	11.5	10.2	12.0	10.8	19.7
	45~54 岁	23.2	22.8	25.5	20.3	21.6	28.6
	55~64 岁	14.8	15.0	22.9	16.8	24.3	13.6
	65 岁及以上	16.8	27.4	24.4	39.1	30.1	9.2
教育程度	未受过正规教育	4.3	2.2	1.8	1.8	1.2	2.2
	小学	13.7	11.9	13.6	12.4	12.5	11.1
	初中	25.2	28.6	31.0	34.4	38.8	23.8
	高中	31.1	32.2	32.5	29.4	21.3	36.0
	大学及以上	25.7	25.1	21.1	22.0	26.2	26.9
职业类别	干部/管理人员	2.8	2.3	2.7	2.0	2.7	4.2
	个体/私营企业人员	13.9	9.4	10.0	8.8	11.4	14.4
	初级公务员/雇员	21.3	18.6	19.0	15.7	19.3	28.0
	工人	10.7	13.8	12.9	10.5	10.9	13.0
	学生	9.2	6.7	3.6	4.2	3.0	10.3
	无业	42.1	49.2	51.8	58.8	52.7	30.1
	其他	*	*	*	*	*	*
个人月收入	0~600 元	23.4	17.3	11.8	14.9	10.8	20.2
	601~1200 元	3.8	5.3	3.5	7.8	4.5	2.1
	1201~1700 元	5.9	5.6	8.6	8.1	9.2	5.8
	1701~2600 元	15.3	16.0	20.8	16.5	15.2	15.4
	2601~3500 元	23.9	29.4	30.8	29.2	32.6	24.2
	3501~5000 元	20.8	21.0	21.2	19.0	21.2	24.2
	5001 元及以上	6.9	5.4	3.3	4.5	6.5	8.1

* 表示目标样本量不足,无法进行统计推断。

表 3.56.6 2015~2017 年乌鲁木齐市场各类节目的播出份额(%)和收视份额(%)

节目类别	2015 年		2016 年		2017 年	
	播出份额	收视份额	播出份额	收视份额	播出份额	收视份额
财经	1.4	1.2	1.2	1.0	1.0	0.8
电视剧	23.3	27.8	25.4	29.0	21.8	27.0
电影	5.6	8.3	5.5	7.7	5.4	7.4
法制	1.0	1.5	0.9	1.3	0.8	1.0
教学	0.2	0.1	0.2	0.1	0.2	0.1
青少	5.7	6.3	6.0	5.6	6.7	5.4
生活服务	10.7	5.7	8.2	5.4	7.9	5.8
体育	3.4	3.4	3.6	4.1	3.8	4.2
外语	0.0	0.0	0.0	0.0	0.1	0.0
戏剧	0.6	0.3	0.7	0.4	0.8	0.4
新闻/时事	9.9	12.4	10.1	12.0	14.8	14.3
音乐	2.5	1.2	1.7	1.0	1.5	0.9
专题	12.5	8.7	13.2	8.5	14.2	9.0
综艺	7.1	13.2	7.0	13.9	7.8	13.4
其他	16.0	9.9	16.4	10.0	13.2	10.3

表 3.56.7 2017 年乌鲁木齐市场所有节目收视率排名前三十位

名次	节目名称	类别	播出频道	平均收视率(%)	平均占有率(%)
1	中央电视台 2017 春节联欢晚会	综艺	中央电视台综合频道	9.7	27.1
2	中央电视台 2017 元宵晚会	综艺	中央电视台综合频道	7.4	21.2
3	2016/2017 赛季中国男子篮球职业联赛总决赛第四场(广东东莞银行 VS 新疆喀什古城)	体育	中央台五套	7.1	23.4
4	中国梦祖国颂 2017 中央电视台国庆特别节目	综艺	中央电视台综合频道	5.2	17.1
5	一年又一年	专题	中央电视台综合频道	4.4	20.6
6	2018 年世界杯亚洲区预选赛第三阶段 A 组第 7 轮(伊朗队 VS 中国队)	体育	中央台五套	4.4	15.2
7	歌手第一季(4 月 8 日)	综艺	湖南卫视	4.4	14.9
8	天气预报	生活服务	中央电视台综合频道	4.0	19.8
9	过年好	电影	中央台六套	4.0	11.0
10	猩球崛起黎明之战(2 月 1 日)	电影	中央台六套	3.9	13.2
11	真心想让你幸福(32 ~ 36)	电视剧	中央台八套	3.9	12.1
12	东风破	电视剧	中央台八套	3.7	12.7
13	奔跑吧	综艺	浙江卫视	3.6	12.6
14	金刚狼二(2 月 3 日)	电影	中央台六套	3.6	12.3
15	于成龙	电视剧	中央电视台综合频道	3.6	10.2
16	启航 2018 新年特别节目	综艺	中央电视台综合频道	3.5	11.4
17	2017 年 CBA 全明星赛技巧挑战赛决赛	体育	中央台五套	3.5	10.5
18	炫酷五佳球	体育	中央台五套	3.5	9.6
19	人民的名义	电视剧	湖南卫视	3.4	13.0
19	开学第一课	青少	中央电视台综合频道	3.4	13.0
21	绿里奇迹	电影	中央台六套	3.4	10.3
21	夺宝奇兵三圣战奇兵	电影	中央台六套	3.4	10.3
23	向着幸福前进	电视剧	中央台八套	3.4	9.9
24	星光大道(1 月 21 日)	综艺	中央电视台综合频道	3.4	9.0
25	中国梦劳动美 2017 年庆祝五一国际劳动节心连心特别节目	综艺	中央电视台综合频道	3.3	10.7
26	加勒比海盗(1 月 17 日)	电影	中央台六套	3.2	12.0
27	过界	电视剧	中央台八套	3.2	11.8
28	枪口	电视剧	中央台八套	3.2	11.4
29	打铁还需自身硬	专题	中央电视台综合频道	3.2	10.4
30	新闻联播	新闻	中央电视台综合频道	3.1	17.8

表 3.56.8 2017 年乌鲁木齐市场电视剧收视率排名前十位

名次	节目名称	频道	平均收视率（%）	平均占有率（%）
1	真心想让你幸福(32～36)	中央台八套	3.9	12.1
2	东风破	中央台八套	3.7	12.7
3	于成龙	中央电视台综合频道	3.6	10.2
4	人民的名义	湖南卫视	3.4	13.0
5	向着幸福前进	中央台八套	3.4	9.9
6	过界	中央台八套	3.2	11.8
7	枪口	中央台八套	3.2	11.4
8	我的继父是偶像(1～36)	中央台八套	3.1	10.5
9	飞哥战队	中央台八套	2.8	10.5
10	天下粮田(1～33)	中央电视台综合频道	2.6	8.7

表 3.56.9 2017 年乌鲁木齐市场新闻节目收视率排名前十位

名次	节目名称	频道	平均收视率（%）	平均占有率（%）
1	新闻联播	中央电视台综合频道	3.1	17.8
2	世界 2016 新闻年鉴	中央电视台新闻频道	2.5	7.2
3	海峡两岸	中央台四套	2.4	9.2
4	中国舆论场	中央台四套	1.8	7.2
5	中国共产党第十九次全国代表大会开幕会专题新闻	中央电视台综合频道	1.8	7.1
6	今日关注	中央台四套	1.7	5.9
7	一带一路国际合作高峰论坛特别报道	中央电视台综合频道	1.6	9.4
8	焦点访谈	中央电视台综合频道	1.6	7.2
9	深度国际	中央台四套	1.6	6.4
10	李克强总理会见中外记者并回答提问	中央电视台综合频道	1.6	6.0

表 3.56.10 2017 年乌鲁木齐市场专题节目收视率排名前十位

名次	节目名称	频道	平均收视率（%）	平均占有率（%）
1	一年又一年	中央电视台综合频道	4.4	20.6
2	打铁还需自身硬	中央电视台综合频道	3.2	10.4
3	千年大计国家大事	中央电视台综合频道	2.5	10.5
4	感动中国 2016 年度人物颁奖盛典	中央电视台综合频道	2.5	6.6
5	我们的歌手	湖南卫视	2.4	6.6
6	香港发展一直牵动着我的心习近平香港行纪实	中央电视台综合频道	2.2	9.6
7	圆梦中国德耀中华第六届全国道德模范颁奖仪式	中央电视台综合频道	2.2	8.6
8	让贫困群众走上幸福小康路	甘肃卫视	2.1	7.4
9	中国与南南合作以发展促人权构建人类命运共同体	中央电视台综合频道	2.1	6.8
10	等着我	中央电视台综合频道	2.0	8.6

表 3.56.11 2017 年乌鲁木齐市场综艺节目收视率排名前十位

名次	节目名称	频道	平均收视率(%)	平均占有率(%)
1	中央电视台 2017 春节联欢晚会	中央电视台综合频道	9.7	27.1
2	中央电视台 2017 元宵晚会	中央电视台综合频道	7.4	21.2
3	中国梦祖国颂 2017 中央电视台国庆特别节目	中央电视台综合频道	5.2	17.1
4	歌手第一季(4 月 8 日)	湖南卫视	4.4	14.9
5	奔跑吧	浙江卫视	3.6	12.6
6	启航 2018 新年特别节目	中央电视台综合频道	3.5	11.4
7	星光大道(1 月 21 日)	中央电视台综合频道	3.4	9.0
8	中国梦劳动美 2017 年庆祝五一国际劳动节心连心特别节目	中央电视台综合频道	3.3	10.7
9	2017 中央军委慰问驻京部队老干部迎新春文艺演出	中央电视台综合频道	3.1	8.4
10	2017 年中央电视台中秋晚会	中央电视台综合频道	2.9	11.6

表 3.56.12 2017 年乌鲁木齐市场体育节目收视率排名前十位

名次	节目名称	频道	平均收视率(%)	平均占有率(%)
1	2016/2017 赛季中国男子篮球职业联赛总决赛第四场(广东东莞银行 VS 新疆喀什古城)	中央台五套	7.1	23.4
2	2018 年世界杯亚洲区预选赛第三阶段 A 组第 7 轮(伊朗队 VS 中国队)	中央台五套	4.4	15.2
3	2017 年 CBA 全明星赛技巧挑战赛决赛	中央台五套	3.5	10.5
4	炫酷五佳球	中央台五套	3.5	9.6
5	2017 年国际泳联世锦赛男子 100 米自由泳决赛	中央台五套	2.6	12.3
6	第十三届全运会男子 200 米决赛	中央台五套	2.5	11.9
7	2017 年斯诺克中国锦标赛半决赛	中央台五套	2.5	9.3
8	2017 年世界女排大奖赛总决赛半决赛(中国队 VS 意大利队)	中央台五套	2.3	10.2
9	2017 年国际女排大冠军杯赛(中国队 VS 日本队)	中央台五套	1.9	13.4
10	中华人民共和国第十三届运动会开幕式	中央台四套	1.8	7.3

五十七、武汉收视数据

表 3.57.1 2013～2017 年武汉市场各类频道的市场占有率(%)

频道类别	年份				
	2013 年	2014 年	2015 年	2016 年	2017 年
中央电视台频道	22.9	23.5	21.3	23.6	29.5
中国教育电视台频道	0.1	0.1	0.0	0.0	0.1
湖北省级频道	28.8	25.2	24.6	24.2	22.1
武汉市级频道	14.6	15.7	17.1	11.9	5.9
其他省级卫视频道	25.7	29.2	31.5	33.6	30.8
其他频道	8.0	6.3	5.5	6.7	11.6

表 3.57.2 2017 年武汉市场各类频道在不同目标观众中的市场占有率(%)

目标观众		中央电视台频道	中国教育电视台频道	湖北省级频道	武汉市级频道	其他省级卫视频道	其他频道
4 岁及以上所有人		29.5	0.1	22.1	5.9	30.8	11.6
性别	男	32.4	0.1	22.5	5.8	27.5	11.7
	女	26.6	0.1	21.7	6.0	34.2	11.4
年龄	4～14 岁	26.5	0.1	10.7	8.2	45.7	8.8
	15～24 岁	25.1	0.1	17.7	4.0	40.0	13.1
	25～34 岁	24.0	0.0	24.6	4.8	36.0	10.6
	35～44 岁	26.3	0.1	16.5	10.7	34.5	11.9
	45～54 岁	28.3	0.1	24.0	5.6	30.2	11.8
	55～64 岁	33.4	0.0	24.8	5.6	24.5	11.7
	65 岁及以上	36.5	0.1	22.9	4.8	23.8	11.9
教育程度	未受过正规教育	33.2	0.1	15.7	5.4	40.3	5.3
	小学	30.6	0.1	21.6	5.4	33.1	9.2
	初中	30.7	0.1	22.5	5.0	32.7	9.0
	高中	29.0	0.1	24.7	6.6	26.2	13.4
	大学及以上	27.6	0.1	19.0	6.4	32.9	14.0
职业类别	干部/管理人员	27.9	0.1	18.6	7.5	25.9	20.0
	个体/私营企业人员	31.1	0.0	24.9	4.7	29.5	9.8
	初级公务员/雇员	23.1	0.0	18.5	9.1	34.7	14.6
	工人	28.3	0.1	20.8	7.6	33.6	9.6
	学生	26.1	0.1	16.0	5.9	39.1	12.8
	无业	31.1	0.1	24.1	4.9	27.9	11.9
	其他	35.6	0.1	23.9	3.2	30.4	6.8
个人月收入	0～600 元	26.3	0.1	22.5	4.9	36.1	10.1
	601～1200 元	33.2	0.0	20.5	3.9	34.2	8.2
	1201～1700 元	29.5	0.1	23.9	4.7	31.5	10.3
	1701～2600 元	29.1	0.1	22.8	7.7	28.3	12.0
	2601～3500 元	30.9	0.0	22.7	4.4	28.4	13.6
	3501～5000 元	30.9	0.1	20.2	7.5	30.0	11.3
	5001 元及以上	33.1	0.0	18.8	5.1	30.2	12.8

表 3.57.3　2017 年武汉市场各类频道在不同时段的市场占有率(%)

时间段	中央电视台频道	中国教育电视台频道	湖北省级频道	武汉市级频道	其他省级卫视频道	其他频道
02:00~03:00	27.4	0.1	19.9	5.9	28.4	18.3
03:00~04:00	27.7	0.0	22.0	4.9	27.3	18.2
04:00~05:00	31.5	0.0	21.7	4.5	23.9	18.4
05:00~06:00	39.6	0.0	18.2	4.2	20.8	17.1
06:00~07:00	51.3	0.0	14.4	3.2	17.1	13.9
07:00~08:00	53.2	0.1	11.0	2.9	19.4	13.5
08:00~09:00	40.1	0.1	14.2	3.4	27.6	14.6
09:00~10:00	31.3	0.1	19.8	3.2	31.8	13.7
10:00~11:00	32.1	0.1	17.8	3.0	33.4	13.6
11:00~12:00	33.5	0.0	22.0	2.2	29.8	12.4
12:00~13:00	39.8	0.1	17.7	2.1	27.4	13.0
13:00~14:00	35.0	0.1	14.4	2.0	33.6	15.0
14:00~15:00	29.8	0.1	14.9	2.3	38.6	14.3
15:00~16:00	29.7	0.1	14.3	2.7	39.2	13.9
16:00~17:00	29.4	0.1	19.1	3.1	35.2	13.0
17:00~18:00	26.6	0.0	28.8	5.8	26.9	11.9
18:00~19:00	26.1	0.0	39.5	11.6	12.1	10.7
19:00~20:00	30.9	0.0	26.8	9.4	24.5	8.5
20:00~21:00	25.7	0.0	20.1	6.7	39.2	8.3
21:00~22:00	26.3	0.1	21.9	7.2	34.7	9.9
22:00~23:00	21.4	0.1	25.5	7.7	34.3	11.0
23:00~24:00	27.5	0.0	18.1	6.9	34.5	12.9
24:00~25:00	33.4	0.1	16.6	6.1	28.3	15.5
25:00~26:00	30.4	0.1	16.6	5.3	28.9	18.7

表 3.57.4　2017 年武汉市场收视份额排名前十位的频道

名次	频道名称	收视份额(%)
1	湖北经视	7.2
2	湖北卫视	5.8
3	中央电视台综合频道	4.5
3	中央台四套	4.5
5	中央台六套	3.8
6	中央台三套	3.6
6	湖北影视	3.6
8	江苏卫视	3.5
9	中央台八套	3.2
10	湖南卫视	3.1

表 3.57.5 2017 年武汉市场各主要频道的观众构成(%)

目标观众		所有频道	主要频道				
			湖北经视	湖北卫视	中央电视台综合频道	中央台四套	中央台六套
4 岁及以上所有人		100.0	100.0	100.0	100.0	100.0	100.0
性别	男	50.6	47.3	53.2	48.4	64.0	56.1
	女	49.4	52.7	46.8	51.6	36.0	43.9
年龄	4~14 岁	5.3	2.7	1.0	5.4	2.6	5.0
	15~24 岁	6.7	7.0	5.6	4.0	4.8	8.7
	25~34 岁	14.2	9.8	30.8	9.8	9.9	13.8
	35~44 岁	10.9	9.0	7.0	8.2	6.1	17.3
	45~54 岁	27.0	26.0	25.8	15.8	24.7	32.3
	55~64 岁	18.7	21.6	18.9	24.7	26.0	12.0
	65 岁及以上	17.2	23.9	10.9	32.1	25.9	10.9
教育程度	未受过正规教育	4.1	3.3	0.7	4.2	2.7	3.9
	小学	9.4	9.1	5.6	10.1	7.9	9.9
	初中	28.8	28.6	13.6	27.0	27.6	42.5
	高中	35.2	38.4	52.4	34.8	39.2	26.7
	大学及以上	22.5	20.6	27.7	23.9	22.6	17.0
职业类别	干部/管理人员	3.4	2.0	4.5	4.2	2.3	2.9
	个体/私营企业人员	8.5	8.6	9.1	5.2	9.7	12.4
	初级公务员/雇员	12.1	11.0	12.4	13.0	7.6	8.8
	工人	18.7	17.2	16.2	11.2	15.8	21.4
	学生	6.9	6.7	3.9	6.5	4.3	8.8
	无业	43.3	50.0	49.4	54.2	53.9	29.4
	其他	7.1	4.5	4.5	5.7	6.4	16.3
个人月收入	0~600 元	20.8	17.4	32.4	14.3	14.7	22.9
	601~1200 元	5.2	3.9	1.6	3.6	4.3	12.0
	1201~1700 元	6.7	5.1	10.8	6.0	5.1	5.1
	1701~2600 元	30.2	35.7	21.6	30.9	31.4	22.6
	2601~3500 元	18.4	20.6	18.3	23.9	22.8	14.0
	3501~5000 元	11.6	8.6	12.9	11.2	13.2	14.8
	5001 元及以上	7.1	8.7	2.4	10.1	8.5	8.6

表 3.57.6 2015~2017 年武汉市场各类节目的播出份额(%)和收视份额(%)

节目类别	2015 年		2016 年		2017 年	
	播出份额	收视份额	播出份额	收视份额	播出份额	收视份额
财经	1.4	0.8	1.2	0.4	1.0	0.5
电视剧	25.0	31.5	22.1	31.6	22.8	32.1
电影	3.7	3.3	3.8	3.1	3.7	4.0
法制	1.1	1.0	0.9	0.5	0.9	0.4
教学	0.2	0.1	0.2	0.0	0.3	0.0
青少	5.8	3.1	6.3	2.6	6.7	3.4
生活服务	12.7	9.6	10.1	9.6	9.3	8.6
体育	2.8	2.1	3.0	2.2	3.1	2.5
外语	0.0	0.0	0.0	0.0	0.1	0.0
戏剧	0.6	0.2	0.8	0.1	0.8	0.2
新闻/时事	10.5	13.1	14.4	14.1	14.5	15.0
音乐	2.4	1.0	1.7	0.8	1.4	0.7
专题	12.9	7.0	13.8	6.1	13.7	5.7
综艺	8.0	14.2	9.3	15.7	8.3	14.0
其他	12.9	13.0	12.4	13.2	13.4	12.9

表 3.56.7　2017 年武汉市场所有节目收视率排名前三十位

名次	节目名称	节目类别	播出频道	平均收视率(%)	平均占有率(%)
1	中央电视台 2017 春节联欢晚会	综艺	中央电视台综合频道	9.9	23.5
2	黄金赛场 超级足球之夜:2018 年世界杯亚洲区预选赛第三阶段 A 组第 7 轮(伊朗 VS 中国)	体育	中央台五套	5.6	17.8
3	人民的名义	电视剧	湖南卫视	4.4	14.7
4	开学第一课	青少	中央电视台综合频道	4.3	16.3
5	2017 幸福一起来江苏卫视春节联欢晚会	综艺	江苏卫视	4.0	12.0
6	2017 乐在今宵湖北四川黑龙江笑星大联欢	综艺	湖北卫视	3.8	15.5
7	中央电视台 2017 元宵晚会	综艺	中央电视台综合频道	3.8	11.2
8	桃花朵朵开	综艺	湖北经视	3.7	16.1
9	中国梦祖国颂 2017 中央电视台国庆特别节目	综艺	中央电视台综合频道	3.5	13.0
10	经视直播	新闻/时事	湖北经视	3.4	17.2
11	二十四小时	综艺	浙江卫视	3.4	14.8
12	新边城浪子	电视剧	湖北卫视	3.4	9.5
13	黄金赛场:2017 年世界乒乓球锦标赛男单决赛	体育	中央台五套	3.3	10.9
14	金鸡乐翻天	综艺	湖北经视	3.2	9.8
15	爱在社区梦圆中华 2017 全国社区网络春晚	综艺	湖北卫视	3.0	13.9
16	2017 书香中国全民阅读系列活动启动式	综艺	湖南卫视	3.0	10.1
17	一年又一年	专题	中央电视台综合频道	2.9	11.4
18	那年花开月正圆	电视剧	上海东方卫视	2.8	10.8
19	宜昌保卫战	电视剧	湖北卫视	2.8	7.7
20	我的前半生	电视剧	上海东方卫视	2.7	10.3
21	黄大妮	电视剧	湖北经视	2.7	8.2
22	战火中的兄弟	电视剧	湖北卫视	2.7	7.4
23	你就是奇迹第二季(3 月 22 日)	专题	湖北卫视	2.6	12.9
24	我的五个爹妈	电视剧	湖北经视	2.6	8.5
25	养母的花样年华	电视剧	湖北经视	2.5	10.1
26	杀寇侠侣	电视剧	湖北影视	2.4	12.0
27	炮神	电视剧	湖北卫视	2.4	7.2
27	黄金赛场 超级足球之夜:2017 年亚洲足联冠军联赛 G 组第 3 轮(中国广州恒大 VS 日本川崎前锋)	体育	中央台五套	2.4	7.2
29	无名者	电视剧	湖北卫视	2.4	7.0
30	好吃佬	生活服务	湖北经视	2.3	9.2

表 3.57.8 2017 年武汉市场电视剧收视率排名前十位

名次	节目名称	播出频道	平均收视率（%）	平均占有率（%）
1	人民的名义	湖南卫视	4.4	14.7
2	新边城浪子	湖北卫视	3.4	9.5
3	那年花开月正圆	上海东方卫视	2.8	10.8
4	宜昌保卫战	湖北卫视	2.8	7.7
5	我的前半生	上海东方卫视	2.7	10.3
6	黄大妮	湖北经视	2.7	8.2
7	战火中的兄弟	湖北卫视	2.7	7.4
8	我的五个爹妈	湖北经视	2.6	8.5
9	养母的花样年华	湖北经视	2.5	10.1
10	杀寇侠侣	湖北影视	2.4	12.0

表 3.57.9 2017 年武汉市场新闻节目收视率排名前十位

名次	节目名称	播出频道	平均收视率（%）	平均占有率（%）
1	经视直播	湖北经视	3.4	17.2
2	咛天	湖北经视	1.9	16.1
3	海峡两岸	中央台四套	1.7	5.7
4	一带一路国际合作高峰论坛特别报道	湖北卫视	1.5	5.7
5	香港回归祖国 20 周年特别报道	中央电视台综合频道	1.5	5.1
6	新闻联播	中央电视台综合频道	1.4	6.6
7	筑梦天宫天舟一号首飞之旅	中央电视台新闻频道	1.4	5.8
8	今日关注	中央台四套	1.4	5.7
9	中国舆论场	中央台四套	1.4	5.1
10	开启新航程	北京卫视	1.2	3.8

表 3.57.10 2017 年武汉市场专题节目收视率排名前十位

名次	节目名称	播出频道	平均收视率（%）	平均占有率（%）
1	一年又一年	中央电视台综合频道	2.9	11.4
2	你就是奇迹第二季(3 月 22 日)	湖北卫视	2.6	12.9
3	调解面对面	湖北卫视	1.8	10.3
4	感动中国 2016 年度人物颁奖盛典	中央电视台综合频道	1.8	5.0
5	非凡匠心	北京卫视	1.7	6.0
6	了不起的匠人	湖北卫视	1.7	5.6
7	打铁还需自身硬	中央电视台综合频道	1.6	4.4
8	金星时间	上海东方卫视	1.4	9.5
9	香港发展一直牵动着我的心 习近平香港行纪实	中央电视台综合频道	1.4	5.6
10	等着我	中央电视台综合频道	1.2	6.8

表 3.56.11　2017 年武汉市场综艺节目收视率排名前十位

名次	节目名称	播出频道	平均收视率(%)	平均占有率(%)
1	中央电视台 2017 春节联欢晚会	中央电视台综合频道	9.9	23.5
2	2017 幸福一起来江苏卫视春节联欢晚会	江苏卫视	4.0	12.0
3	2017 乐在今宵湖北四川黑龙江笑星大联欢	湖北卫视	3.8	15.5
4	中央电视台 2017 元宵晚会	中央电视台综合频道	3.8	11.2
5	桃花朵朵开	湖北经视	3.7	16.1
6	中国梦祖国颂 2017 中央电视台国庆特别节目	中央电视台综合频道	3.5	13.0
7	二十四小时	浙江卫视	3.4	14.8
8	金鸡乐翻天	湖北经视	3.2	9.8
9	爱在社区梦圆中华 2017 全国社区网络春晚	湖北卫视	3.0	13.9
10	2017 书香中国全民阅读系列活动启动式	湖南卫视	3.0	10.1

表 3.57.12　2017 年武汉市场体育节目收视率排名前十位

名次	节目名称	播出频道	平均收视率(%)	平均占有率(%)
1	黄金赛场 超级足球之夜:2018 年世界杯亚洲区预选赛第三阶段 A 组第 7 轮(伊朗 VS 中国)	中央台五套	5.6	17.8
2	黄金赛场:2017 年世界乒乓球锦标赛男单决赛	中央台五套	3.3	10.9
3	黄金赛场 超级足球之夜:2017 年亚洲足联冠军联赛 G 组第 3 轮(中国广州恒大 VS 日本川崎前锋)	中央台五套	2.4	7.2
4	直播周末:2017 年世界女排大奖赛总决赛半决赛(中国队 VS 意大利队)	中央台五套	2.2	8.2
5	2017 年第十三届全运会乒乓球男单决赛	中央台五套	1.7	11.4
6	黄金赛场:2017 年中国杯国际足球锦标赛(中国国家男子足球队 VS 冰岛国家男子足球队)	中央台五套	1.7	4.7
7	直播周末:2016/2017 赛季世界斯诺克锦标赛半决赛第四阶段	中央台五套	1.6	8.1
8	第十三届全运会女子 4×400 米接力决赛	中央台五套	1.6	6.0
9	2017 年世界田径锦标赛女子 20 公里竞走决赛	中央台五套	1.6	5.0
10	第十三届全运会男子 400 米自由泳决赛	中央台五套	1.5	7.7

五十八、西安收视数据

表 3.58.1 2013～2017 年西安市场各类频道的市场占有率(%)

频道类别	年份				
	2013 年	2014 年	2015 年	2016 年	2017 年
中央电视台频道	39.8	37.6	35.6	35.8	34.4
中国教育电视台频道	0.4	0.3	0.2	0.2	0.3
陕西省级频道	18.1	17.7	17.6	17.3	15.2
西安市级频道	4.7	3.4	2.5	2.3	2.0
其他省级卫视频道	29.0	28.3	26.6	24.2	22.4
其他频道	8.0	12.7	17.5	20.2	25.7

表 3.58.2 2017 年西安市场各类频道在各目标观众中的市场占有率(%)

目标观众		中央电视台频道	中国教育电视台频道	陕西省级频道	西安市级频道	其他省级卫视频道	其他频道
4 岁及以上所有人		34.4	0.3	15.2	2.0	22.4	25.7
性别	男	35.8	0.3	15.5	2.0	20.7	25.7
	女	33.0	0.3	14.9	1.9	24.1	25.8
年龄	4～14 岁	30.5	0.2	9.7	1.5	28.1	30.0
	15～24 岁	24.1	0.2	12.8	1.9	24.3	36.7
	25～34 岁	28.9	0.2	10.0	1.2	27.3	32.4
	35～44 岁	27.4	0.2	13.6	1.8	22.2	34.8
	45～54 岁	30.0	0.3	17.2	1.9	23.5	27.1
	55～64 岁	43.4	0.3	14.9	1.7	24.1	15.6
	65 岁及以上	43.9	0.3	19.4	2.8	14.8	18.8
教育程度	未受过正规教育	40.4	0.2	11.8	1.0	29.2	17.4
	小学	35.3	0.3	15.9	1.8	22.4	24.3
	初中	36.6	0.3	17.2	2.4	20.5	23.0
	高中	33.4	0.3	16.1	1.7	21.6	26.9
	大学及以上	32.6	0.2	12.0	2.0	24.6	28.6
职业类别	干部/管理人员	33.2	0.2	14.6	2.1	21.4	28.5
	个体/私营企业人员	29.0	0.4	15.5	1.8	22.7	30.6
	初级公务员/雇员	29.7	0.2	12.9	1.5	23.9	31.8
	工人	30.7	0.4	20.3	2.0	21.5	25.1
	学生	24.7	0.2	11.4	2.0	27.4	34.3
	无业	41.4	0.3	16.3	2.2	20.6	19.2
	其他	*	*	*	*	*	*
个人月收入	0～600 元	28.3	0.2	11.7	1.8	25.5	32.5
	601～1200 元	36.1	0.4	22.0	2.0	10.3	29.2
	1201～1700 元	45.0	0.4	19.6	1.4	17.0	16.6
	1701～2600 元	35.5	0.3	16.2	2.6	19.5	25.9
	2601～3500 元	36.9	0.3	14.2	1.6	23.3	23.7
	3501～5000 元	31.9	0.3	16.4	1.8	24.9	24.7
	5001 元及以上	29.2	0.2	13.2	1.4	29.6	26.4

“*”表示样本量不足,无法进行统计推断。

表 3.58.3　2017 年西安市场各类频道在各时段的市场占有率(%)

时间段	中央电视台频道	中国教育电视台频道	陕西省级频道	西安市级频道	其他省级卫视频道	其他频道
02:00～03:00	22.6	0.3	4.2	0.1	26.8	46.0
03:00～04:00	21.2	0.2	2.0	0.0	29.0	47.6
04:00～05:00	24.4	0.3	1.2	0.0	28.0	46.1
05:00～06:00	34.1	0.3	3.0	0.1	23.6	38.9
06:00～07:00	57.3	0.3	5.6	0.1	10.7	26.0
07:00～08:00	55.7	0.4	10.4	1.4	10.6	21.5
08:00～09:00	44.6	0.6	12.2	2.5	16.8	23.3
09:00～10:00	37.6	0.5	10.9	2.8	22.6	25.6
10:00～11:00	35.9	0.6	10.9	2.3	23.8	26.5
11:00～12:00	40.7	0.2	10.6	1.6	22.0	24.9
12:00～13:00	42.3	0.2	14.0	1.0	17.9	24.6
13:00～14:00	34.7	0.4	10.3	1.8	23.9	28.9
14:00～15:00	31.9	0.5	7.8	1.9	27.4	30.5
15:00～16:00	32.2	0.5	7.2	1.6	28.2	30.3
16:00～17:00	33.4	0.5	7.5	1.6	27.5	29.5
17:00～18:00	34.5	0.2	9.5	2.9	23.5	29.4
18:00～19:00	37.7	0.1	21.0	3.1	10.3	27.8
19:00～20:00	40.8	0.2	17.9	2.3	18.0	20.8
20:00～21:00	32.6	0.1	15.4	1.9	29.6	20.4
21:00～22:00	29.8	0.2	23.0	1.9	23.1	22.0
22:00～23:00	25.0	0.2	24.6	1.8	22.1	26.3
23:00～24:00	30.2	0.2	15.0	1.7	23.5	29.4
24:00～25:00	28.2	0.4	16.5	2.3	20.4	32.2
25:00～26:00	27.1	0.5	9.9	1.5	22.4	38.6

表 3.58.4　2017 年西安市场收视份额排名前十位的频道

名次	频道名称	收视份额(%)
1	陕西广播电视台都市青春频道(二套)	6.3
2	中央电视台综合频道	5.2
3	中央台四套	4.9
4	中央台八套	3.9
5	中央电视台新闻频道	3.4
6	中央台三套	2.8
7	中央台六套	2.6
8	上海东方卫视	2.4
9	中央电视台少儿频道	2.3
10	陕西卫视	2.2
10	中央台五套	2.2

表 3.58.5　2017 年西安市场各主要频道的观众构成(%)

目标观众		所有频道	陕西广播电视台都市青春频道(二套)	中央电视台综合频道	中央台四套	中央台八套	中央电视台新闻频道
4 岁及以上所有人		100.0	100.0	100.0	100.0	100.0	100.0
性别	男	51.1	49.4	51.6	56.7	47.2	56.6
	女	48.9	50.6	48.4	43.3	52.8	43.4
年龄	4~14 岁	5.9	4.1	4.2	2.6	6.1	3.0
	15~24 岁	8.4	7.1	5.4	4.3	3.1	6.7
	25~34 岁	12.5	9.4	10.9	5.3	10.8	6.3
	35~44 岁	11.5	11.1	10.8	7.3	6.8	10.3
	45~54 岁	22.6	26.3	18.0	14.9	14.4	20.9
	55~64 岁	16.5	14.7	19.3	17.5	32.2	20.1
	65 岁及以上	22.5	27.3	31.4	48.1	26.8	32.7
教育程度	未受过正规教育	2.6	2.0	1.4	2.3	3.0	2.4
	小学	8.0	6.7	7.2	8.7	12.9	6.8
	初中	28.3	29.9	27.5	25.6	43.5	32.6
	高中	34.3	39.6	36.9	36.3	24.1	29.6
	大学及以上	26.8	21.8	27.0	27.2	16.5	28.5
职业类别	干部/管理人员	3.9	4.7	4.2	2.7	2.7	3.0
	个体/私营企业人员	14.5	12.6	10.3	9.4	12.0	12.7
	初级公务员/雇员	23.0	22.5	21.9	15.6	12.7	21.7
	工人	6.5	9.1	6.3	3.9	3.6	6.2
	学生	8.8	6.3	7.1	3.2	5.3	4.6
	无业	43.4	44.8	50.2	65.3	63.6	51.8
	其他	*	*	*	*	*	*
个人月收入	0~600 元	17.4	13.2	14.1	8.4	13.1	9.2
	601~1200 元	2.0	2.6	1.4	4.2	1.7	3.4
	1201~1700 元	6.7	7.0	8.1	9.9	10.6	8.4
	1701~2600 元	32.0	34.9	35.9	33.6	43.7	34.7
	2601~3500 元	22.5	20.8	24.1	26.7	17.9	22.4
	3501~5000 元	14.2	18.3	12.7	12.2	10.6	17.4
	5001 元及以上	5.3	3.2	3.7	5.0	2.4	4.6

"*"表示样本量不足,无法进行统计推断。

表 3.58.6　2015~2017 年西安市场各类节目的播出份额(%)和收视份额(%)

节目类别	2015 年		2016 年		2017 年	
	播出份额	收视份额	播出份额	收视份额	播出份额	收视份额
财经	1.6	0.4	1.2	1.0	1.0	0.8
电视剧	20.4	33.8	21.4	28.0	21.9	27.6
电影	5.2	2.5	5.6	5.4	5.0	5.3
法制	0.9	1.2	0.7	0.6	0.9	0.8
教学	0.3	0.1	0.2	0.1	0.2	0.1
青少	6.4	5.5	6.2	3.0	6.7	4.3
生活服务	9.7	8.4	9.6	7.1	9.0	6.7
体育	3.2	0.9	3.2	3.5	3.3	2.8
外语	0.0	0.0	0.0	0.0	0.1	0.0
戏剧	1.3	1.5	1.1	0.9	1.1	1.0
新闻/时事	14.7	14.4	14.4	19.6	15.0	19.7
音乐	2.4	0.7	1.8	0.9	1.4	0.9
专题	12.6	5.1	13.2	6.6	13.5	6.9
综艺	8.6	10.1	9.1	13.2	8.1	11.9
其他	12.7	15.4	12.2	10.2	12.8	11.3

表 3.58.7 2017 年西安市场所有节目收视率排名前三十位

名次	节目名称	节目类别	播出频道	平均收视率(%)	平均占有率(%)
1	中央电视台 2017 春节联欢晚会	综艺	中央电视台综合频道	10.5	26.4
2	中央电视台 2017 元宵晚会	综艺	中央电视台综合频道	8.5	21.6
3	开学第一课	青少	中央电视台综合频道	7.1	23.4
4	中国梦祖国颂 2017 中央电视台国庆特别节目	综艺	中央电视台综合频道	6.0	19.3
5	2017 年中央电视台中秋晚会	综艺	中央电视台综合频道	5.0	15.6
6	国际足联 2018 年世界杯亚洲区预选赛 A 组第 6 轮(中国 VS 韩国)	体育	中央台五套	4.3	13.9
7	人民的名义	电视剧	湖南卫视	4.2	15.1
8	岳家小将	电影	中央台六套	4.1	15.1
9	中国诗词大会第二季(2 月 7 日)	专题	中央电视台综合频道	4.0	12.0
10	315 在行动用责任汇聚诚信的力量	专题	中央台二套	3.9	12.9
11	星光大道(1 月 21 日)	综艺	中央电视台综合频道	3.9	11.4
12	木棉袈裟(1 月 20 日)	电影	中央台六套	3.7	14.6
13	快手枪手快枪手(4 月 4 日)	电影	中央台六套	3.7	11.5
14	都市快报	新闻	陕西广播电视台都市青春频道(二套)	3.6	15.1
15	那年花开月正圆	电视剧	上海东方卫视	3.6	13.3
16	一年又一年	专题	中央电视台综合频道	3.5	12.6
17	香港发展一直牵动着我的心 习近平香港行纪实	专题	中央电视台综合频道	3.3	13.6
18	等风来	电影	中央台六套	3.2	22.6
19	智取威虎山(3 月 5 日)	电影	中央台六套	3.2	13.2
20	龙拳小子(2 月 9 日)	电影	中央台六套	3.2	12.0
21	自古英雄出少年	电影	中央台六套	3.2	11.5
22	2017 年世界乒乓球锦标赛男单 1/4 决赛	体育	中央台五套	3.2	11.1
23	暗器	电影	中央台六套	3.1	9.2
24	快乐中国 20172018 跨年演唱会	音乐	湖南卫视	3.0	11.5
25	启航 2018 新年特别节目	综艺	中央电视台综合频道	3.0	11.2
26	2017 年世界女排大奖赛总决赛半决赛(中国队 VS 意大利队)	体育	中央台五套	3.0	10.9
27	老爸的私房菜(1 月 1 日~1 月 18 日)	电视剧	陕西广播电视台都市青春频道(二套)	3.0	9.4
28	小醉拳(1 月 3 日)	电影	中央台六套	2.9	11.0
29	新闻联播	新闻	中央电视台综合频道	2.8	12.5
30	爱的救赎	电视剧	陕西广播电视台都市青春频道(二套)	2.8	10.0

表 3.58.8 2017 年西安市场电视剧收视率排名前十位

名次	节目名称	播出频道	平均收视率（%）	平均占有率（%）
1	人民的名义	湖南卫视	4.2	15.1
2	那年花开月正圆	上海东方卫视	3.6	13.3
3	老爸的私房菜（1月1日~1月18日）	陕西广播电视台都市青春频道（二套）	3.0	9.4
4	爱的救赎	陕西广播电视台都市青春频道（二套）	2.8	10.0
5	白鹿原	安徽卫视	2.6	10.7
6	老爸的梦想	陕西广播电视台都市青春频道（二套）	2.6	10.0
7	我的压寨男人	陕西广播电视台都市青春频道（二套）	2.6	8.9
8	青年霍元甲之冲出江湖	中央台八套	2.5	9.1
9	养母的爱情	陕西广播电视台都市青春频道（二套）	2.5	8.3
10	开封府	陕西广播电视台都市青春频道（二套）	2.3	8.9

表 3.58.9 2017 年西安市场新闻节目收视率排名前十位

名次	节目名称	播出频道	平均收视率（%）	平均占有率（%）
1	都市快报	陕西广播电视台都市青春频道（二套）	3.6	15.1
2	新闻联播	中央电视台综合频道	2.8	12.5
3	海峡两岸	中央台四套	2.3	8.1
4	都市热线	陕西广播电视台都市青春频道（二套）	2.0	11.1
5	中国舆论场	中央台四套	1.8	6.5
6	一带一路国际合作高峰论坛特别报道	中央电视台综合频道	1.7	7.3
7	中国共产党第十九次全国代表大会开幕会专题新闻	中央电视台综合频道	1.7	6.7
8	天天网事	陕西广播电视台都市青春频道（二套）	1.6	9.8
9	探梦天宫	中央台四套	1.5	7.5
10	今日关注	中央台四套	1.5	5.8

表 3.58.10 2017 年西安市场专题节目收视率排名前十位

名次	节目名称	播出频道	平均收视率（%）	平均占有率（%）
1	中国诗词大会第二季（2月7日）	中央电视台综合频道	4.0	12.0
2	315 在行动用责任汇聚诚信的力量	中央台二套	3.9	12.9
3	一年又一年	中央电视台综合频道	3.5	12.6
4	香港发展一直牵动着我的心 习近平香港行纪实	中央电视台综合频道	3.3	13.6
5	重回白鹿原电视剧白鹿原幕后纪录片	安徽卫视	2.4	8.4
6	巡视利剑	中央电视台综合频道	2.3	8.6
7	总书记为俺家算清了脱贫账	中央电视台综合频道	2.3	7.9
8	打铁还需自身硬	中央电视台综合频道	1.8	6.1
9	老区脱贫攻坚习近平心中的牵挂	中央电视台综合频道	1.7	7.9
10	寻找最美医生 2016 大型公益活动颁奖典礼	中央电视台综合频道	1.7	5.4

表 3.58.11　2017 年西安市场综艺节目收视率排名前十位

名次	节目名称	播出频道	平均收视率（%）	平均占有率（%）
1	中央电视台 2017 春节联欢晚会	中央电视台综合频道	10.5	26.4
2	中央电视台 2017 元宵晚会	中央电视台综合频道	8.5	21.6
3	中国梦祖国颂 2017 中央电视台国庆特别节目	中央电视台综合频道	6.0	19.3
4	2017 年中央电视台中秋晚会	中央电视台综合频道	5.0	15.6
5	星光大道(1 月 21 日)	中央电视台综合频道	3.9	11.4
6	启航 2018 新年特别节目	中央电视台综合频道	3.0	11.2
7	中国新歌声(7 月 28 日)	浙江卫视	2.7	10.2
8	2017 书香中国全民阅读系列活动启动式	湖南卫视	2.5	8.8
9	挑战不可能第三季(11 月 19 日)	中央电视台综合频道	2.5	8.7
10	新春相声大联欢(1 月 30 日)	中央台三套	2.5	7.8

表 3.58.12　2017 年西安市场体育节目收视率排名前十位

名次	节目名称	播出频道	平均收视率（%）	平均占有率（%）
1	国际足联 2018 年世界杯亚洲区预选赛 A 组第 6 轮(中国 VS 韩国)	中央台五套	4.3	13.9
2	2017 年世界乒乓球锦标赛男单 1/4 决赛	中央台五套	3.2	11.1
3	2017 年世界女排大奖赛总决赛半决赛(中国队 VS 意大利队)	中央台五套	3.0	10.9
4	2017 年 CCTV 贺岁杯世界拳王争霸 IBF 女子迷你轻量级争霸赛	中央台五套	2.7	10.0
5	第十三届全运会男子 4×400 米接力决赛	中央台五套	2.6	10.6
6	第十三届全运会女子 4×100 米自由泳接力决赛	中央台五套	2.3	10.8
7	2016/2017 赛季世界斯诺克锦标赛半决赛第四阶段	中央台五套	1.9	14.1
8	第十三届全运会女子举重 63 公斤级决赛挺举	中央台五套	1.9	5.7
9	中华人民共和国第十三届运动会开幕式	中央台四套	1.8	6.8
10	2017 年世界羽毛球锦标赛女单 1/4 决赛	中央台五套	1.8	6.4

五十九、西宁收视数据

表 3.59.1　2013～2017 年西宁市场各类频道的市场占有率(%)

频道类别	年份				
	2013 年	2014 年	2015 年	2016 年	2017 年
中央电视台频道	50.9	48.9	47.7	49.4	53.1
中国教育电视台频道	0.3	0.2	0.1	0.1	0.1
青海省级频道	5.9	6.0	10.8	10.3	7.5
西宁市级频道	2.1	2.5	1.7	1.2	0.8
其他省级卫视频道	35.8	37.8	34.5	32.9	30.9
其他频道	4.9	4.6	5.2	6.2	7.6

表 3.59.2　2017 年西宁市场各类频道在不同目标观众中的市场占有率(%)

目标观众		中央电视台频道	中国教育电视台频道	青海省级频道	西宁市级频道	其他省级卫视频道	其他频道
4 岁及以上所有人		53.1	0.1	7.5	0.8	30.9	7.6
性别	男	54.5	0.1	8.0	0.8	28.6	8.0
	女	51.7	0.1	7.0	0.8	33.2	7.2
年龄	4～14 岁	45.0	0.1	5.8	0.5	38.7	9.9
	15～24 岁	51.2	0.1	5.3	0.6	34.7	8.2
	25～34 岁	50.2	0.2	4.5	0.8	38.3	6.0
	35～44 岁	54.6	0.1	4.9	0.8	29.1	10.4
	45～54 岁	53.0	0.1	5.8	0.7	31.4	9.0
	55～64 岁	50.3	0.1	12.7	1.4	29.9	5.5
	65 岁及以上	59.9	0.1	11.3	0.7	24.0	4.0
教育程度	未受过正规教育	47.7	0.1	9.0	0.7	37.1	5.5
	小学	51.6	0.1	10.4	0.7	29.4	7.9
	初中	54.2	0.1	7.2	1.0	30.6	6.9
	高中	51.3	0.1	6.9	0.6	31.4	9.7
	大学及以上	59.3	0.1	4.3	0.8	29.2	6.2
职业类别	干部/管理人员	64.3	0.0	1.6	0.3	26.8	7.0
	个体/私营企业人员	55.7	0.1	5.7	0.7	27.3	10.5
	初级公务员/雇员	50.4	0.1	5.8	0.9	31.9	10.8
	工人	53.5	0.1	6.1	0.9	32.1	7.3
	学生	50.3	0.1	5.7	0.5	33.6	9.8
	无业	53.0	0.1	9.8	0.9	31.0	5.2
	其他	*	*	*	*	*	*
个人月收入	0～600 元	47.3	0.1	6.4	0.6	36.9	8.8
	601～1200 元	52.5	0.1	11.2	1.0	30.8	4.4
	1201～1700 元	57.5	0.1	10.4	0.5	26.4	5.2
	1701～2600 元	55.1	0.1	8.5	1.0	28.6	6.7
	2601～3500 元	54.8	0.1	7.5	1.1	30.7	5.9
	3501～5000 元	54.8	0.1	6.7	0.8	28.0	9.6
	5001 元及以上	56.3	0.1	5.0	0.8	28.9	8.9

* 表示样本量不足，无法进行统计推断。

表 3.59.3　2017 年西宁市场各类频道在不同时段的市场占有率(%)

时间段	中央电视台频道	中国教育电视台频道	青海省级频道	西宁市级频道	其他省级卫视频道	其他频道
02:00~03:00	36.6	0.1	2.1	0.1	40.8	20.3
03:00~04:00	34.5	0.1	1.7	0.0	39.0	24.7
04:00~05:00	36.7	0.1	1.8	0.0	38.0	23.4
05:00~06:00	45.1	0.0	1.3	0.0	34.7	18.9
06:00~07:00	64.2	0.1	1.1	0.2	25.4	9.1
07:00~08:00	66.7	0.1	1.0	0.3	25.9	6.1
08:00~09:00	63.2	0.1	3.3	0.4	27.3	5.7
09:00~10:00	55.2	0.1	4.6	0.5	33.4	6.2
10:00~11:00	51.5	0.2	4.3	0.5	36.8	6.7
11:00~12:00	55.9	0.1	3.6	0.5	33.1	6.8
12:00~13:00	58.5	0.1	3.0	0.5	31.9	6.0
13:00~14:00	53.4	0.1	2.3	0.8	36.2	7.1
14:00~15:00	47.9	0.2	3.1	0.9	38.6	9.3
15:00~16:00	45.9	0.3	3.6	0.5	39.5	10.2
16:00~17:00	46.9	0.3	3.9	0.4	38.6	10.0
17:00~18:00	52.8	0.2	5.4	1.3	30.9	9.3
18:00~19:00	57.9	0.1	16.5	3.2	15.9	6.4
19:00~20:00	61.4	0.0	12.2	0.8	20.4	5.1
20:00~21:00	51.4	0.0	8.4	0.4	34.0	5.8
21:00~22:00	53.3	0.1	10.2	0.4	29.6	6.3
22:00~23:00	47.1	0.1	9.1	0.9	33.6	9.3
23:00~24:00	47.9	0.1	2.7	0.8	36.7	11.8
24:00~25:00	47.0	0.2	3.8	0.6	33.8	14.6
25:00~26:00	41.3	0.3	3.6	0.6	37.7	16.5

表 3.59.4　2017 年西宁市场收视份额排名前十位的频道

名次	频道名称	收视份额(%)
1	中央台八套	9.6
2	中央台六套	8.9
3	中央电视台综合频道	5.3
4	中央台四套	4.6
5	中央电视台新闻频道	4.4
6	中央台三套	4.2
7	青海都市频道	3.9
8	湖南电视台金鹰卡通频道	3.3
9	北京卡酷少儿频道	3.2
10	中央台五套	2.9

表 3.59.5　2017 年西宁市场各主要频道的观众构成(%)

目标观众		所有频道	主要频道				
			中央台八套	中央台七套	中央电视台综合频道	中央台四套	中央电视台新闻频道
4 岁及以上所有人		100.0	100.0	100.0	100.0	100.0	100.0
性别	男	49.7	45.7	53.9	48.9	57.0	51.4
	女	50.3	54.3	46.1	51.1	43.0	48.6
年龄	4~14 岁	10.8	6.7	9.2	5.9	7.1	9.8
	15~24 岁	8.6	8.9	8.0	9.8	7.8	5.9
	25~34 岁	7.9	6.6	6.2	6.6	3.8	5.0
	35~44 岁	17.9	15.1	19.1	15.8	18.0	18.1
	45~54 岁	21.6	17.6	23.4	22.7	20.2	20.1
	55~64 岁	12.8	14.9	14.8	11.3	12.4	15.7
	65 岁及以上	20.4	30.1	19.3	27.8	30.7	25.3
教育程度	未受过正规教育	9.3	11.2	7.5	6.8	5.3	11.7
	小学	20.3	25.2	20.7	20.5	18.4	13.9
	初中	29.4	31.4	28.9	27.2	29.5	32.1
	高中	25.5	18.0	23.4	25.5	28.8	24.4
	大学及以上	15.4	14.3	19.5	20.0	18.0	17.9
职业类别	干部/管理人员	1.2	0.5	2.6	1.9	0.8	1.1
	个体/私营企业人员	17.2	15.3	16.5	13.8	16.3	18.6
	初级公务员/雇员	10.4	8.7	12.1	10.4	8.1	12.0
	工人	16.2	13.3	16.5	15.3	16.8	12.6
	学生	12.4	11.2	10.9	11.5	11.1	8.8
	无业	42.6	51.1	41.5	47.1	46.7	47.0
	其他	*	*	*	*	*	*
个人月收入	0~600 元	25.6	23.9	22.4	21.6	17.3	17.3
	601~1200 元	4.3	6.5	5.0	2.2	3.4	6.1
	1201~1700 元	6.1	9.2	5.5	7.9	7.0	4.0
	1701~2600 元	21.9	20.2	23.5	26.8	24.8	22.0
	2601~3500 元	17.7	18.6	17.0	19.2	19.9	22.7
	3501~5000 元	17.1	16.0	18.5	15.8	20.1	19.7
	5001 元及以上	7.3	5.6	8.1	6.5	7.5	8.1

* 表示样本量不足,无法进行统计推断。

表 3.59.6　2015~2017 年西宁市场各类节目的播出份额(%)和收视份额(%)

节目类别	2015 年		2016 年		2017 年	
	播出份额	收视份额	播出份额	收视份额	播出份额	收视份额
财经	1.8	0.7	1.4	0.6	1.1	0.6
电视剧	20.2	32.3	20.4	30.1	21.0	29.9
电影	3.7	7.5	3.7	8.8	4.0	10.1
法制	1.0	1.4	0.9	1.1	1.0	1.1
教学	0.2	0.0	0.2	0.0	0.2	0.0
青少	6.7	4.7	6.9	5.2	7.2	5.8
生活服务	9.5	6.8	9.2	6.4	8.7	5.9
体育	3.0	3.1	3.3	4.1	3.4	3.7
外语	0.0	0.0	0.0	0.0	0.1	0.0
戏剧	0.8	0.3	0.9	0.3	0.9	0.3
新闻/时事	15.2	12.7	15.1	12.4	15.8	12.2
音乐	2.7	1.2	2.0	1.1	1.6	1.0
专题	13.5	6.8	14.1	7.0	14.6	7.3
综艺	9.0	12.2	9.3	12.8	8.0	11.3
其他	12.5	10.4	12.5	10.2	12.5	10.6

表 3.59.7　2017 年西宁市场所有节目收视率排名前三十位

名次	节目名称	节目类别	播出频道	平均收视率（%）	平均占有率（%）
1	中央电视台 2017 春节联欢晚会	综艺	中央电视台综合频道	14.4	36.7
2	开学第一课	青少	中央电视台综合频道	8.8	30.9
3	东风破	电视剧	中央台八套	8.7	29.7
4	盗墓笔记(1 月 1 日)	电影	中央台六套	8.7	24.0
5	中央电视台 2017 元宵晚会	综艺	中央电视台综合频道	8.6	23.8
6	举起手来	电影	中央台六套	8.3	26.5
7	夺宝奇兵四水晶骷髅王国	电影	中央台六套	8.1	32.7
8	湄公河行动(1 月 31 日)	电影	中央台六套	7.8	24.0
9	战狼(10 月 4 日)	电影	中央台六套	7.4	22.8
10	暴力街区(3 月 24 日)	电影	中央台六套	7.1	40.9
11	金刚狼二(2 月 3 日)	电影	中央台六套	7.0	36.8
12	胜利大阅兵(10 月 16 日)	电影	中央台六套	6.9	23.3
13	枪口	电视剧	中央台八套	6.8	23.1
14	太行英雄传	电视剧	中央台八套	6.7	24.8
15	一年又一年	专题	中央电视台综合频道	6.7	22.5
16	青年霍元甲之冲出江湖	电视剧	中央台八套	6.7	18.3
17	少林寺(12 月 9 日)	电影	中央台六套	6.5	24.3
18	星光大道 2016 年度总决赛	综艺	中央电视台综合频道	6.4	18.1
19	寻龙夺宝(5 月 13 日)	电影	中央台六套	6.3	19.8
20	澳门风云二(4 月 22 日)	电影	中央台六套	6.3	19.7
21	夺宝奇兵三圣战奇兵	电影	中央台六套	6.2	27.3
22	快手枪手快枪手(1 月 28 日)	电影	中央台六套	6.2	15.8
23	飓风营救二(1 月 30 日)	电影	中央台六套	6.1	29.6
24	我的战争(2 月 2 日)	电影	中央台六套	6.1	19.4
25	警花燕子(5 月 17 日)	电影	中央台六套	6.1	19.1
26	擒狼	电视剧	中央台八套	6.0	23.4
27	宝贝计划(6 月 3 日)	电影	中央台六套	6.0	17.2
28	7 把枪(4 月 7 日)	电影	中央台六套	5.9	16.3
29	西游记之孙悟空三打白骨精(1 月 15 日)	电影	中央台六套	5.9	15.2
30	百万巨鳄(1 月 19 日)	电影	中央台六套	5.9	15.0

表 3.59.8 2017 年西宁市场电视剧收视率排名前十位

名次	节目名称	播出频道	平均收视率（%）	平均占有率（%）
1	东风破	中央台八套	8.7	29.7
2	枪口	中央台八套	6.8	23.1
3	太行英雄传	中央台八套	6.7	24.8
4	青年霍元甲之冲出江湖	中央台八套	6.7	18.3
5	擒狼	中央台八套	6.0	23.4
6	飞哥战队	中央台八套	5.5	19.5
7	真心想让你幸福(32～36)	中央台八套	5.4	14.9
8	俺爹是卧底	中央台八套	5.0	17.6
9	八方传奇	中央台八套	4.7	16.4
10	破晓	中央台八套	4.7	14.5

表 3.59.9 2017 年西宁市场新闻节目收视率排名前十位

名次	节目名称	播出频道	平均收视率（%）	平均占有率（%）
1	新闻联播	中央电视台综合频道	2.9	11.4
2	香港回归祖国 20 周年特别报道	中央电视台综合频道	2.9	9.9
3	庆祝中国人民解放军建军 90 周年阅兵	中央电视台新闻频道	2.7	9.9
4	中国共产党第十九次全国代表大会开幕会专题新闻	中央电视台新闻频道	2.7	8.2
5	探梦天宫	中央台四套	2.4	7.9
6	共同关注(10 月 17 日)	中央电视台综合频道	2.0	12.2
7	一带一路国际合作高峰论坛特别报道	中央台三套	1.8	6.9
8	新闻联播(10 月 18、24、25 日)	中央台四套	1.7	5.7
9	焦点访谈	中央电视台综合频道	1.6	5.6
10	今日关注	中央台四套	1.6	5.5

表 3.59.10 2017 年西宁市场专题节目收视率排名前十位

名次	节目名称	播出频道	平均收视率（%）	平均占有率（%）
1	一年又一年	中央电视台综合频道	6.7	22.5
2	总书记为俺家算清了脱贫账	中央电视台综合频道	4.3	11.6
3	把梦想点燃荧屏里的中国	青海卫视	3.7	14.3
4	不忘初心牢记使命永远奋斗	中央电视台综合频道	3.2	11.7
5	感动中国 2016 年度人物颁奖盛典	中央电视台综合频道	2.9	8.0
6	香港发展一直牵动着我的心 习近平香港行纪实	中央电视台综合频道	2.5	10.3
7	打铁还需自身硬	中央电视台综合频道	2.2	6.9
8	戎装小平	中央台六套	2.2	5.4
9	不忘初心继续前进	中央电视台综合频道	2.0	6.4
10	315 在行动用责任汇聚诚信的力量	中央台二套	2.0	7.4

表 3.59.11　2017 年西宁市场综艺节目收视率排名前十位

名次	节目名称	播出频道	平均收视率（%）	平均占有率（%）
1	中央电视台 2017 春节联欢晚会	中央电视台综合频道	14.4	36.7
2	中央电视台 2017 元宵晚会	中央电视台综合频道	8.6	23.8
3	星光大道 2016 年度总决赛	中央电视台综合频道	6.4	18.1
4	2017 年中央电视台中秋晚会	中央电视台综合频道	4.3	13.5
5	新春相声大联欢	中央台三套	3.9	11.6
6	2017CCTV 网络春晚	中央台三套	3.5	9.8
7	金砖国家领导人厦门会晤新兴市场国家与发展中国家对话会文艺晚会	中央台四套	3.0	8.8
8	2017 中央军委慰问驻京部队老干部迎新春文艺演出	中央电视台综合频道	3.0	7.6
9	快问快答时间	中央台六套	2.9	7.8
10	庆祝香港回归祖国二十周年文艺晚会	中央电视台综合频道	2.7	9.4

表 3.59.12　2017 年西宁市场体育节目收视率排名前十位

名次	节目名称	播出频道	平均收视率（%）	平均占有率（%）
1	黄金赛场 超级足球之夜：2018 年世界杯亚洲区预选赛第三阶段 A 组第 7 轮（伊朗 VS 中国）	中央台五套	4.6	14.4
2	直播周末：2017 年世界女排大奖赛总决赛半决赛（中国队 VS 意大利队）	中央台五套	3.5	11.7
3	黄金赛场：2017 年世界乒乓球锦标赛男单决赛	中央台五套	3.4	10.5
4	中华人民共和国第十三届运动会开幕式	中央台五套	3.2	8.5
5	黄金赛场：2017 年 CCTV 贺岁杯世界拳王争霸 IBF 女子迷你轻量级争霸赛	中央台五套	2.8	11.3
6	直播周末：16/17 赛季斯诺克威尔士公开赛决赛	中央台五套	2.6	12.7
7	第十三届全运会女子 100 米决赛	中央台五套	2.6	8.6
8	第十三届全运会男子 800 米自由泳决赛	中央台五套	2.6	8.5
9	黄金赛场：2016/2017 赛季中国男子篮球职业联赛总决赛第三场（广东东莞银行VS 新疆喀什古城）	中央台五套	2.6	8.2
10	第十三届全运会场地自行车女子团体竞速金牌赛	中央台五套	2.4	22.2

六十、厦门收视数据

表 3.60.1　2013～2017 年厦门市场各类频道的市场占有率(%)

频道类别	年份				
	2013 年	2014 年	2015 年	2016 年	2017 年
中央电视台频道	39.6	41.8	37.4	33.7	33.2
中国教育电视台频道	0.5	0.3	0.1	0.0	0.1
福建省级频道	4.6	4.3	4.3	4.9	5.3
厦门市级频道	17.0	22.0	26.8	26.0	22.7
其他省级卫视频道	30.7	25.0	23.6	25.2	21.1
其他频道	7.6	6.6	7.8	10.2	17.6

表 3.60.2　2017 年厦门市场各类频道在不同目标观众中的市场占有率(%)

目标观众		中央电视台频道	中国教育电视台频道	福建省级频道	厦门市级频道	其他省级卫视频道	其他频道
4 岁及以上所有人		33.2	0.1	5.3	22.7	21.1	17.6
性别	男	35.7	0.1	4.8	21.1	20.9	17.3
	女	30.2	0.1	5.7	24.6	21.4	18.0
年龄	4～14 岁	24.4	0.1	4.1	10.3	37.0	24.0
	15～24 岁	31.1	0.1	5.0	25.7	19.1	19.0
	25～34 岁	30.0	0.1	5.4	18.7	24.9	21.0
	35～44 岁	36.7	0.1	4.8	18.2	20.5	19.8
	45～54 岁	33.8	0.1	5.9	28.1	19.1	13.0
	55～64 岁	33.3	0.1	7.2	30.3	19.1	10.0
	65 岁及以上	38.8	0.1	3.7	20.5	15.2	21.6
教育程度	未受过正规教育	30.4	0.1	5.6	23.4	28.7	11.8
	小学	30.7	0.1	5.8	28.0	19.9	15.5
	初中	31.5	0.1	5.5	22.6	20.5	19.9
	高中	37.5	0.1	5.6	19.1	20.4	17.3
	大学及以上	35.1	0.1	3.6	19.7	20.5	21.0
职业类别	干部/管理人员	36.0	0.0	3.7	31.5	17.0	11.9
	个体/私营企业人员	35.9	0.0	5.5	19.2	18.6	20.6
	初级公务员/雇员	36.4	0.1	4.4	20.6	20.4	18.2
	工人	30.5	0.1	6.0	26.5	20.1	16.8
	学生	27.0	0.1	4.1	10.3	31.6	26.9
	无业	34.2	0.1	5.5	21.3	20.7	18.3
	其他	31.4	0.1	5.4	36.1	21.1	5.9
个人月收入	0～600 元	29.7	0.1	5.5	16.3	26.7	21.6
	601～1200 元	28.1	0.1	4.6	42.4	17.2	7.7
	1201～1700 元	30.9	0.0	2.7	34.4	27.0	5.1
	1701～2600 元	30.1	0.1	4.7	28.7	21.3	15.2
	2601～3500 元	34.2	0.1	6.3	24.8	18.4	16.3
	3501～5000 元	33.8	0.1	4.4	18.0	20.7	22.9
	5001 元及以上	38.8	0.0	5.3	22.5	16.9	16.4

表 3.60.3　2017 年厦门市场各类频道在不同时段的市场占有率(%)

时间段	中央电视台频道	中国教育电视台频道	福建省级频道	厦门市级频道	其他省级卫视频道	其他频道
02:00~03:00	29.2	0.1	9.6	1.9	23.1	36.1
03:00~04:00	24.1	0.0	10.6	0.7	20.4	44.2
04:00~05:00	18.1	0.1	14.0	1.0	17.9	48.9
05:00~06:00	25.7	0.0	17.9	1.7	23.0	31.7
06:00~07:00	43.3	0.1	11.4	12.5	20.1	12.6
07:00~08:00	42.5	0.1	5.1	16.3	23.3	12.7
08:00~09:00	40.9	0.0	5.7	12.5	25.8	15.1
09:00~10:00	39.3	0.1	6.4	11.5	24.9	17.9
10:00~11:00	39.2	0.1	6.1	10.1	24.1	20.4
11:00~12:00	43.5	0.1	4.9	10.4	22.5	18.7
12:00~13:00	39.0	0.0	2.6	20.9	19.4	18.0
13:00~14:00	37.0	0.1	4.8	10.6	24.7	22.8
14:00~15:00	32.3	0.2	6.5	11.1	24.7	25.2
15:00~16:00	32.3	0.2	6.8	12.1	24.2	24.4
16:00~17:00	32.5	0.2	6.6	11.9	24.8	23.9
17:00~18:00	30.1	0.1	7.1	16.5	23.9	22.4
18:00~19:00	30.4	0.0	9.3	28.5	14.0	17.8
19:00~20:00	35.5	0.0	4.7	31.0	14.5	14.3
20:00~21:00	27.3	0.0	3.6	34.6	21.0	13.5
21:00~22:00	28.4	0.1	3.5	33.8	19.7	14.5
22:00~23:00	29.3	0.2	4.8	24.4	24.4	17.0
23:00~24:00	34.8	0.1	5.7	13.3	28.7	17.4
24:00~25:00	38.7	0.0	7.5	8.1	25.6	20.0
25:00~26:00	33.9	0.1	7.8	5.2	24.8	28.2

表 3.60.4　2017 年厦门市场收视份额排名前十位的频道

名次	频道名称	收视份额(%)
1	厦门电视台综合频道	7.4
2	厦门电视台影视频道	6.0
3	中央台四套	5.7
4	中央电视台综合频道	4.9
5	中央台六套	4.4
6	厦门电视台生活频道	4.2
7	中央台三套	3.4
8	中央台八套	3.3
9	厦门电视台海峡频道	3.1
10	湖南电视台金鹰卡通频道	2.8

表 3.60.5　2017 年厦门市场各主要频道的观众构成(%)

目标观众		所有频道	主要频道				
			厦门电视台综合频道	厦门电视台影视频道	中央台四套	中央电视台综合频道	中央台六套
4 岁及以上所有人		100.0	100.0	100.0	100.0	100.0	100.0
性别	男性	54.2	51.7	48.3	66.5	51.5	61.3
	女性	45.8	48.3	51.7	33.5	48.5	38.7
年龄	4~14 岁	8.7	3.2	4.2	1.4	6.7	6.0
	15~24 岁	10.1	11.3	12.8	6.5	12.0	14.5
	25~34 岁	16.4	14.4	12.0	8.4	10.4	17.8
	35~44 岁	11.9	7.4	8.3	8.8	10.4	22.0
	45~54 岁	25.5	27.4	39.6	29.0	27.7	21.6
	55~64 岁	11.8	21.5	14.5	15.6	10.3	9.5
	65 岁及以上	15.7	14.9	8.5	30.2	22.5	8.5
教育程度	未受正规教育	10.3	7.2	12.0	3.8	7.9	7.8
	小学	23.4	23.7	31.1	28.2	18.4	20.9
	初中	25.9	29.0	23.3	22.7	24.4	28.4
	高中	22.6	23.5	19.0	29.4	28.0	25.2
	大学及以上	17.8	16.5	14.5	15.9	21.3	17.7
职业类别	干部/管理人员	2.0	3.4	1.5	2.0	3.0	1.3
	个体/私营企业人员	8.8	6.7	8.1	11.4	7.1	11.7
	初级公务员/雇员	16.0	19.2	13.3	16.8	15.7	21.2
	工人	19.8	18.4	26.2	13.3	21.4	19.2
	学生	7.8	3.9	2.4	3.9	10.0	6.9
	无业	37.0	36.3	31.9	45.6	38.3	30.2
	其他	8.6	12.1	16.7	6.9	4.5	9.5
个人月收入	0~600 元	23.8	15.4	16.4	13.2	21.0	23.9
	601~1200 元	2.8	4.9	7.1	1.1	1.9	3.9
	1201~1700 元	4.3	3.9	10.2	4.2	3.1	1.5
	1701~2600 元	10.4	11.2	15.8	12.8	6.7	9.6
	2601~3500 元	24.0	30.1	24.7	25.2	27.2	21.4
	3501~5000 元	14.9	12.5	9.7	13.9	17.6	16.4
	5001 元及以上	19.9	22.1	16.1	29.6	22.6	23.3

表 3.60.6　2015~2017 年厦门市场各类节目的播出份额(%)和收视份额(%)

节目类别	2015 年		2016 年		2017 年	
	播出份额	收视份额	播出份额	收视份额	播出份额	收视份额
财经	1.8	1.3	1.5	0.9	1.2	0.6
电视剧	20.1	33.4	20.8	33.2	21.5	32.8
电影	4.0	7.2	4.5	7.0	4.5	6.7
法制	0.8	0.5	0.8	0.5	0.9	0.3
教学	0.3	0.0	0.2	0.0	0.2	0.0
青少	6.4	6.6	6.6	6.3	6.9	6.2
生活服务	9.9	5.7	9.2	5.9	8.1	6.2
体育	3.3	2.7	3.4	3.2	3.6	2.3
外语	0.0	0.0	0.0	0.0	0.1	0.0
戏剧	0.8	1.7	0.9	1.2	0.9	1.4
新闻/时事	15.1	13.6	15.0	14.3	15.6	15.2
音乐	2.3	1.2	1.8	1.1	1.4	1.4
专题	13.2	6.2	13.5	5.3	14.3	6.3
综艺	8.6	9.3	8.9	10.1	7.6	9.0
其他	13.4	10.6	13.0	11.0	13.2	11.7

表 3.60.7　2017 年厦门市场所有节目收视率排名前三十位

名次	节目名称	节目类型	播出频道	平均收视率(%)	平均占有率(%)
1	中央电视台 2017 春节联欢晚会	综艺	中央电视台综合频道	9.0	30.9
2	开学第一课	青少	中央电视台综合频道	7.4	35.4
3	不能忘却的使命(38~39)	电视剧	厦门电视台综合频道	6.2	25.1
4	生死抉择	电视剧	厦门电视台综合频道	5.4	23.5
5	黑狐之风影	电视剧	厦门电视台综合频道	5.1	23.2
6	金砖国家领导人厦门会晤新兴市场国家与发展中国家对话会文艺晚会	综艺	中央台四套	4.9	21.7
7	我的压寨男人	电视剧	厦门电视台综合频道	4.8	21.5
8	荡寇	电视剧	厦门电视台综合频道	4.6	20.9
9	擒蛇	电视剧	厦门电视台综合频道	4.2	18.4
10	双枪	电视剧	厦门电视台综合频道	4.1	18.7
11	我的父亲我的兵	电视剧	厦门电视台综合频道	3.9	16.8
12	布袋和尚新传(2~66)	电视剧	厦门电视台生活频道	3.8	18.9
13	黄金赛场 超级足球之夜:2018 年世界杯亚洲区预选赛第三阶段 A 组第 7 轮(伊朗 VS 中国)	体育	中央台五套	3.6	14.8
14	一年又一年	专题	中央电视台综合频道	3.4	20.4
15	2017 美丽乡村过大年春节汇编	综艺	中央台七套	3.4	19.6
16	学生兵	电视剧	厦门电视台综合频道	3.4	16.6
17	暗黑勇士	电视剧	厦门电视台综合频道	3.3	16.5
18	历史的使命	电视剧	厦门电视台影视频道	3.2	20.3
19	林枣花的革命生涯	电视剧	厦门电视台综合频道	3.2	15.4
20	我的爱情撞上了战争	电视剧	厦门电视台综合频道	3.1	15.2
21	金镖黄天霸	电影	中央台六套	3.1	14.3
22	陈赓晋南大捷	电影	中央台六套	3.1	11.3
23	巨人捕手杰克	电影	中央台六套	3.0	29.2
24	唐人街探案	电影	中央台六套	3.0	12.4
25	李三枪	电视剧	厦门电视台综合频道	2.9	14.9
26	烽火佳人	电视剧	厦门电视台影视频道	2.9	13.6
27	战虎行动	电视剧	厦门电视台综合频道	2.8	15.3
28	第一声枪响	电视剧	厦门电视台综合频道	2.8	14.5
29	新济公活佛	电视剧	厦门电视台生活频道	2.8	14.4
30	自古英雄出少年	电影	中央台六套	2.8	12.4

表 3.60.8 2017 年厦门市场电视剧收视率排名前十位

名次	节目名称	播出频道	平均收视率（%）	平均占有率（%）
1	不能忘却的使命(38~39)	厦门电视台综合频道	6.2	25.1
2	生死抉择	厦门电视台综合频道	5.4	23.5
3	黑狐之风影	厦门电视台综合频道	5.1	23.2
4	我的压寨男人	厦门电视台综合频道	4.8	21.5
5	荡寇	厦门电视台综合频道	4.6	20.9
6	擒蛇	厦门电视台综合频道	4.2	18.4
7	双枪	厦门电视台综合频道	4.1	18.7
8	我的父亲我的兵	厦门电视台综合频道	3.9	16.8
9	布袋和尚新传(2~66)	厦门电视台生活频道	3.8	18.9
10	学生兵	厦门电视台综合频道	3.4	16.6

表 3.60.9 2017 年厦门市场新闻节目收视率排名前十位

名次	节目名称	播出频道	平均收视率（%）	平均占有率（%）
1	金砖国家领导人第九次会晤特别报道	中央电视台综合频道	2.8	12.6
2	特区新闻广场	厦门电视台海峡频道	2.0	9.6
3	厦视直播室	厦门电视台海峡频道	1.9	8.9
4	新闻联播	中央电视台综合频道	1.7	9.0
5	海峡两岸	中央台四套	1.5	7.1
6	李克强总理会见中外记者并回答提问	中央电视台综合频道	1.5	6.3
7	金砖国家领导人厦门会晤中外媒体吹风会	厦门电视台综合频道	1.4	7.2
8	转播中央台新闻联播	厦门电视台综合频道	1.2	6.6
9	香港回归祖国 20 周年特别报道	中央电视台综合频道	1.2	5.1
10	中国舆论场	中央台四套	1.1	5.4

表 3.60.10 2017 年厦门市场专题节目收视率排名前十位

名次	节目名称	播出频道	平均收视率（%）	平均占有率（%）
1	一年又一年	中央电视台综合频道	3.4	20.4
2	不忘初心牢记使命永远奋斗	中央电视台综合频道	2.8	16.2
3	圆梦中国德耀中华第六届全国道德模范颁奖仪式	中央电视台综合频道	2.5	12.1
4	戎装小平	中央台六套	2.2	10.6
5	香港发展一直牵动着我的心 习近平香港行纪实	中央电视台综合频道	2.0	7.5
6	海 STRAITS FORUM 扩大民间交流深化融合发展	厦门电视台综合频道	1.9	8.4
7	央视看厦门	厦门电视台综合频道	1.8	9.2
8	中央电视台特别节目开启新时代中国特色大国外交新征程	中央电视台综合频道	1.7	8.6
9	精彩闽南	厦门电视台综合频道	1.6	7.5
10	闽南话听讲大会	厦门电视台综合频道	1.5	8.5

表 3.60.11　2017 年厦门市场综艺节目收视率排名前十位

名次	节目名称	播出频道	平均收视率（%）	平均占有率（%）
1	中央电视台 2017 春节联欢晚会	中央电视台综合频道	9.0	30.9
2	金砖国家领导人厦门会晤新兴市场国家与发展中国家对话会文艺晚会	中央台四套	4.9	21.7
3	2017 美丽乡村过大年春节汇编	中央台七套	3.4	19.6
4	庆祝香港回归祖国二十周年文艺晚会	中央电视台综合频道	2.5	10.6
5	中国梦祖国颂 2017 中央电视台国庆特别节目	中央电视台综合频道	2.3	14.7
6	启航 2018 新年特别节目	中央电视台综合频道	2.3	13.1
7	金砖国家领导人厦门会晤新兴市场国家与发展中国家对话会文艺晚会	中央电视台综合频道	2.3	10.3
8	2017 年海峡春节焰火晚会	厦门电视台生活频道	2.2	14.5
9	2017CCTV 网络春晚	中央电视台综合频道	1.9	13.0
10	一带一路国际合作高峰论坛文艺晚会	中央台四套	1.7	8.1

表 3.60.12　2017 年厦门市场体育节目收视率排名前十位

名次	节目名称	播出频道	平均收视率（%）	平均占有率（%）
1	黄金赛场 超级足球之夜:2018 年世界杯亚洲区预选赛第三阶段 A 组第 7 轮(伊朗 VS 中国)	中央台五套	3.6	14.8
2	第十三届全运会女子 100 米决赛	中央台五套	2.6	10.6
3	黄金赛场:2017 年亚洲足联冠军联赛 1/8 决赛第一回合(中国上海上港队 VS 中国江苏队)	中央台五套	2.6	10.1
4	青春赛场:2017 年 19 岁以下女足亚锦赛小组赛(中国队 VS 朝鲜队)	福建省广播影视集团体育频道	2.5	12.4
5	黄金赛场:2017 年世界乒乓球锦标赛男单决赛	中央台五套	2.4	11.8
6	实况录像:2016 年世界综合格斗锦标赛中量级决赛	中央台五套	2.0	18.6
7	实况录像:2017 年 WBO 超轻量级 12 回合拳王争霸赛	中央台五套	1.8	11.4
8	神奇水世界:2017 年国际泳联世锦赛男女 4×100 米混合泳接力预赛	中央台五套	1.8	10.0
9	第十三届全运会女子举重 63 公斤级决赛挺举	中央台五套	1.7	8.6
10	黄金赛场:2017 年国际田联钻石联赛上海站	中央台五套	1.7	7.0

六十一、银川收视数据

表 3.61.1 2013～2017 年银川市场各类频道的市场占有率(%)

频道类别	年份				
	2013 年	2014 年	2015 年	2016 年	2017 年
中央电视台频道	52.9	46.0	44.3	44.7	42.0
中国教育电视台频道	0.6	0.2	0.1	0.1	0.1
宁夏回族自治区级频道	4.2	6.1	7.2	8.5	7.9
银川市级频道	4.4	5.1	6.6	6.5	5.8
其他省级卫视频道	34.6	34.2	32.2	26.3	24.3
其他频道	3.4	8.4	9.6	14.0	19.9

表 3.61.2 2017 年银川市场各类频道在不同目标观众中的市场占有率(%)

目标观众		中央电视台频道	中国教育电视台频道	宁夏回族自治区级频道	银川市级频道	其他省级卫视频道	其他频道
4 岁及以上所有人		42.0	0.1	7.9	5.8	24.3	19.9
性别	男	44.6	0.1	7.8	6.0	22.0	19.6
	女	39.3	0.1	8.0	5.6	26.7	20.3
年龄	4～14 岁	34.8	0.1	4.4	2.6	35.2	23.0
	15～24 岁	29.3	0.1	6.4	3.4	27.8	33.1
	25～34 岁	36.4	0.1	6.0	4.5	22.9	30.2
	35～44 岁	43.9	0.1	5.8	2.3	25.8	22.1
	45～54 岁	41.6	0.1	9.3	7.3	24.5	17.2
	55～64 岁	47.3	0.1	11.5	9.4	19.6	12.2
	65 岁及以上	58.4	0.1	8.7	8.2	16.1	8.7
教育程度	未受过正规教育	42.2	0.1	7.4	6.7	29.3	14.4
	小学	39.9	0.1	9.1	5.1	26.4	19.4
	初中	42.0	0.1	8.6	6.6	21.8	21.0
	高中	41.3	0.1	7.9	5.1	25.5	20.1
	大学及以上	44.3	0.1	6.3	5.9	23.0	20.5
职业类别	干部/管理人员	42.2	0.1	5.0	1.8	22.9	28.0
	个体/私营企业人员	41.2	0.1	7.5	4.6	23.2	23.4
	初级公务员/雇员	43.5	0.1	5.2	7.2	20.3	23.7
	工人	40.1	0.1	8.9	5.6	27.9	17.3
	学生	32.8	0.1	4.8	2.6	35.0	24.8
	无业	46.3	0.1	10.1	6.8	21.6	15.2
	其他	24.6	0.1	6.7	6.7	24.5	37.4
个人月收入	0～600 元	37.1	0.1	7.8	5.2	27.4	22.4
	601～1200 元	30.5	0.1	21.7	9.5	19.8	18.5
	1201～1700 元	39.0	0.1	7.6	6.6	23.8	23.0
	1701～2600 元	43.4	0.1	8.6	6.1	25.1	16.8
	2601～3500 元	44.7	0.1	6.5	6.1	21.6	21.0
	3501～5000 元	48.9	0.1	5.3	5.2	23.1	17.4
	5001 元及以上	52.6	0.1	5.2	4.3	17.3	20.6

表 3.61.3 2017 年银川市场各类频道在不同时段的市场占有率(%)

时间段	中央电视台频道	中国教育电视台频道	宁夏回族自治区级频道	银川市级频道	其他省级卫视频道	其他频道
02:00~03:00	25.4	0.4	2.2	0.6	22.9	48.6
03:00~04:00	25.2	0.4	2.1	0.0	20.7	51.6
04:00~05:00	29.6	0.4	3.5	0.0	24.8	41.7
05:00~06:00	46.2	0.2	2.3	0.0	30.8	20.6
06:00~07:00	71.4	0.1	1.7	0.2	17.7	9.0
07:00~08:00	60.0	0.1	8.6	2.1	16.4	12.8
08:00~09:00	54.2	0.1	6.6	2.6	19.1	17.5
09:00~10:00	48.6	0.1	5.3	2.7	24.1	19.2
10:00~11:00	43.9	0.1	4.8	3.5	26.2	21.5
11:00~12:00	47.7	0.1	4.6	3.1	24.0	20.6
12:00~13:00	50.3	0.0	5.9	2.7	20.6	20.4
13:00~14:00	40.5	0.1	5.2	2.0	27.0	25.2
14:00~15:00	37.0	0.2	4.6	2.6	29.3	26.2
15:00~16:00	36.2	0.2	5.0	2.8	30.5	25.3
16:00~17:00	38.9	0.1	4.9	2.0	31.2	22.9
17:00~18:00	39.4	0.1	11.4	2.1	26.2	20.9
18:00~19:00	46.2	0.1	15.2	9.4	11.6	17.6
19:00~20:00	53.8	0.0	10.6	5.4	15.2	15.0
20:00~21:00	39.4	0.0	8.3	7.2	28.5	16.6
21:00~22:00	39.3	0.1	7.1	9.3	26.4	17.9
22:00~23:00	31.7	0.1	7.8	11.0	28.1	21.3
23:00~24:00	30.2	0.1	8.9	7.0	29.1	24.7
24:00~25:00	30.9	0.2	9.0	3.0	25.7	31.3
25:00~26:00	28.1	0.3	3.5	2.5	24.9	40.8

表 3.61.4 2017 年银川市场收视份额排名前十位的频道

名次	频道名称	收视份额(%)
1	中央电视台综合频道	6.6
2	中央台六套	6.0
3	中央台八套	5.0
4	中央台三套	4.1
5	湖南卫视	3.9
6	中央台四套	3.6
7	中央电视台新闻频道	3.2
7	银川电视台-3(文体影视频道)	3.2
9	中央电视台少儿频道	3.0
10	宁夏电视台公共频道	2.9

表 3.61.5 2017 年银川市场各主要频道的观众构成(%)

目标观众		所有频道	主要频道				
			中央电视台综合频道	中央台六套	中央台八套	中央台三套	湖南卫视
4 岁及以上所有人		100.0	100.0	100.0	100.0	100.0	100.0
性别	男	51.8	53.0	56.2	46.7	51.1	39.1
	女	48.2	47.0	43.8	53.3	48.9	60.9
年龄	4~14 岁	10.7	6.5	9.7	6.5	7.1	15.8
	15~24 岁	10.6	5.9	9.8	6.7	7.6	22.0
	25~34 岁	11.7	8.9	14.2	7.1	8.8	8.5
	35~44 岁	14.1	15.1	20.7	15.3	15.4	19.7
	45~54 岁	25.0	20.1	30.2	22.8	25.7	24.5
	55~64 岁	16.9	19.6	9.2	22.0	17.8	6.7
	65 岁及以上	10.9	23.9	6.2	19.6	17.6	2.7
教育程度	未受过正规教育	6.9	6.9	6.7	6.2	5.1	4.4
	小学	15.5	11.8	13.3	13.8	16.0	18.9
	初中	28.4	30.8	31.5	29.1	31.0	29.8
	高中	26.9	28.8	25.1	26.0	25.2	27.6
	大学及以上	22.3	21.8	23.3	25.1	22.6	19.4
职业类别	干部/管理人员	1.2	0.6	1.6	0.5	0.5	1.0
	个体/私营企业人员	13.9	12.2	17.1	17.3	15.9	16.1
	初级公务员/雇员	18.2	18.5	20.3	18.2	19.9	13.8
	工人	16.8	13.0	20.8	17.2	14.5	21.0
	学生	11.9	7.3	12.7	7.6	8.9	27.1
	无业	36.2	47.2	26.5	38.5	39.7	18.8
	其他	1.8	1.3	1.0	0.7	0.6	2.1
个人月收入	0~600 元	29.3	21.1	29.5	17.6	22.8	39.3
	601~1200 元	4.0	2.9	2.6	3.3	3.3	1.7
	1201~1700 元	6.2	4.4	4.7	12.3	6.5	4.8
	1701~2600 元	26.0	31.0	24.7	29.0	29.1	24.1
	2601~3500 元	18.3	20.2	20.9	16.6	19.4	14.8
	3501~5000 元	12.0	16.2	11.2	13.3	15.7	11.3
	5001 元及以上	4.2	4.2	6.3	7.9	3.3	4.1

表 3.61.6 2015~2017 年银川市场各类节目的播出份额(%)和收视份额(%)

节目类别	2015 年		2016 年		2017 年	
	播出份额	收视份额	播出份额	收视份额	播出份额	收视份额
财经	1.8	0.9	1.5	0.8	1.2	0.8
电视剧	20.9	31.1	21.3	29.1	22.1	30.1
电影	4.9	9.1	5.3	9.9	5.1	9.7
法制	1.1	1.7	1.0	1.7	1.1	1.8
教学	0.3	0.1	0.3	0.0	0.2	0.0
青少	6.8	5.2	6.5	3.9	7.1	5.3
生活服务	8.8	6.1	8.3	6.0	7.5	5.6
体育	2.9	2.4	2.8	3.4	3.3	2.8
外语	0.0	0.0	0.0	0.0	0.1	0.0
戏剧	0.8	0.2	0.8	0.5	0.8	0.3
新闻/时事	14.9	12.2	15.1	13.2	15.4	13.1
音乐	2.5	1.0	1.9	0.9	1.5	1.0
专题	13.0	6.6	13.7	6.3	14.0	6.1
综艺	8.6	13.3	8.6	13.8	7.9	12.5
其他	12.6	10.1	12.9	10.4	12.8	10.8

表 3.61.7　2017 年银川市场所有节目收视率排名前三十位

名次	节目名称	节目类型	播出频道	平均收视率(%)	平均占有率(%)
1	一年又一年	专题	中央电视台综合频道	12.2	36.3
2	中央电视台 2017 春节联欢晚会	综艺	中央电视台综合频道	12.2	30.7
3	中央电视台 2017 元宵晚会	综艺	中央电视台综合频道	9.2	25.4
4	天气预报	生活服务	中央电视台综合频道	5.9	22.4
5	湄公河行动(1 月 31 日)	电影	中央台六套	5.8	21.0
6	星光大道 2016 年度总决赛	综艺	中央电视台综合频道	5.6	15.9
7	Hi 高考君	电影	中央台六套	5.4	18.5
8	勇士(10 月 3 日)	电影	中央台六套	5.2	17.4
9	诱狼(2 月 5 日)	电影	中央台六套	5.1	14.3
10	花儿向阳开 2017 年六一晚会	青少	中央电视台综合频道	5.0	17.2
11	新龙门客栈(5 月 3 日)	电影	中央台六套	5.0	16.4
12	危城(3 月 8 日)	电影	中央台六套	5.0	13.5
13	神勇投弹手二	电影	中央台六套	4.9	15.5
14	中国梦祖国颂 2017 中央电视台国庆特别节目	综艺	中央电视台综合频道	4.9	15.1
15	钟馗伏魔雪妖魔灵(1 月 11 日)	电影	中央台六套	4.9	14.9
16	人民的名义	电视剧	湖南卫视	4.8	15.4
17	终极硬汉(2 月 13 日)	电影	中央台六套	4.7	13.1
18	擎天无影脚黄麒英(1 月 30 日)	电影	中央台六套	4.6	15.2
18	战狼(10 月 4 日)	电影	中央台六套	4.6	15.2
20	自古英雄出少年	电影	中央台六套	4.6	14.9
21	真心想让你幸福	电视剧	中央台八套	4.6	14.3
22	放弃我抓紧我	电视剧	湖南卫视	4.6	14.0
23	盗墓笔记(4 月 14 日)	电影	中央台六套	4.6	13.7
24	寻龙诀(4 月 15 日)	电影	中央台六套	4.5	13.5
25	新闻联播	新闻/时事	中央电视台综合频道	4.2	18.2
26	长城	电影	中央台六套	4.2	17.6
27	捕蛇少年	电影	中央台六套	4.2	13.6
28	搞定岳父大人	电影	中央台六套	4.2	11.6
29	功夫侠	电影	中央台六套	4.1	13.5
30	超级足球之夜 黄金赛场:国际足联 18 年世界杯亚洲区预选赛 A 组第 6 轮(中国 VS 韩国)	体育	中央台五套	4.1	12.1

表 3.61.8 2017 年银川市场电视剧收视率排名前十位

名次	节目名称	播出频道	平均收视率（%）	平均占有率（%）
1	人民的名义	湖南卫视	4.8	15.4
2	真心想让你幸福	中央台八套	4.6	14.3
3	放弃我抓紧我	湖南卫视	4.6	14.0
4	擒狼	中央台八套	4.1	16.0
5	浴血突围	银川电视台－3（文体影视频道）	3.8	14.3
6	特工 003	银川电视台－3（文体影视频道）	3.2	13.6
7	枪口	中央台八套	3.0	10.5
8	欢乐颂二	浙江卫视	2.9	11.0
9	刺刀连	银川电视台－3（文体影视频道）	2.8	11.2
10	东风破	中央台八套	2.8	9.7

表 3.61.9 2017 年银川市场新闻节目收视率排名前十位

名次	节目名称	播出频道	平均收视率（%）	平均占有率（%）
1	新闻联播	中央电视台综合频道	4.2	18.2
2	一带一路国际合作高峰论坛特别报道	中央电视台综合频道	3.0	10.6
3	香港回归祖国 20 周年特别报道	中央电视台综合频道	2.4	10.3
4	中国共产党第十九次全国代表大会开幕会专题新闻	中央电视台综合频道	2.1	7.3
5	焦点访谈	中央电视台综合频道	1.7	6.3
6	今日关注	中央台四套	1.5	5.4
7	直播 60 分	宁夏电视台公共频道	1.4	9.0
8	庆祝中国人民解放军建军 90 周年阅兵	中央电视台新闻频道	1.4	5.4
9	金砖国家领导人第九次会晤特别报道	中央电视台综合频道	1.4	4.4
10	中国舆论场	中央台四套	1.3	4.7

表 3.61.10 2017 年银川市场专题节目收视率排名前十位

名次	节目名称	播出频道	平均收视率（%）	平均占有率（%）
1	一年又一年	中央电视台综合频道	12.2	36.3
2	等着我	中央电视台综合频道	3.5	11.7
3	巡视利剑	中央电视台综合频道	2.7	8.8
4	千年大计国家大事	中央电视台综合频道	2.5	8.1
5	巴布亚企鹅的夏日	中央台九套纪录频道	2.0	6.5
6	我们的歌手	湖南卫视	1.9	6.9
7	总书记为俺家算清了脱贫账	中央电视台综合频道	1.9	5.7
8	大国外交	中央电视台综合频道	1.8	6.0
9	老区脱贫攻坚习近平心中的牵挂	中央电视台综合频道	1.6	7.5
10	戎装小平	中央台六套	1.5	4.4

表 3.61.11　2017 年银川市场综艺节目收视率排名前十位

名次	节目名称	播出频道	平均收视率(%)	平均占有率(%)
1	中央电视台 2017 春节联欢晚会	中央电视台综合频道	12.2	30.7
2	中央电视台 2017 元宵晚会	中央电视台综合频道	9.2	25.4
3	星光大道 2016 年度总决赛	中央电视台综合频道	5.6	15.9
4	中国梦祖国颂 2017 中央电视台国庆特别节目	中央电视台综合频道	4.9	15.1
5	2017 东南西北贺新春	中央台三套	3.6	10.2
6	跑男来了	浙江卫视	3.5	22.5
7	中国梦劳动美 2017 年庆祝五一国际劳动节心连心特别节目	中央电视台综合频道	3.5	12.9
8	新春相声大联欢	中央台三套	3.4	12.0
9	2017CCTV 网络春晚	中央台三套	3.3	10.0
10	一带一路国际合作高峰论坛文艺晚会	中央电视台综合频道	3.1	9.9

表 3.61.12　2017 年银川市场体育节目收视率排名前十位

名次	节目名称	播出频道	平均收视率(%)	平均占有率(%)
1	超级足球之夜 黄金赛场:国际足联 2018 年世界杯亚洲区预选赛 A 组第 6 轮(中国 VS 韩国)	中央台五套	4.1	12.1
2	直播周末:2017 年世界女排大奖赛总决赛半决赛(中国队 VS 意大利队)	中央台五套	2.6	11.6
3	第十三届全运会乒乓球女单 1/4 决赛	中央台五套	2.4	8.7
4	第十三届全运会场地自行车男子团体竞速铜牌赛	中央台五套	2.3	21.1
5	第十三届全运会女子 100 米栏决赛	中央台五套	2.3	7.4
6	直播周末:2017 年国际乒联世界巡回赛总决赛男单决赛	中央台五套	2.3	7.1
7	现场直播:2017 年亚洲女排锦标赛决赛(日本队 VS 泰国队)	中央台五套	2.2	15.9
8	直播周末 黄金赛场:16/17 赛季 CBA 常规赛第 24 轮(广东东莞银行 VS 上海哔哩哔哩)	中央台五套	2.2	6.7
9	中华人民共和国第十三届运动会闭幕式	中央台五套	2.1	6.6
10	黄金赛场:2016/2017 赛季中国男子篮球职业联赛常规赛第 37 轮(新疆喀什古城VS 山东高速)	中央台五套	2.0	16.9

六十二、郑州收视数据

表 3.62.1 2013~2017 年郑州市场各类频道的市场占有率(%)

频道类别	年份				
	2013 年	2014 年	2015 年	2016 年	2017 年
中央电视台频道	27.8	30.8	26.1	28.4	31.1
中国教育电视台频道	0.1	0.3	0.3	0.4	0.3
河南省级频道	24.8	20.7	25.1	24.0	20.3
郑州市级频道	7.7	7.2	8.3	6.2	3.5
其他省级卫视频道	35.7	34.2	32.5	28.2	24.3
其他频道	3.9	6.8	7.7	12.8	20.5

表 3.62.2 2017 年郑州市场各类频道在各目标观众中的市场占有率(%)

目标观众		中央电视台频道	中国教育电视台频道	河南省级频道	郑州市级频道	其他省级卫视频道	其他频道
4 岁及以上所有人		31.1	0.3	20.3	3.5	24.3	20.5
性别	男	34.6	0.3	19.6	3.5	21.4	20.6
	女	27.6	0.3	21.0	3.5	27.3	20.3
年龄	4~14 岁	22.1	0.5	12.4	2.7	34.9	27.4
	15~24 岁	27.0	0.3	17.4	2.9	29.2	23.2
	25~34 岁	20.4	0.3	18.1	3.3	29.8	28.1
	35~44 岁	25.4	0.2	17.3	2.7	33.0	21.4
	45~54 岁	30.8	0.3	24.2	3.3	22.3	19.1
	55~64 岁	38.4	0.4	23.9	3.9	18.7	14.7
	65 岁及以上	46.2	0.3	21.7	5.1	12.6	14.1
教育程度	未受过正规教育	24.0	0.7	21.5	2.0	27.7	24.1
	小学	30.4	0.3	17.7	4.4	24.2	23.0
	初中	28.8	0.4	24.7	3.9	22.3	19.9
	高中	35.9	0.3	20.6	3.5	23.4	16.3
	大学及以上	28.3	0.2	15.9	3.0	27.2	25.4
职业类别	干部/管理人员	31.3	0.3	22.1	3.3	22.9	20.1
	个体/私营企业人员	31.1	0.2	18.7	2.5	23.6	23.9
	初级公务员/雇员	28.9	0.3	18.5	2.4	28.3	21.6
	工人	28.8	0.3	25.3	4.3	24.2	17.1
	学生	24.5	0.4	14.7	2.8	30.9	26.7
	无业	34.7	0.4	20.9	4.1	21.2	18.7
	其他	17.0	0.0	48.1	1.6	24.0	9.3
个人月收入	0~600 元	24.5	0.4	18.7	3.3	29.7	23.4
	601~1200 元	17.8	3.0	35.5	7.8	27.8	8.1
	1201~1700 元	25.6	0.5	26.9	5.0	19.1	22.9
	1701~2600 元	34.2	0.2	22.5	4.1	19.3	19.7
	2601~3500 元	37.7	0.2	18.7	2.9	23.9	16.6
	3501~5000 元	34.0	0.4	23.1	2.9	21.7	17.9
	5001 元及以上	32.8	0.3	12.9	3.3	26.7	24.0

表 3.62.3　2017 年郑州市场各类频道在各时段的市场占有率(%)

时间段	中央电视台频道	中国教育电视台频道	河南省级频道	郑州市级频道	其他省级卫视频道	其他频道
02:00~03:00	17.2	0.7	24.4	5.0	12.9	39.8
03:00~04:00	16.0	0.7	25.4	5.6	10.1	42.2
04:00~05:00	18.6	0.8	25.1	4.5	10.7	40.3
05:00~06:00	32.1	0.4	23.7	2.4	11.7	29.7
06:00~07:00	52.6	0.3	13.1	2.0	16.4	15.6
07:00~08:00	57.8	0.6	14.6	3.4	11.3	12.3
08:00~09:00	44.7	0.6	15.3	3.2	17.5	18.7
09:00~10:00	38.1	0.7	12.2	2.5	24.4	22.1
10:00~11:00	35.9	0.7	11.6	2.0	26.4	23.4
11:00~12:00	38.9	0.3	11.0	1.6	25.7	22.5
12:00~13:00	39.2	0.2	14.6	2.0	23.2	20.8
13:00~14:00	30.1	0.5	16.7	3.1	25.0	24.6
14:00~15:00	28.0	0.7	15.7	2.5	27.3	25.8
15:00~16:00	29.1	0.6	13.6	3.2	27.5	26.0
16:00~17:00	30.3	0.6	12.1	3.2	28.3	25.5
17:00~18:00	32.4	0.3	14.4	3.6	24.9	24.4
18:00~19:00	33.0	0.2	27.0	7.3	12.2	20.3
19:00~20:00	33.1	0.1	27.7	3.9	19.1	16.1
20:00~21:00	25.6	0.1	23.5	3.9	30.7	16.2
21:00~22:00	27.0	0.2	23.8	4.2	27.0	17.8
22:00~23:00	23.6	0.4	25.4	2.8	28.3	19.5
23:00~24:00	25.2	0.3	23.0	2.6	27.9	21.0
24:00~25:00	25.4	0.8	21.9	3.1	21.7	27.1
25:00~26:00	19.2	1.2	23.5	3.7	16.8	35.6

表 3.62.4　2017 年郑州市场收视份额排名前十位的频道

名次	频道名称	收视份额(%)
1	中央电视台综合频道	6.0
2	中央台四套	5.5
3	河南电视台都市频道(二套)	4.6
4	河南电视台公共频道(八套)	3.8
5	河南电视台电视剧频道(五套)	3.4
6	中央台六套	3.3
7	河南电视台卫星频道(一套)	3.0
8	湖南卫视	2.9
8	浙江卫视	2.9
10	中央台三套	2.7

表 3.62.5 2017 年郑州市场各主要频道的观众构成(%)

目标观众		所有频道	主要频道				
			中央电视台综合频道	中央台四套	河南电视台都市频道(二套)	河南电视台公共频道(八套)	河南电视台电视剧频道(五套)
4 岁及以上所有人		100.0	100.0	100.0	100.0	100.0	100.0
性别	男	50.7	51.3	63.6	48.8	41.0	55.1
	女	49.3	48.7	36.4	51.2	59.0	44.9
年龄	4~14 岁	8.8	6.5	2.5	10.4	4.8	1.7
	15~24 岁	10.8	10.8	7.3	10.2	8.3	7.3
	25~34 岁	15.4	10.4	5.1	15.5	18.4	6.1
	35~44 岁	10.7	7.9	5.7	10.5	9.3	5.6
	45~54 岁	24.0	20.5	27.1	30.5	30.1	34.3
	55~64 岁	12.9	12.5	22.6	12.1	11.9	28.1
	65 岁及以上	17.4	31.5	29.6	10.8	17.2	16.9
教育程度	未受过正规教育	5.0	4.5	1.7	7.8	5.4	1.8
	小学	11.7	14.5	8.6	14.2	10.4	8.8
	初中	25.3	19.8	22.2	30.6	35.6	37.6
	高中	35.3	33.5	53.5	30.3	33.5	34.8
	大学及以上	22.7	27.7	14.0	17.0	15.2	16.9
职业类别	干部/管理人员	5.5	6.8	3.0	6.1	6.5	8.1
	个体/私营企业人员	8.2	6.3	10.2	10.4	7.5	9.1
	初级公务员/雇员	16.7	16.4	13.1	15.4	17.9	10.7
	工人	13.3	9.7	13.5	17.9	17.3	17.6
	学生	12.4	11.3	5.9	13.1	6.3	6.1
	无业	43.5	49.4	54.1	35.4	44.2	46.5
	其他	0.4	0.1	0.2	1.8	0.3	2.0
个人月收入	0~600 元	32.0	27.2	17.5	34.7	31.6	23.6
	601~1200 元	0.7	0.6	0.4	1.2	1.6	0.8
	1201~1700 元	4.2	1.9	4.1	6.7	3.2	6.5
	1701~2600 元	27.5	31.1	33.7	31.3	27.1	34.1
	2601~3500 元	18.5	21.2	22.4	13.1	21.4	16.1
	3501~5000 元	10.1	10.5	16.3	8.4	11.2	14.3
	5001 元及以上	7.0	7.4	5.6	4.6	3.9	4.6

表 3.62.6 2015~2017 年郑州市场各类节目的播出份额(%)和收视份额(%)

节目类别	2015 年		2016 年		2017 年	
	播出份额	收视份额	播出份额	收视份额	播出份额	收视份额
财经	1.4	0.8	1.2	0.7	1.0	1.0
电视剧	25.3	33.4	27.2	30.6	26.2	28.9
电影	4.1	4.8	4.0	4.3	4.2	5.0
法制	1.1	1.6	1.0	1.3	0.9	1.0
教学	0.2	0.1	0.2	0.1	0.2	0.0
青少	5.5	4.6	5.8	4.5	6.2	4.9
生活服务	10.8	7.4	8.4	7.1	9.0	7.1
体育	2.8	1.8	3.0	2.6	3.0	2.4
外语	0.0	0.0	0.0	0.0	0.1	0.0
戏剧	0.8	0.7	1.0	0.8	0.9	0.9
新闻/时事	10.1	11.5	10.2	12.8	10.5	14.0
音乐	2.4	0.7	1.6	0.7	1.2	0.7
专题	13.0	8.5	13.9	9.1	14.4	10.0
综艺	7.6	12.2	7.4	13.5	6.2	12.3
其他	14.9	11.9	15.1	11.9	15.9	11.8

表 3.62.7　2017 年郑州市场所有节目收视率排名前三十位

名次	节目名称	节目类别	播出频道	平均收视率(%)	平均占有率(%)
1	中央电视台 2017 春节联欢晚会	综艺	中央电视台综合频道	12.9	31.4
2	开学第一课	青少	中央电视台综合频道	7.7	29.6
3	一年又一年	专题	中央电视台综合频道	6.7	22.1
4	天气预报	生活服务	中央电视台综合频道	5.0	18.9
5	人民的名义	电视剧	湖南卫视	4.0	13.6
6	黄金赛场 超级足球之夜:2018 年世界杯亚洲区预选赛第三阶段 A 组第 7 轮(伊朗 VS 中国)	体育	中央台五套	3.9	12.9
7	快乐中国 20172018 跨年演唱会	音乐	湖南卫视	3.4	14.3
8	中央电视台 2017 元宵晚会	综艺	中央电视台综合频道	3.3	17.2
9	那年花开月正圆	电视剧	上海东方卫视	3.3	12.2
10	星光大道 2016 年度总决赛	综艺	中央电视台综合频道	2.9	10.3
11	梨园春	戏剧	河南电视台卫星频道(一套)	2.7	9.5
12	2017 书香中国全民阅读系列活动启动式	综艺	湖南卫视	2.7	9.1
13	感动中国 2016 年度人物颁奖盛典	专题	中央电视台综合频道	2.7	8.4
14	一村之长之从头再来(6 月 1 日)	电影	中央台六套	2.4	11.6
15	新闻联播	新闻/时事	中央电视台综合频道	2.4	10.2
16	启航 2018 新年特别节目	综艺	中央电视台综合频道	2.4	10.0
17	养母	电视剧	河南电视台都市频道(二套)	2.4	9.0
18	举起手来	电影	中央台六套	2.4	8.9
19	中国梦祖国颂 2017 中央电视台国庆特别节目	综艺	中央电视台综合频道	2.3	7.8
20	李克强总理会见中外记者并回答提问	新闻/时事	中央电视台综合频道	2.3	7.7
21	岁月如金	电视剧	河南电视台卫星频道(一套)	2.3	7.5
22	白蛇传说(7 月 16 日)	电影	中央台六套	2.2	10.2
23	俺舅	电视剧	河南电视台都市频道(二套)	2.2	8.6
24	一村之长之贵妇还乡	电影	中央台六套	2.2	8.2
25	一切都好(1 月 28 日)	电影	中央台六套	2.2	7.6
25	不忘初心牢记使命永远奋斗	专题	中央电视台综合频道	2.2	7.6
27	都市报道扩大版	新闻/时事	河南电视台都市频道(二套)	2.1	10.6
28	我的前半生	电视剧	上海东方卫视	2.1	8.1
29	2017 年中央电视台中秋晚会	综艺	中央电视台综合频道	2.1	8.0
30	那年八岁	电影	中央台六套	2.1	7.8

表 3.62.8 2017 年郑州市场电视剧收视率排名前十位

名次	节目名称	播出频道	平均收视率（%）	平均占有率（%）
1	人民的名义	湖南卫视	4.0	13.6
2	那年花开月正圆	上海东方卫视	3.3	12.2
3	养母	河南电视台都市频道(二套)	2.4	9.0
4	岁月如金	河南电视台卫星频道(一套)	2.3	7.5
5	俺舅	河南电视台都市频道(二套)	2.2	8.6
6	我的前半生	上海东方卫视	2.1	8.1
7	何三妹	河南电视台都市频道(二套)	2.1	7.7
8	生死征途	河南电视台电视剧频道(五套)	2.0	7.7
9	因为遇见你	湖南卫视	2.0	6.9
10	我的父亲我的兵	河南电视台都市频道(二套)	2.0	6.7

表 3.62.9 2017 年郑州市场新闻节目收视率排名前十位

名次	节目名称	播出频道	平均收视率（%）	平均占有率（%）
1	新闻联播	中央电视台综合频道	2.4	10.2
2	李克强总理会见中外记者并回答提问	中央电视台综合频道	2.3	7.7
3	都市报道扩大版	河南电视台都市频道(二套)	2.1	10.6
4	一带一路国际合作高峰论坛特别报道	中央电视台综合频道	2.0	7.9
5	海峡两岸	中央台四套	2.0	6.9
6	中国舆论场	中央台四套	1.6	5.7
7	中国共产党第十九次全国代表大会开幕会专题新闻	中央电视台综合频道	1.5	5.8
8	焦点访谈	中央电视台综合频道	1.5	5.3
9	今日关注	中央台四套	1.4	5.7
10	大参考	河南电视台民生频道(三套)	1.4	5.5

表 3.62.10 2017 年郑州市场专题节目收视率排名前十位

名次	节目名称	播出频道	平均收视率（%）	平均占有率（%）
1	一年又一年	中央电视台综合频道	6.7	22.1
2	感动中国 2016 年度人物颁奖盛典	中央电视台综合频道	2.7	8.4
3	不忘初心牢记使命永远奋斗	中央电视台综合频道	2.2	7.6
4	总书记为俺家算清了脱贫账	中央电视台综合频道	2.1	6.5
5	大国外交	中央电视台综合频道	1.9	6.8
6	我们的节日清明特别节目战地黄花	中央电视台综合频道	1.6	7.8
7	打铁还需自身硬	中央电视台综合频道	1.6	5.1
8	寻找最美医生 2016 大型公益活动颁奖典礼	中央电视台综合频道	1.5	5.5
8	将改革进行到底	中央电视台综合频道	1.5	5.5
10	强军	中央电视台综合频道	1.4	4.9

表 3.62.11　2017 年郑州市场综艺节目收视率排名前十位

名次	节目名称	播出频道	平均收视率(%)	平均占有率(%)
1	中央电视台 2017 春节联欢晚会	中央电视台综合频道	12.9	31.4
2	中央电视台 2017 元宵晚会	中央电视台综合频道	3.3	17.2
3	星光大道 2016 年度总决赛	中央电视台综合频道	2.9	10.3
4	2017 书香中国全民阅读系列活动启动式	湖南卫视	2.7	9.1
5	启航 2018 新年特别节目	中央电视台综合频道	2.4	10.0
6	中国梦祖国颂 2017 中央电视台国庆特别节目	中央电视台综合频道	2.3	7.8
7	2017 年中央电视台中秋晚会	中央电视台综合频道	2.1	8.0
8	好看中国蓝特别节目热巴来了	浙江卫视	2.1	6.8
9	一带一路国际合作高峰论坛文艺晚会	中央电视台综合频道	1.9	7.6
10	欢乐喜剧人荣耀时刻	上海东方卫视	1.8	10.4

表 3.62.12　2017 年郑州市场体育节目收视率排名前十位

名次	节目名称	播出频道	平均收视率(%)	平均占有率(%)
1	黄金赛场 超级足球之夜:2018 年世界杯亚洲区预选赛第三阶段 A 组第 7 轮(伊朗 VS 中国)	中央台五套	3.9	12.9
2	黄金赛场:2017 年世界乒乓球锦标赛男单决赛	中央台五套	2.1	7.1
3	中华人民共和国第十三届运动会开幕式	中央电视台综合频道	1.7	6.4
4	直播周末:2017 年世界女排大奖赛总决赛半决赛(中国队 VS 意大利队)	中央台五套	1.5	6.5
5	直播周末:2019 年男篮世界杯预选赛(韩国队 VS 中国队)	中央台五套	1.4	5.3
6	黄金赛场:2017 年中国杯国际足球锦标赛(中国国家男子足球队 VS 冰岛国家男子足球队)	中央台五套	1.4	4.9
7	黄金赛场:2017 年亚洲足联冠军联赛 1/4 决赛次回合(广州恒大 VS 上海上港)	中央台五套	1.3	5.7
8	第十三届全运会男子 1500 米自由泳决赛	中央台五套	1.2	11.0
9	WLF2017 全球功夫盛典	河南电视台卫星频道(一套)	1.2	6.5
10	黄金赛场 中国杯国际足球锦标赛开幕式	中央台五套	1.2	4.1

六十三、其他城市收视概览

表 3.63.1 2017 年安庆市场(安徽省)收视份额排名前十位的频道

名次	频道名称	收视份额(%)
1	安徽影视	14.0
2	安徽卫视	13.9
3	中央电视台综合频道	6.5
4	中央台四套	5.1
5	湖南卫视	4.2
6	中央台六套	3.8
7	安徽公共	3.6
7	安庆广播电视台新闻综合频道	3.6
9	安徽经视	2.7
9	中央台八套	2.7

表 3.63.2 2017 年鞍山市场(辽宁省)收视份额排名前十位的频道

名次	频道名称	收视份额(%)
1	中央电视台综合频道	9.1
2	辽宁广播电视台都市频道	8.5
3	中央台四套	6.5
4	辽宁卫视	5.9
5	中央电视台新闻频道	5.7
6	上海东方卫视	5.1
7	中央台八套	5.0
8	湖南卫视	4.7
9	浙江卫视	3.3
10	辽宁广播电视台经济频道(沈阳台)	2.9

表 3.63.3 2017 年蚌埠市场(安徽省)收视份额排名前十位的频道

名次	频道名称	收视份额(%)
1	中央电视台综合频道	11.5
2	湖南卫视	6.1
3	安徽卫视	5.9
4	安徽影视	5.8
5	安徽公共	5.6
6	中央台四套	4.5
7	蚌埠电视台新闻综合频道	3.9
7	浙江卫视	3.9
9	中央台六套	3.5
10	上海东方卫视	3.4

表 3.63.4　2017 年包头市场(内蒙古自治区)收视份额排名前十位的频道

名次	频道名称	收视份额(%)
1	中央电视台综合频道	17.5
2	中央台八套	7.9
3	中央台三套	5.6
4	湖南卫视	5.4
5	中央台四套	5.2
6	中央台六套	5.1
7	上海东方卫视	3.6
7	浙江卫视	3.6
9	中央电视台新闻频道	3.1
10	北京卫视	2.6

表 3.63.5　2017 年宝鸡市场(陕西省)收视份额排名前十位的频道

名次	频道名称	收视份额(%)
1	中央电视台综合频道	12.8
2	湖南卫视	6.1
3	中央台八套	5.8
4	陕西广播电视台都市青春频道(二套)	5.3
5	中央台四套	4.2
6	陕西广播电视台新闻资讯频道(一套)	4.0
7	中央电视台少儿频道	3.6
8	中央台六套	3.5
8	上海东方卫视	3.5
10	中央电视台新闻频道	3.3

表 3.63.6　2017 年北海市场(广西壮族自治区)收视份额排名前十位的频道

名次	频道名称	收视份额(%)
1	广西电视台综艺频道	9.2
2	中央电视台综合频道	7.8
3	湖南卫视	5.7
4	中央台八套	3.8
5	中央电视台新闻频道	3.7
6	中央台三套	3.6
6	广西电视台都市频道	3.6
8	广西电视台新闻频道	3.3
8	中央电视台少儿频道	3.3
10	广西电视台卫星频道	3.0

表 3.63.7　2017 年常德市场(湖南省)收视份额排名前十位的频道

名次	频道名称	收视份额(%)
1	湖南电视台经济频道	10.4
2	湖南电视台潇湘电影频道	7.7
3	湖南卫视	7.0
4	湖南电视台电视剧频道	6.6
5	湖南电视台娱乐频道	5.3
6	中央台三套	4.8
7	湖南电视台金鹰卡通频道	4.7
8	中央电视台综合频道	4.4
9	湖南电视台都市频道	4.3
10	中央台四套	4.1

表 3.63.8　2017 年常州市场(江苏省)收视份额排名前十位的频道

名次	频道名称	收视份额(%)
1	常州电视台一套(新闻综合频道)	6.4
2	中央台三套	6.2
2	常州电视台二套(都市频道)	6.2
4	中央台四套	5.2
5	中央台八套	5.1
6	中央电视台新闻频道	4.3
7	湖南卫视	4.1
7	中央台六套	4.1
9	中央电视台综合频道	3.9
10	常州电视台三套(生活频道)	2.7

表 3.63.9　2017 年潮州市场(广东省)收视份额排名前十位的频道

名次	频道名称	收视份额(%)
1	潮州电视台二套(公共频道)	12.0
2	潮州电视台一套(新闻综合频道)	10.8
3	广东广播电视台经济科教频道	5.8
4	湖南卫视	5.0
5	中央台四套	4.6
6	中央电视台综合频道	3.8
7	翡翠台(中文)(潮州有线网转播)	3.3
8	中央电视台音乐频道	2.8
9	中央电视台新闻频道	2.7
9	中央台三套	2.7

表 3.63.10　2017 年滁州市场(安徽省)收视份额排名前十位的频道

名次	频道名称	收视份额(%)
1	安徽卫视	12.8
2	中央电视台综合频道	11.3
3	安徽影视	8.0
4	中央台四套	4.2
5	湖南卫视	4.1
6	安徽经视	3.7
7	浙江卫视	3.5
8	中央台三套	3.3
9	中央电视台新闻频道	3.0
9	江苏卫视	3.0

表 3.63.11　2017 年达州市场(四川省)收视份额排名前十位的频道

名次	频道名称	收视份额(%)
1	达州新闻综合频道	13.1
2	中央电视台综合频道	9.0
3	湖南卫视	7.6
4	中央台八套	6.5
5	四川电视台影视文艺频道(五套)	6.1
6	中央台六套	5.7
7	中央台三套	5.6
8	四川经视频道	3.4
9	四川卫视	3.3
10	中央台四套	3.2

表 3.63.12　2017 年大理市场(云南省)收视份额排名前十位的频道

名次	频道名称	收视份额(%)
1	湖南卫视	12.5
2	中央台八套	10.5
3	云南广播电视台都市频道(二套)	6.7
4	中央台六套	6.1
5	中央电视台综合频道	4.4
6	中央台四套	4.1
7	浙江卫视	3.6
8	中央台十二套	3.3
9	中央台三套	3.2
10	安徽卫视	2.3

表 3.63.13　2017 年大同市场(山西省)收视份额排名前十位的频道

名次	频道名称	收视份额(%)
1	中央电视台综合频道	15.9
2	中央台八套	7.3
3	湖南卫视	7.0
4	中央台三套	5.7
5	中央台六套	4.9
6	上海东方卫视	4.6
7	中央台四套	4.2
8	浙江卫视	3.6
9	江苏卫视	3.0
10	山西卫视	2.9

表 3.63.14　2017 年丹东市场(辽宁省)收视份额排名前十位的频道

名次	频道名称	收视份额(%)
1	辽宁广播电视台都市频道	11.4
2	中央电视台综合频道	7.2
3	辽宁卫视	6.9
4	中央台四套	6.1
5	辽宁广播电视台影视剧频道	5.5
6	上海东方卫视	3.8
7	湖南卫视	3.7
8	中央电视台新闻频道	3.4
9	中央台八套	3.1
10	江苏卫视	2.9

表 3.63.15　2017 年德州市场(山东省)收视份额排名前十位的频道

名次	频道名称	收视份额(%)
1	山东卫视	8.4
2	山东电视综艺频道	8.0
3	山东电视齐鲁频道	6.4
4	中央台四套	5.6
5	中央台六套	5.4
6	中央台八套	4.3
7	山东电视台第九频道(少儿)	3.8
8	中央电视台综合频道	3.6
9	山东电视影视频道	3.3
9	湖南卫视	3.3

表 3.63.16　2017 年东莞市场(广东省)收视份额排名前十位的频道

名次	频道名称	收视份额(%)
1	东莞电视台公共频道	7.9
2	广东广播电视台珠江频道	7.0
3	翡翠台(中文)(东莞有线网转播)	6.3
4	广东广播电视台公共频道	5.6
5	湖南电视台金鹰卡通频道	5.1
6	广东广播电视台南方卫视	4.0
7	广东广播电视台珠江电影频道	3.9
8	广东广播电视台影视频道	3.6
9	湖南卫视	3.2
10	广东广播电视台体育频道	2.9

表 3.63.17　2017 年佛山市场(广东省)收视份额排名前十位的频道

名次	频道名称	收视份额(%)
1	翡翠台(中文)(佛山有线台转播)	10.3
2	广东广播电视台珠江频道	10.2
3	佛山电视公共频道	7.5
4	广东广播电视台公共频道	5.7
5	广东广播电视台影视频道	5.6
6	湖南电视台金鹰卡通频道	4.6
7	佛山电视综合频道	3.0
8	湖南卫视	2.9
8	广东广播电视台体育频道	2.9
10	广东广播电视台珠江电影频道	2.7

表 3.63.18　2017 年抚顺市场(辽宁省)收视份额排名前十位的频道

名次	频道名称	收视份额(%)
1	辽宁广播电视台都市频道	14.1
2	辽宁卫视	5.8
3	中央台四套	5.4
4	辽宁广播电视台影视剧频道	4.6
4	中央台三套	4.6
6	中央台六套	3.7
6	中央台八套	3.7
8	中央电视台新闻频道	3.2
9	中央电视台综合频道	3.0
10	中央台五套	2.7

表 3.63.19　2017 年赣州市场（江西省）收视份额排名前十位的频道

名次	频道名称	收视份额（%）
1	江西电视台都市频道（二套）	10.6
2	中央电视台综合频道	8.9
3	中央台四套	7.3
4	江西电视台影视频道（四套）	5.6
5	中央台三套	4.5
6	江西卫视	4.4
7	湖南电视台金鹰卡通频道	4.3
8	湖南卫视	3.7
9	中央台六套	3.0
10	江西电视台公共频道（五套）	2.9

表 3.63.20　2017 年广元市场（四川省）收视份额排名前十位的频道

名次	频道名称	收视份额（%）
1	四川电视台影视文艺频道（五套）	10.8
2	中央台八套	7.3
3	中央电视台综合频道	6.0
4	中央台六套	5.5
5	中央台三套	4.3
6	湖南卫视	2.9
7	中央台四套	2.8
8	中央电视台少儿频道	2.6
9	湖南电视台金鹰卡通频道	2.3
10	四川经视频道	2.0

表 3.63.21　2017 年桂林市场（广西壮族自治区）收视份额排名前十位的频道

名次	频道名称	收视份额（%）
1	中央电视台综合频道	14.2
2	广西电视台综艺频道	9.5
3	广西电视台卫星频道	6.0
4	广西电视台都市频道	5.1
5	湖南卫视	4.9
6	中央台四套	4.8
7	中央电视台少儿频道	3.7
8	桂林电视台公共频道	3.5
9	中央台五套	3.0
9	浙江卫视	3.0

表 3.63.22　2017 年衡阳市场(湖南省)收视份额排名前十位的频道

名次	频道名称	收视份额(%)
1	湖南卫视	8.3
2	湖南电视台金鹰卡通频道	7.4
3	湖南电视台电视剧频道	7.3
4	湖南电视台经济频道	7.2
5	湖南电视台潇湘电影频道	6.5
5	湖南电视台都市频道	6.5
7	中央台四套	5.5
8	中央电视台综合频道	5.3
9	中央电视台少儿频道	3.9
10	中央电视台新闻频道	3.8

表 3.63.23　2017 年湖州市场(浙江省)收视份额排名前十位的频道

名次	频道名称	收视份额(%)
1	中央台四套	7.7
2	浙江电视台教育科技频道	5.7
3	中央台六套	4.7
4	湖州电视台新闻综合频道	4.6
5	中央台八套	4.4
6	湖南卫视	4.0
7	湖州电视台文化娱乐频道	3.8
8	浙江卫视	3.5
9	浙江电视台民生休闲频道	3.4
10	湖南电视台金鹰卡通频道	3.3

表 3.63.24　2017 年惠州市场(广东省)收视份额排名前十位的频道

名次	频道名称	收视份额(%)
1	广东广播电视台经济科教频道	7.4
2	湖南卫视	5.6
3	广东广播电视台珠江频道	5.4
4	湖南电视台金鹰卡通频道	5.1
5	中央台四套	3.9
5	浙江卫视	3.9
7	翡翠台(中文)(惠州有线网转播)	3.6
7	江苏卫视	3.6
9	中央台六套	3.1
10	广东广播电视台公共频道	2.8

表 3.63.25 2017 年吉林市市场(吉林省)收视份额排名前十位的频道

名次	频道名称	收视份额(%)
1	中央电视台综合频道	8.0
2	吉林电视台生活频道(三套)	5.7
3	中央台四套	5.5
4	吉林电视台乡村频道(五套)	5.4
5	中央电视台新闻频道	4.2
5	中央台三套	4.2
7	中央台八套	3.8
7	中央台六套	3.8
7	中央台五套	3.8
10	长影电影频道	3.7

表 3.63.26 2017 年济宁市场(山东省)收视份额排名前十位的频道

名次	频道名称	收视份额(%)
1	山东卫视	10.1
2	山东电视综艺频道	6.1
3	中央电视台综合频道	5.6
4	山东电视齐鲁频道	5.1
5	济宁电视台公共频道	3.6
6	中央台六套	3.5
6	中央台三套	3.5
8	湖南电视台金鹰卡通频道	3.1
9	中央电视台新闻频道	2.9
10	北京卡酷少儿频道	2.6

表 3.63.27 2017 年嘉兴市场(浙江省)收视份额排名前十位的频道

名次	频道名称	收视份额(%)
1	嘉兴电视台新闻综合频道	14.1
2	嘉兴电视台文化影视频道	8.4
3	中央台四套	4.9
4	浙江卫视	4.7
5	中央台三套	4.6
6	湖南卫视	4.5
7	中央台六套	3.9
8	中央电视台综合频道	3.6
9	浙江电视台民生休闲频道	3.3
9	中央台八套	3.3

表 3.63.28　2017 年江门市场(广东省)收视份额排名前十位的频道

名次	频道名称	收视份额(%)
1	广东广播电视台珠江频道	12.9
2	翡翠台(中文)(江门有线网转播)	8.7
3	广东广播电视台公共频道	6.9
4	广东广播电视台影视频道	6.4
5	江门电视公共频道	5.3
6	广东广播电视台嘉佳卡通频道	2.9
6	湖南卫视	2.9
8	中央电视台少儿频道	2.7
9	广东广播电视台南方卫视	2.6
10	中央台六套	2.5

表 3.63.29　2017 年金华市场(浙江省)收视份额排名前十位的频道

名次	频道名称	收视份额(%)
1	浙江卫视	7.1
2	中央台六套	6.4
3	湖南卫视	6.0
3	金华电视台教育科技频道	6.0
5	中央台八套	5.4
6	中央电视台综合频道	5.1
7	金华电视台新闻综合频道	5.0
8	中央台三套	4.9
9	中央台四套	3.5
9	金华电视台公共频道(经济生活)	3.5

表 3.63.30　2017 年锦州市场(辽宁省)收视份额排名前十位的频道

名次	频道名称	收视份额(%)
1	辽宁广播电视台都市频道	9.1
2	中央台四套	6.2
3	中央台八套	5.6
4	中央台三套	5.3
5	辽宁广播电视台影视剧频道	5.1
6	辽宁卫视	4.6
7	中央电视台综合频道	4.4
8	中央台六套	3.8
9	辽宁广播电视台公共频道(沈阳台)	2.9
10	湖南电视台金鹰卡通频道	2.6

表 3.63.31 2017 年荆门市场(湖北省)收视份额排名前十位的频道

名次	频道名称	收视份额(%)
1	中央电视台综合频道	8.2
2	中央台八套	5.9
3	中央台四套	5.8
4	中央台三套	5.4
5	中央台六套	4.8
6	湖北综合	4.6
7	湖北影视	4.3
8	湖南卫视	4.0
9	中央台五套	3.1
9	中央电视台新闻频道	3.1

表 3.63.32 2017 年荆州市场(湖北省)收视份额排名前十位的频道

名次	频道名称	收视份额(%)
1	湖北垄上	7.6
2	荆州电视台新闻频道	6.1
3	中央台四套	5.9
4	中央台六套	5.1
5	中央台三套	4.8
6	湖南卫视	4.5
7	中央台八套	4.4
8	荆州电视台公共频道	4.2
9	中央电视台综合频道	4.1
10	湖北影视	3.5

表 3.63.33 2017 年九江市场(江西省)收视份额排名前十位的频道

名次	频道名称	收视份额(%)
1	江西电视台都市频道(二套)	10.7
2	中央电视台综合频道	6.2
3	中央台四套	5.9
4	江西卫视	4.6
5	江西电视台影视频道(四套)	4.1
6	湖南电视台金鹰卡通频道	3.9
7	江西电视台公共频道(五套)	3.6
8	中央电视台新闻频道	3.3
9	中央台三套	3.2
10	中央台八套	3.1

表 3.63.34　2017 年揭阳市场(广东省)收视份额排名前十位的频道

名次	频道名称	收视份额(%)
1	揭阳电视台公共频道	8.5
2	湖南卫视	5.0
3	揭阳电视台新闻综合频道	4.0
4	中央台三套	3.6
4	中央台四套	3.6
6	中央电视台综合频道	3.3
7	潮州电视台一套(新闻综合频道)	3.0
8	中央台六套	2.9
8	湖南电视台金鹰卡通频道	2.9
8	广东广播电视台经济科教频道	2.9

表 3.63.35　2017 年拉萨市场(西藏自治区)收视份额排名前十位的频道

名次	频道名称	收视份额(%)
1	西藏一套(藏语卫视)	21.8
2	中央台六套	10.0
3	拉萨广播电视台二套(藏语综合频道)	9.2
4	中央电视台少儿频道	5.2
5	中央台八套	4.9
6	湖南电视台金鹰卡通频道	3.7
7	湖南卫视	3.5
8	西藏电视台影视文化频道	2.6
9	中央电视台新闻频道	1.8
9	中央台五套	1.8

表 3.63.36　2017 年乐山市场(四川省)收视份额排名前十位的频道

名次	频道名称	收视份额(%)
1	四川电视台影视文艺频道(五套)	9.8
2	中央电视台综合频道	7.9
3	乐山新闻综合频道	6.2
4	中央台八套	6.0
5	湖南卫视	4.8
6	中央台三套	4.3
7	乐山公共频道	3.9
8	中央台六套	3.7
9	四川卫视	3.5
10	中央电视台新闻频道	3.4

表 3.63.37 2017 年柳州市场(广西壮族自治区)收视份额排名前十位的频道

名次	频道名称	收视份额(%)
1	广西电视台综艺频道	11.2
2	中央台四套	7.4
3	中央电视台综合频道	4.7
4	中央台八套	4.3
5	广西电视台都市频道	3.8
6	中央电视台新闻频道	3.4
7	中央台五套	3.2
8	中央台三套	3.1
9	湖南卫视	2.9
10	广西电视台卫星频道	2.8

表 3.63.38 2017 年泸州市场(四川省)收视份额排名前十位的频道

名次	频道名称	收视份额(%)
1	中央电视台综合频道	9.1
2	四川电视台影视文艺频道(五套)	8.9
3	中央台八套	6.9
4	中央台六套	6.4
5	湖南卫视	5.5
6	四川卫视	5.4
7	四川经视频道	4.8
8	中央台三套	3.8
8	四川电视台公共频道	3.8
10	中央电视台少儿频道	3.3

表 3.63.39 2017 年洛阳市场(河南省)收视份额排名前十位的频道

名次	频道名称	收视份额(%)
1	中央电视台综合频道	19.9
2	中央台三套	5.3
3	中央台四套	5.2
4	中央台八套	5.1
5	河南电视台都市频道(二套)	4.3
6	中央台六套	3.7
7	浙江卫视	3.5
8	湖南卫视	3.4
9	河南电视台公共频道(八套)	3.3
10	河南电视台电视剧频道(五套)	3.0

表 3.63.40 2017 年梅州市场(广东省)收视份额排名前十位的频道

名次	频道名称	收视份额(%)
1	梅州电视台时政综合频道	8.0
2	中央台四套	6.6
3	广东广播电视台经济科教频道	6.5
4	中央台三套	5.1
5	中央台八套	4.4
6	梅州电视台客家公共频道	4.1
7	中央台六套	3.9
8	广东广播电视台嘉佳卡通频道	3.0
8	中央电视台音乐频道	3.0
10	湖南卫视	2.8

表 3.63.41 2017 年牡丹江市场(黑龙江省)收视份额排名前十位的频道

名次	频道名称	收视份额(%)
1	中央电视台综合频道	9.9
2	黑龙江电视台影视频道	7.1
3	黑龙江电视台都市频道	6.9
4	中央台八套	6.1
5	中央台三套	5.3
6	中央电视台新闻频道	5.2
7	黑龙江卫视	4.4
8	黑龙江电视台文体频道	4.2
9	黑龙江电视台新闻频道	4.1
10	中央电视台少儿频道	3.9

表 3.63.42 2017 年南充市场(四川省)收视份额排名前十位的频道

名次	频道名称	收视份额(%)
1	四川电视台影视文艺频道(五套)	10.8
2	中央电视台综合频道	10.0
3	中央台四套	6.3
4	中央台三套	4.8
5	中央台八套	3.9
5	中央台六套	3.9
5	四川经视频道	3.9
8	中央电视台新闻频道	3.8
9	湖南卫视	3.7
10	中央电视台少儿频道	3.3

表 3.63.43 2017 年南通市场(江苏省)收视份额排名前十位的频道

名次	频道名称	收视份额(%)
1	南通电视台一套(新闻综合频道)	10.4
2	中央台四套	7.3
3	中央台三套	6.7
4	中央电视台综合频道	5.6
5	中央台六套	4.7
6	中央台八套	4.3
7	南通电视台二套(都市生活频道)	4.2
8	湖南卫视	3.2
9	湖南电视台金鹰卡通频道	3.1
10	南通电视台三套(影视频道)	2.7

表 3.63.44 2017 年平顶山市场(河南省)收视份额排名前十位的频道

名次	频道名称	收视份额(%)
1	中央电视台综合频道	16.5
2	中央台六套	5.5
2	湖南卫视	5.5
2	中央台八套	5.5
5	中央电视台少儿频道	5.4
6	中央台四套	4.4
7	河南电视台公共频道(八套)	4.1
7	中央台三套	4.1
9	河南电视台卫星频道(一套)	3.8
10	河南电视台都市频道(二套)	3.4

表 3.63.45 2017 年秦皇岛市场(河北省)收视份额排名前十位的频道

名次	频道名称	收视份额(%)
1	中央电视台综合频道	11.2
2	中央台三套	7.5
2	中央台八套	7.5
4	浙江卫视	4.2
4	河北广播电视台经济生活频道	4.2
4	中央台四套	4.2
7	安徽卫视	3.6
8	中央电视台新闻频道	3.3
9	湖南卫视	3.1
10	中央台六套	2.9

表 3.63.46　2017 年清远市场(广东省)收视份额排名前十位的频道

名次	频道名称	收视份额(%)
1	广东广播电视台珠江频道	47.1
2	广东广播电视台公共频道	10.1
3	广东广播电视台影视频道	7.4
4	广东广播电视台南方卫视	3.7
5	湖南卫视	3.5
6	广东广播电视台少儿频道	3.1
7	翡翠台(中文)(清远有线网转播)	2.6
8	广东广播电视台体育频道	2.3
9	中央电视台综合频道	1.8
10	广东广播电视台珠江电影频道	1.5

表 3.63.47　2017 年衢州市场(浙江省)收视份额排名前十位的频道

名次	频道名称	收视份额(%)
1	衢州电视公共频道	8.8
2	衢州电视经济信息频道	7.2
3	中央台八套	6.5
4	中央电视台综合频道	6.1
5	衢州电视新闻综合频道	5.9
6	中央台六套	5.7
7	中央台四套	5.0
8	浙江电视台民生休闲频道	4.7
9	中央台三套	3.8
10	浙江电视台教育科技频道	3.7

表 3.63.48　2017 年泉州(新)市场(福建省)收视份额排名前十位的频道

名次	频道名称	收视份额(%)
1	泉州电视台新闻综合频道	15.0
2	中央电视台综合频道	9.1
3	湖南卫视	6.3
4	泉州电视台闽南语频道	4.8
4	中央台六套	4.8
6	泉州电视台影视剧频道	4.7
7	浙江卫视	4.4
8	中央台三套	3.8
9	中央台八套	3.7
10	泉州电视台都市生活频道	3.4

表 3.63.49　2017 年三亚市场(海南省)收视份额排名前十位的频道

名次	频道名称	收视份额(%)
1	中央台八套	6.1
2	湖南卫视	5.8
3	中央台六套	5.4
4	中央电视台综合频道	5.1
5	海南广播电视总台综合频道	4.9
6	中央电视台少儿频道	4.6
7	中央台四套	3.9
8	浙江卫视	3.1
9	海南广播电视总台影视综艺频道	2.7
10	中央台三套	2.6

表 3.63.50　2017 年汕头市场(广东省)收视份额排名前十位的频道

名次	频道名称	收视份额(%)
1	湖南卫视	9.4
2	汕头电视台 -2(生活经济频道)	9.3
3	汕头电视台 -1(新闻综合频道)	4.5
4	湖南电视台金鹰卡通频道	4.0
5	浙江卫视	3.0
6	广东广播电视台嘉佳卡通频道	2.9
7	广东广播电视台经济科教频道	2.5
7	中央台六套	2.5
9	中央台四套	2.2
9	上海东方卫视	2.2

表 3.63.51　2017 年汕尾市场(广东省)收视份额排名前十位的频道

名次	频道名称	收视份额(%)
1	湖南卫视	15.7
2	翡翠台(中文)(汕尾有线网转播)	5.4
3	广东广播电视台珠江频道	4.6
4	广东广播电视台综艺频道	4.3
5	中央电视台少儿频道	4.1
5	浙江卫视	4.1
7	广东广播电视台嘉佳卡通频道	4.0
7	广东广播电视台影视频道	4.0
9	广东广播电视台经济科教频道	3.6
10	广东广播电视台南方卫视	2.4

表 3.63.52　2017 年韶关市场(广东省)收视份额排名前十位的频道

名次	频道名称	收视份额(%)
1	广东广播电视台珠江频道	6.2
2	广东广播电视台经济科教频道	5.3
3	中央台六套	4.6
4	中央电视台少儿频道	3.6
5	广东广播电视台影视频道	3.4
6	中央台四套	3.1
6	广东广播电视台嘉佳卡通频道	3.1
6	中央电视台综合频道	3.1
9	湖南卫视	3.0
10	韶关广播电视台新闻综合频道	2.8

表 3.63.53　2017 年绍兴市场(浙江省)收视份额排名前十位的频道

名次	频道名称	收视份额(%)
1	绍兴电视台公共频道(二套)	20.0
2	绍兴电视台新闻综合频道(一套)	8.4
3	浙江卫视	7.2
4	湖南卫视	6.6
5	中央电视台综合频道	5.6
6	绍兴电视台文化影视频道(三套)	5.0
7	中央台四套	3.4
8	中央台六套	2.3
8	浙江电视台民生休闲频道	2.3
8	中央台八套	2.3

表 3.63.54　2017 年苏州市场(江苏省)收视份额排名前十位的频道

名次	频道名称	收视份额(%)
1	苏州电视台新闻综合频道(一套)	16.1
2	苏州电视台社会经济频道(二套)	12.8
3	中央台四套	3.8
4	中央电视台综合频道	3.6
4	苏州电视台生活资讯频道(五套)	3.6
6	中央电视台少儿频道	3.0
7	江苏卫视	2.9
8	中央台六套	2.8
9	湖南卫视	2.7
10	苏州电视台文化生活频道(三套)	2.5

表 3.63.55 2017 年台州市场(浙江省)收视份额排名前十位的频道

名次	频道名称	收视份额(%)
1	台州电视台文化生活频道(二套)	9.1
2	中央电视台综合频道	6.9
3	湖南卫视	6.4
4	浙江卫视	5.9
4	台州电视台新闻综合频道(一套)	5.9
6	中央台四套	4.9
7	台州电视台公共频道(三套)	4.6
8	中央台八套	4.4
9	中央台六套	3.7
10	浙江电视台教育科技频道	3.5

表 3.63.56 2017 年泰州市场(江苏省)收视份额排名前十位的频道

名次	频道名称	收视份额(%)
1	泰州电视台新闻综合频道	9.8
2	中央电视台综合频道	8.2
3	中央台四套	6.0
4	中央电视台新闻频道	5.9
5	泰州电视台经济生活频道	5.5
6	中央台八套	5.3
7	中央台三套	5.2
8	中央台六套	4.6
9	湖南卫视	4.5
10	江苏卫视	3.4

表 3.63.57 2017 年唐山市场(河北省)收视份额排名前十位的频道

名次	频道名称	收视份额(%)
1	中央台四套	6.2
2	中央台八套	5.6
3	中央电视台综合频道	4.7
4	河北广播电视台农民频道	4.5
5	河北广播电视台经济生活频道	3.9
6	中央台三套	3.6
7	中央台六套	3.4
8	浙江卫视	3.2
9	河北广播电视台卫视频道	3.0
9	河北广播电视台影视剧频道	3.0

表 3.63.58　2017 年铜陵市场(安徽省)收视份额排名前十位的频道

名次	频道名称	收视份额(%)
1	安徽卫视	14.1
2	中央电视台综合频道	10.9
3	安徽影视	7.8
4	湖南卫视	6.8
5	中央电视台少儿频道	5.1
6	中央台八套	4.5
7	上海东方卫视	3.4
8	中央台三套	3.1
9	中央台五套	3.0
10	浙江卫视	2.9

表 3.63.59　2017 年潍坊市场(山东省)收视份额排名前十位的频道

名次	频道名称	收视份额(%)
1	山东电视综艺频道	7.6
2	山东电视齐鲁频道	6.8
3	中央台六套	5.7
4	山东卫视	5.5
5	中央电视台综合频道	5.2
6	中央台四套	4.7
7	中央台八套	4.2
8	中央台三套	3.9
9	山东电视影视频道	3.6
10	中央电视台新闻频道	2.7

表 3.63.60　2017 年温州市场(浙江省)收视份额排名前十位的频道

名次	频道名称	收视份额(%)
1	温州市广播电视总台新闻综合频道	6.0
2	中央台四套	5.9
3	温州市广播电视总台经济科教频道	5.4
4	中央台八套	4.4
5	中央电视台综合频道	4.3
6	浙江卫视	4.2
6	中央电视台新闻频道	4.2
8	中央台三套	4.1
9	中央台六套	3.9
10	湖南电视台金鹰卡通频道	3.3

表 3.63.61　2017 年无锡（M）市场（江苏省）收视份额排名前十位的频道

名次	频道名称	收视份额（%）
1	无锡广播电视台都市资讯频道	12.3
2	无锡广播电视台新闻综合频道	7.8
3	中央台四套	5.9
4	中央台三套	4.2
5	无锡广播电视台经济频道	4.1
6	中央台八套	3.8
6	中央台六套	3.8
8	湖南卫视	3.1
9	中央电视台新闻频道	2.8
10	北京卡酷少儿频道	2.7

表 3.63.62　2017 年芜湖市场（安徽省）收视份额排名前十位的频道

名次	频道名称	收视份额（%）
1	安徽卫视	9.0
2	中央台四套	6.6
3	中央电视台综合频道	6.5
4	芜湖电视台生活频道	5.8
5	中央电视台新闻频道	5.5
6	中央台八套	4.7
7	安徽影视	4.4
8	中央台六套	4.1
9	湖南卫视	4.0
10	上海东方卫视	3.6

表 3.63.63　2017 年襄阳市场（湖北省）收视份额排名前十位的频道

名次	频道名称	收视份额（%）
1	中央电视台综合频道	14.1
2	襄阳广播电视台综合频道	12.6
3	湖南卫视	7.3
4	中央台八套	4.4
5	中央台六套	4.3
6	中央台四套	4.1
7	湖北影视	3.8
8	中央台三套	3.4
8	中央电视台少儿频道	3.4
10	浙江卫视	2.9

表 3.63.64　2017 年徐州市场(江苏省)收视份额排名前十位的频道

名次	频道名称	收视份额(%)
1	徐州电视台新闻综合频道	7.3
2	徐州电视台经济生活频道	5.9
3	中央电视台综合频道	5.5
4	中央台八套	5.0
5	中央台四套	4.8
6	中央台三套	4.0
7	中央电视台少儿频道	3.8
8	中央台六套	3.7
9	中央台十二套	2.4
9	中央台十一套	2.4

表 3.63.65　2017 年烟台市场(山东省)收视份额排名前十位的频道

名次	频道名称	收视份额(%)
1	山东卫视	8.1
2	中央电视台综合频道	5.0
2	中央台四套	5.0
4	中央台六套	4.7
5	中央台八套	4.6
5	山东电视齐鲁频道	4.6
7	山东电视综艺频道	4.4
8	中央电视台新闻频道	3.5
9	烟台电视台二套(公共频道)	3.1
10	湖南卫视	2.9

表 3.63.66　2017 年盐城市场(江苏省)收视份额排名前十位的频道

名次	频道名称	收视份额(%)
1	盐城电视台一套	12.1
2	盐城电视台二套	7.1
3	中央台四套	5.3
4	中央电视台综合频道	4.7
5	江苏电视台城市频道	4.6
6	江苏电视台综艺频道	4.1
7	中央台六套	4.0
8	中央台八套	3.9
9	中央台三套	3.6
10	江苏卫视	2.8

表 3.63.67 2017 年扬州市场(江苏省)收视份额排名前十位的频道

名次	频道名称	收视份额(%)
1	扬州二套	15.4
2	扬州一套	11.1
3	中央台四套	5.9
4	中央台六套	4.5
5	扬州三套	4.1
6	中央台三套	4.0
7	中央台八套	3.6
8	中央电视台综合频道	3.3
9	中央电视台少儿频道	2.9
10	中央电视台新闻频道	2.6

表 3.63.68 2017 年阳江市场(广东省)收视份额排名前十位的频道

名次	频道名称	收视份额(%)
1	广东广播电视台珠江频道	20.2
2	湖南卫视	6.6
3	中央电视台综合频道	5.5
4	广东广播电视台南方卫视	5.1
5	中央电视台少儿频道	4.7
6	广东广播电视台经济科教频道	4.1
7	阳江综合频道	3.8
7	广东广播电视台影视频道	3.8
9	广东广播电视台公共频道	2.9
10	中央台三套	2.5

表 3.63.69 2017 年宜宾市场(四川省)收视份额排名前十位的频道

名次	频道名称	收视份额(%)
1	四川电视台影视文艺频道(五套)	8.4
2	中央电视台综合频道	8.2
3	中央台八套	6.3
4	湖南卫视	5.9
5	四川卫视	3.9
5	中央台六套	3.9
7	中央电视台少儿频道	3.8
8	宜宾电视台二套(公共频道)	3.7
9	四川电视台公共频道	3.1
10	中央台三套	2.7

表 3.63.70　2017 年宜昌市场(湖北省)收视份额排名前十位的频道

名次	频道名称	收视份额(%)
1	中央台四套	7.0
2	中央电视台新闻频道	6.5
3	中央台八套	6.1
4	中央电视台综合频道	5.9
5	湖北影视	4.5
6	宜昌三峡综合频道	4.3
7	湖南卫视	3.9
8	中央台六套	3.6
9	中央台三套	3.2
10	中央台五套	2.9

表 3.63.71　2017 年宜春市场(江西省)收视份额排名前十位的频道

名次	频道名称	收视份额(%)
1	湖南卫视	10.4
2	江西电视台都市频道(二套)	7.1
3	江西卫视	6.4
4	中央电视台少儿频道	5.6
5	湖南电视台金鹰卡通频道	5.5
6	中央台六套	4.9
7	江西电视台影视频道(四套)	4.6
8	中央电视台综合频道	3.7
9	中央台八套	3.2
10	浙江卫视	2.9

表 3.63.72　2017 年营口市场(辽宁省)收视份额排名前十位的频道

名次	频道名称	收视份额(%)
1	辽宁广播电视台都市频道	10.7
2	辽宁卫视	9.4
3	中央台八套	6.0
4	中央台四套	5.1
5	湖南卫视	4.5
6	中央台三套	4.0
7	中央电视台综合频道	3.7
8	中央电视台少儿频道	3.6
9	上海东方卫视	3.3
10	辽宁广播电视台影视剧频道	3.2

表 3.63.73 2017 年永济市场(山西省)收视份额排名前十位的频道

名次	频道名称	收视份额(%)
1	中央台八套	9.3
2	中央电视台综合频道	8.3
3	中央电视台少儿频道	5.7
4	山东卫视	5.2
5	湖南卫视	5.0
6	中央台三套	4.0
7	中央电视台新闻频道	3.6
7	中央台四套	3.6
9	中央台十二套	3.4
10	中央台六套	3.3

表 3.63.74 2017 年岳阳市场(湖南省)收视份额排名前十位的频道

名次	频道名称	收视份额(%)
1	湖南卫视	14.0
2	中央电视台综合频道	8.0
3	湖南电视台都市频道	6.8
4	湖南电视台经济频道	6.3
5	湖南电视台电视剧频道	6.0
6	湖南电视台潇湘电影频道	4.5
7	中央电视台少儿频道	4.4
8	湖南电视台娱乐频道	4.3
9	中央台四套	3.9
10	中央台三套	3.4

表 3.63.75 2017 年湛江市场(广东省)收视份额排名前十位的频道

名次	频道名称	收视份额(%)
1	广东广播电视台影视频道	8.9
2	广东广播电视台珠江频道	6.1
3	湖南卫视	4.7
4	广东广播电视台经济科教频道	3.3
4	中央台六套	3.3
6	中央台四套	3.1
6	广东广播电视台南方卫视	3.1
8	中央台八套	2.8
8	浙江卫视	2.8
10	中央电视台新闻频道	2.6

表 3.63.76　2017 年漳州市场(福建省)收视份额排名前十位的频道

名次	频道名称	收视份额(%)
1	中央电视台综合频道	9.6
2	漳州电视台新闻综合频道(一套)	5.2
3	中央电视台少儿频道	5.1
3	厦门卫视	5.1
3	湖南卫视	5.1
6	中央台八套	4.8
7	中央台六套	4.1
8	中央台四套	3.2
9	中央电视台新闻频道	2.7
10	安徽卫视	2.5

表 3.63.77　2017 年肇庆市场(广东省)收视份额排名前十位的频道

名次	频道名称	收视份额(%)
1	广东广播电视台珠江频道	16.1
2	广东广播电视台影视频道	11.4
3	广东广播电视台南方卫视	6.8
4	广东广播电视台公共频道	5.3
5	广东广播电视台珠江电影频道	3.6
6	广东广播电视台嘉佳卡通频道	3.2
6	翡翠台(中文)(肇庆有线网转播)	3.2
8	广东广播电视台少儿频道	3.1
9	中央台六套	2.8
10	湖南卫视	2.4

表 3.63.78　2017 年镇江市场(江苏省)收视份额排名前十位的频道

名次	频道名称	收视份额(%)
1	镇江电视台 2	8.5
2	中央台四套	8.1
3	江苏卫视	4.9
4	镇江电视台新闻综合频道	4.6
5	江苏电视台城市频道	4.3
6	中央电视台综合频道	4.2
6	中央台五套	4.2
8	中央台三套	3.5
8	中央台六套	3.5
10	中央台八套	3.4

表 3.63.79 2017 年中山市场(广东省)收视份额排名前十位的频道

名次	频道名称	收视份额(%)
1	中山广播电视台公共频道	8.7
2	翡翠台(中文)(中山有线网转播)	7.1
3	广东广播电视台珠江频道	6.6
4	广东广播电视台南方卫视	3.8
4	中央台六套	3.8
6	广东广播电视台体育频道	3.3
6	广东广播电视台公共频道	3.3
8	广东广播电视台珠江电影频道	3.2
8	湖南电视台金鹰卡通频道	3.2
10	广东广播电视台影视频道	3.1

表 3.63.80 2017 年珠海市场(广东省)收视份额排名前十位的频道

名次	频道名称	收视份额(%)
1	翡翠台(中文)(珠海有线台转播)	4.7
2	凤凰卫视中文台	4.5
3	湖南卫视	4.4
4	中央台四套	3.9
5	中央台六套	3.8
5	广东广播电视台公共频道	3.8
7	湖南电视台金鹰卡通频道	3.3
7	广东广播电视台珠江频道	3.3
9	中央电视台综合频道	3.0
9	广东广播电视台南方卫视	3.0

表 3.63.81 2017 年株洲市场(湖南省)收视份额排名前十位的频道

名次	频道名称	收视份额(%)
1	湖南电视台经济频道	9.4
2	湖南电视台电视剧频道	8.4
3	湖南卫视	8.0
4	湖南电视台都市频道	7.3
5	湖南电视台金鹰卡通频道	6.1
6	湖南电视台潇湘电影频道	5.1
7	中央台四套	4.2
8	中央电视台综合频道	2.8
8	湖南电视台娱乐频道	2.8
10	中央电视台少儿频道	2.7

表 3.63.82　2017 年淄博市场(山东省)收视份额排名前十位的频道

名次	频道名称	收视份额(%)
1	中央电视台综合频道	11.3
2	山东卫视	8.7
3	山东电视综艺频道	6.8
4	山东电视齐鲁频道	4.7
5	中央台六套	4.5
6	湖南卫视	4.3
7	中央台四套	4.0
8	中央台三套	3.9
9	山东电视影视频道	3.6
10	中央电视台少儿频道	3.2

表 3.63.83　2017 年遵义市场(贵州省)收视份额排名前十位的频道

名次	频道名称	收视份额(%)
1	中央电视台综合频道	11.3
2	湖南卫视	8.7
3	中央台八套	7.5
4	中央电视台少儿频道	7.3
4	中央台六套	7.3
6	中央台三套	3.9
7	浙江卫视	3.6
8	中央电视台新闻频道	3.4
8	遵义 -1	3.4
8	中央台四套	3.4

第四部分
Part Four

附　录　Appendix

附 录

CSM 各收视调查网概况

表 4.1 2017 年全国收视调查网样本规模及推及人口

	固定样组规模(户)	推及户数(千户)	推及人口(千人)
全国	10400	437497	1286679
城域	5290	181134	490718
乡域	5110	256363	795961

表 4.2 2017 年全国收视调查网家庭规模结构(%)

	1 人户	2 人户	3 人户	4 人及以上户
全国	7.4	34.7	28.1	29.8
城域	8.4	38.9	30.8	21.9
乡域	6.8	31.6	26.3	35.3

表 4.3 2017 年全国收视调查网家庭收入结构(%)

	0 ~ 1500 元	1501 ~ 2500 元	2501 ~ 3500 元	3501 ~ 5000 元	5001 ~ 7000 元	7001 ~ 10000 元	10000 元及以上
全国	12.3	10.7	12.2	16.4	18.6	15.5	14.3
城域	5.7	6.8	9.4	14.0	21.0	20.6	22.5
乡域	16.9	13.4	14.1	18.1	17.0	11.9	8.6

表 4.4 2017 年全国收视调查网家庭购买决策者年龄结构(%)

	15 ~ 29 岁	30 ~ 49 岁	50 岁及以上
全国	9.3	47.2	43.5
城域	10.6	46.2	43.2
乡域	8.4	47.9	43.7

表 4.5 2017 年全国收视调查网性别与年龄结构(%)

	性别		年龄						
	男性	女性	4 ~ 14 岁	15 ~ 24 岁	25 ~ 34 岁	35 ~ 44 岁	45 ~ 54 岁	55 ~ 64 岁	65 岁及以上
全国	51.1	48.9	12.7	17.5	15.6	19.1	14.6	11.1	9.4
城域	51.2	48.8	9.9	18.9	17.8	19.4	14.7	10.5	8.8
乡域	51.0	49.0	14.3	16.6	14.3	18.9	14.6	11.5	9.8

表 4.6 2017 年各省级收视调查网样本规模及推及人口

省份	固定样组规模(户)	推及户数(千户)	推及人口(千人)
安徽省	600	19672	56525
福建省	800	12156	35863
甘肃省	600	7163	24142
广东省	1000	34321	103006
广西壮族自治区	600	14243	44899
贵州省	600	10622	31902
海南省	450	2536	8341
河北省	800	21749	69716
黑龙江省	600	13059	36204
河南省	600	26905	88426
湖北省	800	18282	55141
湖南省	800	19602	62333
内蒙古自治区	600	8622	23280
江苏省	800	26596	75558
江西省	800	12405	42765
吉林省	600	9044	25789
辽宁省	800	15180	41262
宁夏回族自治区	600	2093	6314
陕西省	600	11741	36139
山东省	800	32360	92557
山西省	600	10833	33710
四川省	800	27278	76880
新疆维吾尔自治区	600	7727	22495
云南省	600	13358	44887
浙江省	800	20658	52825

表 4.7 2017 年各省级收视调查网家庭规模结构(%)

省份	1 人户	2 人户	3 人户	4 人及以上户
安徽省	7.3	36.2	29.2	27.3
福建省	6.3	35.2	27.6	30.9
甘肃省	4.6	26.1	27.2	42.1
广东省	7.6	38.4	20.8	33.2
广西壮族自治区	7.8	29.9	24.6	37.7
贵州省	11.6	32.1	23.1	33.2
海南省	5.0	31.2	22.5	41.3
河北省	4.9	26.9	28.9	39.3
黑龙江省	7.2	36.9	33.6	22.3
河南省	6.6	27.7	26.5	39.2
湖北省	8.0	32.9	28.3	30.8
湖南省	6.4	29.3	27.3	37.0
内蒙古自治区	6.4	38.9	37.4	17.3
江苏省	7.2	37.7	28.4	26.7
江西省	6.1	23.3	26.1	44.5

续表

省份	1人户	2人户	3人户	4人及以上户
吉林省	5.2	36.8	32.2	25.8
辽宁省	7.1	39.0	33.4	20.5
宁夏回族自治区	5.9	32.7	29.1	32.3
陕西省	6.3	32.8	27.5	33.4
山东省	6.2	35.9	34.0	23.9
山西省	5.1	30.6	29.7	34.6
四川省	11.6	35.1	27.4	25.9
新疆维吾尔自治区	3.3	38.5	25.3	32.9
云南省	6.6	23.4	25.5	44.5
浙江省	7.6	45.7	27.4	19.3

表4.8　2017年各省级收视调查网家庭收入结构(%)

省份	0～1500元	1501～2500元	2501～3500元	3501～5000元	5001～7000元	7001～10000元	10000元及以上
安徽省	14.6	12.0	13.8	17.5	22.2	11.1	8.8
福建省	10.7	8.2	6.7	11.2	16.6	20.3	26.3
甘肃省	19.9	18.7	14.6	19.2	14.3	7.8	5.5
广东省	5.6	11.1	11.6	14.7	17.8	16.6	22.6
广西壮族自治区	28.9	23.5	14.2	12.7	11.3	6.3	3.1
贵州省	30.9	22.1	14.3	11.5	11.5	6.7	3.0
海南省	3.6	14.1	15.9	25.3	19.8	12.1	9.2
河北省	13.9	11.3	13.1	17.5	22.4	16.4	5.4
黑龙江省	8.4	12.8	14.0	24.4	20.3	13.1	7.0
河南省	12.7	12.3	14.4	19.7	20.5	12.4	8.0
湖北省	12.4	9.8	13.7	17.1	20.1	14.8	12.1
湖南省	18.6	11.4	13.5	19.2	16.4	12.0	8.9
内蒙古自治区	14.3	11.4	12.8	18.2	19.3	15.1	8.9
江苏省	6.5	6.0	7.6	9.7	20.2	24.5	25.5
江西省	8.3	11.0	13.0	17.8	18.6	18.6	12.7
吉林省	10.5	14.7	16.4	19.9	18.1	13.4	7.0
辽宁省	9.1	11.8	16.3	22.7	22.4	11.9	5.8
宁夏回族自治区	8.7	11.1	15.2	22.1	20.8	14.9	7.2
陕西省	12.1	9.8	12.4	15.5	21.5	16.9	11.8
山东省	17.7	9.8	14.2	20.5	17.8	12.9	7.1
山西省	10.0	8.6	12.5	18.8	24.1	17.5	8.5
四川省	22.1	11.8	15.0	14.5	15.8	12.8	8.0
新疆维吾尔自治区	0.9	6.8	9.9	27.5	31.3	18.2	5.4
云南省	11.9	15.9	13.0	20.2	20.0	11.7	7.3
浙江省	4.5	3.4	7.3	9.7	14.9	23.5	36.7

表 4.9　2017 年各省级收视调查网家庭购买决策者年龄结构(%)

省份	15~29 岁	30~49 岁	50 岁及以上
安徽省	8.7	44.0	47.3
福建省	5.8	47.8	46.4
甘肃省	10.0	52.1	37.9
广东省	7.7	49.5	42.8
广西壮族自治区	7.3	47.8	44.9
贵州省	11.7	47.7	40.6
海南省	7.8	47.9	44.3
河北省	10.4	47.8	41.8
黑龙江省	9.8	51.6	38.6
河南省	9.5	45.6	44.9
湖北省	10.0	46.4	43.6
湖南省	7.6	48.1	44.3
内蒙古自治区	10.1	54.2	35.7
江苏省	6.2	40.9	52.9
江西省	6.6	49.0	44.4
吉林省	8.6	50.6	40.8
辽宁省	7.9	44.1	48.0
宁夏回族自治区	11.0	54.4	34.6
陕西省	7.7	44.2	48.1
山东省	6.9	48.1	45.0
山西省	7.3	51.4	41.3
四川省	11.8	44.6	43.6
新疆维吾尔自治区	13.7	55.1	31.2
云南省	16.6	56.3	27.1
浙江省	7.0	45.6	47.4

表 4.10　2017 年各省级收视调查网性别与年龄结构(%)

省份	性别		年龄						
	男性	女性	4~14 岁	15~24 岁	25~34 岁	35~44 岁	45~54 岁	55~64 岁	65 岁及以上
安徽省	50.4	49.6	13.8	16.4	13.8	19.8	13.5	11.8	10.9
福建省	51.3	48.7	11.5	18.7	18.0	20.1	14.1	9.3	8.3
甘肃省	50.6	49.4	14.2	18.9	13.4	20.9	13.7	10.1	8.8
广东省	52.2	47.8	13.3	21.7	19.6	18.6	12.0	7.6	7.2
广西壮族自治区	51.7	48.3	16.8	16.6	16.5	17.4	13.2	9.7	9.8
贵州省	51.4	48.6	20.7	16.1	13.4	18.4	12.1	10.2	9.1
海南省	52.8	47.2	15.0	19.4	17.4	17.5	13.6	8.4	8.7
河北省	50.5	49.5	12.2	18.8	15.7	16.9	15.4	12.2	8.8
黑龙江省	50.5	49.5	9.5	14.6	15.7	21.4	17.9	12.3	8.6

续表

省份	性别		年龄						
	男性	女性	4～14岁	15～24岁	25～34岁	35～44岁	45～54岁	55～64岁	65岁及以上
河南省	50.1	49.9	15.9	19.3	13.5	17.7	13.4	11.2	9.0
湖北省	51.2	48.8	10.2	18.3	14.7	18.8	16.3	12.0	9.7
湖南省	51.2	48.8	13.1	16.3	14.6	19.3	14.7	11.7	10.3
内蒙古自治区	51.9	48.1	10.6	15.1	17.2	20.8	17.4	10.7	8.2
江苏省	50.1	49.9	9.6	17.4	14.6	19.0	15.3	12.6	11.5
江西省	51.3	48.7	16.9	18.1	15.7	18.6	13.1	9.6	8.0
吉林省	50.6	49.4	9.2	15.3	15.2	20.6	18.1	12.7	8.9
辽宁省	50.6	49.4	9.0	13.7	14.8	18.4	19.4	13.9	10.8
宁夏回族自治区	51.2	48.8	17.1	18.4	17.3	19.6	12.4	8.4	6.8
陕西省	51.6	48.4	11.3	19.9	14.9	18.6	15.3	11.0	9.0
山东省	50.3	49.7	11.8	16.1	14.3	19.0	15.9	12.6	10.3
山西省	51.6	48.4	13.3	18.8	15.0	19.1	15.4	10.4	8.0
四川省	50.9	49.1	13.2	15.5	12.4	20.9	13.2	13.3	11.5
新疆维吾尔自治区	51.7	48.3	15.5	18.8	17.6	21.2	12.5	7.5	6.9
云南省	51.8	48.2	16.6	17.7	17.2	19.3	12.5	8.6	8.1
浙江省	51.1	48.9	10.1	15.8	16.6	20.4	15.9	11.3	9.9

表 4.11 2017 年各城市收视调查网样本规模及推及人口

城市	固定样组规模(户)	推及户数(千户)	推及人口(千人)
安庆	100	293	761
鞍山	100	469	1205
宝鸡	100	301	815
包头	100	701	1791
北海	100	105	336
北京	1000	8409	20427
蚌埠	100	309	809
长春	300	1094	2982
常德	100	481	1422
长沙	300	1288	3456
常熟	100	506	1467
常州	200	1217	3232
潮州	100	228	699
成都	400	3004	7713
重庆	500	6967	17869
滁州	100	108	287
大理	100	205	645

续表

城市	固定样组规模（户）	推及户数（千户）	推及人口（千人）
大连	300	1556	3820
丹东	100	256	665
大同	100	430	1159
达州	100	168	469
德州	100	228	652
东莞	200	2747	6953
佛山	200	1525	4074
抚顺	100	539	1343
福州	300	1004	2745
赣州	100	193	606
广元	100	192	528
广州	400	4581	11677
桂林	100	317	849
贵阳	200	1095	3012
海口	200	537	1660
杭州	400	2542	6359
哈尔滨	300	2299	6204
合肥	300	1194	3226
衡阳	100	371	1077
呼和浩特	300	760	1939
惠州	100	812	2255
湖州	100	255	748
江门	100	317	942
嘉兴	100	226	585
揭阳	100	224	914
吉林	100	683	1830
济南	300	1517	4182
荆门	100	214	594
荆州	100	403	1123
金华	100	319	743
济宁	100	416	1206
锦州	100	366	945
九江	100	227	676
昆明	300	1298	3090
兰州	200	915	2418
乐山	100	237	655
拉萨	100	113	273
丽水	100	177	423

续表

城市	固定样组规模(户)	推及户数(千户)	推及人口(千人)
柳州	100	535	1484
龙岩	100	236	616
洛阳	100	466	1317
泸州	100	471	1339
梅州	100	298	922
牡丹江	100	347	928
南昌	300	1073	3386
南充	100	233	653
南京	400	2847	7665
南宁	200	994	2671
南通	100	417	1102
宁波	200	1452	3455
平顶山	100	333	999
青岛	300	1708	4437
清远	100	248	792
秦皇岛	100	377	993
泉州	200	341	887
衢州	100	171	436
三亚	100	192	690
上海	500	6700	16444
汕头	100	1240	5153
汕尾	100	117	485
韶关	100	344	979
绍兴	100	325	852
沈阳	300	2169	5463
深圳	500	4915	10879
石家庄	300	1353	4211
苏州	300	1464	3975
太原	300	1171	3124
泰州	100	289	843
台州	100	645	1755
唐山	100	593	1642
天津	500	4812	12868
铜陵	100	176	452
乌鲁木齐	300	1358	3210
潍坊	100	685	1963
温州	200	495	1187
武汉	400	3703	10038

续表

城市	固定样组规模(户)	推及户数(千户)	推及人口(千人)
芜湖	100	616	1553
无锡	200	1319	3527
厦门	200	1485	3567
西安	300	1767	4502
襄阳	100	375	1068
西昌	100	237	730
西宁	200	453	1209
徐州	100	696	2001
盐城	100	533	1536
阳江	100	210	667
扬州	200	446	1348
烟台	200	617	1559
宜宾	100	280	787
宜昌	100	317	852
宜春	100	286	997
银川	200	496	1309
营口	100	331	856
永济	100	126	434
岳阳	100	408	1178
漳州	100	190	532
湛江	100	486	1585
肇庆	100	223	642
郑州	300	1522	4192
镇江	100	322	880
中山	100	276	731
舟山	100	351	828
珠海	100	358	909
株洲	100	379	1034
淄博	100	1156	3065
遵义	100	379	1029

表 4.12 2017 年各城市收视调查网家庭规模结构(%)

城市	1 人户	2 人户	3 人户	4 人及以上户
安庆	8.1	41.6	33.9	16.4
鞍山	9.8	38.9	37.2	14.1
宝鸡	6.7	39.0	34.5	19.8
包头	7.4	40.0	41.7	10.9
北海	6.3	27.3	29.4	37.0
北京	12.1	44.0	29.7	14.2
蚌埠	4.5	43.0	34.8	17.7
长春	6.7	35.1	38.7	19.5
常德	8.0	32.0	30.7	29.3
长沙	9.1	36.2	35.3	19.4
常熟	6.9	39.0	22.9	31.2
常州	5.4	44.1	28.9	21.6
潮州	4.5	31.1	26.9	37.5
成都	17.2	34.8	30.2	17.8
重庆	12.3	40.6	26.5	20.6
滁州	4.8	40.8	35.1	19.3
大理	4.2	30.9	26.8	38.1
大连	9.3	42.6	37.1	11.0
丹东	8.2	42.5	33.4	15.9
大同	5.1	36.6	42.2	16.1
达州	9.4	34.3	31.6	24.7
德州	4.8	32.7	40.7	21.8
东莞	13.2	51.7	16.2	18.9
佛山	6.8	44.1	24.7	24.4
抚顺	8.5	42.4	37.3	11.8
福州	8.2	35.5	33.4	22.9
赣州	10.6	23.4	33.0	33.0
广元	8.3	36.8	33.3	21.6
广州	9.2	41.9	27.2	21.7
桂林	11.6	32.9	35.0	20.5
贵阳	9.5	36.9	30.3	23.3
海口	7.8	29.7	29.0	33.5
杭州	7.6	46.4	26.5	19.5
哈尔滨	8.9	35.0	35.8	20.3
合肥	11.0	34.1	37.5	17.4
衡阳	7.2	32.7	33.5	26.6
呼和浩特	7.2	37.5	42.6	12.7
惠州	10.7	39.3	21.8	28.2
湖州	6.7	35.2	29.7	28.4
江门	6.6	30.7	31.5	31.2

续表

城市	1人户	2人户	3人户	4人及以上户
嘉兴	8.5	43.1	29.3	19.1
揭阳	3.5	19.0	15.8	61.7
吉林	6.8	37.8	35.9	19.5
济南	6.1	35.7	36.8	21.4
荆门	5.3	37.0	36.5	21.2
荆州	6.9	37.9	32.7	22.5
金华	12.9	45.5	29.1	12.5
济宁	4.2	34.7	38.7	22.4
锦州	7.0	41.3	36.6	15.1
九江	5.4	31.3	36.7	26.6
昆明	14.3	42.3	28.8	14.6
兰州	8.4	35.8	38.1	17.7
乐山	9.4	35.1	32.0	23.5
拉萨	7.4	53.0	21.6	18.0
丽水	14.0	44.5	26.4	15.1
柳州	6.6	37.2	33.1	23.1
龙岩	8.6	41.3	28.8	21.3
洛阳	5.3	34.8	37.3	22.6
泸州	8.5	35.7	27.1	28.7
梅州	7.1	31.8	24.1	37.0
牡丹江	6.5	38.4	37.3	17.8
南昌	6.7	28.6	30.5	34.2
南充	10.3	34.0	29.7	26.0
南京	9.4	35.3	36.7	18.6
南宁	9.1	37.9	30.7	22.3
南通	5.7	42.2	33.3	18.8
宁波	8.8	47.5	33.7	10.0
平顶山	5.3	28.7	39.7	26.3
青岛	7.7	39.1	38.6	14.6
清远	7.3	28.9	24.0	39.8
秦皇岛	4.9	41.6	38.8	14.7
泉州	8.7	42.8	27.5	21.0
衢州	8.2	42.4	34.3	15.1
三亚	4.2	26.2	22.1	47.5
上海	8.6	46.9	31.1	13.4
汕头	5.4	18.6	16.8	59.2
汕尾	2.0	20.0	17.0	61.0
韶关	10.5	31.9	30.6	27.0
绍兴	4.1	43.2	34.2	18.5
沈阳	10.0	40.3	35.7	14.0
深圳	9.4	51.6	22.1	16.9

续表

城市	1人户	2人户	3人户	4人及以上户
石家庄	4.8	29.4	32.4	33.4
苏州	12.6	37.7	28.5	21.2
太原	3.9	40.7	35.7	19.7
泰州	8.8	32.2	29.4	29.6
台州	7.9	38.5	29.6	24.0
唐山	3.8	38.1	39.0	19.1
天津	6.4	38.5	38.9	16.2
铜陵	8.6	39.5	36.5	15.4
乌鲁木齐	11.4	44.1	30.7	13.8
潍坊	3.9	36.1	38.6	21.4
温州	6.3	52.7	26.0	15.0
武汉	8.2	37.5	34.1	20.2
芜湖	7.5	45.2	30.8	16.5
无锡	5.7	43.1	30.7	20.5
厦门	8.4	48.3	26.4	16.9
西安	6.4	45.0	30.6	18.0
襄阳	6.9	32.8	36.5	23.8
西昌	10.4	30.9	24.0	34.7
西宁	10.4	38.6	31.3	19.7
徐州	5.9	34.3	35.7	24.1
盐城	8.1	32.8	32.0	27.1
阳江	8.5	27.4	24.3	39.8
扬州	5.6	31.1	32.6	30.7
烟台	4.9	43.9	40.2	11.0
宜宾	8.7	36.5	28.0	26.8
宜昌	8.4	35.6	37.2	18.8
宜春	5.8	22.4	28.2	43.6
银川	8.4	38.3	36.7	16.6
营口	6.7	42.8	35.1	15.4
永济	2.0	27.1	30.8	40.1
岳阳	9.2	34.1	31.6	25.1
漳州	7.1	32.9	34.9	25.1
湛江	5.4	28.8	28.5	37.3
肇庆	7.8	33.4	30.0	28.8
郑州	7.6	36.9	32.9	22.6
镇江	6.4	36.7	37.3	19.6
中山	13.2	41.9	18.6	26.3
舟山	14.1	44.5	29.9	11.5
珠海	15.6	36.3	27.0	21.1
株洲	8.0	35.5	36.6	19.9
淄博	7.2	39.7	37.3	15.8
遵义	9.2	38.1	27.5	25.2

表 4.13　2017 年各城市收视调查网家庭收入结构(%)

城市	0～1500 元	1501～3000 元	3001～4500 元	4501～6000 元	6001～8000 元	8001～12000 元	12001 元及以上
安庆	9.8	12.1	14.4	25.6	15.4	19.1	3.6
鞍山	2.0	10.2	27.4	20.0	24.9	13.7	1.8
宝鸡	6.9	10.2	18.5	23.1	22.4	12.4	6.5
包头	2.2	8.0	20.9	25.8	24.3	13.9	4.9
北海	3.8	13.6	24.1	17.9	17.1	15.3	8.2
北京	2.0	1.8	6.9	8.1	17.5	32.4	31.3
蚌埠	1.8	10.8	18.7	30.5	22.7	13.3	2.2
长春	1.3	7.2	10.3	16.4	24.6	29.5	10.7
常德	14.3	17.8	22.8	17.3	12.6	10.2	5.0
长沙	6.2	9.9	12.9	14.9	19.0	24.7	12.4
常熟	3.5	10.6	9.1	12.1	15.9	28.0	20.8
常州	2.6	5.6	5.2	15.2	22.0	35.9	13.5
潮州	5.6	8.3	21.0	17.3	16.8	16.3	14.7
成都	1.6	5.9	16.4	18.0	20.8	27.8	9.5
重庆	12.3	15.1	20.9	16.2	14.1	16.8	4.6
滁州	1.7	11.0	24.5	29.2	20.3	11.1	2.2
大理	7.4	12.0	19.3	18.2	17.5	15.9	9.7
大连	2.8	6.9	13.1	17.8	22.6	24.4	12.4
丹东	0.6	7.4	18.0	26.8	25.7	16.9	4.6
大同	2.2	11.0	26.3	29.1	18.8	9.2	3.4
达州	30.9	17.8	15.9	13.8	9.9	9.0	2.7
德州	7.2	9.1	18.6	18.4	25.4	15.3	6.0
东莞	4.7	5.5	16.1	13.7	21.3	24.3	14.4
佛山	1.6	5.6	10.6	9.3	22.4	26.2	24.3
抚顺	4.2	12.3	26.1	21.2	22.6	9.5	4.1
福州	1.7	3.8	7.2	10.8	18.2	35.9	22.4
赣州	1.8	4.3	6.5	12.1	17.2	34.8	23.3
广元	6.4	21.2	23.0	16.5	17.1	10.7	5.1
广州	3.4	9.6	13.5	15.4	16.0	23.7	18.4
桂林	2.9	12.5	22.3	24.8	17.7	15.8	4.0
贵阳	4.4	10.0	15.2	31.4	16.2	16.5	6.3
海口	2.3	11.2	15.2	16.7	23.7	17.6	13.3
杭州	0.0	0.7	6.0	7.7	14.9	27.4	43.3
哈尔滨	3.0	8.7	12.6	24.2	22.6	20.6	8.3
合肥	2.7	7.2	13.0	15.6	21.6	26.9	13.0
衡阳	4.1	12.1	20.4	15.9	16.9	23.4	7.2
呼和浩特	2.2	7.2	14.8	16.3	26.4	24.4	8.7
惠州	3.4	14.6	15.6	26.2	16.6	16.5	7.1
湖州	1.6	5.3	9.0	8.8	22.4	27.1	25.8
江门	5.6	6.2	10.9	14.7	20.8	26.5	15.3

续表

城市	0～1500元	1501～3000元	3001～4500元	4501～6000元	6001～8000元	8001～12000元	12001元及以上
嘉兴	2.4	8.4	15.2	12.8	22.4	27.0	11.8
揭阳	3.4	5.4	13.9	19.2	19.8	25.6	12.7
吉林	6.5	16.9	32.4	17.3	16.3	7.1	3.5
济南	5.2	5.9	13.7	14.7	21.3	28.4	10.8
荆门	6.1	12.0	19.7	18.7	17.2	17.4	8.9
荆州	2.9	13.0	20.9	16.4	21.3	18.2	7.3
金华	7.9	7.6	14.9	9.3	32.1	21.4	6.8
济宁	10.8	14.5	20.9	17.5	18.6	13.3	4.4
锦州	3.3	8.7	24.5	30.8	20.0	10.6	2.1
九江	1.6	9.0	16.8	23.8	22.3	17.6	8.9
昆明	2.2	7.6	12.7	12.6	26.8	27.4	10.7
兰州	4.0	9.0	17.3	19.4	22.8	21.6	5.9
乐山	0.7	7.7	14.8	31.9	20.3	18.1	6.5
拉萨	2.5	4.9	15.0	15.1	23.0	21.4	18.1
丽水	16.8	14.1	8.9	13.7	10.8	21.1	14.6
柳州	1.7	11.5	24.6	29.3	18.6	12.2	2.1
龙岩	1.6	9.5	21.5	20.7	15.6	22.8	8.3
洛阳	1.2	6.2	15.3	18.5	22.8	26.1	9.9
泸州	21.1	26.8	16.8	13.7	8.7	10.0	2.9
梅州	8.0	10.0	17.3	19.3	19.5	19.8	6.1
牡丹江	0.0	7.0	23.3	33.0	26.5	9.8	0.4
南昌	1.2	6.8	11.2	19.4	20.3	28.9	12.2
南充	27.4	17.9	19.4	14.1	11.8	7.7	1.7
南京	4.9	5.0	10.7	16.8	21.2	26.1	15.3
南宁	8.5	14.0	15.8	18.6	18.9	16.2	8.0
南通	0.5	5.9	9.1	15.6	19.7	31.4	17.8
宁波	1.4	4.9	10.2	7.7	22.1	31.0	22.7
平顶山	5.4	18.3	28.9	25.1	13.1	7.4	1.8
青岛	5.3	8.6	12.5	14.6	23.1	25.1	10.8
清远	5.9	11.5	15.4	17.5	20.6	20.0	9.1
秦皇岛	5.2	16.0	22.3	17.1	21.8	13.7	3.9
泉州	2.3	5.5	7.8	7.6	13.2	36.4	27.2
衢州	5.8	10.4	13.4	12.5	19.8	22.3	15.8
三亚	0.8	13.3	19.6	18.8	20.4	16.3	10.8
上海	0.3	1.4	4.7	5.7	15.3	30.8	41.8
汕头	5.8	9.2	16.2	17.3	20.9	21.3	9.3
汕尾	0.4	8.2	24.9	20.3	16.2	19.2	10.8
韶关	6.2	11.0	20.9	21.9	16.7	13.6	9.7
绍兴	1.4	2.8	6.8	10.4	24.8	38.5	15.3
沈阳	3.4	11.4	21.3	18.7	22.4	16.1	6.7
深圳	0.0	0.6	2.7	5.3	10.0	29.1	52.3

续表

城市	0~1500元	1501~3000元	3001~4500元	4501~6000元	6001~8000元	8001~12000元	12001元及以上
石家庄	3.7	10.7	18.4	17.8	25.4	16.6	7.4
苏州	1.0	4.0	8.1	10.3	18.2	32.8	25.6
太原	1.7	6.3	15.6	19.6	25.6	23.9	7.3
泰州	9.5	9.9	14.6	14.6	17.6	24.3	9.5
台州	5.0	7.0	11.0	14.9	16.8	27.4	17.9
唐山	4.6	10.2	14.7	23.2	22.3	19.2	5.8
天津	2.2	8.2	14.9	16.3	26.4	24.6	7.4
铜陵	4.6	9.0	20.9	25.2	22.9	14.5	2.9
乌鲁木齐	3.2	6.1	12.4	14.8	23.1	29.8	10.6
潍坊	6.2	6.9	16.4	19.7	24.2	23.1	3.5
温州	1.0	2.4	5.2	6.4	12.7	25.0	47.3
武汉	5.4	7.6	12.7	16.1	19.5	23.5	15.2
芜湖	7.8	8.2	20.0	22.1	16.7	18.6	6.6
无锡	2.6	10.4	8.5	15.8	20.2	28.9	13.6
厦门	0.4	4.2	9.3	9.0	9.3	33.4	34.4
西安	1.7	8.0	13.6	19.1	27.2	24.3	6.1
襄阳	2.2	5.6	13.4	22.1	23.3	25.7	7.7
西昌	14.7	15.7	21.8	18.9	16.2	8.9	3.8
西宁	2.3	6.6	17.3	20.7	24.0	19.8	9.3
徐州	2.2	5.9	8.9	17.3	17.5	25.5	22.7
盐城	0.6	2.2	2.8	8.8	15.3	39.3	31.0
阳江	9.3	14.6	19.5	15.8	16.4	16.7	7.7
扬州	3.7	6.6	9.0	12.3	21.4	31.9	15.1
烟台	7.3	8.8	15.5	13.5	20.4	25.8	8.7
宜宾	19.3	19.8	16.6	23.5	10.7	6.2	3.9
宜昌	2.1	8.2	10.5	20.2	22.1	24.8	12.1
宜春	6.6	11.8	24.4	23.6	18.3	11.1	4.2
银川	2.1	9.2	15.3	18.8	22.0	25.6	7.0
营口	5.0	21.4	33.1	16.5	14.8	7.4	1.8
永济	2.6	4.9	7.3	22.2	23.0	33.1	6.9
岳阳	5.6	9.1	22.0	19.1	22.9	16.7	4.6
漳州	0.6	9.2	9.4	15.0	24.3	31.0	10.5
湛江	9.7	16.5	13.9	12.1	12.5	19.0	16.3
肇庆	4.5	9.6	15.4	13.6	19.3	27.8	9.8
郑州	0.8	6.5	10.9	14.7	20.6	32.3	14.2
镇江	1.6	6.4	12.1	16.4	23.4	26.3	13.8
中山	1.0	7.3	12.6	17.7	13.5	21.2	26.7
舟山	8.4	6.0	14.6	16.2	18.6	25.6	10.6
珠海	3.3	5.8	14.8	12.6	14.1	20.1	29.3
株洲	1.4	5.6	15.1	13.8	23.9	27.7	12.5
淄博	13.8	16.2	20.6	23.8	15.6	7.6	2.4
遵义	2.5	13.3	22.9	18.4	16.1	21.2	5.6

表 4.14 2017 年各城市收视调查网家庭购买决策者年龄结构(%)

城市	15~29 岁	30~49 岁	50 岁及以上
安庆	5.7	43.0	51.3
鞍山	4.1	39.0	56.9
宝鸡	5.9	44.0	50.1
包头	7.7	49.8	42.5
北海	3.8	43.7	52.5
北京	15.0	40.5	44.5
蚌埠	4.7	43.6	51.7
长春	9.8	46.0	44.2
常德	6.2	51.1	42.7
长沙	14.0	47.5	38.5
常熟	3.2	38.4	58.4
常州	8.7	46.2	45.1
潮州	1.9	48.5	49.6
成都	16.7	44.0	39.3
重庆	10.4	45.1	44.5
滁州	5.4	50.6	44.0
大理	5.7	53.6	40.7
大连	11.0	44.2	44.8
丹东	7.0	33.6	59.4
大同	7.8	53.6	38.6
达州	7.9	45.2	46.9
德州	7.9	53.2	38.9
东莞	13.8	60.3	25.9
佛山	6.2	45.1	48.7
抚顺	3.1	38.3	58.6
福州	7.2	37.9	54.9
赣州	10.4	46.5	43.1
广元	7.4	50.5	42.1
广州	10.8	47.8	41.4
桂林	9.0	45.2	45.8
贵阳	16.2	47.7	36.1
海口	6.9	53.0	40.1
杭州	12.6	39.4	48.0
哈尔滨	8.2	46.2	45.6
合肥	15.4	48.6	36.0
衡阳	8.7	50.0	41.3
呼和浩特	9.8	53.1	37.1
惠州	16.1	51.4	32.5
湖州	6.4	43.0	50.6
江门	8.3	50.4	41.3
嘉兴	9.1	44.1	46.8

续表

城市	15~29岁	30~49岁	50岁及以上
揭阳	8.2	49.5	42.3
吉林	4.9	45.0	50.1
济南	7.3	47.4	45.3
荆门	5.6	55.7	38.7
荆州	7.6	49.1	43.3
金华	5.5	48.8	45.7
济宁	7.6	51.5	40.9
锦州	7.3	43.9	48.8
九江	8.0	48.7	43.3
昆明	21.1	40.3	38.6
兰州	10.2	44.2	45.6
乐山	11.5	50.2	38.3
拉萨	10.1	40.8	49.1
丽水	7.2	42.7	50.1
柳州	8.9	47.6	43.5
龙岩	8.9	51.2	39.9
洛阳	5.9	44.1	50.0
泸州	9.7	38.5	51.8
梅州	5.6	48.2	46.2
牡丹江	7.7	46.6	45.7
南昌	8.3	41.9	49.8
南充	5.8	41.1	53.1
南京	7.3	44.3	48.4
南宁	12.9	49.5	37.6
南通	7.2	39.6	53.2
宁波	11.9	46.3	41.8
平顶山	7.9	52.8	39.3
青岛	7.0	44.3	48.7
清远	11.7	53.3	35.0
秦皇岛	8.3	42.8	48.9
泉州	9.9	49.3	40.8
衢州	5.8	46.5	47.7
三亚	11.3	55.5	33.2
上海	12.1	38.7	49.2
汕头	10.0	56.9	33.1
汕尾	6.1	47.0	46.9
韶关	6.9	47.9	45.2
绍兴	2.5	41.7	55.8
沈阳	9.8	37.8	52.4
深圳	25.4	55.6	19.0
石家庄	9.5	46.2	44.3

续表

城市	15～29岁	30～49岁	50岁及以上
苏州	20.0	42.6	37.4
太原	6.7	49.0	44.3
泰州	5.6	39.2	55.2
台州	7.7	49.1	43.2
唐山	7.2	43.0	49.8
天津	10.5	43.8	45.7
铜陵	4.9	40.5	54.6
乌鲁木齐	6.4	40.3	53.3
潍坊	8.2	49.9	41.9
温州	9.5	48.0	42.5
武汉	10.0	46.1	43.9
芜湖	7.7	45.3	47.0
无锡	4.6	39.2	56.2
厦门	11.8	49.4	38.8
西安	9.5	39.0	51.5
襄阳	8.4	47.2	44.4
西昌	12.6	49.7	37.7
西宁	12.3	49.0	38.7
徐州	7.7	52.3	40.0
盐城	6.2	43.3	50.5
阳江	8.6	47.9	43.5
扬州	4.3	41.5	54.2
烟台	8.0	49.5	42.5
宜宾	8.9	47.9	43.2
宜昌	7.0	44.4	48.6
宜春	5.4	50.9	43.7
银川	10.4	54.6	35.0
营口	7.7	42.9	49.4
永济	2.4	51.0	46.6
岳阳	9.9	55.2	34.9
漳州	4.2	48.0	47.8
湛江	6.0	44.4	49.6
肇庆	10.4	50.5	39.1
郑州	12.5	47.4	40.1
镇江	5.6	49.3	45.1
中山	16.9	47.0	36.1
舟山	3.1	44.0	52.9
珠海	16.9	47.8	35.3
株洲	8.1	54.6	37.3
淄博	4.7	44.2	51.1
遵义	10.9	43.2	45.9

表 4.15　2017 年各城市收视调查网性别与年龄结构(%)

城市	性别		年龄						
	男性	女性	4~14岁	15~24岁	25~34岁	35~44岁	45~54岁	55~64岁	65岁及以上
安庆	50.0	50.0	10.8	16.3	12.3	22.4	15.7	12.0	10.5
鞍山	50.0	50.0	5.9	11.9	14.2	16.6	23.7	14.1	13.6
宝鸡	51.0	49.0	10.6	15.8	15.9	20.1	16.5	11.7	9.4
包头	51.7	48.3	10.1	16.1	15.9	22.5	16.5	9.4	9.5
北海	50.8	49.2	11.2	17.6	18.1	20.1	15.5	9.5	8.0
北京	51.4	48.6	6.0	18.5	21.5	18.1	16.1	10.6	9.2
蚌埠	50.4	49.6	10.0	17.3	15.0	19.0	16.2	11.6	10.9
长春	49.5	50.5	7.7	17.5	16.8	18.5	17.3	12.5	9.7
常德	49.8	50.2	8.6	16.9	12.3	21.8	16.6	12.8	11.0
长沙	49.9	50.1	8.4	21.1	17.3	19.0	14.8	10.7	8.7
常熟	50.1	49.9	7.2	18.1	16.5	19.5	14.9	12.5	11.3
常州	51.5	48.5	8.4	18.0	17.4	21.1	14.5	11.5	9.1
潮州	48.9	51.1	10.9	20.4	15.1	18.1	15.5	11.5	8.5
成都	50.6	49.4	7.9	18.8	17.8	22.1	13.4	10.7	9.3
重庆	50.6	49.4	10.5	16.6	12.1	21.0	14.3	13.7	11.8
滁州	50.3	49.7	10.9	16.5	14.6	22.5	15.1	11.1	9.3
大理	49.9	50.1	12.8	18.7	16.3	19.8	13.7	9.9	8.8
大连	49.8	50.2	6.9	17.0	17.9	18.1	16.7	12.6	10.8
丹东	49.8	50.2	6.6	13.4	13.9	18.0	20.9	14.6	12.6
大同	50.7	49.3	11.3	14.3	15.4	21.1	18.4	10.5	9.0
达州	49.4	50.6	12.9	17.0	12.4	23.6	13.7	11.8	8.6
德州	50.4	49.6	11.9	17.7	17.7	19.9	14.4	10.7	7.7
东莞	53.4	46.6	6.6	26.7	29.4	22.3	8.5	3.8	2.7
佛山	53.6	46.4	8.9	21.0	23.1	22.7	11.7	7.1	5.5
抚顺	49.9	50.1	6.1	12.2	13.0	17.0	24.1	14.6	13.0
福州	50.5	49.5	9.3	17.9	20.5	19.1	14.3	10.4	8.5
赣州	50.5	49.5	12.0	21.7	15.9	18.1	13.6	10.5	8.2
广元	50.7	49.3	11.3	17.8	12.9	24.9	13.8	10.6	8.7
广州	52.1	47.9	8.1	22.5	22.1	19.7	12.7	7.9	7.0
桂林	50.0	50.0	9.8	17.1	18.2	20.1	15.1	11.1	8.6
贵阳	51.3	48.7	12.1	19.4	17.3	20.4	13.5	8.9	8.4
海口	51.1	48.9	12.6	21.9	17.5	19.2	13.0	7.9	7.9
杭州	51.4	48.6	7.7	20.5	19.9	18.5	14.9	10.0	8.5
哈尔滨	50.6	49.4	7.5	17.6	16.9	18.7	17.9	12.3	9.1
合肥	52.5	47.5	9.5	21.8	19.6	19.8	12.8	9.1	7.4
衡阳	50.4	49.6	10.9	20.4	14.0	18.5	15.6	12.0	8.6
呼和浩特	50.7	49.3	10.6	19.8	19.0	18.9	15.2	9.2	7.3
惠州	52.6	47.4	11.8	24.0	22.5	20.9	10.5	5.4	4.9
湖州	50.3	49.7	8.0	20.2	16.0	18.6	15.7	11.4	10.1

续表

城市	性别		年龄						
	男性	女性	4～14岁	15～24岁	25～34岁	35～44岁	45～54岁	55～64岁	65岁及以上
江门	51.4	48.6	11.0	19.3	19.6	21.3	13.0	8.8	7.0
嘉兴	50.6	49.4	8.4	18.8	14.4	18.8	16.4	12.1	11.1
揭阳	51.3	48.7	14.8	24.2	13.8	17.0	13.5	9.3	7.4
吉林	50.3	49.7	7.4	15.4	13.7	18.9	20.0	13.7	10.9
济南	49.9	50.1	9.2	19.5	17.6	17.3	16.1	11.1	9.2
荆门	50.7	49.3	9.1	17.4	16.2	21.6	16.5	11.4	7.8
荆州	50.7	49.3	8.0	19.0	14.2	20.1	17.3	12.5	8.9
金华	51.7	48.3	10.2	16.6	18.0	20.3	15.2	10.8	8.9
济宁	50.6	49.4	11.9	16.3	18.2	18.7	15.3	10.7	8.9
锦州	48.8	51.2	7.7	14.4	13.9	17.1	20.0	14.8	12.1
九江	50.5	49.5	11.2	21.7	14.8	19.1	14.3	10.3	8.6
昆明	51.3	48.7	9.1	19.0	20.0	20.4	13.2	9.7	8.6
兰州	50.7	49.3	9.5	19.1	16.1	20.2	15.4	9.9	9.8
乐山	48.8	51.2	8.0	18.7	13.1	21.7	14.2	12.8	11.5
拉萨	51.7	48.3	8.5	21.7	22.2	25.2	13.3	5.5	3.6
丽水	51.7	48.3	11.0	16.0	17.3	20.2	15.7	10.6	9.2
柳州	51.4	48.6	10.7	15.7	19.2	20.5	15.1	10.4	8.4
龙岩	53.1	46.9	9.6	16.2	18.8	23.4	15.2	8.8	8.0
洛阳	50.0	50.0	11.0	14.8	15.9	20.6	16.0	10.9	10.8
泸州	49.8	50.2	13.3	14.5	11.1	21.1	14.4	14.1	11.5
梅州	49.8	50.2	11.8	17.4	13.6	18.1	16.5	11.1	11.5
牡丹江	49.6	50.4	7.8	14.7	14.6	19.8	19.2	13.0	10.9
南昌	52.2	47.8	12.6	25.6	15.4	16.8	12.8	9.0	7.8
南充	49.4	50.6	10.9	19.3	13.3	19.8	13.7	12.6	10.4
南京	51.9	48.1	6.8	20.7	17.9	17.9	15.3	11.6	9.8
南宁	51.6	48.4	10.6	19.3	20.9	19.4	13.4	8.8	7.6
南通	50.2	49.8	7.5	20.1	16.8	19.4	14.4	11.3	10.5
宁波	51.2	48.8	8.3	17.7	19.5	20.9	15.3	10.6	7.7
平顶山	51.2	48.8	11.7	18.4	15.8	22.8	14.1	9.3	7.9
青岛	50.5	49.5	9.1	18.3	16.9	17.6	15.8	11.8	10.5
清远	52.0	48.0	12.0	20.2	17.9	20.1	13.0	8.7	8.1
秦皇岛	49.4	50.6	8.3	21.2	16.4	17.6	15.6	11.9	9.0
泉州	51.8	48.2	8.8	24.9	22.7	20.1	11.8	6.6	5.1
衢州	50.3	49.7	11.6	11.7	15.8	20.6	16.9	12.5	10.9
三亚	52.6	47.4	13.0	25.8	20.2	18.6	11.3	6.0	5.1
上海	51.0	49.0	5.8	15.3	21.0	16.2	16.8	13.8	11.1
汕头	49.9	50.1	18.6	22.2	15.2	15.4	12.6	8.6	7.4
汕尾	51.1	48.9	16.0	23.9	16.5	17.2	12.1	7.8	6.5
韶关	51.2	48.8	11.6	17.6	15.2	20.4	15.5	9.9	9.8

续表

城市	性别		年龄						
	男性	女性	4～14岁	15～24岁	25～34岁	35～44岁	45～54岁	55～64岁	65岁及以上
绍兴	49.5	50.5	9.6	18.8	15.5	19.9	15.6	11.6	9.0
沈阳	50.4	49.6	6.6	12.7	17.4	17.2	20.6	13.9	11.6
深圳	54.3	45.7	7.1	25.6	31.6	21.7	8.7	3.4	1.9
石家庄	49.1	50.9	9.6	21.9	16.8	17.0	14.7	10.9	9.1
苏州	50.9	49.1	6.6	24.6	21.2	17.4	12.4	9.7	8.1
太原	51.4	48.6	9.4	23.2	16.1	17.6	16.0	8.9	8.8
泰州	49.9	50.1	9.0	15.4	14.1	20.1	15.1	13.6	12.7
台州	51.3	48.7	11.4	14.0	17.4	22.3	15.2	10.2	9.5
唐山	50.3	49.7	8.3	15.3	17.0	15.7	18.6	15.1	10.0
天津	53.6	46.4	6.4	19.8	19.6	16.6	16.8	11.9	8.9
铜陵	51.6	48.4	10.5	13.9	14.0	23.4	16.5	11.3	10.4
乌鲁木齐	51.8	48.2	10.3	17.6	17.7	24.8	13.7	7.4	8.5
潍坊	51.3	48.7	11.2	16.9	16.1	18.7	15.6	11.9	9.6
温州	52.1	47.9	7.9	19.5	23.8	21.1	13.3	8.0	6.4
武汉	51.2	48.8	7.5	22.9	16.9	16.9	15.7	11.4	8.7
芜湖	52.4	47.6	7.4	21.8	15.0	18.5	16.0	11.2	10.1
无锡	52.2	47.8	7.4	18.9	18.7	20.2	14.2	11.5	9.1
厦门	51.6	48.4	9.3	22.4	25.6	20.1	11.1	6.5	5.0
西安	51.3	48.7	8.2	23.0	18.7	17.6	14.5	9.1	8.9
襄阳	49.5	50.5	10.6	17.2	16.9	19.9	15.6	11.6	8.2
西昌	51.4	48.6	15.5	18.7	13.5	21.4	12.3	9.5	9.1
西宁	51.2	48.8	10.9	17.3	15.9	22.6	15.6	8.4	9.3
徐州	50.7	49.3	9.5	18.2	16.3	18.1	15.9	11.7	10.3
盐城	50.2	49.8	10.0	16.4	13.7	20.6	15.9	12.4	11.0
阳江	51.3	48.7	12.2	19.2	16.5	19.4	13.8	9.1	9.8
扬州	50.4	49.6	8.2	18.2	14.7	19.1	15.5	13.3	11.0
烟台	50.4	49.6	7.9	21.9	17.0	18.1	15.3	10.8	9.0
宜宾	50.5	49.5	12.3	16.5	12.8	22.3	14.0	12.2	9.9
宜昌	51.0	49.0	8.6	16.7	16.5	20.2	15.2	13.2	9.6
宜春	51.1	48.9	17.0	17.4	15.8	18.5	13.5	9.5	8.3
银川	51.1	48.9	11.9	19.5	18.7	21.1	13.4	8.4	7.0
营口	50.8	49.2	8.1	14.8	16.4	19.7	18.2	12.5	10.3
永济	51.0	49.0	12.2	19.8	14.8	18.2	15.9	10.3	8.8
岳阳	50.6	49.4	11.2	17.9	15.4	22.3	14.8	10.3	8.1
漳州	49.7	50.3	11.0	19.8	17.6	19.6	14.6	9.1	8.3
湛江	51.3	48.7	14.5	22.7	16.2	16.2	13.2	8.4	8.8
肇庆	50.9	49.1	11.0	21.5	15.8	20.5	13.5	9.2	8.5
郑州	51.3	48.7	10.7	24.6	19.0	18.8	12.2	7.7	7.0
镇江	52.5	47.5	7.5	17.5	15.4	20.2	16.8	12.6	10.0

续表

城市	性别		年龄						
	男性	女性	4～14岁	15～24岁	25～34岁	35～44岁	45～54岁	55～64岁	65岁及以上
中山	52.7	47.3	9.0	23.4	23.8	22.2	10.7	6.2	4.7
舟山	51.9	48.1	7.8	12.8	15.8	21.5	19.1	12.5	10.5
珠海	51.3	48.7	10.9	21.3	21.8	23.1	12.1	6.1	4.7
株洲	50.8	49.2	9.0	18.2	16.4	22.2	14.8	10.4	9.0
淄博	50.0	50.0	11.0	14.9	14.6	19.5	17.2	12.4	10.4
遵义	50.5	49.5	15.0	16.6	15.0	22.7	13.0	9.7	8.0

图书在版编目（CIP）数据

中国电视收视年鉴. 2018 / 徐立军主编. —北京：
中国传媒大学出版社，2018. 6
ISBN 978-7-5657-2343-8

Ⅰ. ①中… Ⅱ. ①徐… Ⅲ. ①电视工作-抽样调查-
中国-2018-年鉴 Ⅳ. ①G229. 2-54

中国版本图书馆 CIP 数据核字（2018）第 123172 号

中国电视收视年鉴 2018
Zhongguo Dianshi Shoushi Nianjian 2018

主　　编 徐立军
策划编辑 欣　雯
责任编辑 程　平　蒋　倩
封面制作 大鹏设计
责任印制 曹　辉

出版发行 中国传媒大学出版社
社　　址 北京市朝阳区定福庄东街 1 号　邮编 100024
电　　话 86-10-65450532　65450528　传真：65779405
网　　址 http://www.cucp.com.cn
经　　销 全国新华书店

印　　刷 艺堂印刷（天津）有限公司
开　　本 787mm×1092mm　1/16
印　　张 45. 25
字　　数 1019. 35 千字
版　　次 2018 年 6 月第 1 版　2018 年 6 月第 1 次印刷

书　　号 ISBN 978-7-5657-2343-8/G · 2343　**定　价** 168. 00 元

版权所有　翻印必究　印装错误　负责调换